DIREITO DO TRABALHO

1ª edição — 2014
2ª edição — 2021

FRANCISCO ROSSAL • RODRIGO COIMBRA

DIREITO DO TRABALHO

2ª EDIÇÃO

LTr®

LTr®

LTr Editora Ltda.

Rua Jaguaribe, 571
CEP 01224-003
São Paulo, SP — Brasil
Fone (11) 2167-1101
www.ltr.com.br
Julho, 2021

Produção Gráfica e Editoração Eletrônica: R. P. TIEZZI
Projeto de Capa: DANILO REBELLO
Foto de Rodrigo Coimbra: Rodrigo W. Blum
Imagem da Capa: Mineiros, 1880, Vincent van Gogh
Impressão: GRAFNORTE

Versão impressa — LTr 6319.7 — ISBN 978-65-5883-063-4
Versão digital — LTr 9805.3 — ISBN 978-65-5883-074-0

Dados Internacionais de Catalogação na Publicação (CIP)
(Câmara Brasileira do Livro, SP, Brasil)

Araújo, Francisco Rossal de

Direito do trabalho / Francisco Rossal de Araújo, Rodrigo Coimbra. — 2. ed. — São Paulo : LTr, 2021.

ISBN 978-65-5883-063-4

1. Direito do trabalho 2. Direito do trabalho — Brasil I. Coimbra, Rodrigo. II. Título.

21-69322 CDU-34:331(81)

Índice para catálogo sistemático:

1. Brasil : Direito do trabalho 34:331(81)
Maria Alice Ferreira — Bibliotecária — CRB-8/7964

Sumário

Capítulo 1

Fundamentos, Formação Histórica e Tendências Atuais do Direito do Trabalho

1. Introdução

A verdadeira história está sempre em mutação, pois variam as informações e os valores que condicionam sua interpretação. Sempre é oportuno refletir sobre a evolução dos fatos sociais. Da compreensão precisa do passado resulta uma melhor projeção do futuro.

A evolução das relações de trabalho é complexa e necessita de conexões com a história econômica, com os fenômenos sociais e antropológicos que delas resultam. Não há uma visão única do que ocorreu, e sim distintas visões decorrentes da interpretação de uma fonte inesgotável de informações, representada pela Revolução Industrial e seus desdobramentos até os dias atuais.

O objetivo do presente capítulo é fazer uma abordagem concisa da formação do Direito do Trabalho na Europa, que gerou reflexos no mundo todo no que concerne aos fundamentos desse ramo do Direito que visa a tutelar e disciplinar as relações de trabalho individuais e coletivas[(1)].

A origem do trabalho humano remonta ao próprio surgimento dos seres humanos e não é objeto do presente estudo. O resultado que se pretende é colaborar para o esclarecimento de determinadas situações que condicionam o atual modelo normativo de relações de trabalho.

A formação histórica do Direito do Trabalho está relacionada intimamente ao fenômeno conhecido por "Revolução Industrial", do século XVIII.

Na clássica terminologia de Segadas Vianna, a Revolução Industrial foi a "fermentação" que daria origem ao surgimento do Direito do Trabalho. Entretanto, Direito do Trabalho propriamente dito só acontece após a Revolução Francesa, durante o século XIX (1789)[(2)].

---

(1) Sobre a história do trabalho humano e a chamada pré-história do Direito do Trabalho recomenda-se o seguinte estudo: OLEA, Manuel Alonso. *Introdução ao Direito do Trabalho.* 4. ed. São Paulo: LTr, 1984. p. 15-156; SÜSSEKIND, Arnaldo *et al. Instituições de Direito do Trabalho.* 20. ed. São Paulo: LTr, 2002. v. 1, p. 29-34; NASCIMENTO, Amauri Mascaro. *Iniciação ao Direito do Trabalho.* 24. ed. São Paulo: LTr, 1998. p. 41 e segs.; BARROS, Alice Monteiro de. *Curso de Direito do Trabalho.* 4. ed. São Paulo: LTr, 2008. p. 53-58. Sobre as acepções do termo "trabalho" ver VALVERDE, Antonio Martín *et al. Derecho del trabajo.* 6. ed. Madrid: Tecnos, 1997. p. 36.

(2) SÜSSEKIND, Arnaldo *et al. Instituições de Direito do Trabalho.* 20. ed. São Paulo: LTr, 2002. v. 1, p. 41; NASCIMENTO, Amauri Mascaro. *Iniciação ao Direito do Trabalho.* 24. ed. São Paulo: LTr, 1998. p. 35.

Somente no final do século XIX surgiram as condições sociais que tornaram possível o aparecimento desse ramo do direito, com características próprias e autonomia doutrinária. O Direito do Trabalho é produto típico da industrialização destes últimos tempos(3).

A Revolução Industrial levantou uma problemática social nova, fonte de conflitos e tensões que se arrastaram durante o século XIX e conduziram, no seu termo, a novas estruturações(4).

Adverte Evaristo de Moraes Filho que alguns autores(5) confundem "a história das formas de trabalho humano, a sua regulação jurídica, com as atuais leis sociais, que também dizem respeito ao desempenho das tarefas econômicas em sociedade, mas com outro espírito, com outra intenção, com finalidade diversa"(6).

A história do Direito do Trabalho é uma história normativa, ou seja, como as normas jurídicas de determinados Estados foram influenciadas pelas condições econômicas e sociais.

Estudar-se-á, a seguir, os principais momentos da formação histórica do Direito do Trabalho, cronologicamente, culminando com o exame das tendências atuais do Direito do Trabalho.

2. *Primeira Revolução Industrial — Fenômeno localizado (Inglaterra) entre 1750 e 1800*

O surgimento do Direito do Trabalho está intrinsecamente relacionado ao advento da Revolução Industrial, cuja primeira fase é um fenômeno localizado na Inglaterra, a partir da segunda metade do século XVIII até o início do século XIX, marco de um conjunto de transformações decorrentes da descoberta do vapor como fonte de energia e da sua aplicação nas fábricas e meios de transportes. Esse conjunto de fatores econômicos, atuando de forma interligada, provocou uma revolução sem precedentes na história da humanidade(7).

Implicou uma mudança de vida generalizada e intensa, e, nesse sentido, foi uma verdadeira revolução, uma agitação profunda, não só industrial, mas também social e intelectual, embora os seus impactos não fossem instantâneos, mas longamente preparados e prolongados no tempo. Em suma, gerou uma nova civilização ou uma cultura, que repercutiu aparentemente em toda espécie de comportamento humano(8).

As primeiras máquinas a vapor construídas na pioneira Inglaterra, durante o século XVIII, retiravam a água acumulada nas minas de ferro e de carvão e fabricavam tecidos. Com isso, a produção de mercadorias aumentou muito, e os lucros dos primeiros industriais cresceram na mesma proporção.

Até a Revolução Industrial, a atividade produtiva era artesanal e manual. O artesão e sua família, com o uso de ferramentas simples, realizavam todas as etapas do processo produtivo, desde a obtenção da matéria-prima até a comercialização do produto final. Como consequência, o consumo de bens era extremamente restrito em função das limitações da própria oferta.

A Revolução Industrial trouxe novas formas de produção e consumo. A produção de bens aumentou em escala geométrica em função das novas tecnologias, em especial pela intensa mecanização do processo produtivo. Também foram fundamentais as ideias de Adam Smith a respeito da divisão social do trabalho, compartimentando as etapas do processo produtivo e proporcionando um aumento da produtividade

(3) MORAES FILHO, Evaristo de; MORAES, Antônio Carlos Flores de. *Introdução ao Direito do Trabalho.* 7. ed. São Paulo: LTr, 1995. p. 74.

(4) CORDEIRO, Antônio Menezes. *Manual de Direito do Trabalho.* Coimbra: Almedina, 1991. p. 42.

(5) KROTOSCHIN, por exemplo, entende que o direito do trabalho não é produto da industrialização, mas já existia em todos os tempos, desde que se prestou trabalho em proveito de outro (KROTOSCHIN, Ernesto. *Tratado práctico de derecho del trabajo.* 4. ed. Buenos Aires: Depalma, 1987. p. 19-20.

(6) MORAES FILHO, Evaristo de; MORAES, Antônio Carlos Flores de. *Introdução ao Direito do Trabalho.* 7. ed. São Paulo: LTr, 1995. p. 79.

(7) OLEA, Manuel Alonso. *Introdução ao Direito do Trabalho.* 4. ed. São Paulo: LTr, 1984. p. 159.

(8) OLEA, Manuel Alonso. *Introdução ao Direito do Trabalho.* 4. ed. São Paulo: LTr, 1984. p. 159.

apenas pela especialização das tarefas dos trabalhadores. A soma dessas duas circunstâncias gerou ganhos de produtividade impensáveis até então, relegando o trabalho artesanal a um segundo plano no que diz respeito à produção de riqueza.

Porém, houve outras consequências no que diz respeito à propriedade dos meios de produção e ao domínio da técnica de produzir bens e serviços. Até a Revolução Industrial, os trabalhadores dominavam o conhecimento de todo o processo produtivo. Dito de outra maneira, adquiriam a matéria-prima, transformavam e beneficiavam o produto, comercializam os bens e se apropriavam do resultado de seu trabalho na integralidade.

Com a Revolução Industrial, os trabalhadores perderam o controle do processo produtivo, uma vez que passaram a trabalhar para outrem (industrial), aos quais pertenciam todos os lucros da atividade econômica. A contraprestação de seu trabalho era apenas o salário ou remuneração. Em outras palavras: até a Revolução Industrial o resultado do trabalho ficava com quem o produzia (trabalho livre). A partir desse momento, o resultado do trabalho não fica mais com o trabalhador, que passa a trabalhar para outrem (trabalho subordinado). Isso é um divisor de águas na história da humanidade[9].

Juridicamente, essa circunstância — trabalho por conta alheia — não era novidade em termos de regulamentação por via de normas. O próprio direito romano tardio concebia um contrato específico para o trabalho prestado por pessoa livre, mediante remuneração, sem obra específica (*locatio conductio operarum*, em contraposição à locação de obra/empreitada — *locatio conductio operis*). Entretanto, a novidade é que somente na Revolução Industrial essa forma de trabalho passa a ser hegemônica, em comparação com o trabalho autônomo, com o trabalho prestado em corporações ou com o trabalho servil.

Por um lado, as riquezas geradas eram imensas e, por outro, as condições de vida nas cidades, que passavam por um crescimento demográfico muito marcante, costumavam ser horríveis. Nessa linha, as condições de trabalho também eram péssimas. O ambiente de trabalho era amplamente prejudicial à saúde, as jornadas de trabalho eram excessivas e os salários eram muito baixos. As mulheres não tinham qualquer espécie de proteção.

Outrossim, um dos fatos mais lamentáveis da Revolução Industrial foi o abuso do trabalho infantil. As jornadas de trabalho de 14 a 16 horas, em ritmo continuado (não haviam intervalos, repousos semanais remunerados), são excessivas para qualquer idade. Cabe lembrar que tais condições de trabalho foram aplicadas a crianças de até oito e nove anos, em oficina ou em minas, e ainda inferior, na indústria têxtil, com o objetivo principal de redução dos custos empresariais, pois seus salários eram menores, já que não havia nenhuma intervenção do Estado regrando as relações de trabalho[10]. Também não havia qualquer proteção para empregados que sofressem acidentes no trabalho[11].

A forma contratual utilizada para vincular juridicamente os trabalhadores com as empresas foi a locação de serviços. Nos primeiros momentos, os trabalhadores faziam parte de um grupo social que não possuía consciência de sua cidadania e da possibilidade de ser sujeito de direitos e obrigações em condições de igualdade. Deve ser lembrado que a Revolução Industrial começa em um contexto político e sociológico de derrubada de monarquias e de uma sociedade estamental (divisão por classes ou estamentos) profundamente enraizada por séculos de feudalismo. Mesmo a burguesia teve de lutar politicamente para ter reconhecido o direito de celebrar contratos em condições de igualdade com a nobreza e que esses contratos deviam ser respeitados por si sós, sem a possibilidade de alteração leonina e unilateral pelo simples fato

(9) SÜSSEKIND, Arnaldo *et al. Instituições de Direito do Trabalho.* 20. ed. São Paulo: LTr, 2002. v. 1, p. 41. Essa circunstância — trabalho por conta alheia — não era novidade em termos de regulamentação por via de normas jurídicas. O próprio direito romano tardio concebia um contrato específico para o trabalho prestado por pessoa livre, mediante remuneração, sem obra específica (*locatio conductio operarum*, em contraposição à locação de obra/empreitada — *locatio conductio operis*). Entretanto, a novidade é que somente na Revolução Industrial essa forma de trabalho passa a ser hegemônica, em comparação com o trabalho autônomo, trabalho prestado em corporações ou trabalho servil.

(10) OLEA, Manuel Alonso. *Introdução ao Direito do Trabalho.* 4. ed. São Paulo: LTr, 1984. p. 181-182.

(11) NASCIMENTO, Amauri Mascaro. *Iniciação ao Direito do Trabalho.* 24. ed. São Paulo: LTr, 1998. p. 42-43.

de pertencer a estamento social superior. Somente depois de muitas décadas é que a burguesia conseguiu impor uma legislação formalmente de igualdade, representada, principalmente, pela Codificação Civil[12]. Assim, os trabalhadores não participam da primeira noção de sujeito de direitos e obrigações, pois, nessa época, apenas os cidadãos proprietários tinham a condição completa de cidadania e de capacidade de exercer direitos e obrigações.

O direito do trabalho foi concebido como consequência da concretização de dois princípios: o princípio da autonomia coletiva e o princípio da intervenção estatal. A autonomia coletiva foi a base do movimento sindical e das normas, estando relacionado com a concepção liberal da economia e o "livre jogo das forças do mercado", segundo o qual o Estado não deve intervir nas relações privadas (ocorrendo de forma mais completa na Inglaterra). A intervenção estatal foi a concretização da ideia oposta, mediante algumas medidas de proteção, primeiramente em relação a grupos discriminados, como mulheres e crianças[13].

A reação a todo o contexto acima descrito é dada pelo direito coletivo, que começará a se formar na segunda fase da Revolução Industrial.

3. *Segunda Revolução Industrial (1800 a 1900) — Fenômeno expandido pela Europa e América do Norte chegando ao Japão*

Na segunda fase da Revolução Industrial, a partir da segunda metade do século XIX ao início do século XX), o fenômeno é expandido pela Europa Continental — França, Bélgica, Holanda, Alemanha, norte da Itália, alguns locais na Espanha (Catalunha e País Basco) e América do Norte (norte dos EUA e Canadá), chegando ao Japão. Decorre de uma série de desenvolvimentos dentro da indústria química, elétrica, de petróleo e de aço.

Outros progressos essenciais nesse período incluem a introdução de navios de aço movidos a vapor, o desenvolvimento do avião, a produção em massa de bens de consumo, refrigeração mecânica, outras técnicas de preservação da comida, a invenção do telégrafo e do telefone. A petroquímica desenvolveu a produção de remédios, colaborando com a medicina e a saúde pública em geral.

A livre concorrência dá lugar à concorrência monopolista. O taylorismo[14] e o fordismo[15] dominaram esta nova dinâmica de produção industrial. Com a introdução de linhas de montagem, eleva-se a produtividade ao minimizar o tempo de deslocamento e redução nos estoques. Esse cenário leva à substituição de empregados por máquinas (chamada de "automação"), de forma a maximizar a produtividade[16].

Todo esse contexto gerou significativas reações por parte dos trabalhadores, que, unidos em sindicatos, reivindicavam um direito que os protegesse minimamente, capaz de coibir os abusos do empregador e preservar a sua dignidade[17]. Pressionaram os patrões a atenderem seus pleitos, por meio de greves, por

---

(12) HEPLE, Bob. *La formación del Derecho del Trabajo en Europa.* Madrid: Ministério de Trabajo y Seguridad Social, 1994. p. 338. Essa realidade ocorre na Europa Continental, tendo como paradigma o Código Civil francês, que vai influenciar dezenas de codificações europeias na primeira metade do século XIX. Na Inglaterra, esse papel é representado pela sedimentação dos *standarts*, por intermédio da construção jurisprudencial da *Common Law.*

(13) HEPLE, Bob. *La formación del Derecho del Trabajo en Europa.* Madrid: Ministério de Trabajo y Seguridad Social, 1994. p. 337.

(14) Segundo o método de administração científica de Frederick W. Taylor, conhecido como taylorismo, a empresa deveria efetivar métodos ótimos de trabalho, através de experimentações sistemáticas de tempos e movimentos pelos trabalhadores. Uma vez descobertos, os métodos seriam repassados aos trabalhadores que se transformavam em executores de tarefas predefinidas.

(15) Conforme Henry Ford, o fordismo baseava-se na produção em grande quantidade de automóveis a baixo custo por meio da utilização do artifício conhecido como "linha de montagem", intensificando as possibilidades de economia de escala no processo de montagem.

(16) Sobre essa matéria ver o quadro comparativo feito por ARTILES, Antonio Martin. Cuadro Comparativo: "fordismo" y "toyotismo" (*Curso introductorio de relaciones laborales.* 2. ed. Montevideo: Fundación de Cultura Universitaria, p. 342-343).

(17) NASCIMENTO, Amauri Mascaro. *Iniciação ao Direito do Trabalho.* 24. ed. São Paulo: LTr, 1998. p. 44.

vezes travando choques violentos entre as massas e as forças policiais (ainda movimentadas pela classe capitalista), praticando atos de sabotagem, e tornou-se famosa a luta sob o nome de *cacanny* ou braços caídos[18].

Saliente-se que a reação a esse contexto é dada pelos trabalhadores agrupados em sindicatos (direito coletivo). Desde então, com sentido revolucionário ou simplesmente reformista, não parou mais a reivindicação dos trabalhadores por melhores condições de vida. Destacam Hueck-Nipperdey a característica da "forte acentuação da ideia coletiva, o que permite falar, frequentemente, do Direito Coletivo do Trabalho"[19]. Dessa forma, é importante registrar que o Direito do Trabalho surge do chamado Direito Coletivo do Trabalho e não do Direito Civil (protetor do direito individual, na época), como sustentam muitos autores.

Nessa época (primeira metade do século XIX), o movimento se desencadeou em um "turbilhão", nas palavras de Russomano[20], havendo a ruptura do modelo de Estado Liberal[21] (aspecto político mais importante), impondo-se ao Estado intervir na ordem econômica e social, limitando a liberdade plena das partes, por meio da criação de normas de ordem pública, garantindo condições mínimas ao trabalhador nas relações de trabalho[22].

Esse processo foi lento e iniciou-se na Europa continental, por meio de leis esparsas[23]. Na Alemanha, entretanto, surgiram as ordenações industriais metodizadas. E, sob o comando de Bismarck, foi criada a ideia de seguro social obrigatório[24].

Nesse sentido, refere-se outro fato importante que ocorreu durante o período da segunda fase da Revolução Industrial: a publicação do "Manifesto do Partido Comunista". Em 1848, Karl Marx e Friedrich Engels externaram ao mundo os protestos dos trabalhadores em relação às lutas sociais, paradas de trabalho, prisões, mortes e todo tipo de desordens em voga na época, fazendo com que o Estado se voltasse para a nova realidade social[25].

Só se dá conta da grandiosidade dessas reações quem compara as condições daquela época com as atualmente existentes. O que para Marx, por exemplo, no Manifesto Comunista, era altamente revolucionário constitui-se hoje banalidade: limitação da jornada de trabalho; descanso semanal; férias anuais remuneradas; seguro contra acidente, velhice, enfermidade, incapacidade, salário mínimo etc.[26].

Somando-se as reivindicações de intelectuais como Marx e Engels, teve papel marcante no surgimento do Direito do Trabalho o posicionamento da Igreja Católica, por meio dos seus documentos denominados Encíclicas, entre as quais se destacam: *Rerum Novarum* (Leão XIII, 1891), *Quadragesimo Anno* (Pio XI, 1931), *Mater et Magistra e Pacem in Terris* (João XXIII, 1961 e 1963, respectivamente) e *Laborem Exercens* (João Paulo II, 1981).

---

(18) SÜSSEKIND, Arnaldo *et al. Instituições de Direito do Trabalho.* 20. ed. São Paulo: LTr, 2002. v. 1, p. 42; CESARINO JÚNIOR, Antônio Ferreira; CARDONE, Marly Antonieta. *Direito Social:* teoria geral do direito social, direito contratual do trabalho, direito protecionista do trabalho. 2. ed. São Paulo: LTr, 1993. p. 64.

(19) HUECK, A.; NIPPERDEY, H. C. *Compendio de derecho del trabajo.* Madrid: Revista de Direito Privado, 1963. p. 34.

(20) RUSSOMANO, Mozart Victor. *Curso de Direito do Trabalho.* 4. ed. Curitiba: Juruá, 1993. p. 7.

(21) No modelo de Estado Liberal, o capitalista podia impor livremente, sem interferência do Estado, as suas condições ao trabalhador, pois esse regime fundava-se na liberdade individual (exaltada na Revolução Francesa e consagrada no preâmbulo da Constituição de 1791 desse país), tendo como símbolo do liberalismo a expressão *laissez-faire* (deixar fazer). Nesse sentido, BARROS, Alice Monteiro de. *Curso de Direito do Trabalho.* 4. ed. São Paulo: LTr, 2008. p. 62.

(22) SÜSSEKIND, Arnaldo *et al. Instituições de Direito do Trabalho.* 20. ed. São Paulo: LTr, 2002. v. 1, p. 41; NASCIMENTO, Amauri Mascaro. *Iniciação ao Direito do Trabalho.* 24. ed. São Paulo: LTr, 1998. p. 43.

(23) Sobre essa matéria recomenda-se: HEPLE, Bob. *La formación del Derecho del Trabajo en Europa.* Madrid: Ministério de Trabajo y Seguridad Social, 1994. MORAES, Evaristo de. *Apontamentos de Direito Operário.* 4. ed. São Paulo: LTr, 2002. p. 32-36; PERA, Giuseppe. *Tendências do Direito do Trabalho contemporâneo.* São Paulo: LTr, 1980.

(24) Por meio de leis disciplinando: seguro doença (1883); seguro acidente do trabalho (1884) e seguro invalidez e velhice (1889), conforme HUECK, A.; NIPPERDEY, H. C. *Compendio de derecho del trabajo.* Madrid: Revista de Direito Privado, 1963. p. 29-30.

(25) GOMES, Orlando; GOTTSCHALK, Élson. *Curso de Direito do Trabalho.* 18. ed. Rio de Janeiro: Forense, 2007. p. 4.

(26) MARX, Karl. *Manifesto do partido comunista.* Porto Alegre: L&PM, 2001. p. 129-131.

Para o surgimento do Direito do Trabalho, a encíclica de maior significado e repercussão foi a *Rerum Novarum* (Coisas Novas), do Papa Leão XIII, datada de 15 de maio de 1891, pela qual a igreja reconhecia a injustiça social da época, acabando por aceitar e recomendar a intervenção estatal na economia como único meio capaz de cobrar os abusos do regime. Exigiu toda uma legislação protetora[27].

O cenário de constante competição da segunda fase da Revolução Industrial foi um dos fatores responsáveis pela Primeira Guerra Mundial, em razão das disputas por áreas comerciais e coloniais, pois nem a Alemanha nem a Itália possuíam colônias na África e na Ásia, não tendo, até então, como expandir sua produção industrial.

Em resumo, o Direito do Trabalho não nasce como um apêndice do Direito Civil, ou como especificação de um determinado contrato (locação de serviços). Sua principal característica e fator de diferenciação vem dos conflitos coletivos e, por consequência, do Direito Coletivo. O contrato de locação de serviços era conhecido e serviu como veículo para a normatização das relações de trabalho nos primeiros momentos da Revolução Industrial. Entretanto, foi o movimento de reivindicação de trabalhadores, organizado no movimento sindical, que mudou a concepção jurídica do contrato de locação de serviços e fez surgir o que hoje se conhece por contrato de trabalho.

O dimensionamento jurídico das relações normativas entre trabalhadores e patrões, na sua forma atual, se dá pela influência das relações coletivas, que vão gerar as normas básicas de negociação coletiva e as normas individuais de redução de jornada, repousos remunerados, férias, entre outros. Não haveria princípio protetivo ou mesmo um mínimo de intervenção do Estado na regulamentação dos conflitos entre capital e trabalho se não houvesse o movimento coletivo.

É possível afirmar, portanto, que as normas jurídicas que regulam as relações individuais do trabalho são uma consequência do desenvolvimento do Direito Coletivo do trabalho. Com isso, surge nos trabalhadores a noção de cidadania, que se repercute na ideia de que também os trabalhadores são titulares de direitos subjetivos, e não apenas os burgueses e proprietários, como se pensava no início da Revolução Francesa.

4. Primeira Guerra Mundial. Tratado de Versalhes. Crise do entre guerras. Discussão dos direitos sociais

A consideração dos trabalhadores como indivíduos e sujeitos de direito, leva ao reconhecimento de sua existência jurídica e capacidade de se relacionar juridicamente dentro da sociedade. Em um primeiro momento, os direitos começam a aparecer na legislação ordinária. Entretanto, ao mesmo tempo, desenvolve-se a teoria constitucional na Europa, que começa a organizar uma carta político-jurídica em que devem aparecer todos os principais valores fundantes de um Estado. Além das garantias individuais, aparece o questionamento de direitos que são diferentes, pois não se referem apenas a um indivíduo, mas a grupos de indivíduos: os direitos sociais.

O desenvolvimento do Direito do Trabalho transpassou o período da Primeira Guerra Mundial (1914-1918)[28]. A Primeira Guerra Mundial teve, entre outros fatores econômicos e geopolíticos, a questão colonial e a questão social como grandes problemas a serem equacionados. Países de industrialização mais antiga se confrontaram com países de industrialização mais recente em disputas pelo espólio dos antigos impérios coloniais. Esse jogo de interesses teve repercussões também na forma como eram resolvidas as reivindicações dos trabalhadores por melhores salários e melhores condições de trabalho.

Comparando a situação do Direito do Trabalho na Europa do período entre guerras com o período antes da Primeira Guerra Mundial (com exceção da Alemanha nazista e da Itália fascista), é possível fazer duas observações: a) apesar da forte pressão política derivada do êxito da Revolução Russa, não ocorreram mudanças revolucionárias na ordem social; b) os ordenamentos laborais nacionais mantiveram a mesma

(27) NASCIMENTO, Amauri Mascaro. *Iniciação ao Direito do Trabalho*. 24. ed. São Paulo: LTr, 1998. p. 44.
(28) HUECK, A.; NIPPERDEY, H. C. *Compendio de derecho del trabajo*. Madrid: Revista de Direito Privado, 1963. p. 37.

linha de desenvolvimento de antes da Primeira Guerra Mundial, mas foram alcançando uma maior uniformidade[29]. Dito de outra maneira, o capitalismo se desenvolve dentro de um marco de liberalismo político, pelo menos na grande parte das nações industrializadas.

No final da Primeira Guerra tem-se uma nova era com o reconhecimento internacional do Direito do Trabalho. Antes da Primeira Guerra Mundial, o Direito do Trabalho estava constituído por um conjunto de direitos nacionais.

O acordo que pôs fim à Primeira Guerra Mundial, o Tratado de Versalhes, foi celebrado no Palácio de Versalhes, em 1919, em Paris. Em seu art. 4º, faz menção a "questão social" e não admite que o trabalho humano seja tratado como mercadoria. Entre outras disposições, assegura jornada de oito horas, igualdade de salário para trabalho de igual valor, repouso semanal, inspeção do trabalho, salário mínimo, proteção especial ao trabalho das mulheres e dos menores, dispondo também sobre direito sindical (art. 427)[30].

O Tratado de Versalhes confere posição definitiva aos ordenamentos jurídicos nacionais e internacionais (sobretudo pela ação da Organização Internacional do Trabalho — OIT, também criada em 1919, que desenvolveu um importante papel de universalização do Direito do Trabalho)[31].

A ideia mais importante expressa tanto pelo Tratado de Versalhes como pela Constituição da Organização Internacional do Trabalho é a de que a intranquilidade social é resultante da inexistência ou dos defeitos da regulamentação do trabalho de cada país, e gera tensões que ameaçam a paz e a tranquilidade gerais. Partindo dessa noção e tomando por base as condições existentes em países industrialmente mais adiantados, passou-se a buscar, por meio de convênios e recomendações, impor a cada país a obrigação de promulgar normas de Direito interno, que elevem efetivamente as condições de trabalho[32].

Nessa linha, inicia-se, no âmbito dos ordenamentos jurídicos nacionais, um movimento de elevação dos princípios e normas de Direito do Trabalho ao plano constitucional, ao qual se dá o nome de "constitucionalismo" ou "constitucionalização" social e ocorre por meio da inclusão de leis trabalhistas nas constituições nacionais. A primeira constituição do mundo a dispor sobre Direito do Trabalho, ou normas de direitos sociais, foi a Constituição do México de 1917. Todavia, em termos de repercussão mais ampla, foi a Constituição de Weimar (Alemanha) o paradigma de inclusão dos direitos sociais nas cartas constitucionais.

A Constituição de Weimar nasce de um frágil acordo político que permite votar um texto constitucional com características sociais democráticas. De um lado, estavam as forças conservadoras da Alemanha tradicional, contrárias a qualquer tipo evolução em matéria de direitos sociais. De outro, os partidos de esquerda pregavam feições revolucionárias para o novo texto constitucional No meio de ambos, as forças sociais democratas, que, juntamente com as minorias dos partidos católicos alemães, fazem o acordo e conseguem a maioria de votos que resulta no texto historicamente conhecido.

Em outras palavras, os avanços de natureza social conseguidos pela Constituição de Weimar descontentam tanto os setores mais conservadores quanto os setores de cunho revolucionário, mas representam o avanço possível dadas as condições políticas extremadas em que se encontrava o país. Com o passar do tempo, não houve regulamentação infraconstitucional dos principais direitos sociais previstos na Constituição de Weimar porque a Alemanha, já a partir de meados da década de 1930, mergulha em um crescente autoritarismo, com a ascensão de Adolf Hitler ao poder. Num primeiro momento, Hitler manipula as instituições alemãs dentro de uma perspectiva ainda democrática, para depois tomar o poder de forma plena.

Os reflexos dessas atitudes políticas na área do Direito do Trabalho podem ser estudados nas leis de trabalho do III Reich, de 1933. Somente depois da Segunda Guerra Mundial, com a redemocratização da parte ocidental da Alemanha, é que voltam a ser discutidos os direitos sociais, como se percebe no texto da

---

(29) HEPLE, Bob. *La formación del Derecho del Trabajo en Europa.* Madrid: Ministério de Trabajo y Seguridad Social, 1994. p. 346.

(30) HEPLE, Bob. *La formación del Derecho del Trabajo en Europa.* Madrid: Ministério de Trabajo y Seguridad Social, 1994. p. 339.

(31) BARROS, Alice Monteiro de. *Curso de Direito do Trabalho.* 4. ed. São Paulo: LTr, 2008. p. 62.

(32) Esse fenômeno se generaliza após a Segunda Guerra Mundial, conforme OLEA, Manuel Alonso. *Introdução ao Direito do Trabalho.* 4. ed. São Paulo: LTr, 1984. p. 231.

Lei Fundamental de Bonn (1948), que é o correspondente ao que se denomina Constituição alemã atual. A partir de então, os direitos sociais passam a ser regulamentados em plano infraconstitucional, dando origem ao Direito do Trabalho alemão moderno.

Não obstante os preceitos da Constituição de Weimar somente após a Segunda Guerra Mundial tenham obtido eficácia plena e regulamentação legal, a ideia de direitos sociais prevista na década de 1930 é que vai influenciar a legislação de outros países. Quando isso ocorre, há repercussão imediata na Europa, sendo a referida Constituição considerada "a base das democracias sociais" e influenciando inúmeros países ao redor do mundo (entre os quais o Brasil, cuja Constituição de 1934 foi fortemente influenciada pela Constituição de Weimar)(33).

A Constituição de Weimar previu uma série de direitos nunca antes previstos, abrindo o caminho para uma nova concepção do Direito do Trabalho, ao defender a concreção de direitos sociais mínimos para toda a classe trabalhadora(34).

Em outras palavras: os direitos trabalhistas passam a ser previstos como direitos fundamentais(35), ocupando um espaço até então apenas reservado para os direitos individuais. A Constituição de Weimar repercute no mundo a noção de cidadania e de igualdade, mas provoca questionamentos entre igualdade formal e igualdade material e sua relação com a igualdade(36). Os princípios da igualdade e da liberdade são limitação do poder, princípios do chamado Estado de Direito(37).

Liberdade depende de igualdade. Não são conceitos separados. O pressuposto de igualdade formal não é suficiente para garantir a liberdade, pois o mais poderoso economicamente subverte o sistema legal e impõe as suas condições no contrato. Assim, para garantir a liberdade, é necessário aprofundar o conceito de igualdade, vendo-o pelo ponto de vista substantivo (material) e não apenas formal (perante a lei). Para garantir a igualdade material, é preciso distribuir a riqueza. A distribuição da riqueza pode ser feita mediante um Direito do Trabalho mais proativo e o conceito de direitos sociais, que garantem um mínimo de dignidade aos cidadãos (educação, habitação, saúde, trabalho, entre outros).

5. *A experiência autoritária e o direito do trabalho: fascismo e nazismo*

A consolidação do Direito do Trabalho, em termos políticos e legislativos, não foi uniforme, refletindo avanços e retrocessos. A experiência autoritária destacada pelo fascismo (1921, Itália — Mussolini) e pelo Nazismo (1938, Alemanha — Hitler) alterou profundamente o Direito do Trabalho nessa época, rompendo com a evolução que então trilhava(38).

Existem duas vertentes de soluções políticas para a questão dos trabalhadores: uma vertente autoritária, representada pela experiência fascista e nazista, e uma vertente democrático-liberal, representada pela experiência da Inglaterra e dos EUA. Também se pode falar em uma terceira experiência, que é a socialista, cujo maior paradigma é a União Soviética, que vai perdurar até os anos 80 do século XX.

Na experiência totalitária, o trabalhador é visto englobadamente junto com a empresa. Os interesses dos trabalhadores e dos empresários não são vistos como conflitantes, mas como uma conjugação no intuito de reforçar o papel do Estado. Os cidadãos não têm representação individual, mas segundo o "corpo" social

(33) OLEA, Manuel Alonso. *Introdução ao Direito do Trabalho.* 4. ed. São Paulo: LTr, 1984. p. 231.

(34) HEPLE, Bob. *La formación del Derecho del Trabajo en Europa.* Madrid: Ministério de Trabajo y Seguridad Social, 1994. p. 349.

(35) OLEA, Manuel Alonso. *Introdução ao Direito do Trabalho.* 4. ed. São Paulo: LTr, 1984. p. 234.

(36) FERREIRA FILHO, Manoel Gonçalves. *Curso de Direito Constitucional.* 34. ed. São Paulo: Saraiva, 2008. p. 281-286.

(37) Os princípios de igualdade e liberdade, com os direitos que deles decorrem, são expressão direta de um regime político, qual seja, a democracia, conforme esclarece FERREIRA FILHO, Manoel Gonçalves. *Curso de Direito Constitucional.* 34. ed. São Paulo: Saraiva, 2008. p. 281-286.

(38) DE LA CUEVA, Mário. *El nuevo derecho mexicano del trabajo.* 6. ed. México: Porrúa, 1980. p. 22; CATHARINO, José Martins. *Compêndio de Direito do Trabalho.* 3. ed. São Paulo: Saraiva, 1982. p. 14.

a que pertencem. Por essa razão, a representação é corporativa, não democrática. Os reflexos dessa visão aparecem na *Carta del lavoro* (Itália, 1927) e na lei de trabalho do III Reich (Alemanha, 1933).

A ascensão do fascismo e do nazismo não ocorre apenas no aparato estatal. Na Itália, os sindicatos eram dominados por três grandes forças políticas: os anarquistas, os sociais-democratas e os fascistas. As ideias comunistas nunca chegaram a ser representativas na cena política italiana e mesmo seu partido comunista sempre manteve independência com relação às diretrizes traçadas pela antiga União Soviética. Na disputa dessas três forças — anarquismo, social-democracia e fascismo —, o fascismo vai ascendendo lentamente e dominando o comando dos sindicatos mais representativos, em especial a indústria da transformação e a automobilística, que é uma das grandes aliadas de Benito Mussolini, que fazia suas principais manifestações aos operários da FIAT italiana, controlada pela família Agnelli.

Os regulamentos estatais vieram a substituir normas coletivas (direito autônomo). Por outro lado, os empresários estavam submetidos a um forte controle estatal. No âmbito do direito individual do trabalho não ocorreram alterações fundamentais[39].

Em síntese, o fascismo italiano seguido pelo nacional-socialismo (nazismo) alemão eliminaram ou cooptaram o Direito Coletivo do Trabalho, pelo domínio dos aparatos sindicais. Suprimiram os sindicatos e as organizações patronais ou as colocaram em um sistema em que são concebidas como colaboradoras do Estado. Quando existente, o conflito é abafado ou, ao não existir associações sindicais, desapareceram os conflitos coletivos e os acordos coletivos, lato senso[40]. No Brasil, um exemplo dessa mentalidade são os arts. 513, *d*, e 514, *a*, da Consolidação das Leis do Trabalho, que dispõem sobre as prerrogativas e deveres dos sindicatos[41].

6. Após a Segunda Guerra Mundial

A Segunda Guerra Mundial gerou problemas similares aos causados pela Primeira, mas agora de forma mais concentrada na Inglaterra, país europeu onde o sistema de relações laborais próprio de uma sociedade livre não havia sido tomado por regimes autoritários.

As principais linhas de pensamento derivam das reflexões de J. M. Keynes, que prega uma maior intervenção do Estado na economia, sem descaracterizar o sistema capitalista, baseado nos pressupostos de propriedade privada dos meios de produção, liberdade de mercado, trabalho assalariado e lucro. Para Keynes, o Estado deve interferir não apenas como regulador normativo da Economia (intervenção indireta) e como agente econômico produtor/consumidor (intervenção direta). Isso se deve ao fato de que, depois da crise de 1929, não havia confiança nas instituições privadas, que eram as responsáveis pela grande crise do capitalismo, até então. Somente o Estado poderia repor a confiança no sistema financeiro e no sistema econômico como um todo, estabelecendo regulamentação para a atividade desenfreada do capitalismo e atuando em setores estratégicos, que estavam fora do alcance dos investimentos privados (infraestrutura, eletricidade, petróleo, saneamento etc.). Naqueles tempos, pensar na limitação da autonomia da vontade e regular a liberdade de contratar era uma afirmação polêmica, pois o paradigma era ao individualismo e à autonomia plena de contratar, como pressuposto dos direitos fundamentais de liberdade e propriedade.

(39) HUECK, A.; NIPPERDEY, H. C. *Compendio de derecho del trabajo*. Madrid: Revista de Direito Privado, 1963. p. 40-41.
(40) HUECK, A.; NIPPERDEY, H. C. *Compendio de derecho del trabajo*. Madrid: Revista de Direito Privado, 1963. p. 40-41.
(41) O texto legal é o seguinte:
"Art. 513. São prerrogativas dos sindicatos:
(...)
d) colaborar com o Estado, como órgãos técnicos e consultivos, na estudo e solução dos problemas que se relacionam com a respectiva categoria ou profissão liberal"; (...).
"Art. 514. São deveres dos sindicatos:
a) colaborar com os poderes públicos no desenvolvimento da solidariedade social"; (...).

Keynes não chega a sustentar abertamente a função social da propriedade, mas suas ideias colaboram para o fortalecimento desta tese, de certa forma.

Para repor a economia em marcha, o Estado regula os excessos do capitalismo, por meio de legislação de controle do sistema financeiro e do mercado de ações e age como investidor ou consumidor direto, fomentando a produção e o consumo. Assim, surgem os investimentos estatais em obras de infraestrutura, que geram emprego e renda. Para financiar esses investimentos estatais, Keynes admite que, em um primeiro momento, é preciso emitir moeda sem lastro, baseada na confiança inspirada pelo Estado, o que, no curto prazo, gera inflação e endividamento do Estado, mas que, a médio e longo prazos, é recuperado pela maior oferta de bens e serviços e pelos impostos decorrentes da reativação econômica. Dito de outro modo, o plano é olhar para o futuro e estabelecer um pacto de transição para a normalidade. De início, há certo sacrifício de todos, que será recompensado com a melhoria das condições, se tudo der certo. Os planos de Keynes tinham a vantagem de que a outra alternativa era o caos gerado pela crise financeira e produtiva de 1929. Dessa forma, suas ideias contribuíram para o renascimento do sistema capitalista em bases mais racionais e limitadas.

Principalmente após a Segunda Guerra Mundial, ocorreram o fortalecimento do capitalismo e a hegemonia das teorias keynesianas, resultando, entre outras consequências, na planificação do Estado, na incorporação informal das instituições laborais à estrutura estatal e na maior regulamentação das relações comerciais nacionais e internacionais. As ideias radicais, libertárias e igualitárias, inclusive as utópicas, engendradas pela luta contra o totalitarismo, alimentavam as expectativas populares de que o Estado teria um papel importante na transformação da sociedade ao acabar a guerra(42).

Esse novo papel requer uma intervenção moderada do Estado na Economia. Regulação e autorregulação das relações de trabalho. É importante salientar que o desenvolvimento das relações industriais durante e após a Segunda Guerra Mundial significou mais do que melhorias na seguridade social, nos sistemas de representação dos trabalhadores nas fábricas e em nível nacional, ou da extensão do direito ao voto para as mulheres, mas a esperança de um novo futuro baseado na liberdade e no império da lei(43).

Surgiu uma nova maneira de entender as coisas, que se revela claramente ao se comparar a declaração de intenções e objetivos da OIT na Conferência de Filadélfia de 1944 com o Tratado de Versalhes de 1919.

Informa e ao mesmo tempo adverte Gerard Lyon-Caen que, em 1945, "o progresso social estava em todas as bocas", em que pese "o tempo histórico não é idêntico em cada país"(44).

Também é de ser considerada a questão relativa ao embate ideológico entre os modelos vencedores da Segunda Grande Guerra: de um lado, o modelo capitalista, agora fortemente influenciado pelos EUA e não mais pela Inglaterra; e de outro, o modelo socialista, cujo paradigma era a União Soviética (URSS)(45).

No plano do Direito do Trabalho dos países capitalistas, que é o objeto de estudo em questão, é importante ressaltar o enorme esforço para a reconstrução da Alemanha Ocidental e da Itália, países que foram arrasados pela guerra. Em menor grau, França, Holanda, Bélgica e outros países da Europa também receberam pesada ajuda econômica dos EUA (Plano Marshall). Essa ajuda econômica veio acompanhada de um modelo de relações laborais, baseada na relativa regulamentação do Estado, com respeito à tradição de negociação coletiva de cada país.

Depois da guerra, aos poucos vão se reorganizado as empresas e os sindicatos, que realizam negociações coletivas com a participação do Estado, o que caracteriza o sistema tripartite de negociação, modelo até hoje existente, com variações de país para país. Dito de outra maneira, o Direito do Trabalho que aparece depois da Segunda Guerra é um direito baseado na negociação coletiva, no reconhecimento dos direitos do traba-

(42) HEPLE, Bob. *La formación del Derecho del Trabajo en Europa*. Madrid: Ministério de Trabajo y Seguridad Social, 1994. p. 358.
(43) HEPLE, Bob. *La formación del Derecho del Trabajo en Europa*. Madrid: Ministério de Trabajo y Seguridad Social, 1994. p. 359.
(44) LYON-CAEN, Gerard, *Evolucion del pensamento juslaboralista*. Montevideo: Fundación de Cultura Universitária, 1997. p. 266.
(45) HEPLE, Bob. *La formación del Derecho del Trabajo en Europa*. Madrid: Ministério de Trabajo y Seguridad Social, 1994. p. 361.

lhador como indivíduo, seja no plano legal, seja no plano constitucional, e também na instrumentalização de uma negociação em que os protagonistas são os sindicatos, as organizações patronais e o Estado, em função da relevância do tema para a sociedade e dos reflexos que advêm no campo tributário, previdenciário e das relações de consumo em geral.

Apresenta-se um processo de realinhamento entre capital e trabalho, favorável a este trabalho e às suas organizações, que compreende o âmbito das relações industriais e o conjunto dos processos distributivos[(46)].

7. A retomada da diminuição da intervenção do Estado dos anos 1980 e 1990

Nos anos 1980 e 1990, importantes países da Europa e os Estados Unidos da América tomaram uma série de medidas que revigoraram o liberalismo econômico, o que ficou conhecido como "neoliberalismo", sendo pregada a ideia de pouca intervenção do Estado na economia e nas relações de trabalho. Os defensores desse modelo de Estado têm em comum a aversão a qualquer possibilidade de limitação da liberdade humana, seja de forma institucional ou ideológica. Qualquer limitação às atividades humanas e qualquer relação interpessoal que não nasça espontaneamente e cujos resultados não sejam fruto apenas da argumentação e dos interesses das partes envolvidas é um ataque à liberdade e deve ser evitada. Por isso defendem também a liberdade máxima no mercado, deixando os agentes econômicos soltos, sem qualquer regulamentação[(47)].

Essa significativa retomada das ideias liberais[(48)] começou no governo de Margareth Thatcher na Inglaterra (1979-1990) e de Ronald Reagan nos Estados Unidos (1980-1988). Nos EUA houve uma variação no modelo, pois sempre foram mais liberais e pouco regulamentadores do que os países europeus, mas é possível destacar semelhanças entre as principais reformas neoliberais praticadas por estes países: contraíram a emissão monetária, produzindo valorização da moeda e também um efeito potencialmente recessivo, baixaram consideravelmente os impostos, principalmente sobre as grandes empresas, enfrentaram greves, criaram uma legislação antissindical e cortaram gastos sociais. Depois se seguiu um programa de privatização[(49)].

Nessa esteira, a Alemanha (Helmut Kohl, 1982-1998), a Espanha (reformas de 1994) e a Itália (reformas dos anos 1990) seguiram a ordem econômica internacional promovendo reformas de cunho neoliberais.

Gerard Lyon-Caen explica de forma direta a geração da onda neoliberal no direito do trabalho: "o sistema de relações profissionais, ligado ao forte poder da organização sindical (...) foi progressivamente destruído no curso da era Thatcher. A desregulamentação virou moda"[(50)].

Nesse contexto, o desenvolvimento do processo de internacionalização do capital define o que se chama de globalização da economia, que constitui um novo cenário para a década de 1990 e seguintes, tendo importantes reflexos no Direito do Trabalho[(51)].

Romita explica, de forma concisa, que no mundo desenvolvido e em vias de desenvolvimento ocorreu, nos últimos 25 anos, uma verdadeira revolução científico-tecnológica, que deflagrou um processo de globalização em escala e em intensidade sem precedentes. Esse processo, que é irreversível, permite o deslocamento rápido, barato e maciço de mercadorias, serviços, capitais e trabalhadores. Grandes mercados

---

(46) BAGLIONI, Guido. *O mundo do trabalho:* crise e mudança no final do século. São Paulo: Scritta, 1994. p. 94-95.

(47) Sobre o neoliberalismo ver: POPPER, Karl. *A sociedade aberta e seus inimigos*. Coleção Os Pensadores. São Paulo: Abril, 1980. p. 178.

(48) Catharino chama essa retomada de "o rebrote da doutrina liberal" (CATHARINO, José Martins. El rebrote de la doctrina liberal y los modelos flexibilizadores. In: *Evolución del pensamiento juslaboralista.* Montevideo: Fundación de Cultura Universitária, 1997. p. 103-122).

(49) Para um detalhamento dos problemas estruturais das relações industriais europeias na década de 1980 ver BAGLIONI, Guido. *O mundo do trabalho:* crise e mudança no final do século. São Paulo: Scritta, 1994. p. 54-58.

(50) LYON-CAEN, Gerard. *Evolucion del pensamento juslaboralista.* Montevideo: Fundación de Cultura Universitária, 1997. p. 267.

(51) Sobre essa matéria ver COIMBRA, Rodrigo. Globalização e internacionalização dos direitos fundamentais dos trabalhadores. *Revista de Direito do Trabalho,* n. 146, São Paulo, p. 411-431, abr./jun. 2012.

regionais se tornaram possíveis e pode-se pensar, num futuro próximo, no surgimento de um único mercado planetário de bens e de trabalho(52).

Impulsionada por elementos econômicos e por fatores políticos neoliberais, a globalização tem reclamado um dos ajustes estruturais mais selvagens, conforme Rodolfo Capón Filas(53), modificando toda ordem econômica e social e gerando o deslocamento do trabalho (desemprego crescente em alguns países e aumento de postos de trabalho em outros), precarização de trabalho, deterioração da qualidade de vida, entre outros reflexos, como o crescimento da dívida externa nos países periféricos.

Juntamente com a globalização, merecem destaque, nessa época, os movimentos de flexibilização de direitos trabalhistas, que exigem das empresas melhores níveis de competitividade, levando ao uso de novas técnicas de organização da produção e demandas de flexibilização dos direitos trabalhistas(54).

Sobre a busca da flexibilidade na Europa nos anos 1980 destacam-se três aspectos essenciais: a) a flexibilidade passa a ser uma exigência quase universal em ambientes industrializados e um dos problemas dominantes nos países europeus; b) a exigência expressa pelos empresários encontrou consensos mesmo fora dos seus âmbitos, principalmente por parte dos poderes públicos; c) a flexibilidade envolve, *in totum*, os conteúdos tradicionais, as regras de as relações industriais e, portanto, a atuação sindical das empresas, na medida em que esta atuação representa a capacidade das empresas se reorganizarem em prazos curtos diante das flutuações da macroeconomia em um contexto geral já caracterizado por profundas incertezas e crescente competitividade. Essas exigências referem-se tanto à flexibilidade interna (mudanças na organização do trabalho administração dos horários, modalidades das tarefas e evolução das responsabilidades, sistemas retributivos), quanto à flexibilidade externa (variações do número de funcionários, contratos atípicos e anormais, mobilidade)(55).

Os trabalhadores foram colocados num dilema: renunciar aos seus direitos adquiridos ou ser cúmplices do crescimento do número de desempregados. Foi assim que o Direito do Trabalho retornou progressivamente ao que havia sido antes, e novamente colocando em pauta a dupla finalidade do Direito do Trabalho: 1) assegurar a melhor gestão (utilização) do trabalhador no interesse do empreendimento econômico; 2) consagrar direitos para os trabalhadores, não se sobrepondo uma finalidade sobre a outra(56).

Formas novas e atípicas de contratação, redistribuição do tempo e do trabalho, liberdade de supressão de empregos no caso de reestruturação resumem as medidas tomadas no conjunto dos países europeus nessa época. Todas elas expressam a busca de uma redução do custo do trabalho e permitiram aos grupos europeus enfrentar a Ásia e os Estados Unidos, mas ao preço de uma insegurança e de um empobrecimen-

---

(52) ROMITA, Arion Saião. *Globalização da economia e Direito do Trabalho*. São Paulo: LTr, 1997. p. 28; sobre essa matéria ver também: SÜSSEKIND, Arnaldo. A globalização da economia e o Direito do Trabalho. *Revista LTr*, São Paulo, v. 61, n. 1, p. 41-44, jan. 1997; REALE, Miguel. A globalização da economia e o direito do trabalho, *Revista LTr*, São Paulo, v. 61, n. 1, p. 11-13, jan. 1997.

(53) FILAS, Rodolfo Capón. Trabajo y globalizacion propuesta para una praxis popular alternativa. *Justiça do Trabalho*, Porto Alegre: HS, ano 18, n. 205, p. 10, jan. 2001.

(54) LYON-CAEN, Gerard. ¿Derecho del trabajo o derecho del emprego? In: *Evolución del pensamiento juslaboralista*. Montevideo: Fundación de Cultura Universitária, 1997. p. 267; CATHARINO, José Martins. El rebrote de la doctrina liberal y los modelos flexibilizadores. In: *Evolución del pensamiento juslaboralista*. Montevideo: Fundación de Cultura Universitária, 1997. p. 103-121; VÁSQUEZ, Jorge Rendón. El caráter protector del derecho del trabajo y la flexibilidad com ideologias. In: *Evolución del pensamiento juslaboralista*. Montevideo: Fundación de Cultura Universitária, 1997. p. 419-430; VAN DER LAAT, Bernardo. Limites a la flexibildad: algunas situaciones que se han dado em Costa Rica. In: *Evolución del pensamiento juslaboralista*. Montevideo: Fundación de Cultura Universitária, 1997. p. 501-510; ERRAZURIZ, Francisco Walker. La flexibildad laboral y los princípios orientadores del derecho del trabajo, teniendo em cuenta, em forma particular, algunos aspectos de la legislación chilena. In: *Evolución del pensamiento juslaboralista*. Montevideo: Fundación de Cultura Universitária, 1997. p. 599-620.

(55) Para um relato da busca da flexibilidade nos países europeus, separadamente, ver BAGLIONI, Guido. *O mundo do trabalho*: crise e mudança no final do século. São Paulo: Scritta, 1994. p. 61-62.

(56) LYON-CAEN, Gerard. ¿Derecho del trabajo o derecho del emprego? In: *Evolución del pensamiento juslaboralista*. Montevideo: Fundación de Cultura Universitária, 1997. p. 267.

to, que excluíram da tutela do Direito do Trabalho frações inteiras da população. Retorna-se, guardadas as circunstâncias, ao século XIX[57].

8. *A formação histórica do Direito do Trabalho no Brasil*

No Brasil, o Direito do Trabalho, propriamente dito, começou a surgir, efetivamente, após a Revolução de 1930. Antes disso, mesmo no tempo do Império, tivemos leis sociais sobre o trabalho, porém não era ainda "legislação social", apenas disposições legislativas fragmentárias[58].

A era Getulio Vargas não inaugura a legislação social no País, eis que conforme referido, na República Velha, foram editadas algumas normas esparsas de proteção ao trabalho, mas é a partir do momento em que Vargas assume o poder, em 1930, que o Direito do Trabalho passa a ser estruturado no Brasil.

Getúlio Dorneles Vargas "passaria para a história como o Presidente que plantou as bases para o desenvolvimento industrial e elevou os trabalhadores à condição de sujeitos de direitos"[59].

Após a instituição do Governo Provisório com a Revolução de 1930 (Decreto n. 19.398, de 11.11.1930), Vargas criou, em 26.11.1930, o Ministério do Trabalho, Indústria e Comércio[60], com as funções de elaboração,

---

(57) LYON-CAEN, Gerard. ¿Derecho del trabajo o derecho del emprego? In: *Evolución del pensamiento juslaboralista.* Montevideo: Fundación de Cultura Universitária, 1997. p. 268.

(58) Cesarino Junior denomina o período de 1500 a 1888 como "pré-histórico", por nada haver a referir quanto ao Direito do Trabalho, devido ao trabalho escravo (CESARINO JUNIOR, Antônio Ferreira; CARDONE, Marly A. *Direito social.* São Paulo: LTr, 1993. p. 77).

Segundo Evaristo de Moraes Filho, a chamada Lei Áurea de 1888 "significou, por si só, a primeira grande lei social entre nós, acabando com a escravidão e instituindo o regime do trabalho livre" (MORAES, Evaristo de. *Apontamentos de direito operário.* 4. ed. São Paulo: LTr, 1998. p. 32 do prefácio escrito por Evaristo de Moraes Filho).

A Constituição do Império (1824) limitou-se a assegurar a liberdade de trabalho no art. 179 e aboliu as corporações de ofício, influenciada pela Revolução Francesa de 1789. O raro trabalho livre era regulado pelos Títulos 29 a 35 das Ordenações do Reino, arts. 226 e seguintes do Código Comercial e algumas leis especiais, como as de 13.9.1830, 11.10.1837 e 15.3.1789, sobre o contrato de prestação de serviços agrícolas (CESARINO JUNIOR, Antônio Ferreira; CARDONE, Marly A. *Direito social.* São Paulo: LTr, 1993. p. 77).

O primeiro período significativo na evolução do Direito do Trabalho no Brasil estende-se de 1888 a 1930, período em que a relação empregatícia se apresenta, de modo relevante, apenas no segmento cafeeiro avançado de São Paulo e, principalmente, na emergente industrialização experimentada na capital paulista e no Rio de Janeiro (nessa época capital do País), conforme DELGADO, Mauricio Godinho. *Curso de Direito do Trabalho.* 5. ed. São Paulo: LTr, 2006. p. 107.

Proclamada a República em 1889, a Constituição de 1891, limitou-se a dispor no art. 72, n. 24, sobre a liberdade do exercício de qualquer profissão moral, intelectual ou industrial, além do direito de associação e reunião (n. 8) e o n. 29 do art. 34 dispõe que legislar sobre "trabalho" é competência do congresso. Em que pese a parca previsão constitucional, durante a Primeira República aparecem as primeiras leis trabalhistas (CATHARINO, José Martins. *Compêndio de Direito do Trabalho.* 3. ed. São Paulo: Saraiva, 1982. p. 19).

Com o fim da Primeira Guerra Mundial em 1919 e com a assinatura do Tratado de Versalhes em 28.06.1919 (do qual o Brasil foi signatário), o País entra numa nova fase de seu desenvolvimento social-trabalhista. Desta época destacam-se: o Decreto n. 3.274, de 15.1.1919, dispõe sobre acidentes do trabalho; o Decreto n. 1.637, de 5.1.2007, sobre sindicatos profissionais e sociedades cooperativas; a Lei n. 4.682, de 24.1.23 (chamada de Lei "Eloy Chaves"), que instituiu caixas de aposentadorias e pensões para os ferroviários (essa lei, restrita aos ferroviários, além de ser pioneira da previdência social no Brasil, representa o surgimento da estabilidade no nosso Direito positivo do trabalho (dez anos de serviço, salvo falta grave devidamente comprovada — art. 42), gerando um movimento favorável a esse instituto (tais direitos foram estendidos aos empregados de empresas portuárias e marítimas pela Lei n. 5.109/26). A estabilidade "decenal" está prevista no art. 492 da Consolidação das Leis do Trabalho, embora tenha perdido eficácia em face dos sucessivos golpes provocados pela entrada em vigor do sistema do FGTS, facultativamente a partir de 1966 e sistema único a partir de 1988); a Lei n. 4.982, de 24.12.1925, sobre férias (anuais remuneradas de 15 dias); os Decretos ns. 16.027, de 30.4.1923, e 18.074, de 19.1.1928, sobre o Conselho Nacional do Trabalho; o Decreto n. 17.934-A, de 12.12.1927, sobre o trabalho dos menores, chamado de Código de menores (idade mínima de 12 anos, proibição de trabalho nas minas, de trabalho noturno aos menores de 18 anos e na praça pública aos menores de 14 anos), conforme CESARINO JUNIOR, Antônio Ferreira; CARDONE, Marly A. *Direito social.* São Paulo: LTr, 1993. p. 78.

(59) BIAVASCHI, Magda Barros. *O direito do trabalho no Brasil* — 1930-1942: a construção dos sujeitos de direitos trabalhistas. São Paulo: LTr, 2007. p. 111.

(60) Lindolfo Collor foi o primeiro titular desse Ministério.

aplicação e fiscalização das leis trabalhistas. E, em 16.11.1933, determinou a instalação de uma assembleia nacional constituinte.

Em 1931, foi editada a Lei dos Sindicatos — Decreto n. 11.770, introduzida na ordem jurídica sindical marcadamente intervencionista, fiel à nova política de substituição da ideologia dos conflitos pela integração das classes dos empregadores e dos empregados, organizadas pelo Estado sob a forma de categorias. Nessa linha, esse modelo, além de outras estratégias corporativistas, atribuiu aos sindicatos funções de colaboração com o poder público, como forma de controle velado dos sindicatos(61).

Em 16.7.1934, encerrou-se o governo provisório com a promulgação da nova Constituição, prevendo uma série de direitos efetivamente trabalhistas como: salário mínimo, direta intervenção do Estado nas relações de trabalho, proibição de diferença de salário para trabalho igual, proibição de trabalho para menores de 14 anos, proibição de trabalho noturno para menores de 16 anos, proibição de trabalho insalubre para mulheres e menores de 18 anos, indenização para despedida injusta, descanso à gestante após o parto, convenções coletivas, Justiça do Trabalho, organização sindical/liberdade sindical (sob o regime de pluralidade sindical).

A Constituição de 1934 adotou o princípio da pluralidade sindical e a autonomia dos sindicatos. O pluralismo de 1934 é, nas palavras de Nascimento: "um hiato, meramente formal e curto, no período intervencionista".

No âmbito do direito individual, merece destaque a Lei n. 62, de 5.6.1935, que assegura ao empregado da indústria ou do comércio uma indenização quando não exista prazo estipulado para a terminação do respectivo contrato de trabalho e quando for despedido sem justa causa(62), além de prever hipóteses de despedida por justa causa (art. 5º), aviso-prévio (art. 6º), término de contrato por prazo determinado (art. 7º), hipóteses em que o empregado pode pedir demissão (art. 8º), redução de salário (art. 11), entre outras providências. Destaca Catharino que essa lei "provocou sensível incremento na literatura jurídica trabalhista"(63).

Do golpe de Estado de 1937 emerge o chamado Estado Novo, sendo dissolvido o Congresso Nacional e outorgada, em 10.11.1937, uma nova Constituição, de cunho intervencionista e ditatorial, inspirada "pelo lado político, na Constituição Polonesa, e pelo lado econômico-social na *carta del lavoro* italiana, fascista, de 1927"(64). Nesse contexto, o trabalho passou a ser encarado como dever social, sob a proteção do Estado (art. 136) e desapareceram os direitos sindicais e coletivos, a liberdade e a autonomia sindical, em troca de alguns direitos individuais. Passou-se para o regime de sindicato único (princípio da unicidade sindical que permanece até os dias atuais), com a determinação do imposto sindical. A greve e o *lockout* foram considerados recursos antissociais.

Em 1942, o Ministério do Trabalho nomeou comissão para elaborar uma Consolidação, sendo seu trabalho convertido no Decreto-lei n. 5.452, de 1º.5.1943: Consolidação das Leis do Trabalho.

A Consolidação das Leis do Trabalho é o mais importante texto legal trabalhista no Brasil, sendo um divisor de águas entre a fase encachoeirada das leis esparsas e a do seu represamento sistemático. É um marco do progresso técnico-legislativo brasileiro. Ainda hoje, apesar de retalhada, permanece como texto básico, e, a partir de seu advento, a produção doutrinária brasileira aumentou consideravelmente, e foi ganhando consistência e elevação, conforme salienta Catharino(65).

Está orientada pela teoria institucional ou estatutária, prevendo "a precedência das 'normas' de tutela sobre os 'contratos'"(66). Em termos de estrutura e conteúdo, a Consolidação não é uma coleção de leis, mas

(61) NASCIMENTO, Amauri Mascaro *et al.História do direito do trabalho.* São Paulo: LTr, 1998. p. 84-85.

(62) "A indemnização será de um mez de ordenado por anno de serviço effectivo, ou por anno e fracção igual ou superior a seis mezes. Antes de completo o primeiro anno, nenhuma indemnização será exigida" (art. 2º).

(63) CATHARINO, José Martins. *Compêndio de Direito do Trabalho.* 3. ed. São Paulo: Saraiva, 1982. p. 24.

(64) MORAES, Evaristo de. *Apontamentos de direito operário.* 4. ed. São Paulo: LTr, 1998. p. 109.

(65) CATHARINO, José Martins. *Compêndio de Direito do Trabalho.* 3. ed. São Paulo: Saraiva, 1982. p. 26.

(66) Item 28 da exposição de motivos da Consolidação das Leis do Trabalho. *CLT-LTr,* 2008. p. 29.

a sua coordenação sistematizada. Não é apenas um engenho de arquitetura legislativa, mas uma recapitulação de valores coerentes, que resultaram de uma grande expansão legislativa, anterior, em um dado ramo do direito(67).

Com o fim da ditadura do Estado Novo, foi promulgada a nova Constituição Federal, em 18.09.1946, de cunho social-democrata, na linha da Constituição de 1934, aproveitando-se das conquistas do pós-Segunda Guerra Mundial. No âmbito do direito do trabalho, inovou em relação a: denominação correta do direito do trabalho (art. 5º, XV, letra "a"); inclusão da Justiça do Trabalho como órgão do Poder Judiciário (art. 94); organização e competência da Justiça do Trabalho (art. 123, § 2º); poder normativo da Justiça do Trabalho (art. 123, § 2º); inclusão do Ministério Público do Trabalho no Ministério Público da União (arts. 125 a 127); salário mínimo familiar, participação nos lucros, repouso semanal remunerado, higiene e segurança do trabalho, proibição de trabalho noturno ao menor, percentagem de trabalhadores nacionais nas empresas privadas, estabilidade para os trabalhadores rurais e assistência aos desempregados (art. 157 I, IV, VI, VII, IX, XI, XII e XV); direito de greve (art. 158).

Entre 1946 e 1967 (nova Constituição), foram criados e/ou regulamentados importantes direitos trabalhistas por meio de leis esparsas como a Lei n. 605, de 05.01.1949 (repouso semanal remunerado e o pagamento de salário nos dias de feriados civis e religiosos(68)); Lei n. 2.757, de 23.4.1956, (sobre o tratamento diferenciado dos domésticos conferido aos porteiros, zeladores, faxineiros e serventes de prédios de apartamentos residenciais(69)); Lei n. 3.807, de 26.08.1960 e Decreto n. 48.959-A, de 19.7.1960 (Lei Orgânica da Previdência Social e seu regulamento). Significativa também, nessa época, foi a Lei n. 4.090/62, que trouxe para o direito positivo a gratificação natalina (13º salário)(70).

A partir do golpe militar de 1964, a evolução do Direito do Trabalho foi "refreada, em benefício de medidas de economia pura, notadamente financeiras, com vistas a resultados de curto prazo"(71).

Merece destaque, em face das profundas consequências para o Direito do Trabalho brasileiro, a criação do Fundo de Garantia do Tempo de Serviço (FGTS) pela Lei n. 5.107, de 13.9.1966, tendo sido alterado pelo Decreto-lei n. 20, de 14.9.1966, regulamentado pelo Decreto n. 59.820, de 20.12.1966 e alterado pelo Decreto n. 61.405, de 28.9.1967. Em face dessas normas, o empregado tinha que "optar", podendo fazer isso inclusive retroativamente, pelo sistema do FGTS. O que não se deixava claro aos empregados é que esse novo direito estava sendo trocado pelo maior direito do trabalhador: a estabilidade definitiva, que podia ser conquistada após dez anos de serviços contínuos para o mesmo empregador (por isso chamada de "decenal")(72).

Em 24.01.1967, foi promulgada uma nova Constituição, alterada pela Emenda Constitucional n. 1, de 17.10.1969, consagrando a ditadura militar no Brasil, que iria durar até 1984. Essa nova Constituição introduziu novas matérias tratando de: composição do Tribunal Superior do Trabalho e dos Tribunais Regionais do Trabalho (art. 133); restrição do recurso extraordinário para o Supremo Tribunal Federal (art.

---

(67) Item 11 da exposição de motivos da Consolidação das Leis do Trabalho. *CLT-LTr*, 2008. p. 29.

(68) Lei n. 605/49, art. 1º: "Todo empregado tem direito ao repouso semanal remunerado de vinte e quatro horas consecutivas, preferentemente aos domingos e, nos limites das exigências técnicas das empresas, nos feriados civis e religiosos, de acordo com a tradição local".

(69) Lei n. 2.757/56, art. 1º: São excluídos das disposições da letra *d* do art. 7º do Decreto-lei n. 5.452, de 1º de maio de 1943, e do art. 1º do Decreto-lei n. 3.078, de 27 de fevereiro de 1941, os empregados porteiros, zeladores, faxineiros e serventes de prédios de apartamentos residenciais, desde que a serviço da administração do edifício e não de cada condômino em particular.

(70) Lei n. 4.090/62, art. 1º: "No mês de dezembro de cada ano, a todo empregado será paga, pelo empregador, uma gratificação salarial, independentemente da remuneração a que fizer jus.

§ 1º A gratificação corresponderá a 1/12 avos da remuneração devida em dezembro, por mês de serviço, do ano correspondente.

§ 2º A fração igual ou superior a 15 (quinze) dias de trabalho será havida como mês integral para os efeitos do parágrafo anterior".

(71) CATHARINO, José Martins. *Compêndio de Direito do Trabalho.* 3. ed. São Paulo: Saraiva, 1982. p. 28.

(72) A Constituição Federal de 1988 (art. 7º, III) pôs fim à opção do FGTS, passando a ser um direito obrigatório e irrenunciável por parte do trabalhador. Passa a ser devido também aos empregados rurais a partir de 5.10.1988. A Lei n. 8.036, de 11.5.1990, versou sobre o FGTS, revogando expressamente a Lei n. 7.839 (art. 32). Foi regulamentada pelo Decreto n. 99.684, de 8.11.1990. Essas são as atuais disposições sobre o FGTS.

135); proibição de greve em serviços públicos e atividades essenciais (art. 157); FGTS e aposentadoria da mulher aos 30 anos de serviço (art. 158).

Da legislação infraconstitucional da época merece referência especial a Lei n. 5.584, de 16.6.1970, dispondo sobre diversas questões processuais trabalhistas utilizadas ainda hoje, como os requisitos para percepção dos honorários assistenciais na Justiça do Trabalho, o rito de alçada ou sumário, entre outras questões; a Lei Complementar n. 7, de 7.9.1970 e o Decreto-lei n. 1.125, de 19.9.1970[(73)], que criou o PIS — Programa de Integração Social; a Lei n. 6.019, de 3.1.1974, disciplinando o trabalho temporário.

A partir do início de 1985 inicia-se o "lento e gradual" processo de redemocratização do País. Continuava em vigor a Constituição de 1967, mas aos poucos o Direito do Trabalho foi retomando o seu rumo iniciado em 1930 e sucessivamente restringido, destacando-se no ordenamento infraconstitucional trabalhista o Decreto-lei n. 2.284, de 10.03.1986, que institui o direito ao seguro-desemprego com a finalidade de prover assistência financeira temporária ao trabalhador desempregado, sucessivamente regulamentado posteriormente; a Lei n. 7.619, de 30.9.1987[(74)], criou o vale-transporte.

Em 5.10.1988 é promulgada a atual Constituição Federal, prevendo, dentro dos direitos e garantias fundamentais, direitos sociais amplos (sendo o trabalho contemplado entre os direitos sociais previstos no art. 6º) e um significativo rol não taxativo de direitos para os trabalhadores urbanos e rurais previstos no art. 7º: relação de emprego protegida contra despedida arbitrária ou sem justa causa, nos termos de lei complementar, que preverá indenização compensatória, entre outros direitos; seguro-desemprego, em caso de desemprego involuntário[(75)]; Fundo de Garantia do Tempo de Serviço[(76)]; salário mínimo, fixado em lei, nacionalmente unificado, sendo vedada sua vinculação para qualquer fim; piso salarial proporcional à extensão e à complexidade do trabalho[(77)]; irredutibilidade do salário, salvo o disposto em convenção ou acordo coletivo; garantia de salário, nunca inferior ao mínimo, para os que percebem remuneração variável; décimo terceiro salário com base na remuneração integral ou no valor da aposentadoria; remuneração do trabalho noturno superior à do diurno; proteção do salário na forma da lei, constituindo crime sua retenção dolosa; participação nos lucros, ou resultados[(78)], desvinculada da remuneração, e, excepcionalmente, participação na gestão da empresa, conforme definido em lei; salário-família pago em razão do dependente do trabalhador de baixa renda nos termos da lei[(79)]; duração do trabalho normal não superior a oito horas diárias e quarenta e quatro semanais, facultada a compensação de horários e a redução da jornada, mediante acordo ou convenção coletiva de trabalho; jornada de seis horas para o trabalho realizado em turnos ininterruptos de revezamento, salvo negociação coletiva; repouso semanal remunerado, preferencialmente aos domingos; remuneração do serviço extraordinário superior, no mínimo, em cinquenta por cento à do normal; gozo de férias anuais remuneradas com, pelo menos, um terço

(73) Decreto-lei n. 1.125/70, art. 1º: "É fixado o percentual 2,5% (dois e meio por cento) sobre o preço de plano de bilhetes de loteria vendidos pela Caixa Econômica Federal, destinado a constituir o Fundo de Implantação do Programa de Integração Social para aplicação aquisição de equipamentos, material, pessoal e serviços especializados necessários à gestão inicial do Programa de Integração Social, instituído nos termos da Lei Complementar n. 7, de 7 de setembro de 1970.

§ 1º A percentagem de que trata este artigo, incidirá sobre os bilhetes vendidos pela Caixa Econômica Federal relativos às extrações que se realizarem período de 1 de janeiro de 1971, e até no máximo, 31 de dezembro de 1974.

§ 2º O produto resultante da aplicação do percentual de que trata este artigo, será, após cada extração, contabilizado pela Caixa Econômica Federal a crédito da conta do "Fundo de Implantação do Programa de Integração Social".

(74) Lei n. 7.619/87, art. 1º: "Fica instituído o vale-transporte, que o empregador, pessoa física ou jurídica, antecipará ao empregado para utilização efetiva em despesas de deslocamento residência-trabalho e vice-versa, através do sistema de transporte coletivo público, urbano ou intermunicipal e/ou interestadual com características semelhantes aos urbanos, geridos diretamente ou mediante concessão ou permissão de linhas regulares e com tarifas fixadas pela autoridade competente, excluídos os serviços seletivos e os especiais".

(75) Disciplinado pela Lei n. 7.998/90.

(76) Disciplinado pela Lei n. 8.036/90 e pelo Decreto n. 99.684/90.

(77) A Lei Complementar n. 103, de 14.07.2000, autoriza os Estados e o Distrito Federal a instituir o piso salarial a que se refere o inciso V do art. 7º da Constituição Federal.

(78) Disciplinada pela Lei n. 10.101/2000.

(79) Redação dada pela Emenda Constitucional n. 20, de 15.12.1998, em vigor desde 16.12.1998.

a mais do que o salário normal; licença à gestante, sem prejuízo do emprego e do salário, com a duração de cento e vinte dias[80]; licença-paternidade, nos termos fixados em lei (cinco dias de acordo com o ADCT, art. 10, § 1º); proteção do mercado de trabalho da mulher, mediante incentivos específicos, nos termos da lei; aviso-prévio proporcional ao tempo de serviço, sendo no mínimo de trinta dias, nos termos da lei[81]; redução dos riscos inerentes ao trabalho, por meio de normas de saúde, higiene e segurança; adicional de remuneração para as atividades penosas, insalubres ou perigosas, na forma da lei; aposentadoria[82]; assistência gratuita aos filhos e dependentes desde o nascimento até 5 anos de idade em creches e pré-escolas[83]; reconhecimento das convenções e acordos coletivos de trabalho; proteção em face da automação, na forma da lei; seguro contra acidentes de trabalho, a cargo do empregador, sem excluir a indenização a que este está obrigado, quando incorrer em dolo ou culpa; ação, quanto aos créditos resultantes das relações de trabalho, com prazo prescricional de cinco anos para os trabalhadores urbanos e rurais, até o limite de dois anos após a extinção do contrato de trabalho[84]; proibição de diferença de salários, de exercício de funções e de critério de admissão por motivo de sexo, idade, cor ou estado civil[85]; proibição de qualquer discriminação no tocante a salário e critérios de admissão do trabalhador portador de deficiência; proibição de distinção entre trabalho manual, técnico e intelectual ou entre os profissionais respectivos; proibição de trabalho noturno, perigoso ou insalubre a menores de 18 e de qualquer trabalho a menores de 16 anos, salvo na condição de aprendiz, a partir de 14 anos[86]; igualdade de direitos entre o trabalhador com vínculo empregatício permanente e o trabalhador avulso.

São assegurados à categoria dos trabalhadores domésticos os direitos previstos no parágrafo único do art. 7º da Constituição Federal, observada a redação dada pela Emenda Constitucional n. 72/2013[87].

No âmbito do direito coletivo, além do reconhecimento das convenções e acordos coletivos de trabalho, é importante destacar a previsão de princípios e normas básicas desse diferenciado ramo do Direito do Trabalho como a liberdade sindical, a não intervenção sindical, a unicidade sindical, a interferência e a intervenção na organização sindical; a representação sindical; a chamada contribuição confederativa; a estabilidade sindical, entre outros (art. 8º), além do direito de greve (art. 9º, regulamentado pela Lei n. 7.783/89).

É assegurada a participação dos trabalhadores e empregadores nos colegiados dos órgãos públicos em que seus interesses profissionais ou previdenciários sejam objeto de discussão e deliberação (art. 10). E, nas empresas de mais de duzentos empregados, é assegurada a eleição de um representante destes com a finalidade exclusiva de promover-lhes o entendimento direto com os empregadores (art. 11).

Diversos dispositivos constitucionais já foram regulamentados (conforme mencionado nas respectivas notas de rodapé) e outros, como o aviso-prévio proporcional, por exemplo, continuam não autoaplicáveis. Esse é um dos fatores que dificultam uma das questões mais importantes do tema, que é a chamada efetivação dos direitos sociais.

As ordens jurídicas das nações ibero-americanas padecem de dois grandes males: a) o da inércia de muitos dispositivos das suas Constituições; b) o da suficiente aplicação da legislação vigente, para o que concorre a escassa atuação administrativa, de inspeção e fiscalização, a que se soma generalizada impunidade[88], sintetiza Catharino.

---

(80) Ver: ADCT, art. 10, II, "b"; Lei n. 8.213/91, arts. 71 a 73; ver Lei n. 8.861/94.

(81) O inciso XXI, na parte em que trata do aviso-prévio proporcional, não é autoaplicável, dependendo de regulamentação. Ver Orientação Jurisprudencial n. 84 da SDI 1 do Tribunal Superior do Trabalho.

(82) Ver Lei n. 8.213/91, arts. 42 e segs.

(83) Redação dada ao inciso pela Emenda Constitucional n. 53, de 19.12.2006, DOU 20.12.2006. Ver Lei n. 8.978/95.

(84) Redação dada pela Emenda Constitucional n. 28, de 25.05.2000, que igualou a prescrição do trabalhador rural à do urbano.

(85) Ver Lei n. 9.029/95.

(86) Redação dada pela Emenda Constitucional n. 20, de 15.12.1998. Ver Lei n. 8.069/90, art. 60 e segs. (Estatuto da Criança e do Adolescente), bem como o Decreto n. 4.358, de 05.09.2002.

(87) Além da Lei n. 5.859/72, regulamentada pelo Decreto n. 71.885/73, são importantes o Decreto n. 3.361/2000 e a Lei n. 10.208/2001.

(88) CATHARINO, José Martins. *Direito constitucional e direito judiciário do trabalho*. São Paulo: LTr, 1995. p. 80.

Outra situação que continua muito controvertida e problemática até os dias de hoje é o modelo sindical brasileiro e as diversas consequências que o cercam. A OIT — Organização Mundial do Trabalho há muito tempo recomenda que os países adotem o modelo da pluralidade sindical (Convenção n. 87). Todavia, a Constituição de 1988, embora pregue a liberdade sindical (art. 8º, *caput*), manteve o princípio da Unicidade Sindical (sindicato único por categoria, não podendo ter mais de um sindicato em um mesmo município — art. 8º, II[(89)]).

O pluralismo sindical era bandeira de luta da maioria dos sindicalistas brasileiros, como uma forma de conseguir espaço eleitoral nas entidades antigas (já que o modelo da unicidade dificultava o acesso), postulava o pluralismo, requerendo que o Brasil ratificasse a Convenção n. 87 da OIT. Entretanto, com o passar do tempo, essas novas forças vão ganhando espaço dentro dos sindicatos tradicionais, via eleitoral tradicional ou fazendo pactos políticos que permitam aceder aos cargos dentro dos sindicatos. Destaca-se, nesse contexto, o aparecimento de uma nova negociação coletiva no ABC Paulista. Com isso, perde força a defesa do pluralismo, pois já não interessa abrir mão do espaço conquistado e da estrutura que fica à disposição da força política dominante dentro do sindicato, em especial os recursos da contribuição sindical compulsória (antigo imposto sindical). Somente na proposta de reforma sindical (Fórum Nacional do Trabalho) é que foi ser retomada a discussão sobre pluralidade sindical (2004), ainda que de uma forma mitigada. O anteprojeto de reforma foi "fatiado" pelas diversas propostas de emenda dos mais variados partidos e ainda não foi levado a votação. O debate e a efetiva solução do tema, que envolve o futuro do Direito do Trabalho no Brasil, parecem ter sido "engavetadas".

A Lei n. 13.467/17, chamada de reforma trabalhista, tem vigência a partir de 11.11.2017 e altera mais de 100 dispositivos da CLT. Trata-se de alterações sistemáticas de direito material e processual que modificam de forma profunda e paradigmática o direito do trabalho brasileiro.

Entre as diversas mudanças destacam-se as alterações realizadas no plano coletivo e seus reflexos no plano individual do direito do trabalho.

Alterando a noção de comutatividade e reciprocidade negocial no plano coletivo que acompanha o Direito do Trabalho brasileiro desde sua concepção, a Lei n. 13.467/17, no § 2º do art. 611-A da CLT, passou a dispor em sentido oposto ao prever que "a inexistência de expressa indicação de contrapartidas recíprocas em convenção coletiva ou acordo coletivo de trabalho não ensejará sua nulidade por não caracterizar um vício do negócio jurídico".

Trata-se de alteração histórica sobre as normas básicas de negociação coletiva no Direito do Trabalho, que vai permitir a inclusão do art. 611-A da CLT pela mesma Lei n. 13.467/17. Foi uma das costuras da Lei n. 13.467/17 para validar a mais profunda e também paradigmática mudança: a prevalência do negociado coletivamente sobre a lei, nas hipóteses do art. 611-A da CLT.

Até a reforma trabalhista de 2017 as cláusulas de acordo coletivo de trabalho e convenção coletiva de trabalho, salvo as poucas exceções legais apontadas, poderiam apenas melhorar, ampliar, complementar, robustecer as condições de trabalho previstas em lei.

A concatenada Lei n. 13.467/17 permite que o acordo coletivo de trabalho e a convenção coletiva de trabalho (plano coletivo), nas hipóteses previstas no art. 611-A da CLT, terão prevalência sobre a lei.

Trata-se da chamada prevalência do negociado (coletivamente) sobre o legislado, permitindo-se com isso que as previsões feitas em acordo coletivo de trabalho e convenção coletiva de trabalho possam reduzir ou suprimir direitos trabalhistas conquistados em lei.

---

(89) Constituição Federal, art. 8º, II: "é vedada a criação de mais de uma organização sindical, em qualquer grau, representativa de categoria profissional ou econômica, na mesma base territorial, que será definida pelos trabalhadores ou empregadores interessados, não podendo ser inferior à área de um Município".

A alteração dos instrumentos normativos negociados nos contratos individuais de emprego para melhor em relação à lei sempre foi permitida e incentivada pelo nosso ordenamento jurídico. A mudança paradigmática realizada pela Lei n. 13.467/17 está em permitir que as normas coletivas negociadas reduzam ou suprimam direitos trabalhistas, ou seja, modifiquem para pior direitos trabalhistas previstos em lei nas largas hipóteses do art. 611-A da CLT, sendo que tais estipulações terão prevalência sobre a lei.

Sobre as hipóteses de prevalência do negociado coletivamente sobre a lei veja-se o texto legal na íntegra:

Art. 611-A. A convenção coletiva e o acordo coletivo de trabalho têm prevalência sobre a lei quando, entre outros, dispuserem sobre:

I — pacto quanto à jornada de trabalho, observados os limites constitucionais;

II — banco de horas anual;

III — intervalo intrajornada, respeitado o limite mínimo de trinta minutos para jornadas superiores a seis horas;

IV — adesão ao Programa Seguro-Emprego (PSE), de que trata a Lei nº 13.189, de 19 de novembro de 2015;

V — plano de cargos, salários e funções compatíveis com a condição pessoal do empregado, bem como identificação dos cargos que se enquadram como funções de confiança;

VI — regulamento empresarial;

VII — representante dos trabalhadores no local de trabalho;

VIII — teletrabalho, regime de sobreaviso, e trabalho intermitente;

IX — remuneração por produtividade, incluídas as gorjetas percebidas pelo empregado, e remuneração por desempenho individual;

X — modalidade de registro de jornada de trabalho;

XI — troca do dia de feriado;

XII — enquadramento do grau de insalubridade;

XIII — prorrogação de jornada em ambientes insalubres, sem licença prévia das autoridades competentes do Ministério do Trabalho;

XIV — prêmios de incentivo em bens ou serviços, eventualmente concedidos em programas de incentivo;

XV — participação nos lucros ou resultados da empresa.

§ 1º No exame da convenção coletiva ou do acordo coletivo de trabalho, a Justiça do Trabalho observará o disposto no § 3º do art. 8º desta Consolidação.

§ 2º A inexistência de expressa indicação de contrapartidas recíprocas em convenção coletiva ou acordo coletivo de trabalho não ensejará sua nulidade por não caracterizar um vício do negócio jurídico.

§ 3º Se for pactuada cláusula que reduza o salário ou a jornada, a convenção coletiva ou o acordo coletivo de trabalho deverão prever a proteção dos empregados contra dispensa imotivada durante o prazo de vigência do instrumento coletivo.

§ 4º Na hipótese de procedência de ação anulatória de cláusula de convenção coletiva ou de acordo coletivo de trabalho, quando houver a cláusula compensatória, esta deverá ser igualmente anulada, sem repetição do indébito.

§ 5º Os sindicatos subscritores de convenção coletiva ou de acordo coletivo de trabalho deverão participar, como litisconsortes necessários, em ação individual ou coletiva, que tenha como objeto a anulação de cláusulas desses instrumentos.

A irrenunciabilidade de direitos trabalhistas no plano individual permanece, mas as negociações coletivas realizadas nas hipóteses do art. 611-A da CLT, firmadas por acordo coletivo de trabalho e convenção coletiva de trabalho, terão prevalência sobre a lei e incidirão sobre os contratos individuais de trabalho.

Trata-se de mudança paradigmática no Direito do Trabalho brasileiro, sendo uma das mais profundas mudanças trazidas pela reforma trabalhista, se não for a maior. As possibilidades geradas pelo art. 611-A são muitas, abertas para o presente e para o futuro.

E por que estas alterações paradigmáticas da Lei n. 13.467/17 podem influenciar os contratos individuais de trabalho?

Porque as normas coletivas passam a integrar os contratos individuais de trabalho, e qualquer cláusula contratual que contrarie suas disposições é considerada nula de acordo com o art. 619 da CLT.

O art. 619 da CLT não foi alterado pela reforma trabalhista e assim dispõe:

Art. 619. Nenhuma disposição de contrato individual de trabalho que contrarie normas de Convenção ou Acôrdo Coletivo de Trabalho poderá prevalecer na execução do mesmo, sendo considerada nula de pleno direito.

Pode-se perceber, nesse momento, com clareza e importância, a relação entre o plano coletivo e o plano individual do Direito do Trabalho, bem como enxergar a profundidade e o tamanho das possibilidades geradas pela Lei n. 13.467/17, que, em última análise, poderão gerar alterações no contrato individual de emprego prejudiciais ao empregado.

A reforma trabalhista muda sensivelmente o Direito do Trabalho brasileiro pelo plano coletivo. Permite mudanças massificadas, longe do trabalhador individualmente, que, na maior parte das vezes, só irá percebê-las quando alterarem o seu contrato individual de emprego para pior.

A projeção ou modalidade da norma mais benéfica ou favorável ao trabalhador, que integra o princípio da proteção do trabalhador (mais tradicional princípio de Direito do Trabalho), foi ferida pelo art. 611-A da CLT, pois, nas hipóteses previstas neste dispositivo legal as normas coletivas prevalecerão sobre a lei mesmo quando for menos benéficas ou favoráveis ao empregado.

Além disso, a interligada reforma trabalhista — Lei n. 13.467/17 — alterou o art. 620 da CLT passando a prever:

Art. 620. As condições estabelecidas em acordo coletivo de trabalho sempre prevalecerão sobre as estipuladas em convenção coletiva de trabalho.

A redação anterior da CLT era a seguinte:

Art. 620. As condições estabelecidas em Convenção quando mais favoráveis, prevalecerão sôbre as estipuladas em Acôrdo.

Veja-se o tamanho da mudança. Antes da reforma, se a mesma matéria fosse prevista num acordo coletivo de trabalho em que determinado empregador firmasse com o Sindicato dos empregados e numa convenção coletiva da categoria, deveria ser aplicada a norma que fosse mais benéfica ou favorável aos empregados.

Note-se que os acordos coletivos possuem abrangência menor, já que têm aplicação restrita aos trabalhadores da(s) empresa(a)s que firmaram o pacto com o(s) sindicato(s) do(s) empregado(s), uma vez que é o acordo firmado entre sindicato(s) de trabalhadores e uma ou mais empresas (não há sindicato no polo dos empregadores, como ocorre na convenção coletiva).

Assim, a partir da Lei n. 13.467/17, "sempre" prevalecerão as condições estabelecidas em acordo coletivo de trabalho sobre as estipuladas em convenção coletiva de trabalho. Assim, os acordos coletivos de trabalho poderão conter estipulações piores que as convenções coletivas de trabalho (que também já poderão reduzir ou suprimir direitos trabalhistas nas hipóteses do art. 611-A da CLT) e tais estipulações sempre prevalecerão sobre as estipulações das convenções coletivas.

Nesse diapasão, a reforma trabalhista de 2017 possibilita que por meio do plano coletivo se reduza ou suprima direitos trabalhistas previstos em lei, na forma dos arts. 611-A e 620 da CLT.

Nesse sentido, o art. 611-B da CLT, incluído pela Lei n. 13.467/17, dispõe sobre direitos que não podem ser reduzidos ou suprimidos nem mesmo por acordo coletivo de trabalho e convenção coletiva de trabalho. Protege boa parte dos incisos do art. 7º, alguns incisos do art. 8º e o art. 9º da Constituição Federal.

Veja-se o texto legal na íntegra:

> Art. 611-B. Constituem objeto ilícito de convenção coletiva ou de acordo coletivo de trabalho, exclusivamente, a supressão ou a redução dos seguintes direitos:
>
> I — normas de identificação profissional, inclusive as anotações na Carteira de Trabalho e Previdência Social;
>
> II — seguro-desemprego, em caso de desemprego involuntário;
>
> III — valor dos depósitos mensais e da indenização rescisória do Fundo de Garantia do Tempo de Serviço (FGTS);
>
> IV — salário mínimo;
>
> V — valor nominal do décimo terceiro salário;
>
> VI — remuneração do trabalho noturno superior à do diurno;
>
> VII — proteção do salário na forma da lei, constituindo crime sua retenção dolosa;
>
> VIII — salário-família;
>
> IX — repouso semanal remunerado;
>
> X — remuneração do serviço extraordinário superior, no mínimo, em 50% (cinquenta por cento) à do normal;
>
> XI — número de dias de férias devidas ao empregado;
>
> XII — gozo de férias anuais remuneradas com, pelo menos, um terço a mais do que o salário normal;
>
> XIII — licença-maternidade com a duração mínima de cento e vinte dias;
>
> XIV — licença-paternidade nos termos fixados em lei;
>
> XV — proteção do mercado de trabalho da mulher, mediante incentivos específicos, nos termos da lei;
>
> XVI — aviso-prévio proporcional ao tempo de serviço, sendo no mínimo de trinta dias, nos termos da lei;
>
> XVII — normas de saúde, higiene e segurança do trabalho previstas em lei ou em normas regulamentadoras do Ministério do Trabalho;
>
> XVIII — adicional de remuneração para as atividades penosas, insalubres ou perigosas;
>
> XIX — aposentadoria;
>
> XX — seguro contra acidentes de trabalho, a cargo do empregador;

XXI — ação, quanto aos créditos resultantes das relações de trabalho, com prazo prescricional de cinco anos para os trabalhadores urbanos e rurais, até o limite de dois anos após a extinção do contrato de trabalho;

XXII — proibição de qualquer discriminação no tocante a salário e critérios de admissão do trabalhador com deficiência;

XXIII — proibição de trabalho noturno, perigoso ou insalubre a menores de dezoito anos e de qualquer trabalho a menores de dezesseis anos, salvo na condição de aprendiz, a partir de quatorze anos;

XXIV — medidas de proteção legal de crianças e adolescentes;

XXV — igualdade de direitos entre o trabalhador com vínculo empregatício permanente e o trabalhador avulso;

XXVI — liberdade de associação profissional ou sindical do trabalhador, inclusive o direito de não sofrer, sem sua expressa e prévia anuência, qualquer cobrança ou desconto salarial estabelecidos em convenção coletiva ou acordo coletivo de trabalho;

XXVII — direito de greve, competindo aos trabalhadores decidir sobre a oportunidade de exercê-lo e sobre os interesses que devam por meio dele defender;

XXVIII — definição legal sobre os serviços ou atividades essenciais e disposições legais sobre o atendimento das necessidades inadiáveis da comunidade em caso de greve;

XXIX — tributos e outros créditos de terceiros;

XXX — as disposições previstas nos arts. 373-A, 390, 392, 392-A, 394, 394-A, 395, 396 e 400 desta Consolidação.

Parágrafo único. Regras sobre duração do trabalho e intervalos não são consideradas como normas de saúde, higiene e segurança do trabalho para os fins do disposto neste artigo.

Com a reforma trabalhista (Lei n. 13.467/17), manteve-se alguma proteção com o art. 611-B da CLT, mas ocorreu grande abertura com a inclusão do art. 611-A da CLT, com integração no contrato individual de emprego.

Não obstante, existem direitos trabalhistas em que a redução ou supressão é proibida de forma absoluta, não sendo possível nem no âmbito do direito coletivo do trabalho, como ocorre com todos os direitos trabalhistas em que a lei não dá espaço para as partes estabelecerem de forma diferente via acordo ou convenção coletiva, daí por que são chamados de direitos trabalhistas mínimos, ou direitos mínimos ou ainda contrato mínimo legal, como ocorrem com os direitos previstos no art. 611-B da CLT, incluído pela Lei n. 13.467/17.

No Direito do Trabalho, o plano coletivo e o plano individual conversam entre si e se influenciam. De fato, é complexo, mas nesta intersecção está o diferencial do Direito do Trabalho. As tensões da intersecção dos planos coletivo e individual são de alta complexidade e dinamismo, tais como são as relações trabalhistas.

Nesse contexto, os operadores do Direito do Trabalho convivem com um emaranhado de princípios e regras (princípios, leis, cláusulas de instrumentos normativos negociados e de sentenças normativas), com diversos reflexos sociais e econômicos.

9. Tendências atuais do direito do trabalho

Em todos os países europeus, o mundo do trabalho passou por muitas mudanças nos últimos trinta anos. A produção industrial encolheu, enquanto o setor de serviços ganhou maior importância. Este efeito se faz sentir não só no número total de empresas de serviço e de produção, mas também pelo fato de que no setor produtivo tradicional diminuiu a importância relativa do trabalho na máquina em relação ao trabalho administrativo e organizacional. Esta mudança encontra sua expressão na redução do número de operários em relação aos empregados administrativos nos escritórios, um fato de grande importância nos sistemas jurídicos que preveem diferenças significativas quanto aos direitos desses tipos de trabalhadores[(90)].

A introdução da informática modificou as atividades em todas as áreas, levando ao mesmo tempo a uma redução do quadro de pessoal, o uso do computador facilitou o controle dos empregados e a introdução de novas tecnologias exigiu dos empregados um grande esforço de adaptação. As novas tecnologias trouxeram, além disso, uma nova divisão dos trabalhos entre as empresas. A terceirização de certas funções, da limpeza à entrega de componentes na indústria automobilística, revelou-se mais econômica e uma tendência mundial. Muitas empresas passaram a limitar-se a funções básicas, com consequências sobre o número de funcionários. Empresas isoladas integraram-se em verdadeiras "redes" de unidades interligadas, de modo que uma greve pode paralisar não só um certo grupo de empresas, mas todas as atividades econômicas, um fenômeno que em muitos países ainda não foi percebido como problema, porque o número de greves diminuiu muito e porque greves rápidas não costumam produzir efeitos[(91)].

A globalização, ou "os processos de globalização", na expressão que dá maior dinâmica a este fenômeno que segue em andamento nos dias atuais, cunhada por Boaventura de Sousa Santos[(92)], é um tema que tem adquirido grande importância, sobretudo nas últimas décadas, tendo se caracterizado mais recentemente por um fenômeno multifacetado com dimensões econômicas, sociais, políticas, culturais e jurídicas interligadas de modo complexo. O sociólogo português acrescenta que a globalização das últimas três décadas, em vez de encaixar no padrão moderno ocidental de globalização, parece combinar a universalização e a eliminação das fronteiras nacionais, por um lado, o particularismo, da diversidade local, a identidade étnica e o regresso ao comunitarismo, por outro[(93)].

Assim, do mesmo modo como o Direito do Trabalho não surgiu na Revolução Industrial, que foi, na célebre expressão de Segadas Vianna[(94)], a "fermentação" que daria origem ao surgimento das posteriores normatizações iniciais tutelando as relações de trabalho de forma lenta e gradual, também a "fermentação" ou o marco simbólico inicial impulsionador do fenômeno denominado de globalização, cuja efetivação nos moldes atuais se dá por volta dos anos 2000, foi a queda do muro de Berlim em 09.11.1989 (existente desde 13.08.1961), que marca o final da guerra fria e a superação do conflito ideológico, de dimensão universal[(95)]. Foi um momento histórico e de grande impacto.

A queda do muro de Berlim não contribuiu apenas para o achatamento das alternativas ao capitalismo de livre mercado e a libertação de gigantescas reservas reprimidas de energia de centenas de milhões de pessoas de lugares como Índia, Brasil, China e o antigo Império Soviético: permitiu-nos encarar o mundo como um todo de uma nova forma, vendo-o como uma unidade mais homogênea. Enfatiza Thomas Friedman que "o muro não somente bloqueava a passagem, como também a visão, isto é, nossa capacidade de ver o mundo como um único mercado, um só ecossistema, uma mesma comunidade"[(96)]. A partir da queda do muro do Berlim, tem-se um novo ciclo da globalização, que, vale dizer, não é algo novo, mas de um processo que está sendo retomado com novos moldes[(97)].

---

(90) WOLFANG, Daubler. *O mundo do trabalho:* crise e mudança no final do século. São Paulo: Scritta, 1994. p. 42.

(91) WOLFANG, Daubler. *O mundo do trabalho:* crise e mudança no final do século. São Paulo: Scritta, 1994. p. 42.

(92) SANTOS, Boaventura de Sousa. Os processos de globalização. In: SANTOS, Boaventura de Sousa (Org.). *A globalização e as ciências sociais.* 3. ed. São Paulo: Cortez, 2005. p. 25.

(93) SANTOS, Boaventura de Sousa. Os processos de globalização. In: SANTOS, Boaventura de Sousa (Org.). *A globalização e as ciências sociais.* 3. ed. São Paulo: Cortez, 2005. p. 26.

(94) SÜSSEKIND, Arnaldo *et al. Instituições de Direito do Trabalho.* 20. ed. São Paulo: LTr, 2002. v. 1, p. 41.

(95) FRIEDMAN, Thomas L. *O mundo é plano:* o mundo globalizado no século XXI. 3. ed. Rio de Janeiro: Objetiva, 2009. p. 66-69. Nesse sentido, no âmbito do Direito do Trabalho ver: SÜSSEKIND, Arnaldo. A globalização da economia e o Direito do Trabalho. *Revista LTr*, São Paulo: LTr, v. 61, p. 40, jan. 1997.

(96) FRIEDMAN, Thomas L. *O mundo é plano:* o mundo globalizado no século XXI. 3. ed. Rio de Janeiro: Objetiva, 2009. p. 69.

(97) "Não é que as coisas não existiam, nós não as observávamos", conforme ROCHA, Leonel Severo. Observações sobre autopoiese, normativismo e pluralismo jurídico. *Constituição, Sistemas Sociais e Hermenêutica:* Programa de Pós-Graduação em Direito

Os processos de globalização têm exigido outros tipos de observação a partir da constatação de que há muitas outras possibilidades de produção de direitos na sociedade[(98)].

O grande problema quando se quer relacionar a globalização da economia e o Direito do Trabalho é que a internacionalização, transnacionalização, mundialização ou planificação do mundo no âmbito econômico não é seguida da mesma forma pelo Direito do Trabalho, e não é somente um problema de velocidade, pois sabidamente o Direito, via de regra, vem após os fatos, para regular as relações sociais e jurídicas situações das modificações da sociedade. Trata-se de uma questão muito mais complexa, que envolve, em última análise, a internacionalização e/ou universalização dos direitos humanos, cuja necessidade de efetividade é tão antiga quanto necessária, ainda mais em tempos de globalização.

Dito mais diretamente: a globalização da economia não tem correspondido, em geral, à globalização do Direito do Trabalho. O juslaboralista argentino Rodolfo Capón Filas[(99)], enfrentando o tema, concluiu que à globalização deve responder a internacionalização[(100)] do direito laboral.

Esse é o caminho a ser perseguido, mas o fato é que, até o presente momento, a globalização da economia não tem correspondido, a não ser muito parcialmente, a uma globalização do Direito do Trabalho, pois ainda existem países, como alguns da Ásia, por exemplo, Taiwan e Hon Kong[(101)], que se mostram reticentes em adotar as normas de Direito do Trabalho de países desenvolvidos da Europa ou dos Estados Unidos, assim como as diretrizes recomendadas pela Organização Internacional do Trabalho[(102)]. Nesse contexto,

---

da UNISINOS: mestrado e doutorado. Porto Alegre: Livraria do Advogado, 2008. p. 177.

(98) Nesse sentido, Wilson Engelman chama atenção para a importância do diálogo entre todas as fontes do direito e retrata algumas problemáticas sobre o espaço de produção normativa das nanotecnologias, que geram um "'pluralismo policêntrico', onde os fatos sociais poderão ser recepcionados pelo jurídico e com uma substancial modificação nos contornos da antiga concepção de suporte fático" (ENGELMANN, Wilson. O diálogo entre as fontes do direito e a gestão do risco empresarial gerado pelas nanotecnologias: construindo as bases à juridicização do risco. *Constituição, Sistemas Sociais e Hermenêutica:* Programa de Pós-Graduação em Direito da UNISINOS: mestrado e doutorado. Porto Alegre: Livraria do Advogado, 2012. p. 329-331).

(99) "A la globalización debe responder la inter/nacionalización del derecho laboral. Si la acción de los trabajadores y de los sindicatos frenó la explotación y limitó las pretensiones de los empleadores, cuando esa explotación y esas pretensiones se globalizan, solamente la acción inter/nacional de trabajadores y sindicatos constituye la mejor defensa posible de la dignidad del hombre. Como recuerdan el Consejo de la Iglesia Evangélica de Alemania y la Conferencia de los Obispos Alemanes, en este en globalizador se deben consolidar la solidaridad y la justicia para que el hombre ocupe el lugar que le corresponde" (FILAS, Rodolfo Capón. Trabajo y globalización propuesta para una práxis popular alternativa. *Justiça do Trabalho,* Porto Alegre: HS, ano 18, n. 205. p. 26, jan. 2001).

(100) Internacionalização e globalização não são expressões sinônimas, ainda que frequentemente ocorram de forma simultânea no mesmo caso concreto. A internacionalização é o ato ou o efeito de difundir-se por vários países, verificando-se no âmbito laboral quando uma empresa expande suas atividades para países diversos daquele em que iniciou sua atuação no mercado. A globalização é um neologismo da palavra global que significa tomado em globo, por inteiro, integral (BUENO, Francisco Silveira. *Dicionário escolar da língua portuguesa.* 11. ed. Rio de Janeiro: FAE, 1992. p. 535 e 611), significando atualmente uma complexa interação de atividades, sem limites geográficos, mercadológicos, comerciais, econômicos etc., que pode afetar "tudo, da aquisição de poder à cultura e ao funcionamento das instituições hierárquicas" (FRIEDMAN, Thomas L. *O mundo é plano:* o mundo globalizado no século XXI. 3. ed. Rio de Janeiro: Objetiva, 2009. p. 10).

(101) Taiwan e Hon Kong, por exemplo, ao menos até o momento em que se escreveu esse trabalho, não são países membros da Organização Internacional do Trabalho — OIT. A relação dos 183 países membros da OIT está disponível em: <http://www.ilo.org/public/portugue/region/eurpro/lisbon/html/portugal_visita_guiada_01c_pt.htm>. Acesso em: 8 ago. 2012.

(102) As convenções internacionais da Organização Internacional do Trabalho — OIT são muito importantes no âmbito do Direito do Trabalho. As convenções são tratados multilateriais, abertos à ratificação dos Estados membros, que, uma vez ratificadas, integram a respectiva legislação nacional. Além de convenções, a Conferência Internacional do Trabalho, órgão supremo da OIT, responsável pela regulamentação internacional do trabalho, pode expedir recomendações e resoluções, que, ao contrário das convenções, não são objeto de ratificação e com isso não criam obrigações para os Estados membros, servindo de mera sugestão aos Estados. Os tratados, convenções e atos internacionais, uma vez ratificados, são fontes formais de direito, conforme COIMBRA, Rodrigo; ARAÚJO, Francisco Rossal de. Equilíbrio instável das fontes formais do Direito do Trabalho. *Justiça do Trabalho,* v. 324, p. 61-62, dez. 2010; Nesse sentido: SÜSSEKIND, Arnaldo. *Direito Internacional do Trabalho.* 2. ed. São Paulo: LTr, 1987. p. 174.

se assim permanecer, a desigualdade do custo de trabalho está fadada a durar muito tempo[103], causando inúmeros problemas tanto nos países com custo maior quanto nos de custo menor.

A Organização Internacional do Trabalho procura estabelecer esse padrão mínimo de direitos trabalhistas, por meio das suas convenções, recomendações, resoluções e declarações. Por exemplo, a Declaração da OIT sobre os princípios e direitos fundamentais no trabalho e seu seguimento[104], publicada em junho de 1998 (na 86ª Sessão), em Genebra, declara que todos os Membros, ainda que não tenham ratificado as Convenções (atente-se para essa observação), têm um compromisso, derivado do simples fato de pertencer à Organização, de respeitar, promover e tornar realidade, de boa-fé e de conformidade com a Constituição, os princípios relativos aos direitos fundamentais que são objeto dessas Convenções, indicando-os: a) a liberdade sindical e o reconhecimento efetivo do direito de negociação coletiva; b) a eliminação de todas as formas de trabalho forçado ou obrigatório; c) a efetiva abolição do trabalho infantil; e d) a eliminação da discriminação em matéria de emprego e ocupação, a promoção do emprego produtivo e de qualidade, a extensão da proteção social e o fortalecimento do diálogo social.

O trabalho digno[105] é ponto de convergência desses quatro princípios e direitos fundamentais no trabalho que representam os objetivos estratégicos da Organização Internacional do Trabalho. Dito de um outro modo, para a Organização Internacional do Trabalho, trabalho digno é a chave do progresso social e sua efetivação, um dos principais objetivos atuais desse organismo internacional. O conceito de trabalho digno resume as aspirações do ser humano na sua vida profissional: oportunidades e remuneração; direitos, voz e reconhecimento; estabilidade familiar e desenvolvimento pessoal; justiça e igualdade de gênero[106].

Especificamente sobre o tema da globalização, a Organização Internacional do Trabalho publicou em junho de 2008 (na 97ª Sessão), em Genebra, Declaração sobre Justiça Social para uma Globalização Justa[107], expressando a visão contemporânea da OIT na era da globalização, articulada com a concepção de trabalho digno e com os princípios e direitos fundamentais no trabalho citados.

Um dos remédios sugeridos para a globalização em alguns países da Europa e nos Estados Unidos é a chamada cláusula social no comércio internacional: consiste em incluir nos tratados comerciais uma cláusula (social) impondo, no direito interno, o respeito a um mínimo de regras relacionadas com as condições de trabalho (proibição de trabalho forçado, liberdade de associação sindical, proibição de trabalho infantil). Mas, alguns países asiáticos, como Taiwan e Hon Kong, primeiros alcançados por essas normas, se mostram reticentes em adotá-las[108]. Pastore[109] diz que essa ideia de se implantar normas trabalhistas nos acordos comerciais é antiga, com a aplicação de sanções comerciais aos infratores, inclusive, com a suspensão de

---

(103) COIMBRA, Rodrigo; ARAÚJO, Francisco Rossal de. Direito do Trabalho: evolução do modelo normativo e tendências atuais na Europa. *Revista LTr*, São Paulo: LTr, ano 73, t. II, n. 8. p. 961, ago. 2009.

(104) Disponível em: <http://www.oitbrasil.org.br/sites/default/files/topic/international_labour_standards/pub/declaracao_direitos_fundamentais_294.pdf>. Acesso em: 10 ago. 2012.

(105) A agência brasileira da Organização Internacional do Trabalho optou pela expressão trabalho decente. Disponível em: <http://www.oitbrasil.org.br/content/o-que-e-trabalho-decente>. Acesso em: 10 ago. 2012. Entende-se mais adequada a tradução da agência portuguesa: trabalho digno.

(106) Conforme apresentação do Diretor-Geral da OIT, Juan Somavia, no seu relatório à 87ª Sessão da Conferência Internacional do Trabalho de 1999. Disponível em: <http://www.ilo.org/public/portugue/region/eurpro/lisbon/pdf/issuepaper_0.pdf>. Acesso em: 10 ago. 2012.

(107) Disponível em: <http://www.ilo.org/public/portugue/region/eurpro/lisbon/pdf/resolucao_justicasocial.pdf>. Acesso em: 10 ago. 2012.

(108) LYON-CAEN, Gerard. ¿Derecho del trabajo o derecho del emprego? In: *Evolución del pensamiento juslaboralista*. Montevideo: Fundación de Cultura Universitária, 1997. p. 283; BLANPAIN, Roger. Europa: politicas laborales y de empleo. In: *Evolución del pensamiento juslaboralista*. Montevideo: Fundación de Cultura Universitária, 1997. p. 71.

(109) PASTORE, José. Cláusulas trabalhistas na China? *O Estado de S. Paulo*, 01/11/2005. Disponível em: <http://www.josepastore.com.br/artigos/rt/rt_280.htm>. Acesso em: 20 nov. 2011.

importações. Segundo o autor, essa tese nunca vingou, pois os países em desenvolvimento, inclusive o Brasil, veem essa tentativa como manobra protecionista.

Na discussão científica, segue sendo abordada a necessidade de treinamento para lidar com inovações tecnológicas. Fala-se, também, na necessidade da existência de uma efetiva representação sindical e de segurança nos empregos(110).

No âmbito científico, uma das principais questões em debate gira em torno de o Direito do Trabalho fundado sobre o trabalho subordinado (emprego) ter perdido sua identidade, gerando a seguinte indagação: pode um Direito do Trabalho limitado em outros tempos ao trabalhador subordinado (também chamado de assalariado) ser transformado em Direito aplicável a todas as atividades? Segundo explica Gerard Lyon-Caen, o Direito do Trabalho convertido em instrumento da política de emprego fracassou e se encontra em retrocesso diante do trabalho chamado independente (ou autônomo, em sentido amplo). Além disso, a terceirização de serviços também modificou sensivelmente as relações de trabalho. Os critérios para distinguir diferentes relações de trabalho não são sólidos, gerando controvérsias, pois "a fronteira é indefinida e as referências movediças"(111).

Nessa linha, Javillier chama a atenção para a emergência de novas modalidades de regulação social, tutelando trabalhadores que não são empregados, sob pena de as relações de trabalho sem ou com parca proteção jurídica transformarem novamente o trabalho em mercadoria(112).

Em outras palavras, a vocação hegemônica do modelo normativo está debilitada.

A realidade é que o crescimento do trabalho informal é um problema complexo e difícil de combater, mas não se soluciona simplesmente retirando as normas trabalhistas.

Adverte Romagnoli que a ameaça mais séria contra a qual o Direito do Trabalho deverá defender-se "é a desintegração ao contato com um mundo da produção extremadamente diversificado em uma pluralidade de interesses que se negam a adequar-se à lógica de harmonização"(113).

Talvez o grande desafio do Direito do Trabalho seja se renovar para abranger uma proteção social mais ampla, mesmo que, para tanto, tenha de trabalhar com patamares mínimos relacionados com as prestações de previdência social. Dito de outra maneira, para que o Direito do Trabalho permaneça na sua função de elevação da dignidade dos trabalhadores, é preciso um consenso mínimo sobre sua importância na esfera pública, e não exclusivamente privada. Relações de Trabalho com dignidade são também um interesse do Estado, para diminuir tensões sociais e o peso das prestações previdenciárias.

Também existe o interesse do próprio sistema econômico capitalista, pois o Direito do Trabalho funciona como regulador indireto da concorrência e competitividade das empresas, além de ser um poderoso elemento motivador para ganhos de produtividade. Do encontro dos interesses públicos e privados é que surge o consenso da necessidade de um direito que regule com eficácia as relações de trabalho.

Outro assunto na pauta da União Europeia é a *flexicurity* (*flexiseguridad* ou "flexissegurança") — segundo a tradução literal do termo originário em língua inglesa para o castelhano ou para o português —, que tem sido muito utilizada nos últimos vinte anos, tendo aumentado a sua importância notadamente após a crise econômica de 2008-2012, também chamada de grande recessão ou crise dos *subprimes*(114), iniciada nos

(110) WOLFANG, Daubler. *O mundo do trabalho:* crise e mudança no final do século. São Paulo: Scritta, 1994. p. 43.

(111) LYON-CAEN, Gerard. ¿Derecho del trabajo o derecho del emprego? In: *Evolución del pensamiento juslaboralista.* Montevideo: Fundación de Cultura Universitária, 1997. p. 281.

(112) JAVILLIER, Jean-Claude. *Evolucion del pensamento juslaboralista.* Montevideo: Fundación de Cultura Universitária, 1997. p. 223.

(113) ROMAGNOLI, Umberto. ¿El Derecho del trabajo: Qué Futuro? In: *Evolución del pensamiento juslaboralista.* Montevideo: Fundación de Cultura Universitária, 1997. p. 437.

(114) A crise econômica de 2008-2012, também chamada de Grande Recessão, "é um desdobramento da crise financeira internacional precipitada pela falência do tradicional banco de investimento estadunidense Lehman Brothers, fundado em 1850. Em efeito dominó, outras grandes instituições financeiras quebraram, no processo também conhecido como 'crise dos subprimes'. Alguns

Estados Unidos da América, que, em efeito dominó, afetou significativamente alguns países da Comunidade Europeia, entre os quais a Espanha, onde a situação é uma das mais graves nesse particular.

A flexissegurança pretende conciliar dois valores sensivelmente antagônicos, quais sejam, a flexibilidade do mercado de trabalho e a segurança dos trabalhadores contra o desemprego. Essa conciliação ou ao menos uma maior aproximação se faz necessária, sendo clamada expressamente desde a edição do "Livro Verde sobre Relações Laborais da União Europeia", editado em novembro de 2006, que propugna pela "modernização do Direito do Trabalho para fazer frente ao desafio do século XXI"(115). Nesse quadro, a Diretiva n. 21 da União Europeia objetiva "promover a flexibilidade combinada com segurança".

Esse é o significado do neologismo "flexissegurança", inspirado nos exemplos da Dinamarca (principalmente), Holanda e Suécia: promover a flexibilização dos direitos dos trabalhadores, sem retirar os direitos trabalhistas (geralmente constitucionalizados) conquistados pelos países membros da Comunidade Europeia.

Esse conceito procura aproximar as necessidades dos empregadores, mediante modalidades de contratação diferentes das tradicionais (por isso chamadas de atípicas), à necessidade fundamental da existência de empregos, em condições não menos favoráveis. A promoção da flexibilidade combinada com a segurança do emprego, na ordem da redução da segmentação do mercado de trabalho, postula, entre outras ações, a revisão das diferentes modalidades contratuais e das disposições relativas ao tempo de trabalho, de acordo com Rodríguez.(116)

A flexibilização dos direitos trabalhistas na Comunidade Europeia possui noção indeterminada, altamente difusa e multidirecional, forjada a partir de uma combinação transacionada de elementos políticos ideológicos e aderências tanto liberais como social-democratas. Essas características refletem na heterogeneidade da sua regulamentação nos países da Comunidade Europeia.(117)

---

economistas, no entanto, consideram que a crise dos subprimes tem sua causa primeira no estouro da 'bolha da Internet' (em inglês, *dot-com bubble*), em 2001, quando o índice Nasdaq (que mede a variação de preço das ações de empresas de informática e telecomunicações) despencou. De todo modo, a quebra do Lehman Brothers foi seguida, no espaço de poucos dias, pela falência técnica da maior empresa seguradora dos Estados Unidos da América, a *American International Group* (AIG). O governo norte-americano, que se recusou a oferecer garantias para que o banco inglês Barclays adquirisse o controle do cambaleante Lehman Brothers, alarmado com o efeito sistêmico que a falência dessa tradicional e poderosa instituição financeira — abandonada às 'soluções de mercado' — provocou nos mercados financeiros mundiais, resolveu, em vinte e quatro horas, injetar oitenta e cinco bilhões de dólares de dinheiro público na AIG para salvar suas operações. Mas, em poucas semanas, a crise norte-americana já atravessava o Atlântico" (Disponível em: <http://pt.wikipedia.org/wiki/Crise_econ%C3%B4mica_de_2008-2012>. Acesso em: 24 mar. 2012).

(115) O tratado de Amsterdã (1997) ensaiou o método de coordenação das políticas trabalhistas estatais a cargo das instituições comunitárias em matéria de emprego, substancializado no denominado *Livro Verde* (2006), cujo lema era "modernizar o Direito do Trabalho face aos desafios do século XXI", tendo maior efetividade a partir das diretrizes para as políticas de emprego dos Estados Membros (2005-2008).

(116) RODRÍGUEZ, Jesús Baz. El marco jurídico comunitário del trabajo a tiempo parcial: reflexiones em el contexto de la "flexiseguridad". In: RODRÍGUEZ, Jesús Baz (Org.). *Trabajo a tiempo parcial y flexiseguridad.* Granada: Comares, 2008. p. 5 e 10-11.

(117) RODRÍGUEZ, Jesús Baz. El marco jurídico comunitário del trabajo a tiempo parcial. Reflexiones em el contexto de la "flexiseguridad". In: RODRÍGUEZ, Jesús Baz (Org.). *Trabajo a tiempo parcial y flexiseguridad.* Granada: Comares, 2008. p. 8-9; No Brasil, a flexibilização dos direitos trabalhistas foi iniciada há muito tempo, em 1967, com a troca da estabilidade pelo FGTS. Conforme Jorge Luiz Souto Maior, "várias iniciativas se seguiram nesta linha: a) em 1974, após não se renovar a assinatura da Convenção n. 96 da OIT, admitiu-se o trabalho temporário; b) em 1977, os estagiários deixaram de ser considerados empregados, para serem afastados da proteção da legislação trabalhista; c) em 1983, regulamentou-se o trabalho de vigilância, para excluir os vigilantes do benefício da jornada reduzida de 6 horas destinada ao setor bancário; f) em 1993, a jurisprudência do Tribunal Superior do Trabalho foi radicalmente alterada (originando a Súmula n. 331) para, mesmo sem uma autorização legal, considerar possível a elaboração de um contrato entre empresas para prestação de serviço no estabelecimento da empresa "tomadora" da mão de obra [...]; d) em 1998, tentou-se alargar as possibilidades de concluir contratos com duração determinada. A lei criou um novo tipo de contrato, denominado 'contrato provisório'. De acordo com a lei, passou a ser possível a formação de um contrato por prazo determinado, sem vinculação a qualquer motivo específico, a não ser o fato de estar previsto em um instrumento coletivo e ser destinado ao aumento do número de empregados da empresa; e) em 1998, flexibilizaram-se ainda mais os limites da jornada de trabalho pela criação do chamado "de banco de horas". De acordo com este sistema, as horas suplementares podem ser compensadas dentro do período de um ano, sem nenhum pagamento adicional; f) em 1999, foi criado o contrato a tempo parcial, embora na realidade, seja pouco utilizado devido ao baixo nível do salário dos empregados a tempo completo. Nesta linha de 'flexibilização' situam-se também decisões judiciais que consideram possível a supressão de direitos previstos na lei por meio de acordos e convenções coletivas de

Tendo por freio o princípio da proteção do trabalhador, a flexibilização das normas trabalhistas requer muita razoabilidade e a ideia espanhola de "flexiseguridad" procura justamente combinar as aspirações empresariais de alternativas de maior flexibilidade dos direitos dos empregados, sem retirar os direitos trabalhistas constitucionalizados pelos países membros da Comunidade Europeia[(118)].

Sobre a busca da flexissegurança na Comunidade Europeia destacam-se três aspectos essenciais: a) a flexibilidade passa a ser uma exigência quase universal em ambientes industrializados e um dos problemas dominantes nos países europeus; b) a exigência expressa pelos empresários encontrou consensos mesmo fora dos seus âmbitos, principalmente por parte dos poderes públicos; c) a flexibilidade envolve, *in totum*, os conteúdos tradicionais, as regras das relações industriais e, portanto, a atuação sindical das empresas, na medida em que esta atuação representa a capacidade das empresas de se reorganizarem em prazos curtos diante das flutuações da macroeconomia em um contexto geral já caracterizado por profundas incertezas e crescente competitividade[(119)].

Essas necessidades referem-se tanto à flexibilidade interna (mudanças na organização do trabalho, administração dos horários, modalidades das tarefas e evolução das responsabilidades, sistemas retributivos), quanto à flexibilidade externa (variações do número de funcionários, contratos atípicos e anormais, mobilidade).[(120)]

Formas novas e atípicas de contratação, redistribuição do tempo e do trabalho (por exemplo, o trabalho a tempo parcial[(121)]), liberdade de supressão de empregos no caso de reestruturação, resumem as medidas tomadas no conjunto dos países europeus. Todas elas expressam a busca de uma redução do custo do trabalho e permitiram aos grupos europeus enfrentar a Ásia e os Estados Unidos, mas ao preço de uma insegurança e de um empobrecimento, que excluíram da tutela do Direito do Trabalho frações inteiras da população.[(122)]

---

trabalho" (MAIOR, Jorge Luiz Souto. Opinião pública e direito do trabalho: tentando transpor as barreiras da comunicação. *Justiça do Trabalho,* v. 286, p. 31-32, out. 2007). Além disso, a Constituição Federal de 1988 adotou, em limitadas hipóteses, a relativização de importantes direitos trabalhistas, mas em todos os casos requer previsão em acordo ou convenção coletiva (a chamada tutela sindical): art. 7º, XIII e XIV, que dispõe sobre a jornada de trabalho e sobre turnos de revezamento e art. 7º, VI, que excepciona o princípio da irredutibilidade salarial. Note-se que a Consolidação das Leis do Trabalho (publicada originalmente em 1943) já autorizava a flexibilização de direitos trabalhistas principalmente em casos de jornada de trabalho de profissões regulamentadas por um tratamento excepcional, via acordo ou convenção coletiva. Exemplificando, vejam-se os seguintes dispositivos consolidados: arts. 227, § 2º; 235. Para hipóteses de flexibilização aplicáveis para todas as profissões, ver os seguintes artigos da CLT: 58, § 3º; 59 e § 2º; 143, § 2º; 413, I; 462; 476-A.

(118) Nesse contexto, surge o trabalho a tempo parcial, com grande utilização na Comunidade Europeia, também chamado de *part time servisse*, sendo principalmente adotado em relação ao trabalho de mulheres, idosos e estudantes, muitas vezes impossibilitados de cumprir um contrato de trabalho de jornada integral, em razão das responsabilidades familiares e profissionais que precisam ser conciliadas (ARAÚJO, Gisele Ferreira de. Flexibilização do direito laboral e a Constituição federal de 1988. *Justiça do Trabalho,* v. 262, p. 9, out. 2005). Para um estudo do trabalho a tempo parcial como instrumento de conciliação da vida familiar e laboral, no Direito Espanhol, destacando que as políticas de tal conciliação não são exclusivas das mulheres, mas exigências das sociedades modernas, independentemente do sexo de seus destinatários, ver: MORGADO PANADERO, Purificación. El trabajo a tiempo parcial como conciliación de la vida familiar e laboral. In: RODRÍGUEZ, Jesús Baz (Org.). *Trabajo a tiempo parcial y flexiseguridad.* Granada: Comares, 2008. p. 85-121.

(119) BAGLIONI, Guido. *O mundo do trabalho:* crise e mudança no final do século. São Paulo: Scritta, 1994. p. 61-62.

(120) Para um relato da busca da flexibilidade nos países europeus, separadamente, ver BAGLIONI, Guido. *O mundo do trabalho:* crise e mudança no final do século. São Paulo: Scritta, 1994.

(121) Para um estudo sobre o trabalho a tempo parcial no Direito Espanhol como um instrumento da "flexissegurança" ver COIMBRA, Rodrigo; STURMER, Gilberto. A noção de trabalho a tempo parcial no Direito Espanhol como um instrumento da "flexissegurança". *Direitos Fundamentais e Justiça.* Porto Alegre: HS Editora, n. 21, p. 39-57, em especial p. 48-53, out./dez. 2012.

(122) LYON-CAEN, Gerard. ¿Derecho del trabajo o derecho del emprego? In: *Evolución del pensamiento juslaboralista.* Montevideo: Fundación de Cultura Universitária, 1997. p. 268.

Analisando o renovado debate Europeu em torno da "flexissegurança" e suas medidas, José Affonso Dallegrave Neto[123] faz a seguinte apreciação crítica:

> "De uma análise fria e sem romantismo, chega-se a inferência de que se trata de mais uma medida em sintonia com a ideologia neoliberal, vez que os objetivos são claros: facilitar a vida da iniciativa privada em detrimento das condições de trabalho que se tornarão mais precárias em face da política de flexibilidade em seus diversos aspectos: contratação temporária; dispensa sem ônus; modalidades de salário vinculadas ao resultado; fixação de horários flexíveis visando atender exclusivamente a demanda da produção."

Nos momentos de altas taxas de desemprego, as ideias normalmente se resumem a sugerir a flexibilização das normas trabalhistas e o endividamento do Estado com aumento de quotas de Seguro-Desemprego. Poucas vezes o foco principal se dirige ao aquecimento da economia, por meio do aumento da oferta de crédito pessoal com juros baixos e da elevação do consumo aliada a uma política de desoneração previdenciária da folha de pagamento.

Os Direitos Sociais, e mais especificamente os dos trabalhadores, não podem ser reduzidos a uma questão de custo.[124] Essa premissa é fundamental para que não se caminhe para uma perigosa parente próxima da flexibilização: a desregulamentação dos direitos trabalhistas[125].

10. Anexo — Carta Encíclica "Rerum Novarum"[126]

CARTA ENCÍCLICA
"RERUM NOVARUM"
DO SUMO PONTÍFICE
PAPA LEÃO XIII
A TODOS OS NOSSOS VENERÁVEIS
IRMÃOS, OS PATRIARCAS,
PRIMAZES, ARCEBISPOS
E BISPOS DO ORBE CATÓLICO,
EM GRAÇA E COMUNHÃO
COM A SÉ APOSTÓLICA

SOBRE A CONDIÇÃO DOS OPERÁRIOS

Introdução

1. A sede de inovações, que há muito tempo se apoderou das sociedades e as tem numa agitação febril, devia, tarde ou cedo, passar das regiões da política para a esfera vizinha da economia social. Efectivamente, os progressos incessantes da indústria, os novos caminhos em que entraram as artes, a alteração das relações entre os operários e os patrões, a influência da riqueza nas mãos dum pequeno número ao lado da indigência da multidão, a opinião enfim mais avantajada que os operários formam de si mesmos e a sua união mais compacta, tudo isto, sem falar da corrupção dos costumes, deu em resultado final um temível conflito.

Por toda a parte, os espíritos estão apreensivos e numa ansiedade expectante, o que por si só basta para mostrar quantos e quão graves interesses estão em jogo. Esta situação preocupa e põe ao mesmo tempo em exercício o

(123) DALLEGRAVE NETO, José Affonso. *Flexisegurança nas relações de trabalho. O novo debate europeu.* Disponível em: <http://www.nucleotrabalhistacalvet.com.br/artigos/Flexiseguran%C3%A7a%20-%20Jos%C3%A9%20Affonso%20Dallegrave%20Neto.pdf>. Acesso em: 5 out. 2012.

(124) MAIOR, Jorge Luiz Souto. O dano social e sua reparação. *Justiça do Trabalho.* Porto Alegre: HS, n. 288. p. 10, dez. 2007.

(125) MARTÍN HERNÁNDEZ, María Luisa. La protección social de los trabajadores a tiempo parcial em el nuevo marco de la flexiseguridad. In: RODRÍGUEZ, Jesús Baz (Org.). *Trabajo a tiempo parcial y flexiseguridad.* Granada: Comares, 2008. p. 161-162.

(126) Conforme LEÃO XIII. Carta encíclica *Rerum Novarum* sobre a condição dos operários. Disponível em: <http://www.vatican.va/holy_father/leo_xiii/encyclicals/documents/hf_l-xiii_enc_15051891_rerum-novarum_po.html>. Acesso em: 22 nov. 2011.

génio dos doutos, a prudência dos sábios, as deliberações das reuniões populares, a perspicácia dos legisladores e os conselhos dos governantes, e não há, presentemente, outra causa que impressione com tanta veemência o espírito humano.

É por isto que, Veneráveis Irmãos, o que em outras ocasiões temos feito, para bem da Igreja e da salvação comum dos homens, em Nossas Encíclicas sobre a *soberania política, a liberdade humana, a constituição cristã dos Estados* (1) e outros assuntos análogos, refutando, segundo Nos pareceu oportuno, as opiniões erróneas e falazes, o julgamos dever repetir hoje e pelos mesmos motivos, falando-vos da *Condição dos Operários*. Já temos tocado esta matéria muitas vezes, quando se Nos tem proporcionado o ensejo; mas a consciência do Nosso cargo Apostólico impõe-nos como um dever tratá-la nesta Encíclica mais explicitamente e com maior desenvolvimento, a fim de pôr em evidência os princípios duma solução, conforme à justiça e à equidade. O problema nem é fácil de resolver, nem isento de perigos. E difícil, efectivamente, precisar com exactidão os direitos e os deveres que devem ao mesmo tempo reger a riqueza e o proletariado, o capital e o trabalho. Por outro lado, o problema não é sem perigos, porque não poucas vezes homens turbulentos e astuciosos procuram desvirtuar-lhe o sentido e aproveitam-no para excitar as multidões e fomentar desordens.

Causas do conflito

2. Em todo o caso, estamos persuadidos, e todos concordam nisto, de que é necessário, com medidas prontas e eficazes, vir em auxílio dos homens das classes inferiores, atendendo a que eles estão, pela maior parte, numa situação de infortúnio e de miséria imerecida. O século passado destruiu, sem as substituir por coisa alguma, as corporações antigas, que eram para eles uma protecção; os princípios e o sentimento religioso desapareceram das leis e das instituições públicas, e assim, pouco a pouco, os trabalhadores, isolados e sem defesa, têm-se visto, com o decorrer do tempo, entregues à mercê de senhores desumanos e à cobiça duma concorrência desenfreada. A usura voraz veio agravar ainda mais o mal. Condenada muitas vezes pelo julgamento da Igreja, não tem deixado de ser praticada sob outra forma por homens ávidos de ganância, e de insaciável ambição. A tudo isto deve acrescentar-se o monopólio do trabalho e dos papéis de crédito, que se tornaram o quinhão dum pequeno número de ricos e de opulentos, que impõem assim um jugo quase servil à imensa multidão dos proletários.

A solução socialista

3. Os Socialistas, para curar este mal, instigam nos pobres o ódio invejoso contra os que possuem, e pretendem que toda a propriedade de bens particulares deve ser suprimida, que os bens dum indivíduo qualquer devem ser comuns a todos, e que a sua administração deve voltar para — os Municípios ou para o Estado. Mediante esta transladação das propriedades e esta igual repartição das riquezas e das comodidades que elas proporcionam entre os cidadãos, lisonjeiam-se de aplicar um remédio eficaz aos males presentes. Mas semelhante teoria, longe de ser capaz de pôr termo ao conflito, prejudicaria o operário se fosse posta em prática. Pelo contrário, é sumamente injusta, por violar os direitos legítimos dos proprietários, viciar as funções do Estado e tender para a subversão completa do edifício social.

A propriedade particular

4. De facto, como é fácil compreender, a razão intrínseca do trabalho empreendido por quem exerce uma arte lucrativa, o fim imediato visado pelo trabalhador, é conquistar um bem que possuirá como próprio e como pertencendo-lhe; porque, se põe à disposição de outrem as suas forças e a sua indústria, não é, evidentemente, por outro motivo senão para conseguir com que possa prover à sua sustentação e às necessidades da vida, e espera do seu trabalho, não só o direito ao salário, mas ainda um direito estrito e rigoroso para usar dele como entender. Portanto, se, reduzindo as suas despesas, chegou a fazer algumas economias, e se, para assegurar a sua conservação, as emprega, por exemplo, num campo, torna-se evidente que esse campo não é outra coisa senão o salário transformado: o terreno assim adquirido será propriedade do artista com o mesmo título que a remuneração do seu trabalho. Mas, quem não vê que é precisamente nisso que consiste o direito da propriedade mobiliária e imobiliária? Assim, esta conversão da propriedade particular em propriedade colectiva, tão preconizada pelo socialismo, não teria outro efeito senão tornar a situação dos operários mais precária, retirando-lhes a livre disposição do seu salário e roubando-lhes, por isso mesmo, toda a esperança e toda a possibilidade de engrandecerem o seu património e melhorarem a sua situação.

5. Mas, e isto parece ainda mais grave, o remédio proposto está em oposição flagrante com a justiça, porque a propriedade particular e pessoal é, para o homem, de direito natural. Há, efectivamente, sob este ponto de vista, uma grandíssima diferença entre o homem e os animais destituídos de razão. Estes não se governam a si mesmos; são dirigidos e governados pela natureza, mediante um duplo instinto, que, por um lado, conserva a sua actividade sempre viva e lhes desenvolve as forças; por outro, provoca e circunscreve ao mesmo tempo cada um dos seus movimentos. O primeiro instinto leva-os à conservação e à defesa da sua própria vida; o segundo, à propagação da espécie; e este duplo resultado obtêm-no facilmente pelo uso das coisas presentes e postas ao seu alcance. Por outro lado, seriam incapazes de transpor esses limites, porque apenas são movidos pelos sentidos e por cada objecto particular que os sentidos percebem. Muito diferente é a natureza humana. Primeiramente, no homem reside, em sua perfeição, toda a virtude da natureza sensitiva, e desde logo lhe pertence, não menos que a esta, gozar dos objectos físicos e corpóreos. Mas a vida sensitiva mesmo que possuída em toda a sua plenitude, não só não abraça toda a natureza humana, mas é-lhe muito inferior e própria para lhe obedecer e ser-lhe sujeita. O que em nós se avantaja, o que nos faz homens, nos distingue essencialmente do animal, é a razão ou a inteligência, e em virtude desta prerrogativa deve reconhecer-se ao homem não só a faculdade geral de usar das coisas exteriores, mas ainda o direito estável e perpétuo de as possuir, tanto as que se consomem pelo uso, como as que permanecem depois de nos terem servido.

Uso comum dos bens criados e propriedade particular deles

Uma consideração mais profunda da natureza humana vai fazer sobressair melhor ainda esta verdade. O homem abrange pela sua inteligência uma infinidade de objectos, e às coisas presentes acrescenta e prende as coisas futuras; além disso, é senhor das suas acções; também sob a direcção da lei eterna e sob o governo universal da Providência divina, ele é, de algum modo, para si a sua lei e a sua providência. É por isso que tem o direito de escolher as coisas que julgar mais aptas, não só para prover ao presente, mas ainda ao futuro. De onde se segue que deve ter sob o seu domínio não só os produtos da terra, mas ainda a própria terra, que, pela sua fecundidade, ele vê estar destinada a ser a sua fornecedora no futuro. As necessidades do homem repetem-se perpetuamente: satisfeitas hoje, renascem amanhã com novas exigências. Foi preciso, portanto, para que ele pudesse realizar o seu direito em todo o tempo, que a natureza pusesse à sua disposição um elemento estável e permanente, capaz de lhe fornecer perpetuamente os meios. Ora, esse elemento só podia ser a terra, com os seus recursos sempre fecundos. E não se apele para a providência do Estado, porque o Estado é posterior ao homem, e antes que ele pudesse formar-se, já o homem tinha recebido da natureza o direito de viver e proteger a sua existência. Não se oponha também à legitimidade da propriedade particular o facto de que Deus concedeu a terra a todo o género humano para a gozar, porque Deus não a concedeu aos homens para que a dominassem confusamente todos juntos. Tal não é o sentido dessa verdade. Ela significa, unicamente, que Deus não assinou uma parte a nenhum homem em particular, mas quis deixar a limitação das propriedades à indústria humana e às instituições dos povos. Aliás, posto que dividida em propriedades particulares, a terra não deixa de servir à utilidade comum de todos, atendendo a que não há ninguém entre os mortais que não se alimente do produto dos campos. Quem os não tem, supre-os pelo trabalho, de maneira que se pode afirmar, com toda a verdade, que o trabalho é o meio universal de prover às necessidades da vida, quer ele se exerça num terreno próprio, quer em alguma parte lucrativa cuja remuneração, sai apenas dos produtos múltiplos da terra, com os quais ela se comuta. De tudo isto resulta, mais uma vez, que a propriedade particular é plenamente conforme à natureza. A terra, sem dúvida, fornece ao homem com abundância as coisas necessárias para a conservação da sua vida e ainda para o seu aperfeiçoamento, mas não poderia fornecê-las sem a cultura e sem os cuidados do homem. Ora, que faz o homem, consumindo os recursos do seu espírito e as forças do seu corpo em procurar esses bens da natureza? Aplica, para assim dizer, a si mesmo a porção da natureza corpórea que cultiva e deixa nela como que um certo cunho da sua pessoa, a ponto que, com toda a justiça, esse bem será possuído de futuro como seu, e não será lícito a ninguém violar o seu direito de qualquer forma que seja.

A propriedade sancionada pelas leis humanas e divinas

A força destes raciocínios é duma evidência tal, que chegamos a admirar como certos partidários de velhas opiniões podem ainda contradizê-los, concedendo sem dúvida ao homem particular o uso do solo e os frutos dos campos, mas recusando-lhe o direito de possuir, na qualidade de proprietário, esse solo em que edificou, a porção da terra que cultivou. Não veem, pois, que despojam assim esse homem do fruto do seu trabalho; porque, afinal, esse campo amanhado com arte pela mão do cultivador, mudou completamente de natureza: era selvagem, ei-lo arroteado; de infecundo, tornou-se fértil; o que o tornou melhor, está inerente ao solo e confunde-se de tal forma com ele, que em grande parte seria impossível separá-lo. Suportaria a justiça que um estranho viesse então a atribuir-se esta terra banhada pelo suor de quem a cultivou? Da mesma forma que o efeito segue a causa, assim é justo que o fruto do trabalho pertença ao trabalhador.

É, pois, com razão, que a universalidade do género humano, sem se deixar mover pelas opiniões contrárias dum pequeno grupo, reconhece, considerando atentamente a natureza, que nas suas leis reside o primeiro fundamento da repartição dos bens e das propriedades particulares; foi com razão que o costume de todos os séculos sancionou uma situação tão conforme à natureza do homem e à vida tranquila e pacífica das sociedades. Por seu lado, as leis civis, que recebem o seu valor(1), quando são justas, da lei natural, confirmam esse mesmo direito e protegem-no pela força. Finalmente, a autoridade das leis divinas vem pôr-lhe o seu selo, proibindo, sob perla gravíssima, até mesmo o desejo do que pertence aos outros: "Não desejarás a mulher do teu próximo, nem a sua casa, nem o seu campo, nem o seu boi, nem a sua serva, nem o seu jumento, nem coisa alguma que lhe pertença"(2).

A família e o Estado

6. Entretanto, esses direitos, que são inatos a cada homem considerado isoladamente, apresentam-se mais rigorosos ainda, quando se consideram nas suas relações e na sua conexão com os deveres da vida doméstica. Ninguém põe em dúvida que, na escolha dum género de vida, seja lícito cada um seguir o conselho de Jesus Cristo sobre a virgindade, ou contrair um laço conjugal. Nenhuma lei humana poderia apagar de qualquer forma o direito natural e primordial de todo o homem ao casamento, nem circunscrever o fim principal para que ele foi estabelecido desde a origem: "Crescei e multiplicai-vos" (3). Eis, pois, a família, isto é, a sociedade doméstica, sociedade muito pequena certamente, mas real e anterior a toda a sociedade civil, à qual, desde logo, será forçosamente necessário atribuir certos direitos e certos deveres absolutamente independentes do Estado. Assim, este direito de propriedade que Nós, em nome da natureza, reivindicamos para o indivíduo, é preciso agora transferi-lo para o homem constituído chefe de família. Isto não basta: passando para a sociedade doméstica, este direito adquire aí tanto maior força quanto mais extensão lá recebe a pessoa humana.

A natureza não impõe somente ao pai de família o dever sagrado de alimentar e sustentar seus filhos; vai mais longe. Como os filhos reflectem a fisionomia de seu pai e são uma espécie de prolongamento da sua pessoa, a natureza inspira-lhe o cuidado do seu futuro e a criação dum património que os ajude a defender-se, na perigosa jornada da vida, contra todas as surpresas da má fortuna. Mas, esse património poderá ele criá-lo sem a aquisição e a posse de bens permanentes e produtivos que possam transmitir-lhes por via de herança?

Assim como a sociedade civil, a família, conforme atrás dissemos, é uma sociedade propriamente dita, com a sua autoridade e o seu governo paterno, é por isso que sempre indubitavelmente na esfera que lhe determina o seu fim imediato, ela goza, para a escolha e uso de tudo o que exigem a sua conservação e o exercício duma justa independência, de direitos pelo menos iguais aos da sociedade civil. Pelo menos iguais, dizemos Nós, porque a sociedade doméstica tem sobre a sociedade civil uma prioridade lógica e uma prioridade real, de que participam necessariamente os seus direitos e os seus deveres. E se os indivíduos e as famílias, entrando na sociedade, nela achassem, em vez de apoio, um obstáculo, em vez de protecção, uma diminuição dos seus direitos, dentro em pouco a sociedade seria mais para se evitar do que para se procurar.

Querer, pois, que o poder civil invada arbitrariamente o santuário da família, é um erro grave e funesto. Certamente, se existe algures uma família que se encontre numa situação desesperada, e que faça esforços vãos para sair dela, é justo que, em tais extremos, o poder público venha em seu auxílio, porque cada família é um membro da sociedade. Da mesma forma, se existe um lar doméstico que seja teatro de graves violações dos direitos mútuos, que o poder público intervenha para restituir a cada um os seus direitos. Não é isto usurpar as atribuições dos cidadãos, mas fortalecer os seus direitos, protegê-los e defendê-los como convém. Todavia, a acção daqueles que presidem ao governo público não deve ir mais além; a natureza proíbe-lhes ultrapassar esses limites. A autoridade paterna não pode ser abolida, nem absorvida pelo Estado, porque ela tem uma origem comum com a vida humana. "Os filhos são alguma coisa de seu pai"; são de certa forma uma extensão da sua pessoa, e, para falar com justiça, não é imediatamente por si que eles se agregam e se incorporam na sociedade civil, mas por intermédio da sociedade doméstica em que nasceram. Porque os "filhos são naturalmente alguma coisa de seu pai... devem ficar sob a tutela dos pais até que tenham adquirido o livre arbítrio" (4). Assim, substituindo a providência paterna pela providência do Estado, os socialistas vão contra a justiça natural e quebram os laços da família.

O comunismo, princípio de empobrecimento

7. Mas, além da injustiça do seu sistema, veem-se bem todas as suas funestas consequências, a perturbação em todas as classes da sociedade, uma odiosa e insuportável servidão para todos os cidadãos, porta aberta a todas as invejas, a todos os descontentamentos, a todas as discórdias; o talento e a habilidade privados dos seus estímulos, e, como consequência necessária, as riquezas estancadas na sua fonte; enfim, em lugar dessa igualdade tão sonhada, a igualdade na nudez, na indigência e na miséria. Por tudo o que Nós acabamos de dizer, se compreende que a teoria socialista da propriedade colectiva deve absolutamente repudiar-se como prejudicial àqueles membros a que se quer socorrer, contrária aos direitos naturais dos indivíduos, como desnaturando as funções do Estado e perturbando a tranquilidade pública. Fique, pois, bem assente que o primeiro fundamento a estabelecer por todos aqueles que querem sinceramente o bem do povo é a inviolabilidade da propriedade particular. Expliquemos agora onde convém procurar o remédio tão desejado.

A Igreja e a questão social

8. É com toda a confiança que Nós abordamos este assunto, e em toda a plenitude do Nosso direito; porque a questão de que se trata é de tal natureza, que, se não apelamos para a religião e para a Igreja, é impossível encontrar-lhe uma solução eficaz. Ora, como é principalmente a Nós que estão confiadas a salvaguarda da religião e a dispensação do que é do domínio da Igreja, calarmo-nos seria aos olhos de todos trair o Nosso dever. Certamente uma questão desta gravidade demanda ainda de outros a sua parte de actividade e de esforços; isto é, dos governantes, dos senhores e dos ricos, e dos próprios operários, de cuja sorte se trata. Mas, o que Nós afirmamos sem hesitação, é a inanidade da sua acção fora da Igreja. E a Igreja, efectivamente, que haure no Evangelho doutrinas capazes de pôr termo ao conflito ou ao menos de o suavizar, expurgando-o de tudo o que ele tenha de severo e áspero; a Igreja, que se não contenta em esclarecer o espírito de seus ensinos, mas também se esforça em regular, de harmonia com eles a vida e os costumes de cada um; a Igreja, que, por uma multidão de instituições eminentemente benéficas, tende a melhorar a sorte das classes pobres; a Igreja, que quer e deseja ardentemente que todas as classes empreguem em comum as suas luzes e as suas forças para dar à questão operária a melhor solução possível; a Igreja, enfim, que julga que as leis e a autoridade pública devem levar a esta solução, sem dúvida com medida e com prudência, a sua parte do consenso.

Não luta, mas concórdia das classes

9. O primeiro princípio a pôr em evidência é que o homem deve aceitar com paciência a sua condição: é impossível que na sociedade civil todos sejam elevados ao mesmo nível. É, sem dúvida, isto o que desejam os *Socialistas;* mas contra a natureza todos os esforços são vãos. Foi ela, realmente, que estabeleceu entre os homens diferenças tão multíplices como profundas; diferenças de inteligência, de talento, de habilidade, de saúde, de força; diferenças necessárias, de onde nasce espontaneamente a desigualdade das condições. Esta desigualdade, por outro lado, reverte em proveito de todos, tanto da sociedade como dos indivíduos; porque a vida social requer um organismo muito variado e funções muito diversas, e o que leva precisamente os homens a partilharem estas funções é, principalmente, a diferença das suas respectivas condições.

Pelo que diz respeito ao trabalho em particular, o homem, mesmo no *estado de inocência,* não era destinado a viver na ociosidade, mas, ao que a vontade teria abraçado livremente como exercício agradável, a necessidade lhe acrescentou, depois do pecado, o sentimento da dor e o impôs como uma expiação: "A terra será maldita por tua causa; é pelo trabalho que tirarás com que alimentar-te todos os dias da vida" (5). O mesmo se dá com todas as outras calamidades que caíram sobre o homem: neste mundo estas calamidades não terão fim nem tréguas, porque os funestos frutos do pecado são amargos, acres, acerbos, e acompanham necessariamente o homem até ao derradeiro suspiro. Sim, a dor e o sofrimento são o apanágio da humanidade, e os homens poderão ensaiar tudo, tudo tentar para os banir; mas não o conseguirão nunca, por mais recursos que empreguem e por maiores forças que para isso desenvolvam. Se há quem, atribuindo-se o poder fazê-lo, prometa ao pobre uma vida isenta de sofrimentos e de trabalhos, toda de repouso e de perpétuos gozos, certamente engana o povo e lhe prepara laços, onde se ocultam, para o futuro, calamidades mais terríveis que as do presente. O melhor partido consiste em ver as coisas tais quais são, e, como dissemos, em procurar um remédio que possa aliviar os nossos males.

O erro capital na questão presente é crer que as duas classes são inimigas natas uma da outra, como se a natureza tivesse armado os ricos e os pobres para se combaterem mutuamente num duelo obstinado. Isto é uma aberração tal, que é necessário colocar a verdade numa doutrina contrariamente oposta, porque, assim como no corpo humano os membros, apesar da sua diversidade, se adaptam maravilhosamente uns aos outros, de modo que formam um todo exactamente proporcionado e que se poderá chamar simétrico, assim também, na sociedade, as duas classes estão destinadas pela natureza a unirem-se harmoniosamente e a conservarem-se mutuamente em perfeito equilíbrio. Elas têm imperiosa necessidade uma da outra: não pode haver capital sem trabalho, nem trabalho sem capital.

A concórdia traz consigo a ordem e a beleza; ao contrário, dum conflito perpétuo só podem resultar confusão e lutas selvagens. Ora, para dirimir este conflito e cortar o mal na sua raiz, as Instituições possuem uma virtude admirável e múltipla.

E, primeiramente, toda a economia das verdades religiosas, de que a Igreja é guarda e intérprete, é de natureza a aproximar e reconciliar os ricos e os pobres, lembrando às duas classes os seus deveres mútuos e, primeiro que todos os outros, os que derivam da justiça.

Obrigações dos operários e dos patrões

10. Entre estes deveres, eis os que dizem respeito ao pobre e ao operário: deve fornecer integral e fielmente todo o trabalho a que se comprometeu por contrato livre e conforme à equidade; não deve lesar o seu patrão, nem nos seus bens, nem na sua pessoa; as suas reivindicações devem ser isentas de violências e nunca revestirem a forma de sedições; deve fugir dos homens perversos que, nos seus discursos artificiosos, lhe sugerem esperanças exageradas e lhe fazem grandes promessas, as quais só conduzem a estéreis pesares e à ruína das fortunas.

Quanto aos ricos e aos patrões, não devem tratar o operário como escravo, mas respeitar nele a dignidade do homem, realçada ainda pela do Cristão. O trabalho do corpo, pelo testemunho comum da razão e da filosofia cristã, longe de ser um objecto de vergonha, honra o homem, porque lhe fornece um nobre meio de sustentar a sua vida. O que é vergonhoso e desumano é usar dos homens como de vis instrumentos de lucro, e não os estimar senão na proporção do vigor dos seus braços. O cristianismo, além disso, prescreve que se tenham em consideração os interesses espirituais do operário e o bem da sua alma. Aos patrões compete velar para que a isto seja dada plena satisfação, para que o operário não seja entregue à sedução e às solicitações corruptoras, que nada venha enfraquecer o espírito de família nem os hábitos de economia. Proíbe também aos patrões que imponham aos seus subordinados um trabalho superior às suas forças ou em desarmonia com a sua idade ou o seu sexo.

Mas, entre os deveres principais do patrão, é necessário colocar, em primeiro lugar, o de dar a cada um o salário que convém. Certamente, para fixar a justa medida do salário, há numerosos pontos de vista a considerar. Duma maneira geral, recordem-se o rico e o patrão de que explorar a pobreza e a miséria e especular com a indigência, são coisas igualmente reprovadas pelas leis divinas e humanas; que cometeria um crime de clamar vingança ao céu quem defraudasse a qualquer no preço dos seus labores: "Eis que o salário, que tendes extorquido por fraude aos vossos operários, clama contra vós: e o seu clamor subiu até aos ouvidos do Deus dos Exércitos" (6). Enfim, os ricos devem precaver-se religiosamente de todo o acto violento, toda a fraude, toda a manobra usurária que seja de natureza a atentar contra a economia do pobre, e isto mais ainda, porque este é menos apto para defender-se, e porque os seus haveres, por serem de mínima importância, revestem um carácter mais sagrado. A obediência a estas leis — pergunta-mos Nós — não bastaria, só de per si, para fazer cessar todo o antagonismo e suprimir-lhe as causas?

11. Todavia a Igreja, instruída e dirigida por Jesus Cristo, eleva o seu olhar ainda para mais alto; propõe um conjunto de preceitos mais completo, porque ambiciona estreitar a união das duas classes até as unir uma à outra por laços de verdadeira amizade. Ninguém pode ter uma verdadeira compreensão da vida mortal, nem estimá-la no seu devido valor, se não se eleva à consideração da outra vida que é imortal. Suprimi esta, e imediatamente toda a forma e toda a verdadeira noção de honestidade desaparecerá; mais ainda: todo o universo se tornará um impenetrável mistério.

Quando tivermos abandonado esta vida, só então começaremos a viver: esta verdade, que a mesma natureza nos ensina, é um dogma cristão sobre o qual assenta, como sobre o seu primeiro fundamento, toda a economia da religião.

Não, Deus não nos fez para estas coisas frágeis e caducas, mas para as coisas celestes e eternas; não nos deu esta terra como nossa morada fixa, mas como lugar de exílio. Que abundeis em riquezas ou outros bens, chamados bens de fortuna, ou que estejais privados deles, isto nada importa à eterna beatitude: o uso que fizerdes deles é o que interessa.

Pela Sua superabundante redenção, Jesus Cristo não suprimiu as aflições que formam quase toda a trama da vida mortal; fez delas estímulos de virtude e fontes de mérito, de sorte que não há homem que possa pretender as recompensas eternas, se não caminhar sobre os traços sanguinolentos de Jesus Cristo: "Se sofremos com Ele, com Ele reinaremos" (7). Por outra parte, escolhendo Ele mesmo a cruz e os tormentos, minorou-lhes singularmente o peso e a amargura, e, a fim de nos tornar ainda mais suportável o sofrimento, ao exemplo acrescentou a Sua graça e a promessa duma recompensa sem fim: "Porque o momento tão curto e tão ligeiro das aflições, que sofremos nesta vida, produz em nós o peso eterno duma glória soberana incomparável" (8).

Assim, os afortunados deste mundo são advertidos de que as riquezas não os isentam da dor; que elas não são de nenhuma utilidade para a vida eterna, mas antes um obstáculo (9); que eles devem tremer diante das ameaças severas que Jesus Cristo profere contra os ricos (10); que, enfim, virá um dia em que deverão prestar a Deus, seu juiz, rigorosíssimas contas do uso que hajam feito da sua fortuna.

Posse e uso das riquezas

12. Sobre o uso das riquezas, já a pura filosofia pôde delinear alguns ensinamentos de suma excelência e extrema importância; mas só a Igreja no-los pode dar na sua perfeição, e fazê-los descer do conhecimento à prática. O fundamento dessa doutrina está na distinção entre a justa posse das riquezas e o seu legítimo uso.

A propriedade particular, já o dissemos mais acima, é de direito natural para o homem: o exercício deste direito é coisa não só permitida, sobretudo a quem vive em sociedade, mas ainda absolutamente necessária (11). Agora, se se pergunta em que é necessário fazer consistir o uso dos bens, a Igreja responderá sem hesitação: "A esse respeito o homem não deve ter as coisas exteriores por particulares, mas sim por comuns, de tal sorte que facilmente dê parte delas aos outros nas suas necessidades. É por isso que o Apóstolo disse: "Ordena aos ricos do século... dar facilmente, comunicar as suas riquezas" (12).

Ninguém certamente é obrigado a aliviar o próximo privando-se do seu necessário ou do de sua família; nem mesmo a nada suprimir do que as conveniências ou decência Impõem à sua pessoa: "Ninguém com efeito deve viver contrariamente às conveniências" (13). Mas, desde que haja suficientemente satisfeito à necessidade e ao decoro, é um dever lançar o supérfluo no seio dos pobres: "Do supérfluo dai esmolas" (14). É um dever, não de estrita justiça, excepto nos casos de extrema necessidade, mas de caridade cristã, um dever, por consequência, cujo cumprimento se não pode conseguir pelas vias da justiça humana. Mas, acima dos juízos do homem e das leis, há a lei e o juízo de Jesus Cristo, nosso Deus, que nos persuade de todas as maneiras a dar habitualmente esmola: "É mais feliz", diz Ele, "aquele que dá do que aquele que recebe" (15), e o Senhor terá como dada ou recusada a Si mesmo a esmola que se haja dado ou recusado aos pobres: "Todas as vezes que tenhais dado esmola, a um de Meus irmãos, é a Mim que a haveis dado" (16). Eis, aliás, em algumas palavras, o resumo desta doutrina: Quem quer que tenha recebido da divina Bondade maior abundância, quer de bens externos e do corpo, quer de bens da alma, recebeu-os com o fim de os fazer servir ao seu próprio aperfeiçoamento, e, ao mesmo tempo, como ministro da Providência, ao alívio dos outros. "E por isso, que quem tiver o talento da palavra tome cuidado em se não calar; quem possuir superabundância de bens, não deixe a misericórdia entumecer-se no fundo do seu coração; quem tiver a arte de governar, aplique-se com cuidado a partilhar com seu irmão o seu exercício e os seus frutos" (17).

Dignidade do trabalho

13. Quanto aos deserdados da fortuna, aprendam da Igreja que, segundo o juízo do próprio Deus, a pobreza não é um opróbrio e que não se deve corar por ter de ganhar o pão com o suor do seu rosto. É o que Jesus Cristo Nosso Senhor confirmou com o Seu exemplo. Ele, que "de muito rico que era, Se fez indigente" (18) para a salvação dos homens; que, Filho de Deus e Deus Ele mesmo, quis passar aos olhos do mundo por filho dum artesão; que chegou até a consumir uma grande parte da Sua vida em trabalho mercenário: "Não é Ele o carpinteiro, o Filho de Maria?" (19). Quem tiver na sua frente o modelo divino, compreenderá mais facilmente o que Nós vamos dizer: que a verdadeira dignidade do homem e a sua excelência reside nos seus costumes, isto é, na sua virtude; que a virtude é o património comum dos mortais, ao alcance de todos, dos pequenos e dos grandes, dos pobres e dos ricos; só a virtude e os méritos, seja qual for a pessoa em quem se encontrem, obterão a recompensa da eterna

felicidade. Mais ainda: é para as classes desafortunadas que o coração de Deus parece inclinar-se mais. Jesus Cristo chama aos pobres bem-aventurados (20): convida com amor a virem a Ele, a fim de consolar a todos os que sofrem e que choram (21); abraça com caridade mais terna os pequenos e os oprimidos. Estas doutrinas foram, sem dúvida alguma, feitas para humilhar a alma altiva do rico e torná-lo mais condescendente, para reanimar a coragem daqueles que sofrem e inspirar-lhes resignação. Com elas se acharia diminuído um abismo causado pelo orgulho, e se obteria sem dificuldade que as duas classes se dessem as mãos e as vontades se unissem na mesma amizade.

Comunhão de bens de natureza e de graça

14. Mas é ainda demasiado pouco a simples amizade: se se obedecer aos preceitos do cristianismo, será no amor fraterno que a união se operará. Duma parte e doutra se saberá e compreenderá que os homens são todos absolutamente nascidos de Deus, seu Pai comum; que Deus é o seu único e comum fim, que só Ele é capaz de comunicar aos anjos e aos homens uma felicidade perfeita e absoluta; que todos eles foram igualmente resgatados por Jesus Cristo e restabelecidos por Ele na sua dignidade de filhos de Deus, e que assim um verdadeiro laço de fraternidade os une, quer entre si, quer a Cristo, seu Senhor, que é "o primogénito de muitos irmãos" (22). Eles saberão, enfim, que todos os bens da natureza, todos os tesouros da graça, pertencem em comum e indistintamente a todo o género humano e que só os indignos é que são deserdados dos bens celestes: "Se vós sois filhos, sois também herdeiros, herdeiros de Deus, co-herdeiros de Jesus Cristo" (23).

Tal é a economia dos direitos e dos deveres que ensina a filosofia cristã. Não se veria em breve prazo estabelecer-se a pacificação, se estes ensinamentos pudessem vir a prevalecer nas sociedades?

Exemplo e magistério da Igreja

15. Entretanto, a Igreja não se contenta com indicar o caminho que leva à salvação; ela conduz a esta e com a sua própria mão aplica ao mal o conveniente remédio. Ela dedica-se toda a instruir e a educar os homens segundo os seus princípios e a sua doutrina, cujas águas vivificantes ela tem o cuidado de espalhar, tão longe e tão largamente quanto lhe é possível, pelo ministério dos Bispos e do Clero. Depois, esforça-se por penetrar nas almas e por obter das vontades que se deixem conduzir e governar pela regra dos preceitos divinos. Este ponto é capital e de grandíssima importância, porque encerra como que o resumo de todos os interesses .que estão em litígio, e aqui a acção da Igreja é soberana. Os instrumentos de que ela dispõe para tocar as almas, recebeu-os, para este fim, de Jesus Cristo, e trazem em si a eficácia duma virtude divina. São os únicos aptos para penetrar até às profundezas do coração humano, que são capazes de levar o homem a obedecer às imposições do dever, a dominar as suas paixões, a amar a Deus e ao seu próximo com uma caridade sem limites, a ultrapassar corajosamente todos os obstáculos que dificultam o seu caminho na estrada da virtude.

Neste ponto, basta passar ligeiramente em revista pelo pensamento os exemplos da antiguidade. As coisas e factos que vamos lembrar estão isentos de controvérsia. Assim, não é duvidoso que a sociedade civil foi essencialmente renovada pelas instituições cristãs, que esta renovação teve por efeito elevar o nível do género humano, ou, para melhor dizer, chamá-lo da morte à vida, e guindá-lo a um alto grau de perfeição, como se não viu semelhante nem antes nem depois, e não se verá jamais em todo o decurso dos séculos. Que, enfim, destes benefícios foi Jesus Cristo o princípio e deve ser o seu fim: porque, assim como tudo partiu d'Ele, assim também tudo Lhe deve ser referido. Quando, pois, o Evangelho raiou no mundo, quando os povos tiveram conhecimento do grande mistério da encarnação do Verbo e da redenção dos homens, a vida de Jesus Cristo, Deus e homem, invadiu as sociedades e impregnou-as inteiramente com a Sua fé, com as Suas máximas e com as Suas leis. E por isso que, se a sociedade humana deve ser curada, não o será senão pelo regresso à vida e às instituições do cristianismo.

A quem quer regenerar uma sociedade qualquer em decadência, se prescreve com razão que a reconduza às suas origens (24). Porque a perfeição de toda a sociedade consiste em prosseguir e atingir o fim para o qual foi fundada, de modo que todos os movimentos e todos os actos da vida social nasçam do mesmo princípio de onde nasceu a sociedade. Por isso, afastar-se do fim é caminhar para a morte, e voltar a ele é readquirir a vida. E o que Nós dizemos de todo o corpo social aplica-se igualmente a essa classe de cidadãos que vivem do seu trabalho e que formam a grandíssima maioria.

Nem se pense que a Igreja se deixa absorver de tal modo pelo cuidado das almas, que põe de parte o que se relaciona com a vida terrestre e mortal. Pelo que em particular diz respeito à classe dos trabalhadores, ela faz todos os esforços para os arrancar à miséria e procurar-lhes uma sorte melhor. E, certamente, não é um fraco apoio que ela dá a esta obra só pelo facto de trabalhar, por palavras e actos, para reconduzir os homens à virtude.

Os costumes cristãos, desde que entram em acção, exercem naturalmente sobre a prosperidade temporal a sua parte de benéfica influência; porque eles atraem o favor de Deus, princípio e fonte de todo o bem; reduzem o desejo excessivo das riquezas e a sede dos prazeres, esses dois flagelos que frequentes vezes lançam a amargura e o desgosto no próprio seio da opulência (25); contentam-se enfim com uma vida e alimentação frugal, e suprem pela economia a modicidade do rendimento, longe desses vícios que consomem não só as pequenas, mas as grandes fortunas, e dissipam os maiores patrimónios.

A Igreja e a caridade durante os séculos

16. A Igreja, além disso, provê também directamente à felicidade das classes deserdadas, pela fundação e sustentação de instituições que ela julga próprias para aliviar a sua miséria; e, mesmo neste género de benefícios, ela tem sobressaído de tal modo, que os seus próprios inimigos lhe fizeram o seu elogio. Assim, entre os primeiros cristãos, era tal a virtude da caridade mútua, que não raro se viam os mais ricos despojarem-se do seu património em favor dos pobres. Por isso, a indigência não era conhecida entre eles (26); os Apóstolos tinham confiado aos Diáconos, cuja ordem fora especialmente instituída para esse fim, a distribuição quotidiana das esmolas, e o próprio S. Paulo, apesar de absorvido por uma solicitude que abraçava todas as Igrejas, não hesitava em empreender penosas viagens para ir em pessoa levar socorros aos cristãos indigentes. Socorros do mesmo género eram espontaneamente oferecidos pelos fiéis em cada uma das suas assembleias: o que Tertuliano chama os "depósitos da piedade", porque eram empregados "em sustentar e sepultar as pessoas indigentes, os órfãos pobres de ambos os sexos, os domésticos velhos, as vítimas de naufrágio" (27).

Eis como pouco a pouco se formou esse património, que a Igreja sempre guardou com religioso cuidado como um bem próprio da família dos pobres. Ela chegou até a assegurar socorros aos infelizes, poupando-lhes a humilhação de estender a mão; porque esta mãe comum dos ricos e dos pobres, aproveitando maravilhosamente rasgos de caridade que ela havia provocado por toda a parte, fundou sociedades religiosas e uma multidão doutras instituições úteis que, pouco tempo depois, não deviam deixar sem alívio nenhum género de miséria.

Há hoje, sem dúvida, um certo número de homens que, fiéis ecos dos pagãos de outrora, chegam a fazer, mesmo dessa caridade tão maravilhosa, uma arma para atacar a Igreja; e viu-se uma beneficência estabelecida pelas leis civis substituir-se à caridade cristã; mas esta caridade, que se dedica toda e sem pensamento reservado à utilidade do próximo, não pode ser suprida por nenhuma invenção humana. Só a Igreja possui essa virtude, porque não se pode haurir senão no Sagrado Coração de Jesus Cristo, e é errar longe de Jesus Cristo estar afastado da Sua Igreja.

O concurso do Estado

17. Todavia não há dúvida de que, para obter o resultado desejado, não é de mais recorrer aos meios humanos. Assim, todos aqueles a quem a questão diz respeito, devem visar ao mesmo fim e trabalhar de harmonia cada um na sua esfera. Nisto há como que uma imagem da Providência governando o mundo: porque nós vemos de ordinário que os factos e os acontecimentos que dependem de causas diversas são a resultante da sua acção comum.

Ora, que parte de acção e de remédio temos nós o direito de esperar do Estado? Diremos, primeiro, que por Estado entendemos aqui, não tal governo estabelecido entre tal povo em particular, mas todo o governo que corresponde aos preceitos da razão natural e dos ensinamentos divinos, ensinamentos que Nós todos expusemos, especialmente na Nossa Carta Encíclica sobre a constituição cristã das sociedades (28).

Origem da prosperidade nacional

18. O que se pede aos governantes é um curso de ordem geral, que consiste em toda a economia das leis e das instituições; queremos dizer que devem fazer de modo que da mesma organização e do governo da sociedade brote espontaneamente e sem esforço a prosperidade, tanto pública como particular. Tal é, com efeito, o ofício da prudência civil e o dever próprio de todos aqueles que governam. Ora o que torna uma nação próspera, são os costumes puros, as famílias fundadas sobre bases de ordem e de moralidade, a prática e o respeito da justiça,

uma imposição moderada e uma repartição equitativa dos encargos públicos, o progresso da indústria e, do comércio, uma agricultura florescente e outros elementos, se os há, do mesmo género: todas as coisas que se não podem aperfeiçoar, sem fazer subir outro tanto a vida e a felicidade dos cidadãos. Assim como, pois, por todos estes meios, o Estado pode tornar-se útil às outras classes, assim também pode melhorar muitíssimo a sorte da classe operária, e isto em todo o rigor do seu direito, e sem ter a temer a censura de ingerência; porque, em virtude mesmo do seu ofício, o Estado deve servir o interesse comum. E é evidente que, quanto mais se multiplicarem as vantagens resultantes desta acção de ordem geral, tanto menos necessidade haverá de recorrer a outros expedientes para remediar a condição dos trabalhadores.

Mas há outra consideração que atinge mais profundamente ainda o nosso assunto. A razão formal de toda a sociedade é só uma e é comum a todos os seus membros, grandes e pequenos. Os pobres, com o mesmo título que os ricos, são, por direito natural, cidadãos; isto é, pertencem ao número das partes vivas de que se compõe, por intermédio das famílias, o corpo inteiro da Nação, para não dizer que em todas as cidades são o grande número.

Como, pois, seria desrazoável prover a uma classe de cidadãos e negligenciar outra, torna-se evidente que a autoridade pública deve também tomar as medidas necessárias para salvaguardar a salvação e os interesses da classe operária. Se ela faltar a isto, viola a estrita justiça que quer que a cada um seja dado o que lhe é devido. A esse respeito S. Tomás diz muito sabiamente: "Assim como a parte e o todo são em certo modo uma mesma coisa, assim o que pertence ao todo pertence de alguma sorte a cada parte" (29). E por isso que, entre os graves e numerosos deveres dos governantes que querem prover, como convém, ao público, o principal dever, que domina lodos os outros, consiste em cuidar igualmente de todas as classes de cidadãos, observando rigorosamente as leis da justiça, chamada *distributiva*.

Mas, ainda que todos os cidadãos, sem excepção, devam contribuir para a massa dos bens comuns, os quais, aliás, por um giro natural, se repartem de novo entre os indivíduos, todavia as constituições respectivas não podem ser nem as mesmas, nem de igual medida. Quaisquer que sejam as vicissitudes pelas quais as formas do governo são chamadas a passar, haverá sempre entre os cidadãos essas desigualdades de condições, sem as quais uma sociedade não pode existir nem conceber-se. Sem dúvida são necessários homens que governem, que façam leis, que administrem justiça, que, enfim, por seus conselhos ou por via da autoridade, administrem os negócios da paz e as coisas da guerra. Que estes homens devem ter a proeminência em toda a sociedade e ocupar nela o primeiro lugar, ninguém o pode duvidar, pois eles trabalham directamente para o bem comum e duma maneira tão excelente.

Os homens que, pelo contrário, se aplicam às coisas da indústria, não podem concorrer para este bem comum nem na mesma medida, nem pelas mesmas vias; mas, entretanto, também eles, ainda que de maneira menos directa, servem muitíssimo os interesses da sociedade. Sem dúvida alguma, o bem comum, cuja aquisição deve ter por efeito aperfeiçoar os homens, é principalmente um bem moral.

Mas numa sociedade regularmente constituída deve encontrar-se ainda uma certa abundância de bens exteriores "cujo uso é reclamado para exercício da virtude" (30). Ora, a fonte fecunda e necessária de todos estes bens é principalmente o trabalho do operário, o trabalho dos campos ou da oficina. Mais ainda: nesta ordem de coisas, o trabalho tem uma tal fecundidade e tal eficácia, que se pode afirmar, sem receio de engano, que ele é a fonte única de onde procede a riqueza das nações. A equidade manda, pois, que o Estado se preocupe com os trabalhadores, e proceda de modo que, de todos os bens que eles proporcionam à sociedade, lhes seja dada uma parte razoável, como habitação e vestuário, e que possam viver à custa de menos trabalho e privações (31). De onde resulta que o Estado deve favorecer tudo o que, de perto ou de longe, pareça de natureza a melhorar-lhes a sorte. Esta solicitude, longe de prejudicar alguém, tornar-se-á, ao contrário, em proveito de todos, porque importa soberanamente à nação que homens, que são para ela o princípio de bens tão indispensáveis, não se encontrem continuamente a braços com os horrores da miséria.

O Governo é para os governados e não vice-versa

19. Dissemos que não é justo que o indivíduo ou a família sejam absorvidos pelo Estado, mas é justo, pelo contrário, que aquele e esta tenham a faculdade de proceder com liberdade, contando que não atentem contra o bem geral, e não prejudiquem ninguém. Entretanto, aos governantes pertence proteger a comunidade e as suas partes: a comunidade, porque a natureza confiou a sua conservação ao poder soberano, de modo que a salvação pública não é somente aqui a lei suprema, mas é a própria a causa e a razão de ser do principado; as partes, porque, de

direito natural, o governo não deve visar só os interesses daqueles que têm o poder nas mãos, mas ainda o bem dos que lhe estão submetidos. Tal é o ensino da filosofia, não menos que da fé cristã. Por outra parte, a autoridade vem de Deus e é uma participação da Sua autoridade suprema; desde então, aqueles que são os depositários dela devem exercê-la à imitação de Deus, cuja paternal solicitude se não estende menos a cada uma das criaturas em particular do que a todo o seu conjunto. Se, pois, os interesses gerais, ou o interesse duma classe em particular, se encontram ou lesa-dós ou simplesmente ameaçados, e se não for possível remediar ou obviar a isso doutro modo, é de toda a necessidade recorrer à autoridade pública.

Obrigações e limites da intervenção do Estado

20. Ora, importa à salvação comum e particular que a ordem e a paz reinem por toda a parte; que toda a economia da vida doméstica seja regulada segundo os mandamentos de Deus e os princípios da lei natural; que a religião seja honrada e observada; que se vejam florescer os costumes públicos e particulares; que a justiça seja religiosamente graduada, e que nunca uma classe possa oprimir impunemente a outra; que cresçam robustas gerações, capazes de ser o sustentáculo, e, se necessário for, o baluarte da Pátria. É por isso que os operários, abandonando o trabalho ou suspendendo-o por greves, ameaçam a tranquilidade pública; que os laços naturais da família afrouxam entre os trabalhadores; que se calca aos pés a religião dos operários, não lhes facilitando o cumprimento dos seus deveres para com Deus; que a promiscuidade dos sexos e outras excitações ao vício constituem nas oficinas um perigo para a moralidade; que os patrões esmagam os trabalhadores sob o peso de exigências iníquas, ou desonram neles a pessoa humana por condições indignas e degradantes; que atentam contra a sua saúde por um trabalho excessivo e desproporcionado com a sua idade e sexo: em todos estes casos é absolutamente necessário aplicar em certos limites a força e autoridade das leis. Esses limites serão determinados pelo mesmo fim que reclama o socorro das leis, isto é, que eles não devem avançar nem empreender nada além do que for necessário para reprimir os abusos e afastar os perigos.

Os direitos, em que eles se encontram, devem ser religiosamente respeitados e o Estado deve assegurá-los a todos os cidadãos, prevenindo ou vingando a sua violação. Todavia, na protecção dos direitos particulares, deve preocupar-se, de maneira especial, dos fracos e dos indigentes. A classe rica faz das suas riquezas uma espécie de baluarte e tem menos necessidade da tutela pública. A classe indigente, ao contrário, sem riquezas que a ponham a coberto das injustiças, conta principalmente com a protecção do Estado. Que o Estado se faça, pois, sob um particularíssimo título, a providência dos trabalhadores, que em geral pertencem à classe pobre (32).

O Estado deve proteger a propriedade particular

21. Mas, é conveniente descer expressamente a algumas particularidades. É um dever principalíssimo dos governos o assegurar a propriedade particular por meio de leis sábias. Hoje especialmente, no meio de tamanho ardor de cobiças desenfreadas, é preciso que o povo se conserve no seu dever; porque, se a justiça lhe concede o direito de empregar os meios de melhorar a sua sorte, nem a justiça nem o bem público consentem que danifiquem alguém na sua fazenda nem que se invadam os direitos alheios sob pretexto de não que igualdade. Por certo que a maior parte dos operários quereriam melhorar de condição por meios honestos sem prejudicar a ninguém; todavia, não poucos há que, embebidos de máximas falsas e desejosos de novidade, procuram a todo o custo excitar e impelir os outros a violências. Intervenha portanto a autoridade do Estado, e, reprimindo os agitadores, preserve os bons operários do perigo da sedução e os legítimos patrões de serem despojados do que é seu.

Impedir as greves

22. O trabalho muito prolongado e pesado e uma retribuição mesquinha dão, não poucas vezes, aos operários ocasião de greves. E preciso que o Estado ponha cobro a esta desordem grave e frequente, porque estas greves causam dano não só aos patrões e aos mesmos operários, mas também ao comércio e aos interesses comuns; e em razão das violências e tumultos, a que de ordinário dão ocasião, põem muitas vezes em risco a tranquilidade pública. O remédio, portanto, nesta parte, mais eficaz e salutar é prevenir o mal com a autoridade das leis, e impedir a explosão, removendo a tempo as causas de que se prevê que hão-de nascer os conflitos entre os operários e os patrões.

Proteger os bens da alma

23. Muitas outras coisas deve igualmente o Estado proteger ao operário, e em primeiro lugar os bens da alma. A vida temporal, posto que boa e desejável, não é o fim para que fomos criados; mas é a via e o meio para aper-

feiçoar, com o conhecimento da verdade e com a prática do bem, a vida do espírito. O espírito é o que tem em si impressa a semelhança divina, e no qual reside aquele principado em virtude do qual foi dado ao homem o direito de dominar as criaturas inferiores e de fazer servir à sua utilidade toda a terra e todo o mar: "Enchei a terra e tornai-vo-la sujeita, dominai sobre os peixes do mar e sobre as aves do céu e sobre todos os animais que se movem sobre a terra" (33). Nisto todos os homens são iguais, e não há diferença alguma entre ricos e pobres, patrões e criados, monarcas e súbditos, "porque é o mesmo o Senhor de todos" (34). A ninguém é lícito violar impunemente a dignidade do homem, do qual Deus mesmo dispõe, com grande reverência, nem pôr-lhe impedimentos, para que ele siga o caminho daquele aperfeiçoamento que é ordenado para o conseguimento da vida interna; pois, nem mesmo por eleição livre, o homem pode renunciar a ser tratado segundo a sua natureza e aceitar a escravidão do espírito; porque não se trata de direitos cujo exercício seja livre, mas de deveres para com Deus que são absolutamente invioláveis.

24. Daqui vem, como consequência, a necessidade do repouso festivo. Isto, porém, não quer dizer que se deve estar em ócio por mais largo espaço de tempo, e muito menos significa uma inacção total, como muitos desejam, e que é a fonte de vícios e ocasião de dissipação; mas um repouso consagrado à religião. Unido à religião, o repouso tira o homem dos trabalhos e das ocupações da vida ordinária para o chamar ao pensamento dos bens celestes e ao culto devido à Majestade divina. Eis aqui a principal natureza e fim do repouso festivo que Deus, com lei especial, prescreveu ao homem no Antigo Testamento, dizendo-lhe: "Recorda-te de santificar o sábado" (35); e que ensinou com o Seu exemplo, quando no sétimo dia, depois de criado o homem, repousou: "Repousou no sétimo dia de todas as Suas obras que tinha feito" (36).

Protecção do trabalho dos operários, das mulheres e das crianças

25. No que diz respeito aos bens naturais e exteriores, primeiro que tudo é um dever da autoridade pública subtrair o pobre operário à desumanidade de ávidos especuladores, que abusam, sem nenhuma descrição, tanto das pessoas como das coisas. Não é justo nem humano exigir do homem tanto trabalho a ponto de fazer pelo excesso da fadiga embrutecer o espírito e enfraquecer o corpo.

A actividade do homem, restrita como a sua natureza, tem limites que se não podem ultrapassar. O exercício e o uso aperfeiçoam-na, mas é preciso que de quando em quando se suspenda para dar lugar ao repouso. Não deve, portanto, o trabalho prolongar-se por mais tempo do que as forças permitem. Assim, o número de horas de trabalho diário não deve exceder a força dos trabalhadores, e a quantidade de repouso deve ser proporcionada à qualidade do trabalho, às circunstâncias do tempo e do lugar, à compleição e saúde dos operários. O trabalho, por exemplo, de extrair pedra, ferro, chumbo e outros materiais escondidos debaixo da terra, sendo mais pesado e nocivo à saúde, deve ser compensado com uma duração mais curta. Deve-se também atender às estações, porque não poucas vezes um trabalho que facilmente se suportaria numa estação, noutra é de facto insuportável ou somente se vence com dificuldade.

26. Enfim, o que um homem válido e na força da idade pode fazer, não será equitativo exigi-lo duma mulher ou duma criança. Especialmente a infância — e isto deve ser estritamente observado — não deve entrar na oficina senão quando a sua idade tenha suficientemente desenvolvido nela as forças físicas, intelectuais e morais: de contrário, como uma planta ainda tenra, ver-se-á murchar com um trabalho demasiado precoce, e dar-se-á cabo da sua educação. Trabalhos há também quê se não adaptam tanto à mulher, a qual a natureza destina de preferência aos arranjos domésticos, que, por outro lado, salvaguardam admiravelmente a honestidade do sexo, e correspondem melhor, pela sua natureza, ao que pede a boa educação dos filhos e a prosperidade da família. Em geral, a duração do descanso deve medir-se pelo dispêndio das forças que ele deve restituir. O direito ao descanso de cada dia assim como à cessação do trabalho no dia do Senhor, deve ser a condição expressa ou tácita de todo o contrato feito entre patrões e operários. Onde esta condição não entrar, o contrato não será justo, pois ninguém pode exigir ou prometer a violação dos deveres do homem para com Deus e para consigo mesmo.

O quantitativo do salário dos operários

27. Passemos agora a outro ponto da questão e de não menor importância, que, para evitar os extremos, demanda uma definição precisa. Referimo-nos à fixação do salário. Uma vez livremente aceite o salário por uma e outra parte, assim se raciocina, o patrão cumpre todos os seus compromissos desde que o pague e não é obrigado a mais nada. Em tal hipótese, a justiça só seria lesada, se ele se recusasse a saldar a dívida ou o operário a concluir todo o seu trabalho, e a satisfazer as suas condições; e neste último caso, com exclusão de qualquer outro, é que o poder público teria que intervir para fazer valer o direito de qualquer deles.

Semelhante raciocínio não encontrará um juiz equitativo que consinta em o abraçar sem reserva, pois não abrange todos os lados da questão e omite um deveras importante. Trabalhar é exercer a actividade com o fim de procurar o que requerem as diversas necessidades do homem, mas principalmente a sustentação da própria vida. "Comerás o teu pão com o suor do teu rosto" (37). Eis a razão por que o trabalho recebeu da natureza como que um duplo cunho: é pessoal, porque a força activa é inerente à pessoa, e porque a propriedade daquele que a exerce e a recebeu para sua utilidade; e é *necessário*, porque o homem precisa da sua existência, e porque a deve conservar para obedecer às ordens incontestáveis da natureza. Ora, se não se encarar o trabalho senão pelo seu lado *pessoal*, não há dúvida de que o operário pode a seu bel-prazer restringir a taxa do salário. A mesma vontade que dá o trabalho pode contentar-se com uma pequena remuneração ou mesmo não exigir nenhuma. Mas já é outra coisa, se ao carácter de personalidade se juntar o de necessidade, que o pensamento pode abstrair, mas que na realidade não se pode separar. Efectivamente, conservar a existência é um dever imposto a todos os homens e ao qual se não podem subtrair sem crime. Deste dever nasce necessariamente o direito de procurar as coisas necessárias à subsistência, e que o pobre as não procure senão mediante o salário do seu trabalho.

Façam, pois, o patrão e o operário todas as convenções que lhes aprouver, cheguem, inclusivamente, a acordar na cifra do salário: acima da sua livre vontade está uma lei de justiça natural, mais elevada e mais antiga, a saber, que o salário não deve ser insuficiente para assegurar a subsistência do operário sóbrio e honrado. Mas se, constrangido pela necessidade ou forçado pelo receio dum mal maior, aceita condições duras que por outro lado lhe não seria permitido recusar, porque lhe são impostas pelo patrão ou por quem faz oferta do trabalho, então é isto sofrer uma violência contra a qual a justiça protesta.

Mas, sendo de temer que nestes casos e em outros análogos, como no que diz respeito às horas diárias de trabalho e à saúde dos operários, a intervenção dos poderes públicos seja importuna, sobretudo por causa da variedade das circunstâncias, dos tempos e dos lugares, será preferível que a solução seja confiada às corporações ou sindicatos de que falaremos, mais adiante, ou que se recorra a outros meios de defender os interesses dos operários, mesmo com o auxílio e apoio do Estado, se a questão o reclamar (38).

A economia como meio de conciliação das classes

28. O operário que receber um salário suficiente para ocorrer com desafogo às suas necessidades e às da sua família, se for prudente, seguirá o conselho que parece dar-lhe a própria natureza: aplicar-se-á a ser parcimonioso e agirá de forma que, com prudentes economias, vá juntando um pequeno pecúlio, que lhe permita chegar um dia a adquirir um modesto património. Já vimos que a presente questão não podia receber solução verdadeiramente eficaz, se se não começasse por estabelecer como princípio fundamental a inviolabilidade da propriedade particular. Importa, pois, que as leis favoreçam o espírito de propriedade, o reanimem e desenvolvam, tanto quanto possível, entre as massas populares.

Uma vez obtido, este resultado seria a fonte dos mais preciosos benefícios, e em primeiro lugar duma repartição dos bens certamente mais equitativa. A violência das revoluções políticas dividiu o corpo social em duas classes e cavou entre elas um imenso abismo. Dum lado, a omnipotência na opulência: uma facção que, senhora absoluta da indústria e do comércio, desvia o curso das riquezas e faz correr para o seu lado todos os mananciais; facção que aliás tem na sua mão mais dum motor da administração pública. Do outro, a fraqueza na indigência: uma multidão com a alma dilacerada, sempre pronta para a desordem. Ah, estimule-se a industriosa actividade do povo com a perspectiva da sua participação na prosperidade do solo, e ver-se-á nivelar pouco a pouco o abismo que separa a opulência da miséria, o operar-se a aproximação das duas classes. Demais, a terra produzirá tudo em maior abundância, pois o homem é assim feito: o pensamento de que trabalha em terreno que é seu redobra o seu ardor e a sua aplicação. Chega a pôr todo o seu amor numa terra que ele mesmo cultivou, que lhe promete a si e aos seus não só o estritamente necessário, mas ainda uma certa fartura. Não há quem não descubra sem esforço os efeitos desta duplicação da actividade sobre a fecundidade da terra e sobre a riqueza das nações. A terceira utilidade será a suspensão do movimento de emigração; ninguém, com efeito, quereria trocar por uma região estrangeira a sua pátria e a sua terra natal, se nesta encontrasse os meios de levar uma vida mais tolerável.

Mas uma condição indispensável para que todas estas vantagens se convertam em realidades, é que a propriedade particular não seja esgotada por um excesso de encargos e de impostos. Não é das leis humanas, mas da natureza, que emana o direito de propriedade individual; a autoridade pública não o pode pois abolir; o que ela pode é regular-lhe o uso e conciliá-lo com o bem comum. É por isso que ela age contra a justiça e contra a humanidade quando, sob o nome de impostos, sobrecarrega desmedidamente os bens dos particulares.

Benefício das corporações

29. Em último lugar, diremos que os próprios patrões e operários podem singularmente auxiliar a solução, por meio de todas as obras capazes de aliviar eficazmente a indigência e de operar uma aproximação entre as duas classes. Pertencem a este número as associações de socorros mútuos; as diversas instituições, devidas à iniciativa particular, que têm por fim socorrer os operários, bem como as suas viúvas e órfãos, em caso de morte, de acidentes ou de enfermidades; os patronatos que exercem uma protecção benéfica para com as crianças dos dois sexos, os adolescentes e os homens feitos. Mas o primeiro lugar pertence às corporações operárias, que abrangem quase todas as outras. Os nossos antepassados experimentaram por muito tempo a benéfica influência destas associações. Ao mesmo tempo que os artistas encontravam nelas inapreciáveis vantagens, as artes receberam delas novo brilho e nova vida, como o proclama grande quantidade de monumentos. Sendo hoje mais cultas as gerações, mais polidos os costumes, mais numerosas as exigências da vida quotidiana, é fora de dúvida que se não podia deixar de adaptar as associações a estas novas condições. Assim, com prazer vemos Nós irem-se formando por toda a parte sociedades deste género, quer compostas só de operários, quer mistas, reunindo ao mesmo tempo operários e patrões: é para desejar que aumentem a sua acção. Conquanto nos tenhamos ocupado delas mais duma vez (39), queremos expor aqui a sua oportunidade e o seu direito de existência e indicar como devem organizar-se é qual deve ser o seu programa de acção.

As associações particulares e o Estado

30. A experiência que o homem adquire todos os dias da exiguidade das suas forças, obriga-o e impele-o a agregar-se a uma cooperação estranha.

É nas Sagradas Letras que se lê esta máxima: "Mais valem dois juntos que um só, pois tiram vantagem da sua associação. Se um cai, o outro sustenta-o. Desgraçado do homem só, pois; quando cair, não terá ninguém que o levante" (40). E estoutra: "O irmão que é ajudado por seu irmão, é como uma cidade forte" (41). Desta propensão natural, como dum único germe, nasce, primeiro, a sociedade civil; depois, no próprio seio desta, outras sociedades que, por serem restritas e imperfeitas, não deixam de ser sociedades verdadeiras.

Entre as pequenas sociedades e a grande, há profundas diferenças, que resultam do seu fim próximo. O fim da sociedade civil abrange universalmente todos os cidadãos, pois este fim está no bem comum, isto é, num bem do qual todos e cada um têm o direito de participar em medida proporcional. Por isso se chama público, porque "reúne os homens para formarem uma nação" (42). Ao contrário, as sociedades que se constituem no seu seio são frágeis, porque são particulares, e o são com efeito, pois a sua razão de ser imediata é a utilidade particular e exclusiva dos seus membros: "A sociedade particular é aquela que se forma com um fim particular, como quando dois ou três indivíduos se associam para exercerem em comum o comércio" (43). Ora, pelo facto de as sociedades particulares não terem existência senão no seio da sociedade civil, da qual são como outras tantas partes, não se segue, falando em geral e considerando apenas a sua natureza, que o Estado possa negar-lhes a existência. O direito de existência foi-lhes outorgado pela própria natureza; e a sociedade civil foi instituída para proteger o direito natural, não para o aniquilar. Por esta razão, uma sociedade civil que proibisse as sociedades públicas e particulares, atacar-se-ia a si mesma, pois todas as sociedades públicas e particulares tiram a sua origem dum mesmo princípio: a natural sociabilidade do homem. Certamente se dão conjunturas que autorizam as leis a opor-se à fundação duma sociedade deste género.

Se uma sociedade, em virtude mesmo dos seus estatutos orgânicos, trabalhasse para um fim em oposição flagrante com a probidade, com a justiça, com a segurança do Estado, os poderes públicos teriam o direito de lhe impedir a formação, ou o direito de a dissolver, se já estivesse formada. Mas deviam em tudo isto proceder com grande circunspecção para evitar usurpação dos direitos dos cidadãos, e para não determinar, sob a cor da utilidade pública, alguma coisa que a razão houvesse de desaprovar. Pois uma lei não merece obediência, senão enquanto é conforme com a recta razão e a lei eterna de Deus (44).

31. Aqui, apresentam-se ao Nosso espírito as confrarias, as congregações e as ordens religiosas de todo o género, nascidas da autoridade da Igreja e da piedade dos fiéis. Quais foram os seus frutos de salvação para o género humano até aos nossos dias, a História o diz suficientemente. Considerando simplesmente o ponto de vista da razão, estas sociedades aparecem como fundadas com um fim honesto, e, consequentemente, sob os auspícios do direito natural: no que elas têm de relativo à religião, não dependem senão da Igreja. Os poderes públicos não podem, pois, legitimamente, arrogar-se nenhum direito sobre elas, atribuir-se a sua administração; a sua

obrigação é antes respeitá-las, protegê-las e, em caso de necessidade, defendê-las. Justamente o contrário é o que Nós temos sido condenados a ver, principalmente nestes últimos tempos. Em não poucos países, o Estado tem deitado a mão a estas sociedades, e tem acumulado a este respeito injustiça sobre injustiça: sujeição às leis civis, privações do direito legítimo de personalidade, espoliação dos bens. Sobre estes bens, a Igreja tinha todavia os seus direitos: cada um dos membros tinha os seus; os doadores, que lhe haviam dado uma aplicação, e aqueles, enfim, que delas auferiam socorros e alívio, tinham os seus. Assim não podemos deixar de deplorar amargamente espoliações tão iníquas e tão funestas; tanto mais que se ferem de proscrição as sociedades católicas na mesma ocasião em que se afirma a legalidade das sociedades particulares, e que, aquilo que se recusa a homens pacíficos e que não têm em vista senão a utilidade pública, se concede, e por certo muito amplamente, a homens que meditam planos funestos para a religião e também para o Estado.

As associações operárias católicas

32. Certamente em nenhuma outra época se viu tão grande multiplicidade de associações de todo o género, principalmente de associações operárias. Não é, porém, aqui, o lugar para investigar qual é a origem de muitas delas, qual o seu fim e quais os meios com que tendem para esse fim. Mas é uma opinião, confirmada por numerosos indícios, que elas são ordinariamente governadas por chefes ocultos, e que obedecem a uma palavra de ordem igualmente hostil ao nome cristão e à segurança das nações: que, depois de terem açambarcado todas as empresas, se há operários que recusam entrar em seu seio, elas fazem-lhe expiar a sua recusa pela miséria. Neste estado de coisas, os operários cristãos não têm remédio senão escolher entre estes dois partidos: ou darem os seus nomes a sociedades de que a religião tem tudo a temer, ou organizarem-se eles próprios e unirem as suas forças para poderem sacudir denodadamente um jugo tão injusto e tão intolerável. Haverá homens, verdadeiramente empenhados em arrancar o supremo bem da humanidade a um perigo iminente, que possam ter a menor dúvida de que é necessário optar por esse último partido?

É altamente louvável o zelo de grande número dos nossos, que, conhecendo perfeitamente as necessidades da hora presente, sondam cuidadosamente o terreno, para aí descobrirem uma vereda honesta que conduz à reabilitação da classe operária. Constituindo-se protectores das pessoas dedicadas ao trabalho, esforçam-se por aumentar a sua prosperidade, tanto doméstica como individual, e regular com equidade as relações recíprocas dos patrões e dos operários; por manter e enraizar nuns e noutros a lembrança dos seus deveres e a observância dos preceitos que, conduzindo o homem à moderação e coordenando todos os excessos, mantêm nas nações, e entre elementos tão diversos de pessoas e de coisas, a concórdia e a harmonia mais perfeita. Sob a inspiração dos mesmos pensamentos, homens de grande mérito se reúnem em congresso, para comunicarem mutuamente as ideias, unirem as suas forças, ordenarem programas de acção. Outros ocupam-se em fundar corporações adequadas às diversas profissões e em fazer entrar nelas os artistas: coadjuvam-nos com os seus conselhos e a sua fortuna, e providenciam para que lhes não falte nunca um trabalho honrado e proveitoso. Os Bispos, por seu lado, animam estes esforços e colocam-nos sob a sua protecção: por sua autoridade e sob os seus auspícios, membros do clero tanto secular como regular se dedicam, em grande número, aos interesses espirituais das corporações. Finalmente, não faltam católicos que, possuidores de abundantes riquezas, convertidos de algum modo em companheiros voluntários dos trabalhadores, não olham a despesas para fundar e propagar sociedades, onde estas possam encontrar, a par com certa abastança para o presente, a promessa de honroso descanso para o futuro. Tanto zelo, tantos e tão engenhosos esforços têm já feito entre os povos um bem muito considerável, e demasiado conhecido para que seja necessário falar deles mais nitidamente. É a nossos olhos feliz prognóstico para o futuro, e esperamos destas corporações os mais benéficos frutos, conquanto que continuem a desenvolver-se e que a prudência presida à sua organização. Proteja o Estado estas sociedades fundadas segundo o direito; mas não se intrometa no seu governo interior e não toque nas molas íntimas que lhes dão vida; pois o movimento vital procede essencialmente dum princípio interno, e extingue-se facilmente sob a acção duma causa externa.

Disciplina e finalidade destas associações

33. Precisam evidentemente estas corporações, para que nelas haja unidade de acção e acordo de vontades, duma sábia e prudente disciplina. Se, pois, como é certo, os cidadãos são livres de se associarem, devem sê-lo igualmente de se dotarem com os estatutos e regulamentos que lhes pareçam mais apropriados ao fim que visam. Quais devem ser estes estatutos e regulamentos? Não cremos que se possam dar regras certas e precisas para lhes determinar os pormenores; tudo depende do génio de cada nação, das tentativas feitas e da experiência adquirida, do género de trabalho, da expansão do comércio e doutras circunstâncias de coisas e de tempos que se devem pesar com ponderação. Tudo quanto se pode dizer em geral é que se deve tomar como regra universal

e constante o organizar e governar por tal forma as cooperações que proporcionem a cada um dos seus membros os meios aptos para lhes fazerem atingir, pelo caminho mais cómodo e mais curto, o fim que eles se propõem, e que consiste no maior aumento possível dos bens do corpo, do espírito e da fortuna.

Mas é evidente que se deve visar antes de tudo o objecto principal, que'é o aperfeiçoamento moral e religioso. E principalmente este fim que deve regular toda a economia destas sociedades; doutro modo, elas degenerariam bem depressa e cairiam, por pouco que fosse, na linha das sociedades em que não tem lugar a religião. Ora, de que serviria ao artista ter encontrado no seio da corporação a abundância material, se a falta de alimentos espirituais pusesse em perigo a salvação da sua alma? "Que vale ao homem possuir o universo inteiro, se vier a perder a sua alma?" (45). Eis o carácter com que Nosso Senhor Jesus Cristo quis que se distinguisse o cristão do pagão: "Os pagãos procuram todas estas coisas... procurai primeiro o reino de Deus, e todas estas coisas vos serão dadas por acréscimo" (46). Assim, pois, tomando a Deus por ponto de partida, dê-se amplo lugar à instrução religiosa a fim de que todos conheçam os seus deveres para com Ele; o que é necessário crer, o que é necessário esperar, o que é necessário fazer para obter a salvação eterna, tudo isto lhes deve ser cuidadosamente recomendado; premunam-se com particular solicitude contra as opiniões erróneas e contra todas as variedades do vício.

Guie-se o operário ao culto de Deus, incite-se nele o espírito de piedade, faça-se principalmente fiel à observância dos domingos e dias festivos. Aprenda ele a amar e a respeitar a Igreja, mãe comum de todos os cristãos, a aquiescer aos seus preceitos, a frequentar os seus sacramentos, que são fontes divinas onde a alma se purifica das suas manchas e bebe a santidade.

Constituída assim a religião em fundamento de todas as leis sociais, não é difícil determinar as relações mútuas a estabelecer entre os membros para obter a paz e a prosperidade da sociedade. As diversas funções devem ser distribuídas da maneira mais proveitosa aos interesses comuns, e de tal modo, que a desigualdade não prejudique a concórdia.

Importa grandemente que os encargos sejam distribuídos com inteligência, e claramente definidos, a fim de que ninguém sofra injustiça. Que a massa comum seja administrada com integridade, e que se determine previamente, pelo grau de indigência de cada um dos membros, a quantidade de auxílio que deve ser concedido; que os direitos e os deveres dos patrões sejam perfeitamente conciliados com os direitos e deveres dos operários.

A fim de atender às reclamações eventuais que se levantem numa ou noutra classe a respeito dos direitos lesados, seria muito para desejar que os próprios estatutos encarregassem homens prudentes e íntegros, tirados do seu seio, para regularem o litígio na qualidade de árbitros.

Convite para os operários católicos se associarem

34. É necessário ainda prover de modo especial a que em nenhum tempo falte trabalho ao operário; e que haja um fundo de reserva destinado a fazer face, não somente aos acidentes súbitos e fortuitos inseparáveis do trabalho industrial, mas ainda à doença, à velhice e aos reveses da fortuna.

Estas leis, contanto que sejam aceites de boa vontade, bastam para assegurar aos fracos a subsistência e um certo bem-estar; mas as corporações católicas são chamadas ainda a prestar os seus bons serviços à prosperidade geral.

Pelo passado podemos sem temeridade julgar o futuro. Uma época cede o lugar a outra; mas o curso das coisas apresenta maravilhosas semelhanças, preparadas por essa Providência que tudo dirige e faz convergir para o fim que Deus se propôs ao criar a humanidade. Sabemos que nas primeiras idades da Igreja lhe imputavam como crime a indigência dos seus membros, condenados a viver de esmolas ou do trabalho: Mas, despidos como estavam de riquezas e de poder, souberam conciliar o favor dos ricos e a protecção dos poderosos. Viam-nos diligentes, laboriosos, modelos de justiça e principalmente de caridade. Com o espectáculo duma vida tão perfeita e de costumes tão puros, todos os preconceitos se dissiparam, o sarcasmo caiu e as ficções duma superstição inveterada desvaneceram-se pouco a pouco ante a verdade cristã.

A sorte da classe operária, tal é a questão de que hoje se trata, será resolvida pela razão ou sem ela e não pode ser indiferente às nações quer o seja dum modo ou doutro. Os operários cristãos resolvê-la-ão facilmente pela razão, se, unidos em sociedades e obedecendo a uma direcção prudente, entrarem no caminho em que os seus antepassados encontraram o seu bem e o dos povos.

Qualquer que seja nos homens a força dos preconceitos e das paixões, se uma vontade pervertida não afogou ainda inteiramente o sentido do que é justo e honesto, será indispensável que, cedo ou tarde, a benevolência pública se volte para esses operários, que se tenham visto activos e modestos, pondo a equidade acima da ganância, e preferindo a tudo a religião do dever. Daqui, resultará esta outra vantagem: que a esperança de salvação e grandes facilidades para a atingir, serão oferecidas a esses operários que vivem no desprezo da fé cristã, ou nos hábitos que ela reprova. Compreendem, geralmente, esses operários que têm sido joguete de esperanças enganosas e de aparências mentirosas. Pois sentem, pelo tratamento desumano que recebem dos seus patrões, que quase não são avaliados senão pelo peso do ouro produzido pelo seu trabalho; quanto às sociedades que os aliciaram, eles bem veem que, em lugar da caridade e do amor, não encontram nelas senão discórdias intestinas, companheiras inseparáveis da pobreza insolente e incrédula. A alma embotada, o corpo extenuado, quanto não desejariam sacudir um jugo tão humilhante! Mas, ou por causa do respeito humano ou pelo receio da indigência, não ousam fazê-lo. Ah, para todos esses operários podem as sociedades católicas ser de maravilhosa utilidade, se convidarem os hesitantes a vir procurar no seu seio um remédio para todos os males, e acolherem pressurosas os arrependidos e lhes assegurarem defesa e protecção.

Solução definitiva: a caridade

35. Vede, Veneráveis Irmãos, por quem e por que meios esta questão tão difícil demanda ser tratada e resolvida. Tome cada um a tarefa que lhe pertence; e isto sem demora, para que não suceda que, adiando o remédio, se tome incurável o mal, já de si tão grave.

Façam os governantes uso da autoridade protectora das leis e das instituições; lembrem-se os ricos e os patrões dos seus deveres; tratem os operários, cuja sorte está em jogo, dos seus interesses pelas vias legítimas; e, visto que só a religião, como dissemos no princípio, é capaz de arrancar o mal pela raiz, lembrem-se todos de que a primeira coisa a fazer é a restauração dos costumes cristãos, sem os quais os meios mais eficazes sugeridos pela prudência humana serão pouco aptos para produzir salutares resultados. Quanto à Igreja, a sua acção jamais faltará por qualquer modo, e será tanto mais fecunda, quanto mais livremente se possa desenvolver.

Nós desejamos que compreendam isto sobretudo aqueles cuja missão é velar pelo bem público. Empreguem neste ponto os Ministros do Santuário toda a energia da sua alma e generosidade do seu zelo, e guiados pela vossa autoridade e pelo vosso exemplo, Veneráveis Irmãos, não se cansem de inculcar a todas as classes da sociedade as máximas do Evangelho; façamos tudo quanto estiver ao nosso alcance para salvação dos povos, e, sobretudo, alimentem em si e acendam nos outros, nos grandes e nos pequenos a caridade, senhora e rainha de todas as virtudes. Portanto, a salvação desejada deve ser principalmente o fruto duma grande efusão de caridade, queremos dizer, daquela caridade que compendia em si todo o Evangelho, e que, sempre pronta a sacrificar-se pelo próximo, é o antídoto mais seguro contra o orgulho e o egoísmo do século. Desta virtude, descreveu S. Paulo as feições características com as seguintes palavras: "A caridade é paciente, é benigna, não cuida do seu interesse; tudo sofre; a tudo se resigna" (47).

Como sinal dos favores celestes e penhor da Nossa benevolência, a cada um de vós, Veneráveis Irmãos, ao vosso Clero e ao vosso Povo, com grande afecto no Senhor, concedemos a Bênção Apostólica.

Dada em Roma, junto de S. Pedro, a 15 de maio de 1891, no décimo quarto ano do Nosso Pontificado.

PAPA LEÃO XIII

Notas

1. Alude-se aqui às Encíclicas "*Diuturnum*" (1831), "*Immortale Dei*" (1885), "*Libertas*" (1888).

1. Veja-se S. Tomás, *Sum. Teol.*, I-II, q. 95, ano 4.

2. Dt 5,21.

3. Gn 1,28.

4. S. Tomás, *Sum. Teol.*, 11-II, q. 10, ano 12.

5. Gn 3,17.

6. Tg 5,4.

7. 2 Tm 2,12.

8. 2 Cor 4,7.

9. Mt 19,23-24.

10. Lc 6,24-25.

11. S. Tomás, *Sum. Teol.*, II-II, q. 66, ano 2.

12. *Ibidem*, q. 65, ano 2.

13. S. Tomás, *Sum. Teol.*, 11-11, q. 32, ano 6.

14. Lc 11,41.

15. Act 20,35.

16. Mt 25,40.

17. S. Gregório Magno, *in Evang.*, *Hom.* IX, n. 7.

18. 2 Cor 8,9.

19. Mc 6,3.

20. Mt 5,3.

21. *Ibidem*, 11,18.

22. Rm 8,29.

23. *Ibidem*, VIII, 17.

24. Também Maquiavel, *Discorsi*, III, 1, afirma este princípio.

25. 1 Tm 6,10.

26. Act 4,34.

27. *Apolog.*, II, 39.

28. Trata-se da Encíclica "*Immortale Dei*".

29. S. Tomás, *Sum. Teol.*, II-II, q. 61, ano 1 ad 2.

30. S. Tomás, *De regimine princ.* I, 15.

31. Veja-se o n. 12 desta Encíclica: *Posse e uso das riquezas*.

32. Veja-se o n. 17 e segs. desta Encíclica.

33. Gn 1,28.

34. Rm 10,12.

35. Ex 20,8.

36. Gn 2,2.

37. Gn 3,19.

38. Veja-se o n. 29 e segs.

39. Veja-se a Encíclica *Libertas*.

40. Eclo 4,9-12.

41. Pr 18,19.

42. S. Tomás, *Contra impugn. Dei cultum et relig.*, II, 8.

43. *Ibidem*.

44. S. Tomás *Sum. Teol.*, I-II, q. 93, ano 3 ad 2.

45. Mt 16,26.

46. Mt 6,32-33.

47. 1 Cor 13,4-7.

Capítulo 2

Direito do Trabalho: Conceito. Divisão Interna. Natureza Jurídica. Autonomia

1. *Introdução*

A conceituação do Direito do Trabalho decorre do estudo dos seus fundamentos e da sua formação histórica, o que foi realizado no capítulo anterior. No presente capítulo, serão estudados o conceito de Direito do trabalho, sua divisão interna, sua controvertida natureza jurídica e sua importante autonomia em relação a outras divisões do Direito.

2. *Conceito de Direito do Trabalho*

Dos pontos de vista etimológico e histórico, o significado da palavra trabalho esteve, no início, ligada à ideia de algo desagradável: castigo, dor, fadiga(127).

Segundo a exposição de motivos da Consolidação das Leis do Trabalho, "... o Direito Social é, por definição, um conjunto de normas e instituições voltadas à proteção do trabalho dependente na atividade privada"(128).

Conforme a clássica definição de Orlando Gomes e Élson Gottschalk(129), Direito do Trabalho é o conjunto de princípios e regras jurídicas aplicáveis às relações individuais e coletivas que nascem entre empregadores privados — ou equiparados — e os que trabalham sob sua direção e de ambos com o Estado, por ocasião do trabalho ou eventualmente fora dele".

Nessa linha, uma das definições atuais mais completas é dada por Mauricio Godinho Delgado(130), para quem o direito material do trabalho em sentido amplo (compreendendo o direito individual e o direito coletivo do trabalho) é um complexo de princípios, regras e institutos jurídicos que regulam a relação empregatícia e outras relações normativamente especificadas, englobando, também, os institutos, regras

---

(127) CATHARINO, José Martins. *Compêndio de Direito do Trabalho.* 3. ed. São Paulo: Saraiva, 1982. p. 39. Para alguns estudiosos, a palavra trabalho deriva do latim *tripalium*, instrumento de tortura utilizado na Roma antiga.

(128) Item 31 da exposição de motivos. *Consolidação das Leis do Trabalho.* 35. ed. São Paulo: LTr, 2008. p. 30.

(129) GOMES, Orlando; GOTTSCHALK, Élson. *Curso de Direito do Trabalho.* 18. ed. Rio de Janeiro: Forense, 2007. p. 10.

(130) DELGADO, Mauricio Godinho. *Curso de Direito do Trabalho.* São Paulo: LTr, 2004. p. 52.

e princípios jurídicos concernentes às relações coletivas entre trabalhadores e tomadores de serviços, em especial por meio de suas associações coletivas.

Ocorre que o mundo do trabalho sofreu muitas transformações desde seu surgimento, e estas não foram acompanhadas devidamente pelo Direito do Trabalho, implicando diretamente na necessidade de ser repensar o conceito do Direito do Trabalho. Em uma reflexão interessante sobre o tema, Joe Ernando Deszuta sustenta que o Direito do Trabalho já não consegue mais responder à demanda de conflituosidade que o desenvolvimento da sociedade pós-industrial passou a gerar no âmbito das relações existentes entre o capital e o trabalho. A situação posta conduz à necessidade de uma reestruturação do conceito de Direito do Trabalho para alcançar o Direito ao Trabalho, na qualidade de direito social fundamental. Isso pode ser alcançado não só a partir da reelaboração da legislação social — pela via do Poder Legislativo, conforme os mecanismos que o próprio Estado de Direito possibilita —, mas também por uma leitura dos direitos sociais a ser feita pelo Judiciário[131].

Nesse contexto, a subordinação — um dos pilares do Direito do Trabalho — está sendo perquirida em face das novas relações de trabalho. Torna-se cada vez maior a dificuldade do operador do direito apurar a subordinação nos casos concretos que lhe são submetidos diante dos novos contornos das relações econômicas e jurídicas advindas da pós-modernidade[132].

A Emenda Constitucional n. 45/2004, ao alargar sensivelmente a competência da Justiça do Trabalho (que passa a ser competente, entre outras várias matérias, para julgar "relações de trabalho"), representa um importante passo dado pela divisão de poderes inscrita na Constituição, que deve ser acompanhado pelo direito material do trabalho, tutelando outras de forma de trabalho, que não apenas a de emprego.

O Direito do Trabalho brasileiro foi constituído para a caracterização de relações de emprego, como regra. Apenas de forma excepcional a Consolidação das Leis do Trabalho trata de outras relações de trabalho, por exemplo, a competência para pequenas empreitadas e trabalho avulso (art. 652). Conforme afirmado, a evolução econômica e das relações de trabalho tornou insuficiente essa abrangência, no tocante a uma gama de prestadores de serviços que ficam à margem da legislação trabalhista, justamente porque a concepção original continua vinculada à subordinação jurídica. Apenas mediante uma reformulação dos parâmetros tradicionais poderiam ser incluídos no seu âmbito diversos tipos de trabalhadores que não são abrangidos pelas normas trabalhistas que privilegiam praticamente só os empregados[133]. É verdade que a ampliação excessiva do conceito de Direito do Trabalho pode levar a um enfraquecimento de seu caráter protetivo, sendo este o dilema político que enfrenta a doutrina trabalhista: de um lado, seguir mantendo o caráter tutelar da legislação e, de outro, adaptá-la aos novos tempos e ter maior abrangência.

3. Divisão interna do Direito do Trabalho

Embora o Direito do Trabalho seja um só, para fins de estudo, geralmente ele é dividido internamente em dois segmentos jurídicos: o Direito Individual do Trabalho e o Direito Coletivo do Trabalho[134].

É importante ter em mente que o Direito do Trabalho não é apenas um conjunto de leis, mas de normas jurídicas, entre as quais estão os princípios e as regras que, por sua vez, não regulam somente as relações entre empregados e empregadores individualmente (direito individual do trabalho), mas também as relações

(131) DESZUTA, Joe Ernando. Um direito do trabalho mínimo ou um mínimo de direito do trabalho? Bases para um novo Direito do Trabalho. *Revista Justiça do Trabalho,* Porto Alegre, n. 255. p. 61, mar. 2005.

(132) MENEZES, Cláudio Armando Couce de. Novos contornos das relações de trabalho e de emprego: direito do trabalho e a nova competência trabalhista estabelecida pela Emenda n. 45/2004. *Revista Justiça do Trabalho,* Porto Alegre, n. 257, p. 14, maio 2005.

(133) MENEZES, Cláudio Armando Couce de. Novos contornos das relações de trabalho e de emprego: direito do trabalho e a nova competência trabalhista estabelecida pela Emenda n. 45/2004. *Revista Justiça do Trabalho,* Porto Alegre, n. 257. p. 14, maio 2005.

(134) DELGADO, Mauricio Godinho. *Curso de Direito do Trabalho.* São Paulo: LTr, 2004. p. 63-65.

coletivas de trabalho (direito coletivo do trabalho), que complementam as normas legais imperativas e dão uma característica diferenciada a este ramo do direito. Se adotada a perspectiva mais ampla de conceituação de Direito do Trabalho, envolveria normas que regulam o processo de prestação de trabalho, subordinado, autônomo, permanente ou eventual.

Sob o ponto de vista das relações subordinadas, a negociação coletiva constitui o processo mais adequado para a estruturação de uma verdadeira rede de regras privadas, revistas e aprimoradas a cada exercício da autonomia coletiva, sempre objetivando reduzir a folga, o espaço faltante entre o trabalho e o capital, distância essa que nem mesmo a mera intervenção legislativa se mostrou capaz de corrigir(135). Em outras palavras, a negociação coletiva completa um espaço de normatização das relações sociais, que o Estado abre mão e transfere tal responsabilidade para determinados entes (os sindicatos profissionais e os sindicatos representativos de categorias econômicas).

Conforme Américo Plá Rodríguez, em todo o Direito do Trabalho há um ponto de partida: a união dos trabalhadores; e há um ponto de chegada: a melhoria das condições dos trabalhadores. Direito individual e direito coletivo do trabalho são apenas caminhos diversos para percorrer o mesmo itinerário(136).

A relação entre o interesse coletivo e o interesse individual do trabalho é esclarecida por João Lima de Teixeira Filho(137), para quem "o interesse coletivo, das categorias profissionais (empregados) e econômicas (empregadores), é revelado através das negociações coletivas, de onde resultam condições de trabalho de eficácia restrita ao âmbito das respectivas representações, ajustadas no vazio ou por cima do mínimo da lei, embora seja constitucionalmente permitida a flexibilização de direitos, sempre sob tutela sindical (art. 7º, VI, XIII e XIV, da Constituição Federal). E contra a pactuação coletiva não cabe o acordo individual (arts. 444 e 619 da Consolidação das Leis do Trabalho). Por outro lado, o interesse individual, exatamente por ser mais frágil, quando isoladamente considerado, submete-se aos demais níveis de interesse e só produz eficácia jurídica se presentes o requisito da bilateralidade da avença e, ainda assim, da ausência de prejuízos diretos ou indiretos para o trabalhador (art. 468 da Consolidação das Leis do Trabalho). O difícil, sobretudo em épocas de crise, é achar o ponto de equilíbrio entre as relações coletivas e as individuais"(138).

4. A natureza jurídica do direito do trabalho

4.1. Origens da controvérsia

O estudo da natureza jurídica do Direito do Trabalho também é chamado de posição enciclopédica ou taxionomia, que significa o lugar em que o Direito do Trabalho está inserido dentro do Direito, problema que obviamente não existe para os Monistas, enquanto defensores da teoria que rejeita a existência de divisões dentro do Direito(139).

O assunto não é simples, revestindo-se de imensa importância teórica e prática, porque, entre outras razões, a eficácia e a interpretação das normas de direito público e privado são reguladas por princípios diversos.

A distinção entre Direito Público e Direito Privado, segundo Evaristo de Moraes Filho(140), foi alçada à condição de uma das mais intrincadas questões da dogmática jurídica, constituindo-se num falso problema,

(135) TEIXEIRA FILHO, João Lima de. Relação entre o direito individual, coletivo e seguridade social. *Revista Justiça do Trabalho,* Porto Alegre, n. 226. p. 41, out. 2002.

(136) PLÁ RODRIGUEZ, Américo. *Princípios de Direito do Trabalho.* São Paulo: LTr, 1978. p. 24.

(137) Relação entre o direito individual, coletivo e seguridade social. *Revista Justiça do Trabalho,* Porto Alegre, n. 226, p. 41-42, out. 2002.

(138) *Ibidem*, p. 42.

(139) CATHARINO, José Martins. *Compêndio de Direito do Trabalho.* 3. ed. São Paulo: Saraiva, 1982. p. 51.

(140) MORAES FILHO, Evaristo de. *Introdução ao Direito do Trabalho.* 6. ed. São Paulo: LTr, 1993. p. 105.

uma vez que nunca se poderá encontrar uma solução definitiva no campo da lógica jurídica pura. Trata-se de uma questão histórica, variável de época para época, renovável a cada momento.

Todavia, visando a compreensão dessa complexa questão, é importante remontar as origens da distinção entre Direito Público e Direito Privado.

A maioria dos autores refere à clássica lição de Ulpiano como ponto de partida para a análise do tema: *publicum est, quod ad statum rei romanae spectat; privatum, quod ad singulorum utilitatem*(141).

Nem os gregos nem o Direito Romano antigo conheciam tal distinção. É bom lembrar que, no início dessas civilizações, o Direito se confundia com a própria ideia de religião, daí porque sua característica ritual era bastante acentuada, sendo que o Estado não passava de certa área de influência de determinado governante ou de determinada cidade(142). No Direito Romano tardio, a divisão correspondia aos interesses de então, inserindo o indivíduo no contexto do particular, na hipótese do interesse privado, e no contexto do *populus* em se tratando de interesse público. O Direito Público, nesse contexto, poderia ter várias acepções, eis que funcionava como sinônimo de *res publica* ou *civitas*. Essa abrangência, aliás, pode ser verificada atualmente, quando se nota a existência de várias expressões de Direito Público, utilizadas como sinônimos de ordem pública, interesse público, coisa pública e outros(143).

Nesse sentido, há alguns aspectos interessantes, como o fato de as coisas públicas (caminhos, praças e cursos d'água, por exemplo) não estarem completamente subtraídas ao Direito e ao comércio em geral, eis que poderiam ser gravadas com servidões, constituídas em favor de determinados cidadãos, sempre que estas não prejudicassem a afetação pública em questão(144).

Como o espírito romano caracterizava-se especialmente pela praticidade, pode-se dizer que a *lex publica* serviu, acima de tudo, para definir aquelas normas e institutos que exigiam maior poder de autoridade(145). Somente depois de longa evolução é que a face patrimonial do Estado Romano passou a ser vista de forma diferenciada, constituindo a personalidade jurídica do fisco. Nessas condições, passou a contrair obrigações semelhantes àquelas existentes no *ius privatum*, tornando insuficiente a velha definição de Ulpiano(146).

Permaneceu a divisão, entretanto, como forma conceitual, não alcançando, porém, grande significação prática ou mesmo essencial para a vida jurídica de então. O sentido da divisão entre os romanos, portanto, era diferençar o direito oriundo do Estado — Direito Público —, do direito oriundo das fontes consuetudinárias ou convencionais.

Com a acentuada divisão de poder ocorrida na Idade Média, a distinção entre público e privado perde em muito a sua significação.

O feudalismo tem como característica a inexistência de um poder central concentrador, passando o indivíduo a viver mais em contato com a terra do que com uma comunidade politicamente organizada. Essa atomização revela-se na ligação do homem feudal com a família, corporações e comunas. As duas

---

(141) CIRNE LIMA, Ruy. *Sistema de direito administrativo brasilleiro.* Porto Alegre: Santa Maria, 1953. v. I, p. 13, cita a fonte: Digesto, Livro I, Título I, " *de justitia et de jure*", fragmento 1, par. 2.

(142) A proximidade entre direito e religião, em especial nas civilizações antigas, é exposta na clássica obra de COULANGES, Fustel de. *A cidade antiga.* São Paulo: Hemus, 1975. Esse vínculo também é abordado por ALTAVILA, Jaime de. *Origem do Direito dos Povos.* 5. ed. São Paulo: Ícone, 1989. Todas as religiões trazem preceitos morais que, segundo as condições históricas e políticas, correspondem ao próprio Direito. A Bíblia, por exemplo, traz no livro do Deuteronômio um extenso código de normas e procedimentos, versando sobre os mais diversos temas, como a administração dos santuários, os dízimos, o testemunho, o homicídio, o direito de primogenitura, o casamento, e outros. O Alcorão, por sua vez, também é um "livro revelado" e expõe, com clareza, regras de expressão prática sobre o casamento, o furto, a sucessão hereditária, e outros. Ver, nesse sentido, SOUSA, João Silva de. *Religião e Direito no Alcorão.* Lisboa: Stampa, 1986.

(143) DERZI, Mizabel de Abreu Machado. A sobrevivência do Direito Privado e o Direito Público. *Revista de Direito Público,* v. 62, p. 47, abr./jun. 1982.

(144) BULLINGER, Martin. *Derecho Publico y Derecho Privado.* Madrid: Instituto de Estudios Administrativos, 1976. p. 23.

(145) DERZI, Mizabel de Abreu Machado. A sobrevivência do Direito Privado e o Direito Público. *Revista de Direito Público,* v. 62, p. 48, abr./jun. 1982.

(146) DI PIETRO, Maria Sylvia Zanella. *Do Direito Privado na Administração Pública.* São Paulo: Atlas, 1989. p. 16.

categorias — público e privado — interpenetram-se, mesmo porque a noção de soberania se confunde com a de propriedade, principalmente no que tange à esfera de influência dos senhores feudais. Estes exerciam, perante seus vassalos, poderes típicos do Estado, estabelecendo pesados tributos sobre o uso da terra. Note-se, entretanto, que a fonte desse poder era o direito de propriedade. Grande parte das funções públicas, como o exército e a justiça, também era exercida pelos senhores feudais[147].

A filosofia tomista preparou o caminho para uma posterior separação entre direito e teologia, distinguindo a existência de uma lei revelada divinamente e uma lei revelada pela razão humana[148]. No fundo, é a velha luta escolástica entre a *ratio* da lei e a *voluntas* do monarca absoluto.

Os séculos XVI e XVII têm como característica um grande movimento intelectual, que é o Humanismo, tendo, no âmbito do Direito, representado uma redescoberta crítica do *Corpus Iuris* de Justiniano, como também uma orientação sistematizadora da jurisprudência. Nesse contexto, a divisão entre público e privado volta a ter alguma significação, já que o feudalismo começa a declinar.

O Direito Público historicamente é visto como um direito político imutável, enquanto o Direito Privado é independente da ordem política, estando ligado à tradição jurídica romana. Havia a distinção entre *personae publicae*, dotadas de cargos públicos, e *personae privatae*, desprovidas deles. Diferenciava-se *potestas publica* do monarca e seus funcionários, e a *potestas privata* dos padres, assim como negócios públicos e negócios privados, sendo que todas essas distinções decorriam da distinção entre *imperium* e *dominum*[149]. Por meio dessas distinções, o vínculo feudal começava a desaparecer, diminuindo a confusão entre público e privado, característica deste.

No final do século XVII e durante o século XVIII, ocorre a sistematização do racionalismo jurídico, graças a Samuel Pufendorf e seus seguidores, que criam uma versão do naturalismo, baseada na razão (*ratio*) humana. Em sua obra de Direito Natural, o referido autor estudava primeiramente os direitos e obrigações de cada homem para com os outros e comunidades menores, como o matrimônio e a família. Esse estudo baseava-se em uma perspectiva de princípios racionais de caráter geral, ou seja, com tendência a tratá-los de forma independente da vida em comum com o Estado[150].

Somente com o ressurgimento de um poder central forte é que a distinção volta a ter relevância. Isso ocorre especialmente na Revolução Francesa, que traz, entre outras ideias, a noção de soberania e a supremacia do Estado sobre o indivíduo. Trata-se da tomada do poder por uma nova classe social, a burguesia, que, afastando a nobreza, precisa estabelecer as novas diretrizes da sociedade, segundo seus interesses.

Nesse novo contexto, o Estado precisa ser organizado conforme certos princípios, em especial o princípio da separação dos poderes e o princípio da legalidade. Essa supremacia do Estado sobre o indivíduo é caracterizada na supremacia da lei. Os princípios de organização do Estado ganham natureza jurídica por intermédio da Constituição. Entretanto, não basta organizar o Estado, também é preciso regular as relações entre os particulares e, para tanto, surge a codificação. Ambos os fenômenos — Constituição e Codificação — ressaltam aspectos de um mesmo fato social, ou seja, a ascensão da burguesia ao poder, e a necessidade de regulamentação da sociedade segundo essa nova classe dominante[151].

Conforme salienta Maria Sylvia Zanella Di Pietro, para alguns, somente após a promulgação do Código de Napoleão (1804) é que a distinção entre Direito Público e Direito Privado foi considerada relevante[152].

---

(147) DI PIETRO, Maria Sylvia Zanella. *Do direito privado na administração pública*. São Paulo: Atlas, 1989. p. 16.

(148) DERZI, Mizabel de Abreu Machado. A Sobrevivência do Direito Privado e o Direito Público. *Revista de Direito Público*, v. 62, p. 59, abr./jun. 1982.

(149) BULLINGER, Martin. *Derecho publico y derecho privado*. Madrid: Instituto de Estudios Administrativos, 1976. p. 38-39.

(150) BULLINGER, Martin. *Derecho publico y derecho privado*. Madrid: Instituto de Estudios Administrativos, 1976. p. 49.

(151) CLAVERO, Bartolomé. Codificación y Constitución: paradigmas de un binomio. *Quaderni Fiorentini*, v. XVIII, p. 79-145. Para o autor, a ideia de Codificação é anterior à ideia de Constituição, mas ambos os fenômenos ocupam lugar de destaque na história do Direito em um determinado momento, no qual a classe burguesa toma o poder. A Constituição tem caráter político-procedimental, enquanto o Código possui caráter civil-substantivo.

(152) DI PIETRO, Maria Sylvia Zanella. *Do direito privado na administração pública*. São Paulo: Atlas, 1989. p. 16.

Logo após o advento da Revolução Francesa, os dogmas do liberalismo e do individualismo dominam amplamente as relações jurídicas, com a supremacia da autonomia da vontade nas relações entre os indivíduos. É o advento do Estado Liberal, em que a intervenção do Estado nas relações privadas é mínima.

O Estado moderno, que está sendo criado então, funda-se sobre três pilares fundamentais: legalidade, igualdade e separação de poderes. Todos esses fundamentos teriam como objetivo assegurar ao cidadão garantias perante o Estado para que não se repetisse a concentração de todos os poderes na mão de um monarca, como no regime absolutista e conforme defendido por Thomas Hobbes(153).

As relações entre o súdito e o soberano passam de um plano pessoal e patrimonial para um plano legal e racional. O ideal do liberalismo será cristalizado no pensamento de John Locke, postulando que o direito de propriedade é tão fundamental a ponto de privilegiá-lo diante do direito de liberdade. Os homens, segundo Locke (inspiração semelhante a Rosseau), fazem um contrato social que lhes permita gozar de suas propriedades em paz e segurança, e o instrumento desse contrato é a lei. A importância da lei é ressaltada pelo filósofo, cabendo a Montesquieu a formulação da teoria de tripartição do poder político do Estado em poder de legislar, administrar e jurisdicionar(154). Para esse pensador, de um lado estão as relações dos governantes e governados e, de outro, as relações dos cidadãos entre si. Saliente-se que a distinção entre Direito Público e Direito Privado se baseia, nessa época, nas diferenças das noções de serviço público e atividade privada, as quais, então, eram nitidamente perceptíveis. A discricionariedade, nesse período, era vista como um poder político, e não como um poder jurídico, não admitindo controle judicial. Os problemas e as dificuldades aparecem quando o Estado se relaciona com os particulares, administrando os seus domínios, comprando, vendendo e utilizando serviços de outros. Nessas condições, torna-se difícil estabelecer qual o papel desempenhado pelo órgão do Estado, se atua como poder público, ou se figura como um simples particular(155).

O Estado Liberal trouxe consigo uma série de injustiças e problemas gerados pelo exacerbamento da autonomia da vontade e do privilégio excessivo ao direito de propriedade. A sociedade começa a forçar o Estado a atuar em áreas como o bem-estar, a saúde, a correção de desigualdades e outras. Começa a nascer o Estado-Providência ou Estado Social de Direito.

Com o aumento das funções do Estado, cresce a importância do Poder Executivo, que passa a editar maior número de atos normativos, visando a regulamentar a sua atuação (portarias, decretos, regulamentos e outras). Nessas condições, o âmbito do Direito Privado é invadido pelo Direito Público, que passa a intervir na autonomia da vontade, coibindo os abusos até então verificados. Nascem disciplinas como o Direito do Trabalho, o Direito Previdenciário e outras, nas quais o intervencionismo estatal se mostra marcante. Áreas como saúde, previdência, educação, assistência social passam a fazer parte do âmbito de atuação do Estado, gerando relações jurídicas de natureza ambígua, ampliando consideravelmente o alcance do Direito Público.

Também no Direito Civil e no Direito Comercial a autonomia da vontade é restrita, ainda que não na mesma intensidade. Nessas condições, a interpenetração das esferas do Direito Público e do Direito Pri-

---

(153) Conforme ENTERRIA, Eduardo García de; FERNANDEZ, Tomás-Ramón. *Curso de direito administrativo.* São Paulo: Revista dos Tribunais, 1991. p. 371-372.

(154) COUTO E SILVA, Almiro. Princípios da Legalidade da Administração Pública e da Segurança Jurídica no Estado de Direito Contemporâneo. *Revista de Direito Público,* v. 84, p. 48, out./dez. 1987. Na realidade, as constatações de Aristóteles sobre a sociedade ateniense somente tiveram força de reivindicação política por meio da obra de Locke e Montesquieu. O primeiro publicou sua obra logo após a "Revolução Gloriosa", de 1688, na Inglaterra, e que teve, como consequência imediata, a limitação do poder. A instituição de monarquias constitucionais somente vai ocorrer no continente após um século. Montesquieu, por sua vez, inspirado no sistema inglês, cria a doutrina da separação dos poderes. Vale lembrar que alguns críticos chegaram a negar-lhe a autoria da referida doutrina, alegando que aquele fez somente a descrição do que vira na Inglaterra. De qualquer forma, é certo que as ideias de Montesquieu influenciaram intensamente os revolucionários franceses, sendo consagradas na Constituição Francesa de 1814, que também serviu de modelo para as Constituições dos Estados do Sul da Alemanha, devido à influência das guerras napoleônicas. Ver, nesse sentido, KIMMINICH, Otto. Jurisdição constitucional e princípio da divisão de poderes. *Revista de Direito Público,* n. 92, p. 21-22, out./dez. 1989.

(155) DU PASQUIER, Claude. *Introduccion a la teoría general del derecho y a la filosofia juridica.* 2. ed. Lima: Librería Internacional del Peru, 1950. p. 149-150.

vado é uma realidade que não pode ser desprezada. Por outro lado, o Estado adquire também uma face empreendedora, pela qual passa a fomentar investimentos em áreas estratégicas da economia, em que o capital privado não teria força suficiente para desenvolver-se.

Além da face limitadora de abusos por força do exacerbamento da autonomia da vontade, existe uma face empreendedora, que atua fortemente na indústria do aço, na exploração do petróleo, das comunicações, entre outras. Em ambos os casos, forma-se um campo fértil para o entrelaçamento das esferas do público e do privado, criando uma série de dificuldades para o intérprete.

4.2. Critérios da distinção entre direito público e privado

Nas palavras de Evaristo de Moraes Filho, a distinção entre Direito Público e Direito Privado foi alçada à condição de uma das mais intrincadas questões da dogmática jurídica, o que, na verdade, se constitui num falso problema, uma vez que nunca se poderá encontrar uma solução definitiva no campo da lógica jurídica pura. Trata-se de uma questão histórica, variável de época para época, renovável a cada momento(156). No mesmo sentido, o entendimento de Gustav Radbruch, para quem a classificação se encontra sujeita "às flutuações da história" e às diversas valorações características das diferentes concepções de mundo e de vida(157).

Vários são os critérios apontados para a distinção, entre eles o da utilidade, o do interesse dominante, o do fim, o da natureza patrimonial ou não do interesse tutelado, o da imperatividade, o do sujeito, o do tipo da relação jurídica, de coordenação ou de subordinação.

O critério da utilidade corresponde diretamente à lição de Ulpiano, sendo de Direito Público as normas que dispõem sobre interesse geral, e de Direito Privado, as normas que dispõem sobre interesse individual. O critério mostra-se insuficiente, porquanto, muitas vezes, o fato de uma norma proteger um interesse individual traz, também, a defesa de um interesse público. Nessas condições, encontram-se as normas de direito de família. Por outro lado, muitas normas de Direito Público protegem interesses particulares, como por exemplo, as normas de segurança e saúde pública(158). Veja-se, portanto, que a noção de interesse não serve como parâmetro de distinção entre público e privado, porquanto são inúmeros os pontos de interpenetração entre os dois conceitos.

A finalidade da relação jurídica foi o critério proposto por Savigny, segundo o qual, quando o todo é o fim perseguido, a relação é de Direito Público, permanecendo o indivíduo em segundo plano. A relação é de Direito Privado quando serve apenas de meio para a existência e para as condições particulares. O problema é que o Estado participa de relações de nítida natureza privada, como a compra e venda(159).

Refletindo sobre a natureza das normas que regem a relação, estaria o critério que considera de natureza imperativa as normas de Direito Público, obrigando o particular independentemente de sua concordância e de natureza facultativa, e as normas de Direito Privado, em face do princípio da liberdade individual. O problema é que algumas normas no Direito Privado têm caráter público, e outras no Direito Público assumem natureza privada. Assim, o Direito Privado tem as normas pertinentes ao casamento, por exemplo, e o Direito Público tem normas que regulam os contratos mantidos pela Administração Pública. Outro exemplo seria a disponibilidade da ação penal em crimes de determinada natureza, sendo procedida apenas mediante queixa.

A doutrina da natureza dos sujeitos propõe que o Direito Público regulamente a estrutura do Estado e demais organismos titulares do Poder Público. O Direito Privado, por seu turno, regulamenta a estrutura de todos aqueles organismos sociais que não participam do exercício do poder público e as relações em

(156) MORAES FILHO, Evaristo de. *Introdução ao Direito do Trabalho*. 6. ed. São Paulo: LTr, 1993. p. 107.
(157) RADBRUCH, Gustav. *Filosofia do Direito*. 6. ed. Coimbra: Armênio Amado, 1979. p. 253.
(158) DI PIETRO, Maria Sylvia Zanella. *Do Direito Privado na Administração Pública*. São Paulo: Atlas, 1989. p. 23.
(159) DI PIETRO, Maria Sylvia Zanella. *Do Direito Privado na Administração Pública*. São Paulo: Atlas, 1989. p. 24.

que nenhum dos sujeitos intervenha em seu caráter de titular de poder público[160]. Esse critério, adotado, entre outros, por Georg Jellinek e Paul Robier, também apresenta problemas, pelo mesmo fato de o Estado participar de relações jurídicas regidas pelo Direito Privado, e pelo fato de o cidadão comum participar de relações exclusivamente de Direito Público, como a prestação de serviço militar e pagamento de impostos, por exemplo[161].

Existe a dificuldade de saber em quais relações o Estado participa em condição de subordinação, e em quais participa em condições de igualdade. Também é preciso notar que o Estado apresenta uma face como ordem jurídica, e outra como sujeito de direito. O Estado-ordem-jurídica significa a própria norma, não constituindo um dos polos da relação jurídica, mas sendo o seu próprio suporte. Pode ser individual (contrato ou sentença), ou genérica e abstrata, e atua na relação jurídica como ligamento[162].

O dualismo tradicional de Estado e Direito é abordado por Hans Kelsen, que o entende como pressuposto e, ao mesmo tempo, sujeito jurídico porque está submetido ao Direito[163]. O Estado-ordem-jurídica aparece tanto no Direito Público como no Direito Privado. Nas relações de Direito Público, cumularia a primeira característica com uma segunda, isto é, atuaria também como sujeito de direitos. Por outro lado, o ordenamento jurídico, garante as sanções e a coercibilidade existente na hipótese de descumprimento do contrato, que é nitidamente área do Direito Privado.

No fundo, o Direito Privado sempre estará sob a tutela do Direito Público, pois as normas permissivas pressupõem normas imperativas. Basta notar que toda obrigação pressupõe um arcabouço legal, que dê executoriedade às suas disposições na hipótese de inadimplemento.

Em uma exposição sintética sobre o tema, Norberto Bobbio lembra o pensamento de Marx, segundo o qual Direito e Estado pertencem à chamada superestrutura, cujo conjunto é difícil de distinguir em partes separadas, de tal maneira que a extinção do Estado implica a extinção do Direito, e vice-versa. Trata-se de uma posição consideravelmente ampla, que leva a um raciocínio de total irrelevância da distinção entre público e privado. O referido autor lembra o pensamento de Max Weber e o de Hans Kelsen sobre o tema, dizendo que ambos tendem a identificar o Direito como ordenamento coativo, com o Estado, no sentido de que este corresponda ao aparelho coativo pelo qual os detentores do poder chegam aos seus fins. Para Weber, o grande Estado moderno é o Estado em que a legitimidade do poder depende de sua legalidade, ou seja, o poder encontra-se derivado de um ordenamento normativo constituído e aceito segundo normas preestabelecidas. Nesse sentido, Weber contrapõe à antiga dicotomia oriunda do jusnaturalismo — sociedade natural e sociedade civil — uma nova dicotomia entre poder tradicional e poder legal, a qual corresponde, em termos jurídicos, não à dicotomia Direito Público ou positivo e Direito Privado ou natural, mas entre Direito consuetudinário, próprio da sociedade patriarcal, e Direito legislado, próprio do Estado de Direito[164]. O Direito legislativo teria, segundo essa concepção, um conteúdo racional bem mais aprimorado do que o Direito consuetudinário[165].

---

(160) DE LA CUEVA, Mario. *Derecho Mexicano del Trabajo*. 11. ed. México: Porrua, 1969. v. I, p. 211.

(161) DI PIETRO, Maria Sylvia Zanella. *Do Direito Privado na Administração Pública*. São Paulo: Atlas, 1989. p. 24-25.

(162) VILHENA, Paulo Emílio Ribeiro de. *Direito Público* — Direito Privado. São Paulo: Saraiva, 1972. p. 24. No que diz respeito à ordem jurídica, o Estado é compreendido em toda a sua dimensão, ou seja, o poder político exercido dentro da tripartição clássica entre Poder Legislativo, Poder Executivo e Poder Judiciário.

(163) KELSEN, Hans. *Teoria Pura do Direito*. 2. ed. São Paulo: Martins Fontes, p. 300-301.

(164) WEBER, Max. *Dicionário de Política*. 4. ed. Brasília: UNB, 1992. p. 350-351.

(165) Novamente aqui, ressurge o problema dos sistemas jurídicos. O sistema da *common law*, por exemplo, é considerado um sistema aberto, ou seja, sem rigidez nas suas normas, havendo amplo espaço para a criação judicial, de acordo com o caso concreto. A racionalidade do ordenamento jurídico da *common law* é garantida pela regra do precedente, que pode ser entendida, grosso modo, como sendo a obrigatoriedade de os tribunais inferiores seguirem as decisões dos tribunais superiores. Existe uma série de regras interpretativas, prevendo que os *standarts* dos tribunais superiores devem ser seguidos, obrigatoriamente, no que diz respeito ao conteúdo jurídico, possibilitando que o juiz ou tribunal inferior, diante de um caso com conteúdo fático diferente, possa adaptar uma nova regra jurídica para solucionar o caso concreto. Assim é que ocorre a evolução jurídica do sistema que, do contrário, não se adaptaria à evolução social. A coerência interna e a unidade valorativa do sistema jurídico estão, portanto, resguardadas. Nos países de tradição romano-germânica, essas características estão presentes na própria legislação.

O pensamento de Kelsen também realiza inteira convergência entre Estado e ordenamento jurídico[166]. O autor identifica, entretanto, alguns elementos de ordem política na distinção entre Direito Público e Direito Privado. Inicialmente, existe o desejo de ver os detentores de certas funções investidos de autoridade superior à autoridade que lhe é conferida pelo direito positivo. Existe uma tendência à presunção de regularidade dos atos emanados pelos órgãos do Estado, resultantes da própria natureza do Direito Público.

Essa aura de regularidade do Direito Público e dos atos da administração pública leva a outra conclusão, principalmente levada a cabo pelos administrativistas alemães do início do século, representados especialmente por Otto Mayer. Segundo Kelsen, forma-se a doutrina de que o ato administrativo vale *a priori*, produzindo efeitos por si mesmos, baseado na supremacia do poder do Estado. Há, também, na absolutização do contraste entre Direito Público e Direito Privado, a falsa impressão de que a política só tem cabimento no Direito Público, e que o Direito Privado estaria imune ao alcance político, pois derivaria das tradições e dos costumes. O Direito Privado, concebido como um complexo de normas em cujo centro está a instituição da propriedade privada, deve ser visto em um contexto geral, adequado a uma ordem jurídica geral do sistema capitalista. Se for considerado o conteúdo de autodeterminação, o Direito Privado terá caráter democrático, mas não se pode esquecer que, no nível do Direito geral, o sistema pode ser tanto democrático como autocrático. O autor lembra que a propriedade privada pode ser concebida tanto dentro de um sistema democrático quanto em uma monarquia absoluta[167].

Dessa forma, também o Direito Privado se presta. A teoria tradicional procura dissimular esse fato, isolando o Direito Público e o Direito Privado. Na verdade, o pensamento de Kelsen considera o poder em função do Direito. A racionalização do poder por meio do Direito é a outra face da realização do Direito pelo poder[168]. O Direito Privado, na época liberal, era compreendido, manejado e ensinado como apolítico, correspondendo aos anseios da sociedade burguesa nesses exatos termos. O próprio estilo da codificação favorece esse ponto de vista. Entretanto, tal ideia não pode ser acolhida, pois o Direito Privado, como já referido, é a própria projeção, no âmbito das relações individuais, dos anseios da classe burguesa, que havia tomado o poder. No outro lado dessa perspectiva, encontra-se a Constituição a regular a atividade do Estado.

Essa crítica também é aprovada por Léon Duguit, que afirma a imposição da mesma regra legal ao governante e ao governado. A diferença é que Duguit, ao contrário de Kelsen, admite a separação como forma de retratação, quem sabe, da crítica feita ao seus colegas franceses por importarem a polêmica do direito alemão[169]. Os dois âmbitos do Direito não possuem diversidade de natureza, não havendo, pois, rigor lógico na distinção.

Mesmo considerada a vastidão da polêmica, alguns delineamentos são necessários para que seja organizado o raciocínio. Em Norberto Bobbio, podem ser encontradas outras reflexões e outras dicotomias agregadas à distinção entre público e privado. A primeira delas diz respeito à sociedade de iguais e sociedade de desiguais. Onde quer que haja Estado, as relações deste se caracterizam por serem de subordinação entre governantes e governados (detentores do poder de comando e destinatários do dever de obediência). Estas são relações desiguais. As relações de mercado, na idealização dos economistas clássicos, caracterizam-se pela coordenação, e são relações de iguais[170]. Assim, encontram-se contrapostas noções como estado de natureza, esfera econômica e sociedade civil de um lado, e estado civil, esfera política e estado político de outro.

---

(166) KELSEN, Hans. *Teoria Pura do Direito*. 2. ed. São Paulo: Martins Fontes. p. 296 e seguintes. Ver também, do mesmo autor, *Teoria Geral do Direito e do Estado*. São Paulo: Martins Fontes, 1990. p. 201 e seguintes.

(167) KELSEN, Hans. *Teoria Pura do Direito*. 2. ed. São Paulo: Martins Fontes. p. 299.

(168) BOBBIO, Norberto. *Dicionário de Política*. 4. ed. Brasília: UNB, 1992. p. 351.

(169) KLINGHOFFER, Hans. Direito Público e Direito Privado. *Revista Forense*, v. 89, p. 399, 1942. Em sentido contrário à identificação Estado-Direito, ver RECASÉNS SICHES, Luis. *Direciones Contemporáneas de Pensamiento Jurídico*. Barcelona: Labor, 1929. p. 151-154. O autor sustenta a impossibilidade de reconhecimento do Estado sob o ângulo puramente normativo, sem levar em consideração a sua característica sociológica.

(170) BOBBIO, Norberto. *Estado, Governo, Sociedade*. 3. ed. Rio de Janeiro: Paz e Terra, 1990. p. 16.

A segunda e a terceira dicotomias ocorrem entre lei e contrato (negócio jurídico), e entre justiça comutativa e justiça distributiva. A lei é uma norma vinculatória posta pelo Estado, que é detentor do poder supremo, reforçado pela coação. O contrato é originado em acordos bilaterais, regulando relações cuja força vinculatória reside no princípio da reciprocidade[171]. A justiça comutativa é pertinente às trocas, sendo identificada com o contrato. Um contrato justo seria aquele que guarda equivalência nas prestações. A Justiça distributiva está presente no tratamento desigual de partes desiguais, e é característica da lei, que estabelece vários critérios de distinção entre fatos e pessoas, conforme certa escala de valores.

A superposição dessas dicotomias, entretanto, jamais é completa. Em alguns casos, há uma relação de preponderância que pode mudar com a mudança da sociedade.

A essa altura, é possível fazer uma síntese[172] para concluir que: a) a lei é sempre geral, embora um comando geral se resolva, em realidade, numa soma de comandos individuais, resultando que o estudo da lei sempre pertence ao Direito Público; b) no Direito Privado, os valores individuais são considerados diretamente, enquanto no Direito Público são considerados os valores sociais ou coletivos; c) o Direito Público compõe-se mais de normas imperativas ou cogentes que o Direito Privado, constituído mais de normas dispositivas, que preenchem somente o espaço vazio deixado pela declaração de vontades dos contratantes[173]; d) de um lado, o Estado deixa para os indivíduos as medidas protetoras de seus interesses, enquanto absorve a proteção geral dos bens coletivos; e) por outro lado, o Estado coloca-se em posição de superioridade em relação aos indivíduos, enquanto estes mantêm, entre si, uma relação de coordenação; f) em decorrência disso, a justiça distributiva informa as relações de Direito Público, enquanto a justiça comutativa informa as relações de Direito Privado; g) a renúncia é um instituto mais afeito ao Direito Privado, enquanto a irrenunciabilidade é, com algumas exceções, a característica do Direito Público; h) há uma relação de direito-dever nas relações de Direito Público, o que não é regra no Direito Privado; i) as regras de Direito Público têm um caráter de sanção mais forte, podendo ser acompanhadas de sanções penais; j) na dúvida, devem predominar os princípios de Direito Público, por sua preeminência lógica e legal, como normalmente acontece com os princípios de direito constitucional.

Diante de todas essas reflexões, verifica-se que, cada vez mais, há interpenetração nas esferas de público e privado. A distinção cabe, portanto, em um plano mais metodológico, não devendo ser levada a extremos. Talvez a permanência da distinção se justifique mais pela praticidade do que pela própria justificação científica[174].

É certo que o Estado-sujeito-de-direito cada vez mais busca no Direito Privado modelos para sua atuação, justificando essa atitude na agilidade deste, que não é encontrada no Direito Público, excessivamente formal. É certo, também, que o Estado-ordem-jurídica tem limitado imensamente a autonomia contratual, por exemplo, no âmbito do Direito do Trabalho, do Direito do Consumidor e do Direito Previdenciário.

Sempre está viva a polêmica a respeito da inexistência da distinção, tendo como base os ensinamentos de Kelsen[175], ou mesmo o exemplo do sistema da *common law*, que, ao contrário do sistema romano-germânico, não conhece a separação entre público e privado[176]. O monismo de Kelsen compreende tanto a lei

---

(171) BOBBIO, Norberto. *Estado, Governo, Sociedade*. 3. ed. Rio de Janeiro: Paz e Terra, 1990. p. 18-19.

(172) O presente resumo encontra-se na exposição de MORAES FILHO, Evaristo de. *Introdução ao Direito do Trabalho*. 6. ed. São Paulo: LTr, 1993. p. 108-109.

(173) Seria correto, nesse caso, falar que o princípio da autonomia da vontade está para o Direito Privado assim como o princípio da legalidade está para o Direito Público. O grande padrão de eticidade das relações jurídicas de Direito Privado é o princípio da boa-fé, enquanto no Direito Público esse papel é desempenhado pelo princípio da moralidade. Sobre essa matéria ver ARAÚJO, Francisco Rossal de. *A boa-fé no contrato de emprego*. São Paulo: LTr, 1996.

(174) Esta é a posição de RUSSOMANO, Mozart Victor. *Curso de Direito do Trabalho*. 4. ed. Curitiba: Juruá, 1991. p. 29.

(175) Nesse sentido, Martin Bullinger busca um novo caminho, renunciando à contraposição valorativa entre Direito Público e Direito Privado, admitindo-a somente no plano pedagógico e doutrinário (BULLINGER, Martin. *Derecho Publico y Derecho Privado*. Madrid: Instituto de Estudios Administrativos, 1976. p. 38-39).

(176) RAISER, Ludwig. O futuro do Direito Privado. *Revista da Procuradoria Geral do Estado do Rio Grande do Sul*, Porto Alegre, n. 25, v. 9, p. 19, 1979.

quanto o contrato como fontes legítimas do Direito, desde que enquadrados dentro da construção lógica da hierarquia das normas jurídicas.

Mais recentemente, com o chamado neoliberalismo, ganhou novo impulso a tese de que o Estado deve ficar restrito às suas atividades essenciais, cabendo à atividade privada a iniciativa econômica. Isso se deve à crescente intervenção estatal ocorrida na economia do século XX, de forma a controlar os abusos do primado da autonomia da vontade e a fomentar atividades consideradas estratégicas (petróleo, metalurgia, eletricidade, comunicações e outras). As modificações no âmbito do Direito Público permanecem, entretanto, ainda tímidas, pois tem se entendido que o Estado-ordem-jurídica permanece com o poder de regular as relações entre os particulares.

A interpenetração das esferas do Direito Público e do Direito Privado representam a expressão, no âmbito do Direito, daquilo que ocorre na vida social, e, portanto, está diretamente ligada ao problema do convívio democrático dos cidadãos entre si, e do relacionamento deles com o Estado.

4.3. Teorias sobre a natureza jurídica do direito do trabalho

O Direito do Trabalho surge, historicamente, como um ramo do Direito Privado. As relações individuais de trabalho estão regidas no Código de Napoleão, que constitui a primeira codificação moderna, assim como na maioria dos códigos posteriores, por ele em grande parte influenciados. Entretanto, é bom relembrar que as relações jurídicas se adaptam ao tempo, e, no decorrer deste, sofrem inúmeras evoluções.

Com o advento do sistema capitalista, são fixados três pilares fundamentais: direito de propriedade, liberdade de mercado (aí incluída a autonomia da vontade) e trabalho assalariado. A regulação da atividade laboral é, nesse contexto histórico, do âmbito do direito civil, e o contrato específico é o contrato de locação de serviços[(177)].

Esse contrato vai sofrer uma série de transformações, decorrentes da pressão dos trabalhadores por melhores condições de trabalho, havendo elevado índice de intervenção estatal, que, por meio de normas de ordem pública, limitam o campo da autonomia da vontade. Portanto, a relação de trabalho foi regulada, no decorrer de seu processo evolutivo, por diversos campos do Direito, e assim não poderia deixar de ser, pois retrata a evolução dos regimes socioeconômicos.

O Direito do Trabalho surge no final do século XIX e adentra no século XX com sua autonomia e independência plenamente caracterizada[(178)]. No início do século XIX, não havia propriamente um Direito do Trabalho, mas, sim, um contrato de emprego, ligado ao Código Civil[(179)]. Posteriormente, vão surgindo

(177) O contrato de locação de serviços é uma subespécie do contrato de locação. O Direito Romano dividia a *locatio* em três: locação de coisa (*locatio rei*), locação de obra (*locatio-conductio operis*) e locação de serviços (*locatio-conductio operarum*).

(178) Trata-se de uma autonomia relativa, dentro da ciência do Direito, segundo CATHARINO, José Martins. *Compêndio de Direito do Trabalho*. 3. ed. São Paulo: Saraiva, 1982. v. I, p. 46. Sobre os fundamentos e a evolução histórica do Direito do Trabalho ver COIMBRA, Rodrigo; ARAÚJO, Francisco Rossal. Direito do Trabalho: evolução do modelo normativo e tendências atuais na Europa. *Justiça do Trabalho*, Porto Alegre: HS, p. 89-107, maio 2009.

(179) É preciso também fazer uma pequena limitação terminológica para justificar a adoção, no presente trabalho, da expressão "contrato de emprego", e não "contrato de trabalho". Embora pareça desnecessária, à primeira vista, a sutil diferença colabora para a precisão do entendimento da matéria. Como é sabido, a relação de trabalho é mais ampla que a relação de emprego, sendo esta última uma espécie daquela. Toda relação de emprego é uma relação de trabalho, mas a recíproca nem sempre é verdadeira. Alguns autores não veem relevância na discussão ora apresentada, em face da generalizada aceitação da expressão "contrato de trabalho". Nesse sentido, ver RUSSOMANO, Mozart Victor. *Curso de Direito do Trabalho*. 4. ed. Curitiba: Juruá, 1991. p. 100-101. O certo é que a legislação brasileira traz uma considerável confusão terminológica, a começar pela própria "definição" de relação de emprego, contida na norma do art. 442 da Consolidação das Leis do Trabalho. Segundo Catharino, tal dispositivo é de "rara infelicidade". O autor analisa os vários problemas que a exegese do art. 442 da Consolidação das Leis do Trabalho enseja, a começar pela denominação insuficiente, ao não incluir os contratos plúrimos, além de não conter a definição dos elementos essenciais como sujeito e objeto da prestação, pois, além de ser uma redundância, é terminologicamente impreciso (CATHARINO, José Martins. *Compêndio de Direito do Trabalho*. 3. ed. São Paulo: Saraiva, 1982. p. 194).

algumas regras de exceção, sem, contudo, haver uma nítida separação. Aos poucos, vão surgindo princípios, métodos e institutos jurídicos próprios da disciplina, que levam à sua independência do Direito Civil.

No Brasil, houve tentativas de incluir a questão social desde a discussão a respeito do Código Civil, publicado em 1916[180]. Foram apresentados vários projetos de lei, destacando-se o projeto do Deputado Medeiros de Albuquerque, que dispunha sobre os acidentes dos operários no exercício de sua profissão e sua respectiva indenização. Esse projeto foi desprezado pelo Parlamento, mesmo em outras tentativas posteriores levadas a cabo por outros parlamentares[181]. No período da elaboração do Código Civil, portanto, houve solene desprezo pela questão social. Nem mesmo a tentativa do Deputado Nicanor Nascimento, em 1911, de disciplinar os contratos de locação de serviços dos empregados no comércio, teve bons frutos[182]. A economia brasileira de então era basicamente agropecuária, havendo apenas uma tímida atividade comercial e industrial em alguns centros urbanos. O argumento contrário à inclusão de normas reguladoras da atividade laboral é de que estas iriam onerar a produção e frear os espíritos empreendedores[183].

Pode-se falar em omissão consciente do legislador brasileiro, no sentido de negar a inclusão de legislação social no Código Civil. Na época da promulgação do código, já eram bastante conhecidas as ideias e as legislações a respeito das condições de trabalho, principalmente na Europa. Orlando Gomes sustenta que o próprio Clóvis Beviláqua tinha conhecimento das modificações ocorridas no contrato de locação de serviços, caracterizando a omissão como proposital e ideológica[184]. Somente na década de 1930 é que a legislação social no Brasil ganhou impulso.

Os revolucionários de 1930 traziam novas ideias a respeito das relações de trabalho que ganharam forma jurídica a partir do Decreto n. 19.398, de 12.12.1930, culminando com a Consolidação das Leis do Trabalho — CLT (Decreto-Lei n. 5.452, de 1º.5.1943), durante no início do governo do presidente Getulio Vargas. No plano constitucional, os direitos sociais constaram, pela primeira vez, na Constituição de 1934, sendo também incorporados à Constituição de 1937.

Dentro da ordem jurídica, é impossível delimitar uma fronteira rigorosa entre Direito Público e Direito Privado. Ambos os segmentos interpenetram-se reciprocamente. O Direito do Trabalho é um desses campos em que o fenômeno ocorre com mais frequência. Por um lado, existe a origem contratual, que permanece influenciando grande parte da disciplina. Por outro, existem as normas protetivas, de ordem pública, que invadem e limitam a autonomia das partes contratantes. Como afirma Ludwig Raiser, salta aos olhos o processo de redução do Direito Privado, principalmente no Direito do Trabalho. Até a passagem do século, a disciplina pertenceu incontestavelmente ao Direito Privado, tornando-se independente no decorrer do período, e constituindo um sistema normativo próprio[185].

O caráter das normas de Direito do Trabalho oscila ora como de Direito Público, ora como de Direito Privado. Esse ecletismo leva os autores a diferentes posicionamentos. Alguns escolhem o caráter predominantemente privado da relação de trabalho, enquanto outros salientam as normas relativas à tutela do trabalho, defendendo ser pública a natureza jurídica do Direito do Trabalho. Alguns chegam a proclamar a existência de um terceiro gênero entre Direito Público e Direito Privado, denominado de direito social. Há também quem pregue que se trata de um direito misto (de direito público e privado), e, por fim, há quem adote o posicionamento de que é um direito unitário.

---

(180) Sobre este tema, ver a obra clássica de MORAES, Evaristo. *Apontamentos de Direito Operário*. 2. ed. São Paulo: LTr, 1971. Ver também GOMES, Orlando. Raízes históricas e sociológicas do Código Civil brasileiro. *Revista AJURIS*/RS, v. IX, p. 6-33.

(181) GOMES, Orlando. Raízes históricas e sociológicas do Código Civil brasileiro. *Revista AJURIS*/RS, v. IX, p. 24.

(182) Nesse projeto, eram estabelecidas regras que limitavam a doze horas a jornada de trabalho, instituíam o repouso semanal obrigatório, proibiam o trabalho de menores de dez anos e regulamentavam o trabalho dos que tinham mais do que essa idade, estabeleciam algumas condições de higiene e segurança do trabalho e ainda traziam procedimentos especiais para a cobrança de salário (GOMES, Orlando. Raízes históricas e sociológicas do Código Civil brasileiro. *Revista AJURIS*/RS, v. IX, p. 25).

(183) GOMES, Orlando. Raízes históricas e sociológicas do Código Civil brasileiro. *Revista AJURIS*/RS, v. IX, p. 25.

(184) GOMES, Orlando. Raízes históricas e sociológicas do Código Civil brasileiro. *Revista AJURIS*/RS, v. IX, p. 29-31.

(185) RAISER, Ludwig. O futuro do Direito Privado. *Revista da Procuradoria Geral do Estado do Rio Grande do Sul*. Porto Alegre, n. 25, v. 9, p. 13-14, 1979.

A seguir serão analisados os principais argumentos encontrados sobre cada uma dessas teorias.

4.3.1. Direito privado

Historicamente, o Direito do Trabalho se apresentava como um simples capítulo do Direito Privado. As relações individuais de trabalho eram, entre nós, no começo deste século, submetidas às regras da locação de serviços, e, a partir de 1916, reguladas pelo Código Civil(186).

Essa concepção do Direito do Trabalho como um apêndice do Direito Civil, ou como especificação de um determinado contrato (locação de serviços), embora muito difundida, não é aceita por todos. A principal característica e o fator de diferenciação do Direito do Trabalho vêm dos conflitos coletivos e, por consequência, do Direito Coletivo. O contrato de locação de serviços era conhecido e serviu como veículo para a normatização das relações de trabalho nos primeiros momentos da Revolução Industrial. Entretanto, foi o movimento de reivindicação de trabalhadores, organizado no movimento sindical, que mudou a concepção jurídica do contrato de locação de serviços e fez surgir o que hoje se conhece por contrato de trabalho. O dimensionamento jurídico das relações normativas entre trabalhadores e patrões, na sua forma atual, se dá pela influência das relações coletivas, que vão gerar as normas básicas de negociação coletiva e as normas individuais de redução de jornada, repousos remunerados, férias, entre outros. Não haveria princípio protetivo ou mesmo um mínimo de intervenção do Estado na regulamentação dos conflitos entre capital e trabalho, se não houvesse o movimento coletivo(187).

O contrato de locação de serviços é uma subespécie do contrato de locação. O Direito Romano dividia a *locatio* em três: locação de coisa (*locatio rei*), locação de obra (*locatio-conductio operis*) e locação de serviços (*locatio-conductio operarum*). Esse contrato vai sofrer uma série de transformações, decorrentes da pressão dos trabalhadores por melhores condições de trabalho, havendo elevado índice de intervenção estatal, que, por meio de normas de ordem pública, limitam o campo da autonomia da vontade. Portanto, a relação de trabalho foi regulada, no decorrer de seu processo evolutivo, por diversos campos do Direito, e assim não poderia deixar de ser, pois retrata a evolução dos regimes socioeconômicos(188).

Em outras palavras, para os defensores dessa teoria, o Direito do Trabalho é ramo do Direito Privado porque o contrato individual de trabalho é o desenvolvimento da locação de serviços do direito civil (*locatio-conductio operarum).* E, os contratos representam instituto tradicional do direito civil, que, por sua vez, é um clássico ramo do direito privado. Além disso, os sujeitos principais da relação de trabalho são entes de Direito Privado, e somente por exceção é que o Estado participa de uma relação laboral(189). Exemplo disso é a própria Consolidação das Leis do Trabalho, que não se aplica aos servidores públicos estatutários (art. 7º, alíneas "c" e "d")(190).

---

(186) GOMES, Orlando; GOTTSCHALK, Élson. *Curso de Direito do Trabalho.* 18. ed. Rio de Janeiro: Forense, 2007. p. 24-25.

(187) HEPLE, Bob. *La formación del Derecho del Trabajo en Europa.* Madrid: Ministério de Trabajo y Seguridad Social, 1994. p. 338. Essa realidade ocorre na Europa Continental, tendo como paradigma o Código Civil francês, que vai influenciar dezenas de codificações europeias na primeira metade do século XIX. Na Inglaterra, esse papel é representado pela sedimentação dos *standarts*, por intermédio da construção jurisprudencial da *Common Law.*

(188) São as chamadas garantias constitucionais de segunda geração, ou direitos sociais, que, ao lado das garantias das liberdades individuais, ou direitos individuais, passam a ser valorizadas a tal ponto que constam da própria Constituição.

(189) SÜSSEKIND, Arnaldo *et al. Instituições de Direito do Trabalho.* 20. ed. São Paulo: LTr, 2002. v. 1, p. 121.

(190) Consolidação das Leis do Trabalho, art. 7º: "Os preceitos constantes da presente Consolidação salvo quando fôr em cada caso, expressamente determinado em contrário, não se aplicam:

a) aos empregados domésticos, assim considerados, de um modo geral, os que prestam serviços de natureza não econômica à pessoa ou à família, no âmbito residencial destas;

b) aos trabalhadores rurais, assim considerados aqueles que, exercendo funções diretamente ligadas à agricultura e à pecuária, não sejam empregados em atividades que, pelos métodos de execução dos respectivos trabalhos ou pela finalidade de suas operações, se classifiquem como industriais ou comerciais;

Nesse sentido, posicionou-se, *a contrario sensu*, o Supremo Tribunal Federal ao acolher pedido de liminar na ADIN n. 3.395-6, proposta pela Associação dos Juízes Federais do Brasil — AJUFE, determinando a suspensão de toda e qualquer interpretação dada ao inciso I do art. 114 da CF, na redação dada pela EC n. 45/2004, que inclua na Competência da Justiça do Trabalho, a "... apreciação ... de causas que .. sejam instauradas entre o Poder Público e seus servidores, a ele vinculados por típica relação de ordem estatutária ou de caráter jurídico-administrativo" (DJ 4.2.2005)(191).

Em que pese as considerações expostas e as críticas formuladas pela teoria do direito público e pela unitária, especialmente, a teoria privatística é defendida por importantes tratadistas modernos do Direito do Trabalho brasileiro, por exemplo, Amauri Mascaro Nascimento(192), Mauricio Godinho Delgado(193) e Sergio Pinto Martins(194).

4.3.2. Direito público

Os que defendem o enquadramento do Direito do Trabalho no campo do direito público ponderam que, nas relações de trabalho, a livre manifestação da vontade das partes interessadas foi substituída pela vontade do Estado, o qual intervém nos mais variados aspectos dessas relações por meio de normas imperativas e irrenunciáveis(195).

Sustentam que o Direito do Trabalho tem em vista a utilidade geral da coletividade, limitando a ação dos particulares, e caracterizando a natureza publicística. O núcleo duro do Direito do Trabalho resultaria fundamentalmente de imposição estatal, por meio de normas cogentes, como as de fiscalização trabalhista. Na disciplina das relações individuais de trabalho, segundo essa tese, não faltam normas processuais e penais, em pleno campo do Direito Público(196).

Alguns autores(197) defendem, inclusive, que a reunião de algumas matérias do Direito do Trabalho formaria o chamado "Direito Administrativo do Trabalho" (típico ramo do Direito Público). Essa classificação abrangeria a inspeção do trabalho, a identificação profissional, a medicina e a segurança do trabalho, a nacionalização do trabalho, infrações e penalidades.

Além disso, o fundamento do Direito do Trabalho não é o mesmo do Direito Privado, pois aquele se desgarra do individualismo e da autonomia da vontade, revelando forte caráter institucional. O Estado impõe a sua própria vontade no lugar da autonomia dos particulares, por meio da proposição legal.

Ruy Cirne Lima sustenta que se trata de um Direito Público apto a transmudar-se em Direito Privado. Para o autor, as relações de trabalho devem ser disciplinadas e reguladas pelos princípios da justiça, comutativa ou privada, mas estes são soterrados por uma ordem econômica injusta. Portanto, torna-se essencial que o Estado restabeleça a justiça banida pérfida ou violentamente. Nessa acepção, o Direito do Trabalho tem a mesma natureza publicística das normas de Processo Civil ou Processo Penal(198).

---

c) aos funcionários públicos da União, dos Estados e dos Municípios e aos respectivos extranumerários em serviço nas próprias repartições; (Redação dada pelo Decreto-lei n. 8.079, 11.10.1945)

d) aos servidores de autarquias paraestatais, desde que sujeitos a regime próprio de proteção ao trabalho que lhes assegure situação análoga à dos funcionários públicos. (Redação dada pelo Decreto-lei n. 8.079, 11.10.1945)

(191) Conforme *LTr Suplemento Trabalhista*, 026/05. p. 101.

(192) NASCIMENTO, Amauri Mascaro. *Curso de Direito do Trabalho*. 19. ed. São Paulo: Saraiva, 2004. p. 229.

(193) DELGADO, Mauricio Godinho. *Curso de Direito do Trabalho*. 8. ed. São Paulo: LTr, 2009. p. 70.

(194) MARTINS, Sergio Pinto. *Direito do Trabalho*. 21. ed. São Paulo: Atlas, 2005. p. 59.

(195) SÜSSEKIND, Arnaldo *et al*. *Instituições de Direito do Trabalho*. 20. ed. São Paulo: LTr, 2002. v. 1, p. 121.

(196) MORAES FILHO, Evaristo de. *Introdução ao Direito do Trabalho*. 6. ed. São Paulo: LTr, 1993. p. 114.

(197) RUSSOMANO, Mozart Victor. *Curso de Direito do Trabalho*. 4. ed. Curitiba: Juruá, 1991. p. 431-461.

(198) CIRNE LIMA, Ruy. Direito Público e Direito Privado. *Revista Jurídica*, v. 1, p. 11, jan./fev. 1953.

Além de Ruy Cirne Lima, são partidários dessa classificação, entre outros, Mário De La Cueva[199].

4.3.3. *Direito social*

Para os adeptos da concepção de um *tertium genus*, o Direito do Trabalho significa um direito novo, sendo o homem contemplado como um ser integrante do social, e tratado, no âmbito jurídico, com preceitos que surgem da interpenetração das ideias de Direito Público e Direito Privado.

Sustentam essa teoria, entre outros, Alfredo Palácios, Alberto Trueba Urbina, Rafael Caldera[200].

No Brasil, o mais fervoroso dos defensores foi Cesarino Júnior[201], que possui obra clássica com essa denominação. No exame dessa teoria, podem-se identificar vários dos seus argumentos: para o autor, Direito Social é a ciência dos princípios e leis geralmente imperativas, cujo objeto imediato tem em vista o bem comum, auxiliando as pessoas físicas, dependentes do produto de seu trabalho para a subsistência própria e de suas famílias, a satisfazerem convenientemente as suas necessidades vitais e terem acesso à propriedade privada. Trata-se de um direito que não é público nem privado, nem misto, mas "social", caracterizando uma terceira divisão que se deve colocar ao lado de outras conhecidas até então.

Para os defensores dessa teoria, o Direito do Trabalho integraria um *tertium genus* (terceiro gênero), chamado direito social, que não seria público, nem privado. Seria o ramo do direito que reúne todas as normas de proteção das pessoas economicamente fracas (hipossuficientes), abrangendo, além do direito do trabalho (individual e coletivo), o direito de previdência social, dos acidentes no trabalho e de assistência social. São relações jurídicas que surgem de um contrato inicial, o contrato de trabalho, mas que a incidência das regras de natureza pública são tão intensas que transfiguram sua natureza, não para um direito público tradicional, mas para um gênero novo, situado na fronteira entre as duas classificações.

A principal crítica que recebem é a de que o Direito, por natureza, é social, uma vez que é feito para a sociedade, não se justificando que um dos ramos do Direito tenha esse nome[202].

4.3.4. *Direito misto*

Mais cômoda é a posição de quem sustenta a natureza mista do Direito do Trabalho, integrado tanto por normas de Direito Privado quanto por normas de Direito Público. O Direito do Trabalho seria uma mistura dos dois ramos.

Nega-se, nessa teoria, a formação de um terceiro gênero, pois as normas componentes da disciplina jurídica ou são de Direito Privado ou são de Direito Público, trazendo forte heterogeneidade. O Direito do Trabalho não pertenceria exclusivamente nem a um, nem a outro, mas compreenderia, necessariamente, ambos os elementos.

Ao Direito Privado pertence, por exemplo, o direito do contrato individual do trabalho e também o direito de organização social da empresa. Por outro lado, o direito de proteção do trabalhador e o processo do trabalho pertencem ao Direito Público. Ambas as normas têm em comum a relevância social. O Direito do Trabalho seria, para essa teoria, um exemplo típico de que a evolução moderna do Direito conduz cada

---

(199) Conforme SÜSSEKIND, Arnaldo *et al. Instituições de Direito do Trabalho.* 20. ed. São Paulo: LTr, 2002. v. 1, p. 121-122; e, conforme MARTINS, Sergio Pinto. *Direito do Trabalho.* 21. ed. São Paulo: Atlas, 2005. p. 57.

(200) Conforme SÜSSEKIND, Arnaldo *et al. Instituições de Direito do Trabalho.* 20. ed. São Paulo: LTr, 2002. v. 1, p. 123.

(201) CESARINO JÚNIOR, Antônio Ferreira; CARDONE, Marly Antonieta. *Direito Social:* teoria geral do direito social, direito contratual do trabalho, direito protecionista do trabalho. 2. ed. São Paulo: LTr, 1993. p. 36-37.

(202) Para uma síntese das objeções à denominação Direito Social ver MORAES, Antônio Carlos Flores de. *Introdução ao Direito do Trabalho.* 7. ed. São Paulo: LTr, 1995.

vez mais a um entrecruzamento do Direito Público e do Direito Privado, sem que, com isso, surja uma nova categoria[203].

Defendem essa teoria, entre outros, Gilhermo Cabanellas, Garcia Oviedo, Luigi de Litala e Alfredo Montoya Melgar[204].

O problema é que seu caráter eclético acabaria por negar a própria autonomia científica e legislativa do Direito do Trabalho[205].

Além disso, os críticos dessa teoria sustentam que ela não é científica, pois a presença de normas públicas e privadas também ocorre como em outros ramos do direito, como no direito civil, especialmente relativas à família ou ao adolescente, nem por isso ele deixa de ser ramo do direito privado[206].

4.3.5. Direito unitário

A concepção unitarista considera o Direito do Trabalho um direito unitário, resultante da fusão entre o direito público e o privado. Haveria, assim, um todo orgânico, diferente de outros, possuindo uma substância nova, criando-se uma nova combinação de elementos que formam algo novo, totalmente distinto, não como produto de uma simples mistura de elementos privados e públicos, como pregam os defensores do direito misto.

Não se trata de um *tertium genus*, mas de uma combinação orgânica de caracteres de Direito Público e Direito Privado, que perdem as suas antigas naturezas e formam um direito unitário. Para essa corrente de pensamento, compreender o Direito do Trabalho significa abranger unitariamente todas as normas, pois, do contrário, separar-se-ia aquilo que vive logicamente em "união interna"[207].

A concepção unitária do Direito do Trabalho nasceu dos estudos a respeito elaborados por eméritos juristas alemães, entre os quais Hugo Sinzheimer e Gustav Radbruch. Sustentam que se fosse aplicada ao Direito do Trabalho a simples divisão usual do Direito em público e privado, separar-se-ia aquilo que vive em união interna[208].

A separação entre o Direito Público e o Privado não tem fronteiras precisas, "o Direito Privado publiciza-se, e o Público privatiza-se, variando de grau a publicização e a privatização"[209].

No Brasil, a maioria dos chamados autores clássicos partilham dessa teoria, como, entre outros, Evaristo de Moraes Filho[210], José Martins Catharino[211], Orlando Gomes e Elson Gottschalk[212], e Arnaldo Süssekind[213], que já em 1943 defendia essa teoria, afirmando que já não se pode negar a unidade conceitual do Direito do Trabalho. Sua autonomia científica, os postulados doutrinários que o informam e os seus objetivos, universalmente proclamados, aí estão para evidenciar que ele não se constitui de repartições estanques, cujas regras devem ser aplicadas segundo os critérios distintos que resultam do seu enquadramento no Direito

(203) KASKEL, Walter; DERSCH, Herman. *Derecho del Trabajo.* Buenos Aires: Depalma, 1961. p. 5. No mesmo sentido HUECK, Alfred; NIPPERDEY, H. C. *Compendio de derecho del trabajo.* Madrid: Revista de Derecho Privado, 1963. p. 23. Estes últimos autores aduzem que o Direito do Trabalho possui partes jurídico-privadas e jurídico-públicas, admitindo, porém, que a questão tem importância somente teórica.

(204) SÜSSEKIND, Arnaldo *et al. Instituições de Direito do Trabalho.* 20. ed. São Paulo: LTr, 2002. v. 1, p. 124.

(205) MORAES FILHO, Evaristo de. *Introdução ao Direito do Trabalho.* 6. ed. São Paulo: LTr, 1993. p. 115.

(206) MARTINS, Sergio Pinto. *Direito do Trabalho.* 21. ed. São Paulo: Atlas, 2005. p. 59.

(207) CATHARINO, José Martins. *Compêndio de Direito do Trabalho.* 3. ed. São Paulo: Saraiva, 1982. p. 53.

(208) SÜSSEKIND, Arnaldo *et al. Instituições de Direito do Trabalho.* 20. ed. São Paulo: LTr, 2002. v. 1, p. 125.

(209) CATHARINO, José Martins. *Compêndio de Direito do Trabalho.* 3. ed. São Paulo: Saraiva, 1982. p. 52.

(210) MORAES, Antônio Carlos Flores de. *Introdução ao Direito do Trabalho.* 7. ed. São Paulo: LTr, 1995. p. 147 e segs.

(211) CATHARINO, José Martins. *Compêndio de Direito do Trabalho.* 3. ed. São Paulo: Saraiva, 1982. p. 52-54.

(212) GOMES, Orlando; GOTTSCHALK, Élson. *Curso de Direito do Trabalho.* Rio de Janeiro: Forense, 2007. p. 25.

(213) SÜSSEKIND, Arnaldo *et al. Instituições de Direito do Trabalho.* 20. ed. São Paulo: LTr, 2002. v. 1, p. 124-125.

Público ou no Direito Privado. Para o citado autor, não se trata também de um *tertium genus* e sim de uma combinação orgânica dos caracteres do direito público e do direito privado".

4.3.6. Os posicionamentos estudados e as atuais perspectivas

A origem privatística continua a influenciar, embora limitada por normas de ordem pública, grande parte da relação individual de trabalho.

Aqui cabe uma distinção entre normas cogentes e normas dispositivas: as normas cogentes são aquelas em que prepondera o interesse geral sobre o particular; com as normas dispositivas, ocorre o contrário.

Não é possível, entretanto, somente por esse critério, definir os campos do Direito Privado e do Direito Público. Por um lado, em ambos os ramos estão presentes normas de ordem pública, imperativas e inderrogáveis pelos pactos particulares, sendo nula a cláusula contratual que as contrarie. Por outro lado, sempre existe um espaço de autonomia privada que deve ser valorizado, seja pela quantidade de normas dispositivas existentes, seja pela qualidade desses dispositivos que deixam aos particulares a possibilidade de livremente ajustarem as suas condutas, sem interferência direta de normas cogentes.

Com base nessa distinção, verifica-se que o Direito Individual do Trabalho possui normas de ordem pública e normas de caráter dispositivo. Um exemplo dessa afirmação é o art. 444 da Consolidação das Leis do Trabalho, que dispõe que as relações contratuais de trabalho podem ser objeto de livre estipulação das partes interessadas, em tudo quanto não contravenha as disposições de proteção ao trabalho, os contratos coletivos que lhes são aplicáveis e as decisões das autoridades competentes.

Entretanto, não há relação de Direito Público se consideradas as pessoas que participam das relações de trabalho. Inexiste relação jurídica direta, como sujeito passivo ou ativo, em relação ao Estado. Empregador e empregado encontram-se num mesmo plano formal e a obrigação que nasce de sua estipulação de vontades gera um credor e um devedor entre si. O Estado, nessa perspectiva, apenas interfere como força normativa, e não como sujeito. Somente em casos excepcionais, o Estado contratará diretamente mão de obra, sendo que, nessa hipótese, agirá como sujeito de obrigações, e não como regulador[214].

Além disso, o Estado, mesmo quando contrata mão de obra, pode optar pelo vínculo estatutário ou celetista. No primeiro caso, a relação permanece institucional, sendo regida pelo Direito Administrativo. No segundo, a relação é regida pela Consolidação das Leis do Trabalho e, então, aplicam-se as questões anteriormente levantadas.

A natureza protecionista do Direito do Trabalho não transforma a sua natureza em si, tampouco o caráter de ordem pública de suas normas, pois o conceito de normas de ordem pública não converge com a noção de Direito Público, podendo haver normas dessa natureza no âmbito do Direito Privado. As normas protecionistas procuram conduzir a relação laboral para um patamar de equilíbrio, visando a minorar a desigualdade econômica entre as partes. A relação jurídica fundamental, entretanto, permanece de Direito Privado.

O Direito do Trabalho disciplina, em primeiro lugar, a relação jurídica entre empregado e empregador; mas ele também pode compreender relações com terceiros (relações terceirizadas de trabalho). Chamando a atenção para essas novas relações de trabalho, ao mesmo tempo que se posiciona sobre o tema em debate, Luís Afonso Heck conclui precisamente que "o tipo fundamental do Direito do Trabalho, da relação trabalhista, é de caráter privado. Mas ele contém, também, muitos direitos de organização e prescrições de proteção, que têm natureza jurídico-pública"[215].

---

(214) Essa exposição é feita por GOTTSCHALK, Egon Félix. *Norma Pública e Privada no Direito do Trabalho*. São Paulo: Saraiva, 1944. p. 13; e, por NASCIMENTO, Amauri Mascaro. *Curso de Direito do Trabalho*. 9. ed. São Paulo: Saraiva, 1991. p. 118-119.

(215) HECK, Luís Afonso. Prefácio. In: *Relações terceirizadas de trabalho*. Curitiba: Juruá, 2007. p. 11.

A existência de normas de ordem pública não descaracteriza a natureza jurídica da disciplina, pois o mesmo ocorre no Código Civil. A natureza jurídica de qualquer ramo do direito não se mede em função da imperatividade ou dispositividade de suas regras componentes. Se tal critério fosse decisivo, o direito de família, formado notadamente por regras imperativas, jamais seria ramo do direito civil e privado[216].

A origem do Direito do Trabalho está no Direito Privado, e não no Direito Público. Os sujeitos principais da relação, como foi visto, são entes de Direito Privado, e somente por exceção é que o Estado participa de uma relação laboral.

A concepção de que o Direito do Trabalho não seria um terceiro gênero, nem uma mistura, mas uma combinação orgânica dos caracteres do direito público e do direito privado (concepção unitária), funciona com razoável qualidade no âmbito teórico, desconhecendo o sentido do direito positivo. A unidade da disciplina é inegável, mas não decorre da natureza das normas, e sim de sua finalidade. Essa concepção defendida por autores clássicos talvez seja mais bem compreendida se analisado o contexto histórico em que foi desenvolvida.

Entre os anos 1930 e 1950, não estava suficientemente amadurecida a questão relativa à divisão entre Direito Público e Direito Privado e a dicotomia entre normas de ordem pública/normas dispositivas. Com o passar do tempo, houve o que se pode chamar de publicização do Direito Privado e privatização do Direito Público. Dito de outra maneira, o Direito Privado passou a usar maior número de normas de ordem pública, respondendo a uma crescente demanda de regulamentação e limitação da autonomia da vontade no âmbito contratual, para corrigir abusos decorrentes da desigualdade econômica das partes.

Um reflexo desse momento pode ser encontrado na própria exposição de motivos da Consolidação das Leis do Trabalho, ao sustentar que "a precedência das normas de tutela sobre os contratos acentuou que a ordem institucional ou estatutária prevalece sobre a concepção contratualista", fundamentando que "a análise do conteúdo da nossa legislação social provava exuberantemente a primazia do caráter institucional sobre o efeito do contrato, restrito este à objetivação do ajuste, à determinação do salário e à estipulação da natureza dos serviços e isso mesmo dentro de *standards* e sob condições preestabelecidas na lei" e na sequência conclui que esse método está de acordo com a definição de Direito Social: "um complexo de normas e instituições voltadas à proteção do trabalho dependente na atividade privada"[217].

O texto da exposição de motivos da Consolidação das Leis do Trabalho revela falta de precisão, por vezes até confusão, mas sobretudo como no Direito do Trabalho as normas de caráter público e privado estão intima e simultaneamente presentes. A redação da exposição de motivos da Consolidação das Leis do Trabalho dispõe que nas relações de trabalho da iniciativa privada (querendo com isso salientar que nas relações de trabalho estabelecidas com o Poder Público há diferenças) prevaleceria a relação de ordem institucional ou estatutária. Todavia, o que se tem entendido no Brasil, ao menos até o momento, é que são de caráter estatutário ou jurídico-administrativo as relações entre o poder público e seus servidores ditos estatutários. Nesse sentido, posicionou-se o Supremo Tribunal Federal ao acolher pedido de liminar na ADIN n. 3.395-6, proposta pela Associação dos Juízes Federais do Brasil — AJUFE, determinando a suspensão de toda e qualquer interpretação dada ao inciso I do art. 114 da CF, na redação dada pela EC n. 45/2004, que inclua na Competência da Justiça do Trabalho a "... apreciação ... de causas que... sejam instauradas entre o Poder Público e seus servidores, a ele vinculados por típica relação de ordem estatutária ou de caráter jurídico-administrativo" (DJ 4.2.2005)[218], diferentemente das relações de trabalho da iniciativa privada ou de contratações do Estado de servidores públicos pelo regime Consolidação das Leis do Trabalho, que são regidas pelo Direito do Trabalho (material e processual).

---

(216) Nesse sentido, ver DELGADO, Mauricio Godinho. *Curso de Direito do Trabalho.* 8. ed. São Paulo: LTr, 2009. p. 68-69.

(217) Itens 28 a 31 da exposição de motivos da Consolidação das Leis do Trabalho. COSTA, Armando Casimiro *et al. Consolidação das Leis do Trabalho.* 36. ed. São Paulo: LTr, 2009. p. 32.

(218) Conforme *LTr Suplemento Trabalhista,* 026/05. p. 101.

Nesse sentido, sem dúvida alguma, o Direito do Trabalho é considerado um precursor, ao trazer para o Direito Privado o tratamento desigual das partes envolvidas na relação contratual por considerar desigual a sua posição econômica, em especial pela subordinação do empregado e sua dependência em relação ao empregador. A própria Consolidação das Leis do Trabalho reconhece tal circunstância ao definir os sujeitos da relação de emprego (arts. 2º e 3º)(219), utilizando os vocábulos dependência e trabalho sob direção(220). Modernamente, essa perspectiva se acentua no direito dos consumidores, que também é influenciado pela consideração da desigualdade econômica das partes.

O instrumento básico da relação de emprego tem natureza contratual — portanto, de Direito Privado —, embora deva ser ressaltado que o contrato de emprego tem uma série de características especiais e forte limitação da autonomia da vontade em razão da incidência de normas de ordem pública. A Constituição Federal de 1988, no seu art. 170, prevê a ordem econômica fundada na livre-iniciativa e na valorização do trabalho humano, ressalvadas, em caráter excepcional, as atividades que serão desempenhadas pelo Estado.

A regra é que a sociedade pode organizar-se para a exploração da atividade econômica, tendo como modelo o sistema capitalista que atua sobre os princípios da propriedade privada, liberdade de mercado, trabalho assalariado e lucro. Se esse modelo é justo ou injusto, ou se conduz ao desenvolvimento social, é outra questão. O certo é que nosso ordenamento jurídico espelha essa realidade. Portanto, o Direito Individual do Trabalho é um ramo do Direito Privado, inspirado por princípios próprios, pois constitui microssistema normativo independente.

A situação se modifica, entretanto, quando se analisa a natureza jurídica do Direito Coletivo do Trabalho, pois nessa subdivisão do Direito do Trabalho o ordenamento permite que as próprias partes destinatárias constituam normas para empresas ou categorias (acordo coletivo e convenção coletiva de trabalho), ou por meio de decisões judiciais em dissídios coletivos (sentença normativa).

No âmbito coletivo, o Direito do Trabalho tem natureza jurídica de Direito Público, pois aqui o Poder Legislativo delega ao Tribunal formar normas de caráter cogente (poder normativo da Justiça do Trabalho). Não se trata de um direito público tradicional, pois o órgão que emite a norma não é um órgão estatal tradicional. Em regra, as normas de caráter genérico e abstrato, com natureza cogente, emergem do Poder Legislativo ou do Poder Executivo quando este tiver uma função legislativa delegada (medidas provisórias, por exemplo).

No caso do Direito Coletivo do Trabalho, a função legislativa delegada é endereçada aos entes sindicais, que têm natureza de pessoa jurídica de direito privado. Por essa razão, trata-se de uma função legislativa anômala, delegada a entes privados, mas com extensão coercitiva para pessoas distintas daquelas que participaram da pactuação.

É bem verdade que a extensão das normas coletivas não é a mesma de uma Lei ou de uma Medida Provisória, pois a sua abrangência está restrita aos integrantes de determinada(s) empresa(s) ou de determinada(s) categoria(s) profissional(is). Todavia, não há dúvidas de que nessa abrangência limitada os poderes de regramento das condutas são genéricos e abstratos, fugindo da característica relacional tradicional dos contratos individuais.

---

(219) Consolidação das Leis do Trabalho, art. 2º: "Considera-se empregador a empresa, individual ou coletiva que, assumindo os riscos da atividade econômica, admite, assalaria e dirige a prestação pessoal de serviços. § 1º Equiparam-se ao empregador, para os efeitos exclusivos da relação de emprego, os profissionais liberais, as instituições de beneficência, as associações recreativas e outras instituições sem fins lucrativos, que admitirem trabalhadores como empregados. § 2º Sempre que uma ou mais empresas, tendo, embora, cada uma delas, personalidade própria, estiverem sob a direção, controle ou administração da outra, constituindo grupo industrial, comercial ou de qualquer outra atividade econômica, serão, para os efeitos da relação de emprego, solidariamente responsáveis a empresa principal e cada uma das subordinadas."

Consolidação das Leis do Trabalho, art. 3º: "Considera-se empregado toda pessoa física que prestar serviços de natureza não eventual a empregador, sob a dependência deste e mediante salário. Parágrafo único. Não haverá distinções relativas à espécie de emprego e à condução de trabalhador, nem entre o trabalho intelectual, técnico e manual."

(220) Para um estudo aprofundado dos elementos caracterizadores da relação tradicional de trabalho (relação de emprego) ver COIMBRA, Rodrigo. *Relações terceirizadas de trabalho*. Curitiba: Juruá, 2007. p. 30-74.

Dito de outro modo, a pactuação das normas de conduta é privada, mas deve ser dentro dos limites da legislação, quanto ao conteúdo e abrangência. Uma vez observados esses requisitos, a norma coletiva resultante tem coercitividade como qualquer outra, podendo, inclusive, ser objeto de demanda judicial, por meio das chamadas ações de cumprimento (que podem ser individuais ou coletivas). A ação de cumprimento é uma ação de conhecimento, do tipo condenatória, que visa obrigar o(s) empregador(es) a satisfazer os direitos abstratos criados por sentença normativa, acordo coletivo ou convenção coletiva de trabalho não observados espontaneamente pelas partes (art. 872 da Consolidação das Leis do Trabalho(221), combinado com o art. 1º da Lei n. 8.984/95 e a Súmula n. 286 do TST(222)).

Cabe, ainda, uma referência especial ao Poder Normativo da Justiça do Trabalho, fenômeno típico da legislação brasileira. Além da autonomia coletiva tradicional, ou seja, a delegação do Estado para que os sindicatos produzam normas via negociação coletiva, existe a peculiaridade de um ramo do Poder Judiciário também estabelecer normas com as mesmas características antes mencionadas, na hipótese de não se alcançado consenso entre as entidades representantes dos trabalhadores e dos patrões (art. 114, § 2º, da Constituição Federal). Nesse caso, a Justiça do Trabalho é provocada mediante um ação especial — a ação de dissídio coletivo. Essa ação não visa à resolução de um conflito que versa sobre um direito subjetivo lesado, mas sim à resolução de um conflito de interesses econômicos ou sociais e seu resultado será uma sentença normativa, que terá a mesma abrangência e validade de uma norma coletiva.

Enaltecendo esse diferencial da sentença normativa, Alice Monteiro de Barros leciona que em vez de aplicar o Direito ao caso concreto, a sentença normativa acaba por criá-lo(223).

As sentenças normativas produzem coisa julgada com eficácia *ultra partes*, pois os seus limites subjetivos estendem-se aos integrantes das categorias que figuraram como parte na demanda coletiva(224). Esta forma de heterocomposição revela uma competência legislativa anômala do Poder Judiciário. Nesse caso, a relação de direito público prevalece.

No Direito Coletivo, foge-se à ideia contratual irradiada pelo princípio da relatividade dos contratos, segundo a qual os contratos somente obrigam as partes contratantes, uma vez que nesse âmbito do Direito do Trabalho as partes que negociam geram direitos e obrigações para terceiros, integrantes da categoria profissional ou categoria econômica, independentemente de sua anuência com o processo de negociação, de serem associados ou não, e do resultado da negociação. A validade da norma coletiva está relacionada apenas à observância dos requisitos legais para legitimidade de participação e regularidade formal do processo.

Esse é o grande diferencial do Direito do Trabalho: a possibilidade de gerar normas de validade e eficácia *erga omnes* especial em relação aos integrantes das categorias envolvidas na negociação coletiva e/ou na ação de dissídio coletivo. Essa natureza mais se aproxima da atividade legislativa (natureza pública) do que da atividade negocial-contratual (natureza privada).

Nesse contexto, delegada aos Tribunais Trabalhistas competência para proferir sentença normativa, "tem lugar aí, como observa Passarelli, uma atividade formalmente jurisdicional e materialmente legislativa. Trata-se, pois, de ato jurisdicional, com eficácia normativa"(225).

---

(221) Consolidação das Leis do Trabalho, art. 872: "Celebrado o acordo, ou transitada em julgado a decisão, seguir-se-á o seu cumprimento, sob as penas estabelecidas neste Título. Parágrafo único. Quando os empregadores deixarem de satisfazer o pagamento de salários, na conformidade da decisão proferida, poderão os empregados ou seus sindicatos, independentes de outorga de poderes de seus associados, juntando certidão de tal decisão, apresentar reclamação à Junta ou Juízo competente, observado o processo previsto no Capítulo II deste Título, sendo vedado, porém, questionar sobre a matéria de fato e de direito já apreciada na decisão (redação dada pela Lei n. 2.275, de 30.7.1954)".

(222) "A legitimidade do sindicato para propor ação de cumprimento estende-se também à observância de acordo ou de convenção coletivos".

(223) BARROS, Alice Monteiro de. *Curso de Direito do Trabalho.* 4. ed. São Paulo: LTr, 2008. p. 1276.

(224) LEITE, Carlos Henrique Bezerra. *Curso de direito processual do trabalho.* 6. ed. São Paulo: LTr, 2008. p. 1093.

(225) BARROS, Alice Monteiro de. *Curso de Direito do Trabalho.* 4. ed. São Paulo: LTr, 2008. p. 1276.

Portanto, entende-se que a subdivisão do Direito do Trabalho chamada de direito coletivo possui natureza jurídica diferenciada, especialmente no que tange à chamada sentença normativa, que mais se aproxima da lei (natureza pública), diferentemente do que ocorre na subdivisão chamada direito individual do trabalho, em que a natureza jurídica é predominantemente privada, pelas razões expendidas no presente texto.

5. *Autonomia do Direito do Trabalho*

A autonomia de um ramo do Direito é relativa e não significa independência, pois não se pode perder de vista a ideia de unidade do Direito, que foi divido em ramos para fins didáticos, mas se constitui em um todo orgânico(226).

O tema suscitava muitas controvérsias no início do século XX, mas depois de sua consagração pela maioria das constituições modernas e pelas universidades após o Tratado de Versalhes, com raras exceções, quase todos os estudiosos do Direito do Trabalho proclamam sua autonomia(227).

O Direito do Trabalho surge no final do século XIX e adentra no século XX com sua autonomia e independência plenamente caracterizada. No início do século XIX, não havia propriamente um Direito do Trabalho, mas, sim, um contrato de emprego, ligado ao Código Civil(228). Posteriormente, vão surgindo algumas regras de exceção, sem, contudo, haver uma nítida separação. Aos poucos, vão surgindo princípios, métodos e institutos jurídicos próprios da disciplina, que levam à sua independência do Direito Civil.

Segundo os critérios mais aceitos(229) para se confirmar se um ramo do Direito é autônomo, passa-se a analisar separadamente os principais critérios.

5.1. Autonomia científica — em relação a doutrina e princípios

O Direito do Trabalho, como ramo autônomo do Direito, possui princípios específicos, que dão fisionomia própria a esse ramo do Direito, como os princípios: protetor (e suas três modalidades), primazia da realidade, irrenunciabilidade de direitos trabalhistas e continuidade da relação de emprego(230).

---

(226) SÜSSEKIND, Arnaldo *et al. Instituições de Direito do Trabalho.* 20. ed. São Paulo: LTr, 2002. v. 1, p. 132; GOMES, Orlando; GOTTSCHALK, Élson. *Curso de Direito do Trabalho.* Rio de Janeiro: Forense, 2007. p. 21.

(227) Uma das exceções é o autor italiano Ludovico Barassi, que sustenta que os princípios gerais do Direito do Trabalho são os das obrigações, daí devendo ele ser considerado ramo do Direito Privado. Um forte argumento dos defensores dessa tese está no fato de ter o último Código Civil italiano incluído como um dos seus livros a parte atinente ao Direito do Trabalho, conforme SÜSSEKIND, Arnaldo *et al. Instituições de Direito do Trabalho.* 20. ed. São Paulo: LTr, 2002. v. 1, p. 133.

(228) É preciso também fazer uma pequena limitação terminológica para justificar a adoção, no presente trabalho, da expressão "contrato de emprego", e não "contrato de trabalho". Embora pareça desnecessária, à primeira vista, a sutil diferença colabora para a precisão do entendimento da matéria. Como é sabido, a relação de trabalho é mais ampla que a relação de emprego, sendo esta última uma espécie daquela. Toda relação de emprego é uma relação de trabalho, mas a recíproca nem sempre é verdadeira. Alguns autores não veem relevância na discussão ora apresentada, em face da generalizada aceitação da expressão "contrato de trabalho". Nesse sentido, ver RUSSOMANO, Mozart Victor. *Curso de Direito do Trabalho.* 4. ed. Curitiba: Juruá, 1991. p. 100-101. O certo é que a legislação brasileira traz uma considerável confusão terminológica, a começar pela própria "definição" de relação de emprego, contida na norma do art. 442 da Consolidação das Leis do Trabalho. Segundo Catharino (Compêndio de direito do trabalho. 3. ed. São Paulo: Saraiva, 1982. p. 194), tal dispositivo é de "rara infelicidade". O autor analisa os vários problemas que a exegese do art. 442 da Consolidação das Leis do Trabalho enseja, a começar pela denominação insuficiente, ao não incluir os contratos plúrimos, além de não conter a definição dos elementos essenciais como sujeito e objeto da prestação, pois, além de ser uma redundância, é terminologicamente impreciso.

(229) Alfredo Rocco aponta os três pressupostos para a autonomia científica de determinada ciência jurídica: a) que sua matéria seja bastante vasta para merecer estudo adequado e particular; b) que contenha doutrina homogênea, dominada por conceitos comuns e distintos dos gerais informativos de outra disciplina; c) que utilize método próprio, constituindo o objeto de sua investigação. O autor ainda refere que a vida do Direito do Trabalho, embora curta, se comparada com o Direito Civil, é intensa e inconfundível, conforme CATHARINO, José Martins. *Compêndio de Direito do Trabalho.* 3. ed. São Paulo: Saraiva, 1982. p. 46.

(230) Os princípios específicos do Direito do Trabalho serão detalhadamente estudados no capítulo 4, *infra*.

A doutrina do Direito do Trabalho é bastante vasta, merecendo um estudo adequado e particular e possui peculiaridades, especialmente, na caracterização diferenciada do Direito Coletivo do Trabalho, que possui institutos próprios, não existentes em outras disciplinas jurídicas, por exemplo, os instrumentos de solução de conflitos coletivos: acordo coletivo, convenção coletiva e sentença normativa(231).

Além disso, há tradição histórica da matéria, tendo em vista que a vida do Direito do Trabalho, embora curta, é intensa e inconfundível(232).

5.2. Autonomia legislativa

A legislação sobre Direito do Trabalho no Brasil seguiu a ordem mundial e iniciou gradualmente por meio de leis esparsas, abrangendo apenas determinadas categorias e restrita a certos direitos(233).

Segundo Catharino, a medida da autonomia legislativa é a sistematização, ou seja, enquanto houver leis esparsas e dispersas, não é correto falar-se em autonomia legislativa, que só pode ser alcançada efetivamente por meio da sistematização. No Brasil, a sistematização da legislação trabalhista veio por meio da Consolidação das Leis do Trabalho (CLT — Decreto-Lei n. 5.452, de 1º.5.1943)(234), que, somadas a uma série de leis desgarradas dessa compilação, dão autonomia legislativa ao Direito do Trabalho.

5.3. Autonomia didática

De acordo com esse critério, uma disciplina é autônoma se pode ser incluída como disciplina curricular permanente nos programas oficiais dos cursos jurídicos das faculdades(235).

No Brasil, como na maioria dos países, a autonomia didática é contemporânea da científica e da legislativa. Pelo Decreto n. 17.329, de 28.5.1926, foi criada a disciplina sob a denominação Direito Industrial e Legislação Operária. A Lei n. 176, de 1936, modificou a denominação para Direito Industrial e a Legislação do Trabalho. Somente em 1956 as faculdades de Direito passaram a ter uma disciplina com a denominação Direito do Trabalho, por meio da Lei n. 2.724/56(236).

5.4. Outros elementos de autonomia

Embora não sejam considerados critérios essenciais para que um ramo do Direito seja considerado autônomo, cabe destacar outros três elementos que enfatizam a autonomia do Direito do Trabalho: a) Autonomia Constitucional, pois é de competência privativa da União legislar sobre Direito do Trabalho, na forma do previsto no art. 22, I, da CF/1988; b) Autonomia Administrativa, pois o Ministério do Trabalho e Emprego é o órgão do Poder Executivo responsável pelas questões administrativas e de fiscalização do trabalho no Brasil (art. 21, XXIV, da CF/1988); e c) Autonomia Jurisdicional, característica típica do Brasil, onde há uma Justiça especializada que é a Justiça do Trabalho, incluída entre os órgãos do Poder Judiciário da União pela CF/1946. Sua atual organização e competência estão previstas nos arts. 111 a 115 da CF/1988 (cuja competência foi bastante alargada pela EC n. 45/2004).

---

(231) GOMES, Orlando; GOTTSCHALK, Élson. *Curso de Direito do Trabalho.* Rio de Janeiro: Forense, 2007. p. 22.

(232) CATHARINO, José Martins. *Compêndio de Direito do Trabalho.* 3. ed. São Paulo: Saraiva, 1982. p. 46.

(233) Sobre o surgimento das primeiras normas trabalhistas ver o capítulo 2, *supra.*

(234) Sobre a discussão da necessidade ou não de um código material do trabalho ver CATHARINO, José Martins. *Compêndio de Direito do Trabalho.* 3. ed. São Paulo: Saraiva, 1982. p. 48-50.

(235) GOMES, Orlando; GOTTSCHALK, Élson. *Curso de Direito do Trabalho.* Rio de Janeiro: Forense, 2007. p. 23.

(236) CATHARINO, José Martins. *Compêndio de Direito do Trabalho.* 3. ed. São Paulo: Saraiva, 1982. p. 50-51.

Capítulo 3

Fontes do Direito do Trabalho. Classificação e Hierarquia. Conflitos e suas Soluções. A Hierarquia das Fontes Formais de Direito do Trabalho

1. *Introdução*

O sentido da palavra fonte relaciona-se com a expressão origem. No plano jurídico, o estudo das fontes consiste em saber donde vem o Direito e donde dimana a juridicidade das normas[(237)].

O tema é realmente vasto e, para a sua melhor compreensão no âmbito do Direito do Trabalho, necessárias são algumas referências dentro da Teoria Geral do Direito.

A teoria das fontes constitui um instrumento primordial da ciência dogmática moderna, na medida em que torna possível o aparecimento contínuo e plural de normas de conduta, sem abalar a segurança e a certeza das relações por meio da organização do conjunto em um todo coerente, proporcionando uma série de regras estruturais do sistema, conforme ensina Tércio Sampaio Ferraz Junior[(238)].

Cada ordenamento jurídico possui um sistema de fontes do Direito próprio. Alguns sistemas possuem sistemas de fontes muito parecidos, seja em face de uma origem historicamente comum, seja em virtude da mesma inspiração sistemática. A fonte legislativa (lei, em sentido amplo) é predominante nos ordenamentos jurídicos modernos. Isso acontece, sob o ponto de vista histórico, no momento em que começou a fortalecer-se o poder centralizado, em que o Direito legislado começa a sistematizar-se de melhor forma, ocupando um lugar que, tradicionalmente, fora ocupado pelo costume, que se constitui na grande fonte do Direito medieval[(239)].

A predominância da lei como fonte do Direito vai ser definitiva a partir dos grandes movimentos de codificação ocorridos na Europa no final do século XVIII e início do século XIX, cujo principal expoente é o Código Civil francês de 1804, o chamado Código de Napoleão.

(237) MATA-MACHADO, Edgar de Godoi da. *Elementos de Teoria Geral do Direito*. Belo Horizonte: Vega, 1976. p. 213.

(238) FERRAZ JUNIOR, Tércio Sampaio. *Introdução ao Estudo do Direito*. São Paulo: Atlas, 1991. p. 203.

(239) MAYNEZ, Eduardo García. *Introduccion al Estudio del Derecho*. 18. ed. México: Porrúa, 1971. p. 53. O autor cita Du Pasquier, identificando, na França, uma grande ofensiva legislativa, a partir de Luís XIV e Luís XV, contra o direito consuetudinário.

Os Estados modernos organizam-se de modo a privilegiar a fonte legal como base de toda organização racional de seus sistemas jurídicos. Nas democracias, o primado da produção da lei é reservado ao Parlamento, que, teoricamente, representa a população, tendo legitimidade para estabelecer as regras gerais de conduta pelas quais a sociedade deve pautar-se[(240)].

No mundo ocidental, existem dois grandes sistemas jurídicos e diversas são as suas fontes. O sistema romano-germânico tem como principal fonte de direito a lei, enquanto o sistema da *common law* tem como fonte principal as decisões da jurisprudência. No fundo, conforme ensina René David, pode-se verificar uma unidade no direito ocidental apenas com as peculiaridades de que, no sistema romano-germânico se busca a realização da justiça pelo recurso a uma técnica que tem como ponto de partida a lei, enquanto na família da *common law*, o ponto de partida são as decisões jurisprudenciais[(241)].

Na verdade, a *common law* também tem como fonte de direito a lei, mas junto dela há um conteúdo significativo de decisões jurisprudenciais que também servem como fonte do direito[(242)]. O sistema romano-germânico tem como vantagem a certeza legal, enquanto a *common law* pode invocar maior fidelidade aos usos e costumes e às aspirações imediatas do povo[(243)].

O sistema de fontes adotado por determinado ordenamento jurídico representa uma série de fatores ideológicos, sociais e políticos. O fato de a lei prevalecer como fonte de Direito significa a ampla predominância do Estado na organização de uma determinada sociedade, em detrimento de outras formas, como o costume. A supremacia da lei é a tendência do direito moderno em detrimento de outras fontes tradicionais.

A criação de normas jurídicas tem constituído, portanto, uma prerrogativa majoritariamente atribuída ao Estado. Mesmo quando a fonte utilizada é o costume, há uma norma dentro do ordenamento jurídico que autoriza essa utilização.

Cada vez mais o Direito torna-se estatal, e o Direito estatal, cada vez mais, torna-se direito legislativo, ou seja, o processo de juridificação do Estado associa-se a um processo de legificação do Direito[(244)]. A supremacia da lei, conforme adverte François Gény, não deve, entretanto, suprimir a livre investigação de tudo aquilo que ultrapasse seu horizonte efetivo, uma vez que as disposições de direito positivo apenas pretendem assegurar prescrições mais diretas[(245)].

Na presente obra pretende-se aprofundar o estudo das fontes de Direito do Trabalho, enfrentando questões intrincadas sobre esse tema fundamental para a compreensão do Direito do Trabalho na atualidade e se posicionando sobre as fontes formais de difícil enquadramento e as figuras especiais, sempre tendo em mente que a maioria das críticas que esse ramo do direito sofre encontra resposta na sua razão de ser, que aparece com clareza quando se estudam as fontes materiais do Direito do Trabalho, que, por sua vez, são a motivação do princípio protetor que inspira (e deve inspirar sob pena de nulidade) a criação, a interpretação e a integração de todas fontes formais do Direito do Trabalho.

2. *Classificação das fontes*

Várias são as classificações propostas para o estudo das fontes do Direito. Algumas levam em consideração o aspecto filosófico, enquanto outras, o aspecto sociológico. No aspecto técnico-jurídico, a classificação

(240) ARAÚJO, Francisco Rossal de. *A boa-fé no contrato de emprego*. São Paulo: LTr, 1996.

(241) DAVID, René. *Os grandes sistemas do Direito Contemporâneo*. 2. ed. Lisboa: Meridiano, 1978. p. 123.

(242) LATORRE, Angel. *Introdução ao Direito*. Coimbra: Almedina, 1978. p. 67-68.

(243) REALE, Miguel. *Lições Preliminares de Direito*. 9. ed. São Paulo: Saraiva, 1981. p. 142.

(244) BOBBIO, Norberto. *Dicionário de Política*. 4. ed. Brasília: Unb, 1992, verbete Direito, p. 351.

(245) GÉNY, François. *Método de Interpretación y Fuentes en Derecho Privado Positivo*. 2. ed. Madrid, 1925. p. 223-224.

tradicional é a de fontes formais e fontes materiais, que merecem um estudo aprofundado por tudo que se disse anteriormente, na introdução do tema.

2.1. Fontes materiais

As fontes materiais indicam o conteúdo da regra, estando, a rigor, fora do Direito, pois significam a justificação da regra, seja por origem divina, sociológica, filosófica e outras(246).

Dito de outro modo, as fontes materiais são a razão de ser das fontes formais, que instrumentam as fontes materiais, modelando a sua forma.

As fontes materiais, também chamadas substanciais, são aquelas que estão na consciência comum do povo, dando origem e legitimidade às normas lógicas do direito positivo(247).

O estudo dessa matéria envolve amplamente a Teoria Geral do Direito e também a Filosofia do Direito. Um modelo de gênese da norma jurídica que tem grande aceitação é o proposto por Miguel Reale em sua conhecida teoria tridimensional do Direito, na qual defende que o modelo jurídico é constituído de fatos, valores e normas. Em forma de metáfora, o próprio autor descreve seu entendimento de modo a comparar os valores como raios luminosos que incidem sobre um prisma, que seria o complexo factual, refrangendo-os em um leque de normas possíveis, uma das quais se converte em regra legal por interferência opcional do Poder(248).

Note-se que há uma progressiva legificação do Direito, associada esta a um processo de juridificação do Estado, conforme visto no parágrafo anterior. Dessa forma, cada vez mais os valores desencadeiam o fenômeno de refração nos fatos sociais, gerando normas que são acolhidas pelo Estado para reger as relações entre os indivíduos.

As fontes materiais são fontes potenciais do Direito e compreendem o conjunto de fenômenos sociais que contribuem para formação da substância, da matéria do direito. Em outras palavras, as fontes materiais são os fatos sociais relacionados com a criação da ordem jurídica(249).

E a compreensão do conjunto de fenômenos sociais que contribuíram para formação do Direito do Trabalho requer o estudo do contexto histórico do surgimento desse ramo do Direito, remetendo-se o leitor para o capítulo 1.

O dimensionamento jurídico das relações normativas entre trabalhadores e patrões, na sua forma atual, se dá pela influência das relações coletivas, que vão gerar as normas básicas de negociação coletiva e as normas individuais de redução de jornada, repousos remunerados, férias, entre outros(250).

O Direito Trabalho, no âmbito coletivo, inova em relação ao Direito Civil, engloba uma nova classe social (os trabalhadores) no conceito de cidadania, reorganiza conceitos pensados somente para a burguesia e reenvia novos institutos jurídicos para o âmbito individual do Direito do Trabalho.

---

(246) MATA-MACHADO, Edgar de Godoi da. *Elementos de Teoria Geral do Direito*. Belo Horizonte: Vega, 1976. p. 213.

(247) RÁO, Vicente. *O Direito e a Vida dos Direitos*. 3. ed. São Paulo: RT, 1991. v. 1, p. 212.

(248) REALE, Miguel. *Fontes e Modelos do Direito*. São Paulo: Saraiva, 1994. p. 52-53. Sobre o modelo proposto por Miguel Reale, há um interessante artigo de FERRAZ JR., Tércio Sampaio. A noção de norma jurídica na obra de Miguel Reale. *Revista Ciência e Cultura*, v. 26, n. 11, p. 1011-1016.

(249) CATHARINO, José Martins. *Compêndio de Direito do Trabalho*. 3. ed. São Paulo: Saraiva, 1982. p. 80.

(250) COIMBRA, Rodrigo; ARAÚJO, Francisco Rossal de. Direito do Trabalho: evolução do modelo normativo e tendências atuais na Europa. *Revista LTr*, São Paulo, ano 73, t. II, n. 08. p. 960, ago. 2009.

Não haveria princípio protetivo ou mesmo um mínimo de intervenção do Estado na regulamentação dos conflitos entre capital e trabalho se não houvesse o movimento coletivo(251).

2.2. Fontes formais

As fontes formais são os meios pelos quais se estabelece a norma jurídica. São as responsáveis pela criação do direito positivo.

Dito de maneira sintetizada, as fontes formais são as normas jurídicas de Direito positivo.

As duas principais teorias que estudam as fontes formais são a teoria monista e a teoria pluralista.

Segundo a teoria monista, capitaneada por Kelsen, as fontes formais derivam de um único centro de positivação jurídica (o Estado), o único dotado de coerção/sanção.

Já a teoria pluralista considera válida a tese do exclusivismo estatal, clara existência de distintos centros de positivação jurídica no âmbito da sociedade civil, como os costumes e os instrumentos jurídicos de negociação coletiva (acordo e convenção coletiva de trabalho).

Contudo, mesmo a teoria pluralista teria de admitir que, tendo o Estado a pretensão do monopólio da administração da Justiça, o uso de alguma fonte de Direito que não tenha origem estatal teria de contar com a chancela do ordenamento estatal para que assim o fosse. No Direito do Trabalho, por exemplo, as convenções e acordos coletivos (fontes formais autônomas típicas) só são admitidas porque a Consolidação das Leis do Trabalho expressamente a define e prevê as formalidades para a sua validade (arts. 611 e seguintes).

Quando se estudam as fontes formais do Direito do Trabalho, é importante ter em mente que as normas trabalhistas vivem num constante equilíbrio instável, uma vez que são muito mais relacionadas com a criação da riqueza do que com a distribuição da riqueza, como as normas de Direito Civil.

Como as normas trabalhistas estão relacionadas com a produção da riqueza, é natural que as alterações econômicas sejam muito mais sentidas no âmbito das normas trabalhistas do que no âmbito das normas de Direito Civil ou Direito Comercial.

A Revolução Industrial (anteriormente contextualizada) desencadeou em um "turbilhão", nas palavras de Russomano(252), havendo a ruptura do modelo de Estado Liberal(253) (aspecto político mais importante), impondo-se ao Estado intervir na ordem econômica e social, limitando a liberdade plena das partes, por meio da criação de normas de ordem pública, garantindo condições mínimas ao trabalhador nas relações de trabalho(254).

---

(251) Para um estudo aprofundado da formação histórica do Direito do Trabalho em termos mundiais ver COIMBRA, Rodrigo; ARAÚJO, Francisco Rossal de. Direito do Trabalho: evolução do modelo normativo e tendências atuais na Europa. *Revista LTr*, São Paulo, ano 73, t. II, n. 8, p. 953-62, ago. 2009.

(252) RUSSOMANO, Mozart Victor. *Curso de Direito do Trabalho*. 4. ed. Curitiba: Juruá, 1993. p. 7.

(253) No modelo de Estado Liberal, o capitalista podia impor livremente, sem interferência do Estado, as suas condições ao trabalhador, pois esse regime, fundava-se na liberdade individual (exaltada na Revolução Francesa e consagrada no preâmbulo da Constituição de 1791 desse país), tendo como símbolo do liberalismo a expressão *laissez-faire* (deixar fazer). Nesse sentido, BARROS, Alice Monteiro de. *Curso de Direito do Trabalho*. 4. ed. São Paulo: LTr, 2008. p. 62.

(254) SÜSSEKIND, Arnaldo *et al*. *Instituições de Direito do Trabalho*. 20. ed. São Paulo: LTr, 2002. v. 1, p. 41; NASCIMENTO, Amauri Mascaro. *Iniciação ao Direito do Trabalho*. 24. ed. São Paulo: LTr, 1998. p. 43.

Esse processo foi lento e iniciou-se na Europa continental, por meio de leis esparsas(255). Na Alemanha, entretanto, surgiram as ordenações industriais metodizadas. E, sob o comando de Bismarck, foi criada a ideia de seguro social obrigatório(256).

Note-se que aqui começam a aparecer, ainda que lentamente, as primeiras fontes formais do Direito do Trabalho, intimamente ligadas às suas fontes materiais, conforme se pode perceber claramente do contexto histórico descrito.

O Direito do Trabalho surge no final do século XIX e adentra no século XX com sua autonomia e independência plenamente caracterizada. No início do século XIX, não haviam propriamente normas de Direito do Trabalho, e sim, um contrato de emprego, ligado ao Código Civil. Posteriormente, vão surgindo algumas regras de exceção, sem, contudo, haver uma nítida separação. Aos poucos, vão surgindo princípios, métodos e institutos jurídicos próprios da disciplina, que levam à sua independência do Direito Civil(257).

2.2.1. Fontes formais autônomas

As fontes formais autônomas se caracterizam pela criação de normas pelos seus próprios destinatários, não tendo na origem da criação da norma a imposição por parte de um terceiro estranho aos destinatários (normalmente o Estado).

Ainda que haja antiga divergência doutrinária sobre algumas delas, pode-se dizer que são fontes formais autônomas típicas do Direito do Trabalho: a convenção coletiva e o acordo coletivo do trabalho.

2.2.1.1. Convenção coletiva de trabalho e acordo coletivo de trabalho

A convenção coletiva e o acordo coletivo de trabalho são instrumentos negociados, resultados de negociações coletivas, a partir do comando da assembleia geral que define os interesses coletivos.

Nos chamados instrumentos normativos negociados, os próprios interessados chegam a um consenso sobre determinadas normas (o que é chamado de autocomposição), de caráter irrevogável, que vão reger as relações entre os indivíduos componentes das categorias envolvidas durante um determinado lapso de tempo. Trata-se de uma fase de negociação coletiva que ocorre fora do Poder Judiciário ou do Poder Executivo, em que uma das partes (categoria profissional) elabora uma pauta de reivindicações e a apresenta para a outra parte (categoria econômica). Após sucessivas negociações, é formalizado um termo de acordo coletivo de trabalho, cujos requisitos formais se encontram nos arts. 613 e 614 da CLT(258).

---

(255) Sobre essa matéria recomenda-se: HEPLE, Bob. *La formación del Derecho del Trabajo en Europa.* Madrid: Ministério de Trabajo y Seguridad Social, 1994. MORAES, Evaristo de. *Apontamentos de Direito Operário.* 4. ed. São Paulo: LTr, 2002. p. 32-36; PERA, Giuseppe. *Tendências do Direito do Trabalho contemporâneo.* São Paulo: LTr, 1980.

(256) Por meio de leis disciplinando: seguro doença (1883); seguro acidente do trabalho (1884) e seguro invalidez e velhice (1889), conforme HUECK, A.; NIPPERDEY, H. C. *Compendio de derecho del trabajo.* Madrid: Revista de Direito Privado, 1963. p. 29-30.

(257) COIMBRA, Rodrigo; ARAÚJO, Francisco Rossal de. A natureza jurídica do Direito do Trabalho. *Revista Justiça do Trabalho.* Porto Alegre, n. 308, p. 87, ago. 2009.

(258) O texto legal é o seguinte:

"Art. 613. As Convenções e os Acordos deverão conter obrigatoriamente:

I — Designação dos Sindicatos convenentes ou dos Sindicatos e emprêsas acordantes;

II — Prazo de vigência;

III — Categorias ou classes de trabalhadores abrangidas pelos respectivos dispositivos;

IV — Condições ajustadas para reger as relações individuais de trabalho durante sua vigência;

V — Normas para a conciliação das divergências sugeridas entre os convenentes por motivos da aplicação de seus dispositivos;

VI — Disposições sôbre o processo de sua prorrogação e de revisão total ou parcial de seus dispositivos;

VII — Direitos e deveres dos empregados e emprêsas;

VIII — Penalidades para os Sindicatos convenentes, os empregados e as emprêsas em caso de violação de seus dispositivos.

Tais normas passam a integrar os contratos individuais, e qualquer cláusula contratual que contrarie suas disposições é considerada nula (art. 619 da Consolidação das Leis do Trabalho).

2.2.1.1.1. *A eficácia das normas coletivas*

A ultraeficácia, ultra-eficácia, ultratividade, ultra-atividade, efeitos ultrativos, permanência ou incorporação das normas coletivas corresponde à possibilidade de as cláusulas contidas nos instrumentos coletivos, de natureza normativa, ainda que decorrido seu prazo de vigência, permanecerem produzindo efeitos nos contratos individuais de trabalho.

O debate não é novo. Há muito divide a doutrina e a jurisprudência pátrias(259).

Trata-se de saber se a integração ou incorporação das normas coletivas aos contratos individuais de trabalho é definitiva, nunca mais podendo ser retirada pelo empregador, ou temporária, integrando o contrato de trabalho apenas durante a vigência da norma coletiva, podendo ser retirada apenas por não ser mais prevista na norma coletiva subsequente, ou, ainda, mediante necessária revogação expressa da norma coletiva posterior.

Em síntese apertada, há três teorias sobre esse tema sempre polêmico:

1ª) Teoria da aderência irrestrita: sustenta que os dispositivos dos instrumentos coletivos de trabalho ingressam para sempre nos contratos individuais, não mais podendo deles ser suprimidos, tendo por base o direito adquirido (princípio constitucional) e o princípio trabalhista da proteção, sob a modalidade da condição mais benéfica. Seus efeitos seriam aqueles inerentes às cláusulas contratuais que se submetem à regra do art. 468 da Consolidação das Leis do Trabalho, conforme esclarece Delgado(260). Para essa corrente, a alteração posterior só atinge os empregados que foram admitidos posteriormente à vigência da nova convenção coletiva que altera tais direitos.

2ª) Teoria da aderência limitada pelo prazo: defende que os instrumentos coletivos negociados vigoram no prazo de vigência dos mesmos, não aderindo indefinidamente a eles. Significa dizer que a Convenção

---

Parágrafo único. As convenções e os Acordos serão celebrados por escrito, sem emendas nem rasuras, em tantas vias quantos forem os Sindicatos convenentes ou as emprêsas acordantes, além de uma destinada a registro."

"Art. 614. Os Sindicatos convenentes ou as emprêsas acordantes promoverão, conjunta ou separadamente, dentro de 8 (oito) dias da assinatura da Convenção ou Acôrdo, o depósito de uma via do mesmo, para fins de registro e arquivo, no Departamento Nacional do Trabalho, em se tratando de instrumento de caráter nacional ou interestadual, ou nos órgãos regionais do Ministério do Trabalho e Previdência Social, nos demais casos.

§ 1º As Convenções e os Acôrdos entrarão em vigor 3 (três) dias após a data da entrega dos mesmos no órgão referido neste artigo.

§ 2º Cópias autênticas das Convenções e dos Acordos deverão ser afixados de modo visível, pelos Sindicatos convenentes, nas respectivas sedes e nos estabelecimentos das emprêsas compreendidas no seu campo de aplicação, dentro de 5 (cinco) dias da data do depósito previsto neste artigo.

§ 3º Não será permitido estipular duração de Convenção ou Acôrdo superior a 2 (dois) anos."

(259) Vólia Bomfim (CASSAR, Vólia Bomfim. *Direito do Trabalho*. 6. ed. Niterói: Impetus, 2012. p. 1332) aponta ser pendular a doutrina e a jurisprudência em relação aos efeitos das cláusulas normativas sobre o contrato de trabalho, bem sintetizando a existência de, pelo menos, quatro posições distintas: a aderência limitada ao prazo, ou seja, com a extinção dos benefícios ao final do período de vigência da norma, sendo nesse sentido o posicionamento de autores como Wilson Campos Batalha, Antônio Álvares da Silva, Gabriel Saad e a própria Vólia Bomfim; a aderência irrestrita, ou seja, a incorporação definitiva do direito criado por norma coletiva ao contrato de trabalho, defendida, entre outros, por Mozart Victor Russomano, Otavio Bueno Magano, José Augusto Rodrigues Pinto e Délio Maranhão; a ultra-atividade das cláusulas normativas, que corresponde à incorporação das cláusulas normativas aos contratos individuais de trabalho até que outra norma coletiva a modifique ou suprima, posição defendida por Arnaldo Süssekind, Orlando Gomes, Valentim Carrion e Mauricio Godinho Delgado (aderência limitada por revogação); e, por fim, a vigência limitada ao prazo com exceção de algumas cláusulas que estabelecem vantagens pessoais, as quais, após adquiridas, não seriam mais passíveis de supressão, como os adicionais por tempo de serviço ou uma cláusula garantidora de estabilidade, se o trabalhador completasse os requisitos exigidos na norma durante sua vigência, entendimento defendido por Amauri Mascaro Nascimento e Renato Rua de Almeida.

(260) DELGADO, Mauricio Godinho. *Curso de Direito do Trabalho*. 3. ed. São Paulo: LTr, 2004. p. 1396.

Coletiva posterior sempre teria que renovar o direito, se não ocorrer a tal renovação, não haverá mais tal direito.

3ª) Teoria da aderência limitada por revogação: os dispositivos dos instrumentos coletivos negociados vigoram até que novo instrumento negocial os revogue (expressa ou tacitamente). Nesse sentido dispõe o § 1º do art. 1º da Lei n. 8.542/92, que trata da política nacional de salários: "Art. 1º A política nacional de salários, respeitado o princípio da irredutibilidade, tem por fundamento a livre negociação coletiva e reger-se-á pelas normas estabelecidas nesta Lei... § 1º As cláusulas dos acordos, convenções ou contratos coletivos de trabalho integram os contratos individuais de trabalho e somente poderão ser reduzidas ou suprimidas por posterior acordo, convenção ou contrato coletivo de trabalho".

Até 1998, aproximadamente, a posição jurisprudencial majoritária do Tribunal Superior do Trabalho era pela eficácia das normas coletivas limitada ao prazo de vigência do instrumento coletivo, com amparo nos arts. 613, II, e 614, § 3º, da CLT, ressalvado o período de 23.12.1992 a 28.07.1995, no qual teve vigência a Lei n. 8.542/92, que expressamente consagrava a ultraeficácia das cláusulas normativas, limitada à edição de novo instrumento coletivo[261].

A Súmula n. 277 foi originalmente editada, em março de 1998 (Resolução n. 10/1998), com a seguinte redação:

> Sentença normativa. Vigência. Repercussão nos contratos de trabalho. As condições de trabalho alcançadas por força de sentença normativa vigoram no prazo assinado, não integrando, de forma definitiva, os contratos.

Apesar de tratar apenas da sentença normativa, a jurisprudência utilizava-a, analogicamente, em relação aos acordos e convenções coletivas[262].

Em novembro de 2009 (Resolução n. 161/2009), a Súmula teve sua redação alterada para incluir expressamente referência a convenções e acordos coletivos de trabalho, bem como para acrescentar o inciso II, que ressalvou do entendimento — até então predominante — pela eficácia limitada ao prazo de vigência do instrumento o período de 23.12.1992 a 28.7.1995, no qual vigorou a Lei n. 8.542/92:

> Súmula n. 277. Sentença normativa. Convenção ou acordo coletivos. Vigência. Repercussão nos contratos de trabalho
>
> I — As condições de trabalho alcançadas por força de sentença normativa, convenção ou acordos coletivos vigoram no prazo assinado, não integrando, de forma definitiva, os contratos individuais de trabalho.
>
> II — Ressalva-se da regra enunciado no item I o período compreendido entre 23.12.1992 e 28.07.1995, em que vigorou a Lei n. 8.542, revogada pela Medida Provisória n. 1.709, convertida na Lei n. 10.192, de 14.02.2001.

Em setembro de 2012 (Resolução n. 185/2012), por ocasião da Semana Jurídica promovida no TST, a Súmula n. 277, por voto da maioria dos ministros do tribunal (15 ministros pela alteração de posicionamento, e 11 contrários), teve sua redação substancialmente alterada, passando a contemplar a ultraeficácia das cláusulas normativas dos acordos e convenções coletivas, cujas cláusulas passam a integrar os contratos individuais de trabalho mesmo após o término do prazo de vigência do instrumento normativo, somente podendo ser modificadas mediante nova negociação coletiva. Esta é a atual redação da Súmula n. 277:

---

(261) O texto legal era o seguinte: "Art. 1º A política nacional de salários, respeitado o princípio da irredutibilidade, tem por fundamento a livre negociação coletiva e reger-se-á pelas normas estabelecidas nesta lei. § 1º As cláusulas dos acordos, convenções ou contratos coletivos de trabalho integram os contratos individuais de trabalho e somente poderão ser reduzidas ou suprimidas por posterior acordo, convenção ou contrato coletivo de trabalho. (revogado pela Lei n. 10.192, de 14.02.2001)".

(262) RR 16900-07.2001.5.05.0019, Relator Ministro: Alberto Luiz Bresciani de Fontan Pereira, Data de Julgamento: 27.11.2007, 3ª Turma, Data de Publicação: 22.02.2008; E-RR 714035-47.2000.5.17.5555, Relator Ministro: Carlos Alberto Reis de Paula, Data de Julgamento: 15.06.2005, 3ª Turma, Data de Publicação: 05.08.2005.

As cláusulas normativas dos acordos coletivos ou convenções coletivas integram os contratos individuais de trabalho e somente poderão ser modificados ou suprimidas mediante negociação coletiva de trabalho.

Em decisão proferida na Ação de Descumprimento de Preceito Fundamental n. 323, ajuizada pela Confederação Nacional dos Estabelecimentos de Ensino (Confenen) junto ao Supremo Tribunal Federal, questionando a nova redação da Súmula n. 277 do TST, o relator no Supremo Tribunal Federal, Ministro Gilmar Mendes, deferiu medida liminar suspendendo todos os processos em curso na Justiça do Trabalho que versem sobre a aplicação da ultratividade de normas coletivas, considerando insustentável o entendimento jurisprudencial conferido pelos tribunais trabalhistas ao interpretar o art. 114, § 2º, da CF.

A Lei n. 13.467/2017 alterou a redação do § 3º do art. 614 da CLT com a finalidade de vedar a ultratividade das normas coletivas, instituindo legalmente o modelo da aderência limitada pelo prazo.

§ 3º Não será permitido estipular duração de convenção coletiva ou acordo coletivo de trabalho superior a dois anos, sendo vedada a ultratividade.

A redação atual do § 3º do art. 614 da CLT contraria a Súmula n. 277 do TST, que ficou prejudicada pelo dispositivo legal.

A ultraeficácia estimula o empregador à negociação coletiva, com o intuito de alcançar as mudanças que entender pertinentes no instrumento coletivo anterior.

A falta de ultraeficácia incentiva a inércia do empregador, que alcançará, ao término da vigência, o fim de todas as normas pactuadas anteriormente.

O § 2º do art. 114 e o *caput* do art. 7º da Constituição Federal não impõem a imutabilidade das normas coletivas.

A discussão no âmbito doutrinário e jurisprudencial seguirá.

2.2.1.1.2. Outras características das convenções e acordos coletivos

A pactuação das normas coletivas é de natureza privada, mas deve ser dentro dos limites da legislação, quanto ao conteúdo e abrangência. Uma vez observados esses requisitos, a norma coletiva resultante tem coercitividade como qualquer outra, podendo, inclusive, ser objeto de demanda judicial, por meio das chamadas ações de cumprimento (que podem ser individuais ou coletivas)[(263)].

A ação de cumprimento é uma ação de conhecimento, do tipo condenatória, que visa obrigar o(s) empregador(es) a satisfazer os direitos abstratos criados por sentença normativa, acordo coletivo ou convenção coletiva de trabalho não observados espontaneamente pelas partes (art. 872 da Consolidação das Leis do Trabalho[(264)], combinado com o art. 1º da Lei n. 8.984/95 e a Súmula n. 286 do Tribunal Superior do Trabalho[(265)]).

A existência de concessões mútuas é a marca da negociação coletiva e a importância da observância dessa diretriz revela-se decisiva no processo do trabalho, quando o judiciário trabalhista é provocado

(263) COIMBRA, Rodrigo; ARAÚJO, Francisco Rossal de. A natureza jurídica do Direito do Trabalho. *Justiça do Trabalho*, Porto Alegre, n. 308. p. 97, ago. 2009.

(264) Consolidação das Leis do Trabalho, art. 872: "Celebrado o acordo, ou transitada em julgado a decisão, seguir-se-á o seu cumprimento, sob as penas estabelecidas neste Título. Parágrafo único. Quando os empregadores deixarem de satisfazer o pagamento de salários, na conformidade da decisão proferida, poderão os empregados ou seus sindicatos, independentes de outorga de poderes de seus associados, juntando certidão de tal decisão, apresentar reclamação à Junta ou Juízo competente, observado o processo previsto no Capítulo II deste Título, sendo vedado, porém, questionar sobre a matéria de fato e de direito já apreciada na decisão (redação dada pela Lei n. 2.275, de 30.7.1954)".

(265) Tribunal Superior do Trabalho, Súmula n. 286: "A legitimidade do sindicato para propor ação de cumprimento estende-se também à observância de acordo ou de convenção coletivos".

a analisar a validade da negociação coletiva quando pretendida a nulidade de cláusula de acordo ou convenção coletiva.

Convenção Coletiva de Trabalho é o acordo de caráter normativo, pelo qual dois ou mais Sindicatos representativos de categorias econômicas e profissionais estipulam condições de trabalho aplicáveis, no âmbito das respectivas representações, às relações individuais de trabalho(266).

As convenções coletivas de trabalho são os instrumentos de solução de conflitos coletivos celebrados entre: um ou mais sindicatos dos empregados e um ou mais sindicatos de empregadores. Suas normas se aplicam a todas as categorias de trabalhadores e empregadores que firmaram o pacto.

Os acordos coletivos são os instrumentos de solução de conflitos coletivos celebrados entre: um ou mais sindicatos dos empregados e um ou mais sindicatos de empregadores.

Dito de outro modo, é facultado aos Sindicatos representativos de categorias profissionais celebrar Acordos Coletivos com uma ou mais empresas da correspondente categoria econômica, que estipulem condições de trabalho, aplicáveis no âmbito da empresa ou das acordantes respectivas relações de trabalho(267).

Note-se que os acordos coletivos possuem abrangência menor já que têm aplicação restrita aos trabalhadores da(s) empresa(s) que firmaram o pacto com o(s) sindicato(s) do(s) empregado(s), uma vez que é o acordo firmado entre sindicato(s) de trabalhadores e uma ou mais empresas (não há sindicato no polo dos empregadores, como ocorre na convenção coletiva).

As Federações e, na falta desta, as Confederações representativas de categorias econômicas ou profissionais poderão celebrar convenções coletivas de trabalho para reger as relações das categorias a elas vinculadas, não organizadas em Sindicatos, no âmbito de suas representações.

É importante lembrar que esses efeitos atingem a todos os integrantes da categoria profissional, e não apenas os trabalhadores associados ao sindicato representativo da categoria (conforme o art. 8º, III, da Constituição Federal). Isso significa que têm direitos e deveres sobre as normas coletivas não apenas os filiados (sócios do sindicato), mas todos os que integrem a coletividade dos trabalhadores que compõem a categoria (convenção coletiva) ou que trabalham nas empresas que celebraram o pacto (acordo coletivo).

Este é o efeito *erga omnes* que torna as convenções e os acordos coletivos fontes do Direito e não apenas uma cláusula contratual (efeitos entre as partes contratantes).

No Direito Coletivo, foge-se à ideia contratual irradiada pelo princípio da relatividade dos contratos, segundo a qual os contratos somente obrigam as partes contratantes, uma vez que nesse âmbito do Direito do Trabalho as partes que negociam geram direitos e obrigações para terceiros, integrantes da categoria profissional ou categoria econômica, independentemente de sua anuência com o processo de negociação, de serem associados ou não, e do resultado da negociação. A validade da norma coletiva está relacionada apenas à observância dos requisitos legais para legitimidade de participação e regularidade formal do processo(268).

As convenções e os acordos coletivos não necessitam da homologação dos Tribunais do Trabalho, nem do Ministério do Trabalho e Emprego, para ter validade e eficácia, passando a ter vigência em 3 (três) dias após a data de entrega deles no Ministério do Trabalho, sendo que os Sindicatos convenentes ou as empresas acordantes promoverão, conjunta ou separadamente, dentro de 8 (oito) dias da assinatura da Convenção ou Acordo, o depósito de uma via dele, para fins de registro e arquivo, no Departamento Nacional do Trabalho,

(266) Consolidação das Leis do Trabalho, art. 611.

(267) Consolidação das Leis do Trabalho, art. 611, § 1º.

(268) COIMBRA, Rodrigo; ARAÚJO, Francisco Rossal de. A natureza jurídica do Direito do Trabalho. *Revista Justiça do Trabalho*. Porto Alegre, n. 308, p. 98, ago. 2009.

em se tratando de instrumento de caráter nacional ou interestadual, ou nos órgãos regionais do Ministério do Trabalho e Emprego[269].

Embora não tenham nenhum controle prévio de "legalidade" ou "constitucionalidade", nada impede que os interessados questionem, de forma posterior, a aplicação de alguma norma coletiva. No momento em que passam a integrar o ordenamento jurídico, as fontes autônomas estão sujeitas à estrutura escalonada das normas jurídicas e ao princípio da vinculação positiva, segundo o qual o ordenamento jurídico é um bloco e a aplicação da norma hierarquicamente inferior depende de estar de acordo com o pressuposto de validade da norma hierarquicamente superior. Portanto, tais normas estão sujeitas a juízos de "legalidade", "constituição" e "validade".

Os acordos e as convenções coletivas terão prazo de, no mínimo, 1 (um) ano e de, no máximo, 2 (dois) anos e serão celebrados por escrito, sem emendas nem rasuras, em tantas vias quantos forem os Sindicatos convenentes ou as empresas acordantes, além de uma destinada a registro[270].

As Convenções e os Acordos entrarão em vigor 3 (três) dias após a data da entrega deles no órgão referido neste artigo[271].

Os Sindicatos representativos de categorias econômicas ou profissionais e as empresas, inclusive as que não tenham representação sindical, quando provocados, não podem se recusar à negociação coletiva[272].

Os empregados de uma ou mais empresas que decidirem celebrar Acordo Coletivo de Trabalho com as respectivas empresas darão ciência de sua resolução, por escrito, ao Sindicato representativo da categoria profissional, que terá o prazo de 8 (oito) dias para assumir a direção dos entendimentos entre os interessados, devendo igual procedimento ser observado pelas empresas interessadas com relação ao Sindicato da respectiva categoria econômica. Expirado o prazo de 8 (oito) dias sem que o Sindicato tenha se desincumbido do encargo recebido, poderão os interessados dar conhecimento do fato à Federarão a que estiver vinculado o Sindicato e, na falta dessa, à correspondente Confederação, para que, no mesmo prazo, assuma a direção dos entendimentos. Esgotado esse prazo, poderão os interessados prosseguir diretamente na negociação coletiva até final. Para o fim de deliberar sobre o Acordo, a entidade sindical convocará assembleia geral dos diretamente interessados, sindicalizados ou não[273].

As empresas e instituições que não estiverem incluídas no enquadramento sindical a que se refere o art. 577 desta Consolidação poderão celebrar Acordos Coletivos de Trabalho com os Sindicatos representativos dos respectivos empregados[274].

Nenhuma disposição de contrato individual de trabalho que contrarie normas de Convenção ou Acordo Coletivo de Trabalho poderá prevalecer na sua execução, sendo considerada nula de pleno direito[275].

Os empregados e as empresas que celebrarem contratos individuais de trabalho, estabelecendo condições contrárias ao que tiver sido ajustado em Convenção ou Acordo que lhes for aplicável, serão passíveis da multa neles fixada. A multa a ser imposta ao empregado não poderá exceder da metade daquela que, nas mesmas condições, seja estipulada para a empresa[276].

---

(269) Consolidação das Leis do Trabalho, art. 614.
(270) Consolidação das Leis do Trabalho, art. 614, § 3º e art. 613, parágrafo único.
(271) Consolidação das Leis do Trabalho, art. 614, parágrafo único.
(272) Consolidação das Leis do Trabalho, art. 616.
(273) Consolidação das Leis do Trabalho, art. 617.
(274) Consolidação das Leis do Trabalho, art. 618.
(275) Consolidação das Leis do Trabalho, art. 619.
(276) Consolidação das Leis do Trabalho, art. 622.

As condições estabelecidas em Convenção, quando mais favoráveis, prevalecerão sobre as estipuladas em Acordo(277).

As Convenções e os Acordos poderão incluir entre suas cláusulas disposição sobre a constituição e funcionamento de comissões mistas de consulta e colaboração, no plano da empresa e sobre participação nos lucros. Estas disposições mencionarão a forma de constituição, o modo de funcionamento e as atribuições das comissões, assim como o plano de participação, quando for o caso(278).

Será nula de pleno direito disposição de Convenção ou Acordo que, direta ou indiretamente, contrarie proibição ou norma disciplinadora da política econômico-financeira do Governo ou concernente à política salarial vigente, não produzindo quaisquer efeitos perante autoridades e repartições públicas, inclusive para fins de revisão de preços e tarifas de mercadorias e serviços(279).

A vigência de cláusula de aumento ou reajuste salarial, que implique elevação de tarifas ou de preços sujeitos à fixação por autoridade pública ou repartição governamental, dependerá de prévia audiência dessa autoridade ou repartição e sua expressa declaração no tocante à possibilidade de elevação da tarifa ou do preço e quanto ao valor dessa elevação(280).

Dentro do estudo dos chamados instrumentos negociados, alguns autores fazem uma referência ao chamado contrato coletivo de trabalho, que objetiva fixar normas mais abrangentes que as dirigidas ao universo delimitado de uma única categoria, como no acordo e na convenção coletiva. O contrato coletivo de trabalho foi implantado como resposta à evolução e modificação dos meios de produção e das relações de trabalho. A abrangência da contratação varia de país para país.

É importante deixar claro que no ordenamento jurídico brasileiro atual, contrato coletivo de trabalho não é sinônimo de convenção coletiva do trabalho, ainda que uma leitura apurada da Consolidação das Leis do Trabalho possa levar a essa conclusão.

Antes da reforma de 1967, a Consolidação das Leis do Trabalho utilizava a expressão "contrato coletivo de trabalho", que correspondia ao que hoje se chama convenção coletiva de trabalho, expressão que deixou de ser utilizada em face do Dec.-Lei n. 229/67, que passou a diferenciar em dois os instrumentos da negociação coletiva: a convenção coletiva de trabalho (que substituía o antigo contrato coletivo) e o então recém-criado acordo coletivo de trabalho.

A finalidade principal do contrato coletivo de trabalho é de autorizar a autorregulamentação do trabalho, dentro de um segmento da atividade laboral, portanto, com nível de abrangência superior ao acordo coletivo (aplicável a uma ou mais empresas) e a convenção coletiva (aplicável a uma ou mais categorias).

Ainda que o ordenamento jurídico brasileiro não proíba a utilização do contrato coletivo de trabalho, a legislação trabalhista brasileira como atualmente se apresenta não autoriza a sua implementação, razão pela qual se entende não se tratar de uma fonte formal autônoma de Direito do Trabalho.

2.2.1.2. Fontes formais heterônomas

Diferentemente das fontes formais autônomas, as fontes formais heterônomas não são estabelecidas pelos próprios destinatários. São impostas pelos órgãos estatais.

O ordenamento jurídico brasileiro tem como fonte principal a lei (em sentido amplo). Sua tradição é romano-germânica.

(277) Consolidação das Leis do Trabalho, art. 620.
(278) Consolidação das Leis do Trabalho, art. 621.
(279) Consolidação das Leis do Trabalho, art. 623.
(280) Consolidação das Leis do Trabalho, art. 624.

No Direito do Trabalho não é diferente. A maioria das normas trabalhistas tem caráter imperativo. Essa imperatividade decorre da própria natureza do Direito do Trabalho, que se caracteriza pela intervenção do Estado, por meio do Poder Legislativo, no âmbito da autonomia da vontade dos trabalhadores e dos empregadores.

As principais fontes heterônomas do Direito do Trabalho são: a Constituição Federal, a Lei (em sentido amplo), os Tratados e as Convenções Internacionais, a Sentença Normativa e as Súmulas Vinculantes do Supremo Tribunal Federal.

2.2.1.2.1. Constituição

No âmbito interno da legislação, o ápice hierárquico é ocupado pela Constituição. No Brasil, a Constituição Federal vigente possui uma série de normas que versam sobre o Direito do Trabalho, tanto no âmbito do direito coletivo quanto no âmbito do direito individual. Trata-se do fenômeno chamado constitucionalização do Direito do Trabalho, segundo o qual as Constituições modernas trazem normas relativas ao trabalho, chamadas de direitos sociais ou garantias constitucionais de segunda geração.

Constituição, *lato sensu*, é o ato de constituir, de estabelecer, de firmar; ou ainda, o modo pelo qual se constitui uma coisa, um ser vivo, um grupo de pessoas; organização, formação. Juridicamente, porém, Constituição deve ser entendida como a lei fundamental e suprema de um Estado, que contém normas referentes a estruturação do Estado, formação dos poderes públicos, forma de governo e aquisição do poder de governar, distribuição de competências, direitos, garantias e deveres dos cidadãos. Além disso, é a Constituição que individualiza os órgãos competentes para a edição de normas jurídicas, legislativas ou administrativas[(281)].

As emendas à Constituição, aprovadas consoante o processo legislativo previsto na Constituição, passam a integrá-la e incluir-se no mesmo patamar hierárquico.

As emendas constitucionais são fruto do trabalho do poder constituinte derivado reformador, por meio do qual se altera o trabalho do poder originário, pelo acréscimo, modificação ou supressão de normas[(282)].

Em síntese, uma Constituição estabelece uma carta de direitos e garantias, de um lado, e de outro, organiza o Estado, criando órgãos e atribuindo os respectivos poderes (competências).

2.2.1.2.2. Lei, em sentido amplo

Em sentido material, lei é toda regra de Direito geral, abstrata, impessoal, obrigatória, oriunda de autoridade competente e expressa em fórmula escrita. Dentro desse conceito de lei, *lato sensu*, compreende-se a lei complementar, a lei ordinária, a medida provisória e o decreto do Poder Executivo. Em sentido formal, lei é regra jurídica geral, abstrata, impessoal, obrigatória, emanada do Poder Legislativo, sancionada e promulgada pela chefia do Poder Executivo. Em outras palavras, é a lei em sentido material aprovada segundo o rito institucional específico fixado na Constituição Federal[(283)].

O processo legislativo brasileiro compreende a elaboração das seguintes espécies normativas: emendas à Constituição, leis complementares, leis ordinárias, leis delegadas, medidas provisórias, decretos legislativos e resoluções (art. 59 da Constituição Federal).

(281) MORAES, Alexandre de. *Direito Constitucional*. 24. ed. São Paulo: Atlas, 2009. p. 6.
(282) LENZA, Pedro. *Direito Constitucional esquematizado*. 13. ed. São Paulo: Saraiva, 2009. p. 411.
(283) DELGADO, Maurício Godinho. *Curso de Direito do Trabalho*. 8. ed. São Paulo: LTr, 2009. p. 141.

Para o Direito do Trabalho, a lei infraconstitucional mais importante é a Consolidação das Leis do Trabalho (Decreto-Lei n. 5.452/43), cuja importância foi anteriormente destacada. Juntamente com a Consolidação, existem diversas leis esparsas que compõem o ordenamento jurídico trabalhista brasileiro[284].

Também é importante registrar que não são vedadas medidas provisórias sobre Direito do Trabalho. Dispõe o art. 62 da Constituição Federal que, em caso de relevância e urgência, o Presidente da República poderá adotar medidas provisórias, com força de lei, devendo submetê-las de imediato ao Congresso Nacional. A EC n. 32/2001, que alterou o art. 62 da Constituição Federal, não incluiu o Direito do Trabalho nos ramos do Direito e matérias sobre os quais é vedada a edição de medida provisória (direito penal, processual penal e processual civil — art. 62, § 1º, "b"). Outrossim, o Supremo Tribunal Federal já entendeu que matérias trabalhistas se enquadram nos requisitos de relevância e urgência.

Além das espécies normativas compreendidas no processo legislativo (art. 59, Constituição Federal), a Constituição prevê a possibilidade de o Presidente da República (Poder Executivo) expedir Decretos e Regulamentos para desenvolver e especificar o comando legal originário. Dispõe o art. 84, IV, da CF que compete privativamente ao Presidente da República, além de sancionar, promulgar e fazer publicar as leis, expedir decretos e regulamentos para sua fiel execução. Equivalem à lei em sentido material, mas não à lei em sentido formal, pois serve à lei, sendo a ela hierarquicamente inferior.

O Supremo Tribunal Federal afirma que Decretos existem para assegurar a fiel execução das leis[285]. Isso significa que os decretos ou regulamentos devem se limitar a explicitar a lei ordinária, sem, contudo, ampliá-la ou restringi-la em casos expressamente previstos, e tem caráter de especificação do texto legal, como o Regulamento a respeito do FGTS, por exemplo.

Todavia, é de refletir-se que, muitas vezes, no exercício do poder de regulamentar, a administração pública tem ultrapassado seus limites, usurpando poder que não lhe compete[286].

Trata-se da discussão sobre regulamentos derivados e regulamentos autônomos. Em princípio, os regulamentos somente podem atuar no espaço que lhes é concedido pela Constituição: especificar o conteúdo da lei. Entretanto, ocorre de o Poder Executivo extrapolar tal limitação, regrando aspectos que não têm competência exclusiva da Lei, o que caracterizaria os chamados regulamentos autônomos. Essa é uma matéria polêmica, que envolve, entre outras questões, a discussão sobre qual dos poderes ocupa o "vácuo legislativo". Atualmente, também o Poder Judiciário pode ocupar tal "vácuo", com o instituto do Mandado de Injunção[287].

Por fim, cabe referir que as portarias, os avisos, as instruções e as circulares não constituem fontes formais do Direito do Trabalho, pois obrigam apenas os funcionários a que se dirigem e nos limites da obediência hierárquica. Faltam-lhes as qualidades da lei em sentido material, quais sejam, generalidade, abstração e impessoalidade. Há, contudo, possibilidade técnica de serem alçados ao estatuto de fonte normativa quando expressamente referidos por lei ou decreto a que se reportam, passando a integrar o conteúdo desses diplomas, como ocorre nos casos das condições insalubres e das atividades ou operações perigosas em que os arts. 192 e 193 da Consolidação das Leis do Trabalho direcionam a especificação delas à regulamentação aprovada pelo Ministério do Trabalho (Portaria n. 3.214/78, que dispõe sobre as Normas Regulamentadoras — NRs)[288].

---

(284) Para um maior detalhamento dessa matéria remete-se o leitor ao item das fontes formais *supra*.

(285) ADI 1.435-MC, Rel. Min. Francisco Rezek, julgamento em 27.11.96, *DJ* de 6.8.99.

(286) FERRAZ, Ana Cândida da Cunha. *Processos informais de mudança da Constituição*. São Paulo: Max Limonad, 1986.

(287) Sobre essa questão, Heck esclarece que é tarefa dos tribunais (e das autoridades administrativas) responder, com o auxílio dos métodos de interpretação reconhecidos, na aplicação da lei, as questões duvidosas surgidas por falta de regulação expressa (HECK, Luís Afonso. *O Tribunal Constitucional Federal e o desenvolvimento dos princípios constitucionais:* contributo para uma compreensão da Jurisdição Constitucional Federal Alemã. Porto Alegre: Sergio Antonio Fabris, 1995. p. 209-210).

(288) DELGADO, Mauricio Godinho. *Curso de Direito do Trabalho*. 8. ed. São Paulo: LTr, 2009. p. 146.

2.2.1.2.3. *Tratados e Convenções Internacionais*

Atualmente, existem, cada vez mais, espaços de poder com comportamentos obrigatórios, regras para serem cumpridas e critérios de controle temporal das expectativas normativas da sociedade que não derivam do Estado. Tais espaços de poder são variados, como os que se dão nas convenções coletivas, e, no âmbito internacional, em comunidades internacionais (como a União Europeia e o Mercosul) e organizações internacionais (como a ONU, OMC e OIT), os quais têm regras próprias para a tomada de decisões para grupos de pessoas que as seguem(289).

Tratado internacional significa um acordo celebrado por escrito entre Estados e regido pelo Direito Internacional, quer conste de um instrumento único, quer de dois ou mais instrumentos conexos, qualquer que seja sua denominação particular(290).

Convenções são espécies de tratados, aprovados por entidade internacional, a que aderem voluntariamente seus membros (podem ser subscritas apenas por Estados, sem participação de entes internacionais), mas a ONU (Organização das Nações Unidas) e a OIT (Organização Internacional do Trabalho) têm atribuído o nome convenção aos tratados multilaterais adotados por suas assembleias e conferências(291).

A terminologia dos tratados é imprecisa e não apresenta uniformidade, sendo as convenções espécies do gênero tratado. Geralmente, a expressão tratado é utilizada nos acordos solenes e a denominação convenção, nos acordos que criam as normas gerais.

As convenções internacionais, especialmente as convenções da Organização Internacional do Trabalho — OIT, são muito importantes no âmbito do Direito do Trabalho. As convenções são tratados multilateriais, abertos à ratificação dos Estados membros, que, uma vez ratificadas, integram a respectiva legislação nacional(292).

Além de convenções, a Conferência Internacional do Trabalho, órgão supremo da OIT, responsável pela regulamentação internacional do trabalho, pode expedir recomendações e resoluções, que, ao contrário das convenções, não são objeto de ratificação e com isso não criam obrigações para os Estados membros, servindo de mera sugestão aos Estados.

Os tratados, convenções e atos internacionais ratificados são fontes formais de direito. No plano internacional, por meio da ratificação se atribui vigência aos tratados e convenções internacionais, ou seja, a ratificação confirmada pela autoridade competente obriga o Estado internacionalmente. A ratificação é um ato administrativo de confirmação ("aceitação", "aprovação", "adesão", na expressão da Convenção sobre os Direitos dos Tratados, todas expressões no sentido de consentimento de um Estado em obrigar-se por tratado internacional(293)). No plano interno, do direito brasileiro, a vigência do tratado internacional ocorre com a publicação do Decreto promulgado pelo Presidente da República.

Frise-se que os tratados, convenções e atos internacionais ratificados são fontes de direito expressamente previstas na Constituição Federal brasileira (art. 84, IV e VIII, da Constituição Federal).

Note-se que, no Brasil, o Presidente da República tem competência privativa tanto para celebrar (assinar) Tratados, Convenções e atos internacionais (art. 84, VIII, da Constituição Federal(294)) como para expedir o

---

(289) ROCHA, Leonel Severo. Observações sobre autopoiese, normativismo e pluralismo jurídico. *Constituição, Sistemas Sociais e Hermenêutica:* Programa de Pós-Graduação em Direito da UNISINOS: mestrado e doutorado. Porto Alegre: Livraria do Advogado, 2008. p. 177.

(290) Conforme o art. 2º, letra "a" da Convenção de Viena sobre Direito dos Tratados, assinada em 23.05.1969.

(291) GARABINI, Vera. *Direito Internacional e Direito Comunitário.* Belo Horizonte: Leiditathi, 2007. p. 78.

(292) SÜSSEKIND, Arnaldo. *Direito Internacional do Trabalho.* 2. ed. São Paulo: LTr, 1987. p. 174.

(293) Art. 2º, letra "b" da Convenção de Viena sobre Direito dos Tratados, assinada em 23.05.1969.

(294) Constituição Federal, art. 84: "Compete privativamente ao Presidente da República: (...) VIII — celebrar tratados, convenções e atos internacionais, sujeitos a referendo do Congresso Nacional".

Decreto Legislativo (art. 84, IV, da Constituição Federal[(295)]), que então é submetido ao referendo do Congresso Nacional, em que depois de aprovado, no plenário, em turno único, é promulgado pelo presidente do Congresso Nacional e posteriormente publicado no Diário do Congresso e no Diário Oficial da União, quando então passa a ter força normativa.

Também é interessante lembrar que o Decreto Legislativo (arts. 59, VI e 84, IV da Constituição Federal) não comporta sanção ou veto. Trata-se de Decreto de execução que tem a finalidade de declarar, atestar solenemente, que foram cumpridas as formalidades exigidas[(296)].

As convenções não ratificadas, assim como as recomendações, são fontes materiais de direito, porque suas normas exercem inquestionável influência na regulação da respectiva matéria, quer pela autoridade nacional competente, quer pelos instrumentos da negociação coletiva[(297)].

No sistema jurídico brasileiro, os tratados ou convenções internacionais estão hierarquicamente subordinados à autoridade normativa da Constituição da República. Em consequência, nenhum valor jurídico terão os tratados internacionais que, incorporados ao sistema de direito positivo interno, transgredirem, formal ou materialmente, o texto da Carta Política. O exercício do *treaty-making power*, pelo Estado brasileiro — não obstante o polêmico art. 46 da Convenção de Viena sobre o Direito dos Tratados (ainda em curso de tramitação perante o Congresso Nacional) —, está sujeito à necessária observância das limitações jurídicas impostas pelo texto constitucional[(298)].

O Poder Judiciário — fundado na supremacia da Constituição da República — dispõe de competência para, quer em sede de fiscalização abstrata, quer no âmbito do controle difuso, efetuar o exame de constitucionalidade dos tratados ou convenções internacionais já incorporados ao sistema de direito positivo interno. Os tratados ou convenções internacionais, uma vez regularmente incorporados ao direito interno, situam-se, no sistema jurídico brasileiro, nos mesmos planos de validade, de eficácia e de autoridade em que se posicionam as leis ordinárias, havendo, em consequência, entre estas e os atos de direito internacional público, mera relação de paridade normativa[(299)].

É importante lembrar que a EC n. 45/04, que incluiu o § 3º, ao art. 5º da Constituição Federal, dispôs que os tratados e convenções internacionais sobre direitos humanos que forem aprovados, em cada Casa do Congresso Nacional, em dois turnos, por três quintos dos votos dos respectivos membros, serão equivalentes às emendas constitucionais.

Os direitos trabalhistas ligados diretamente à dignidade da pessoa humana como os garantidos pela Declaração da Organização Internacional do Trabalho sobre os Princípios e Direitos Fundamentais no Trabalho (Genebra, 18.06.1998[(300)]), têm natureza de direitos humanos, segundo Pedro Lenza[(301)].

Nesse sentido, na Declaração da Organização Internacional do Trabalho sobre os Princípios e Direitos Fundamentais no Trabalho, a Conferência Internacional do Trabalho lembra que no momento de incorporarem-se livremente à OIT, todos os membros aceitaram os princípios e direitos enunciados em sua Constituição e na Declaração de Filadélfia, e se comprometeram a se esforçar por alcançar os objetivos gerais da Organização na medida de suas possibilidades e atendendo a suas condições específicas.

Após fazer essa lembrança, que em verdade é uma advertência, a Conferência Internacional do Trabalho declara que todos os Membros, ainda que não tenham ratificado as convenções aludidas (note-se a importância e abrangência dessa referência expressa), têm um compromisso, derivado do fato de pertencer

(295) Constituição Federal de, art. 84: "Compete privativamente ao Presidente da República: (...) IV — sancionar, promulgar e fazer publicar as leis, bem como expedir decretos e regulamentos para sua fiel execução".

(296) GARABINI, Vera. *Direito Internacional e Direito Comunitário.* Belo Horizonte: Leiditathi, 2007. p. 78.

(297) SÜSSEKIND, Arnaldo. *Direito Internacional do Trabalho.* 2. ed. São Paulo: LTr, 1987. p. 192.

(298) ADI 1.480-MC, Rel. Min. Celso de Mello, julgamento em 4.9.97, Plenário, *DJ* de 18.5.01.

(299) ADI 1.480-MC, Rel. Min. Celso de Mello, julgamento em 4.9.97, Plenário, *DJ* de 18.5.01.

(300) SÜSSEKIND, Arnaldo. *Convenções da OIT e outros tratados.* 3. ed. São Paulo: LTr, 2007. p. 379-383.

(301) LENZA, Pedro. *Direito Constitucional esquematizado.* 13. ed. São Paulo: Saraiva, 2009. p. 436.

à Organização, de respeitar, promover e tornar realidade, de boa-fé e de conformidade com a Constituição, os princípios relativos aos direitos fundamentais que são objeto, listando-os: a) a liberdade sindical e o reconhecimento efetivo do direito de negociação coletiva; b) a eliminação de todas as formas de trabalho forçado ou obrigatório; c) a abolição efetiva do trabalho infantil; d) a eliminação da discriminação em matéria de emprego e ocupação.

2.2.1.2.4. *Sentença normativa*

Denomina-se sentença normativa a decisão que julga a ação de dissídio coletivo.

Das fontes formais de origem estatal a mais peculiar ao Direito do Trabalho brasileiro é a sentença normativa.

A origem dessa fonte está na Carta Constitucional de 1937 (art. 139) e foi mantida nas Constituições de 1946 (art. 123, § 2º) e de 1967 (art. 142, § 1º), sendo inicialmente bastante ampliada na Constituição de 1988, que em sua redação original inovou ao dispor sobre o chamado poder normativo da Justiça do Trabalho, que, porém, foi fortemente restringido pela Emenda Constitucional n. 45, de 8.12.2004 ao alterar a redação do § 2º do art. 114 da Constituição Federal de 1988[302].

Frustrada, total ou parcialmente, a autocomposição dos interesses coletivos em negociação promovida diretamente pelos interessados, ou mediante intermediação administrativa do Órgão competente do Ministério do Trabalho, poderá ser ajuizada a ação de dissídio coletivo (art. 114, § 2º da Constituição Federal de c/c art. 213 do Regimento Interno do Tribunal Superior do Trabalho).

Nenhum processo de dissídio coletivo de natureza econômica será admitido sem antes se esgotarem as medidas relativas à formalização da Convenção ou Acordo correspondente (§ 4º do art. 616 da Consolidação das Leis do Trabalho, incluído pelo Decreto-lei n. 229, de 28.2.1967 c/c art. 114, § 2º da Constituição Federal). É, portanto, a negociação coletiva prévia uma condição da ação de dissídio coletivo.

O Supremo Tribunal Federal[303] já decidiu que o § 2º do art. 114 da Constituição Federal de não viola o princípio do livre acesso à justiça (Constituição Federal, art. 5º, inciso XXXV: "a lei não excluirá da apreciação do Poder Judiciário lesão ou ameaça a direito"). Entendeu o Supremo Tribunal Federal que o próprio legislador constituinte de 1988 limitou a condição de ter-se o exaurimento da fase administrativa, para chegar-se à formalização de pleito no Judiciário em algumas situações como no caso da norma que versa sobre os chamados dissídios coletivos, às ações coletivas, previstas no § 2º do art. 114 da Constituição Federal[304]. A Constituição não chegou a exigir, em si, a tentativa de solução da pendência, contentando-se a norma com a simples recusa de participação em negociação ou envolvimento em arbitragem.

Havendo convenção, acordo ou sentença normativa em vigor, o dissídio coletivo deverá ser instaurado dentro dos 60 (sessenta) dias anteriores ao respectivo termo final, para que o novo instrumento possa ter

---

(302) Redação atual do § 2º do art. 114 da Constituição Federal: "Recusando-se qualquer das partes à negociação coletiva ou à arbitragem, é facultado *às mesmas, de comum acordo,* ajuizar dissídio coletivo *de natureza econômica,* podendo a Justiça do Trabalho decidir o conflito, respeitadas as disposições mínimas legais de proteção ao trabalho, bem como as convencionais anteriormente". Grifou-se.

Antes da EC n. 45/04, a redação do § 2º do art. 114 da Constituição Federal de 1988 era a seguinte: "Recusando-se qualquer das partes à negociação coletiva ou à arbitragem, é facultado *aos respectivos sindicatos* ajuizar dissídio coletivo, podendo a Justiça do Trabalho *estabelecer normas e condições,* respeitadas as disposições convencionais e legais mínimas de proteção ao trabalho". Grifou-se.

Dessa forma, após a EC n. 45/04 a Justiça do Trabalho só poderá decidir conflitos coletivos *de natureza econômica,* deles resultando normas que têm por fim a criação de novas formas de trabalho e, principalmente, melhores condições salariais.

A contrario sensu, a Justiça do Trabalho não pode mais decidir conflitos que tenham por objeto a aplicação ou interpretação da norma jurídica (normas coletivas jurídicas), em face do novo texto. Além disso, recusando-se qualquer das partes à negociação coletiva ou à arbitragem, é facultado *às mesmas, de comum acordo,* ajuizarem ação de dissídio coletivo.

(303) ADI 2.139-MC e ADI 2.160-MC, voto do Rel. p/ o ac. Min. Marco Aurélio, julgamento em 13.5.09, Plenário, *DJE* de 23.10.09.

(304) Outra exceção constitucional ao princípio do livre acesso à Justiça se dá no tocante ao desporto (§ 1º do art. 217).

vigência no dia imediato a esse termo (§ 3º do art. 616 da Consolidação das Leis do Trabalho, com redação dada pelo Decreto-lei n. 424, de 21.1.1969).

Via de consequência, a sentença normativa vigorará:

a) a partir da data de sua publicação, quando ajuizado o dissídio após o prazo do art. 616, § 3º, ou, quando não existir acordo, convenção ou sentença normativa em vigor, da data do ajuizamento (art. 867, parágrafo único, *a*, incluído pelo Decreto-lei n. 424, de 21.1.1969), ou seja, só entrará em vigor a partir da publicação do acórdão que julgar a ação de dissídio coletivo;

b) a partir do dia imediato ao termo final de vigência do acordo, convenção ou sentença normativa, quando ajuizado o dissídio no prazo do art. 616, § 3º (art. 867, parágrafo único, *b*, incluído pelo Decreto-lei n. 424, de 21.1.1969), isto é, o início da vigência da sentença normativa retroagirá à chamada data-base da categoria.

Isso significa que caso não ajuizado o dissídio coletivo dentro dos 60 (sessenta) dias anteriores ao respectivo término de vigência da convenção, acordo ou sentença normativa em vigor, a categoria ficará exposta ao "vazio normativo temporário" até a data de publicação do julgamento da ação de dissídio coletivo[(305)].

Para evitar que isso ocorra, o Tribunal Superior do Trabalho criou a figura do chamado protesto judicial, ou seja, na impossibilidade real de encerramento da negociação coletiva em curso antes do termo final a que se refere o art. 616, § 3º, da Consolidação das Leis do Trabalho, a entidade interessada poderá formular protesto judicial em petição escrita dirigida ao Presidente do Tribunal, a fim de preservar a data-base da categoria. Deferida tal medida, a ação coletiva será ajuizada no prazo máximo de 30 (trinta) dias, contados da intimação, sob pena de perda da eficácia do protesto (art. 213 do Regimento Interno do Tribunal Superior do Trabalho).

O prazo de vigência da sentença normativa não poderá ser superior a 4 (quatro) anos conforme o art. 868 da Consolidação das Leis do Trabalho, embora vigore normalmente por 1 (um) ano[(306)], diferentemente do prazo máximo dos acordos e convenções coletivas de trabalho que não pode ter duração superior a 2 (dois) anos (art. 614, § 3º, da Consolidação das Leis do Trabalho).

Sobre as cláusulas deferidas em sentença normativa proferida em dissídio coletivo, a jurisprudência do Supremo Tribunal Federal é no sentido de que só podem ser impostas se encontrarem suporte na lei[(307)].

As sentenças normativas produzem coisa julgada com eficácia *ultra partes*, pois os seus limites subjetivos estendem-se aos integrantes das categorias que figuraram como parte na demanda coletiva[(308)]. Esta forma de heterocomposição revela uma competência legislativa anômala do Poder Judiciário.

Delegada aos Tribunais Trabalhistas competência para proferir sentença normativa, "tem lugar aí, como observa Passareli, uma atividade formalmente jurisdicional e materialmente legislativa. Trata-se, pois, de ato jurisdicional, com eficácia normativa"[(309)].

Outra questão extremamente debatida sobre sentença normativa e ainda mais intricada é se ela produz coisa julgada material, já que não tem vigência definitiva, mas temporária (pelo prazo de vigência).

A doutrina trabalhista também não é uníssona sobre esse tema. Carlos Henrique Bezerra Leite, por exemplo, entende que a sentença normativa produz coisa julgada material (além, é claro, da formal), pois o art. 2º, I, *c*, da Lei n. 7.701/88 dispõe expressamente que compete, originariamente, à sessão especializada em dissídios coletivos julgar as ações rescisórias propostas contra suas próprias sentenças normativas[(310)].

(305) LEITE, Carlos Henrique Bezerra. *Curso de direito processual do trabalho*. 6. ed. São Paulo: LTr, 2008. p. 1080.
(306) MARTINS, Sergio Pinto. *Direito Processual do Trabalho*. 27. ed. São Paulo: Atlas, 2007. p. 629.
(307) RE 114.836, Rel. Min. Maurício Corrêa, julgamento em 1º.12.97, *DJ* de 6.3.98.
(308) LEITE, Carlos Henrique Bezerra. *Curso de direito processual do trabalho*. 6. ed. São Paulo: LTr, 2008. p. 1093.
(309) Conforme BARROS, Alice Monteiro de. *Curso de Direito do Trabalho*. 4. ed. São Paulo: LTr, 2008. p. 1276.
(310) LEITE, Carlos Henrique Bezerra. *Curso de direito processual do trabalho*. 6. ed. São Paulo: LTr, 2008. p. 1091.

No âmbito jurisprudencial, o Tribunal Superior do Trabalho firmou entendimento de que a sentença normativa somente faz coisa julgada formal, e com isso não procede ação rescisória calcada em ofensa à coisa julgada perpetrada por decisão proferida em ação de cumprimento[(311)].

A ação de dissídio coletivo requer forma escrita (não pode ser verbal como o dissídio individual).

Deverá ser dirigida ao Presidente do Tribunal (Tribunal Regional do Trabalho ou Tribunal Superior do Trabalho, conforme a abrangência do conflito).

Possuem legitimidade para ajuizar a ação de dissídio coletivo: a) as partes da negociação coletiva frustrada (entes sindicais de qualquer grau representantes dos empregados, entes sindicais de qualquer grau representantes dos empregados, ou uma ou mais empresas)[(312)]; b) o presidente do Tribunal Regional do Trabalho ou Tribunal Superior do Trabalho, quando houver suspensão do trabalho (arts. 856 e 857 da Consolidação das Leis do Trabalho)[(313)]; c) o Ministério Público do Trabalho, apenas em caso de greve em atividade essencial, com possibilidade de lesão do interesse público (art. 114, § 2º, da Constituição Federal).

São documentos essenciais para a propositura da ação de dissídio coletivo: edital de convocação da assembleia geral da categoria; ata da assembleia geral; lista de presença da assembleia geral, registros da frustração da negociação coletiva (correspondências, atas da negociação coletiva); norma coletiva anterior (se for o caso de dissídio coletivo revisional); procuração, comprovação do chamado "comum acordo" das partes para ajuizamento da ação.

O "comum acordo" entre as partes é uma nova condição da ação de dissídio coletivo de natureza econômica, inserido pela EC n. 45/04, que alterou a redação do art. 114, § 2º, da Constituição Federal. A expressão de comum acordo não significa que as partes deverão obrigatoriamente subscrever em conjunto a petição inicial do dissídio coletivo. Basta que uma delas comprove que a outra concordou com a propositura da demanda coletiva. Essa concordância pode ser expressa ou tácita: será expressa quando existir um documento assinado por ambas as partes interessadas concordando com a propositura da ação coletiva; será tácita quando existir prova de que uma parte convidou a outra para, em determinado prazo, manifestar sua concordância ou não com o ajuizamento da ação coletiva, valendo o silêncio como concordância tácita[(314)].

Conforme a jurisprudência firmada pela Seção Especializada em Dissídios Coletivos do Tribunal Superior do Trabalho, a partir da exigência trazida pela Emenda Constitucional n. 45/05 ao art. 114, § 2º, da

---

(311) Tribunal Superior do Trabalho, Súmula n. 397: "AÇÃO RESCISÓRIA. ART. 485, IV, DO CPC. AÇÃO DE CUMPRIMENTO. OFENSA À COISA JULGADA EMANADA DE SENTENÇA NORMATIVA MODIFICADA EM GRAU DE RECURSO. INVIABILIDADE. CABIMENTO DE MANDADO DE SEGURANÇA (Res. n. 137/2005, DJ 22, 23 e 24.08.2005). Não procede ação rescisória calcada em ofensa à coisa julgada perpetrada por decisão proferida em ação de cumprimento, em face de a sentença normativa, na qual se louvava, ter sido modificada em grau de recurso, porque em dissídio coletivo somente se consubstancia coisa julgada formal. Assim, os meios processuais aptos a atacarem a execução da cláusula reformada são a exceção de pré-executividade e o mandado de segurança, no caso de descumprimento do art. 572 do CPC.

(312) A representação dos sindicatos para instauração da instância fica subordinada à aprovação de assembleia, da qual participem os associados interessados na solução do dissídio coletivo, em primeira convocação, por maioria de 2/3 (dois terços) dos mesmos, ou, em segunda convocação, por 2/3 (dois terços) dos presentes (art. 859 da CLT).

A jurisprudência do Tribunal Superior do Trabalho tem firmado entendimento flexível quanto ao *quorum* mínimo para a realização da assembleia. Foram canceladas as Orientações Jurisprudenciais ns. 13 e 21 e afastada a aplicação do art. 612 da CLT, fixando-se, apenas, a exigência dos requisitos do art. 859 da Consolidação das Leis do Trabalho. Atualmente prevalece o entendimento de que, em segunda convocação, a presença de qualquer número de associados interessados é suficiente para a legitimidade da assembleia que autorize ao sindicato representativo suscitar dissídio coletivo.

Nesse sentido, o ajuizamento do dissídio coletivo está subordinado à aprovação da assembleia geral da categoria, da qual participem os associados interessados na solução do conflito. Sendo que, em segunda convocação, a deliberação deve ser a manifestação da vontade de 2/3 (dois terços) dos presentes, conforme disposição legal. Se houve a segunda convocação para a realização da assembleia geral e, ainda, constado que a deliberação pelo ajuizamento da instância ocorreu por unanimidade, pode-se concluir que restou alcançado o *quorum* (Tribunal Superior do Trabalho-RODC-951/2004-000-01-00.5, Rel. Min. Mauricio Godinho, DJ 09.05.08).

(313) Leite sustenta que essa parte do art. 856 da Consolidação das Leis do Trabalho não foi recepcionada pela redação dada pela EC n. 45/04 que alterou o art. 114, § 2º da Constituição Federal, que somente faculta às partes, de comum acordo, a legitimação para propositura dessa ação (LEITE, Carlos Henrique Bezerra. *Curso de direito processual do trabalho*. 6. ed. São Paulo: LTr, 2008. p. 1084).

(314) LEITE, Carlos Henrique Bezerra. *Curso de direito processual do trabalho*. 6. ed. São Paulo: LTr, 2008. p. 1082.

Constituição Federal, o comum acordo constitui pressuposto processual para o ajuizamento do dissídio coletivo de natureza econômica. Não demonstrado o "comum acordo", evidencia-se a inviabilidade do exame do mérito da questão controvertida, por ausência de condição da ação, devendo-se extinguir o processo, sem resolução do mérito(315).

Respondendo a pretensão de declaração de inconstitucionalidade do art. 114, § 2º, da Constituição Federal, prevalece no Tribunal Superior do Trabalho o entendimento de que não se configura violação do inciso XXXV do art. 5º da Constituição Federal, pois para que haja a apreciação do Poder Judiciário sobre a lesão ou ameaça a direito é necessário que, primeiramente, exista direito que possa ser lesado ou ameaçado, o que não é o caso dos autos, uma vez que o dissídio coletivo de natureza econômica visa, exatamente, à declaração da existência de determinados direitos e condições de labor que passarão a compor a relação de trabalho entre os sindicatos envolvidos(316).

2.2.1.2.5. Súmulas vinculantes do Supremo Tribunal Federal

Criadas pela EC n. 45/2004 que as inseriu no art. 103-A da Constituição Federal, as Súmulas vinculantes surgem da necessidade de reforço da ideia de uma única interpretação jurídica para o mesmo texto constitucional ou legal, de maneira a assegurar-se a segurança jurídica e o princípio da igualdade, ainda que sua adoção não seja unânime na doutrina nacional(317).

Vale lembrar que essa ideia já foi adotada no Império, quando, em 1876, o Supremo Tribunal de Justiça passou a ter a possibilidade de editar "assentos com força de lei", nos termos do art. 2º do Decreto n. 6.142, de 10.3.1876, sem, porém, ter sido utilizado até a proclamação da República(318).

Conforme esclarece e sustenta Alexandre de Moraes(319), a EC n. 45/04 não adotou o clássico *stare decisis* (sistema da *common law*), tampouco transformou nosso sistema de *civil law* (sistema romano-germânico) em *common law*(320), mas permitiu ao Supremo Tribunal Federal, de ofício ou mediante provocação, mediante decisão de dois terços dos seus membros (o Supremo Tribunal Federal é composto de 11 Ministros, conforme o art. 101 da Constituição Federal), após reiteradas decisões sobre matéria constitucional, aprovar Súmula, que a partir de sua publicação a imprensa oficial, terá efeito vinculante em relação aos demais órgãos do Poder Judiciário e à Administração Pública direta e indireta, nas esferas federal, estadual e municipal, bem como proceder à sua revisão ou cancelamento na forma estabelecida em lei (art. 103-A da Constituição Federal).

Esta lei a qual a Constituição Federal remete é a Lei n. 11.417/2006, que regulamentou a edição, revisão e o cancelamento de Súmulas pelo Supremo Tribunal Federal, possibilitando ao Supremo Tribunal Federal a não vinculação *ad eternum* a seus precedentes.

---

(315) Tribunal Superior do Trabalho-DC-165049-2005-000-00-00.4, SDC, Rel. Min. Carlos Alberto Reis de Paula, publicado em 29.09.2006.

(316) Nesse sentido foram proferidos os seguintes julgados: Tribunal Superior do Trabalho — RODC-306/2006-000-03-00, Rel. Min. Vantuil Abdala, DJ 19.10.07; Tribunal Superior do Trabalho — RODC-322/2006-000-08-00.9, Rel. Min. Ives Gandra, DJ 19.10.07; Tribunal Superior do Trabalho — RODC-3.612/2005-000-04-00.5, Rel. Min. Brito Pereira, DJ 26.10.07; Tribunal Superior do Trabalho — RODC 20.251/2005-000-02-00.2, Rel. Min. Carlos Alberto, DJ 09.11.07; Tribunal Superior do Trabalho — RODC-3.468/2006-000-04-00, Rel. Min. Dora Maria, DJ 15.02.08; Tribunal Superior do Trabalho — RODC-995/2005-000-04-00, Rel. Min. Barros Levenhagen, DJ 15.02.08.

(317) Há quem entenda que as Súmulas vinculantes poderão acarretar o engessamento e consequente paralisia na evolução e interpretação do Direito, por exemplo SADEK, Maria Tereza. Judiciário: mudanças e reformas. *USP — Estudos avançados*, v. 18, n. 51. p. 91-92, maio/ago, 2004.

(318) MORAES, Alexandre de. *Direito Constitucional*. 24. ed. São Paulo: Atlas, 2009. p. 789.

(319) MORAES, Alexandre de. *Direito Constitucional*. 24. ed. São Paulo: Atlas, 2009. p. 790.

(320) Sobre as diferenças entre o sistema da *common law* e o sistema de *civil law* ver a seguir quando se estuda a jurisprudência.

Da decisão judicial ou do ato administrativo que contrariar enunciado de Súmula vinculante, negar-lhe vigência ou aplicá-lo indevidamente caberá reclamação ao Supremo Tribunal Federal, sem prejuízo dos recursos ou outros meios admissíveis de impugnação[321].

Contra omissão ou ato da administração pública, o uso da reclamação só será admitido após esgotamento das vias administrativas[322].

Ao julgar procedente a reclamação, o Supremo Tribunal Federal anulará o ato administrativo ou cassará a decisão judicial impugnada, determinando que outra seja proferida com ou sem aplicação da Súmula, conforme o caso[323].

Também é importante salientar que por enquanto o caráter vinculante (obrigatoriedade de observância) das Súmulas restringe-se às Súmulas do Supremo Tribunal, não alcançando os demais Tribunais Superiores, nos exatos termos da redação atual do art. 103-A da Constituição Federal.

Essa matéria será amplamente estudada a seguir por ocasião da análise do enquadramento da jurisprudência como fonte formal de direito ou não. Ainda que a polêmica em torno da jurisprudência possa persistir, o mesmo não ocorre mais com as Súmulas Vinculantes do Supremo Tribunal Federal em face da atual disposição constitucional.

Nesse contexto, as Súmulas Vinculantes do Supremo Tribunal Federal são uma nova espécie das fontes formais heterônomas no direito brasileiro (impostas pelo Estado, por meio do órgão de cúpula do Poder Judiciário brasileiro), tendo caráter vinculativo no que tange à obrigatoriedade de ser observada por todos os órgãos do Poder Judiciário e pela Administração Pública direta e indireta, nas esferas federal, estadual e municipal.

3. *Fontes de enquadramento controvertido*

3.1. Costume

O costume baseia-se na crença e na tradição, sob a qual está o argumento de que algo deve ser feito, e deve sê-lo porque sempre o foi. A autoridade do costume repousa, pois, nessa força conferida ao tempo e ao uso contínuo como reveladores de normas, as normas consuetudinárias, conforme esclarece Tércio Sampaio Ferraz Junior[324].

Trata-se de uma fonte formal de direito típica e pacífica. O que não é nada pacífico, contudo, é o enquadramento do costume na classificação autônoma/heterônoma.

É importante distinguir que o nascimento do costume, como fonte do Direito, se dá de forma diferenciada da lei. Esta, como se sabe, pressupõe a existência de um processo legislativo, enquanto aquele se desenvolve de forma anônima[325]. Enquanto a lei tem origem certa e final certo, o costume é imprevisível quanto ao seu surgimento e quanto ao seu tempo de duração, assim como a forma pela qual vai acontecer a sua extinção.

Seus pressupostos são as repetições habituais de uma determinada conduta, durante determinado tempo, e a consciência social de sua obrigatoriedade[326]. Essa consciência, também conhecida por *opinio juris et necessitatis*, deve corresponder a uma necessidade jurídica.

(321) Conforme a Lei n. 11.417/2006, art. 7º, *caput*.
(322) Conforme a Lei n. 11.417/2006, art. 7º, § 1º.
(323) Conforme a Lei n. 11.417/2006, art. 7º, § 2º.
(324) FERRAZ JUNIOR, Tércio Sampaio. *Introdução ao Estudo do Direito*. São Paulo: Atlas, 1991. p. 237.
(325) REALE, Miguel. *Lições Preliminares de Direito*. 13. ed. São Paulo: Saraiva, 1986. p. 156.
(326) REALE, Miguel. *Lições Preliminares de Direito*. 13. ed. São Paulo: Saraiva, 1986. p. 158.

Conforme lembra Clóvis Beviláqua, nos países de codificação, prevaleceu a crença de que a lei, tendo alcançado pela sistematização a sua forma definitiva, constituía a fonte exclusiva do Direito Civil, não restando espaço para o desenvolvimento do costume. Essa opinião encontrou repercussão entre os doutrinadores, embora os códigos fizessem referências aos costumes. Essas referências eram, contudo, interpretadas como se a lei incorporasse o costume. O autor lembra que várias codificações (Áustria, Portugal, Espanha e outros) se mostram hostis ao costume, recebendo somente aquele conforme à lei. Esse fato, contudo, não impede que o costume continue interpretando a lei e preenchendo as suas lacunas. Apenas deve ser repelido aquele costume que revoga a lei *contra legem*, em face da segurança jurídica[(327)].

Não há dúvida de que o costume gera normas abstratas, gerais e impessoais, por isso se trata de fonte formal. A discussão que persiste está na origem dessa fonte formal.

Para Mauricio Godinho Delgado[(328)], por exemplo, os costumes constituem-se importante fonte formal autônoma do Direito do Trabalho, produzidos espontaneamente pelo ambiente de trabalho, caracterizando-se como "a prática habitual adotada no contexto mais amplo de certa empresa, categoria, região etc., firmando um modelo ou critério de conduta geral, impessoal, aplicável *ad futurum* a todos os trabalhadores integrados no mesmo tipo de contexto".

Não partilhamos desse entendimento, por entendermos que o costume não é formulado pelos próprios destinatários das normas (autocomposição — fonte autônoma), mas simplesmente existe (não tem autor conhecido, nas palavras de Nascimento[(329)]), produzido pelo uso reiterado e pelo processo de institucionalização que explica a formulação da convicção da obrigatoriedade. Esse processo de institucionalização, ainda que não sofra imposição, tem chancela Estatal, que autoriza expressamente a sua utilização (tornando-o fonte formal heterônoma) como fonte supletiva geral no art. 4º da Lei de Introdução às normas do Direito Brasileiro e especificamente em termos de Direito do Trabalho no art. 8º da Consolidação das Leis do Trabalho.

Dito de outro modo, entende-se que a origem não é autônoma, mas heterônoma, pois a criação de normas jurídicas tem constituído uma prerrogativa majoritariamente atribuída ao Estado. Há uma norma dentro do ordenamento jurídico que autoriza a utilização do costume como fonte supletiva[(330)] do Direito do Trabalho brasileiro (art. 8º da Consolidação das Leis do Trabalho).

A doutrina consagrada em nosso Código Civil, e inspiradora da Consolidação das Leis do Trabalho, afirma que o costume é uma fonte produtora de direito em todas as fases do desenvolvimento deste, quer para completá-lo, quer para corrigi-lo, dando-lhe uma interpretação mais conforme às necessidades sociais[(331)]. A única limitação ao costume é que este não pode ir frontalmente contra a lei (*contra legem*).

Nesse sentido, o costume, diferentemente da lei, tem uma formação lenta, não tem autor conhecido, é às vezes incerto e impreciso e surge de modo incontrolado, conforme ensina Nascimento[(332)].

A distinção entre usos e costumes, segundo a qual o uso seria a prática reiterada e uniforme de atos idênticos e semelhantes, e o costume seria a regra resultante do uso, não tem maior importância no Direito do Trabalho no Brasil[(333)].

O costume tem como pressuposto de validade o acolhimento ou a convicção de gerar, na sociedade, um determinado dever jurídico. A clássica distinção revela que o costume pode ser *secundum legem*, *praeter legem* e *contra legem*.

---

(327) BEVILÁQUA, Clóvis. *Teoria Geral do Direito Civil*. 2. ed. Rio de Janeiro: Francisco Alves, 1976. p. 36-38.

(328) DELGADO, Mauricio Godinho. *Curso de Direito do Trabalho*. 6. ed. São Paulo: LTr, 2007. p. 164.

(329) NASCIMENTO, Amauri Mascaro. *Curso de Direito do Trabalho*. 19. ed. São Paulo: Saraiva, 2004. p. 248-250.

(330) Somente em casos excepcionais a jurisprudência vai discutir a aplicação de costume *contra legem*, pois a regra geral é a admissão do costume apenas como fonte supletiva (*secundum legem*), ou como fonte integrativa (*praeter legem*).

(331) BEVILÁQUA, Clóvis. *Teoria Geral do Direito Civil*. 2. ed. Rio de Janeiro: Francisco Alves, 1976. p. 38.

(332) NASCIMENTO, Amauri Mascaro. *Curso de Direito do Trabalho*. 19. ed. São Paulo: Saraiva, 2004. p. 248-250.

(333) CATHARINO, José Martins. *Compêndio de Direito do Trabalho*. 3. ed. São Paulo: Saraiva, 1982. v. I, p. 88. Sobre a distinção propriamente dita, ver MAYNEZ, Eduardo García. *Introducción al Estudio del Derecho*. 18. ed. México: Porrúa, 1971. p. 65-66.

Chama-se o costume *secundum legem* quando a lei refere expressamente o costume como fonte capaz de integrar a norma escrita.

O costume também é fonte de interpretação da lei atuando na lacuna da lei, isto é, quando o ordenamento jurídico deixa *in albis* a regulamentação, e esta se dá segundo os costumes locais, o costume é dito *praeter legem*[(334)]. Nesse sentido, dispõe o art. 4º da Lei de Introdução às normas do Direito Brasileiro, que quando a lei for omissa, o juiz poderá se socorrer, também, do costume para interpretá-la.

Por último, resta observar que o costume pode ser *contra legem*, expressão do latim que significa contra a lei, ou seja, os costumes praticados em determinada região ou mesmo em âmbito nacional vão de encontro aos ditames legais. Nessas condições, a lei não o admite, mas pode o costume tornar-se tão forte que leve ao desuso dela. Nesse sentido, colidiria com o princípio da ineludibilidade da lei, que preconiza que ela somente perde sua validade por meio de outra lei que assim o determine. Apesar da disposição legal expressa, a prática tem revelado que, muitas vezes, em casos de desuso completo, reiterado e total da lei, o costume leva a uma derrogação tácita daquela.

O costume *contra legem* é o que se forma em sentido contrário ao da lei, mas não seria o caso de *consuetudo abrogatoria*, implicitamente revogatória das disposições legais (revogação total de uma lei), nem da *desuetudo* (desuso de uma lei), que produz a não aplicação da lei, uma vez que a norma legal passa a ser letra morta.

O desuso de uma lei não a torna letra morta, pois se traduz numa simples não utilização efetiva de um preceito legal, sem que seja contrário a este.

Para Catharino, o costume, se for notório, não carece de prova, podendo o juiz aplicá-lo de ofício. Se o juiz o desconhecer, pode determinar à parte que o invocou que faça a prova por todos os meios lícitos permitidos, sendo assegurado o direito do contraditório[(335)]. Amauri Mascaro Nascimento sustenta que o costume, em regra geral, deve ser provado[(336)]. Segundo o art. 337 do CPC, aplicável subsidiariamente ao processo do trabalho, a parte que alegar direito consuetudinário provar-lhe-á o teor e a vigência, se assim o determinar o juiz[(337)].

A absorção do costume pela lei, pela jurisprudência e pelas normas coletivas é uma consequência natural da experiência jurídica e muitas vezes ocorre de fato[(338)].

Nesse sentido, cabe uma referência aos costumes profissionais como fonte de direitos e obrigações. No Direito do Trabalho, certas profissões têm costumes profissionais que são enraizados nas práticas do dia a dia e passam a gerar direitos e obrigações. Muitas vezes esses costumes são transformados em cláusulas de convenções e acordos coletivos, dentro da ideia de absorção natural anteriormente referida. Exemplo: Direito a 1 kg de pão diário para padeiros.

Em face do exposto, entende-se que o costume não é fonte formal autônoma, e sim heterônoma, pois ele não é estabelecido pelos próprios destinatários das normas, mas simplesmente existe, produzido pelo uso reiterado e pelo processo de institucionalização que explica a formulação da convicção da obrigatoriedade. Esse processo de institucionalização, ainda que não sofra imposição, tem chancela Estatal, por meio de expressa autorização de sua utilização como fonte do Direito do Trabalho brasileiro (art. 8º da Consolidação das Leis do Trabalho).

---

(334) SÜSSEKIND, Arnaldo *et al. Instituições de Direito do Trabalho.* 20. ed. São Paulo: LTr, 2002. v. 1, p. 156-157.

(335) CATHARINO, José Martins. *Compêndio de Direito do Trabalho.* 3. ed. São Paulo: Saraiva, 1982. v. I, p. 88.

(336) NASCIMENTO, Amauri Mascaro. *Curso de Direito do Trabalho.* 19. ed. São Paulo: Saraiva, 2004. p. 295.

(337) CPC, art. 337: "A parte, que alegar direito municipal, estadual, estrangeiro ou consuetudinário, provar-lhe-á o teor e a vigência, se assim o determinar o juiz".

(338) NASCIMENTO, Amauri Mascaro. *Curso de Direito do Trabalho.* 19. ed. São Paulo: Saraiva, 2004. p. 295.

3.2. Regulamento da empresa

Outra questão polêmica quanto ao enquadramento ou não como fonte de Direito envolve uma prática tipicamente trabalhista que é o regulamento da empresa, também chamado de regulamento interno da empresa.

Trata-se de um conjunto de normas de conduta interna empresarial, cuja criação é facultativa, mas de cumprimento obrigatório. Por meio do regulamento, pode-se, por exemplo, disciplinar vantagens e benefícios oferecidos, estabelecer regras relativas a faltas e atrasos, prazos para a entrega de atestados médicos etc.

O regulamento é, normalmente, estabelecido e elaborado por empregadores (unilateral), mas pode ser ajustado de comum acordo entre empregadores e empregados, por meio de comissão instituída para esse fim (bilateral), o que seria o ideal em termos de Direito do Trabalho.

São exemplos de instituições com regime celetista que possuem regulamento algumas empresas públicas, sociedades de economia mista e instituições bancárias, como a Caixa Econômica Federal, o Banco do Brasil, o Banco Itaú.

Quem defende que o regulamento da empresa é fonte do Direito do Trabalho diz que por força do princípio da continuidade, o regulamento empresarial adere aos contratos individuais, passando a fazer parte deles. Seria uma forma indireta de fonte contratual, apenas com maior índice de generalidade do que o contrato individual.

Entendemos que o regulamento não é fonte formal de Direito do Trabalho, justamente porque as normas regulamentares se comportam como cláusulas contratuais, ou seja, com efeitos limitados às partes contratantes e vigiadas pelo princípio da imodificabilidade lesiva do contrato individual de trabalho (art. 468 da Consolidação das Leis do Trabalho).

Neste entender, o regulamento empresarial constitui parte integrante do contrato de trabalho, inalterável unilateralmente, quando for a alteração prejudicial ao trabalhador.

As normas regulamentares não são gerais, abstratas e impessoais.

A obrigatoriedade de sua observância fica restrita às partes contratantes, não gerando direitos e obrigações para terceiros, integrantes da categoria profissional ou categoria econômica, independentemente de sua anuência com o processo de negociação, de serem associados ou não, e do resultado da negociação, como acontece, por exemplo, nas convenções coletivas.

Um bom exemplo dessa argumentação aparece na interpretação que o Tribunal Superior do Trabalho pacificou sobre a incorporação das cláusulas do regulamento empresarial ao contrato de trabalho, nos termos da Súmula n. 51:

> Tribunal Superior do Trabalho, Súmula n. 51. NORMA REGULAMENTAR. VANTAGENS E OPÇÃO PELO NOVO REGULAMENTO. ART. 468 DA CLT (Res. n. 129/2005, DJ 20, 22 e 25.04.2005).
>
> I — As cláusulas regulamentares, que revoguem ou alterem vantagens deferidas anteriormente, só atingirão os trabalhadores admitidos após a revogação ou alteração do regulamento.
>
> II — Havendo a coexistência de dois regulamentos da empresa, a opção do empregado por um deles tem efeito jurídico de renúncia às regras do sistema do outro.

Ao dispor que as cláusulas regulamentares, que revoguem ou alterem vantagens deferidas anteriormente, só atingirão os trabalhadores admitidos após a revogação ou alteração do regulamento, o Tribunal Superior do Trabalho adota o posicionamento de que as normas regulamentares aderem (incorporam) ao contrato de trabalho e, por esse motivo, estão protegidas pela norma do art. 468 da Consolidação das Leis do Trabalho, que só autoriza alteração do contrato de trabalho por mútuo consentimento e na ausência de prejuízos (direitos e indiretos) ao trabalhador.

Ao entender dessa forma, indiretamente, a posição do Tribunal Superior do Trabalho é a de que o regulamento empresarial é cláusula contratual, e, portanto, matéria de fato com validade entre as partes, e não *erga omnes*.

Outro exemplo jurisprudencial nesse sentido é dado pela Súmula n. 288 do Tribunal Superior do Trabalho:

> *Súmula n. 288 do TST*. COMPLEMENTAÇÃO DOS PROVENTOS DA APOSENTADORIA (nova redação para o item I e acrescidos os itens III e IV em decorrência do julgamento do processo TST-E-ED-RR-235-20.2010.5.20.0006 pelo Tribunal Pleno em 12.04.2016) — Res. n. 207/2016, DEJT divulgado em 18, 19 e 20.04.2016.
>
> I — A complementação dos proventos de aposentadoria, instituída, regulamentada e paga diretamente pelo empregador, sem vínculo com as entidades de previdência privada fechada, é regida pelas normas em vigor na data de admissão do empregado, ressalvadas as alterações que forem mais benéficas (art. 468 da CLT).
>
> II — Na hipótese de coexistência de dois regulamentos de planos de previdência complementar, instituídos pelo empregador ou por entidade de previdência privada, a opção do beneficiário por um deles tem efeito jurídico de renúncia às regras do outro.
>
> III — Após a entrada em vigor das Leis Complementares ns. 108 e 109, de 29.05.2001, reger-se-á a complementação dos proventos de aposentadoria pelas normas vigentes na data da implementação dos requisitos para obtenção do benefício, ressalvados o direito adquirido do participante que anteriormente implementara os requisitos para o benefício e o direito acumulado do empregado que até então não preenchera tais requisitos.
>
> IV — O entendimento da primeira parte do item III aplica-se aos processos em curso no Tribunal Superior do Trabalho em que, em 12.04.2016, ainda não haja sido proferida decisão de mérito por suas Turmas e Seções.

Ao estabelecer que a complementação dos proventos da aposentadoria é regida pelas normas em vigor na data da admissão do empregado, observando-se as alterações posteriores apenas se mais benéficas ao trabalhador, o Tribunal Superior do Trabalho indiretamente confirma o entendimento de que o regulamento empresarial incorpora aos contratos de trabalho, sendo em termos de natureza jurídica uma cláusula contratual, não uma fonte formal de direito.

Se o regulamento empresarial fosse entendido como fonte formal de direito, poderia haver alteração lesiva, pois uma lei pode ser revogada por outra ou uma convenção coletiva subsequente pode não manter os direitos previstos na anterior, diferentemente das normas do contrato individual de trabalho, que são regidas pelo princípio da imodificabilidade lesiva (art. 468 da Consolidação das Leis do Trabalho).

Não obstante essas observações, há uma exceção na própria jurisprudência do Tribunal Superior do Trabalho, ao permitir que Recurso de Revista seja admitido no caso de interpretação divergente de Regulamento Empresarial com aplicação em área territorial de competência de mais de um Tribunal Regional do Trabalho (art. 896, *b*, da Consolidação das Leis do Trabalho[(339)]). Em tese, Recurso de Revista somente é admitido para hipóteses de violação literal de lei e para unificação de jurisprudência divergente em matéria de interpretação de normas jurídicas heterônomas.

Ora, se o Regulamento é considerado pelo Tribunal Superior do Trabalho como parte do contrato, sua discussão envolve matéria de fato e, portanto, não seria cabível Recurso de Revista por força da Súmula n. 126 do Tribunal Superior do Trabalho[(340)].

---

(339) Consolidação das Leis do Trabalho, art. 896: "Cabe Recurso de Revista para Turma do Tribunal Superior do Trabalho das decisões proferidas em grau de recurso ordinário, em dissídio individual, pelos Tribunais Regionais do Trabalho, quando: (...) *b)* derem ao mesmo dispositivo de lei estadual, Convenção Coletiva de Trabalho, Acordo Coletivo, sentença normativa ou regulamento empresarial de observância obrigatória em área territorial que exceda a jurisdição do Tribunal Regional prolator da decisão recorrida, interpretação divergente, na forma da alínea a; (Redação dada pela Lei n. 9.756, de 17.12.1998)".

(340) Tribunal Superior do Trabalho, Súmula n. 126: RECURSO. CABIMENTO. Incabível o recurso de revista ou de embargos (arts. 896 e 894, "b", da CLT) para reexame de fatos e provas.

Entretanto, aqui se abre uma exceção que revela ambiguidade de tratamento:

a) Para as Súmulas ns. 51 e 288, o Regulamento de empresa é matéria de fato e apenas fonte contratual de direitos e obrigações.

b) Todavia, para interpretar o art. 896, *b*, da Consolidação das Leis do Trabalho e para a Súmula n. 312 do Tribunal Superior do Trabalho[(341)], o Regulamento, quando excede a abrangência de mais de um Tribunal Regional, se equipara a normas jurídicas e, para fins processuais, é visto como uma fonte formal.

No fundo, o critério é de política judiciária, pois, ao permitir que um Recurso de Revista suba para discutir a interpretação de uma norma regulamentar, o Tribunal Superior do Trabalho está chamando para si a responsabilidade de dar a última palavra nesse aspecto. Se não fosse esta posição, os Tribunais Regionais do Trabalho dariam a última interpretação e poderiam surgir interpretações diferentes a respeito de uma mesma cláusula regulamentar empresarial, simplesmente pelo fato de a referida empresa ter atuação em mais de um Estado da Federação, como ocorre, por exemplo, com a Petrobras.

A legislação trabalhista é omissa a respeito do regulamento empresarial, não havendo menção sobre instruções para procedimento para a elaboração de normas internas de conduta empresarial. Todavia, a jurisprudência trabalhista é seguidamente provocada a apreciar e julgar pedidos baseados em norma regulamentar. Além das Súmulas ns. 51 e 288, anteriormente estudadas, existem diversas Súmulas e Orientações Jurisprudenciais do Tribunal Superior do Trabalho enfrentando questões sobre regulamentos empresariais, principalmente de empresas públicas, sociedades de economia mista e instituições bancárias[(342)].

3.3. Analogia

Quando a lei é omissa sobre algum ponto objeto de discussão, ou sobre a solução de uma relação jurídica, o intérprete estará diante de uma lacuna da lei, eis que inevitável a ocorrência desta dentro de qualquer ordenamento jurídico.

Por outro lado, o juiz não pode furtar-se à decisão, devendo, portanto, recorrer a outros métodos para encontrar a solução do litígio, e exercer plenamente a jurisdição.

A solução encontrada deve guardar correspondência com a adequação valorativa e com a unidade interna da ordem jurídica na qual se encontra o julgador.

---

(341) Tribunal Superior do Trabalho, Súmula n. 312: CONSTITUCIONALIDADE. ALÍNEA "B" DO ART. 896 DA CLT. É constitucional a alínea "b" do art. 896 da CLT, com a redação dada pela Lei n. 7.701, de 21.12.1988.

(342) Entre as quais se destacam as seguintes Súmulas do Tribunal Superior do Trabalho, visando ilustrar a utilização e a importância dessa matéria no processo do trabalho:

Tribunal Superior do Trabalho, Súmula n. 77: "Nula é a punição de empregado se não for precedida de inquérito ou sindicância internas a que se obrigou a empresa, por norma regulamentar".

Tribunal Superior do Trabalho, Súmula n. 87: "Se o empregado ou seu beneficiário já recebeu da instituição previdenciária privada, criada pela empresa, vantagem equivalente, é cabível, a dedução do seu valor do benefício a que faz jus por norma regulamentar anterior".

Tribunal Superior do Trabalho, Súmula n. 92: "O direito à complementação de aposentadoria, criado pela empresa, com requisitos próprios, não se altera pela instituição de benefício previdenciário por órgão oficial".

Tribunal Superior do Trabalho, Súmula n. 97: "Instituída complementação de aposentadoria, por ato da empresa, expressamente dependente de sua regulamentação, as condições desta devem ser observadas como parte integrante da norma".

Tribunal Superior do Trabalho, Súmula n. 186: "A licença-prêmio não pode ser convertida em pecúnia, salvo se expressamente admitida no regulamento da empresa".

Tribunal Superior do Trabalho, Súmula n. 202: "Existindo, ao mesmo tempo, gratificação por tempo de serviço outorgada pelo empregador e outra da mesma natureza prevista em acordo coletivo, convenção coletiva ou sentença normativa, o empregado tem direito a receber, exclusivamente, a que lhe seja mais benéfica".

O uso da analogia, no direito, funda-se no princípio geral de que se deva dar tratamento igual a casos semelhantes[343].

O julgamento por analogia importa na aplicação às hipóteses semelhantes das soluções oferecidas pela legislação para casos análogos. É a ideia de que, se a lei regula determinada relação jurídica, deve, do mesmo modo, regular outra relação jurídica semelhante. Carlos Maximiliano lembra o sentido primitivo da palavra, oriundo da matemática, na qual a analogia é uma semelhança de relações[344].

Para Caio Mário da Silva Pereira, a analogia consiste no processo lógico pelo qual o aplicador do direito estende o preceito legal aos casos não diretamente compreendidos em seu dispositivo. O referido autor arremata seu raciocínio, dizendo que a analogia pesquisa a vontade da lei, para levá-la às hipóteses que a literalidade de seu texto não havia mencionado[345].

De acordo com a Lei de Introdução às normas do Direito Brasileiro[346], (Lei n. 12.376/2010) "quando a lei for omissa, o juiz decidirá o caso de acordo com a analogia, os costumes e os princípios gerais de direito" (art. 4º).

Na CLT, a analogia é prevista no art. 8º sendo utilizada pelas autoridades administrativas e pela Justiça do trabalho na falta de disposições legais ou contratuais:

> Art. 8º "As autoridades administrativas e a Justiça do Trabalho, na falta de disposições legais ou contratuais, decidirão, conforme o caso, pela jurisprudência, por analogia, por equidade e outros princípios e normas gerais de direito, principalmente do direito do trabalho e, ainda, de acordo com os usos e costumes, o direito comparado, mas sempre de maneira que nenhum interesse de classe ou particular prevaleça sobre o interesse público".

Os pressupostos da analogia são: a) a existência de uma hipótese não prevista, sob pena de caracterizar-se interpretação extensiva; b) a relação existente na lei, embora diversa daquela que é examinada, deve ser semelhante, tendo com ela um elemento de identidade; c) o elemento de identidade deve ser essencial, isto é, o fato jurídico que deu origem ao dispositivo[347].

A doutrina costuma distinguir a analogia *legis* (analogia da lei) da analogia *juris* (analogia do direito). Na primeira aplica-se outra norma legal ao caso concreto e a na segunda aplica-se princípio geral de direito[348].

No processo trabalhista, frequentemente se discute a possibilidade ou não de aplicação analógica de uma norma a outros casos semelhantes, por exemplo, sobre a aplicação do intervalo intrajornada especial dos trabalhadores que exercem serviços de mecanografia (datilografia, escrituração ou cálculo) aos digitadores, matéria pacificada pela Súmula n. 346 do Tribunal Superior do Trabalho, que aplica, por analogia, o art. 72 da Consolidação das Leis do Trabalho aos digitadores, conferindo a eles o direito a intervalos de descanso de 10 (dez) minutos a cada 90 (noventa) de trabalho consecutivo[349]:

> Tribunal Superior do Trabalho, Súmula 346: DIGITADOR. INTERVALOS INTRAJORNADA. APLICAÇÃO ANALÓGICA DO ART. 72 DA CLT. Os digitadores, por aplicação analógica do art. 72 da CLT, equiparam-se aos

---

(343) FERRAZ JUNIOR, Tércio Sampaio. *Introdução ao Estudo do Direito*. São Paulo: Atlas, 1991. p. 297.

(344) MAXIMILIANO, Carlos. *Hermenêutica e Aplicação do Direito*. 11. ed. Rio de Janeiro: Forense, 1991. p. 206.

(345) PEREIRA, Caio Mário da Silva. *Instituições de Direito Civil*. 5. ed. Rio de Janeiro: Forense, 1980. v. I, p. 76.

(346) Nova ementa da Lei de Introdução ao Código Civil (Decreto-lei n. 4.657/42) dada pela Lei n. 12.376/2010.

(347) MAXIMILIANO, Carlos. *Hermenêutica e Aplicação do Direito*. 11. ed. Rio de Janeiro: Forense, 1991. p. 212.

(348) GAGLIANO, Pablo Stolze; PAMPLONA FILHO, Rodolfo. *Novo Curso de Direito Civil*, v. I: parte geral. 10. ed. São Paulo: Saraiva, 2008. p. 21.

(349) Em que pese o entendimento sumulado pelo Tribunal Superior do Trabalho, vale referir que há julgados de Tribunais Regionais do Trabalho que se baseiam na Portaria n. 3.751/90 do Ministério do Trabalho, a qual deu nova redação à NR-17 da Portaria n. 3.214/78, que determina intervalos de 10 minutos para cada 50 minutos trabalhados, entre outros limites de tolerância, para evitar as lesões por esforços repetitivos (LER). Note-se que isso não altera em nada o exemplo de analogia, só ressalva que persiste controvérsia quanto à esporadicidade desse intervalo.

trabalhadores nos serviços de mecanografia (datilografia, escrituração ou cálculo), razão pela qual têm direito a intervalos de descanso de 10 (dez) minutos a cada 90 (noventa) de trabalho consecutivo.

Entende-se que a analogia não se trata de uma fonte do direito, mas de um meio de integração da norma jurídica em caso de lacuna da lei. Todavia, considerando esse entendimento não uníssono, estuda-se a analogia dentro das questões polêmicas.

3.4. Princípios gerais do Direito

Os princípios gerais do Direito e os princípios específicos do Direito do Trabalho constituem valioso instrumento para orientação do intérprete.

Os princípios constituem o fundamento do ordenamento jurídico do trabalho, estando acima do direito positivo.

Os princípios sustentam e tipificam o Direito do Trabalho, isto é, colaboram para a sua autonomia e independência diante das demais disciplinas jurídicas, conferindo-lhe unidade e solidez[(350)].

De acordo com a CLT, na falta de disposições legais ou contratuais (omissões), a Justiça do Trabalho e as autoridades administrativas deverão decidir, conforme o caso, por outros princípios e normas gerais de direito, principalmente do Direito do Trabalho (art. 8º).

A CLT (art. 8º) dispõe sobre os princípios gerais de Direito e sobre os princípios específicos de Direito do Trabalho como meio de integração da norma jurídica em caso de omissão do nosso ordenamento jurídico.

Auxiliam o intérprete em geral, e sobretudo o juiz, a apreciar e julgar casos em que existam lacunas no ordenamento jurídico.

Alguns autores, por exemplo, Ives Gandra da Silva Martins Filho[(351)], chamam essa função de "normativa".

Também admitindo que os princípios têm função normativa concorrente (não autonôma, apartada do conjunto jurídico geral), Mauricio Godinho Delgado[(352)] pensa dessa forma e argumenta que "parte integrante da doutrina jusfilosófica do período seguinte à Segunda Guerra Mundial tem entendido que os princípios têm natureza real de norma jurídica".

Reconhece-se a função normativa dos princípios. Sobre este assunto ver o capítulo 4.

Tércio Sampaio Ferraz Junior esclarece que os princípios "não são elementos do repertório do sistema, mas fazem parte de suas regras estruturais, dizem respeito à relação entre as normas no sistema, ao qual conferem coesão"[(353)].

Há uma interpenetração recíproca entre as normas vigentes e os princípios informadores. Vários são os exemplos na legislação brasileira. O art. 8º da CLT constitui janela que permite a entrada dos Princípios Gerais do Direito do Trabalho nas lacunas do ordenamento jurídico. Entre as inúmeras normas da CLT, poder-se-ia exemplificar o art. 468, como impregnado do princípio da proteção, ao vedar alterações lesivas do contrato de emprego, e o art. 9º, que traz a irrenunciabilidade das garantias legais do trabalhador.

Além da função integradora mencionada, os princípios também têm a função informadora e a função interpretativa: na primeira, os princípios servem de inspiração ao legislador na confecção das leis e de fun-

(350) HERNANDEZ RUEDA, citado por RUPRECHT, Alfredo J. *Os Princípios do Direito do Trabalho*. São Paulo: LTr, 1995. p. 7.

(351) *Manual esquemático de direito e processo do trabalho*. 17. ed. São Paulo: Saraiva, 2008. p. 32.

(352) DELGADO, Mauricio Godinho. *Curso de Direito do Trabalho*. 8. ed. São Paulo: LTr, 2009. p. 175-176.

(353) FERRAZ JUNIOR, Tércio Sampaio. *Introdução ao Estudo do Direito*. São Paulo: Atlas, 1991. p. 243.

damento para as normas jurídicas estatuídas; na segunda, os princípios servem de critério orientador para os intérpretes e aplicadores das normas jurídicas positivadas.

Nesse contexto, havendo incidência de diferentes normas sobre uma mesma questão jurídica que deve ser solucionada, o aplicador da norma deverá levar em conta os princípios de Direito do Trabalho(354).

Em que pese a grandiosidade da matéria, entende-se que a redação da Consolidação das Leis do Trabalho (norma trabalhista) é no sentido de que os princípios, especialmente os de Direito do Trabalho, são uma das hipóteses de integração da norma jurídica (ao lado da jurisprudência, da analogia e da equidade), devendo ser utilizadas no preenchimento das lacunas deixadas pela "falta de disposições legais ou contratuais" sobre determinada matéria.

3.5. Equidade

O julgamento por equidade (não com equidade) é um método de solução de litígios por meio da consideração harmônica das circunstâncias concretas, do que pode resultar um ajuste da norma à especificidade da situação, a fim de que a solução seja justa. É o que ficou consagrado por Aristóteles como "justiça do caso concreto"(355).

A origem da palavra equidade remonta à expressão *aequitas*, que significa equilíbrio.

Trata-se de uma postura de razoabilidade e equilíbrio exigida do julgador diante do caso concreto.

Assim como os princípios de Direito, a equidade responde pela estrutura de concretização ou do Direito. Não é fonte de direito propriamente dita, tendo no sistema dinâmico função metalinguísitica, conforme enfatiza Tércio Sampaio Ferraz Junior(356).

No Direito do Trabalho, a equidade é referida no art. 8º da Consolidação das Leis do Trabalho como um meio de integração da norma jurídica em caso de lacunas legais ou contratuais.

Nesse sentido, a redação da Consolidação das Leis do Trabalho utiliza a expressão "na falta de disposições legais ou contratuais" (omissões), a Justiça do Trabalho e as autoridades administrativas deverão decidir, conforme o caso, por equidade (entre outras hipóteses de integração).

É importante lembrar que além da necessidade de omissão do ordenamento jurídico, o juiz só decidirá por equidade quando a lei autorizar seu uso. Nesse sentido, dispõe o art. 140 do CPC: "O juiz só decidirá por equidade nos casos previstos em lei".(357)

Decidir, por equidade, dentro dos limites da norma, é função legítima do julgador. O que não lhe será possível é negar a aplicação da lei, por considerá-la injusta, adverte Délio Maranhão. Concluindo nessa linha de pensamento, o autor diz que a equidade não é um fim em si mesma, mas um meio(358).

Nesse sentido, vale a advertência de que a equidade não é um instrumento que se possa utilizar de maneira irresponsável somente para negar aplicabilidade à lei, sem a construção de uma interpretação jurídica coerente(359).

---

(354) MARTINS FILHO, Ives Gandra da Silva. *Manual esquemático de direito e processo do trabalho.* 17. ed. São Paulo: Saraiva, 2008. p. 32.

(355) FERRAZ JUNIOR, Tércio Sampaio. *Introdução ao Estudo do Direito.* São Paulo: Atlas, 1991. p. 244.

(356) FERRAZ JUNIOR, Tércio Sampaio. *Introdução ao Estudo do Direito.* São Paulo: Atlas, 1991. p. 244.

(357) CPC, art. 140. O juiz não se exime de decidir sob a alegação de lacuna ou obscuridade do ordenamento jurídico. Parágrafo único. O juiz só decidirá por equidade nos casos previstos em lei.

(358) SÜSSEKIND, Arnaldo *et al. Instituições de Direito do Trabalho.* 20. ed. São Paulo: LTr, 2002. v. 1, p. 169.

(359) GAGLIANO, Pablo Stolze; PAMPLONA FILHO, Rodolfo. *Novo Curso de Direito Civil,* v. I: parte geral. 10. ed. São Paulo: Saraiva, 2008. p. 25.

Nesse contexto, a redação do art. 8º da Consolidação das Leis do Trabalho autoriza o uso da equidade no direito material e processual do trabalho como uma das hipóteses de integração da norma jurídica (ao lado da jurisprudência, da analogia e dos princípios de Direito), quando ocorrerem omissões de disposições legais ou contratuais sobre determinada matéria, e restrita aos casos em que seu uso é autorizado por lei.

3.6. Jurisprudência

Outro ponto sempre muito debatido no tema das fontes do Direito é o papel representado pela Jurisprudência.

De acordo com o *caput* art. 8º da CLT, a jurisprudência também tem função integrativa, de supressão de lacunas legais.

Não obstante, a Lei n. 13.467/17 incluiu o § 2º ao art. 8º da CLT, estabelece limitação à interpretação das leis e à função de sumular a jurisprudência por parte do Tribunal Superior do Trabalho e dos Tribunais Regionais do Trabalho. Afirma, expressamente, que tal atividade não poderá "restringir direitos legalmente previstos nem criar obrigações que não estejam previstas em lei":

> § 2º Súmulas e outros enunciados de jurisprudência editados pelo Tribunal Superior do Trabalho e pelos Tribunais Regionais do Trabalho não poderão restringir direitos legalmente previstos nem criar obrigações que não estejam previstas em lei.

Em uma interpretação sistemática, o parágrafo acrescentado parece contrariar o espírito do art. 926 do CPC/2015, que dispõe da seguinte maneira sobre o tema:

> Art. 926. Os tribunais devem uniformizar sua jurisprudência e mantê-la estável, íntegra e coerente.
>
> § 1º Na forma estabelecida e segundo os pressupostos fixados no regimento interno, os tribunais editarão enunciados de súmula correspondentes a sua jurisprudência dominante.
>
> § 2º Ao editar enunciados de súmula, os tribunais devem ater-se às circunstâncias fáticas dos precedentes que motivaram sua criação.

Os Tribunais Superiores têm estabelecido a orientação jurisprudencial dominante por meio de Súmulas, que, entretanto, não têm o caráter vinculativo aos juízes das instâncias inferiores, com exceção das Súmulas Vinculantes do Supremo Tribunal Federal, em face do art. 103-A da Constituição Federal.

No âmbito da Justiça do Trabalho, havia, pela norma do art. 902, § 1º , da Consolidação das Leis do Trabalho, a obrigatoriedade de observância dos chamados prejulgados do Tribunal Superior do Trabalho, até que o Supremo Tribunal Federal considerou a referida norma revogada, a partir da Constituição de 1946(360).

Vale dizer que a característica maior da *common law* é, sem dúvida, a força da jurisprudência, na criação do Direito, baseada no princípio do *stare decisis* e na regra do precedente(361). Não deve ser confundida a criação jurisprudencial com o costume, ao qual muitos autores têm associado a base criadora da *common law*. A expressão "direito consuetudinário" não se aplica ao sistema vigente na Inglaterra e Estados Unidos, entre outros(362).

(360) SÜSSEKIND, Arnaldo *et al. Instituições de Direito do Trabalho.* 20. ed. São Paulo: LTr, 2002. v. 1, p. 159.

(361) WAHLENDORF, H. A. Schwarz-Liebermann von. *Introduction à L'espirit et à L'histoire di Droit Anglais.* Paris: Librairie Generale de Droit et de Jurisprudence, 1977. p. 67.

(362) A diferença aqui apontada entre direito consuetudinário e direito jurisprudencial, em se tratando de *common law*, é enfatizada por DAVID, René. *Os grandes sistemas do Direito Contemporâneo.* 2. ed. Lisboa: Meridiano, 1978. p. 409. O próprio autor ressalta que, a partir de 1066, com a conquista normanda, foi unificado o direito para toda a Inglaterra. No mesmo sentido, verificar RADBRUCH, Gustav. *Lo Spirito del Diritto Inglese.* Milão: Giuffrè, 1962. p. 23-24; WAHLENDORF, H. A. Schwarz-Liebermann. *Introduction à L'espirit et à L'histoire di Droit Anglais.* Paris: Librairie Generale de Droit et de Jurisprudence, 1977. p. 35-36.

Ao contrário do sistema romano-germânico, a jurisprudência na *common law* ultrapassa os limites da lide entre as partes, constituindo fonte básica de criação do Direito. Na criação jurisprudencial estão associados os elementos racionais e tradicionais do sistema, permitindo uma mobilidade e adaptabilidade diante da evolução social. A força da criação jurisprudencial é tão forte que não se deixou influenciar pela tendência da codificação, predominante no sistema romano-germânico.

Para que seja entendida a regra do precedente, necessário se faz o domínio da noção de *legal rule*, que é algo diferente da norma jurídica sistematizada pela doutrina ou enunciada pelo legislador, tal como ocorre nos sistemas romano-germânicos. A *legal rule* tem um menor nível de generalidade, comparada à norma jurídica codificada. Para a *common law*, o caráter da norma jurídica é mais casuístico, contendo um componente fático mais acentuado[(363)].

A *legal rule* situa-se no nível do caso concreto, buscando a solução para este. As normas do direito inglês são fundamentalmente as normas que se encontram na *ratio decidendi* das decisões dos tribunais. Entretanto, convém ressaltar que a regra do precedente vincula-se a uma noção de identidade jurídica dos casos, sendo necessário, para tal identificação, o domínio da técnica do *case law*.

O precedente é estabelecido na decisão judicial somente no que diz respeito ao mérito (*holding*), assim considerado no plano formal. Os fundamentos e motivações da decisão (*dicta*) não são considerados, pois, quando alguém se volta a um caso anterior e examina as suas razões, poderá verificar que algumas foram mais amplas do que precisavam ser, podendo, assim, ser desconsideradas[(364)].

A interpretação jurisprudencial feita com a utilização das técnicas do *rule of precedent* e do *case law* equivale à norma jurídica positivada dos sistemas romano-germânicos. No primeiro sistema, existe a criação majoritária do Direito por meio da função jurisprudencial (*judge-made law*); no outro, existe por meio da função legislativa[(365)].

Na Inglaterra, desde o século XIX, a regra do precedente impõe aos juízes regras de direito destacadas na ocasião, precedentes por outras decisões. Já nos EUA, há a regra também, porém a *stare decisis* não funciona com o mesmo rigor e condições do precedente inglês. Parte da necessidade de dar segurança às relações jurídicas, e, assim, estabelecer o rigor da regra. A existência de um sistema federativo faz com que seja necessário abrandar o sistema de precedentes, pois é preciso evitar que se estabeleçam entre os direitos dos diversos Estados membros diferenças irredutíveis. Por isso, conforme o caso, impõe-se o rigor ou a flexibilidade do direito jurisprudencial.

A decisão judicial tem dupla função, a primeira, que não é peculiar àquele direito, é definir e dirimir a controvérsia apresentada ao tribunal, pois, na doutrina da *res judicata*, as partes não podem tornar a discutir questões já decididas entre elas, por um julgamento válido. A segunda função da decisão judicial, característica do direito de tradição inglesa, é estabelecer um precedente em face do qual um caso análogo, a surgir no futuro, será provavelmente decidido da mesma forma[(366)].

A expressão *stare decisis* tem origem na frase latina *stare decisis et non quieta movere* — apoiar decisões e não perturbar os pontos pacíficos. Essa tradição do Direito Inglês, desenvolvida nos EUA, nunca desfrutou da autoridade absoluta que dizia ter atingido na Inglaterra. A grande quantidade de decisões e os constantes conflitos entre os precedentes de diferentes jurisdições reduziram a autoridade das decisões individuais. Apesar disso, a doutrina do precedente está firmemente estabelecida nos EUA, e é fonte do Direito Americano.

---

(363) DAVID, René. *Os grandes sistemas do direito Contemporâneo*. 2. ed. Lisboa: Meridiano, 1978. p. 410. No mesmo sentido, LOBO, Jorge. O sistema jurídico americano. *Revista dos Tribunais*, n. 654, p. 43, abr. 1990; WAHLENDORF, H. A. Schwarz-Liebermann. *Introduction à L'espirit et à L'histoire di Droit Anglais*. Paris: Librairie Generale de Droit et de Jurisprudence, 1977. p. 75.

(364) PEREIRA, Celso de Tarso. "Common law" e "case law". *Revista dos Tribunais*, v. 638, p. 72, dez. 1988.

(365) SCHWARTZ, Bernard. The law and its development: civil and common law systems comparated. *Revista de Direito Civil*, v. 6, p. 161, 1978.

(366) FARNSWORTH, E. Allan. *An introduction to the legal system of the United States*. 3. ed. Nova Iorque: Oceana Publications, 1978. p. 48.

A *stare decisis* é limitada. A Suprema Corte e os Supremos dos Estados membros não estão vinculados às decisões e podem desviar-se de sua jurisprudência. Os Estados são soberanos, e a regra do *stare decisis* só funciona em relação às matérias do domínio de competência dos Estados, conforme a hierarquia das jurisdições desse Estado, onde é necessário assimilar as Jurisdições Federais quando tem de aplicar o direito de um dado Estado. As mudanças de jurisprudência são constituídas e flexíveis conforme as interpretações dadas à Constituição Federal. Os desvios jurisprudenciais dos Estados são decorrentes da pressão dos juristas e do desejo de alinhar o direito de um Estado com a corrente dominante que tem conseguido prevalecer noutros Estados, restabelecendo a unidade da *Common Law* nos EUA.

A faculdade de a Suprema Corte fazer mudanças jurisprudenciais tornou-se ponto fundamental na adaptação de novos princípios diante dos avanços sociais e necessidades econômicas do mundo moderno, desarmando o conservadorismo e a ligação ao princípio do liberalismo ultrapassado desde 1936, levando à evolução do direito[367].

Essa possibilidade de desvio não é permitida de forma deliberada, para não comprometer a segurança das relações jurídicas. Mas é ponto de evolução, e tornam-se cada vez mais numerosos os juristas predispostos a aceitar novos princípios, tocados pela necessidade de desenvolvimento do direito, e também diante das compilações de jurisprudência que vêm sendo feitas para permitir descoberta de precedentes sucessivamente aplicados. É o equilíbrio entre a necessidade de segurança e a evolução[368].

Deve ser mencionada a existência de retificação de um precedente, ou seja, a sua substituição por outra forma de interpretar caso semelhante, o que é chamado de *overruling*[369]. Surgem problemas, entretanto, quanto à aplicabilidade do precedente anterior nos casos julgados. As decisões dos tribunais têm admitido que as reformas nos precedentes contêm efeitos *ex nunc*, o que, sem dúvida, guarda certa proximidade com o princípio da irretroatividade das leis.

O sistema ainda conhece a noção de jurisprudência persuasória e jurisprudência obrigatória. A primeira tem autoridade não vinculativa, enquanto a última possui obrigatoriedade. As decisões dos tribunais de outras jurisdições e de tribunais coordenados (de mesmo grau) da mesma jurisdição têm jurisprudência de autoridade persuasória. Por outro lado, as decisões dos Tribunais superiores de mesma jurisdição e as decisões do próprio tribunal têm autoridade obrigatória. É extremamente raro ser ignorada a decisão de um tribunal superior por um tribunal inferior.

Esta pequena referência sobre o sistema da *common law* permite concluir que o estabelecimento da obrigatoriedade das decisões dos tribunais superiores nos países daquele sistema consiste num pressuposto lógico, sem o qual o ordenamento jurídico não teria coerência interna e adequação valorativa. Sem dúvida, ocorre num ordenamento no qual existe criação jurisprudencial em caso concreto, e a regra do precedente garante certa unidade conceitual.

No sistema romano-germânico, a realidade é outra, de natureza bem diversa. Trata-se de um sistema fechado, em que o julgador já está adstrito ao texto legal quando pronuncia suas decisões. O julgador, no sistema da *civil law* tem como parâmetro básico o texto legal (Constituição e legislação infraconstitucional), que não lhe permite maiores arroubos de criatividade, a não ser na lacuna da lei. Enquanto no sistema da *common law* o juiz tem o poder de criação do Direito no caso concreto, no sistema romano-germânico o juiz está preso ao texto da lei, não podendo contrariá-la. Ainda assim, existe um espaço mais ou menos amplo de criação pelo simples motivo de que, por mais preciso que seja o código ou a lei, jamais compreenderá

---

(367) As condições políticas, econômicas e sociais do final dos anos 1930 e as decorrências da Segunda Guerra Mundial trouxeram modificações significativas nas decisões da Suprema Corte Americana, que, a partir de então, passa a admitir um maior controle governamental na economia, e manifestar uma preocupação com as questões sociais e trabalhistas. Ver, nesse sentido, RODRIGUES, Leda Boechat. *A Corte Suprema e o Direito Constitucional americano*. 2. ed. Rio de Janeiro: Civilização Brasileira. p. 176 e seguintes.

(368) DAVID, René. *Os Grandes sistemas do direito Contemporâneo*. 2. ed. Lisboa: Meridiano, 1978. p. 451.

(369) PEREIRA, Celso de Tarso. "Common law" e "case law". *Revista dos Tribunais*, v. 638, p. 69 e segs., dez. 1988. Para o autor, o *overruling* e o *stare decisis* devem conviver garantindo ao mesmo tempo o progresso e a estabilidade do sistema jurídico, acentuando que o equilíbrio do sistema repousa na sabedoria dos juízes.

a totalidade das hipóteses do relacionamento humano. Nessas condições é que o ordenamento jurídico avança, fazendo a adaptação do sentido da lei aos novos reclamos da vida social.

Posicionamento diferente da jurisprudência em geral possuem as chamadas Súmulas Vinculantes do Supremo Tribunal Federal. Repita-se que, até o presente momento, o caráter vinculante (de observância obrigatória) é restrito às Súmulas do Supremo Tribunal Federal, não abrangendo ainda todos os Tribunais Superiores e que não vincula o Poder Legislativo. Criada pela EC n. 45/2004, que a inseriu no art. 103-A da Constituição Federal, a Súmulas Vinculantes do Supremo Tribunal Federal devem ser respeitadas pelos demais órgãos do Poder Judiciário e à Administração Pública direta e indireta, nas esferas federal, estadual e municipal.

Com base no exposto, entende-se que a jurisprudência serve apenas como fonte material de Direito, assim como a doutrina e os movimentos sociais, por exemplo, mas não constitui, em nosso ordenamento jurídico, fonte formal, por lhes faltar impessoalidade, abstração e generalidade. Dessa forma, podem os juízes decidir diferentemente a mesma questão, pois a jurisprudência não obriga (efeito vinculante) o juiz a segui-la[(370)].

3.7. Sentença arbitral

A arbitragem é o tipo procedimental de solução de conflitos mediante o qual a decisão, lançada em uma sentença arbitral, efetiva-se por um terceiro, árbitro, estranho à relação entre os sujeitos em controvérsia e, em geral, por eles escolhido[(371)].

A Lei n. 9.307/96, ao denominar a decisão que põe fim ao processo arbitral, afastou-se das legislações pretéritas, que sempre se valeram do nome laudo arbitral, adotando a denominação sentença arbitral.

O árbitro, diferentemente do Juiz, não tem jurisdição, não decide em nome do Estado e com isso não tem força de constranger a parte para cumprir coercitivamente sua decisão.

Entretanto, a sentença arbitral produz, entre as partes e seus sucessores, os mesmos efeitos da sentença proferida pelos órgãos do Poder Judiciário e, sendo condenatória, constitui título executivo[(372)].

A sentença arbitral não é fonte de Direito do Trabalho, pois suas normas não são gerais, abstratas e impessoais, ao contrário, são concretas, específicas e pessoais, tendo abrangência limitada as partes que constam na decisão arbitral e seus sucessores, por isso não possuem o caráter de fonte formal.

A arbitragem pode ser obrigatória e facultativa, legal e convencional, entre outras classificações.

Arbitragem obrigatória é a que se impõe às partes, independentemente de sua vontade. Pode resultar de imposição legal ou de prévia imposição convencional, estipulada pelas mesmas partes. Neste último caso, a convenção fixadora da obrigatoriedade, constante de prévio contrato entre as partes, é denominada cláusula compromissória[(373)].

Arbitragem facultativa (ou voluntária) é decidida pelas partes no contexto do surgimento do conflito. Nesse caso, a convenção que elege a arbitragem como fórmula de resolução do conflito surgido denomina-se compromisso arbitral[(374)] e pode ocorrer não só extrajudicialmente, mas também no interior de determinado processo judicial[(375)].

---

(370) Em sentido contrário, Amauri Mascaro Nascimento entende que a jurisprudência é fonte de direito, havendo uma transferência do poder de legislar do Legislativo para o Judiciário, chegando a afirmar: "jurisprudência é, sabidamente, fonte de Direito" (*Iniciação ao Direito do Trabalho*. São Paulo: Saraiva, 1998. p. 124).

(371) DELGADO, Mauricio Godinho. *Curso de Direito do Trabalho.* 3. ed. São Paulo: LTr, 2004. p. 1447.

(372) Lei n. 9.307/96 (Lei de Arbitragem), art. 31.

(373) Lei n. 9.307/96, art. 4º.

(374) Lei n. 9.307/96, art. 9º.

(375) DELGADO, Mauricio Godinho. *Curso de Direito do Trabalho.* 3. ed. São Paulo: LTr, 2004. p. 1449-1450.

A arbitragem legal deriva de norma heterônoma estatal. Embora se trate de previsão normativa, ela não é, necessariamente, obrigatória. Pode o ser (como no caso da lei do trabalho portuário), mas pode ser também facultativa, conforme o interesse das partes (como se passa com a arbitragem do Direito Coletivo prevista no art. 114, § 1º, da Constituição Federal de 1988).

A arbitragem convencional, por sua vez, é a que resulta de ajuste de vontade das partes, mediante convenção de arbitragem[376], que poderá ser combinada antes da própria existência do conflito (cláusula compromissória), ou no instante em que o conflito manifesta-se (compromisso arbitral).

No âmbito do direito individual do trabalho, duas regras importantes podem ser mencionadas: o art. 23, § 1º, da Lei do Trabalho Portuário (Lei n. 8.630/93), que inclusive prevê a obrigatoriedade da arbitragem de ofertas finais nos casos que regula; e a regra prevista no estatuto do Ministério Público (Lei Complementar n. 75/93), que conferiu legitimidade aos membros do Ministério Público do Trabalho para que atuem, como árbitros, em lides trabalhistas de caráter individual (art. 83, XI, Lei Complementar n. 75/93). Trata-se de arbitragem meramente facultativa, à escolha das partes contratuais trabalhistas.

No Direito Coletivo do Trabalho, a arbitragem também é de caráter facultativo, resultando da escolha das partes coletivas trabalhistas, em face da expressa previsão contida nesse sentido na Constituição Federal de 1988 (art. 114, § 1º). Autorizado pela negociação coletiva, esse tipo de laudo arbitral dá origem a regras jurídicas, isto é, dispositivos gerais, abstratos, impessoais e obrigatórios no âmbito das respectivas bases coletivas representadas[377].

Note-se que existe facultatividade no que concerne à possibilidade de utilizar-se ou não da arbitragem como instrumento de solução de conflitos, mas uma vez feita essa opção pelas partes, o cumprimento da sentença arbitral é obrigatório, produzindo entre as partes e seus sucessores os mesmos efeitos da sentença proferida pelos órgãos do Poder Judiciário e, sendo condenatória, constitui título executivo judicial[378].

A Lei n. 10.101/2000 prevê a arbitragem de ofertas finais para a solução da controvérsia sobre participação nos lucros e resultados[379]. Considera-se arbitragem de ofertas finais aquela em que o árbitro deve restringir-se a optar pela proposta apresentada, em caráter definitivo, por uma das partes[380].

A Lei n. 7.783/1989 (Lei de Greve) permite a solução do conflito de greve por meio da arbitragem[381].

Conclui-se que a sentença arbitral não é fonte formal de direito, pois suas normas não são gerais, abstratas e impessoais, ao contrário, são concretas, específicas e pessoais, tendo abrangência limitada as partes que constam na decisão arbitral e seus sucessores.

3.8. Cláusulas do contrato individual de trabalho

As cláusulas do contrato individual de trabalho são importantíssimas fontes materiais do Direito do Trabalho, mas não chegam a ser fonte formal do Direito do Trabalho, pois seus efeitos são limitados às partes contratantes e vigiadas pelo princípio da imodificabilidade lesiva do contrato individual de trabalho (art. 468 da Consolidação das Leis do Trabalho).

Isso não significa que as normas contratuais não são de observância obrigatória, muito pelo contrário, só não alcançam o patamar de fontes formais por não terem os critérios necessários para tanto.

(376) Lei n. 9.307/96, art. 3º e seguintes.
(377) DELGADO, Maurício Godinho. *Curso de Direito do Trabalho*. 3. ed. São Paulo: LTr, 2004. p. 1452-1453.
(378) CPC/2015, art. 515, VII.
(379) Lei n. 10.101/2000, art. 4º, II.
(380) Lei n. 10.101/2000, art. 4º, § 1º.
(381) Lei n. 7.783/1989, arts. 3º e 7º.

A obrigatoriedade de sua observância fica restrita às partes contratantes, não gerando direitos e obrigações para terceiros, integrantes da categoria profissional ou categoria econômica, independentemente de sua anuência com o processo de negociação, de serem associados ou não, e do resultado da negociação, como acontece, por exemplo, nas convenções coletivas.

Em outras palavras, embora com características especiais, estão submetidas ao princípio da relatividade dos contratos.

Sempre é importante lembrar que o contrato de trabalho pode ser tácito ou expresso (art. 442 da Consolidação das Leis do Trabalho), logo, quando se fala aqui em cláusulas contratuais, não se está se referindo apenas às pactuações por escrito, mas também às realizadas verbalmente e também às tácitas[(382)].

As disposições celebradas na formação e durante a vigência do contrato de trabalho estão protegidas pela norma do art. 468 da CLT, que só autoriza alteração do contrato de trabalho por mútuo consentimento e na ausência de prejuízos (direitos e indiretos) ao trabalhador[(383)].

Note-se que as duas condições devem ser observadas; portanto, mesmo que o empregado concorde com a alteração e manifeste sua vontade sem vício de consentimento, a alteração que lhe causar prejuízo pode ser judicialmente declarada nula[(384)].

Se as normas do contrato individual de trabalho fossem consideradas fonte formal de direito, poderia haver alteração lesiva, pois uma lei pode ser revogada por outra ou uma convenção coletiva subsequente pode não manter os direitos previstos na anterior, diferentemente das normas do contrato individual de trabalho, que são regidas pelo princípio da imodificabilidade lesiva (art. 468 da Consolidação das Leis do Trabalho).

Nesse contexto, entende-se que as cláusulas do contrato individual de trabalho não são fontes formais do Direito do Trabalho.

4. Hierarquia das fontes formais — no direito do trabalho não há quebra da hierarquia das normas

A teoria das fontes do direito pode ser considerada a base de todos os estudos jurídicos, a ela se prendendo as questões fundamentais da própria essência do direito[(385)].

Uma das questões fundamentais da essência do direito é o questionamento que indaga se as normas jurídicas têm hierarquia uma sobre a outra e, em caso positivo, como funcionaria esse sistema.

Quando se fala em hierarquia das normas jurídicas (fontes formais), comumente vêm a cabeça do estudante a lembrança da pirâmide (estrutura escalonada) formulada por Kelsen.

Hans Kelsen[(386)] traz notável contribuição ao estudo da norma jurídica e de suas fontes. Em sua concepção, a aplicação do Direito é simultaneamente produção do Direito. Assim, existe uma norma fundamental (pressuposto teorético) vazia de conteúdo, mas que justifica a existência de uma Constituição, sem que ela

(382) Exemplo disso é a manifestação de ajuste tácito do pagamento de gratificação, conforme entendimento pacificado pela Súmula n. 152 do TST: "GRATIFICAÇÃO. AJUSTE TÁCITO: O fato de constar do recibo de pagamento de gratificação o caráter de liberalidade não basta, por si só, para excluir a existência de ajuste tácito".

(383) Consolidação das Leis do Trabalho, art. 468: "Nos contratos individuais de trabalho só é lícita a alteração das respectivas condições por mútuo consentimento, e ainda assim desde que não resultem, direta ou indiretamente, prejuízos ao empregado, sob pena de nulidade da cláusula infringente desta garantia. Parágrafo único. Não se considera alteração unilateral a determinação do empregador para que o respectivo empregado reverta ao cargo efetivo, anteriormente ocupado, deixando o exercício de função de confiança".

(384) CAMINO, Carmem. *Direito individual do trabalho.* 4. ed. Porto Alegre: Síntese, 2003. p. 441.

(385) SÜSSEKIND, Arnaldo *et al. Instituições de Direito do Trabalho.* 20. ed. São Paulo: LTr, 2002. v. 1, p. 150.

(386) KELSEN, Hans. *Teoria Pura do Direito.* 2. ed. São Paulo: Martins Fontes, 1987. p. 252-253.

(norma fundamental) seja, ao mesmo tempo, aplicação de uma norma superior. Mas a criação dessa Constituição realiza-se por aplicação desta norma fundamental.

Sucessivamente, a legislação ordinária, de natureza infraconstitucional, nasce da aplicação da Constituição. Em aplicação dessas normas gerais, realiza-se, por meio da concreção judicial (atividade jurisdicional) e das resoluções administrativas, a criação de novas regras. Por último, somente os atos de execução material é que não criariam uma norma, mas consistiriam em apenas aplicação.

Em outras palavras, a aplicação do Direito é criação de uma norma inferior com base numa norma superior ou execução do ato coercitivo estatuído por uma norma[(387)]. Nos polos extremos, haveria ou só produção legal (norma fundamental), ou só execução (ato executivo).

Nessas condições, Kelsen situa a norma fundamental como o supremo fundamento de validade de uma ordem normativa[(388)]. Sem a norma fundamental, conforme afirma Bobbio, as normas seriam um amontoado, e não um ordenamento[(389)].

Essa é a tradicional hierarquia das fontes do Direito, segundo o positivismo-normativista, que cria uma pirâmide de normas, em cujo vértice se encontra a norma fundamental, e, em sentido decrescente, vêm as normas constitucionais, as leis ordinárias, os regulamentos, as decisões jurisprudenciais e, por último, os atos de execução material.

Por uma limitação do objetivo desta exposição, não será abordado o problema do pluralismo jurídico, que inclui ordens jurídicas de origem não estatal.

O pressuposto, portanto, é que as fontes formais aqui analisadas são de origem estatal, ou têm, ainda que secundariamente, como no caso dos acordos e convenções coletivas de trabalho, a previsão legal a emprestar-lhes validade jurídica.

Dentro do critério tradicional (kelseniano) da hierarquia formal, a Constituição ocupa um papel de destaque perante as outras fontes. Em seguida, estariam a legislação infraconstitucional, a sentença normativa, os acordos e convenções coletivos e, por último, usos e costumes. A fonte negocial e o regulamento empresário são considerados isoladamente, mais restritos ao caso concreto.

Importantes autores de Direito do Trabalho brasileiro[(390)] afirmam que em se tratando de hierarquia de fontes trabalhistas, a pirâmide kelseniana não é aplicável, pois sempre ocupará o vértice a norma mais favorável. Esta, aliás, é uma inclinação mundial[(391)], sob a seguinte argumentação: no Direito do Trabalho, a hierarquia das fontes formais do Direito é relativizada, pois, por força do princípio da proteção, aplica-se a norma mais favorável ao trabalhador, mesmo que ela seja de hierarquia inferior à de outra norma, menos favorável, que também trate da mesma matéria.

Não obstante, entende-se que a hierarquia das fontes formais trabalhistas não se dá por inversão de valores (quebra ou inversão da hierarquia das normas), mas por análise de espaços de poder cedidos em distintas esferas de legislação.

A hierarquia das fontes formais, em forma de pirâmide, é uma construção que vem antes do século XVIII (Puchta — hierarquia de conceitos; Kant — hierarquia de normas *in Metafísica dos costumes*). No século XX, com a ideia de Constituição totalmente assentada, fixou-se "a estrutura escalonada do ordenamento jurídico" (Kelsen — *Teoria Pura do Direito*)[(392)].

(387) KELSEN, Hans. *Teoria Pura do Direito*. 2. ed. São Paulo: Martins Fontes, 1987. p. 252-253.

(388) O referido autor retoma o problema da norma fundamental em *Teoria Geral das Normas*. Porto Alegre: Sergio Fabris, 1986. p. 326 e seguintes.

(389) BOBBIO, Norberto. *Teoria do Ordenamento Jurídico*. Brasília: Polis, 1991. p. 49.

(390) Por exemplo: NASCIMENTO, Amauri Mascaro. *Curso de Direito do Trabalho*. 19. ed. São Paulo: Saraiva, 2004. p. 295.

(391) Por exemplo: OLEA, Manuel Alonso. *Derecho del Trabajo*. 14. ed. Madrid: Universidad de Madrid, 1995. p. 827-838; PLÁ RODRIGUEZ, Américo. *Princípios do Direito do Trabalho*. São Paulo: LTr, 1978. p. 58.

(392) KELSEN, Hans. *Teoria Pura do Direito*. 2. ed. São Paulo: Martins Fontes, 1987. p. 252-253.

A norma superior é o pressuposto de validade da norma inferior. Dito de outro modo, a norma inferior só é válida se estiver de acordo formal e materialmente com a norma superior, ou seja, deve observar a forma de produção prevista na norma superior (competências, ritos etc. — aspecto formal) e não contrariar intrinsecamente o seu conteúdo material.

As normas trabalhistas obedecem a este raciocínio.

Uma norma mais benéfica só será válida se existir previsão de espaço na norma superior para que assim proceda. O problema é que as normas trabalhistas não dizem expressamente: "a norma inferior poderá determinar o pagamento de adicional superior ao previsto". Em geral, dispõem de outro modo: "o adicional mínimo é de tanto". Ou seja, preveem garantias mínimas e não máximas.

Por essa razão, quando aplicada uma norma inferior que vai além da garantia mínima, ela não está contrariando a norma superior, mas indo ao seu encontro, pois foi autorizada a concessão de direito superior ao mínimo previsto.

Nada disso é inversão de hierarquia de fontes formais. É apenas aplicação do sistema jurídico em seu conjunto[393].

No sentido do ora explanado, a Constituição Federal de 1988, em seu art. 7º, *caput*, estabelece direitos dos trabalhadores como garantias mínimas, e nunca máximas: "São direitos dos trabalhadores urbanos e rurais, *além de outros* que visem à melhoria de sua condição social (...)" (grifou-se). Note-se que mesmo aqui há a previsão expressa da Constituição Federal delegando espaços de poder para as normas inferiores.

Quando uma convenção coletiva concede a uma determinada categoria de trabalhadores o adicional noturno de 40% sobre a hora diurna, ela não está subvertendo a Consolidação das Leis do Trabalho, que prevê que o trabalho realizado entre as 22 horas de um dia e as 5 horas do dia seguinte implicará o pagamento do acréscimo de 20% (vinte por cento), pelo menos, sobre a hora diurna (art. 73[394]). Ou seja, essa Convenção Coletiva está apenas se utilizando do espaço expressamente cedido pela Consolidação das Leis do Trabalho para a previsão de um adicional maior[395].

Quando uma Convenção Coletiva reduz o salário dos trabalhadores de determinada categoria por determinado período, ela está atuando dentro do espaço conferido pela Constituição Federal (art. 7º, VI[396]), que prevê a possibilidade excepcional de redutibilidade do salário por meio de acordo ou convenção coletiva de trabalho, o que, na prática, muitas vezes ocorre mediante troca por estabilidade no emprego durante o período de redução salarial[397].

Note-se que essa situação talvez não seja mais favorável ao trabalhador individualmente, mas coletivamente é possível, por haver expressa concessão de espaço de poder pela Constituição Federal por meio de delegação às convenções e aos acordos coletivos.

É louvável a importância do princípio protetor especialmente na modalidade de aplicação da norma mais favorável ao trabalhador, princípio que é a base de todas as características diferenciadas do Direito Trabalho, mas sua aplicação não se trata de um critério absoluto.

---

(393) COIMBRA, Rodrigo; ARAÚJO, Francisco Rossal de. Desfazendo um mito constantemente repetido: no Direito do Trabalho não há quebra da hierarquia das normas. *Revista de Direito do Trabalho*, n. 145, São Paulo: Revista dos Tribunais, p. 22, jan./mar. 2012.

(394) Consolidação das Leis do Trabalho, art. 73. "Salvo nos casos de revezamento semanal ou quinzenal, o trabalho noturno terá remuneração superior à do diurno e, para esse efeito, sua remuneração terá um acréscimo de 20% (vinte por cento), pelo menos, sobre a hora diurna".

(395) COIMBRA, Rodrigo; ARAÚJO, Francisco Rossal de. Apontamentos sobre a hierarquia das normas no Direito do Trabalho. In: TORRES, Arthur (Org.). *Direito e Processo do Trabalho:* escritos em homenagem aos 20 anos de docência do Professor Gilberto Sturmer. Porto Alegre: Arana, 2013. p. 186.

(396) Constituição Federal, art. 7º: "São direitos dos trabalhadores urbanos e rurais, além de outros que visem à melhoria de sua condição social: (...) VI — irredutibilidade do salário, salvo o disposto em convenção ou acordo coletivo".

(397) Arnaldo Süssekind admite tratar-se de "uma fenda do princípio das normas de proteção ao trabalho", mas é enfático ao dispor que sua admissão requer a observância: a) dos "limites do sistema jurídico nacional"; b) "sempre sob tutela sindical" (SÜSSEKIND, Arnaldo *et al. Instituições de Direito do Trabalho.* 20. ed. São Paulo: LTr, 2002. v. 1, p. 206).

O princípio da proteção tem certas restrições, e a maior delas é o interesse da coletividade. Ainda que o Direito do Trabalho tenha um campo de atuação muito amplo, as relações trabalhistas e profissionais, assim como os interesses individuais dos trabalhadores ou os interesses de suas categorias profissionais, sempre terão de observar os limites do interesse público, pois o interesse da coletividade deve sempre prevalecer[(398)].

Nesse sentido, não é válido que uma convenção coletiva reduza, retire ou mesmo troque o 13º salário por outro direito, pois as normas que o preveem (art. 7º, VIII, da Constituição Federal e Lei n. 4.090/62[(399)]) não concedem nenhum espaço, nem coletivamente (individualmente nem se fala, pois aí vige a norma do art. 468 da Consolidação das Leis do Trabalho).

O essencial no princípio protetor é a verdadeira dimensão do trabalho humano, descaracterizando-o como mercadoria e emprestando-lhe conteúdo mais amplo, no sentido de compreendê-lo como elemento valioso na dignidade do ser humano.

A própria ordem jurídica assume, portanto, um papel de nivelamento de desigualdades. O princípio da proteção ao trabalhador, conforme Süssekind, resulta das normas imperativas (de ordem pública), que caracterizam a intervenção do Estado no âmbito da autonomia da vontade. A necessidade da proteção social dos trabalhadores constitui a raiz sociológica do Direito do Trabalho e é imanente a todo o seu sistema jurídico[(400)].

É lógico que o sistema jurídico guarde correlação com o sistema econômico. Pela visão marxista, o sistema econômico será a estrutura, enquanto o Estado e demais estruturas sociais comporiam a superestrutura.

Dentro dessas premissas, o Direito do Trabalho deve ser compreendido no contexto do capitalismo, sendo que o trabalho assalariado é um dos pressupostos desse sistema, juntamente com o lucro, a propriedade privada e a liberdade de mercado. Trata-se, portanto, de uma correção da ficção de igualdade formal, um dos postulados básicos da Revolução Francesa[(401)].

O principal ponto de conflito que surge do mundo dos fatos e reflete diretamente no Direito do Trabalho se dá entre a autonomia da vontade e a liberdade de mercado. Não se pode negar o fato de que o Direito do Trabalho surge no bojo de um sistema econômico capitalista e vive até hoje nesse sistema.

---

(398) HUECK, Alfred; NIPPERDEY, H. C. *Compendio de derecho del trabajo.* Madrid: Revista de Derecho Privado, 1963. p. 46-47.

(399) Constituição Federal, art. 7º: "São direitos dos trabalhadores urbanos e rurais, além de outros que visem à melhoria de sua condição social: (...) VIII — décimo terceiro salário com base na remuneração integral ou no valor da aposentadoria".

Lei n. 4.090/62, art. 1º: "No mês de dezembro de cada ano, a todo empregado será paga, pelo empregador, uma gratificação salarial, independentemente da remuneração a que fizer jus.

§ 1º A gratificação corresponderá a 1/12 avos da remuneração devida em dezembro, por mês de serviço, do ano correspondente.

§ 2º A fração igual ou superior a 15 (quinze) dias de trabalho será havida como mês integral para os efeitos do parágrafo anterior".

(400) *SÜSSEKIND, Arnaldo et al. Instituições de direito do trabalho.* 20. ed. São Paulo: LTr, 2002. v. 1, p. 128. Jean-Claude Javillier. (*Manual de Direito do Trabalho.* São Paulo: LTr, 1988. p. 30-31) lembra um caráter de ambivalência no Direito do Trabalho. De um lado está a característica de direito protetor dos assalariados contra todas as formas de exploração que possam sofrer. Entretanto, a melhora social, no caso de limitar-se a uma determinada fatia dos assalariados em detrimento dos demais, poderia colidir com o bem comum, pois toda a regra de Direito do Trabalho tem a sua contrapartida econômica. Por um lado, o econômico condiciona o social, afirmando que a proteção deve estar em relação íntima com as condições econômicas e, singularmente, a condição da empresa. Por outro lado, a melhoria das condições sociais poderia gerar na empresa, por meio de novas técnicas de gestão de pessoal, um aumento na produtividade e na competitividade. A observação, sem dúvida, deixa o estudioso do Direito do Trabalho entre caminhos de difícil escolha.

Outra observação pertinente que o referido autor faz sobre o caráter protetor do Direito do Trabalho é sua relação com a subordinação. Sabe-se que esta é a principal característica da relação de emprego, ao lado da continuidade, da contraprestação mediante salário e da pessoalidade. O princípio protetor mantém o trabalho subordinado e de certa forma legitima o poder exercido pelo empregador sobre o empregado. No exercício do direito de greve também há um caráter limitador da liberdade, pois, já ao definir o direito em questão, sem dúvida que a liberdade está restringida.

É certo que, atualmente, várias empresas têm iniciativas de gestão conjunta com seus empregados, e mesmo técnicas de melhoria de produtividade e competitividade. A ambivalência, entretanto, permanece.

(401) O princípio da Igualdade, juntamente com o Princípio da Liberdade, Princípio da Separação dos Poderes e o Princípio da Legalidade fazem a base do Estado de Direito, nascido com a queda do Estado Absolutista e cujo ponto culminante foi a Revolução Francesa (1789).

Essa ressalva é feita para que não se tenha a ingênua ilusão de que o Direito do Trabalho serviria como panaceia para todos os males decorrentes dos conflitos entre trabalho e capital. Na verdade, seus limites são bem definidos.

Eventuais conflitos envolvendo normas ou condições de trabalho serão resolvidos pela aplicação do princípio protetivo e suas modalidades (norma mais favorável, condição mais benéfica ou *in dubio pro operario*).

Nesse contexto, há norma expressa na Consolidação das Leis do Trabalho dizendo que havendo conflito entre as condições estabelecidas em Convenção Coletiva, poderá prevalecer sobre as estipuladas em acordo coletivo, desde que sejam mais favoráveis e que se o disposto em acordo ou convenção coletiva for mais benéfico ao trabalhador, prevalecerão em relação ao estabelecido no contrato de trabalho (arts. 619 e 620 da Consolidação das Leis do Trabalho).

Outra questão é saber o que significa ser mais favorável, pois esta noção contém, intrinsecamente, um juízo de valor. Note-se que uma determinada questão pode ser mais favorável imediatamente e ser prejudicial em um futuro um pouco mais distante. A aplicação de uma determinada norma, em outra hipótese, pode ser mais benéfica a um trabalhador, isoladamente; entretanto, se aplicada a todos os trabalhadores de uma determinada empresa, pode levar à inviabilidade econômica desta.

Os problemas exegéticos aparecem com frequência ao julgador, que deve discernir, entre várias opções, aquela que realmente atinge melhor a noção de benefício. Não há, nesse caso, como escapar da valorização do caso concreto, mas sempre é bom lembrar que o intérprete deve enxergar também os efeitos que sua decisão vai provocar no mundo real, como forma de evitar a iniquidade.

Na dúvida de aplicação entre normas de distinta hierarquia, aplica-se a mais favorável ao empregado. Trata-se de uma decorrência das normas de ordem pública, que outorgam aos trabalhadores vantagens mínimas, e nunca máximas.

Se a Constituição Federal contém dispositivos sobre a forma da remuneração do trabalho, das férias, do adicional noturno, das horas extras, é porque o legislador constituinte optou por alçar ao nível constitucional determinados preceitos considerados de suma importância. Nada impede, entretanto, que a lei ordinária, os acordos ou convenções coletivas e mesmo o contrato individual de trabalho tragam normas mais benéficas.

A regra de hermenêutica é que os direitos assegurados pela legislação têm caráter geral, e as exceções que os limitam têm caráter especial. Portanto, as exceções e limitações têm de vir de forma expressa, sob pena de ser interpretado pelo sentido do caráter geral do benefício dado pela legislação.

Além disso, a limitação existente no princípio da aplicação da regra mais favorável está também na prevalência do interesse público. Por questões de razoabilidade, o ordenamento jurídico proíbe que o interesse individual ou o interesse de determinadas categorias possa prevalecer sobre o interesse do conjunto da sociedade.

Não poderia ser de outra forma, já que o ordenamento jurídico consiste em uma organização racional de pautas de conduta, ou diretrizes, segundo as quais, o primeiro interesse é o de toda a coletividade.

Uma outra importante decorrência da aplicação do princípio da norma mais benéfica, e que também possui reflexos diretos e diferenciados em termos de hierarquia das fontes de Direito do Trabalho, se dá no âmbito do Direito Coletivo, em que duas teorias centrais buscam informar os critérios de determinação da norma mais favorável: a teoria da Acumulação e a teoria do Conglobamento.

A teoria da acumulação como procedimento de seleção, análise e classificação das normas cotejadas prega o fracionamento do conteúdo dos textos normativos, retirando-se os preceitos e institutos singulares de cada um que se destaquem por seu sentido mais favorável ao trabalhador[402]. A teoria da acumulação

(402) DELGADO, Mauricio Godinho. *Curso de Direito do Trabalho*. 3. ed. São Paulo: LTr, 2004. p. 1392-1393.

sustenta que se deve somar as vantagens de diferentes normas, pegando partes, artigos e cláusulas que, separadamente, sejam mais favoráveis ao trabalhador[403].

Essa vertente é bastante criticável do ponto de vista científico, pois ela liquida com a noção de Direito como sistema e do próprio caráter universal e democrático do Direito, por tornar sempre singular a fórmula jurídica aplicada ao caso concreto[404].

Para a teoria do conglobamento, não se deve fracionar preceitos ou institutos jurídicos. Cada conjunto normativo é apreciado globalmente, considerado o mesmo universo temático; respeitada essa seleção, é o referido conjunto comparado aos demais, também globalmente apreendidos, encaminhando-se, então, pelo cotejo analítico, à determinação do conjunto normativo mais favorável. Ressalte-se que o parâmetro para se proceder à comparação da norma mais favorável não será o indivíduo, tomado isoladamente, mas um determinado grupo de trabalhadores (categoria, por exemplo)[405].

Em síntese, a teoria da cumulação sustenta que o trabalhador deve ter direito ao que lhe for melhor em cada um dos textos normativos (por isso também é chamada de teoria do fracionamento) e a teoria do conglobamento defende que o trabalhador deve ter direito ao melhor texto normativo integralmente considerado.

Entende-se que a teoria do conglobamento é a mais adequada, pois respeita o Direito do Trabalho, enquanto sistema, e defende a aplicação mais razoável da norma mais benéfica ao trabalhador.

Nesse sentido, dispõe também o art. 620 da Consolidação das Leis do Trabalho, segundo o qual prevalecem sobre as condições estipuladas em acordo as condições estabelecidas em convenção, quando mais favoráveis. Com base nesses dispositivos, é possível antever que o ordenamento jurídico trabalhista, inspirado pelo princípio da proteção, estabelece sempre garantias mínimas, e nunca, como já se disse, máximas.

Após a análise de todas essas questões, resta claramente demonstrado quão rico e inquietante é o tema da hierarquia das fontes formais no Direito do Trabalho, dadas suas características singulares.

Quando se estuda as fontes formais do Direito do Trabalho, é importante ter em mente que as normas trabalhistas vivem num constante "equilíbrio instável", uma vez que são muito mais relacionadas com a criação da riqueza do que com a sua distribuição, como as normas de Direito Civil.

O Trabalho (recursos humanos), junto com a Terra (recursos naturais) e com o Capital (comodidades para produzir), é um dos fatores de produção. Todo bem economicamente apreciável tem, na constituição do seu preço, a conjunção dos custos dos fatores de produção, além dos tributos e do lucro. Como as normas trabalhistas estão relacionadas com a produção da riqueza, é natural que as alterações econômicas sejam muito mais sentidas no âmbito das normas trabalhistas do que no âmbito das normas de Direito Civil ou Direito Comercial.

Por todo o exposto, diferentemente do que ocorre no Direito Comum, no Direito do Trabalho não há uma contradição inconciliável entre as fontes formais heterônomas e as fontes formais autônomas coletivas (entre o Direito do Estado e o Direito dos grupos sociais), mas uma espécie de incidência concorrente: a norma que disciplinar uma dada relação de modo mais favorável ao trabalhador prevalecerá sobre as demais, sem derrogação permanente, mas mero preterimento, na situação concreta, não por inversão de valores (quebra da hierarquia das normas), mas por análise de espaços de poder cedidos em distintas esferas de legislação.

---

(403) NASCIMENTO, Amauri Mascaro. *Curso de Direito do Trabalho.* 19. ed. São Paulo: Saraiva, 2004. p. 294.

(404) DELGADO, Mauricio Godinho. *Curso de Direito do Trabalho.* 3. ed. São Paulo: LTr, 2004. p. 1392-1393.

(405) NASCIMENTO, Amauri Mascaro. *Curso de Direito do Trabalho.* 19. ed. São Paulo: Saraiva, 2004. p. 294; DELGADO, Mauricio Godinho. *Curso de Direito do Trabalho.* 3. ed. São Paulo: LTr, 2004. p. 1394-1395.

Capítulo 4

Conceito, Características e Distinção entre Princípio e Regra. Funções dos Princípios. Princípios do Direito do Trabalho

1. *Conceito, características e distinção entre princípio e regra*

A distinção entre princípios e regras possui constante relevo nos debates doutrinários e jurisprudenciais desde a Filosofia do Direito até casos específicos enfrentados pelo Judiciário nas mais variadas áreas do Direito, como instrumental utilizado pela hermenêutica jurídica.

Em que pese o Direito do Trabalho tenha seus princípios, regras e características próprias, ele não está e não pode estar alijado dos debates macrojurídicos.

Não é objeto do presente capítulo fazer um estudo exaustivo e aprofundado dos critérios de distinção entre princípios e regras, mas tão somente descrever os fundamentos de alguns dos trabalhos mais importantes sobre o tema, com o objetivo de inserir o Direito do Trabalho no contexto das grandes discussões jurídicas sobre a matéria, observadas as peculiaridades do ramo. Conjuntamente com a distinção entre princípio e regra serão observados os conceitos e principais características.

De acordo com Esser[(406)], princípios são as normas que estabelecem fundamentos para que determinado mandamento seja encontrado. Segundo o autor, "nenhum princípio atua, por si só, como criador de normas, mas possui força constitutiva ou valor construtivo em união com o conjunto do ordenamento jurídico".

Note-se a natureza jurídica normativa dos princípios em Esser, que chama a atenção de que a compreensão e a aplicação de um princípio depende do enlace sistemático ou problemático-positivo que se dê a ele.

Adverte Esser[(407)] que a qualidade jurídica de um princípio não é definível em abstrato, sem conhecer o método de desenvolvimento do Direito, chamando a atenção para a persecução da concreção dos princípios, por meio de deduções casuísticas da jurisprudência. A concretização é que confere autoridade ao princípio: "a construção do Direito a partir dos princípios não pode prescindir de uma tradição e técnica

(406) ESSER, Josef. *Principio y Norma en la Elaboración Jurisprudencial del Derecho Privado*. Barcelona: Bosch, Barcelona, 1961. p. 67 e 88.
(407) ESSER, Josef. *Principio y Norma en la Elaboración Jurisprudencial del Derecho Privado*. Barcelona: Bosch, Barcelona, 1961. p. 88, 340, 342, 343 e 344.

desenvolvidas a partir das concretizações que o princípio sofra no sistema positivo", pois "é a concretização que confere autoridade ao princípio". É preciso, conforme apregoa Esser, adentrar nos casos concretos, na prática jurídica, para verificar "a esfera vital dos princípios".

Daí a importância que o citado autor[(408)] confere à jurisprudência e aos precedentes ("energia de configuração material dos precedentes" dada pelos princípios). O professor alemão esclarece que onde existe um princípio, ou uma cláusula geral, a responsabilidade de "dar forma à regra" recai sobre a jurisprudência, que constrói o "conteúdo" dos conceitos indeterminados, por exemplo, enriquecimento ilícito, justa causa, entre outros.

Mais do que uma distinção baseada no grau de abstração da prescrição normativa, a diferença entre os princípios e as regras, para Esser, seria uma distinção qualitativa, conforme esclarece Ávila[(409)], destacando que o critério distintivo dos princípios em relação às regras, em Esser, é a função de fundamento normativo para a tomada de decisão.

Larenz[(410)] destaca a relevância dos princípios para o ordenamento jurídico tendo em vista que estabelecem fundamentos normativos para a interpretação e aplicação do Direito, definindo-os como "pensamentos diretivos de uma regulação jurídica que, em virtude de sua própria força de convicção, podem justificar resoluções jurídicas". Para Larenz, falta aos princípios o caráter formal de proposições jurídicas, isto é, a conexão entre uma hipótese de incidência e uma consequência jurídica, conforme pontua Ávila[(411)].

No que tange à distinção entre princípios e regras, Canaris[(412)] destaca dois aspectos: o conteúdo e o modo de interação com outras normas. Explicando o primeiro, os princípios, ao contrário das regras, possuiriam um conteúdo axiológico explícito e careceriam, por isso, de regras para sua concretização. Note-se que a validade, a conformidade do sistema jurídico, para Canaris, funda-se sobre valores. No que tange ao segundo aspecto, ao contrário das regras, receberiam seu conteúdo de sentido somente por meio de um processo dialético de complementação e limitação[(413)].

Os princípios apresentam características próprias na formação de um sistema de normas jurídicas.

De acordo com Canaris[(414)], a primeira característica dos princípios é de que não valem sem exceção e podem entrar em oposição ou contradição entre si, isto é, nas decisões fundamentais da ordem jurídica subjazem muitas exceções e, não poucas vezes, certos princípios singulares levam a decisões contrárias (o que Canaris denomina de característica sistematizadora dos princípios).

Como exemplo disso estão as exceções sofridas pelo princípio da liberdade da forma nos contratos obrigacionais, pelo da consensualidade da procuração, pelo da liberdade de aceitação dos negócios do representante legal, e outros. A partir dessa característica, o princípio da proteção no Direito do Trabalho, por exemplo, pode contrapor-se ao princípio da liberdade de contratar, ou o princípio da proteção à família pode contrapor-se à liberdade de dispor da legítima.

---

(408) ESSER, Josef. *Principio y Norma en la Elaboración Jurisprudencial del Derecho Privado*. Barcelona: Bosch, Barcelona, 1961. p. 344 e 350.

(409) ÁVILA, Humberto. *Teoria dos Princípios: da definição à aplicação dos princípios jurídicos*. São Paulo: Malheiros, 2004. p. 27.

(410) LARENZ, Karl. *Metodologia da Ciência do Direito*. 5. ed. Lisboa: Calouste Gulbenkian, 1983. p. 577.

(411) ÁVILA, Humberto. *Teoria dos Princípios: da definição à aplicação dos princípios jurídicos*. São Paulo: Malheiros, 2004. p. 27.

(412) CANARIS, Claus-Whilelm. *Pensamento Sistemático e Conceito de Sistema na Ciência do Direito*. 3. ed. Lisboa: Calouste Gulbenkian, 2002. p. 100-102.

(413) Nesse sentido, ÁVILA, Humberto. *Teoria dos Princípios:* da definição à aplicação dos princípios jurídicos. São Paulo: Malheiros, 2004. p.27.

(414) CANARIS, Claus-Whilelm. *Pensamento Sistemático e Conceito de Sistema na Ciência do Direito*. 3. ed. Lisboa: Calouste Gulbenkian, 2002. p. 90-92.

A segunda característica típica dos princípios, apontada por Canaris[(415)], é a de que eles não têm a pretensão de exclusividade. Pode-se perfeitamente falar em incidência de mais de um princípio na mesma relação jurídica.

Numa relação de Direito Público, por exemplo, pode acontecer de o princípio da publicidade incidir no princípio da legalidade. O dever de indenizar por ato culposo pode ser fundamentado também no princípio do risco.

No Direito do Trabalho, o princípio da proteção pode atuar combinado com o princípio da boa-fé e assim por diante. Por outro lado, os princípios ostentam sentido próprio apenas numa mescla de complementação e restrição recíprocas. Nessa hipótese, é conveniente observar que o sentido de determinado princípio somente será tomado em toda a sua amplitude se for comparado com os demais, tanto para uma interpretação ampliativa, quanto uma interpretação restritiva.

A terceira característica destacada por Canaris[(416)] é de que os princípios necessitam, para a sua realização, da concretização por meio de subprincípios e de valorações singulares com conteúdo material próprio. É imprescindível, portanto, a intermediação de novos valores autônomos, retirados do caso concreto.

Por exemplo, o conceito de negligência, constante do conceito de culpa, precisa de valoração concreta para integrar a solução concreta de determinada lide judicial. Em outras palavras, a real dimensão de um princípio somente será conhecida no caso concreto.

Ao tratar da distinção entre regras e princípios, é indispensável referir o debate travado por Hart e Dworkin.

Atenta Ávila[(417)] que foi na tradição anglo-saxônica que a definição de princípios recebeu decisiva contribuição.

Dworkin[(418)], partindo do pressuposto de que para a perspectiva positivista, o sistema jurídico é, ao menos em essência, um sistema de regras jurídicas, promove um ataque geral ao positivismo (*general attack on Positivism*) sobretudo no que se refere ao modo aberto de argumentação permitido pela aplicação do que ele viria a definir como princípios (*principles*), direcionando seu ataque a Hart[(419)], que concebe o Direito enquanto sistema composto de regras de comportamento (primárias), e regras que se referem a outras regras denominadas secundárias, as quais são válidas recorrendo à regra de reconhecimento.

Para Dworkin[(420)], as regras são aplicadas ao modo *tudo ou nada* (*all-or-nothing*), diferentemente dos princípios que possuem uma dimensão de peso (*dimension of weight*). De um modo, no caso de colisão entre regras, uma delas deve ser considerada inválida. Os princípios, de outro modo, não determinam absolutamente a decisão, mas somente contêm fundamentos, os quais devem ser conjugados com outros fundamentos provenientes de outros princípios, daí porque se deve dimensionar o "peso" de cada princípio, no caso concreto, quando o princípio com peso relativo maior se sobrepõe ao outro, sem que perca validade (aqui está, resumidamente, a diferença das regras para Dworkin).

(415) CANARIS, Claus-Whilelm. *Pensamento Sistemático e Conceito de Sistema na Ciência do Direito*. 3. ed. Lisboa: Calouste Gulbenkian, 2002. p. 92-96.

(416) CANARIS, Claus-Whilelm. *Pensamento Sistemático e Conceito de Sistema na Ciência do Direito*. 3. ed. Lisboa: Calouste Gulbenkian, 2002. p. 96-99.

(417) ÁVILA, Humberto. *Teoria dos Princípios:* da definição à aplicação dos princípios jurídicos. São Paulo: Malheiros, 2004. p. 28.

(418) DWORKIN, Ronald. *Taking Rights Seriously*. 6. tir. London: Duckworth, 1991. p. 26.

(419) HART, Herbert. *O Conceito de Direito*. Lisboa: Calouste Gulbenkian, 1994. p. 322-324. Conforme explica Barzotto, para Hart, o fundamento de um sistema jurídico consiste numa situação social na qual o grupo social e suas autoridades têm um mesmo critério de identificação das regras primárias de obrigação (BARZOTTO, Luiz Fernando. *O positivismo jurídico contemporâneo:* uma introdução a Kelsen, Ross e Hart. São Leopoldo: UNISINOS, 1999. p. 114-115).

(420) DWORKIN, Ronald. *Taking Rights Seriously*. 6. tir. London: Duckworth, 1991. p. 26.

Hart[421], contrariando a tese de Dworkin, sustenta que as regras não teriam esse caráter de *tudo ou nada* como atribuído por Dworkin, asseverando que elas podem entrar em conflito com princípios, os quais podem fazer com que uma regra não seja aplicável, uma vez que são passíveis de entrar num tal conflito com princípios, que as podem superar.

Um segundo argumento levantado por Hart é o de que os princípios se diferem das regras por uma questão de grau, ou seja, os princípios seriam mais extensos ou mais gerais do que as regras. E seu terceiro argumento é o de que os princípios devem ser encarados como desejáveis de ser objeto de adesão, não apenas fundamento lógico das regras, mas também justificadores destas.[422]

Alexy[423], considerando as ideias de Dworkin, sustenta que a diferença entre regras e princípios é qualitativa e não apenas gradual, sendo que os princípios seriam normas com alto grau de generalidade, ao contrário das regras, que teriam um nível de generalidade baixo. Alexy[424] precisou ainda mais o conceito de princípios definindo-os como "deveres de otimização aplicáveis em vários graus, segundo as possibilidades normativas e fáticas". Normativas, porque a aplicação dos princípios depende dos princípios e regras que a eles se contrapõem; fáticas, porque o conteúdo dos princípios como normas de conduta só pode ser determinado quando diante dos fatos[425].

Alexy[426] não difere muito de Dworkin em relação ao conflito entre regras, defendendo que pode ser resolvido por meio da introdução de uma cláusula de exceção ou pela declaração de invalidade de uma das regras em conflito. Já no caso de colisão entre princípios, a solução apontada por Alexy não se resolve com a determinação imediata da prevalência de um princípio sobre outro (na qual um deles deveria ceder lugar ao outro mais "pesado" — *dimension of weight*, conforme Dworkin), mas é estabelecida a partir da ponderação entre os princípios colidentes, assim considerado após o resultado de uma ponderação (*Erwägung*) dos interesses em conflito no caso concreto, quando um deles, em face de determinadas circunstâncias concretas, recebe a prevalência, conforme esclarece Ávila[427], advertindo que a aplicação de um princípio deve ser vista sempre com uma cláusula de reserva (razões *prima facie*): "Se no caso concreto um outro princípio não obtiver maior peso"[428]. Frise-se que para Alexy não é possível a ponderação entre regras[429].

(421) Para fundamentar sua tese, Hart cita como exemplo o caso *Riggs vs. Palmer*, no qual foi aplicado o princípio de que não se pode permitir a uma pessoa que se aproveite do seu próprio ato ilícito, não obstante a linguagem clara das regras legisladas que regulavam o efeito de um testamento, de forma a impedir que um assassino herdasse por força do testamento da sua vítima. Segundo Hart trata-se de um exemplo de um princípio que prevalece em concorrência com uma regra (HART, Herbert. *O Conceito de Direito*. Lisboa: Calouste Gulbenkian, 1994. p. 324).

(422) HART, Herbert. *O Conceito de Direito*. Lisboa: Calouste Gulbenkian, 1994. p. 323.

(423) ALEXY, Robert. Sistema jurídico, principios jurídicos y razón práctica. *Revista Doxa*, n. 5, Barcelona, p. 143-144, 1988.

(424) ALEXY, Robert. Sistema jurídico, principios jurídicos y razón práctica. *Revista Doxa*, n. 5, Barcelona, p. 143-144, 1988.

(425) Conforme esclarece ÁVILA, Humberto. *Teoria dos Princípios:* da definição à aplicação dos princípios jurídicos. São Paulo: Malheiros, 2004. p. 29.

(426) Exemplificando a solução de conflito entre regras, Alexy refere o seguinte exemplo: En la primera decisión se trata de un conflicto entre una norma jurídica del Estado federal (Bund) y una norma de un Land. La norma jurídica del Land prohíbe la apertura de puestos de venta los miércoles desde las 13 horas, mientra que la norma federal lo permite hasta las 19 horas. El tribunal resuelve este caso según la norma de conflicto "El Derecho federal prevalece sobre el Derecho del land" (art. 31 de la Ley Fundamental), mientras que declara nula la norma jurídica del land. Este es un caso clásico de un conflicto de reglas (ALEXY, Robert. Sistema jurídico, principios jurídicos y razón práctica. *Revista Doxa*, n. 5, Barcelona, p. 142, 1988).

(427) ÁVILA, Humberto. *Teoria dos Princípios:* da definição à aplicação dos princípios jurídicos. São Paulo: Malheiros, 2004. p. 29. O autor sintetiza a tese de Alexy afirmando que a distinção entre princípios e regras para Alexy varia de acordo com a espécie de tensão e com o modo pelo qual ela é resolvida: "enquanto no conflito entre regras é preciso verificar se a regra está dentro ou fora de determinada ordem jurídica (*problema do dentro ou fora*), o conflito entre princípios já se situa no interior desta mesma ordem (*teorema da colisão*)".

(428) ALEXY, Robert. Sistema jurídico, principios jurídicos y razón práctica.*Revista Doxa*, n. 5, Barcelona, p. 143-144, 1988.

(429) Diversamente da tese de Alexy, Ávila defende a possibilidade de ponderação entre regras (ÁVILA, Humberto. *Teoria dos Princípios:* da definição à aplicação dos princípios jurídicos. São Paulo: Malheiros, 2004. p. 36); Freitas defende a aplicação da dimensão de peso ou de hierarquia também no campo das regras, na perspectiva tópico-sistemática (FREITAS, Juarez. *A interpretação sistemática do Direito*. 5. ed. São Paulo: Malheiros, 2010. p. 47).

A forma de superação do conflito concreto entre direitos fundamentais não é uníssona, antes disso, bastante controversa. Streck[430], por exemplo, não aceita a ponderação dos princípios, tratando-a como uma visão positivista, defendendo que não se pode cindir regras e princípios, vigência e validade e texto[431]. Para o autor, ponderando princípios e não os aplicando, os Tribunais reforçam uma posição de poder baseada não na Constituição, mas num "entendimento" valorativo acerca das complexas relações sociais características da pós-modernidade[432], atuando assim no sentido contrário ao da construção de uma cidadania baseada na aplicação da Constituição.

A exposição apresentada, além de trazer conceito e características dos princípios, buscou, por meio de sucinta análise das principais teorias sobre a matéria, subsidiar o intérprete e o aplicador do Direito do Trabalho em caso de necessidade de enfrentamento de casos de conflito de regras ou de princípios, ou entre ambos, para quem entende ser possível esta última hipótese.

O Direito do Trabalho compõe-se por princípios, regras e institutos jurídicos que lhe dão fisionomia própria e autonomia.

2. *Funções dos princípios de Direito do Trabalho*

Não se pode esperar que a construção sistemática da ciência jurídica apresente soluções satisfatórias para todos os tipos de conflitos e situações existentes na vida quotidiana. Os conceitos existentes dentro de um sistema jurídico devem ser entendidos como elementos de um pensar tópico-sistemático[433].

Conforme as palavras de Esser, a dogmática tradicional tem uma função representativa (sistemática) e uma função axiológica (valorativa). Nesse contexto, um princípio já pode vir previamente eleito, como a liberdade contratual e a autonomia privada, por exemplo, de forma a constituírem orientação para toda uma série de valorações[434].

Dessa forma, tendo-se em consideração a ideia de liberdade contratual, por exemplo, o indivíduo terá que conviver com as noções de negócio jurídico, proteção da confiança, risco e outros, que são decorrências de uma ideia maior previamente estabelecida. O que deve ser ressaltado é que os princípios são sempre descobertos e comprovados no caso concreto, ou na reiteração deles, de forma que é o "problema", e não o "sistema", em sentido racional, que constitui o centro do pensamento jurídico[435].

Não é de bom alvitre abordar o tema das funções dos princípios, notadamente os do Direito do Trabalho, sem recorrer a Américo Plá Rodriguez[436], que escreveu a obra de maior repercussão sobre o tema no Brasil, com grande influência na América Latina. Para o referido autor, os princípios têm três funções: função informadora, função integradora ou normativa e função interpretativa.

---

(430) STRECK, Lenio Luiz. *Verdade e consenso constituição, hermenêutica e teorias discursivas.* Rio de Janeiro: Lumen Juris, 2006. p. 266-267.

(431) STRECK, Lenio Luiz. A hermenêutica filosófica e as possibilidades de superação do positivismo pelo (neo)constitucionalismo. In: ROCHA, Leonel Severo; STRECK, Lenio Luiz (orgs.). *Constituição, Sistemas Sociais e Hermenêutica.* Porto Alegre: Livraria do Advogado, 2005. p. 159.

(432) Bauman refere outras nomenclaturas para a sociedade contemporânea além de "pós-moderna": "Ouve-se algumas vezes a opinião de que a sociedade contemporânea (que aparece sob o nome de última sociedade moderna ou pós-moderna, a sociedade da 'segunda modernidade' de Ulrich Beck ou, como prefiro chamá-la, a 'sociedade da modernidade fluida')". (BAUMAN, Zygmund. *Modernidade Líquida.* Rio de Janeiro: Jorge Zahar, 2001. p. 31).

(433) FREITAS, Juarez. *A interpretação sistemática do Direito.* 5. ed. São Paulo: Malheiros, 2010. p. 62.

(434) ESSER, Josef. *Principio y Norma en la Elaboración Jurisprudencial del Derecho Privado.* Barcelona: Bosch, Barcelona, 1961. p. 8-9.

(435) ESSER, Josef. *Principio y Norma en la Elaboración Jurisprudencial del Derecho Privado.* Barcelona: Bosch, Barcelona, 1961. p. 8-9.

(436) PLÁ RODRIGUEZ, Américo. *Princípios do Direito do Trabalho.* Tradução de Wagner Giglio. São Paulo: LTr, 1978.

A função informadora serve de inspiração ao legislador na confecção das leis e de fundamento para as normas jurídicas estatuídas[437], aparecendo em diversas normas de Direito do Trabalho previstas na Constituição Federal, na Consolidação das Leis do Trabalho e nas leis esparsas sobre temas de Direito do Trabalho. Essa função opera na fase pré-normativa, ou seja, antes da criação das normas, no debate social que precede o Direito objetivo. Está no plano das fontes materiais do Direito.

A função integradora ou normativa atua como fonte supletiva nas lacunas ou omissões da lei, conforme o disposto no art. 4º da Lei de Introdução às Normas do Direito Brasileiro (LINDB, antiga Lei de Introdução ao Código Civil — LICC) e art. 126 do Código de Processo Civil, segundo qual: "O juiz não se exime de sentenciar ou despachar alegando lacuna ou obscuridade da lei. No julgamento da lide caber-lhe-á aplicar as normas legais; não as havendo, recorrerá à analogia, aos costumes e aos princípios gerais do direito". É a positivação da regra do *non liquet*, segundo a qual o juiz não pode se eximir de julgar pelo fato de haver lacunas ou omissão na lei.

A Consolidação das Leis do Trabalho também tem norma própria para os casos de falta de disposições legais ou contratuais (omissões), indicando que a Justiça do Trabalho e as autoridades administrativas deverão decidir, conforme o caso, com base nos princípios do Direito do Trabalho, conforme o art. 8º da Consolidação das Leis do Trabalho.

Isso ocorre porque o sistema normativo do Direito do Trabalho, por ser um sistema aberto, prevê a possibilidade da criação da norma jurídica para o caso concreto, na inexistência de norma legislativa. As normas do art. 4º da Lei de Introdução às Normas do Direito Brasileiro e do art. 8º da Consolidação das Leis do Trabalho permitem o uso de ferramentas hermenêuticas auxiliares como a analogia, os princípios e a equidade para a criação em abstrato da regra para o caso concreto, caracterizando um sistema normativo aberto, típico dos sistemas de Direito Privado (Civil, Comercial e Trabalho).

Vale lembrar que existem sistemas fechados ou clausulados, como o sistema de Direito Penal, que são regidos pela tipicidade, nos quais não se pode criar norma para o caso concreto com o auxílio da analogia, dos princípios ou da equidade, sendo que a consequência de não haver previsão legal expressa para o caso concreto é a absolvição.

O uruguaio Américo Plá Rodriguez[438] e, no Brasil, Ives Gandra da Silva Martins Filho[439], por exemplo, chamam essa função de "normativa", em consonância com a doutrina de filosofia do Direito estudada anteriormente em item próprio sobre princípios e regras, em que se destaca a evolução doutrinária sobre a função normativa dos princípios, que são considerados mandados de otimização, com conteúdo de *dever ser* e não meras abstrações.

A função interpretativa destaca que os princípios servem de critério orientador para os intérpretes e aplicadores das normas jurídicas positivadas. Nesse contexto, havendo incidência de diferentes normas sobre uma mesma questão jurídica que deve ser solucionada, o aplicador da norma deverá levar em conta os princípios de Direito do Trabalho[440]. Nesses casos, não há falta de normas (lacunas), mas dúvida sobre o real sentido da norma. A função interpretativa "ajusta o foco" da norma ao caso concreto.

3. *Princípios do Direito do Trabalho*

O Direito do Trabalho na qualidade de ramo autônomo do Direito tem seus princípios próprios, caracterizadores de sua autonomia e nascidos das especificações que a relação laboral adquiriu no decorrer

---

(437) PLÁ RODRIGUEZ, Américo. *Princípios do Direito do Trabalho*. Tradução de Wagner Giglio. 3. ed. São Paulo: LTr, 2000. p. 43; No mesmo sentido, GARCÍA, Manuel Alonso. Curso de Derecho del Trabajo. 5. ed. Ariel: Barcelona, 1975. p. 276.

(438) PLÁ RODRIGUEZ, Américo. *Princípios do Direito do Trabalho*. Tradução de Wagner Giglio. 3. ed. São Paulo: LTr, 2000. p. 44.

(439) MARTINS FILHO, Ives Gandra da Silva. *Manual esquemático de direito e processo do trabalho*. 17. ed. São Paulo: Saraiva, 2008. p. 32.

(440) MARTINS FILHO, Ives Gandra da Silva. *Manual esquemático de direito e processo do trabalho*. 17. ed. São Paulo: Saraiva, 2008. p. 32.

do tempo, resultantes da intervenção do Estado nas relações de trabalho por meio de normas de ordem pública, que visam obstaculizar a autonomia da vontade, garantindo condições mínimas de proteção ao trabalhador.

Note-se que a intervenção do Estado na Economia pode ser de forma direta ou indireta. De forma direta, o Estado atua como um agente a mais no mercado, comprando e vendendo produtos e serviços (exemplos: estoques reguladores, empresas públicas, entre outros). De forma indireta, o Estado atua na normatização das condutas da sociedade (exemplo: Constituição, Leis, Regulamentos).

O Direito do Trabalho é uma expressão indireta na Economia, regulando um tipo específico de contrato, o contrato de trabalho, que é a principal forma de vínculo jurídico para um mercado específico, o mercado de trabalho.

Barbagelata(441) atenta para o que chama de "princípios filosóficos" dos processos de internacionalização e de constitucionalização do Direito do Trabalho, destacando notadamente três: a Justiça Social; a afirmação de que o trabalho não é uma mercadoria; e a reafirmação de respeitar a dignidade da pessoa humana.

Alexy(442) tornou ainda mais preciso o conceito de princípios, definindo-os como "deveres de otimização aplicáveis em vários graus, segundo as possibilidades normativas e fáticas". Normativas, porque a aplicação dos princípios depende dos princípios e regras que a eles se contrapõem; fáticas, porque o conteúdo dos princípios como normas de conduta só pode ser determinado quando diante dos fatos(443). De certa forma, essa afirmação se complementa com a terceira característica dos princípios, exposta por Canaris(444), segundo a qual os princípios somente têm sua real dimensão no caso concreto, em que se dá a real dimensão da interação norma/princípio.

Os diversos ramos do Direito possuem princípios próprios que contribuem para a caracterização de suas respectivas autonomias. O Direito do Trabalho não é diferente, dispondo de princípios próprios muito ligados às fontes materiais(445) desse ramo do Direito e constante aplicabilidade concreta. São eles que dão as feições próprias do sistema normativo, imprimindo, inclusive, as características ideológicas do sistema normativo.

Alguns princípios, entretanto, informam todo um sistema, pois possuem caráter mais geral, por exemplo, o princípio da boa-fé no Direito Privado, que transita por diversas áreas.

Destaca Olea(446) que o Direito do Trabalho é um ramo em constante expansão que leva a uma constante reinterpretação, por seus próprios fundamentos, de toda a ciência jurídica. Essa noção de constante expansão está relacionada à expansão do próprio sistema econômico capitalista, que é a razão de existir do próprio Direito do Trabalho.

(441) BARBAGELATA, Héctor-Hugo. *A evolução do pensamento do Direito do Trabalho.* Tradução de Sidnei Machado. São Paulo: LTr, 2012. p. 92-96.

(442) ALEXY, Robert. Sistema jurídico, principios jurídicos y razón práctica. *Revista Doxa*, n. 5, Barcelona, p. 143-144, 1988.

(443) Conforme esclarece ÁVILA, Humberto. *Teoria dos Princípios:* da definição à aplicação dos princípios jurídicos. São Paulo: Malheiros, 2004. p. 29.

(444) CANARIS, Claus-Whilelm. *Pensamento Sistemático e Conceito de Sistema na Ciência do Direito.* 3. ed. Lisboa: Calouste Gulbenkian, 2002. p. 96-99.

(445) As fontes materiais indicam o conteúdo da norma, estando, a rigor, fora do Direito, pois significam a justificação da norma, seja por origem divina, sociológica, filosófica e outras (MATA-MACHADO, Edgar de Godoi da. *Elementos de Teoria Geral do Direito.* Belo Horizonte: Vega, 1976. p. 213). As fontes materiais são fontes potenciais do Direito e compreendem o conjunto de fenômenos sociais que contribuem para a formação da substância, da matéria do direito. Em outras palavras, as fontes materiais são os fatos sociais relacionados com a criação da ordem jurídica (CATHARINO, José Martins. *Compêndio de Direito do Trabalho.* 3. ed. São Paulo: Saraiva, 1982. p. 80). O conjunto de fenômenos sociais que contribuíram para a formação do Direito do Trabalho está intrinsecamente relacionado ao advento da Revolução Industrial, cuja primeira fase é um fenômeno localizado na Inglaterra, a partir da segunda metade do século XVIII até o início do século XIX, marco de um conjunto de transformações decorrentes da descoberta do vapor como fonte de energia e da sua aplicação nas fábricas e meios de transportes. Esse conjunto de fatores econômicos e sociais, atuando de forma interligada, provocou uma revolução sem precedentes na história da humanidade.

(446) OLEA, Manuel Alonso. *Introdução ao Direito do Trabalho.* 4. ed. São Paulo: LTr, 1984. p. 9.

Em geral, os autores trabalhistas da primeira metade do século XX afirmam que o Direito do Trabalho é um ramo do Direito em constante expansão ou mutação. Isso ocorreria em decorrência das constantes mudanças econômicas e da frequente expansão do sistema econômico. Atualmente, a realidade segue em constante mudança, sendo que essa é uma característica constante na humanidade, e, portanto, seguem as mudanças econômicas e as mudanças no contrato que representa um dos principais fatores de produção: o contrato de trabalho.

Camerlink e Lyon-Caen destacam a presença do econômico e do social, em oposição, no Direito do Trabalho, salientando que no âmbito coletivo utiliza-se técnicas individualistas e liberais, havendo negociação de cláusulas com abrangência genérica e abstrata (acordos e convenções coletivas)[(447)].

Note-se que todas as possíveis antinomias geram um constante atrito entre as normas, sempre colocando em risco a unidade e a coerência do sistema. Nesse contexto, os princípios servem para garantir a coesão da disciplina.

No plano metodológico, o Direito do Trabalho segue os parâmetros normais das demais disciplinas sociais: observação dos fatos, formulação de uma hipótese e construção orgânico-sistemática. Quanto à observação dos fatos, esta é feita por meio do método histórico, que procura resgatar a realidade sociológica e os fatores econômicos e políticos em jogo em determinadas situações. A formulação de hipóteses leva em conta operações indutivas e dedutivas, com indispensável valoração, de modo a selecionar, com uma atitude crítica, aquelas mais plausíveis. Por último, forma-se o sistema geral da disciplina, ordenando sistematicamente todos os fatores envolvidos[(448)].

Na doutrina brasileira, a relação de princípios específicos de Direito do Trabalho varia um pouco, conforme o autor. A seguir serão estudados os princípios mais tradicionais e aceitos, entendendo-se que dentro desse rol enquadram-se todos os outros princípios eventualmente acrescidos por outros autores.

Vários autores sugerem uma série de princípios próprios do Direito do Trabalho. Evaristo de Moraes Filho[(449)] enumera os princípios da irrenunciabilidade dos benefícios, rendimento, conciliação (paz social), progressão racional, igualdade, tutela do trabalhador e organização do trabalho.

Délio Maranhão[(450)] aponta os princípios da irrenunciabilidade, da subsistência do contrato em caso de alteração jurídica da empresa, responsabilidade do grupo empresarial, continuidade do contrato de trabalho e nulidade da alteração prejudicial.

Para Arnaldo Süssekind[(451)], os princípios são basicamente o da proteção, subdivididos em várias categorias: o princípio da não discriminação, o princípio da continuidade da relação de emprego e os princípios da integralidade e da intangibilidade do salário.

A enumeração proposta por Plá Rodriguez[(452)] é a seguinte: princípio da proteção (que se pode concretizar em três ideias: *in dubio pro operario*, regra da aplicação da norma mais favorável e regra da condição mais benéfica), princípio da irrenunciabilidade dos direitos, princípio da continuidade da relação de emprego, princípio da primazia da realidade, princípio da razoabilidade, princípio da boa-fé e princípio de não discriminação.

Mauricio Godinho Delgado[(453)] trabalha com nove princípios que denomina "núcleo basilar dos princípios especiais de Direito do Trabalho: a) princípio da proteção; b) princípio da norma mais favorável; c) princípio da imperatividade das normas trabalhistas; d) princípio da indisponibilidade dos direitos

(447) CAMERLINCK, G. H.; LYON-CAEN, G. *Derecho del Trabajo*. Madrid: Aguilar, 1974. p. 15-32.

(448) GARCÍA, Manuel Alonso. *Curso de Derecho del Trabajo*. 5. ed. Ariel: Barcelona, 1975. p. 275.

(449) MORAES FILHO, Evaristo de. *Introdução ao Direito do Trabalho*. 6. ed. São Paulo: LTr, 1993. p. 155.

(450) MARANHÃO, Délio. *Direito do Trabalho*. 13. ed. Rio de Janeiro: Fundação Getulio Vargas, 1985. p. 25.

(451) SÜSSEKIND, Arnaldo *et al. Instituições de Direito do Trabalho*. 20. ed. São Paulo: LTr, 2002. v. 1, p. 146-147.

(452) PLÁ RODRIGUEZ, Américo. *Princípios do Direito do Trabalho*. Tradução de Wagner Giglio. 3. ed. São Paulo: LTr, 2000. p. 61.

(453) DELGADO, Mauricio Godinho. *Curso de Direito do Trabalho*. 10. ed. São Paulo: LTr, 2011. p. 191.

trabalhistas; g) princípio da intangibilidade salarial; h) princípio da primazia da realidade sobre a forma; i) princípio da continuidade da relação de emprego.

De tudo o que foi proposto, fica-se com a seguinte enumeração: a) princípio da proteção, subdividido nas modalidades ou projeções do *in dubio pro operario*, da aplicação da regra mais favorável e da regra da condição mais benéfica; b) princípio da irrenunciabilidade de direitos trabalhistas; c) princípio da autonomia coletiva; d) princípio da primazia da realidade; e) princípio da continuidade da relação de emprego; f) princípio da não discriminação. Os princípios da razoabilidade e da boa-fé[(454)] são entendidos como princípios gerais do ordenamento jurídico, e não como princípios específicos do Direito do Trabalho.

3.1. Princípio da proteção

O princípio da proteção[(455)], também chamado de princípio protetivo e princípio tutelar, é o mais importante entre os princípios específicos de Direito do Trabalho, e provavelmente o mais universal, por isso é chamado de megaprincípio ou princípio *mater*.

Conforme Américo Plá Rodriguez, o princípio protetor é o "critério fundamental que orienta o Direito do Trabalho, pois este, ao invés de inspirar-se num propósito de igualdade, responde ao objetivo de estabelecer um amparo preferencial a uma das partes: o trabalhador"[(456)].

O princípio da proteção visa garantir ao trabalhador hipossuficiente (subordinado e assalariado — mais conhecido por empregado) uma proteção jurídica mínima[(457)], tendo em vista que é ele quem presta o trabalho e tal prestação se dá em situação de inferioridade (econômica, hierárquica, entre outras) em relação ao empregador.

Vale aqui a lembrança de José Augusto Rodrigues Pinto[(458)] de que o trabalho é um "valor básico da vida humana" e a advertência de que vivemos uma profunda reafirmação da centralidade do trabalho no Estado Democrático de Direito, de acordo com Daniela Muradas Reis[(459)]: "na sociedade moderna, o trabalho é a condição de sociabilidade; confere identidade, sentido de pertença e participação na sociedade política, o que lhe imprime a máxima relevância ética, jurídica e social, exigindo adequados meios de promoção (direito ao trabalho) e uma rede de regulação jurídica de proteção (direito do trabalho)".

Trata-se de um "imperativo de igualdade material", segundo Guilherme Guimarães Feliciano[(460)], que também destaca a "função geral de cariz constitucional (derivada, no Brasil, do art. 7º da CRFB), que é a de reequilibrar materialmente as posições jurídicas geralmente antagônicas nos conflitos laborais (empregado e empregador)".

---

(454) Para um estudo aprofundado do princípio da boa-fé na relação de emprego ver: ARAÚJO, Francisco Rossal de. *A boa-fé na relação de emprego*. São Paulo: LTr, 1996.

(455) Plá Rodriguez, Delgado e Martins também utilizam a expressão "princípio da proteção" (PLÁ RODRIGUEZ, Américo. *Princípios do Direito do Trabalho*. Tradução de Wagner Giglio. 3. ed. São Paulo: LTr, 2000. p. 61; DELGADO, Maurício Godinho. *Princípio de Direito Individual e Coletivo do Trabalho*. 3. ed. São Paulo: LTr, 2010. p. 73; MARTINS, Sergio Pinto. *Direito do Trabalho*. 24. ed. São Paulo: Atlas, 2008. p. 61); Arnaldo Süssekind o chama de "princípio da proteção do trabalhador" (SÜSSEKIND, Arnaldo *et al. Instituições de Direito do Trabalho*. 20. ed. São Paulo: LTr, 2002. v. 1, p. 146-147).

(456) PLÁ RODRIGUEZ, Américo. *Princípios de Direito do Trabalho*. 3. ed. São Paulo: LTr, 2000. p. 83.

(457) SÜSSEKIND, Arnaldo *et al. Instituições de Direito do Trabalho*. 20. ed. São Paulo: LTr, 2002. v. 1, p. 146.

(458) PINTO, José Augusto Rodrigues. O trabalho como valor. *Revista do Curso de Direito da UNIFACS*. *[s.l.]*, *[s.d.]*. Disponível em: <www.unifacs.br/revistajuridica/arquivo/edicao_abril2003/.../abril1.doc>. Acesso em: 3 jun. 2013.

(459) REIS, Daniela Muradas. Discriminação nas relações de trabalho e empregado: reflexões éticas sobre o trabalho, pertença e exclusão social e os instrumentos jurídicos de retificação. In: BARZOTTO, Luciane Cardoso (Coord.). *Igualdade e discriminação no ambiente de trabalho*. Porto Alegre: Livraria do Advogado, 2012. p. 19.

(460) FELICIANO, Guilherme Guimarães. *Curso crítico de Direito do Trabalho*: Teoria Geral do Direito do Trabalho. São Paulo: Saraiva, 2013. p. 245.

Observa Leandro Dorneles[461] que a igualdade anda junto com a liberdade e denuncia suas dimensões puramente formais, visto que destoantes do valor fundamental da dignidade da pessoa humana, e mais precisamente no Direito do Trabalho a dignidade do trabalhador. De acordo com autor, a verdadeira liberdade somente se faz reconhecendo a desigualdade real de classes e estabelecendo um sistema protetivo especial ao hipossuficiente, garantindo-lhe direitos mínimos e a constante ampliação desses direitos mínimos. Daí porque, para o autor, os princípios basilares do Direito do Trabalho são a proteção do trabalhador e a promoção da melhoria de sua condição social, reconhecendo que o desdobramento deste último princípio é o "subprincípio" (modalidade ou projeção) da condição mais benéfica[462].

Outros autores, inclusive na Europa, como Maria do Rosário Palma Ramalho[463], num trabalho detalhado, contempla princípios derivados do princípio da proteção do trabalhador (algumas projeções especiais), quais sejam: o princípio do *favor laboratoris,* o princípio na segurança no emprego e da proibição dos despedimentos sem justa causa, o princípio da tutela dos direitos de personalidade do trabalhador e o princípio da conciliação da vida profissional com a vida familiar.

No plano econômico, as transações econômicas podem ser mutuamente benéficas ou parcialmente negativas. Por um lado, as transações mutuamente benéficas são aquelas em que ambos os contratantes se beneficiam da transação e fazem as respectivas concessões com certo equilíbrio. Também não há patamar econômico desigual significativo de forma a gerar necessidade contratual, ou seja, a expressão da vontade é, ao menos em tese, livre e não condicionada pelas circunstâncias, a não ser pela busca da satisfação de um anseio próprio. Nesse quadro, as transações mutuamente benéficas seriam perseguidas espontaneamente pelo mercado.

Por outro lado, as transações parcialmente negativas são aquelas em que uma das partes se apropria vantajosamente do benefício econômico gerado pela transação e a outra arca com respectiva desvantagem. Isso decorre do fato de que as condições econômicas iniciais são desequilibradas, gerando uma noção de necessidade ou dependência. Também podem ser desequilibradas por distúrbios do mercado que afastam as condições de concorrência perfeita. Um exemplo das primeiras são as relações de trabalho assalariado e das segundas, as relações de consumo, pela formação de monopólios ou oligopólios.

Na evolução do pensamento econômico, as relações parcialmente negativas provocam iniquidades do ponto de vista social e requerem a intervenção do Estado. Daí surge o Direito do Trabalho e o Direito do Consumidor, por exemplo, pelos seus peculiares exemplos de Justiça Distributiva, visando a compensar, ao menos parcialmente, as desigualdades resultantes do contrato em si.

Aqui cabem duas considerações: a) a correção das desigualdades entre empregado e empregador se dá no plano normativo (abstrato); b) a correção das desigualdades é sempre parcial.

Quanto à primeira consideração, o Estado intervém por meio de normas jurídicas (situadas no plano abstrato do dever-ser), tentando desenvolver políticas públicas que visam a influenciar as relações econômicas (situadas no plano do ser). Essa circunstância revela uma velha questão filosófica levantada por Platão, que trata da divisão entre o mundo das ideias e o mundo dos sentidos que, com as devidas adaptações e matizes, sobrevive na filosofia de Kant[464], na distinção entre dever-ser e ser, posteriormente adaptada para a Teoria Geral do Direito, especialmente por Kelsen[465]. Na economia, essa distinção aparece na dicotomia

---

(461) DORNELES, Leandro do Amaral Dorneles de. O direito das relações coletivas de trabalho e seus fundamentos principais: a liberdade associativa laboral. *Revista do Tribunal Superior do Trabalho,* Brasília, v. 76, n. 2. p. 84-108, em especial p. 87-89, abr./jun. 2010.

(462) DORNELES, Leandro do Amaral Dorneles de. *A transformação do Direito do Trabalho.* São Paulo: LTr, 2002. p. 15-50.

(463) RAMALHO, Maria do Rosário Palma. *Tratado de direito do trabalho* — Parte I: Dogmática geral. 3. ed. Coimbra: Almedina, 2012. p. 524-527.

(464) KANT, Immanuel. *A metafisica dos costumes.* São Paulo: Edipro, 2003. p. 118.

(465) KELSEN, Hans. *Teoria geral das normas.* Tradução José Florentino Duarte. Porto Alegre: Fabris, 1986. p. 175; *Teoria geral do Direito e do Estado.* 2. ed. Tradução Luís Carlos Borges. São Paulo: Martins Fontes, 1992. p. 81-82; *Teoria pura do direito.* 6. ed. Tradução João Baptista Machado. São Paulo: Martins Fontes, 1999. p. 142.

existente entre economia real e economia normativa, ou, na terminologia de Marx[466], a diferença entre superestrutura e estrutura.

Dito de outro modo, as normas jurídicas caracterizadoras da intervenção indireta do Estado na economia procuram alterar a realidade por meio de estímulos econômicos ou sanções aos agentes econômicos, a fim de atingir determinado fim. No caso do Direito do Trabalho, os objetivos das normas são, entre outros, melhorar a distribuição de renda e coibir os abusos por parte do empregador. Além disso, as normas trabalhistas também visam a melhorar as condições de trabalho e a saúde dos trabalhadores. Podem, também, ser vistas desde a perspectiva das empresas, que teriam maior previsibilidade das condutas e mais segurança nas relações jurídicas, além do fato de que as normas trabalhistas também tendem a homogeneizar a concorrência. Tudo isso converge para o objetivo maior de evitar os conflitos sociais e colaborar para a paz social.

Quanto à segunda consideração, de que a correção das desigualdades é sempre parcial, entende-se que a intervenção normativa do Estado na economia é uma tentativa de dirigir o comportamento do mercado por meio de incentivos e dispositivos coercitivos. Normas jurídicas estatais podem incentivar ou coibir determinados comportamentos do mercado ou até mesmo suprimi-los. Assim, por exemplo, o mercado pode ter maior ou menor carga tributária, maior ou menor número de barreiras técnicas ou sanitárias, maior ou menor número de trâmites registrais ou burocráticos, entre outros.

Um exemplo de supressão total de atividade econômica por leis estatais seria a supressão de uma atividade ilícita, como o tráfico de drogas ou o contrabando. Nesses casos, a intervenção do Estado é totalmente supressiva e/ou coercitiva. No Direito do Trabalho, a intervenção do Estado por meio de normas jurídicas visa a compensar uma desigualdade econômica. Essa compensação não é total, porque, se assim fosse, desapareceria a razão de ser do próprio sistema econômico capitalista: o lucro.

Em outras palavras, o Direito do Trabalho visa a diminuir a diferença de um contrato parcialmente negativo para uma das partes, estabelecendo obrigações compensatórias para a outra. Mas, não elimina a apropriação de uma parte da riqueza gerada pelo trabalho. O lucro permanece como finalidade última da produção de bens e serviços. Apenas será redimensionado pela legislação uma vez que esta atribui maiores obrigações para uma das partes, mas não elimina o direito de se apropriar de parte do resultado econômico do trabalho.

Na verdade, pode-se pensar que o Direito do Trabalho apenas traz algumas restrições à autonomia da vontade para limitar abusos do poder econômico e estabelecer um mínimo de civilização neste tipo específico de contrato e das relações sociais não regidas por ele. Não muda a essência, pois o contrato continua sendo parcialmente negativo, apenas corrige uma parte da desigualdade. Em razão disso, a correção de desigualdades é sempre parcial.

Em resumo, o Direito do Trabalho, em geral, e o princípio da proteção, em especial, protegem o sujeito empregado, em detrimento do sujeito empregador, como forma de compensar, juridicamente, o desequilíbrio econômico existente entre os sujeitos da relação de emprego (empregado e empregador). Essa compensação ou nivelamento jurídico se dá por meio de normas imperativas ou cogentes que restringem a autonomia da vontade dos sujeitos, estabelecendo limites jurídicos mínimos e máximos que precisam ser necessariamente observados pelos contratos individuais de trabalho, pelas normas coletivas de trabalho e pelas demais fontes formais de Direito do Trabalho.

A premissa básica do surgimento do princípio da proteção do empregado no contexto inicial da regulação dos conflitos entre trabalho e capital é a desigualdade econômica dos sujeitos da relação de emprego, a partir da constatação da inferioridade econômica do empregado. Empregado e empregador estão em

(466) MARX, Karl. *O Capital*. 2. ed. São Paulo: Nova Cultural, 1985. v. 1, p. 257-266.

patamares socioeconômicos diversos, pois possuem poderes desiguais e capacidades de resistência econômica distintas, o que leva a formas de exploração e aproveitamento. Destaca Plá Rodriguez[467] que "essa é origem da questão social e do Direito do Trabalho".

Alguns autores preferem a expressão vulnerabilidade, sob o argumento que ela seria mais ampla que a de hipossuficiência econômica, pois abrange um maior número de variáveis na sua definição, sendo mais adequada para abranger a maior diversificação e complexidade das relações de trabalho pós- industriais[468], na linha de proteção dos vulneráveis do novo Direito Privado[469].

De acordo com Cláudia de Lima Marques e Bruno Miragem[470], o novo Direito Privado parte da noção de diferença, identificando elementos de "igualdade" e de "desigualdade" (*vulnus* — vulnerabilidades —, feridas ou fragilidades) no espaço e no tempo. A identificação das diferenças não visa a excluir o diferente, ao contrário — com fundamento na proteção da pessoa humana —, a essência desse novo pensamento é a inclusão: "diferenciar para proteger", tratando de forma especial os mais vulneráveis, mediante a asseguração de direitos especiais.

Nessa trilha, Leandro Dorneles[471] defende a reformulação do postulado básico da hipossuficiência (idealizado para a relação de emprego típica), avançando para o postulado da vulnerabilidade no âmbito juslaboral, de forma a preservar uma das facetas do princípio da igualdade: "o direito à diferença". Salienta o autor que, a vulnerabilidade, nas situações concretas, não é estática, existindo tipos[472] e graus de vulnerabilidade, esclarecendo que o Direito do Trabalho prevê "um padrão básico de proteção para os empregados em geral (presumidamente vulneráveis), mas a este padrão protetivo somam-se proteções específicas, conforme a vulnerabilidade se apresente, presumidamente, acentuada (hipervulnerabilidade)", citando como exemplo o tratamento diferenciado dado pela legislação trabalhista aos jovens, às mulheres, aos deficientes físicos e às micro e pequenas empresas.

Note-se que os sujeitos que possuem tratamentos jurídicos diferenciados, como os jovens, as mulheres e as micro e pequenas empresas, não deixam de ter hipossuficiência econômica, a qual possui graus de proteção, conforme os graus de fragilidade dos sujeitos. Conforme destaca Guilherme Guimarães Feliciano, a hipossuficiência econômica "no continente jurídico manifesta-se como subordinação".[473]

Como método jurídico para nivelar, ou pelo menos limitar, o desequilíbrio econômico-social existente entre empregado e empregador no mundo dos fatos, o Estado — por meio da publicação de leis — intervém nas relações de trabalho e estabelece uma série de direitos e deveres mínimos (nunca máximos[474]) que devem ser obrigatoriamente observados nas contratações de trabalho subordinado. Esse passo histórico dado por

(467) PLÁ RODRIGUEZ, Américo. *Princípios do Direito do Trabalho*. 3. ed. Tradução de Wagner Giglio. São Paulo: LTr, 2000. p. 66.

(468) Nesse sentido: CAMINO, Carmem. *Autonomia da Vontade no Direito do Trabalho*: do chão de fábrica ao serviço público (Tese de Doutorado). UFRGS (Faculdade de Direito — PPGD): Porto Alegre, 2011; DORNELES, Leandro do Amaral Dorneles de. Hipossuficiência e vulnerabilidade na contemporânea Teoria Geral do Direito do Trabalho. *Justiça do Trabalho*, n. 348, Porto Alegre: HS, p. 22-42, em especial p. 24, dez. 2012.

(469) MARQUES, Lima Cláudia; MIRAGEM, Bruno. *O novo Direito Privado e a proteção dos vulneráveis*. São Paulo: Revista dos Tribunais, 2012.

(470) MARQUES, Lima Cláudia. MIRAGEM, Bruno. *O novo Direito Privado e a proteção dos vulneráveis*. São Paulo: Revista dos Tribunais, 2012. p. 87-88 e 111.

(471) DORNELES, Leandro do Amaral Dorneles de. Hipossuficiência e vulnerabilidade na contemporânea Teoria Geral do Direito do Trabalho. *Justiça do Trabalho*, n. 348, Porto Alegre: HS, p. 22-42, em especial p. 25 e 27-28, dez. 2012.

(472) Dorneles desenvolve as noções de vulnerabilidade negocial, hierárquica, econômica, técnica, social e informacional (DORNELES, Leandro do Amaral Dorneles de. Hipossuficiência e vulnerabilidade na contemporânea Teoria Geral do Direito do Trabalho. *Justiça do Trabalho*, n. 348, Porto Alegre: HS, p. 22-42, em especial p. 28-39, dez. 2012.

(473) FELICIANO, Guilherme Guimarães. *Curso crítico de Direito do Trabalho*: Teoria Geral do Direito do Trabalho. São Paulo: Saraiva, 2013. p. 245.

(474) "No plano individual, o princípio da proteção tem por pressuposto a hipossuficiência do trabalhador e, consequentemente, a garantia de direitos mínimos, nunca máximos" (DORNELES, Leandro do Amaral Dorneles de. O direito das relações coletivas de trabalho e seus fundamentos principais: a liberdade associativa laboral. *Revista do Tribunal Superior do Trabalho*, Brasília, v. 76, n. 2, p. 84-108, em especial p. 88, abr./jun. 2010).

ocasião do surgimento do Direito do Trabalho foi fundamental e pioneiro, todavia, vale a advertência feita por Luciane Cardoso Barzotto de que a sociedade pós-moderna revela que a igualdade jurídica estabelecida por meio da lei "pode ocultar uma desigualdade material".(475)

O princípio da proteção do empregado trata-se de um princípio de racionalidade distributiva, na tradição aristotélica de "tratar desigualmente os desiguais"(476). Para essa racionalidade, a distribuição será justa quando atentar para a mesma igualdade entre as porções dos encargos (como na distribuição de direitos mínimos aos trabalhadores subordinados) e a qualidade dos sujeitos, segundo a finalidade que se busca promover.(477)

Nesse sentido, em tese de doutorado sobre os fundamentos constitucionais do direito privado, Rafael Dresch(478) se vale do exemplo do Direito do Trabalho referindo-se às distribuições de direitos ao empregado na seara do Direito do Trabalho, tais como a definição de um salário mínimo, a imposição de descanso remunerado, férias, décimo terceiro salário, entre outros, para defender que "todas essas imposições de distribuição desigual de direitos e bens ocorrem não pela existência natural de uma racionalidade distributiva, mas, sim, para acidentalmente dar efetividade à igual dignidade e garantir as capacidades humanas básicas que permitam a autorrealização do ser humano", de forma que combinam fundamentos de justiça distributiva e comutativa em um ramo do direito privado.

Frise-se que a reação dos trabalhadores, pela via coletiva(479), aos excessos do sistema de produção capitalista e do modelo de Estado liberal que se abstinha de regulamentar os conflitos entre capital e trabalho, concedendo plena autonomia da vontade dos sujeitos, exterioriza como principal problema decorrente dessa realidade a desigualdade econômica entre os sujeitos da relação de trabalho(480). Nesse contexto, Süssekind conclui que "a necessidade da proteção social dos trabalhadores constitui a raiz sociológica do Direito do Trabalho e é imanente a todo o seu sistema jurídico"(481).

Destaca Javillier que há no Direito do Trabalho um caráter de ambivalência. De um lado está a característica de direito protetor dos assalariados contra todas as formas de exploração que possam sofrer. Entretanto, a melhora social, no caso de limitar-se a uma determinada fatia dos assalariados em detrimento dos demais, poderia colidir com o bem comum, pois toda a norma de Direito do Trabalho tem a sua contrapartida econômica. Por um lado, o econômico condiciona o social, afirmando que a proteção deve estar em relação íntima com as condições econômicas e, singularmente, a condição da empresa. Por outro lado,

---

(475) BARZOTTO, Luciane Cardoso. Trabalho e igualdade: tipos de discriminação no ambiente de trabalho. In: BARZOTTO, Luciane Cardoso (Coord.). *Igualdade e discriminação no ambiente de trabalho*. Porto Alegre: Livraria do Advogado, 2012. p. 36.

(476) Assim, a distribuição será justa quando atentar para a mesma igualdade entre as porções dos encargos (como penhora de bens) e a qualidade dos sujeitos, segundo a finalidade que se busca promover.

(477) "Assim, o justo também envolve quatro termos, no mínimo, e a relação ou proporção entre o primeiro par de termos é idêntica àquela entre o segundo par, pois as duas linhas que representam os indivíduos e porções são divididas similarmente..." (ARISTÓTELES. *Ética a Nicômaco*. São Paulo: Edipro, 2002. Livro V, cap. 4. p. 142).

(478) DRESCH, Rafael de Freitas Valle. *Fundamentos constitucionais do direito privado*: uma teoria da justiça e da dignidade humana. Tese de Doutorado. Porto Alegre: PUC-RS, 2011. p. 174. Com base em Gordley (GORDLEY, James. *Philosophical origins of modern contract*. Nova York: Claredon, 1993. p. 8), o autor esclarece a diferença entre justiça distributiva e comutativa: "Para determinar a possibilidade dessa garantia dos bens externos necessários para a busca da felicidade a cada indivíduo, como pleno desenvolvimento humano, Gordley, invocando a tradição aristotélica, entende que são apresentados dois conceitos de justiça sobre os quais o direito se fundamenta: justiça distributiva e justiça comutativa. A finalidade da justiça distributiva seria a de garantir que cada um tenha os bens necessários para a busca de sua felicidade e a finalidade da justiça comutativa é a de possibilitar que cada um possa obter esses bens sem comprementer a habilidade dos demais de acessar esses bens". (p. 67)

(479) COIMBRA, Rodrigo; ARAÚJO, Francisco Rossal de. Direito do Trabalho: evolução do modelo normativo e tendências atuais na Europa. *Revista LTr*, São Paulo, ano 73, t. II, n. 08, p. 953-62, ago. 2009. Nesse sentido, Plá Rodriguez averba que "em todo o Direito do Trabalho há um ponto de partida: a união dos trabalhadores; e há um ponto de chegada: a melhoria das condições de trabalho. Direito individual e direito coletivo do trabalho são apenas caminhos diversos para percorrer o mesmo itinerário" (PLÁ RODRIGUEZ, Américo. *Princípios do Direito do Trabalho*. Tradução de Wagner Giglio. 3. ed. São Paulo: LTr, 2000. p. 66).

(480) COIMBRA, Rodrigo; ARAÚJO, Francisco Rossal de. Direito do Trabalho: evolução do modelo normativo e tendências atuais na Europa. *Revista LTr*, São Paulo, ano 73, t. II, n. 08, p. 953-62, ago. 2009.

(481) SÜSSEKIND, Arnaldo *et al*. *Instituições de Direito do Trabalho*. 20. ed. São Paulo: LTr, 2002. v. 1, p. 146.

a melhoria das condições sociais poderia gerar na empresa, por meio de novas técnicas de gestão de pessoal, um aumento na produtividade e na competitividade[482]. Não obstante, em relação aos princípios de Direito do Trabalho que derivam da ideia de proteção, Plá Rodriguez[483] assevera que não há que se falar em ambivalência, podendo ser invocados apenas pelos e em favor dos trabalhadores.

Sublinhe-se que o princípio protetor também aparece na tradição anglo-saxã, não obstante a preferência dada por esse sistema à negociação coletiva. Otto Kahn Freud, considerado o pai do Direito do Trabalho britânico, salienta a importância da existência de limites ao poder diretivo do empregador, revelando preocupação em relação ao frequente dilema entre as exigências do empregador e a liberdade e a dignidade individual do trabalhador, por meio de uma legislação protetiva do trabalhador[484].

O Estado em proposital e necessária intervenção nas relações de trabalho, conforme denotam as fontes materiais desse ramo do Direito, por meio do Poder Legislativo, compensa juridicamente a desigualdade econômica existente entre as partes.

O essencial no princípio protetor é a verdadeira dimensão do trabalho humano, descaracterizando-o como mercadoria e emprestando-lhe conteúdo mais amplo, no sentido de compreendê-lo como elemento valioso na dignidade da pessoa humana, daí sua íntima ligação com o direito fundamental da dignidade da pessoa humana[485].

A própria ordem jurídica assume, portanto, um papel de nivelamento de desigualdades. Nesse contexto, os juízes do trabalho, em todas as suas instâncias, são chamados para aplicar esse ordenamento que, propositadamente, protege preferencialmente o empregado. Portanto, o sistema jurídico brasileiro, e não especialmente a Justiça do Trabalho (como se ouve com frequência), opta por favorecer a parte mais fraca economicamente (chamada de hipossuficiente), ou seja, inclina-se, preferencialmente, para proteger o empregado, estabelecendo uma série de normas compensatórias, tanto de direito material quanto de direito processual, para a garantia da igual dignidade dos vulneráveis da relação[486].

A interpretação e a aplicação do Direito do Trabalho e de seus princípios, por consequência, observam essa opção, entretanto, deve ocorrer sem excessos e distorções. Os excessos e distorções não fazem bem ao Direito do Trabalho. A razoabilidade, que é um princípio geral do Direito, deve imperar nos casos concretos.

Nesse quadro, o princípio da proteção tem certas restrições, e a maior delas é o interesse da coletividade. Ainda que o Direito do Trabalho tenha um campo de atuação muito amplo, as relações trabalhistas e profissionais, assim como os interesses individuais dos trabalhadores ou os interesses de suas categorias profissionais, sempre terão de observar os limites do interesse público, pois o interesse da coletividade deve sempre prevalecer[487].

---

(482) JAVILLIER, Jean-Claude. *Manual de Direito do Trabalho*. São Paulo: LTr, 1988. p. 30-31.

(483) PLÁ RODRIGUEZ, Américo. *Princípios do Direito do Trabalho*. 3. ed. Tradução de Wagner Giglio. São Paulo: LTr., 2000. p. 62. O autor diferencia os princípios que derivam da ideia de proteção — entre os quais elenca o princípio da proteção e suas três modalidades, o princípio de continuidade do contrato de trabalho e o princípio da não discriminação — dos demais princípios que não derivam da ideia de proteção — primazia da realidade, razoabilidade e boa-fé.

(484) KAHN-FREUND, Otto. *Il lavoro e la legge*. Milano: Giufrrè, 1974. p. 26-27 (tradução de Guido Zangari do original *Labour and the Law*. London: Steves & Sons, 1972).

(485) A Constituição Federal de 1988 consagrou a dignidade da pessoa humana e os valores sociais do trabalho e da livre-iniciativa como fundamentos da República Federativa do Brasil (art. 1º, incisos III e IV). Sobre as dimensões da dignidade da pessoa humana, ver SARLET, Ingo Wolfgang. As dimensões da dignidade da pessoa humana: construindo uma compreensão jurídico--constitucional necessária e possível. In: SARLET, Ingo Wolfgang (Org.). *Dimensões da dignidade:* ensaios de Filosofia do Direito e Direito Constitucional. Porto Alegre: Livraria do Advogado, 2005. p. 13-43.

(486) Nesse sentido é o esclarecimento de Sergio Pinto Martins: "Não é a Justiça do Trabalho que tem cunho paternalista ao proteger o trabalhador, ou o juiz que sempre pende para o lado do empregado. Protecionista é o sistema adotado pela lei. Isso não quer dizer, portanto, que o juiz seja sempre parcial em favor do empregado, ao contrário: o sistema visa proteger o trabalhador" (MARTINS, Sergio Pinto. *Direito processual do trabalho*. 28. ed. São Paulo: Atlas, 2008. p. 41).

(487) HUECK, Alfred; NIPPERDEY, H. C. *Compendio de derecho del trabajo*. Madrid: Revista de Derecho Privado, 1963. p. 46-47.

É lógico que o sistema jurídico guarde correlação com o sistema econômico. Pela visão marxista(488), *grosso modo*, o sistema econômico será a estrutura, enquanto o Estado e demais estruturas sociais comporiam a superestrutura. Dentro dessas premissas, o Direito do Trabalho deve ser compreendido no contexto do capitalismo, sendo que o trabalho assalariado é um dos pressupostos desse sistema, juntamente com o lucro, a propriedade privada e a liberdade de mercado. Trata-se, portanto, de uma correção da ficção de igualdade formal, um dos postulados básicos da Revolução Francesa(489). A classe dominante, por meio dessa atitude do Estado (Direito do Trabalho), oferece aos trabalhadores os seus "anéis", preservando os "dedos".

Muitos acreditam que o Direito do Trabalho sirva de amortecedor dos conflitos de classes, naturais da sociedade capitalista. A reflexão, nesse ponto, deve ser bem sincera, pois seria impossível admitir que num sistema capitalista as vantagens dos trabalhadores chegassem a níveis tão satisfatórios, a ponto de significar a troca da estrutura de poder. Há certo limite de cargas sociais admitidas pelo sistema. Ultrapassado o limite, as reações são certamente sentidas(490).

Não se pode esquecer que também existe o interesse do próprio sistema econômico capitalista, pois o Direito do Trabalho funciona como regulador indireto da concorrência e competitividade das empresas, além de ser um poderoso elemento motivador para ganhos de produtividade. Do encontro dos interesses públicos e privados é que surge o consenso da necessidade de um direito que regule com eficácia as relações de trabalho(491).

O principal ponto de referência, dentro do Direito do Trabalho, ainda é o primado da autonomia da vontade e a liberdade de mercado. Por mais que se procure emprestar um caráter protetivo a esse ramo do Direito, jamais se deve esquecer de que se vive em um sistema econômico capitalista. Essa ressalva é feita para que não se tenha a ingênua ilusão de que o Direito do Trabalho serviria como panaceia para todos os males decorrentes dos conflitos entre trabalho e capital. Na verdade, seus limites são bem definidos, e seu papel está adstrito a uma determinada realidade, sem, contudo, ter força suficiente para revolucioná-la, o que, dentro desta lógica, se mostra impossível.

A regra do princípio da proteção possui três projeções práticas ou modalidades de aplicação: a) *in dubio pro operario*; b) aplicação da norma mais favorável; c) consideração da condição mais benéfica.

3.1.1. In dubio pro operario

A modalidade de aplicação do princípio da proteção chamada *in dubio pro operario* estabelece que quando a norma comportar mais de um sentido (entre duas ou mais interpretações viáveis), o intérprete deve optar por aquele sentido que favorecer o trabalhador. (492)

Outros ramos do Direito possuem normas interpretativas semelhantes(493), como é o caso do Direito Penal, que possui a regra *in dubio pro reo*. Nesse caso, o princípio inspirador é diferente, pois se presume a inocência de qualquer acusado até a prova em contrário, pois, geralmente, estará em desvantagem em relação ao Estado, que tem a pretensão punitiva. Trata-se de uma garantia do devido processo legal (*due process of law*).

---

(488) MARX, Karl. *O Capital*. 2. ed. São Paulo: Nova Cultural, 1985. v. 1, p. 257-266.

(489) O princípio da igualdade juntamente com o princípio da liberdade, o princípio da separação dos poderes e o princípio da legalidade fazem a base do estado de direito, nascido com a queda do estado absolutista e cujo ponto culminante foi a Revolução Francesa (1789).

(490) ARAÚJO, Francisco Rossal de. *A boa-fé na relação de emprego*. São Paulo: LTr, 1996. p. 72.

(491) COIMBRA, Rodrigo; ARAÚJO, Francisco Rossal de. Direito do Trabalho: evolução do modelo normativo e tendências atuais na Europa. *Revista LTr*, São Paulo: LTr, ano 73, t. II, n. 08, p. 962, ago. 2009.

(492) PLÁ RODRIGUEZ, Américo. *Princípios de Direito do Trabalho*. 3. ed. São Paulo: LTr, 2000. p. 107.

(493) Nesse sentido, Feliciano diz que o *in dubio pro operario*, que ele classifica como subprincípio, é eminentemente hermenêutico e não jurídico (FELICIANO, Guilherme Guimarães. *Curso crítico de Direito do Trabalho*: Teoria Geral do Direito do Trabalho. São Paulo: Saraiva, 2013. p. 251).

No Direito Privado, do qual o Direito do Trabalho, ao menos no que tange ao âmbito individual, faz parte[494], a acepção *in dubio pro reo* tem outro princípio informador. O princípio protetor, inspirador da regra *in dubio pro operario*, deve incidir quando o julgador se deparar com dúvida razoável entre duas ou mais interpretações, ou seja, quando tiver fundados motivos para optar entre soluções opostas.[495]

Delgado[496] não aceita o *in dubio pro operario* como princípio de Direito do Trabalho, sustentando que "a velha diretriz *in dubio pro misero* também significa uma proposição jurídica altamente controvertida e contestada: a ideia de que também no exame dos fatos da causa (portanto, análise da prova) deveria o juiz, tendo dúvida, optar pela decisão mais benéfica ao trabalhador".

Cabe sublinhar que a dúvida (*in dubio*) não deve ser fruto da vontade do intérprete, mas deve surgir do exame razoável do seu contexto e do objetivo que pretenda atingir, e não pode colidir com a intenção do legislador[497]. Não se poderia entender que o princípio fosse utilizado contra clara disposição legal, pois tal atitude subverteria a organização lógica do sistema. Além disso, nossa tradição jurídica prevê o primado da criação da norma legal pela fonte legislativa, cabendo ao julgador apenas preencher eventuais lacunas existentes no sistema, em face da proibição do *non liquet* (art. 140 do CPC).

Nesse quadro, além da necessidade de existir dúvida razoável, Plá Rodriguez[498] adverte para a condição de mínima conformidade com a vontade do legislador *lato sensu*, ou seja, deve ter um mínimo respaldo na literalidade do texto normativo, tanto nas fontes formais autônomas como nas fontes formais heterônomas[499].

Verifica-se, com frequência, a existência de lacunas nas normas em sentido amplo. Exemplo disso é o art. 451 da Consolidação das Leis do Trabalho, que assim dispõe: "O contrato de trabalho por prazo determinado que, tácita ou expressamente, for prorrogado mais de uma vez passará a vigorar sem determinação de prazo", portanto, os contratos de trabalho por tempo determinado só podem ser prorrogados uma única vez. Entretanto, tal dispositivo legal não diz se essa única prorrogação deve ocorrer "dentro" ou "fora" do prazo máximo.

O prazo máximo dos contratos a termo em geral é de dois anos, sendo que a espécie contrato de experiência tem prazo máximo de noventa dias[500]. Enfrentando essa questão, o Tribunal Superior do Trabalho, aplicando implicitamente o princípio da proteção do empregado, na modalidade *in dubio pro operario*, entendeu que "o contrato de experiência pode ser prorrogado, respeitado o limite máximo de 90 (noventa) dias"[501].

Questão importante e ainda controvertida envolvendo a projeção do *in dubio pro operario* é a discussão em torno da possibilidade ou não de sua aplicação na valoração das provas produzidas no processo do trabalho. É inquestionável sua aplicação no direito material do trabalho, mas o mesmo não se pode dizer no âmbito do direito processual do trabalho, especialmente em matéria probatória.

---

(494) Entende-se que a subdivisão do Direito do Trabalho chamada de direito coletivo possui natureza jurídica diferenciada, especialmente no que tange à chamada sentença normativa, que mais se aproxima da lei (natureza pública), diferentemente do que ocorre na subdivisão chamada direito individual do trabalho, em que a natureza jurídica é de direito privado. Delegada aos Tribunais Trabalhistas competência para proferir sentença normativa, "tem lugar aí, como observa Passarelli, uma atividade formalmente jurisdicional e materialmente legislativa. Trata-se, pois, de ato jurisdicional, com eficácia normativa", conforme observa Alice Monteiro de Barros (BARROS, Alice Monteiro de. *Curso de Direito do Trabalho.* 4. ed. São Paulo: LTr, 2008. p. 1276). Para um detalhamento desse entendimento ver COIMBRA, Rodrigo. Repensando a natureza jurídica do Direito do Trabalho no âmbito coletivo. *Revista de Processo do Trabalho e Sindicalismo*. n. 2, Porto Alegre: HS, p. 192-214, 2011.

(495) RUSSOMANO, Mozart Victor. *Comentários à CLT.* 16. ed. Rio de Janeiro: Forense, 1994, v. 1, p. 43.

(496) DELGADO, Mauricio Godinho. *Princípio de Direito Individual e Coletivo do Trabalho.* 3. ed. São Paulo: LTr, 2010. p. 78.

(497) SÜSSEKIND, Arnaldo *et al. Instituições de Direito do Trabalho.* 20. ed. São Paulo: LTr, 2002, v. 1, p. 147.

(498) PLÁ RODRIGUEZ, Américo. *Princípios de Direito do Trabalho.* 3. ed. São Paulo: LTr, 2000. p. 107.

(499) FELICIANO, Guilherme Guimarães. *Curso crítico de Direito do Trabalho*: Teoria Geral do Direito do Trabalho. São Paulo: Saraiva, 2013. p. 252.

(500) Consolidação das Leis do Trabalho, art. 445 e parágrafo único.

(501) Tribunal Superior do Trabalho, Súmula n. 188.

De um lado, por exemplo, Arnaldo Süssekind[(502)] e Sergio Pinto Martins[(503)] entendem que o *in dubio pro operario* não se aplica em matéria probatória, pois, havendo dúvida sobre o conjunto probatório, deve ser verificado quem tem o ônus da prova em relação a cada pedido, com base nos arts. 818 da Consolidação das Leis do Trabalho e 373 do Código de Processo Civil, decidindo o juiz em desfavor da parte que tenha o ônus da prova naquele tópico duvidoso e do qual não tenha se desincumbido.

Por outro lado, Wagner Giglio[(504)], por exemplo, aceita a aplicabilidade desse princípio em questões probatórias, sob o argumento de que "a superioridade patronal se revela em juízo, pelo melhor assessoramento jurídico que pode obter, pela facilidade de produção de prova especialmente a testemunhal, colhida entre seus subordinados, e pela maior idoneidade econômica para suportar as delongas e as despesas processuais".

Sublinhe-se que essa controvérsia e a de que há inversão do ônus probatório no Processo do Trabalho, curiosamente, não se dá perante normas processuais, mas sobre normas de direito material. A regra processual sobre ônus da prova no Processo do Trabalho está prevista no art. 818 da Consolidação das Leis do Trabalho a qual repete a célebre formulação do Digesto de Justiniano: "A prova das alegações incumbe à parte que as fizer". Não há no Processo do Trabalho uma regra de inversão do ônus da prova de acordo com as particularidades do caso e com a hipossuficiência de uma das partes como existe no Código de Defesa do Consumidor (Lei n. 8.078/90, art. 6º, VIII[(505)]). Nesse contexto, o juiz no próprio curso do processo pode atribuir o ônus probatório, segundo o princípio da aptidão da produção da prova.

Portanto, a aplicação do princípio *in dubio pro operario* estaria, de certa forma, ligada ao princípio protetivo de natureza material e não processual.

3.1.2. *Aplicação da norma mais favorável ao empregado*

A segunda projeção ou modalidade do princípio da proteção dispõe que havendo duas ou mais normas viáveis para o mesmo caso concreto, deve-se aplicar a que for mais favorável ao empregado.

Uma situação que frequentemente vem sendo enfrentada nos processos trabalhistas diz respeito à tolerância dos minutos que antecedem e sucedem a jornada de trabalho por ocasião dos registros de horários. Diversas normas coletivas preveem que não serão computadas como jornada extraordinária as variações de até dez minutos para cada registro, mesmo após a inserção na Consolidação das Leis do Trabalho do § 1º do art. 58 (acrescentado pela Lei n. 10.243/2001), que estipula que tal tolerância não excederá cinco minutos, observado o limite máximo de dez minutos diários.

---

(502) SÜSSEKIND, Arnaldo *et al. Instituições de Direito do Trabalho.* 20. ed. São Paulo: LTr, 2002, v. 1, p. 147.

(503) MARTINS, Sergio Pinto. *Direito do Trabalho.* 24. ed. São Paulo: Atlas, 2008. p. 61. Exemplo da jurisprudência pátria nesse sentido: PRINCÍPIO *IN DUBIO PRO OPERARIO* — INAPLICABILIDADE QUANTO A MATÉRIA DE PROVA — Aplica-se o princípio do *in dubio pro operario* quando uma norma for passível de mais de uma interpretação. A interpretação de fatos dúbios, matéria de prova, deve ser com isenção de ânimo, sem que se penda para o lado do trabalhador ao argumento de estar-se observando este princípio protetor. (Tribunal Regional do Trabalho, 9ª Região, RO 11239/1999 — Ac. 1ª T. 5196/00 — Rel. Juiz Tobias de Macedo Filho — DJPR 10.03.2000).

(504) GIGLIO, Wagner D. *Direito processual do trabalho.* 16. ed. São Paulo: Saraiva, 2007. p. 85. Exemplo da jurisprudência pátria nesse sentido: PROVA — APLICAÇÃO DA REGRA *IN DUBIO PRO OPERARIO* — O ilustre juslaboralista cordobês José Isidro Somaré afirma que a regra *in dubio pro operario* se aplica também ao direito formal. "A dúvida é admissível, na consciência do juiz, quanto à forma, ao modo, às características como ocorreram os fatos. Isto é, se a prova não foi suficiente para levar ao espírito do juiz a certeza de como ocorreu um incidente, de modo tal que haja dúvida; pode, então, optar pela solução de favor e acolher o pedido do trabalhador. Não se trata de qualquer hipótese de dúvida, nem tampouco de simples dúvida, sem mais nem menos. Sobre o fato, processado, não se trouxe prova direta, assertiva, concludente. Existem indícios e presunções. A valoração harmônica de tais dados serve para inclinar o juiz a favor de uma das soluções possíveis, quanto à existência do fato" (RODRIGUEZ, Américo Plá. *Princípios de Direito Processual do Trabalho.* 2. ed. São Paulo: LTr, 1993. p. 84). (Tribunal Regional do Trabalho 12ª R. — Proc. RO-V- 04246/01- Ac. 04478/02 — 3ª T. — Relª. Juíza Ione Ramos — DJSC 03.05.2002).

(505) Lei n. 8.078/90, art. 6º "São direitos básicos do consumidor: (...) VIII — a facilitação da defesa de seus direitos, inclusive com a inversão do ônus da prova, a seu favor, no processo civil, quando, a critério do juiz, for verossímil a alegação ou quando for ele hipossuficiente, segundo as regras ordinárias de experiências".

Note-se que se tem nesse caso duas normas, estipulando diferentes períodos de tolerância em relação às horas extras: a norma coletiva (acordo coletivo, convenção coletiva ou dissídio coletivo) e a lei (Consolidação das Leis do Trabalho).

Nesses casos, a jurisprudência[506], aplicando o princípio protetivo, na modalidade da aplicação da norma mais favorável ao empregado, tem entendido que prevalecem os critérios estabelecidos no § 1º do art. 58 da Consolidação das Leis do Trabalho, ou seja, os minutos que excederem cinco para cada registro ou limite máximo de dez minutos diários deverão ser pagos como hora extra, com o respectivo adicional, sendo considerada como extra a totalidade do tempo que exceder a jornada normal[507].

Em trabalho específico[508], procurou-se desfazer um mito equivocado, mas constantemente repetido de que no processo do trabalho há quebra da hierarquia das fontes formais justamente pela aplicação da modalidade da norma mais favorável. Tradicionais autores do Direito do Trabalho brasileiro[509] afirmam que em se tratando de hierarquia de fontes trabalhistas, a pirâmide kelseniana (estrutura escalonada das normas) não é aplicável, pois sempre ocupará o vértice a norma mais favorável.

Esta, aliás, é uma inclinação mundial[510], sob a seguinte argumentação: no Direito do Trabalho, a hierarquia das fontes formais do Direito é relativizada, pois, por força do princípio da proteção, aplica-se a norma mais favorável ao trabalhador, mesmo que ela seja de hierarquia inferior à de outra norma, menos favorável, que também trate da mesma matéria.

Com a devida vênia, entende-se que a hierarquia das fontes formais trabalhistas não se dá por inversão de valores (quebra ou inversão da hierarquia das normas), mas por análise de espaços de poder cedidos em distintas esferas de legislação.

A hierarquia das fontes formais, em forma de pirâmide, é uma construção que vem antes do século XVIII (Puchta — hierarquia de conceitos; Kant — hierarquia de normas *in Metafísica dos costumes*)[511]. No século XX, com a ideia de Constituição totalmente assentada, fixou-se "a estrutura escalonada do ordenamento jurídico" (Kelsen — *Teoria Pura do Direito*)[512].

A norma superior é o pressuposto de validade da norma inferior. Dito de outro modo, a norma inferior só é válida se estiver de acordo formal e materialmente com a norma superior, ou seja, deve observar a forma de produção prevista na norma superior (competências, ritos etc. — aspecto formal) e não contrariar intrinsecamente o seu conteúdo material.

As normas trabalhistas obedecem a este raciocínio. Uma norma mais benéfica só será válida se existir previsão de espaço na norma superior para que assim proceda. O problema é que as normas trabalhistas não dizem expressamente: "a norma inferior poderá determinar o pagamento de adicional superior ao previsto". Em geral, dispõem de outro modo: "o adicional mínimo é de tanto". Ou seja, preveem garantias mínimas e não máximas.

---

(506) BRASIL. Tribunal Regional do Trabalho da 4ª Região, 1ª Turma. EMENTA: DIFERENÇAS DE HORAS EXTRAS. FORMA DE APURAÇÃO DA JORNADA. A tolerância prevista em norma coletiva, de dez minutos a cada registro, mostra-se excessiva, extrapola os limites do razoável e subverte a hierarquia das fontes formais do Direito do Trabalho, ferindo o princípio da prevalência da norma mais favorável, informador do Direito do Trabalho. As normas coletivas podem, pois, dispor criando ou ampliando direitos dos trabalhadores, mas não suprimindo ou restringindo direitos trabalhistas consagrados em lei. Prevalecem, portanto, os critérios estabelecidos no parágrafo primeiro do art. 58 da CLT. Recurso desprovido. Processo n. 00311-2006-281-04-00-1 (RO). Relatora: Eurídice Josefina Bazo Tôrres. 25 de setembro de 2008. Disponível em: <http://www.trt4.jus.br>. Acesso em: 6 jan. 2009.

(507) Nesse sentido dispõe a Súmula n. 366 do TST.

(508) COIMBRA, Rodrigo; ARAÚJO, Francisco Rossal de. Desfazendo um mito constantemente repetido: no Direito do Trabalho não há quebra da hierarquia das normas. *Revista de Direito do Trabalho*, v. 145, p. 13-30, em especial. p. 21-24, jan./mar. 2012.

(509) Por exemplo: SÜSSEKIND, Arnaldo *et al. Instituições de Direito do Trabalho.* 20. ed. São Paulo: LTr, 2002, v. 1. p. 147; NASCIMENTO, Amauri Mascaro. *Curso de Direito do Trabalho.* 19. ed. São Paulo: Saraiva, 2004. p. 295.

(510) Por exemplo: OLEA, Manuel Alonso. *Derecho del Trabajo.* 14. ed. Madrid: Universidad de Madrid, 1995. p. 827-838; PLÁ RODRIGUEZ, Américo. *Princípios do Direito do Trabalho.* São Paulo: LTr, 1978. p. 58.

(511) Conforme LARENZ, Karl. *Metotologia da Ciência do Direito*. 2. ed. Lisboa: Calouste Gulbenkian, 1989. p. 21.

(512) KELSEN, Hans. *Teoria Pura do Direito.* 2. ed. São Paulo: Martins Fontes, 1987. p. 252-253.

Por essa razão, quando aplicada uma norma inferior que vai além da garantia mínima, ela não está contrariando a norma superior, mas indo ao seu encontro, pois foi autorizada a concessão de direito superior ao mínimo previsto. Nada disso é inversão de hierarquia de fontes. É apenas aplicação do sistema jurídico em seu conjunto.[513]

No sentido do ora explanado, a Constituição Federal de 1988, em seu art. 7º, *caput*, estabelece direitos dos trabalhadores como garantias mínimas, e nunca máximas: "São direitos dos trabalhadores urbanos e rurais, além de outros que visem à melhoria de sua condição social". Note-se que mesmo aqui há a previsão expressa da Constituição Federal delegando espaços de poder para as normas inferiores.

Quando uma convenção coletiva concede a uma determinada categoria de trabalhadores o adicional noturno de 40% sobre a hora diurna, ela não está subvertendo a Consolidação das Leis do Trabalho, que prevê que o trabalho realizado entre as 22 horas de um dia e as 5 horas do dia seguinte implicará o pagamento do acréscimo de 20% (vinte por cento), pelo menos, sobre a hora diurna (art. 73). Ou seja, essa Convenção Coletiva está apenas se utilizando do espaço expressamente cedido pela Consolidação das Leis do Trabalho para a previsão de um adicional maior[514].

Outra questão importante nessa matéria é saber o que significa ser mais favorável (critérios ou métodos para indicação da norma mais favorável), pois esta noção contém, intrinsecamente, um juízo de valor. Note-se que uma determinada questão pode ser mais favorável imediatamente e ser prejudicial em um futuro um pouco mais distante. A aplicação de uma determinada norma, em outra hipótese, pode ser mais benéfica a um trabalhador, isoladamente; entretanto, se aplicada a todos os trabalhadores de uma determinada empresa, pode levar à inviabilidade econômica desta. Estes problemas exegéticos aparecem com frequência ao julgador, que deve discernir, entre várias opções, aquela que realmente atinge melhor a noção de benefício. Não há, nesse caso, como escapar da valorização da análise do caso concreto[515].

No âmbito do Direito Coletivo, duas teorias centrais buscam informar os critérios de determinação da norma mais favorável: a teoria da Acumulação e a teoria Conglobamento.

A teoria da acumulação como procedimento de seleção, análise e classificação das normas cotejadas prega o fracionamento do conteúdo dos textos normativos, retirando-se os preceitos e institutos singulares de cada um que se destaque por seu sentido mais favorável ao trabalhador[516]. A teoria da acumulação sustenta que se deve somar as vantagens de diferentes normas, pegando partes, artigos e cláusulas que, separadamente, sejam mais favoráveis ao trabalhador[517].

Essa vertente é bastante criticável do ponto de vista científico, pois ela liquida com a noção de Direito como sistema e do próprio caráter universal e democrático do Direito, por tornar sempre singular a fórmula jurídica aplicada ao caso concreto[518].

Para a teoria do conglobamento não se deve fracionar preceitos ou institutos jurídicos. Cada conjunto normativo é apreciado globalmente, considerado o mesmo universo temático; respeitada essa seleção, é o referido conjunto comparado aos demais, também globalmente apreendidos, encaminhando-se, então, pelo cotejo analítico, à determinação do conjunto normativo mais favorável. Ressalte-se que o parâmetro para

(513) COIMBRA, Rodrigo; ARAÚJO, Francisco Rossal de. Apontamentos sobre a hierarquia das normas no Direito do Trabalho. In: *Direito e Processo do Trabalho*: escritos em homenagem aos 20 anos de docência do professor Gilberto Sturmer. Porto Alegre: Arana, 2013. p. 185.

(514) Consolidação das Leis do Trabalho, art. 73: "Salvo nos casos de revezamento semanal ou quinzenal, o trabalho noturno terá remuneração superior à do diurno e, para esse efeito, sua remuneração terá um acréscimo de 20% (vinte por cento), pelo menos, sobre a hora diurna".

(515) Guilherme Guimarães Feliciano, citando Javillier, usa a expressão hierarquia dinâmica (FELICIANO, Guilherme Guimarães. *Curso crítico de Direito do Trabalho*: Teoria Geral do Direito do Trabalho. São Paulo: Saraiva, 2013. p. 246).

(516) DELGADO, Mauricio Godinho. *Curso de Direito do Trabalho*. 3. ed. São Paulo: LTr, 2004. p. 1392-1393.

(517) NASCIMENTO, Amauri Mascaro. *Curso de Direito do Trabalho*. 19. ed. São Paulo: Saraiva, 2004. p. 294.

(518) DELGADO, Mauricio Godinho. *Curso de Direito do Trabalho*. 3. ed. São Paulo: LTr, 2004. p. 1392-1393.

se proceder à comparação da norma mais favorável não será o indivíduo, tomado isoladamente, mas um determinado grupo de trabalhadores (categoria, por exemplo)[(519)].

Em síntese, a teoria da cumulação sustenta que o trabalhador deve ter direito ao que lhe for melhor em cada um dos textos normativos (por isso também é chamada de teoria do fracionamento), e a teoria do conglobamento defende que o trabalhador deve ter direito ao melhor texto normativo integralmente considerado. Há ainda a chamada teoria do conglobamento mitigado, que propõe o conglobamento por instituto ou matéria, ou seja, por blocos temáticos, defendida por Guilherme Guimarães Feliciano[(520)] como a mais adequada. A par desse "arranjo temático", o autor sustenta que se deve aduzir um critério substantivo para o juízo de favorabilidade: "ser ou não mais favorável é algo que se determina por uma perspectiva humanista, i.e., a partir da centralidade da pessoa, não da contrapartida econômica".

Entende-se que a teoria do conglobamento é a mais adequada, pois respeita o Direito do Trabalho, enquanto sistema, e defende a aplicação mais razoável da norma mais benéfica ao trabalhador.

Houve alteração sobre a aplicação da norma mais favorável na CLT, com a Lei n. 13.467/17, que modificou a redação do art. 620 da CLT, passando a prever:

> Art. 620. As condições estabelecidas em acordo coletivo de trabalho sempre prevalecerão sobre as estipuladas em convenção coletiva de trabalho.

A redação anterior da CLT era a seguinte:

> Art. 620. As condições estabelecidas em Convenção quando mais favoráveis, prevalecerão sôbre as estipuladas em Acôrdo.

Antes da reforma, se a mesma matéria fosse prevista num acordo coletivo de trabalho em que determinado empregador firmasse com o Sindicato dos empregados e numa convenção coletiva da categoria, deveria ser aplicada a norma que fosse mais benéfica ou favorável aos empregados.

Note-se que os acordos coletivos possuem abrangência menor, já que têm aplicação restrita aos trabalhadores da(s) empresa(a)s que firmaram o pacto com o(s) sindicato(s) do(s) empregado(s), uma vez que é o acordo firmado entre sindicato(s) de trabalhadores e uma ou mais empresas (não há sindicato no polo dos empregadores, como ocorre na convenção coletiva).

Assim, a partir da Lei n. 13.467/17, "sempre" prevalecerão as condições estabelecidas em acordo coletivo de trabalho sobre as estipuladas em convenção coletiva de trabalho. Assim, os acordos coletivos de trabalho poderão conter estipulações piores que as convenções coletivas de trabalho (que também já poderão reduzir ou suprimir direitos trabalhistas nas hipóteses do art. 611-A da CLT) e tais estipulações sempre prevalecerão sobre as estipulações das convenções coletivas.

A projeção ou modalidade da norma mais benéfica ou favorável ao trabalhador, que integra o princípio da proteção do trabalhador (mais tradicional princípio de Direito do Trabalho), foi ferida pelo art. 611-A da CLT, pois, nas hipóteses previstas neste dispositivo legal, as normas coletivas prevalecerão sobre a lei mesmo quando foi menos benéfica ou favorável ao empregado (art. 620 da CLT).

3.1.3. *Da aplicação da condição mais benéfica ao empregado*

A terceira projeção ou modalidade do princípio protetor dispõe que se existir uma condição concreta pactuada entre empregado e empregador, por ação ou omissão, esta deve ser respeitada na medida em que seja mais favorável ao trabalhador do que a nova[(521)].

---

(519) NASCIMENTO, Amauri Mascaro. *Curso de Direito do Trabalho.* 19. ed. São Paulo: Saraiva, 2004. p. 294; DELGADO, Mauricio Godinho. *Curso de Direito do Trabalho.* 3. ed. São Paulo: LTr, 2004. p. 1394-1395.

(520) FELICIANO, Guilherme Guimarães. *Curso crítico de Direito do Trabalho*: Teoria Geral do Direito do Trabalho. São Paulo: Saraiva, 2013. p. 246.

(521) PLÁ RODRIGUEZ, Américo. *Princípios de Direito do Trabalho.* 3. ed. São Paulo: LTr, 2000. p. 131.

As alterações das condições pactuadas e a pactuação de novas condições de trabalho ocorrem com muita frequência em decorrência do dinamismo e da informalidade das relações de trabalho, em que as condições são criadas e alteradas de forma escrita, verbal e tácita, por ação e por omissão.

É fundamental, para distinguir a aplicação da norma mais favorável da condição mais benéfica, que se perceba que, na primeira, a situação é abstrata, genérica, pois se trata de norma jurídica, enquanto na segunda a situação é concreta e determinada.

Quando ocorre uma regulamentação ou disposição de caráter geral a todo um conjunto de situações laborais (regulamento da empresa, por exemplo), estas ocasionam uma série de modificações nas situações anteriores. Em caso de nova regulamentação, esta deverá respeitar como situações concretas e reconhecidas para os trabalhadores interessados — salvo expressa determinação em contrário — as situações anteriores, quando mais benéficas[522].

As normas de regulamento interno da empresa são entendidas como cláusulas contratuais e, com isso, como situação de fato. A natureza do regulamento de empresa como cláusula contratual pode ser compreendida a partir do disposto na Súmula n. 51 do TST, que será analisada mais adiante.

Os fundamentos desta projeção do princípio da proteção do empregado estão na proibição de alterações lesivas das condições contratuais em face de ferir o direito adquirido, protegido pela Constituição Federal[523].

Em outras palavras, a modalidade da condição mais benéfica é um desdobramento da garantia constitucional do Direito Adquirido (art. 5º, XXXVI, da Constituição Federal), e aparece na parte final do *caput* do art. 7º da Constituição Federal: "São direitos dos trabalhadores urbanos e rurais, *além de outros que visem à melhoria de sua condição social*" (grifou-se).

A projeção da condição mais benéfica também informa o art. 468 da Consolidação das Leis do Trabalho, segundo o qual "nos contratos individuais de trabalho só é lícita a alteração das respectivas condições por mútuo consentimento, e ainda assim desde que não resultem, direta ou indiretamente, prejuízos ao empregado, sob pena de nulidade da cláusula infringente desta garantia". Desse dispositivo legal celestista decorre que as condições mais benéficas aos empregados são irrevogáveis, mesmo que tenha havido o consentimento do empregado. Tal dispositivo é seguidamente utilizado na fundamentação das decisões que tratam sobre invalidades de alterações contratuais[524].

De acordo com essa projeção do princípio protetivo, a aplicação de uma nova norma trabalhista não pode, de maneira geral, comprometer as condições mais favoráveis em que já se encontrava o trabalhador[525].

Assim, a projeção da condição mais benéfica ao trabalhador pode ser compreendida como uma manifestação do princípio da proibição do retrocesso social, com base no pressuposto de que o contínuo progresso deve sempre melhorar as condições de trabalho e vida dos empregados.

O princípio da proibição do retrocesso social, conforme Canotilho[526], é um princípio macrossocial — pertinente a toda ordem social e econômica —, com abrangência bem maior que a tocante ao Direito do Trabalho, mas sem dúvida o engloba e nele aparece com muita clareza. Também pode ser interpretado como

---

(522) GARCÍA, Manuel Alonso.*Curso de Derecho del Trabajo* 5. ed. Barcelona: Ariel, 1975. p. 280.

(523) LIMA, Francisco Meton Marques de. *Princípios de Direito do Trabalho na Lei e na Jurisprudência*. São Paulo: LTr, 1994. p. 85.

(524) Exemplo: AUXÍLIO-ALIMENTAÇÃO — CLÁUSULAS REGULAMENTARES — SUPRESSÃO DO PAGAMENTO AOS PENSIONISTAS E APOSENTADOS QUE JÁ PERCEBIAM O BENEFÍCIO — CONTRARIEDADE AOS ARTIGOS 5º, XXXVI, DA CONSTITUIÇÃO FEDERAL, E 468, DA CONSOLIDAÇÃO DAS LEIS DO TRABALHO — Por se amalgamarem com ânimo definitivo ao contrato de trabalho, as cláusulas regulamentares instituídas pelo empregador, quando suprimidas ou revogadas, não atingem os contratos firmados anteriormente. De acordo com o princípio da condição mais benéfica aplicado no direito laboral, constitui o prejuízo obreiro causa impeditiva da alteração do contrato de trabalho, configurando o ato de desobediência violação ao art. 468 consolidado, cujo efeito da nulidade haverá de ser suportado, nos termos do art. 9º do mesmo estatuto. (TRT 24ª R — Proc. 00136/2006-006-24-00-0-RO.1 — Rel. Des. Marcio Vasques Thibau de Almeida — DOMS 18.12.2006).

(525) FELICIANO, Guilherme Guimarães. *Curso crítico de Direito do Trabalho*: Teoria Geral do Direito do Trabalho. São Paulo: Saraiva, 2013. p. 248.

(526) CANOTILHO, José Joaquim Gomes. *Direito Constitucional*. 5. ed. Coimbra: Almedina, 1991. p. 326-328.

uma das características do princípio da irrenunciabilidade, como será novamente abordado no próximo tópico.

Guilherme Guimarães Feliciano[527], após indexar a conexão entre a projeção da condição mais benéfica (que ele classifica como subprincípio do princípio protetivo) ao princípio da proibição de retrocesso, refere que a supressão ou precarização de direitos sociais de índole infraconstitucional pode ser inconstitucional.

Vale lembrar que a garantia constitucional do direito adquirido (art. 5º, XXXVI, da Constituição Federal) é também um desdobramento do princípio constitucional da segurança jurídica. Situando a questão no contexto da segurança jurídica, verifica-se que a dignidade da pessoa humana exige não apenas uma proteção em face de atos de cunho retroativo (quando estiver em causa uma efetiva ou potencial violação da dignidade em algumas de suas manifestações), mas também uma proteção contra medidas retrocessivas, e que não podem ser tidas como propriamente retroativas, já que não alcançam as figuras dos direitos adquiridos, do ato jurídico perfeito e da coisa julgada, noção chamada pela doutrina de "proibição de retrocesso"[528].

Nesse sentido, há tempo o Tribunal Superior do Trabalho pacificou entendimento de que as cláusulas estabelecidas em regulamentos empresariais (cláusulas regulamentares), que revoguem ou alterem vantagens deferidas anteriormente, só atingirão os trabalhadores admitidos após a revogação ou alteração do regulamento (Súmula n. 51), justamente porque as condições anteriormente deferidas eram mais benéficas aos empregados.

Nessa projeção do princípio protetivo é o entendimento firmado pelo Tribunal Superior do Trabalho de que a complementação dos proventos da aposentadoria é regida pelas normas em vigor na data da admissão do empregado, observando-se as alterações posteriores desde que mais favoráveis ao beneficiário do direito (Súmula n. 288).

Igualmente, nesse caminho, existindo, ao mesmo tempo, gratificação por tempo de serviço outorgada pelo empregador e outra da mesma natureza prevista em acordo coletivo, convenção coletiva ou sentença normativa, o empregado tem direito a receber, exclusivamente, a que lhe seja mais benéfica, conforme entendimento sumulado pelo Tribunal Superior do Trabalho[529].

Deve-se ter presente, contudo, que os direitos dependem do preenchimento de condições objetivas, que, uma vez não mais observadas, excluem o direito, o que acontece de maneira muito clara com os direitos aos adicionais, por isso disse que são precários, ou seja, são devidos enquanto e somente enquanto o trabalhador estiver atuando sob a condição mais gravosa (trabalho noturno, insalubre, perigoso etc.) que determina o pagamento do respectivo adicional.

Nesse sentido, e informado pelo mandado constitucional de "redução dos riscos inerentes ao trabalho, por meio de normas de saúde, higiene e segurança" (art. 7º, XXII), denotando que para o Direito do Trabalho a eliminação ou redução das condições laborais de risco e desgaste à saúde e à segurança do trabalhador são mais importantes que a redução pecuniária que o trabalhador terá por deixar de trabalhar nessas condições, o Tribunal Superior do Trabalho, analisando alteração de turno de trabalho (alteração contratual) do noturno para o diurno, com manifesto prejuízo financeiro aos empregados que deixarão de receber o adicional noturno, decidiu que "a transferência para o período diurno de trabalho implica perda do direito ao adicional noturno" (Súmula n. 265), evidenciando a precariedade do adicional.

---

(527) FELICIANO, Guilherme Guimarães. *Curso crítico de direito do trabalho*: teoria geral do direito do trabalho. São Paulo: Saraiva, 2013. p. 248.

(528) SARLET, Ingo Wolfgang. *A eficácia dos direitos fundamentais*. 5. ed. Porto Alegre: Livraria do Advogado, 2005. p. 415. No Brasil, o princípio da segurança está previsto no preâmbulo e no *caput* do art. 5º da Constituição Federal de 1988, e o Supremo Tribunal Federal tem explicitado a natureza constitucional do princípio da segurança jurídica destacando-o como "um valor ímpar no sistema jurídico, cabendo-lhe papel diferenciado na realização da própria ideia de justiça material" (Supremo Tribunal Federal, 2ª Turma, QO Pet (MC) n. 2.900/RS, Relator Ministro Gilmar Mendes, julgado em 27.05.2003).

(529) Tribunal Superior do Trabalho, Súmula n. 202.

Tratando de adicional de insalubridade, o Tribunal Superior do Trabalho também firmou entendimento no sentido de que não há direito adquirido ao seu recebimento, quando descaracterizada a presença da insalubridade no trabalho: "A reclassificação ou a descaracterização da insalubridade, por ato da autoridade competente, repercute na satisfação do respectivo adicional, sem ofensa a direito adquirido ou ao princípio da irredutibilidade salarial" (Súmula n. 248).

Essas Súmulas podem ser observadas sob o ponto de vista de que tais verbas possuem nexo causal transitório e, desaparecendo-o, desaparece o direito à respectiva contraprestação.

3.2. Princípio da irrenunciabilidade dos direitos trabalhistas

O princípio da irrenunciabilidade significa a impossibilidade jurídica de o empregado privar-se, voluntariamente, em caráter amplo e por antecipação, das vantagens que lhe são asseguradas no ordenamento jurídico laboral[530].

Esse princípio tem relação ínsita com o caráter das normas de ordem pública (caráter imperativo) presentes no Direito do Trabalho, sendo claramente limitadora da autonomia da vontade dos sujeitos da relação de emprego[531].

No Direito do Trabalho, por ser composto majoritariamente de normas de ordem pública, afasta-se a ideia de renúncia, que tem caráter nitidamente dispositivo. Trata-se de um corolário do princípio da proteção, pois de nada adiantaria assegurar-se uma série de direitos aos empregados se fosse possível renunciá-los, ainda mais dentro de uma situação de inferioridade econômica.

Se esse princípio não existisse, seria muito fácil aos empregadores, detentores da superioridade econômica, forçarem seus empregados a abrir mão de seus direitos previstos na legislação, levando à iniquidade da ordem jurídica. Por outro lado, também poderia acontecer de um empregador de má-fé apresentar uma determinada declaração, obtida por meios ilícitos, na qual o empregado afirma ter recebido todos os seus direitos, nada mais havendo a reclamar. O princípio da irrenunciabilidade, portanto, se justifica na efetividade social, pois o trabalhador geralmente não tem fartura de meios de subsistência de forma a permitir a renúncia de seus direitos.

O princípio da irrenunciabilidade dos direitos trabalhistas pelo empregado é inspirado e completa o princípio protetivo, pois de nada adiantaria o Direito do Trabalho se fosse permitido ao trabalhador dispor de seus direitos mínimos previstos na legislação (também chamado de "contrato mínimo legal").

A irrenunciabilidade de direitos é exteriorizada por meio das normas essencialmente imperativas[532], que não proporcionam espaço para as partes cumprirem diferentemente do que nelas está preceituado. A maioria das normas trabalhistas (em termos de quantidade) é de índole imperativa (*jus cogens*)[533].

---

(530) PLÁ RODRIGUEZ, Américo. *Princípios de Direito do Trabalho.* 3. ed. São Paulo: LTr, 2000. p. 148.

(531) PLÁ RODRIGUEZ, Américo. *Princípios de Direito do Trabalho.* São Paulo: LTr, 1978. p. 66, lembra que a questão pode estar ligada com a impossibilidade de renúncia total das leis. Na verdade, como já abordado anteriormente, somente as normas de ordem pública têm caráter irrenunciável, não se incluindo no princípio as normas de caráter dispositivo.

(532) Exemplos de normas essencialmente imperativas são as de segurança e medicina do trabalho (Título II, Capítulo V da Consolidação das Leis do Trabalho — arts. 154 a 201, capítulo com redação dada pela Lei n. 6.514/77). Por exemplo: Consolidação das Leis do Trabalho, art. 166: "A empresa é obrigada a fornecer aos empregados, gratuitamente, equipamento de proteção individual adequado ao risco e em perfeito estado de conservação e funcionamento, sempre que as medidas de ordem geral não ofereçam completa proteção contra os riscos de acidentes e danos à saúde dos empregados".

(533) Plá Rodriguez esclarece "que todas normas são imperativas enquanto contém um mandamento. Não são simples convites, conselhos ou recomendações são ordens. Se não, não seriam normas". (...) Esta denominação 'imperativa' tem relação com a distinção entre normas imperativas ou cogentes e as normas dispositivas, que corresponde à divisão procedente do Direito Romano entre *jus cogens* e *jus dispositivum.* O *jus cogens* é integrado por normas que devem ser cumpridas qualquer que seja a vontade das partes. O *jus dispositivum* é constituído pelas normas que se devem cumprir só quando as partes não tenham estabelecido outra coisa" (PLÁ RODRIGUEZ, Américo. *Princípios de Direito do Trabalho.* 3. ed. São Paulo: LTr, 2000. p. 148).

A renúncia é um ato voluntário, mas no âmbito do chamado direito individual do trabalho, como o empregado está sozinho diante do empregador e aquele é hipossuficiente em relação a este, é irrelevante o elemento volitivo. Se o empregado abrir mão de direitos trabalhistas presume-se que houve vício na manifestação da sua vontade. É o que parte da doutrina trabalhista adota e chama de vício presumido do consentimento. Em outras palavras: no âmbito do direito individual, presume-se que o empregado foi coagido a renunciar tal direito. E essa presunção é *iuris et de iure*, conforme Carmen Camino[(534)].

Isso significa dizer que mesmo que o empregador queira realmente, sem coação ou induzimento, não pode abrir mão das suas férias ou do aviso-prévio[(535)], por exemplo. Os direitos trabalhistas são irrenunciáveis porque o trabalhador deles não dispõe. Nessa linha, alguns doutrinadores, como Delgado[(536)], entendem que a expressão mais adequada seria princípio da indisponibilidade dos direitos trabalhistas. Esse princípio é tão forte que protege o trabalhador contra ele próprio, ou seja, mesmo que ele queira, não pode renunciar individualmente a seus direitos trabalhistas.

Nesse contexto, a renúncia de direitos trabalhistas realizada extrajudicialmente não afasta o trabalhador da tutela jurisdicional, sendo ineficaz a declaração extrajudicial por meio da qual o autor manifesta desistência de "qualquer ação", diante dos princípios norteadores do Direito do Trabalho, principalmente o princípio da irrenunciabilidade de direitos[(537)].

Outro tema pertinente ao princípio da irrenunciabilidade é o problema da renúncia em juízo. A regra de interpretação dos tribunais tem sido de que a renúncia extrajudicial é nula e que a renúncia em juízo pode ser admitida, sob a forma de transação. A renúncia extrajudicial contraria o interesse social presente na lei trabalhista, no sentido de ver efetivado o caráter protetivo. Nada impede, porém, que o empregado, uma vez ajuizada a reclamatória trabalhista, venha a negociar com seu empregador o montante e a forma de pagamento de seus direitos. O empregado pode, também, não exercer seu direito de postulação, não reclamando as parcelas a que faz jus, o que, de certa forma, convalidaria uma espécie de renúncia extrajudicial[(538)]. Nesse caso, entretanto, há de apontar que essa renúncia não ocorre de forma expressa, não se confundindo com a renúncia — ato jurídico — expressa e extrajudicial.

No processo do trabalho, está presente o princípio da conciliação, tendo o juiz o dever legal de propor a conciliação do litígio assim que aberta a audiência[(539)] e, após as razões finais[(540)], no procedimento ordinário, e em qualquer fase da audiência[(541)], no procedimento sumaríssimo. As partes podem, a qualquer tempo, livremente conciliar o feito[(542)]. O julgador deve vigiar para que os termos do acordo sejam razoáveis e que

---

(534) CAMINO, Carmen. *Direito individual do trabalho.* 4. ed. Porto Alegre: Síntese, 2003. p. 97.

(535) TST, Súmula n. 276: "Aviso-prévio. Renúncia pelo empregado. O direito ao aviso-prévio é irrenunciável pelo empregado. O pedido de dispensa de cumprimento não exime o empregador de pagar o respectivo valor, salvo comprovação de haver o prestador de serviços obtido novo emprego".

(536) DELGADO, Mauricio Godinho. *Princípios de Direito individual e coletivo do trabalho.* 3. ed. São Paulo: LTr, 2010. p. 79.

(537) BRASIL. Tribunal Regional do Trabalho da 4ª Região, 3ª Turma. EMENTA: RELAÇÃO DE TRABALHO. RURAL. DECLARAÇÃO "EXTRAJUDICIAL". TRANSAÇÃO. INEFICÁCIA. Admitida a prestação de serviços pelo reclamado e confirmada a existência de empreendimento econômico pelo laudo do perito de confiança do juízo, ao demandado cabia o encargo de comprovar a alegada autonomia e eventualidade, ônus do qual não logrou desincumbir-se, o que enseja reconhecer a relação de trabalho nos moldes do art. 2º da Lei n. 5.889, de 8 de junho de 1973. Ineficaz a declaração "extrajudicial" por meio da qual o autor manifesta desistência de "qualquer ação" em face do reclamado. Inteligência do princípio da irrenunciabilidade inerente ao caráter cogente das normas tutelares do Direito do Trabalho, vinculado à limitação da autonomia da vontade no âmbito das relações trabalhistas e à indisponibilidade de direitos decorrentes, com vistas a preservar os direitos fundamentais sociais trabalhistas e previdenciários (direitos humanos e fundamentais), por aplicação direta do princípio da proteção e da dignidade humana, nos termos da Constituição da República (art. 7º, *caput*, art. 3º, III). Recurso provido. Processo n. 02493-2005-812-04-00-9 (RO). Relatora: Maria Helena Mallmann. 20 de fevereiro de 2008. Disponível em: <http://www.trt4.jus.br>. Acesso em: 7 jan. 2009.

(538) RUPRECHT, Alfredo. *Os princípios do Direito do Trabalho.* São Paulo: LTr, 1995. p. 31.

(539) Consolidação das Leis do Trabalho, art. 846, *caput.*

(540) Consolidação das Leis do Trabalho, art. 850.

(541) Consolidação das Leis do Trabalho, art. 852-E.

(542) Embora na audiência seja o momento em que mais comumente são realizados os acordos, os dissídios individuais ou coletivos submetidos à apreciação da Justiça do Trabalho serão sempre sujeitos à conciliação, conforme o disposto na Consolidação das Leis do Trabalho, art. 764, § 3º.

não constituam fraude disfarçada. Para tanto lhe é alcançado o poder de homologar, ou não[543], a transação efetuada pelas partes. Esse é um bom exemplo de colisão de princípios dentro ordenamento jurídico (trabalhista). De um lado, o princípio da irrenunciabilidade, como cláusula de garantia de eficácia do princípio da proteção e, de outro, o princípio da conciliação e suas ligações com a busca da pacificação social.

3.3. Princípio da autonomia coletiva

O panorama anteriormente descrito modifica-se sensivelmente no âmbito do Direito Coletivo do Trabalho, pois neste âmbito não se trabalha com partes desiguais, uma vez que nas negociações coletivas ou mesmo no dissídio coletivo os empregados estão necessariamente representados por seus sindicatos e a legislação protege os representantes sindicais dos empregados, direitos entre os quais se destaca a estabilidade dos dirigentes sindicais representantes dos trabalhadores, titulares e suplentes[544], justamente para as partes coletivas estarem em igualdade de condições e possa viger então o princípio da autonomia coletiva[545].

O princípio da autonomia coletiva privilegia a autonomia negocial dos entes coletivos (sindicato dos empregados, sindicato dos empregadores ou uma ou mais empresas), sendo um dos diferenciais desse ramo da ciência jurídica — por isso entendemos tratar-se de um princípio típico do Direito do Trabalho —, à medida que é considerada umas das principais fontes do Direito do Trabalho[546], tendo em vista que é estabelecida pelos próprios destinatários da norma jurídica, proporcionando a melhoria das condições de trabalho de forma mais dinâmica e eficaz, por meio dos mecanismos de solução de conflitos coletivos negociados (acordo e convenção coletiva de trabalho).

Enquanto no plano individual o Direito do Trabalho parte da premissa da hipossuficiência do sujeito empregado, no plano coletivo a premissa é outra: a autossuficiência dos sujeitos. O trabalhador individualmente considerado é hipossuficiente, tendo menor poder de negociação e demandando maior proteção, que se dá por meio da limitação das vontades do sujeito, mediante a intervenção do Estado fixando limites que estabelecem direitos trabalhistas mínimos, também chamados de "patamar jurídico básico"[547], "contrato mínimo legal" ou "núcleo duro irredutível"[548].

---

(543) Por mais que ambas as partes queiram fazer um determinado acordo, o juiz não está obrigado a homologá-lo, pois a homologação de acordo celebrado entre as partes se trata de uma faculdade do juiz, não constituindo eventual indeferimento de homologação direito líquido e certo dos interessados, conforme entendimento firmado pelo Tribunal Superior do Trabalho na Súmula n. 418: "MANDADO DE SEGURANÇA VISANDO À CONCESSÃO DE LIMINAR OU HOMOLOGAÇÃO DE ACORDO. A concessão de liminar ou a homologação de acordo constituem faculdade do juiz, inexistindo direito líquido e certo tutelável pela via do mandado de segurança". Essa Súmula está claramente inspirada na tutela do princípio da irrenunciabilidade dos direitos trabalhistas.

(544) Os empregados eleitos para órgãos de administração das entidades sindicais (sindicatos, federações e federações do ramo profissional), assim como os respectivos suplentes, observados os limites legais (arts. 522 e 538 da Consolidação das Leis do Trabalho), desde o registro da candidatura até um ano após o final de seu mandato, caso seja eleito, salvo se cometer falta grave devidamente apurada, nos termos da Lei (art. 543, § 3º da Consolidação das Leis do Trabalho c/c art. 8º, VIII, da CF de 1988).

(545) Catharino esclarece que "democraticamente, essa 'vontade coletiva', que irá ser manifestada no mundo jurídico do trabalho, só poderá ser *plural*, constituída por 'vontades individuais', livremente expressadas. Por unanimidade, ou não." (CATHARINO, José Martins. *Direito Constitucional e direito Judiciário do Trabalho*. São Paulo: LTr, 1995. p. 203).

(546) O Direito Coletivo do Trabalho "formula princípios e normas que mantêm o sistema sindical de cada país e coordena todos os processos de sua atuação, dirigida no sentido do equilíbrio e da tutela dos direitos do trabalhador. Enquanto o Direito Individual do Trabalho regulamenta o trabalho e disciplina o exercício dos direitos dos empregados e dos empregadores, o Direito Coletivo protege esses direitos, procurando ampliá-los e participando das lutas e dos conflitos dos trabalhadores modernos. Isso significa dizer que, em última análise, o Direito Coletivo robustece, completa e revitaliza o Direito Individual", conforme, por todos, RUSSOMANO, Mozart Victor. *Princípios Gerais de Direito Sindical*. 2. ed. Rio de Janeiro: Forense, 2000. p. 47.

(547) DORNELES, Leandro do Amaral Dorneles de. O direito das relações coletivas de trabalho e seus fundamentos principais: a liberdade associativa laboral. *Revista do Tribunal Superior do Trabalho*, Brasília, v. 76, n. 2. p. 84-108, em especial p. 90, abr./jun. 2010.

(548) FELICIANO, Guilherme Guimarães. *Curso crítico de Direito do Trabalho*: Teoria Geral do Direito do Trabalho. São Paulo: Saraiva, 2013. p. 256.

A coletividade organizada historicamente se revelou apta para contrabalançar o poder negocial do empregador e possui papel de destaque na formação do Direito do Trabalho[549]. A autonomia coletiva[550] foi a base do movimento sindical e das normas trabalhistas[551]. Trata-se da máxima de regulamentação normativa das condições de trabalho pelos próprios interessados.[552]

No âmbito internacional, a Organização Internacional do Trabalho elevou a liberdade sindical e o reconhecimento efetivo do direito de negociação coletiva (autonomia coletiva) ao patamar de norma de direitos humanos, em 1998, por meio da Declaração da OIT relativa aos princípios e direitos fundamentais no trabalho da OIT, constituindo-se um dos principais alicerces do direito internacional do trabalho, ao qual todos os países membros da OIT são obrigados a observar, independentemente de ratificação das esferas jurídicas nacionais.

Nos países da *common law* a autonomia coletiva é princípio de Direito do Trabalho ainda mais prestigiado.[553]

A autonomia coletiva é a pedra angular em matéria de relações coletivas de trabalho[554]. Ronaldo Lima dos Santos[555] define-a como "o poder de autorregulamentação das relações de trabalho, ou de matérias correlatas, pelos grupos profissionais e econômicos, por meio de suas organizações representativas. A negociação coletiva é o seu instrumento, as normas coletivas de trabalho o seu produto".

O desdobramento do princípio da proteção[556] do trabalhador, no plano coletivo, se dá pelos princípios da autonomia coletiva e da liberdade sindical, que atuam em caráter de complementaridade, no desiderato de efetivar a proteção e constante melhoria da condição social do trabalhador (proteção e promoção da dignidade do trabalhador).

Assim, à luz do princípio da autonomia coletiva e da premissa de autossuficiência das partes, eventuais e estratégicos retrocessos são compensados por outros avanços sociais trabalhistas.

Por isso que no âmbito do direito coletivo do trabalho não se fala em renúncia de direitos, mas em transação, tendo em vista que a renúncia é um ato unilateral, ao contrário da transação, que é um ato bilateral, e pressupõe concessões recíprocas de direito[557].

---

(549) "Sem a luta dos sindicatos, possivelmente sequer existiria o Direito do Trabalho, ao menos tal como se o conhece hoje" (DORNELES, Leandro do Amaral D. de. O direito das relações coletivas de trabalho e seus fundamentos principais: a liberdade associativa laboral. *Revista do Tribunal Superior do Trabalho*, Brasília, v. 76, n. 2. p. 84-108, em especial p. 90, abr./jun. 2010).

(550) Como é comum acerca das terminologias, os autores divergem acerca da terminologia do princípio da autonomia coletiva. Utilizam a expressão "autonomia privada coletiva": MARTINS, Sergio Pinto. *O pluralismo do Direito do Trabalho*. São Paulo: LTr, 2001. p. 116. SANTOS, Ronaldo Lima dos. *Teoria das Normas Coletivas*. São Paulo: LTr, 2007. p. 130; Mauricio Godinho Delgado usa a terminologia "princípio da autonomia sindical" (DELGADO, Mauricio Godinho. *Princípios de Direito individual e coletivo do trabalho*. 3. ed. São Paulo: LTr, 2010. p. 126); Dorneles prefere o termo "princípio da autodeterminação das vontades coletivas" (DORNELES, Leandro do Amaral Dorneles de. O direito das relações coletivas de trabalho e seus fundamentos principais: a liberdade associativa laboral. *Revista do Tribunal Superior do Trabalho*, Brasília, v. 76, n. 2. p. 84-108, em especial p. 91-96, abr./jun. 2010).

(551) COIMBRA, Rodrigo; ARAÚJO, Francisco Rossal de. Direito do Trabalho: evolução do modelo normativo e tendências atuais na Europa. *Revista LTr*, São Paulo: LTr, ano 73, t. II, n. 8, p. 953-62, em especial p. 955, ago. 2000. Para um aprofundado estudo sobre a formação do Direito do Trabalho na Europa, ver HEPLE, Bob. *La formación del Derecho del Trabajo en Europa*. Madrid: Ministério de Trabajo y Seguridad Social, 1994, em especial sobre a matéria p. 337.

(552) HUECK, Alfred; NIPPERDEY, H. C. *Compendio de derecho del trabajo*. Madrid: Revista de Derecho Privado, 1963. p. 250.

(553) Kahn-Freund demonstra, desde o sumário de sua obra, a importância do direito coletivo do trabalho no sistema de *common law*, em especial, na Inglaterra, que pode ser sintetizado nessa passagem: "L'evoluzione di um ordinato e sino ad oggi ben funzionante (soprattuto se messo a confronto con altri paesi) sistema di relazioni sindacali, è certo uma delle più grandi conquiste della civiltà britannica" (KAHN-FREUND, Otto. *Il lavoro e La legge*. Milano: Giuffrè, 1974. p. 5).

(554) Conforme BELTRAN, Ari Possidonio. *A auto tutela nas relações de trabalho*. São Paulo: LTr, 1996. p. 97.

(555) SANTOS, Ronaldo Lima dos. *Teoria das Normas Coletivas*. São Paulo: LTr, 2007. p. 130.

(556) A autonomia coletiva objetiva dar maior efetivação ao princípio protetor (SANTOS, Ronaldo Lima dos. *Teoria das Normas Coletivas*. São Paulo: LTr, 2007. p. 135).

(557) SÜSSEKIND, Arnaldo *et al. Instituições de Direito do Trabalho*. 20. ed. São Paulo: LTr, 2002. v. 1, p. 207-208.

Nesse quadro, os acordos e as convenções coletivas de trabalho devem ser norteados pelo princípio da comutatividade, segundo a qual eventual direito transacionado numa cláusula contou com a correspondente compensação em outra, por isso precisam ser consideradas em seu todo[558].

Todavia, e aqui está um ponto importante, alterando a noção de comutatividade e reciprocidade negocial no plano coletivo que acompanha o Direito do Trabalho brasileiro desde sua concepção, a Lei n. 13.467/17 (reforma trabalhista), no § 2º do art. 611-A da CLT, passou a dispor em sentido oposto ao prever que:

> § 2º A inexistência de expressa indicação de contrapartidas recíprocas em convenção coletiva ou acordo coletivo de trabalho não ensejará sua nulidade por não caracterizar um vício do negócio jurídico.

Trata-se de alteração paradigmática das normas básicas de negociação coletiva no Direito do Trabalho, que vai permitir a inclusão do art. 611-A da CLT pela mesma Lei n. 13.467/17. Foi uma das costuras da Lei n. 13.467/17 para validar a mais profunda e também paradigmática mudança: a prevalência do negociado coletivamente sobre a lei, nas hipóteses do art. 611-A da CLT.

O princípio da irrenunciabilidade dos direitos trabalhistas (anteriormente estudado), no mesmo sentido da projeção do princípio da proteção do empregado que assevera a prevalência da condição mais benéfica ao trabalhador (numa de duas projeções ou modalidades), pode ser compreendido como uma manifestação do princípio da proibição do retrocesso social.

Note-se, contudo, que essa proibição não é absoluta, conforme adverte Sarlet[559], sendo possível a promoção de ajustes e eventualmente até a redução ou a flexibilização, desde que presentes os pressupostos para tanto.

Exemplo disso pode ser buscado na Constituição Federal (art. 7º, VI), em um dos mais importantes direitos trabalhistas: o salário, que como regra geral é irredutível, mas excepcionalmente pode ser reduzido mediante acordo ou convenção coletiva de trabalho. Aqui aparece com clareza a importância da tipicidade do princípio da autonomia coletiva.

Veja-se que a Constituição Federal, ao mesmo tempo, concedeu a permissão legal para a redução desse direito social e indicou os únicos caminhos válidos para tanto: mediante negociação coletiva de trabalho (que pressupõe troca, negociação e não apenas simples renúncia de direitos), instrumentalizada por acordo coletivo ou convenção coletiva de trabalho. Portanto, individualmente (no âmbito do direito individual do trabalho), a proibição de redução salarial é absoluta, sendo permitida apenas no âmbito coletivo.

Note-se que até a reforma trabalhista de 2017 as cláusulas de acordo coletivo de trabalho e convenção coletiva de trabalho, salvo as poucas exceções legais apontadas, poderiam apenas melhorar, ampliar, complementar, robustecer as condições de trabalho previstas em lei.

A concatenada Lei n. 13.467/17 permite que por meio de acordo coletivo de trabalho e convenção coletiva de trabalho (plano coletivo), nas hipóteses previstas no art. 611-A da CLT, a convenção coletiva e o acordo coletivo de trabalho tenham prevalência sobre a lei.

Trata-se da chamada prevalência do negociado (coletivamente) sobre o legislado, permitindo-se com isso que as previsões feitas em acordo coletivo de trabalho e convenção coletiva de trabalho possam reduzir ou suprimir direitos trabalhistas conquistados em lei.

Os instrumentos normativos negociados que alteram os contratos individuais de emprego para melhor em relação à lei sempre foram permitidos e incentivados pelo nosso ordenamento jurídico. A mudança de

---

(558) É a chamada teoria do conglobamento, segundo a qual não se deve fracionar preceitos ou institutos jurídicos. Cada conjunto normativo é apreciado globalmente, considerado o mesmo universo temático; respeitada essa seleção, é o referido conjunto comparado aos demais, também globalmente apreendidos, encaminhando-se, então, pelo cotejo analítico, à determinação do conjunto normativo mais favorável. Essa é a teoria mais adequada, conforme DELGADO, Mauricio Godinho. *Curso de Direito do Trabalho.* 3. ed. São Paulo: LTr, 2004. p. 1394-1395.

(559) SARLET, Ingo Wolfgang. *A eficácia dos direitos fundamentais.*5. ed. Porto Alegre: Livraria do Advogado, 2005. p. 415.

paradigma realizada pela Lei n. 13.467/17 está em permitir que as normas coletivas negociadas reduzam ou suprimam direitos trabalhistas, ou seja, modifiquem para pior direitos trabalhistas previstos em lei nas largas hipóteses do art. 611-A da CLT, sendo que tais estipulações terão prevalência sobre a lei.

Sobre as hipóteses de prevalência no negociado coletivamente sobre a lei veja-se o texto legal na íntegra:

> Art. 611-A. A convenção coletiva e o acordo coletivo de trabalho têm prevalência sobre a lei quando, entre outros, dispuserem sobre:
>
> I — pacto quanto à jornada de trabalho, observados os limites constitucionais;
>
> II — banco de horas anual;
>
> III — intervalo intrajornada, respeitado o limite mínimo de trinta minutos para jornadas superiores a seis horas;
>
> IV — adesão ao Programa Seguro-Emprego (PSE), de que trata a Lei n. 13.189, de 19 de novembro de 2015;
>
> V — plano de cargos, salários e funções compatíveis com a condição pessoal do empregado, bem como identificação dos cargos que se enquadram como funções de confiança;
>
> VI — regulamento empresarial;
>
> VII — representante dos trabalhadores no local de trabalho;
>
> VIII — teletrabalho, regime de sobreaviso, e trabalho intermitente;
>
> IX — remuneração por produtividade, incluídas as gorjetas percebidas pelo empregado, e remuneração por desempenho individual;
>
> X — modalidade de registro de jornada de trabalho;
>
> XI — troca do dia de feriado;
>
> XII — enquadramento do grau de insalubridade;
>
> XIII — prorrogação de jornada em ambientes insalubres, sem licença prévia das autoridades competentes do Ministério do Trabalho;
>
> XIV — prêmios de incentivo em bens ou serviços, eventualmente concedidos em programas de incentivo;
>
> XV — participação nos lucros ou resultados da empresa.
>
> § 1º No exame da convenção coletiva ou do acordo coletivo de trabalho, a Justiça do Trabalho observará o disposto no § 3º do art. 8º desta Consolidação.
>
> § 2º A inexistência de expressa indicação de contrapartidas recíprocas em convenção coletiva ou acordo coletivo de trabalho não ensejará sua nulidade por não caracterizar um vício do negócio jurídico.
>
> § 3º Se for pactuada cláusula que reduza o salário ou a jornada, a convenção coletiva ou o acordo coletivo de trabalho deverão prever a proteção dos empregados contra dispensa imotivada durante o prazo de vigência do instrumento coletivo.
>
> § 4º Na hipótese de procedência de ação anulatória de cláusula de convenção coletiva ou de acordo coletivo de trabalho, quando houver a cláusula compensatória, esta deverá ser igualmente anulada, sem repetição do indébito.

§ 5º Os sindicatos subscritores de convenção coletiva ou de acordo coletivo de trabalho deverão participar, como litisconsortes necessários, em ação individual ou coletiva, que tenha como objeto a anulação de cláusulas desses instrumentos.

A irrenunciabilidade de direitos trabalhistas no plano individual permanece, mas as negociações coletivas realizadas nas hipóteses do art. 611-A da CLT, firmadas por acordo coletivo de trabalho e convenção coletiva de trabalho, terão prevalência sobre a lei e incidirão sobre os contratos individuais de trabalho.

Trata-se de mudança paradigmática no Direito do Trabalho brasileiro, sendo uma das mais profundas mudanças trazidas pela reforma trabalhista, se não for a maior. As possibilidades geradas pelo art. 611-A são muitas, abertas para o presente e para o futuro.

E, por que essas alterações paradigmáticas da Lei n. 13.467/17 podem influenciar a validade de alterações no contrato de emprego? Porque as normas coletivas passam a integrar os contratos individuais de trabalho, e qualquer cláusula contratual que contrarie suas disposições é considerada nula de acordo com o art. 619 da CLT.

Süssekind adverte que nas hipóteses em que a legislação brasileira (Constituição, Consolidação das Leis do Trabalho e Leis esparsas) autoriza a relativização via acordo ou convenção coletiva, não poderá mais ser invocado o art. 468 da Consolidação das Leis do Trabalho, alusivo à inalterabilidade do contrato de trabalho[(560)].

Pode-se perceber, nesse momento, com clareza e importância, a relação entre o plano coletivo e o plano individual do Direito do Trabalho, bem como enxergar a profundidade e o tamanho das possibilidades geradas pela Lei n. 13.467/17, que, em última análise, poderão gerar alterações no contrato individual de emprego prejudiciais ao empregado.

A reforma trabalhista muda sensivelmente o Direito do Trabalho brasileiro pelo plano coletivo. Permite mudanças massificadas, longe do trabalhador individualmente, que, na maior parte das vezes, só irá percebê-las quando alterarem o seu contrato individual de emprego para pior.

A projeção ou modalidade da norma mais benéfica ou favorável ao trabalhador, que integra o princípio da proteção do trabalhador (mais tradicional princípio de Direito do Trabalho), foi ferida pelo art. 611-A da CLT, pois nas hipóteses previstas neste dispositivo legal, as normas coletivas prevalecerão sobre a lei mesmo quando for menos benéficas ou favoráveis ao empregado.

Não obstante, observe-se que existem direitos trabalhistas pelos quais a redução ou supressão é proibida de forma absoluta, não sendo possível nem no âmbito do direito coletivo do trabalho, como ocorre com todos os direitos trabalhistas em que a lei não dá espaço para as partes estabelecerem de forma diferente via acordo ou convenção coletiva, daí por que são chamados de direitos trabalhistas mínimos, ou contrato mínimo legal, ou ainda núcleo duro irredutível[(561)].

Nesse sentido, o art. 611-B da CLT, incluído pela Lei n. 13.467/17, dispõe sobre direitos que não podem ser reduzidos ou suprimidos nem mesmo por acordo coletivo de trabalho e convenção coletiva de trabalho. Protege boa parte dos incisos do art. 7º, alguns incisos dos arts. 8º e 9º da Constituição Federal.

Veja-se o texto legal na íntegra:

Art. 611-B. Constituem objeto ilícito de convenção coletiva ou de acordo coletivo de trabalho, exclusivamente, a supressão ou a redução dos seguintes direitos:

I — normas de identificação profissional, inclusive as anotações na Carteira de Trabalho e Previdência Social;

---

(560) SÜSSEKIND, Arnaldo *et al. Instituições de Direito do Trabalho.* 20. ed. São Paulo: LTr, 2002. v. 1, p. 207.

(561) FELICIANO, Guilherme Guimarães. *Curso crítico de Direito do Trabalho*: Teoria Geral do Direito do Trabalho. São Paulo: Saraiva, 2013. p. 256.

II — seguro-desemprego, em caso de desemprego involuntário;

III — valor dos depósitos mensais e da indenização rescisória do Fundo de Garantia do Tempo de Serviço (FGTS);

IV — salário mínimo;

V — valor nominal do décimo terceiro salário;

VI — remuneração do trabalho noturno superior à do diurno;

VII — proteção do salário na forma da lei, constituindo crime sua retenção dolosa;

VIII — salário-família;

IX — repouso semanal remunerado;

X — remuneração do serviço extraordinário superior, no mínimo, em 50% (cinquenta por cento) à do normal;

XI — número de dias de férias devidas ao empregado;

XII — gozo de férias anuais remuneradas com, pelo menos, um terço a mais do que o salário normal;

XIII — licença-maternidade com a duração mínima de cento e vinte dias;

XIV — licença-paternidade nos termos fixados em lei;

XV — proteção do mercado de trabalho da mulher, mediante incentivos específicos, nos termos da lei;

XVI — aviso-prévio proporcional ao tempo de serviço, sendo no mínimo de trinta dias, nos termos da lei;

XVII — normas de saúde, higiene e segurança do trabalho previstas em lei ou em normas regulamentadoras do Ministério do Trabalho;

XVIII — adicional de remuneração para as atividades penosas, insalubres ou perigosas;

XIX — aposentadoria;

XX — seguro contra acidentes de trabalho, a cargo do empregador;

XXI — ação, quanto aos créditos resultantes das relações de trabalho, com prazo prescricional de cinco anos para os trabalhadores urbanos e rurais, até o limite de dois anos após a extinção do contrato de trabalho;

XXII — proibição de qualquer discriminação no tocante a salário e critérios de admissão do trabalhador com deficiência;

XXIII — proibição de trabalho noturno, perigoso ou insalubre a menores de dezoito anos e de qualquer trabalho a menores de dezesseis anos, salvo na condição de aprendiz, a partir de quatorze anos;

XXIV — medidas de proteção legal de crianças e adolescentes;

XXV — igualdade de direitos entre o trabalhador com vínculo empregatício permanente e o trabalhador avulso;

XXVI — liberdade de associação profissional ou sindical do trabalhador, inclusive o direito de não sofrer, sem sua expressa e prévia anuência, qualquer cobrança ou desconto salarial estabelecidos em convenção coletiva ou acordo coletivo de trabalho;

XXVII — direito de greve, competindo aos trabalhadores decidir sobre a oportunidade de exercê-lo e sobre os interesses que devam por meio dele defender;

XXVIII — definição legal sobre os serviços ou atividades essenciais e disposições legais sobre o atendimento das necessidades inadiáveis da comunidade em caso de greve;

XXIX — tributos e outros créditos de terceiros;

XXX — as disposições previstas nos arts. 373-A, 390, 392, 392-A, 394, 394-A, 395, 396 e 400 desta Consolidação.

Parágrafo único. Regras sobre duração do trabalho e intervalos não são consideradas como normas de saúde, higiene e segurança do trabalho para os fins do disposto neste artigo.

Com a reforma trabalhista (Lei n. 13.467/17) manteve-se alguma proteção com o art. 611-B da CLT, mas ocorreu grande abertura com a inclusão do art. 611-A da CLT, com integração no contrato individual de emprego.

O décimo terceiro salário, por exemplo, que antes da Lei n. 13.467/17 já era considerado irrenunciável segundo o entendimento firmado pelo Tribunal Superior do Trabalho[562], não sendo possível sua flexibilização, nem por negociação coletiva, justamente porque a lei, nesse particular, não ressalvava para as partes estabelecerem de forma diferente via acordo ou convenção coletiva.

Com a Lei n. 13.467/17 há vedação expressa no que tange ao valor nominal do décimo terceiro salário (art. 611-B, V), que não poderá ser suprimido ou reduzido nem por convenção coletiva ou acordo coletivo de trabalho.

Outro exemplo de direito trabalhista cuja relativização não é permitida nem em sede de negociação coletiva é a estabilidade da empregada gestante, conforme entendimento pacificado pelo Tribunal Superior do Trabalho por meio do Precedente Normativo n. 30 da Seção de Dissídios Coletivos:

> 30. ESTABILIDADE DA GESTANTE. RENÚNCIA OU TRANSAÇÃO DE DIREITOS CONSTITUCIONAIS. IMPOSSIBILIDADE. (republicada em decorrência de erro material — DEJT divulgado em 19, 20 e 21.09.2011). Nos termos do art. 10, II, "b", do ADCT, a proteção à maternidade foi erigida à hierarquia constitucional, pois retirou do âmbito do direito potestativo do empregador a possibilidade de despedir arbitrariamente a empregada em estado gravídico. Portanto, a teor do art. 9º da Consolidação das Leis do Trabalho, torna-se nula de pleno direito a cláusula que estabelece a possibilidade de renúncia ou transação, pela gestante, das garantias referentes à manutenção do emprego e salário.

Nessa trilha de proteção à irrenunciabilidade dos direitos trabalhistas (no caso do direito de estabilidade pela gestante) e inovando em termos de contrato por prazo determinado, a Resolução n. 185/2012 do TST alterou a redação do item III da Súmula n. 244 do TST para estabelecer que "a empregada gestante tem direito à estabilidade provisória prevista no art. 10, inciso II, alínea 'b', do Ato das Disposições Constitucionais Transitórias, mesmo na hipótese de admissão mediante contrato por tempo determinado".

Nesse quadrante, a Lei n. 12.812/2013, que inseriu o art. 391-A na Consolidação das Leis do Trabalho estendeu essa linha de entendimento de irrenunciabilidade do direito de estabilidade da gestante na constância do aviso-prévio (trabalhado ou indenizado):

> Art. 391-A. A confirmação do estado de gravidez advindo no curso do contrato de trabalho, ainda que durante o prazo do aviso-prévio trabalhado ou indenizado, garante à empregada gestante a estabilidade provisória prevista na alínea *b* do inciso II do art. 10 do Ato das Disposições Constitucionais Transitórias" (incluído pela Lei n. 12.812, de 2013).

Dito de outro modo, para evitar o abuso da autonomia da vontade por parte do empregador o legislador transplantou a autonomia da vontade das partes do terreno individual para o coletivo[563].

(562) Tribunal Superior do Trabalho, Súmula n. 276: "AVISO-PRÉVIO. RENÚNCIA PELO EMPREGADO. O direito ao aviso-prévio é irrenunciável pelo empregado. O pedido de dispensa de cumprimento não exime o empregador de pagar o respectivo valor, salvo comprovação de haver o prestador dos serviços obtido novo emprego".

(563) PLÁ RODRIGUEZ, Américo. *Princípios de Direito do Trabalho.* 3. ed. São Paulo: LTr, 2000. p. 158. Essa concepção privilegia a liberdade sindical prevista no art. 8º, inciso I, da Constituição Federal. Todavia, na prática, a liberdade sindical não

Nesse sentido, o princípio da irrenunciabilidade perde um pouco da rigidez no plano coletivo (relativização do princípio da irrenunciabilidade ou flexibilização dos direitos trabalhistas).

Arnaldo Süssekind prefere o termo flexibilização e admite tratar-se de "uma fenda do princípio das normas de proteção ao trabalho", mas é enfático que sua admissão requer a observância: a) dos "limites do sistema jurídico nacional"; b) "sempre sob tutela sindical"[(564)].

A Constituição brasileira adotou, em limitadas hipóteses, a relativização de importantes direitos trabalhistas, mas em todos os casos requer previsão em acordo ou convenção coletiva (a chamada tutela sindical): a irredutibilidade do salário; a duração do trabalho normal não superior a oito horas diárias e quarenta e quatro semanais; a jornada de seis horas para o trabalho realizado em turnos ininterruptos de revezamento[(565)].

A Consolidação das Leis do Trabalho, antes da Lei n. 13.467/17, também contemplava algumas hipóteses de relativização por meio de acordo ou convenção coletiva[(566)], de forma bem mais restrita. Note-se

---

existe efetivamente no Brasil. "Aspectos constitucionais e legais como unicidade sindical, a contribuição sindical compulsória, a inexistência de representatividade de trabalhadores nas empresas, o poder normativo da justiça do trabalho, o enquadramento sindical por categoria e as restrições ao direito de greve, deixam clara esta realidade" (STURMER, Gilberto; OLIVEIRA, Olga Maria Boschi Aguiar de. As concepções do Direito de Ronald Dworkin e a Liberdade Sindical no Brasil. *Revista LTr*, São Paulo: LTr, v. 11, p. 1338-1342, 2004.

(564) SÜSSEKIND, Arnaldo *et al. Instituições de Direito do Trabalho*. 20. ed. São Paulo: LTr, 2002. v. 1, p. 206.

(565) Constituição Federal, art. 7º: "São direitos dos trabalhadores urbanos e rurais, além de outros que visem à melhoria de sua condição social: (...)

VI — irredutibilidade do salário, *salvo o disposto em convenção ou acordo coletivo* (...);

XIII — duração do trabalho normal não superior a oito horas diárias e quarenta e quatro semanais, facultada a compensação de horários e a redução da jornada, *mediante acordo ou convenção coletiva de trabalho* (...);

XIV — jornada de seis horas para o trabalho realizado em turnos ininterruptos de revezamento, *salvo negociação coletiva*." Grifou-se.

(566) Art. 58. "A duração normal do trabalho, para os empregados em qualquer atividade privada, não excederá de 8 (oito) horas diárias, desde que não seja fixado expressamente outro limite.

(...)

§ 3º Poderão ser fixados, para as microempresas e empresas de pequeno porte, *por meio de acordo ou convenção coletiva*, em caso de transporte fornecido pelo empregador, em local de difícil acesso ou não servido por transporte público, o tempo médio despendido pelo empregado, bem como a forma e a natureza da remuneração. (Parágrafo acrescentado pela Lei Complementar n. 123, de 14.12.2006 — DOU de 15.12.2006)

Art. 59. A duração normal do trabalho poderá ser acrescida de horas suplementares, em número não excedente de 2 (duas), mediante acordo escrito entre empregador e empregado, *ou mediante contrato coletivo de trabalho*.

(...)

§ 2º Poderá ser dispensado o acréscimo de salário se, por força de *acordo ou convenção coletiva de trabalho*, o excesso de horas em um dia for compensado pela correspondente diminuição em outro dia, de maneira que não exceda, no período máximo de um ano, à soma das jornadas semanais de trabalho previstas, nem seja ultrapassado o limite máximo de dez horas diárias. (Alterado pela Lei n. 9.601, de 21.01.98, DOU 22.01.98 e pela MP n. 2.164-41, de 24.08.2001, EC n. 32)

Art. 143. É facultado ao empregado converter 1/3 (um terço) do período de férias a que tiver direito em abono pecuniário, no valor da remuneração que lhe seria devida nos dias correspondentes.

(...)

§ 2º Tratando-se de férias coletivas, a conversão a que se refere este artigo deverá ser objeto de *acordo coletivo* entre o empregador e o sindicato representativo da respectiva categoria profissional, independendo de requerimento individual a concessão do abono.

Art. 413. É vedado prorrogar a duração normal diária do trabalho do menor, salvo: (Redação dada pelo Decreto-Lei n. 229, de 28.02.67)

I — até mais 2 (duas) horas, independentemente de acréscimo salarial, *mediante convenção ou acordo coletivo* nos termos do Título VI desta Consolidação, desde que o excesso de horas em um dia seja compensado pela diminuição em outro, de modo a ser observado o limite máximo de 48 (quarenta e oito) horas semanais ou outro inferior legalmente fixado; (Redação dada pelo Decreto-Lei n. 229, de 28.2.1967)

Art. 476-A. O contrato de trabalho poderá ser suspenso, por um período de dois a cinco meses, para participação do empregado em curso ou programa de qualificação profissional oferecido pelo empregador, com duração equivalente à suspensão contratual, *mediante previsão em convenção ou acordo coletivo de trabalho* e aquiescência formal do empregado, observado o disposto no art. 471 desta Consolidação (acrescentado pela MP n. 2.164-41, EC n. 32).

Art. 227. Nas empresas que explorem o serviço de telefonia, telegrafia submarina ou subfluvial, de radiotelegrafia ou de radiotelefonia, fica estabelecida para os respectivos operadores a duração máxima de 6 (seis) horas contínuas de trabalho por dia ou 36 (trinta e seis) horas semanais. (Redação dada pelo Decreto-Lei n. 6.353, de 20.03.44)

que bem antes da CF de 1988, a Consolidação das Leis do Trabalho já autorizava relativização de direitos trabalhistas principalmente em casos de jornada de trabalho de profissões regulamentadas um tratamento excepcional, via acordo ou convenção coletiva[(567)].

Süssekind adverte que nas hipóteses em que a legislação brasileira (Constituição, Consolidação das Leis do Trabalho e Leis esparsas) autoriza a relativização via acordo ou convenção coletiva, não poderá mais ser invocado o art. 468 da Consolidação das Leis do Trabalho, alusivo à inalterabilidade do contrato de trabalho, "pois nesses casos o sindicato poderá dispor de direitos individuais de empregados por ele representados"[(568)].

Essa matéria continua "em ebulição", por meio da legislação e da jurisprudência.

De legislação, além da Lei n. 13.467/17, contendo flexibilização de normas trabalhistas, destaca-se a MP n. 881/19, convertida na Lei n. 13.874/19, lei que "institui a Declaração de Direitos de Liberdade Econômica" e "estabelece garantias de livre mercado", cujo art. 15 altera alguns dispositivos da Consolidação das Leis do Trabalho, com normas novas sobre a Carteira de Trabalho e Previdência Social (CTPS) — arts. 13 a 16, 29 e 40, bem como sobre registro de horário dos empregados, e a MP n. 905/19, que institui o chamado "contrato de trabalho verde amarelo".

A obrigatoriedade de anotação da hora de entrada e de saída (registro de horário) passa dos estabelecimentos com mais de dez trabalhadores para os estabelecimentos com mais de vinte trabalhadores (art. 74, § 2º, da CLT).

Fica permitida a utilização de registro de ponto por exceção à jornada regular de trabalho, mediante acordo individual escrito, convenção coletiva ou acordo coletivo de trabalho (art. 74, § 4º, da CLT).

A MP n. 905/19 institui Contrato de Trabalho Verde e Amarelo, modalidade de contratação destinada à criação de novos postos de trabalho para as pessoas entre 18 e 29 anos de idade, para fins de registro do primeiro emprego em Carteira de Trabalho e Previdência Social (art. 1º). É uma forma de contrato de trabalho flexibilizadora que será realizada exclusivamente para novos postos de trabalho e terá como referência a média do total de empregados registrados na folha de pagamentos entre 1º de janeiro e 31 de outubro de 2019 (art. 2º) e será celebrado por prazo determinado, por até vinte e quatro meses, a critério do empregador (art. 5º).

3.4. Princípio da primazia da realidade

(...)

§ 2º O trabalho aos domingos, feriados e dias santos de guarda será considerado extraordinário e obedecerá, quanto à sua execução e remuneração, ao que dispuserem empregadores e empregados *em acordo, ou* os respectivos sindicatos *em contrato coletivo de trabalho.* (Redação dada pelo Decreto-Lei n. 6.353, de 20.03.44)

Art. 235. Nos estabelecimentos cujo funcionamento normal seja noturno, será facultado aos operadores cinematográficos e seus ajudantes, *mediante acordo ou contrato coletivo de trabalho* e com um acréscimo de 50% (cinquenta por cento) sobre o salário da hora normal, executar o trabalho em sessões diurnas extraordinárias e, cumulativamente, nas noturnas, desde que isso se verifique até 3 (três) vezes por semana e entre as sessões diurnas e as noturnas haja o intervalo de 1 (uma) hora, no mínimo, de descanso.

Art. 462. Ao empregador é vedado efetuar qualquer desconto nos salários do empregado, salvo quando este resultar de adiantamentos, de dispositivos de lei *ou de contrato coletivo.*

§ 1º Em caso de dano causado pelo empregado, o desconto será lícito, desde de que esta possibilidade tenha sido acordada ou na ocorrência de dolo do empregado. (Parágrafo único renumerado pelo Decreto-Lei n. 229, de 28.02.67). (grifou-se)

(567) Antes da reforma de 1967, a Consolidação das Leis do Trabalho utilizava a expressão "contrato coletivo de trabalho", que correspondia ao que hoje se chama convenção coletiva de trabalho, expressão que deixou de ser utilizada em face do Dec.-Lei n. 229/67, que passou a diferenciar em dois os instrumentos da negociação coletiva: a convenção coletiva de trabalho (que substituía o antigo contrato coletivo) e o então recém-criado acordo coletivo de trabalho.

(568) SÜSSEKIND, Arnaldo *et al. Instituições de Direito do Trabalho.* 20. ed. São Paulo: LTr, 2002. v. 1, p. 207.

Segundo o princípio da primazia da realidade, os fatos devem estar em primeiro lugar (primazia), em comparação com as formas, ou seja, havendo dissonância entre fatos e formas, o intérprete deve ficar com os fatos.

Esse princípio impõe que em caso de discordância entre o que ocorre na prática e o que emerge de documentos ou acordos, o intérprete deve dar preferência ao que ocorreu na realidade, em prejuízo do que ocorreu formalmente[(569)].

De acordo com Arnaldo Süssekind[(570)], o princípio da primazia da realidade estabelece que "a relação objetiva evidenciada pelos fatos define a verdadeira relação jurídica estipulada pelas partes contratantes, ainda que sob capa simulada, não corresponder à realidade".

É a consideração da realidade em toda a sua dimensão, em detrimento da forma. As relações que acontecem no mundo dos fatos, no plano do concreto, na prática diária do contrato de emprego, prevalecem sob as declarações que constem em documentos e/ou formalizações em geral.

Américo Plá Rodriguez[(571)] entende que o princípio da primazia da realidade não deriva do princípio protetor, pois não beneficia necessariamente o empregado, sendo aplicável para fazer prevalecer a realidade independentemente de que sujeito da relação de emprego, no caso concreto, a verdade beneficie. Nas palavras do autor: "na busca da verdade real — que inspira o princípio da primazia da realidade — qualquer das partes pode invocar a verdade real diante dos aspectos formais que a desfigurem".

Vale lembrar que no direito das obrigações já havia o princípio de que nas convenções se deve buscar aquela que seja a comum intenção das partes contratantes, e não apenas deter-se no sentido gramatical dos termos contratados[(572)].

Nesse caminhar, o princípio da primazia da realidade pode ser entendido como um princípio geral do Direito, e não apenas como um princípio específico do Direito do Trabalho, tendo em vista que se observa em todo o ordenamento jurídico a preocupação com o real sentido das declarações de vontade, aliada à existência de instrumentos no direito processual no sentido de buscar-se a verdade real, e não apenas a verdade contida em determinadas formas jurídicas preestabelecidas.

O julgador, cada vez mais, tem poderes para determinar a produção das provas que entender necessárias, exatamente para avançar com mais segurança e profundidade no terreno dos fatos, evitando a fraude e o desconhecimento da matéria.

O princípio da primazia da realidade liga-se ao princípio da boa-fé.

As diretivas de lealdade e confiança inspiram a produção dos documentos pertinentes ao contrato de emprego, devendo retratar a realidade e não servir como simulação de situações jurídicas inexistentes.

Sublinhe-se que o princípio da primazia da realidade deve estar presente em todo o processo de formação do contrato, incluindo as situações pré-contratuais, a execução e as situações pós-contratuais.

Nesse sentido, Guilherme Guimarães Feliciano[(573)], após dizer que o princípio da primazia da realidade liga-se à ideia do contrato de trabalho como contrato-realidade (ideia consagrada por Mário De La Cueva[(574)]), propõe que o princípio seja revisado para as questões contemporâneas, de forma a contemplar também "o universo de atos, fatos e direitos de cunho pré-contratual e pós-contratual", citando as garantias do trabalhador aspirante, dos efeitos das negociações preliminares, do regime do pré-contrato de trabalho,

---

(569) PLÁ RODRIGUEZ, Américo. *Princípios de Direito do Trabalho*. 3. ed. São Paulo: LTr, 2000. p. 339.

(570) SÜSSEKIND, Arnaldo *et al. Instituições de Direito do Trabalho*. 20. ed. São Paulo: LTr, 2002, v. 1, p. 147.

(571) PLÁ RODRIGUEZ, Américo. *Princípios de Direito do Trabalho*. 3. ed. São Paulo: LTr, 2000. p. 62.

(572) POTHIER, R. J. *Tratado de las Obligaciones*. Buenos Aires: Bibligráfica Argentina, 1961. p. 60.

(573) FELICIANO, Guilherme Guimarães. *Curso crítico de Direito do Trabalho*: Teoria Geral do Direito do Trabalho. São Paulo: Saraiva, 2013. p. 266.

(574) A maioria dos autores faz uma correlação entre o princípio da primazia da realidade e a teoria do contrato-realidade de Mário De La Cueva. Por limitações de plano de exposição deste trabalho, deixa-se de abordar o assunto. O resumo desta teoria encontra-se em DE LA CUEVA, Mário. *Derecho Mexicano del Trabajo*. 11. ed. México: Porrúa, 1969, v. 1, p. 478-479.

da *culpa in contrahendo*, dos vícios de formação do contrato, do alcance das cláusulas de não concorrência, entre outras.

Por ser um contrato de trato sucessivo, é certo que o contrato de emprego vai sofrendo muitas especificações e modificações ao longo do tempo.

A desigualdade das partes muitas vezes impede que o assalariado possa efetuar a pré-constituição de provas, e por isso o empregador tem responsabilidades inerentes ao seu empreendimento econômico, entre elas a de manter a documentação pertinente ao contrato.

Nesse sentido, o próprio texto legal exige do empregador a manutenção de alguns registros, como o da jornada de trabalho para empresas com mais de vinte empregados (art. 74, § 2º da Consolidação das Leis do Trabalho). Por outro lado, o contrato de emprego é um contrato simplesmente consensual, podendo ser realizado expressa (verbalmente ou por escrito) ou tacitamente, isto é, não depende, salvo exceções previstas em lei, de forma especial para reputar-se válido e apto a produzir efeitos. Nesse sentido, os arts. 442 e 443 da Consolidação das Leis do Trabalho.

O desajuste entre fatos e documentos pode ocorrer de várias formas, incluindo-se dentro da abrangência dos vícios de vontade, já que normalmente expressam uma declaração de vontade a respeito de determinada prestação ou condição contratual. Os vícios podem resultar da intenção deliberada de simular uma situação jurídica, de dolo, de erro, de coação e de fraude contra terceiros. Pode, ainda, derivar da própria falta de organização do empregador, que mantém registros atrasados, ou não atualizados, ou, ainda, descumpre certos requisitos formais estabelecidos em lei.

Dos tantos exemplos de aplicação desse princípio um dos de incidência mais clara, consagrado no âmbito do Tribunal Superior do Trabalho pela Súmula n. 338, III[(575)], é o registro de horários invariáveis ("britânicos"). Atento à primazia da realidade, o verbete afasta o valor probatório desses controles de horário, mesmo se assinados pelo trabalhador, pela inviabilidade de uma pessoa humana se apresentar ao trabalho, por meses, sem se adiantar ou se atrasar por um minuto sequer.[(576)]

Outro exemplo bastante comum da aplicação *in concreto* do princípio da primazia da realidade se verifica na pouca importância dada pelo Direito do Trabalho à nomenclatura de cargos, quando não correspondem à realidade do trabalho desenvolvido, como ocorre com as tentativas de dar a mera nomenclatura de "gerentes" para alguns empregados, visando excluí-los do direito ao pagamento de horas extras (art. 62, II, da Consolidação das Leis do Trabalho)[(577)].

Esse princípio também é muito utilizado para fundamentar nulidades de direito material, como ocorre frequentemente nas sociedades fictícias, que, formalmente constituídas, buscam mascarar relação de emprego[(578)].

---

(575) Tribunal Superior do Trabalho. Súmula n. 338: (...) "III — Os cartões de ponto que demonstram horários de entrada e saída uniformes são inválidos como meio de prova, invertendo-se o ônus da prova, relativo às horas extras, que passa a ser do empregador, prevalecendo a jornada da inicial se dele não se desincumbir".

(576) FELICIANO, Guilherme Guimarães. *Curso crítico de Direito do Trabalho*: Teoria Geral do Direito do Trabalho. São Paulo: Saraiva, 2013. p. 267.

(577) A jurisprudência pátria é farta de casos nesse sentido. Exemplo: EQUIPARAÇÃO SALARIAL. NOMENCLATURA DOS CARGOS. PROVA ORAL. OBSERVÂNCIA DO PRINCÍPIO DA PRIMAZIA DA REALIDADE. As divergências entre as denominações dos cargos ocupados pelo reclamante e paradigma, anotadas nos documentos acostados aos autos, não têm o condão de invalidar a prova oral produzida, que foi firme, coerente e apontou a identidade de funções. É que o fato real, vivenciado pelas partes, tem preferência sobre a forma, a aparência proporcionada pelos documentos, devendo sobrepor-se a esses últimos, em respeito ao princípio da primazia da realidade (TRT 3ª R. — RO-8345/00 — 5ª T. — Relator Juiz João Eunapio Borges Junior — DJMG 11.11.2000).

(578) A jurisprudência pátria também é farta de casos nesse sentido. Exemplo: PRINCÍPIO DA PRIMAZIA DA REALIDADE SOBRE A FORMA — CONFISSÃO FICTA — PRESUNÇÃO ELIDIDA PELA PROVA DOCUMENTAL — Mesmo diante da confissão ficta da trabalhadora, é necessário dar-se prevalência à realidade em prejuízo da forma quando os próprios instrumentos contratuais, invocados na defesa, revelam a verdade que se pretendia ocultar. Esta é a hipótese dos autos, em que a empregadora, objetivando fraudar direitos trabalhistas, incluiu seus empregados como "sócios" de uma outra pessoa jurídica, firmando com ela contrato de subempreitada, cujas cláusulas e condições, entretanto, denunciam o vínculo empregatício que se objetivava camuflar, manobra que não pode ser acolhida pelo Poder Judiciário, mormente diante da regra incisiva do art. 9º da CLT (TRT 24ª R. — 0883/2001-004-24-00-1.RO. — Relator Juiz Amaury Rodrigues Pinto Júnior — DJMS 20.08.2002).

Outra situação recorrente no Direito do Trabalho inspirada pelo princípio da primazia da realidade (nesse caso, em atuação conjunta com o princípio da proteção do trabalhador) é a desconsideração da personalidade jurídica da empresa.

Não se pode afirmar, todavia, que todas as estipulações contratuais careçam de valor. Possuem valor desde que sejam confirmadas pela realidade.

A primazia da realidade funciona como um inversor de presunção de veracidade. Enquanto não for demonstrado o vício, ou que a conduta de uma das partes não ocorreu de boa-fé (lealdade, probidade e confiança), presume-se a veracidade da declaração contida no documento[(579)].

3.5. Princípio da continuidade da relação de emprego

O tempo tem grande relevância para o Direito, pois, ainda que não seja um fato jurídico, por ser de outra dimensão, o seu transcurso integra, com muita frequência, suportes fáticos, como ocorre com a prescrição e a decadência, sendo que, quando previsto expressamente pela norma, é considerado elemento de suficiência para a configuração do fato jurídico respectivo.[(580)]

Pode-se afirmar que o tempo tem força jurígena. Considerando o ordenamento jurídico, ver-se-á que o tempo é um elemento ontológico, caracterizando-se como fato que cria, altera ou extingue direitos ou situações subjetivas. O contrato de emprego tem no tempo muito de seu conteúdo.

Uma das várias classificações do contrato de emprego é exatamente em relação ao tempo: contrato por prazo determinado e contrato por prazo indeterminado[(581)]. Além disso, na classificação do contrato de emprego, enquadra-se ele como contrato de trato sucessivo, ou seja, com repetição das prestações e contraprestações no decorrer de seu desenvolvimento.

Entre os princípios específicos do Direito do Trabalho, capitaneados pelo princípio da proteção ao trabalhador, inclui-se o princípio da continuidade, que é um princípio afeto sobretudo ao Direito Individual do Trabalho.

Para que se precise com exatidão o alcance do princípio da continuidade, é necessário ter em mente que o contrato de emprego é de trato sucessivo, não se esgotando a relação de emprego num determinado ato, mas desenrolando-se com o passar do tempo. Conforme os ensinamentos de Caio Mário da Silva Pereira, de execução sucessiva ou de trato sucessivo é o contrato que sobrevive com a persistência da obrigação, muito embora ocorram soluções periódicas, até que, pelo implemento de uma condição, ou decurso de um prazo, cessa o próprio contrato. O que o caracteriza é o fato de que os pagamentos não geram a extinção da obrigação, que renasce[(582)]. Há uma expectativa recíproca das prestações e dos respectivos adimplementos.

A relação de emprego não é efêmera, mas pressupõe vinculação que se prolonga, nas palavras de Plá Rodriguez[(583)]. Para o referido autor, o princípio da continuidade, talvez pela característica de estar estabelecido unicamente em benefício do trabalhador, sustentou-se que este princípio é uma derivação e consequência do princípio de proteção, especialmente no referente à aplicação da regra da condição mais benéfica, já que, obviamente, continuar trabalhando é mais benéfico do que ficar desempregado.

---

(579) PLÁ RODRIGUEZ, Américo. *Curso de Derecho Laboral*. Montevideo: Idea, 1990. t. 1, v.1, p. 65-66.

(580) MELLO, Marcos Bernardes de. *Teoria do fato jurídico:* plano da existência. 8. ed. São Paulo: Saraiva, 1998. p. 44; TUCCI, José Rogério Cruz e. *Tempo e processo:* uma análise empírica das repercussões no tempo na fenomenologia processual (civil e penal). São Paulo: Revista dos Tribunais, 1997. p. 57.

(581) CATHARINO, José Martins. *Trabalho Temporário*. Rio de Janeiro: Edições Trabalhistas, 1984. p. 9.

(582) PEREIRA, Caio Mário da Silva. *Instituições de Direito Civil*. 6. ed. Rio de Janeiro: Forense, 1983. v. III, p. 48.

(583) PLÁ RODRIGUEZ, Américo. *Princípios de Direito do Trabalho*. São Paulo: LTr, 1978. p. 137-138.

Entre as consequências práticas, diz o jurista uruguaio, está a que, se nada se diz, presume-se que o contrato é de duração indefinida. Para que assim não seja, deve-se estipular expressamente o contrário, no contrato. O que está fora de dúvida é que a solução do princípio é a indeterminação da duração do contrato, e a exceção é a duração limitada. Assim, qualquer dúvida deve ser resolvida em favor do caráter indeterminado do contrato[(584)].

O que importa dizer é que o princípio em si apresenta várias projeções, conforme destaca Plá Rodriguez[(585)], a saber: existe uma preferência pelos contratos de duração indefinida, sendo que os contratos de duração finita devem ter cláusula expressa; o Direito do Trabalho tem amplitude para admitir transformações no contrato de emprego, e os pactos adicionais, modificativos ou inovatórios, expressos ou tácitos não prejudicam sua existência e vigência; o contrato se conserva mesmo diante de descumprimentos e nulidades, substituindo-se a cláusula nula por aquela que foi infringida; existe resistência à rescisão patronal; as interrupções são consideradas suspensões; e, por último, o contrato é prolongado em que pese a substituição do empregador.

No Brasil, o princípio da continuidade da relação de emprego tem sede constitucional no art. 7º, I, que consagra o direito social à "relação de emprego protegida contra despedida arbitrária ou sem justa causa, nos termos da lei complementar, que preverá indenização compensatória, entre outros direitos". Não obstante sua não regulamentação até os dias de hoje, não restam dúvidas quanto ao valor constitucional da preservação do emprego[(586)].

O fato do contrato de emprego ser um contrato de trato sucessivo, conforme estudado, faz com que suas cláusulas se especifiquem ou se modifiquem no decorrer da contratualidade. Somado a isso, existe inclinação para a manutenção do vínculo, criando-se resistências ao seu rompimento. O princípio da continuidade expressa o objetivo do Direito do Trabalho de atribuir à relação de emprego a mais ampla duração, sob todos os aspectos[(587)].

Nesse sentido é que a regra geral dos contratos de trabalho é a duração indeterminada. O contrato de trabalho com prazo determinado é exceção e só é permitido nos casos definidos taxativamente na lei (§§ 1º e 2º do art. 443 da Consolidação das Leis do Trabalho). Nessa linha, presume-se, até prova em contrário, que o empregado tem interesse na continuidade da relação empregatícia, sendo desnecessário, assim, que formule expressamente, à época, a sua anuência com a prorrogação do contrato de experiência.

Não obstante, a Lei n. 13.467/17 alterou a redação do *caput* e § 3º do art. 443 da CLT, bem como inseriu os arts. 75-A a 75-E da CLT, criando a "prestação de trabalho intermitente" como uma terceira modalidade de contrato de trabalho quanto à duração.

De acordo com o § 3º do art. 443 da CLT:

> Considera-se como intermitente o contrato de trabalho no qual a prestação de serviços, com subordinação, não é contínua, ocorrendo com alternância de períodos de prestação de serviços e de inatividade, determinados em horas, dias ou meses, independentemente do tipo de atividade do empregado e do empregador, exceto para os aeronautas, regidos por legislação própria.

Embora a Constituição brasileira não tenha consagrado a estabilidade absoluta do emprego, entende-se que a relação de emprego é de caráter continuado e sua cessação injustificada implica o pagamento de multa ao empregado por sua despedida arbitrária (40% sobre os depósitos do FGTS).

---

(584) PLÁ RODRIGUEZ, Américo. *Princípios de Direito do Trabalho.* São Paulo: LTr, 1978. p. 142.

(585) PLÁ RODRIGUEZ, Américo. *Princípios de Direito do Trabalho.* São Paulo: LTr, 1978. p. 139.

(586) FELICIANO, Guilherme Guimarães. *Curso crítico de Direito do Trabalho*: Teoria Geral do Direito do Trabalho. São Paulo: Saraiva, 2013. p. 268.

(587) PLÁ RODRIGUEZ, Américo. *Princípios de Direito do Trabalho.* 3. ed. São Paulo: LTr, 2000. p. 244.

O princípio da continuidade da relação de emprego está intimamente ligado à não eventualidade da prestação de serviços, que é elemento caracterizador da relação de emprego e está prevista expressamente no conceito legal de empregador contido no art. 3º da Consolidação das Leis do Trabalho. Em razão desse princípio, a prova do abandono de emprego (hipótese de despedida por justa causa) é do empregador[(588)].

Um exemplo desse princípio está contido expressamente na Súmula n. 212 do TST: "O ônus de provar o término do contrato de trabalho, quando negados a prestação de serviço e o despedimento, é do empregador, pois o princípio da continuidade da relação de emprego constitui presunção favorável ao empregado". A negativa pura e simplesmente da existência do vínculo, embora admita a ré o pagamento de valor mensal e o trabalho, faz concluir que o contrato de trabalho efetivamente ocorreu, em aplicação do princípio da continuidade da relação de emprego[(589)]. Configurada a hipótese da Súmula n. 212 do TST e não tendo o empregador produzido prova de que a rescisão contratual houvesse ocorrido por iniciativa de seu ex-empregado, encargo que lhe incumbia, a empresa será condenada ao pagamento das verbas rescisórias de uma despedida sem justa causa[(590)].

Outro exemplo de densificação do princípio da continuidade da relação de emprego se deu na modificação do entendimento do Tribunal Superior do Trabalho, a partir de 2006, acerca de a aposentadoria espontânea extinguir ou não o contrato de trabalho. Vigorava até então a Orientação Jurisprudencial n. 177 da SBDI-1 do TST, segundo a qual a aposentadoria espontânea extinguiria o contrato de trabalho mesmo quando o empregado continuasse a trabalhar na empresa após a concessão da sua aposentadoria. Em 2006, após significativas decisões do Supremo Tribunal Federal nas ADIs ns. 1721-3 e 1.770-4, que consagraram o princípio da continuidade, a Orientação Jurisprudencial foi cancelada pelo Tribunal Pleno do Tribunal Superior do Trabalho, passando a ser firmado o entendimento de que a aposentadoria espontânea não implica, por si só, extinção do contrato de trabalho.

A sucessão trabalhista (arts. 10 e 448 da Consolidação das Leis do Trabalho) também é expressão do princípio da continuidade da relação de emprego. Nesse instituto trabalhista, mesmo que se altere o empregador, o pacto laboral mantém-se inalterado no tocante às obrigações e direitos dele decorrentes, além de serem preservadas as mesmas garantias oriundas do antigo empregador e assegurar a manutenção da relação laboral anterior em face do novo titular do empreendimento, evidenciando que para o Direito do Trabalho o contrato de trabalho desse empregado se mantém inalterado por estar informado pelo princípio da continuidade da relação de emprego[(591)].

Ao publicar, em 1965, parecer sobre um caso concreto de sucessão de empregadores, intitulado "Sôbre o princípio da continuidade da empresa e do contrato de trabalho", Celio Goyatá[(592)] inscreveu seu nome nas doutrinas essenciais sobre Direito do Trabalho no Brasil e, em especial, sobre o princípio da continuidade dos contratos de trabalho e da sucessão de empregadores.

Nesse texto, Goyatá[(593)] esclarece que a aceitação do conceito tradicional de sucessão favorecia a fraude à lei por parte dos empregadores, daí a necessidade de encontrar-se critério mais amplo e menos formalista.

---

(588) Contrato de Emprego — Término — Prova — Acenando com a figura do abandono de emprego, atrai a empresa o ônus da prova, por ser o fato impeditivo do direito à percepção de verbas rescisórias, bem como contrário à presunção que emerge do art. 3º da CLT, que consagra o princípio da continuidade do liame empregatício. (TRT 10ª R. — RO 3.237/97 — 1ª T. — Rel. Juiz João Amilcar — DJU 10.10.1997)

(589) TRT 2ª R. — RO 02773200100802000 — Ac. 4ª T. 20080029145 — Rel. Carlos Roberto Husek — DOE 01.02.2008.

(590) TRT 2ª R. — RO 00514200331702001 — Ac. 20070389700 — 5ª T. — Relª Juíza Anelia Li Chum — DJ 15.06.2007.

(591) DELGADO, Mauricio Godinho. *Curso de Direito do Trabalho*. 6. ed. São Paulo: LTr, 2007. p. 417 e 418.

(592) GOYATÀ, Celio. Sôbre o princípio da continuidade da empresa e do contrato de trabalho. In: DELGADO, Mauricio Godinho; DELGADO, Gabriela Neves (Orgs.). *Direito do Trabalho e da seguridade social*: fundamentos constitucionais e teoria geral do Direito do Trabalho. São Paulo: Revista dos Tribunais, 2012. p. 477-494. O original foi publicado no periódico *Revista dos Tribunais* 360/85, out. 1965.

(593) GOYATÀ, Celio. Sôbre o princípio da continuidade da empresa e do contrato de trabalho. In: DELGADO, Mauricio Godinho; DELGADO, Gabriela Neves (Orgs.). *Direito do Trabalho e da seguridade social*: fundamentos constitucionais e teoria geral do Direito

Para tanto, a doutrina trabalhista imprimiu ao conceito de sucessão um conteúdo econômico ao ato sucessório, salientando a não importância da personalidade do empregador no contrato de trabalho (despersonalização do sujeito empregador). Sublinha que a sucessão implica uma modificação apenas subjetiva na empresa e uma permanência dos elementos objetivos, salientando que a continuidade do contrato individual de trabalho opera-se *ex vi legis*, pelo simples fato de a empresa sucessora continuar a dar trabalho aos empregados da sucedida, fato com o qual assume automaticamente todas as obrigações desta última para com aqueles. Confirmando a atuação do princípio da continuidade *in concreto* e na prática, o autor aduz que não há necessidade de qualquer notificação, carta ou anotação na carteira profissional.

Em suma, se o empregado continuou a prestar trabalho para a empresa sucedida (por alguns minutos que seja), caracteriza-se a sucessão de empregadores, atraindo, automaticamente, os preceitos de ordem pública e imperativos consubstanciados nos arts. 10 e 448 da Consolidação das Leis do Trabalho, em atuação conjunta dos princípios da continuidade da relação de emprego e da proteção do empregado(594).

Esclarece Mallet(595), em parecer sobre uma situação concreta de sucessão trabalhista, que ela não supõe necessariamente a transferência da propriedade da empresa, nem se descaracteriza pelo posterior encerramento das atividades, nem mesmo pelo caráter publicista do sucessor. Frisa o autor que a sucessão trabalhista prescinde de liame jurídico válido e regular entre sucessor e sucedido, apoiando-se no mero fato da transferência do empreendimento, e que a responsabilidade pelo adimplemento das obrigações trabalhistas, em caso de sucessão, é do sucessor, tanto em relação às que se formaram após a sucessão como em relação às que se constituíram antes, sendo que apenas em caso de fraude (caracterizada pela sucessão por empresário insolvente) permanece o sucedido responsável por essas obrigações. Todas essas considerações reafirmam estar a sucessão trabalhista informada pelo princípio da continuidade da relação da emprego, somado ao princípio da proteção do empregado, visando manter em vigor o contrato de emprego, assim como facilitar e resguardar o empregado de eventuais créditos trabalhistas, não obstante tenha havido alterações no sujeito empregador.

Diversos outros temas do Direito do Trabalho estão informados pelo princípio da continuidade da relação de emprego, como as hipóteses de estabilidade ou garantias no emprego, de suspensão e interrupção do contrato de emprego, na manutenção do contrato em caso de transferência do empregado, entre outros.

3.6. Princípio da não discriminação

A igualdade constitui um signo fundamental da Democracia(596). A não discriminação é uma consequência da igualdade.

Não se trata de um princípio isolado na Constituição Federal brasileira. Além de sua previsão geral no *caput* do art. 5º, outras normas reforçam a ideia de igualdade, por exemplo, os incisos XXX, XXXI e XXXII (isonomia no trabalho); o art. 3º, incisos III (redução das desigualdades); o art. 3º, IV (repulsa a discriminação) e outros princípios (arts. 170, 193, 196 e 205).

---

do Trabalho. São Paulo: Revista dos Tribunais, 2012. p. 477-494, em especial p. 479-481.

(594) Conforme explica Goyatá: "Trata-se, pelo visto, de cláusula de pré-redação ou clichê contratual da teoria de Josserand, tão típica do dirigismo contratual moderno, e que encontra natural e exata aplicação no campo do Direito do Trabalho, onde a intervenção do Estado para 'compensar com uma superioridade jurídica a inferioridade econômica do obreiro" é muito mais intensa e enérgica do que em qualquer outro departamento da atividade humana" (GOYATÀ, Celio. Sôbre o princípio da continuidade da empresa e do contrato de trabalho. In: DELGADO, Mauricio Godinho; DELGADO, Gabriela Neves (Orgs.). *Direito do Trabalho e da seguridade social*: fundamentos constitucionais e teoria geral do Direito do Trabalho. São Paulo: Revista dos Tribunais, 2012. p. 477-494, em especial p. 493).

(595) MALLET, Estêvão. *Prática de Direito do Trabalho*. São Paulo: LTr, 2008. v. 1, p. 58-59.

(596) SILVA, José Afonso da. *Curso de Direito Constitucional Positivo*. 13. ed. São Paulo: Malheiros, 1997. p. 226.

O princípio da não discriminação estabelece que o empregado não pode ser discriminado pelo empregador, quando em situação semelhante à de outrem, ou nas palavras de Américo Plá Rodriguez[(597)]: "o princípio de não discriminação leva a excluir todas aquelas diferenciações que põem um trabalhador numa situação de inferioridade ou mais desfavorável que o conjunto, e sem razão válida nem legítima".

O princípio da não discriminação deriva da ideia de proteção, consubstanciada no princípio da proteção do empregado, que promove a compensação ou nivelamento jurídico dos sujeitos por meio de normas imperativas ou cogentes que restringem a autonomia da vontade deles, estabelecendo limites jurídicos mínimos e máximos que precisam ser necessariamente observados[(598)].

Conforme anteriormente observado, o princípio da proteção do empregado é um princípio de racionalidade distributiva, na tradição aristotélica[(599)] de "tratar desigualmente os desiguais". Para essa racionalidade, a distribuição será justa quando atentar para a mesma igualdade entre as porções dos encargos (como na distribuição de direitos mínimos aos trabalhadores subordinados) e a qualidade dos sujeitos, segundo a finalidade que se busca promover.

O Direito do Trabalho "tem uma vocação igualitária: estabelecer a igualdade, como sujeitos de direito, entre empregado e empregador", tratando desigualmente os sujeitos, consoante destaca Luciane Cardoso Barzotto[(600)]. De acordo com a autora, "a desigualdade quanto a propriedade, que revela uma posição de domínio por parte do empregador, é compensada com uma desigualdade contratual que opera em benefício do empregado". Rumo ao desiderato de nivelar as desigualdades existentes entre empregado e empregador, o Direito do Trabalho "expressa uma dialética entre igualdade e desigualdade".[(601)]

O princípio da não discriminação é um consectário, no Direito do Trabalho, do princípio da igualdade. Note-se que a noção de igualdade é uma das mais polêmicas questões no âmbito da filosofia e no Direito. A preocupação com a igualdade é encontrada em Aristóteles[(602)], mas deve ser compreendida na estrutura escravocrata em que vivia[(603)]. Tomas Hobbes, antes mesmo da Revolução Francesa, trabalhava com a noção de igualdade natural contraposta por uma desigualdade formal, que é o preço pago pelo homem pela segurança que o Estado lhe dá. Coube a Rousseau a enunciação de que a igualdade natural deveria corresponder à igualdade formal. A exteriorização de tal forma ocorre na Constituição Francesa de 1791, que incorpora a seu texto a Declaração dos Direitos do Homem e do Cidadão, de 26 de agosto de 1789: "Os homens nascem e permanecem livres e iguais em direitos. As distinções sociais somente podem fundar-se na utilidade comum". Antes dela, a Constituição americana de 1776 dispunha: "todos os homens são criados iguais; são dotados pelo Criador de certos direitos inalienáveis; entre esses direitos encontram-se a vida, a liberdade e a busca da felicidade".

---

(597) PLÁ RODRIGUEZ, Américo. *Princípios do Direito do Trabalho*. 3. ed. Tradução de Wagner Giglio. São Paulo: LTr, 2000. p. 445.

(598) A necessidade de intervenção normativa nas relações trabalho, notadamente para fins de reconhecimento do trabalho assalariado, é salientada também por filósofos como Honneth, o qual averba: "...as análises de Hegel e Durkheim não perderam seu significado; se acrescermos a elas os novos desenvolvimentos da sociologia econômica ou do institucionalismo econômico, então se torna agora cada vez mais evidente que o mercado capitalista de trabalho depende de condições normativas que só estão ocultas atrás de um véu de conjuras sobre as 'forças auto-reguladas do mercado'" (HONNETH, Axel. Trabalho e reconhecimento: tentativa de uma redefinição. *Civitas — Revista de Ciências Sociais*, Porto Alegre, v. 8, n. 1, p. 46-67, em especial p. 63, jan./abr. 2008.

(599) ARISTÓTELES. *Ética a Nicômaco*. São Paulo: Edipro, 2002. Livro V, cap. 4. p. 142.

(600) BARZOTTO, Luciane Cardoso. Trabalho e igualdade: tipos de discriminação no ambiente de trabalho. In: BARZOTTO, Luciane Cardoso (Coord.). *Igualdade e discriminação no ambiente de trabalho*. Porto Alegre: Livraria do Advogado, 2012. p. 35.

(601) BARZOTTO, Luciane Cardoso. Trabalho e igualdade: tipos de discriminação no ambiente de trabalho. In: BARZOTTO, Luciane Cardoso (Coord.). *Igualdade e discriminação no ambiente de trabalho*. Porto Alegre: Livraria do Advogado, 2012. p. 35.

(602) ARISTÓTELES. *Ética a Nicômaco*. São Paulo: Edipro, 2002. Livro V, cap. 4. p. 142.

(603) MORAES FILHO, Evaristo de. O Princípio da Isonomia. In: *Curso de Direito Constitucional do Trabalho:* estudos em homenagem a Amauri Mascaro do Nascimento. São Paulo: LTr, 1991. v. 1, p. 103. Não obstante a preocupação de Aristóteles com a igualdade tenha sido desenvolvida em uma sociedade estamental, a sua grande de virtude foi de, pela primeira vez, relacionar a questão formal com a questão material da igualdade (SILVA, José Afonso da. *Curso de Direito Constitucional Positivo*. 13. ed. São Paulo: Malheiros, 1997. p. 208).

A questão da igualdade transcende ao âmbito do Direito. Na Revolução Francesa, está colocada entre os postulados básicos da liberdade e da fraternidade, revelando-se bem mais ampla que um simples princípio de natureza jurídica, e alcançando a dimensão sociológica. Trata-se de um princípio dinâmico, que deve ser considerado segundo uma série de circunstâncias. Muitas vezes, o reconhecimento de certas diferenciações é um imperativo da justiça, pois o tratamento igualitário de situações diferentes pode levar a iniquidades[(604)].

A característica do Universo é a desigualdade. Para a corrente filosófica dos nominalistas, a igualdade é apenas um nome, sem significação no mundo real. Para os idealistas, ela é um ideal e por esta razão deve-se buscar a igualdade absoluta[(605)]. O certo é que, conforme afirmado por Rousseau, existem dois tipos de desigualdades: uma natural ou física, relacionada com as condições de saúde física, de espírito e de alma; a outra é a desigualdade moral ou política, que depende de uma espécie de convenção, estabelecida pelo consentimento dos seres humanos. Isso leva a uma posição realista, ou seja, não se nega a desigualdade fenomênica, porque seria contrariar a própria riqueza da diversidade humana. Também não se justifica a desigualdade que impeça o ser humano de ser digno em sua existência e feliz em seu destino. O papel do Direito, e, conseguintemente, a construção do conceito de igualdade jurídica, é fazer o embasamento ético das desigualdades humanas[(606)].

Nesse sentido, a concepção de justiça distributiva, com o tratamento desigual dos desiguais. Esta relativização do princípio da igualdade leva o intérprete a oscilar entre os problemas da igualdade formal e da igualdade material. O problema que aí aparece é a extrema diversidade dos seres humanos, e, por essa razão, seria mais oportuno falar-se em igualdade de oportunidades. Ao Estado caberia proporcionar essa igualdade de oportunidades, compensando as desigualdades reais existentes no plano social por meio de instrumentos jurídicos e de políticas redistribuidoras de riquezas e oportunidades. Conforme afirma Canotilho, o princípio da igualdade e o princípio da democracia social aglutinam-se reciprocamente numa "unidade", não redutível a momentos unidimensionais de *estática* ou *dinâmica* de igualdade[(607)].

Mais adiante, coube a Karl Marx, com o socialismo científico, a pretensão de atingir a igualdade material, a única, segundo ele, capaz de tornar possível a verdadeira igualdade jurídica. O Estado Social e o Estado Democrático, que o sucede modernamente, consagram o Princípio da Igualdade, dando-lhe característica positiva, não somente visando à defesa do cidadão, mas assegurando-lhe instrumento positivo de realização do bem comum.

Conforme explica Honneth[(608)], a discriminação decorre da recusa de reconhecimento do outro, que se dá seja por convicções, preconceitos ou estereótipos, seja porque o sujeito que nega o reconhecimento vê o outro como objeto. Com base em Honneth, Luciane Cardoso Barzotto[(609)] assevera que "as questões de discriminação podem ser pontuadas como uma afronta à dignidade humana: uma ausência de fraternidade (o princípio esquecido da Revolução Francesa) e um *deficit* de reconhecimento", tendo em vista que "o desprezo da igualdade na sociedade vulnera a dignidade humana porque nega o reconhecimento de uma identidade universal do homem".

---

(604) Sobre a teoria do reconhecimento ver HONNETH, Axel. Luta por reconhecimento. 2. ed. São Paulo: Editora 34, 2009; HONNETH, Axel. *Reificación:* un estúdio en la teoria del reconocimiento. Buenos Aires: Katz, 2007; HONNETH, Axel. Trabalho e reconhecimento: tentativa de uma redefinição. *Civitas — Revista de Ciências Sociais*. Porto Alegre, v. 8, n. 1. p. 46-67, jan./abr. 2008.

(605) SILVA, José Afonso da. *Curso de Direito Constitucional Positivo*. 13. ed. São Paulo: Malheiros, 1997. p. 227-228.

(606) SILVA, José Afonso da. *Curso de Direito Constitucional Positivo*. 13. ed. São Paulo: Malheiros, 1997. p. 228.

(607) CANOTILHO, José Joaquim Gomes. *Direito Constitucional*. 5. ed. Coimbra: Almedina, 1991. p. 485; Sobre o tema ver: MELLO, Celso Antônio Bandeira de. *O Conteúdo Jurídico do Princípio da Igualdade*. São Paulo: Revista dos Tribunais, 1984. PASSOS, J. J. Calmon de. *Curso de Direito Constitucional do Trabalho:* estudos em homenagem a Amauri Mascaro do Nascimento. São Paulo: LTr, 1991, v. 1. p. 124-142.

(608) HONNETH, Axel. *Reificación:* un estúdio en la teoria del reconocimiento. Buenos Aires: Katz, 2007. p. 137.

(609) BARZOTTO, Luciane Cardoso. Trabalho e igualdade: tipos de discriminação no ambiente de trabalho. In: BARZOTTO, Luciane Cardoso (Coord.). *Igualdade e discriminação no ambiente de trabalho*. Porto Alegre: Livraria do Advogado, 2012. p. 37. Esclarece a autora, com fulcro na teoria de Axel Honneth, que a fraternidade é "a disposição de reconhecer o outro como pessoa, isto é, como sujeito livre e igual", sendo com isso um dever que precede e condiciona a igualdade e a liberdade (p. 38).

A Organização Internacional do Trabalho confere importância à igualdade de oportunidades e de tratamento no emprego, desde a sua criação em 1919[610], sendo que a Convenção n. 100 estabelece a igualdade de salário e de remuneração entre homens e mulheres quando exerçam trabalho de igual valor[611] e a Convenção n. 111, de 1958, pretende a promoção da igualdade e a eliminação de toda discriminação em matéria de emprego e ocupação, mediante políticas nacionais adequadas. Essa Convenção foi ratificada pelo Brasil, sendo promulgada pelo Decreto n. 62.150/68[612]. Conforme o art. 1º da referida Convenção, "o termo 'discriminação' compreende: a) toda distinção, exclusão ou preferência, com base em raça, cor, sexo, religião, opinião política, nacionalidade ou origem social, que tenha por efeito anular ou reduzir a igualdade de oportunidade ou de tratamento no emprego ou profissão; b) qualquer outra distinção, exclusão ou preferência que tenha por efeito anular ou reduzir a igualdade de oportunidade ou tratamento no emprego ou profissão, conforme pode ser determinado pelo País-membro concernente, após consultar organizações representativas de empregadores e de trabalhadores, se as houver, e outros organismos adequados".

Observe-se que a Convenção n. 111 da OIT faz uma importante delimitação: "Qualquer distinção, exclusão ou preferência, com base em qualificações exigidas para um determinado emprego, não são consideradas como discriminação" (art. 1º, § 2º). Trata-se de uma cláusula geral de exceção à proibição da discriminação direta. Aqui entra a possibilidade da exigência de escolaridade, experiência, habilitação profissional, entre outros.

Note-se que o princípio da não discriminação consagrado na Convenção n. 111 da OIT, dada sua importância, foi elevado ao patamar de norma de direitos humanos em 1998, por meio da Declaração da OIT relativa aos princípios e direitos fundamentais no trabalho da OIT, no qual a Conferência Internacional do Trabalho declara que todos os Membros, ainda que não tenham ratificado as convenções aludidas, têm um compromisso, derivado do fato de pertencer à Organização, de respeitar, promover e tornar realidade, de boa-fé e de conformidade com a Constituição, os princípios relativos aos direitos fundamentais que são objeto dessas convenções, entre os quais está "a eliminação da discriminação em matéria de emprego e ocupação". Portanto, o princípio da não discriminação pertence à ordem pública internacional, constituindo-se um dos principais alicerces do direito internacional do trabalho, com relação ao qual é impossível o retrocesso e todos os países membros da OIT são obrigados a observar, independentemente de ratificação das esferas jurídicas nacionais.[613]

Não obstante a Convenção n. 111 da OIT faça menção a raça, cor, sexo, religião, opinião política e ascendência nacional, existem outros fatores de discriminação laboral típica, como: condenação por delito, antecedentes criminais, grau de instrução, caráter legítimo ou não da filiação, estado de saúde física ou mental, laços de parentesco com outros trabalhadores da empresa, aparência física, entre outros. [614]

Além das formas de discriminação direta que se manifestam mediante tratamento fundado em fator juridicamente proibido ou socialmente repugnante, a discriminação também pode se manifestar de

(610) A ideia de igualdade entre todos os seres humanos aparece no texto inicial da constituição da OIT, sendo reafirmado na Declaração de Filadélfia, de 1944, que dispõe sobre os fins e objetivos da OIT.

(611) Essa matéria, no Brasil, foi normatizada pelos arts. 460 e 461 da Consolidação das Leis do Trabalho, recebendo ampla consideração jurisprudencial, em diversas situações centralizadas na Súmula n. 6 do TST. Trata-se de princípio democrático da maior importância, cuja análise é feita de maneira precisa por Mozart Victor Russomano, para quem o princípio de salário igual é faceta de outro princípio, muito mais amplo, que constitui uma das mais notáveis e, certamente, a mais duradoura das conquistas da Democracia Liberal: a igualdade de tratamento dos seres humanos perante a lei. Lembra o referido autor que o essencial, no cânone democrático, é que não sejam os homens discriminados diante da lei, em razão da sua origem social, de seu sexo, de sua idade, de sua raça, de seus credos religiosos e políticos. Enfim, seja respeitada a substancial identidade do homem, como homem e como cidadão (RUSSOMANO, Mozart Victor. *Curso de Direito do Trabalho*. 4. ed. Curitiba: Juruá, 1991. p. 379).

(612) SÜSSEKIND, Arnaldo. *Direito Internacional do Trabalho*. São Paulo: LTr, 1983. p. 445.

(613) Conforme BARZOTTO, Luciane Cardoso. Trabalho e igualdade: tipos de discriminação no ambiente de trabalho. In: BARZOTTO, Luciane Cardoso (Coord.). *Igualdade e discriminação no ambiente de trabalho*. Porto Alegre: Livraria do Advogado, 2012. p. 47.

(614) Conforme BARZOTTO, Luciane Cardoso. Trabalho e igualdade: tipos de discriminação no ambiente de trabalho. In: BARZOTTO, Luciane Cardoso (Coord.). *Igualdade e discriminação no ambiente de trabalho*. Porto Alegre: Livraria do Advogado, 2012. p. 43.

forma indireta mediante tratamento formalmente igual, mas materialmente discriminatório[615]. Daniela Muradas Reis[616] exemplifica dizendo que "sob a roupagem de exigência de boa aparência perpetra-se por via oblíqua uma discriminação racial, impondo-se um padrão de beleza ariano para o exercício de várias profissões".

A Constituição Federal de 1988 estabelece como objetivo da República Federativa do Brasil promover o bem de todos, sem preconceitos de origem, raça, sexo, cor, idade e quaisquer outras formas de discriminação (art. 3º, IV). No título dos direitos e garantias fundamentais, o art. 5º, *caput*, considera "todos iguais perante a lei, sem distinção de qualquer natureza, garantindo-se aos brasileiros e aos estrangeiros residentes no País, a inviolabilidade do direito à vida, à liberdade, à igualdade, à segurança e à propriedade". No âmbito das relações de trabalho, proíbe a diferença de salários, de exercício de funções e de critério de admissão por motivo de sexo, idade, cor ou estado civil (art. 7º, XXX), bem como a discriminação no tocante a salário e critérios de admissão do trabalhador portador de deficiência (art. 7º, XXXI) e em razão do tipo de trabalho executado seja entre trabalho manual, técnico e intelectual, seja entre os profissionais respectivos (art. 7º, XXXII).

Sublinhe-se que o princípio da não discriminação possui conexão com os direitos da personalidade e atua como limite à autonomia do empregador, imposto pela Constituição Federal, no que diz respeito à obtenção de dados do candidato ao emprego, projetando-se durante a execução do contrato e gerando obrigações pós-contratuais.

Nesse sentido, Alice Monteiro de Barros[617] leciona que o empregador deverá, em princípio, abster-se de fazer perguntas ao candidato a respeito de suas origens raciais, opções políticas, convicções religiosas, atividades sindicais, bem como sobre circunstâncias pessoais capazes de gerar discriminação, e o candidato a emprego tem o direito de ocultar circunstâncias alheias às causas contratuais não relacionadas diretamente com o cargo que irá ocupar.

Igualmente nessa trilha, Luciane Cardoso Barzotto[618] pondera que "o ser trabalhador não quer ser identificado por suas peculiaridades além trabalho, como homem ou mulher, crente ou não".

Em suma, a discriminação nas relações de trabalho se dá quando o empregador aplica critérios irrelevantes para desempenho de determinado trabalho (não reconhecendo a contribuição objetiva do trabalho realizado), ofendendo a dignidade humana do trabalhador.

Densificando o princípio constitucional de proibição de preconceitos de origem, raça, sexo, cor, idade e quaisquer outras formas de discriminação, a Lei n. 9.029, de 13.4.1995, proíbe a adoção de qualquer prática discriminatória e limitativa para efeito de acesso à relação de emprego, ou sua manutenção, por motivo de sexo, origem, raça, cor, estado civil, situação familiar ou idade, ressalvadas, nesse caso, as hipóteses de proteção ao menor previstas no inciso XXXIII do art. 7º da Constituição Federal. Essa norma considera ato discriminatório do trabalho da mulher a exigência, pelo empregador, de teste, exame, perícia, atestado, declaração ou qualquer outro meio destinado a esclarecer se está grávida ou esterilizada. O ato é punido com detenção de 1 a 2 anos, multa administrativa de 10 a 50 vezes o maior salário pago pelo empregador e a proibição de financiamentos em instituições oficiais de crédito.

Nesse sentido, a Lei n. 9.799/1999 tipificou como discriminatórios diversos atos, ressalvadas as disposições legais destinadas a corrigir as distorções que afetam o acesso da mulher ao mercado de trabalho

(615) Nesse sentido, BARROS, Alice Monteiro de. Discriminação no emprego por motivo de sexo. In: VIANA, Márcio Túlio; RENAULT, Luiz Otávio Linhares (Org.). *Discriminação*. São Paulo: LTr, 2000. p. 41.

(616) REIS, Daniela Muradas. Discriminação nas relações de trabalho e empregado: reflexões éticas sobre o trabalho, pertença e exclusão social e os instrumentos jurídicos de retificação. In: BARZOTTO, Luciane Cardoso (Coord.). *Igualdade e discriminação no ambiente de trabalho*. Porto Alegre: Livraria do Advogado, 2012. p. 21.

(617) BARROS, Alice Monteiro de. *Proteção à intimidade do empregado*. 2. ed. São Paulo: LTr, 2009. p. 61.

(618) BARZOTTO, Luciane Cardoso. Trabalho e igualdade: tipos de discriminação no ambiente de trabalho. In: BARZOTTO, Luciane Cardoso (Coord.). *Igualdade e discriminação no ambiente de trabalho*. Porto Alegre: Livraria do Advogado, 2012. p. 37. Esclarece a autora, com fulcro na teoria de Axel Honneth, que a fraternidade é "a disposição de reconhecer o outro como pessoa, isto é, como sujeito livre e igual", sendo com isso um dever que precede e condiciona a igualdade e a liberdade (p. 38).

e certas especificidades estabelecidas nos acordos trabalhistas, sendo vedado: publicar ou fazer publicar anúncio de emprego no qual haja referência ao sexo, à idade, à cor ou situação familiar, salvo quando a natureza da atividade a ser exercida, pública e notoriamente, assim o exigir; recusar emprego, promoção ou motivar a dispensa do trabalho em razão de sexo, idade, cor, situação familiar ou estado de gravidez, salvo quando a natureza da atividade seja notória e publicamente incompatível; considerar o sexo, a idade, a cor ou situação familiar como variável determinante para fins de remuneração, formação profissional e oportunidades de ascensão profissional; exigir atestado ou exame, de qualquer natureza, para comprovação de esterilidade ou gravidez, na admissão ou permanência no emprego; impedir o acesso ou adotar critérios subjetivos para deferimento de inscrição ou aprovação em concursos, em empresas privadas, em razão de sexo, idade, cor, situação familiar ou estado de gravidez; proceder o empregador ou preposto a revistas íntimas nas empregadas ou funcionárias.

Capítulo 5

Prescrição e Decadência no Direito do Trabalho[619]

1. *Fundamentos da tutela de direitos no tempo*

O tempo tem grande relevância para o Direito, pois, ainda que não seja um fato jurídico, por ser de outra dimensão, o seu transcurso integra, com muita frequência, suportes fáticos, como ocorre com a prescrição, sendo que, quando previsto expressamente pela norma, é considerado elemento de suficiência para a configuração do fato jurídico respectivo.[620]

A estabilidade das relações sociais e a segurança jurídica compõem os principais fundamentos da prescrição, ao visar a impedir que o exercício de uma pretensão fique pendente de forma indefinida. Cumprindo a missão da regulação social, da qual o Direito é instrumento, cabe ao ordenamento de um Estado, querendo, limitar o exercício das pretensões no tempo. A partir dessa escolha, o ordenamento jurídico estabelece um lapso temporal para que a pretensão seja exercida (prazo prescricional), em nome da estabilidade das relações sociais e da segurança jurídica.[621]

Dentro da concepção de segurança do próprio Direito, aliada à noção de estabilidade das relações sociais e na trilha atual de reaproximação entre o direito material e processual[622], a prescrição e a decadência[623]

---

(619) Este livro tem por base, com alguns acréscimos, a obra dos autores: COIMBRA, Rodrigo; ARAUJO, Francisco Rossal de. *A prescrição e o Direito do Trabalho*. São Paulo: LTr, 2018.

(620) MELLO, Marcos Bernardes de. *Teoria do fato jurídico:* plano da existência. 8. ed. São Paulo: Saraiva, 1998. p. 44; TUCCI, José Rogério Cruz e. *Tempo e processo:* uma análise empírica das repercussões no tempo na fenomenologia processual (civil e penal). São Paulo: Revista dos Tribunais, 1997. p. 57.

(621) TEPEDINO, Gustavo; BARBOZA, Heloisa Helena; MORAES, Maria Celina Bodin de. *Código Civil interpretado conforme a Constituição da República*. Rio de Janeiro: Renovar, 2004. p. 354; Savigny apregoava que a prescrição é uma das instituições "mais importantes e mais saudáveis" para o Direito (SAVIGNY, M. F. C. de. *Sistema de derecho romano actual*. 2. ed. Madrid: Centro Editorial de Góngora *[s.d.]*, v. 1. p. 180).

(622) CAPPELLETTI, Mauro. *Juízes Legisladores?* Tradução de Carlos Alberto Alvaro de Oliveira. Porto Alegre: Fabris, 1993. p. 13. Bedaque esclarece que essa aproximação, reduzindo a distância dos polos do binômio, "não implica retorno às fases já ultrapassadas da ciência processual" (BEDAQUE, José Roberto dos Santos. *Direito e processo:* influência do direito material sobre o processo. 4. ed. São Paulo: Malheiros, 2006, em especial. p. 23); TESHEINER, José Maria Rosa. Reflexões politicamente incorretas sobre direito e processo. *Revista da Ajuris,* Porto Alegre: Ajuris, n. 110. p. 192, jun. 2008; MARINONI, Luiz Guilherme. *Tutela inibitória:* individual e coletiva. 2. ed. São Paulo: Revista dos Tribunais, 2000. p. 395-396.

(623) Os institutos da prescrição e da decadência, embora tenham em comum a tutela de direitos no tempo, por meio da fixação de períodos de tempo (prazos) para o exercício de pretensões ou direitos, respectivamente, de forma que não possam ser eternamente pleiteados, possuem conceituação, elementos, características e efeitos jurídicos diversos. Os critérios distintivos desses institutos, todavia, são historicamente controvertidos. O estudo dos critérios distintivos entre prescrição e decadência não é objeto do presente trabalho em decorrência da sua necessária limitação quantitativa, do qual é indispensável, no Brasil, a leitura do consagrado artigo

são institutos de direito material, embora gerem consequências importantes também no direito processual.[624]

Durante muito tempo, o instituto da prescrição foi completamente estranho ao direito romano, ou seja, as ações civis eram imprescritíveis. Quando os pretores inseriram ações inteiramente novas, no período formulário[625], condicionaram seu uso a que fossem exercitadas dentro do ano (*intra annum judicium dabo*), constituindo uma exceção à antiga regra de duração perpétua desse exercício.[626]

O caráter de generalidade da prescrição deu-se, pela primeira vez, com o surgimento da *longi temporis praescriptio.*[627] Contra toda ação nascida da propriedade ou de um *jus inre (speciales in rem actiones)* poderia o possuidor opor uma prescrição (exceção) de dez anos, algumas vezes, de vinte, provando os requisitos da usucapião, especialmente, o título e a boa-fé, além do período de tempo.

A *longi temporis praescriptio* ampliou-se durante o reinado de Constantino, no qual a ausência de título e de boa-fé poderia ser suprida por uma posse mais longa, cujo tempo parece ter variado entre trinta e quarenta anos. Todavia, isso não se estendia aos demais tipos de ações, e as ações pessoais, principalmente, permaneciam imprescritíveis. No caminhar da história do direito romano, novos tipos de ações passaram a ter prazo prescricional, chegando-se ao ponto de inverter-se a regra geral da imprescritibilidade para a prescritibilidade das ações. A prescritibilidade das pretensões deixa de ser a exceção e passa a ser a regra geral.[628]

Nesse contexto, da origem remota da *praescriptio temporis*, também chamada de *temporalis praescriptio*, chegou-se à concepção da prescrição como exceção de tempo[629], como meio de defesa. Tinha por fonte o *ius honorarium*. Foi introduzida pelo pretor para abrandar os rigores da aplicação estrita do *ius civile*. Ao estabelecer a fórmula, se a ação fosse temporária, primeiramente, havia uma parte introdutória, na qual o pretor deveria absolver o réu, se estivesse extinto o prazo de duração da *actio*, sendo a preliminar da fórmula chamada de *praescriptio.*[630]

De acordo com Patti[631], o tema da prescrição, negligenciado por décadas pela doutrina europeia, tem despertado grande interesse na última parte do século passado e início do novo.

2. *Objeto da prescrição*

Para Savigny[632], a prescrição ocorre quando perece o direito de ação, porque o titular descuida de exercitá-lo em certo prazo e gera a extinção do direito. Frise-se: para Savigny, a prescrição extingue o direito.

---

de AMORIM FILHO, Agnelo. Critério científico para distinguir a prescrição da decadência e para identificar as ações imprescritíveis. *Revista Forense,* Rio de Janeiro: Forense, n. 193, p. 30-49, jan./fev./mar. 1961.

(624) COIMBRA, Rodrigo. A prescrição e a decadência na tutela de direitos transindividuais. In: TESHEINER, José Maria (Org.). *Processos Coletivos.* Porto Alegre: HS Editora, 2012. p. 228-229. Entre outros efeitos, quando o juiz pronunciar a prescrição ou a decadência, haverá resolução de mérito (art. 269, IV, do CPC).

(625) AMELOTTI, Mario. Prescrizione (dir. rom.). *Enciclopedia del Diritto.* Milano: Giuffrè, XXXV. p. 36-46, em especial. p. 38, 1986.

(626) SAVIGNY, M. F. C. de. *Sistema de derecho romano actual.* 2. ed. Madrid: Centro Editorial de Góngora *[s.d.]*, v. 1, p. 181 e 185.

(627) Observando o pioneirismo da ampliação de outros casos de prescrição, acrescenta Amelotti que a *longi temporis praescriptio* (surgida no período da *extraordinaria cognitio)* constitui o precedente que será desenvolvido na prescrição teodosiana (AMELOTTI, Mario. Prescrizione (dir. rom.). *Enciclopedia del diritto.* Milano: Giuffrè, XXXV. p. 36-46, em especial. p. 40, 1986).

(628) SAVIGNY, M. F. C. de. *Sistema de derecho romano actual.* 2. ed. Madrid: Centro Editorial de Góngora *[s.d.]*, v. 1. p. 181.

(629) PONTES DE MIRANDA, Francisco Cavalcanti. *Tratado de direito privado.* Rio de Janeiro: Borsoi, 1955. t. 6, p. 3 e 104. Para Savigny, a expressão romana *temporis praescritio* não designa adequadamente a prescrição, mas o direito concedido outras vezes ao demandado de rechaçar, por meio de uma exceção, o exercício da ação (SAVIGNY, M. F. C. de. *Sistema de derecho romano actual.* 2. ed. Madrid: Centro Editorial de Góngora *[s.d.]*, v. 1. p. 177).

(630) CÂMARA LEAL, Antônio Luís da. *Da prescrição e da decadência.* 2. ed. Rio de Janeiro: Forense, 1959. p. 22-26.

(631) PATTI, Salvatore. Certezza e giustizia nel diritto della prescrizione in Europa. *Rivista Trimestrale di Diritto e Procedura Civile.* Milano: Giuffrè, v. 64, n. 1. p. 21-36, em especial. p. 26, mar. 2010.

(632) SAVIGNY, M. F. C. de. *Sistema de derecho romano actual.* 2. ed. Madrid: Centro Editorial de Góngora *[s.d.]*, v. 1, p. 177; "Para Savigny, o direito de ação (Klagerecht) era considerado uma forma especial assumida pelo direito material depois da lesão, uma

Note-se que esse entendimento de que a prescrição extingue o próprio direito foi suplantado pela compreensão de que a prescrição extinguiria a *actio*. Todavia, não havia consenso acerca do significado da expressão *actio* nas fontes romanas, que, até então, compreendia, em unidade, o direito material e o direito processual.

Muther e Windscheid travaram um histórico debate sobre o tema do significado da expressão *actio* no direito romano, nos anos 1856 e 1857, conhecido como "polêmica sobre a *actio*". Em síntese: para Muther(633), o termo romano *actio* significa ação, no sentido de "pretensão do titular do direito contra o Pretor à concessão de uma fórmula, na hipótese de que seu direito seja violado"; para Windscheid, significa pretensão jurídica, "o que se pode exigir de outrem".(634)

Consequentemente, de um lado, para Windscheid(635), a prescrição extingue a pretensão de direito material:

> La *actio* se extingue también por el transcurso del tempo. El titular que no se ha valido de ella dentro de cierto lapso, no podrá hacerlo luego. En el lenguaje jurídico moderno se dice: la *actio* está sujeta a prescripción, y, como *actio* se traduce también aquí por acción, se habla de prescripción de las aciones.
>
> Pero si *actio* es efectivamente, como resulta de lo antedicho, el término romano para designar la pretensión jurídica, cuando los romanos dicen que algo es judicialmente perseguirle, nosotros décimos que está juridicamente fundado, y, por lontanto, no debemos relacionar la prescripción con las acciones, sino con las pretensiones. La expresión: prescripción de las acciones, por arraigada que este, debe abandonarse.

De outro lado, para Muther(636), a prescrição extingue a ação (no plano processual), rebatendo, inclusive, Windscheid, expressamente, *in verbis*:

---

espécie de metamorfose extensível a todo direito. Já na visão de Puchta, Arndts e outros, tratava-se de um acessório do direito material, uma 'faculdade colada ao direito a permitir o pedido de tutela jurisdicional se este fosse violado'. Como se vê, conquanto diferentes as visualizações, tanto no direito romano quanto no direito comum, o direito processual e o direito material formavam uma unidade, o que embaraçava distinção nítida entre os planos" (ALVARO DE OLIVEIRA, Carlos Alberto. Efetividade e tutela jurisdicional. In: MACHADO, Fábio Cardoso; AMARAL, Guilherme Rizzo (Orgs.). *Polêmica sobre a ação:* a tutela jurisdicional na perspectiva das relações entre direito e processo. Porto Alegre: Livraria do Advogado, 2006. p. 86).

(633) MUTHER, Theodor. Sobre la doctrina de la "actio" romana, del derecho de accionar actual, de la 'litiscontestatio' y de la sucesión singular en las obligaciones. In: *Polemica sobre la "Actio"*. Buenos Aires: Juridicas Europa-America, 1974. p. 236-240. Destacando a importância dessa célebre polêmica para a autonomia do direito procesual, Alvaro de Oliveira afirma que "foi principalmente a crítica de Muther, depois incorporada por Windscheid, que propiciou a criação dos elementos necessários para uma nova concepção, na medida em que distingue claramente um direito à tutela do Estado, direito de agir, a que se atribui natureza pública, restando intocado o direito material apesar da lesão" (ALVARO DE OLIVEIRA, Carlos Alberto. Efetividade e tutela jurisdicional. In: MACHADO, Fábio Cardoso; AMARAL, Guilherme Rizzo (Orgs.). *Polêmica sobre a ação:* a tutela jurisdicional na perspectiva das relações entre direito e processo. Porto Alegre: Livraria do Advogado, 2006. p. 87).

(634) WINDSCHEID, Bernard. La "actio" del derecho romano, desde el punto de vista del derecho actual. In: *Polemica sobre la "Actio"*. Buenos Aires: Juridicas Europa-America, 1974. p. 11. Igualmente ressaltando a "famosíssima" polêmica entre os romanistas alemães para a autonomia do Direito processual civil, Dinamarco esclarece que Windscheid se empenhou, antes de tudo, em demonstrar como os sistemas jurídicos romano e moderno são fundamentalmente diversos, "pois o primeiro, em vez de seu sistema de *jura*, era um sistema de *actiones*, não se chegando ao direito senão através da *actio*. E Windscheid propôs-se a traduzir em termos modernos a terminologia romana, em primeiro lugar contestando o paralelismo entre *actio* e a ação moderna (*Klagerecht*) e depois chegando à conclusão de que aquela expressão latina representa um fenômeno que no Direito moderno é representado pelo nome de *Anspruch* (palavra que, no mundo latino, é traduzida por *pretensão*, ou *razão*) —, o qual é uma situação jurídica substancial, distinta da ação e do Direito subjetivo, ou seja, seria a faculdade de impor a própria vontade em via judiciária" (DINAMARCO, Cândido Rangel. *Fundamentos do proceso civil moderno*. 6. ed. São Paulo: Malheiros, 2010, t. 1. p. 67-68).

(635) WINDSCHEID, Bernard. La "actio" del derecho romano, desde el punto de vista del derecho actual. In: *Polemica sobre la "Actio"*. Buenos Aires: Juridicas Europa-America, 1974. p. 58.

(636) MUTHER, Theodor. Sobre la doctrina de la "actio" romana, del derecho de accionar actual, de la 'litiscontestatio' y de la sucesión singular en las obligaciones. In: *Polemica sobre la "Actio"*. Buenos Aires: Juridicas Europa-America, 1974. p. 266-267.

> También cuando se trata de la extinción de las *actiones* por prescripción, el autor quiere reemplazar la palabra "acciones" por el impreciso vocablo "pretensiones". [...] Podríamos estimar aceptable si en vez de "prescripción de la acción" el autor hubiese dicho "prescripción de la pretensión a la asistencia estatal por lesión de un derecho", pero no podemos admitir la mera prescripción de las pretensiones. Nuestra terminología no permite dudar que la *naturalis obligatio* es una "pretensión". (Grifos do autor)

O entendimento de Windscheid integra o Código Civil alemão — BGB — (art. 194). Esclarece Monache[(637)] que tal dispositivo do BGB continua, como no passado, a conceituar o objeto da Verjährung (prescrição) por meio da particular posição subjetiva designada pelo nome de Anspruch (pretensão), que consiste no poder de exigir de outrem que faça ou deixe de fazer alguma coisa.

Essa polêmica europeia em torno do objeto da prescrição refletiu, de forma rápida, na doutrina brasileira, estabelecendo-se uma divisão entre as teses de que a prescrição extinguia os direitos[(638)], as ações de direito material[(639)] e as pretensões de direito material.[(640)] Pontes de Miranda[(641)] defendia que a prescrição atingia as pretensões ou as ações (de direito material), conforme a sua definição de prescrição que se tornou clássica no direito brasileiro: "prescrição é a exceção, que alguém tem, contra o que não exerceu, durante certo tempo, que alguma regra jurídica fixa, a sua pretensão ou ação. Serve à segurança e à paz públicas, para limite temporal à eficácia das pretensões e das ações".

Essa definição enfrenta a discussão do que a prescrição efetivamente atinge. Atendendo à conveniência de que não perdure por demasiado tempo a pretensão de direito material, os prazos prescricionais limitam a exigibilidade de direitos no tempo, servindo à paz social e à segurança jurídica. De acordo com Pontes de Miranda[(642)], os prazos prescricionais não fulminam o direito (que persiste), apenas "encobrem a eficácia da pretensão", e critica a comum utilização da expressão "prescreveu o direito":

> Quando se diz "prescreveu o direito" emprega-se elipse reprovável, porque em verdade se quis dizer que "o direito teve prescrita a pretensão (ou a ação), que dêle irradiava, ou teve prescritas tôdas as pretensões (ou ações) que dêle irradiavam". [...] O direito não se encobre por exceção de prescrição; o que se encobre é a pretensão, ou a ação, ou são as pretensões, ou ações que dêle se irradiam.[(643)]

A tese de Windscheid de que a prescrição atinge tão somente a pretensão de direito material exerceu grande influência na família de direito romano-germâmica, todavia, há de se registrar que ainda não há um entendimento uníssono sobre essa matéria nos países dessa família de direito. O direito alemão e o suíço evoluíram para a extinção da pretensão, como sendo o efeito do transcurso do prazo prescricional. O direito italiano, todavia, fez declarar, literalmente, em seu Código de 1942, que a prescrição era causa de extinção do próprio direito, conforme Theodoro Junior.[(644)]

---

(637) MONACHE, Stefano Delle. Profili dell'attuale normativa del codice civile tedesco in tema di prescrizione. *Rivista Trimestrale di Diritto e Procedura Civile*. Milano: Giuffrè, v. 49, n. 2, p. 179-199, em especial. p. 180-181, mar./apr. 2003.

(638) Caio Mário da Silva Pereira fala em prescrição dos direitos e de que seriam apenas os patrimoniais atingidos pela prescrição, sendo que aos não patrimoniais incidiriam decadência (PEREIRA, Caio Mário da Silva. *Instituições de Direito Civil*. 5. ed. Rio de Janeiro: Forense, 1980. v. 1, p. 595-597); Nessa linha, também: AMARAL, Francisco. *Direito Civil:* Introdução. 3. ed. Rio de Janeiro: Renovar, 2000. p. 563; GOMES, Orlando. *Introdução ao Direito Civil*. 18. ed. Rio de Janeiro: Forense, 2001. p. 496.

(639) CÂMARA LEAL, Antônio Luís da. *Da Prescrição e da Decadência*. 2. ed. Rio de Janeiro: Forense, 1959. p. 22 e 26; MONTEIRO, Washington de Barros. *Curso de direito civil:* parte geral. 39. ed. São Paulo: Saraiva, 2003. v. 1, p. 335.

(640) Pontes de Miranda defendia que a prescrição atingia as pretensões ou as ações (PONTES DE MIRANDA, Francisco Cavalcanti. *Tratado de direito privado*. Rio de Janeiro: Borsoi, 1955. t. 6, p. 100).

(641) PONTES DE MIRANDA, Francisco Cavalcanti. *Tratado de direito privado*. Rio de Janeiro: Borsoi, 1955. t. 6, p. 100.

(642) PONTES DE MIRANDA, Francisco Cavalcanti. *Tratado de direito privado*. Rio de Janeiro: Borsoi, 1955. t. 6, p. 101 e 106.

(643) PONTES DE MIRANDA, Francisco Cavalcanti. *Tratado de direito privado*. Rio de Janeiro: Borsoi, 1955. t. 6, p. 103.

(644) Conforme THEODORO JUNIOR, Humberto. *Comentários ao novo Código Civil:* dos defeitos do negócio jurídico ao final do livro III. Rio de Janeiro: Forense, 2003. v. 3, t. 2, p. 149.

Note-se que, no direito romano, a prescrição sempre foi um fenômeno processual[645], que afetava a *actio*, exercida por meio de exceção, embora, nessa época, não houvesse ainda a distinção entre o direito processual e o direito material.[646]

O entendimento de que a prescrição atinge a pretensão — "a posição subjetiva de poder exigir de outrem alguma prestação positiva ou negativa"[647] —, a partir do acolhimento da tese de Windscheid[648], no sentido de que a expressão *actio* significa pretensão aliada à consagração das teorias abstratas do direito de ação, remete a matéria para o plano de direito material.

Essa teoria foi consagrada no dispositivo do art. 189 do Código Civil de 2002[649], utilizando-se de linguagem mais técnica e atualizada em torno do objeto da prescrição, em comparação com a do Código de 1916, segundo a qual a prescrição provocaria a perda da ação em face dos percalços em torno do significado da expressão *actio*.

Nesse novo quadrante, o titular do direito cuja pretensão prescreveu não perde o direito processual de ação, nem o direito (subjetivo), quando a ação é julgada improcedente por acolhimento da prescrição, importando uma sentença de mérito (CPC, art. 269, IV), extinguindo tão somente o direito de exigir em juízo uma determinada prestação inadimplida (pretensão de direito material).[650]

Acolhida a exceção de prescrição, o direito subjetivo a uma prestação permanece, embora de maneira débil, uma vez que agora desguarnecido do direito de forçar o seu cumprimento (pretensão de direito material), todavia, tanto resta incólume o direito subjetivo material do credor que, se o devedor resolver pagar a pretensão declarada prescrita, espontaneamente, a qualquer tempo, o pagamento será válido e eficaz, não autorizando repetição de indébito ao devedor (restituição do valor pago), por força do art. 882 do Código Civil de 2002.[651]

Nessa senda, pode haver direito subjetivo — outorgado pelo Direito objetivo — sem que haja ainda, ou não mais exista, pretensão ou ação, assim como pode haver ação sem que haja direito subjetivo. Direito subjetivo e pretensão são categorias do direito material.[652] "Enquanto pretendo, exijo, mas ainda não ajo",

---

(645) THEODORO JUNIOR, Humberto. *Comentários ao novo Código Civil:* dos defeitos do negócio jurídico ao final do livro III. Rio de Janeiro: Forense, 2003. v. 3, t. 2, p. 149.

(646) PONTES DE MIRANDA, Francisco Cavalcanti. *Tratado de direito privado.* Rio de Janeiro: Borsoi, 1955. t. 6, p. 104 e 3-6, em especial. p. 6.

(647) PONTES DE MIRANDA, Francisco Cavalcanti. *Tratado de direito privado.* Rio de Janeiro: Borsoi, 1955. t. 5, p. 451. A pretensão também é conceituada como: "a faculdade de se poder exigir a satisfação do direito", conforme BAPTISTA DA SILVA, Ovídio Araújo. Direito subjetivo, pretensão de direito material e ação. In: MACHADO, Fábio Cardoso; AMARAL, Guilherme Rizzo. (Orgs.). *Polêmica sobre a ação:* a tutela jurisdicional na perspectiva das relações entre direito e processo. Porto Alegre: Livraria do Advogado, 2006. p. 17-18. Artigo publicado originalmente: BAPTISTA DA SILVA, Ovídio Araújo. Direito subjetivo, pretensão de direito material e ação. *Revista da Ajuris.*Porto Alegre: Ajuris, n. 29, p. 99-126, nov. 1983.

(648) WINDSCHEID, Bernard. La "actio" del derecho romano, desde el punto de vista del derecho actual. In: *Polemica sobre la "Actio".* Buenos Aires: Juridicas Europa-America, 1974. p. 58.

(649) TEPEDINO, Gustavo; BARBOZA, Heloisa Helena; MORAES, Maria Celina Bodin de. *Código Civil interpretado conforme a Constituição da República.* Rio de Janeiro: Renovar, 2004. p. 349. Nesse sentido também: THEODORO JUNIOR, Humberto. *Comentários ao novo Código Civil:* dos defeitos do negócio jurídico ao final do livro III. Rio de Janeiro: Forense, 2003. v. 3, t. 2, p. 152.

(650) THEODORO JUNIOR, Humberto. *Comentários ao novo Código Civil:* dos defeitos do negócio jurídico ao final do livro III. Rio de Janeiro: Forense, 2003. v. 3, t. 2, p. 152.

(651) Código Civil de 2002, art. 882: "Não se pode repetir o que se pagou para solver dívida prescrita ou cumprir obrigação judicialmente inexigível". O art. 970 do Código Civil de 1916 também continha essa previsão.

(652) BAPTISTA DA SILVA, Ovídio Araújo. Direito subjetivo, pretensão de direito material e ação. In: MACHADO, Fábio Cardoso; AMARAL, Guilherme Rizzo (Orgs.). *Polêmica sobre a ação:* a tutela jurisdicional na perspectiva das relações entre direito e processo. Porto Alegre: Livraria do Advogado, 2006. p. 17. No plano de direito material, Ovídio Baptista trabalha ainda com a categoria "ação de direito material", na linha de Pontes de Miranda (PONTES DE MIRANDA, Francisco Cavalcanti. *Tratado de direito privado.* Rio de Janeiro: Borsoi, 1955, t. 5. p. 478). Comparando-a com a pretensão (material), o autor diz que "o exigir, que é o conteúdo da pretensão, não prescinde do agir voluntário do obrigado, ao passo que ação de direito material é o agir do titular do direito para a realização, independentemente da vontade daquele". Seria o agir, não mais tão somente exigir o cumprimento mediante ato voluntário do devedor. Esse agir material raramente é facultado sem que se imponha ao titular a necessidade de veiculá-lo por meio da ação processual, em decorrência do monopólio da jurisdição pelo Estado (p. 19-20).

esclarece Pontes de Miranda.[653] A pretensão é meio para um fim, mas esse fim, na medida em que apenas se exige o cumprimento da obrigação extrajudicialmente, é obtido mediante conduta voluntária.[654]

O Código Civil brasileiro de 2002 tomou posição nesse debate e optou por conceituar a prescrição como a perda da pretensão (art. 189[655]), ideia que se aproxima do entendimento de Windscheid acerca do significado da *actio* romana (= pretensão jurídica), na linha do Direito alemão e suíço.

3. *Objeto da decadência*

Diferentemente do que acontece com a prescrição, a expressão decadência não é aceita de forma uníssona na doutrina[656], ainda que os efeitos desses fenômenos sejam amplamente admitidos e entendidos como diversos da prescrição.

Câmara Leal[657], um dos primeiros autores brasileiros a se dedicar ao estudo desse tema, usa o termo *decadência* e o conceitua como "a extinção do direito pela inércia de seu titular, quando sua eficácia foi, de origem, subordinada à condição de seu exercício dentro de um prazo prefixado, e este se esgotou sem que esse exercício se tivesse verificado". Larenz, por exemplo, denomina o fenômeno de prazos de exclusão.[658]

Tedeschi[659], fazendo referência aos arts. 2.964 e seguintes do Código Civil italiano[660], conceitua a decadência como: "la estinzione di un diritto (*in senso lato*), disposta per il mancato esercizio entro un dato termine, al fine che l'esercizio medesimo, se abbia luogo, si avveri nel termine prefisso".

Repare-se estar presente, na concepção italiana, a qual a brasileira segue, a ideia de perda da possibilidade do exercício de um direito (extinção do direito) em decorrência da inércia do seu exercício em um determinado período de tempo. Por exemplo, caso um empregador deseje promover inquérito para apuração de falta grave contra empregado estável, deverá ajuizar reclamação por escrito, dentro de 30 (trinta) dias, contados da data da suspensão do empregado, exercendo o empregador tal direito (previsto no art. 853 da Consolidação das Leis do Trabalho), sem a necessidade de qualquer ação ou omissão da contraparte. Comprovando esse raciocínio, o Supremo Tribunal Federal pronunciou-se no sentido de que tal prazo é de decadência — Súmula n. 403: "É de decadência o prazo de trinta dias para instauração do inquérito judicial, a contar da suspensão, por falta grave, de empregado estável".

De acordo com Tedeschi[661], são elementos da *decadenza*: a) um objeto, que é o direito (em sentido amplo); b) um fato concreto de não atividade (inércia) do titular do direito e de término do período de

---

(653) PONTES DE MIRANDA, Francisco Cavalcanti. *Tratado de direito privado.* Rio de Janeiro: Borsoi, 1955. t. 5, p. 460.

(654) BAPTISTA DA SILVA, Ovídio Araújo. Direito subjetivo, pretensão de direito material e ação. In: MACHADO, Fábio Cardoso; AMARAL, Guilherme Rizzo (Orgs.). *Polêmica sobre a ação:* a tutela jurisdicional na perspectiva das relações entre direito e processo. Porto Alegre: Livraria do Advogado, 2006. p. 15-39, em especial, p. 18.

(655) Código Civil de 2002, art. 189: "Violado o direito, nasce para o titular a pretensão, a qual se extingue, pela prescrição, nos prazos a que aludem os arts. 205 e 206".

(656) Pontes de Miranda, por todos, repele o termo decadência, afirmando que o termo técnico adequado seria preclusão, pois "o direito cai, não decai" (PONTES DE MIRANDA, Francisco Cavalcanti. *Tratado de direito privado.* Rio de Janeiro: Borsoi, 1955. t. 6, p. 133). Vilson Rodriguez Alves também reprova o uso da expressão decadência, em vez de preclusão, e apresenta um estudo do direito comparado (21 países) acerca das terminologias que ele denomina de "Elementos Perturbadores da Investigação Científica: o Direito Comparado" (ALVES, Vilson Rodrigues. *Da prescrição e da decadência do novo Código Civil.* 2. ed. Campinas: Bookseller, 2003. p. 37-51).

(657) CAMARA LEAL, Antônio Luiz da. *Da Prescrição e da Decadência.* Rio de Janeiro: Forense, 1982. p. 110.

(658) LARENZ, Karl. *Derecho Civil* — Parte General. Madrid: EDERSA, 1978. p. 311.

(659) TEDESCHI, Vittorio. Decadenza (dir. e proc. civ.). *Enciclopedia del Diritto.* Milano: Giuffrè, XI. p. 770-792, em especial. p. 773, 1962.

(660) Codice Civile, Articolo 2964. "Inapplicabilità di regole della prescrizione. Quando un diritto deve esercitarsi entro un dato termine sotto pena di decadenza, non si applicano le norme relative all'interruzione della prescrizione (2943 e seguenti). Del pari non si applicano le norme che si riferiscono alla sospensione (2941 e seguenti), salvo che sia disposto aLTrimenti (245, 489, 802)".

(661) TEDESCHI, Vittorio. Decadenza (dir. e proc. civ.). *Enciclopedia del Diritto.* Milano: Giuffrè, XI. p. 770-792, em especial. p. 773, 1962.

tempo (prazo); c) um efeito jurídico, que é a extinção do direito; d) uma relação entre dado efeito e o caso concreto.

Pontes de Miranda[(662)], por sua vez, não aceita a nomenclatura decadência, sustentando que preclusão seria a expressão mais adequada para o fenômeno jurídico: "a cada momento fala-se de prazo de decadência, para se nomear prazo de preclusão. O *terminus technicus* é prazo preclusivo. O direito cai, não decai".

Essa frase clássica de que o "o direito cai, não decai" está na definição que o autor faz de preclusão: "Preclui o que deixa de estar incluído no mundo jurídico. Preclusão é extinção de efeito — de efeito dos fatos jurídicos, de efeitos *jurídicos* (direito, pretensão, ação, exceção, 'ação', em sentido processual). Prescrição é o encobrimento de eficácia, não a extinção dela"[(663)] (Grifo do autor).

Nessa linha, Pontes de Miranda sustenta que a diferença de eficácia entre a prescrição e a preclusão é radical, apontando outras diferenças significativas entre os institutos: a) a pretensão prescreve pelo silêncio do credor; para a preclusão, o que importa é o tempo, independentemente da atividade ou da inércia, e se dá tanto para o credor como para o devedor (o direito pode existir sem se exercer, por isso, não prescreve); b) direito preclui, pretensão preclui, ação preclui, exceção preclui; só pretensões e ações prescrevem; c) os prazos prescritivos estão sujeitos a causas interruptivas, suspensivas e impeditivas, enquanto os prazos preclusivos, em regra, não estão sujeitos a interrupção e suspensão, ainda que se possa, de acordo com a técnica legislativa, permitir a suspensão ou a interrupção do prazo preclusivo, como acontece com os feriados e os recessos forenses, desde que expressamente previstos em lei; d) a prescrição é mais fato, com efeitos jurídicos (leva mais em conta o que acontece dentro do período de tempo), ao passo que o prazo preclusivo é mais determinação temporal; e) prescrição é conceito do plano da eficácia, preclusão é do plano da existência do direito; f) na prescrição, considera-se o objeto e, na preclusão, o sujeito; g) a pretensão à cobrança prescreve, a rescindibilidade de vício redibitório preclui, por exemplo.[(664)]

A doutrina alemã fala em *Werwirkung*, instituto tedesco de criação jurisprudencial que, com base no princípio da boa-fé, tem servido para impedir o exercício de direito em face da expectativa que o titular, por sua inércia, havia criado na contraparte, conforme Patti[(665)], em estudo sobre a prescrição na Europa.

4. Critérios distintivos entre prescrição e decadência

Procurando distinguir a prescrição da decadência, Câmara Leal, após dizer que se trata de uma das tarefas mais difíceis da Teoria Geral do Direito, afirmou que: a) a prescrição é a perda, decorrido um lapso de tempo, da possibilidade de pleitear um direito, por meio da ação judicial competente (o autor fala em prescrição da ação), enquanto a decadência extingue o próprio direito; b) o prazo de decadência começa a correr desde o momento em que o direito nasce; o prazo prescricional, desde o momento em que o direito é violado ou ameaçado; c) a decadência supõe um direito que, embora nascido, não se tornou efetivo pela falta de exercício; a prescrição supõe um direito nascido e efetivo, mas que pereceu pela falta de proteção, pela ação, contra a violação sofrida.[(666)]

Entendendo que esse critério, "além de carecer de base científica, é absolutamente falho e inadequado, pois pretende fazer a distinção pelos efeitos ou consequências", Amorim Filho — que escreveu uma das

(662) PONTES DE MIRANDA, Francisco Cavalcanti. *Tratado de direito privado.* Rio de Janeiro: Borsoi, 1955. t. 6, p. 135.

(663) PONTES DE MIRANDA, Francisco Cavalcanti. *Tratado de direito privado.* Rio de Janeiro: Borsoi, 1955. t. 6, p. 135.

(664) PONTES DE MIRANDA, Francisco Cavalcanti. *Tratado de direito privado.* Rio de Janeiro: Borsoi, 1955. t. 6, p. 135-136, 139, 142 e 160.

(665) No original: "*Verwirkung, cio* è all'istituto tedesco di creazione giurisprudenziale che, sulla base del principio di buona fede (242 BGB), è servito a impedire l'esercizio del diritto dopo che l'inerzia del titolare aveva creato un affidamento nella controparte" (PATTI, Salvatore. Certezza e giustizia nel diritto della prescrizione in Europa. *Rivista Trimestrale di Diritto e Procedura Civile.* Milano: Giuffrè, v. 64, n. 1, p. 21-36, em especial p. 28, mar. 2010).

(666) CAMARA LEAL, Antônio Luiz da. *Da Prescrição e da Decadência.* 2. ed. Rio de Janeiro: Forense, 1959. p. 110-115.

obras mais importantes sobre a matéria no Brasil — criou o chamado "critério científico para distinguir a prescrição da decadência". Tal critério, que logo se tornou o mais aceito no Brasil, parte de duas grandes premissas: 1ª) da classificação de direito subjetivo, que o divide em direitos subjetivos a uma prestação e direitos subjetivos potestativos; 2ª) da classificação das ações em condenatórias, declaratórias e constitutivas. O ponto de partida do critério de Amorim Filho é a "moderna classificação dos direitos desenvolvida por Chiovenda"[(667)], que divide o direito subjetivo em direitos subjetivos a uma prestação e direitos subjetivos potestativos.

Por um lado, direitos subjetivos a uma prestação compreendem aqueles direitos que têm por finalidade um bem da vida a conseguir-se mediante uma prestação negativa ou positiva, de outrem, do sujeito passivo. É o caso dos direitos reais e pessoais, em que há um sujeito passivo obrigado a uma prestação — positiva (dar ou fazer) ou negativa (abster-se). Esses direitos subjetivos são exercidos sobre bens da vida e estão "armados de pretensão" contra o obrigado.

Por outro lado, os direitos subjetivos potestativos (ou direitos de sujeição/formativos) são situações jurídicas que outorgam ao seu titular o poder de alterar, unilateralmente, a ordem jurídica, constituindo, extinguindo ou modificando relações e situações jurídicas. Podem ser definidos como direitos a uma sujeição ("tem como conteúdo um obedecer, em lugar de um deixar fazer", nas palavras de Carnelutti[(668)]), já que o seu exercício independe de qualquer ação ou omissão por parte do sujeito passivo. Em outras palavras, são poderes que a lei confere a determinadas pessoas de influírem, com uma declaração de vontade, sobre situações jurídicas de outras, sem o concurso da vontade destas, por exemplo, o poder do mandante de revogar o mandato, o poder de despedir (empregador) e pedir demissão (empregado), ainda que o exercício possa necessitar de declaração judicial, como o poder dos interessados em promover a invalidação dos atos jurídicos nulos ou anuláveis, ou o inquérito para apuração de falta grave de empregado estável.[(669)]

Couto e Silva[(670)] prefere o nome direitos formativos e esclarece que a elaboração conceitual dessa expressão se deve a Emil Seckel, que, em sua célebre *Die Gestaltungsrechte dês Burgerlichen Rechts*, em 1903, acrescentou à divisão dos direitos subjetivos em absolutos e relativos, historicamente ligada à classificação romana das ações *in rem* e *in personam*, uma terceira categoria: a dos direitos formativos.

De acordo com a clássica definição de Seckel, o direito formativo, no direito privado, é o direito subjetivo "cujo conteúdo é o poder de formar relações jurídicas concretas através de negócio jurídico unilateral".[(671)] O reparo que a essa definição caberia se fazer, segundo Couto e Silva[(672)], é o de que "nem só negócios jurídicos constituem instrumento de exercício de direitos formativos, embora seja o que mais frequentemente ocorra; também atos jurídicos *stricto sensu* e, em raros casos, até atos-fatos jurídicos desempenham essa função".

Nessa perspectiva, Tesheiner[(673)], após esclarecer que a análise das transformações produzidas no processo deve, necessariamente, partir do estudo dos *estados jurídicos*, defende que a categoria dos direitos formativos ou potestativos muito se assemelha ao *estado de poder e sujeição* (compreendido dentro dos *estados jurídicos fundamentais)*, o qual "indica a relação entre o sujeito ativo do ato e o seu sujeito passivo", sem deveres do sujeito passivo para com o sujeito ativo. A diferença está em que o *estado de poder e sujeição*

---

(667) AMORIM FILHO, Agnelo. Critério científico para distinguir a prescrição da decadência e para identificar as ações imprescritíveis. *Revista Forense,* Rio de Janeiro: Forense, n. 193. p. 30-49, em especial p. 32, jan./fev./mar. 1961.

(668) CARNELUTTI, Francesco. *Teoria geral do direito.* São Paulo: Lejus, 1999. p. 270.

(669) AMORIM FILHO, Agnelo. Critério científico para distinguir a prescrição da decadência e para identificar as ações imprescritíveis. *Revista Forense,* Rio de Janeiro: Forense, n. 193. p. 30-49, em especial p. 32-33, jan./fev./mar. 1961.

(670) COUTO E SILVA, Almiro do. Atos jurídicos de direito administrativo praticados por particulares e direitos formativos. *Revista de Jurisprudência do Tribunal de Justiça do Estado do Rio Grande do Sul.* Porto Alegre, n. 9. p. 19-37, em especial. p. 22, 1968.

(671) SECKEL, Emil *apud* COUTO E SILVA, Almiro do. Atos jurídicos de direito administrativo praticados por particulares e direitos formativos. *Revista de Jurisprudência do Tribunal de Justiça do Estado do Rio Grande do Sul.* Porto Alegre, n. 9, p. 19-37, em especial. p. 22, 1968.

(672) COUTO E SILVA, Almiro do. Atos jurídicos de direito administrativo praticados por particulares e direitos formativos. *Revista de Jurisprudência do Tribunal de Justiça do Estado do Rio Grande do Sul.* Porto Alegre, n. 9. p. 19-37, em especial. p. 22, 1968.

(673) TESHEINER, José Maria Rosa. *Elementos para uma Teoria Geral do Processo.* São Paulo: Saraiva, 1993. p. 3, 15, 16 e 17.

é gênero de que é espécie o direito formativo. As meras faculdades estão contidas no estado de poder e sujeição, mas são excluídas do âmbito dos direitos formativos.

Entre as singularidades que caracterizam os direitos formativos, no direito privado, Couto e Silva destaca: a) os direitos formativos ou resultam de lei ou têm origem em negócio jurídico anterior. O direito de alegar compensação, por exemplo, deriva de lei; o direito de opção nasce negociadamente; b) os direitos formativos consomem-se ao serem exercidos, estreitamente ligados à irrevogabilidade da manifestação ou declaração de vontade, que, de regra, lhes serve de meio de exercício; c) diversamente do que ocorre com os outros direitos subjetivos, aos direitos formativos não correspondem deveres, pois seu exercício se traduz em ato unilateral, havendo submissão pura e simples aos efeitos que dele se irradiam, não tendo, por igual, obrigação. Importante notar que "a doutrina alemã estabeleceu a distinção entre *Plicht* (dever) e *Bindung* (vinculação). O proponente está vinculado, juridicamente, à proposta que fez; está exposto a que o destinatário a aceite, sem que haja, contudo, dever jurídico de tolerar a aceitação".[(674)]

No direito civil, um exemplo de direito potestativo é o direito do mandante de revogar o mandato, pois independe da concordância da outra parte, que se sujeita àquela determinação, mesmo contra a sua vontade. O mandatário tem o direito de receber a remuneração combinada na proporção dos serviços prestados.[(675)] No direito do trabalho, exemplos de direito potestativo são o pedido de demissão por parte do empregado e a despedida sem justa causa (imotivada) por parte do empregador[(676)], pois independem de motivo e de concordância da outra parte.

Com isso, diz-se que os direitos formativos são desprovidos de pretensão — só a direitos formados se ligam pretensões —, razão pela qual Couto e Silva[(677)] conclui que "da inexistência de pretensão decorre a importante consequência de que os direitos formativos não podem ser atingidos pela prescrição", esclarecendo que "direitos não prescrevem, precluem; apenas pretensões são neutralizáveis pela prescrição".

Existe estreito nexo entre a categoria dos direitos formativos e a das sentenças constitutivas, também chamadas de "sentenças formativas de direito" (*Rechtsgestaltende Ulteile*), cuja designação se deve a Hellwig, que liga a sentença constitutiva aos direitos formativos ou potestativos, consoante a lição de Tesheiner[(678)], que acresce: "assim como as sentenças constitutivas criam, modificam ou extinguem relação jurídica, assim os direitos formativos que, por isso, dividem-se em direitos formativos geradores, modificativos e extintivos".

A partir das premissas descritas, Amorim Filho[(679)] conclui, em suma, que: a) o efeito extintivo chamado prescrição atinge os direitos armados de pretensão (os direitos subjetivos a uma prestação), a qual, em regra, é veiculada por meio de uma ação preponderantemente condenatória; b) o efeito extintivo chamado de decadência atinge os direitos sem pretensão (direitos formativos/potestativos), os quais são veiculados, em regra, mediante ação preponderantemente constitutiva (positiva ou negativa); c) todas as ações declaratórias e também aquelas constitutivas para as quais a lei não fixa prazo especial de exercício são imprescritíveis (impropriedade terminológica, querendo referir-se a pretensões perpétuas). Note-se que Amorim Filho fala em prescrição da ação, adotando a definição da *actio* romana como ação, seguindo a concepção de Muther.

---

(674) COUTO E SILVA, Almiro do. Atos jurídicos de direito administrativo praticados por particulares e direitos formativos. *Revista de Jurisprudência do Tribunal de Justiça do Estado do Rio Grande do Sul.* Porto Alegre, n. 9. p. 19-37, em especial. p. 23, 1968.

(675) Nesse sentido, entre outros: Paraná. Tribunal de Justiça do Estado do Paraná, 7ª Câmara Cível, AI 4533497, Relator José Maurício Pinto de Almeida, DJ 24.6.2008; Tribunal de Justiça do Distrito Federal, 3ª Turma Cível, Acórdão 4361397, Relator Campos Amaral, DJ 5.5.1997.

(676) Nesse sentido, entre outros: Tribunal Regional do Trabalho. 4ª Região, 6ª Turma, Processo 0000060-10.2010.5.04.0511 (RO); Relatora Maria Inês Cunha Dorneles, DJ 25.4.2012.

(677) COUTO E SILVA, Almiro do. Atos jurídicos de direito administrativo praticados por particulares e direitos formativos. *Revista de Jurisprudência do Tribunal de Justiça do Estado do Rio Grande do Sul.* Porto Alegre, n. 9. p. 19-37, em especial. p. 23-24, 1968.

(678) TESHEINER, José Maria Rosa. *Elementos para uma Teoria Geral do Processo.* São Paulo: Saraiva, 1993. p. 15 e 16.

(679) AMORIM FILHO, Agnelo. Critério científico para distinguir a prescrição da decadência e para identificar as ações imprescritíveis. *Revista Forense,* Rio de Janeiro: Forense, n. 193. p. 30-49, em especial. p. 35-36, jan./fev./mar. 1961.

Rapidamente, a doutrina de Amorim Filho assumiu uma ampla aceitação na doutrina posterior(680), assim como na jurisprudência pátria(681) e, posteriormente, foi adotada pelo Código Civil de 2002, conforme destaca Theodoro Junior, ao comentar essa parte do novo Código Civil: "É nesse rumo que já se encaminhava a doutrina brasileira, mesmo antes do advento do atual Código Civil, que veio, sem dúvida, prestigiar e consolidar o entendimento exposto".(682)

A doutrina de Amorim Filho aparece em vários artigos do Código Civil de 2002, por exemplo, no § 1º do art. 206, no qual está arrolada uma vasta gama de pretensões que objetivam obtenção de "pagamento", de "indenizações", "emolumentos", prestações em sociedades. Na mesma linha, nos parágrafos seguintes segue a listagem com outros "pagamentos", "aluguéis", "juros", "restituição de lucros", "ressarcimento", "reparação", "prestações em geral", "dívidas", "honorários". Em todas essas situações, o Código define prazos prescricionais acerca de direitos subjetivos a uma prestação, seguindo, destarte, o critério de Amorim Filho de que as pretensões de tais espécies de direitos subjetivos estão sujeitas à prescrição.(683)

Outrossim, a distinção entre prescrição e decadência baseada na classificação das ações está intimamente relacionada com a distinção que Amorim Filho faz entre direitos subjetivos a uma prestação e direitos potestativos, consagrada por Chiovenda, sendo que o próprio autor menciona, expressamente, ser esse o seu "ponto de partida"(684), a base da sua teoria. Portanto, usar o critério da classificação das ações para distinguir prescrição e decadência de forma pura, sem considerar a classificação dos direitos subjetivos referida, é esfacelar a teoria de Amorim Filho.

Tratando da prescrição e da decadência, na exposição de motivos do Código Civil de 2002, Miguel Reale(685) diz que:

> 18. Menção à parte merece o tratamento dado aos problemas da *prescrição* e *decadência*, que, anos a fio, a doutrina e a jurisprudência tentaram em vão distinguir, sendo adotadas, às vezes, num mesmo Tribunal, teses conflitantes, com grave dano para a Justiça e assombro das partes.
>
> Prescrição e decadência não se extremam segundo rigorosos critérios lógico-formais, dependendo sua distinção, não raro, de motivos de conveniência e utilidade social, reconhecidos pela Política legislativa.
>
> Para pôr cobro a uma situação deveras desconcertante, optou a Comissão por uma fórmula que espanca quaisquer dúvidas. *Prazos de prescrição*, no sistema do Projeto, passam a ser, apenas e exclusivamente, os taxativamente

(680) Por exemplo: GOMES, Orlando. *Introdução ao direito civil*. 18. ed. Rio de Janeiro: Forense, 2001. p. 508-509. "Interessante critério propõe-se, por último, com fundamento na classificação das *ações* pela eficácia da sentença que suscitam" (p. 509); TEPEDINO, Gustavo; BARBOZA, Heloisa Helena; MORAES, Maria Celina Bodin de. *Código Civil interpretado conforme a Constituição da República*. Rio de Janeiro: Renovar, 2004. p. 351 e 353; GUIMARÃES, Carlos da Rocha. *Prescrição e decadência*. 2. ed. Rio de Janeiro: Forense, 1984. p. 103.

(681) Por exemplo: "Os mais autorizados autores estabelecem o termo inicial da prescrição como sendo o da data da lesão ou da violação de um direito como fato gerador da ação (cf. AMORIM FILHO, Agnelo. Critério científico para distinguir a prescrição da decadência e para identificar as ações imprescritíveis. *RT* n. 300. p. 19). Na espécie, a data da lesão concreta deu-se com o bloqueio de cada conta, isso no que tange à irresignação contra a retenção de numerário; no entanto, no concernente à exteriorização do respectivo *quantum*, a lesão só ocorreu a partir da data da última prestação de devolução dos cruzados bloqueados, uma vez que a cada prestação paga a menor, no entender do poupador, dava-se uma nova lesão. Como as prestações eram periódicas e brotavam de um único ato tronco, a última é que se erigiu no marco inicial da prescrição. Quer dizer, apenas consolidou-se a diminuição patrimonial do poupador com o pagamento da parcela derradeira" (SUPERIOR TRIBUNAL DE JUSTIÇA. 2ª Turma, RESP 400563, Relatora: Ministra Eliana Calmon, 06.08.2002).

(682) THEODORO JUNIOR, Humberto. *Comentários ao novo Código Civil:* dos defeitos do negócio jurídico ao final do livro III. Rio de Janeiro: Forense, 2003, v. 3, t. 2. p. 350-351.

(683) Nesse sentido, referindo-se ao anteprojeto de Código Civil, que, em 2002, passaria a ser o Novo Código Civil brasileiro: MARTINS, Mílton dos Santos. Prescrição e decadência no anteprojeto de Código Civil. *Revista de Direito Civil*. p. 17-22, em especial. p. 18, jul./set. 1981.

(684) AMORIM FILHO, Agnelo. Critério científico para distinguir a prescrição da decadência e para identificar as ações imprescritíveis. *Revista Forense*. Rio de Janeiro: Forense, n. 193. p. 30-49, em especial. p. 32, jan./fev./mar. 1961.

(685) BRASIL. Item 18 da exposição de motivos. *Biblioteca Digital do Senado Federal*. Disponível em: <http://www2.senado.gov.br/bdsf/item/id/70319>. Acesso em: 12 out. 2010.

discriminados na Parte Geral, Título IV, Capítulo I, sendo de *decadência* todos os demais, estabelecidos, em cada caso, isto é, como complemento de cada artigo que rege a matéria, tanto na Parte Geral como na Especial.

19. Ainda a propósito da prescrição, há um problema terminológico digno de especial ressalte. Trata-se de saber se prescreve a *ação* ou a *pretensão*. Após amadurecidos estudos, preferiu-se a segunda solução, por ser considerada a mais condizente com o Direito Processual contemporâneo, que de há muito superou a teoria da ação como simples projeção de direitos subjetivos. [...]. (Grifos do autor)

Assim, a solução dada teve por base o princípio da operabilidade, ou seja, na realização do Direito, mediante a seguinte metodologia: "Não haverá dúvida nenhuma: ou figura no artigo que rege as prescrições, ou então se trata de decadência".[686]

A escolha do enquadramento em prescrição ou decadência, em última análise, tem sido do legislador, que também define o tamanho do elemento tempo. Cada momento da sociedade determina qual será essa duração temporal. Tal definição não parte de critérios científicos. É uma escolha política e histórica.[687] O prazo é fixado e determinado por lei: "seria de todo contra o interesse público que se deixasse aos juízes a determinação dele", adverte Pontes de Miranda.[688]

Nesse sentido, o Código Civil brasileiro de 2002[689], seguindo o perfil da atual normativa da Europa em termos de prescrição, reduziu sensivelmente os prazos prescricionais, procurando adaptá-los à "velocidade de tráfego" da sociedade.[690]

Tratando desse assunto no direito alemão e no direito italiano, Tedeschi[691], após mencionar que, no direito germânico, o instituto da prescrição tem por objeto somente a pretensão (*anspruch*) e não os direitos potestativos, diz que, no ordenamento italiano, é decisiva a definição do legislador, podendo ele atribuir prescrição a um direito potestativo e decadência a um direito de crédito, não obstante com maior frequência atribui decadência aos direitos potestativos.

Diversamente dessa linha, entende-se que o legislador tem que observar critérios, senão, virará mero *flatus vocis*, ou seja, palavras esvaziadas de significado.

---

(686) REALE, Miguel. Visão geral do Projeto do Código Civil. *Miguel Reale.com. [s.l.], [s.d.].* Disponível em: <http://www.miguel-reale.com.br/index.html>. Acesso em: 12 out. 2010.

(687) PONTES DE MIRANDA, Francisco Cavalcanti. *Tratado de direito privado.* Rio de Janeiro: Borsoi, 1955. t. 6, p. 113. Por exemplo: na Idade Média, em 523, foi instituída prescrição de 100 anos para ações a favor da Igreja e das instituições de caridade, conforme CAMPITELLI, Adriana. Prescrizione (dir. interm.). *Enciclopedia del Diritto.* Milano: Giuffrè, XI. p. 46-56, em especial. p. 50, 1962.

(688) PONTES DE MIRANDA, Francisco Cavalcanti. *Tratado de direito privado.* Rio de Janeiro: Borsoi, 1955. t. 6, p. 113.

(689) NEVES, Gustavo Kloh Muller. Prescrição e decadência no Código Civil. In: TEPEDINO, Gustavo (Org.). *A parte geral do novo Código Civil*: estudos na perspectiva civil-constitucional. 3. ed. Rio de Janeiro: Renovar, p. 451-467, em especial. p. 462-463, 2007.

(690) PATTI, Salvatore. Certezza e giustizia nel diritto della prescrizione in Europa. *Rivista Trimestrale di Diritto e Procedura Civile.* Milano: Giuffrè, v. 64, n. 1, p. 21-36, em especial p. 28, mar. 2010. Monache aduz que o perfil atual do instituto da *Verjährung* (prescrição) no Código Civil alemão, a partir da Lei tedesca de 26 de novembro de 2001, relativa à modernização dos direitos obrigacionais, procura uniformizar os prazos prescricionais (MONACHE, Stefano Delle. Profili dell'attuale normativa del codice civile tedesco in tema di prescrizione. *Rivista Trimestrale di Diritto e Procedura Civile,* Milano: Giuffrè, v. 49, n. 2. p. 179-199, em especial. p. 180, mar./apr. 2003.).

(691) "In ogni caso, nel nostro ordinamento giuridico è decisivo che il legislatore preveda l'operare, per uno stesso diritto, di entrambi gl'istituti" (TEDESCHI, Vittorio. Decadenza (dir. e proc. civ.). *Enciclopedia del Diritto.* Milano: Giuffrè, XI. p. 770-792, em especial. p. 774, 1962).

5. *A prescrição na CLT antes e depois da Lei n. 13.467/17*

Texto atual (Lei n. 13.467/17)	Texto original
Art. 11. A pretensão quanto a créditos resultantes das relações de trabalho prescreve em cinco anos para os trabalhadores urbanos e rurais, até o limite de dois anos após a extinção do contrato de trabalho. I — (revogado); II — (revogado). (...) § 2º Tratando-se de pretensão que envolva pedido de prestações sucessivas decorrente de alteração ou descumprimento do pactuado, a prescrição é total, exceto quando o direito à parcela esteja também assegurado por preceito de lei. § 3º A interrupção da prescrição somente ocorrerá pelo ajuizamento de reclamação trabalhista, mesmo que em juízo incompetente, ainda que venha a ser extinta sem resolução do mérito, produzindo efeitos apenas em relação aos pedidos idênticos.	Art. 11. O direito de ação quanto a créditos resultantes das relações de trabalho prescreve: (Redação dada pela Lei n. 9.658, de 5.6.1998). I — em cinco anos para o trabalhador urbano, até o limite de dois anos após a extinção do contrato; (Incluído pela Lei n. 9.658, de 5.6.1998; *Vide* Emenda Constitucional n. 28, de 25.5.2000). II — em dois anos, após a extinção do contrato de trabalho, para o trabalhador rural. (Incluído pela Lei n. 9.658, de 5.6.1998; *Vide* Emenda Constitucional n. 28, de 25.5.2000). § 1º O disposto neste artigo não se aplica às ações que tenham por objeto anotações para fins de prova junto à Previdência Social. (Incluído pela Lei n. 9.658, de 5.6.1998)
Art. 11-A. Ocorre a prescrição intercorrente no processo do trabalho no prazo de dois anos. § 1º A fluência do prazo prescricional intercorrente inicia-se quando o exequente deixa de cumprir determinação judicial no curso da execução. § 2º A declaração da prescrição intercorrente pode ser requerida ou declarada de ofício em qualquer grau de jurisdição.	Sem correlação na CLT

Neste momento, apresentar-se-ão os pontos que tiveram alteração e/ou inclusão legislativa pela Lei n. 13.467/17, que podem ser percebidos pelo quadro comparativo acima.

A nova redação do *caput* do art. 11 da CLT, além de alterar a terminologia anterior sobre o objeto da prescrição (referindo que a pretensão dos créditos trabalhistas prescreve nos prazos fixados), revogou os incisos I e II e trouxe seus conteúdos para o *caput*, ficando muito próximo da redação do art. 7º, XXIX, da Constituição Federal, com a alteração realizada pela EC n. 28/2000, que equiparou a prescrição dos trabalhadores rurais com a prescrição dos trabalhadores urbanos.

Um breve histórico será relatado em ponto próprio, a seguir.

O § 2º do art. 11 trata do tema da prescrição total e prescrição parcial, envolvendo prestações sucessivas.

Essa matéria não era prevista em lei. Foi construída pela jurisprudência ao longo de muitos anos tendo sido objeto do Prejulgado n. 48 e de três súmulas do TST: 168, 198 e 294.

A redação § 2º do art. 11 da CLT incorpora nela a Súmula n. 294 do TST, que, traduzindo, quer dizer que em se tratando de pretensão que envolva pedido de prestações sucessivas decorrente de alteração ou descumprimento do pactuado (quando a origem do direito a prestação for contratual), a prescrição é total e quando a origem do direito à prestação esteja assegurada por lei (quando a origem do direito à prestação for normativa), a prescrição é parcial.

Imagine-se que há mais de cinco anos do ajuizamento da ação tenha nascido o direito à equiparação salarial (suponha-se que estejam presentes todos os requisitos do art. 461 da CLT), situação que perdurou até a extinção do contrato de trabalho e que na mesma época o seu empregador passou a não mais pagar comissões (que pagou desde o início da contratualidade até então).

Essa é a problemática que o § 2º do art. 11 da CLT procura resolver. Essa complexa matéria será detalhada em ponto específico.

O § 3º do art. 11 da CLT, inserido pela Lei n. 13.467/17, trata da interrupção da prescrição por ajuizamento de reclamatória trabalhista e os efeitos com relação aos pedidos. A matéria já estava tratada na Súmula n. 268 do TST.

O texto atual da Súmula n. 268 do TST é o seguinte:

> Súmula n. 268 do TST. PRESCRIÇÃO. INTERRUPÇÃO. AÇÃO TRABALHISTA ARQUIVADA (nova redação) — Res. n. 121/2003, DJ 19, 20 e 21.11.2003. A ação trabalhista, ainda que arquivada, interrompe a prescrição somente em relação aos pedidos idênticos.

A Reforma Trabalhista de 2017 traz para a CLT o entendimento da Súmula n. 268 do TST, mas com algumas alterações que serão esclarecidas adiante.

O art. 11-A da CLT, inserido pela Lei n. 13.467/17, prevê expressamente na legislação trabalhista a prescrição intercorrente, nos processos em que a parte permanecer inerte no prazo de dois anos na fase de execução.

Até então, não havia dispositivo expresso sobre o tema no Direito do Trabalho, havendo grande controvérsia doutrinária e jurisprudencial.

O STF tem uma antiga súmula (de 1963, portanto anterior às Constituições de 1967 e 1988) admitindo a compatibilidade da prescrição intercorrente com o Direito do Trabalho, que, embora não tenha sido cancelada, estava em desuso.

O TST firmou entendimento contrário, pela não aplicação de prescrição intercorrente no Direito do Trabalho. Esse é o posicionamento do TST, na Súmula n. 114:

> Súmula n. 114 do TST — PRESCRIÇÃO INTERCORRENTE (mantida) — Res. n. 121/2003, DJ 19, 20 e 21.11.2003. É inaplicável na Justiça do Trabalho a prescrição intercorrente.

O TST reafirmou este entendimento na IN n. 39/2016, art. 2º, VIII, pela não aplicação dos arts. 921, §§ 4º e 5º, e 924, V, do CPC/2015, que tratam da prescrição intercorrente no Processo Civil.

Entretanto, a Reforma Trabalhista de 2017 trouxe um posicionamento diametralmente oposto ao adotado pelo TST até então (Súmula n. 114 do TST e IN n. 39/2016, art. 2º, VIII, do TST).

Para tanto foi necessário o legislador da Reforma alterar o art. 878 da CLT, que dava poderes de promover a execução de ofício por parte do Juiz do Trabalho em todas as ações, para determinar que ocorre a prescrição intercorrente no processo do trabalho no prazo de dois anos (art. 11-A).

Veja-se, não era viável falar em prescrição no curso do processo, na fase de execução, se a execução era de ofício pelo juiz.

Por isso, para o legislador da Lei n. 13.467/17 estipular a prescrição intercorrente (art. 11-A), foi necessário alterar a regra geral da forma em que a execução trabalhista deverá ser impulsionada: em regra, pelo credor; excepcionalmente, de ofício pelo juiz, quando o reclamante não tiver advogado regularmente constituído no processo (conhecido por *jus postulandi)*, conforme a redação dada ao art. 878 da CLT.

Com a Reforma Trabalhista de 2017 à prescrição intercorrente poderá ser declarada nos processos em que a parte permanecer inerte no prazo de dois anos na fase de execução. A fluência do prazo prescricional intercorrente inicia-se quando o exequente deixa de cumprir determinação judicial no curso da execução (art. 11-A, § 1º, CLT).

A declaração da prescrição intercorrente pode ser requerida pela parte interessada (executada) ou declarada de ofício pelo juiz (sem postulação da parte interessada) em qualquer grau de jurisdição (art. 11-A, § 2º, CLT).

Esses dispositivos do art. 11-A da CLT são inovadores e se aplicam apenas à prescrição intercorrente (na fase de execução).

Por ocasião da abordagem das matérias que sofreram alteração, serão esclarecidas as novidades da reforma, tratando-se os pontos com a redação dada pela Lei n. 13.467/17.

6. Regra geral dos prazos prescricionais trabalhistas. Trabalhadores urbanos e rurais. Início da contagem. Art. 7º, inciso XXIX, da CF e art. 11, **caput**, *da CLT, com redação dada pela Lei n. 13.467/17*

A Consolidação das Leis do Trabalho dispôs, na sua redação original de 1943, que "não havendo disposição legal em sentido contrário nesta Consolidação, prescreve em dois anos o direito de pleitear a reparação de qualquer ato infringente de dispositivo nela contido". Até a promulgação da Constituição Federal de 1988, a regra geral do prazo prescricional para a tutela das pretensões trabalhistas foi de dois anos, contados do ajuizamento da ação.

Na Assembleia Nacional Constituinte de 1987/1988, os movimentos ligados aos trabalhadores e sindicatos de trabalhadores trabalharam para ampliar esse prazo para cinco anos, de modo que se equiparasse ao prazo prescricional das prestações de serviço em geral, que na época era de cinco anos. O movimento de centro-direita, conhecido por "Centrão", colocou como condição para aceitar essa ampliação de 150% do prazo prescricional das pretensões trabalhistas individuais (de dois para cinco anos), que as ações trabalhistas deveriam ser ajuizadas dentro de dois anos da extinção do contrato, o que acabou resultando na redação original do inciso XXIX do art. 7º da Constituição de 1988, que contempla esses dois prazos sucessivamente, para os trabalhadores urbanos. A redação original desse dispositivo constitucional distinguia o prazo prescricional entre trabalhadores urbanos e rurais. Para os trabalhadores urbanos, o prazo era de cinco anos, desde que ajuizada a ação em dois anos após a extinção do contrato de , e para os rurais, o prazo prescricional era apenas de até dois anos contados da extinção contratual (não havia prescrição quinquenal para o trabalhador rural).

A Emenda Constitucional n. 28/2000 alterou a redação do art. 7º, inciso XXIX da CF, unificando os prazos prescricionais para os trabalhadores urbanos e rurais em relação aos créditos resultantes das relações de trabalho, no âmbito do direito individual do trabalho[(692)]: "cinco anos, para trabalhadores urbanos e rurais, até o limite de dois anos após a extinção do contrato de trabalho".

A nova redação do *caput* do art. 11 da CLT, além de alterar a terminologia anterior sobre o objeto da prescrição, revogou o incisos I e II, acompanhando seus conteúdos no próprio *caput*, ficando muito próxima da redação do art. 7º, XXIX, da Constituição Federal, com a alteração realizada pela EC n. 28/2000, que equiparou a prescrição dos trabalhadores rurais à prescrição dos trabalhadores urbanos, cujo texto é o que segue:

> Art. 7º São direitos dos trabalhadores urbanos e rurais, além de outros que visem à melhoria de sua condição social:
>
> (...)

---

(692) Sustenta-se que esse dispositivo legal aplica-se apenas aos direitos trabalhistas individuais e não aos direitos trabalhistas transindividuais (entre os quais os mais comuns no processo do trabalho são os direitos coletivos), pois o critério mais utilizado no Brasil para distinguir prescrição e decadência foi formulado com base numa classificação de direitos subjetivos e pensado para direitos individuais. Nessa linha, Tesheiner esclarece que "[...] o direito subjetivo era necessariamente individual [...]", demonstrando a clara presença do individualismo, "porque dependente a ação da vontade do interessado", destacando o autor que nessa concepção "[...] não havia espaço para a tutela jurisdicional de interesses difuso, matéria cometida à Administração Pública [...]", conforme TESHEINER, José Maria. Jurisdição e direito objetivo. *Justiça do Trabalho*, n. 325, p. 30-31, jan. 2011.

XXIX — ação, quanto aos créditos resultantes das relações de trabalho, com prazo prescricional de cinco anos para os trabalhadores urbanos e rurais, até o limite de dois anos após a extinção do contrato de trabalho; (Redação dada pela Emenda Constitucional n. 28, de 25.05.2000)

Sobre o tema, o TST tem a OJ n. 271-SBDI — I e a OJ n. 417-SBDI — I, cujos textos são os que seguem:

271 — RURÍCOLA. PRESCRIÇÃO. CONTRATO DE EMPREGO EXTINTO. EMENDA CONSTITUCIONAL N. 28/2000. INAPLICABILIDADE (alterada) — DJ 22.11.2005

O prazo prescricional da pretensão do rurícola, cujo contrato de emprego já se extinguira ao sobrevir a Emenda Constitucional n. 28, de 26.05.2000, tenha sido ou não ajuizada a ação trabalhista, prossegue regido pela lei vigente ao tempo da extinção do contrato de emprego.

417. PRESCRIÇÃO. RURÍCOLA. EMENDA CONSTITUCIONAL N. 28, DE 26.05.2000. CONTRATO DE TRABALHO EM CURSO. (DEJT divulgado em 14, 15 e 16.02.2012)

Não há prescrição total ou parcial da pretensão do trabalhador rural que reclama direitos relativos a contrato de trabalho que se encontrava em curso à época da promulgação da Emenda Constitucional n. 28, de 26.5.2000, desde que ajuizada a demanda no prazo de cinco anos de sua publicação, observada a prescrição bienal.

A primeira OJ trata de uma regra de direito intertemporal, a respeito da aplicação no tempo da EC n. 28/2000. A segunda OJ também trata de direito intertemporal, sobre o tema da prescrição total e prescrição parcial, aplicadas ao tema dos trabalhadores rurais.

A Lei n. 13.467/17 perdeu a oportunidade de esclarecer na redação em qual momento inicia a contagem do prazo quinquenal. A nova redação do *caput* do art. 11 da CLT segue referindo (assim como o art. 7º, XXIX da Constituição Federal) que os dois anos são contados da data de extinção (término) do contrato de trabalho, mas continua sem indicar o início da contagem da prescrição quinquenal.

De acordo com a Súmula n. 308, I, do TST, o prazo de 5 (cinco) anos é contado da data de ajuizamento da ação trabalhista, veja-se:

Súmula n. 308. PRESCRIÇÃO QUINQUENAL (incorporada a Orientação Jurisprudencial n. 204 da SBDI-1) — Res. n. 129/2005, DJ 20, 22 e 25.04.2005).

I. Respeitado o biênio subsequente à cessação contratual, a prescrição da ação trabalhista concerne às pretensões imediatamente anteriores a cinco anos, contados da data do ajuizamento da reclamação e, não, às anteriores ao quinquênio da data da extinção do contrato.

Esses prazos não se somam, mas se excluem, pois não há como invocar crédito residual de três anos após o decurso de um biênio da extinção do contrato[693], por isso se trata de prazo, não se observando se todas as pretensões trabalhistas individuais estão prescritas e, com isso, resta prejudicada a análise da prescrição quinquenal, visto que já fulminadas as pretensões pela incidência da prescrição bienal.

Há, portanto, dois prazos prescricionais que incidem sobre as pretensões trabalhistas individuais e ambos os prazos devem ser observados, sucessivamente. É importante deixar claro que tais prazos iniciam suas contagens em momentos diferentes:

a) *dois anos, contados da data de extinção (término) do contrato de trabalho*, conforme expresso na própria redação da norma constitucional.

Sublinhe-se que a prescrição bienal só incide sobre contratos de trabalho extintos. Nas ações ajuizadas com a permanência do empregado trabalhando (contratos que continuam em vigor) não incide prescrição bienal, apenas a quinquenal.

(693) SÜSSEKIND, Arnaldo *et al. Instituições de Direito do Trabalho.* 19. ed. São Paulo: LTr, 2000. v. 1.

Após as alterações impostas pela Constituição Federal de 1988 em matéria de prescrição trabalhista, ganhou nova força a controvérsia sobre a natureza desse prazo, ou seja, se seria prescricional ou decadencial[694]. Independentemente da controvérsia doutrinária, na prática a jurisprudência trabalhista maciça, inclusive o Tribunal Superior do Trabalho, tem denominado esse prazo de prescricional.

Observe-se ainda que a prescrição bienal começa a fluir no final da data do término do aviso-prévio[695], conforme orientação firmada pelo Tribunal Superior do Trabalho[696].

b) *cinco anos, contados da data de ajuizamento da ação trabalhista,* conforme disposto na Súmula n. 308, I, do TST[697]. O marco de início da contagem da prescrição quinquenal é, portanto, o ajuizamento da ação. Aqui se verifica a punição diária pela inércia do reclamante.

Dito de outro modo, não incidindo a prescrição bienal, ou "respeitado o biênio subsequente à cessação contratual", nas palavras do Tribunal Superior do Trabalho, a reclamada deverá postular que o juiz da causa declare a prescrição das pretensões imediatamente anteriores a cinco anos, contados da data do ajuizamento da reclamação[698] (e não às anteriores ao quinquênio da data da extinção do contrato, como na contagem da prescrição bienal).

Em síntese, há dois prazos prescricionais que incidem sobre as pretensões trabalhistas e ambos os prazos devem ser observados, sucessivamente: a) dois anos, contados da data de extinção (término) do contrato de trabalho, conforme disposição legal expressa; b) cinco anos, contados da data de ajuizamento da ação trabalhista, conforme disposto na Súmula n. 308, I, do TST.

O exame da Ordem dos Advogados do Brasil tem denominado a prescrição de "prejudicial de mérito" — prescrição, conforme se pode verificar da leitura dos padrões de resposta da prova prática no que tange às peças processuais, mais especificamente das contestações.

Prejudiciais de mérito são matérias de mérito da contestação que, uma vez acolhidas, dispensam o exame da questão de fundo do processo, prejudicando o enfrentamento do mérito (pedidos e causas de pedir), devendo ser decidida antes do mérito.

Daí, portanto, o ponto intermediário de sua invocação na contestação: entre as preliminares processuais e o mérito[699]. Para os candidatos desse exame essa informação é importante, e talvez ainda mais relevante seja saber e entender o que significa a expressão "prejudicial de mérito", para aqueles que a adotam.

---

(694) Sergio Pinto Martins, por exemplo, entende que esse prazo de dois anos é decadencial (*Direito do trabalho*. 21. ed. São Paulo: Atlas, 2005. p. 692); Já Carmem Camino, por exemplo, entende que esse prazo é prescricional, pois "o prazo bienal constitucional não está adstrito a um direito ainda por exercer, mas a todo direito lesado no curso do contrato findo. Portanto, o biênio fixado no inciso XXIX do art. 7º da CF/88 não pode ser definido como decadencial, pela elementar circunstância de não nascer, no ato da extinção do contrato de trabalho qualquer direito, sujeito a prazo de exercício, para o empregado" (CAMINO, Carmem. *Direito individual do trabalho*. 4. ed. Porto Alegre: Síntese, 2003. p. 151).

(695) Consolidação das Leis do Trabalho, art. 487, § 1º.

(696) Tribunal Superior do Trabalho, Orientação Jurisprudencial n. 83 da Seção de Dissídios Individuais n. 1.

(697) PRESCRIÇÃO QUINQUENAL (incorporada a Orientação Jurisprudencial n. 204 da SBDI-1) — Res. n. 129/2005, DJ 20, 22 e 25.04.2005

I. Respeitado o biênio subsequente à cessação contratual, a prescrição da ação trabalhista concerne às pretensões imediatamente anteriores a cinco anos, contados da data do ajuizamento da reclamação e, não, às anteriores ao quinquênio da data da extinção do contrato.

II. A norma constitucional que ampliou o prazo de prescrição da ação trabalhista para 5 (cinco) anos é de aplicação imediata e não atinge pretensões já alcançadas pela prescrição bienal quando da promulgação da CF/1988.

(698) Tribunal Superior do Trabalho, Súmula n. 308, item I.

(699) FISCHER, Brenno. *A prescrição nos Tribunais*. Rio de Janeiro: Konfino, 1957. v. 1, t. 1, p. 318; PRUNES, José Luiz Ferreira. *Tratado sobre prescrição e a decadência no Direito do Trabalho*. São Paulo: LTr, 1998. p. 29.

7. Prescrição e o FGTS

7.1. Prescrição da pretensão do não recolhimento dos depósitos do FGTS (principal). STF-ARE-709212/DF

Está se tratando aqui da pretensão de recolhimento incorreto ou inexistente dos depósitos do FGTS, aqueles que devem ser feitos pelos empregadores todos os meses, na razão de 8% sobre a remuneração (salvo algumas exceções legais) e que ficam em conta vinculada em nome do empregado, mas que ele só pode sacar em hipóteses estabelecidas no art. 18 da Lei n. 8.306/90.

Sobre tais pretensões (FGTS como pedido principal), até 2014 incidia prazo prescricional diferenciado, com base no § 5º do art. 23 da Lei n. 8.036/90: 30 anos (prescrição trintenária), contados da data de ajuizamento da ação trabalhista.

Entretanto, em julgamento realizado em 13.11.2014, o Plenário do STF declarou a inconstitucionalidade das normas que previam prazo prescricional de 30 anos para ações relativas a valores não depositados no FGTS (§ 5º do art. 23 da Lei n. 8.036/90).

O principal fundamento desta decisão é de que o FGTS está expressamente definido na Constituição da República (art. 7º, inciso III) como direito dos trabalhadores urbanos e rurais e, portanto, deve se sujeitar à prescrição trabalhista de cinco anos (ARE 709212, Rel. Min. Gilmar Mendes, DJ 13.11.2014, com repercussão geral reconhecida).

Tal decisão do STF teve modulação de efeitos: para os casos cujo termo inicial da prescrição — ou seja, a ausência de depósito no FGTS — ocorra após a data do julgamento, aplica-se, desde logo, o prazo de cinco anos. Para aqueles em que o prazo prescricional já esteja em curso, aplica-se o que ocorrer primeiro: 30 anos, contados do termo inicial, ou cinco anos, a partir do julgamento.

Para os contratos de trabalho extintos, também deve ser observado o prazo de 2 (dois) anos, contados da data de extinção dos contratos.

Em razão da decisão do STF, com repercussão geral, o TST alterou a Súmula n. 362, que passou a ter a seguinte redação:

TST, Súmula n. 362. FGTS. PRESCRIÇÃO (nova redação) — Res. n. 198/2015. DEJT divulgado em 12, 15 e 16.6.2015.

I — Para os casos em que a ciência da lesão ocorreu a partir de 13.11.2014, é quinquenal a prescrição do direito de reclamar contra o não recolhimento de contribuição para o FGTS, observado o prazo de dois anos após o término do contrato;

II — Para os casos em que o prazo prescricional já estava em curso em 13.11.2014, aplica-se o prazo prescricional que se consumar primeiro: trinta anos, contados do termo inicial, ou cinco anos, a partir de 13.11.2014 (STF-ARE-709212/DF).

Nesse sentido, dispõe a Súmula n. 130 do TRT da 4ª Região:

TRT 4, SÚMULA N. 130 — FGTS. CRITÉRIO DE CONTAGEM DO PRAZO PRESCRICIONAL. Item II da Súmula 362 do TST. Não transcorridos cinco anos após a data do julgamento do STF (ARE-709212/DF, em 13.11.2014), e, observado o prazo de dois anos após a extinção do contrato de trabalho para o ajuizamento da ação, aplica-se a prescrição trintenária para pleitear diferenças de FGTS.

A interpretação majoritária no âmbito do TRT da 4ª Região é de que:

A declaração do STF de inconstitucionalidade tem aplicabilidade somente naquelas ações cujo termo inicial da prescrição é posterior à data de publicação da decisão do ARE 709.212 — DF, não tendo efeitos retroativos.

Assim, não transcorridos cinco anos após 13.11.2014, e tampouco dois anos após o encerramento do contrato, é permitido ao trabalhador pleitear diferenças de FGTS pertinentes aos últimos trinta anos.

Para os casos em que o prazo prescricional já estava em curso em 13.11.2014, aplica-se o prazo prescricional que se consumar primeiro: trinta anos, contados do termo inicial, ou cinco anos, a partir de 13.11.2014.

Em síntese:

a) Ajuizada a ação antes de ultrapassados cinco anos do julgamento do ARE 709.212/DF, que ocorreu em 13.11.2019, a prescrição quanto à pretensão de FGTS é trintenária.

b) O ajuizamento de ação a partir de 14.11.2019 acarreta a prescrição quinquenal em relação à pretensão de FGTS do contrato.

7.2. Prescrição da pretensão dos reflexos do FGTS sobre verbas de natureza remuneratória (acessório)

Situação distinta ocorre quando o FGTS é verba acessória, o que se dá, por exemplo, quando o empregador é condenado judicialmente a pagar horas extras com o adicional e reflexos dessas verbas principais em FGTS.

Nesse caso, a prescrição sempre foi a quinquenal (e essa matéria não foi objeto do julgamento ARE 709.212/DF pelo STF), pois aqui os depósitos do FGTS são acessórios, incidindo a prescrição que atinge a pretensão principal (horas extras, no exemplo).

Nesse sentido, permanece a redação da Súmula n. 206 do TST:

A prescrição da pretensão relativa às parcelas remuneratórias alcança o respectivo recolhimento da contribuição para o FGTS.

Assim, sempre que o FGTS for reflexo, a prescrição será quinquenal.

8. Prescrição sobre pretensões meramente declaratórias

Sobre pretensões meramente declaratórias não incide prescrição.

No célebre artigo de 1961, Agnelo Amorim Filho[(700)] conclui que não há prescrição em todas as "ações" declaratórias.

Nesse sentido, a Lei n. 9.658/1998 inseriu o § 1º ao art. 11 da Consolidação das Leis do Trabalho, dispondo que a prescrição trabalhista "não se aplica às ações que tenham por objeto anotações para fins de prova junto à Previdência Social".

Esse dispositivo não foi alterado pela reforma trabalhista — Lei n. 13.467/17.

Ações contendo pretensões meramente declaratórias não são muito comuns no âmbito da Justiça do Trabalho, pois normalmente o pedido de declaração da existência de relações (notadamente a declaração de relação de emprego) vem geminado com pedidos de créditos trabalhistas daí decorrentes. De toda forma, quando a pretensão tiver escopo meramente declaratório, não há prescrição.[(701)]

---

(700) De acordo Amorim Filho, "são perpétuas (ou imprescritíveis) tôdas as ações declaratórias, e também aquelas ações constitutivas para as quais a lei não fixa prazo especial de exercício" (AMORIM FILHO, Agnelo. Critério científico para distinguir a prescrição da decadência e para identificar as ações imprescritíveis. *Revista Forense*, Rio de Janeiro: Forense, n. 193, p. 30-49, em especial. p. 47, jan./fev./mar. 1961). Note-se que Amorim Filho fala em prescrição da ação, adotando a definição da *actio* romana como ação, seguindo a concepção de Muther que, conforme estudado, não é a opção mais aceita.

(701) PRUNES, José Luiz Ferreira. *Tratado sobre prescrição e a decadência no Direito do Trabalho*. São Paulo: LTr, 1998. p. 355-356; COSTA, Coqueijo. *Direito Judiciário do Trabalho*. Rio de Janeiro: Forense, 1978. p. 83.

9. Prescrição das pretensões trabalhistas dos empregados domésticos. LC n. 150/2015

Por muitos anos a Consolidação das Leis do Trabalho não se aplicava ao empregado doméstico (por força do art. 7º, *a*) e o parágrafo único do art. 7º da CF não contemplava ao doméstico o inciso XXIX — que trata da prescrição em relação aos trabalhadores urbanos e rurais —, assim como também nada referiram a respeito da Lei n. 5.859/72 e do Decreto n. 3.361/2000.

Além disso, a Emenda Constitucional n. 72/2013, que alterou a redação do parágrafo único do art. 7º da Constituição Federal para estabelecer uma série de novos de direitos trabalhistas aos trabalhadores domésticos, não dispôs ao doméstico o inciso XXIX[(702)], mantendo a situação de omissão legislativa sobre a prescrição para os trabalhadores domésticos.

No entanto, a LC n. 150/2015, publicada em 01.06.2015, dispõe expressamente sobre o tema, transcrevendo o inciso XXIX do art. 7º da Constituição no art. 43, veja-se:

> Art. 43. O direito de ação quanto a créditos resultantes das relações de trabalho prescreve em 5 (cinco) anos até o limite de 2 (dois) anos após a extinção do contrato de trabalho.

Com isso, os domésticos passaram a ter, agora de forma expressa, os mesmos prazos prescricionais dos trabalhadores urbanos e rurais, que era a corrente que predominava na jurisprudência pátria nos últimos tempos da omissão legislativa[(703)].

As observações feitas sobre a regra geral dos prazos prescricionais trabalhistas valem para os trabalhadores domésticos, que, vale dizer, a eles agora se aplicam a CLT e outras leis trabalhistas esparsas, subsidiariamente, conforme disposição do art. 19 da LC n. 150/2015:

> Art. 19. Observadas as peculiaridades do trabalho doméstico, a ele também se aplicam as Leis n. 605, de 5 de janeiro de 1949, n. 4.090, de 13 de julho de 1962, n. 4.749, de 12 de agosto de 1965, e n. 7.418, de 16 de dezembro de 1985, e, subsidiariamente, a Consolidação das Leis do Trabalho (CLT), aprovada pelo Decreto-Lei n. 5.452, de 1º de maio de 1943.

Com isso, os parágrafos do art. 11 e o art. 11-A da CLT, matérias objeto do presente estudo, se aplicam subsidiariamente aos trabalhadores domésticos, tendo em vista que há omissão destes temas na LC n. 150/2015 e parece, num primeiro momento, haver compatibilidade.

10. Início da contagem dos prazos prescricionais. Aviso-prévio. Períodos descontínuos de trabalho

Os prazos prescricionais começam a correr quando nasce a pretensão, ou seja, iniciam a contagem a partir do momento em que o titular do direito violado pode exigir o ato ou a omissão.

Nesse sentido, dispõe o art. 189 do Código Civil de 2002:

> Violado o direito, nasce para o titular a pretensão, a qual se extingue, pela prescrição, nos prazos a que aludem os arts. 205 e 206.

Isso significa que, enquanto não efetivado o prazo prescricional fixado para exercício de determinado direito, a prescrição ainda não nasceu, "nem se pode dizer, sequer, que esteja em gestação, *in fieri*:

(702) Constituição Federal, "Art. 7º (...) Parágrafo único. São assegurados à categoria dos trabalhadores domésticos os direitos previstos nos incisos IV, VI, VII, VIII, X, XIII, XV, XVI, XVII, XVIII, XIX, XXI, XXII, XXIV, XXVI, XXX, XXXI e XXXIII e, atendidas as condições estabelecidas em lei e observada a simplificação do cumprimento das obrigações tributárias, principais e acessórias, decorrentes da relação de trabalho e suas peculiaridades, os previstos nos incisos I, II, III, IX, XII, XXV e XXVIII, bem como a sua integração à previdência social."

(703) Por exemplo: DELGADO, Mauricio Godinho. *Curso de Direito do Trabalho.* 5. ed. São Paulo: LTr, 2006. p. 269.

a exceção nasce em ponto de tempo, exatamente quando se completa o prazo. Antes, tudo se passa no mundo fáctico".[704]

A existência de dano não é pressuposto para o início da contagem do prazo prescricional.[705]

Essa observação tem importância para os direitos transindividuais, cujas tutelas de direitos, dadas as características específicas, objetivam, precipuamente, impedir que os ilícitos ocorram (tutela inibitória).[706]

Para que nasça a pretensão, não é pressuposto necessário que o titular conheça a existência de seu direito e pretensão. Também não tem relevância o fato de o devedor estar de má-fé[707].

Essa matéria também é importante para o estudo da diferença entre prescrição total e prescrição parcial, utilizadas nos casos de supressão ou alteração de prestações periódicas, tendo em vista que, embora tenha o mesmo prazo de cinco anos, contam-se de momentos distintos: a prescrição total iniciar conta-se da data da lesão e a prescrição parcial conta-se do vencimento de cada prestação periódica que continua não sendo adimplida, que será posteriormente analisada em item específico.

A prescrição bienal começa a fluir da data do término do aviso-prévio, tendo em vista que o período do aviso-prévio, trabalhado ou indenizado, integra o contrato de trabalho para todos os efeitos jurídicos, inclusive para fins de contagem do tempo de serviço (art. 487, § 1º, da Consolidação das Leis do Trabalho).

Em outras palavras, embora o desligamento de fato do trabalhador seja na data em que tenha havido a comunicação (comunicação de dispensa), a relação jurídica se projeta, para todos os efeitos jurídicos, até o data final do aviso-prévio, seja o aviso-prévio trabalhado ou indenizado.

Nesse sentido é o entendimento pacificado pelo Tribunal Superior do Trabalho, por meio das OJs ns. 82 e 83 da SDI-1 do TST:

> 82. AVISO-PRÉVIO. BAIXA NA CTPS (inserida em 28.04.1997). A data de saída a ser anotada na CTPS deve corresponder à do término do prazo do aviso-prévio, ainda que indenizado.
>
> 83. AVISO-PRÉVIO. INDENIZADO. PRESCRIÇÃO (inserida em 28.04.1997). A prescrição começa a fluir no final da data do término do aviso-prévio. Art. 487, § 1º, da CLT.

Assim, o prazo prescricional de dois anos inicia na data do término do aviso-prévio do empregado, trabalhado ou indenizado.

No que tange ao início da contagem do prazo prescricional de períodos descontínuos de trabalho, da extinção do último contrato de trabalho é que começa a fluir o prazo prescricional da pretensão de somar períodos descontínuos de trabalho, conforme a Súmula n. 156 do TST:

> TST, Súmula n. 156: Da extinção do último contrato começa a fluir o prazo prescricional do direito de ação em que se objetiva a soma de períodos descontínuos de trabalho.

11. Fim do prazo prescricional em feriado, recesso ou em férias forenses

Recesso ou férias forenses e suspensão da contagem dos prazos são coisas diferentes, embora ocorram parcialmente simultâneas.

---

(704) PONTES DE MIRANDA, Francisco Cavalcanti. *Tratado de direito privado.* Rio de Janeiro: Borsoi, 1955. t. 6, p. 113.

(705) PONTES DE MIRANDA, Francisco Cavalcanti. *Tratado de direito privado.* Rio de Janeiro: Borsoi, 1955. t. 6, p. 115-116.

(706) RAPISARDA, Cristina. Premesse allo studio della tutela civile preventiva. *Rivista di Diritto Processuale.* Padova: Cedam, v. 35, 2. Serie. p. 92-154, em especial. p. 103, 1980; DENTI, Vittorio. Aspetti processuali della tutela dell'ambiente. In: *Studi in memória di Salvatore Satta.* Padova: Cedam, 1982. v. 1, p. 445-461, em especial. p. 452; MARINONI, Luiz Guilherme. *Tutela inibitória:* individual e coletiva .2. ed. São Paulo: Revista dos Tribunais, 2000. p. 395-396.

(707) PONTES DE MIRANDA, Francisco Cavalcanti. *Tratado de direito privado.* Rio de Janeiro: Borsoi, 1955. t. 6, p. 117-118.

O período de recesso forense ocorre entre os dias 20 de dezembro e 6 de janeiro, inclusive, conforme o art. 2º da Resolução n. 244 do CNJ.

No recesso forense não há expediente no Poder Judiciário (fecha), que só fica atendendo medidas consideradas urgentes (em regime de plantão). No Poder Judiciário da União, do qual a Justiça do Trabalho integra, esta matéria é prevista desde a Lei n. 5.010/66.

O CPC de 2015, no art. 220, prevê a suspensão dos prazos processuais nos dias compreendidos entre 20 de dezembro e 20 de janeiro, inclusive.

Essa regra do CPC aplica-se ao processo do trabalho, sendo que o TST e os TRTs expedem resoluções sobre a matéria regulamentando detalhamentos[(708)].

Assim, durante esse período de um mês ficam suspensos os prazos processuais, bem como a publicação de acórdãos, sentenças, decisões, intimação de partes ou de advogados, exceto medidas urgentes, sendo que após 7 de janeiro haverá expediente forense.

A Súmula n. 262, item II, do TST já dispunha, antes do CPC de 2015, que "o recesso forense e as férias coletivas dos Ministros do Tribunal Superior do Trabalho suspendem os prazos recursais:

Súmula n. 262 do TST

PRAZO JUDICIAL. NOTIFICAÇÃO OU INTIMAÇÃO EM SÁBADO. RECESSO FORENSE. (redação do item II alterada na sessão do Tribunal Pleno realizada em 19.05.2014) — Res. n. 194/2014, DEJT divulgado em 21, 22 e 23.05.2014

I — (...)

II — O recesso forense e as férias coletivas dos Ministros do Tribunal Superior do Trabalho suspendem os prazos recursais. (ex-OJ n. 209 da SBDI-1 — inserida em 08.11.2000).

Imagine que o fim dos prazos prescricionais aplicáveis ao direito do trabalho estudados caia num dia de feriado ou no período do férias forenses. Como fica?

Na hipótese de o último dia do prazo prescricional cair em feriado ou nas férias forenses, partilha-se do entendimento de que o prazo fica prorrogado para o primeiro dia útil seguinte[(709)], em consonância com o art. 132, § 1º, do Código Civil de 2002, que trata da contagem de prazos de direito material, segundo o qual "se o dia do vencimento cair em feriado, considerar-se-á prorrogado o prazo até o seguinte dia útil".

Nesse sentido, observe-se que, tratando de decadência, o Tribunal Superior do Trabalho firmou entendimento de que se prorroga para o primeiro dia útil, imediatamente subsequente, o prazo decadencial para ajuizamento de ação rescisória quando expira em férias forenses, feriados, finais de semana ou em dia em que não houver expediente forense, em aplicação do art. 775 da Consolidação das Leis do Trabalho (Súmula n. 100, IX).

12. *Renúncia, contraditório e indisponibilidade dos prazos prescricionais*

A prescrição pode ser renunciada de forma expressa ou tácita (desistência do direito de invocá-la, nas palavras de Câmara Leal[(710)]), desde que seja feita sem prejuízo de terceiro e depois que a prescrição se consumar.

(708) Sobre a matéria ver: ARAÚJO, Francisco Rossal de. *O novo CPC e o processo do trabalho*: a Instrução Normativa n. 39/2016 — TST: referências legais, jurisprudenciais e comentários. São Paulo: LTr, 2017.

(709) BARROS, Alice Monteiro de. *Curso de Direito do Trabalho*. 4. ed. São Paulo: LTr, 2008. p. 1034.

(710) CÂMARA LEAL, Antônio Luís da. *Da Prescrição e da Decadência*. 2. ed. Rio de Janeiro: Forense, 1959. p. 63.

Tácita é a renúncia quando se presume de fatos do interessado, incompatíveis com a prescrição (art. 191 do Código Civil de 2002).

A renúncia é um ato unilateral que independe do consentimento de terceiro, por meio do qual se processa a extinção de um direito pelo particular.[711]

Sendo a prescrição um instituto que reflete diretamente um dos significativos interesses da ordem pública, qual seja, a estabilidade das relações sociais, não é permitido aos particulares alterarem os prazos de prescrição previstos em lei (art. 192 do Código Civil de 2002), tanto aumento quanto redução.[712]

Nesse sentido, Alice Monteiro de Barros[713] atesta que também no Direito do Trabalho observa-se o artigo do Código Civil de 2002 e os prazos não poderão ser alterados por acordo entre as partes.

13. Interrupção da contagem dos prazos prescricionais. Art. 11, § 3º, da CLT, com redação dada pela Lei n. 13.467/17

O § 3º do art. 11 da CLT, inserido pela Lei n. 13.467/17, trata da interrupção da prescrição por ajuizamento de reclamatória trabalhista e os efeitos com relação aos pedidos. A matéria já estava tratada na Súmula n. 268 do TST.

Na redação original da Súmula n. 268, em 1988 (Resolução do TST n. 1/1988, DJ 1, 2 e 3.3.1988), o TST entendia que a prescrição era interrompida pela reclamatória trabalhista, ainda que arquivada, em relação a todos os pedidos.

Posteriormente, em 2003 (Resolução do TST n. 121/2003, DJ 19, 20 e 21.11.2003), o TST passou a entender que somente se interrompe a prescrição em relação aos mesmos pedidos.

O texto da Súmula é o seguinte:

> Súmula n. 268 do TST. PRESCRIÇÃO. INTERRUPÇÃO. AÇÃO TRABALHISTA ARQUIVADA (nova redação) — Res. n. 121/2003, DJ 19, 20 e 21.11.2003
>
> A ação trabalhista, ainda que arquivada, interrompe a prescrição somente em relação aos pedidos idênticos.

O § 3º do art. 11 da CLT, inserido pela Lei n. 13.467/17, dispõe:

> § 3º A interrupção da prescrição somente ocorrerá pelo ajuizamento de reclamação trabalhista, mesmo que em juízo incompetente, ainda que venha a ser extinta sem resolução do mérito, produzindo efeitos apenas em relação aos pedidos idênticos.

A Reforma Trabalhista de 2017 trouxe para a CLT o entendimento da Súmula n. 268 do TST, mas fez algumas alterações:

> a) Trocou a expressão "ainda que arquivada" por "ainda que venha a ser extinta sem resolução de mérito", que é mais técnica e de acordo com a sistemática do CPC/2015.
>
> b) Fez referência expressa à circunstância de que a prescrição é interrompida por ação ajuizada em juízo ainda que incompetente, nos termos do art. 202, I, do Código Civil e art. 240, § 1º, do CPC.

---

(711) TEPEDINO, Gustavo; BARBOZA, Heloisa Helena; MORAES, Maria Celina Bodin de. *Código Civil interpretado conforme a Constituição da República*. Rio de Janeiro: Renovar, 2004. p. 358.

(712) PONTES DE MIRANDA, Francisco Cavalcanti. *Tratado de direito privado*. Rio de Janeiro: Borsoi, 1955. t. 6, p. 278.

(713) BARROS, Alice Monteiro de. *Curso de Direito do Trabalho*. 4. ed. São Paulo: LTr, 2008. p. 1032.

c) Dispôs que a interrupção da prescrição "somente" ocorrerá pelo ajuizamento de reclamação trabalhista. A expressão "somente" não havia na Súmula n. 268 do TST. Ou seja, a leitura literal do § 3º do art. 11 da CLT sugere que a única forma de interrupção da prescrição é o ajuizamento de reclamação trabalhista.

d) Trocou a expressão "ação trabalhista" por "reclamação trabalhista". Sabe-se que a reclamação trabalhista é apenas umas das espécies de ações cabíveis no processo do trabalho.

Essa é a causa interruptiva mais importante para o Direito do Trabalho e como a CLT a incluiu expressamente, optou-se, no presente texto, em abordá-la em separado das demais causas impeditivas, suspensivas e interruptivas da prescrição, que serão abordadas a seguir.

Saliente-se que a contagem do prazo prescricional fica interrompida apenas em relação aos pedidos idênticos aos pleiteados na primeira ação trabalhista ajuizada, ainda que arquivada.

Por exemplo, se o reclamante ajuizou reclamação trabalhista postulando o pagamento de adicional de insalubridade e horas extras, mas deixa de comparecer injustificadamente na audiência inaugural e o processo é arquivado, o prazo prescricional interrompe.

Porém, se nessa nova reclamação trabalhista o autor postula o pagamento de adicional de insalubridade, horas extras e férias vencidas, a nova contagem do prazo prescricional se dará apenas em relação aos dois primeiros pedidos (que são os únicos idênticos à reclamação arquivada), não ocorrendo o mesmo em relação ao pedido de pagamento de férias vencidas, pois como esse pedido não é idêntico aos formulados no processo que foi arquivado, não sendo abrangido pela interrupção da prescrição, tendo operado os efeitos da prescrição em relação ao pedido de férias vencidas se o ajuizamento desta pretensão ultrapassar dois anos da extinção do contrato de trabalho e, sucessivamente, os últimos cinco anos posteriores ao ajuizamento da ação.

A interrupção gera novo prazo prescricional integral ou apenas o que restava?

O prazo prescricional transcorrido anteriormente ao momento da interrupção será desconsiderado e iniciará uma nova contagem integral[714] do prazo prescricional.

Qual a data de fluência (termo inicial) do novo prazo prescricional?

A partir do dia subsequente ao último ato praticado no processo que causou a interrupção (trânsito em julgado da sentença, o acordo homologado, o arquivamento da reclamação etc.) e não do ajuizamento da ação que interrompeu o prazo. O Tribunal Superior do Trabalho já se posicionou nesse sentido. Veja-se:

Nesses casos haverá nova contagem da prescrição bienal e/ou da prescrição quinquenal?

O Tribunal Superior do Trabalho já se posicionou no sentido de que a interrupção da prescrição se dá tanto em relação ao prazo quinquenal como em relação ao prazo bienal.

A jurisprudência da SBDI-I do TST a seguir contempla e exemplifica os três questionamentos. Veja-se:

EMBARGOS ANTERIORMENTE À VIGÊNCIA DA LEI N. 11.496/07 — AJUIZAMENTO DE RECLAMAÇÃO TRABALHISTA — INTERRUPÇÃO — PRESCRIÇÃO QUINQUENAL. *O ajuizamento de Reclamação Trabalhista interrompe tanto a prescrição bienal quanto a quinquenal.* Entender diversamente tornaria inócuo o efeito interruptivo assegurado pelos arts. 219, § 1º, do CPC e 202 do Código Civil. *Dessarte, interrompida a prescrição, o cômputo do biênio é reiniciado a partir do término da condição interruptiva, qual seja, o trânsito em julgado da decisão proferida na primeira ação, enquanto a prescrição quinquenal conta-se do primeiro ato de interrupção, isto é, a propositura da primeira Reclamação.* Precedentes. Embargos não conhecidos. (TST-E-RR-150.500-61.2000.5.01.0055, SBDI-I, Relatora Ministra Maria Cristina Irigoyen Peduzzi, DJU de 26.10.2007.)

EMBARGOS. PRESCRIÇÃO QUINQUENAL. ARQUIVAMENTO DA PRIMEIRA AÇÃO. PROPOSITURA DE NOVA AÇÃO. INTERRUPÇÃO DO PRAZO PRESCRICIONAL. MARCO INICIAL. A ação trabalhista, ainda que arquivada, *interrompe a prescrição, nos termos da Súmula n. 268 do TST. Ou seja, reinicia-se o cômputo do prazo*

(714) MARTINS, Sergio Pinto. *Direito do Trabalho*. 21. ed. São Paulo: Atlas, 2005. p. 692.

prescricional. Nota-se que, ali, não se faz nenhuma distinção entre a prescrição bienal e a quinquenal. Assim, reiniciando o prazo prescricional bienal a partir do trânsito em julgado da decisão proferida na primeira ação, a prescrição quinquenal deve ser contada do primeiro ato de interrupção, isto é, da propositura da primeira reclamação trabalhista, na forma dos arts. 219, inciso I, do CPC e 202, parágrafo único, do Código Civil de 2002. Embargos não conhecidos (TST-E -RR-625.457-28.2000.5.02.5555, SBDI-I, Relator Ministro Vantuil Abdala, DEJT de 29.10.2009). Grifou-se.

Em síntese, em relação à nova contagem dos prazos prescricionais em face da interrupção:

A) A nova contagem do biênio reinicia-se no dia subsequente ao último ato praticado no processo que gerou a causa interruptiva, ou seja, a data do trânsito em julgado da decisão proferida na primeira ação (de extinção sem resolução de mérito — arquivamento).

B) A nova contagem da prescrição quinquenal reinicia-se do primeiro ato de interrupção, isto é, da data de ajuizamento da primeira ação trabalhista, na forma dos art. 240 do CPC de 2015 (art. 219, inciso I, do CPC de 1973) e art. 202, parágrafo único, do Código Civil de 2002, aplicáveis subsidiariamente ao direito e ao processo do trabalho.

Atente-se para o fato de que no Código Civil de 1916 o trabalhador poderia interromper a prescrição tantas quantas fossem as vezes necessárias, com a finalidade de evitar que ela se consumasse.

Entretanto, no Código Civil de 2002 há disposição expressa de que a interrupção da prescrição poderá ocorrer uma única vez ("só pode ocorrer uma vez"), nas hipóteses legais previstas nos incisos do art. 202[(715)], não podendo repetir não só a mesma hipótese, como qualquer das outras hipóteses legais.

Assim, a reclamação trabalhista arquivada, pelo não comparecimento do empregado na audiência inaugural, importa a interrupção da prescrição. Todavia, ela não se interromperá novamente, pelo arquivamento de nova ação trabalhista[(716)], não sendo passível também o ajuizamento do protesto, visto que a interrupção da prescrição ocorrerá somente uma vez.[(717)]

Ou seja, a interrupção da prescrição poderá ocorrer uma única vez (art. 202 do Código Civil de 2002).

14. Causas impeditivas, suspensivas e interruptivas da prescrição

Diferentemente da decadência (em regra[(718)]), a prescrição pode vir a não se consumar ou postergar o início da contagem devido a causas impeditivas, suspensivas e interruptivas, nos casos previstos em lei.

Não corre prescrição (causas impeditivas) quando, nas hipóteses legais, embora tenha havido a lesão a um direito subjetivo prestacional, o prazo prescricional não começa a contar imediatamente, tendo o seu

---

(715) Código Civil: "Art. 202. A interrupção da prescrição, que somente poderá ocorrer uma vez, dar-se-á:

I — por despacho do juiz, mesmo incompetente, que ordenar a citação, se o interessado a promover no prazo e na forma da lei processual;

II — por protesto, nas condições do inciso antecedente;

III — por protesto cambial;

IV — pela apresentação do título de crédito em juízo de inventário ou em concurso de credores;

V — por qualquer ato judicial que constitua em mora o devedor;

VI — por qualquer ato inequívoco, ainda que extrajudicial, que importe reconhecimento do direito pelo devedor.

Parágrafo único. A prescrição interrompida recomeça a correr da data do ato que a interrompeu, ou do último ato do processo para a interromper".

(716) MARTINS, Sergio Pinto. *Direito Processual do Trabalho.* 25. ed. São Paulo: Atlas, 2006.

(717) ANTUNES, Letícia Pereira. Protesto interruptivo da prescrição no processo do trabalho. *Revista Justiça do Trabalho,* ano 22, n. 258, p. 92, jun. 2005.

(718) Código Civil, art. 208: "Aplica-se à decadência o disposto nos arts. 195 e 198, inciso I". Nesse sentido, THEODORO JUNIOR, Humberto. *Comentários ao novo Código Civil:* dos defeitos do negócio jurídico ao final do livro III. 4. ed. Rio de Janeiro: Forense, 2008, v. 3, t. 2. p. 439-440. Exceções legais: art. 198, I, do CC (art. 208 do CC) e art. 26, § 2º, I e III, do CDC.

termo inicial postergado para algum momento ulterior, pois as causas estabelecidas em leis são preexistentes. Em outras palavras: as causas interruptivas evitam o nascimento da prescrição[(719)].

Dessa forma, enquanto não cessar a causa impeditiva, não iniciará a contagem do prazo de prescrição, sendo que, uma vez cessada, o respectivo prazo começará a correr por inteiro.

Ocorre suspensão, quando se tem um prazo prescricional que já estava em curso no momento em que a lei estabelece que esse não deve correr, ao fim da qual volta a fluir o prazo prescricional, aproveitando-se o tempo anteriormente decorrido, ou seja, a fluência da prescrição fica suspensa até a data em que cessar a causa suspensiva, quando voltará a fluir pelo tempo que faltava para se consumar[(720)].

Dito de outro modo as primeiras impedem que o prazo comece a fluir e as segundas suspendem o prazo que já começou. São causas que impedem ou suspendem o curso da prescrição as previstas nos arts. 197 a 201 do Código Civil[(721)].

Causas impeditivas e suspensivas:

a) A primeira causa impeditiva da prescrição é a incapacidade absoluta, de que trata o art. 3º do Código Civil (art. 198, I, do Código Civil).

Nesse sentido, não corre o prazo de prescrição trabalhista contra menor de 18 anos (art. 440 da Consolidação das Leis do Trabalho[(722)] e art. 10, parágrafo único, da Lei n. 5.889/73 — Lei do Trabalhador Rural). Trata-se de causa que impede o prazo prescricional, independentemente de ser o menor absoluta ou relativamente incapaz[(723)].

Quando a extinção de seu contrato de trabalho ocorrer em data anterior a sua maioridade, o início da contagem do prazo prescricional começará na data em que ele completar 18 anos.

---

(719) TEPEDINO, Gustavo; BARBOZA, Heloisa Helena; MORAES, Maria Celina Bodin de. *Código Civil interpretado conforme a Constituição da República*. Rio de Janeiro: Renovar, 2004. p. 367. Tratando da prescrição na Europa, Patti destaca que a exigência da justiça impõe que o prazo prescricional não inicie se o titular não tem a possibilidade de exercitar o direito (PATTI, Salvatore. Certezza e giustizia nel diritto della prescrizione in Europa. *Rivista Trimestrale di Diritto e Procedura Civile*, Milano: Giuffrè, v. 64, n. 1. p. 21-36, em especial. p. 27, mar. 2010).

(720) Nesse sentido, referindo-se ao Código Civil de 1916, é a lição de Pontes de Miranda: "O Código Civil, nos arts. 168 e 170, cogitou de tais fatos, que impedem a composição do suporte fáctico, de modo que o *tempus* não começa de correr, ou, se já estava composto o suporte fáctico, sòmente faltando o *tempus*, se suspende o curso dêsse. Daí o capítulo II do Livro III, Título III, do Código Civil, Parte I, falar de causas 'que impedem ou suspendem a prescrição'. Se alguma pretensão nasceu *depois* de acontecer um dos fatos dos arts. 168 e 169, não começa a correr o prazo. Se antes de qualquer dêles nasceu a pretensão, o curso da prescrição suspende-se: durante a existência dele, não há pensar-se em contagem do tempo; pôsto que se compute o que correu antes. As causas de impedimento e de suspensão podem concorrer ao mesmo tempo, ou sucessivamente" (PONTES DE MIRANDA, Francisco Cavalcanti. *Tratado de direito privado*. Rio de Janeiro: Borsoi, 1955. t. 6, p. 177).

(721) Código Civil: "Art. 197. Não corre a prescrição:

I — entre os cônjuges, na constância da sociedade conjugal;

II — entre ascendentes e descendentes, durante o poder familiar;

III — entre tutelados ou curatelados e seus tutores ou curadores, durante a tutela ou curatela.

Art. 198. Também não corre a prescrição:

I — contra os incapazes de que trata o art. 3º;

II — contra os ausentes do País em serviço público da União, dos Estados ou dos Municípios;

III — contra os que se acharem servindo nas Forças Armadas, em tempo de guerra.

Art. 199. Não corre igualmente a prescrição:

I — pendendo condição suspensiva;

II — não estando vencido o prazo;

III — pendendo ação de evicção.

Art. 200. Quando a ação se originar de fato que deva ser apurado no juízo criminal, não correrá a prescrição antes da respectiva sentença definitiva.

Art. 201. Suspensa a prescrição em favor de um dos credores solidários, só aproveitam os outros se a obrigação for indivisível".

(722) Consolidação das Leis do Trabalho, art. 440: "Contra os menores de 18 (dezoito) anos não corre nenhum prazo de prescrição".

(723) DELGADO, Mauricio Godinho. *Curso de Direito do Trabalho*. 8. ed. São Paulo: LTr, 2009. p. 239.

Pode-se enquadrar o trabalhador na condição análoga à de escravo na hipótese impeditiva da prescrição do art. 198, I, do CC (art. 3º, III), pois quem está em situação análoga à de escravo não está inerte, mas impedido de buscar seus direitos, não podendo expressar a sua vontade. A partir dessa premissa, o prazo prescricional para propositura de demanda buscando créditos individuais[(724)] inicia após a sua libertação.

b) Também não corre o prazo prescricional contra os ausentes do País em serviço público da União, dos Estados ou dos Municípios (art. 198, II, do Código Civil). Trata-se de outra causa impeditiva civilista aplicável ao processo do trabalho.

Sustenta Mauricio Godinho Delgado[(725)] que, por interpretação extensiva, essa vantagem alcança os ausentes do País em face de serviço público prestado às autarquias e ao Distrito Federal.

c) Da mesma forma não corre o prazo prescricional em relação aos que se acharem servindo nas Forças Armadas, em tempo de guerra (art. 198, II, do Código Civil). Essa causa impeditiva também se aplica ao processo do trabalho. *A contrario sensu*, a prestação de serviço militar em tempo de paz não é causa impeditiva da prescrição.

d) Não corre igualmente a prescrição pendendo condição suspensiva e não estando vencido o prazo (art. 199, I e II, do Código Civil).

Havia quem defendesse que a doença do empregado era uma causa suspensiva da fluência da prescrição, por analogia ao art. 199, I, do CC.

Todavia, o Tribunal Superior do Trabalho firmou entendimento de que "a suspensão do contrato de trabalho, em virtude da percepção do auxílio-doença ou da aposentadoria por invalidez, não impede a fluência da prescrição quinquenal, ressalvada a hipótese de absoluta impossibilidade de acesso ao judiciário" (Orientação Jurisprudencial n. 375 da SBDI- I).

Portanto, o afastamento do trabalho em razão de incapacidade laboral passível de percepção dos benefícios previdenciários de incapacidade não implica suspensão do prazo prescricional (de cinco anos, contados do ajuizamento da ação) durante os respectivos períodos de afastamento por tais motivos.

É importante sublinhar a exceção prevista pela Orientação Jurisprudencial n. 375 da SBDI- I do Tribunal Superior do Trabalho: no caso de "absoluta impossibilidade de acesso ao judiciário" haverá suspensão da fluência do prazo prescricional.

Cabe referir que o Tribunal Regional do Trabalho da 4ª Região já entendeu que, suspenso o contrato por força do benefício previdenciário de aposentadoria por invalidez, suspende-se também (causa suspensiva) o prazo da prescrição quinquenal[(726)].

e) Há suspensão do prazo prescricional a partir da provocação da Comissão de Conciliação Prévia, recomeçando a fluir, pelo tempo que lhe restar, a partir da tentativa frustrada de conciliação ou do esgotamento do prazo de dez dias para a realização da sessão de tentativa de conciliação a partir da provocação do interessado (art. 625-G da Consolidação das Leis do Trabalho[(727)]).

---

(724) No que tange aos direitos difusos trabalhistas, entende-se que o tratamento deve ser diferenciado, conforme será tratado a seguir.

(725) DELGADO, Mauricio Godinho. *Curso de Direito do Trabalho*. 8. ed. São Paulo: LTr, 2009. p. 239.

(726) BRASIL. Tribunal Regional do Trabalho da 4ª Região. Recurso Ordinário — Aposentadoria por Invalidez. Suspensão do Contrato de Trabalho. Desembargador Relator: Ricardo Carvalho Fraga. Porto Alegre, 2007. Disponível em: <http://www.trt4.jus.br/portal/portal/trt4/consultas/jurisprudencia/gsaAcordaos/ConsultasWindow;jsessionid=FB20D471880978BE2CA9C7C27ECE4DEC.node-jb203?action=2>. Acesso em: 29 out. 2009.

(727) Consolidação das Leis do Trabalho, art. 625-G: "O prazo prescricional será suspenso a partir da provocação da Comissão de Conciliação Prévia, recomeçando a fluir, pelo que lhe resta, a partir da tentativa frustada de conciliação ou do esgotamento do prazo previsto no art. 625-F"; art. 625-F: "As Comissões de Conciliação Prévia têm prazo de dez dias para a realização da sessão de tentativa de conciliação a partir da provocação do interessado".

f) Há controvérsia se o processo no juízo criminal suspende o prazo prescricional no juízo trabalhista (art. 200 do CC).

Essa hipótese não está prevista na lista taxativa do Código Civil. Deve ser ajuizada a ação trabalhista e, se for o caso, suspenso o processo (art. 265, IV, CPC). O ilícito trabalhista é autônomo em relação ao penal.

Não parece ter sido esse o entendimento do Tribunal Superior do Trabalho, partindo das premissas adotadas na Orientação Jurisprudencial n. 401 da SBDI-I, especialmente nos casos em que se despede um empregado por falta grave de improbidade, havendo sido dado início também a persecução criminal.

Note-se que o TST já entendeu pela aplicação do art. 65 do Código de Processo Penal, isto é, embora haja a independência entre as esferas trabalhista e criminal, quando reconhecido o estado de necessidade, a legítima defesa, o estrito cumprimento de um dever legal ou o exercício regular de um direito, a sentença penal fará coisa julgada na justiça trabalhista.

Além disso, os prazos prescricionais já em curso podem sofrer interrupção (arts. 202 a 204 do Código Civil[(728)]). Diferentemente das hipóteses de suspensão, na interrupção, o prazo prescricional transcorrido anteriormente à causa interruptiva é desprezado e principia-se uma nova contagem do zero.[(729)]

Em outras palavras, nas causas interruptivas, o prazo que estava a correr apaga-se, como se não tivesse iniciado, e inicia novo prazo.[(730)]

Importa salientar que a nova redação do Código Civil de 2002 estabelece que a interrupção da prescrição poderá ocorrer uma única vez (art. 202).

Repare-se que a alegação de prescrição de modo nenhum implica reconhecimento de obrigação, conforme esclarece Pontes de Miranda.[(731)]

Causas que *interruptivas* do prazo prescricional:

---

(728) Código Civil: "Art. 202. A interrupção da prescrição, que somente poderá ocorrer uma vez, dar-se-á:

I — por despacho do juiz, mesmo incompetente, que ordenar a citação, se o interessado a promover no prazo e na forma da lei processual;

II — por protesto, nas condições do inciso antecedente;

III — por protesto cambial;

IV — pela apresentação do título de crédito em juízo de inventário ou em concurso de credores;

V — por qualquer ato judicial que constitua em mora o devedor;

VI — por qualquer ato inequívoco, ainda que extrajudicial, que importe reconhecimento do direito pelo devedor.

Parágrafo único. A prescrição interrompida recomeça a correr da data do ato que a interrompeu, ou do último ato do processo para a interromper".

Art. 203. A prescrição pode ser interrompida por qualquer interessado.

Art. 204. A interrupção da prescrição por um credor não aproveita aos outros; semelhantemente, a interrupção operada contra o codevedor, ou seu herdeiro, não prejudica aos demais coobrigados.

§ 1º A interrupção por um dos credores solidários aproveita aos outros; assim como a interrupção efetuada contra o devedor solidário envolve os demais e seus herdeiros.

§ 2º A interrupção operada contra um dos herdeiros do devedor solidário não prejudica os outros herdeiros ou devedores, senão quando se trate de obrigações e direitos indivisíveis.

§ 3º A interrupção produzida contra o principal devedor prejudica o fiador".

(729) Fazendo alusão ao princípio da separação das pretensões, Pontes de Miranda esclarece que "a interrupção limita-se à pretensão que está em causa, e não se estende a qualquer outra que se irradie da mesma relação jurídica que é *res deducta;* nem se opera a respeito de outra pessoa que aquela que pratica o ato interruptivo" (PONTES DE MIRANDA, Francisco Cavalcanti. *Tratado de direito privado.* Rio de Janeiro: Borsoi, 1955. t. 6, p. 242).

(730) Há, todavia, uma exceção no Direito Administrativo (Decreto n. 20.910/32) dispondo que, contra a União, os Estados, Municípios e as respectivas fazendas, a interrupção recomeça a correr pela metade, conforme TEPEDINO, Gustavo; BARBOZA, Heloisa Helena; MORAES, Maria Celina Bodin de. *Código Civil interpretado conforme a Constituição da República.* Rio de Janeiro: Renovar, 2004. p. 389.

(731) PONTES DE MIRANDA, Francisco Cavalcanti. *Tratado de direito privado.* Rio de Janeiro: Borsoi, 1955. t. 6, p. 246.

a) A primeira causa de interrupção trazida pelo art. 202, I, do Código Civil, é o despacho do Juiz, mesmo incompetente, ordenando a citação, desde que esta seja promovida pelo interessado, no prazo e na forma da lei processual.

De acordo com o Código Civil, o efeito interruptivo decorre da citação válida que retroagirá à data do despacho, se promovida no prazo e na forma estabelecidos no Código de Processo Civil, ou à data da distribuição, onde houver mais de uma vara. Proposta a ação no prazo legal, em caso de demora da citação ou de obtenção de despacho por motivos inerentes ao mecanismo da Justiça, não há que se falar em declarar a prescrição ou a decadência, uma vez que não houve inércia do titular da ação e sim do próprio Judiciário.(732)

Ocorre que, na Justiça do Trabalho, a citação independe de despacho judicial, motivo pelo qual o ajuizamento da reclamação, por ser equivalente àquele despacho, interrompe a prescrição. Verifica-se, assim, que a interrupção da prescrição se dá no dia em que a reclamatória é interposta, já que a notificação não depende de despacho judicial ou de manifestação da parte.(733)

Em outras palavras, a data da propositura da ação fixa o termo exato da interrupção, porque a citação no processo do trabalho é automática (art. 841 da Consolidação das Leis do Trabalho).(734)

Nesse sentido o Tribunal Superior do Trabalho tem decidido que não se aplica no processo trabalhista as disposições do art. 240, § 1º do CPC de 2015 (art. 219, § 4º, do CPC) em virtude de o procedimento citatório no processo civil ser distinto daquele contido no art. 841 da Consolidação das Leis do Trabalho, o que impossibilita a aplicação, de forma subsidiária, do processo comum ao processo do trabalho.

A ausência de citação válida no processo de trabalho não é ônus a ser suportado pelo reclamante, por ausência de disposição legal, imputando-lhe tal encargo, prevalecendo, portanto, o entendimento de que o simples ajuizamento da reclamação trabalhista, ainda que arquivada, interrompe a prescrição.(735)

b) A causa interruptiva mais importante para o Direito do Trabalho é a decorrente da propositura de ação trabalhista, ainda que ela seja extinta sem julgamento do mérito (arquivada), conforme analisado no item anterior.

No entanto, a contagem do prazo prescricional fica interrompida apenas em relação aos pedidos idênticos aos pleiteados na ação trabalhista ajuizada, ainda que arquivada. Nesse sentido dispõe a Súmula n. 268 do TST:

> TST, Súmula n. 268: A ação trabalhista, ainda que arquivada, interrompe a prescrição, mas somente em relação aos pedidos idênticos.

A Lei n. 13.467/17 incluiu o § 3º ao art. 11 da CLT legislando na mesma linha da Súmula n. 268 do TST, dispondo sobre interrupção da prescrição pelo ajuizamento de reclamação trabalhista, mesmo que em juízo incompetente e que venha a ser extinta sem resolução do mérito (arquivada), destacando que a interrupção da prescrição só ocorrerá em relação aos pedidos idênticos:

> Art. 11. A pretensão quanto a créditos resultantes das relações de trabalho prescreve em cinco anos para os trabalhadores urbanos e rurais, até o limite de dois anos após a extinção do contrato de trabalho.
>
> (...)

(732) GONÇALVES, Carlos Roberto. *Direito Civil brasileiro.* São Paulo: Saraiva, 2003, v. I.

(733) BARROS, Alice Monteiro de. *Curso de Direito do Trabalho.* 3. ed. São Paulo: LTr, 1997. v. I. p. 203-204.

(734) DELGADO, Maurício Godinho. *Curso de Direito do Trabalho.* 5. ed. São Paulo: LTr, 2006. p. 260-261.

(735) BRASIL. Tribunal Superior do Trabalho. Recurso de Revista. Relator: Ministro Aloysio Silva Corrêa da Veiga Brasília, 2002. Disponível em: <http://brs02.tst.jus.br/cgi-bin/nph-brs?s1=3574192.nia.&u=/Brs/it01.html&p=1&l=1&d=blnk&f=g&r=1>. Acesso em: 29 out. 2009.

§ 3º A interrupção da prescrição somente ocorrerá pelo ajuizamento de reclamação trabalhista, mesmo que em juízo incompetente, ainda que venha a ser extinta sem resolução do mérito, produzindo efeitos apenas em relação aos pedidos idênticos.

Por exemplo, se o reclamante ajuizou reclamação trabalhista postulando o pagamento de adicional de insalubridade e horas extras, mas deixa de comparecer injustificadamente na audiência inaugural e o processo é arquivado, o prazo prescricional interrompe.

Isso significa que o prazo prescricional transcorrido anteriormente ao momento da interrupção será desconsiderado e iniciará uma nova contagem integral[736] do prazo prescricional bienal, a partir do dia subsequente ao último ato praticado no processo que causou a interrupção (trânsito em julgado da sentença, o acordo homologado, o arquivamento da reclamação etc.) e não do ajuizamento da ação que interrompeu o prazo.[737]

Porém, se nessa nova reclamação trabalhista o autor postula o pagamento de adicional de insalubridade, horas extras e férias vencidas, a nova contagem do prazo prescricional se dará apenas em relação aos dois primeiro pedidos (que são os únicos iguais à reclamação arquivada), não ocorrendo o mesmo em relação ao pedido de pagamento de férias vencidas, pois como esse pedido é idêntico aos formulados no processo que foi arquivado, ele não foi abrigado pela interrupção da prescrição, tendo operado os efeitos da prescrição em relação ao pedido de férias vencidas.

Sublinhe-se que o Tribunal Superior do Trabalho já se posicionou no sentido de que a interrupção da prescrição se dá tanto em relação ao prazo quinquenal como em relação ao prazo bienal:

> EMBARGOS ANTERIORMENTE À VIGÊNCIA DA LEI N. 11.496/07 — AJUIZAMENTO DE RECLAMAÇÃO TRABALHISTA — INTERRUPÇÃO — PRESCRIÇÃO QUINQUENAL. O ajuizamento de Reclamação Trabalhista interrompe tanto a prescrição bienal quanto a quinquenal. Entender diversamente tornaria inócuo o efeito interruptivo assegurado pelos arts. 219, § 1º, do CPC e 202 do Código Civil. Dessarte, interrompida a prescrição, o cômputo do biênio é reiniciado a partir do término da condição interruptiva, qual seja, o trânsito em julgado da decisão proferida na primeira ação, enquanto a prescrição quinquenal conta-se do primeiro ato de interrupção, isto é, a propositura da primeira Reclamação. Precedentes. Embargos não conhecidos. (TST-E-RR-150.500-61.2000.5.01.0055, SBDI-I, Relatora Ministra Maria Cristina Irigoyen Peduzzi, DJU de 26.10.2007.)
>
> EMBARGOS. PRESCRIÇÃO QUINQUENAL. ARQUIVAMENTO DA PRIMEIRA AÇÃO. PROPOSITURA DE NOVA AÇÃO. INTERRUPÇÃO DO PRAZO PRESCRICIONAL. MARCO INICIAL. A ação trabalhista, ainda que arquivada, interrompe a prescrição, nos termos da Súmula n. 268 do TST. Ou seja, reinicia-se o cômputo do prazo prescricional. Nota-se que, ali, não se faz nenhuma distinção entre a prescrição bienal e a quinquenal. Assim, reiniciando o prazo prescricional bienal a partir do trânsito em julgado da decisão proferida na primeira ação, a prescrição quinquenal deve ser contada do primeiro ato de interrupção, isto é, da propositura da primeira reclamação trabalhista, na forma dos arts. 219, inciso I, do CPC e 202, parágrafo único, do Código Civil de 2002. Embargos não conhecidos (TST-E-RR-625.457-28.2000.5.02.5555, SBDI-I, Relator Ministro Vantuil Abdala, DEJT de 29.10.2009).

A nova contagem do biênio reinicia-se no dia subsequente ao último ato praticado no processo que gerou a causa interruptiva, ou seja, a data do trânsito em julgado da decisão proferida na primeira ação (de extinção sem resolução de mérito — arquivamento).

---

(736) MARTINS, Sergio Pinto. *Direito do Trabalho*. 21. ed. São Paulo: Atlas, 2005. p. 692.

(737) Veja-se esse julgado do TST: PRESCRIÇÃO — INTERRUPÇÃO — ARQUIVAMENTO DA AÇÃO — INÍCIO DA CONTAGEM DO NOVO PRAZO PRESCRICIONAL

"O Enunciado n. 268 desta Corte dispõe que a ação trabalhista arquivada interrompe a prescrição. Na espécie, não se discute se as ações têm pedidos idênticos. A controvérsia cinge-se ao momento em que reinicia a contagem do prazo prescricional, se da propositura da primeira ação ou do seu arquivamento.

Dispõe o art. 173 do Código Civil anterior que a prescrição interrompida recomeça a correr da data do ato que a interrompeu, ou do último do processo para a interromper.

Sendo assim, o início do biênio prescricional para propositura de nova ação reinicia da data do arquivamento (último ato praticado no processo), quando se deu a cessação da causa interruptiva e, não, do ajuizamento da primeira ação. Recurso de Revista conhecido e provido" (TST-RR- 48993/2002-900-09-00, 3ª Turma, Relatora Ministra Maria Cristina Irigoyen Peduzzi, DJ 27.02.2004). Grifou-se.

E a nova contagem da prescrição quinquenal reinicia-se do primeiro ato de interrupção, isto é, da data de ajuizamento da primeira ação trabalhista, na forma dos arts. 219, inciso I, do CPC e 202, parágrafo único, do Código Civil de 2002, aplicáveis subsidiariamente ao direito e ao processo do trabalho.

Atente-se que para o fato de que no Código Civil de 1916 o trabalhador poderia interromper a prescrição tantas quantas fossem as vezes necessárias, com a finalidade de evitar que ela se consumasse, tendo em vista que não havia limitação legal ao número de interrupção. Entretanto, no Código Civil de 2002 há disposição expressa de que a interrupção da prescrição poderá ocorrer uma única vez ("só pode ocorrer uma vez"), nas hipóteses legais previstas nos incisos do art. 202 do Código Civil de 2002(738), não podendo repetir não só a mesma hipótese, como qualquer das outras hipóteses legais.

Assim, a reclamação trabalhista arquivada, pelo não comparecimento do empregado na audiência inaugural, importa a interrupção da prescrição. Todavia, ela não se interromperá novamente, pelo arquivamento de nova ação trabalhista(739), não sendo passível também o ajuizamento do protesto, visto que a interrupção da prescrição ocorrerá somente uma vez.(740)

c) O protesto judicial é outra causa capaz de interromper a prescrição, conforme dispõe o art. 202, II, do Código Civil.

O protesto é uma medida cautelar destinada a conservação ou ressalva de direitos. Todo aquele que desejar prevenir responsabilidade, prover a conservação e ressalva de seus direitos ou manifestar qualquer intenção de modo formal, poderá fazer por escrito o seu protesto, em petição dirigida ao juiz, e requerer que do mesmo se intime a quem de direito, na forma do art. 726 do CPC de 2015 (art. 867 do CPC de 1973).

Em junho de 2010 (DJ 9.6.2010), o Tribunal Superior do Trabalho, por meio da Orientação Jurisprudencial n. 392 da SBDI-I, pacificou entendimento no sentido de que o protesto judicial é medida aplicável no processo do trabalho, por força do art. 769 da Consolidação das Leis do Trabalho, sendo que o seu ajuizamento, por si só, interrompe o prazo prescricional, *verbis*:

> TST, Orientação Jurisprudencial da SBDI-I n. 392: PRESCRIÇÃO. INTERRUPÇÃO. AJUIZAMENTO DE PROTESTO JUDICIAL. MARCO INICIAL. O protesto judicial é medida aplicável no processo do trabalho, por força do art. 769 da CLT, sendo que o seu ajuizamento, por si só, interrompe o prazo prescricional, em razão da inaplicabilidade do § 2º do art. 219 do CPC, que impõe ao autor da ação o ônus de promover a citação do réu, por ser ele incompatível com o disposto no art. 841 da CLT.

Em resumo: O protesto é uma medida prevista no CPC, mas aplicável ao processo do trabalho. Todavia, a data de início da interrupção da prescrição (termo inicial) é o ajuizamento da ação de protesto e não a data de citação do réu.

Por que essa diferença em relação ao processo civil? Por que, no processo do trabalho, a citação é automática(741) (art. 841 da Consolidação das Leis do Trabalho), independendo de despacho judicial, motivo pelo

(738) Código Civil: "Art. 202. A interrupção da prescrição, que somente poderá ocorrer uma vez, dar-se-á:

I — por despacho do juiz, mesmo incompetente, que ordenar a citação, se o interessado a promover no prazo e na forma da lei processual;

II — por protesto, nas condições do inciso antecedente;

III — por protesto cambial;

IV — pela apresentação do título de crédito em juízo de inventário ou em concurso de credores;

V — por qualquer ato judicial que constitua em mora o devedor;

VI — por qualquer ato inequívoco, ainda que extrajudicial, que importe reconhecimento do direito pelo devedor.

Parágrafo único. A prescrição interrompida recomeça a correr da data do ato que a interrompeu, ou do último ato do processo para a interromper".

(739) MARTINS, Sergio Pinto. *Direito Processual do Trabalho.* 25. ed. São Paulo: Atlas, 2006.

(740) ANTUNES, Letícia Pereira. Protesto interruptivo da prescrição no processo do trabalho. *Revista Justiça do Trabalho,* ano 22, n. 258, p. 92, jun. 2005.

(741) DELGADO, Mauricio Godinho. *Curso de Direito do Trabalho.* 5. ed. São Paulo: LTr, 2006. p. 260-261.

qual a data da propositura da ação fixa o termo exato da interrupção, por ser equivalente àquele despacho que interrompe a prescrição.

O protesto judicial tem que ser específico. O protesto genérico não é suficiente para interromper a prescrição de todos os direitos do contrato de trabalho. Para promover a interrupção do prazo prescricional, o protestante deve ser explícito e declarar que o protesto tem por fim interromper a prescrição de tais e tais direitos, para não dar margem a dúvidas.(742)

O julgado abaixo exemplifica:

> PRESCRIÇÃO BIENAL. INTERRUPÇÃO. PROTESTO JUDICIAL. O protesto genérico não é suficiente para interromper a prescrição de todos os direitos do contrato de trabalho. A cobrança sem especificação do que é devido não atende à finalidade do protesto.
>
> TRT da 4ª Região
>
> Acórdão — Processo 0021542-29.2014.5.04.0202 (RO)
>
> Data: 26.06.2017
>
> Órgão julgador: 5ª Turma
>
> Redator: Brígida Joaquina Charão Barcelos Toschi

O ajuizamento do protesto interruptivo da prescrição pode ser útil em diversas ocasiões, sendo as hipóteses mais comuns quando a parte autora tem a necessidade de ganhar tempo para buscar provas essenciais para a solução da causa, aguardar acontecimento de fato futuro para garantir o direito subjetivo, por exemplo, o trânsito em julgado de ação trabalhista em andamento.(743)

O ajuizamento de ação coletiva pela entidade sindical representativa da categoria profissional também interrompe a prescrição em relação às ações individualmente propostas pelos integrantes da categoria profissional em que se postulam as mesmas verbas pretendidas na ação do sindicato, conforme a Orientação Jurisprudencial n. 359 do TST:

> 359. SUBSTITUIÇÃO PROCESSUAL. SINDICATO. LEGITIMIDADE. PRESCRIÇÃO. INTERRUPÇÃO (DJ 14.03.2008). A ação movida por sindicato, na qualidade de substituto processual, interrompe a prescrição, ainda que tenha sido considerado parte ilegítima *ad causam*.

O ajuizamento de protesto interruptivo de prescrição pelo sindicato (ou entidade que represente a categoria profissional), na condição de substituto processual, é hábil para interromper a prescrição bienal e quinquenal.

No processo do trabalho, o protesto tem sido usado notadamente para interromper a prescrição (art. 202, II, do CC) e para preservar a data-base da categoria (art. 616, § 3º da Consolidação das Leis do Trabalho c/c item II da IN n. 4/93 do TST), sempre judicialmente.

O segundo caso — protesto interruptivo da data-base — é utilizado no âmbito coletivo e tem por objetivo garantir a data-base de determinada categoria profissional (e a permanência dos direitos previstos na norma coletiva anterior enquanto não há definição da norma coletiva seguinte), em face da demora na composição extrajudicial do conflito coletivo.

---

(742) LORENZETTI, Ari Pedro. *A Prescrição no Direito do Trabalho*. São Paulo: LTr, 1999.

(743) ANTUNES, Letícia Pereira. Protesto interruptivo da prescrição no Processo do Trabalho. *Revista Justiça do Trabalho*, ano 22, n. 258, jun. 2005.

O primeiro caso — protesto para interromper a prescrição —, em princípio pode ocorrer no âmbito individual (com a indicação dos pedidos cuja interrupção prescricional busca-se), sendo mais frequente por meio dos sindicatos da categoria dos trabalhadores (mediante substituição processual).

Exemplo: em uma determinada reclamação trabalhista (ação individual), a reclamante postulou horas extras num período de mais de 10 anos de contrato de trabalho, noticiou e comprovou a existência de uma ação de protesto[744] ajuizada, em 15.10.2010, pelo Sindicato da sua categoria (Sindicato dos Bancários de Porto Alegre e Região), buscando a interrupção do prazo prescricional relativo à pretensão de pagamento de horas extras, sendo que a reclamante constava com uma das substituídas pelo Sindicato no chamado rol de substituídos da ação de protesto. A reclamação trabalhista foi ajuizada em 10.12.2015. O acórdão manteve a sentença de origem, com uma pequena alteração de data, declarando a prescrição de créditos anteriores a 15.12.2005 quanto ao pagamento de horas extras[745].

Lembre-se de que no Código Civil de 2002 há disposição expressa de que a interrupção da prescrição poderá ocorrer uma única vez, nas hipóteses legais previstas nos incisos do art. 202 do Código Civil de 2002, entre os quais está o protesto, não podendo repetir não só a mesma hipótese, como qualquer das outras hipóteses legais.

Em síntese: a interrupção da prescrição poderá ocorrer uma única vez (art. 202 do Código Civil de 2002).

Ainda há que se destacar a situação em que houve a interposição de protesto antes do Código Civil de 2002 (na vigência do Código Civil de 1916, o trabalhador poderia interromper a prescrição tantas quantas fossem as vezes necessárias, com a finalidade de evitar que ela se consumasse, pois não havia limitação legal) e a interposição de novo protesto após a vigência do novo código.

Nessa situação o Tribunal Superior do Trabalho não tem conhecido da interposição do segundo protesto judicial interruptivo de prescrição, ainda que o primeiro protesto tenha sido realizado antes da vigência do novo Código Civil (cuja vigência iniciou em janeiro de 2003), pois quando entrou em vigor o Novo Código Civil, o direito de ação do reclamante estava resguardado por um protesto judicial.[746]

O protesto judicial não se confunde com o protesto cambial, que figura como terceira hipótese de interrupção da prescrição (art. 202, III, Código Civil).

c) Outra causa de interrupção da fluência do prazo prescricional trazida pelo art. 202, III, do Código Civil é o protesto cambial.

No processo civil era comum a chamada cautelar de sustação de protesto para casos de protesto de títulos de créditos perante o Cartório de Protestos de Títulos.

No processo do trabalho, o protesto tem sido usado notadamente para interromper a prescrição (art. 202, II, do CC), para preservar a data-base da categoria (art. 616, § 3º, da Consolidação das Leis do Trabalho c/c item II da IN n. 4/93 do TST), mas sempre judicialmente, não como medida cambial.

Assim, não se aplica ao processo do trabalho essa hipótese.

d) Outra modalidade de causa de interrupção da prescrição prevista pelo art. 202, IV, do Código Civil é a apresentação do título de crédito em juízo de inventário ou em concurso de credores, em que a habilitação do credor em inventário, nos autos da falência ou da insolvência civil, constitui comportamento ativo, demonstrando a intenção do titular do direito em interromper a prescrição.[747]

---

(744) Processo n. 0001407-87.2010.5.04.0023.

(745) TRT da 4ª Região, 8ª Turma, Acórdão do processo 0021730-22.2015.5.04.0029 (RO), Relator: Des. Francisco Rossal de Araujo, DJ 02.12.2016.

(746) BRASIL. Tribunal Superior do Trabalho. Agravo de Instrumento. Ministro Relator: Alberto Luiz Bresciani de Fontan Pereira. Brasília, 2009. Disponível em: <http://brs02.tst.jus.br/cgi-bin/nph-brs?s1=4802269.nia.&u=/Brs/it01.html&p=1&l=1&d=blnk&f=g&r=1>. Acesso em: 29 out. 2009.

(747) GONÇALVES, Carlos Roberto. *Direito Civil Brasileiro*. São Paulo: Saraiva, 2003. v. I.

e) Também se constitui em causa de interrupção da prescrição qualquer ato judicial que constitua em mora o devedor (art. 202, V, Código Civil).

Conforme estudado, a propositura de reclamação trabalhista, ainda que arquivada, é exemplo dessa possibilidade, não obstante tão somente em relação aos pedidos idênticos (art. 11, § 3º, da CLT, com redação dada pela Lei n. 13.467/2017 e Súmula n. 268 do TST).

Numa linha menos restritiva que a determinada pelo legislador da Reforma Trabalhista de 2017, o Tribunal Superior do Trabalho vinha entendendo (até a vigência da Lei n. 13.467/2017 pelo menos) que o ajuizamento de ação de consignação em pagamento pelo empregador interrompe o fluxo do prazo prescricional, por tornar litigiosa a matéria em debate, trazendo como referência de fundamentação a Súmula n. 268 do TST, que trata da interrupção do lapso prescricional em face do ajuizamento de reclamação trabalhista, ainda que arquivada. O julgado do TST abaixo exemplifica:

> AGRAVO DE INSTRUMENTO EM RECURSO DE REVISTA — RITO SUMARÍSSIMO — PRESCRIÇÃO TOTAL — INTERRUPÇÃO DO PRAZO PRESCRICIONAL — AJUIZAMENTO DE ANTERIOR AÇÃO DE CONSIGNAÇÃO EM PAGAMENTO PELO EMPREGADOR. O art. 7º, XXIX, da Constituição da República estabelece como marco final da prescrição o limite de dois anos após a extinção do contrato de trabalho. Ocorre que, em determinadas situações, é possível a interrupção do lapso prescricional, como no caso de ajuizamento de reclamação trabalhista, ainda que arquivada ou extinta sem julgamento de mérito, nos termos dos arts. 202, I e II, do Código Civil de 2002 e 219 do CPC. Nesse exato sentido é o entendimento sufragado na Súmula n. 268 do TST. Tendo a Corte regional consignado que o ajuizamento de ação de consignação em pagamento pelo empregador interrompeu o fluxo do prazo prescricional, por tornar litigiosa a matéria em debate, relativa às razões da dispensa do autor, não há como se divisar ofensa ao art. 7º, inciso XXIX, da Magna Carta, notadamente quando o debate acerca da interrupção ou não da prescrição escapa da seara constitucional, estando regulado pelo Código Civil. A ofensa ao texto constitucional somente poderia se dar de forma reflexa, o que desatende às exigências do § 6º do art. 896 da CLT, que regula as hipóteses de cabimento do recurso de revista sob o rito sumaríssimo (TST, 4ª Turma, processo AIRR 93-24.2011.5.05.0612, Relator Ministro Luiz Philippe Vieira de Mello Filho, DEJT 11.10.2012).

Outro argumento de que a propositura de ação de consignação em pagamento também interrompe a prescrição é de que ela demonstra ato judicial inequívoco do devedor[748].

Note-se que nos casos previstos em lei (art. 335 do Código Civil), se o credor não puder, ou, sem justa causa, recusar receber o pagamento, ou dar quitação na devida forma; se o credor não for, nem mandar receber a coisa no lugar, tempo e condição devidos; se o credor for incapaz de receber, for desconhecido, declarado ausente, ou residir em lugar incerto ou de acesso perigoso ou difícil; se ocorrer dúvida sobre quem deva legitimamente receber o objeto do pagamento; se pender litígio sobre o objeto do pagamento, poderá o devedor ou terceiro requerer, com efeito de pagamento, a consignação da quantia ou da coisa devida (art. 690-A do CPC de 2015; art. 890 do CPC de 1973), extinguindo a obrigação (art. 334 do CC). Tendo em vista que a Consolidação das Leis do Trabalho é omissa acerca dessa espécie de ação e de que há compatibilidade dela com os princípios processuais trabalhistas, pode se aplicar o Código de Processo Civil (art. 690-A do CPC de 2015; art. 890 e seguintes do CPC de 1973) subsidiariamente (art. 769 da Consolidação das Leis do Trabalho).

Nesse sentido, a ação de consignação e julgamento ajuizada na Justiça do Trabalho é regida pelo Código de Processo Civil, excepcionando a regra trabalhista de sujeição aos ritos ordinário ou sumaríssimo, previstos na Consolidação das Leis do Trabalho (art. 1º da IN n. 27/2005 do Tribunal Superior do Trabalho), com exceção da sistemática recursal que se dá de acordo com a Consolidação das Leis do Trabalho (art. 1º da IN n. 27/2005 do Tribunal Superior do Trabalho).

Todavia, algumas dessas normas do Código de Processo Civil têm sido consideradas incompatíveis com o processo do trabalho, como o procedimento extrajudicial de consignação, segundo o qual tratando-se de obrigação em dinheiro, poderá o devedor ou terceiro optar pelo depósito da quantia devida, em

---

(748) PRUNES, José Luiz Ferreira. *Tratado sobre prescrição e a decadência no Direito do Trabalho*. São Paulo: LTr, 1998. p. 360.

estabelecimento bancário, oficial onde houver, situado no lugar do pagamento, em conta com correção monetária, cientificando-se o credor por carta com aviso de recepção, assinado o prazo de 10 (dez) dias para a manifestação de recusa (art. 335, § 1º do CC)[(749)].

A desistência da ação com a expressa concordância da parte adversa devidamente homologada pelo juízo gera a extinção do feito sem resolução de mérito, forte no art. 485, VIII, do CPC de 2015 (art. 267, VIII, do CPC de 1973), permitindo ao reclamante o ajuizamento de nova ação. Tendo em vista que nesse caso houve o ajuizamento de ação trabalhista, pressuposto da Súmula n. 268 do Tribunal Superior do Trabalho para interrupção da prescrição, entende-se que opera a interrupção da prescrição nos mesmos moldes da interrupção pelo ajuizamento de ação arquivada[(750)].

Havendo extinção do processo sem resolução de mérito por indeferimento da petição inicial, também há interrupção da prescrição.

Levando em conta que nesse caso houve o ajuizamento de ação trabalhista, pressuposto do art. 11, § 3º da CLT e da Súmula n. 268 do TST para interrupção da prescrição, entende-se que opera a interrupção da prescrição[(751)].

A hipótese mais comum de indeferimento da petição inicial se dá quando a petição inicial for inepta (inépcia da inicial[(752)]), que no processo do trabalho geralmente se dá parcialmente — relativamente a um ou mais pedidos —, ainda que possa ser declarada inepta toda petição inicial.

Considera-se inepta a petição inicial quando: a) lhe faltar pedido ou causa de pedir; b) da narração dos fatos não decorrer logicamente a conclusão; c) o pedido for juridicamente impossível; d) contiver pedidos incompatíveis entre si. Quando o juiz declara a inépcia da petição inicial, a consequência é a extinção do processo sem julgamento de mérito[(753)], em relação aos pedidos abrangidos pela declaração de inépcia.

Salvo nas hipóteses do art. 330 do CPC de 2015 (art. 295 do CPC de 1973), o indeferimento da petição inicial, por encontrar-se desacompanhada de documento indispensável à propositura da ação ou não preencher outro requisito legal, somente é cabível se, depois de intimada para suprir a irregularidade em 10 (dez) dias, a parte não o fizer, conforme entendimento firmado pelo Tribunal Superior do Trabalho na Súmula n. 263, *in verbis:*

> PETIÇÃO INICIAL. INDEFERIMENTO. INSTRUÇÃO OBRIGATÓRIA DEFICIENTE (nova redação em decorrência do CPC de 2015) — Res. n. 208/2016, DEJT divulgado em 22, 25 e 26.04.2016
>
> Salvo nas hipóteses do art. 330 do CPC de 2015 (art. 295 do CPC de 1973), o indeferimento da petição inicial, por encontrar-se desacompanhada de documento indispensável à propositura da ação ou não preencher outro requisito legal, somente é cabível se, após intimada para suprir a irregularidade em 15 (quinze) dias, mediante indicação precisa do que deve ser corrigido ou completado, a parte não o fizer (art. 321 do CPC de 2015).

---

(749) Sobre a matéria ver: ARAÚJO, Francisco Rossal de. *O novo CPC e o processo do trabalho*: a Instrução Normativa n. 39/2016 — TST: referências legais, jurisprudenciais e comentários. São Paulo: LTr, 2017.

(750) Prescrição — Desistência de ação não apaga a interrupção (TST, 2ª Turma, RR 4.974/79, Relator Ministro Orlando Coutinho, DJ 13.11.81), contido em PRUNES, José Luiz Ferreira. *Tratado sobre prescrição e a decadência no Direito do Trabalho.* São Paulo: LTr, 1998. p. 353.

(751) Reclamatória extinta por inépcia da inicial. O prazo prescricional interrompido em razão da citação válida reinicia-se a partir da sentença que extinguiu o processo. (TST, 4ª Turma, RR 162596/95, Relator Ministro Almir Pazzianottto Pinto, DJ 30.06.95), contido em PRUNES, José Luiz Ferreira. *Tratado sobre prescrição e a decadência no Direito do Trabalho.* São Paulo: LTr, 1998. p. 401.

(752) Art. 335, I, do CPC de 2015 e art. 330, I, do CPC de 1973, aplicáveis ao processo do trabalho, pois preenchidas as exigências de omissão e compatibilidade com as normas processuais trabalhistas (Consolidação das Leis do Trabalho, art. 769).

(753) Art. 966, I, do CPC de 2015 e art. 485, I, do CPC de 1973, aplicáveis ao processo do trabalho, pois preenchidas as exigências de omissão e compatibilidade com as normas processuais trabalhistas (Consolidação das Leis do Trabalho, art. 769).

A leitura da Súmula n. 263 do Tribunal Superior do Trabalho informa que o indeferimento da petição inicial por uma das hipóteses do art. 330 do CPC de 2015 (art. 295 do CPC de 1973) exige a prévia intimação da parte para suprir a irregularidade no prazo de 15 (quinze) dias.

Vale lembrar que, no rito sumaríssimo, o não atendimento da indicação do valor correspondente a cada pedido e correta indicação do nome e endereço do reclamando já importava "o arquivamento da reclamação e condenação ao pagamento de custas sobre o valor da causa" (Consolidação das Leis do Trabalho, art. 852-B, § 1º).

A Lei n. 13.467/17, inspirado no rito sumaríssimo, alterou o § 1º do art. 840 da CLT, passando a exigir a indicação de valor nas reclamações trabalhistas de todos os procedimentos:

> Art. 840. [...]
>
> § 1º Sendo escrita, a reclamação deverá conter a designação do juízo, a qualificação das partes, a breve exposição dos fatos de que resulte o dissídio, o pedido, que *deverá ser certo, determinado e com indicação de seu valor*, a data e a assinatura do reclamante ou de seu representante.
>
> § 2º Se verbal, a reclamação será reduzida a termo, em duas vias datadas e assinadas pelo escrivão ou secretário, observado, no que couber, o disposto no § 1º deste artigo.
>
> § 3º Os pedidos que não atendam ao disposto no § 1º deste artigo serão julgados extintos sem resolução do mérito. (Grifou-se.)

Note-se que, de acordo com o art. 203 do Código Civil, a prescrição "pode ser interrompida por qualquer interessado". Incluem-se aqui as ações ajuizadas pelas entidades sindicais profissionais ou pelo Ministério Público do Trabalho, na condição de substitutos processuais(754), em que mesmo extintos os processos sem resolução de mérito, tais ações geram interrupção da prescrição no que tange a direitos individuais(755). Veja-se exemplificativamente o julgado do TST a seguir:

> EMBARGOS. AÇÃO DE NOTIFICAÇÃO DE INTERRUPÇÃO DA PRESCRIÇÃO. INTERPOSIÇÃO. SINDICATO. SUBSTITUTO PROCESSUAL. LEGITIMIDADE Após o cancelamento da Súmula n. 310 do TST, esta Corte tem entendido que a substituição processual prevista no art. 8º, inciso III, da Constituição da República abrange as ações decorrentes de direitos ou interesses individuais homogêneos, cujo procedimento consta da Lei n. 8.078/90 (Código de Defesa do Consumidor), *plenamente aplicável à hipótese, em que se discute a legitimidade do Sindicato em propor ação de notificação de interrupção do prazo prescricional.* Recurso de Embargos provido. (TST-E-RR-443.625/1998, Relator Ministro Carlos Alberto Reis de Paula, DJU 3.6.2005.)

O Tribunal Superior do Trabalho, por meio da Súmula n. 286, adota entendimento restritivo sobre a possibilidade de o sindicato promover reclamações, em nome próprio, em favor de interesses concretos dos trabalhadores integrantes da respectiva categoria, sendo que a interrupção da prescrição pode ser promovida pelo próprio titular do direito, por quem legalmente o represente, ou por terceiro que tenha legítimo interesse.(756)

f) Interrompe, ainda, a prescrição qualquer ato inequívoco, embora extrajudicial, que importe reconhecimento do direito do autor (art. 202, VI, Código Civil), em que todo ato do empregador que importar reconhecimento da dívida poderá ser invocado como causa interruptiva em favor do empregado.

---

(754) São substitutos processuais no processo do trabalho: as entidades sindicais (sindicato, federação e confederação) e o Ministério Público do Trabalho. A Súmula n. 310 do Tribunal Superior do Trabalho, que dispunha sobre hipóteses restritivas de substituição processual pelos sindicatos, foi cancelada pela Resolução n. 119, de 1º.10.2003 do Pleno desta mesma corte, em atenção a julgamentos do Supremo Tribunal Federal no sentido de interpretar que o art. 8º, III, da Constituição autoriza a substituição processual ampla ao sindicato, para atuar na defesa dos direitos e interesses coletivos ou individuais de seus associados (Supremo Tribunal Federal RE 202.063-0 — Ac. 1ª T., 27.6.97, Rel. Min. Otávio Gallotti), em clara e importante sinalização de mudança de posicionamento do Tribunal Superior do Trabalho sobre essa matéria, passando a aceitar a substituição processual dos sindicatos de forma mais ampla.

(755) CAMINO, Carmen. *Direito individual do trabalho.* 4. ed. Porto Alegre: Síntese, 2004.

(756) FIGUEIREDO, Antonio Borges de. *Prescrição Trabalhista.* Porto Alegre: Síntese, 2002.

Exemplo frequente é o de negociação entre a empresa e a Caixa Econômica Federal, com o objetivo de parcelar as dívidas referentes ao FGTS.[757]

O reconhecimento da dívida pode dar-se por ato judicial ou extrajudicial, podendo ser expresso ou tácito, ainda que o devedor não tenha em vista resguardar o direito do credor. Ademais, não é preciso que o ato de reconhecimento conste em documento escrito, bastando que sua existência possa ser demonstrada por meio de testemunhas.[758]

15. *Prescrição intercorrente. Art. 11-A da CLT, com redação dada pela Lei n. 13.467/17*

Prescrição intercorrente é a perda endoprocessual da pretensão, ou seja, trata-se da prescrição que ocorre no curso do processo e decorre da inércia da parte interessada em satisfazer, na fase de execução, os direitos concedidos na sentença, por isso distinta da prescrição em geral que deve ser declarada na fase de conhecimento que decorre da inércia da parte interessada em ajuizar a ação[759].

Nesse sentido, de acordo com Wagner Giglio[760], a prescrição decorre da inércia do titular de direito subjetivo em provocar o Poder Judiciário a reconhecê-lo, por sentença (prescrição geral), ou a satisfazê-lo, por meio da execução do julgado (prescrição intercorrente). Esclarece Alice Monteiro de Barros[761] que a prescrição intercorrente é a que se verifica durante a tramitação do feito na Justiça, paralisado por negligência do autor na prática de atos de sua responsabilidade.

O art. 11-A da CLT, incluído pela Lei n. 13.467/17, insere expressamente na legislação trabalhista a prescrição intercorrente, nos processos em que a parte permanecer inerte no prazo de dois anos na fase de execução.

Até então, não havia dispositivo expresso sobre o tema no Direito do Trabalho, havendo grande controvérsia doutrinária e jurisprudencial sobre o tema.

O STF tem uma antiga súmula (de 1963, portanto anterior às Constituições de 1967 e 1988) admitindo a compatibilidade da prescrição intercorrente com o Direito do Trabalho:

> Súmula n. 327 do STF — O direito trabalhista admite a prescrição intercorrente.

Embora não tenha sido cancelada, a Súmula n. 327 do STF estava em desuso.

O TST firmou entendimento contrário, pela não aplicação de prescrição intercorrente no Direito do Trabalho. Esse é o posicionamento do TST, na Súmula n. 114:

> Súmula n. 114 do TST — PRESCRIÇÃO INTERCORRENTE (mantida) — Res. n. 121/2003, DJ 19, 20 e 21.11.2003. É inaplicável na Justiça do Trabalho a prescrição intercorrente.

Em um primeiro momento, houve tentativa de compatibilizar os entendimentos, aparentemente antagônicos, entre a súmula do STF e a súmula do TST. O argumento era de que a prescrição intercorrente não seria aplicada se os atos de execução dependessem do Juiz e seria aplicada se os atos de execução depen-

---

(757) CAMINO, Carmen. *Direito individual do trabalho*. 4. ed. Porto Alegre: Síntese, 2004.

(758) LORENZETTI, Ari Pedro. *A Prescrição no Direito do Trabalho*. São Paulo: LTr, 1999.

(759) CHAVES, Luciano Athayde. Prescrição e decadência. In: CHAVES, Luciano Athayde (Org.). *Curso de Processo do Trabalho*. São Paulo: LTr, 2009. p. 451; LEITE, Carlos Henrique Bezerra. *Curso de direito processual do trabalho*. 9. ed. São Paulo: LTr, 2011. p. 553; GIGLIO, Wagner. *Direito Processual do Trabalho*. 8. ed. São Paulo: LTr, 1994. p. 523-524; BARROS, Alice Monteiro de. Aspectos jurisprudenciais da prescrição trabalhista. In: *Curso de Direito do Trabalho*: estudos em memória de Célio Goyatá. 2. ed. São Paulo: LTr, 1994, v. 1. p. 201.

(760) GIGLIO, Wagner. *Direito Processual do Trabalho*. 8. ed. São Paulo: LTr, 1994. p. 523-524.

(761) BARROS, Alice Monteiro de. Aspectos jurisprudenciais da prescrição trabalhista. In: *Curso de Direito do Trabalho:* estudos em memória de Célio Goyatá. 2. ed. São Paulo: LTr, 1994, v. 1. p. 201.

dessem da parte. Entretanto, o TST reafirmou sua posição no sentido da vigência da Súmula n. 114, sendo este entendimento pacificado antes da Lei n. 13.467/17.

Nessa linha, o TST reafirmou este entendimento na IN n. 39/2016, art. 2º, VIII, pela não aplicação dos arts. 921, §§ 4º e 5º, e 924, V, do CPC/2015, que tratam da prescrição intercorrente no Processo Civil.

Entretanto, a Reforma Trabalhista de 2017 trouxe um posicionamento diametralmente oposto ao adotado pelo TST até então (Súmula n. 114 do TST e IN n. 39/2016, art. 2º, VIII, do TST), ao alterar o art. 878 da CLT, que dava poderes de promover a execução de ofício por parte do Juiz do Trabalho em todas as ações e determinar que ocorre a prescrição intercorrente no processo do trabalho no prazo de dois anos (art. 11-A).

Veja-se, não era viável falar em prescrição no curso do processo, na fase de execução, se a execução era de ofício pelo juiz.

Por isso, para o legislador da Lei n. 13.467/17 estipular a prescrição intercorrente (art. 11-A), foi necessário alterar a regra geral da forma em que a execução trabalhista deverá ser impulsionada: em regra, pelo credor; excepcionalmente, de ofício pelo juiz, quando o reclamante não tiver advogado regularmente constituído no processo (conhecido por *jus postulandi)*, conforme a redação dada ao art. 878 da CLT.

Esta era a redação do art. 878 da CLT, originalmente, antes da Lei n. 13.467/17:

> Art. 878. A execução poderá ser promovida por qualquer interessado, ou *ex officio* pelo próprio Juiz ou Presidente ou Tribunal competente, nos termos do artigo anterior.
>
> Parágrafo único. Quando se tratar de decisão dos Tribunais Regionais, a execução poderá ser promovida pela Procuradoria da Justiça do Trabalho.

A nova redação do art. 878 da CLT, dada pela Lei n. 13.467/17, é a que segue:

> Art. 878. A execução será promovida pelas partes, permitida a execução de ofício pelo juiz ou pelo Presidente do Tribunal apenas nos casos em que as partes não estiverem representadas por advogado.

O entendimento adotado pelo art. 11-A da CLT de aplicar a prescrição intercorrente no Direito do Trabalho está alinhado com a Lei n. 11.051/2004, que alterou o § 4º do art. 40 da Lei n. 6.830/80 (Lei de Executivos Fiscais, subsidiariamente aplicável ao Processo do Trabalho por força do art. 889 da CLT) para permitir a declaração de ofício da prescrição intercorrente se, após um ano da determinação do arquivamento dos autos por impossibilidade de prosseguimento da execução, o autor não se manifestar.

Pela CLT, o prazo prescricional intercorrente é de 2 (dois) anos.

O problema é que o § 4º do art. 40 da Lei n. 6.830/80 se aplica aos créditos que a Fazenda Pública executa contra particulares, mas não a créditos de natureza privada.

No processo do trabalho, por exemplo, não tem sentido a determinação de manifestação da Fazenda Pública prevista no mencionado § 4º, por se tratar de execução de crédito de natureza privada.

Com a Reforma Trabalhista de 2017, a prescrição intercorrente poderá ser declarada nos processos em que a parte permanecer inerte no prazo de 2 (dois) anos na fase de execução. A fluência do prazo prescricional intercorrente inicia-se quando o exequente deixa de cumprir determinação judicial no curso da execução (art. 11-A, § 1º, CLT).

Imagine que a Justiça do Trabalho publique uma intimação para o exequente (reclamante) dizer sobre a execução e ele nada faça por 2 (dois) anos. A declaração da prescrição intercorrente pode ser requerida pela parte interessada (executada) ou declarada de ofício pelo juiz (sem postulação da parte interessada) em qualquer grau de jurisdição (art. 11-A, § 2º, CLT).

Este dispositivo também é inovador no processo do trabalho e se aplica apenas à prescrição intercorrente (na fase de execução).

Permanece, pelo menos por enquanto, o entendimento predominante na jurisprudência pátria de não aplicação de prescrição de ofício pelo juiz em relação aos prazos prescricionais para ajuizamento das pretensões trabalhistas (fase de conhecimento) prevista no art. 7º, XXIX da CF e no art. 11, *caput*, da CLT, de 2 (dois) anos contados da extinção do contrato de trabalho e, sucessivamente, dos últimos 5 (cinco) anos precedentes ao ajuizamento da ação, conforme estudado em item próprio.

Também é inovador no processo do trabalho a declaração de prescrição em qualquer grau de jurisdição e se aplica apenas em relação à prescrição intercorrente (fase de execução).

Note-se que permanece também em vigor o entendimento predominante na jurisprudência pátria de não reconhecimento de prescrição (da fase de conhecimento) que não for requerida pela parte interessada "na instância ordinária" (Súmula n. 153).

A instância extraordinária no processo do trabalho é o Tribunal Superior do Trabalho e, ainda, o Supremo Tribunal Federal. Portanto, a prescrição deve ser arguida até o processo "subir" para o tribunal apreciar o recurso ordinário[(762)].

Sobre a fluência do prazo prescricional intercorrente de 2 (dois) anos, o Tribunal Superior do Trabalho posicionou-se na IN n. 41/2018, art. 2º:

> Art. 2º O fluxo da prescrição intercorrente conta-se a partir do descumprimento da determinação judicial a que alude o § 1º do art. 11-A da CLT, desde que feita após 11 de novembro de 2017 (Lei n. 13.467/2017).

Assim, de acordo com o Tribunal Superior do Trabalho, em síntese:

a) a prescrição intercorrente pode ser aplicada inclusive aos processos trabalhistas ajuizados antes de 11.11.2017, desde que posteriormente a esta data tenha havido determinação judicial no curso da execução na forma do § 1º do art. 11-A da CLT e descumprimento da determinação judicial;

b) a contagem do prazo prescricional intercorrente de 2 (dois) anos inicia a partir do descumprimento da determinação judicial a que alude o § 1º do art. 11-A da CLT.

Sinale-se que a declaração da prescrição de ofício deve respeitar o disposto no art. 487, parágrafo único do CPC, que determina que a prescrição e a decadência não serão reconhecidas sem que antes seja dada às partes oportunidade de manifestar-se, sendo vedada a decisão surpresa, aplicável ao processo do trabalho de acordo com a IN n. 39/16 do TST[(763)].

15.1. Principais argumentos favoráveis à incidência de prescrição intercorrente na execução trabalhista

Para os que partilhavam/partilham desse entendimento de aplicação da prescrição intercorrente no processo do trabalho, o § 1º do art. 884 da Consolidação das Leis do Trabalho[(764)] — que dispõe sobre as matérias que podem versar os embargos à execução, entre as quais está "a prescrição da dívida" — dá amparo legal à aplicação da prescrição intercorrente no processo do trabalho, como matéria de defesa, por ocasião dos embargos à execução[(765)] (sem contar com a norma expressa do art. 11-A da CLT, acrescentado pela Lei n. 13.467/17).

---

(762) CARRION, Valentin. *Comentários à Consolidação das Leis do Trabalho*. 31. ed. São Paulo: Saraiva, 2006. p. 83-8.

(763) Sobre a matéria ver: ARAÚJO, Francisco Rossal de. *O novo CPC e o processo do trabalho*: a Instrução Normativa n. 39/2016 — TST: referências legais, jurisprudenciais e comentários. São Paulo: LTr, 2017.

(764) Consolidação das Leis do Trabalho, art. 884: "Garantida a execução ou penhorados os bens, terá o executado 5 (cinco) dias para apresentar embargos, cabendo igual prazo ao exequente para impugnação.
§ 1º A matéria de defesa será restrita às alegações de cumprimento da decisão ou do acordo, quitação ou prescrição da divida".

(765) TEIXEIRA FILHO, Manoel Antônio. *Execução no processo do trabalho*. 7. ed. São Paulo: LTr, 2001. p. 288-289.

De acordo com Bezerra Leite[(766)], já antes da Lei n. 13.467/17, "tal prescrição só pode ser a intercorrente, pois seria inadmissível arguir prescrição sobre pretensão que já consta coisa julgada".

Nesse sentido, Sergio Pinto Martins[(767)] também entendia cabível a prescrição intercorrente no processo do trabalho, antes da Lei n. 13.467/17, e aduzia que ela visa a evitar a perpetração da execução, citando como exemplo "o caso do processo ficar parado na execução por muito tempo" e arguindo que o STF afirma que "prescreve a execução no mesmo prazo da prescrição da ação" (Súmula n. 150) e que "o direito trabalhista admite a prescrição intercorrente" (Súmula n. 327).

Segundo essa corrente, a prescrição da dívida nada tem a ver com a prescrição da fase de conhecimento, pois, na liquidação da sentença, com base em título judicial, não se poderá modificar ou inovar a sentença liquidanda, nem discutir matéria pertinente à causa principal (art. 879, § 1º, Consolidação das Leis do Trabalho).

Outro argumento dessa corrente é que a Lei n. 6.830/80, aplicável subsidiariamente ao processo de execução trabalhista por força do art. 889 da Consolidação das Leis do Trabalho, enuncia:

> Art. 40. O juiz suspenderá o curso da execução, enquanto não for localizado o devedor ou encontrados bens sobre os quais possa recair a penhora, e, nesses casos, não correrá o prazo de prescrição.
>
> [...]
>
> § 2º Decorrido o prazo máximo de 1 (um) ano, sem que seja localizado o devedor ou encontrados bens penhoráveis, o juiz ordenará o arquivamento dos autos.
>
> [...]
>
> § 4º Se da decisão que ordenar o arquivamento tiver decorrido o prazo prescricional, o juiz, depois de ouvida a Fazenda Pública, poderá, de ofício, reconhecer a prescrição intercorrente e decretá-la de imediato.

O § 4º da Lei n. 6.830/80 foi acrescentado pela Lei n. 11.051/04. Com essa alteração foi admitida expressamente a prescrição intercorrente na Lei de Execução Fiscal, desde que ouvida previamente a Fazenda Pública[(768)].

Baseado nesse raciocínio da Lei de Execuções Fiscais, Valentin Carrion[(769)], por exemplo, também defende a aplicação da prescrição intercorrente no processo do trabalho.

Observe-se que mesmo antes da Lei n. 13.467/17 haviam decisões no âmbito dos Tribunais Regionais do Trabalho[(770)] aplicando a prescrição intercorrente, ainda de maneira minoritária.

15.2. Principais argumentos contrários à incidência de prescrição intercorrente na execução trabalhista

No Tribunal Superior do Trabalho há entendimento firmado de que a prescrição intercorrente é inaplicável na Justiça do Trabalho (Súmula n. 114 — DJ 3.11.1980), o que colide com a redação do art. 11-A da

---

(766) LEITE, Carlos Henrique Bezerra. *Curso de Direito Processual do Trabalho.* 9. ed. São Paulo: LTr, 2011. p. 553.

(767) MARTINS, Sergio Pinto. *Direito Processual do Trabalho.* 28. ed. São Paulo: Atlas, 2008. p. 752.

(768) CHAVES, Luciano Athayde. Prescrição e decadência. In: CHAVES, Luciano Athayde (Org.). *Curso de Processo do Trabalho.* São Paulo: LTr, 2009. p. 454.

(769) Ver por todos: CARRION, Valentin. *Comentários à Consolidação das Leis do Trabalho.* 31 ed. São Paulo: Saraiva, 2006. p. 84.

(770) Por exemplo: [...] Pronuncia-se a prescrição intercorrente, durante a fase dita de acertamentos (liquidação de sentença) quando, em havendo acordo firmado nos autos contemplando obrigação futura, o Sindicato-autor não noticia nos autos, dentro do prazo de dois anos do vencimento de cada parcela, o descumprimento do ajuste no que respeita à data de pagamento dos salários dos substituídos. [...] (Tribunal Regional do Trabalho da 4ª região, Processo 00975-1995-751-04-00-6 (AP), Relatora Desembargadora Denise Pacheco, DJ 18.08.2004).

CLT, acrescentado pela Lei n. 13.467/17, mas, vale dizer, ainda não foi cancelada essa Súmula (para cancelar e criar súmulas foram impostos quóruns altos pelo art. 702, *f*, combinado com o art. 8º, § 2º, da CLT).

Antes da Súmula n. 114 do Tribunal Superior do Trabalho, entendeu-se, por um período, aplicável ao processo do trabalho a prescrição intercorrente (Súmula n. 327 do Supremo Tribunal Federal — DJ 13.12.1963), mas apenas se a aplicação da prescrição tivesse como causa única a inércia do autor na prática de atos de sua responsabilidade(771).

Assim, se a paralisação da execução da decisão transitada em julgado se devesse ao Poder Judiciário ou fosse motivada pelo executado, não se aplicaria a prescrição intercorrente.

Nesse sentido, um dos principais argumentos para a não aplicação da prescrição intercorrente é que no processo do trabalho o impulso do processo se dá pelo juiz — impulso oficial ou de ofício, art. 765 da Consolidação das Leis do Trabalho —, inclusive na fase de liquidação e execução, não se podendo tributar ao exequente os efeitos de uma morosidade processual que normalmente não é sua. Note-se que esse artigo não foi modificado pela Lei n. 13.467/17.

Mais especificamente na execução, havia disposição expressa na Consolidação das Leis do Trabalho de que ela pode ser promovida por qualquer interessado ou de ofício pelo Juiz (art. 878 da Consolidação das Leis do Trabalho), o que impossibilita, como princípio, qualquer imputação de perda da pretensão à execução por inércia da parte reclamante(772). Esse artigo foi alterado pela Lei n. 13.467/17, conforme visto e comparado anteriormente, que passou a permitir a execução de ofício pelo juiz, apenas excepcionalmente, quando o exequente estiver sem advogado constituído nos autos (*jus postulandi).*

Outro argumento é de que se trata de interpretação de matéria que guarda relação direta com a coisa julgada (art. 5º, XXXVI, da Constituição Federal). E o Tribunal Superior do Trabalho(773) vinha proferindo decisões no sentido de haver ofensa à coisa julgada a aplicação da prescrição intercorrente na execução, impossibilitando o cumprimento da sentença exequenda. Segundo esse entendimento, a coisa julgada deve ser respeitada, procedendo-se a suspensão da execução até o cumprimento da coisa julgada (não havendo que se falar em prescrição intercorrente), sob pena de se prestigiar o devedor inadimplente.

Mais outro argumento é o de que a execução trabalhista é apenas uma fase do processo, devendo se submeter aos mesmos prazos prescricionais que se referem ao processo como um todo(774). Este era o entendimento de Delgado(775), por exemplo.

Estes argumentos, de acordo art. 11-A da CLT, com redação dada pela Lei n. 13.467/17, passam a ser válidos somente para os casos em que a parte não tenha advogado constituído nos autos (*jus postulandi*).

---

(771) BARROS, Alice Monteiro de. *Curso de Direito do Trabalho.* 4. ed. São Paulo: LTr, 2008. p. 1043.

(772) AÇÃO RESCISÓRIA. PRESCRIÇÃO DA AÇÃO DE EXECUÇÃO. VIOLAÇÃO DO ART. 7º, XXIX, DA CONSTITUIÇÃO FEDERAL. NÃO CARACTERIZAÇÃO. Esta Colenda SBDI-2 tem perfilhado a tese de ser inaplicável, na execução trabalhista, o disposto no art. 7º, inciso XXIX, da Lei Maior, quer por referir-se exclusivamente ao processo de conhecimento, quer por contemplar dupla possibilidade de prazos sem que seja possível estabelecer aquele que seria o adequado à execução, visto que não especificada a hipótese na norma. Ora, não sendo aplicável, não é possível reconhecer a sua violação literal para efeitos de desconstituição da coisa julgada. Esse entendimento deve-se ao fato de que referido dispositivo constitucional estabelece duplo prazo prescricional para as ações trabalhistas: de 5 anos a partir da lesão do direito ou de até o limite de 2 anos da extinção do contrato. Verifica-se que a norma em comento tratou apenas da ação cognitiva, tendo em vista que a execução de decisão condenatória na Justiça do Trabalho não mais contrapõe empregado a empregador, mas exequente a executado, e tem como *dies a quo* da sua deflagração o trânsito em julgado da decisão. Vale ressaltar, por oportuno, que a questão relativa à aplicação da prescrição intercorrente, no processo do trabalho, encontra-se pacificada por meio do Enunciado n. 114 do Tribunal Superior do Trabalho, que preconiza a tese da inaplicabilidade da aludida prescrição na Justiça do Trabalho (TST, ROAR 51853/2002-900-02-00, Relator Ministro Emannoel Pereira, DJ 28.05.2004).

(773) TST, 6ª Turma, RR-728/1980-014-15-00, Rel. Ministro Aloysio Corrêa da Veiga, DJ 13.10.2006.

(774) A execução trabalhista é mero epílogo do processo de conhecimento e portanto, não se sujeita aos mesmos limites temporais no que tange a prescrição. (TRT2ª R. — AP 02960198365 — Ac. 10ª T. 02970030068 — Relª Juíza Maria Inês Moura Santos Alves da Cunha — DOESP 7.2.1997).

(775) DELGADO, Mauricio Godinho. *Curso de Direito do Trabalho.* 5. ed. São Paulo: LTr, 2006. p. 280-281.

Note-se que a ausência de bens a garantir a execução — situação infelizmente corriqueira — não pode ser considerada como inércia do titular do direito(776).

O entendimento até então firmado pela jurisprudência dominante de não cabimento da prescrição intercorrente já encontrava antes da Lei n. 13.467/17 temperamentos na própria jurisprudência, admitindo-a em casos muito específicos, quando manifesta a desídia da parte na efetivação de diligências de sua responsabilidade, notadamente quando assistida por advogado(777).

Nesse sentido, antes da Lei n. 13.467/17 já havia no Tribunal Superior do Trabalho(778) corrente favorável à prescrição intercorrente quando o trabalhador conta com assistência de advogado e "o estancamento do processo acontece ante a inércia do autor em praticar atos de sua responsabilidade, sob pena de permanecerem os autos na secretaria *ad aeternum*".

Trata-se de um problema prático que assola as Varas do Trabalho, pois essa conduta inerte da parte interessada (quando existe algo a ser feito pelo exequente, é claro) afronta o princípio da celeridade processual — um dos princípios basilares do processo do trabalho —, e prejudica o andamento não somente desse processo, mas toda a sistemática das Varas do Trabalho.

15.3. Prescrição intercorrente dos executivos fiscais para cobrança de multa administrativa aplicada pela auditoria fiscal do Ministério do Trabalho e Emprego e da execução dos créditos previdenciários na Justiça do Trabalho

Antes da Lei n. 13.467/17 já havia um tratamento diferenciado sobre a aplicação da prescrição intercorrente em relação às execuções fiscais para cobrança de multa administrativa aplicada pela auditoria fiscal do Ministério do Trabalho e Emprego e da execução dos créditos previdenciários na Justiça do Trabalho.

A ampliação da competência da Justiça do Trabalho, consubstanciada, sobretudo, pela Emenda Constitucional n. 45/04, produziu a convivência, no âmbito judicial trabalhista, de critérios normativos distintos de regência da matéria prescricional. Esta distinção torna-se muito relevante no que tange à prescrição intercorrente.

No plano das relações regidas pelo Direito Civil, Direito Administrativo, Direito Tributário e Direito Processual Civil, em que não impera a especificidade fática e jurídica responsável pela existência do Direito do Trabalho e Direito Processual do Trabalho, é mais reduzida a resistência ao acolhimento da prescrição intercorrente, como nos casos nos quais o conflito se dá entre o empregador apenado e o Estado/fiscalizador das relações de trabalho (art. 114, VII, da CF) ou de execução dos créditos previdenciários na Justiça do trabalho (art. 114, VIII, da CF).(779)

Ora, em tais situações substantivamente distintas das empregatícias e conexas — situações que se situam, pois, fora do Direito do Trabalho e, de maneira geral, fora do Direito Processual do Trabalho —,

---

(776) RECURSO DE REVISTA. EXECUÇÃO. PRESCRIÇÃO INTERCORRENTE. INAPLICABILIDADE NA JUSTIÇA DO TRABALHO. A ausência de bens a garantir a execução impediu o impulso oficial a ser dado nesta fase processual. Não se depreende daí inércia do titular do direito, ainda que de vinte anos o interstício entre a data da liquidação da sentença e o desarquivamento do processo, e sim, a dificuldade natural do empregado, credor, em dar impulso ao feito ante o insucesso na tarefa árdua de encontrar os bens do devedor para apresentação em juízo. A coisa julgada deve ser respeitada, procedendo-se a suspensão da execução até o cumprimento da *res judicata*, sob pena de se prestigiar o devedor inadimplente. Recurso de revista conhecido e provido (TST, 6ª Turma, RR-728/1980-014-15-00, Relator Ministro Aloysio Corrêa da Veiga, DJ 13.10.2006).

(777) CHAVES, Luciano Athayde. Prescrição e decadência. In: CHAVES, Luciano Athayde (Org.). *Curso de Processo do Trabalho*. São Paulo: LTr, 2009. p. 454.

(778) TST, RR-153.542/94.5, Relator Ministro Armando de Brito, DJ 16.2.1996.

(779) TST, 6ª Turma, AIRR 4540-49.2008.5.02.0010, Relator Ministro Mauricio Godinho Delgado, DEJT 14.05.2010.

não há porque se restringir, de maneira especial, os critérios de incidência de prescrição intercorrente que já estejam consagrados naqueles ramos não tuitivos da ordem jurídica.(780)

O crédito objeto do executivo fiscal qualifica-se, por sua natureza administrativa, por ser proveniente de multa aplicada pela Auditoria Fiscal do Ministério do Trabalho e Emprego, não tendo por isso incidência a norma do art. 174 do Código Tributário Nacional, tanto quanto não tem as normas dos arts. 177 e 179 do Código Civil de 1916, 205 e 2.028 do Código Civil de 2002, em virtude de a relação jurídica entre a agravante e a agravada identificar-se como de Direito Público, regida pelas normas de Direito Administrativo. (781)

Com isso, ganha indisputada relação de pertinência temática o prazo prescricional de 5 (cinco) anos, previsto no art. 1º do Decreto n. 20.910/32, não obstante diga respeito às dívidas passivas da Administração, na esteira do princípio da simetria, segundo o qual idêntico prazo prescricional deve ser observado para as ações ou executivos fiscais, em que o objeto seja a cobrança de multa de natureza administrativa.(782)

Ademais, de acordo com o art. 1º-A da Lei n. 9.873/99, com a redação dada pela Lei n. 11.941/2009, constituído definitivamente o crédito não tributário, após o término regular do processo administrativo, prescreve em 5 (cinco) anos a ação de execução da administração pública federal relativa a crédito decorrente da aplicação de multa por infração à legislação em vigor.

De acordo com Luciano Athayde Chaves(783) também se aplica a prescrição intercorrente na execução dos créditos previdenciários na Justiça do Trabalho (art. 114, VIII, da CF), com fulcro no § 4º da Lei n. 6.830/80, acrescentado pela Lei n. 11.051/04, aplicável subsidiariamente ao processo do trabalho (por força do art. 889 da Consolidação das Leis do Trabalho), desde que ouvida previamente a Fazenda Pública, no entender do autor(784).

Note-se que o art. 11-A da CLT, com redação dada pela Lei n. 13.467/17, dispõe que a prescrição intercorrente se dá no prazo de 2 (dois) anos.

E a legislação fiscal fixa o prazo prescricional intercorrente de 5 (cinco) anos, conforme previsto nos arts. 1º do Decreto n. 20.910/32 e 1º da Lei n. 9.873/99.

Hierarquicamente, as normas sob comparação estão no mesmo plano.

A CLT é mais específica no processo do trabalho que a legislação fiscal, razão pela qual eventual conflito aparente de normas deve ser resolvido pela aplicação da norma mais específica.

Nesse contexto, o prazo prescricional aplicável às pretensões de cobrança de multa administrativa pela Fazenda Pública — Ministério do Trabalho e Emprego, deve observar o art. 11-A da CLT.

16. Prescrição da pretensão de indenização por danos morais

A Justiça do Trabalho tem competência para apreciar pedidos de danos morais, conforme previsão expressa no inciso VI do art. 114 da Constituição Federal, acrescentado pela Emenda Constitucional n. 45/04.

Antes da previsão constitucional, o Tribunal Superior do Trabalho já havia firmado entendimento de que "nos termos do art. 114 da CF/1988, a Justiça do Trabalho é competente para dirimir controvérsias

(780) TST, 6ª Turma, AIRR 4540-49.2008.5.02.0010, Relator Ministro Mauricio Godinho Delgado, DEJT 14.05.2010.

(781) TST, 4ª Turma, AIRR-50240-47.2007.5.06.0004, Relator Ministro Antônio José de Barros Levenhagen, DEJT 09.04.2010.

(782) TST, 4ª Turma, AIRR-50240-47.2007.5.06.0004, Relator Ministro Antônio José de Barros Levenhagen, DEJT 09.04.2010.

(783) CHAVES, Luciano Athayde. Prescrição e decadência. In: CHAVES, Luciano Athayde (Org.). *Curso de Processo do Trabalho*. São Paulo: LTr, 2009. p. 454.

(784) O Tribunal Superior do Trabalho tem pronunciado prescrição intercorrente e de ofício nos executivos fiscais para cobrança de multa administrativa aplicada pela Auditoria Fiscal do Ministério do Trabalho e Emprego, conforme, por exemplo: TST, 6ª Turma, AIRR 4540-49.2008.5.02.0010, Relator Ministro Mauricio Godinho Delgado, DEJT 14.05.2010.

referentes à indenização por dano moral, quando decorrente da relação de trabalho" (OJ n. 327 da SDI-1, posteriormente incorporada pela Súmula n. 392).

No que tange à prescrição da pretensão por danos morais, há controvérsia na doutrina e na jurisprudência sobre qual legislação e qual prazo prescricional devem ser aplicáveis às pretensões de danos morais.

Esta controvérsia, assim como a que ocorre em relação à prescrição da pretensão de indenização por acidente do trabalho e casos equiparados (cuja pretensão pode contemplar indenização por danos materiais e/ou morais), tem por base a dissonância entre o prazo prescricional de 3 (três) anos previsto no Código Civil para ações dessa natureza (art. 206, § 3º, V, do Código Civil de 2002, observada a regra de transição do art. 2.028 do Código Civil, quando for o caso) e o prazo prescricional de 2 (dois) anos contados da extinção contratual e de 5 (cinco) anos contados do ajuizamento da ação (previsto no art. 7º, inciso XXIX, da Constituição Federal, com redação dada pela EC n. 45/2004).

Todavia, aqui a discussão não está centrada na ocorrência dos danos morais antes ou depois da vigência da EC n. 45/2004 (publicada em 31.12.2004), porque está matéria já era de competência da Justiça do Trabalho antes da EC n. 45/2004 (conforme a OJ n. 327 da SDI-1, posteriormente incorporada pela Súmula n. 392).

A discussão sobre a prescrição da pretensão dos danos morais centra-se na natureza dos danos morais e a partir daí a legislação que deve ser aplicada em relação aos prazos prescricionais:

A) No Tribunal Superior do Trabalho[785] tem prevalecido o entendimento de que em se tratando de pretensão de indenização por danos morais (e materiais) perante a Justiça do Trabalho, aplicam-se os prazos prescricionais previstos no art. 7º, inciso XXIX, da Constituição de 1988, sob o fundamento de que a lesão decorreu da relação de trabalho e o ordenamento jurídico trabalhista possui esta previsão específica para a prescrição.

B) Não obstante, há uma segunda corrente defendendo que a lesão por danos morais não possui propriamente natureza trabalhista, mas civil[786] ou constitucional[787], e não havendo normas expressas a respeito, aplicam-se de forma supletiva os prazos prescricionais da legislação comum civil, qual seja, de 20 (vinte) anos para as lesões ocorridas até 9.1.2003 (art. 177 do Código Civil de 1916) e 3 anos para as reparações civis ocorridas a partir de 10.1.2003 (art. 206, § 3º, inciso V, do Código Civil de 2002), observada a regra de transição prevista no art. 2.028 da Lei n. 10.406/2002 (Código Civil de 2002).

O Código Civil de 1916 estabelecia prazo prescricional vintenário, e o novo Código (em vigor a partir de janeiro de 2003) fixou em 3 (três) anos a prescrição. Assim, para evitar prejuízo às partes, o legislador propôs uma regra de transição, pela qual os prazos serão os da lei anterior, quando reduzidos pelo novo Código e se, na data de sua entrada em vigor, já houver transcorrido mais da metade do tempo estabelecido na lei revogada (art. 2.028 do Código Civil).

C) Para uma terceira , o dano moral envolve lesão aos direitos de personalidade, intransmissíveis, irrenunciáveis e imprescritíveis[788]. Para esta corrente, bastante minoritária, não haveria incidência de prescrição sobre a pretensão de indenização por danos morais.

Em síntese, embora a matéria seja controvertida, predomina o entendimento de que a pretensão por danos morais prescreve nos prazos prescricionais previstos no art. 7º, inciso XXIX, da Constituição de 1988: 2 (dois) anos contados da extinção contratual e 5 (cinco) anos contados da lesão (do dano moral).

---

(785) TST, 3ª Turma, RR-282/2006-29104.00-5, Relator Ministro Alberto Luiz Bresciani de Fontan Pereira, DJ 5.6.2009; TST, 5ª Turma, RR-1.519/2005-026-05-00.3, 5ª T, Rel. Min. Emmanoel Pereira, DJ 24.08.2007.

(786) Conforme explica Sergio Pinto Martins, citando Georges Ripert, René Demogue e Savatier, "há autores que entendem que a natureza jurídica da indenização por dano moral é uma pena, uma pena civil" (MARTINS, Sergio Pinto. *Dano moral decorrente do contrato de trabalho*. São Paulo: Atlas, 2007. p. 32).

(787) MELO, Raimundo Simão de. *Direito ambiental do trabalho e a saúde do trabalhador*. 2. ed. São Paulo: LTr, 2006. p. 187.

(788) Conforme explica CHAVES, Luciano Athayde. Prescrição e decadência. In: CHAVES, Luciano Athayde (Org.). *Curso de Processo do Trabalho*. São Paulo: LTr, 2009. p. 427-428.

O julgado abaixo exemplifica a matéria:

Prescrição. Indenização por danos morais. A indenização por dano moral decorrente de relação de emprego é de natureza trabalhista, motivo pelo qual aplica-se a prescrição quinquenal, observada a bienal, prevista no art. 7º, inciso XXIX, da Constituição Federal. Caso em que a pretensão está fulminada pela prescrição quinquenal, tendo em vista que os fatos que ensejaram o pedido ocorreram há mais de cinco anos da extinção contratual.

Acórdão — Processo 0021478-74.2014.5.04.0022 (RO)

Data: 02.06.2017

Órgão julgador: 9ª Turma

Redator: Manuel Cid Jardon

17. *Prescrição da pretensão de indenização por acidente do trabalho e casos equiparados*

Durante muito tempo (até 2004/2005) as indenizações decorrentes de acidente do trabalho e casos equiparados a acidente do trabalho eram de competência da Justiça Comum.

A Justiça Comum ao longo dos anos pacificou entendimento de que o prazo prescricional (termo inicial) para ações dessa natureza se iniciava com a data da ciência inequívoca da incapacidade laboral, data do exame pericial que comprovou a enfermidade ou verificou a natureza da incapacidade, conforme as Súmulas ns. 230 do STF e 278 do STJ:

STF, Súmula n. 230. A prescrição da ação de acidente do trabalho conta-se do exame pericial que comprovar a enfermidade ou verificar a natureza da incapacidade (DJ de 13.12.1963).

STJ, Súmula n. 278. O termo inicial do prazo prescricional, na ação de indenização, é a data em que o segurado teve ciência inequívoca da incapacidade laboral (DJ 16.06.2003).

Na Justiça do Trabalho ainda se utiliza desses entendimentos para se verificar a data em que inicia a contagem do prazo prescricional (termo inicial), assunto que é o elemento central do debate de muitos processos.

Nesse sentido, o Enunciado n. 46 aprovado, em 23.11.2007, na 1ª Jornada de Direito Material e Processual na Justiça do Trabalho, promovida e realizada pelo TST, pela ANAMATRA e pela Escola Nacional de Formação e Aperfeiçoamento de Magistrados (ENAMAT), com o apoio do Conselho Nacional das Escolas de Magistratura do Trabalho (CONEMATRA), *in verbis:* "Acidente do Trabalho. Prescrição. Termo inicial. O termo inicial do prazo prescricional da indenização por danos decorrentes de acidente do trabalho é a data em que o trabalhador teve ciência inequívoca da incapacidade laboral ou do resultado gravoso para a saúde física e/ou mental[789].

Veja-se, a título ilustrativo, os exemplos a seguir.

Exemplo 1. TST, 6ª Turma, AIRR — 15100-61.2006.5.15.0092, Relator Ministro Mauricio Godinho Delgado, DJ: 23.11.2011.

Trata-se de ação trabalhista ajuizada em 31.01.2006, sendo que a doença relacionada ao trabalho iniciou em período que não observa os prazos prescricionais trabalhistas previstos no art. 7º, inciso XXIX, da Constituição Federal.

Todavia, a data do diagnóstico definitivo da doença ocorreu em 28.07.2005. Entendeu a 6ª Turma do TST que o início do prazo prescricional deve ser contado a partir da data do diagnóstico definitivo da

(789) Informação extraída do sítio da Associação Nacional dos Magistrados da Justiça do Trabalho (ANAMATRA) na internet: <www.anamatra.org.br>.

doença, ou seja, quando o autor teve ciência inequívoca da incapacidade laboral. Assim, não foi declarada prescrição neste caso.

Exemplo 2. TRT da 4ª Região, 8ª Turma, Processo n. 0020217-34.2016.5.04.0821 RO. Relator: Des. João Paulo Lucena, DJ 18.05.2017.

Trata-se de ação trabalhista ajuizada em 09.05.2016, pretendendo o recorrente a condenação da ré ao pagamento de indenização por dano moral decorrente de acidente do trabalho. O recorrente alegou na petição inicial que, por culpa da empregadora, sofreu acidente do trabalho no dia 27.04.2011, portanto a mais de 5 (cinco) anos do ajuizamento da ação. Veja-se:

(...) em 27.04.2011 o Rcte. caiu de uma escada de 6,0 metros de altura, no ambiente de trabalho, às 03:20 hs. da madrugada, sem fazer uso de EPI'S, sofrendo inequívoco acidente de trabalho e fraturando o dedo indicador da mão esquerda, o punho esquerdo (do qual até hodiernamente ainda não recuperou os movimentos) e o fêmur esquerdo (no qual ainda hoje carrega uma haste intramedular colocada à época ((ver CAT'S em anexo). Desde então o Rcte. sofre de diversas moléstias de ordem ortopédica, com especial dificuldade para deambular, razão pela qual inclusive ainda hodiernamente está em gozo de auxílio-doença (ver vários comunicados de decisão do INSS em anexo). O Rcte sofre. também de diversas moléstias de origem vascular, com risco tromboembólico (ver atestados médicos em anexo).

Em decorrência do infortúnio, o recorrente foi submetido a tratamentos cirúrgico e conservador (*v.g.*, Id. f09bb3f, p. 1, Id. 8064f1c e prova pericial médica), com controle da evolução do tratamento das lesões, segundo o documentado nos autos, por meio de exames de imagem nos anos de 2013, 2015 e 2016 (Ids. 6fb935e, p. 2 e 344 a 481). As provas documental e pericial médica igualmente revelam que o recorrente, desde o acidente do trabalho ocorrido em 27.04.2011, encontra-se afastado do trabalho, estando em gozo de benefício previdenciário (auxílio-doença acidentário) em razão das lesões resultantes do sinistro, constando, no documento juntado no Id. d87d021, p. 2, emitido pelo INSS em 08.04.2016, a previsão de término do benefício em 31.01.2017.

Neste caso, também foi afastada a prescrição, pois quando do ajuizamento da ação "a ciência inequívoca do alcance da incapacidade laboral ainda não estava estabelecida".

Outra questão ensejadora de controvérsia na jurisprudência diz respeito a qual legislação e qual prazo prescricional aplicável às pretensões decorrentes de acidentes do trabalho e doenças ocupacionais.

Tal controvérsia tem por base a dissonância entre o prazo prescricional de 3 (três) anos previsto no Código Civil para ações dessa natureza (art. 206, § 3º, V, do Código Civil de 2002, observada a regra de transição do art. 2.028 do Código Civil, quando for o caso) e o prazo prescricional de 2 (dois) anos contados da extinção contratual e de 5 (cinco) anos contados do ajuizamento da ação (previsto no art. 7º, inciso XXIX, da Constituição Federal, com redação dada pela EC n. 45/2004).

O marco definido pelo TST para solução do impasse foi a data de publicação da EC n. 45/2004 (31.12.2004).

Assim, em se tratando de acidente de trabalho e casos equiparados, o prazo prescricional a ser aplicado depende do momento da ocorrência do acidente de trabalho e da ciência inequívoca das lesões ter ocorrido antes ou depois da vigência da EC n. 45/2004:

A) Caso o momento da ocorrência do acidente de trabalho e da ciência inequívoca das lesões *tenham ocorrido* ***depois*** *da vigência da EC n. 45/2004* (publicada em 31.12.2004), *a prescrição a ser aplicada é a trabalhista*, prevista no art. 7º, inciso XXIX, da Constituição Federal.

Dessa forma, deve ser afastada a declaração de prescrição não tendo transcorrido 5 (cinco) anos entre a data do acidente de trabalho (ou caso equiparado a acidente do trabalho) e o ajuizamento da presente ação nem 2 (dois) anos entre o término do contrato de trabalho e a propositura.

B) Caso o momento da ocorrência do acidente de trabalho e da ciência inequívoca das lesões *tenham ocorrido antes da vigência da EC n. 45/2004* (publicada em 31.12.2004), *incide o prazo prescricional de 3 (três) anos*, previsto no art. 206, § 3º, V, do Código Civil, observada a regra de transição do art. 2.028 do Código Civil, quando for o caso.

Consoante a regra de transição prevista no art. 2.028 do atual Código Civil, não transcorrido mais da metade do prazo prescricional de 20 anos, a partir de sua vigência (12.1.2003), aplica-se a prescrição trienal do art. 206, § 3º, do referido diploma legal.

Nesse sentido, a jurisprudência do TST colacionada a seguir resume e exemplifica o posicionamento pacificado nesta Corte:

> AGRAVO DE INSTRUMENTO. RECURSO DE REVISTA — DESCABIMENTO. INDENIZAÇÃO POR DANO MORAL DECORRENTE DE ACIDENTE DE TRABALHO. PRESCRIÇÃO. A jurisprudência desta Corte tem-se firmado no sentido de que a definição do prazo prescricional deve ser feita de acordo com a data do acidente de trabalho (se antes ou após a vigência da Emenda Constitucional n. 45/04). No caso de a lesão ser posterior à alteração da Constituição Federal, aplica-se o prazo do art. 7º, XXIX, da Carta Magna. Por outro lado, na hipótese do sinistro ter ocorrido em período anterior à referida Emenda, incide o prazo do Código Civil. Consoante a regra de transição prevista no art. 2.028 do atual Código Civil, não transcorrida mais da metade do prazo prescricional de 20 anos, a partir de sua vigência (12.1.2003), aplica-se a prescrição trienal do art. 206, § 3º, do referido diploma legal. Agravo de instrumento conhecido e desprovido. (TST-AIRR-156040-22.2007.5.02.0442)

No âmbito da 4ª Região, a controvérsia permaneceu por mais tempo.

Somente em 2016 a jurisprudência foi uniformizada.

Conforme pesquisado no acórdão do Incidente de Uniformização de Jurisprudência — IUJ — processo n. 0006612-93.2015.5.04.0000, do TRT 4, o entendimento deste Regional estava dividido da seguinte forma:

a) 32 dos 46 desembargadores integrantes do TRT4 entendiam que o prazo prescricional aplicável às demandas em que postulada indenizações (moral e material) de acidente do trabalho era o trabalhista;

b) 14 desembargadores aplicavam ao mesmo caso a prescrição prevista no Código Civil, considerada a natureza civil da reparação, porquanto decorrente de ato ilícito do empregador.

Prevaleceu o entendimento adotado pelo TST, de acordo com a Súmula n. 91 do TRT da 4ª Região:

> Súmula n. 91. PRESCRIÇÃO. ACIDENTE DO TRABALHO OU DOENÇA A ELE EQUIPARADA. Resolução Administrativa n. 27/2016. Disponibilizada no DEJT dos dias 29 e 30.06.2016 e 01.07.2016.
>
> Aplica-se o prazo prescricional previsto no art. 7º, XXIX, da Constituição Federal à pretensão de pagamento de indenização por danos patrimoniais e extrapatrimoniais decorrentes de acidente do trabalho ou de doença a ele equiparada ocorridos após a edição da Emenda Constitucional n. 45/2004.

Outra nuance que a matéria tem é no caso de a lesão ter acontecido na época da vigência do Código Civil de 1916 (com prescrição vintenária para pretensão de indenização) e a ação ter sido ajuizada no juízo cível após a vigência da EC n. 45/2004. Julgando um caso concreto em que o autor teve comprovada perda auditiva induzida por ruído ocorrida em 23.4.1991 e ação foi ajuizada em 2006, a 3ª Turma do TST entendeu que o autor tinha "o direito adquirido quanto à contagem do prazo prescricional (art. 5º, XXXVI, da CF/88), ainda que ajuizada a presente ação após a EC n. 45/2004 perante a Justiça Comum, porque aplicável o princípio do *tempus regit actum*"[790]. Foi afastada a prescrição neste caso.

Outra matéria objeto de controvérsia jurisprudencial é a seguinte: quando o contrato de trabalho está suspenso em razão de o trabalhador estar em benefício previdenciário de auxílio-doença ou aposentadoria por invalidez, o prazo prescricional quinquenal fica correndo ou não?

Havia quem defendesse que a doença do empregado era uma causa suspensiva da fluência da prescrição por analogia ao art. 199, I, do Código Civil, que dispõe que não corre prescrição "pendendo de condição suspensiva", todavia o TST consolidou sua posição de que o gozo de beneficio previdenciário por incapaci-

(790) TST, 3ª Turma, Processo ED-RR — 30200-72.2006.5.03.0033, Relatora Ministra: Rosa Maria Weber Candiota da Rosa, Data de Julgamento 29.04.2009, Data de Publicação: DEJT 22.05.2009.

dade laboral não impede que o prazo prescricional quinquenal siga correndo, com uma exceção: absoluta impossibilidade de acesso ao judiciário.

Nesse quadrante é a Orientação Jurisprudencial n. 375 da SBDI- I do TST:

> OJ n. 375 da SBDI- I. AUXÍLIO-DOENÇA. APOSENTADORIA POR INVALIDEZ. SUSPENSÃO DO CONTRATO DE TRABALHO. PRESCRIÇÃO. CONTAGEM. A suspensão do contrato de trabalho, em virtude da percepção do auxílio-doença ou da aposentadoria por invalidez, não impede a fluência da prescrição quinquenal, ressalvada a hipótese de absoluta impossibilidade de acesso ao judiciário.

Trata-se de ônus do trabalhador provar, no caso concreto, que detém absoluta incapacidade[791] (art. 818 da CLT) para ajuizar sua ação durante o período em que está em gozo de auxílio-doença ou aposentadoria por invalidez.

Esse posicionamento jurisprudencial força o empregado, nessas condições, a ajuizar ação trabalhista, de tudo que tiver direito nos casos concretos, durante a vigência do contrato de trabalho (embora suspenso em face do benefício previdenciário), o que é um prática possível, mas não comum.

18. Legitimidade para arguição da prescrição

Tem legitimidade para arguição de prescrição, além da própria parte ("parte a quem aproveita" na expressão do art. 193 do Código Civil), o terceiro interessado, como o responsável subsidiário nas terceirizações[792], por exemplo.

Esta matéria pode ser conectada com a inovação trazida pela Lei n. 13.467/17 no que tange à relativização da revelia.

De acordo com o art. 844, § 4º, da CLT, com redação dada pela Lei n. 13.467/17, havendo pluralidade de reclamados, se algum deles contestar a ação (art. 844, § 4º da CLT), não haverá pena de confissão. Veja-se:

> Art. 844. [...]
>
> (...)
>
> § 4º A revelia não produz o efeito mencionado no *caput* deste artigo se:
>
> I — havendo pluralidade de reclamados, algum deles contestar a ação.

Considerando que o momento ideal para arguição de prescrição é na contestação, havendo pluralidade de reclamados, se algum deles, na contestação, arguir prescrição, abrangerá aos demais que não sofrerão pena de confissão, de acordo com o a redação do art. 844, § 4º da CLT.

Além disso, tem sido objeto de debate a possibilidade ou não de o Ministério Público arguir prescrição. O Tribunal Superior do Trabalho tem entendido que, na qualidade de fiscal da lei, o Ministério Público do Trabalho não tem legitimidade para arguir a prescrição em favor de entidade de direito público, em matéria de direito patrimonial, conforme a Orientação Jurisprudencial n. 130 da SDI-1:

> TST, Orientação jurisprudencial n. 130 da SDI-1: PRESCRIÇÃO. MINISTÉRIO PÚBLICO. ARGUIÇÃO. *CUSTOS LEGIS*. ILEGITIMIDADE (DJ 20.04.2005). Ao exarar o parecer na remessa de ofício, na qualidade de *custos legis*, o Ministério Público não tem legitimidade para arguir a prescrição em favor de entidade de direito público, em matéria de direito patrimonial (arts. 194 do Código Civil de 2002 e 219, § 5º, do CPC).

(791) Sobre incapacidade absoluta ver art. 3º do Código Civil.

(792) DELGADO, Mauricio Godinho. *Curso de Direito do Trabalho*. 5. ed. São Paulo: LTr, 2006. p. 276-277.

19. *Momento para a arguição da prescrição*

Inicialmente cabe dizer que com a inclusão do art. 11-A da CLT, por meio da Lei n. 13.467/17, legislando sobre a prescrição intercorrente no processo do trabalho, passa-se a ter possibilidade de declaração de prescrição em dois momentos do processo: os prazos prescricionais para ajuizamento das pretensões por meio da ação trabalhista (na fase de conhecimento) e o prazo prescricional intercorrente (na fase de execução).

Em relação aos prazos prescricionais para ajuizamento das pretensões por meio da ação trabalhista, o momento ideal para arguição da prescrição é na contestação, observado o princípio da eventualidade (art. 273 do CPC de 2015; art. 300 do CPC de 1973), segundo o qual todas as defesas de que dispõe o demandado hão de ser manifestadas na contestação.

Nesse sentido, Pontes de Miranda entende que a prescrição tem de ser arguida na primeira oportunidade que a parte tivesse para falar nos autos, sob pena de preclusão ("na contestação há de ser alegada, se já existe a *exceptio*"[793]).

Também nessa linha, Sergio Pinto Martins[794] diz que a prescrição somente pode ser arguida na contestação, na forma do art. 273 do CPC de 2015 (art. 300 do CPC de 1973). Caso contrário, para ele, violaria o princípio do contraditório e haveria supressão de instância, e, por isso, o art. 193 do CC/02 seria inconstitucional (em confronto com o art. 5º, LV, da Constituição Federal).

Todavia, de acordo com o Código Civil (art. 193), a prescrição pode ser alegada "em qualquer grau de jurisdição".

Interpretando a matéria, a tese que prevaleceu no TST não foi a noção de Pontes de Miranda, nem a do Código Civil, mas a de que a prescrição extintiva (da fase de conhecimento) pode ser alegada em qualquer fase do processo, nas instâncias ordinárias, mesmo que não tenha sido deduzida na defesa[795].

Nesse quadrante, o Tribunal Superior do Trabalho firmou entendimento de que "não se conhece de prescrição não arguida na instância ordinária" (Súmula n. 153)[796].

A instância extraordinária no processo do trabalho é o Tribunal Superior do Trabalho e, ainda, o Supremo Tribunal Federal.

Assim, no processo do trabalho prevalece o entendimento de que a prescrição da fase de conhecimento não pode ser alegada, pela primeira vez, em recurso de revista nem em recurso extraordinário.

Conforme explica Valentin Carrion[797], a prescrição deve ser arguida, até o processo "subir" para o tribunal apreciar o recurso ordinário, podendo ser arguida em recurso ordinário, inclusive o adesivo.

Entretanto, a prescrição da fase de conhecimento não pode ser validamente alegada na tribuna, em sustentação oral, quando já houve a preclusão, porque feriria o princípio do contraditório, impedindo a

---

(793) PONTES DE MIRANDA, Francisco Cavalcanti. *Tratado de direito privado.* Rio de Janeiro: Borsoi, 1955. t. 6, p. 249.

(794) MARTINS, Sergio Pinto. *Comentários às Súmulas do TST.* 4. ed. São Paulo: Atlas, 2008. p. 95-96.

(795) Por exemplo: SUPERIOR TRIBUNAL DE JUSTIÇA. 4ª Turma, REsp. 157.840/SP, Rel. Min. Sálvio de Figueiredo, DJU 07.08.2000. No processo do trabalho, também não é admitida a arguição de prescrição no âmbito do Tribunal Superior do Trabalho e do Supremo Tribunal Federal, nem na fase execução. Nesse sentido, dispõe a Súmula n. 153 do Tribunal Superior do Trabalho: "Não se conhece de prescrição não arguida na instância ordinária", leia-se, até o recurso ordinário, inclusive o adesivo, bem como em contrarrazões, mas não na tribuna, em sustentação oral, quando já houve a preclusão, porque impede a parte contrária de defender-se (CARRION, Valentin. *Comentários à Consolidação das Leis do Trabalho.* 31. ed. São Paulo: Saraiva, 2006. p. 83-84).

(796) Esse também é o entendimento na área cível: "Prescrição não arguida nas instâncias ordinárias não pode ser considerada no grau extraordinário" (SUPERIOR TRIBUNAL DE JUSTIÇA. 2ª Turma, REsp. 5.068, Rel. Min. Peçanha Martins, DJU 22.03.1993).

(797) CARRION, Valentin. *Comentários à Consolidação das Leis do Trabalho.* 31 ed. São Paulo: Saraiva, 2006. p. 83-8.

parte contrária de defender-se[798]. Também não pode ser arguida em recurso de revista ou extraordinário, pois o Tribunal Superior do Trabalho e o Supremo Tribunal Federal são instâncias extraordinárias.

Não obstante a prescrição intercorrente, que ocorre no curso do processo e decorre da inércia da parte interessada em satisfazer, na fase de execução, os direitos concedidos na sentença, de acordo com o art. 11-A da CLT, inserido pela Lei n. 13.467/17, a declaração de prescrição intercorrente deve ser declarada pelo juiz em qualquer grau de jurisdição.

Portanto, a declaração de prescrição intercorrente nos casos concretos deve ser declarada em qualquer grau de jurisdição, não ficando, em princípio, abrangida pelo entendimento da Súmula n. 153 do TST que não foi pensada para a prescrição intercorrente, bem como porque a partir da vigência da Lei n. 13.467/17 a declaração de prescrição intercorrente em qualquer grau de jurisdição é uma imposição legislativa.

20. *Declaração da prescrição de ofício pelo juiz — na fase de conhecimento*

Inicialmente, cabe delimitar que este ponto será abordado sob a ótica da prescrição da fase de conhecimento (prazos prescricionais para ajuizar as pretensões por meio da ação trabalhista) e não da prescrição intercorrente (que pode correr no curso do processo, na fase de execução).

A partir da vigência da Lei n. 11.280/06 — integrante da chamada terceira onda de reforma do Código de Processo Civil —, que revogou expressamente o art. 194 do Código Civil e incorporou ao Código de Processo Civil regra segundo a qual o julgador deve conhecer de ofício da prescrição (art. 219, § 5º do CPC de 1973), passou-se a questionar a aplicabilidade dessa norma no Processo do Trabalho.

Essa mudança afeta toda a nossa tradição jurídica sobre prescrição extintiva, pois sendo uma exceção, desde o direito romano, a prescrição sempre precisou ser oposta mediante requerimento da parte interessada, para poder ser declarada pelo juiz.[799] Em outras palavras, o que inibe a pretensão é a exceção da prescrição e não propriamente a prescrição, ou seja, não basta o decurso do prazo prescricional para que seja inviável o exercício da pretensão, deverá haver a exceção.[800]

---

(798) O Tribunal Superior do Trabalho já decidiu que não cabe a arguição da prescrição nem mesmo em contrarrazões ao recurso ordinário, uma vez que este é o último momento em que há argumentação processual submetida a contraditório pleno. EMBARGOS INTERPOSTOS APÓS A EDIÇÃO DA LEI N. 11.496/2007 — ACÓRDÃO DA TURMA PUBLICADO EM 26/09/2008 — PRESCRIÇÃO — ARGUIÇÃO PELA PRIMEIRA VEZ EM CONTRARRAZÕES DE RECURSO ORDINÁRIO — IMPOSSIBILIDADE. A melhor leitura da diretriz sedimentada na Súmula n. 153 do TST é aquela que não admite a arguição da prescrição apresentada pela primeira vez em contrarrazões de recurso ordinário, sobretudo quando a parte teve oportunidade de recorrer — porque sucumbiu em capítulo próprio da sentença — mas não o fez. É que, aventada a prejudicial de prescrição apenas nas contrarrazões do recurso ordinário, a parte que recorreu ficará impossibilitada de alegar e provar uma possível causa de interrupção ou suspensão do prazo prescricional, porquanto, por óbvio, o recorrente não é instado a manifestar-se sobre as razões de contrariedade do recorrido. As hipóteses de interrupção da prescrição em face do arquivamento de ação anteriormente ajuizada (Súmula n. 268 do TST) e de ajuizamento de cautelar de protesto judicial (art. 867 e seguintes do CPC) ilustram bem a probabilidade de advir prejuízo ao contraditório, à ampla defesa e ao devido processo legal em caso de admissão da arguição inédita nas contrarrazões do apelo ordinário. Sendo assim, ante a necessidade de tutela dos aludidos princípios constitucionais, impositiva a conclusão de que não se pode admitir a arguição da prescrição pela primeira vez em contrarrazões de recurso ordinário. Embargos conhecidos e desprovidos. BRASIL. Tribunal Superior do Trabalho. Agravo de Instrumento em Recurso de Revista. Ministro Relator: Douglas Alencar Rodrigues. Brasília. 2009. Disponível em: <https://aplicacao.tst.jus.br/consultaunificada2/inteiroTeor.do?action=printInteiroTeor&format=html&highlight=true&numeroFormatado=RR — 43100-50.2002.5.09.0069&base=acordao&rowid=AAAdFEABHAAAAZyAAB&dataPublicacao=29/10/2009&query=>. Acesso em: 2 mar. 2010.

(799) PONTES DE MIRANDA, Francisco Cavalcanti. *Tratado de direito privado.* Rio de Janeiro: Borsoi, 1955. t. 6, p. 3-4 e 17. De acordo com Monache, o tratamento da atual normativa alemã sobre prescrição também estabelece que ela deve ser arguida como exceção, não podendo ser apreciada de ofício pelo juiz, *verbis*: "In altre parole il decorso del termine prescrizionale, non che riflettersi direttamente sulla sfera del creditore provocando il venir meno dello Anspruch, genera una Einrede a favore del debitore, rendendone legittimo il rifiuto dell'adempimento. Conseguenza di una simile disciplina, anzitutto, è che la prescrizione non potrà essere rilevata d'ufficio dal giudice" (MONACHE, Stefano Delle. Profili dell'attuale normativa del codice civile tedesco in tema di prescrizione. *Rivista Trimestrale di Diritto e Procedura Civile.* Milano: Giuffrè, v. 49, n. 2. p. 179-199, em especial. p. 196-197, mar./apr. 2003.)

(800) CIANCI, Mirna. A prescrição na Lei n. 11.280/2006. *Revista de Processo,* ano 32, n. 148, jun. 2007.

Não obstante, por escolha política do legislador, o direito processual civil brasileiro(801) contraria essa característica diferenciada da prescrição que a acompanha desde o seu surgimento nas fontes romanas(802), determinando que "o juiz pronunciará, de ofício, a prescrição" (Lei n. 11.280, de 16 de fevereiro de 2006, que altera o § 5º do art. 219 do CPC de 1973).

Essa significativa alteração legislativa aproxima a prescrição da decadência(803) (a impossibilidade de ser conhecida de ofício pelo juiz, antes dessa alteração legislativa, discernia a prescrição da decadência), na contramão do esforço secular de distinguir os institutos e de considerar a prescrição exceção, que, como tal, exige provocação da parte interessada, gerando controvérsias também no processo comum.(804)

Além disso, a pronúncia, pelo juiz, de prescrição ou da decadência, sem que esse assunto tenha sido previamente debatido pelas partes, afronta o dever de diálogo, como especial concretização da colaboração entre o juiz e as partes no processo(805), e, ao mesmo tempo, afronta a segurança jurídica e a efetividade do processo(806), pois pode, exemplificativamente, fazer com que a parte prejudicada tenha que interpor recurso para, por exemplo, informar o juiz de que houve renúncia, interrupção, suspensão, ou impedimento da prescrição (arts. 191 e 197 a 204 do Código Civil de 2002), ou impedimento da decadência nos casos dos absolutamente incapazes (art. 208 do Código Civil de 2002), o que poderia ser evitado de forma efetiva e segura(807), se fosse realizado prévio diálogo com as partes.

---

(801) No âmbito do processo do trabalho, o Tribunal Superior do Trabalho já se posicionou pela inaplicabilidade da prescrição de ofício no âmbito dessa justiça especializada: "RECURSO DE REVISTA — PRESCRIÇÃO — ARTIGO 219, § 5º, DO CPC — INCOMPATIBILIDADE COM O PROCESSO DO TRABALHO — DESPROVIMENTO — A prescrição é a perda da pretensão pela inércia do titular no prazo que a lei considera ideal para o exercício do direito de ação. Não se mostra compatível com o processo do trabalho a nova regra processual inserida no art. 219, § 5º, do CPC, que determina a aplicação da prescrição, de ofício, em face da natureza alimentar dos créditos trabalhistas. Ao contrário da decadência, onde a ordem pública está a antever a estabilidade das relações jurídicas no lapso temporal, a prescrição tem a mesma finalidade de estabilidade apenas que entre as partes. Deste modo, necessário que a prescrição seja arguida pela parte a quem a aproveita. Recurso de revista conhecido e desprovido (TRIBUNAL SUPERIOR DO TRABALHO — RR 404/2006-028-03-00 — 6ª Turma — Rel. Min. Aloysio Corrêa da Veiga — DJ 28.03.2008)".

(802) THEODORO JUNIOR, Humberto. Exceção de prescrição no processo civil. Impugnação do devedor e decretação de ofício pelo juiz. *Revista IOB Direito Civil e Processual Civil,* n. 41, p. 71, maio/jun. 2006.

(803) Lei n. 10.406/2002, art. 210: "Deve o juiz, de ofício, conhecer da decadência, quando estabelecida por lei". BRASIL. Lei n. 10.406, de 10 de janeiro de 2002. Institui o Código Civil. Coletânea de Legislação e Jurisprudência, Brasília. *Lex*: Legislação Federal e Marginália.

(804) Nesse sentido, THEODORO JUNIOR, Humberto. *Comentários ao novo Código Civil:* dos defeitos do negócio jurídico ao final do livro III. Rio de Janeiro: Forense, 2003. v. 3, t. 2, p. 222-257, em especial. p. 231-232; CÂMARA, Alexandre Freitas. Reconhecimento de ofício da prescrição: uma reforma descabeçada e inócua. *Revista IOB de Direito Civil e Processual Civil,* ano 8, n. 43, set./out. 2006; Arruda Alvim não vê um genuíno interesse público que explique porque a prescrição deveria deixar de ser objeto de exceção, tendo em vista que o interessado na prescrição pode não desejar que essa seja decretada, e esse direito merece ser respeitado. Ao contrário da decadência, reconhecidamente matéria de ordem pública, seja quanto à sua existência, seja quanto à atividade oficiosa do seu reconhecimento (ALVIM, Arruda. Lei n. 11.280, de 16.02.2006: análise dos arts. 112, 114 e 305 do CPC e do § 5º do art. 219 do CPC. *Revista do Processo,* n. 143, ano 32, p. 23, jan. 2007).

(805) PICARDI, Nicola. *Audiatur et altera pars*: as matrizes histórico-culturais do contraditório. In: *Jurisdição e processo.* Rio de Janeiro: Forense, 2008. p. 140-143; GRADI, Marco. Il principio del contraddittorio e le questioni rilevabili d'ufficio. *Revista de Processo.* São Paulo: Revista dos Tribunais, n. 186, p. 111, ago. 2010; Na doutrina nacional destaca-se MITIDIERO, Daniel. *Colaboração no processo civil:* pressupostos sociais, lógicos e éticos. São Paulo: Revista dos Tribunais, 2009. p. 136; e ALVARO DE OLIVEIRA, Carlos Alberto. Efetividade e processo de conhecimento. In: *Do formalismo no processo civil.* 2. ed. São Paulo: Saraiva, 2003. p. 253.

(806) Nesse sentido, o projeto do novo Código de Processo Civil brasileiro "é fértil em normas sobre colaboração" (MITIDIERO, Daniel; MARINONI, Luiz Guilherme. *O projeto do CPC:* crítica e propostas. São Paulo: Revista dos Tribunais, 2010. p. 72) e, além da norma geral contida no art. 10 ("[...] ainda que se trate de matéria que tenha de apreciar de ofício"), possui previsão específica sobre prescrição e decadência no art. 469, parágrafo único: "A prescrição e a decadência não serão decretadas sem que antes seja dada às partes oportunidades de se manifestar".

(807) Botelho fala que o "processo qualificado" (representado por três características centrais: tempestividade, justiça e adequação), como "modo de pensar o direito processual civil pelas lentes do Estado Constitucional", consegue manter, em seu conteúdo, a segurança jurídica e a efetividade, "ao unificar as qualidades que devem formar o processo devido à sociedade" (BOTELHO, Guilherme. *Direito ao processo qualificado:* o processo civil na perspectiva do estado constitucional. Porto Alegre: Livraria do Advogado, 2010. p. 15-16).

Esclarece Luciano Athayde Chaves[808] que "a lógica da mudança repousa na tentativa de se evitar que um feito tramite, por exemplo, perante o Primeiro Grau de jurisdição sem que a prescrição tenha sido alegada pelo réu em sua resposta, somente o fazendo em grau de recurso, após o dispêndio de energia e de trabalho em torno da máquina judiciária, o poderia ser evitado caso a matéria pudesse ser arguida *ex officio* pelo Juiz".

No Direito do Trabalho, quer material quer processual, não há qualquer dispositivo vedando nem autorizando o Juiz a reconhecer de ofício a prescrição, razão pela qual o tema fica submetido ao princípio da subsidiariedade[809], que requer omissão da legislação trabalhista (requisito observado no caso da prescrição de ofício) e compatibilidade com as normas materiais e processuais trabalhistas (arts. 8º e 769 da Consolidação das Leis do Trabalho, respectivamente).

Em suma, a aplicação ou não da prescrição de ofício no processo do trabalho fica remetido à análise da compatibilidade dessa normativa com o direito e o processo do trabalho.

Nesse contexto, são duas as correntes sobre a possibilidade ou não de declaração da prescrição pelo juiz sem requerimento da parte interessada, no processo do trabalho:

a) Uma das correntes pugna pela aplicabilidade do art. 219, § 5º, do CPC, com o argumento de que o legislador conferiu à prescrição o *status* de matéria de ordem pública, visando resguardar o interesse geral da coletividade, em relação ao qual não se sobrepõe o interesse individual da parte, devendo a prescrição ser declarada de ofício no processo do trabalho.

Alguns autores defensores dessa corrente apontam que a partir da alteração promovida pela Lei n. 11.280/06 a prescrição passa a ter natureza publicista — de norma de ordem pública —, daí porque se impõe sua declaração de ofício pelo juiz. Francisco Antônio de Oliveira[810], por exemplo, diz que "com a nova natureza (pública) da prescrição, ela será declarada pelo juiz diretor (*dominus processus*), de ofício, caso não o faça o réu em contestação".

Manoel Antônio Teixeira Filho[811] defende que a normativa de processo civil que determina ao juiz aplicar de ofício a prescrição "incidirá no Processo do Trabalho pelo mesmo motivo que o art. 219, § 5º, do CPC, em sua redação anterior, era pacificamente aplicado ao Processo do Trabalho. Não haverá antagonismo com o art. 7º, XXIX, da Constituição Federal".

De acordo com Sergio Pinto Martins[812], a declaração de ofício da prescrição está fundada nos princípios da segurança jurídica e da celeridade processual e "mesmo em caso de revelia, o juiz irá declarar de ofício a prescrição".

Mauricio Godinho Delgado[813] aceita a aplicação da prescrição de ofício apenas quando a questão não envolver relação de emprego, como nas lides intersindicais, ou nas execuções fiscais decorrentes de multas administrativas impostas pelo Ministério do Trabalho e Emprego, por exemplo.

---

(808) CHAVES, Luciano Athayde. *A recente reforma no processo comum e seus reflexos no direito judiciário do trabalho*. São Paulo: LTr, 2007. p. 131.

(809) ROMITA, Arion Sayão. Pronúncia de ofício de prescrição trabalhista. *Justiça do Trabalho*, Manaus: Notadez, n. 279, mar. 2007.

(810) OLIVEIRA, Francisco Antônio de. *Tratado de Direito do Trabalho*. São Paulo: LTr, 2008. v. II, p. 1.048.

(811) TEIXEIRA FILHO, Manoel Antônio. As novas leis alterantes do processo civil e sua repercussão no processo do trabalho. *Revista LTr*, v. 70, n. 3, p. 298, mar. 2006; Nesse sentido, também: MALLET, Estêvão. O processo do trabalho e as recentes modificações do Código de Processo Civil. *Revista LTr*, v. 70, n. 6, p. 673, mar. 2006; GARCIA, Gustavo Filipe Barbosa. Prescrição de ofício: da crítica ao direito legislado à interpretação da norma jurídica em vigor. *Revista de Processo*, n. 145, ano 32, mar. 2007; PINTO, José Augusto Rodrigues. Reconhecimento *ex officio* da prescrição e processo do trabalho. *Revista LTr*, v. 70, n. 4, p. 391, mar. 2006; SAAD, Eduardo Gabriel. *Consolidação das Leis do Trabalho comentada*. 42. ed. São Paulo, 2009. p. 113.

(812) MARTINS, Sergio Pinto. *Direito Processual do Trabalho*. 28. ed. São Paulo: Atlas, 2008. p. 295.

(813) DELGADO, Mauricio Godinho. A prescrição na Justiça Trabalho: novos desafios. *Revista Trabalhista: Direito e Processo*, n. 25, Brasília: Anamatra, p. 20, 2008. Nesse sentido, também: FAVA, Marcos Neves. Três aspectos da prescrição trabalhista. *Revista Trabalhista: Direito e Processo*, n. 30, Brasília: Anamatra, p. 70, 2009.

Luciano Athayde Chaves[814] sustenta a aplicação da prescrição de ofício na Justiça do Trabalho, inclusive nas lides que envolvem relação de emprego, desde que o juiz, antes de decretar a prescrição de ofício, oportunize o contraditório das partes, dando vistas dos autos ao reclamante para que possa demonstrar existência de alguma causa interruptiva, impeditiva ou suspensiva da prescrição, e ao reclamado para que se manifeste a respeito da prescrição. Esse também é o entendimento de Bezerra Leite[815], segundo o qual, o silêncio do reclamado valerá como renúncia tácita.

b) A outra corrente entende que não seria possível a aplicação do preceito contido no art. 219, § 5º, do CPC, pois este seria incompatível com o princípio da proteção, com a norma mais favorável ao empregado, com o valor social do trabalho e do emprego (Constituição Federal, art. 1º, IV) e com a natureza alimentar das verbas trabalhistas[816].

Segundo essa corrente, não se admite o conhecimento de ofício da prescrição trabalhista em face de sua incompatibilidade com os princípios que informam o Direito do Trabalho, sob pena de comprometer a própria essência da função teleológica desse ramo jurídico especializado[817].

Para essa corrente, o art. 219, § 5º, do CPC, se aplicado à relação de emprego, beneficiará o empregador, contrariando a própria razão de ser do Direito e Processo do Trabalho[818].

Outra linha argumentativa defendida por essa vertente entende que a nova regra prescricional trazida pela modificação do § 5º do art. 219 do CPC de 1973 não se aplicaria ao processo laboral devido à indisponibilidade do crédito trabalhista (natureza alimentícia) e à situação de vulnerabilidade jurídica, econômica e social do trabalhador, especialmente em face do chamado direito potestativo de dispensa reconhecido ao empregador, o que impede que o empregado possa exercer, trabalhando, o seu direito de acesso à justiça[819].

De acordo com Manoel Carlos Toledo Filho, as medidas reformadoras trazidas para o bojo do CPC foram concebidas para contendas de natureza civil, sendo, portanto, natural que elas nem sempre se amoldem ao perfil do processo do trabalho, cabendo, pois, aos operadores deste apartar as hipóteses de incompatibilidade das genuínas hipóteses de integração, que, indiscutivelmente, são muitas, mas não são todas.[820]

No sentido dessa corrente tem prevalecido o entendimento no Tribunal Superior do Trabalho[821], pela inaplicabilidade da prescrição de ofício no processo do trabalho (na fase de conhecimento), notadamente em face da natureza alimentar dos créditos trabalhistas e do princípio protetor do empregado.

---

(814) O autor destaca ser o pronunciamento de ofício da prescrição "uma importante ferramenta contra fraudes em relação a órgãos públicos" (CHAVES, Luciano Athayde. *A recente reforma no processo comum e seus reflexos no direito judiciário do trabalho*. São Paulo: LTr, 2007. p. 438, 443 e 445).

(815) LEITE, Carlos Henrique Bezerra. *Curso de Direito Processual do Trabalho*. 5. ed. São Paulo: LTr, 2007.

(816) DELGADO, Mauricio Godinho. *Curso de Direito do Trabalho*. 10. ed. São Paulo: LTr, 2011. p. 268-269; BARROS, Alice Monteiro de. *Curso de Direito do Trabalho*. 4. ed. São Paulo: LTr, 2008. p. 1018.

(817) TOLEDO FILHO, Manoel Carlos. O novo § 5º do art. 219 do CPC e o Processo do Trabalho. *Revista do Tribunal Superior do Trabalho*, v. 72, n. 2, maio/ago. 2006; MAIOR, Jorge Luiz Souto. Reflexos das alterações do Código de Processo civil no Processo do Trabalho. *Revista da Justiça do Trabalho*, ano 23, n. 271, jul. 2006; VARGAS, Luiz Alberto de; FRAGA, Ricardo Carvalho. Prescrição de ofício. *Justiça do Trabalho*. ano 23, n. 276, dez.2 006. KROST, Oscar. Crítica ao pronunciamento de ofício da prescrição e sua incompatibilidade com o Processo do Trabalho. *Justiça do Trabalho*, ano 23, n. 268, abr. 2006; MARTINS, Manoel Soares. A declaração de ofício da prescrição no contexto do processo civil e trabalhista. *Revista IOB: Trabalhista e Previdenciária*: São Paulo, v. 21, n. 242, ago. 2009.

(818) ROMITA, Arion Sayão. Pronúncia de ofício de prescrição trabalhista. *Justiça do Trabalho*, Manaus: Notadez, n. 279, mar. 2007.

(819) De acordo com Jorge Luiz Souto Maior e Valdete Souto Severo, "a prescrição só se justifica, como restrição do direito fundamental de ação, na medida em que houver efetiva garantia contra a dispensa não motivada" (MAIOR, Jorge Luiz Souto; SEVERO, Valdete Souto. A garantia contra dispensa arbitrária como condição de eficácia da prescrição no curso da relação de emprego. *Justiça do Trabalho*, n. 318, p. 18-24, em especial p. 19, jun. 2010.

(820) TOLEDO FILHO, Manoel Carlos. O novo § 5º do art. 219 do CPC e o processo do trabalho. *Revista do Tribunal Superior do Trabalho*, v. 72, n. 2, maio/ago. 2006.

(821) Exemplos: RECURSO DE REVISTA — PRESCRIÇÃO — ARTIGO 219, § 5º, DO CPC — INCOMPATIBILIDADE COM O PROCESSO DO TRABALHO — DESPROVIMENTO — A prescrição é a perda da pretensão pela inércia do titular no prazo

21. *Prescrição total e parcial. Prescrição das prestações sucessivas. Art. 11, § 2º, da CLT, com redação dada pela Lei n. 13.467/17*

O § 2º do art. 11 trata do tema da prescrição total e prescrição parcial, envolvendo prestações sucessivas.

A problemática da prescrição das prestações sucessivas há muito tempo inquieta e divide os operadores do processo do trabalho. Ao longo do tempo, a matéria foi objeto de um Prejulgado (48) e de três Súmulas do TST: ns. 168, 198 e 294.

A Reforma Trabalhista de 2017 incorpora o entendimento da Súmula n. 294 ao art. 11, § 2º, da CLT.

A matéria tem como elemento central a distinção de efeitos dos atos nulos e dos atos anuláveis.

Imagine-se que há mais de 5 (cinco) anos do ajuizamento da ação tenha nascido o direito à equiparação salarial (suponha-se que estejam presentes todos os requisitos do art. 461 da CLT), situação que perdurou até a extinção do contrato de trabalho e que na mesma época o seu empregador passou a não mais pagar comissões (que pagou desde o início da contratualidade até então).

É desses casos envolvendo prescrição quinquenal de prestações sucessivas inadimplidas que a matéria trata.

Não havia nada na legislação até então. Veja-se o caminhar no âmbito jurisprudencial:

A) O Tribunal Superior do Trabalho, por meio do Prejulgado n. 48[(822)], firmou entendimento de que "na lesão de direito que atinja prestações sucessivas, de qualquer natureza, a prescrição é sempre parcial e se conta do vencimento de cada uma delas e não do direito do qual se origina".

B) Esse prejulgado foi mantido integralmente pela Súmula n. 168 do TST (DJ 11.10.1982) e se baseava no entendimento doutrinário capitaneado por Délio Maranhão[(823)], segundo o qual as alterações contratuais lesivas geram nulidade, independentemente da natureza da verba trabalhista objeto da lesão, incidindo o art. 468 da Consolidação das Leis do Trabalho, que confere pena de nulidade plena para as alterações realizadas ao longo do contrato de trabalho sem o consentimento do empregado e/ou que lhe causem prejuízos de forma direta ou indireta.

Assim, de acordo com o entendimento da Súmula n. 168 do TST, as lesões de parcelas sucessivas, de origem contratual ou legal, tinham apenas prescrição parcial, ou seja, a prescrição contava-se da parcela em si.

---

que a lei considera ideal para o exercício do direito de ação. Não se mostra compatível com o processo do trabalho, a nova regra processual inserida no art. 219, § 5º, do CPC, que determina a aplicação da prescrição, de ofício, em face da natureza alimentar dos créditos trabalhistas. Ao contrário da decadência, onde a ordem pública está a antever a estabilidade das relações jurídicas no lapso temporal, a prescrição tem a mesma finalidade de estabilidade apenas que entre as partes. Deste modo, necessário que a prescrição seja arguida pela parte a quem a aproveita. Recurso de revista conhecido e desprovido (TST — RR 404/2006-028-03-00 — 6ª T. — Rel. Min. Aloysio Corrêa da Veiga — DJ 28.03.2008); RECURSO DE REVISTA. PRESCRIÇÃO TOTAL. PRONÚNCIA DE OFÍCIO. INAPLICABILIDADE AO PROCESSO DO TRABALHO. Segundo o entendimento desta Corte Superior, inviável o pronunciamento da prescrição de ofício pelo Juiz, com base no art. 219, § 5º, do CPC, cuja redação fora determinada pela Lei n. 11.280, de 16.02.2006. Nesta Justiça especializada prevalece o princípio protecionista do trabalhador. Assim, a arguição deve ser feita pela parte interessada, à luz da Súmula n. 153 do TST. Recurso de revista de que se conhece e a que se dá provimento (TST, 7ª Turma, RR-30400-48.2007.5.17.0003, Ministro Relator Pedro Paulo Manus, DJ 02.03.2011).

(822) Os prejulgados do Tribunal Superior do Trabalho são as primeiras sistematizações da jurisprudência dominante no âmbito da Justiça do Trabalho e, diferentemente das atuais Súmulas e Orientações Jurisprudenciais que não obrigam sua observância pelos juízes das instâncias inferiores, por força do art. 902, § 1º, da Consolidação das Leis do Trabalho (1943), os prejulgados tinham efeito vinculante sobre as instâncias inferiores, até que o Supremo Tribunal Federal considerou a referida norma revogada, a partir da Constituição de 1946. Sobre essa matéria recomenda-se a leitura de VILHENA, Paulo Emílio Ribeiro de. Os prejulgados, as Súmulas e o TST. *Revista de Informação Legislativa*. Brasília, v. 14, n. 55, p. 83-100, jul./set. 1977.

(823) Conforme o autor, "o art. 468 da Consolidação dá lugar àquela 'tutela jurídica perfeita', que torna 'juridicamente impossível' a violação da norma, como ocorre no caso do salário mínimo ou da sentença normativa, que envolvem a proteção de interesse público" (MARANHÃO, Délio. *et al. Instituições de Direito do Trabalho.* 20. ed. São Paulo: LTr, 2002, v. 2. p. 1464).

C) Em 1985, o Tribunal Superior do Trabalho introduziu o conceito de "ato único do empregador", determinando que a prescrição, nesse caso, seria total e que, nos demais, seria parcial. Veja-se:

Súmula n. 198 (DJ 01.04.1985). Na lesão de direito individual que atinja prestações periódicas devidas ao empregado, à exceção da que decorre de ato único do empregador, a prescrição é sempre parcial e se conta do vencimento de cada uma dessas prestações, e não da lesão do direito.

Ocorre que todas as alterações de contrato de trabalho decorrem de "ato único do empregador" e, como consequência, o empregado deveria entrar com a ação contra seu empregador no curso do contrato de trabalho em vigor a fim de que eventuais lesões não prescrevessem.

Do contrário, passados cinco anos da lesão causada por "ato único do empregado", toda pretensão estaria prescrita (por isso a posterior expressão "prescrição total"). Isso é muito difícil num contexto em que não há garantia de emprego e que, com muita probabilidade, o empregado seria despedido se demandasse em juízo contra seu empregador, no curso da relação de emprego.

D) Em abril de 1989, no contexto logo após a promulgação da Constituição Federal de 1988 — que inovou no que tange aos prazos prescricionais trabalhistas, aumentando-o em 150%, de 2 (dois) para 5 (cinco) anos —, bem como pela pressão que sofria com a criação da categoria "ato único do empregador", o Tribunal Superior do Trabalho cancelou as Súmulas ns. 168 e 198 e editou a Súmula n. 294, baseada na distinção entre ato nulo e ato anulável capitaneada por Orlando Gomes[(824)], com a seguinte redação:

Súmula n. 294. PRESCRIÇÃO. ALTERAÇÃO CONTRATUAL. TRABALHADOR URBANO. Tratando-se de ação que envolva pedido de prestações sucessivas decorrente de alteração do pactuado, a prescrição é total, exceto quando o direito à parcela esteja também assegurado por preceito de lei.

A Súmula n. 294 do TST chegou a uma espécie de ponto médio, entendendo que se a lesão for relacionada com parcela de natureza contratual e o empregado não demandar o empregador mesmo no curso da relação de emprego, haverá prescrição total. Se a lesão decorrer de afronta a dispositivo legal, a prescrição será parcial, ou seja, dentro do prazo não abrangido pela prescrição, as diferenças serão devidas, mesmo que a lesão original tivesse ocorrido em período anterior. Isso ocorre porque a lesão se renovaria mês a mês e adentraria ao período não abrangido pela prescrição.

Baseado nas normas de Direito Civil (diferentemente de Délio Maranhão, que construiu sua tese sob o art. 468 da Consolidação das Leis do Trabalho, conforme referido), Orlando Gomes sustentava que o tipo de invalidade do ato jurídico depende da natureza (origem) da estipulação da prestação trabalhista.

É preciso lembrar que o próprio Código Civil, promulgado em 1916, obra toda calcada no individualismo jurídico que marcou o pensamento do início deste século, consagra a prescrição parcial em se tratando de prestações sucessivas (art. 178, § 10, inciso VI). Quando a violação de direitos é continuada, não é razoável acolher-se a tese da prescrição total em decorrência de ato único do empregador.

---

(824) O autor defende a aplicação da teoria das nulidades do Direito Civil ao Direito do Trabalho, segundo a qual o tipo de invalidade do ato jurídico (nulidade absoluta, relativa e anulabilidade) depende da natureza do direito violado, destacando que: "se os atos nulos estivessem excluídos do âmbito da regra estatuída no art. 11, teria a Consolidação consagrado um preceito ocioso, pois, a prevalecer o entendimento de que nulo todo ato infringente de lei imperativo, dominaria a regra da imprescritibilidade, eis que as disposições trabalhistas têm essa natureza. Por outro lado, o art. 11 da Consolidação das Leis do Trabalho não autoriza, para efeito de prescrição, a distinção entre atos nulos e anuláveis mas, ao contrário, deixa bem claro o propósito de cobrir com a prescrição todos os atos infringentes das suas disposições". Após estas considerações, podemos sistematizar as seguintes conclusões: a) não há que se falar em prescritibilidade ou não dos atos nulos, mas sim da prescritibilidade do direito de ação que vise anular os efeitos dos atos supostamente nulos; b) pela falta de previsão expressa, eis que o disposto nos arts. 794 a 798 da Consolidação das Leis do Trabalho referem-se apenas às nulidades processuais, devendo ser aplicada, no Direito do Trabalho, a teoria das nulidades do direito comum (GOMES, Orlando. *Ensaios de Direito Civil e de Direito do Trabalho*. Rio de Janeiro: Aide, 1986. p. 213).

A) *Prescrição total:* as lesões sobre prestações de origem contratual — estabelecidas originariamente por pacto entre os sujeitos, em contrato individual de trabalho, por exemplo — geram anulabilidade[825] do ato e sobre as respectivas pretensões incide prescrição total, cuja fluência do prazo prescricional quinquenal inicia na data de lesão.

Dito de outro modo, a lesão sobre parcelas que não tenham origem legal ensejam prescrição total, que inicia a contar no instante da lesão e se consuma em cinco anos[826].

Em consequência, as pretensões de origem não legal decorrentes de lesões que ocorreram há mais de cinco anos do ajuizamento da ação ficam totalmente prescritas.

São anuláveis os atos que exigem atitude da parte interessada. Nessa linha, o raciocínio externado é o seguinte: nas lesões sobre prestações de origem contratual, o empregado deverá ajuizar a ação no curso do contrato de trabalho, para não fulminar suas pretensões sobre créditos decorrentes das relações de trabalho.

21.1. Alguns casos de prescrição total

Segundo o Tribunal Superior do Trabalho, há prescrição total nos seguintes casos, por exemplo:

21.1.1. Supressão ou alteração de comissões

Sobre a supressão das comissões ou a alteração quanto à forma ou ao percentual, em prejuízo do empregado, incide prescrição total da ação, conforme a Orientação Jurisprudencial n. 175 da SBDI-I do TST (DJ 22.11.2005).

> OJ-SDI1-175. Comissões. Alteração ou Supressão. Prescrição total (nova redação em decorrência da incorporação da Orientação Jurisprudencial n. 248 da SBDI-I) — DJ 22.11.2005.
>
> A supressão das comissões, ou a alteração quanto à forma ou ao percentual, em prejuízo do empregado, é suscetível de operar a prescrição total da ação, nos termos da Súmula n. 294 do TST, em virtude de cuidar-se de parcela não assegurada por preceito de lei.

Por que a prescrição é total nesse caso? Porque as comissões não são impostas normativamente, mas pactuadas entre empregado e empregador, assim, tais lesões (supressão ou alteração quanto à forma ou ao percentual) ensejam anulabilidade desse ato e, portanto, sobre as respectivas pretensões incide prescrição total, iniciando a fluência da prescrição quinquenal na data de lesão.

Se a lesão ocorreu há mais de 5 (cinco) anos contados do ajuizamento da ação, a pretensão resta totalmente prescrita.

21.1.2. Supressão de realização e de pagamento de horas extras

O TST pacificou entendimento de que embora haja previsão legal para o direito à hora extra, não existe previsão legal para a incorporação ao salário do respectivo adicional, razão pela qual deve incidir a prescrição total sobre a pretensão de pagamento de indenização por horas extras suprimidas, que são aquelas que foram pagas com habitualidade de, pelo menos, 1 (um) ano, e, em certo momento o empregador parou de permitir a realização de horas extras (supressão) e parou de pagar o respectivo adicional, conforme dispõe a Orientação Jurisprudencial n. 242 da SBDI-I.

---

(825) O ato anulável exige a manifestação expressa da parte interessada e o nulo não.

(826) DELGADO, Mauricio Godinho. *Curso de Direito do Trabalho.* 5. ed. São Paulo: LTr, 2006. p. 275.

TST, OJ-SDI1 242. PRESCRIÇÃO TOTAL. HORAS EXTRAS. ADICIONAL. INCORPORAÇÃO (inserida em 20.06.2001).

Embora haja previsão legal para o direito à hora extra, inexiste previsão para a incorporação ao salário do respectivo adicional, razão pela qual deve incidir a prescrição total.

De fato, a questão envolvendo a incorporação das horas extras na remuneração/indenização por supressão de horas extras foi construída pela jurisprudência, não tendo previsão em lei.

A Súmula n. 76 do TST[827] previa a incorporação do pagamento das horas extras à remuneração. Foi cancelada em 2003 e depois substituída pela Súmula n. 291.

A partir do entendimento firmado pelo Tribunal Superior do Trabalho, por meio da Súmula n. 291[828], de que a supressão total ou parcial, pelo empregador, de serviço suplementar prestado com habitualidade, durante pelo menos 1 (um) ano, assegura ao empregado o direito à indenização por essa supressão (correspondente ao valor de 1 (um) mês das horas suprimidas, total ou parcialmente, para cada ano ou fração igual ou superior a seis meses de prestação de serviço acima da jornada normal), acabou com a incidência de prescrição sobre horas extras suprimidas, porque manda pagar indenização.

O direito ao pagamento de horas extras com adicional de, no mínimo, 50% sobre a hora normal é definido por lei (art. 7º, XVI, da Constituição Federal e art. 61 da Consolidação das Leis do Trabalho), mas a indenização pela supressão de realização de horas extras e o pagamento do respectivo adicional não têm previsão legal (mas na Súmula n. 291 do TST), motivo da incidência de prescrição total dos últimos 5 (cinco) anos contados a partir do ato de supressão de horas extras habituais.

21.1.3. Planos econômicos

De acordo com o TST, é aplicável a prescrição total sobre o direito (*rectius*, a pretensão) de reclamar diferenças salariais resultantes de planos econômicos (por exemplo, planos Bresser, Color etc.), conforme a Orientação Jurisprudencial n. 243 da SBDI-I do TST:

OJ-SDI1-243. PRESCRIÇÃO TOTAL. PLANOS ECONÔMICOS (inserida em 20.06.2001).

Aplicável a prescrição total sobre o direito de reclamar diferenças salariais resultantes de planos econômicos.

Não é compreensível que os planos econômicos tenham sido "pactuados" entre empregado e empregador, de modo a incidir a prescrição total.

Nesse sentido, há quem defenda, ao contrário da Orientação Jurisprudencial do TST, que a prescrição deveria ser parcial, porque se trata de redução de salário fixado em norma legal (leis que criaram os planos econômicos), como Raymundo A. Carneiro Pinto e Cláudio Mascarenhas Brandão[829].

---

(827) TST, Súmula n. 76: HORAS EXTRAS (cancelada) — Res. n. 121/2003, DJ 19, 20 e 21.11.2003. O valor das horas suplementares prestadas habitualmente, por mais de 2 (dois) anos, ou durante todo o contrato, se suprimidas, integra-se ao salário para todos os efeitos legais.

(828) TST, Súmula n. 291: HORAS EXTRAS. HABITUALIDADE. SUPRESSÃO. INDENIZAÇÃO. A supressão total ou parcial, pelo empregador, de serviço suplementar prestado com habitualidade, durante pelo menos 1 (um) ano, assegura ao empregado o direito à indenização correspondente ao valor de 1 (um) mês das horas suprimidas, total ou parcialmente, para cada ano ou fração igual ou superior a seis meses de prestação de serviço acima da jornada normal. O cálculo observará a média das horas suplementares nos últimos 12 (doze) meses anteriores à mudança, multiplicada pelo valor da hora extra do dia da supressão.

(829) PINTO, Raymundo A. Carneiro; BRANDÃO, Cláudio Mascarenhas Brandão. *Orientações Jurisprudenciais do TST Comentadas*. São Paulo: LTr, 2008. p. 128.

21.1.4. Horas extras pré-contratadas

De acordo com o TST, em se tratando de horas extras contratadas por ocasião da admissão de trabalhador bancário (pré-contratadas, uma vez que combinadas antes da efetiva realização de jornada extraordinária), enseja nulidade, incidindo prescrição total, se a ação não for ajuizada no prazo de 5 (cinco) anos, a partir da data em que foram retiradas pelo empregador, conforme a Súmula n. 199 do TST:

> SUMULA N. 199. BANCÁRIO. PRÉ-CONTRATAÇÃO DE HORAS EXTRAS (incorporadas as Orientações Jurisprudenciais ns. 48 e 63 da SBDI-I) — Res. n. 129/2005, DJ 20, 22 e 25.04.2005
>
> I — A contratação do serviço suplementar, quando da admissão do trabalhador bancário, é nula. Os valores assim ajustados apenas remuneram a jornada normal, sendo devidas as horas extras com o adicional de, no mínimo, 50% (cinquenta por cento), as quais não configuram pré-contratação, se pactuadas após a admissão do bancário. (ex-Súmula n. 199 — alterada pela Res. n. 41/1995, DJ 21.02.1995 — e ex-OJ n. 48 da SBDI-I — inserida em 25.11.1996)
>
> II — Em se tratando de horas extras pré-contratadas, opera-se a prescrição total se a ação não for ajuizada no prazo de cinco anos, a partir da data em que foram suprimidas. (ex-OJ n. 63 da SBDI-I — inserida em 14.03.1994)

Trata-se, de fato, de parcela pactuada entre as partes (como o nome indica é uma parcela "contratada" entre as partes) e sua supressão é um ato anulável, passível de prescrição total, caso não seja exigida judicialmente essa pretensão dentro de cinco anos, contados da data da supressão do pagamento do valor correspondente às horas extras pré-contratadas (lesão).

21.1.5. Reenquadramento funcional

O instituto do reenquadramento visa a correção da posição do empregado na estrutura da empresa quando não observadas promoções devidas.

Para um empregado ter esse direito há necessidade de ter no seu empregador quadro organizado de carreira, conforme entendimento predominante na doutrina e na jurisprudência.

Em se tratando de pretensão de que o empregador realize reenquadramento (correto enquadramento) da função do empregado, que supostamente não foi adequadamente enquadrada pelo empregador, a prescrição é total, contada da data do enquadramento do empregado (supostamente incorreto), conforme a Súmula n. 275, II, do TST:

> SÚMULA N. 275. PRESCRIÇÃO. DESVIO DE FUNÇÃO E REENQUADRAMENTO (incorporada a Orientação Jurisprudencial n. 144 da SBDI-I) — Res. 129/2005, DJ 20, 22 e 25.04.2005.
>
> [...]
>
> II — Em se tratando de pedido de reenquadramento, a prescrição é total, contada da data do enquadramento do empregado. (ex-OJ n. 144 da SBDI-I — inserida em 27.11.1998)

De acordo com esse entendimento, quando o empregador altera o enquadramento da função de um empregado, em prejuízo do trabalhador, trata-se de lesão derivada de uma alteração de natureza contratual (não normativa), podendo operar prescrição total se não for ajuizada ação dentro de cinco anos, contados da data em que houve a alteração no enquadramento do empregado (lesão).

O instituto do enquadramento funcional pode gerar confusão com o desvio de função, que será abordado a seguir, razão pela qual foram ambos abordados na mesma Súmula n. 275 do TST, porém com consequências diversas no que tange a prescrição: em se tratando de pretensão de reenquadramento, a prescrição é total (item II da Súmula n. 275) e em caso de pretensão de correção de desvio de função, a prescrição é parcial (item I da Súmula n. 275).

Veja-se, exemplificativamente, a diferença conceitual entre os institutos:

RECURSO ORDINÁRIO DA RECLAMANTE. REENQUADRAMENTO. DESVIO DE FUNÇÃO. QUADRO DE CARREIRA ORGANIZADO INEXISTENTE. Os institutos do reenquadramento (correção da posição do empregado na estrutura da empresa quando não observadas promoções devidas) e do desvio de função (desempenho de atividade diversa daquela formalmente ocupada) têm como pressuposto justamente a existência de quadro organizado de carreira. No caso, a autora recorre defendendo não possuir a empregadora tal nível de organização, o que entende favorável, mas, na verdade, fulmina sua pretensão. Apelo da demandante não provido. (...)

TRT 4ª Região, Acórdão — Processo 0021819-81.2015.5.04.0405 (RO)

Data: 30.01.2017

Órgão julgador: 2ª Turma

Redator: Carlos Henrique Selbach

B) *Prescrição parcial:* as lesões sobre prestações sucessivas estipuladas originariamente em lei ("preceito de lei" é a expressão do art. 11, § 2º, da CLT) geram nulidade(830) do ato e, portanto, sobre as respectivas pretensões incide prescrição parcial, e, nesse caso, a fluência da prescrição incide sobre a data de vencimento (inadimplemento) de cada uma das prestações periódicas e não da data de lesão.

Delgado(831) chama a atenção que "tem ganhado prestígio na jurisprudência a interpretação *ampla* da expressão 'preceito de lei' da Súmula n. 294, como se correspondesse a 'lei em sentido lato', isto é, *norma jurídica*". Prevalecendo este entendimento, aumentariam os casos de incidência de prescrição total, que se aplicaria sobre as verbas estabelecidas em acordos coletivos, convenções coletivas e sentença normativa.

Por se tratar de uma prestação devida sucessivamente com origem legal, o ato de supressão é nulo e a fluência da prescrição quinquenal é renovada a cada novo mês em houve o inadimplemento da prestação.

Nesse caso, ainda que a ação trabalhista seja ajuizada após dez anos do ato supressão (lesão), por exemplo, para fins de verificação da prescrição, contar-se-á cinco anos do ajuizamento da ação (Súmula n. 308, I, do TST) e desde que ajuizada dentro de dois anos da extinção do contrato (para casos de contratos de trabalho extintos), haverá prestações periódicas não atingidas pela prescrição.

Assim, mesmo que o ato do empregador, considerado lesivo pelo empregado, tenha ocorrido há mais de cinco anos do ajuizamento da ação, a fluência do prazo prescricional é renovado periodicamente, de forma sucessiva, a cada pagamento incorreto das verbas de origem contratual, adentrando no período não prescrito.

Com isso, as prestações de origem legal cujo inadimplemento é renovado mês a mês projetam-se para dentro do período não prescrito (últimos cinco anos contados do ajuizamento da ação), mesmo que a lesão (início do inadimplemento) tenha ocorrido há mais de cinco anos do ajuizamento da ação.

Em síntese, o critério utilizado pelo art. 11, § 2º, da CLT para distinguir prescrição total e prescrição parcial é a origem da parcela pretendida: legal ou contratual.

21.2. Alguns casos de prescrição parcial

Segundo a jurisprudência firmada no Tribunal Superior do Trabalho, há prescrição parcial nos seguintes casos, por exemplo.

(830) Uma das consequências do caráter protetivo do Direito do Trabalho é ter o empregador os deveres oriundos do contrato de trabalho, mesmo quando há nulidade. Embora nulo o contrato individual de trabalho, se o trabalho foi prestado, tem de ser retribuído como se válido fosse, já ensinava Pontes de Miranda (PONTES DE MIRANDA, Francisco Cavalcanti. *Tratado de direito privado.* Rio de Janeiro: Borsoi, 1964. v. 47, p. 492).

(831) DELGADO, Mauricio Godinho. *Curso de Direito do Trabalho.* 5. ed. São Paulo: LTr, 2006. p. 276.

21.2.1. *Equiparação salarial*

Imagine que o trabalhador "X" faça as mesmas atividades do trabalhador "Y", com a presença de todos os requisitos do art. 461 da CLT, e ganhe R$ 1.000,00 a menos, tendo essa situação iniciado 10 (dez) anos antes do ajuizamento da ação, persistindo até o final de seu contrato de trabalho. A ação foi ajuizada dentro de 2 (dois) anos da extinção do contrato.

Na ação que veicula pretensão de equiparação salarial, a prescrição é parcial e, com isso, salva-se da prescrição os últimos 5 (cinco) anos contados do ajuizamento da ação, conforme a Súmula n. 6, IX, do TST:

> SÚMULA N. 6. EQUIPARAÇÃO SALARIAL. ART. 461 DA CLT.
>
> (...)
>
> IX — Na ação de equiparação salarial, a prescrição é parcial e só alcança as diferenças salariais vencidas no período de 5 (cinco) anos que precedeu o ajuizamento. (ex-Súmula n. 274 — alterada pela Res. n. 121/2003, DJ 21.11.2003)

O fundamento de a prescrição ser parcial é de que a equiparação salarial tem previsão em lei (art. 461 da CLT).

O direito a equiparação salarial previsto no art. 461 da CLT teve alterações e acréscimos de requisitos por força da reforma trabalhista (Lei n. 13.467/17). Não obstante, no que tange a prescrição das prestações periódicas, não sofreu alteração.

21.2.2. *Desvio de função*

O desvio de função é caracterizado quando o trabalhador, apesar de ter sido contratado para exercer determinada função, executa outra diversa, sem o pagamento do salário respectivo.

Pressupõe uma alteração contratual, gerando violação do art. 468 da CLT, que trata dos requisitos para validade das alterações contratuais unilaterais.

Para um empregado ter esse direito, também há necessidade de ter no seu empregador quadro organizado de carreira, conforme entendimento predominante na doutrina e na jurisprudência.

Não se confunde com o enquadramento de função, conforme anteriormente esclarecido, nem com a equiparação salarial, pois o direito ao desvio de função não exige a presença de paradigma no mesmo estabelecimento, nem todos os demais requisitos do art. 461 da CLT.

Na ação que objetive corrigir desvio funcional, a prescrição é parcial e, com isso, salva-se da prescrição os últimos 5 (cinco) anos contados do ajuizamento da ação, conforme a Súmula n. 275 do TST:

> SÚMULA N. 275. PRESCRIÇÃO. DESVIO DE FUNÇÃO E REENQUADRAMENTO (incorporada a Orientação Jurisprudencial n. 144 da SBDI-I) — Res. n. 129/2005, DJ 20, 22 e 25.04.2005.
>
> I — Na ação que objetive corrigir desvio funcional, a prescrição só alcança as diferenças salariais vencidas no período de 5 (cinco) anos que precedeu o ajuizamento. (ex-Súmula n. 275 — alterada pela Res. n. 121/2003, DJ 21.11.2003)

21.2.3. *Gratificação semestral — congelamento*

Tratando-se de pedido de diferença de gratificação semestral que teve seu valor congelado, a prescrição aplicável é a parcial, de acordo com a Súmula n. 373 do TST:

SÚMULA N. 373. GRATIFICAÇÃO SEMESTRAL. CONGELAMENTO. PRESCRIÇÃO PARCIAL (conversão da Orientação Jurisprudencial n. 46 da SBDI-I) — Res. n. 129/2005, DJ 20, 22 e 25.4.2005. Tratando-se de pedido de diferença de gratificação semestral que teve seu valor congelado, a prescrição aplicável é a parcial. (ex-OJ n. 46 da SBDI-I — inserida em 29.3.1996).

A gratificação semestral não tem previsão em lei e com isso diferenças salariais daí resultantes implicariam prescrição total pela lógica da Súmula n. 294 do TST e do art. 11, § 2º da CLT.

Entretanto, seu congelamento, supressão ou redução implicam alteração contratual lesiva ao empregado, violando o art. 468 da CLT.

Alice Monteiro de Barros[832] sustenta que o congelamento e a redução de gratificações semestrais não traduzem ato único do empregador, mas ato negativo, a justificar, portanto, a incidência de prescrição parcial para pleitear as diferenças.

21.2.4. *Diferenças salariais decorrentes de plano de cargos e salários*

Em se tratando de pretensão de pagamento de diferenças salariais decorrentes da inobservância dos critérios de promoção estabelecidos em Plano de Cargos e Salários criado pela empresa, a prescrição aplicável é a parcial, conforme a Súmula n. 452 do TST:

SÚMULA N. 452. DIFERENÇAS SALARIAIS. PLANO DE CARGOS E SALÁRIOS. DESCUMPRIMENTO. CRITÉRIOS DE PROMOÇÃO NÃO OBSERVADOS. PRESCRIÇÃO PARCIAL. (conversão da Orientação Jurisprudencial n. 404 da SBDI-I) — Res. n. 194/2014, DEJT divulgado em 21, 22 e 23.05.2014. Tratando-se de pedido de pagamento de diferenças salariais decorrentes da inobservância dos critérios de promoção estabelecidos em Plano de Cargos e Salários criado pela empresa, a prescrição aplicável é a parcial, pois a lesão é sucessiva e se renova mês a mês.

Não há previsão em lei da obrigação de os empregadores terem planos de cargos e salários, nem de conceder a seus empregados qualquer tipo de promoção.

Esse direito pode ser previsto, por exemplo, pela voluntária criação de um plano de cargos e salários, por regulamento empresarial etc.

A liberdade está em criar ou não o plano de cargos e salários. Uma vez criado, deve ser cumprido. A inobservância dos critérios de promoção estabelecidos em Plano de Cargos e Salários criado pela empresa viola o art. 468 da CLT. Daí porque incide prescrição parcial.

21.3. Estudo de caso

João, empregado urbano da empresa "X"...

Admissão: 20.07.2005

Despedida: 20.07.2012

Ajuizamento da ação: 20.07.2013

A reclamada arguiu prescrição na contestação.

Pretensões:

(832) BARROS, Alice Monteiro de. *Curso de Direito do Trabalho.* 4. ed. São Paulo: LTr, 2008. p. 1036.

A) Diferenças salariais pela supressão de comissões ocorrida em 20.07.2006.

B) Equiparação salarial a partir de 20.07.2006 até o fim do contrato.

Análise:

A) Diferenças salariais pela supressão de comissões ocorrida em 20.07.2006 → Prescrição total (OJ n. 175 da SDI-1, TST): pretensão totalmente fulminada, pois não tem previsão em lei (origem contratual).

B) Equiparação salarial a partir de 20.07.2006 → Prescrição parcial (Súmula n. 6, IX, TST), porque tem previsão em lei. Pretensões anteriores a 20.07.2008 prescritas. Restam não prescritas as pretensões de 20.07.2008 até 20.07.2012.

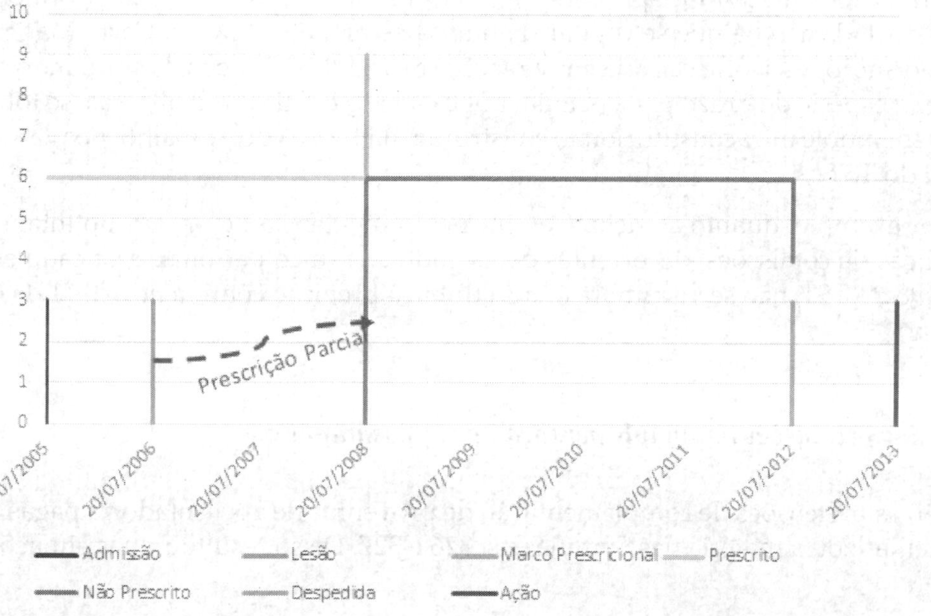

21.4. Esquema

— Prestações de origem normativa → Ato nulo → Prescrição PARCIAL

— Prestações de origem contratual → Ato anulável → Prescrição TOTAL

22. Ação rescisória. Prazo prescricional. Prescrição total ou parcial. Matéria infraconstitucional

O Tribunal Superior do Trabalho tem entendido que a polêmica a respeito do tipo de prescrição aplicável, se total ou parcial, nas demandas envolvendo pedidos de prestações sucessivas, e mesmo a discussão a respeito da *actio nata*, desenvolve-se no plano doutrinário e jurisprudencial, decorrendo de interpretação alcançada a partir dos preceitos do Código Civil sobre prescrição (art. 178, § 10 e incisos, do Código Civil de 1916; art. 206, § 2º, do Código Civil de 2002, entre outros), e não do art. 11 da Consolidação das Leis do Trabalho[(833)].

(833) TST, Subseção II Especializada em Dissídios Individuais, ROAR 25600-89.2007.5.06.0000, Relator Ministro Alberto Luiz Bresciani de Fontan Pereira, DJ 04.05.2010.

Em outras palavras, o art. 11 da Consolidação apenas prevê as modalidades prescricionais quinquenal e bienal, dispondo sobre a prescrição do direito de ação quando não exercido até o limite de cinco anos, contados da data da lesão, ou de dois anos, a partir do término do contrato de trabalho. E a prescrição parcial ou total se aplica às demandas que envolvem pedidos de prestações sucessivas, cuja base legal é constituída pelos arts. 178, § 10, I a VI, do CC revogado e 206, § 2º, do CC atual, de forma que a interpretação que ensejou a edição da Súmula n. 294 do TST e outros precedentes sempre observou dispositivos do Código Civil, e não da Consolidação das Leis do Trabalho.

Ou seja, a discussão acerca da aplicação de prescrição parcial ou total na esfera trabalhista se desenvolve no âmbito jurisprudencial, que não representa uma das hipóteses previstas no art. 485 do CPC, apta a ensejar o corte rescisório(834).

Na diretriz da Orientação Jurisprudencial n. 119 da SBDI-2 do TST, posteriormente convertida na Súmula n. 409 do TST, não há que se cogitar de ofensa ao art. 7º, XXIX, da Carta Magna, tendo em vista que "não procede ação rescisória calcada em violação do art. 7º, XXIX, da CF/88 quando a questão envolve discussão sobre a espécie de prazo prescricional aplicável aos créditos trabalhistas, se total ou parcial, porque a matéria tem índole infraconstitucional, construída, na Justiça do Trabalho, no plano jurisprudencial" (Súmula n. 409 do TST).

Assim, por exemplo, quanto ao debate em torno da incidência de prescrição total ou parcial para se pleitear diferenças de comissões, decorrentes de alegado ato único patronal, praticado em 1999, objeto da ex-Súmula n. 198 do TST, não se vislumbra ofensa direta à previsão contida no art. 11 da Consolidação das Leis do Trabalho(835).

23. *Prescrição das pretensões de complementação de aposentadoria*

Em relação às pretensões de complementação de proventos de aposentadoria pagas pelo ex-empregador, o TST sistematizou a matéria nas Súmulas ns. 326 e 327. Disso resultou duas situações distintas.

23.1. Complementação dos proventos de aposentadoria. Parcela nunca recebida. Prescrição total

Em se tratando de pedido de complementação de aposentadoria derivada de regulamento empresarial e nunca paga ao ex-empregado, incide a prescrição total, iniciando-se a contagem do biênio para ajuizamento da pretensão a partir da data de aposentadoria. É o que dispõe a Súmula n. 326 do TST:

> TST, Súmula n. 326: COMPLEMENTAÇÃO DOS PROVENTOS DE APOSENTADORIA. PARCELA NUNCA RECEBIDA. PRESCRIÇÃO TOTAL. Tratando-se de pedido de complementação de aposentadoria oriunda de norma regulamentar e jamais paga ao ex-empregado, a prescrição aplicável é a total, começando a fluir o biênio a partir da aposentadoria.

Alice Monteiro de Barros alerta para o fato de que, se uma parcela nunca compôs a complementação de aposentadoria, por exemplo, uma gratificação, mas a complementação vinha sendo recebida normalmente, aplica-se a prescrição total (Súmula n. 326) e não a parcial (Súmula n. 327), porque a parcela da gratificação nunca havia sido incorporada à complementação. Nesse sentido aponta jurisprudência da SDI-1 do TST (de 9.5.2003, relator Min. João Oreste Dalazen, TST-E-RR-414.085/1998).

---

(834) TST, Subseção II Especializada em Dissídios Individuais, ROAR 2806/2002-000-01-00.7, Relator Ministro Ives Gandra Martins Filho, 26.9.2008.

(835) TST, Subseção II Especializada em Dissídios Individuais, ROAR 25600-89.2007.5.06.0000, Relator Ministro Alberto Luiz Bresciani de Fontan Pereira, DJ 04.05.2010.

23.2. Complementação dos proventos de aposentadoria. Diferenças. Prescrição parcial

Nos casos de pedido de diferenças de complementação de aposentadoria, parcela que, portanto, estava sendo paga ao ex-empregado durante a vigência do contrato de trabalho, incide a prescrição parcial (cinco anos), segundo a Súmula n. 327 do TST:

> TST, Súmula n. 327: COMPLEMENTAÇÃO DOS PROVENTOS DE APOSENTADORIA. DIFERENÇA. PRESCRIÇÃO PARCIAL. Tratando-se de pedido de diferença de complementação de aposentadoria oriunda de norma regulamentar, a prescrição aplicável é a parcial, não atingindo o direito de ação, mas, tão somente, as parcelas anteriores ao quinquênio.

Uma leitura descuidada dessa Súmula pode levar a pensar que não incide prescrição bienal no caso concreto, pois o Verbete 327 usa a expressão "não atingindo o direito de ação, mas, tão somente, as parcelas anteriores ao quinquênio". Embora não tenha a melhor redação, esse não foi o intuito do TST, até porque tal interpretação implicaria afronta ao art. 7º, XXIX, da Constituição, que prevê sucessivamente a prescrição bienal e a quinquenal[(836)].

Justamente para esclarecer o real sentido da Súmula n. 327, o TST editou a Orientação Jurisprudencial n. 156 da SDI-1, expressando também que incide a prescrição total (bienal) sobre o pedido de diferenças de complementação de aposentadoria quando elas derivem de suposto direito a parcelas não recebidas no curso da relação de emprego e já prescritas, à época da propositura da ação.

24. *Prescrição da pretensão de parcelas oriundas de sentença normativa*

A prescrição relativa às pretensões das parcelas previstas em sentença normativa começam a correr do trânsito em julgado desta e não do descumprimento do disposto na sentença normativa, de acordo com o entendimento firmado pelo Tribunal Superior do Trabalho, por meio da Súmula n. 350:

> TST, Súmula n. 350: PRESCRIÇÃO. TERMO INICIAL. AÇÃO DE CUMPRIMENTO. SENTENÇA NORMATIVA. O prazo de prescrição com relação à ação de cumprimento de decisão normativa flui apenas da data de seu trânsito em julgado.

Não obstante, cabe salientar que para a propositura da ação de cumprimento não é necessário ter havido o trânsito em julgado da decisão proferida na ação de dissídio coletivo, conforme se depreende da Súmula n. 397 do TST, segundo a qual a sentença normativa não faz coisa julgada material, mas apenas formal[(837)]:

> TST, Súmula n. 397: AÇÃO RESCISÓRIA. ART. 485, IV, DO CPC. AÇÃO DE CUMPRIMENTO. OFENSA À COISA JULGADA EMANADA DE SENTENÇA NORMATIVA MODIFICADA EM GRAU DE RECURSO. INVIABILIDADE. CABIMENTO DE MANDADO DE SEGURANÇA (conversão da Orientação Jurisprudencial n. 116 da SBDI-2) — Res. n. 137/2005, DJ 22, 23 e 24.08.2005. Não procede ação rescisória calcada em ofensa à coisa julgada perpetrada por decisão proferida em ação de cumprimento, em face de a sentença normativa, na qual se louvava, ter sido modificada em grau de recurso, porque em dissídio coletivo somente se consubstancia coisa julgada formal. Assim, os meios processuais aptos a atacarem a execução da cláusula reformada são a exceção de pré-executividade e o mandado de segurança, no caso de descumprimento do art. 572 do CPC.

25. *Prescrição e mudança de regime jurídico de celetista para estatutário*

A transferência do regime jurídico de celetista para o estatutário implica extinção do contrato de trabalho, fluindo o prazo da prescrição bienal a partir da mudança de regime (Súmula n. 382 do TST).

---

(836) DELGADO, Mauricio Godinho. *Curso de Direito do Trabalho.* 5. ed. São Paulo: LTr, 2006. p. 273-274.

(837) MARTINS, Sergio Pinto. *Direito do Trabalho.* 24. ed. São Paulo: Atlas, 2007. p. 671.

26. *Complementação da pensão e auxílio funeral*

A prescrição extintiva para pleitear judicialmente o pagamento da complementação de pensão e do auxílio-funeral é de 2 (dois) anos, contados a partir do óbito do empregado (Orientação Jurisprudencial n. 129 da SBDI-I do TST).

27. *Prescrição e os direitos trabalhistas com objeto difuso*

Ao iniciar o estudo das novas bases para a compreensão do problema da prescrição na tutela de direitos com objeto difuso, faz-se necessário sublinhar, de plano, que as diferenças conceituais entre os direitos individuais homogêneos e os direitos transindividuais — direitos coletivos *stricto sensu* e direitos com objeto difuso — repercutem em um necessário tratamento diferenciado no que tange à prescrição.

Impõe-se esse tratamento bifurcado, pois, de um lado, em se tratando de direitos individuais homogêneos, tem-se, em verdade, um feixe de direitos individuais, reunidos de forma coletiva para fins processuais (tutela coletiva de direitos, na expressão de Zavascki[(838)]), de modo que cada indivíduo é titular de um direito subjetivo, que pode ser perseguido de forma individual ou coletiva, tendo o ordenamento jurídico viabilizado a tutela coletiva apenas para permitir tratamento uniforme das pretensões e para diminuir o número de ações individuais sobre a mesma matéria. Os direitos individuais (homogêneos ou não) são pensados sob a luz da perspectiva subjetiva.

De outro lado, os direitos coletivos *stricto sensu* e os direitos com objeto difuso (tutela de direitos coletivos, na expressão de Zavascki[(839)]) têm por titular uma coletividade e possuem objeto que transcende os indivíduos, não sendo passíveis de apropriação individual. Nesse sentido, o Supremo Tribunal Federal[(840)] pronunciou que o direito ao ambiente ecologicamente equilibrado tem "titularidade coletiva e caráter transindividual", sendo atribuído "não ao indivíduo identificado em sua singularidade, mas, num sentido mais abrangente, à própria coletividade social".

Essa distinção é importante ser salientada, pois, de uma parte, os direitos individuais homogêneos geram pretensões individuais e independentes, reunidas no processo coletivo apenas para que tenham tratamento processual uniforme. De outra parte, os direitos com objeto difuso não geram pretensão individual, nem pretensão de direito material.

De modo a firmar acordo semântico com o leitor, entende-se que a melhor denominação para o fenômeno — espécie dos direitos transindividuais — é "direito com objeto difuso"[(841)], pois não é o direito que é difuso, mas é o seu objeto que pode ser difuso, entre outras classificações.

De acordo com Pontes de Miranda[(842)], o objeto de direito "é algum bem da vida que pode ser elemento do suporte fáctico de alguma regra jurídica, de cuja incidência emane fato jurídico, produto de direito", esclarecendo o autor que objeto do direito é "o que *pode* ser atingido pela eficácia do fato jurídico: nos direitos reais, é o substrato mesmo deles, e diz-se coisa; nos direitos de crédito, é a promessa; nos outros direitos, é a vida, a liberdade, o nome, a honra, a própria pessoa, ou a pessoa de outrem, ou outro direito".

Nos difusos, os objetos do direito podem ser: o patrimônio público ou de entidade de que o Estado participe; a moralidade administrativa; o meio ambiente; o patrimônio histórico e cultural; as relações de

---

(838) ZAVASCKI, Teori Albino. *Processo coletivo:* tutela de direitos coletivos e tutela coletiva de direitos. 4. ed. São Paulo: Revista dos Tribunais, 2009. p. 145.

(839) ZAVASCKI, Teori Albino. *Processo coletivo:* tutela de direitos coletivos e tutela coletiva de direitos. 4. ed. São Paulo: Revista dos Tribunais, 2009. p. 53.

(840) SUPREMO TRIBUNAL FEDERAL. Tribunal Pleno, ADI n. 3.540-1/DF, Relator Min. Celso de Mello, DJ 01.09.2005.

(841) Não obstante entenda-se que "direito com objeto difuso" é a expressão mais adequada para o fenômeno, também se utiliza no presente trabalho a expressão "direito difuso" por ser a mais usada na doutrina e na jurisprudência pátrias.

(842) PONTES DE MIRANDA, Franscisco Cavalcanti. *Tratado de direito privado.* 3. ed. Rio de Janeiro: Borsoi, 1970. t. 2, p. 9 e 16.

consumo; oriundos das relações de trabalho de caráter difuso; bens e direitos de valor artístico, estético, turístico e paisagístico; a ordem econômica; a ordem urbanística, entre outros.

Adverte Pontes de Miranda[843] ser "da máxima relevância evitar-se confusão entre objeto dos atos jurídicos (e até dos fatos jurídicos *stricto sensu*) e objeto de direito". Exemplifica dizendo que o objeto do negócio jurídico bilateral de compra e venda não é a coisa, mas a prestação prometida (a promessa).

Nos direitos com objeto difuso, o objeto é considerado um só, "de natureza indivisível", segundo a legislação brasileira[844], gerando "a consequente comunhão de destinos dos respectivos titulares, de modo tal que a satisfação de um só implicaria, por força, a satisfação de todos, assim como a lesão de um só constitui lesão à inteira comunidade", conforme destaca Barbosa Moreira.[845] Essa destinação "unitária" dos direitos com objeto difuso (indivisibilidade) é uma de suas características diferenciadas. A respeito dessa característica do objeto, averba Pontes de Miranda: "o objeto é considerado como um só, se é utilizado como um só bem jurídico (utilização unitária)".[846]

Propugna-se que os direitos e os deveres com objeto difuso precisam ser estudados a partir da Constituição e dos direitos e dos deveres fundamentais[847], notadamente ao que passou a ser denominado de perspectiva ou dimensão objetiva dos direitos fundamentais[848], que os considera não apenas sob o ponto de vista da pessoa individual e sua posição perante o Estado (perspectiva subjetiva), mas também valoriza o ponto de vista da sociedade, da comunidade na sua totalidade (perspectiva objetiva), quando se tratar de valores e fins que ultrapassem a esfera do indivíduo tanto em direitos como em deveres.[849]

A constatação de que os direitos fundamentais possuem dupla perspectiva (objetiva e subjetiva) constitui uma das mais relevantes formulações do direito constitucional contemporâneo, de acordo com Sarlet.[850]

Esse ângulo de visão — perspectiva objetiva — elastece a compreensão do tema, adequando-se à largueza dos direitos e dos deveres com objeto difuso, embora não se possa nem se queira negar que a agressão

---

(843) PONTES DE MIRANDA, Franscisco Cavalcanti. *Tratado de direito privado.* 3. ed. Rio de Janeiro: Borsoi, 1970. t. 2, p. 9.

(844) Conforme o conceito disposto no art. 81, I, da Lei n. 8.078/90. BRASIL. Lei n. 8.078, de 11 de setembro de 1990. Dispõe sobre a proteção do consumidor e dá outras providências. Coletânea de Legislação e Jurisprudência, Brasília. *Lex:* Legislação Federal e Marginália.

(845) MOREIRA, José Carlos Barbosa. Os temas fundamentais do direito brasileiro nos anos 80: direito processual civil. *Temas de direito processual.* 4. série. São Paulo: Saraiva, 1989. p. 8.

(846) PONTES DE MIRANDA, Franscisco Cavalcanti. *Tratado de direito privado.* 3. ed. Rio de Janeiro: Borsoi, 1970. t. 2, p. 9.

(847) Entende-se que os direitos transindividuais são direitos fundamentais. Para um estudo aprofundado dessa temática ver COIMBRA, Rodrigo. Os direitos transindividuais como direitos fundamentais de terceira dimensão e alguns desdobramentos. *Direitos Fundamentais e Justiça,* Porto Alegre: HS, n. 16. p. 64-94, jul./set. 2011.

(848) Para um estudo aprofundado dessa perspectiva ver: COIMBRA, Rodrigo. Direitos e deveres com objeto difuso a partir da perspectiva objetiva dos direitos fundamentais. *Revista de Direito Ambiental,* São Paulo: Revista dos Tribunais, p. 117-138, jul./set 2013.

(849) SARLET, Ingo Wolfgang. *A eficácia dos direitos fundamentais:* uma teoria geral dos direitos fundamentais na perspectiva constitucional. 10. ed. Porto Alegre: Livraria do Advogado, 2011. p. 141.

(850) SARLET, Ingo Wolfgang. *A eficácia dos direitos fundamentais:* uma teoria geral dos direitos fundamentais na perspectiva constitucional. 10. ed. Porto Alegre: Livraria do Advogado, 2011. p. 141; Analisando a dupla perspectiva dos direitos fundamentais, Hesse diz que, por um lado, "eles são *direitos subjetivos,* direitos do particular", e, por outro lado, "eles são *elementos fundamentais da ordem objetiva* da coletividade" (grifou-se), em HESSE, Konrad. *Elementos de Direito Constitucional da República Federal da Alemanha.* Tradução de Luís Afonso Heck. Porto Alegre: Fabris, 1998. p. 228; Canotilho assim diferencia o que ele chama de "fundamentação" subjetiva e objetiva dos direitos fundamentais: "Um fundamento é subjectivo quando se refere ao significado ou relevância da norma consagradora de um direito fundamental para o *particular,* para os seus interesses, para a situação da vida, para a sua liberdade. Assim, por ex., quando se consagra, no art. 37º/1 da CRP, o 'direito de exprimir e divulgar livremente o seu pensamento pela palavra, pela imagem ou por qualquer outro meio', verificar-se-á um fundamento *subjectivo* ou *individual* se estiver em causa a importância desta norma para o indivíduo, para o desenvolvimento da sua personalidade, para os seus interesses e ideias. [...] Fala-se de uma fundamentação objectiva de uma norma consagradora de um direito fundamental quando se tem em vista o seu significado para a colectividade, para o interesse público, para a vida comunitária. É esta 'fundamentação objectiva' que se pretende salientar quando se assinala à 'liberdade de expressão' uma 'função objectiva', um 'valor geral', uma 'dimensão objectiva' para a vida comunitária ('liberdade institucional')". (Grifos do autor), em CANOTILHO, José Joaquim Gomes. *Direito Constitucional.* 5. ed. Coimbra: Almedina, 1991. p. 546. Nesse sentido, também ANDRADE, José Carlos Vieira de. *Os direitos fundamentais na constituição portuguesa de 1976.* 3. ed. Coimbra: Almedina, 2004. p. 114.

a um bem difuso também pode ferir direitos individuais (mas os direitos individuais não são o objeto do presente trabalho). Pelo contrário, em muitos casos, há coexistência entre ambas as perspectivas[(851)], quando um mesmo fato (poluição de um rio, por exemplo) gera lesão ou ameaça de lesão a direitos com objeto difuso (perspectiva objetiva) e lesão ou ameaça de lesão a direitos individuais (perspectiva subjetiva).

Não obstante, a face objetiva dos direitos fundamentais transcende a face subjetiva, atuando como "uma espécie de mais-valia jurídica, no sentido de um reforço da juridicidade das normas de direitos fundamentais", conforme Sarlet.[(852)]

Saliente-se que a perspectiva objetiva possui "função autônoma" na concretização do Direito, mediante o "reconhecimento de efeitos jurídicos autônomos", consoante explica Sarlet[(853)]: "cuida-se aqui de apontar para os desdobramentos da perspectiva objetiva dos direitos fundamentais na qualidade de efeitos potencialmente autônomos, no sentido de não necessariamente atrelados aos direitos fundamentais consagradores de direitos subjetivos".

No âmbito do direito ambiental — típico direito com objeto difuso —, Carla Amado Gomes[(854)], por um lado, posiciona-se contrariamente ao reconhecimento subjetivo ao meio ambiente, sustentando que ele deve ser pensado sob uma perspectiva exclusivamente objetiva. Por outro lado, Canotilho[(855)], examinando o ordenamento jurídico português, entende que o direito ao ambiente é um direito subjetivo, advertindo que a compreensão dessa questão depende do ordenamento jurídico de cada país, exemplificando que o direito ao ambiente não é um direito subjetivo no direito constitucional espanhol, "porque não assegura, só por si, um direito de ação em tribunal".

---

(851) Nesse sentido: PISARELLO, Gerardo. *Los derechos sociales y sus garantias.* Madrid: Trotta, 2007. p. 72; MENDES, Gilmar Ferreira; BRANCO, Paulo Gustavo Gonet. 6. ed. *Curso de Direito Constitucional.* São Paulo: Saraiva, 2011. p. 189); SARLET, Ingo Wolfgang. Direitos fundamentais e processo: o direito à proteção e promoção da saúde entre tutela individual e transindividual. *Revista de Processo.* São Paulo: Revista dos Tribunais, v. 199. p. 13-39, em especial p. 23-24, set. 2011; MARINONI, Luiz Guilherme. *Teoria geral do processo.* 4. ed. São Paulo: Revista dos Tribunais, 2010. p. 74; LEDUR, José Felipe. *Direitos fundamentais sociais. Efetivação no âmbito da democracia participativa.* Porto Alegre: Livraria do Advogado, 2009. p. 85-86.

(852) SARLET, Ingo Wolfgang. *A eficácia dos direitos fundamentais:* uma teoria geral dos direitos fundamentais na perspectiva constitucional. 10. ed. Porto Alegre: Livraria do Advogado, 2011. p. 141, 147 e 228.

(853) SARLET, Ingo Wolfgang. *A eficácia dos direitos fundamentais:* uma teoria geral dos direitos fundamentais na perspectiva constitucional. 10. ed. Porto Alegre: Livraria do Advogado, 2011. p. 141, 147 e 228.

(854) "[...] entendemos ser o direito ao ambiente uma fórmula vazia de significado jurídico em virtude da impossibilidade de determinação de um conteúdo para tal posição jurídica, a construção baseia-se na 2ª parte do n. 1 do art. 66º da CRP, que autonomiza o dever fundamental de protecção do ambiente, densificável a partir da definição de prestações concretas relativamente a bens naturais determinados. Esta nossa construção pressupõe, no entanto, a existência de deveres (de protecção do ambiente) *por causa* do exercício de direitos (de circulação, de propriedade, de investigação científica). Ou seja, sobretudo na presença de obrigações de *facere*, o raciocínio implica que o dever de protecção do ambiente — cuja configuração concreta depende da(s) actividade(s) desenvolvida(s) pelo sujeito —, emerja como contrapartida do exercício de determinados direitos. Não significa isto que o dever de protecção do ambiente seja correlativo de um direito com o mesmo objecto — já vimos que essa orientação é de rejeitar. Trata-se, isso sim, de verificar uma ligação incindível entre uma responsabilidade individual de uso racional de um bem de uso colectivo e a pretensão jurídica de levar a cabo determinadas actividades que, pela sua incidência ambiental, requerem cuidados mais ou menos acrescidos" (GOMES, Carla Amado. *Risco e modificação do acto autorizativo concretizador de deveres de protecção do ambiente.* Lisboa: Faculdade de Direito de Lisboa, 2007. p. 129).

(855) CANOTILHO, José Joaquim Gomes. O direito ao ambiente como direito subjectivo. In: *Estudos sobre direitos fundamentais.* Coimbra: Coimbra, 2004. p. 186-187; Sarlet e Fensterseifer não admitem que o direito ambiental seja apreciado exclusivamente a partir da perspectiva objetiva, compreendendo-o sob a dupla perspectiva (objetiva e subjetiva). Não obstante, Sarlet reitera a importância da perspectiva objetiva como "terreno fértil" para desenvolvimentos, enfatizando que: Este processo de valorização dos direitos fundamentais "na condição de normas de direito objetivo enquadra-se, de outra banda, naquilo que foi denominado de uma autêntica mutação dos direitos fundamentais (*Grundrechtswandel*) provocada não só — mas principalmente — pela transição do modelo Liberal para o do Estado Social e Democrático de Direito, como também pela conscientização da insuficiência de uma concepção dos direitos fundamentais como direitos subjetivos de defesa para a garantia de uma liberdade efetiva para todos, e não apenas daqueles que garantiram para si sua independência social e o domínio de seu espaço de vida pessoal. SARLET, Ingo Wolfgang; FENSTERSEIFER, Tiago. *Direito Constitucional Ambiental:* estudos sobre a Constituição, os direitos fundamentais e a proteção do ambiente. São Paulo: Revista dos Tribunais, 2011. p. 130 e SARLET, Ingo Wolfgang. *A eficácia dos direitos fundamentais:* uma teoria geral dos direitos fundamentais na perspectiva constitucional. 10. ed. Porto Alegre: Livraria do Advogado, 2011. p. 151.

Em que pese o aprofundamento acerca dessa querela no âmbito do direito ambiental fugir dos limites do presente trabalho, partilha-se do entendimento de Amado Gomes e, ampliando-o, entende-se que os direitos com objeto difuso devem ser pensados sob a perspectiva objetiva e não são passíveis de subjetivação. São "direitos assubjetivos" ou "Direito objetivo não subjetivado", conforme as expressões de Pontes de Miranda.[856]

De fato, o direito subjetivo foi criado para operar e opera de forma hegemônica no plano dos direitos individuais. Dentro dessa noção de individualidade que reflete a cultura e a sociedade do modelo de Estado liberal, o termo *direito* — no sentido subjetivo — somente é utilizado nas hipóteses em que a sua titularidade pertence a um sujeito determinado e há um objeto delimitado[857].

De acordo com Pontes de Miranda: "não há direitos sem sujeitos. Nem todos os direitos são subjetivos. Interêsses são protegidos sem que a ordem jurídica crie direitos subjetivos. Muitas vêzes, os mais eficazmente protegidos, ou, até, os mais enèrgicamente assegurados, são interesses que não permitem a invocação do direito subjetivo. São esferas não menos importantes, da função só preventiva ou só repressiva do Estado".[858] Essa lição de Pontes de Miranda, quando ele trata do tema "sujeito e subjetivo", é importante para os direitos com objeto difuso, pois a ordem jurídica protege-os, lhes dá eficácia, mas sem lhes conferir direitos subjetivos.

Em clara alusão aos interesses transindividuais, Pontes de Miranda[859] afirma que há casos em que, "sem terem os particulares direitos subjetivos, a relevância do interêsse geral sugeriu que a esses se atribuísse ação dita popular (*actio popularis*)". Conclui o autor, na sequência do seu raciocínio: "destarte, há interesses protegidos, sem que se chegue, tecnicamente, à subjetivação".

Na linha de não subjetivação dos direitos coletivos, Clóvis do Couto e Silva refere que "há um problema semelhante em matéria de tutela de interesses coletivos. Estes interesses não podem ser qualificados como direitos subjetivos".[860] Nessa trilha, Tesheiner[861] afirma que "pelo menos quanto aos direitos difusos, é fácil ver-se que não se trata de direitos subjetivos".

Tratando da correlação entre Direito e dever, Pontes de Miranda[862] diz que "o dever de atender à regra jurídica não é correlativo dos direitos que a regra jurídica cria ou transforma", ou seja, que o Direito objetivo pode optar por não criar direitos subjetivos, destacando que "o direito objetivo pode ser perfeito sem existir tal garantia"[863] (direito subjetivo).

Ajuda a compreender a matéria o exemplo dado por Pontes de Miranda: "A regra que manda abrir a tantas horas os jardins públicos e fechá-los a certo momento da noite, ou conservá-los sempre abertos para que todos êles passem, possam sentar-se, descansar, é direito não subjetivo. Os passantes, os frequentadores e os que dêles se servem para ler, trabalhar, como as mulheres que aproveitam a sombra das árvores para coser ou vigiar crianças, não têm direito subjetivo a isso, porque nem todos os direitos e posições jurídicas *que se gozam* são direitos subjetivos".[864]

Frise-se o ponto: "nem todos os direitos e posições jurídicas *que se gozam* são direitos subjetivos" e isso não significa que não sejam passíveis de realização. Note-se que Pontes de Miranda grifou em itálico

(856) PONTES DE MIRANDA, Francisco Cavalcanti. *Tratado da ação rescisória.* 3. ed. Rio de Janeiro: Borsoi, 1957. p. 12.

(857) MORAIS, José Luis Bolzan de. *Do Direito social aos interesses transindividuais:* o Estado e o Direito na ordem contemporânea. Porto Alegre: Livraria do Advogado, 1991. p. 109.

(858) PONTES DE MIRANDA, Francisco Cavalcanti. *Tratado da ação rescisória.* 3. ed. Rio de Janeiro: Borsoi, 1957. p. 8.

(859) PONTES DE MIRANDA, Franscisco Cavalcanti. *Tratado de direito privado.* Rio de Janeiro: Borsoi, 1955, t. 5. p. 228.

(860) COUTO E SILVA, Clóvis Veríssimo do. O conceito de dano no Direito brasileiro e comparado. In: FRADERA, Vera Jacob. (Org.). *O Direito Privado brasileiro na visão de Clóvis do Couto e Silva.* Porto Alegre: Livraria do Advogado, 1997. p. 217-235, em especial p. 222. Esse artigo foi publicado originalmente na *Revista dos Tribunais,* ano 80, v. 667, maio 1991.

(861) TESHEINER, José Maria Rosa. Jurisdição e direito objetivo. *Justiça do Trabalho,* n. 325, p. 31, jan. 2011.

(862) PONTES DE MIRANDA, Francisco Cavalcanti. *Tratado da ação rescisória.* 3. ed. Rio de Janeiro: Borsoi, 1957. p. 12.

(863) PONTES DE MIRANDA, Francisco Cavalcanti. *Tratado da ação rescisória.* 3. ed. Rio de Janeiro: Borsoi, 1957. p. 9.

(864) PONTES DE MIRANDA, Francisco Cavalcanti. *Tratado da ação rescisória.* 3. ed. Rio de Janeiro: Borsoi, 1957. p. 6.

a expressão "que se gozam", evidenciando a possibilidade de fruição de certos direitos sem haver direito subjetivo. Esse exemplo de utilização dos parques públicos é tipicamente um interesse/direito difuso (ainda que o autor não tenha mencionado isso, pois não lhe interessava essa abordagem).

De fato, o direito subjetivo não é a única forma de gozar os direitos, nem a única posição jurídica subjetiva, ainda que seja hegemônica na nossa tradição jurídica. Analisando essa matéria, Wesley Hohfeld[865] aponta quatro significados básicos para as expressões "direito" e "dever", a partir da constatação de que um dos maiores obstáculos para a compreensão clara dos problemas jurídicos surge com frequência da suposição expressa ou tácita de que todas as relações jurídicas podem ser reduzidas a "direitos" (subjetivos) e "deveres". Essa constatação de Hohfeld é a principal causa dos obstáculos para a adequada compreensão dos direitos com objeto difuso.

A hegemonia dos direitos (subjetivos) e dos deveres que Hohfeld critica e para as quais aponta sugestões, demonstrando, acima de tudo, a inadequação do "reducionismo" a essas duas posições jurídicas, tem outro desdobramento importante: a primazia quase absoluta dos direitos subjetivos em detrimento dos deveres.

Essa "hipertrofia dos direitos" encontra razão de ser, por um lado, na configuração do modelo de Estado Constitucional e do que se poderia designar de uma "herança liberal", no sentido de compreender a posição do indivíduo em face do Estado como a de titular de prerrogativas de não intervenção na sua esfera pessoal. E, por outro lado, guarda conexão com a noção de um cidadão pouco (ou quase nada) comprometido com a sua comunidade e seus semelhantes, que, na perspectiva do Estado Constitucional, acabou desafiando uma mudança.[866]

Aliás, o tema dos deveres fundamentais possui íntima relação com participação ativa dos cidadãos na vida pública e implica um "empenho solidário de todos na transformação das estruturas sociais", conforme adverte Vieira de Andrade.[867] Nesse cenário de inter-relação entre direitos e deveres fundamentais notadamente por meio da perspectiva objetiva dos direitos fundamentais, encontram explicação os direitos com objeto difuso. Foi o reconhecimento dos direitos sociais e ecológicos que, já no âmbito do Estado Constitucional, acabou levando a um fortalecimento da noção de deveres fundamentais.[868]

A adequada tutela de direitos transindividuais exige "redimensionar e repensar inúmeros institutos do processo civil clássico, porquanto vários deles foram imaginados para operar — e somente conseguem operar adequadamente — no plano individual, tendo reduzida ou nenhuma função no plano coletivo", conforme adverte Arenhart[869], referindo-se às novas perspectivas de tutela em face das atuais dimensões do direito material. Essa exigência se estende ao direito material, em que vários institutos tradicionais foram pensados tendo em vista tão somente direitos individuais, como ocorre com a prescrição.

Nesse passo de propor noções jurídicas mais adequadas aos direitos com objeto difuso, entende-se mais adequado trabalhar com eles na perspectiva objetiva dos direitos fundamentais (conforme proposto no item anterior) e com a aplicação do Direito objetivo.

---

(865) HOHFELD, Wesley Newcomb. *Some fundamental legal conceptions as applied in judicial reasoning*. Yale: Yale Law Journal Company, 1913. p. 30-59, em especial p. 30. Para Hohfeld, dependendo do contexto, a expressão "direito" pode assumir quatro significados básicos: *rights* (direitos em sentido subjetivo), *liberty-rights* (privilégios), *powers* (poderes) e *immunities* (imunidades). Esses "direitos" mantêm duas relações lógicas de correlação e de oposição com outros quatro conceitos: *duty* (dever), *no-rights* (não direitos), *liability* (sujeição) e *disability* (incompetência). Estariam em correlação os conceitos: direito/dever; privilégio/não direito; poder/sujeição; imunidade/incompetência. E, em relação de oposição (negação): direito/não direito; privilégio/dever; poder/incompetência; imunidade/sujeição. Desse trabalho analítico decorrem as seguintes considerações de Hohfeld: a) ter direito-pretensão perante a alguém significa estar em posição de exigir algo de alguém; b) ter um privilégio perante a alguém significa não estar sujeito a qualquer pretensão sua; c) ter um poder perante a alguém significa a capacidade jurídica (competência) de modificar a situação jurídica desse alguém; d) ter uma imunidade perante a alguém significa que esse alguém não tem o poder normativo de alterar-lhe a situação jurídica, pois é incompetente normativamente para isso.

(866) NABAIS, José Casalta. *O dever fundamental de pagar impostos*. Coimbra: Almedina, 1998. p. 16 e 59.

(867) ANDRADE, José Carlos Vieira de. *Os direitos fundamentais na Constituição portuguesa de 1976*. 3. ed. Coimbra: Almedina, 2004. p. 155.

(868) NABAIS, José Casalta. *O dever fundamental de pagar impostos*. Coimbra: Almedina, 1998. p. 49-50.

(869) ARENHART, Sérgio Cruz. *Perfis da tutela inibitória coletiva*. São Paulo: Revista dos Tribunais, 2003. p. 41-42.

Destacando a importância da realização do Direito objetivo, Pontes de Miranda[870] reafirma que "a finalidade preponderante, hoje, do processo é a realizar o Direito, o direito objetivo, e não só, menos ainda precipuamente, os direitos subjetivos". E o processo, segundo Pontes de Miranda[871], manifestará sua importância justamente quando não houver a realização espontânea (automática) do Direito objetivo: "o processo não é mais do que o corretivo da imperfeita realização automática do direito objetivo".

Tesheiner[872] sustenta que, para explicar a tutela jurisdicional dos chamados direitos difusos, não se precisa lançar mão da noção de direitos subjetivos — noção que, nesse particular, "apenas turva a clareza do pensamento" —, podendo-se chegar à concretização pela aplicação do Direito objetivo: "nas ações relativas aos chamados 'direitos difusos', o juiz aplica, e às vezes também cria Direito objetivo".

O direito e o processo do trabalho, no âmbito coletivo, há muito trabalham com a ideia de que os acordos coletivos de trabalho, as convenções coletivas de trabalho e a sentença normativa geram normas com eficácia ultrapartes. Comprovando o caráter normativo — criação de Direito objetivo —, esses instrumentos de composição de conflitos coletivos trabalhistas são chamados pelo gênero "instrumentos normativos" ou "normas coletivas de trabalho". E a decisão do dissídio coletivo é chamada de sentença "normativa"[873], além disso, a competência da Jurisdição Trabalhista para julgar esses conflitos é chamada de "poder normativo da Justiça do Trabalho".[874]

A Constituição Federal de 1988[875] permite que as próprias partes destinatárias constituam normas para empresas ou categorias (acordo coletivo e convenção coletiva de trabalho, como instrumentos da negociação coletiva exitosa), ou, quando frustrada a negociação coletiva, o ajuizamento de dissídios coletivos[876], dos quais os Tribunais do Trabalho (competência originária da ação de dissídio coletivo) decidirão o conflito, respeitadas as disposições mínimas legais de proteção ao trabalho, bem como as convencionadas anteriormente.

---

(870) PONTES DE MIRANDA, Francisco Cavalcanti. *Comentários ao Código de Processo Civil.* Rio de Janeiro: Forense, 1999, t. 1. p. 77. A importância da concretização do ordenamento jurídico objetivo também é destacada por Molinaro e Milhoranza: "Jurisdição, no seu núcleo duro, é o poder do Estado de dizer o direito, o direito, o direito que é, ademais de concretizar o ordenamento jurídico objetivo" (MOLINARO, Carlos Alberto; MILHORANZA, Mariângela Guerreiro. Processo e direitos fundamentais — brevíssimos apontamentos. *Revista Brasileira de Direito Processual*, Belo Horizonte: Fórum, n. 79, p. 127-145, em especial p. 139, jul./set. 2012).

(871) PONTES DE MIRANDA, Francisco Cavalcanti. *Comentários ao Código de Processo Civil.* Rio de Janeiro: Forense, 2001. t. 1, p. 78.

(872) TESHEINER, José Maria Rosa. Revista eletrônica sobre os chamados direitos difusos? *Processos Coletivos.* Porto Alegre, v. 3, n. 4, out./dez. 2012. Disponível em: <http://www.processoscoletivos.net/~pcoletiv/component/jcomments/feed/com_content/724>. Acesso em: 24 out. 2012; Há criação ou aplicação do Direito objetivo — inexistindo direito subjetivo nesses casos —, quando o Judiciário, por exemplo: a) determina a um Município (Tubarão — SC) a elaboração, no prazo de um ano, de projeto executivo de sistema de esgoto sanitário e a implementação, em dois anos, de rede de esgotos que sirva a 50% da população, devendo chegar à cobertura total no prazo de cinco anos; b) determina que empresas de ônibus regularizem o serviço de quatro linhas de ônibus (no Rio de Janeiro); c) determina que hospital restabeleça atendimento (em Duque de Caxias — RJ); d) obriga fabricante (Unilever) a informar, nas embalagens dos produtos são que comercializados, dados essenciais, como prazo de validade e medidas a serem adotadas no caso de ingestão indevida, de forma que possibilite a fácil leitura e compreensão pelo consumidor; e) impede a cobrança de ponto de extra de TV por assinatura; f) mantém proibição de extração de areia nas margens do Rio Paraná (Todos esses casos foram retirados de <http://www.processoscoletivos.net/ponto-e-contraponto>. Acesso em: 30 out. 2012).

(873) Para um estudo das características diferenciadas da sentença normativa, ver: COIMBRA, Rodrigo; ARAÚJO, Francisco Rossal de. Equilíbrio instável das fontes formais do Direito do Trabalho. *Justiça do Trabalho*, Porto Alegre: HS, n. 324. p. 57-59, dez. 2010.

(874) Referindo-se à expressão contrato coletivo, que passou a ser entendida como sinônimo de convenção coletiva de trabalho e de acordo coletivo de trabalho, Pontes de Miranda reconhece seu caráter normativo, salientando, contudo, que esse caráter não é único, destacando também a vinculatividade. O autor refere também que a "Justiça do Trabalho tem competência para, nos dissídios coletivos, estabelecer *normas* de trabalho" (PONTES DE MIRANDA, Francisco Cavalcanti. *Tratado de direito privado.* 3. ed. Rio de Janeiro: Borsoi, 1972. t. 48, p. 10 e 17).

(875) Constituição Federal, art. 7º: "São direitos dos trabalhadores urbanos e rurais, além de outros que visem à melhoria de sua condição social: [...] XXVI — reconhecimento das convenções e acordos coletivos de trabalho".

(876) Constituição Federal, art. 114, § 2º: "Recusando-se qualquer das partes à negociação coletiva ou à arbitragem, é facultado às mesmas, de comum acordo, ajuizar dissídio coletivo de natureza econômica, podendo a Justiça do Trabalho decidir o conflito, respeitadas as disposições mínimas legais de proteção ao trabalho, bem como as convencionadas anteriormente" (redação dada pela Emenda Constitucional n. 45, de 2004).

A validade das normas coletivas trabalhistas está relacionada apenas à observância dos requisitos legais para legitimidade de participação e regularidade formal do processo, produzindo normas gerais e abstratas(877), dentro do âmbito territorial do conflito, podendo ser inclusive de abrangência nacional, nos casos envolvendo sindicatos nacionais ou confederações.(878) Tais normas possuem coercitividade como qualquer outra, podendo, inclusive, ser objeto de demanda judicial, por meio das chamadas ações de cumprimento.(879)

As normas coletivas trabalhistas possuem eficácia *ultra partes*, pois se estendem a todos os trabalhadores e empregadores que pertençam às empresas ou categorias acordantes (acordo ou convenção coletiva), independentemente de serem sócios (associados, filiados) do sindicato.(880)

A progressiva socialização do direito determinou o surgimento de novos tipos de conflitos relacionados a interesses não exclusivamente individuais, com importantes efeitos processuais, como a eficácia reflexa da sentença, ou seja, os efeitos de uma decisão de uma ação envolvendo direitos transindividuais ultrapassam as partes do respectivo processo, podendo ser *ultra partes* ou *erga omnes*, conforme a legislação, como destaca Pisani.(881)

Afirmando que se vive numa época marcada pela "pulverização" do "direito legislativo", Zagrebelsky(882) chama a atenção para a redução da generalidade e a abstração das leis atualmente, como características clássicas das leis, cujas razões podem ser buscadas, sobretudo, nas características da nossa sociedade, condicionada por uma ampla diversificação de grupos e estratos sociais que participam hoje do que chama de "mercado das leis". Esclarece o autor que ditos grupos dão lugar a uma acentuada diferenciação de tratamento normativo, seja como implicação empírica do princípio da igualdade do chamado "Estado social" (para cada situação uma disciplina adequada a suas particularidades), seja como consequência da pressão que os interesses corporativos exercem.(883)

Nesse contexto, enquadra-se, de forma marcante, o Direito Coletivo do Trabalho, produzindo normas diferenciadas para as categorias de empregados/empregadores de acordo com as suas particularidades, como consequência da crise do princípio da generalidade e da importante tutela dos direitos coletivos trabalhistas.

A partir da perspectiva objetiva dos direitos fundamentais e da aplicação do Direito objetivo, saber quem são os sujeitos dos direitos com objeto difuso pouco importa. Os "titulares indeterminados de direitos difusos" sequer precisam existir em alguns casos (como no de gerações futuras), para justificar

(877) Nesse ponto, importa o conceito de Direito objetivo de Molinaro: "Entendo como direito objetivo a regra (em sentido lato) geral e abstrata (que produz a norma) que está posta com função regulativa para garantir as conquistas sociais já alcançadas pela sociedade no mundo fático e que interessa ao direito" (MOLINARO, Carlos Alberto. A jurisdição na proteção da saúde: breves notas sobre a instrumentalidade processual. *Revista da Ajuris.* Porto Alegre: Ajuris, n. 115, p. 49-72, em especial p. 55, set. 2009).

(878) Nesse sentido, COIMBRA, Rodrigo. Jurisdição trabalhista coletiva e Direito objetivo. *Justiça do Trabalho,* Porto Alegre: HS, n. 340, p. 88-107, em especial. p. 94-96, abr. 2012.

(879) Consolidação das Leis do Trabalho, art. 872: "Celebrado o acordo, ou transitada em julgado a decisão, seguir-se-á o seu cumprimento, sob as penas estabelecidas neste Título. Parágrafo único. Quando os empregadores deixarem de satisfazer o pagamento de salários, na conformidade da decisão proferida, poderão os empregados ou seus sindicatos, independentes de outorga de poderes de seus associados, juntando certidão de tal decisão, apresentar reclamação à Junta ou Juízo competente, observado o processo previsto no Capítulo II deste Título, sendo vedado, porém, questionar sobre a matéria de fato e de direito já apreciada na decisão (redação dada pela Lei n. 2.275, de 30.07.1954)". Tribunal Superior do Trabalho, Súmula n. 286: "A legitimidade do sindicato para proporação de cumprimento estende-se também à observância de acordo ou de convenção coletivos".

(880) LEITE, Carlos Henrique Bezerra. *Curso de Direito Processual do Trabalho.* 6. ed. São Paulo: LTr, 2008. p. 1093.

(881) PISANI, Andrea Proto. Appunti sui rapporti tra i limiti tra i limiti soggettivi di efficacia della sentenza civile e la garanzia costituzionale del diritto di difesa. *Rivista Trimestrale di Diritto e Procedura Civile,* Milano: Giuffrè. p. 1216-1308, em especial p. 1237-1239, set. 1971; Nesse sentido, também: DENTI, Vittorio. Aspetti processuali della tutela dell'ambiente. In: *Studi in memoria di Salvatore Satta.* Padova: Cedam, 1982. v. 1, p. 459-460.

(882) ZAGREBELSKY, Gustavo. *El Derecho Dúctil:* ley, derechos, justicia. 7. ed. Madrid: Trotta, 2007. p. 37.

(883) ZAGREBELSKY, Gustavo. *El Derecho Dúctil:* ley, derechos, justicia. 7. ed. Madrid: Trotta, 2007. p. 37-38.

a ação coletiva proposta pelos legitimados com vistas à concretização do Direito objetivo, conforme esclarece Tesheiner.(884)

Outra questão importante sobre o tema diz respeito à existência ou não de pretensão material nos direitos com objeto difuso. Esse questionamento está diretamente ligado ao tema da prescrição, pois o objeto da prescrição é a pretensão de direito material, tendo essa problemática sido levantada por Arenhart(885) nos seguintes termos: "isso põe um sério problema para o regime da prescrição em relação a tais interesses, pois se a prescrição está atrelada à pretensão — somente sendo possível cogitar da fluência de seu curso a partir do momento em que a pretensão pode ser exercida — então como se há de aplicar a figura num caso em que a pretensão não surge senão no processo judicial, já que o titular do direito sequer tem condições de manifestar sua vontade?".

De plano, observe-se que os conceitos de pretensão de direito material foram formulados tendo em mente apenas direitos individuais. Para o enfrentamento dessa questão, é necessário retomar o conceito de pretensão de direito material consagrado por Windscheid(886), para quem a pretensão jurídica é "o que se pode exigir de outrem", com os esclarecimentos de Pontes de Miranda(887):

> Pretensão é a posição subjetiva de poder exigir de outrem alguma prestação positiva ou negativa.
>
> [...] Pretensão é, pois, a *tensão* para algum ato ou omissão dirigida a alguém. "O *pre-* está, aí, por "diante de si". O direito é dentro de si-mesmo, tem ex*tensão* e *intensidade;* a pre*tensão* lança-se. Não é o direito, nem a ação, nem, *a fortiori*, a "ação" (sentido processual).
>
> [...] O correlato da pretensão é um dever "premível" do destinatário dela, talvez obrigação (no sentido estrito), sempre obrigação (no sentido largo). (Grifos do autor.)

A pretensão de direito material é, portanto, um aspecto dinâmico do direito subjetivo, que lhe confere a possibilidade de exigir o cumprimento do dever do sujeito passivo da relação jurídica. Ovídio Baptista(888) diz que, a partir desse momento, "o direito subjetivo está dotado de *pretensão*", saindo de um "estado de latência" e "adquirindo dinamismo". O autor adverte que "se, todavia, embora possa fazê-lo, deixo de exigir do obrigado o cumprimento da obrigação, terei, pelo decurso de tempo e por minha inércia, prescrita essa faculdade de exigir o pagamento, ou, de um modo geral, o cumprimento da obrigação". Note-se que essa constatação importante para fins de prescrição pressupõe que o sujeito ativo "possa fazê-lo", possa exigir do sujeito passivo.

Essa potencialidade de que o direito subjetivo se reveste a partir do momento em que se torna exigível (que, como poder, não se confunde com o efetivo exercício da pretensão) "é um estado especial do direito subjetivo: irradia do mesmo (envolve-o como película), como decorrência natural da causalidade jurídica",

(884) TESHEINER, José Maria Rosa. O Ministério Público não é nunca substituto processual (uma lição heterodoxa). *Páginas de Direito.* Porto Alegre, 26 abr. 2012. Disponível em: <http://www.tex.pro.br/tex/listagem-de-artigos/353-artigos-abr-2012/8468-o-ministerio-publico-nao-e-nunca-um-substituto-processual-uma-licao-heterodoxa>. Acesso em: 14 nov. 2012. TESHEINER, José Maria Rosa. Jurisdição e Direito Objetivo. *Justiça do Trabalho,* Porto Alegre: HS, n. 325. p. 31.

(885) ARENHART, Sérgio Cruz. O regime da prescrição em ações coletivas. In: GOZZOLI, Maria Clara; CIANCI, Mirna; CALMON, Petrônio; QUARTIERI, Rita (Coord.). *Em defesa de um novo sistema de processos coletivos:* estudos em homenagem a Ada Pellegrini Grinover. São Paulo: Saraiva, 2010. p. 599-617, em especial p. 607.

(886) "Pero si *actio* es efectivamente, como resulta de lo antedicho, el término romano para designar la pretensión jurídica, cuando los romanos dicen que algo es judicialmente perseguirle, nosotros décimos que está jurídicamente fundado" (WINDSCHEID, Bernard. La "actio" del derecho romano, desde el punto de vista del derecho actual. In: *Polémica sobre la "Actio".* Buenos Aires: Juridicas Europa-America, 1974. p. 11).

(887) PONTES DE MIRANDA, Francisco Cavalcanti. *Tratado de direito privado.* Rio de Janeiro: Borsoi, 1955, t. 5. p. 451-452. A pretensão também é conceituada como: "a faculdade de se poder exigir a satisfação do direito", conforme BAPTISTA DA SILVA, Ovídio Araújo. Direito subjetivo, pretensão de direito material e ação. In: MACHADO, Fábio Cardoso; AMARAL, Guilherme Rizzo (Orgs.). *Polêmica sobre a ação:* a tutela jurisdicional na perspectiva das relações entre direito e processo. Porto Alegre: Livraria do Advogado, 2006. p. 17-18.

(888) BAPTISTA DA SILVA, Ovídio Araújo. *Curso de Processo Civil.* 7. ed. Rio de Janeiro: Forense, 2005, v. 1. p. 64.

nas palavras de Mitidiero.[(889)] Nessa linha, Arenhart[(890)] também entende que a pretensão é uma decorrência do direito subjetivo.

Os direitos com objeto difuso são materialmente marcados pela indivisibilidade e pela indisponibilidade de seus objetos e pela indeterminação dos seus titulares. Da insuscetibilidade de destaque em cotas individuais (indivisibilidade) decorre que nenhum titular pode fruí-las na sua integridade, bem como o gozo por um não impede ou impossibilita que outros as fruam com a mesma intensidade. Por transcenderem o âmbito individual, são insuscetíveis a atos de disposição (indisponibilidade). Os seus titulares encontram-se diluídos por toda a sociedade (indeterminação).[(891)]

Ação de direito material e pretensão material, historicamente, estão ligadas, necessariamente, ao direito subjetivo, ainda que com ele não se confundam. Nesse sentido, manifesta Pontes de Miranda[(892)]: "rigorosamente, há três posições em vertical: o direito subjetivo, a pretensão e a ação, separáveis". E essas três posições, em Pontes de Miranda, são algo que se acrescenta ao direito subjetivo. Essa constatação pode ser notada quando Pontes de Miranda trata da precisão do conceito de pretensão e a refere como "algo *mais*", *in verbis*: "atividade potencial para frente, faculdade jurídica de exigir; portanto, algo *mais*"[(893)] (Grifos do autor).

Sendo a pretensão "um aspecto dinâmico", "uma potência", "uma nova virtualidade", "um estado especial" do direito subjetivo, não se pode falar em pretensão de direito material, quando não existir direito subjetivo (ainda que o contrário seja possível[(894)]), pois a pretensão é um aspecto posterior do direito subjetivo.

De acordo com Marinoni[(895)], não há a pretensão de direito material nos direitos difusos, *in verbis:* "todos têm direito à tutela do meio ambiente (por exemplo) — embora ele tenha que ser exercido, na forma jurisdicional, por um ente legitimado —, mas ninguém possui pretensão de direito material ou ação de direito material contra o poluidor". O autor[(896)] afirma que tal arcabouço conceitual (conceitos de pretensão de direito material e de ação de direito material) "é imprestável para explicar o que acontece diante dos direitos difusos".

Nesse sentido, Alvaro de Oliveira[(897)] sustenta que as demandas pertinentes aos direitos difusos e coletivos não possuem paralelo fora do processo, citando-as dentro do que chama de "meios mais sofisticados e apurados de tutela jurisdicional", salientando que os conceitos de pretensão de direito material (e de ação de direito material) só tinham razão "quando ainda não estavam maduros o arcabouço dos direitos fundamentais e a constitucionalização que se seguiu".

O direito subjetivo e a pretensão de direito material são "*estados de que disfruta seu titular*", sendo o primeiro "*poder da vontade* do seu titular" (grifos do autor), conforme Ovídio Baptista[(898)], observações que

(889) MITIDIERO, Daniel. A pretensão de condenação. *Revista de Processo,* São Paulo: Revista dos Tribunais, v. 129, p. 51-65, em especial p. 52, nov. 2005.

(890) ARENHART, Sérgio Cruz. *Perfis da tutela inibitória coletiva.* São Paulo: Revista dos Tribunais, 2003. p. 52.

(891) SANTOS, Ronaldo Lima dos. Notas sobre a impossibilidade de depoimento pessoal de membro do Ministério Público nas ações coletivas. *Revista da Faculdade de Direito da Universidade Federal de Minas Gerais*. Belo Horizonte, n. 58, p. 291-310, em especial. p. 298, jan./jun. 2011.

(892) PONTES DE MIRANDA, Francisco Cavalcanti. *Tratado de direito privado.* Rio de Janeiro: Borsoi, 1955, t. 5. p. 451.

(893) PONTES DE MIRANDA, Francisco Cavalcanti. *Tratado de direito privado.* Rio de Janeiro: Borsoi, 1955, t. 5. p. 452.

(894) Porque "há direitos que perderam ou não têm pretensão", conforme PONTES DE MIRANDA, Francisco Cavalcanti. *Tratado de direito privado.* Rio de Janeiro: Borsoi, 1955, t. 5. p. 452.

(895) MARINONI, Luiz Guilherme. Da ação abstrata e uniforme à ação adequada à tutela de direitos. In: MACHADO, Fábio Cardoso; AMARAL, Guilherme Rizzo (Orgs.). *Polêmica sobre a ação:* a tutela jurisdicional na perspectiva das relações entre direito e processo. Porto Alegre: Livraria do Advogado, 2006. p. 197-252, em especial. p. 248.

(896) MARINONI, Luiz Guilherme. Da ação abstrata e uniforme à ação adequada à tutela de direitos. In: MACHADO, Fábio Cardoso; AMARAL, Guilherme Rizzo (Orgs.). *Polêmica sobre a ação:* a tutela jurisdicional na perspectiva das relações entre direito e processo. Porto Alegre: Livraria do Advogado, 2006. p. 197-252, em especial. p. 248.

(897) ALVARO DE OLIVEIRA, Carlos Alberto. *Teoria e prática da tutela jurisdicional.* Rio de Janeiro: Forense, 2008. p. 61.

(898) BAPTISTA DA SILVA, Ovídio Araújo. *Curso de Processo Civil.* 7. ed. Rio de Janeiro: Forense, 2005. v. 1, p. 65 e 62, respectivamente.

corroboram a compreensão de que os direitos individuais sempre estiveram vinculados à ideia de vontade, e mais, à vontade do seu titular.

Daí que todas estas noções — de direito subjetivo, pretensão, ação de direito material, titularidade determinada, manifestação de vontade — são conceitos característicos do plano de direitos individuais, tendo reduzida ou nenhuma função no plano de direitos transindividuais.

Sublinhe-se que a concretização dos direitos com objeto difuso não está subordinada à vontade do titular. O Direito objetivo pode prescindir da vontade do titular do direito. Nesse sentido, Pontes de Miranda(899) ensina que "a regra jurídica pode fazer suporte fáctico, em que se imprima, outros fatos que a vontade humana" e, já em 1955, o autor fazia essa ponderação no que tange aos interesses transindividuais: "O Estado, pensando intererêsses transindividuais, por vêzes estatui que fatos não humanos, ou fatos humanos não volitivos, sejam suporte fáctico de regras jurídicas; e daí emanam direitos e deveres".

Nesse quadrante, não há pretensão de direito material nos direitos com objeto difuso(900), porque o conceito de pretensão de direito material está, historicamente, vinculado ao conceito de direito subjetivo — do qual é "um aspecto dinâmico", "uma potência", "uma nova virtualidade", "um estado especial" —, e, nos direitos com objeto difuso, tem-se outro mundo, norteado pela indivisibilidade e pela indisponibilidade do objeto, com a indeterminação dos sujeitos, conjunto de características que inviabiliza que se use de arcabouço conceitual com contexto individualista e obrigacional — "como se todo o direito material correspondesse a uma relação débito-crédito"(901) —, completamente diferente do vivenciado pelos chamados direitos difusos.

No âmbito do direito ambiental, que é um exemplo típico de direito com objeto difuso (mas não o único), ainda que a matéria não seja pacífica, predomina o entendimento de que não há incidência de prescrição (são imprescritíveis) no que tange ao chamado dano ambiental coletivo ou dano ambiental propriamente dito — causado ao ambiente globalmente considerado, em sua concepção difusa. Observando essa distinção, Milaré(902) sustenta a imprescritibilidade da pretensão reparatória do dano ambiental coletivo mediante os

(899) PONTES DE MIRANDA, Franscisco Cavalcanti. *Tratado de direito privado.* Rio de Janeiro: Borsoi, 1955. t. 5, p. 228.

(900) Em relação aos danos individuais que atingem bens particulares (perspectiva subjetiva), na há dúvida de que incide prescrição, pois está se tratando de direitos individuais e patrimoniais, passíveis de subjetivação e dotando seus titulares de pretensão material, sobre a qual incidem os prazos prescricionais definidos pelo direito material, observação que, para fins de comparação, é importante, todavia o estudo da prescrição dos direitos individuais (homogêneos ou não) não é objeto do presente trabalho.

(901) Conforme Ovídio Baptista, ao criticar a relação entre o conceito de pretensão e direitos das obrigações (BAPTISTA DA SILVA, Ovídio Araújo. *Jurisdição e execução na tradição romano-canônica.* 3. ed. Rio de Janeiro: Forense, 2007. p. 6).

(902) MILARÉ, Édis. *Direito do ambiente:* a gestão ambiental em foco. 6. ed. São Paulo: Revista dos Tribunais, 2009. p. 1.457; Nesse sentido, partindo da compreensão de que o dano ambiental pode ser subjetivo quando atinge bens particulares, e somente objetivo quando atinge o chamado "macrobem", Barbosa afirma que incidem as regras de direito civil referentes à prescrição quando o dano atinge bens particulares (dano ambiental subjetivo) e, ocorrendo dano ao macrobem (dano patrimonial objetivo), aplicam--se as normas do microssistema do direito ambiental, porque nele inexistente regra como a do art. 205 do Código Civil (BARBOSA, Haroldo Camargo. O instituto da prescrição aplicado à reparação dos danos ambientais. *Revista de Direito Ambiental,* v. 59, p. 124-149, jul./set. 2010); Também nessa mesma linha de entendimento, Morato Leite esclarece que a prescrição atinge apenas a pessoa individualizável, titular de um direito, que, pela sua inércia num determinado lapso temporal, tem a pretensão desse direito extinta. Todavia, "o meio ambiente ecologicamente equilibrado e sua tutela jurisdicional diz respeito precipuamente a interesses difusos, portanto indetermináveis quanto aos sujeitos" (LEITE, José Rubens Morato. *Dano Ambiental:* prevenção, repressão, reparação. São Paulo: Revista dos Tribunais, 1993. p. 291); Por fundamentos diferentes, Arenhart conclui pela não incidência de prescrição: "ao que parece, a tese mais adequada é sustentar a aplicação, ao caso, do regime oferecido pelo Código Civil para os direitos cujos titulares não podem exercer pretensão (a exemplo do que ocorre com o art. 198, inc. I, do CC). Nesse caso específico, embora o direito exista, porque o titular não pode exercer pessoalmente a pretensão — como na hipótese do Código Civil, por ser absolutamente incapaz —, não se pode cogitar de prescrição" (ARENHART, Sérgio Cruz. O regime da prescrição em ações coletivas. In: GOZZOLI, Maria Clara; CIANCI, Mirna; CALMON, Petrônio; QUARTIERI, Rita (Coord.). *Em defesa de um novo sistema de processos coletivos:* estudos em homenagem a Ada Pellegrini Grinover. São Paulo: Saraiva, 2010. p. 599-617, em especial. p. 609); Esse viés também é aceito por Tesheiner, que afirma: "Certo, o direito ao meio ambiente sadio não tem caráter patrimonial e é imprescritível", advertindo, contudo, que "a proibição de poluir pode ser imposta sempre, porque tem em conta a situação atual, e não fatos ocorridos no passado", pois, do contrário, "se poderia imaginar que os poluidores antigos estariam sempre cobertos pela cláusula constitucional do direito adquirido, daí concluindo que, uma vez autorizada administrativamente determinada atividade que se revelasse prejudicial ao meio ambiente, nenhuma alteração ou limitação se lhe poderia impor posteriormente" (artigo inédito gentilmente cedido pelo autor).

seguintes argumentos: a) não consta em nosso ordenamento jurídico disciplina específica em matéria prescricional; b) o direito ao meio ambiente ecologicamente equilibrado não é um direito patrimonial — muito embora seja passível de valoração, para efeito indenizatório — e só a pretensão envolvendo patrimoniais é que está sujeita à prescrição; c) o direito ao meio ambiente ecologicamente equilibrado é direito fundamental e indisponível do ser humano (indisponibilidade).

Partilhando do argumento da indisponibilidade dos direitos com objeto difuso, o Superior Tribunal de Justiça[(903)] julgou pela imprescritibilidade da pretensão de reparação de danos ambientais, destacando: "o direito ao pedido de reparação de danos ambientais, dentro da logicidade hermenêutica, está protegido pelo manto da imprescritibilidade, por se tratar de direito inerente à vida, fundamental e essencial à afirmação dos povos, ainda que não esteja expresso em texto legal".

Assim, observada a melhor técnica jurídica[(904)], nem seria própria a expressão "pretensão" quando se trata de direitos com objeto difuso.

Em relação a outras áreas do Direito, a matéria ainda não tem tido a mesma repercussão, como nos casos de direito com objeto difuso nas relações de consumo e nas relações de trabalho. Embora das relações de consumo emanem frequentes casos de direitos individuais homogêneos, delas emanam também direitos com objeto difuso, como no exemplo da propaganda enganosa ou abusiva (previstas nos arts. 6º, IV, e 37 do Código de Defesa do Consumidor), que atinge um número indeterminado de pessoas. Outro exemplo é a colocação no mercado de produtos com alto grau de nocividade ou periculosidade à saúde ou à segurança dos consumidores, o que é vedado pelo art. 10 do Código de Defesa do Consumidor.[(905)] Nesses casos, o direito é indivisível e os titulares são indeterminados, não havendo entre eles uma relação jurídica base, mas mera circunstância de fato.

Nas relações de trabalho, ainda que o Direito Coletivo do Trabalho contemple os exemplos talvez mais típicos de direito coletivo *stricto sensu* — de que seja titular categoria ou grupo de pessoas ligadas entre si ou com a parte contrária por uma relação jurídica base, que, no caso, geralmente é o contrato de emprego —, há também direitos com objeto difuso.

Vejam-se alguns exemplos de direitos com objeto difuso oriundos das relações de trabalho: a) greve em serviços ou atividades essenciais, em que as atividades inadiáveis da comunidade não são atendidas pelos sujeitos da relação de trabalho — empregados e empregadores, causando prejuízos à coletividade; b) tutela inibitória (obrigação de não fazer) com relação a uma empresa que exige dos inúmeros e indeterminados candidatos a emprego (portanto, antes de haver vínculo jurídico) certidão negativa da Justiça do Trabalho sobre a inexistência do ajuizamento de eventual ação trabalhista[(906)]; c) discriminação

(903) SUPERIOR TRIBUNAL DE JUSTIÇA. 2ª Turma, REsp. 1.120.117, Relatora: Min. Eliana Calmon, DJ 10.11.2009; Enfrentando essa matéria em outro julgamento, o Superior Tribunal de Justiça salientou que não se pode aplicar aos direitos difusos o mesmo raciocínio jurídico que se utiliza para os direitos patrimoniais em termos de prescrição: "Não se pode aplicar entendimento adotado em ação de direitos patrimoniais em ação que visa à proteção do meio ambiente, cujos efeitos danosos se perpetuam no tempo. Tratando-se de direito difuso — proteção ao meio ambiente — a ação é imprescritível" (SUPERIOR TRIBUNAL DE JUSTIÇA. 2ª Turma, Ag. Reg. no REsp. 1.150.479, Relator: Min. Humberto Martins, DJ 04.10.2011).

(904) Conforme entendimento consagrado por Windscheid (WINDSCHEID, Bernard. La "actio" del derecho romano, desde el punto de vista del derecho actual. In: *Polémica sobre la "Actio"*. Buenos Aires: Jurídicas Europa-America, 1974. p. 58) e seguido pelo Código Civil brasileiro de 2002.

(905) WATANABE, Kazuo *et al. Código Brasileiro de Defesa do Consumidor:* comentado pelos autores do anteprojeto. 6. ed. Rio de Janeiro: Forense Universitária, 1999. p. 720. Em outro exemplo, apreciando caso de comercialização de cerveja com teor alcoólico, ainda que inferior a 0,5% em cada volume, com informação ao consumidor, no rótulo do produto, de que se trata de bebida sem álcool, o Superior Tribunal de Justiça entendeu que tal informação, a par de inverídica, vulnera o disposto nos arts. 6º e 9º do CDC, diante do risco à saúde de pessoas indeterminadas, impelidas ao consumo (SUPERIOR TRIBUNAL DE JUSTIÇA. 3ª Turma, REsp 1181066, Relator Ministro Vasco Della Giustina, DJ 15.03.2011).

(906) Trata-se da prática conhecida por "listas negras" de empregados que litigam na Justiça do Trabalho, os quais, diante da divulgação de seus nomes, perdem a chance de conquista de novo posto de trabalho. O Tribunal Superior do Trabalho, buscando evitar a utilização de sua base de dados para esse fim, proibiu, a partir de 2003, a consulta de processos a partir do nome do reclamante.

na seleção para vaga de emprego (portanto, antes de haver vínculo jurídico de emprego), atingindo pessoas indeterminadas, como em relação a negros ou portadores de deficiências físicas, mulheres grávidas, idosos, índios, estrangeiros, menores, ou a prática de qualquer outro tipo de discriminação vedada pela Constituição Federal.(907)

Outro exemplo de direitos com objeto difuso na área trabalhista é a situação de redução análoga à condição de escravo, com atuação dos Auditores Fiscais do Trabalho, do Ministério Público do Trabalho e de Juízes do Trabalho.(908) Conforme Fava(909), "dispensável é ponderar a impossibilidade de defesa individual dos interesses desses trabalhadores, semicidadãos, isolados, desamparados e combalidos pela submissão escravocrata. As hipóteses de violação encetam direitos difusos — resumidos pela proteção da ordem jurídica justa — e individuais homogêneos — consistentes nos créditos individuais dos trabalhadores, para quitação de salário, descanso remunerado, adicionais de pagamento por trabalho insalubre ou perigoso etc.".

Quando se tratar de direito trabalhista com objeto difuso, com todas as características típicas de indivisibilidade e indisponibilidade do objeto e de indeterminação dos sujeitos, igualmente não haverá incidência de prescrição, por ausência de pretensão material dos sujeitos do direito.

Corroborando com parte da fundamentação ora exposta, Xisto Tiago de Medeiros Neto(910) sustenta que na seara dos direitos transindividuais "já que não se traduzem como direitos equivalentes 'a crédito', é inconcebível, pois, falar-se em aplicação do instituto da prescrição, diante do sistema e modelo teórico que lhes são peculiares". O autor destaca que a indisponibilidade dos direitos transindividuais está ligada à indiscutível fundamentalidade dos bens e valores tutelados, razões pela qual "não poderiam submeter-se, quanto à possibilidade de tutela judicial, a uma limitação extintiva de natureza temporal", uma vez que "traduziria um *non sense*, a ferir a lógica e os princípios que imantam o sistema jurídico, aceitar-se a inviabilidade de serem tutelados, pelo decurso do tempo, direitos que, direta ou indiretamente, postam-se na órbita de proteção reconhecidas à dignidade humana, de maneira especial aqueles de dimensão coletiva".

Outro aspecto que deve ser ressaltado é a continuidade das lesões aos direitos transindividuais no tempo, de forma que seus efeitos danosos comumente perpetuam-se no tempo, revelando a incompatibilidade da aplicação do instituto da prescrição em tais casos(911).

Conforme o disposto no art. 7º, inciso XXIX, da Constituição Federal de 1988, os trabalhadores urbanos e rurais(912) têm direito de "ação, quanto aos créditos resultantes das relações de trabalho, com prazo prescricional de cinco anos para os trabalhadores urbanos e rurais, até o limite de dois anos após a extinção do contrato de trabalho". Trata-se de prazos sucessivos, sendo que o prazo de dois anos é contado da data de extinção do contrato de trabalho (portanto, esse prazo só incide sobre contratos extintos), e o prazo de cinco anos é contado da data de ajuizamento da ação trabalhista, tudo conforme o disposto na Súmula n. 308, I, do Tribunal Superior do Trabalho.(913)

---

(907) Esses exemplos, entre outros, são indicados por MELO, Raimundo Simão de. *Ação civil pública na justiça do trabalho*. 4. ed. São Paulo: LTr, 2012. p. 31-32.

(908) O Projeto de Lei n. 146/2012, de iniciativa do Senado Federal, visa a alterar a Lei n. 9.008, de 21 de março de 1995, para incluir, entre as finalidades do Fundo de Defesa de Direitos Difusos, a reparação dos danos causados no âmbito das relações do trabalho, e a Lei n. 7.347, de 24 de julho de 1985, para dispor sobre a destinação dos recursos financeiros provenientes de multas fixadas em condenação de ações civis públicas que envolvam danos causados a bens e direitos coletivos ou difusos de natureza trabalhista em ações de prevenção e de combate ao trabalho escravo. Conforme a exposição de motivos desse Projeto de Lei, segundo o Ministério Público do Trabalho, há cerca de 20 mil trabalhadores atuando em condição análoga à escravidão. O trabalho escravo, no Brasil, atinge a população mais vulnerável, composta por analfabetos, sendo a forma de ocorrência mais comum a servidão por dívida, sucessora imediata da clássica escravidão dos afrodescendentes. Sobre o tema, ver: MATTJE, Emerson Tyrone. *Expressões contemporâneas de trabalho escravo:* sua repercussão penal no Brasil. Santa Cruz: EDUNISC, 2006. p. 11-25.

(909) FAVA, Marcos Neves. *Ação civil pública trabalhista*. São Paulo: LTr, 2005. p. 104.

(910) MEDEIROS NETO, Xisto Tiago de. *Dano moral coletivo*. 3. ed. São Paulo: LTr, 2012. p. 243-244.

(911) MEDEIROS NETO, Xisto Tiago de. *Dano moral coletivo*. 3. ed. São Paulo: LTr, 2012. p. 244.

(912) Os rurais passaram a ter a mesma normatização de prescrição dos urbanos a partir da EC n. 28/2000.

(913) TRIBUNAL SUPERIOR DO TRABALHO, Súmula n. 308: PRESCRIÇÃO QUINQUENAL (Resolução n. 129/2005 do TST, DJ 20, 22 e 25.04.2005): "I. Respeitado o biênio subsequente à cessação contratual, a prescrição da ação trabalhista concerne às pre-

Note-se que a Constituição alude à "ação quanto aos créditos resultantes da relação de trabalho"(914), conceito incompatível com a natureza extrapatrimonial e transindividual dos direitos com objeto difuso, conforme já estudado. Dito de outro modo, os prazos prescricionais para as relações de trabalho, tal como determinado pela Constituição Federal, incidem sobre os "créditos" resultantes da relação de trabalho e as ações coletivas que tutelam direitos trabalhistas com objeto difuso não pleiteiam "créditos" (direitos patrimoniais), portanto, mais uma razão para a imprescritibilidade nesses casos também, demonstrando que o dispositivo constitucional que prevê a regra dos prazos prescricionais trabalhistas no Brasil foi pensado exclusivamente para direitos patrimoniais, sendo inadequado para ser aplicado aos direitos com objeto difuso.

O fato de, na ação coletiva, existir pedido de indenização por dano moral coletivo(915) não significa que a demanda trate de direitos patrimoniais e muito menos de direitos individuais disponíveis. A indisponibilidade do objeto do direito tutelado é essencial para a tese de imprescritibilidade dos direitos trabalhistas com objeto difuso.(916) Nesse sentido, a 1ª Turma do Tribunal Superior do Trabalho(917) entendeu que "a imprescritibilidade da Ação Civil Pública justifica-se pela natureza indisponível do direito tutelado" e que "a eventual celebração de acordo pelo Ministério Público não tem o condão de transformar a natureza do direito indisponível, tutelado de forma a torná-lo um direito disponível".

Também nessa linha, em ação civil pública envolvendo dano moral coletivo, a 1ª Turma do Tribunal Regional do Trabalho da 4ª Região(918) manteve a sentença de origem que afastou a prescrição arguida pela ré pelo fundamento de que a demanda não tratava "de direitos patrimoniais, mas de direitos difusos, e não envolvia direitos individuais disponíveis, mas direitos difusos indisponíveis". A empresa ré recorreu sustentando que a demanda envolve direito patrimonial na medida em que houve condenação ao pagamento de indenização por dano moral coletivo, requerendo a aplicação dos prazos prescricionais previstos no art. 7º, XXIX, da Constituição e a consequente extinção do processo com julgamento do mérito. O Tribunal Regional decidiu que "os direitos coletivos não se sujeitam a prescrição", pelo fundamento de que "não se poderia cogitar da perda do direito de ação pelo transcurso do tempo, instituto este calcado no princípio da segurança das relações sociais, quando o lesado é a própria coletividade".

Além disso, importa lembrar que a tutela dos direitos com objeto difuso só pode ser buscada pelos legitimados e, portanto, não seria adequado punir os titulares se não lhes cabe o exercício de tais direitos. Nesse sentido, Simão de Melo(919) refere que há vedação legal impedindo a tutela individual por parte dos sujeitos dos direitos trabalhistas com objeto difuso, razão pela qual "a falta de exercício desses direitos não

---

tensões imediatamente anteriores a cinco anos, contados da data do ajuizamento da reclamação e, não, às anteriores ao quinquênio da data da extinção do contrato".

(914) Art. 7º, inciso XXIX, da Constituição Federal de 1988.

(915) Sobre o dano moral coletivo na esfera trabalhista, ver: MEDEIROS NETO, Xisto Tiago de. *Dano moral coletivo*. 3. ed. São Paulo: LTr, 2012. p. 187-188; ROMITA, Arion Saião. Dano moral coletivo. *Revista do Tribunal Superior do Trabalho*, v. 73, n. 2, p. 79-87, abr./jun. 2007; BELMONTE, Alexandre Agra. Responsabilidade por danos morais nas relações de trabalho. *Revista do Tribunal Superior do Trabalho*, Brasília, v. 73, n. 2, p. 158-185, abr./jun. 2007; DALLEGRAVE NETO, José Affonso. Controvérsias sobre o dano moral trabalhista. *Revista do Tribunal Superior do Trabalho*, v. 73, n. 2, p. 186-202, abr./jun. 2007; MARTINEZ, Luciano. O dano moral social no âmbito trabalhista. *Revista do Tribunal Regional do Trabalho da 14ª Região*, Porto Velho, v. 6, n. 2, p. 553-572, jul./dez. 2007; Sobre a reparação dos danos trabalhistas e a extensão da ideia de dano a fim de compreender uma conduta de estatal de repressão adequada ver SOUZA, Rodrigo Trindade de. *Punitive damages* e o Direito do Trabalho brasileiro: adequação das condenações punitivas para a necessária repressão da delinquência patronal. *Revista do Tribunal Regional do Trabalho da 4ª Região*, Porto Alegre, v. 38, p. 173-202, em especial p. 190-194, 2010.

(916) LEITE, Carlos Henrique Bezerra. *Ministério Público do Trabalho:* doutrina, jurisprudência e prática. 2. ed. rev. e atual. São Paulo: LTr, 2002. p. 230-231; OLIVEIRA, Francisco Antônio de. Da ação civil pública: instrumento de cidadania. *Revista LTr*, São Paulo: LTr, v. 61, n. 7, p. 885, jul. 1997.

(917) TRIBUNAL SUPERIOR DO TRABALHO. 1ª Turma, RR 21242/2002/-900-10-00, Relator Ministro Lélio Benites Corrêa, DJ 16.04.2004.

(918) TRIBUNAL REGIONAL DO TRABALHO DA 4ª REGIÃO. 1ª Turma, RO 0001309-02.2010.5.04.0121, Relator Desembargador José Felipe Ledur, DJ 16.05.2012.

(919) MELO, Raimundo Simão de. *Ação civil pública na Justiça do Trabalho*. 4. ed. São Paulo: LTr, 2012. p. 262. Nesse sentido, também: MEDEIROS NETO, Xisto Tiago de. *Dano moral coletivo*. 3. ed. São Paulo: LTr, 2012. p. 243-244.

pode jamais ser considerada como inércia, desleixo ou negligência dos seus titulares" e averba: "trata-se, ao contrário, de uma vedação legal que obstaculiza a sua defesa individualmente".

Nesse sentido, cabe sublinhar que o ajuizamento de ação judicial para tutelar direitos trabalhistas com objeto difuso independe da vontade e mesmo da ciência dos titulares, devendo ser efetuado pelos legitimados legais (sindicatos ou Ministério Público do Trabalho), que, nesses casos, buscam a aplicação do Direito objetivo — tendo em vista a perspectiva objetiva dos direitos fundamentais —, pertinente a valores de indiscutíveis direitos fundamentais[920].

Nesse quadro, nos direitos com objeto difuso oriundos das relações de trabalho não há que se falar em prescrição, tendo em vista a sua relevância social, a sua indisponibilidade e indivisibilidade, o seu caráter não patrimonial e o fato de seus titulares não terem pretensão de direito material, que, historicamente, está ligada à concepção de direito subjetivo, noções incompatíveis com a natureza dos direitos com objeto difuso postulados por meio de ações civis públicas.

(920) Como ocorre nos casos de qualquer forma de discriminação, vedada pelo art. 7º, incisos XXX, XXI e XXII, da Constituição Federal de 1988, bem como pela Lei n. 9.029/95.

Capítulo 6

Relação de Trabalho e Relação de Emprego. Elementos da Relação de Emprego

1. Introdução

Em termos econômicos, os bens só adquirem valor se houver trabalho humano que incida sobre eles para mudar-lhes a destinação original. Assim, as matérias-primas existentes na natureza somente quando trabalhadas (em sentido lato) pelo ser humano é que adquirem valor. Mesmo as operações mais simples, como a coleta de frutos, a caça, ou a extração de madeira ou de minérios, constituem labor humano que modifica a destinação original das coisas. Dito de outro modo, se não houvesse trabalho humano, as coisas permaneceriam como estão e não seriam aproveitadas na sociedade(921).

O trabalho em si mesmo também pode ser um bem economicamente avaliável. Além de retirar matérias-primas da natureza e dar-lhes destinação econômica, seja pela simples coleta, seja pela transformação ou industrialização, a própria prestação de um trabalho pode ter significação econômica. Dessa forma, surge o trabalho por conta alheia, cujas experiências históricas nos levam a distintos graus de existência de liberdade (escravidão, servidão, até o trabalho assalariado)(922).

Na atualidade, o trabalho por conta alheia, exercido de forma livre, é a regra nos países capitalistas, embora permaneçam em países mais atrasados formas arcaicas de exploração do trabalho humano e até mesmo de escravidão(923). No Brasil, a prestação de serviços é obrigatoriamente livre, nos termos do art. 5º, inciso XIII da CF/1988(924). Infelizmente, ainda existem no País algumas formas arcaicas de trabalho que devem ser combatidas pelas instituições estatais, especialmente a fiscalização do trabalho.

(921) Contudo, nem todo trabalho humano tem relevância para a ciência do Direito do Trabalho, que se limita a disciplinar o trabalho subordinado, cf. CORDEIRO, Antônio Menezes. *Manual de Direito do Trabalho.* Coimbra: Almedina, 1991. p. 19.

(922) HEPLE, Bob. *La formación del Derecho del Trabajo en Europa.* Madrid: Ministério de Trabajo y Seguridad Social, 1994. p. 337-338. Para um estudo atualizado sobre a evolução histórica do Direito do Trabalho ver: COIMBRA, Rodrigo; ARAÚJO, Francisco Rossal de. Direito do Trabalho: evolução do modelo normativo e tendências atuais na Europa. *Revista LTr,* São Paulo, ano 73, t. II, n. 08, p. 953-62, ago. 2009.

(923) Ressaltam o trabalho humano livre e voluntário como elemento essencial do contrato de trabalho: KROTOSCHIN, Ernesto. *Manual de derecho del trabajo.* 4. ed. Buenos Aires: Depalma, 1993. p. 70-73; OLEA, Manuel Alonso; CASAS BAAMONDE, Maria Emília. *Derecho del trabajo.* 14. ed. Madrid: Universidad de Madrid, 1995. p. 49; DIEGO, Julián Arturo de. *Manual de derecho del trabajo y de la seguridad social.* 5. ed. Buenos Aires: Abeledo Perrot, 2002. p. 30-31.

(924) Dispõe o art. 5º, inciso XIII: "É livre o exercício de qualquer trabalho, ofício ou profissão, atendidas as qualificações profissionais que a lei estabelecer."

Destaca Robert Alexy[(925)] a relação existente entre o direito geral de liberdade e os direitos especiais de liberdade, explicando que as peculiaridades dos últimos não derivam de uma relação dedutiva do primeiro, nem são incompatíveis com ele. Trata-se, outrossim, de disposições adicionais ao direito geral de liberdade por parte do legislador constitucional. Nesse contexto, a liberdade de ofício e profissão (art. 5º, inciso XIII, da CF/1988) estaria mais protegida se somente estivesse amparada pelo direito geral de liberdade (art. 5º, *caput*, da CF/1988).

Além disso, no direito ao trabalho é especialmente clara a colisão entre direitos fundamentais sociais e direitos de liberdade, uma vez que, num sistema de economia de mercado, o Estado pode dispor apenas limitadamente do objeto desse direito. Visando garantir esse direito, ainda que de forma limitada, o Estado intervém nos direitos fundamentais de quem dispõe da propriedade dos bens de produção reduzindo e, em certos casos, limitando a sua autonomia privada[(926)]. Entretanto, esta intervenção não é forte o suficiente para planificar toda a economia, pois senão haveria uma transformação de sistema econômico capitalista para sistema socialista. Por essa razão, o Direito do Trabalho que se estuda é do Direito do Trabalho de um sistema econômico capitalista. Toda a intervenção do Estado na autonomia da vontade é limitada e subordinada às características desse sistema econômico.

O objetivo do presente tópico é traçar os limites jurídicos da relação de trabalho. O tema normalmente é abordado pela doutrina tradicional[(927)] como preliminar ao estudo da relação de emprego. A relação de trabalho é um gênero do qual fazem parte muitas espécies, como: a relação de emprego[(928)], a relação de trabalho autônomo, a relação de trabalho eventual, relação de trabalho temporário, relação de trabalho avulso, relação de trabalho rural, estágio, cooperativas de trabalho, relação de trabalho voluntário, relação de trabalho terceirizado, entre outras.

Relação de emprego é uma das espécies de relação de trabalho e se configura quando estão presentes todos os seguintes elementos: prestação pessoal de serviços (a pessoalidade), não eventualidade (ou continuidade), subordinação e pagamento mediante salário (a onerosidade), que estão previstos nos arts. 3º e 2º da Consolidação das Leis do Trabalho e serão estudados separadamente, posteriormente.

A Consolidação das Leis do Trabalho disciplina a relação de emprego. Cabe referir que até 8.12.2004 a Justiça do Trabalho tinha competência para julgar, de modo geral, apenas questões entre empregados. Entretanto, com a promulgação da Emenda Constitucional n. 45, de 8.12.2004, que alargou significativamente a competência da Justiça do Trabalho, foi trazida para o âmbito constitucional (art. 114 da Constituição Federal) a noção de que a Justiça do Trabalho é competente para processar e julgar as ações oriundas da "relação de trabalho", em sentido lato, e não mais apenas as oriundas da relação de emprego. Na verdade, a jurisprudência vinha ampliando progressivamente a competência da Justiça do Trabalho, com base na

---

(925) ALEXY, Robert. *Teoria de los derechos fundamentales.* Madrid: Centro de Estudos Constitucionales, 1997. p. 361-365.

(926) O direito do trabalho é previsto como direito social desde as Constituições do México de 1917 e da Alemanha de 1919, mas inserido na ordem econômica. Seguindo essa linha, a CF/1934 dispõe o direito do trabalho como direito social, colocando-o "dentro" da ordem econômica, local em que perdurou até a CF/1967. A CF/1988 encerrou esse modelo de enquadramento, ao dispor o direito do trabalho como direito fundamental (art. 7º), conforme HORTA, Raul Machado. *Estudos de direito constitucional.* Belo Horizonte: Del Rey, 1995. p. 290-291. Sendo o direito do trabalho um direito fundamental cabe aplicar a teoria da colisão de Alexy, não se devendo falar em problema de igualdade, mas em uma questão de interpretação, havendo necessidade de ponderação. Ele esclarece que na interpretação do princípio geral de igualdade pode estar ordenado um tratamento igual ou desigual. Para tanto, tem que haver uma razão suficiente que o justifique. Se não há nenhuma razão suficiente para a permissão de um tratamento desigual, então está ordenado um tratamento igual. Contudo, se há uma razão suficiente para ordenar um tratamento desigual, então está ordenado um tratamento desigual. Assim, o princípio da igualdade exige, *prima facie*, um tratamento igual e somente permite um tratamento desigual quando puder ser justificado com razões opostas. A justificação e a qualificação da razão como suficiente é um problema de valoração (ALEXY, Robert. *Teoria de los derechos fundamentales*. Madrid: Centro de Estudos Constitucionales, 1997. p. 491-493).

(927) Nesse sentido, ver VILHENA, Paulo Emílio Ribeiro de. *Relação de Emprego:* estrutura legal e supostos. 2. ed. São Paulo: LTr, 1999.

(928) Javillier usa a denominação assalariado, sustentando que a partir do momento em que é fechado um contrato de trabalho, o trabalhador é um assalariado. Após fundamenta que o Código do trabalho aplica-se aos assalariados titulares de um contrato de trabalho (JAVILLIER, Jean-Claude. *Manual de Direito do Trabalho.* São Paulo: LTr, 1988. p. 18).

expressão final contida no texto original do art. 114 da Constituição, que dava a competência para o julgamento de "outras controvérsias decorrentes da relação de trabalho, na forma da lei".

Assim, com a EC n. 45/2004, cristalizou-se uma tendência de ampliar a competência da Justiça do Trabalho para outras formas de trabalhar que não apenas as relações de trabalho subordinadas clássicas, ou seja, a relação de emprego. De certa maneira, a discussão que se travou no plano processual, pois o tema de competência é um tema da ciência processual, acabou por expandir a discussão para o plano material, pois se tornou necessário discutir a real dimensão da relação de trabalho prevista nos incisos I e VI do art. 114 da Constituição. Essa significativa alteração de competência da Justiça do Trabalho deu ainda maior relevância à distinção teórica entre relação de trabalho e relação de emprego. Por via reflexa, ao definir-se o conteúdo jurídico da relação de trabalho, estar-se-á definindo a competência material da Justiça do Trabalho.

A conexão entre a definição jurídica de relação de trabalho — tema de direito material — e a atribuição de competência da Justiça do Trabalho — tema de direito processual — encontra-se na linha contemporânea de reaproximação entre o direito material e o processual[929]. A definição material de relação de trabalho influenciará diretamente na regra de atribuição de competência do art. 114, I, VI e IX, da Constituição Federal, que dispõem ser competente a Justiça do Trabalho para conciliar e julgar as ações decorrentes das relações de trabalho, as ações de indenização por dano moral ou patrimonial decorrentes da relação de trabalho e outras controvérsias decorrentes da relação de trabalho, na forma da lei[930].

Retornando ao caráter mais amplo da definição de trabalho, é inegável que existem relações do tema com aspectos econômicos e sociológicos. Ramos específicos da Economia e da Sociologia se dedicam ao estudo das relações de trabalho como fator econômico (Economia do Trabalho) e como fator social (Sociologia do Trabalho). Nesse estudo serão utilizados alguns conceitos de ordem econômica e sociológica, em especial na primeira parte, quando será analisada a questão do trabalho como um dos fatores de produção e a divisão social do trabalho. Por não se tratar de um artigo de Economia ou Sociologia, os conceitos utilizados apenas terão o caráter auxiliar na fundamentação de um conceito jurídico de relação de trabalho.

2. *Natureza jurídica da relação de trabalho*

Nesta parte da exposição, buscar-se-á entender o trabalho humano como um fator de produção, na concepção econômica tradicional, que relaciona os fatores de produção como sendo terra, trabalho, capital, tecnologia e capacidade empreendedora. Após, será analisada a onerosidade do trabalho, em sentido sociológico, caracterizando-o como esforço humano voltado para a caracterização de um fim, distinguindo-o de um trabalho feito por máquinas ou animais e do trabalho gratuito. Por último, serão analisadas algumas questões relativas à divisão social do trabalho, tanto sob o ponto de vista econômico como sob o ponto de vista sociológico.

---

(929) TESHEINER, José Maria. Reflexões politicamente incorretas sobre direito e processo. *Revista da Ajuris*, Porto Alegre: Ajuris, n. 110, p. 192, jun. 2008; MARINONI, Luiz Guilherme. *Tutela inibitória: individual e coletiva*. 2. ed. São Paulo: Revista dos Tribunais, 2000. p. 395-396; CAPPELLETTI, Mauro. *Juízes legisladores?* Porto Alegre: Fabris, 1993. p. 13; Note-se que o direito processual é instrumental, mas não é meramente instrumental, pois tem substância própria e meios próprios de atuação, além do que a eficácia da tutela jurisdicional não é igual à do direito material, conforme adverte OLIVEIRA, Carlos Alberto Álvaro de. *Teoria e prática da tutela jurisdicional*. Rio de Janeiro: Forense, 2008. p. 57-58.

(930) O texto legal é o seguinte:

"Art. 114. Compete à Justiça do Trabalho processar e julgar:

I — as ações oriundas da relação de trabalho, abrangidos os entes de direito público externo e da administração pública direta e indireta, da União, dos Estados, do Distrito Federal e dos Municípios;

(...)

VI — as ações de indenização por dano moral ou patrimonial, decorrentes da relação de trabalho;

(...)

IX — outras controvérsias decorrentes da relação de trabalho, na forma da lei."

3. *O trabalho como fator de produção e como esforço humano voltado para a realização de um fim*

A produção é a atividade econômica fundamental. Seu processo ocorre pela mobilização de cinco recursos, denominados fatores de produção: reservas naturais (fator terra), recursos humanos (fator trabalho), bens de produção (fator capital), capacidade tecnológica e capacidade empresarial[(931)].

As reservas naturais, renováveis ou não, encontram-se na base de todos os processos de produção. Incluem o solo, subsolo, águas, pluviosidade, clima, flora, fauna e mesmo fatores extraplanetários como o sol. Em princípio, todas as reservas naturais são finitas, mas a sua dimensão real está relacionada com o conhecimento que o ser humano dispõe sobre a sua utilização. Dito de outro modo, se o ser humano descobre formas de explorar as reservas naturais de maneira mais racional (reciclando materiais, por exemplo), é possível que as reservas naturais levem mais tempo para se esgotar. O certo é que o fator terra (reservas naturais) constitui um conjunto determinado e finito de macrodisponibilidades, que podem ter sua exploração expandida de acordo com o desenvolvimento da ciência e da técnica.

Os recursos humanos (fator trabalho) constituem a parcela da população que pode ser economicamente mobilizável. Apenas uma parte da população total encontra-se em condições de trabalhar. Nenhuma matéria-prima ganha significado econômico se não houve trabalho humano para transformá-la. Mesmo nas situações mais simples, como no caso da coleta, é preciso que um ser humano desenvolva algum tipo de esforço físico e/ou intelectual para retirar o bem da natureza com a finalidade de trocá-lo, vendê-lo ou consumi-lo. Apenas a população a partir de uma faixa etária vai compor o mercado de trabalho, caracterizando a população economicamente ativa. O mercado formal de trabalho contempla as relações contratuais de trabalho, em grande parte determinadas pelas forças de mercado, ao mesmo tempo que são objeto de legislação específica que as regula. O mercado informal de trabalho é aquele que funciona com um mínimo de influência governamental[(932)]. Os limites inferiores e superiores do mercado de trabalho (quem entra e quem sai) são dados, ou por razões normativas (capacidade para o trabalho, aposentadoria etc.), ou por razões naturais (acidentes, mortes, inexistência de vontade de trabalhar etc.).

A noção de que o mercado de trabalho é diferente de outros mercados porque a demanda de mão de obra é derivada, é fundamental para a definição da relação de trabalho sob o ponto de vista jurídico. Em sua concepção econômica, o trabalho constitui um insumo para a produção de outros bens, não constituindo um produto final pronto para ser produzido[(933)]. Sendo demanda derivada e fazendo parte do preço final de outros produtos, é possível que a remuneração pelo trabalho não corresponda totalmente ao valor que ele cria, ao transformar matérias-primas ou constituir-se em serviços, sendo apropriado o valor excedente pelo proprietário dos meios de produção sob a forma de lucro. Essa constatação econômica desmistifica a afirmação jurídica de que o salário é a contraprestação retributiva pelo trabalho desempenhado ou, em termos de direito das obrigações, é uma obrigação de dar que faz o adimplemento de uma obrigação de fazer. Embora essa afirmação seja válida sob o ponto de vista jurídico, havendo adimplemento total da obrigação, sob o ponto de vista econômico, ela não é correta, pois se o empregado recebesse de volta todo o valor correspondente ao seu trabalho, o proprietário dos meios de produção não teria lucro, o que contraria um dos fundamentos do sistema econômico capitalista. Portanto, a noção jurídica de relação de trabalho não corresponde exatamente à noção econômica de relação de trabalho.

O mercado de trabalho é um mercado de fatores de produção e não um mercado de produtos. Sua demanda é derivada, e não originária. A variação no mercado de produtos afeta o mercado de trabalho e vice-versa. Havendo pouca demanda no mercado de determinado produto, pode haver desemprego ou, ao

---

(931) As ideias fundamentais sobre fatores de produção são encontradas em ROSSETTI, José Paschoal. *Introdução à Economia.* 17. ed. São Paulo: Atlas, 1997. p. 91 e ss.

(932) GREMAUD, Amauri Patrick *et al. Manual de Economia.* 4. ed. São Paulo: Saraiva, 2003. p. 381-383.

(933) MANKIW, N. Gregory. *Introdução à Economia.* Rio de Janeiro: Campus, 2001. p. 398.

contrário, havendo maior demanda, será necessário produzir mais e empregar maior quantidade de mão de obra. Visto pelo outro lado, havendo escassez de mão de obra (mercado derivado) poderá resultar em um encarecimento dos produtos, pois será necessário pagar melhores salários para produzi-los.

Os bens de produção (fator capital) constituem o conjunto de riquezas acumuladas pela sociedade, tais como máquinas, equipamentos, ferramentas e instrumentos de trabalho, construções, edificações e toda a infraestrutura econômica em geral. Será capital se esse conjunto servir para produzir novos bens e serviços[934]. A formação do capital se dá pelo investimento líquido, que é o resultado de todo o investimento bruto menos a depreciação natural dos bens. Somente se transformará em capital capaz de produzir novos bens e serviços o excedente sobre os gastos de manutenção do capital existente. De um certo ponto de vista, é possível afirmar que o capital é o valor do trabalho acumulado, mais o valor das matérias-primas.

A ideia de capital pode ser didaticamente exposta do exemplo do camponês que habita uma cabana distante de uma fonte de água[935]. Se ele deseja saciar sua sede, deverá deslocar-se até a fonte e apanhar a água com as suas mãos. Com tempo e com alguns recursos (trabalho, matéria-prima, tecnologia), poderá fabricar um balde e um reservatório e, com eles, diminuir o número de idas à fonte. Poderá, também, canalizar a água e ter um abastecimento mais cômodo do referido bem, abrindo possibilidade de utilizar de outra forma o tempo que normalmente gastava para ir à fonte, ou mesmo utilizar a água para outros fins (movimentar um moinho, por exemplo). O capital, portanto, é o acúmulo de vários fatores que possibilita potencializar a produção.

O quarto fator de produção é a capacidade tecnológica (tecnologia). A capacidade tecnológica é constituída pelo conjunto de conhecimento e habilidades que dão sustentação ao processo de produção[936]. De nada adianta a existência de recursos naturais (terra), recursos humanos (trabalho) e bens de produção (capital), se não houver conhecimento e técnica a interligar os fatores de produção. Portanto, a capacidade tecnológica é o elemento dinâmico dos fatores de produção, ou, dito de outro modo, é o elo que liga terra, trabalho e capital.

A capacidade tecnológica implica capacitação para atividades de pesquisa e desenvolvimento, capacitação para desenvolver e implantar novos projetos e capacitação para operar atividades de produção. Esses três aspectos reunidos desembocam nos processos de invenção e inovação introduzidos no mercado, implicando a mudança de materiais, processos e produtos. Para produzir, o mercado e o poder público precisam investir em formação cultural, ciência e tecnologia, potencializando a capacidade de invenção e inovação.

Por último, o quinto fator de produção é a capacidade empresarial. A energia empreendedora é que mobiliza todos os fatores e faz as escolhas valorativas, traçando os rumos a seguir. Esse fator de produção determina qual parcela da população será mobilizada, quais os padrões tecnológicos que serão empregados. Recursos humanos, capital, reservas naturais e tecnologia só geram fluxo de produção quando mobilizados e combinados. O elemento motivador da capacidade empreendedora é a obtenção do lucro (benefícios).

A capacidade empreendedora possui certas características, como a visão estratégica, voltada para o futuro, capaz de antever novas realidades e direcionar a atividade produtiva para o caminho escolhido. Poder-se-ia exemplificar com a relação entre artistas e mecenas no Renascimento (Leonardo da Vinci e Michelangelo, por exemplo). É certo que a genialidade é do artista, mas os meios e a determinação da obra foram direcionados pelo mecenas que anteviu a potencialidade criadora do artista e resolveu nela investir. Também é importante relacionar a capacidade empreendedora com a baixa aversão aos riscos do negócio e ao espírito inovador, capaz de quebrar paradigmas.

(934) ROSSETTI, José Paschoal. *Introdução à Economia.* 17. ed. São Paulo: Atlas, 1997. p. 121-125; GREMAUD, Amauri Patrick *et al. Manual de Economia.* 4. ed. São Paulo: Saraiva, 2003. p. 19.

(935) O exemplo foi colhido na obra de GREMAUD, Amauri Patrick *et al. Manual de Economia.* 4. ed. São Paulo: Saraiva, 2003. p. 19.

(936) ROSSETTI, José Paschoal. *Introdução à Economia.* 17. ed. São Paulo: Atlas, 1997. p. 131.

A capacidade empreendedora somente se verifica se o empreendedor tiver acesso aos quatro outros fatores de produção e souber coordená-los e organizá-los para atingir um fim. A finalidade do empreendimento é que tem caráter valorativo e seus efeitos podem ser diretos e indiretos. Por exemplo, um determinado empreendedor tem por objetivo produzir determinado bem em sua terra natal, da qual saiu quando pequeno e que ainda permanece em situação de atraso econômico em relação à metrópole, na qual o empreendedor foi realizar seus estudos. A finalidade do empreendimento é gerar lucro (objetivo direto), mas isso não impede que sejam alcançados objetivos indiretos, como melhor distribuição de renda e desenvolvimento social da comunidade, atendendo a fatores de responsabilidade social (objetivo indireto). Por outro lado, podem existir energias e matérias-primas à disposição, mas é preciso coordenar as atividades para que elas não se dispersem e os fatores de produção existentes sejam mal utilizados. A capacidade empreendedora melhora o resultado da interação de todos os demais fatores.

Em síntese, a produção de bens e serviços é o objetivo da atividade econômica e para que ocorra é necessário que estejam presentes, simultaneamente, cinco fatores: terra, trabalho, capital, tecnologia e capacidade empreendedora. O papel das relações de trabalho é fundamental para a produção, pois a atividade econômica deve ser orientada para a satisfação de necessidades do ser humano. A atividade econômica não é um fim em si mesmo, mas responde ao fruto da racionalidade humana, visando a garantir meios de subsistência e conforto para o ser humano.

Nesse contexto, a noção de trabalho como fator de produção está conectada à noção de trabalho como esforço humano voltado para a realização de um fim, tendo em vista que os seres humanos trabalham para atingir algum objetivo[937].

4. Divisão social do trabalho

Após a análise sobre o trabalho como fator de produção (aspecto econômico) e como meio de realização de um fim almejado pelo ser humano, é preciso considerar um aspecto fundamental da forma de o ser humano trabalhar dentro de um grupo social racionalmente organizado. O estudo desta circunstância denomina-se divisão social do trabalho[938].

Nenhum ser humano vive sozinho em sociedade e tampouco é autossuficiente no que diz respeito à capacidade de prover bens para a sua subsistência. Seria pouco provável a existência de um ser humano totalmente isolado, a não ser pela circunstância de algum acidente. Mesmo assim, esse ser humano hipoteticamente isolado poderia sobreviver por algum tempo, mas significaria o fim da espécie, pois não poderia procriar. Trata-se de uma hipótese improvável, sendo certo que todo ser humano, por ser animal gregário, tende a necessitar da cooperação e cooperar com outros seres humanos, para conseguir a sua autossubsistência.

Em toda a natureza existem animais gregários que, em maior ou menor grau, dividem as tarefas dos indivíduos dentro dos grupos. Nessas espécies, para facilitar a sobrevivência, determinados indivíduos se especializam em determinadas funções, obtendo, com esse procedimento, resultados mais satisfatórios para o grupo[939]. Em todas as sociedades humanas conhecidas existe maior ou menor grau de divisão social do trabalho, que pode desenvolver-se em distintos níveis: cooperação para manter os indivíduos que não estão em condições físicas de garantir a subsistência (crianças, idosos e enfermos); cooperação na transmissão

(937) OLEA, Manuel Alonso. *Introdução ao Direito do Trabalho*. 4. ed. São Paulo: LTr, 1984.

(938) A referência obrigatória sobre o tema é SMITH, Adam. *A riqueza das nações*. São Paulo: Nova Cultural, 1996. v. 1 e 2, onde o autor analisa os fenômenos de divisão social do trabalho no início da Revolução Industrial (segunda metade do século XVIII). Também é obrigatória a visão dos clássicos MARX, Karl. *O Capital*. 2. ed. São Paulo: Nova Cultural, 1985 e DURKHEIM, Emile. *La División del Trabajo Social*. 3. ed. Madrid: Akal, 1995.

(939) O exemplo mais conhecido e didático são as abelhas e as formigas. Entretanto, a especialização de tarefas é extremante comum entre mamíferos gregários, herbívoros ou carnívoros.

de conhecimentos tecnológicos que permitam aos diversos indivíduos alcançar certo grau de desempenho produtivo; cooperação de diversas pessoas para obter um determinado resultado positivo[940].

A cooperação para obter um resultado positivo pode ocorrer por duas formas. A primeira, pelo fato de que o trabalhador não conseguiria o resultado se necessariamente não contasse com a ajuda dos demais. Isso ocorre com atividades que exijam mobilização de grande número de pessoas (remoção de obstáculos naturais, colheitas em certo prazo etc.). Somente a coordenação e especialização do trabalho permitem alcançar o resultado que seria impossível ao indivíduo isolado[941]. A segunda é a circunstância de que um indivíduo sozinho pode alcançar determinado resultado, sendo capaz de realizar todos os processos envolvidos na produção de um bem. Entretanto, se esse processo de produção for decomposto em várias atividades distintas, e sendo cada atividade exercida por uma pessoa especializada, o resultado produtivo será muito mais eficiente. O exemplo clássico desse segundo aspecto da cooperação, para obter um resultado positivo, está na descrição das atividades de manufatura de alfinetes, feita por Adam Smith[942]. Nessa passagem, está descrita a atividade do mestre artesão que fazia todo o alfinete, em comparação com a fábrica de alfinetes, em que cada trabalhador exercia uma tarefa distinta, no processo de produção de alfinetes, como esticar o arame, cortá-lo, fazer a ponta e a cabeça etc. Para um objeto tão simples como um alfinete, Adam Smith identifica dezoito operações distintas para completar o processo de fabricação. Entretanto, ao passar da concentração de todas as tarefas em um só artesão para a divisão das atividades entre vários trabalhadores, os resultados produtivos são impressionantes: enquanto um trabalhador isolado podia produzir cerca de 20 alfinetes por dia, a simples separação de tarefas, a colaboração entre trabalhadores e o uso da maquinaria permitem produzir 48.000 alfinetes por dia, ou seja, 240 vezes mais.

O incremento de produtividade decorrente da divisão social do trabalho ocorre por várias razões: a) o aumento da destreza dos trabalhadores, como consequência de suas atividades se limitarem a uma só operação; b) a economia de tempo, que de outra forma se perderia ao passar de uma atividade para a outra; e c) o uso de máquinas que facilitam e reduzem o trabalho, permitindo que um só trabalhador realize o trabalho de muitos.

A divisão social do trabalho cresce à medida que se torna complexa a sociedade. Os indivíduos necessitam de bens que não são capazes de obter sem a colaboração de outros indivíduos. Em qualquer sociedade é necessário desenvolver mecanismos que favoreçam a cooperação. Quanto maior o volume de uma sociedade e mais ampla a divisão social do trabalho, mais complexos serão os problemas de coordenação das atividades desenvolvidas pelos diversos indivíduos e as atividades de coordenação adquirirão maior importância[943].

Nesse ponto é que a divisão social do trabalho adquire uma face jurídica. As normas jurídicas vão disciplinar aspectos relevantes da divisão social do trabalho, dentro de uma sociedade. Existem experiências históricas de formas jurídicas dessa regulação, algumas descentralizadas e outras centralizadas. As formas jurídicas descentralizadas de regulação da divisão social do trabalho correspondem à economia de mercado, em que indivíduos trocam a produção realizada em um mercado, utilizando como instrumento jurídico os contratos (compra e venda, troca etc). Nas formas centralizadas, o processo de coordenação da divisão social do trabalho é realizado por um ente centralizado (como a experiência da antiga União Soviética e outros países que tiveram experiência com socialismo histórico[944]).

---

(940) RECIO, Albert. *Trabajo, Personas, Mercados.* Barcelona: Icaria, 1997. p. 22-23.

(941) RECIO, Albert. *Trabajo, Personas, Mercados.* Barcelona: Icaria, 1997. p. 23.

(942) O exemplo está mencionado no clássico "A Riqueza das Nações", e é paradigmático para ressaltar a importância das primeiras reflexões sobre divisão social do trabalho e seus reflexos econômicos. Sobre o tema, ver FINKEL, Lucila. *La Organización Social del Trabajo.* Madrid: Pirámide, 1996. p. 14-15.

(943) RECIO, Albert. *Trabajo, Personas, Mercados.* Barcelona: Icaria, 1997. p. 23-24.

(944) A expressão "socialismo histórico" é aqui utilizada como experiência empírica de uma determinada sociedade, em contraposição à expressão "socialismo científico", que é reservada para as especulações teóricas.

No mercado de trabalho é utilizada a forma contratual. Essa forma contratual está submetida a uma normatividade que a disciplina. Na execução de um contrato de trabalho, além das obrigações derivadas do contrato em si, o tomador do trabalho (credor) tem à sua disposição o poder disciplinar, o poder diretivo e o poder de hierarquizar as distintas atividades. O poder diretivo, o poder disciplinar e o poder hierárquico são as três expressões da chamada subordinação subjetiva (poder de dar ordens ao empregado), que é a base da relação de trabalho assalariado no sistema capitalista. A subordinação é o traço principal do contrato que expressa o trabalho assalariado[(945)].

Um outro aspecto da divisão social do trabalho é o fato de que ela limita o nível de controle que cada indivíduo tem sobre as decisões e os objetivos do processo produtivo. Quando de depende dos outros, o grau de controle sobre o processo produtivo dar-se-á pela forma jurídica como se regula o processo produtivo, uma vez que o poder de decisão sobre a forma de produzir ou sobre o que produzir poderá ter maior ou menor grau de liberdade. As normas de uma sociedade tendem a definir os diferentes graus de influência social sobre as decisões econômicas básicas, o que se traduz em distintos graus de controle dos indivíduos sobre o processo produtivo[(946)]. A isso se denomina de interferência do Estado na Economia (Poder normatizador) e, indiretamente, na regulação da Divisão Social do Trabalho.

Como resumo dessa primeira parte, pode-se afirmar que a relação de trabalho é um dos cinco fatores de produção (terra, trabalho, capital, tecnologia e capacidade empreendedora) e constitui um esforço humano visando a uma finalidade, a sua subsistência ou a satisfação de uma necessidade. Como o ser humano não vive isolado, o seu trabalho está relacionado com o trabalho de outros seres humanos e só com especialização e coordenação de atividades é que se consegue que os bens gerados por uns cheguem aos demais de forma a garantir a subsistência de todos de forma mais eficaz possível. A sociedade cada vez mais complexa exige a normatização das relações de trabalho, estabelecendo pautas de conduta e sanções para o caso de descumprimento. No sistema capitalista, a normatização das relações de trabalho se dá pelo contrato, que estabelece os referenciais mínimos como sujeito, objeto e conteúdo. Também as normas legitimam certos poderes sociais decorrentes da divisão social do trabalho, como os poderes de direção, punição e hierarquização, que constituem o traço característico do trabalho assalariado (subordinação). As normas jurídicas disciplinam o contrato em si e o contrato em relação aos demais indivíduos. Embora possa ser vista sob os ângulos econômico (fator de produção), sociológico (divisão social do trabalho) e jurídico (subordinação), a relação de trabalho é desses paradigmas sociais multifacetados, que sempre permitem um novo ângulo de abordagem.

5. Elementos da relação empregatícia

Os elementos de uma instituição jurídica são as distintas noções que servem para integrar a sua individualidade e cuja falta produz a inexistência da instituição[(947)]. Nessa linha, a falta de um dos elementos ocasionará a sua inexistência ou, no mínimo, tornará incompleta a noção jurídica[(948)]. Por outro lado, a presença desses elementos gerará o inarredável reconhecimento da relação de emprego. Nesse sentido, apreciando o polêmico pedido de reconhecimento de vínculo de emprego de policial militar com empresa privada, o TST tem entendido que: "preenchidos os requisitos do art. 3º da Consolidação das Leis do Trabalho, é legítimo o reconhecimento de relação de emprego entre policial militar e empresa privada, independentemente do eventual cabimento de penalidade disciplinar prevista no Estatuto do Policial Militar"[(949)].

---

(945) VILHENA, Paulo Emílio Ribeiro de. *Relação de Emprego* — estrutura Legal e Supostos. 2. ed. São Paulo: LTr, 1999. p. 462-464. Sobre o poder disciplinar, ver COUTINHO, Aldacy Rachid. *Poder Punitivo Trabalhista.* São Paulo: LTr, 1999. Uma reflexão mais aprofundada sobre subordinação e liberdade pode ser encontrada em SUPIOT, Alain. *Crítica del Derecho del Trabajo.* Madrid: Ministerio del Trabajo y Asuntos Sociales, 1996. p. 135-147.

(946) RECIO, Albert. *Trabajo, Personas, Mercados.* Barcelona: Icaria, 1997. p. 24.

(947) Cf. DE LA CUEVA, Mario. *El nuevo derecho mexicano del trabajo.* 19. ed. México: Porrúa, 2003. p. 199, v. 1.

(948) Há diversas situações nesse sentido na jurisprudência, por exemplo: "Vínculo Empregatício — Inexistência — Vendedor de Coco — Trabalhador Autônomo — Não restando comprovado que o reclamante prestou serviços de forma não eventual, pessoal, subordinada e remunerada não há que se falar em reconhecimento da relação de emprego" (TRT 7ª R. — Proc. 00208/2003-004-07-00-7 — Relª. Juíza Dulcina de Holanda Palhano — DOCE 24.11.2003).

(949) Súmula n. 386, conforme Resolução n. 129/2005 do TST — DJ 20.04.2005.

No Direito do Trabalho brasileiro, o problema reside no fato de que inexiste uma definição legal para a relação de emprego. Ainda que se pudesse mencionar o texto do art. 442 da Consolidação das Leis do Trabalho[(950)], da sua própria leitura percebe-se que se trata de uma definição circular: define contrato de trabalho como sendo o instrumento jurídico a que corresponde a relação de emprego, mas não define o que é a relação de emprego. Assim, coube à doutrina definir o que seja relação de emprego no Direito brasileiro, utilizando os elementos constantes das definições de empregador e empregado existentes nos arts. 2º e 3º da Consolidação das Leis do Trabalho[(951)].

Os elementos da subordinação, contraprestação mediante salário, pessoalidade e continuidade são, normalmente, admitidos entre os doutrinadores brasileiros[(952)]. Entretanto, existem outras posições, conforme a ótica proposta, principalmente no que diz respeito à confusão com a definição do próprio contrato e seus elementos tradicionais (capacidade, manifestação de vontade e objeto lícito) ou com outros elementos como profissionalidade, estabilidade, entre outros[(953)].

Na doutrina trabalhista alienígena, não são utilizados, de modo geral, todos estes quatro elementos (subordinação, contraprestação mediante salário, pessoalidade e continuidade). Alguns autores dão *status* de elemento essencial apenas à subordinação[(954)]; outros, além da subordinação, consideram fundamentais a remuneração[(955)], a prestação pessoal de serviços[(956)] e o labor por conta alheia (*la ajenidad*)[(957)].

---

(950) Consolidação das Leis do Trabalho, art. 442. "Contrato individual de trabalho é o acordo tácito ou expresso, correspondente à relação de emprego. Parágrafo único. Qualquer que seja o ramo de atividade da sociedade cooperativa, não existe vínculo empregatício entre ela e seus associados, nem entre estes e os tomadores de serviços daquela."

(951) Consolidação das Leis do Trabalho, art. 2º: "Considera-se empregador a empresa, individual ou coletiva que, assumindo os riscos da atividade econômica, admite, assalaria e dirige a prestação pessoal de serviços. § 1º Equiparam-se ao empregador, para os efeitos exclusivos da relação de emprego, os profissionais liberais, as instituições de beneficência, as associações recreativas e outras instituições sem fins lucrativos, que admitirem trabalhadores como empregados. § 2º Sempre que uma ou mais empresas, tendo, embora, cada uma delas, personalidade própria, estiverem sob a direção, controle ou administração da outra, constituindo grupo industrial, comercial ou de qualquer outra atividade econômica, serão, para os efeitos da relação de emprego, solidariamente responsáveis a empresa principal e cada uma das subordinadas."

Consolidação das Leis do Trabalho, art. 3º: "Considera-se empregado toda pessoa física que prestar serviços de natureza não eventual a empregador, sob a dependência deste e mediante salário. Parágrafo único. Não haverá distinções relativas à espécie de emprego e à condução de trabalhador, nem entre o trabalho intelectual, técnico e manual."

(952) Ver nesse sentido: CATHARINO, José Martins. *Compêndio de Direito do Trabalho.* 3. ed. São Paulo: Saraiva, 1982. v. 1, p. 219; MORAES FILHO, Evaristo de; MORAES, Antônio Carlos Flores de. *Introdução ao Direito do Trabalho.* 7. ed. São Paulo: LTr, 1995. p. 218; CESARINO JÚNIOR, Antônio Ferreira; CARDONE, Marly Antonieta. *Direito Social:* teoria geral do direito social, direito contratual do trabalho, direito protecionista do trabalho, 2. ed. São Paulo: LTr, 1993. p. 123; RUSSOMANO, Mozart Victor. *Curso de Direito do Trabalho.* 8. ed. Curitiba: Juruá, 1991. p. 97.

(953) Nesse sentido, ver LAMARCA, Antônio. *Contrato individual de trabalho.* São Paulo: Revista dos Tribunais, 1969. p. 102.

(954) Por exemplo, para Hueck-Nipperdey: "relação de emprego é a relação jurídica que existe entre o trabalhador individual e seu empregador, em virtude da qual aquele está obrigado, frente a este, a prestação de trabalho" (HUECK, A.; NIPPERDEY, H. C. *Compendio de derecho del trabajo.* Madrid: Revista de Direito Privado, 1963. p. 83); Neste sentido também D'EUFEMIA, Giusepe. *Diritto del Lavoro.* Napoli: Morano, 1969. p. 39.

(955) DE LA CUEVA considera como elementos da relação de emprego apenas a subordinação e o salário (DE LA CUEVA, Mario. *El nuevo derecho mexicano del trabajo.* 19. ed. México: Porrúa, 2003. v. 1, p. 199-204).

(956) Caldera sustenta como fundamentais os seguintes elementos: a prestação pessoal de um serviço, o pagamento de uma remuneração e a subordinação (CALDERA, Rafael. *Derecho del trabajo.* 2. ed. Buenos Aires: El Ateneo, 1972. v. 1, p. 268-270); neste sentido, também, JAVILLIER, Jean-Claude. *Manual de Direito do Trabalho.* São Paulo: LTr, 1988. p. 25. Estes elementos estão presentes também na art. 1º da LCT de Portugal: "Contrato de trabalho é aquele pelo qual uma pessoa se obriga mediante retribuição, a prestar a sua atividade intelectual ou manual a outra pessoa, sob a autoridade e a direcção desta" (CORDEIRO, Antônio Menezes. *Manual de Direito do Trabalho.* Coimbra: Almedina, 1991. p. 517-520).

De Diego, retira da LCT Argentina (art. 4º, 21 y 22) os seguintes caracteres para a configuração do trabalho subordinado: pessoal, infungível e intransferível; voluntário e livre; por conta alheia; dependente ou subordinado (DE DIEGO, Julián Arturo. 4. ed. Buenos Aires: Lexis Nexis. p. 30/31).

(957) Para Direito do Trabalho espanhol contemporâneo o que define, essencialmente, a relação de emprego é a presença da chamada *ajenidad.* Segundo Olea, "o contrato de trabalho é o título determinante da 'ajenidad' dos frutos do trabalho em regime de trabalho humano", sustentando, outrossim, que "a realidade social articulada juridicamente através do contrato de trabalho é constituída pelo trabalho humano, produtivo, livre, por conta alheia e remunerado" (OLEA, Manuel Alonso; CASAS BAAMONDE, Maria Emília. *Derecho del Trabajo.* 14. ed. Madrid: Universidad de Madrid, 1995. p. 49); Martin Valverde, ao tratar da definição

Notou-se, portanto, que no direito comparado, a não eventualidade ou continuidade não é incluída, em geral, como elemento essencial para a caracterização da relação de trabalho, sendo tal matéria abordada pela doutrina alienígena por ocasião da análise das características do contrato de trabalho (duração continuada)[(958)].

No conceito de contrato de trabalho contido no anteprojeto da Consolidação das Leis do Trabalho também não estava contido o elemento não eventualidade[(959)]. Contudo, a Consolidação das Leis do Trabalho trouxe a não eventualidade na definição de empregado. Com isso, os doutrinadores nacionais adotaram este elemento, de forma uníssona, como essencial para a configuração da relação de emprego[(960)].

A definição de contrato individual de trabalho a ser utilizada é a de Délio Maranhão[(961)]: "É o negócio jurídico pelo qual uma pessoa física (empregado) se obriga à prestação pessoal, subordinada e não eventual de serviço, colocando sua força de trabalho à disposição de outra pessoa, física ou jurídica, que assume os riscos de um empreendimento econômico (empregador) ou de quem é a este, legalmente, equiparado, e que se obriga a uma contraprestação (salário)".

Trata-se de um negócio jurídico realizado entre dois sujeitos que se denominam empregado e empregador. Por ser negócio jurídico, situa-se no campo da autonomia privada, com característica negocial, embora existam inúmeras restrições à liberdade de contratar oriundas de normas de ordem pública, com natureza cogente. No plano fático, a liberdade de estipulação é bem maior por parte do empregador em virtude da dependência econômica e da própria subordinação jurídica[(962)].

O objeto principal do contrato de trabalho é o binômio trabalho/salário, o que caracteriza a onerosidade, no sentido de que ambas as partes suportam esforços econômicos. Ao lado dessas obrigações contratuais existem outras como o dever de fidelidade, de respeito à integridade física, de respeito aos limites do contrato, de dar trabalho, de assiduidade etc. Também estão presentes elementos derivados do princípio da boa-fé, como o direito à informação, à execução continuada, vedação do rigor excessivo, guarda de segredos da empresa, não concorrência etc.[(963)].

---

da *ajenidad*, explica que, segundo a atribuição dos seus frutos ou resultados, o trabalho pode ser por contra própria ou por conta alheia: no trabalho por conta própria, o próprio trabalhador é quem adquire ou se beneficia imediatamente dos resultados produtivos, apropriando-se daqueles que são suscetíveis de sua apropriação; no trabalho por conta alheia, os frutos do trabalho não são adquiridos pelo trabalhador, nem sequer num primeiro momento, mas passam diretamente para outra pessoa, que se beneficia deles desde o instante em que são produzidos (MARTIN VALVERDE, Antonio *et al. Derecho del trabajo.* 6. ed. Madrid: Tecnos, 1997. p. 40).

(958) OLEA, Manuel Alonso; CASAS BAAMONDE, Maria Emília. *Derecho del trabajo.* 14. ed. Madrid: Universidad de Madrid, 1995. p. 49; HUECK, A.; NIPPERDEY, H. C. *Compendio de derecho del trabajo.* Madrid: Revista de Direito Privado, 1963. p. 83; D'EUFEMIA, Giusepe. *Diritto del Lavoro.* Napoli: Morano, 1969. p. 39; DE LA CUEVA, Mario. *El nuevo derecho mexicano del trabajo.* 19. ed. México: Porrúa, 2003. v. 1, p. 199-204; CALDERA, Rafael. *Derecho del Trabajo.* 2. ed. Buenos Aires: El Ateneo, 1972. t. I, p. 268-270; JAVILLIER, Jean-Claude. *Manual de Direito do Trabalho.* São Paulo: LTr, 1988. p. 25; CORDEIRO, Antônio Menezes. *Manual de Direito do Trabalho.* Coimbra: Almedina, 1991. p. 517-520; MARTIN VALVERDE, Antonio *et al. Derecho del trabajo.* 6. ed. Madrid: Tecnos, 1997. p. 40.

(959) A redação do anteprojeto era a seguinte: "Contrato individual de trabalho é o acordo pelo qual uma pessoa se compromete a prestar serviços a outra, na condição de empregado, isto é, em regime de dependência e mediante salário" (MORAES FILHO, Evaristo de. *Trabalho a domicílio e contrato de trabalho.* São Paulo: LTr, 1994. p. 116). A exposição de motivos da comissão da CLT, ao tratar acerca da definição do contrato individual de trabalho, confirma: "A clara e total definição que do contrato individual do trabalho foi dada pelo anteprojeto da Consolidação provocou algumas divergências de mero gôsto polêmico. A emenda então apresentada não pode ser aceita. Revelava, primeiramente, incompreensão de espírito institucional tantas vezes salientado neste empreendimento. Repetia, ainda um conceito prévio e básico já formulado, qual seja o de empregado" (SÜSSEKIND, Arnaldo. *Direito brasileiro do trabalho.* Rio de Janeiro: Jacinto, 1943. v. 1, p. 363).

(960) Ver, por todos, VILHENA, Paulo Emílio Ribeiro de. *Relação de Emprego:* estrutura legal e pressupostos. 2. ed. São Paulo: LTr, 1999. p. 358-365.

(961) MARANHÃO, Délio; CARVALHO, Luiz Inácio Barbosa. *Direito do Trabalho.* 17. ed. Rio de Janeiro: Fundação Getulio Vargas, 1993. p. 46.

(962) GOTTSCHALK, Egon Felix. *Norma pública e norma privada no Direito do Trabalho.* São Paulo: LTr, 1995. p. 161.

(963) Sobre o tema ver ARAÚJO, Francisco Rossal de. *A boa-fé no contrato de emprego.* São Paulo: LTr, 1996. p. 235-270.

A importância da fixação dos elementos da relação de emprego tradicional reside no fato de que eles servirão de parâmetro de comparação com os elementos da subordinação, pessoalidade, contraprestação mediante salário e continuidade para poder identificar quais seriam os traços distintivos ou novos, de modo a justificar um tratamento jurídico diferente daquele que usualmente é dado[964]. Por essa razão, serão estudados, de forma mais detalhada, cada um dos elementos da relação de emprego tradicional, preparando o terreno para o próximo tópico, que será o estudo do trabalho terceirizado.

A seguir, serão analisados os elementos da prestação pessoal de serviços a outrem (pessoalidade), contraprestação mediante salário (onerosidade), não eventualidade e subordinação.

5.1. Prestação pessoal de serviços a outrem: a pessoalidade

O empregado deve cumprir a obrigação de trabalhar pessoalmente. A noção de pessoalidade parte da acepção de que o trabalho deve ser prestado por uma pessoa certa e determinada, pontuando o trabalho humano, dentro de um contexto racional de utilização da energia humana, em contraposição ao trabalho dos animais e das máquinas[965].

A prestação de serviços a outrem deverá ser feita exclusivamente por uma pessoa física (art. 2º da Consolidação das Leis do Trabalho), e as condições próprias dessa pessoa constituem elemento determinante para a conclusão do contrato de trabalho. Ademais, a obrigação de trabalhar é personalíssima[966], ou seja, só pode ser cumprida pela pessoa contratada. Essa característica do contrato de trabalho chama-se *intuitu personae*, em contraposição aos contratos nos quais é indiferente a pessoa com quem se contrata (contratos impessoais).

Cabe referir existirem autores[967] que defendem que na maior parte das contratações os empregadores não firmam seu consentimento em face das qualidades pessoais do empregado; outros[968] entendem que a relação de emprego é sempre personalíssima, uma vez que, por mais humilde que seja a função do trabalhador, o empregador o admite tendo em vista suas qualidades pessoais. Não resta dúvida de que o nível de pessoalidade na prestação, geralmente, aumenta em proporção à qualificação profissional, pois certas atividades só podem ser realizadas por quem possua a necessária especialização, ou mesmo a diplomação seja de curso técnico ou superior, como no caso de médicos, engenheiros, arquitetos e advogados; outras atividades exigem mais esforço físico, não possuindo um grau elevado de complexidade, por exemplo, ajudantes de obras, serventes, auxiliar de serviços gerais etc. Algumas atividades profissionais, na medida de sua especialização, passam a constituir características próprias no seu exercício diário. É o que Evaristo Moraes Filho chama de profissionalidade[969].

Embora reconheça ser o contrato de trabalho *intuitu personae* em relação ao empregado, há quem lembre que outros contratos também exigem a pessoalidade, mas não se confundem com o contrato de trabalho,

---

(964) Faltando um desses elementos, não se configura a relação de emprego, conforme VILHENA, Paulo Emílio Ribeiro de. *Relação de Emprego:* estrutura legal e pressupostos. 2. ed. São Paulo: LTr, 1999. p. 348.

(965) Cf. VILHENA, Paulo Emílio Ribeiro de. *Relação de Emprego:* estrutura legal e pressupostos. 2. ed. São Paulo: LTr, 1999. p. 350.

(966) Destaca Oléa que a prestação é personalíssima em relação ao trabalhador em face da íntima conexão entre o objeto do contrato de trabalho (trabalho) e o sujeito que o presta (trabalhador), cf. OLEA, Manuel Alonso; CASAS BAAMONDE, Maria Emília. *Derecho del trabajo.* 14. ed. Madrid: Universidad de Madrid, 1995. p. 50.

(967) Orlando Gomes, por exemplo, entende que o contrato de trabalho estaria situado numa classe intermediária, pois, apesar de a obrigação de trabalhar ser personalíssima em relação ao empregado, "a rigor não se conclui as mais das vezes, tendo em vista as qualidades pessoais do trabalhador" (GOMES, Orlando. *Contratos.* 24. ed. Rio de Janeiro: Forense, 2001. p. 83).

(968) Cf. RUSSOMANO, Mozart Victor. *Curso de Direito do Trabalho.* 8. ed. Curitiba: Juruá, 2000. p. 67.

(969) MORAES FILHO, Evaristo de. *Trabalho a domicílio e contrato de trabalho.* São Paulo: LTr, 1994. p. 90.

como no caso da empreitada e do mandato oneroso. Nesse sentido, defendem que o traço distintivo do contrato de trabalho recairia apenas sobre o elemento subordinação(970).

Entende-se, contudo, que, embora algumas contratações sejam revestidas de maior grau de pessoalidade que outras, o empregador, via de regra, procura escolher, entre os candidatos ao emprego, aquele cujas características pessoais e qualificações melhor se enquadrem na função oferecida, manifestando o *intuitu personae*(971). Prova disso é que as empresas têm investido significativamente na seleção de pessoal, mediante testes, dinâmicas em grupo, entrevistas diversas, visando a diminuir a possibilidade de erro na contratação dos empregados.

Cabe lembrar que os critérios de seleção de pessoal são balizados por uma "pedra de toque" cuja proteção tem aumentado bastante ultimamente: a discriminação, que ganhou força com a redação do Código Civil de 2002 no que tange aos direitos de personalidade(972).

Nos contratos *intuitu personae* ou pessoais há invariavelmente uma relação de causalidade, uma vez que o consentimento para a formação do contrato só é dado em face das qualidades pessoais do outro contratante(973). Geralmente, originam uma obrigação de fazer, cujo objeto é um serviço infungível, não podendo ser realizado por outra pessoa, seja porque somente aquela pessoa seja capaz para prestá-lo, seja porque a outra parte quer que seja executado apenas por tal pessoa(974).

A consideração da pessoa é tão importante nesse tipo de contrato que é causa de anulabilidade do mesmo o erro substancial sobre a pessoa, quando esta não possuir as qualidades essenciais que levaram o outro contratante manifestar sua vontade(975).

Atualmente é entendimento pacífico na doutrina trabalhista que o *intuitu personae* só se dá em relação ao empregado, em regra. Para o empregado, em geral, são irrelevantes as qualificações pessoais de quem dirige a empresa, importando tão somente a obtenção do emprego, ou melhor, a sua vinculação à atividade econômica do organismo empresarial(976). Prova cabal disso é que as alterações jurídicas que ocorrerem na estrutura jurídica ou na propriedade da empresa não podem afetar o andamento dos contratos de trabalho,

---

(970) Cf. MORAES FILHO, Evaristo de. *Trabalho a domicílio e contrato de trabalho.* São Paulo: LTr, 1994. p. 89.

(971) Neste sentido MORAES FILHO, Evaristo de. *Do contrato de trabalho como elemento da empresa.* São Paulo: LTr, 1993. p. 236-237.

(972) Nesse sentido, a CF/1988 veda diversas formas de discriminação no âmbito laboral, tal como previsto nos incisos XXX a XXXII, do art. 7º. A Lei n. 9.029/95 proíbe a exigência de atestados de gravidez e esterilização, e outras práticas discriminatórias, para efeitos admissionais ou de permanência da relação jurídica de trabalho, e dá outras providências. O CC/2002 dispõe sobre o direito de personalidade nos arts. 11 a 21. Sobre o assunto no âmbito trabalhista ver: BARROS, Alice Monteiro de. *Proteção à intimidade do empregado.* São Paulo: LTr, 1997; ARAÚJO, Francisco Rossal de. *A boa-fé no contrato de emprego.* São Paulo: LTr, 1996.

(973) Cf. MORAES FILHO, Evaristo de. *Trabalho a domicílio e contrato de trabalho.* São Paulo: LTr, 1994. p. 234; Nesse sentido também: GOMES, Orlando. *Contratos.* Rio de Janeiro: Forense, 2001. p. 82.

(974) GOMES, Orlando. *Contratos.* Rio de Janeiro: Forense, 2001. p. 82.

(975) Conforme arts. 138 e 139, CC/2002. Nesse sentido MORAES FILHO, Evaristo de. *Trabalho a domicílio e contrato de trabalho.* São Paulo: LTr, 1994. p. 234; GOMES, Orlando. *Contratos.* Rio de Janeiro: Forense, 2001. p. 82; a jurisprudência também tem se manifestado nesse sentido. Veja-se a título de exemplo: BRASIL. Tribunal Regional do Trabalho da 3ª Região, 4ª Turma. RO-4715/87. Ementa: FUNDAÇÃO — NATUREZA JURÍDICA — Fundação instituída pelo Estado e pessoa jurídica de direito privado do gênero paraestatal ou para administrativo, fenômeno de descentralização por cooperação ou, por outras palavras, ente de cooperação, cooperadora da Administração Pública, e não pessoa administrativa ou pessoa jurídica de Direito Público. RELAÇÃO DE EMPREGO — NATUREZA JURÍDICA — Os trabalhadores de fundação instituída pelo Poder Público não são funcionários nem servidores públicos; são, sim, empregados cujo contrato de trabalho inteiramente regido pela legislação obreira. NULIDADE RELATIVA DE ATO JURÍDICO — A nulidade relativa só se verifica, se alegada por pessoa diretamente interessada, não podendo ser decretada de ofício, não tem efeito antes de julgada por sentença e aproveita exclusivamente a quem a alega. ERRO SUBSTANCIAL QUANTO A PESSOA — ERRO DE FATO — Não há erro substancial se a declaração de vontade não disser respeito a qualidades essenciais da pessoa. O erro na indicação da pessoa, a que se referir a declaração de vontade, há de ser real, e não vicia o ato jurídico, quando, pelo contexto deste e pelas circunstâncias, possível identificar a pessoa cogitada (Código Civil, arts. 88 e 91). Relator: Nilo Álvaro Soares. 30 de abril de 1988. Disponível em: <http://www.mg.trt.gov.br>. Acesso em: 14 maio 2004.

(976) Sobre a argumentação de que o contrato de trabalho, uma vez celebrado, se insere diretamente na empresa, ou mais precisamente no estabelecimento ver mais na tese de MORAES FILHO, Evaristo de. *Do contrato de trabalho como elemento da empresa.* São Paulo: LTr, 1993.

preservando, ainda, os direitos adquiridos dos empregados. É o fenômeno da sucessão de empregadores, previsto na Consolidação das Leis do Trabalho, nos arts. 10 e 448, refletindo o princípio da continuidade da relação de emprego(977).

A exceção acerca da irrelevância da pessoalidade em relação ao empregador se dá quando ele é pessoa física. Nesse caso, o consentimento do empregado na formação do contrato de trabalho leva em conta, em algumas ocasiões, as qualidades pessoais, morais e econômicas do empregador, tanto que com a morte do empregador constituído em empresa individual é facultado ao empregado rescindir o contrato de trabalho (art. 483, § 2º da Consolidação das Leis do Trabalho)(978). Analisando essa questão sob o ângulo do outro sujeito da relação de emprego, tem-se que a morte do empregado sempre acarreta a extinção daquele vínculo empregatício, uma vez que a obrigação de trabalhar é *intuitu personae* em relação ao empregado.

Esse argumento deixa claro que a obrigação de trabalhar é intransmissível, ou seja, não pode ser realizada por outrem. Pela mesma razão, o contrato de trabalho não pode ser cedido. A substituição do empregado importaria celebração de novo contrato. Algumas legislações, considerando o costume e as condições específicas da prestação de serviço, admitem a possibilidade de o trabalhador ter algum auxiliar(979), o que não é o caso da legislação brasileira, que considera a existência de dois vínculos de emprego distintos ou, quando for o caso, a existência de uma pequena empreitada(980).

Outro aspecto que merece destaque é o de que a pessoalidade tem a virtude de fixar os contornos da fidúcia presente no contrato de trabalho e que supõe diligência, boa-fé e lealdade no comportamento das partes, sobretudo nos negócios jurídicos de duração continuada. Esse aspecto está presente não apenas nos contratos revestidos de fidúcia especial (alguns empregados em face da posição hierárquica e da natureza da função, como no caso dos empregados que exercem cargos de confiança), mas também nos casos de fidúcia geral (todos)(981).

São deveres preponderantemente éticos, que devem considerar as condições pessoais, inclusive as biológicas, de cada pessoa que trabalha. Assim, quando um determinado empregado tem um dever, a exigência de seu cumprimento deve levar em consideração as características próprias de sua pessoa. O dever de segurança, a duração da jornada, a submissão a trabalhos que exijam esforço físico acentuado, a diligência, a produtividade, as condições de trabalho das mulheres e dos menores, entre tantas, devem ser fixadas levando em conta o caráter pessoal da prestação de serviços, além da observância do regramento mínimo previsto na lei. Conforme Délio Maranhão(982), o contrato de emprego é uma relação patrimonial, e o dever de fidelidade, em que se pretende descobrir a natureza "pessoal" do vínculo, é mera decorrência do elemento confiança inerente, como acontece em outros contratos de natureza patrimonial, por exemplo, o mandato.

A atuação de boa-fé não é um dever exclusivo do empregado na hora de cumprir a prestação de seu trabalho. É uma exigência contratual geral e para as duas partes. A boa-fé consiste em uma atitude que

---

(977) Cf. PLÁ RODRIGUEZ, Américo. *Princípios de Direito do Trabalho.* 3. ed. São Paulo: LTr, 2000. p. 239-338.

(978) Plá Rodriguez aponta, ainda, como situação rara, o exemplo "do secretário de um político ou de ajudante de um profissional liberal, nos quais existe, no espírito do trabalhador, uma razão diretamente vinculada à pessoa do empregador celebrar o contrato". Cf. PLÁ RODRIGUEZ, Américo. *Princípios de Direito do Trabalho.* 3. ed. São Paulo: LTr, 2000. p. 297.

(979) Olea entende que "a possibilidade de substituição, remunerada ou não, contradiz o caráter personalíssimo da prestação do trabalhador", salientando que a obrigação do trabalhador é de atividade, não de resultado. Conclui no sentido de que o substituto contratado expressa ou tacitamente ficará ligado por contrato próprio (OLEA, Manuel Alonso; CASAS BAAMONDE, Maria Emília. *Derecho del trabajo.* 14. ed. Madrid: Universidad de Madrid, 1995. p. 51).

(980) ARAÚJO, Francisco Rossal de. *A boa-fé no contrato de emprego.* São Paulo: LTr, 1996. p. 144; o art. 652, *a*, III, da Consolidação das Leis do Trabalho atribui à competência da Justiça do Trabalho os julgamentos das ações resultantes de contratos resultantes de contratos de empreitada cujo empreiteiro seja operário ou artífice.

(981) RUSSOMANO, Mozart Victor. *Curso de Direito do Trabalho.* 8. ed. Curitiba: Juruá, 2000. p. 68-69; VILHENA, Paulo Emílio Ribeiro de. *Relação de Emprego:* estrutura legal e pressupostos. 2. ed. São Paulo: LTr, 1999. p. 353-355.

(982) MARANHÃO, Délio. *Instituições de Direito do Trabalho.* 11. ed. São Paulo: LTr, 1991, v. 1, p. 234.

propicie o cumprimento efetivo do contrato, e impregna o modo de executar as suas próprias prestações[(983)]. Acompanhará todo o cumprimento do contrato, podendo, inclusive, perdurar após o seu término. Trata-se de uma obrigação recíproca de cumprir com lealdade e confiança o conteúdo do contrato. Sua inobservância poderá constituir justa causa para o rompimento contratual, por exemplo, no ato de improbidade (Consolidação das Leis do Trabalho, art. 482, *a*) ou no rigor excessivo (Consolidação das Leis do Trabalho, art. 483, *b*). Nestes dois últimos exemplos, pode-se evidenciar a manifestação concreta da incidência do princípio da boa-fé, pois, como lembrado anteriormente, não há um artigo específico, na Consolidação das Leis do Trabalho, que disponha sobre a aplicação geral da boa-fé na formação e desenvolvimento do contrato de emprego. Contudo, a atitude de cumprir com seus compromissos, adotando uma conduta socialmente aceitável, é um parâmetro interpretativo do próprio contrato de emprego. A obrigação de trabalhar, e também as de dar trabalho e contraprestá-lo, expandem-se até alcançarem aquelas obrigações que impõem a boa-fé, sem ultrapassar, é claro, os limites do contrato[(984)]. Nesse sentido, a boa-fé pode caracterizar-se como uma limitação também ao poder de direção do empregador, vedando sua atuação além do legítimo interesse empresarial.

A obrigação de trabalhar está ligada a vários aspectos: a) intensidade do trabalho e obrigações contratuais decorrentes, aí incluído o dever de diligência; b) classe ou espécie de trabalho e qualificação profissional do empregado; c) conduta geral das partes contratantes, positiva ou negativa, que se espera ou se exige como conexa ao cumprimento contratual, ou que presida a ele. Note-se que não existe um dever de boa-fé e um dever de trabalhar, ou um dever de ser diligente. Todos estão ligados em uma obrigação indissolúvel de trabalhar com diligência[(985)]. Da mesma forma, com relação ao empregador, não existe um dever de dar trabalho dissociado dos deveres de agir com boa-fé.

Destaca-se a importância da pessoalidade no desenvolvimento do contrato. A principal obrigação do empregado é a prestação (pessoal) de serviço. Trata-se de ato obrigacional de fazer. Como ensina Martins Catharino[(986)], trabalhar é ato existencial do empregado, que, ao praticá-lo, sob ordens do empregador, compromete também o seu ser. Pelo simples fato de obrigar-se, tornando-se devedor de trabalho, já limita a sua liberdade, e, porque se coloca à disposição do empregador, limita-se mais ainda, e não como todo e qualquer devedor em relação ao seu credor. Muitas vezes, a vontade do empregado pode vir completamente condicionada, conforme seu estado de necessidade, que exclui até o mínimo de liberdade para se obrigar.

Mesmo sendo predominantemente estudada com relação ao empregado, a obrigação de trabalhar tem como correspondentes, na esfera do empregador, as obrigações de fornecer serviço e determinar o serviço a prestar. Para a hipótese de faltar disposição expressa, entende-se que o empregado se obrigou a todo e qualquer serviço compatível com a sua condição pessoal[(987)]. A aplicação dessa regra, nos casos concretos, conforme ressalta Rafael Caldera[(988)], pode levar a algumas dificuldades. Se o empregado se recusar a prestar determinado serviço, pode ser despedido por justa causa sob a alegação de ato de insubordinação ou abandono. Por outro lado, se a exigência do empregador for excessiva, ou superior às suas forças, pode ser configurada a chamada rescisão indireta (art. 483, *a*, da Consolidação das Leis do Trabalho). Mais uma vez, o princípio da boa-fé fornecerá os parâmetros de lealdade e confiança, a fim de que sejam estipulados, no caso concreto, quais os reais limites da contratação. É sempre bom lembrar que as estipulações contratuais, com relação ao empregado, devem ser feitas pessoalmente, e nunca por intermediário, em decorrência da pessoalidade do vínculo empregatício.

---

(983) LÓPEZ, Manuel-Carlos Palomeque; DE LA ROSA, Manuel Alvarez. *Derecho del Trabajo.* 3. ed. Madrid: Centro de Estudios Ramón Areces, 1995. p. 812.

(984) LÓPEZ, Manuel-Carlos Palomeque; DE LA ROSA, Manuel Alvarez. *Derecho del Trabajo.* 3 ed. Madrid: Centro de Estudios Ramón Areces, 1995. p. 812-813.

(985) OLEA, Manuel Alonso. *Derecho del Trabajo.* 14. ed. Madrid: Universidad de Madrid, 1995. p. 271.

(986) CATHARINO, José Martins. A obrigação de trabalhar oriunda do contrato de emprego. In: *Direito do Trabalho.* 2. ed. Rio de Janeiro: Edições Trabalhistas, s/d. p. 63.

(987) Nesse sentido dispõe o parágrafo único do art. 456 da Consolidação das Leis do Trabalho.

(988) CALDERA, Rafael. *Relação de Trabalho.* São Paulo: Revista dos Tribunais, 1972. p. 73-74.

Note-se que há alguns tipos de trabalho em que a pessoalidade aparece de forma mais reduzida, embora não desapareça. Destacam-se as hipóteses do trabalho em domicílio, o trabalho rural e o trabalho temporário.

O trabalho em domicílio é realizado fora das vistas do empregador, sendo, com isso, praticamente nulo o controle da atividade do ponto de vista pessoal, uma vez que o empregador, muitas vezes, pode não saber quem realmente executou o trabalho, avaliando mais o resultado, limitando-se ao controle da peça ou tarefa realizada, analisando, por exemplo, a produtividade, a perfeição técnica etc.[(989)].

Situação muito semelhante ocorre no trabalho rural, em que os rurícolas, quando prestam serviços por tarefa, muitas vezes, são ajudados por terceiros (familiares ou não do trabalhador), inclusive menores. Nesses casos poderá ser constituído vínculo de emprego distinto com esses familiares, mediante análise do caso concreto pelo Judiciário.

Ainda mais peculiar é a situação que ocorre no trabalho temporário, em que a escolha do trabalhador e a formação do vínculo de emprego se dá com a empresa fornecedora da mão de obra (agência de trabalho temporário), embora o trabalho seja prestado diretamente na empresa tomadora (cliente). Segundo Russomano, é justamente porque não existe pessoalidade na prestação de serviços utilizados pela empresa tomadora que não há entre esta e o trabalhador uma relação de emprego. E acrescenta o autor que o mesmo ocorre em relação à prestação de serviços por empresas especializadas, como os casos das empresas de vigilância, transporte de valores e segurança, conservação e limpeza, bem como todas as formas de contratos triangulares de trabalho, ressaltando, contudo, que sempre deve ser observada a forma da prestação de trabalho, mediante o caso concreto[(990)].

Não estando presente esse elemento, não deve haver o reconhecimento de relação de emprego[(991)].

5.2. Não eventualidade

Todo ato ou fato jurídico se forma e se desenvolve pelo decurso do tempo. Inspirado em Von Thur, Paulo Emilio Ribeiro Vilhena destaca que o suporte fático mínimo supõe um espaço de tempo[(992)]. A norma jurídica considerada isoladamente é estática, mas, influenciada pela realidade, é muitas vezes modificada no decorrer do tempo, ganhando dinâmica. Embora a continuidade ou não eventualidade[(993)] seja, inegavelmente, um pressuposto temporal, não é totalmente vinculada ao fator tempo.

Trazendo essa visão para os negócios jurídicos (entre os quais se inclui o contrato de trabalho), nota-se que a presença do fator tempo atua como elemento distintivo de duas espécies contratuais significativas para o estudo da continuidade: contratos instantâneos, contratos de duração diferida ou contratos de execução continuada (de trato sucessivo).

---

(989) Sobre as peculiaridades do trabalho em domicílio ver: MORAES FILHO, Evaristo de. *Trabalho a domicílio e contrato de trabalho.* São Paulo: LTr, 1994. p. 97-116; PRUNES, José Luiz Ferreira. *Contrato de trabalho doméstico e trabalho a domicílio.* Curitiba: Juruá, 1995. p. 29-56.

(990) RUSSOMANO, Mozart Victor. *Curso de Direito do Trabalho.* 8. ed. Curitiba: Juruá, 2000. p. 71.

(991) A jurisprudência tem se manifestado constantemente nesse sentido, como por exemplo: BRASIL. Tribunal Regional do Trabalho da 4ª Região, 4ª Turma. "Vínculo de emprego. Nulidade da sentença. Sendo o autor confesso a respeito da inexistência de pessoalidade, requisito indispensável ao reconhecimento da afirmada relação de emprego, não há razão para que fossem ouvidas testemunhas, e nem para o acolhimento do recurso. Sentença confirmada". Processo n. 00825-2007-021-04-00-8 (RO). Relatora: Denise Maria de Barros. 17 de julho de 2008. Disponível em: <http://www.trt4.jus.br>. Acesso em: 12 jan. 2009.

(992) VILHENA, Paulo Emílio Ribeiro de. *Relação de Emprego:* estrutura legal e supostos. 2. ed. São Paulo: LTr, 1999. p. 364.

(993) A doutrina pátria utiliza os vocábulos não eventual e contínuo indistintamente, para denominar um dos elementos da relação de emprego, em geral. O art. 3º da Consolidação das Leis do Trabalho utiliza a expressão "não eventual", por isso muitos autores preferem a expressão não eventualidade; outros entendem que continuidade é o termo mais preciso. Utilizam o primeiro termo, por exemplo: VILHENA, Paulo Emílio Ribeiro de. *Relação de Emprego:* estrutura legal e supostos. 2. ed. São Paulo: LTr, 1999. p. 348; SÜSSEKIND, Arnaldo *et al. Instituições de Direito do Trabalho.* 20. ed. São Paulo: LTr, 2002. v. 1, p. 304; preferem a denominação continuidade, por exemplo: MORAES FILHO, Evaristo de. *Trabalho a domicílio e contrato de trabalho.* São Paulo: LTr, 1994. p. 226; GOMES, Orlando; GOTTSCHALK, Elson. *Curso de Direito do Trabalho.* Rio de Janeiro: Forense, 1990. p. 76-81.

Contratos instantâneos são aqueles em que as prestações não perduram no tempo, sendo executadas em uma só operação. O exemplo típico é a compra e venda à vista. Já os contratos de duração são aqueles cujas prestações não se exaurem num único momento, mas perduram no tempo, podendo ter prazo de duração determinado (ex. compra e venda a prazo e empreitada com prestações diferidas) ou indeterminado, conforme a vontade das partes (ex. contrato de emprego, contrato de conta-corrente, seguro, locações) entre outros[(994)].

Tanto os contratos de duração como os instantâneos podem ser distinguidos em subespécies, que carecem, contudo, de importância prática. Visando fixar a questão da terminologia, se utiliza de Orlando Gomes[(995)], que, embora prefira a expressão contrato de duração, diz que se pode usar indiferentemente as expressões: contratos sucessivos, contratos de execução continuada e periódica, contratos de prestações repetidas.

Os contratos de execução continuada ou de trato sucessivo trazem a noção de continuidade, uma vez que a execução das prestações se sucedem de acordo com a vontade das partes. Partindo da ideia de que nestes contratos o débito não é satisfeito numa única operação, mas se prolonga no tempo, Otto von Gierke consagrou a denominação contrato de débito permanente[(996)]. Vale lembrar que é sucessiva ou continuada tão somente a execução das prestações, pois a formação das obrigações principais ocorre num único momento, não se confundindo, portanto, com sucessão de contratos distintos[(997)].

O contrato de trabalho é tipicamente de execução continuada, uma vez que, embora as obrigações principais (trabalho e salário) sejam normalmente fixadas no instante da contratação do trabalhador, a execução delas se prolonga no tempo, de maneira indefinida (contrato por prazo indeterminado), que é a regra geral, ou com término fixado pelas partes (contrato por prazo determinado).

Todavia, essa continuidade das prestações do contrato de trabalho não é absoluta, uma vez que em certas situações não há prestação de trabalho, podendo ou não haver pagamento de salários, conforme se trate de suspensão parcial ou total do contrato de trabalho. O que importa nesses casos de suspensão é que, embora uma ou ambas as prestações estejam suspensas, o contrato de trabalho não se extingue, retomando seu andamento normal após o período de suspensão. Essas situações, por um lado, retiram o caráter absoluto da continuidade do vínculo, do ponto de vista físico, porque não é possível que o ser humano trabalhe ininterruptamente, sem descanso, ou mesmo que não sofra doenças ou outros eventos que lhe impossibilitem trabalhar por determinado período[(998)]. Por outro lado, fortalece a tese de que o Direito do Trabalho é regido pelo princípio da continuidade da relação de emprego[(999)], pois o contrato de trabalho segue em vigor, mesmo nas hipóteses de suspensão parcial ou total.

Também como hipótese legal tipicamente orientada pelo princípio da continuidade tem-se a chamada sucessão de empregadores, que ocorre mediante alteração na estrutura jurídica ou na propriedade da empresa. Está prevista na Consolidação das Leis do Trabalho, nos arts. 10 e 448, que faz expressa ressalva

(994) GOMES, Orlando. *Contratos*. 24. ed. Rio de Janeiro: Forense, 2001. p. 80.

(995) Tratando dos contratos instantâneos ou de execução única, Orlando Gomes esclarece que, embora única, a execução pode ocorrer imediatamente após a sua conclusão (contratos de execução imediata), ou ser protraída para outro momento (contratos de execução diferida). O fato de o contrato de execução diferida depender do futuro não o confunde com o contrato de duração, porque o primeiro se executa numa única operação, mesmo que futura, e no segundo, as prestações se repetem continuamente. Já os contratos de duração subdividem-se em contratos de execução periódica e contratos de execução continuada. Os de execução periódica são os chamados contratos de trato sucessivo, expressão esta que, segundo o autor, é empregada incorretamente para designar "todos os contratos de duração, que se executam mediante prestações periodicamente repetidas". Os de execução continuada são aqueles contratos em que a prestação é única, embora ininterrupta, como no caso da locação (GOMES, Orlando. *Contratos*. 24. ed. Rio de Janeiro: Forense, 2001. p. 79-81).

(996) Conforme GOMES, Orlando. *Contratos*. 24. ed. Rio de Janeiro: Forense, 2001. p. 81.

(997) MORAES FILHO, Evaristo de. *Trabalho a domicílio e contrato de trabalho*. São Paulo: LTr, 1994. p. 222-223.

(998) Sobre interrupção e suspensão do contrato de trabalho ver LAMARCA, Antônio. *Contrato de trabalho*. São Paulo: Revista dos Tribunais, 1969. p. 1-135; CAMINO, Carmem. *Direito individual do trabalho*. 4. ed. Porto Alegre: Síntese, 2003. p. 426-432.

(999) Sobre o princípio da continuidade ver PLÁ RODRIGUEZ, Américo. *Princípios de Direito do Trabalho*. 3. ed. São Paulo: LTr, 2000. p. 239-338.

de que os direitos adquiridos dos empregados e do próprio contrato de trabalho não poderão ser afetados por esta operação empresarial, ou seja, os contratos de trabalho dos empregados continuam em vigor, normalmente[(1000)].

Igualmente inspirado pelo princípio da continuidade da relação de emprego, o contrato de trabalho tem como regra geral a indeterminação de prazo, podendo também ser fixado por prazo determinado, em circunstâncias excepcionais e expressamente previstas em lei (art. 443 e parágrafos da Consolidação das Leis do Trabalho). Nesse sentido, não havendo estipulação expressa quanto ao prazo, ou extrapolado o prazo fixado para o término das prestações, incide a regra geral de indeterminação do contrato de trabalho, para todos os efeitos legais[(1001)].

A doutrina é uníssona em considerar que, embora o elemento temporal seja importante para caracterização da continuidade, ela não está nem unicamente nem totalmente adstrita a este elemento. A mesma unicidade não ocorre, todavia, na definição de qual(is) o(s) elemento(os) que daria(m) fisionomia própria à continuidade.

A definição de eventualidade para o Direito do Trabalho é ainda uma questão difícil[(1002)], tendo em vista que a lei não traz nenhum início conceitual acerca desse elemento. A doutrina e a jurisprudência brasileiras vêm construindo essa definição. As primeiras definições do que seja trabalho eventual restringiram-se a dar-lhe sinônimos, baseados na interpretação gramatical: significa casual, fortuito, ocasional, como propôs Cesarino Júnior[(1003)]. Eventualidade não se confunde com temporariedade ou transitoriedade. O empregado admitido a prazo determinado (arts. 443 e 445 da Consolidação das Leis do Trabalho) ou a tempo reduzido, não é, necessariamente, eventual[(1004)].

A substituição do empregado no período em que ele se encontra em férias é um exemplo da dificuldade em lidar com a não eventualidade na prática. Embora essa questão ainda não tenha entendimento uníssono pelos doutrinadores pátrios[(1005)], no âmbito jurisprudencial[(1006)] foi recentemente pacificado pelo TST, ao re-

---

(1000) VILHENA, Paulo Emílio Ribeiro de. *Relação de Emprego:* estrutura legal e supostos. 2. ed. São Paulo: LTr, 1999. p. 318-319.

(1001) MORAES FILHO, Evaristo de. *Trabalho a domicílio e contrato de trabalho.* São Paulo: LTr, 1994. p. 231-232.

(1002) Esclarece Moraes Filho que "na prática é muitas vezes difícil, muito difícil mesmo, como acontece no diagnóstico diferencial da medicina, distinguir entre um trabalho contínuo e uma tarefa eventual, que não transforma quem a presta num trabalhador subordinado, sujeito à legislação do trabalho" (MORAES FILHO, Evaristo de. *Trabalho a domicílio e contrato de trabalho.* São Paulo: LTr, 1994. p. 226).

(1003) Os serviços prestados não devem ser esporádicos, ocasionais, mas prestados com caráter de continuidade, sustentam CESARINO JÚNIOR, Antônio Ferreira; CARDONE, Marly Antonieta. *Direito Social:* teoria geral do direito social, direito contratual do trabalho, direito protecionista do trabalho. 2. ed. São Paulo: LTr, 1993. p. 127-128.

(1004) Assim ocorre, por exemplo, com os empregados sujeitos a contrato de experiência (art. 443, § 2º, "c" combinado com o art. 445, parágrafo único, da Consolidação das Leis do Trabalho), com os empregados safristas (Lei n. 5.589/73), nas férias ou de empregado aposentado por invalidez (art. 475, § 2º, da Consolidação das Leis do Trabalho), segundo CATHARINO, José Martins. *Compêndio de Direito do Trabalho.* 3. ed. São Paulo: Saraiva, 1982. v. 1, p. 157; VILHENA, Paulo Emílio Ribeiro de. *Relação de Emprego:* estrutura legal e supostos. 2. ed. São Paulo: LTr, 1999. p. 359; MARANHÃO, Délio; CARVALHO, Luiz Inácio Barbosa. *Direito do Trabalho.* 17. ed. Rio de Janeiro: Fundação Getulio Vargas, 1993. p. 63; em sentido contrário: Gomes; Gottschalk entendem que "o trabalho eventual, ocasional ou temporário propriamente dito, é aquele que é exigido em linha absolutamente temporária ou transitória cujo exercício não se integra na faculdade da empresa. Assim, por exemplo, o eletricista que é chamado para reparar a instalação elétrica de uma fábrica de tecidos, ou do vigia que é chamado para substituir o efetivo que se afastou em gozo de férias" (GOMES, Orlando; GOTTSCHALK, Elson. *Curso de Direito do Trabalho.* Rio de Janeiro: Forense, 1990. p. 79).

(1005) Para Moraes Filho a pessoa que é chamada para substituir o efetivo que se afastou em gozo de férias é um caso de trabalho eventual (MORAES FILHO, Evaristo de; MORAES, Antônio Carlos Flores de. *Introdução ao Direito do Trabalho.* 7. ed. São Paulo: LTr, 1995. p. 250-251).

(1006) BRASIL. Superior Tribunal do Trabalho. Súmula n. 159. SUBSTITUIÇÃO DE CARÁTER NÃO EVENTUAL E VACÂNCIA DO CARGO. (incorporada a Orientação Jurisprudencial n. 112 da SDI-1). Nova redação dada pela Resolução n. 129, de 5 de abril de 2005.

I — Enquanto perdurar a substituição que não tenha caráter meramente eventual, inclusive nas férias, o empregado substituto fará jus ao salário contratual do substituído. (ex-Súmula n. 159 — Res. n. 121/2003, DJ 21.11.2003)

II — Vago o cargo em definitivo, o empregado que passa a ocupá-lo não tem direito a salário igual ao do antecessor. (ex-OJ n. 112 — Inserida em 01.10.1997). Disponível em: <http://www.tst.gov.br>. Acesso em: 18 mar. 2005.

Histórico:

visar a Súmula n. 159, entendendo que o empregado substituto fará jus ao salário contratual do substituído, enquanto perdurar a substituição que não tenha caráter meramente eventual, inclusive nas férias.

Essa definição restou insuficiente. Passou-se a questionar se esta eventualidade era em razão do trabalho prestado ou da atividade do empregador. Existem três critérios principais que procuram resolver o problema: o critério da profissionalidade do trabalho prestado por determinado trabalhador, o critério da descontinuidade do trabalho no tempo e o critério aferido segundo as necessidades normais da empresa[1007].

Segundo o critério da profissionalidade, é empregado apenas quem, normalmente, presta sua atividade profissional para outrem, mediante o pagamento de salário. Gomes-Gottschalk[1008], citando Barassi, objetam esse critério, argumentando que a profissão, considerada em si mesma, pode ser, também, atividade profissional diversa do trabalho subordinado, acrescentando que "dentro de uma mesma profissão pode haver empregador e empregado: assim, as profissões representariam uma divisão vertical, não horizontal".

De acordo com o critério da descontinuidade, o trabalho realizado em frações descontínuas de tempo não configuraria relação de emprego, mas uma relação regida pelo Direito Civil. Quando essa descontinuidade ocorre de forma aleatória (aqui entendida como o contrário de comutativa), provavelmente não haverá caracterização de vínculo de emprego. Seria o caso de uma retirada de lixo de um determinado local em que, executada a retirada e pago o preço pelo serviço, resolve-se o contrato celebrado entre as partes, não havendo continuidade dessas prestações pela própria natureza do serviço. Contudo, a continuidade não se confunde com trabalho diário ou ininterrupto. A intermitência e a periodicidade, ainda que semanal ou em intervalos maiores, ostentam a característica da continuidade, uma vez que, embora o trabalho seja prestado de forma descontínua, as prestações se prolongam sucessivamente no tempo. Nas palavras de Délio Maranhão[1009]: "Desde que corresponda a uma normal descontinuidade da atividade econômica do empregador: prestação descontínua, mas necessidade permanente". Exemplo disso ocorre com os atletas profissionais de futebol que muitas vezes prestam trabalho em períodos intermitentes, mas permanentemente nos dias de jogos[1010].

Em conformidade com o critério baseado nas necessidades normais da empresa, a doutrina mexicana, capitaneada por Mario de La Cueva[1011], sustenta que eventual é aquele trabalho que não faz parte da necessidade permanente da empresa, não apenas por se tratar de um serviço necessário apenas em circunstâncias especiais, ocasionalmente, mas também porque tal serviço não faz parte das atividades normais, constantes e uniformes da empresa. Exemplo: um encanador que é chamado para consertar o sistema hidráulico de

---

Redação dada pela Res. n. 121/2003, DJ 21.11.2003

N. 159 Substituição

Enquanto perdurar a substituição que não tenha caráter meramente eventual, inclusive nas férias, o empregado substituto fará jus ao salário contratual do substituído.

Redação original — RA 102/1982, DJ 11.10.1982 e DJ 15.10.1982

N. 159 Enquanto perdurar a substituição que não tenha caráter meramente eventual, o empregado substituto fará jus ao salário contratual do substituído. Ex-prejulgado n. 36.

(1007) Sistematizando a matéria, Catharino denomina os dois primeiros critérios como predominantes na corrente italiana, e o último como corrente mexicana (CATHARINO, José Martins. *Compêndio de Direito do Trabalho.* 3. ed. São Paulo: Saraiva, 1982. p. 157).

(1008) GOMES, Orlando; GOTTSCHALK, Elson. *Curso de Direito do Trabalho.* Rio de Janeiro: Forense, 1990. p. 79-80.

(1009) MARANHÃO, Délio; CARVALHO, Luiz Inácio Barbosa. *Direito do Trabalho.* 17. ed. Rio de Janeiro: Fundação Getulio Vargas, 1993. p. 63.

(1010) Exemplo: BRASIL. Tribunal Superior do Trabalho. Recurso de Revista n. 5.475/88. Disponível em: <http://www.tst.gov.br>. Acesso em: 6 jun. 2004.

(1011) Cf. DE LA CUEVA, Mario. *El nuevo derecho mexicano del trabajo.* 19. ed. México: Porrúa, 2003. v. 1, p. 227.

uma loja que vende sapatos. Seu trabalho é eventual, independentemente do tempo e da intensidade empreendida. Esse é o critério adotado pela doutrina(1012) e pela jurisprudência(1013) brasileiras.

Todavia, esse critério também deixa algumas arestas abertas. Russomano, partindo do exemplo de um eletricista, sustenta que é possível esse profissional ser por vezes eventual e em outras ocasiões um empregado, quando o empresário necessitar permanentemente da prestação laboral, não somente em decorrência das atividades econômicas normais da empresa, mas também em caso de extensão da própria empresa. Em contrário senso, o autor admite, também, "que seja eventual o serviço realizado pelo trabalhador dentro do esquema normal das atividades do empregador", exemplificando com o serviço de carga e descarga, em atividades nas quais essas atividades não são permanentes(1014).

Visando complementar a tese de que não eventual é o trabalho que se insere nas atividades normais da empresa, alguns autores(1015) sustentam que, além desse critério objetivo, deve-se verificar a existência de vontade das partes em se vincular continuamente (critério subjetivo).

Predomina o entendimento de que a falta do pressuposto da continuidade ou não eventualidade descaracterizaria ou não ensejaria a caracterização da relação de emprego, tendo em vista que o art. 3º da Consolidação das Leis do Trabalho dispõe que é empregado aquele "(...) que prestar serviços de natureza não eventual (...)". Contudo, para boa parte da doutrina estrangeira, com alguns simpatizantes na doutrina nacional(1016), a continuidade é tão somente uma importante característica do contrato de emprego (classificado pacificamente como de execução continuada ou de trato sucessivo no tempo), ou ainda um princípio informador do Direito do Trabalho(1017), não sendo, todavia, um pressuposto essencial, sem o qual não estaria caracterizada a relação de emprego.

(1012) MORAES FILHO, Evaristo de. *Trabalho a domicílio e contrato de trabalho.* São Paulo: LTr, 1994. p. 244; CATHARINO, José Martins. *Compêndio de Direito do Trabalho.* 3. ed. São Paulo: Saraiva, 1982. p. 157; VILHENA, Paulo Emílio Ribeiro de. *Relação de Emprego:* estrutura legal e supostos. 2. ed. São Paulo: LTr, 1999. p. 359; MARANHÃO, Délio; CARVALHO, Luiz Inácio Barbosa. *Direito do Trabalho.* 17. ed. Rio de Janeiro: Fundação Getulio Vargas, 1993. p. 63; GOMES, Orlando; GOTTSCHALK, Elson. *Curso de Direito do Trabalho.* Rio de Janeiro: Forense, 1990. p. 79; as empresas procuram manter um processo contínuo de produção, o que pressupõe a existência de pessoal permanente para a consecução de seus fins.

(1013) BRASIL. Tribunal Regional do Trabalho da 4ª Região, 8ª Turma. Ementa: VÍNCULO DE EMPREGO. Hipótese em que é incontroversa a prestação de serviços pela reclamante em proveito do reclamado, isto é, serviços de limpeza nos imóveis por ele construídos e no seu escritório profissional. Prestação de trabalho pessoal, não eventual, dada a sua rotineira periodicidade, e subordinado. Atividade exercida pela autora que se inseria nas necessidades normais e permanentes do empreendimento, o que importa no estado de sujeição da trabalhadora em relação ao empregador. Vínculo de emprego reconhecido. Determinado o retorno dos autos à origem para exame das demais questões. Recurso provido. Recurso Ordinário n. 00823-2002-025-04-00-0. Relatora: Juíza Ana Luíza Heineck Kruse. 27 de maio de 2004. Disponível em: <http://www.trt4.gov.br>. Acesso em: 6 jun.2004; Neste sentido, também: BRASIL. Tribunal Regional do Trabalho da 4ª Região, 4ª Turma. Ementa: Recurso Ordinário n. 01237-2002-332-04-00-5. Relator: Juiz Mário Chaves. 30 de abril de 2004. Disponível em: <http://www.trt4.gov.br>. Acesso em: 6 jun.2004.

(1014) Cf. RUSSOMANO, Mozart Victor. *Curso de Direito do Trabalho.* 8. ed. Curitiba: Juruá, 2000. p. 89. Também Moraes Filho entende que a tese de La Cueva precisa ser esclarecida, pois não deixaria de ser eventual um trabalhador que, numa emergência, substituísse um empregado efetivo que faltasse ao serviço por horas ou mesmo dias, embora tal atividade fosse necessária e permanente na empresa, "pois para esse trabalhador a atividade não deixaria de ser acidental e subjetivamente avulsa" (MORAES FILHO, Evaristo de; MORAES, Antônio Carlos Flores de. *Introdução ao Direito do Trabalho.* 7. ed. São Paulo: LTr, 1995. p. 250).

(1015) Neste sentido CATHARINO, José Martins. *Compêndio de Direito do Trabalho.* 3. ed. São Paulo: Saraiva, 1982. v.1, p. 158; Moraes Filho enfatiza o critério subjetivo, com base no disposto no CC (arts. 85 do CC/1916 e 112 do CC/2002): "A intenção das partes é da maior importância", complementando, "bem sabem elas, ambas, de boa-fé, se se trata de um serviço eventual ou não" (MORAES FILHO, Evaristo de; MORAES, Antônio Carlos Flores de. *Introdução ao Direito do Trabalho.* 7. ed. São Paulo: LTr, 1995. p. 250-251). Nesse sentido Gomes-Gottschalk esclarecem: "A continuidade não deve ser entendida como a prestação de efetiva de serviço duradouro. Para que se verifique, basta que as partes tenham a intenção de se ligar por tempo considerável. Assim, não é necessário que o vínculo dure permanentemente, nem há limite para esse fim" (GOMES, Orlando; GOTTSCHALK, Elson. *Curso de Direito do Trabalho.* Rio de Janeiro: Forense, 1990. p. 80); discorda do critério subjetivo VILHENA, Paulo Emílio Ribeiro de. *Relação de Emprego:* estrutura legal e supostos. 2. ed. São Paulo: LTr, 1999. p. 361.

(1016) Como por exemplo: CESARINO JÚNIOR, Antônio Ferreira; CARDONE, Marly Antonieta. *Direito Social:* teoria geral do direito social, direito contratual do trabalho, direito protecionista do trabalho, 2. ed. São Paulo: LTr, 1993. p. 126.

(1017) Ver PLÁ RODRIGUEZ, Américo. *Princípios de Direito do Trabalho.* 3. ed. São Paulo: LTr, 2000. p. 239-338.

Robortella coloca "em cheque" o trabalho permanente, não eventual, com fundamento na "progressiva juridificação e proteção das formas precárias, chamadas atípicas". Sustenta que, caso afastada a permanência, bem como a subordinação, enquanto elementos dogmaticamente essenciais da disciplina, "abrir-se-á campo à ampliação subjetiva e objetiva do Direito do Trabalho, que poderá abarcar eventuais, autônomos, avulsos e outros prestadores de serviços, a partir do critério da necessidade de tutela"[(1018)].

Na Europa, ainda não foi encontrado um conceito preciso de trabalho eventual e que o diferencie claramente do trabalho interino ou do trabalho temporário, ou ainda do trabalho por temporada, sendo entendido como aquele que objetiva atender a necessidades provisórias, atender a circunstâncias especiais e normalmente imprevisíveis ou extraordinárias ou excepcionais e de duração determinada da empresa[(1019)]. O direito germânico, por exemplo, assimilou o trabalho eventual ao de temporada. A doutrina italiana, por sua vez, traz a figura do trabalho adventício, que, lexicamente, é o esporádico, o eventual, mas juridicamente é o temporário ou avulso[(1020)].

Se em relações jurídicas bilaterais já é difícil distinguir o trabalho eventual do contínuo, essa problemática aumenta e assume papel decisivo na verificação da existência ou não de relação de emprego nas chamadas relações trilaterais (hipóteses de terceirização), em que é muito difícil discernir se determinado trabalho está inserido nas necessidades normais e permanentes da empresa ou não, dificuldade que é aumentada sobremaneira com o avassalador desenvolvimento tecnológico, em que as atividades normais e de apoio estão seguidamente entrelaçadas.

Embora não eventualidade[(1021)] seja, inegavelmente, um pressuposto temporal, não é totalmente vinculada ao fator tempo. Prova disso é que o empregado admitido a prazo determinado (arts. 443 e 445 da Consolidação das Leis do Trabalho) ou a tempo reduzido não é, necessariamente, eventual[(1022)].

A definição de eventualidade (e consequentemente de não eventualidade) para o Direito do Trabalho é ainda uma questão difícil[(1023)]. A lei não traz nenhum início conceitual acerca desse elemento. A doutrina e a jurisprudência brasileiras vêm construindo essa definição. O conceito de não eventualidade é uma apropriação da realidade. Tempo é uma questão de fato. Tempo jurídico é uma abstração que cria, modifica ou extingue direitos. O tempo tem grande relevância para o Direito, pois, ainda que não seja um fato jurídico, por ser de outra dimensão, o seu transcurso integra, com muita frequência, suportes fáticos, sendo que, quando previsto expressamente pela norma, é considerado elemento de suficiência para a configuração do fato jurídico respectivo.[(1024)] Daí surge a diferenciação entre não eventualidade material (fática) e não eventualidade jurídica (em abstrato). O que mais importa na definição da não eventualidade são os sucessivos adimplementos e a potencialidade de continuar a relação de emprego.

(1018) ROBORTELLA, Luiz Carlos Amorim. *O moderno Direito do Trabalho*. São Paulo: LTr, 1994. p. 53-54.

(1019) Cf. OJEDA AVILES, citado por VILHENA, Paulo Emílio Ribeiro de. *Relação de Emprego:* estrutura legal e supostos. 2. ed. São Paulo: LTr, 1999. p. 361.

(1020) VILHENA, Paulo Emílio Ribeiro de. *Relação de Emprego:* estrutura legal e supostos. 2. ed. São Paulo: LTr, 1999. p. 365.

(1021) A doutrina pátria utiliza os vocábulos não eventual e contínuo indistintamente, para denominar um dos elementos da relação de emprego, em geral. O art. 3º da Consolidação das Leis do Trabalho utiliza a expressão "não eventual", por isso muitos autores preferem a expressão não eventualidade; outros entendem que continuidade é o termo mais preciso. Utilizam o primeiro termo, por exemplo: VILHENA, Paulo Emílio Ribeiro de. *Relação de Emprego:* estrutura legal e supostos. 2. ed. São Paulo: LTr, 1999. p. 348; SÜSSEKIND, Arnaldo *et al. Instituições de Direito do Trabalho*. 20. ed. São Paulo: LTr, 2002. v. 1, p. 304; preferem a denominação continuidade, por exemplo: MORAES FILHO, Evaristo de. *Trabalho a domicílio e contrato de trabalho*. São Paulo: LTr, 1994. p. 226; GOMES, Orlando; GOTTSCHALK, Elson. *Curso de Direito do Trabalho*. Rio de Janeiro: Forense, 1990. p. 76-81.

(1022) VILHENA, Paulo Emílio Ribeiro de. *Relação de Emprego:* estrutura legal e supostos. 2. ed. São Paulo: LTr, 1999. p. 359; MARANHÃO, Délio; CARVALHO, Luiz Inácio Barbosa. *Direito do Trabalho*. 17. ed. Rio de Janeiro: Fundação Getulio Vargas, 1993. p. 63.

(1023) Esclarece Moraes Filho que "na prática é muitas vezes difícil, muito difícil mesmo, como acontece no diagnóstico diferencial da medicina, distinguir entre um trabalho contínuo e uma tarefa eventual, que não transforma quem a presta num trabalhador subordinado, sujeito à legislação do trabalho" (MORAES FILHO, Evaristo de. *Trabalho a domicílio e contrato de trabalho*. São Paulo: LTr, 1994. p. 226).

(1024) MELLO, Marcos Bernardes de. *Teoria do fato jurídico:* plano da existência. 8. ed. São Paulo: Saraiva, 1998. p. 44; TUCCI, José Rogério Cruz e. *Tempo e processo:* uma análise empírica das repercussões no tempo na fenomenologia processual (civil e penal). São Paulo: Revista dos Tribunais, 1997. p. 57.

As primeiras definições do que seja trabalho eventual restringiram-se a dar-lhe sinônimos, baseados na interpretação gramatical: significa casual, fortuito, ocasional (não continuidade em abstrato), como propôs Cesarino Júnior[1025].

É o que Delgado chama de "caráter ou noção de permanência", necessária para a configuração do tipo legal da relação empregatícia, "ainda que por um curto período", entendida como "permanência em uma organização com ânimo definitivo"[1026]. Comparando as expressões "não eventual" (art. 3º da Consolidação das Leis do Trabalho — Decreto-lei n. 5.452/43) e "contínua" (art. 1º da LC n. 150/2015), Delgado[1027] argumenta que a Consolidação das Leis do Trabalho rejeitou claramente a chamada teoria da descontinuidade, não se tratando de mera incorreção técnica. Desse modo, à luz da Consolidação, um trabalhador que preste serviços ao tomador, por diversos meses seguidos, mas apenas em domingos ou fins de semana (caso dos garçons de clubes campestres, por exemplo), não poderia se configurar como trabalhador eventual, em face da não absorção, pela Consolidação das Leis do Trabalho, da teoria da descontinuidade.

O critério mais utilizado está baseado no fato de o trabalho prestado fazer parte das necessidades normais da empresa (não eventualidade objetiva), chamada de teoria dos fins do empreendimento (ou da empresa). Mario de La Cueva[1028] sustenta que eventual é aquele trabalho que não faz parte da necessidade permanente da empresa, não apenas por se tratar de um serviço necessário apenas em circunstâncias especiais, ocasionalmente, mas também porque tal serviço não faz parte das atividades normais, constantes e uniformes da empresa.

Esse é o critério adotado pela doutrina[1029] e pela jurisprudência[1030] brasileiras.

Dito de outro modo, a não eventualidade precisa ser vista sob as dimensões objetiva e subjetiva. No prisma da dimensão objetiva, a não eventualidade se estabelece pela existência de um posto de trabalho que deverá ser ocupado e que está inserido na organização da empresa. A dimensão subjetiva, por sua vez, reflete o estado de consciência dos sujeitos da relação de emprego, dotado de expectativa recíproca e de bilateralidade obrigacional. A não eventualidade subjetiva gera a necessidade de pré-aviso (aviso-prévio) para que a outra parte se prepare para os efeitos do término do contrato.

O término do contrato, por seu turno, constitui um direito potestativo das partes (resilição). A outra parte, em regra, não tem um direito subjetivo a opor contra a despedida (empregador) ou demissão (empregado). Isso ocorre porque no contrato de emprego se admite a denúncia vazia, salvo as exceções legais (estabilidade). Portanto, é um direito potestativo a sua resilição. Pagas as indenizações e respeitadas as exceções previstas em lei, o empregado não tem direito subjetivo de permanecer no emprego. Por outro lado, também o empregador não pode opor algum direito subjetivo diante do pedido de demissão de seu

---

(1025) CESARINO JÚNIOR, Antônio Ferreira; CARDONE, Marly Antonieta. *Direito Social:* teoria geral do direito social, direito contratual do trabalho, direito protecionista do trabalho. 2. ed. São Paulo: LTr, 1993. p. 127-128.

(1026) DELGADO, Mauricio Godinho. *Curso de Direito do Trabalho.* São Paulo: LTr, 2006. p. 296.

(1027) DELGADO, Mauricio Godinho. *Curso de Direito do Trabalho.* São Paulo: LTr, 2006. p. 295.

(1028) DE LA CUEVA, Mario. *El nuevo derecho mexicano del trabajo.* 19. ed. México: Porrúa, 2003. v. 1, p. 227.

(1029) MORAES FILHO, Evaristo de. *Trabalho a domicílio e contrato de trabalho.* São Paulo: LTr, 1994. p. 244; CATHARINO, José Martins. *Compêndio de Direito do Trabalho.* 3. ed. São Paulo: Saraiva, 1982. p. 157; VILHENA, Paulo Emílio Ribeiro de. *Relação de Emprego:* estrutura legal e supostos. 2. ed. São Paulo: LTr, 1999. p. 359; MARANHÃO, Délio; CARVALHO, Luiz Inácio Barbosa. *Direito do Trabalho.* 17. ed. Rio de Janeiro: Fundação Getulio Vargas, 1993. p. 63; GOMES, Orlando; GOTTSCHALK, Elson. *Curso de Direito do Trabalho.* Rio de Janeiro: Forense, 1990. p. 79; as empresas procuram manter um processo contínuo de produção, o que pressupõe a existência de pessoal permanente para a consecução de seus fins.

(1030) BRASIL. Tribunal Regional do Trabalho da 4ª Região, 8ª Turma. Ementa: VÍNCULO DE EMPREGO. Hipótese em que é incontroversa a prestação de serviços pela reclamante em proveito do reclamado, isto é, serviços de limpeza nos imóveis por ele construídos e no seu escritório profissional. Prestação de trabalho pessoal, não eventual, dada a sua rotineira periodicidade, e subordinado. Atividade exercida pela autora que se inseria nas necessidades normais e permanentes do empreendimento, o que importa no estado de sujeição da trabalhadora em relação ao empregador. Vínculo de emprego reconhecido. Determinado o retorno dos autos à origem para exame das demais questões. Recurso provido. Recurso Ordinário n. 00823-2002-025-04-00-0. Relatora: Juíza Ana Luíza Heineck Kruse. 27 de maio de 2004. Disponível em: <http://www.trt4.gov.br>. Acesso em: 6 jun. 2004; Neste sentido, também: BRASIL. Tribunal Regional do Trabalho da 4ª Região, 4ª Turma. Ementa: Recurso Ordinário n. 01237-2002-332-04-00-5. Relator: Juiz Mário Chaves. 30 de abril de 2004. Disponível em: <http://www.trt4.gov.br>. Acesso em: 6 jun. 2004.

empregado. No máximo poderá descontar o aviso-prévio quando não cumprido e eventuais adiantamentos, respeitados os limites previstos no art. 477 da Consolidação das Leis do Trabalho.

5.3. Subordinação

A subordinação do empregado ao empregador é o elemento que dá fisionomia própria à relação de emprego, bem como ao negócio jurídico laboral, sendo o elemento que melhor permite distingui-lo dos contratos afins, daí sua importância.

Ela pode ser considerada a base para toda a normatização jurídico-trabalhista, manifestando sua importância desde a origem do contrato de emprego, passando pelo seu desenvolvimento e chegando até a extinção(1031). Alguns autores chegam a sustentar que a subordinação, além de ser o elemento fundamental para caracterização da relação de emprego, faz parte do objeto do contrato de emprego(1032).

Para muitos autores(1033), a subordinação está inserida no modo de produção do sistema capitalista. Há quem entenda, contudo, que a subordinação é indispensável para desenvolver uma atividade produtiva em qualquer regime de produção(1034). Essa discussão nos remeteria aos aspectos econômicos, sociológicos e políticos da subordinação, o que não é o objeto do presente trabalho, razão pela qual se limita a fazer essa referência.

Note-se que, para Kant, o que se adquire diretamente com um contrato não é uma coisa externa, mas sim o ato dele, pelo qual os contratantes se comprometem com o cumprimento de tal ato. Para o autor, o contrato não é apenas um mero instrumento mercantil e jurídico envolvendo coisas, mas um instrumento mediante o qual alguém põe à disposição de outro uma porção de sua liberdade (espaço de alienação de liberdade)(1035). Quando alguém não cumpre as estipulações contratuais, permite que o outro entre na sua liberdade, de acordo com o que foi contratado, e exija uma ação de cumprimento do que foi pactuado, sob pena de coerção.

Hattenhauer(1036) esclarece que desde o século XIX percebeu-se claramente a desigualdade entre prestação e contraprestação, trabalho e salário, razão pela qual a autonomia privada referida na doutrina de Kant é reduzida no Direito do Trabalho, justamente como forma de nivelar juridicamente tal desigualdade fática. Essas ideias são importantes para a noção de subordinação: o empregador adquire uma porção da liberdade do empregado e como contraprestação lhe paga salário (meio principal e/ou único de subsistência)(1037).

(1031) ARAÚJO, Francisco Rossal de. *A boa-fé no contrato de emprego.* São Paulo: LTr, 1996. p. 159.

(1032) Em tese de doutoramento Adilson Bassalho Pereira defende que a subordinação coexiste com o trabalho, em igualdade de condições, nas expectativas do empregador em relação ao objeto do contrato de emprego (PEREIRA, Adilson Bassalho. *A subordinação como objeto do contrato de emprego.* São Paulo: LTr, 1991. p. 40).

(1033) MARX, Karl. *Manifesto do partido comunista.* Porto Alegre: LPM, 2001. p. 99; MARX, Karl. Os pensadores. São Paulo: Nova Cultural, 1999. p. 187; CATHARINO, José Martins. *Compêndio de Direito do Trabalho.* 3. ed. São Paulo: Saraiva, 1982. v. 1, p. 206; RUSSOMANO, Mozart Victor. *Curso de Direito do Trabalho.* 8. ed. Curitiba: Juruá, 2000. p. 63; MORAES FILHO, Evaristo de; MORAES, Antônio Carlos Flores de. *Introdução ao Direito do Trabalho.* 7. ed. São Paulo: LTr, 1995. p. 35-36; MARANHÃO, Délio; CARVALHO, Luiz Inácio Barbosa. *Direito do Trabalho.* 17. ed. Rio de Janeiro: Fundação F,ındação Getulio Vargas, 1993. p. 65.

(1034) CABANELLAS, Guilhermo. *El derecho del trabajo e sus contrato.* Buenos Aires: Mundo Atlântico, 1945. p. 310; PEREIRA, Adilson Bassalho. *A subordinação como objeto do contrato de emprego.* São Paulo: LTr, 1991. p. 57-58.

(1035) KANT, Immanuel. A metafísica dos costumes.São Paulo: edipro, 2003. p. 118.

(1036) HATTENHAUER, Hans. *Conceptos Fundamentales del Derecho Civil:* introducción histórico-dogmática. Barcelona: Ariel, 1987. p. 68-69. O autor diz que "mediante um contrato adquiro, portanto, a promessa de um outro indivíduo (não o que ele prometeu) e, ainda assim, alguma coisa é somada aos meus haveres externos. Fiquei mais rico (locupletior) ao adquirir uma obrigação ativa sobre a liberdade e os recursos de outrem" (*ibidem*, p. 118).

(1037) Para Kant, liberdade é o único direito originário, pertencente a todo homem em virtude de sua humanidade. "O direito originário kantiano é único porque rechaça, como descabida, toda limitação de liberdade que não possa ser concebida como juricamente correlata". "[...] A própria humanidade é uma dignidade, pois o homem não pode ser usado por nenhum homem (nem por outros, nem a rigor por ele próprio) apenas como meio, mas deve sempre e ao mesmo tempo ser fim, e nisso consiste sua dignidade

É da essência do contrato de trabalho a existência de um estado de dependência do empregado em relação ao empregador[(1038)]. A nossa Consolidação das Leis do Trabalho utiliza a expressão "mediante dependência" ao definir empregado[(1039)].

Entretanto, embora seja uníssono o reconhecimento da dependência, como singularidade da relação de trabalho, o mesmo não se pode dizer quanto à natureza dessa dependência. As divergências doutrinárias podem ser sintetizadas em quatro principais critérios que procuram esclarecer a natureza da subordinação do trabalhador: dependência social, dependência técnica, dependência econômica e dependência hierárquica ou subordinação jurídica.

Com o desenvolvimento do instituto pela doutrina, os critérios da dependência técnica[(1040)] e da dependência social[(1041)] foram sucumbindo diante da evolução das relações de trabalho. Atualmente, a dependência hierárquica ou subordinação jurídica figura como critério de inegável importância acerca da dependência existente no contrato de trabalho. A questão que ainda gera controvérsias, principalmente no âmbito da doutrina alienígena, que será vista a seguir, refere-se ao critério econômico, mais precisamente se ele coexiste ou não com o critério jurídico.

Pelo critério da dependência econômica, o trabalhador encontra-se subordinado ao empregador pelo motivo de que a remuneração paga pelo empregador em face do trabalho prestado é a principal, ou única, fonte de subsistência do empregado, estando este em estado de dependência econômica em relação àquele.

Há quem diga que a dependência econômica seria fática e não jurídica.

(sua personalidade), pela qual ele se eleva sobre todos os outros seres mundanos que não são homens[...]", conforme HECK, José Nicolau. Direito subjetivo e dever jurídico em Kant. *Veritas*. Porto Alegre: PUC-RS, p. 65-66, mar. 2003.

(1038) Cf. GOMES, Orlando; GOTTSCHALK, Elson. *Curso de Direito do Trabalho*. Rio de Janeiro: Forense, 1997. p. 129; autores como Barassi defendem que a dependência é um mero estado de fato, ao passo que a subordinação é um estado de direito, contrariamente a De La Cueva, para quem a subordinação também é um estado de fato, conforme MORAES FILHO, Evaristo de. *Trabalho a domicílio e contrato de trabalho*. São Paulo: LTr, 1994. p. 84; discordando, Cassì entende que a subordinação não é um *status*, mas uma situação jurídica e sustenta que o estado pode compreender várias situações jurídicas, enquanto a situação jurídica, traduzindo uma posição particular do sujeito num momento determinado, não pode compreender muitos estados pessoais (CASSÌ, Vicenzo. *La subordinazione del lavoratore nel diritto del lavoro*. Milano: Giuffrè, 1947. p. 81-87). Seguem esse pensamento MARANHÃO, Délio; CARVALHO, Luiz Inácio Barbosa. *Direito do Trabalho*. 17. ed. Rio de Janeiro: Fundação Getulio Vargas, 1993. p. 66.

(1039) A Consolidação das Leis do Trabalho utiliza a expressão dependência, em sentido lato, justamente pela dúvida que cercava o legislador celetista sobre a natureza deste estado que caracteriza a relação de emprego. Neste sentido MORAES FILHO, Evaristo de. *Trabalho a domicílio e contrato de trabalho*. São Paulo: LTr, 1994. p. 115.

(1040) Segundo o critério da dependência técnica, destacado por Herz, entre outros, o empregado está inserido num estado de dependência técnica, ficando subordinado às ordens de caráter técnico determinadas pelo empregador. Por um lado, este critério sucumbiu às críticas de que em diversas situações não há dependência técnica, sobretudo em face da moderna concepção de empresa em que há nítida dissociação entre a propriedade ou a titularidade e a administração ou direção da empresa. Por outro lado, num sentido amplo, a dependência técnica está compreendida dentro da concepção de subordinação hierárquica, refletida no poder de direção patronal, pelo qual detém o empregador a possibilidade de determinar como o trabalho deve ser executado, proferindo as orientações técnicas que entender necessárias para a consecução de seus objetivos econômicos, conforme GOMES, Orlando; GOTTSCHALK, Elson. *Curso de Direito do Trabalho*. Rio de Janeiro: Forense, 1997. p. 134-135; muitas vezes, o empregador contrata um trabalhador especializado justamente para que utilize suas técnicas pessoais, inclusive para remodelação funcional, conforme RUSSOMANO, Mozart Victor. *Curso de Direito do Trabalho*. 8. ed. Curitiba: Juruá, 2000. p. 63; nesse sentido também: MORAES FILHO, Evaristo de; MORAES, Antônio Carlos Flores de. *Introdução ao Direito do Trabalho*. 7. ed. São Paulo: LTr, 1995. p. 252; VILHENA, Paulo Emílio Ribeiro de. *Relação de Emprego:* estrutura legal e supostos. 2. ed. São Paulo: LTr, 1999. p. 472; MARANHÃO, Délio; CARVALHO, Luiz Inácio Barbosa. *Direito do Trabalho*. 17. ed. Rio de Janeiro: Fundação Getulio Vargas, 1993. p. 65.

(1041) O critério da dependência social criado por René Savatier, procura fundir os critérios da dependência econômica e da subordinação jurídica. Segundo Savatier, uma pessoa é "socialmente dependente sempre que necessitar para sua subsistência do trabalho que lhe proporciona o empregador, dos instrumentos que lhe oferece, não trabalhando a seu risco próprio, ou porque obedece às ordens deste possível empregador, do qual juridicamente é um preposto", conforme MORAES FILHO, Evaristo de; MORAES, Antônio Carlos Flores de. *Introdução ao Direito do Trabalho*. 7. ed. São Paulo: LTr, 1995. p. 254; acrescenta Russomano que este critério não tem valor científico, uma vez que retoma a discussão a sucumbente teoria econômica, ou nas suas palavras: "Por pretender a ressurreição de uma teoria morta" (RUSSOMANO, Mozart Victor. *Curso de Direito do Trabalho*. 8. ed. Curitiba: Juruá, 2000. p. 66).

Deveali[1042], italiano que viveu na Europa e na América Latina (Argentina), identifica a realidade no mundo econômico. Antecipa, de certa forma, o que se chama atualmente de análise econômica do Direito. Não ignora o critério jurídico, conectando os critérios econômico e jurídico.

Outros autores, como Mário de La Cueva[1043], criticam o critério econômico, sustentando que a tese da dependência econômica rompe os princípios informadores do Direito do Trabalho, regressando ao feudalismo, quando "o servo era um autêntico dependente econômico do senhor". Segundo esse ponto de vista, caso o critério econômico fosse aceito, bastaria que um trabalhador prestasse serviço a duas pessoas distintas para descaracterizar a existência de relação de trabalho[1044].

Na doutrina nacional, seguindo o entendimento do jurista mexicano, predomina o entendimento de que a dependência econômica não pode ser considerada um critério formal capaz de distinguir juridicamente a natureza jurídica da dependência existente na relação de emprego, pois fracassa em muitas situações corriqueiras[1045]. É possível, embora não seja o mais comum, que um empregado não dependa da remuneração do seu trabalho subordinado para viver, ou como refere Russomano[1046], que o empregador possa depender de seu empregado, em alguns casos.

De qualquer forma, é certo que a dependência econômica em que vive o empregado em relação ao empregador fortalece a subordinação jurídica existente na relação de emprego. Contudo, para a maioria dos clássicos autores de Direito do Trabalho pátrios, como Orlando Gomes e Elson Gottschalk, ainda que a dependência econômica esteja presente com frequência, não acompanha, necessariamente, o contrato de trabalho, uma vez que pode alguém depender economicamente de outrem sem estar vinculado por um contrato de trabalho e pode existir contrato de trabalho sem dependência econômica, ou nas palavras de Jacobi: "Ocorre na maioria das vezes, e é, até certo ponto, sintomática, mas não é essencial"[1047].

Nesse sentido, predomina o entendimento de que o critério da dependência ou subordinação jurídica é o mais seguro, embora não infalível[1048], para explicar a natureza jurídica da dependência que caracteriza

---

(1042) DEVEALI, Mario L. *Lineamientos de Derecho del Trabalho.* 2. ed. Buenos Aires: Argentina, 1953. p. 50-54.

(1043) DE LA CUEVA, Mario. *El nuevo derecho mexicano del trabajo.* 19. ed. México: Porrúa, 2003, v.1. p. 202.

(1044) Neste sentido: CASSÌ, Vicenzo. *La subordinazione del lavoratore nel diritto del lavoro.* Milano: Giuffrè, 1947. p. 97; CATHARINO, José Martins. *Compêndio de Direito do Trabalho.* 3. ed. São Paulo: Saraiva, 1982. v. 1, p. 202-203; RUSSOMANO, Mozart Victor. *Curso de Direito do Trabalho.* 8. ed. Curitiba: Juruá, 2000. p. 61; GOMES, Orlando; GOTTSCHALK, Elson. *Curso de Direito do Trabalho.* Rio de Janeiro: Forense, 1997. p. 132.

(1045) MORAES FILHO, Evaristo de; MORAES, Antônio Carlos Flores de. *Introdução ao Direito do Trabalho.* 7. ed. São Paulo: LTr, 1995. p. 253; GOMES, Orlando; GOTTSCHALK, Elson. *Curso de Direito do Trabalho.* Rio de Janeiro: Forense, 1997. p. 133; RUSSOMANO, Mozart Victor. *Curso de Direito do Trabalho.* 8. ed. Curitiba: Juruá, 2000. p. 61; VILHENA, Paulo Emílio Ribeiro de. *Relação de Emprego:* estrutura legal e supostos. 2. ed. São Paulo: LTr, 1999. p. 469; MARANHÃO, Délio; CARVALHO, Luiz Inácio Barbosa. *Direito do Trabalho.* 17. ed. Rio de Janeiro: Fundação Getulio Vargas, 1993, p. 65; CATHARINO, José Martins. *Compêndio de Direito do Trabalho.* 3. ed. São Paulo: Saraiva, 1982. v. 1, p. 204.

(1046) O autor criou um exemplo, que já se tornou clássico: num pequeno armazém de secos e molhados, em que "reinava absoluta intimidade entre o empregador e o único trabalhador do estabelecimento. O primeiro teve uma época difícil nos seus negócios e recorreu a empréstimo que lhe foi feito pelo seu empregado, contra nota promissória. O título se venceu e, durante longos meses, o empregador estava, economicamente, dependendo do trabalhador, que poderia executar a cobrança e levar a pequena empresa à ruína. Não obstante, durante todo esse interregno (...) este continuou com o direito de dar ordens e o trabalhador com o dever de cumpri-las, como empregado, sob dependência do primeiro" (RUSSOMANO, Mozart Victor. *Curso de Direito do Trabalho.* 8. ed. Curitiba: Juruá, 2000. p. 61).

(1047) Conforme referido por GOMES, Orlando; GOTTSCHALK, Elson. *Curso de Direito do Trabalho.* Rio de Janeiro: Forense, 1997. p. 133; Neste sentido também: MORAES FILHO, Evaristo de; MORAES, Antônio Carlos Flores de. *Introdução ao Direito do Trabalho.* 7. ed. São Paulo: LTr, 1995. p. 88.

(1048) MORAES FILHO, Evaristo de; MORAES, Antônio Carlos Flores de. *Introdução ao Direito do Trabalho.* 7. ed. São Paulo: LTr, 1995. p. 256. Em outra obra Moraes Filho que o conceito de subordinação é "geral e vago" (*Trabalho a domicílio e contrato de trabalho.* São Paulo: LTr, 1994. p. 112-115); enfrentando esse problema, Menezes Cordeiro defende que a falta de conexão sistemática é um problema histórico do Direito do Trabalho. Sustenta que "o juslaboralismo é um fenômeno policêntrico", porque "foi-se consubstanciando à medida que diversos problemas típicos, relacionados com o fenômeno do trabalho subordinado, exigiram soluções diferentes daquelas que resultaram do Direito comum". E conclui: "Centrados sempre em problemas concretos e sem conexões sistemáticas entre si, foram, assim, surgindo normas relativas às condições de trabalho subordinado" (CORDEIRO, Antônio Menezes. *Manual de Direito do Trabalho.* Coimbra: Almedina, 1991. p. 19-22).

a relação de emprego. Esse é o critério que tem logrado maior aceitação na doutrina e na jurisprudência(1049). Fundamenta-se na correspectividade existente entre o poder de direção e de comando do empregador, que pode dar ordens visando a alcançar os fins da sua atividade empresarial, e o correspondente dever do empregado de obedecer às ordens do empregador.

Ressalta-se que o poder de comando e de direção do empregador não é mais absoluto. Destaca De La Cueva(1050) que, no passado, os poderes do empresário careciam de limites, e a obediência irrestrita do trabalhador expunha-o a riscos de vida. Nos dias atuais, a obediência do trabalhador é descabida quando viola disposições normativas (constituição, leis, convenções e acordos coletivos, sentenças normativas), assim como quando se tratar de ordens lícitas, contrárias aos bons costumes ou alheias ao contrato. O empregado tem o direito de resistir às ordens do empregador que ultrapassem esses limites(1051) (também chamado de *jus resistentiae* do empregado), podendo até mesmo considerar extinto o contrato e pleitear a devida indenização nas hipóteses previstas no art. 483 da Consolidação das Leis do Trabalho.

Sustenta-se, no presente trabalho, que o critério econômico é fundamental para explicar a subordinação, pois, em última análise, quem depende do trabalho para sobreviver obedece. Ainda que possam existir empregados que não dependem exclusivamente do salário para sobreviver, como sustentam alguns autores que criticam o critério econômico como essencial, são exceções, e não podem, com isso, desqualificar o critério econômico.

A Consolidação das Leis do Trabalho não utiliza a expressão subordinação: ela resulta do binômio dependência/direção, quando confere ao empregador o poder de dirigir a prestação pessoal de serviços (art. 2º) e refere que o empregado trabalha sob a dependência deste (art. 3º).

Qual o fundamento da subordinação? Falando de uma maneira muito simples, quem depende do salário para sobreviver obedece e quem assume o risco de um empreendimento econômico tem o direito de dar ordens aos seus empregados.

O fundamento do poder de direção do empregador e da correlativa dependência do empregado é dado pela lei (Consolidação das Leis do Trabalho). Nesse contexto, entende-se que o caráter econômico e o jurídico estão umbilicalmente ligados como fundamentos da subordinação.

Tendo abordado a complexa questão da natureza jurídica da dependência presente na relação de emprego, cabe agora analisar o conteúdo dessa subordinação jurídica, estudo que não é menos complexo(1052). A questão centra-se na análise do caráter subjetivo e objetivo da subordinação.

O caráter subjetivo do conceito de subordinação reflete a consciência de cumprir ordens por parte do empregado, correlativa ao poder diretivo do empregador. O critério subjetivo está, portanto, relacionado com o consenso das partes na formação do contrato de trabalho(1053). Em obra clássica sobre o tema — *La subordinazione del lavoratore nel diritto del lavoro* (1947) —, Vicenzo Cassì defende que a subordinação que se manifesta no contrato de trabalho e legitima as obrigações de obediência, diligência e fidelidade por parte do trabalhador funda-se no poder de comando, de direção, de controle e disciplinar do empregador(1054).

(1049) Por exemplo: BRASIL. Tribunal Regional do Trabalho da 4ª Região, 1ª Turma. Ementa: RECURSO ORDINÁRIO. REPRESENTANTE COMERCIAL. VÍNCULO DE EMPREGO. Não constatada a subordinação, elemento essencial à caracterização do vínculo empregatício, não há falar em reforma da sentença. Recurso desprovido. Recurso Ordinário n. 00523-2001-016-04-00-9. Relator(a): Juiz Leonardo Meurer Brasil. 6 de abril de 2004. Disponível em: <http://www.trt4.gov.br>. Acesso em: 6 jun. 2004.

(1050) DE LA CUEVA, Mario. *El nuevo derecho mexicano del trabajo.* 19. ed. México: Porrúa, 2003. v. 1, p. 203; Também refere que este poder não é absoluto CABANELLAS, Guilhermo. *El derecho del trabajo e sus contrato.* Buenos Aires: Mundo Atlântico, 1945. p. 311.

(1051) MORAES FILHO, Evaristo de; MORAES, Antônio Carlos Flores de. *Introdução ao Direito do Trabalho.* 7. ed. São Paulo: LTr, 1995. p. 257.

(1052) O conceito de subordinação se apresenta de modo difuso e complexo, cf. CASSÌ, Vicenzo. *La subordinazione del lavoratore nel diritto del lavoro.* Milano: Giuffrè, 1947. p. 3.

(1053) Neste sentido VILHENA, Paulo Emílio Ribeiro de. *Relação de Emprego:* estrutura legal e supostos. 2. ed. São Paulo: LTr, 1999. p. 466.

(1054) CASSÌ, Vicenzo. *La subordinazione del lavoratore nel diritto del lavoro.* Milano: Giuffrè, 1947. p. 4.

O caráter objetivo da subordinação foi justificado inicialmente pela inserção do trabalho nos fins do empreendimento econômico. Domenico Napoletano, numa das obras clássicas sobre o tema na Itália — *Il lavoro subordinato* (1955)[1055] —, já fundamentava a subordinação na inserção do trabalhador na empresa[1056].

Mário De La Cueva[1057], por sua vez, repele o critério subjetivo defendendo que a aplicação imperativa do estatuto que protege o trabalhador independe da vontade do empregado e do empregador, mas exclusivamente da prestação de trabalho (atos materiais de execução), "pois a realidade não se nega por uma declaração" .

No Brasil, desenvolvendo a teoria objetiva, Vilhena[1058] tem sustentado que não haveria a inserção da pessoa do trabalhador, mas a *integração* da sua atividade (trabalho) na atividade da empresa, abrangendo assim os trabalhadores em domicílio. O autor expõe algumas considerações da maior relevância, resumindo as lições de vários autores sobre o assunto, e ao mesmo tempo, trazendo questões que ainda ninguém neste país tinha aventado sobre o tema: a) o trabalho não se separa da pessoa do prestador. A empresa visa ao trabalho e não ao homem, por isso a relação existente é imediata em relação ao trabalho e mediata em relação ao ser humano; b) a intervenção do poder jurídico do empregador na conduta do empregado (exercício do poder diretivo) explica-se em função direta e exclusiva da manutenção e da adequação da atividade deste em favor da empresa; c) o limite de exercício do poder diretivo é a adequação da atividade do prestador à regular atividade da empresa, em sua dinâmica de produção; d) o trabalho é desenvolvido mediante atos materialmente autônomos, o que aliás não poderia ser de outra forma, mas orientados neste ou naquele sentido pelo empregador; e) o que se insere na empresa é a atividade do empregado, e não a pessoa deste; f) a dependência que se cria, objetivamente considerada, decorre de um estado de constante expectativa de entrega de energia-trabalho do empregado à empresa; g) a inserção ocorre, portanto, de atividade em atividade, e não de pessoa em pessoa[1059].

Nesse sentido, resta pacificado na doutrina moderna que a subordinação não possui caráter de submissão pessoal do trabalhador ao superior hierárquico, como preconizou Otto von Gierke[1060], nem se trata de um *stato di potere* como refere D' Eufemia[1061], para quem a relação de hierarquia põe o trabalhador em situação de sujeição perante o empregador. Sem desconsiderar a relevância do caráter pessoal da prestação de trabalho na relação de emprego, prevalece o caráter patrimonial da subordinação, salientando que o trabalhador disponibiliza a sua força de trabalho ao empregador, em troca de salário, não havendo vinculação da sua pessoa. Em outras palavras: o poder diretivo do empregador é imediato em relação ao trabalho e mediato em relação ao homem, considerando que o empregado pode deixar de cumprir ordem em relação a sua pessoa[1062]. A relação de trabalho caminhou dos direitos reais, desde os romanos, passando pelos pessoais,

(1055) NASCIMENTO, Amauri Mascaro. *Curso de Direito do Trabalho:* história e teoria geral do direito: relações individuais e coletivas de trabalho. 18. ed. São Paulo: Saraiva, 2003. p. 537.

(1056) Nesse sentido explica Pontes de Miranda: "Essa inserção determina a permanência e a subordinação do empregado, a necessidade do empregado, ligando a empresa aos empregados" (PONTES DE MIRANDA, Francisco Cavalcanti. *Tratado de direito privado.* Rio de Janeiro: Borsoi, 1964. v. 47, p. 73); divergindo desta teoria que justifica a subordinação unicamente na inserção do trabalho na organização da empresa, Cassì sustenta que a subordinação não se exaure somente no trabalho que se desenvolve na empresa, razão pela qual o contrato de trabalho subordinado não é inerente ao exercício da empresa (CASSÌ, Vicenzo. *La subordinazione del lavoratore nel diritto del lavoro.* Milano: Giuffrè, 1947. p. 4).

(1057) DE LA CUEVA, Mario. *El nuevo derecho mexicano del trabajo.* 19. ed. México: Porrúa, 2003. v. 1, p. 187-195.

(1058) Vilhena esclarece esse posicionamento: "A relação de emprego, fundada na subordinação, é uma relação intersubjetiva (no pensamento de Del Vechio, exteriorizada entre dois sujeitos), mas cujo nexo fundamental é de natureza objetiva. O conceito de subordinação deve extrair-se objetivamente e objetivamente ser fixado" (VILHENA, Paulo Emílio Ribeiro de. *Relação de Emprego:* estrutura legal e supostos. 2. ed. São Paulo: LTr, 1999. p. 466).

(1059) VILHENA, Paulo Emílio Ribeiro de. *Relação de Emprego:* estrutura legal e pressupostos. 2. ed. São Paulo: LTr, 1999. p. 473-474.

(1060) Gierke preconizou a subordinação como uma submissão pessoal do trabalhador perante o patrão (GIERKE, Otto von. Las Raices del contrato de servicios. Madrid: Civitas, 1989. p. 19). Nesse sentido também: CASSI, Vicenzo. *La subordinazione del lavoratore nel diritto del lavoro.* Milano: Giuffrè, 1947. p. 4.

(1061) D'EUFEMIA, Giusepe. *Diritto del Lavoro.* Napoli: Morano, 1969. p. 40.

(1062) Oléa também destaca que o trabalho é distinto da pessoa que o executa, ainda que a prestação seja personalíssima em relação ao trabalhador em razão da íntima conexão entre o objeto do contrato de trabalho (trabalho) e o sujeito que o presta (traba-

do período medieval, acabando por desembocar no *obrigacional*, de crédito, na elucidativa abordagem de Radbruch[(1063)]. Arrematando essa questão, recorremos a Moraes Filho[(1064)], que, citando Sinzheimer, precisa: "O empregador mantém o direito de comandar, não porque seja senhor, e sim porque é credor do trabalho".

Outro aspecto merecedor de destaque é o fato de a subordinação implicar uma limitação na autonomia da vontade do trabalhador[(1065)]. Segundo Cassì, tal limitação varia sua incidência de acordo com as pactuações próprias de cada contrato de trabalho[(1066)]. Assim, deve-se considerar que a dependência hierárquica se relativiza, variando de grau ou de intensidade de acordo com alguns tipos de trabalhadores.

Enfoque também importante acerca do trabalho subordinado é sua contraposição histórica com o trabalho autônomo. Para tanto, remonta-se ao Direito Romano, que criou as figuras da *locatio operis* e da *locatio operarum*. Na *locatio operis*, tendo na empreitada sua forma mais conhecida, contrata-se o resultado do trabalho humano relativo a uma obra (*opus*). Ao contrário do que ocorre no contrato de trabalho, executa o contrato por sua própria conta e autonomia em relação ao outro contratante, interessando apenas o alcance do resultado, independente do tempo e da fiscalização do interessado. Como corolário da autonomia, todos os riscos da produção correm por sua conta. Via de consequência, o contrato de trabalho autônomo corresponde à *locatio operis* e o contrato de trabalho subordinado relaciona-se com a *locatio operarum*[(1067)].

A doutrina[(1068)] e a jurisprudência[(1069)] pátrias veem na subordinação o elemento divisor do trabalho, ou seja, o trabalho subordinado atrai a teia de proteção da legislação trabalhista, e o trabalho autônomo é tutelado pelos ramos do Direito Civil e Comercial, de forma esparsa e específica a determinadas atividades como a Lei n. 4.886/65, que regula as atividades dos representantes comerciais autônomos, por exemplo.

---

lhador), cf. OLEA, Manuel Alonso; CASAS BAAMONDE, Maria Emília. *Derecho del trabajo*. 14. ed. Madrid: Universidad de Madrid, 1995. p. 50.

(1063) Radbruch traz uma análise breve e concisa da relação de trabalho ao longo da história: "No direito romano a relação de trabalho era baseada no direito das coisas: o trabalhador era escravo, propriedade do senhor, coisa. Somente um direito acostumado a considerar o trabalhador como coisa podia aproximar diretamente, já na denominação, "a locação de serviço" à locação de coisa. A Idade Média, contrariamente, baseou a relação de trabalho no direito da pessoa: a obrigação ao trabalho provinha do estado civil; a servidão obrigava à geira para o senhor — por outro lado, vale também contra o senhor um direito à proteção e à assistência —, criava, portanto, uma relação de fidelidade mútua. A Era Moderna, finalmente, apoia a relação de trabalho no direito ao crédito, no contrato livre". E salienta, em seguida: "É tarefa do novo direito trabalhista valorizar o direito humano do trabalhador em novo patamar, no patamar da liberdade pessoal de configurar a relação de trabalho" (RADBRUCH, Gustav. *Introdução à ciência do direito*. São Paulo: Martins Fontes, 1999. p. 98-99).

(1064) Conforme Moraes Filho, a subordinação não incide "sobre toda a pessoa do empregado dentro e fora da empresa à maneira de um tutelado ou curatelado", restringindo-se à matéria de serviço. Acrescenta que a subordinação "não tem caráter permanente, mas se compreende dentro de certos limites de tempo, de horário, no que diz respeito à prestação de trabalho" (MORAES FILHO, Evaristo de; MORAES, Antônio Carlos Flores de. *Introdução ao Direito do Trabalho*. 7. ed. São Paulo: LTr, 1995. p. 257). Nesse sentido também VILHENA, Paulo Emílio Ribeiro de. *Relação de Emprego:* estrutura legal e supostos. 2. ed. São Paulo: LTr, 1999. p. 476.

(1065) NASCIMENTO, Amauri Mascaro. *Curso de Direito do Trabalho:* história e teoria geral do direito: relações individuais e coletivas de trabalho. 18. ed. São Paulo: Saraiva, 2003. p. 538.

(1066) CASSÌ, Vicenzo. La subordinazione del lavoratore nel diritto del lavoro, Milano: Giuffrè, 1947. p. VI — premessa.

(1067) NASCIMENTO, Amauri Mascaro. *Curso de Direito do Trabalho:* história e teoria geral do direito: relações individuais e coletivas de trabalho. 18. ed. São Paulo: Saraiva, 2003. p. 372-373; MORAES FILHO, Evaristo de. *Trabalho a domicílio e contrato de trabalho*. São Paulo: LTr, 1994. p. 131; D' Eufemia traz uma clara e concisa distinção: trabalhador subordinado "é o prestador que coloca a sua própria capacidade à disposição do dador de trabalho que a utilizará com critérios de organização próprios, assumindo os respectivos riscos (*contratto di opere*)" e trabalhador autônomo "é aquele que se obriga a prestar um determinado resultado com o trabalho, resultado que obterá com o próprio trabalho, organizado segundo critérios próprios e assumindo os riscos (*contratto d' opera*)" (D'EUFEMIA, Giusepe. *Diritto del Lavoro*. Napoli: Morano, 1969. p. 39).

(1068) Esclarece Riva Sanseverino que: "Autonomia do trabalhador significa que a organização do trabalho concentra-se nele; o critério distintivo permanece sendo o da organização do trabalho, de igual modo como, em geral, qualquer outro fator concorrente à produção de determinado resultado e, em consequência, o ônus do risco, técnico e econômico, inerente a tal organização" (SANSEVERINO, Luisa Riva. *Curso de Direito do Trabalho*. São Paulo: LTr, 1976. p. 52).

(1069) Por exemplo: BRASIL. Tribunal Regional do Trabalho da 4ª Região, 5ª Turma. Ementa: INEXISTÊNCIA DE VÍNCULO DE EMPREGO. MANICURE. Hipótese em que restou demonstrada a locação de espaço físico do salão da reclamada, para o exercício da profissão autônoma de manicure e pedicure, o que afasta o pretenso vínculo de emprego perseguido. Recurso da reclamada provido para absolvê-la da condenação. Recurso Ordinário n. 00771-2002-007-04-00-0. Relator: João Ghisleni Filho. 14 de janeiro de 2004. Disponível em: <http://www.trt4.gov.br>. Acesso em: 22 jun. 2004.

Pretendendo criar um método prático para verificar se existe subordinação nas atividades desenvolvidas pelo trabalhador, Vilhena(1070) ensina que se deve fazer a pergunta como, quando e onde o trabalhador laborou. Se um desses elementos estiver fora do controle do empregador, há autonomia.

Desconforme com a separação absoluta entre trabalho autônomo e subordinado, alguns doutrinadores italianos defendem a existência de uma categoria intermediária, a qual denominam trabalho parassubordinado, abrangendo tipos de trabalho que não se enquadram exatamente como trabalho autônomo, nem como trabalho subordinado. Exemplo disso seria o trabalho realizado pelos profissionais liberais(1071).

A distinção entre trabalho autônomo e subordinado pode ser ligada a uma outra diferenciação importante, muito utilizada pela doutrina espanhola, entre trabalho por conta própria e trabalho por conta alheia. No trabalho por conta própria, o próprio trabalhador é quem adquire ou se beneficia imediatamente dos resultados produtivos, apropriando-se daqueles que são suscetíveis de sua apropriação. Já no trabalho por conta alheia, os frutos do trabalho não são adquiridos pelo trabalhador, nem sequer num primeiro momento, mas passam diretamente para outra pessoa, que se beneficia deles desde o instante em que são produzidos(1072). O *trabajo por cuenta ajena (ajenidad*(1073)), ou seja, aquele prestado pelo trabalhador a outra pessoa (o alheio), é, para boa parte da doutrina espanhola, o elemento principal para a caracterização da relação de emprego. Segundo Oléa(1074), a existência de uma *relación de ajenidad* define e demonstra a própria essência do contrato de trabalho.

Cabe destacar que a subordinação se relaciona intensamente com os demais elementos da relação de emprego. Por isso, para alguns autores o elemento essencial é a subordinação, sendo os demais corolários dela. Observa-se, por exemplo, que, quando se analisou o critério econômico, por ocasião do estudo da natureza jurídica da dependência, se estava abordando indiretamente o elemento onerosidade. Depois, quando se salientou que existem limites no poder de direção do empregador, visando garantir a integridade física e a dignidade do trabalhador, assim como quando se destacou que a doutrina moderna repele a ideia de vínculo pessoal de subordinação, separando o trabalho da pessoa que o executa, se estava falando indiretamente da prestação pessoal dos serviços, mais conhecida por pessoalidade. E quando foi sustentado que a verificação da subordinação segundo o critério objetivo estaria na integração da atividade do trabalhador na atividade da empresa, se evidenciou a relação com a continuidade na prestação de trabalho. Nota-se, com isso, que subordinação enquanto elemento principal complementa e é complementada pelos demais elementos da relação de emprego, daí porque é indispensável a presença de todos esses elementos para configuração do vínculo jurídico de emprego.

(1070) VILHENA, Paulo Emílio Ribeiro de. *Relação de Emprego:* estrutura legal e supostos. 2. ed. São Paulo: LTr, 1999. p. 474-475.

(1071) Perone focaliza a diferenciação entre subordinação e coordenação, partindo do pressuposto de que em ambos há seguidamente pessoalidade, continuidade e onerosidade. Sustenta que na organização da empresa moderna coexistem graus de direção e dependência diferenciados. Nesse sentido, no trabalho coordenado, a forma, o tempo e o conteúdo da prestação são estabelecidos mutuamente entre as partes, em igualdade de condições diversamente do que ocorre no trabalho subordinado, em que as determinações são realizadas unilateralmente pelo empregador, enquanto detentor do poder de comandar e dirigir o trabalho (PERONE, Giancarlo. *Lianeamenti di diritto del lavoro.* Torino: Giapichelli, 1999. p. 188); ROBORTELLA, sustenta que: "A tendência é substituir a noção única de subordinação, por subordinações difenciadas, com a consequente gradação protetora, inclusive quanto aos limites de derrogabilidade da lei estatal através de contratos coletivos" (ROBORTELLA, Luiz Carlos Amorim. *O moderno Direito do Trabalho.* São Paulo: LTr, 1994. p. 50-51).

(1072) MARTIN VALVERDE, Antonio *et al. Derecho del trabajo.* 6. ed. Madrid: Tecnos, 1997. p. 40.

(1073) Montoya Melgar, embora reconheça que este elemento é essencial para a configuração do contrato de trabalho, ressalva que a *ajenidad* não é criada, nem é exclusiva do Direito do Trabalho, uma vez que está presente, por exemplo, nas atividades do representante e do mandatário. O autor espanhol faz uma interessante subdivisão da *ajenidad*: a) *ajenidad* na disposição do trabalho — dependência; *ajenidad* nos riscos — riscos exclusivos do empregador; *ajenidad* dos frutos do trabalho — atribuição patrimonial, cf. MONTOYA MELGAR, Alfredo. *Derecho y Trabajo.* Madrid: Civitas, 1997. p. 24-30.

(1074) Explica Oléa que a relación de *ajenidad* proporciona "um modo originário de adquirir propriedade por um alheio, distinto de quem trabalha", que em razão do contrato adquire tanto o direito de ter o trabalho prestado, como da titularidade originária sobre os frutos deste trabalho (OLEA, Manuel Alonso; CASAS BAAMONDE, Maria Emília. *Derecho del trabajo.* 14. ed. Madrid: Universidad de Madrid, 1995. p. 54).

5.4. Contraprestação mediante salário: a onerosidade

A onerosidade está relacionada com a noção de suportar esforços econômicos recíprocos. Nesse sentido, a onerosidade está vinculada com os fatores de produção e a noção de valor. Para que algo (algum objeto ou serviço) tenha valor é preciso que concorram recursos naturais (matéria-prima — terra), recursos humanos (força de trabalho) e meios para produzir (máquinas, tecnologia, prédios — capital). Cada um destes fatores é um custo que, somado aos valores de distribuição (logística, propaganda) e tributos, geram o valor final. Ao valor final soma-se o lucro e, dessa maneira, a expressão monetária desse valor caracterizará o preço final desse produto. Portanto, a noção de preço está ligada a uma série de esforços econômicos, entre eles o trabalho. O trabalho é um dos fatores de produção e seu custo está embutido em todos as mercadorias e serviços colocados no mercado.

Para que um bem seja obtido, mesmo com ônus, existem dois modos: pela violência (tomar algo à força) ou pela negociação (contrato). A onerosidade significa a quantidade de esforço realizado para obter algo em troca. Como o Direito representa um avanço da civilização, a força não é referida na noção jurídica de onerosidade. Não que a força esteja totalmente fora do Direito, mas a força é autorizada pelo Direito em situações excepcionais, como a legítima defesa e o direito de retenção, por exemplo. A consequência desse raciocínio é que a onerosidade pressupõe um certo grau de liberdade econômica. Do contrário, ter-se-á a possibilidade do uso indiscriminado da força para a obtenção de bens.

Em contrapartida à força de trabalho colocada à disposição do empregador, no desenvolvimento do processo produtivo, deve corresponder uma retribuição econômica em favor do empregado (salário).

A palavra salário[(1075)] deriva do latim *salarium*, e este de sal (*sal, salis, hals*, em grego), porque era o costume entre os romanos se pagar em quantidades de sal aos servidores domésticos e às legiões romanas para que os soldados comprassem comida. O sal era considerado um meio comum de troca, ou seja, o que os economistas convencionaram chamar de mercadoria-moeda. Também o gado (*pecus* em latim), entre outros, era considerado uma mercadoria-moeda e daí se origina a palavra pecúnia que tem o significado de dinheiro[(1076)].

Em razão disso, o contrato de trabalho é classificado como oneroso, além de bilateral e sinalagmático[(1077)], por suscitar um conjunto de obrigações recíprocas entre as partes, das quais a principal obrigação do

---

(1075) CATHARINO, José Martins. *Tratado jurídico do salário.* São Paulo: LTr, 1994. p. 87; Sobre o salário na legislação comparada ver CATHARINO, José Martins. *Tratado jurídico do salário.* São Paulo: LTr, 1994. p. 90-100. Sobre a evolução histórica do salário na legislação brasileira ver do mesmo autor e obra p. 127-137; NASCIMENTO, Amauri Mascaro. *O salário.* São Paulo: LTr, 1996. p. 13-18; o estudo da concepção de salário lança suas raízes na Economia Política. Segundo Max Weber, a organização do trabalho se originou da exploração racional capitalista, iniciada no Ocidente, com capital fixo, trabalho livre e uma especialização e coordenação racional de trabalho (WEBER, Max. *Economia y Sociedad.* 2. ed. México: Fondo de Cultura Económica, 1992. p. 134). Limitar-se-á ao exame de alguns aspectos basilares do salário, restritos ao âmbito jurídico, em face dos objetivos deste trabalho. No entanto, para o aprofundamento da análise do salário nos planos social, econômico e filosófico, ver MARX, Karl. *O capital:* crítica da economia política. 16. ed. Rio de Janeiro: Civilização Brasileira, 1998. v. 2, p. 611-654; HUNT, E. K.; SHERMAN, Howard J. *História do pensamento econômico.* 14. ed. Petrópolis: Vozes, 1996. p. 91-106.

(1076) Adam Smith refere o uso de mercadorias-moeda como o sal, o gado, conchas, tabaco e açúcar, entre outras. Mais adiante refere o uso de metais como meio comum de troca, em especial o ferro, o cobre, a prata e o ouro (SMITH, Adam. *A riqueza das nações.* São Paulo: Folha de São Paulo, 2010. p. 29-32); Para um estudo geral do tema ver ROSSETTI, José Paschoal. *Introdução à Economia.* 20. ed. São Paulo: Atlas, 2003. p. 168-182.

(1077) Segundo Orlando Gomes, todo contrato bilateral é oneroso, "por isso que suscitando prestações correlatas a relação entre a vantagem e sacrifício decorre da própria estrutura do negócio jurídico", mas deixa claro que "onerosidade não é sinônimo de bilateralidade", fundamentando: "O que torna um contrato bilateral é a sua eficácia geradora de obrigações para ambas as partes do negócio jurídico. Já a onerosidade leva em conta o eventual preço (sacrifício) que a parte deve suportar para usufruir da vantagem proporcionada pelo contrato, seja ele bilateral ou unilateral. Assim, um contrato unilateral pode ser oneroso, se, como no caso do empréstimo, o mutuário tem que pagar juros ao mutuante para se beneficiar da soma que este lhe concedeu" (GOMES, Orlando. *Contratos.* 24. ed. Rio de Janeiro: Forense, 2001. p. 74). A jurisprudência também se utiliza desta conceituação, por exemplo: BRASIL. Tribunal Superior do Trabalho, 4ª Turma. Processo RR-403535/1997. Ementa: ACÚMULO DE FUNÇÕES. SALÁRIO ADICIONAL. Se a prova dos autos demonstra a execução sem acréscimo de jornada, de tarefas que excedem, em quantidade e responsabilidade, ao pactuado no contrato de trabalho, o empregado tem direito a um aditivo remuneratório. O contrato de trabalho é sinalagmáti-

empregado é trabalhar e do empregador pagar salário. A bilateralidade de um contrato diz respeito ao fato de ser positiva a obrigação para ambos os contratantes. Se uma obrigação for positiva para um contratante e negativa para o outro, como no caso do comodato, o contrato será unilateral. No contrato de emprego, uma obrigação é a causa, a razão de ser, o pressuposto das outras, verificando-se interdependência[(1078)] essencial[(1079)] entre as prestações.

Essas obrigações principais recíprocas correspondem ao núcleo obrigacional do contrato de trabalho, que é permeado pelas demais obrigações que complementam o vínculo jurídico de emprego e que, ao mesmo tempo, articula os diversos e complexos vínculos resultantes e emergentes da relação de emprego.

O direito ao salário nasce do contrato individual de trabalho. A estrutura da sistematização da Consolidação das Leis do Trabalho evidencia isso ao inserir a remuneração (capítulo II) no título "Do Contrato Individual de Trabalho" (título IV).

Desse modo, o trabalho como objeto do contrato de trabalho e obrigação principal do empregado deve ser remunerado. Ao pagar-lhe salário, o empregador cumpre com a sua obrigação principal e completa o sinalagma[(1080)], evidenciando ser o salário elemento indispensável para a configuração da relação de emprego. *A contrario sensu*, inexistindo onerosidade[(1081)], como elemento fático-jurídico componente da relação empregatícia, não restará configurada a relação de emprego típica[(1082)]. Cabe salientar que há significativa doutrina defendendo que o salário não seria um elemento essencial do vínculo jurídico de emprego, mas tão somente um efeito ou consequência dele[(1083)].

O objeto do contrato de trabalho implica, nas palavras de Catharino[(1084)], *duas prestações distintas, sucessivas e cruzadas*: trabalho, pelo empregado; salário a cargo do empregador. Esse raciocínio retrata a comutati-

---

co. Dele resultam obrigações contrárias e equivalentes. Logo, qualquer alteração na qualidade ou na quantidade do labor exigido desnatura aquela equivalência ínsita à natureza comutativa e onerosa do vínculo e exige um reequilíbrio que, no caso de acúmulo de funções, será o pagamento de um *plus* salarial. Recurso de revista não conhecido. Relator: Juiz convocado Horácio R. de Senna Pires. 11 de outubro de 2002. Disponível em: <http://www.tst.gov.br>. Acesso em: 14 maio 2004.

(1078) Orlando Gomes explica que a dependência pode ser genética ou funcional: genética, se existe desde a formação do contrato; funcional, se surge em sua execução o cumprimento da obrigação por uma das partes acarretando o da outra (GOMES, Orlando. *Contratos*. 24. ed. Rio de Janeiro: Forense, 2001. p. 74).

(1079) Catharino chega a dizer: "Trabalho e salário são cara e coroa do vínculo contratual de trabalho. São gêmeos contratuais que coexistem por força da relação jurídica" (CATHARINO, José Martins. *Tratado jurídico do salário*. São Paulo: LTr, 1994. p. 87).

(1080) Em sentido contrário, o descumprimento de uma das obrigações principais ocasionará a quebra do sinalagma, passível de extinção contratual por justa causa, por motivo juridicamente relevante, seja gerado pelo empregado (art. 483 da Consolidação das Leis do Trabalho), seja pelo empregador (art. 482 da Consolidação das Leis do Trabalho). Explicando o sinalagma, diz Olea: "A causa do trabalho e do salário é sua recíproca: a de trabalhar de remunerar e vice-versa" (OLEA, Manuel Alonso; CASAS BAAMONDE, Maria Emília. *Derecho del trabajo*. 14. ed. Madrid: Universidad de Madrid, 1995. p. 50).

(1081) Segundo Delgado, a onerosidade se manifesta no contrato de trabalho por meio do recebimento pelo empregado de um conjunto de parcelas econômicas retributivas da prestação de serviços ou retributivas da simples existência da relação de emprego, as quais se denominam, em geral, salário ou remuneração (DELGADO, Mauricio Godinho. *Salário:* teoria e prática. Belo Horizonte: Del Rey, 1997. p. 24).

(1082) Nesse sentido SÜSSEKIND, Arnaldo *et al. Instituições de Direito do Trabalho*. 20. ed. São Paulo, 2002. v. 1, p. 342; CATHARINO, José Martins. *Tratado jurídico do salário*. São Paulo: LTr, 1994. p. 74; DELGADO, Mauricio Godinho. *Salário:* teoria e prática. Belo Horizonte: Del Rey, 1997. p. 23. Nessa linha, também, é o exemplo da ementa a seguir transcrita, em que a essência do recurso de revista buscava desconstituir o vínculo de emprego reconhecido pelo juízo de origem, com fundamento na ausência do elemento onerosidade. BRASIL. Tribunal Superior do Trabalho, 5ª Turma. Ementa: RECURSO DE REVISTA. VÍNCULO DE EMPREGO. ONEROSIDADE. GORJETAS. Trabalho de carregador em supermercado, no auxílio a clientes, realizado com pessoalidade, não eventualidade e subordinação. Contraprestação apenas mediante gorjetas pagas pelos clientes. Existência de toda uma estrutura na empresa que permitia que o obreiro percebesse seus rendimentos em virtude de sua prestação laboral (acórdão recorrido). Onerosidade que se caracteriza. Violação de dispositivo legal e divergência jurisprudencial não demonstradas. Recurso de revista de que não se conhece. Recurso de Revista n. 503668/1998. Relator: Ministro Gelson de Azevedo.19 de março de 2004. Disponível em: <http://www.tst.gov.br>. Acesso em: 14 maio 2004.

(1083) Cf. CALDERA, Rafael. *Derecho del trabajo*. 2. ed. Buenos Aires: El Ateneo, 1972. v. 1, p. 269-270; HUECK, A.; NIPPERDEY, H. C. *Compendio de derecho del trabajo*. Madrid: Revista de Direito Privado, 1963. p. 83; D'EUFEMIA, Giusepe. *Diritto del Lavoro*. Napoli: Morano, 1969. p. 39.

(1084) CATHARINO, José Martins. *Tratado jurídico do salário*. São Paulo: LTr, 1994. p. 71.

vidade, como característica típica do contrato de trabalho. Há comutatividade porque um contratante se compromete a fazer aquilo que considera equivalente ao que o outro se obriga a prestar. O esforço pessoal do empregado é relativamente comutado pela percepção de salário[(1085)].

A espécie antagonista do contrato comutativo é o contrato aleatório. Nos contratos aleatórios, não são fixadas claramente as obrigações de cada parte, havendo incerteza quanto às prestações, expondo os contratantes à possibilidade de ganho ou perda, como no jogo, na aposta[(1086)]. Nos contratos comutativos, há certeza quanto às prestações. O contrato de trabalho repele esta incerteza total do salário, sendo, pois, tipicamente comutativo[(1087)], uma vez que empregado e empregador conhecem, desde o início da contratação, as suas prestações, sobretudo as principais: o empregado sabe que deverá pôr suas energias à disposição do empregador e este, por sua vez, sabe que deverá pagar o salário ajustado.

Em certo aspecto, a comutatividade pode ser relacionada com o fato de o contrato de trabalho repelir riscos ao empregado, evidenciado quando a Consolidação das Leis trabalhistas dispõe em seu art. 2º ser o empregador quem assume os riscos do empreendimento econômico. Assim, a comutatividade do contrato de trabalho é estabelecida pela fixação de um montante certo de contraprestação (o salário) ao final da prestação periódica e sucessiva de trabalho. O empregador fica com o lucro que, nesta abordagem, é incerto. Existe um outro modo de ver essa mesma situação: ao ficar com a parte "incerta" do contrato — o lucro —, o empregador assume o ônus do risco, mas, ao mesmo tempo, seus ganhos podem ser ilimitados, e, por consequência, em proporções muito maiores que os ganhos de seus empregados, que são limitados pelo salário. Os trabalhadores ganham em segurança com a comutatividade, mas perdem na divisão dos resultados gerados por seu próprio trabalho.

A comutatividade também não pode ser confundida com a dicotomia salário fixo/salário variável. Não há dúvidas de que o salário fixo tem a característica de ser comutativo, tendo em vista que a expectativa do montante é fixada desde o princípio. Entretanto, também o salário variável (como as comissões e os prêmios) é comutativo em razão de as bases de cálculo, os critérios e as condições de recebimento serem conhecidos desde o início do contrato. Nas comissões, por exemplo, não se sabe o valor final, mas a base da incidência e o percentual são conhecidos desde o princípio da contratação. Por essa razão, o salário variável também é comutativo, e não aleatório.

Por um lado, o fato de as partes não terem ajustado o valor do salário não possibilita ao empregador o inadimplemento[(1088)] da contraprestação, uma vez que não há ausência absoluta de comutatividade pelo simples fato de os contratantes não terem fixado o *quantum* do salário[(1089)]. Sendo, todavia, inadimplente o empregador, tem o empregado o direito subjetivo de pleitear o adimplemento salarial perante o Poder Judiciário. Nesse sentido, dispõe o art. 460 da Consolidação das Leis do Trabalho que na falta de estipulação do salário ou não havendo prova sobre a importância ajustada, o empregado terá direito a perceber salário igual ao daquele que, na mesma empresa, fizer serviço equivalente, ou do que for habitualmente pago para serviço semelhante.

Por outro lado, a contraprestação paga por serviços não importa, por si só, no reconhecimento de contrato de trabalho. Contudo, a legislação traz uma exceção a essa regra geral, no caso do desportista. Em

(1085) CATHARINO, José Martins. *Tratado jurídico do salário.* São Paulo: LTr, 1994. p. 72.

(1086) GOMES, Orlando. *Contratos.* 24. ed. Rio de Janeiro: Forense, 2001. p. 74.

(1087) Nesse sentido Catharino, que esclarece: "existe alea quando a correspondência está integralmente sujeita ao azar" (CATHARINO, José Martins. *Tratado jurídico do salário.* São Paulo: LTr, 1994. p. 73).

(1088) O inadimplemento não é a simples ausência de cumprimento, nem a mera não realização da prestação devida, conforme MARTINS-COSTA, Judith. *Comentários ao novo código civil.* Rio de Janeiro: Forense, 2003. v. 5, t. 2, p. 20. Nesse sentido, também, CORDEIRO, Antônio Menezes. *Direito das obrigações.* Lisboa: Associação Acadêmica da Faculdade de Direito de Lisboa, 1980. v. 1, p. 436.

(1089) CATHARINO, José Martins. *Tratado jurídico do salário.* São Paulo: LTr, 1994. p. 74.

posição extremada, a Lei n. 9.615/98 faz converter-se o vínculo desportivo puro em contrato de trabalho, desde que se tenha ajustado uma remuneração (art. 29) e se tenha elaborado um contrato formal(1090).

Outra situação em que se verifica a relativização da comutatividade aparece nas hipóteses de interrupção ou suspensão parcial do contrato de trabalho, como no caso do repouso semanal remunerado (art. 67 da Consolidação das Leis do Trabalho c/c a Lei n. 605/49), feriados oficiais e religiosos (art. 70 da Consolidação das Leis do Trabalho c/c a Lei n. 605/49), férias (arts. 129 e seguintes da Consolidação das Leis do Trabalho), entre outras. Nessas hipóteses, não há trabalho, mas é devido o pagamento de salário, portanto, a equivalência nas prestações não se dá de forma absoluta.

A relevância do atributo comutatividade e sua relação imanente com a onerosidade aparecem nas situações em que o contrato de trabalho possui vícios passíveis de ensejar sua nulidade. Trata-se da tormentosa questão envolvendo a preservação, ou não, dos efeitos do ato nulo em relações de trabalho de incapazes e menores de 16 anos, salvo na condição de aprendiz a partir dos 14 anos, cujo trabalho é proibido. São questões extremamente complexas e cuja abordagem aprofundada extrapolam os limites do presente trabalho, entretanto, entende-se importante fazer esta breve menção, pois se relaciona diretamente com o pagamento ou não de salários nessas situações.

Uma das consequências do caráter protetivo do Direito do Trabalho é ter o empregador os deveres oriundos do contrato de trabalho, mesmo quando há nulidade. Embora nulo o contrato individual de trabalho, se o trabalho foi prestado, tem de ser retribuído como se válido fosse, já ensinava Pontes de Miranda(1091).

Partindo desta concepção, que prestigia o critério da irretroatividade das nulidades, e acrescentando a aplicação do princípio da vedação do enriquecimento sem causa(1092), parte significativa da doutrina(1093) e da jurisprudência(1094) passou a entender que, embora nulo o contrato de trabalho celebrado por incapazes

---

(1090) Vários são os contratos de atividades classificados como onerosos e sinalagmáticos, em que uma parte se obriga a remunerar a outra e que não se assimilam ao de trabalho, tais como: o de empreitada de lavor, o de locação de serviços, o de comissão mercantil, o de corretagem, o de representação comercial etc., conforme VILHENA, Paulo Emílio Ribeiro de. *Relação de Emprego:* estrutura legal e supostos. 2. ed. São Paulo: LTr, 1999. p. 678.

(1091) PONTES DE MIRANDA, Francisco Cavalcanti. *Tratado de direito privado.* Rio de Janeiro: Borsoi, 1964. v. 47, p. 492.

(1092) Este princípio geral do direito que há muito é utilizado no Direito do Trabalho agora está previsto no CC/2002. Dispõe o art. 884: "Aquele que, sem justa causa, se enriquecer à custa de outrem, será obrigado a restituir o indevidamente auferido, feita a atualização dos valores monetários". Nessa linha decidiu-se em: BRASIL. Tribunal Superior do Trabalho, 1ª Turma. Ementa: DIFERENÇAS SALARIAIS. DESVIO FUNCIONAL. ARTIGO 37, INCISO II, DA CONSTITUIÇÃO DA REPÚBLICA. A regra exposta no art. 37, II, da Constituição da República, é de ordem pública e de observância obrigatória pela administração, administradores e administrados. Todavia, caracterizado o desvio, impõe-se tão somente o pagamento das diferenças salariais, por força da comutatividade e para se evitar o enriquecimento sem causa de quem praticou o ilícito trabalhista, sendo devido tal pagamento enquanto não corrigido e perdurar o desvio de função. Agravo desprovido. Agravo de Instrumento-Recurso de Revista n. 728650/2001.Relator: Ministro Wagner Pimenta. 22 de fevereiro de 2002. Disponível em: <http://www.tst.gov.br>. Acesso em: 14 maio 2004.

(1093) No Direito do Trabalho, diferentemente do Direito Civil, vigora, como regra geral, o critério da irretroatividade da nulidade decretada. No Direito Civil, a nulidade, quando declarada, em regra, retroage ao instante da formação do contrato, voltando as partes à situação anterior à contratação (*status quo ante*), restituindo-se tudo o que receberam. Ocorre que o contrato de trabalho é de prestações sucessivas e, uma vez produzidos seus efeitos obrigacionais (trabalho — salário), não pode o empregador devolver ao empregado a energia que este despendeu, nem mesmo num contrato nulo. Com isso, se os salários já foram pagos, não devem ser devolvidos e se o empregador ainda não os pagou, deverá fazê-lo, pois o direito não admite que alguém possa enriquecer sem causa em prejuízo de outrem, conforme SÜSSEKIND, Arnaldo *et al. Instituições de Direito do Trabalho.* 20. ed. São Paulo, 2002, v. 1. p. 247-248. Nesse sentido, também, CATHARINO, José Martins. *Tratado jurídico do salário.* São Paulo: LTr, 1994. p. 81-83.

(1094) BRASIL. Tribunal Regional do Trabalho da 3ª Região, 3ª Turma. Ementa: NULIDADE DO CONTRATO DE TRABALHO. MENOR. EFEITOS. A nulidade do contrato celebrado com menor de quatorze anos produz efeitos *ex nunc*, e não *ex tunc*, pois se afigura impossível restituir ao obreiro a sua força de trabalho, além do que a norma do art. 7º, inc. XXXIII, da Constituição da República, constitui direito do trabalhador, não podendo servir de base para a sua punição. Recurso Ordinário n. 10779/98. Relatora: Nanci de Melo e Silva. 7 de abril de 1999. Disponível em: <http://www.mg.trt.gov.br>. Acesso em: 14 maio 2004. Também, nesse sentido: BRASIL. Tribunal Regional do Trabalho da 24ª Região. Recurso Ordinário n. 413/93. Relator: Juiz Geraldo Pedroso. 13 de dezembro de 1994. Disponível em: <http://www.trt24.gov.br>. Acesso em: 14 maio 2004.

e menores proibidos[1095] de trabalhar, são devidos os salários. Há ainda quem entenda pela ampliação dos efeitos, garantindo ao trabalhador todos os direitos decorrentes da relação de emprego[1096]. Existe também o outro lado do problema, qual seja, o salário tem natureza alimentar e consumível. Uma vez recebido, seu uso tem como finalidade a sobrevivência do empregado e isso torna impossível, como regra, a sua devolução[1097].

Outra questão que possui a mesma complexidade e que será tratada brevemente pelos mesmos motivos anteriormente explicados é a que envolve os contratos de trabalho em que não está habilitado o servidor público mediante aprovação prévia em concurso público. O TST pacificou a questão ao editar a Súmula n. 363[1098], fundamentado na sobreposição do interesse público sobre o interesse laboral particular, considerando nulo o contrato celebrado nessas condições (§ 2º do art. 37 da CF/1988), mas determina o pagamento de salários e dos valores referentes aos depósitos do FGTS.

A espécie antagonista do contrato oneroso, por sua vez, é o contrato gratuito. Contrato gratuito é o negócio jurídico em que só uma das partes obtém um proveito, como no comodato e no mútuo[1099].

A onerosidade do contrato de trabalho é a regra; a gratuidade, a exceção. Com isso, a onerosidade é presumida, e a eventual gratuidade deverá ser cabalmente provada. Conforme Catharino[1100], "via de regra, não existe gratuidade propriamente dita, e sim onerosidade *difusa, indireta, mediata ou escondida*, o que não exclui, como exceção, em certos casos a existência de gratuidade".

(1095) Esse entendimento acerca do trabalho proibido não é seguido no caso de trabalho cujo objeto é ilícito. O conceito de objeto lícito envolve a ideia do que é legalmente permitido, conforme os bons costumes e à ordem pública. Em regra, a ilicitude coincide com práticas tipificadas como delito ou contravenção penal. A ilicitude do objeto vicia indelevelmente o ato jurídico, tornando-o inexistente e insuscetível de gerar qualquer efeito. Nesse sentido, tem entendido a jurisprudência: BRASIL. Tribunal Regional do Trabalho da 4ª Região. Ementa: CONTRATO DE TRABALHO. LICITUDE DO OBJETO. GAROTA DE PROGRAMA. Impossível o reconhecimento de relação jurídica de emprego entre a garota de programa e o dono da boate, considerando-se que a ilicitude do objeto impede a formação de contrato de trabalho válido entre as partes. Recurso Ordinário n. 01333-2002-030-04-00-6. Relator: Paulo José da Rocha. 28 de maio de 2004. Disponível em: <http://www.trt4.gov.br>. Acesso em: 6 jun. 2004; BRASIL. Tribunal Regional do Trabalho da 4ª Região. Ementa: APONTADOR DE JOGO DO BICHO. Impossível o reconhecimento de relação jurídica de emprego entre apontador de jogo do bicho e dono da banca, haja vista a ilicitude do objeto. Recurso Ordinário n. 00025-2003-002-04-00-5. Relator: Ricardo Luiz Tavares Gehling. 20 de abril de 2004. Disponível em: <http://www.trt4.gov.br>. Acesso em: 6 jun. 2004.

(1096) DELGADO, Mauricio Godinho. *Contrato de trabalho:* caracterização, distinções, efeitos. São Paulo: LTr, 1999. p. 125; CAMINO, Carmem. *Direito individual do trabalho.* 4. ed. Porto Alegre: Síntese, 2003. p. 275-276. Há também jurisprudência neste sentido: BRASIL. Tribunal Regional do Trabalho da 3ª Região, 2ª Turma. Ementa: CONTRATO DE TRABALHO. Embora seja nulo o contrato de trabalho celebrado com menor de 14 anos, diante da expressa proibição constante da Carta Magna, mesmo assim produzirá os efeitos jurídicos vez que não se admite possa o empregador beneficiar-se de sua própria infração, eximindo-se do pagamento de salários àqueles que despenderam suas forças. A ninguém é lícito enriquecer-se sem causa à custa alheia. Comprovado, por meio da prova documental e testemunhal, que os autores prestaram serviços para a reclamada, nos termos do art. 3º consolidado, são devidas as parcelas trabalhistas pleiteadas. Recurso Ordinário n. 11037/94. Relatora: Alice Monteiro de Barros. 25 de agosto de 1995. Disponível em: <http://www.trt3.gov.br>. Acesso em: 6 jun. 2004. Neste sentido também: BRASIL. Tribunal Regional do Trabalho da 3ª Região, 1ª Turma. Ementa: Recurso Ordinário n. 16527/99. Relatora: Denise Alves Horta. 29 de abril de 2000. Disponível em: <http://www.trt3.gov.br>. Acesso em: 6 jun. 2004.

(1097) Essa mesma situação ocorre na jurisprudência do Direito de Família, a respeito das pensões fixadas para alimentos provisórios em ações de investigação de paternidade, quando são julgadas improcedentes ao final. Nesses casos, os alimentos provisórios recebidos são de impossível devolução, em regra.

(1098) BRASIL. Superior Tribunal do Trabalho. Súmula n. 363. A contratação de servidor público, após a CF/1988, sem prévia aprovação em concurso público, encontra óbice no respectivo art. 37, II e § 2º, somente lhe conferindo direito ao pagamento da contraprestação pactuada, em relação ao número de horas trabalhadas, respeitado o valor da hora do salário mínimo, e dos valores referentes aos depósitos do FGTS. Resolução n. 121, de 21 de novembro de 2003. Disponível em: <http://www.tst.gov.br>. Acesso em: 6 jun. 2004.

(1099) Cf. GOMES, Orlando. *Contratos.* 24. ed. Rio de Janeiro: Forense, 2001. p. 73.

(1100) Cf. CATHARINO, José Martins. *Tratado jurídico do salário.* São Paulo: LTr, 1994. p. 77. Também defende que não se presume a prestação de trabalho gratuito ou a título de benemerência VILHENA, Paulo Emílio Ribeiro de. *Relação de Emprego:* estrutura legal e supostos. 2. ed. São Paulo: LTr, 1999. p. 674.

Para que seja afastada a relação de emprego em casos em que não há o pagamento de salário, é necessário que a prestação do trabalhador esteja fundada num vínculo de natureza diversa[1101], seja em voto religioso[1102], seja por benemerência[1103], ou marcado por solidariedade como nos mutirões[1104] ou no trabalho voluntário[1105].

Examinadas essas questões gerais, relacionadas à onerosidade do contrato de trabalho, passa-se a tratar de algumas características importantes da contraprestação mediante salário, no âmbito da legislação brasileira.

(1101) Cf. VILHENA, Paulo Emílio Ribeiro de. *Relação de Emprego:* estrutura legal e supostos. 2. ed. São Paulo: LTr, 1999. p. 681.

(1102) Catharino prefere a denominação trabalho altruístico, referindo-se àquele labor que não visa auferir vantagem econômica pelo trabalho prestado, como acontece com religiões e seitas, em que a finalidade do trabalho é espiritual (CATHARINO, José Martins. *Tratado jurídico do salário.* São Paulo: LTr, 1994. p. 76); o judiciário trabalhista tem se deparado, frequentemente, com ações trabalhistas promovidas por religiosos arrependidos visando ao ressarcimento do trabalho prestado e seus consectários, como nos seguintes exemplos: BRASIL. Tribunal Superior do Trabalho, 4ª Turma. Ementa: AGRAVO DE INSTRUMENTO PASTOR EVANGÉLICO RELAÇÃO DE EMPREGO NÃO CONFIGURAÇÃO REEXAME DE PROVA VEDADO PELA SÚMULA N. 126 DO TST. O vínculo que une o pastor à sua igreja é de natureza religiosa e vocacional, relacionado à resposta a uma chamada interior e não ao intuito de percepção de remuneração terrena. A subordinação existente é de índole eclesiástica, e não empregatícia, e a retribuição percebida diz respeito exclusivamente ao necessário para a manutenção do religioso. Apenas no caso de desvirtuamento da própria instituição religiosa, buscando lucrar com a palavra de Deus, é que se poderia enquadrar a igreja evangélica como empresa, e o pastor, como empregado. No entanto, somente mediante o reexame da prova poder-se-ia concluir nesse sentido, o que não se admite em recurso de revista, a teor da Súmula n. 126 do TST, pois as premissas fáticas assentadas pelo TRT foram de que o Reclamante ingressou na Reclamada apenas visando a ganhar almas para Deus e não se discutiu a natureza espiritual ou mercantil da Reclamada. Agravo desprovido. Agravo de Instrumento-Recurso de Revista n. 3652/2002-900-05-00. Relator: Ives Gandra Martins Filho. 9 de maio de 2003. Disponível em: <http://www.tst.gov.br>. Acesso em: 6 jun. 2004. Também neste sentido: BRASIL. Tribunal Regional do Trabalho da 3ª Região, 2ª Turma. Recurso Ordinário n. 20949/00. Relatora: Cristiana Maria Valadares Fenelon Cristiana Maria Valadares Fenelon. 21 de fevereiro de 2001. Disponível em: <http://www.trt3.gov.br>. Acesso em: 6 jun. 2004; BRASIL. Tribunal Regional do Trabalho da 4ª Região. Ementa: Recurso Ordinário n. 00609-2003-019-04-00-2. Relator(a): Berenice Messias Correa. 24 de maio de 2004. Disponível em: <http://www.trt4.gov.br>. Acesso em: 6 jun. 2004.

(1103) BRASIL. Tribunal Regional do Trabalho da 3ª Região, 2ª Turma. Ementa: RELAÇÃO DE EMPREGO. ÔNUS DE PROVA. TRABALHO PRESTADO SEM OBRIGATORIEDADE. AUSÊNCIA DE ONEROSIDADE. A prova do vínculo empregatício, de seus supostos e elementos configuradores, sempre da parte que a alega (art. 818 da Consolidação das Leis do Trabalho e art. 333, I, do CPC). *Affirmatio incumbit probatio.* Disposição esta básica e primordial do Direito que, mesmo em se tratando de alegação de relação de emprego, com o reconhecimento pelo réu da existência da prestação de serviço, não pode ser invertida. O contrato de emprego relação jurídica de legitimidade idêntica a de outros tipos de relações previstas no ordenamento jurídico que igualmente supõem a existência da prestação laboral, e, assim sendo, não há motivo algum para que haja privilégio em sua presunção, tampouco sobre formas de manifestação da solidariedade humana. Não havendo prova de que os préstimos proporcionados à Reclamante traduziam efetivo assalariamento e não manifestação de benemerência do Reclamado, e nem de elemento outro que ateste, com segurança, a existência do trabalho de tipo subordinado, impossível reconhecer a existência de relação de emprego. Recurso Ordinário n. 21505/99. Relator(a): Antônio Fernando Guimarães. 31 de maio de 2000. Disponível em: <http://www.trt3.gov.br>. Acesso em: 6 jun. 2004.

(1104) BRASIL. Tribunal Regional do Trabalho da 3ª Região, 2ª Turma. Ementa: RELAÇÃO DE EMPREGO — TRABALHO EM REGIME DE MUTIRÃO. O trabalho prestado em regime de mutirão, mediante esforço conjunto e remuneração da própria comunidade, não caracteriza a relação jurídica de natureza empregatícia. Recomendável e louvável a busca de soluções pela própria comunidade, não podendo o Judiciário ignorar este costume, ainda mais que o critério de interpretação insculpido no art. 8º da CLT assevera que nenhum interesse particular deve prevalecer sobre o interesse público Recurso Ordinário n. 22902/92. Relator(a): Sebastião Geraldo de Oliveira. 6 de agosto de 1993. Disponível em: <http://www.trt3.gov.br>. Acesso em: 6 jun. 2004.

(1105) Regulado pela Lei n. 9.608/98; BRASIL. Tribunal Superior do Trabalho. SBDI-1. Ementa: EMBARGOS — VÍNCULO EMPREGATÍCIO — TRABALHO VOLUNTÁRIO — 1. A onerosidade, como elemento do vínculo empregatício, desdobra-se em duas dimensões: a objetiva, dirigida à existência da contraprestação econômica, própria do caráter sinalagmático do contrato de trabalho, e a subjetiva, relativa à expectativa do trabalhador em ser retribuído pelos serviços prestados. 2. Na espécie, restou consignado no acórdão regional que o Reclamante, durante 22 (vinte e dois) anos, prestou serviços à Reclamada como assistente de educação física, em regra, nos fins de semana, sem jamais receber contraprestação pecuniária direta por isso características próprias do trabalho voluntário. É inviável, pois, concluir pela existência de onerosidade e, via de consequência, pela ocorrência de contrato de trabalho. Embargos conhecidos e providos. Relatora: Ministra Maria Cristina Irigoyen Peduzzi. 5 de agosto de 2005. Disponível em: <http://www.tst.gov.br>. Acesso em: 26 dez. 2010.

A Consolidação das Leis do Trabalho não conceitua o salário de maneira específica e direta, entretanto define o salário mínimo[(1106)], que é salário. Desse dispositivo legal pode-se retirar a essência de seus dados conceituais: "Contraprestação devida e paga diretamente pelo empregador a todo empregado". Salário é a contraprestação devida a quem põe seu esforço pessoal à disposição de outrem em virtude do vínculo jurídico de emprego[(1107)].

Carece a Consolidação das Leis do Trabalho de precisão, seja quanto à redação, seja quanto à terminologia utilizada ao tratar da retribuição econômica do trabalho prestado pelo empregado, usando ora o termo e remuneração e ora a expressão salário, confundindo ambos os termos. Exemplo disso encontra-se nos §§ 1º e 2º do art. 457, em que o salário é utilizado como sinônimo de remuneração. Já no *caput* do art. 457 os termos são tratados de forma distinta. É justamente este dispositivo que traz a diferenciação de ambos os vocábulos, segundo o legislador celetista, ao tratar a remuneração como gênero, no qual estão compreendidos o salário (devido e pago diretamente pelo empregador) e as gorjetas (pagas por terceiro — cliente)[(1108)].

No Direito do Trabalho, existe a tendência em considerar salário toda retribuição acordada, pouco importando a origem da retribuição, seja oriunda do empregador, de terceiro ou decorrente de acordo ou convenção coletiva[(1109)].

Muito embora exista uma fértil variedade de vocábulos (remuneração, retribuição, entre outros) para nomear a contraprestação do trabalho subordinado, há a preferência pelo termo salário, que é empregado por quase todas as legislações e doutrinas, segundo Mário De La Cueva[(1110)].

Observe-se, por fim, que o regime jurídico do salário merecerá tratamento específico posteriormente, sendo que neste momento o estudo restringiu-se à onerosidade, enquanto elemento caracterizador da relação de emprego.

(1106) Consolidação das Leis do Trabalho, Art. 76: "Salário mínimo é a contraprestação mínima devida e paga diretamente pelo empregador a todo trabalhador, inclusive ao trabalhador rural, sem distinção de sexo, por dia normal de serviço, e capaz de satisfazer, em determinadas época, as suas necessidades normais de alimentação, habitação, vestuário, higiene e alimentação, habitação, vestuário higiene e transporte". O art. 7º, inciso IV, da CF/1988 ampliou o conceito de salário mínimo, unificou seu valor para todo o País e vedou sua vinculação para qualquer fim, exceto para os benefícios da Previdência Social (art. 201, § 2º da CF). Disciplinando sobre a política nacional de salários, a Lei n. 8.542/92 dispõe no art. 6º: "Salário mínimo é a contraprestação mínima devida e paga diretamente pelo empregador a todo trabalhador, por jornada normal de trabalho, capaz de satisfazer, em qualquer região do País, às suas necessidades vitais básicas e às de sua família com moradia, alimentação, educação, saúde, lazer, vestuário, higiene, transporte e previdência social".

(1107) A definição é muito próxima ao conceito ensinado por CATHARINO, José Martins. *Tratado jurídico do salário.* São Paulo: LTr, 1994. p. 90, diferindo tão somente quanto à origem da relação, que é contratual, enquanto Catharino admite duas possibilidades: contratual ou institucional.

(1108) Nesse sentido Russomano esclarece que, embora se possa questionar tecnicamente o acerto da distinção entre salário e remuneração, de acordo com a Consolidação das Leis do Trabalho, "remuneração é o gênero, e o salário é uma espécie deste gênero" (RUSSOMANO, Mozart Victor. *Curso de Direito do Trabalho.* 8. ed. Curitiba: Juruá, 2000. p. 347-348); assim, no conceito legal, o salário é sempre parte da remuneração, mas esta pode abranger parcela que, a rigor, não é considerada salário, conforme CATHARINO, José Martins. *Tratado jurídico do salário.* São Paulo: LTr, 1994. p. 21. Nesse sentido também SÜSSEKIND *et al. Instituições de Direito do Trabalho.* 20 ed. São Paulo, 2002. v. 1, p. 339.

(1109) CAMERLINCK, G. H.; LYON-CAE, N. *Derecho del trabajo.* Madrid: Aguilar, 1974. p. 185.

(1110) Cf. DE LA CUEVA, Mário. *El nuevo derecho mexicano del trabajo.* 19. ed. México: Porrúa, 2003. v. 1, p. 294. Além do chamado salário básico ou salário-base, que consiste na contraprestação fixa devida e paga pelo empregador ao empregado em virtude da relação de emprego (definido como "importância fixa estipulada" pelo § 1º do art. 457 da Consolidação das Leis do Trabalho), possuem natureza remuneratória, para todos os efeitos legais, as seguintes parcelas: os abonos, as gratificações, as percentagens e as comissões (§ 1º do art. 457 da Consolidação das Leis do Trabalho), os adicionais (de insalubridade e periculosidade — arts. 192 e 193 da Consolidação das Leis do Trabalho, noturno — art. 73 da Consolidação das Leis do Trabalho, de horas extraordinárias — art. 7º, XVI, da CF/1988), e de transferência — art. 469, § 3º, da Consolidação das Leis do Trabalho), as diárias para viagem cujo montante mensal exceda a 50% do salário percebido pelo empregado (§ 2º do art. 457 da Consolidação das Leis do Trabalho) e as parcelas pagas em utilidades como habitação, vestuário, transporte e alimentação fornecidos pelo empregador em contraprestação ao trabalho prestado pelo empregado (art. 458 da Consolidação das Leis do Trabalho), salvo as hipóteses expressa e taxativamente ressalvadas no § 2º do art. 458 da Consolidação das Leis do Trabalho, por ocasião da Lei n. 10.243/01.

Capítulo 7

Relações de Trabalho *Lato Sensu*: Trabalho Autônomo, Eventual, Temporário, Avulso, Portuário e Aquaviário. Estágio. Trabalho Voluntário. Cooperativas de Trabalho. Transportador Autônomo de Cargas

1. Trabalho Autônomo

Autonomia é uma expressão de origem grega que significa reger-se por normas próprias, ter liberdade. Deriva dos vocábulos "auto", que significa a si próprio ou aquilo que diz respeito a si mesmo, e "nomos", que significa o atributo de reger-se a si próprio.

Em geral, a abordagem do tema do trabalho autônomo é colocada como a outra face da subordinação(1111) ou em comparação com formas de trabalho anteriores ao contrato de emprego, como a empreitada ou a locação de serviços(1112), enfatizando as questões pertinentes ao risco e ao resultado como elementos diferenciadores entre trabalho autônomo e trabalho subordinado. Esta análise será feita a seguir, mas inicialmente é importante mencionar algumas razões econômicas de diferenciação entre autonomia e subordinação, destacando que as duas formas de trabalhar têm uma origem econômica que somente depois é acolhida e regulada pelas normas jurídicas, em especial as normas jurídicas dos países capitalistas.

A definição de trabalho varia no tempo e no espaço, mas, de um modo geral, pode-se afirmar que o trabalho é uma ação realizada por seres humanos que supõe um determinado gasto de energia, destinado a algum fim material ou imaterial, conscientemente desejado e que tem a sua origem e/ou motivação na insatisfação ou existência de uma privação ou necessidade por parte de quem o realiza(1113).

(1111) Nesse sentido, ver VILHENA, Paulo Emílio Ribeiro de. *Relação de Emprego:* estrutura legal e supostos. 2. ed. São Paulo: LTr, 1999. p. 482; DELGADO, Mauricio Godinho. *Curso de Direito do Trabalho.* São Paulo: LTr, 2002. p. 327-328.

(1112) MARANHÃO, Délio *et al. Instituições de Direito do Trabalho.* 17. ed. São Paulo: LTr, 1997. v. 1, p. 236-237.

(1113) AIZPURU, Mikel; RIVERA, Antonio. *Manual de Historia Social del Trabajo.* Madrid: Siglo Veinteuno, Madrid, 1994. p. 13. Para estudo mais aprofundado sobre as diversas perspectivas da definição de trabalho, ver: FRIEDMANN, Georges; NAVILLE, Pierre. *Tratado de Sociologia del Trabajo.* México: Fondo de Cultura Económica, 1985, v.1. p. 13-36; SANTOS ORTEGA, J. Antonio. *Sociologia del Trabajo.* Valencia: Tirant lo Blanch, 1995. p. 36-40. Uma análise crítica do trabalho como categoria fundamental pode ser encontrada em OFFE, Claus. *Trabalho e Sociedade.* Rio de Janeiro: Tempo Brasileiro, 1989. p. 13-41: o referido autor comenta as

O trabalho é o método mediante o qual o homem transforma a natureza criando, ao mesmo tempo, riqueza e construindo a sua própria realidade. De certo modo, a história é o processo de criação, satisfação e nova criação de necessidades humanas a partir do trabalho(1114).

A atividade laboral constitui uma atividade essencial da espécie humana. É a atividade que possibilita a reprodução e a sobrevivência da espécie em um determinado nível de satisfação de necessidades. Trata-se de uma atividade comum a todas as sociedades, adotando formas diversas em cada uma delas ao passar do tempo(1115). O trabalho assalariado, tal como hoje se apresenta, apenas passou a ser a forma hegemônica de trabalho por conta alheia há muito pouco tempo (final do séc. XIX, na segunda Revolução Industrial). Mesmo na primeira Revolução Industrial (segunda metade do séc. XVIII), fenômeno tipicamente localizado na Inglaterra, o trabalho assalariado não era forma predominante nos processos de produção no mundo inteiro. Somente quando o Capitalismo(1116) se fortalece e se expande como sistema econômico predominante, impondo-se sobre as formas remanescentes de Feudalismo (Europa) e outras formas arcaicas de produção (outras partes do mundo), é que o trabalho assalariado vai assumir posição dominante nas formas de relação de trabalho.

A forma comum de trabalho que ocupou maior tempo na história da humanidade e ainda hoje é comum em locais onde a forma de produção capitalista não está totalmente implementada é o trabalho de autossubsistência. Por trabalho de autossubsistência entende-se o trabalho desenvolvido no interior de pequenos grupos (comunidades parentais, famílias no campo etc.) para obter o conjunto de bens necessários à sua sobrevivência e algum conforto. Envolve atividades como coleta, caça, pesca, agricultura rudimentar e a produção de alguns artefatos em um contexto global que permita a sobrevivência do próprio grupo. É possível que nesses grupos exista algum grau de divisão social do trabalho, demarcando-se algumas atividades específicas para cada indivíduo(1117). O trabalho de autossubsistência contém os cinco elementos da produção econômica fundamental, possibilitando inclusive trocas entre indivíduos e/ou grupos dos excedentes materiais, mas sempre de forma primitiva ou rudimentar. Assim, encontram-se no trabalho de autossubsistência o acesso aos recursos naturais (terra), a existência de recursos humanos (trabalho), a acumulação de alguns bens de produção (capital), a capacidade tecnológica para manipular fatores (tecnologia) e o espírito de coordenação e motivação (capacidade empreendedora).

As comunidades rurais baseadas na agricultura ou criação animal são exemplos típicos de trabalho de autossubsistência. A característica do trabalho de autossubsistência é o seu exercício livre e o não desenvolvimento da noção de lucro pela apropriação da mais-valia gerada pelo trabalho excedente(1118).

Também o trabalho pode ser forçado, ou seja, todas as atividades laborais desenvolvidas por algum meio de coação. No trabalho forçado, a pessoa, de forma individual ou coletiva, trabalha por conta alheia, sendo que o beneficiário usufrui de todo o resultado do labor. O exemplo mais importante de trabalho forçado é a escravidão. O senhor dos escravos beneficia-se com todo o resultado econômico do trabalho e apenas tem o dever de subsistência com o escravo, que nada mais é do que seu próprio interesse com relação à força motriz de sua atividade econômica. Historicamente, além da escravidão, existiam outras formas de trabalho forçado, como algumas formas de dominação colonial (como os nativos africanos e índios americanos, obrigados a trabalhar em obras de infraestrutura que favoreciam a colonização) ou complexos

---

definições de trabalho em Marx, Durkheim e Habermas, entre outros. Para uma análise comparativa do processo de divisão social do trabalho em Marx e Durkheim, ver FINKEL, Lucila. *La Organización Social del Trabajo.* Madrid: Pirámide, 1996. p. 13-26.

(1114) AIZPURU, Mikel; RIVERA, Antonio. *Manual de Historia Social del Trabajo.* Madrid: Siglo Veinteuno, Madrid, 1994. p. 13.

(1115) RECIO, Albert. *Trabajo, Personas, Mercados.* Barcelona: Icaria, 1997. p. 25. Para a análise da evolução histórica, ver CARRO IGELMO, Alberto José. *Historia Social del Trabajo.* Barcelona: Bosch, 1986.

(1116) A definição adotada para Capitalismo é a de que constitui um sistema econômico baseado na propriedade privada dos meios de produção, liberdade de mercado e iniciativa, trabalho assalariado e lucro.

(1117) RECIO, Albert. *Trabajo, Personas, Mercados.* Barcelona: Icaria, 1997. p. 27-28.

(1118) A noção de mais-valia é a relação entre trabalho necessário (para gerar a riqueza capaz de remunerar o trabalhador) e trabalho excedente (para gerar riqueza sob a forma de lucro do proprietário dos meios de produção). A expressão célebre de mais-valia deve-se a Karl Marx. A edição consultada foi MARX, Karl. *O Capital.* 2. ed. São Paulo: Nova Cultural, 1985.

sistemas de legitimação (feudalismo e servidão) em sociedades estamentais(1119). Alguns Estados modernos ainda obrigam os presidiários a prestarem trabalhos forçados como forma de sanção ou como forma de compensação (redução da pena). Neste último caso, a norma legal admite a possibilidade de trabalho forçado, sendo lícita a sua exigência. Tal situação não pode ser confundida com variantes modernas de trabalho análogo ao escravo ou escravidão por dívidas, que constituíam prática social, mas são considerados ilícitos pelo ordenamento jurídico.

Um terceiro tipo é o trabalho mercantil. Neste, o objetivo do trabalho não é a produção direta dos meios de subsistência para seus próprios produtores (trabalho de autossubsistência) ou para seus amos e senhores (trabalho forçado). O objetivo do trabalho mercantil é a produção de bens de consumo, de forma livre e mediante retribuição (remuneração pelo trabalho). O trabalho mercantil só existe quando estão presentes algumas instituições, como um sistema organizado de trocas (mercado de produtos), existência de moeda (meio comum de troca) e a existência de alguma instituição política que garanta e avalize a validade da moeda em circulação(1120). O trabalho mercantil é livre e remunerado, embora possa ser disciplinado por normas jurídicas e estabeleçam limites, modalidades e forma de contratação.

O trabalho mercantil pode ser autônomo ou assalariado.

O trabalho autônomo não deixa de ser uma forma evoluída do trabalho de subsistência. A diferença é que no trabalho autônomo moderno existe a moeda (meio comum de troca), que substitui a apropriação direta de bens da natureza. Alguém trabalha e, em vez de apropriar-se diretamente da mercadoria, recebe uma unidade monetária de valor, com a qual pode comprar os bens que necessita. Assim como o trabalho de autossubsistência, o trabalho autônomo é livre e os trabalhadores realizam um serviço para o comprador dos serviços em troca de remuneração. Os trabalhadores autônomos controlam todo o processo laboral e são proprietários dos meios de produção que utilizam. Um artesão, por exemplo, compra a matéria-prima e a transforma em produto, fazendo a sua comercialização no mercado, estabelecendo o seu preço. O resultado da comercialização é apropriado pelo trabalhador.

Por outro lado, o trabalho assalariado é aquele em que alguém trabalha sob as ordens de outro e a pessoa implicada aporta exclusivamente sua atividade laboral em troca de remuneração (dinheiro). A forma jurídica de relação de trabalho assalariado é o contrato. A questão relativa à natureza jurídica da relação de trabalho será analisada em capítulo específico, inclusive com relação à sua onerosidade.

Sob o ponto de vista jurídico, poderiam ser enumeradas várias características do trabalho autônomo, entre as quais se destaca: a) tem liberdade de organização e execução do trabalho; b) tem liberdade de disposição do resultado de seu próprio trabalho; c) o trabalhador tem autonomia técnica, como manifestação de sua capacidade profissional ou artística; d) os riscos do resultado do trabalho são assumidos pelo trabalhador, que pode suportar, eventualmente, as perdas(1121).

Portanto, a característica da autonomia, assim como a subordinação, tem dupla face: uma face econômica e uma face jurídica. A autonomia é o reverso da subordinação e, na verdade, vem antes da subordinação, pois o ser humano primeiro trabalhou precipuamente de forma autônoma e depois (a partir do século XIX) passou a trabalhar de forma subordinada, modelo que acabou consagrando-se como hegemônico(1122). As

(1119) RECIO, Albert. *Trabajo, Personas, Mercados.* Barcelona: Icaria, 1997. p. 29.

(1120) RECIO, Albert. *Trabajo, Personas, Mercados.* Barcelona: Icaria, 1997. p. 30. Para compreensão do sistema de trocas, ver: ROSSETTI, José Paschoal. *Introdução à Economia.* 17. ed. São Paulo: Atlas, 1997. p. 168-183; STIGLITZ, Joseph E. *Economía.* Barcelona: Ariel, 1995. p. 945-967. Sob o ponto de vista histórico, ver WEATHERFORD, Jack. *A História do Dinheiro.* São Paulo: Negócio, 1999.

(1121) VILHENA, Paulo Emílio Ribeiro de. *Relação de Emprego:* estrutura legal e supostos. 2. ed. São Paulo: LTr, 1999. p. 484. O autor cita autores italianos sobre o tema e refere que quanto aos riscos, mesmo que existam formas de participação nos lucros ou nos resultados das invenções, essa transferência de riscos e lucros não desvirtua o trabalho subordinado. A autonomia pressupõe um grau de preponderância, não absoluta.

(1122) COIMBRA, Rodrigo. Direito do Trabalho: evolução do modelo normativo e tendências atuais na Europa. *Revista LTr,* São Paulo, ano 73, t. II, n. 08, p. 953-62, em especial p. 962, ago. 2009.

primeiras formas de trabalho livre são autônomas e somente a partir da escravidão e da servidão é que o trabalho não livre coincide com a forma subordinada.

Posteriormente, com a evolução da noção contratual e o aparecimento do sistema de trocas é que aparecem as formas de trabalho livre, porém subordinado. A face econômica da autonomia é a possibilidade de livremente dispor de seu trabalho e apropriar-se integralmente de seu resultado. A face econômica da subordinação está no fato de o trabalhador não se apropriar integralmente do resultado de sua força de trabalho, ou seja, o trabalho gera uma riqueza e, alienada pelo proprietário dos meios de produção, reverte parcialmente ao trabalhador sob a forma de salário. O restante é apropriado pelo empregador sob a forma de lucro.

A face econômica do trabalho autônomo está na apropriação total do resultado econômico do trabalho[1123]. Sobre esta realidade incide uma forma de regulação normativa especial, que disciplina esta relação juridicamente. Essa disciplina jurídica não é única, podendo aparecer sob a forma de contrato de empreitada de lavor, prestação de serviços, representação comercial ou mesmo formas de contratos inominados. O certo é que todas estas formas contratuais contêm um grau elevado de autonomia da vontade[1124]. Essa é a face jurídica do trabalho autônomo.

A face jurídica do trabalho subordinado também não é única. A mais conhecida e difundida no sistema capitalista é a relação de emprego. Entretanto, existem outras regulações de formas trabalho subordinado, como as relações jurídicas de trabalho doméstico, trabalho terceirizado, entre outros, que constituem microssistemas normativos de trabalho subordinado. A face econômica do trabalho subordinado é a dependência e a face jurídica mais difundida é a relação de emprego.

Conforme antes referido, o trabalho autônomo se contrapõe historicamente ao trabalho subordinado. Para tanto, remonta-se ao Direito Romano, que criou as figuras da *locatio operis* e da *locatio operarum*. Na *locatio operis*, tendo na empreitada sua forma mais conhecida, contrata-se o resultado do trabalho humano relativo a uma obra (*opus*).

Ao contrário do que ocorre na relação de emprego, o autônomo executa o contrato por sua própria conta e autonomia em relação a quem lhe contratou, interessando para o contratante apenas o alcance do resultado, independente do tempo à disposição. Como corolário da autonomia, todos os riscos da produção correm por sua conta. Via de consequência, o contrato de trabalho autônomo corresponde à *locatio operis* e o contrato de trabalho subordinado (de emprego) relaciona-se com a *locatio operarum*[1125].

A doutrina espanhola, sobretudo, trata a distinção entre trabalho autônomo e subordinado a partir da diferenciação entre trabalho por conta própria e trabalho por conta alheia. No trabalho por conta própria, o próprio trabalhador é quem adquire ou se beneficia imediatamente dos resultados produtivos, apropriando-se daqueles que são suscetíveis de sua apropriação. No trabalho por conta alheia, os frutos do trabalho não são adquiridos pelo trabalhador, nem sequer num primeiro momento, mas passam diretamente para outra pessoa, que se beneficia deles desde o instante em que são produzidos[1126]. O *trabajo por cuenta ajena (ajeni-*

(1123) Neste sentido, Amauri Mascaro Nascimento, citando Santoro Passarelli, afirma que o trabalhador autônomo assemelha-se a um pequeno empreendedor, porque organiza a sua atividade econômica um proveito próprio (NASCIMENTO, Amauri Mascaro. *Iniciação ao Direito do Trabalho.* 33. ed. São Paulo: LTr, 2007. p. 167).

(1124) RUSSOMANO, Mozart Victor. *Comentários à Consolidação das Leis do Trabalho.* 17. ed. Rio de Janeiro: Forense, v. 1. p. 21.

(1125) NASCIMENTO, Amauri Mascaro. *Curso de Direito do Trabalho:* história e teoria geral do direito: relações individuais e coletivas de trabalho. 18. ed. São Paulo: Saraiva, 2003. p. 372-373; MORAES FILHO, Evaristo de. *Trabalho a domicílio e contrato de trabalho.* São Paulo: LTr, 1994. p. 131; D' Eufemia traz uma clara e concisa distinção: trabalhador subordinado "é o prestador que coloca a sua própria capacidade à disposição do dador de trabalho que a utilizará com critérios de organização próprios, assumindo os respectivos riscos (contratto di opere)" e trabalhador autônomo "é aquele que se obriga a prestar um determinado resultado com o trabalho, resultado que obterá com o próprio trabalho, organizado segundo critérios próprios e assumindo os riscos (contratto d' opera)" (D'EUFEMIA, Giusepe. *Diritto del Lavoro.* Napoli: Morano, 1969. p. 39).

(1126) MARTIN VALVERDE, Antonio *et al. Derecho del trabajo.* 6. ed. Madrid: Tecnos, 1997. p. 40.

dad[1127]), ou seja, aquele prestado pelo trabalhador a outra pessoa (o alheio), é, para boa parte da doutrina espanhola, o elemento principal para a caracterização da relação de emprego. Segundo Oléa[1128], a existência de uma *relación de ajenidad* define e demonstra a própria essência do contrato de trabalho.

O trabalho subordinado atrai a teia de proteção da legislação trabalhista, e o trabalho autônomo é tutelado pelos ramos do Direito Civil e Comercial, de forma esparsa e específica a determinadas atividades, como a Lei n. 4.886/65, que regula as atividades dos representantes comerciais autônomos, por exemplo.

O autônomo trabalha com habitualidade (não eventualidade) e muitas vezes pessoalidade e onerosidade, mas necessariamente sem subordinação, como ocorre com o empregado. Além disso, o autônomo assume os riscos de sua atividade (diferentemente do que ocorre na relação de emprego, em que os riscos são exclusivos do empregador)[1129].

Segundo o art. 9º, inciso V, alínea *l* do Decreto n. 3.048/99 (Regulamento da Previdência Social), o trabalhador autônomo é a pessoa física que exerce, *por conta própria*, atividade econômica de natureza urbana, com fins lucrativos ou não. O trabalhador autônomo é atualmente segurado obrigatório da previdência social, embora continue sem ter os direitos previstos na legislação trabalhista.

É incorreta a definição da legislação previdenciária quando menciona que o autônomo é apenas quem exerce atividade de natureza urbana, pois o engenheiro agrônomo ou o veterinário podem exercer suas atividades no âmbito rural, como geralmente ocorre, e nem por isso deixam de ser autônomos[1130].

Pretendendo criar um método prático para verificar se existe subordinação nas atividades desenvolvidas pelo trabalhador, Vilhena[1131] ensina que se deve fazer a pergunta como, quando e onde o trabalhador laborou. Se um desses elementos estiver fora do controle do empregador, há autonomia.

Entre os pedidos de vínculo de emprego mais comuns estão os de vendedores ou de representantes comerciais autônomos (regidos pela Lei n. 4.886/65). Na prática, vai depender muito do caso concreto[1132],

---

(1127) Montoya Melgar, embora reconheça que este elemento é essencial para a configuração do contrato de trabalho, ressalva que a *ajenidad* não é criada, nem é exclusiva do Direito do Trabalho, uma vez que está presente, por exemplo, nas atividades do representante e do mandatário. O autor espanhol faz uma interessante subdivisão da *ajenidad*: a) *ajenidad* na disposição do trabalho — dependência; *ajenidad* nos riscos — riscos exclusivos do empregador; *ajenidad* dos frutos do trabalho — atribuição patrimonial, cf. MONTOYA MELGAR, Alfredo. *Derecho y Trabajo.* Madrid: Civitas, 1997. p. 24-30.

(1128) Explica Oléa que, a relación de *ajenidad*, proporciona "um modo originário de adquirir propriedade por um alheio, distinto de quem trabalha", que, em razão do contrato, adquire tanto o direito de ter o trabalho prestado, como da titularidade originária sobre os frutos deste trabalho (ALONSO OLEA, Manuel; CASAS BAAMONDE, Maria Emília. *Derecho del trabajo.* 14. ed. Madrid: Universidad de Madrid, 1995. p. 54).

(1129) MARTINS, Sergio Pinto. *Direito do Trabalho.* 21. ed. São Paulo: Atlas, 2005. p. 186.

(1130) MARTINS, Sergio Pinto. *Direito do Trabalho.* 21. ed. São Paulo: Atlas, 2005. p. 186.

(1131) VILHENA, Paulo Emílio Ribeiro de. *Relação de Emprego:* estrutura legal e supostos. 2. ed. São Paulo: LTr, 1999. p. 474-475.

(1132) Vejam-se alguns exemplos desses casos na jurisprudência: REPRESENTANTE COMERCIAL AUTÔNOMO — PRESTAÇÃO DE SERVIÇO INDIVIDUAL — REPRESENTANTE EMPREGADO — LINHA DIVISÓRIA — PONTOS COMUNS — A linha divisória entre o representante comercial autônomo que desenvolve seu trabalho pessoalmente e o representante empregado é a subordinação ou autonomia. Os pontos comuns entre os dois são o trabalho habitual, por pessoa física e a onerosidade. Tal qual a Consolidação das Leis do Trabalho, art. 3º, a lei que trata sobre as atividades do representante comercial autônomo, Lei n. 4.886/65, art. 1º, c/c 27, f, c/c art. 28, prevê o trabalho de representação comercial por pessoa física, em caráter habitual, mediante remuneração, sem estabelecer a forma dela (fixa, comissão conforme o negócio ou mista), obrigando até apresentação de informações detalhadas sobre o andamento do serviço (relatórios, p.e.), muito embora a contraprestação fixa seja usual no contrato empregatício e imprópria como retribuição ao representante comercial. No contrato empregatício, necessariamente o trabalho é pessoal, Consolidação das Leis do Trabalho, art. 3º, podendo sê-lo no trabalho do representante comercial autônomo, desde que não haja exclusividade de representação. Combinando-se a pessoalidade com a exclusividade, a autonomia desaparece, conquanto esta não seja requisito essencial do contrato empregatício e seja permitido na representação comercial autônoma, art. 27, *I*. Nessa hipótese, o trabalhador ao invés de autônomo é subordinado, por colocar seu trabalho sob o comando de outrem, o empregador, CLT, art. 2º e a depender de única fonte de subsistência. (TRT 2ª R. — 02135200402502007 — Ac. 20070367250 — 3ª T — Rel. Juiz Altair Berty Martinez — DOESP 29.05.2007); BRASIL. Tribunal Regional do Trabalho da 4ª Região, 1ª Turma. EMENTA: VÍNCULO EMPREGATÍCIO. REPRESENTANTE COMERCIAL. O traço distintivo entre o trabalho autônomo e a relação de emprego é a subordinação. A subordinação (subjetiva) diz respeito à sujeição do trabalhador aos comandos do empregador, condizente com a forma de desenvolvimento das atividades e com a obediência a critérios diretivos. Presença também da subordinação objetiva. Recurso provido para reconhecer a

em que, de fato, a linha divisória entre o representante comercial autônomo que desenvolve seu trabalho pessoalmente e o representante empregado é a subordinação ou a autonomia. Os pontos comuns entre os dois são o trabalho habitual, por pessoa física e a onerosidade. Por isso a discussão acaba se restringindo à existência ou não de subordinação, ou seja, se existir o elemento subordinação, surge a figura do empregado, caso contrário, será autônomo o trabalhador.

2. *Trabalho eventual*

Segundo o art. 9º, inciso V, alínea *j* do Decreto n. 3.048/99 — Regulamento da Previdência Social —, trabalhador eventual é aquele que presta serviço de natureza urbana ou rural em caráter eventual, a uma ou mais empresas, sem relação de emprego (art. 9º, inciso V, alínea *j*, do Decreto n. 3.048/99 — Regulamento da Previdência Social).

Ocorre que esse conceito da legislação previdenciária, que é a única a definir o trabalhador eventual, se limita a dizer que é quem presta serviço de "caráter eventual", sem esclarecer, contudo, o que significa "caráter eventual". Em razão disso, a definição de eventualidade para o Direito do Trabalho é ainda uma questão controvertida e de difícil solução(1133), conforme visto anteriormente por ocasião do estudo dos elementos da relação de emprego.

A doutrina e a jurisprudência brasileiras vêm construindo essa definição. As primeiras definições do que seja trabalho eventual restringiram-se a dar-lhe sinônimos, baseados na interpretação gramatical: significa casual, fortuito, ocasional, como propôs Cesarino Júnior(1134). Eventualidade não se confunde com temporariedade ou transitoriedade. O empregado admitido a prazo determinado (arts. 443 e 445 da Consolidação das Leis do Trabalho) ou a tempo reduzido não é, necessariamente, eventual(1135).

Essa definição restou insuficiente. Passou-se a questionar se esta eventualidade era em razão do trabalho prestado ou da atividade do empregador. Existem três critérios principais que procuram resolver o problema: o critério da profissionalidade do trabalho prestado por determinado trabalhador, o critério da descontinuidade do trabalho no tempo, e o critério aferido segundo as necessidades normais da empresa(1136).

---

existência do vínculo empregatício entre as partes e determinar o retorno dos autos à origem para apreciação dos demais itens da inicial, a fim de evitar supressão de instância (TRT 4ª R. — 00053-2007-662-04-00-9 RO — 3ª T. — Rel. Juiz José Felipe Ledur — DJRS 13.01.2009).

(1133) Esclarece Moraes Filho que "na prática é muitas vezes difícil, muito difícil mesmo, como acontece no diagnóstico diferencial da medicina, distinguir entre um trabalho contínuo e uma tarefa eventual, que não transforma quem a presta num trabalhador subordinado, sujeito à legislação do trabalho" (MORAES FILHO, Evaristo de. *Trabalho a domicílio e contrato de trabalho.* São Paulo: LTr, 1994. p. 226).

(1134) Os serviços prestados não devem ser esporádicos, ocasionais, mas prestados com caráter de continuidade, sustentam CESARINO JÚNIOR, Antônio Ferreira; CARDONE, Marly Antonieta. *Direito Social:* teoria geral do direito social, direito contratual do trabalho, direito protecionista do trabalho. 2. ed. São Paulo: LTr, 1993. p. 127-128.

(1135) Assim ocorre, por exemplo, com os empregados sujeitos a contrato de experiência (art. 443, § 2º, *c*, combinado com o art. 445, parágrafo único, da Consolidação das Leis do Trabalho), com os empregados safristas (art. 14 da CLT), nas férias ou de empregado aposentado por invalidez (art. 475, § 2º, da Consolidação das Leis do Trabalho), segundo CATHARINO, José Martins. *Compêndio de Direito do Trabalho.* 3. ed. São Paulo: Saraiva, 1982. v. 1, p. 157; VILHENA, Paulo Emílio Ribeiro de. *Relação de Emprego:* estrutura legal e supostos. 2. ed. São Paulo: LTr, 1999. p. 359; MARANHÃO, Délio; CARVALHO, Luiz Inácio Barbosa. *Direito do Trabalho.* 17. ed. Rio de Janeiro: Fundação Getulio Vargas, 1993. p. 63; em sentido contrário: Gomes-Gottschalk entendem que "o trabalho eventual, ocasional ou temporário propriamente dito, é aquele que é exigido em linha absolutamente temporária ou transitória cujo exercício não se integra na faculdade da empresa. Assim, por exemplo, o eletricista que é chamado para reparar a instalação elétrica de uma fábrica de tecidos, ou do vigia que é chamado para substituir o efetivo que se afastou em gozo de férias" (GOMES, Orlando; GOTTSCHALK, Elson. *Curso de Direito do Trabalho.* Rio de Janeiro: Forense, 1990. p. 79).

(1136) Sistematizando a matéria, Catharino denomina os dois primeiros critérios como predominantes na corrente italiana, e o último como corrente mexicana (CATHARINO, José Martins. *Compêndio de Direito do Trabalho.* 3. ed. São Paulo: Saraiva, 1982. p. 157).

Segundo o critério da profissionalidade, é empregado apenas quem, normalmente, presta sua atividade profissional para outrem, mediante o pagamento de salário. Gomes-Gottschalk[(1137)], citando Barassi, objetam esse critério, argumentando que a profissão, considerada em si mesma, pode ser, também, atividade profissional diversa do trabalho subordinado, acrescentando que "dentro de uma mesma profissão pode haver empregador e empregado: assim, as profissões representariam uma divisão vertical, não horizontal".

De acordo com o critério da descontinuidade, o trabalho realizado em frações descontínuas de tempo não configuraria relação de emprego, mas uma relação regida pelo Direito Civil. Quando essa descontinuidade ocorre de forma aleatória (aqui entendida como o contrário de comutativa), provavelmente não haverá caracterização de vínculo de emprego. Seria o caso de uma retirada de lixo de um determinado local em que, executada a retirada e pago o preço pelo serviço, resolve-se o contrato celebrado entre as partes, não havendo continuidade dessas prestações pela própria natureza do serviço. Contudo, a continuidade não se confunde com trabalho diário ou ininterrupto. A intermitência e a periodicidade, ainda que semanal ou em intervalos maiores, ostentam a característica da continuidade, uma vez que, embora o trabalho seja prestado de forma descontínua, as prestações se prolongam sucessivamente no tempo. Nas palavras de Délio Maranhão[(1138)]: "Desde que corresponda a uma normal descontinuidade da atividade econômica do empregador: prestação descontínua, mas necessidade permanente". Exemplo disso ocorre com os atletas profissionais de futebol que muitas vezes prestam trabalho em períodos intermitentes, mas permanentemente, nos dias de jogos[(1139)].

Em conformidade com o critério baseado nas necessidades normais da empresa, a doutrina mexicana, capitaneada por Mário de La Cueva[(1140)], sustenta que eventual é aquele trabalho que não faz parte da necessidade permanente da empresa, não apenas por se tratar de um serviço necessário apenas em circunstâncias especiais, ocasionalmente, mas também porque tal serviço não faz parte das atividades normais, constantes e uniformes da empresa. Exemplo: um encanador que é chamado para consertar o sistema hidráulico de uma loja que vende sapatos. Seu trabalho é eventual, independentemente do tempo e da intensidade empreendida.

Esse é o critério adotado pela doutrina[(1141)] e pela jurisprudência[(1142)] brasileiras.

Todavia, esse critério também deixa algumas arestas abertas. Russomano, partindo do exemplo de um eletricista, sustenta que é possível esse profissional ser por vezes eventual e em outras ocasiões um empregado, quando o empresário necessitar permanentemente da prestação laboral, não somente em decorrência das atividades econômicas normais da empresa, mas também em caso de extensão da própria empresa. *A*

(1137) GOMES, Orlando; GOTTSCHALK, Elson. *Curso de Direito do Trabalho.* Rio de Janeiro: Forense, 1990. p. 79-80.

(1138) MARANHÃO, Délio; CARVALHO, Luiz Inácio Barbosa. *Direito do Trabalho.* 17. ed. Rio de Janeiro: Fundação Getulio Vargas, 1993. p. 63.

(1139) Exemplo: BRASIL. Tribunal Superior do Trabalho. Ementa: Recurso de Revista n. 5475/88. Disponível em: <http://www.tst.gov.br>. Acesso em: 6 jun. 2004.

(1140) Cf. DE LA CUEVA, Mario. *El nuevo derecho mexicano del trabajo.* 19. ed. México: Porrúa, 2003. v. 1, p. 227.

(1141) MORAES FILHO, Evaristo de. *Trabalho a domicílio e contrato de trabalho.* São Paulo: LTr, 1994. p. 244; CATHARINO, José Martins. *Compêndio de Direito do Trabalho.* 3. ed. São Paulo: Saraiva, 1982. p. 157; VILHENA, Paulo Emílio Ribeiro de. *Relação de Emprego:* estrutura legal e supostos. 2. ed. São Paulo: LTr, 1999. p. 359; MARANHÃO, Délio; CARVALHO, Luiz Inácio Barbosa. *Direito do Trabalho.* 17. ed. Rio de Janeiro: Fundação Getulio Vargas, 1993. p. 63; GOMES, Orlando; GOTTSCHALK, Elson. *Curso de Direito do Trabalho.* Rio de Janeiro: Forense, 1990. p. 79; as empresas procuram manter um processo contínuo de produção, o que pressupõe a existência de pessoal permanente para a consecução de seus fins.

(1142) BRASIL. Tribunal Regional do Trabalho da 4ª Região, 8ª Turma. Ementa: VÍNCULO DE EMPREGO. Hipótese em que é incontroversa a prestação de serviços pela reclamante em proveito do reclamado, isto é, serviços de limpeza nos imóveis por ele construídos e no seu escritório profissional. Prestação de trabalho pessoal, não eventual, dada a sua rotineira periodicidade, e subordinado. Atividade exercida pela autora que se inseria nas necessidades normais e permanentes do empreendimento, o que importa no estado de sujeição da trabalhadora em relação ao empregador. Vínculo de emprego reconhecido. Determinado o retorno dos autos à origem para exame das demais questões. Recurso provido. Recurso Ordinário n. 00823-2002-025-04-00-0. Relatora: Juíza Ana Luíza Heineck Kruse. 27 de maio de 2004. Disponível em: <http://www.trt4.gov.br>. Acesso em: 6 jun. 2004; Neste sentido, também: BRASIL. Tribunal Regional do Trabalho da 4ª Região, 4ª Turma. Ementa: Recurso Ordinário n. 01237-2002-332-04-00-5. Relator: Juiz Mário Chaves. 30 de abril de 2004. Disponível em: <http://www.trt4.gov.br>. Acesso em: 6 jun. 2004.

contrario sensu, o autor admite, também, "que seja eventual o serviço realizado pelo trabalhador dentro do esquema normal das atividades do empregador", exemplificando com o serviço de carga e descarga, em atividades nas quais essas atividades não são permanentes[1143].

Visando complementar a tese de que não eventual é o trabalho que se insere nas atividades normais da empresa, alguns autores[1144] sustentam que, além desse critério objetivo, deve-se verificar a existência de vontade das partes em se vincular continuamente (critério subjetivo).

Predomina o entendimento de que a falta do pressuposto da continuidade ou não eventualidade descaracterizaria ou não ensejaria a caracterização da relação de emprego, tendo em vista que o art. 3º da Consolidação das Leis do Trabalho dispõe que é empregado aquele "(...) que prestar serviços de natureza não eventual (...)". Contudo, para boa parte da doutrina estrangeira[1145], com alguns simpatizantes na doutrina nacional[1146], a continuidade é tão somente uma importante característica do contrato de emprego (classificado pacificamente como de execução continuada ou de trato sucessivo no tempo), ou ainda um princípio informador do Direito do Trabalho[1147], não sendo, todavia, um pressuposto essencial, sem o qual não estaria caracterizada a relação de emprego.

Na Europa, ainda não foi encontrado um conceito preciso de trabalho eventual e que o diferencie claramente do trabalho interino ou do trabalho temporário, ou ainda do trabalho por temporada, sendo entendido como aquele que objetiva atender a necessidades provisórias, atender a circunstâncias especiais e normalmente imprevisíveis ou extraordinárias ou excepcionais e de duração determinada da empresa[1148]. O direito germânico, por exemplo, assimilou o trabalho eventual ao de temporada. A doutrina italiana, por sua vez, traz a figura do trabalho adventício, que lexicamente, é o esporádico, o eventual, mas juridicamente é o temporário ou avulso[1149].

Se em relações jurídicas bilaterais já é difícil distinguir o trabalho eventual do contínuo, essa problemática aumenta e assume papel decisivo na verificação da existência ou não de relação de emprego nas chamadas relações trilaterais (hipóteses de terceirização), em que é muito difícil discernir se determinado

---

(1143) Cf. RUSSOMANO, Mozart Victor. *Curso de Direito do Trabalho*. 8. ed. Curitiba: Juruá, 2000. p. 89. Também Moraes Filho entende que a tese de La Cueva precisa ser esclarecida, pois não deixaria de ser eventual um trabalhador que, numa emergência, substituísse um empregado efetivo que faltasse ao serviço por horas ou mesmo dias, embora tal atividade fosse necessária e permanente na empresa, "pois para esse trabalhador a atividade não deixaria de ser acidental e subjetivamente avulsa" (MORAES FILHO, Evaristo de; MORAES, Antônio Carlos Flores de. *Introdução ao Direito do Trabalho*. 7. ed. São Paulo: LTr, 1995. p. 250).

(1144) Neste sentido CATHARINO, José Martins. *Compêndio de Direito do Trabalho*. 3. ed. São Paulo: Saraiva, 1982. v. 1, p. 158; Moraes Filho enfatiza o critério subjetivo, com base no disposto no CC (art. 85 do CC/1916 e 112 do CC/2002): "A intenção das partes é da maior importância" complementando "bem sabem elas, ambas, de boa-fé, se se trata de um serviço eventual ou não" (MORAES FILHO, Evaristo de; MORAES, Antônio Carlos Flores de. *Introdução ao Direito do Trabalho*. 7. ed. São Paulo: LTr, 1995. p. 250-251). Nesse sentido Gomes-Gottschalk esclarecem: "A continuidade não deve ser entendida como a prestação de efetiva de serviço duradouro. Para que se verifique, basta que as partes tenham a intenção de se ligar por tempo considerável Assim, não é necessário que o vínculo dure permanentemente, nem há limite para esse fim" (GOMES, Orlando; GOTTSCHALK, Elson. *Curso de Direito do Trabalho*. Rio de Janeiro: Forense, 1990. p. 80); discorda do critério subjetivo VILHENA, Paulo Emílio Ribeiro de. *Relação de Emprego:* estrutura legal e supostos. 2. ed. São Paulo: LTr, 1999. p. 361.

(1145) Como por exemplo: OLEA, Manuel Alonso; CASAS BAAMONDE, Maria Emília. *Derecho del trabajo*. 14. ed. Madrid: Universidad de Madrid, 1995. p. 49; HUECK, A. NIPPERDEY, H.C., *Compendio de Derecho del Trabajo*. Madrid: Revista de Direito Privado, 1963. p. 83; D'EUFEMIA, Giusepe. *Diritto del Lavoro*. Napoli: Morano Editore, 1969. p. 39; DE LA CUEVA, Mario. *El nuevo derecho mexicano del trabajo*. 19. ed. México: Porrúa, 2003. v. 1, p. 199-204; CALDERA, Rafael. *Derecho del Trabajo*. 2. ed. Buenos Aires: El Ateneo, 1972. t. I, p. 268-270; JAVILLIER, Jean-Claude. *Manual de Direito do Trabalho*. São Paulo: LTr, 1988. p. 25; CORDEIRO, Antônio Menezes. *Manual de Direito do Trabalho*. Coimbra: Almedina, 1991. p. 517-520; MARTIN VALVERDE, Antonio *et al*. *Derecho del trabajo*. 6. ed. Madrid: Tecnos, 1997. p. 40.

(1146) Como por exemplo: CESARINO JÚNIOR, Antônio Ferreira; CARDONE, Marly Antonieta. *Direito Social:* teoria geral do direito social, direito contratual do trabalho, direito protecionista do trabalho. 2. ed. São Paulo: LTr, 1993. p. 126; ROBORTELLA, Luiz Carlos Amorim. *O moderno Direito do Trabalho*. São Paulo: LTr, 1994. p. 53-54.

(1147) Ver PLÁ RODRIGUEZ, Américo. *Princípios de Direito do Trabalho*. 3. ed. São Paulo: LTr, 2000. p. 239-338.

(1148) Cf. OJEDA AVILES, citado por, Paulo Emílio Ribeiro de. *Relação de Emprego:* estrutura legal e supostos. 2. ed. São Paulo: LTr, 1999. p. 361.

(1149) VILHENA, Paulo Emílio Ribeiro de. *Relação de Emprego:* estrutura legal e supostos. 2. ed. São Paulo: LTr, 1999. p. 365.

trabalho está inserido nas necessidades normais e permanentes da empresa ou não, dificuldade que é aumentada sobremaneira com o avassalador desenvolvimento tecnológico, em que as atividades normais e de apoio estão seguidamente entrelaçadas.

Embora não eventualidade[(1150)] seja, inegavelmente, um pressuposto temporal, ela não está nem unicamente, nem totalmente adstrita a este elemento. Prova disso é que o empregado admitido a prazo determinado (arts. 443 e 445 da Consolidação das Leis do Trabalho) ou a tempo reduzido não é, necessariamente, eventual[(1151)].

Comparando as expressões "não eventual" (art. 3º da Consolidação das Leis do Trabalho — Decreto-lei n. 5.452/43) e "contínua" (art. 1º da LC n. 150/2015), Delgado[(1152)] argumenta que a Consolidação das Leis do Trabalho rejeitou claramente a chamada teoria da descontinuidade, não se tratando de mera incorreção técnica.

Desse modo, à luz da Consolidação, um trabalhador que preste serviços ao tomador, por diversos meses seguidos, mas apenas em domingos ou fins de semana (caso dos garçons de clubes campestres, por exemplo), não poderia se configurar como trabalhador eventual, em face da não absorção, pela Consolidação das Leis do Trabalho, da teoria da descontinuidade.

O eventual é a pessoa física contratada apenas para trabalhar em certas ocasiões específicas, e não de forma habitual como o empregado. Não tem os direitos previstos na legislação trabalhista, fazendo jus somente ao preço avençado com o contratante[(1153)].

Exemplo de trabalhador eventual é aquele que realiza um trabalho de reparo hidráulico, elétrico, ou de pintura[(1154)], sendo esse labor não inserido nas atividades normais da empresa, esporádico e de curta duração. Essa contextualização é muito importante. Pouco importantes são os rótulos de função, atividade ou profissão, pois podemos ter trabalhadores que fazem reparos hidráulicos, elétricos ou pintores sendo empregados, trabalhadores eventuais, trabalhadores autônomos, empresários, tudo depende da formatação do caso concreto.

Outro exemplo são os chamados "chapas", que executam carga e descarga de mercadorias de caminhões, serviços dissociados das necessidades daquele que toma o seu trabalho, sem continuidade, geralmente por um curto período de tempo, recebendo por cada dia de trabalho de um motorista diferente ou de uma empresa diferente[(1155)].

(1150) A doutrina pátria utiliza os vocábulos não eventual e contínuo indistintamente, para denominar um dos elementos da relação de emprego, em geral. O art. 3º da Consolidação das Leis do Trabalho utiliza a expressão "não eventual", por isso muitos autores preferem a expressão não eventualidade; outros entendem que continuidade é o termo mais preciso. Utilizam o primeiro termo, por exemplo: VILHENA, Paulo Emílio Ribeiro de. *Relação de Emprego:* estrutura legal e supostos. 2. ed. São Paulo: LTr, 1999. p. 348; SÜSSEKIND, Arnaldo *et al. Instituições de Direito do Trabalho.* 20. ed. São Paulo: LTr, 2002. v. 1, p. 304; preferem a denominação continuidade, por exemplo: MORAES FILHO, Evaristo de. *Trabalho a domicílio e contrato de trabalho.* São Paulo: LTr, 1994. p. 226; GOMES, Orlando; GOTTSCHALK, Elson. *Curso de Direito do Trabalho.* Rio de Janeiro: Forense, 1990. p. 76-81.

(1151) VILHENA, Paulo Emílio Ribeiro de. *Relação de Emprego:* estrutura legal e supostos. 2. ed. São Paulo: LTr, 1999. p. 359; MARANHÃO, Délio; CARVALHO, Luiz Inácio Barbosa. *Direito do Trabalho.* 17. ed. Rio de Janeiro: Fundação Getulio Vargas, 1993. p. 63.

(1152) DELGADO, Mauricio Godinho. *Curso de Direito do Trabalho.* São Paulo: LTr, 2006. p. 295.

(1153) MARTINS, Sergio Pinto. *Direito do Trabalho.* 21. ed. São Paulo: Atlas, 2005. p. 193.

(1154) TRABALHADOR EVENTUAL. CONFIGURAÇÃO. Se o trabalhador foi chamado apenas para realizar o trabalho de pintura, tarefa essa não inserida nos fins normais da empresa, já que essa atua na área de revenda de combustíveis e óleo lubrificante, sendo o labor esporádico e de estreita duração, esse será de natureza eventual e aquele que os prestar não será empregado, mas sim trabalhador eventual (TRT 18ª R — Processo 0562/98 — Rel. Juíza Ialba-Luza Guimarães de Mello — DJ 22.05.1998).

(1155) VÍNCULO EMPREGATÍCIO. CHAPA. EVENTUALIDADE. INEXISTÊNCIA. Trabalhador que executa carga e descarga de mercadorias de caminhões, recebendo a paga cada dia de um motorista diferente ou de uma empresa diferente entre as muitas para as quais, sem fixação, presta o serviço, é trabalhador eventual, definido como "chapa", cuja absoluta liberdade repele a noção de vínculo de emprego subordinado (TRT 4ª R. — 01075-2007-383-04-00-2 RO — 1ª T. — Rel. Juiz Fernando Luiz de Moura Cassal — DJRS 13.01.2009).

3. *Trabalho temporário*

O trabalho temporário foi disciplinado em nosso país pela Lei n. 6.019, de 3 de janeiro de 1974, regulamentada pelo Decreto n. 73.841, de 13 de março de 1974. Esta legislação teve por base a Lei Francesa n. 72-1, de 3 de janeiro de 1972[1156].

Os arts. 1º, 2º, 4º, 5º, 6º, 9º, 10, o parágrafo único do art. 11 e o art. 12 da Lei n. 6.019/74 foram alterados pela Lei n. 13.429, de 31 de março de 2017.

Passa-se a analisar destacadamente suas principais características:

A) A Lei n. 6.019/74 criou uma relação obrigacional justrabalhista trilateral e complexa, formada pela empresa de trabalho temporário, pelo trabalhador temporário e pela empresa tomadora de serviço, sendo o trabalho temporário considerado por Redinha[1157] uma situação de fragmentação da relação de trabalho. A autora destaca no trabalho temporário as seguintes características: desintegração do processo produtivo, flexibilidade, atipicidade e precariedade.

As hipóteses de contratação de trabalho temporário autorizadas pela legislação são restritivas, pois se trata de um contrato de trabalho com características especiais.

O conceito legal atual de trabalho temporário está no art. 2º da Lei n. 6.019/74, dada pela Lei n. 13.429/17:

> Art. 2º Trabalho temporário é aquele prestado por pessoa física contratada por uma empresa de trabalho temporário que a coloca à disposição de uma empresa tomadora de serviços, para atender à necessidade de substituição transitória de pessoal permanente ou à demanda complementar de serviços.

Atualmente, tem-se duas hipóteses legais de contratação de trabalho temporário: a) para atender à necessidade de substituição transitória de pessoal permanente; b) para atender à demanda complementar de serviços.

Pela redação anterior do art. 2º, as hipóteses eram: a) para atender à necessidade transitória de substituição de seu pessoal regular e permanente; b) para atender à necessidade de acréscimo extraordinário de serviços.

O art. 2º atual inovou ao usar a expressão "demanda complementar de serviços" e esclarece que se considera complementar a demanda de serviços que seja oriunda de fatores imprevisíveis ou, quando decorrente de fatores previsíveis, tenha natureza intermitente, periódica ou sazonal (art. 2º, § 2º, da Lei n. 13.429/17).

A contratação de trabalhadores temporários precisa estar enquadrada numa das hipóteses do art. 2º , sob pena de nulidade.

O art. 4º da Lei n. 6.019/74 conceitua a empresa de trabalho temporário (ETT). Veja-se na íntegra o art. 4º da Lei n. 6.019/74 com a redação atual e a anterior:

> Art. 4º Empresa de trabalho temporário é a pessoa jurídica, devidamente registrada no Ministério do Trabalho, responsável pela colocação de trabalhadores à disposição de outras empresas temporariamente (redação dada pela Lei n. 13.429, de 2017).

(1156) Além disso, a Instrução Normativa MTPS/SNT n. 09, de 8.11.1991 dispõe sobre a fiscalização do trabalho temporário, e a Instrução Normativa DRF n. 100, de 18.8.1992 dispõe sobre o registro de empresa de trabalho temporário. Esclarece-se que a Lei n. 9.601/98, regulamentada pelo Decreto n. 2.490/98, criou uma nova modalidade de contrato de trabalho a prazo determinado (máximo de dois anos) mediante prévia negociação coletiva, que ficou rotulada pelo nome de Lei do Trabalho Temporário. Em face dessa confusão terminológica, criada pela repetição de nomenclatura, deve-se alertar que a modalidade contratual, trazida pela Lei n. 9.608/98 não se confunde com o contrato de trabalho temporário disciplinado pela Lei n. 6.019/74, e ora estudado. Sobre o contrato de trabalho previsto pela Lei n. 9.601/98 ver RAMOS, Alexandre. *Contrato temporário de trabalho:* combate ao desemprego ou redução do custo da força de trabalho? São Paulo: LTr, 1999. p. 84.

(1157) REDINHA, Maria Regina Gomes Redinha. *A relação laboral fragmentada.* Coimbra: Coimbra, 1995. p. 86-92.

A redação anterior do art. 4º da Lei n. 6.019/74 dispunha que a empresa de trabalho temporário poderia ser pessoa física e deveria ser urbana. Pela nova redação, somente pode ser pessoa jurídica e há omissão sobre a natureza ser obrigatoriamente urbana.

A empresa de trabalho temporário coloca à disposição de outras empresas, temporariamente, trabalhadores devidamente qualificados, por elas remunerados e assistidos[1158]. Essa é sua atividade-fim.

São requisitos para funcionamento e registro da empresa de trabalho temporário no Ministério do Trabalho (art. 6º):

I — prova de inscrição no Cadastro Nacional da Pessoa Jurídica (CNPJ), do Ministério da Fazenda;

II — prova do competente registro na Junta Comercial da localidade em que tenha sede;

III — prova de possuir capital social de, no mínimo, R$ 100.000,00 (cem mil reais).

Há vínculo de emprego entre a empresa de trabalho temporário e os trabalhadores temporários. O trabalhador temporário é empregado da empresa de trabalho temporário com registro por ela na CTPS (Carteira de Trabalho e Previdência Social).

Já a empresa tomadora de serviços (contratante dos serviços) é a pessoa jurídica ou entidade a ela equiparada que celebra contrato de prestação de trabalho temporário com a empresa de trabalho temporário.

Uma empresa contrata com outra fornecendo trabalhadores para prestarem serviços em determinada empresa ou estabelecimento[1159].

O trabalhador temporário, em razão do contrato de prestação de serviços de natureza civil/comercial celebrado entre as empresas, presta seu trabalho no estabelecimento da empresa tomadora de serviços (contratante dos serviços) e em favor desta.

Entre a empresa tomadora de serviços e o trabalhador fornecido, não há, nem pode haver, relação jurídica de trabalho. O poder de comando delegado não decorre tão somente dessa delegação (análise jurídica), mas do fato de o trabalho vir a ser prestado numa empresa que pressupõe estrutura hierárquica[1160].

Observadas as disposições legais especiais da Lei n. 6.019/74, não existe vínculo de emprego entre ela e os trabalhadores contratados pelas empresas de trabalho temporário, qualquer que seja o ramo da empresa tomadora de serviços (art. 10 da Lei n. 6.019/74).

A redação anterior da Lei n. 6.019/74 não falava na eventual responsabilização da tomadora de serviços pelas obrigações trabalhistas, embora na prática a jurisprudência tenha construído hipóteses de responsabilização da empresa tomadora dos serviços por direitos trabalhistas inadimplidos pela empresa de trabalho temporário para com os trabalhadores temporários.

Pela Lei n. 13.429/17 foi incluído o § 7º ao art. 10 da Lei n. 6.019/74, prevendo responsabilidade trabalhista e previdenciária da contratante (tomadora dos serviços):

(1158) Nesse sentido dispõe o art. 4º da Lei n. 6.019/74. A qualificação dos empregados relaciona-se com o elemento serviços especializados, típico da terceirização. O art. 2º do Regulamento (Decreto n. 73.841/74) confirma essa relação ao falar em pessoal especializado. Sobre a característica do pessoal especializado ver PRUNES, José Luiz Ferreira. *Contratos triangulares de trabalho.* Curitiba: Juruá, 1993. p. 44-47.

(1159) DÁVALOS, José. *Derecho individual del trabajo.* 13. ed. México: Porrúa, 2003. p. 95-96.

(1160) MARANHÃO, Délio; CARVALHO, Luiz Inácio Barbosa. *Direito do Trabalho.* 17. ed. Rio de Janeiro: Fundação Getulio Vargas, 1993. p. 188; neste sentido, também: SÜSSEKIND, Arnaldo. O Enunciado n. 256: mão de obra contratada e empresas de prestação de serviços. *Revista LTr,* São Paulo, v. 51, n. 3, p. 277, mar. 1997; MANNRICH, Nelson. A modernização do contrato de trabalho. São Paulo: LTr, 1998. p. 197; LEITE, João Antônio Guilhembernard Pereira. *Estudos de Direito do Trabalho e Direito Previdenciário.* Porto Alegre: Síntese, 1979. p. 72-73.

Art. 10, § 7º A contratante é subsidiariamente responsável pelas obrigações trabalhistas referentes ao período em que ocorrer o trabalho temporário, e o recolhimento das contribuições previdenciárias observará o disposto no art. 31 da Lei n. 8.212, de 24 de julho de 1991.

Antes da Lei n. 13.429/17, o entendimento jurisprudencial sobre a responsabilização da empresa tomadora de serviços terceirizados foi pacificado pelo Tribunal Superior do Trabalho por meio da Súmula n. 331, item I:

Súmula n. 331 do TST. CONTRATO DE PRESTAÇÃO DE SERVIÇOS. LEGALIDADE.

I — A contratação de trabalhadores por empresa interposta é ilegal, formando-se o vínculo diretamente com o tomador dos serviços, salvo no caso de trabalho temporário (Lei n. 6.019, de 3.1.1974).

Assim, em caso de não observância de uma das exigências da Lei n. 6.019/74, o suposto contrato de trabalho pode ser declarado nulo judicialmente (nulidade dessa contratação especial), com a declaração de vínculo diretamente com a empresa tomadora de serviços[1161].

Por fim, cabe referir que é proibida a contratação de trabalho temporário para a substituição de trabalhadores em greve, salvo nos casos previstos em lei, conforme o art. 2º, § 1º, da Lei n. 13.429/17.

B) Trata-se de uma espécie de contrato de trabalho de duração determinada (art. 443 da CLT), mas considerado especial, porque submetido às regras especiais da Lei n. 6.019/74.

A duração desse tipo especial de contrato de trabalho é limitada ao prazo de 180 (cento e oitenta) dias, consecutivos ou não, com relação ao mesmo empregador, podendo ser prorrogado por até 90 (noventa) dias, consecutivos ou não, quando comprovada a manutenção das condições que o ensejaram, conforme o disposto no art. 10, §§ 1º e 2º da Lei n. 6.019/74, com redação dada pela da Lei n. 13.429/17:

§ 1º O contrato de trabalho temporário, com relação ao mesmo empregador, não poderá exceder ao prazo de cento e oitenta dias, consecutivos ou não.

§ 2º O contrato poderá ser prorrogado por até noventa dias, consecutivos ou não, além do prazo estabelecido no § 1º deste artigo, quando comprovada a manutenção das condições que o ensejaram.

Pela redação anterior do art. 10, o prazo era de 3 (meses) com relação ao mesmo empregador, podendo ser prorrogado mediante autorização conferida pelo órgão local do então Ministério do Trabalho.

O trabalhador temporário que cumprir o prazo de 180 (cento e oitenta) dias prorrogáveis por mais 90 (noventa) dias somente poderá ser colocado à disposição da mesma tomadora de serviços em novo contrato temporário, após 90 (noventa) dias do término do contrato anterior (art. 10, § 5º, da Lei n. 6.019/74, com redação dada pela da Lei n. 13.429/17).

O descumprimento dessa disposição legal, ou seja, a contratação anterior ao prazo 90 (noventa) dias após o término do contrato anterior caracteriza vínculo empregatício com a tomadora, de acordo com o art. 10, § 6º, da Lei n. 6.019/74, com redação dada pela da Lei n. 13.429/17.

O trabalhador temporário não pode cumprir contrato de experiência (que também é uma modalidade de contrato por prazo determinado). Assim, não se aplica ao trabalhador temporário, contratado pela tomadora de serviços, o contrato de experiência previsto no parágrafo único do art. 445 da Consolidação das Leis do Trabalho (art. 10, § 4º, da Lei n. 6.019/74, com redação dada pela da Lei n. 13.429/17).

(1161) Nesse sentido, também entende a doutrina pátria: VILHENA, Paulo Emílio Ribeiro de. *Relação de Emprego:* estrutura legal e supostos. 2. ed. São Paulo: LTr, 1999. p. 257; PRUNES, José Luiz Ferreira. *Contratos triangulares de trabalho.* Curitiba: Juruá, 1993. p. 61.

O trabalhador temporário não se confunde com a figura do trabalhador admitido a prazo certo, por curto período, pela própria empresa tomadora de serviços, como no caso do contrato por temporada.

No contrato por temporada, está-se diante do empregado típico, mediante relação bilateral e simétrica, regendo-se pela Consolidação das Leis do Trabalho e não pela Lei n. 6.019/74[(1162)].

C) O contrato de natureza civil/comercial celebrado pela empresa de trabalho temporário e a tomadora de serviço será obrigatoriamente por escrito, deverá ficar à disposição da autoridade fiscalizadora no estabelecimento da tomadora de serviços e conter, pelo menos, o conteúdo disposto no *caput* do art. 9º da Lei n. 6.019/74:

> Art. 9º O contrato celebrado pela empresa de trabalho temporário e a tomadora de serviços será por escrito, ficará à disposição da autoridade fiscalizadora no estabelecimento da tomadora de serviços e conterá:
>
> I — qualificação das partes;
>
> II — motivo justificador da demanda de trabalho temporário;
>
> III — prazo da prestação de serviços;
>
> IV — valor da prestação de serviços;
>
> V — disposições sobre a segurança e a saúde do trabalhador, independentemente do local de realização do trabalho.

É responsabilidade da empresa contratante (empresa tomadora de serviços) garantir as condições de segurança, higiene e salubridade dos trabalhadores, quando o trabalho for realizado em suas dependências ou em local por ela designado (art. 9º, § 1º, da Lei n. 6.019/74, com redação dada pela da Lei n. 13.429/17).

A contratante (empresa tomadora de serviços) estenderá ao trabalhador da empresa de trabalho temporário o mesmo atendimento médico, ambulatorial e de refeição destinado aos seus empregados, existente nas dependências da contratante, ou local por ela designado (art. 9º, § 2º, da Lei n. 6.019/74, com redação dada pela da Lei n. 13.429/17).

Nessa operação trilateral, a empresa de trabalho temporário, além de admitir e assalariar o trabalhador, conserva também o poder disciplinar, mas delega o poder de comando a sua cliente (empresa tomadora de serviço), uma vez que o trabalho é prestado no estabelecimento desta e em favor desta.

Nesse sentido, os §§ 1º e 2º do art. 9º da Lei n. 6.019/74, com redação dada pela da Lei n. 13.429/17, delegam para a tomadora de serviços obrigações de segurança, higiene e salubridade dos trabalhadores, quando o trabalho for realizado em suas dependências ou em local por ela designado, bem como de atendimento médico, ambulatorial e de refeição destinado aos seus empregados, existente nas dependências da contratante, ou local por ela designado, tendo em vista que o trabalho é prestado no estabelecimento desta.

O contrato de trabalho temporário pode versar sobre o desenvolvimento de atividades-meio e atividades-fim a serem executadas na empresa tomadora de serviços (art. 9º, § 2º, da Lei n. 6.019/74, com redação dada pela da Lei n. 13.429/17).

Essa disposição legal foi feita por cautela, na linha da legislação atual que autoriza a terceirização de serviços em qualquer atividade de tomadora de serviços (atividades-meio e atividades-fim), conforme o disposto no art. 4º-C da Lei n. 6.019/74, com redação dada pela Lei n. 13.467/17.

(1162) Cf. DELGADO, Mauricio Godinho. *Curso de Direito do Trabalho.* São Paulo: LTr, 2002. p. 439.

D) Fala-se que o trabalho temporário constitui modalidade de trabalho precário, porque os direitos do trabalhador temporário são restritos e estão arrolados no art. 12 da Lei n. 6.019/74:

Art. 12. Ficam assegurados ao trabalhador temporário os seguintes direitos:

a) remuneração equivalente à percebida pelos empregados de mesma categoria da empresa tomadora ou cliente calculados à base horária, garantida, em qualquer hipótese, a percepção do salário mínimo regional;

b) jornada de oito horas, remuneradas as horas extraordinárias não excedentes de duas, com acréscimo de 20% (vinte por cento);

c) férias proporcionais, nos termos do art. 25 da Lei n. 5.107, de 13 de setembro de 1966;

d) repouso semanal remunerado;

e) adicional por trabalho noturno;

f) indenização por dispensa sem justa causa ou término normal do contrato, correspondente a 1/12 (um doze avos) do pagamento recebido;

g) seguro contra acidente do trabalho;

h) proteção previdenciária nos termos do disposto na Lei Orgânica da Previdência Social, com as alterações introduzidas pela Lei n. 5.890, de 8 de junho de 1973 (art. 5º, item III, letra "c" do Decreto n. 72.771, de 6 de setembro de 1973).

§ 1º Registrar-se-á na Carteira de Trabalho e Previdência Social do trabalhador sua condição de temporário.

§ 2º A empresa tomadora ou cliente é obrigada a comunicar à empresa de trabalho temporário a ocorrência de todo acidente cuja vítima seja um assalariado posto à sua disposição, considerando-se local de trabalho, para efeito da legislação específica, tanto aquele onde se efetua a prestação do trabalho, quanto a sede da empresa de trabalho temporário.

Pela leitura do art. 12 verifica-se que o trabalhador temporário possui direitos trabalhistas importantes e básicos, mas não tem os mesmos direitos do trabalhador não temporário regido pela CLT.

4. Trabalho avulso, portuário e aquaviário

Trabalhador avulso é aquele que, sindicalizado ou não, presta serviço de natureza urbana ou rural, a diversas empresas, sem vínculo empregatício, com a intermediação obrigatória do órgão gestor de mão de obra ou do sindicato da categoria[(1163)].

Desse conceito se pode extrair e esclarecer as características do trabalho avulso:

(1163) Definição extraída do art. 9º, inciso VI, do Decreto n. 3.048/99 — Regulamento da Previdência Social, que conceitua o trabalhador avulso e o enquadra como segurado obrigatório da Previdência Social.

a) Para configuração do trabalho avulso há necessidade de uma relação de trabalho trilateral e complexa, formada pelo sindicato de sua categoria profissional(1164) ou do órgão gestor da mão de obra, pelo trabalhador avulso e pela empresa tomadora do serviço(1165).

Nesse sentido, a intermediação do sindicato de sua categoria profissional ou do órgão gestor da mão de obra é obrigatória para a caracterização dessa relação de trabalho diferenciada, e tal intermediação é que gera essa relação trilateral e não bilateral como os contratos de emprego.

No Brasil, essa intermediação era feita, historicamente, apenas pelo sindicato dos trabalhadores avulsos, porém com a edição da Lei n. 8.630/93, a entidade intermediária no trabalho avulso portuário pode ser feita também pelo criado OGMO — Órgão Gestor de Mão de Obra(1166).

(1164) A Lei n. 12.023/2009 descreve as atividades que cabem ao sindicato enquanto intermediador obrigatório da relação de trabalho avulsa em atividades de movimentação de mercadorias em geral.

"Art. 4º O sindicato elaborará a escala de trabalho e as folhas de pagamento dos trabalhadores avulsos, com a indicação do tomador do serviço e dos trabalhadores que participaram da operação, devendo prestar, com relação a estes, as seguintes informações:

I — os respectivos números de registros ou cadastro no sindicato;

II — o serviço prestado e os turnos trabalhados;

III — as remunerações pagas, devidas ou creditadas a cada um dos trabalhadores, registrando-se as parcelas referentes a:

a) repouso remunerado;

b) Fundo de Garantia do Tempo de Serviço;

c) 13º salário;

d) férias remuneradas mais 1/3 (um terço) constitucional;

e) adicional de trabalho noturno;

f) adicional de trabalho extraordinário.

Art. 5º São deveres do sindicato intermediador:

I — divulgar amplamente as escalas de trabalho dos avulsos, com a observância do rodízio entre os trabalhadores;

II — proporcionar equilíbrio na distribuição das equipes e funções, visando à remuneração em igualdade de condições de trabalho para todos e a efetiva participação dos trabalhadores não sindicalizados;

III — repassar aos respectivos beneficiários, no prazo máximo de 72 (setenta e duas) horas úteis, contadas a partir do seu arrecadamento, os valores devidos e pagos pelos tomadores do serviço, relativos à remuneração do trabalhador avulso;

IV — exibir para os tomadores da mão de obra avulsa e para as fiscalizações competentes os documentos que comprovem o efetivo pagamento das remunerações devidas aos trabalhadores avulsos;

V — zelar pela observância das normas de segurança, higiene e saúde no trabalho;

VI — firmar Acordo ou Convenção Coletiva de Trabalho para normatização das condições de trabalho.

§ 1º Em caso de descumprimento do disposto no inciso III deste artigo, serão responsáveis, pessoal e solidariamente, os dirigentes da entidade sindical.

§ 2º A identidade de cadastro para a escalação não será a carteira do sindicato e não assumirá nenhuma outra forma que possa dar ensejo à distinção entre trabalhadores sindicalizados e não sindicalizados para efeito de acesso ao trabalho.

(1165) Lei n. 12.023/2009 "Art. 6º São deveres do tomador de serviços:

I — pagar ao sindicato os valores devidos pelos serviços prestados ou dias trabalhados, acrescidos dos percentuais relativos a repouso remunerado, 13º salário e férias acrescidas de 1/3 (um terço), para viabilizar o pagamento do trabalhador avulso, bem como os percentuais referentes aos adicionais extraordinários e noturnos;

II — efetuar o pagamento a que se refere o inciso I, no prazo máximo de 72 (setenta e duas) horas úteis, contadas a partir do encerramento do trabalho requisitado;

III — recolher os valores devidos ao Fundo de Garantia do Tempo de Serviço, acrescido dos percentuais relativos ao 13º salário, férias, encargos fiscais, sociais e previdenciários, observando o prazo legal.

Art. 7º A liberação das parcelas referentes ao 13º salário e às férias, depositadas nas contas individuais vinculadas e o recolhimento do FGTS e dos encargos fiscais e previdenciários serão efetuados conforme regulamentação do Poder Executivo.

Art. 8º As empresas tomadoras do trabalho avulso respondem solidariamente pela efetiva remuneração do trabalho contratado e são responsáveis pelo recolhimento dos encargos fiscais e sociais, bem como das contribuições ou de outras importâncias devidas à Seguridade Social, no limite do uso que fizerem do trabalho avulso intermediado pelo sindicato.

Art. 9º As empresas tomadoras do trabalho avulso são responsáveis pelo fornecimento dos Equipamentos de Proteção Individual e por zelar pelo cumprimento das normas de segurança no trabalho.

Art. 10. A inobservância dos deveres estipulados nos arts. 5º e 6º sujeita os respectivos infratores à multa administrativa no valor de R$ 500,00 (quinhentos reais) por trabalhador avulso prejudicado.

(1166) Segundo o disposto no art. 27 da Lei n. 8.630/93: "O órgão de gestão de mão de obra:

I — organizará e manterá cadastro de trabalhadores portuários habilitados ao desempenho das atividades referidas no artigo anterior;

Note-se que a Lei n. 12.023/2009, que dispõe sobre as atividades de movimentação de mercadorias em geral e sobre o trabalho avulso, prevê a intermediação obrigatória apenas do sindicato da categoria e por meio de Acordo ou Convenção Coletiva de Trabalho para execução das atividades.

São atividades da movimentação de mercadorias em geral: I — cargas e descargas de mercadorias a granel e ensacados, costura, pesagem, embalagem, enlonamento, ensaque, arrasto, posicionamento, acomodação, reordenamento, reparação da carga, amostragem, arrumação, remoção, classificação, empilhamento, transporte com empilhadeiras, paletização, ova e desova de vagões, carga e descarga em feiras livres e abastecimento de lenha em secadores e caldeiras; II — operações de equipamentos de carga e descarga; III — pré-limpeza e limpeza em locais necessários à viabilidade das operações ou à sua continuidade[1167].

As regras da Lei n. 12.023/2009 não se aplicam ao trabalhador avulso portuário, que é especificamente regulado pela Lei n. 8.630/1993, conforme esclarece Delgado[1168].

Assim, não existe mais uma situação uniforme, ou seja, a intermediação no trabalho avulso portuário pode ser feita tanto pelo sindicato dos trabalhadores avulsos como pelo órgão gestor de mão de obra (conforme a Lei n. 8.630/1993), e em relação ao trabalho avulso em atividades de movimentação de mercadorias em geral só pode ser feita pelo sindicato da categoria profissional (nos termos da Lei n. 12.023/2009).

b) O trabalhador avulso pode ser sindicalizado ou não. Essa característica decorre, sobretudo, do princípio constitucional de livre associação sindical previsto no art. 8º, inciso V, da Constituição Federal de 1988, segundo o qual: "ninguém será obrigado a filiar-se ou a manter-se filiado a sindicato".

Nesse sentido, o art. 5º da Lei n. 12.023/09, que trata dos deveres do sindicato intermediador, prevê no § 2º que: "a identidade de cadastro para a escalação não será a carteira do sindicato e não assumirá nenhuma outra forma que possa dar ensejo à distinção entre trabalhadores sindicalizados e não sindicalizados para efeito de acesso ao trabalho".

Em suma, não se pode exigir que o trabalhador avulso esteja associado, ou seja, filiado ao sindicato da sua categoria, quando ele pretender se cadastrar como avulso para efeito de acesso ao trabalho.

c) O avulso pode ser portuário ou não portuário e ainda pode ser urbano ou rural.

O avulso portuário é o mais comum, mas não é o único tipo de trabalho avulso, havendo trabalhadores avulsos no meio rural, como ensacadores de café, cacau, sal e similares, bem como classificadores de frutas[1169].

Além disso, tanto em áreas urbanas quanto rurais, podem ser exercidos trabalhos avulsos não portuários e atividades de movimentação de mercadorias em geral, tais como: a) cargas e descargas de mercadorias a granel e ensacados, costura, pesagem, embalagem, enlonamento, ensaque, arrasto, posicionamento, acomodação, reordenamento, reparação da carga, amostragem, arrumação, remoção, classificação, empilhamento,

---

II — organizará e manterá o registro dos trabalhadores portuários avulsos.

§ 1º A inscrição no cadastro do trabalhador portuário dependerá, exclusivamente, de prévia habilitação profissional do trabalhador interessado, mediante treinamento realizado em entidade indicada pelo órgão de gestão de mão de obra.

§ 2º O ingresso no registro do trabalhador portuário avulso depende de prévia seleção e respectiva inscrição no cadastro de que trata o inciso I deste artigo, obedecidas a disponibilidade de vagas e a ordem cronológica de inscrição no cadastro.

§ 3º A inscrição no cadastro e o registro do trabalhador portuário extingue-se por morte, aposentadoria ou cancelamento.

Art. 28. A seleção e o registro do trabalhador portuário avulso serão feitos pelo órgão de gestão de mão de obra avulsa, de acordo com as normas que forem estabelecidas em contrato, convenção ou acordo coletivo de trabalho.

Art. 29. A remuneração, a definição das funções, a composição dos termos e as demais condições do trabalho avulso serão objeto de negociação entre as entidades representativas dos trabalhadores portuários avulsos e dos operadores portuários.

(1167) Conforme o art. 2º da Lei n. 12.023/2009.

(1168) DELGADO, Maurício Godinho. *Curso de Direito do Trabalho*. 9. ed. São Paulo: LTr, 2010. p. 333.

(1169) Conforme o art. 10 do Decreto n. 61.851/67. Nesse sentido também de MARTINS, Sergio Pinto. *Direito do Trabalho*. 21. ed. São Paulo: Atlas, 2005. p. 195.

transporte com empilhadeiras, paletização, ova e desova de vagões, carga e descarga em feiras livres e abastecimento de lenha em secadores e caldeiras; b) operações de equipamentos de carga e descarga; c) pré-limpeza e limpeza em locais necessários à viabilidade das operações ou à sua continuidade[(1170)].

De outra parte, são considerados trabalhadores avulsos[(1171)]: a) o trabalhador que exerce atividade portuária de capatazia, estiva, conferência e conserto de carga, vigilância de embarcação e bloco; b) o trabalhador de estiva de mercadorias de qualquer natureza, inclusive carvão e minério; c) o trabalhador em alvarenga (embarcação para carga e descarga de navios); d) o amarrador de embarcação; e) o ensacador de café, cacau, sal e similares; f) o trabalhador na indústria de extração de sal; g) o carregador de bagagem em porto; h) o prático de barra em porto; i) o guindasteiro; j) o classificador, o movimentador e o empacotador de mercadorias em portos.

Além de disso, é importante esclarecer que nem todo trabalhador portuário é avulso. Os trabalhadores portuários podem ser empregados tipicamente regidos pelas normas da Consolidação das Leis do Trabalho ou trabalhadores avulsos com as características peculiares de contratação e de execução do contrato que ora estão sendo estudadas, dependendo da natureza da contratação.

Cabe também destacar que o trabalhador portuário (o não avulso, e ainda mais o avulso) não se confunde com o trabalhador aquaviário. Segundo a Lei n. 9.537, de 11.12.1997 (LESTA), aquaviário "é todo aquele com habilitação certificada pela autoridade marítima para operar embarcações em caráter profissional"[(1172)], cujo regulamento vem no Decreto n. 2.596, de 18.05.2008 (RELESTA), que os enquadra nos seguintes grupos de profissionais[(1173)]: 1º Grupo) Marítimos: tripulantes que operam embarcações classificadas para a navegação em mar aberto, apoio marítimo, apoio portuário e para a navegação interior nos canais, lagoas, baías, angras, enseadas e áreas marítimas consideradas abrigadas; 2º Grupo) Fluviários: tripulantes que operam embarcações classificadas para a navegação interior nos lagos, rios e de apoio portuário fluvial; 3º Grupo) Pescadores: tripulantes que exercem atividades a bordo de embarcações de pesca; 4º Grupo) Mergulhadores: tripulantes ou profissionais não tripulantes com habilitação certificada pela Autoridade Marítima para exercer atribuições diretamente ligadas à operação da embarcação e prestar serviços eventuais a bordo ligados às atividades subaquáticas; 5º Grupo) Práticos: aquaviários não tripulantes que prestam serviços de praticagem embarcado; 6º Grupo) Agentes de Manobra e Docagem: aquaviários não tripulantes que manobram navios nas fainas em diques, estaleiros e carreiras.

O trabalho do aquaviário é confinado de forma permanente e exercido, muitas vezes, em diferentes portos brasileiros e até estrangeiros, de modo que o sujeita a uma ampla gama de variações climáticas e culturais, além de ser permanentemente submetido a balanços e trepidações. Suas limitações físicas privam-no do convívio familiar por longos períodos. Além disso, a necessidade de prontidão para o trabalho exige que, mesmo nos momentos de descanso, o trabalhador mantenha-se alerta para agir em eventuais emergências ou imprevistos no navio. Este conjunto de características singulariza o trabalhador aquaviário a tal ponto que a Organização Internacional do Trabalho — OIT dedica-lhe uma grande parcela das convenções editadas, específicas sobre o trabalho marítimo[(1174)].

Considerando tais características, o Tribunal Superior do Trabalho formulou entendimento de que a permanência do tripulante a bordo do navio, no período de repouso, além da jornada, não importa presunção de que esteja à disposição do empregador ou em regime de prorrogação de horário, circunstâncias

---

(1170) Conforme o art. 2º da Lei n. 12.023/2009.

(1171) Conforme o art. 9º, VI, do Decreto n. 3.048/99.

(1172) Conforme o art. 2º, II, da Lei n. 9.537/97.

(1173) Conforme o art. 1º do Decreto n. 2.596/98.

(1174) A Convenção n. 147 sobre Normas Mínimas da Marinha Mercante foi adotada pela OIT em 1976, entrou em vigor, para adesões, em 1981, e foi aprovada pelo Congresso Nacional por meio do Decreto Legislativo n. 33, de 25 de outubro de 1990, sendo ratificada em 17 de fevereiro de 1991 e promulgada pelo Decreto n. 447, de 7 de fevereiro de 1992.

que, se forem o caso, devem resultar provadas em face da natureza diferenciada dessa relação de trabalho, conforme a Súmula n. 96:

Súmula n. 96: MARÍTIMO. A permanência do tripulante a bordo do navio, no período de repouso, além da jornada, não importa presunção de que esteja à disposição do empregador ou em regime de prorrogação de horário, circunstâncias que devem resultar provadas, dada a natureza do serviço.

O trabalhador avulso, em princípio, não enseja a formação do vínculo empregatício nem com as empresas tomadoras de serviços nem com a entidade sindical que coordena o atendimento ao pedido de mão de obra e o encaminha para a execução de tarefas que lhe são peculiares(1175).

Todavia, caso haja "mascaramento" de uma relação que na verdade não é de trabalho avulso (fraude), o judiciário trabalhista tem reconhecido o vínculo de emprego com a tomadora dos serviços desse trabalhador.

É muito comum a contratação de trabalho avulso na chamada orla portuária, notadamente pelos navios que atracam nos portos para trazer e levar mercadorias, tendo em razão da natureza dessa atividade comercial que não é certa, nem contínua, geralmente.

Essa é a essência da questão: à luz do princípio da primazia da realidade, não basta à observância dos requisitos formais de filiação do trabalhador ao sindicato dos trabalhadores avulsos a existência de contrato entre este e a empresa tomadora dos seus serviços (relação triangular) para caracterizar a hipótese de trabalho avulso. É fundamental que a contratação dessa espécie de trabalhador não seja para atuar em atividade de natureza contínua, permanente (não eventualidade(1176)) e com pessoalidade (sem a rotatividade própria ao trabalho avulso), além de subordinada, pois para esse tipo de atividade a relação é de emprego(1177).

A inexistência de vínculo de emprego, todavia, não prejudica os direitos trabalhistas dos trabalhadores avulsos, visto que a Constituição Federal de 1988 dispôs que o trabalhador avulso deve ter os mesmos direitos trabalhistas do empregado (usando a expressão "com vínculo empregatício permanente" para diferenciar o empregado do trabalhador avulso)(1178).

Na prática, os direitos trabalhistas devidos ao trabalhador avulso pelos tomadores do seu serviço (respeitadas as formalidades legais descritas) são embutidos na nota fiscal do tomador de serviços e recolhidos pelo sindicato de sua categoria profissional ou do órgão gestor da mão de obra.

Ao ler essa consideração, certamente alguns questionariam por que então muitos avulsos postulam, na Justiça do Trabalho, o reconhecimento de vínculo de emprego com os tomadores de seus serviços. Ocorre

(1175) Exemplo na jurisprudência: BRASIL. Tribunal Regional do Trabalho da 4ª Região, 8ª Turma. EMENTA: INEXISTÊNCIA DE VÍNCULO DE EMPREGO. TRABALHADOR AVULSO. Comprovada a prestação de serviços pelo reclamante a diversas empresas durante o período informado na petição inicial e não estando presentes os elementos caracterizadores da relação de emprego, na forma do art. 3º da CLT, em especial a subordinação, não se permite concluir pela existência de vínculo de emprego, tratando-se de trabalho avulso, prestado com a intermediação do sindicato. Improvido. Processo n. 00242-2007-024-04-00-6 (RO). Relatora: Maria da Graça R. Centeno. 13 de novembro de 2008. Disponível em: <http://www.trt4.jus.br>. Acesso em: 14 jan. 2009.

(1176) Note-se que a própria Constituição Federal atual, para diferenciar a relação de trabalho avulso da relação de emprego, utilizou a expressão "trabalhador com vínculo de emprego permanente" para se referir ao empregado. O texto legal é o seguinte: Constituição Federal, art. 7º. São direitos dos trabalhadores urbanos e rurais, além de outros que visem à melhoria de sua condição social: [...] XXXIV — igualdade de direitos entre o trabalhador com vínculo empregatício permanente e o trabalhador avulso.

(1177) Nesse sentido, exemplifica o julgado a seguir: BRASIL. Tribunal Regional do Trabalho da 4ª Região, 8ª Turma. EMENTA: VÍNCULO DE EMPREGO. AVULSO. A filiação do reclamante ao sindicato e a existência de contrato entre este e a empresa reclamada não são suficientes para caracterizar a hipótese de trabalho avulso. Servindo a intervenção sindical para colocar o trabalhador em atividade de natureza contínua, permanente e de forma exclusiva, sem a rotatividade própria ao trabalho avulso, resta inafastável o reconhecimento do vínculo de emprego. A responsabilidade solidária da segunda reclamada decorre de sua participação na contratação fraudulenta do autor, ou seja, como avulso, quando essa modalidade em nada se adequava à relação verificada no plano dos fatos. Sentença mantida. Processo n. 01211-2006-202-04-00-0 (RO). Relator: Ana Luiza Heineck Kruse. 3 de abril de 2008. Disponível em: <http://www.trt4.jus.br>. Acesso em: 14 jan. 2009.

(1178) Constituição Federal, art. 7º: São direitos dos trabalhadores urbanos e rurais, além de outros que visem à melhoria de sua condição social: [...] XXXIV — igualdade de direitos entre o trabalhador com vínculo empregatício permanente e o trabalhador avulso.

que (sem contar, é claro, com os conflitos concretos de cada relação), embora o trabalhador avulso tenha os mesmos direitos trabalhistas mínimos devidos aos empregados quando estão prestando serviço a algum tomador, aos trabalhadores avulsos não são alcançados os direitos previstos nas normas coletivas dos tomadores de serviço.

Por fim, se faz relevante chamar a atenção de que a relação de trabalho avulsa é uma espécie de relação de trabalho que está na trilha contemporânea do Direito do Trabalho, de tutelar tipos especiais de relações de trabalho de forma específica, por meio da concessão de, pelo menos, alguns direitos trabalhistas, visando encontrar alternativas que não apenas a relação de emprego, que não pode ser (e nunca foi, de fato) a única forma de relação de trabalho, sendo que a vocação hegemônica desse modelo normativo está debilitada.

Esse é um dos principais assuntos em debate no âmbito científico em termos mundiais: se o Direito do Trabalho fundado sobre o trabalho subordinado (emprego) perdeu sua identidade, e se pode um Direito do Trabalho limitado em outros tempos ao trabalhador subordinado (também chamado de assalariado) ser transformado em Direito aplicável a todas atividades.

Segundo explica Gerard Lyon-Caen, o Direito do Trabalho convertido em instrumento da política de emprego fracassou e se encontra em retrocesso diante do trabalho chamado independente (ou autônomo, em sentido amplo). Além disso, a terceirização de serviços também modificou sensivelmente as relações de trabalho. Os critérios para distinguir diferentes relações de trabalho não são sólidos, gerando controvérsias, pois "a fronteira é indefinida e as referências movediças"[(1179)].

Nesta linha, Javillier chama a atenção para a emergência de novas modalidades de regulação social, tutelando trabalhadores que não são empregados, sob pena de as relações de trabalho sem ou parca proteção jurídica transformarem novamente o trabalho em mercadoria[(1180)].

A realidade é que o crescimento do trabalho informal é um problema complexo e difícil de combater, mas não se soluciona simplesmente retirando as normas trabalhistas.

Adverte Romagnoli que a ameaça mais séria contra a qual o Direito do Trabalho deverá defender-se "é a desintegração ao contato com um mundo da produção extremadamente diversificado em uma pluralidade de interesses que se negam a adequar-se a lógica de harmonização"[(1181)].

Talvez o grande desafio do Direito do Trabalho contemporâneo seja se renovar para abranger uma proteção social mais ampla, mesmo que, para tanto, tenha de trabalhar com patamares mínimos relacionados com as prestações de previdência social. Dito de outra maneira, para que o Direito do Trabalho permaneça na sua função de elevação da dignidade dos trabalhadores, é preciso um consenso mínimo sobre sua importância na esfera pública, e não exclusivamente privada. Relações de Trabalho com dignidade são também um interesse do Estado, para diminuir tensões sociais e diminuir o peso das prestações previdenciárias.

Não se pode esquecer que também existe o interesse do próprio sistema econômico capitalista, pois o Direito do Trabalho funciona como regulador indireto da concorrência e competitividade das empresas, além de ser um poderoso elemento motivador para ganhos de produtividade. Do encontro dos interesses públicos e privados é que surge o consenso da necessidade de um direito que regule com eficácia as relações de trabalho.

É importante registrar que o direito dos trabalhadores avulsos, e notadamente da espécie trabalhadores avulsos portuários, não nasceu com essa menção da Constituição Federal de 1998, ainda que essa norma seja uma marco divisório na história dos direitos dessa categoria, não só pela constitucionalização dos seus

(1179) LYON-CAEN, Gerard. ¿Derecho del trabajo o derecho del emprego? In: *Evolución del pensamiento juslaboralista.* Montevideo: Fundación de Cultura Universitária, 1997. p. 281.

(1180) JAVILLIER, Jean-Claude. *Evolución del pensamiento juslaboralista.* Montevideo: Fundación de Cultura Universitária, 1997. p. 223.

(1181) ROMAGNOLI, Umberto. ¿El Derecho del trabajo: Qué Futuro? In: *Evolución del pensamiento juslaboralista.* Montevideo: Fundación de Cultura Universitária, 1997. p. 437.

direitos mínimos, mas pela amplitude que tal inserção gerou, pois atraiu para os trabalhadores avulsos em geral toda a "teia" da legislação trabalhista conferida aos empregados, que, como se sabe, são a espécie de trabalhadores que possuem a maior qualidade e quantidade de direitos.

Os trabalhadores avulsos da categoria portuária constituíram-se ao longo da história numa das categorias com significativa força política e poder de pressão pela sua capacidade de organização e importância socioeconômica, tendo obtido, no Brasil, uma série de leis importantes, algumas delas pioneiras sobre determinados direitos trabalhistas, entre as quais se destacam:

a) o Decreto n. 53.153/63, que lhes conferiu o salário-família;

b) a Lei n. 4.860/65, que dispõe sobre o regime de trabalho nos portos e, entre diversas outras providências, estipula no art. 14 o polêmico "adicional de risco" de 40% sobre o salário-hora do período diurno, como forma de abranger a remuneração sobre os riscos relativos à insalubridade, periculosidade e outros porventura existentes[1182];

Sobre o adicional de risco dos portuários, previsto no art. 14 da Lei n. 4.860/65 (mencionado), o Tribunal Superior do Trabalho, por meio da Súmula n. 316, entendeu que tal adicional deve ser proporcional ao tempo efetivo no serviço considerado sob risco e apenas concedido àqueles que prestam serviços na área portuária[1183].

c) o Decreto n. 61.851, de 6.12.1967, que regulamenta a concessão de férias anuais aos trabalhadores avulsos. Segundo essa norma, os trabalhadores avulsos, sindicalizados ou não, passaram a ter direito, anualmente, ao gozo de um período de férias sem prejuízo da respectiva remuneração, aplicando-se-lhes, no que coubesse, as disposições constantes das seções I a V do capítulo IV do Título II da Consolidação das Leis do Trabalho. Essa norma já falava em adicional sobre as férias, incidindo sobre a remuneração (que só foi conferido para todos os tipos de empregados pela Constituição Federal de 1998 — art. 7º, inciso XVII), ainda que com proporção inferior ao 1/3 albergado pela referida Constituição (esse adicional era calculado à base de 7% sobre a remuneração do trabalhador avulso, destinando-se 6% ao pagamento das férias e da quota previdenciária correspondente, e 1% à cobertura, em favor do Sindicato, de despesas de Administração)[1184];

d) a Lei n. 5.480, de 10.8.1968, que lhes assegurou o 13º salário ao estender aos trabalhadores avulsos as disposições das Leis ns. 4.090, de 13 de julho de 1962, e 5.107, de 13 de setembro de 1966 e suas respectivas alterações legais[1185];

(1182) Lei n. 4.860/65, art. 14: "A fim de remunerar os riscos relativos à insalubridade, periculosidade e outros porventura existentes, fica instituído o "adicional de riscos" de 40% (quarenta por cento) que incidirá sôbre o valor do salário-hora ordinário do período diurno e substituirá todos aquêles que, com sentido ou caráter idêntico, vinham sendo pagos.

§ 1º Êste adicional sòmente será devido enquanto não forem removidas ou eliminadas as causas de risco.

§ 2º Êste adicional sòmente será devido durante o tempo efetivo no serviço considerado sob risco.

§ 3º As Administrações dos Portos, no prazo de 60 (sessenta) dias, discriminarão, ouvida a autoridade competente, os serviços considerados sob risco.

§ 4º Nenhum outro adicional será devido além do previsto neste artigo.

§ 5º Só será devido uma única vez, na execução da mesma tarefa, o adicional previsto neste artigo, mesmo quando ocorra, simultâneamente, mais de uma causa de risco".

(1183) Tribunal Superior do Trabalho, Súmula n. 316: "PORTUÁRIOS. ADICIONAL DE RISCO. LEI N. 4.860/65 (DJ 11.8.2003). O adicional de risco dos portuários, previsto no art. 14 da Lei n. 4.860/65, deve ser proporcional ao tempo efetivo no serviço considerado sob risco e apenas concedido àqueles que prestam serviços na área portuária".

(1184) Conforme os arts. 1º e 2º do Decreto n. 61.851/67.

(1185) Lei n. 5.480, art. 3º: "Aplicam-se aos trabalhadores avulsos as disposições das Leis ns. 4.090, de 13 de julho de 1962, e 5.107, de 13 de setembro de 1966 e suas respectivas alterações legais, nos têrmos de regulamentação a ser expedida pelo Poder Executivo, dentro do prazo máximo de 90 (noventa) dias, a contar da publicação desta lei, por intermédio dos Ministérios do Trabalho e Previdência Social e dos Transportes, com audiência das categorias profissionais interessadas, através de seus órgãos de representação de âmbito nacional.

Parágrafo único. Ultrapassando o prazo previsto neste artigo, sem que ocorra a publicação da regulamentação no mesmo referida ficarão assegurados os direitos e vantagens nele constantes a partir do dia imediato ao do término do prazo".

e) a Lei n. 5.107/66 que criou originariamente o sistema do FGTS e o previu para o trabalhador avulso também;

f) a Lei n. 7.002, de 14 de junho de 1982, que autoriza a implantação de jornada noturna especial nos portos organizados, de 6 (seis) horas ininterruptas, de 60 (sessenta) minutos cada, com adicional noturno de até 50% (cinquenta por cento), incidente sobre as 6 (seis) horas trabalhadas e sua eventual hora de prorrogação.[1186]

Interpretando esta última lei, que dispõe sobre a hora noturna dos trabalhadores portuários, o Tribunal Superior do Trabalho, por meio da Orientação Jurisprudencial n. 60 da SDI-1, entendeu que a hora noturna no regime de trabalho no porto, compreendida entre dezenove horas e sete horas do dia seguinte, é de sessenta minutos:

TST, SDI-I, OJ N. 60 PORTUÁRIOS. HORA NOTURNA. HORAS EXTRAS. (LEI N. 4.860/65, ARTS. 4º E 7º, § 5º) (nova redação em decorrência da incorporação da Orientação Jurisprudencial n. 61 da SBDI-1) — DJ 20.4.2005.

I — A hora noturna no regime de trabalho no porto, compreendida entre dezenove horas e sete horas do dia seguinte, é de sessenta minutos.

II — Para o cálculo das horas extras prestadas pelos trabalhadores portuários, observar-se-á somente o salário básico percebido, excluídos os adicionais de risco e produtividade (ex-OJ n. 61 da SBDI-1 — inserida em 14.3.1994).

Histórico: Redação original — Inserida em 28.11.1995. 60. Portuários. Hora noturna de 60 minutos (entre 19 e 7h do dia seguinte). Art. 4º da Lei n. 4.860/65.

Em relação à base de cálculo das horas extras prestadas pelos trabalhadores portuários, o Tribunal Superior do Trabalho, por meio da mesma Orientação Jurisprudencial n. 60 da SDI-1, pronunciou que as horas extras dos portuários devem incidir sobre o salário básico, excluídos os adicionais de risco e produtividade.

Ainda que a Constituição Federal de 1998 tenha sido um marco divisório na história dos direitos dos trabalhadores avulsos, conforme antes mencionado, a legislação sobre essa importante categoria não parou (e nem poderia, em face da dinâmica das relações de trabalho), destacando-se algumas normas após a Constituição Federal de 1988, não obstante outras normas que lhes incidem:

a) Leis ns. 8.212/91 (conhecida por lei de custeio da previdência social) e 8.213/91 (conhecida por lei de benefícios da previdência social[1187]): o trabalhador avulso passou a ser segurado obrigatório da Previdência Social, com os direitos e deveres daí decorrentes. O trabalhador avulso passa a ser sujeito de direitos previdenciários, conquista importante para a categoria.

b) Lei n. 8.630, de 25.02.1993, dispõe sobre o regime jurídico da exploração dos portos organizados e das instalações portuárias (Lei dos Portos). Essa lei é o principal instrumento regulador do trabalho portuário no Brasil, atualmente, vindo a lume com o objetivo de modernizar os portos, dando maior eficiência às atividades portuárias que possuem papel de destaque nas relações nacionais e internacionais[1188].

(1186) Lei n. 7.002, de 14 de junho de 1982: "art. 1º A administração do porto, mediante prévia aprovação da Empresa de Portos do Brasil S.A. — Portobras, poderá adotar, para serviços de capatazias realizados no período noturno, jornada especial de trabalho de 6 (seis) horas ininterruptas, de 60 (sessenta) minutos cada.

Art. 2º A remuneração básica da jornada especial será a mesma da jornada ordinária diurna, acrescida de adicional noturno de até 50% (cinquenta por cento), incidente sobre as 6 (seis) horas trabalhadas e sua eventual hora de prorrogação. Parágrafo único. Os valores do adicional noturno e do acréscimo da hora extraordinária serão estabelecidos em acordo coletivo de trabalho, homologado pelo Conselho Nacional de Política Salarial".

(1187) Art. 11. São segurados obrigatórios da Previdência Social as seguintes pessoas físicas: [...] VI — "como trabalhador avulso: quem presta, a diversas empresas, sem vínculo empregatício, serviço de natureza urbana ou rural definidos no Regulamento".

(1188) PASOLD, César Luiz. *Lições preliminares de direito portuário.* Florianópolis: Conceito, 2007. p. 22; STEIN, Alex Sandro. *Curso de direito portuário.* São Paulo: LTr, 2002. p. 42.

O capítulo V dessa lei trata do trabalho portuário, evidenciando de plano que o trabalho portuário de capatazia, estiva, conferência de carga, conserto de carga, bloco e vigilância de embarcações, nos portos organizados poderá ser realizado tanto por empregados (usa a expressão "trabalhadores portuários com vínculo empregatício a prazo indeterminado") como por trabalhadores avulsos[1189].

E, incentivando a relação de emprego (no sentido de que os avulsos registrados tornem-se empregados), sobretudo em algumas atividades portuárias, a Lei n. 8.630/93 prevê que a contratação de trabalhadores portuários de estiva, conferência de carga, conserto de carga e vigilância de embarcações com vínculo empregatício a prazo indeterminado será feita, exclusivamente, entre os trabalhadores portuários avulsos registrados[1190].

No âmbito jurisprudencial, merece destaque o entendimento do Tribunal Superior do Trabalho, disposto na Súmula n. 309, segundo o qual não há obrigatoriedade de requisição por parte do vigia portuário que trabalhe em terminal não privativo[1191].

c) Lei n. 9.719, de 27 de novembro de 1998, dispõe sobre normas e condições gerais de proteção ao trabalho portuário, institui multas pela inobservância de seus preceitos e dá outras providências.

Essa norma estabelece que cabe ao operador portuário recolher ao órgão gestor de mão de obra os valores devidos pelos serviços executados, referentes à remuneração por navio, acrescidos dos percentuais relativos a décimo terceiro salário, férias, Fundo de Garantia do Tempo de Serviço — FGTS, encargos fiscais e previdenciários, no prazo de vinte e quatro horas da realização do serviço, para viabilizar o pagamento ao trabalhador portuário avulso[1192]. E cabe ao órgão gestor de mão de obra efetuar o pagamento da remuneração pelos serviços executados e das parcelas referentes a décimo terceiro salário e férias diretamente ao trabalhador portuário avulso[1193].

O tomador dos serviços deverá pagar os serviços executados no prazo de quarenta e oito horas após o término do serviço. O órgão gestor de mão de obra depositará as parcelas referentes às férias e ao décimo terceiro salário, separada e respectivamente, em contas individuais vinculadas, a serem abertas e movimentadas às suas expensas, especialmente para este fim, em instituição bancária de sua livre escolha, sobre as quais deverão incidir rendimentos mensais com base nos parâmetros fixados para atualização dos saldos dos depósitos de poupança. Tais depósitos deverão ser efetuados no dia 2 do mês seguinte ao da prestação do serviço, prorrogado o prazo para o primeiro dia útil subsequente se o vencimento cair em dia em que não haja expediente bancário. Esses prazos podem ser alterados mediante convenção coletiva firmada entre

---

(1189) Conforme o art. 26 da Lei n. 8.630/93. De acordo com o art. § 3º do art. 57, considera-se: "I — Capatazia: a atividade de movimentação de mercadorias nas instalações de uso público, compreendendo o recebimento, conferência, transporte interno, abertura de volumes para a conferência aduaneira, manipulação, arrumação e entrega, bem como o carregamento e descarga de embarcações, quando efetuados por aparelhamento portuário;

II — Estiva: a atividade de movimentação de mercadorias nos conveses ou nos porões das embarcações principais ou auxiliares, incluindo o transbordo, arrumação, peação e despeação, bem como o carregamento e a descarga das mesmas, quando realizados com equipamentos de bordo;

III — Conferência de carga: a contagem de volumes, anotação de suas características, procedência ou destino, verificação do estado das mercadorias, assistência à pesagem, conferência do manifesto, e demais serviços correlatos, nas operações de carregamento e descarga de embarcações;

IV — Conserto de carga: o reparo e restauração das embalagens de mercadorias, nas operações de carregamento e descarga de embarcações, reembalagem, marcação, remarcação, carimbagem, etiquetagem, abertura de volumes para vistoria e posterior recomposição;

V — Vigilância de embarcações: a atividade de fiscalização da entrada e saída de pessoas a bordo das embarcações atracadas ou fundeadas ao largo, bem como da movimentação de mercadorias nos portalós, rampas, porões, conveses, plataformas e em outros locais da embarcação;

VI — Bloco: a atividade de limpeza e conservação de embarcações mercantes e de seus tanques, incluindo batimento de ferrugem, pintura, reparos de pequena monta e serviços correlatos".

(1190) Parágrafo único do art. 26 da Lei n. 8.630/93.

(1191) Tribunal Superior do Trabalho, Súmula n. 309: "Vigia portuário. Terminal não privativo. Não obrigatoriedade de requisição".

(1192) Art. 2º, I, da Lei n. 9.719/98.

(1193) Art. 2º, II, da Lei n. 9.719/98.

entidades sindicais representativas dos trabalhadores e operadores portuários, observado o prazo legal para recolhimento dos encargos fiscais, trabalhistas e previdenciários(1194).

Uma questão que merece destaque nessa lei é a disposição segundo a qual o operador portuário e o órgão gestor de mão de obra são solidariamente responsáveis pelo pagamento dos encargos trabalhistas, das contribuições previdenciárias e demais obrigações, inclusive acessórias, devidas à Seguridade Social, arrecadadas pelo Instituto Nacional do Seguro Social — INSS(1195), vedada a invocação do benefício de ordem, o que só comprova que se trata de responsabilidade solidária e não subsidiária.

Além disso, é vedado ao órgão gestor de mão de obra ceder trabalhador portuário avulso cadastrado a operador portuário, em caráter permanente(1196). Essa disposição demonstra a intenção do legislador de vedar o "mascaramento" de relações de emprego.

Outra disposição dessa lei que visa a proteção desse tipo especial de trabalhador é a de que na escalação diária do trabalhador portuário avulso deverá sempre ser observado um intervalo mínimo de onze horas consecutivas entre duas jornadas, salvo em situações excepcionais, constantes de acordo ou convenção coletiva de trabalho(1197).

d) Lei n. 12.023, de 27 de agosto de 2009, dispõe sobre as atividades de movimentação de mercadorias em geral e sobre o trabalho avulso não portuário, conforme anteriormente referido por ocasião do estudo da intermediação obrigatória, no caso das hipóteses dessa lei (já descritas), feita exclusivamente por sindicato dos trabalhadores avulsos, por meio de Acordo ou Convenção Coletiva de Trabalho para execução das atividades. Essa norma privilegia a negociação coletiva.

As empresas tomadoras do trabalho avulso respondem solidariamente pela efetiva remuneração do trabalho contratado e são responsáveis pelo recolhimento dos encargos fiscais e sociais, bem como das contribuições ou de outras importâncias devidas à Seguridade Social, no limite do uso que fizerem do trabalho avulso intermediado pelo sindicato(1198).

Em relação ao pagamento em dobro de férias não gozadas dentro do período concessivo, o Tribunal Superior do Trabalho(1199) tem entendido ser inaplicável ao trabalhador avulso o art. 137 da Consolidação das Leis do Trabalho, que prevê o pagamento em dobro de férias não gozadas no prazo legal. A jurisprudência iterativa, notória e atual desta Corte segue no sentido de que, em que pese a igualdade de direitos entre o trabalhador com vínculo de emprego permanente e o trabalhador avulso, não se pode conferir ao trabalhador avulso portuário, cujo trabalho não se realiza de forma uniforme, o mesmo direito que o trabalhador com vínculo de emprego com relação à dobra das férias, tendo em vista a peculiaridade do trabalho avulso que, de regra, não possibilita a prestação de serviços para um mesmo empregador por todo o período aquisitivo e concessivo.

5. *Estágio*

A relação de estágio está relacionada com permanência temporária ou patamar atingido no curso de um trajeto. Alguém que se encontra em determinado estágio na vida ou mais especificamente na carreira profissional é alguém que, naquele momento, após uma jornada, alcançou um determinado patamar. Daí a palavra estágio ser associada ao conceito de transitório ou definitivo.

(1194) §§ 1º a 3º do art. 2º da Lei n. 9.719/98.

(1195) § 4º do art. 2º da Lei n. 9.719/98.

(1196) § 2º do art. 3º da Lei n. 9.719/98.

(1197) Art. 8º da Lei n. 9.719/98.

(1198) Art. 8º da Lei n. 12.023/2009. As empresas tomadoras do trabalho avulso são responsáveis pelo fornecimento dos Equipamentos de Proteção Individual e por zelar pelo cumprimento das normas de segurança no trabalho (art. 9º).

(1199) Tribunal Superior do Trabalho, 5ª Turma, Processo RR 26200-97.2009.5.17.0012, Relator Ministro Caputo Bastos, DJ 10.04.2013.

No caso das relações de trabalho, a relação de estágio está ligada a uma atividade educacional teórica que precisa relacionar-se com a prática. Portanto, chegado a um determinado patamar educacional, o estudante precisa de um tempo de atividade prática para consolidar seus conhecimentos teóricos por meio da prática.

O estágio no Brasil foi regulado por bastante tempo (trinta e um anos) pela Lei n. 6.494, de 7.12.1977, regulamentada pelo Decreto n. 87.497, de 18.8.1982. Em 25.11.2008 foi publicada a Lei n. 11.788, que ficou conhecida por "nova lei de estágio", por regular inteiramente a matéria (revogando expressamente a legislação até então em vigor[1200]), conferindo uma nova estrutura jurídica ao contrato de estágio, mediante significativas alterações.

Segundo essa regulação, estágio "é o ato educativo escolar supervisionado, desenvolvido no ambiente de trabalho, que visa à preparação para o trabalho produtivo do Estudante"[1201].

O estágio integra o itinerário formativo do educando e passa necessariamente a fazer parte integrante do projeto pedagógico do curso. O estágio visa ao aprendizado de competências próprias da atividade profissional e à contextualização curricular, objetivando o desenvolvimento do educando para a vida cidadã e para o trabalho[1202].

Aqui está um ponto importante da matéria: a relação de trabalho de estágio diferencia-se da relação de emprego apenas em face dos seus objetivos singulares, como agregar à escolaridade, formação educacional e profissional ao estagiário[1203].

Explica-se: tendo em vista que pela lei atual todo estágio não obrigatório deve ser necessariamente remunerado (bolsa obrigatória), na relação de estágio estão presentes, invariavelmente, elementos caracterizadores da relação de emprego já estudados (pessoalidade, não eventualidade, subordinação e onerosidade).

Nesse contexto, se trata de uma relação de trabalho especial, por escolha do legislador, que privilegiou nessa escolha ganhos educacionais e profissionais ao estagiário-estudante.

Todavia, se na prática não estiverem sido cumpridos os objetivos educativos e formadores tutelados pela lei, estar-se-á diante de uma relação de emprego dissimulada, que poderá ser reconhecida mediante comprovação na Justiça do Trabalho[1204].

(1200) Lei n. 11.788/2008, art. 22: "Revogam-se as Leis ns. 6.494, de 7 de dezembro de 1977, e 8.859, de 23 de março de 1994, o parágrafo único do art. 82 da Lei n. 9.394, de 20 de dezembro de 1996, e o art. 6º da Medida Provisória n. 2.164-41, de 24 de agosto de 2001".

(1201) Art. 1º da Lei n. 11.788/2008.

(1202) Conforme o disposto nos §§ 1º e 2º da Lei n. 11.788/2008.

(1203) Esclarece Delgado que o fundamental na análise por parte do intérprete do Direito é aferir-se se o estágio está, efetivamente, cumprindo "o papel agregador real do estágio à escolaridade e formação educacional e profissional do estagiário" (DELGADO, Maurício Godinho. *Curso de Direito do Trabalho.* 9. ed. São Paulo: LTr, 2010. p. 316).

(1204) Lei n. 11.788/2008, art. 15. "A manutenção de estagiários em desconformidade com esta Lei caracteriza vínculo de emprego do educando com a parte concedente do estágio para todos os fins da legislação trabalhista e previdenciária".

Os julgamentos de pedidos de vínculo de emprego de estagiário levam em consideração a observância das normas na Lei de Estágio. Exemplos de jurisprudência: VÍNCULO DE EMPREGO. ESTÁGIO PROFISSIONAL DE ADVOCACIA. Caso em que houve legítimo contrato de estágio profissional de advocacia entre as partes, para atividades compatíveis com as que se destinam à complementação do aprendizado jurídico do reclamante, celebrado nos termos do art. 9º, § 1º, da Lei n. 8.906/94, que não exige a participação da instituição de ensino na relação em questão. Não há, pois, como manter o vínculo de emprego decretado entre as partes, sendo indevidas as parcelas condenatórias, posto que derivam de vínculo de emprego, ora afastado. Recurso ordinário dos reclamados provido. (Tribunal Regional do Trabalho da 4ª Região, 5ª Turma, Processo n. 00172-2006-025-04-00-1 (RO). Relator: Leonardo Meurer Brasil. 17 de janeiro de 2008. Disponível em: <http://www.trt4.jus.br>. Acesso em: 15 de janeiro de 2009; ESTÁGIO. VÍNCULO DE EMPREGO. Desvirtuamento do estágio previsto na Lei n. 6.494/77. A par dos termos de compromisso de estágio e do convênio juntados, na forma do art. 3º da lei citada, o sócio da reclamada, em depoimento, afirmou utilizar-se de estagiários nos períodos de "pico". Além disso, não há prova do acompanhamento e das avaliações periódicas do estágio pela instituição de ensino, a qual, aliás, expediu atestado, expressando não haver nos registros escolares anotações no sentido de que o autor tenha feito estágio curricular ou exercido qualquer outra atividade que possa ser enquadrada como tal. Vínculo de emprego, reconhecido em primeiro grau, configurado. Recurso da reclamada não provido (Tribunal Regional do Trabalho da 4ª Região, 7ª Turma Processo n. 00149-2007-101-04-00-6 (RO). Relatora: Maria Inês Cunha Dornelles. 16 de julho de 2008. Disponível em: <http://www.trt4.jus.br>. Acesso em: 15 jan. 2009).

Note-se que admitida a prestação de trabalho por parte do tomador de serviços (unidade concedente do estágio), dele será o ônus de provar que não se trata de relação de emprego, em face da presunção consagrada pelo Tribunal Superior do Trabalho, por meio da Súmula n. 212[(1205)], segundo a qual o contrato de emprego constitui-se no "padrão genérico e dominante de contratação de trabalho no mundo contemporâneo"[(1206)].

Passa-se, agora, à análise dos pressupostos de validade do estágio no Brasil de acordo com a Lei n. 11.788/2008:

a) distinção entre estágio obrigatório e estágio não obrigatório

Estágio obrigatório é o definido como pré-requisito no projeto pedagógico do curso para aprovação e obtenção do diploma[(1207)].

Nos cursos de Direito, por exemplo, são as chamadas disciplinas de Núcleo de Prática Jurídica, que integram a grade curricular dos cursos, ou seja, não é uma opção do aluno fazer ou não esse estágio, daí o nome estágio obrigatório.

Já o estágio não obrigatório é uma atividade opcional, acrescida à carga horária regular e obrigatória[(1208)]. Voltando ao exemplo dos cursos de Direito, os estágios não obrigatórios fazem parte das chamadas horas de atividades complementares que podem incluir, por exemplo: projetos de pesquisa, monitoria, iniciação científica, projetos de extensão, participação em seminários, simpósios, congressos, conferências, disciplinas oferecidas por outras instituições de ensino, entre outras atividades, de acordo com o previsto no projeto pedagógico de cada curso. Como o nome diz, visam a complementação do aprendizado básico disposto na grade curricular e são igualmente necessárias para que o acadêmico possa colar grau.

A diferença é que, no estágio não obrigatório, a escolha, por ser opcional essa modalidade de estágio, pertence ao estudante estagiário, ainda que seja também muito importante não só para o aprendizado e o gosto do estudante pelo seu curso, mas, como muitas vezes ocorre, para o próprio encaminhamento desse futuro profissional no mercado de trabalho quando ele concluir o curso.

Não cabe mais a distinção entre estágio curricular e estágio não curricular, pois o estágio não obrigatório também pertence ao currículo do curso, ainda que seja opcional, pois existem outras opções de complementá-lo, de acordo com cada curso e instituição de ensino, sempre observando as diretrizes curriculares de cada curso determinadas pelo Ministério da Educação.

b) Quem pode ser contratante (parte concedente de estágio). Número máximo de estagiários por concedente

Podem oferecer estágio as pessoas jurídicas de direito privado e os órgãos da administração pública direta, autárquica e fundacional de qualquer dos Poderes da União, dos Estados, do Distrito Federal e dos Municípios. Também os Profissionais Liberais de nível superior, devidamente registrados em seus respectivos Conselhos, podem oferecer estágio (por exemplo, os advogados pessoas físicas, inscritos na OAB — Ordem dos Advogados do Brasil).

Devem ser observadas as seguintes obrigações da parte concedente do estágio[(1209)]: a) celebrar termo de compromisso com a instituição de ensino e o educando, zelando por seu cumprimento; b) ofertar instalações que tenham condições de proporcionar ao educando atividades de aprendizagem social, profissional e cultural, observando o estabelecido na legislação relacionada à saúde e segurança no trabalho; c) indicar funcionário de seu quadro de pessoal, com formação ou experiência profissional na área de conhecimento

(1205) Tribunal Superior do Trabalho, Súmula n. 212: "DESPEDIMENTO. ÔNUS DA PROVA. O ônus de provar o término do contrato de trabalho, quando negados a prestação de serviço e o despedimento, é do empregador, pois o princípio da continuidade da relação de emprego constitui presunção favorável ao empregado".

(1206) DELGADO, Mauricio Godinho. *Curso de Direito do Trabalho*. 9. ed. São Paulo: LTr, 2010. p. 316.

(1207) Conforme o disposto no § 1º do art. 2º da Lei n. 11.788/2008.

(1208) Conforme o disposto no § 2º do art. 2º da Lei n. 11.788/2008.

(1209) Conforme o art. 9º da Lei n. 11.788/2008.

desenvolvida no curso do estagiário, para orientar e supervisionar até dez estagiários simultaneamente; d) contratar em favor do estagiário seguro contra acidentes pessoais, cuja apólice seja compatível com valores de mercado, conforme fique estabelecido no termo de compromisso; e) por ocasião do desligamento do estagiário, entregar termo de realização do estágio com indicação resumida das atividades desenvolvidas, dos períodos e da avaliação de desempenho; f) manter à disposição da fiscalização documentos que comprovem a relação de estágio; g) enviar à instituição de ensino, com periodicidade mínima de 6 (seis) meses, relatório de atividades, com vista obrigatória ao estagiário.

A lei atual visando proteger a desvirtuação do estágio e a exploração dos estagiários estipulou um número máximo de estagiários que a parte concedente pode contratar, todavia de forma restrita aos estudantes de ensino médio não profissionalizante, de escolas especiais e dos anos finais do ensino fundamental, na modalidade profissional da educação de jovens e adultos (tal estipulação sobre o número máximo de estagiários que a parte concedente pode contratar não se aplica aos estágios de nível superior e de nível médio profissional[(1210)]).

O número máximo de estagiários será calculado em relação ao quadro de pessoal da parte concedente do estágio nas seguintes proporções: de um a cinco empregados: um estagiário; de seis a dez empregados: até dois estagiários; de onze a vinte e cinco empregados: até cinco estagiários; acima de vinte e cinco empregados: até vinte por cento de estagiários[(1211)].

Para efeitos do referido cálculo, considera-se quadro de pessoal o conjunto de trabalhadores empregados existentes no estabelecimento do estágio. Na hipótese de a parte concedente contar com várias filiais ou estabelecimentos, os quantitativos previstos nos incisos deste artigo serão aplicados a cada um deles. Quando o cálculo do percentual acima de vinte e cinco empregados resultar em fração, poderá ser arredondado para o número inteiro imediatamente superior[(1212)].

Além disso, fica assegurado às pessoas portadoras de deficiência o percentual de 10% (dez por cento) das vagas oferecidas pela parte concedente do estágio quando se tratar de estudantes de ensino médio não profissionalizante, de escolas especiais e dos anos finais do ensino fundamental, na modalidade profissional da educação de jovens e adultos[(1213)]. Essa é mais uma inovação da lei atual.

Note-se que essa norma igualmente não se aplica aos estágios de nível superior e de nível médio profissional.

Existe uma penalidade prevista para a parte concedente quando reincidir no descumprimento da Lei n. 11.788/2008: ficará impedida de receber estagiários por dois anos, contados da data da decisão definitiva do processo administrativo correspondente, limitando-se a penalidade ao estabelecimento em que foi cometida a irregularidade[(1214)].

c) Quem pode ser estagiário

Podem ser estagiários os estudantes a partir de 16 anos que estiverem frequentando uma das seguintes possibilidades de ensino regular em instituições de[(1215)]: a) educação superior; b) educação profissional; c) ensino médio; d) educação especial; e) anos finais do ensino fundamental; f) na modalidade profissional da educação de jovens e adultos.

Em face de ausência de previsão na lei, os estudantes dos chamados "supletivos" não podem fazer estágio.

(1210) Conforme o § 4º do art. 17 da Lei n. 11.788/2008.
(1211) Conforme o art. 17 da Lei n. 11.788/2008.
(1212) Conforme os §§ 1º a 3º do art. 17 da Lei n. 11.788/2008.
(1213) Conforme o § 5º do art. 17 da Lei n. 11.788/2008.
(1214) Conforme os §§ 1º e 2º do art. 15 da Lei n. 11.788/2008.
(1215) Conforme o art. 1º da Lei n. 11.788/2008.

A lei nada impede (pelo contrário, a lei estimula o maior aprendizado prático possível) que um aluno do primeiro semestre de um curso de Direito, por exemplo, inicie um estágio não obrigatório (os estágios obrigatórios dependem do currículo de cada curso), mas normalmente só são oferecidos a partir de um determinado semestre que seja mais favorável para a compreensão por parte do estudante.

Segundo a legislação vigente, os estudantes estrangeiros regularmente matriculados em cursos superiores no país, autorizados ou reconhecidos, podem se candidatar ao estágio, desde que o prazo do visto temporário de estudante seja compatível com o período previsto para o desenvolvimento das atividades[1216].

d) Requisitos formais para celebração do contrato de estágio

Para comprovação da regularidade do estágio, deverão ser observados os seguintes requisitos formais[1217]: a) matrícula e frequência regular; b) celebração de termo de compromisso devidamente assinado entre o educando, a parte concedente do estágio e a instituição de ensino; c) certificado individual de seguro de acidentes pessoais; d) comprovante de pagamento da bolsa ou equivalente e do auxílio-transporte nos estágios não obrigatórios; e) compatibilidade entre as atividades desenvolvidas no estágio e as previstas no termo de compromisso, pois estas devem manter compatibilidade com o curso do estagiário. O risco maior é sempre o da ausência de acompanhamento do desenvolvimento do estágio, ou o seu desvirtuamento para o exercício de tarefas que caracterizem uma relação de emprego.

Note-se que não basta o estudante comprovar a matrícula por ocasião de sua admissão no estágio. É necessário que a parte concedente do estágio controle a frequência regular do estudante em seu curso. Uma forma fácil de fazer esse controle é solicitar junto a instituição de ensino relatórios mensais de frequência do estudante.

Termo de compromisso é nome técnico ao que normalmente se chama de contrato de estágio. O Termo de Compromisso é o instrumento jurídico que define e especifica todas as condições que devem presidir a realização de estágio de estudantes em ambientes de trabalho de instituições públicas e privadas, sob a supervisão e orientação pedagógica do respectivo estabelecimento de ensino em que estiver matriculado o estagiário, nos termos que entre eles forem acordados e de acordo com um plano de atividades previamente elaborado. Na celebração deste acordo deverão fazer parte a instituição concedente dotada de ambiente de trabalho, o estudante estagiário e o estabelecimento de ensino a que estiver vinculado, e o plano de atividades, que a ele deve ser incorporado, será o principal instrumento de avaliação do processo formativo do estudante.

Devem constar no termo de compromisso todas as cláusulas que nortearão o contrato de estágio, como: a) dados de identificação das partes, inclusive com a identificação do cargo e função do supervisor do estágio da parte concedente e do orientador da instituição de ensino; b) as responsabilidades de cada uma das partes; c) objetivos do estágio; d) definição da área do estágio; e) plano de atividades; f) a jornada do estagiário; g) vigência do termo; h) motivos de rescisão; i) período de recesso; j) valor da bolsa, se concedida; k) valor do auxílio-transporte, se concedido; l) concessão de benefícios, se houver; m) o número da apólice e a companhia de seguros a que o estagiário estará assegurado contra acidentes pessoais.

Quanto ao tempo de duração do estágio, será de, no máximo, 2 (dois) anos, exceto quando se tratar de estagiário portador de deficiência (situação que não haverá prazo)[1218].

O termo de compromisso pode ser rescindo unilateralmente e a qualquer momento, seja pela instituição concedente, seja pelo estagiário, e terá sempre por base o descumprimento das condições estabelecidas no instrumento contratual ou, especificamente, no plano de atividades.

(1216) Ver art. 4º da Lei n. 11.788/2008.

(1217) Conforme o art. 3º da Lei n. 11.788/2008.

(1218) Conforme o art. 11 da Lei n. 11.788/2008.

d) Papel das instituições de ensino. Obrigatório e mais atuante

As instituições de ensino possuem participação obrigatória nos estágios (diferentemente dos agentes de integração, conforme será tratado a seguir). Atuam como intervenientes, pois não figuram como parte, mas não há contrato de estágio válido sem a presença de uma instituição de ensino, que inclusive celebra e assina o termo de compromisso do estágio.

Na atual lei de estágio, as instituições de ensino passam a ter que ser mais atuantes na relação de estágio, devendo: a) celebrar termo de compromisso com o educando ou com seu representante ou assistente legal, quando ele for absoluta ou relativamente incapaz, e, com a parte concedente, indicando as condições de adequação do estágio à proposta pedagógica do curso, à etapa e modalidade da formação escolar do estudante e ao horário e calendário escolar; b) avaliar as instalações da parte concedente do estágio e sua adequação à formação cultural e profissional do educando; c) indicar professor orientador, da área a ser desenvolvida no estágio, como responsável pelo acompanhamento e avaliação das atividades do estagiário; d) exigir do educando a apresentação periódica, em prazo não superior a seis meses, de relatório das atividades, do qual deverá constar visto do orientador da instituição de ensino e do supervisor da parte concedente; e) zelar pelo cumprimento do termo de compromisso, reorientando o estagiário para outro local em caso de descumprimento de suas normas; f) elaborar normas complementares e instrumentos de avaliação dos estágios de seus educandos; g) comunicar à parte concedente do estagiário, no início do período letivo, as datas de realização de avaliações escolares ou acadêmicas[(1219)].

e) Papel dos agentes de integração. Facultatividade

As instituições de ensino e as partes podem, a seu critério, recorrer a serviços de agentes de integração públicos e privados, mediante condições acordadas em instrumento jurídico apropriado, devendo ser observada, no caso de contratação com recursos públicos, a legislação que estabelece as normas gerais de licitação[(1220)].

Note-se que a participação dos agentes de integração é facultativa, podendo o estagiário obter estágio sem qualquer contato com os agentes de integração. Trata-se de uma opção dos estagiários e das partes concedentes contratar ou não um agente de integração para auxiliar o estágio a obter um estágio e as unidades concedentes a recrutarem estagiários.

O papel dos agentes de integração no estágio é atuar como auxiliares no processo de aperfeiçoamento do estágio, identificando as oportunidades, ajustando suas condições de realização, fazendo o acompanhamento administrativo, encaminhando negociação de seguros contra acidentes pessoais e cadastrando os estudantes[(1221)]. Entre os agentes de integração mais conhecidos está o CIEE — Centro de Integração Empresa e Escola.

É vedada a cobrança de qualquer valor dos estudantes a título de remuneração pelos serviços dos agentes de integração[(1222)]. Note-se que a lei veda a cobrança de qualquer valor apenas dos estudantes, não fazendo qualquer referência à cobrança de taxa das partes concedentes, o que ocorre na prática.

Entre as disposições inovadoras da lei atual está a previsão de que os agentes de integração serão responsabilizados civilmente se indicarem estagiários para a realização de atividades não compatíveis com a programação curricular estabelecida para cada curso, assim como estagiários matriculados em cursos ou instituições para as quais não há previsão de estágio curricular[(1223)].

As instituições de ensino geralmente têm um setor que cuida dos trâmites para assinatura dos termos de compromisso de estágio, bem como das diversas obrigações que elas possuem, conforme mencionado,

---

(1219) Conforme o art. 7º da Lei n. 11.788/2008.

(1220) Art. 5º da Lei n. 11.788/2008.

(1221) Conforme o § 1º do art. 5º da Lei n. 11.788/2008.

(1222) Conforme o § 2º do art. 5º da Lei n. 11.788/2008.

(1223) Conforme o § 3º do art. 5º da Lei n. 11.788/2008.

atividade que não as torna agentes de integração. Todavia, as instituições de ensino também podem organizar cadastro de partes cedentes[(1224)].

f) Direitos do estagiário

A regra geral é a de que o estagiário não possui relação de emprego (presumindo-se logicamente estar-se diante de uma relação de estágio que observe os requisitos legais). Trata-se de espécie de relação de trabalho com características próprias, conforme anteriormente referido, ocasião em que foi salientado o que em suma diferencia o estagiário do empregado.

Entre as características próprias da relação de estágio, estão os seus direitos (também específicos dessa relação), que foram aumentados pela Lei n. 11.788/2008 em comparação com a Lei n. 6.494/77, ainda que sejam parcos se comparados com os direitos de quem possui relação de emprego.

Somente no caso de descumprimento da lei é que se cogitará de vínculo de emprego.

f.1) Direito ao seguro contra acidentes pessoais

Esse direito de seguro contra acidentes pessoais era o único alcançado ao estagiário pela lei anterior (Lei n. 6.494/77). A cobertura do seguro deve abranger acidentes pessoais ocorridos com o estudante durante o período de vigência do estágio, 24 horas por dia, no território nacional. Cobre morte ou invalidez permanente, total ou parcial, provocadas por acidente. O valor da indenização deve constar do Certificado Individual de Seguro de Acidentes Pessoais e deve ser compatível com os valores de mercado.

A obrigação de fazer esse seguro é da parte concedente do estágio, todavia, no caso de estágio obrigatório, a responsabilidade pela contratação do seguro poderá, alternativamente, ser assumida pela instituição de ensino[(1225)]. Note-se que é uma obrigação alternativa e somente para os estágios obrigatórios.

f.2) Jornada máxima de trabalho

Em relação à jornada de trabalho, houve significativa alteração pela atual lei de estágio, segundo a qual a jornada do estagiário será definida de comum acordo entre a instituição de ensino, a parte concedente (a empresa) e o aluno ou seu representante legal (no caso dos menores de 18 anos) e deverá constar do termo de compromisso de estágio. Deverá ser compatível com as atividades escolares e respeitar os seguintes limites[(1226)]: a) quatro horas diárias e vinte horas semanais, no caso de estudantes de educação especial e dos anos finais do ensino fundamental, na modalidade profissional de educação de jovens e adultos; b) seis horas diárias e trinta horas semanais, no caso de estudantes do ensino superior, da educação profissional de nível médio e do ensino médio regular; c) oito horas diárias e quarenta horas semanais, no caso de cursos que alternam teoria e prática, nos períodos em que não estão programadas aulas presenciais, desde que esteja previsto no projeto pedagógico do curso e da instituição de ensino.

Nos dias de provas, poderá haver redução da jornada. Se a instituição de ensino adotar verificações de aprendizagem periódicas ou finais, nos períodos de avaliação, a carga horária do estágio será reduzida à metade, segundo o estipulado no termo de compromisso de estágio, para garantir o bom desempenho do estudante[(1227)]. Neste caso, a instituição de ensino deverá comunicar à parte concedente do estágio, no início do período letivo, as datas de realização de avaliações escolares ou acadêmicas.

(1224) Lei n. 11.788/2008, art. 6º: "O local de estágio pode ser selecionado a partir de cadastro de partes cedentes, organizado pelas instituições de ensino ou pelos agentes de integração".

(1225) Conforme o inciso IV e o parágrafo único do art. 9º da Lei n. 11.788/2008.

(1226) Conforme o art. 10 e § 1º da Lei n. 11.788/2008.

(1227) Conforme o § 2º do art. 10 da Lei n. 11.788/2008.

Note-se que a lei utiliza a expressão "poderá", logo é uma faculdade das partes estipularem a redução de jornada mediante disposição no termo de compromisso de estágio. Entretanto, uma vez contida tal disposição, passa a ser um direito do estagiário, sendo imperativa a sua observância.

Quanto aos períodos de descanso, a lei é omissa. Assim, as partes devem regular a questão, de comum acordo, no termo de compromisso, devendo o intérprete utilizar a analogia aos períodos de descanso dos demais trabalhadores como forma de preenchimento da lacuna.

f.3) Bolsa-estágio ou outra forma de contraprestação e auxílio-transporte

O estagiário poderá receber bolsa ou outra forma de contraprestação que venha a ser acordada, sendo compulsória a sua concessão, bem como a do auxílio-transporte, na hipótese de estágio não obrigatório[(1228)].

Isso significa que na modalidade de estágio não obrigatório (excluindo, portanto, a modalidade de estágio obrigatório), o estagiário tem direito a uma contraprestação (remuneração pelo trabalho prestado), além do pagamento de auxílio-transporte.

Essa contraprestação é mais comumente chamada de "bolsa-estágio", mas a lei atual teve o cuidado de referir que pouco importa a nomenclatura que a contraprestação terá, por isso usou a expressão "ou outra forma de contraprestação que venha a ser acordada" entre as partes.

Já o objetivo do auxílio-transporte é realizar uma antecipação de recursos financeiros prestada pela instituição concedente destinada a auxiliar nas despesas de deslocamento do estagiário de sua residência ao local onde o seu estágio é realizado. É opcional quando se tratar de estágio obrigatório e compulsório, quando não obrigatório. Esta antecipação pode ser substituída por transporte próprio da empresa, sendo que ambas as alternativas deverão constar do termo de compromisso. O auxílio-transporte prestado pela instituição concedente pode cobrir, total ou parcialmente, as despesas de deslocamento do educando ao local onde o estágio está sendo prestado.

Trata-se de dois direitos concedidos pela Lei n. 11.788/2008 (para os estágios não obrigatórios) e devem ser pagos diretamente ao estagiário. O problema é que a lei atual não fixou o valor mínimo da bolsa-estágio, assim como nenhuma referência mínima em relação ao auxílio-transporte. Isso significa que fazendo uma interpretação literal da lei, a bolsa-estágio ou outra forma de contraprestação pode ser acordada por qualquer valor. No entanto, uma interpretação sistemática acerca do problema remeteria o intérprete ao princípio da razoabilidade e ao princípio da boa-fé, exigindo que a contraprestação não avilte o trabalho prestado. Uma forma de se analisar a presença desses princípios está na verificação do valor da bolsa-estágio pago para os estagiários de determinado curso, cidade e semestralidade. Os mesmos critérios podem ser utilizados para o auxílio-transporte, sempre respeitando as características próprias das partes.

Ainda que a lei atual mencione que esses valores devam ser acordados entre as partes, na prática quem define o valor da bolsa-estágio é a parte concedente do estágio, porém a instituição de ensino pode se negar a assinar termos de compromissos de estágios cuja bolsa-estágio seja irrisória, só para conter a formalidade da existência de bolsa para os estágios não obrigatórios, mediante a interpretação sistemática do art. 7º da Lei n. 11.788/2008, que coloca a instituição de ensino como uma grande fiscalizadora dos estágios contra a sua desvirtuação.

As ausências do estagiário podem ser descontadas do valor da bolsa-estágio. A remuneração da bolsa-estágio pressupõe o cumprimento das atividades previstas no termo de compromisso. Ausências eventuais, devidamente justificadas, poderão ser objeto de entendimento entre as partes, podendo, de acordo com a pactuação das partes, não gerar desconto. Ausências constantes, no entanto, poderão gerar a iniciativa da parte concedente para a rescisão antecipada do contrato de estágio.

(1228) Conforme o art. 12 da Lei n. 11.788/2008.

f.4) Recesso

Com o nome de "recesso", a Lei n. 11.788/2008 concedeu aos estagiários um novo e relevante direito, semelhante ao conhecido descanso anual remunerado (férias) dos empregados.

Terão direito a 30 (trinta) dias de recesso, a ser gozado preferencialmente durante suas férias escolares, os estagiários cujo estágio tenha duração igual ou superior a 1 (um) ano. No caso dos estágios com duração inferior a 1 (um) ano, o período de recesso será proporcional ao número de meses da sua duração[(1229)].

O recesso será remunerado sempre que o estagiário receber bolsa ou outra forma de contraprestação[(1230)], que, vale dizer, é necessária para os estágios não obrigatórios. Nesses casos, o valor da remuneração do recesso será o mesmo estipulado como bolsa-estágio ou como outra forma de contraprestação.

f.5) Proteção à saúde e segurança do trabalho

Aplica-se ao estagiário a legislação relacionada à saúde e segurança no trabalho (arts. 154 a 201 da Consolidação das Leis do Trabalho e Portaria n. 3.214/78 do Ministério do Trabalho e Emprego), sendo sua implementação de responsabilidade da parte concedente do estágio.

f.6) Direitos facultativos previstos na lei atual

A parte concedente do estágio poderá, voluntariamente, garantir ao estagiário outros benefícios, como alimentação, acesso a plano de saúde, entre outros, sem descaracterizar a natureza do estágio[(1231)].

Além disso, o estagiário poderá inscrever-se e contribuir como segurado facultativo do Regime Geral de Previdência Social[(1232)].

6. *Trabalho voluntário*

Trabalho voluntário é a atividade não remunerada prestada por pessoa física a entidade pública de qualquer natureza ou a instituição privada de fins não lucrativos que tenha objetivos cívicos, culturais, educacionais, científicos, recreativos ou de assistência à pessoa, conforme o art. 1º da Lei n. 9.608/98, com redação dada pela Lei n. 13.297/16[(1233)].

Veja-se a redação atual e anterior do art. 1º da Lei n. 9.608/98 para se verificarem as diferenças:

> Art. 1º Considera-se serviço voluntário, para os fins desta Lei, a atividade não remunerada prestada por pessoa física a entidade pública de qualquer natureza ou a instituição privada de fins não lucrativos que tenha objetivos cívicos, culturais, educacionais, científicos, recreativos ou de assistência à pessoa.

Na redação atual, foi substituída a expressão "de assistência social" por "assistência à pessoa" e retirada a expressão "inclusive mutualidade".

O conceito é amplo e suficiente para alcançar todo trabalho realizado em caráter gratuito, como uma manifestação de solidariedade ou civismo[(1234)].

(1229) Conforme o art. 13 e § 1º da Lei n. 11.788/2008.
(1230) Conforme o § 1º do art. 13 da Lei n. 11.788/2008.
(1231) Conforme o § 1º do art. 12 da Lei n. 11.788/2008.
(1232) Conforme o § 2º do art. 12 da Lei n. 11.788/2008.
(1233) Conforme o art. 1º da Lei n. 9.608/98.
(1234) MARTINS FILHO, Ives Gandra da Silva. *Manual do Trabalho Voluntário e Religioso. II Título.* São Paulo: LTr, 2002. p. 50.

Para a validade do trabalho voluntário é obrigatória a celebração de termo de adesão entre a entidade (pública ou privada) e o prestador do serviço voluntário, dele devendo constar o objeto e as condições de seu exercício[1235].

O termo de adesão é o instrumento jurídico hábil para formalização da relação de trabalho voluntário. Trata-se de requisito fundamental para a configuração do trabalho voluntário; ausente essa formalidade, o trabalho deixa de ser disciplinado pela Lei n. 9.608/98[1236].

O trabalho voluntário não gera vínculo empregatício, tampouco obrigação de natureza trabalhista, previdenciária ou afim, desde que observadas as disposições legais sobre essa relação de trabalho especial[1237].

A Lei n. 9.608/98 não estabelece qualquer tipo de distinção quanto à função a ser exercida pelo voluntário, tampouco quanto à existência ou não de subordinação jurídica, quando é sabido que mesmo na organização de trabalho voluntário também se exige um mínimo de ordem para dividir o trabalho e elaborar a escala de comparecimento[1238].

O prestador de serviço voluntário poderá ser ressarcido pelas despesas que comprovadamente realizar no desempenho das atividades voluntárias. As despesas a serem ressarcidas deverão estar expressamente autorizadas pela entidade a que for prestado o serviço voluntário[1239].

O trabalhador voluntário pode recolher para a previdência social como segurado facultativo. Ao se filiar nesta condição, o trabalhador voluntário passa a ter os mesmos direitos de benefícios que os demais segurados da Previdência Social, mas é importante ressaltar que o exercício de qualquer outra atividade cuja filiação é obrigatória proíbe a filiação do trabalhador voluntário na condição de segurado facultativo[1240].

É comum o ajuizamento de ações trabalhistas por parte de trabalhadores supostamente voluntários postulando o reconhecimento de vínculo de emprego. As decisões sobre tais pedidos levam em consideração a efetiva observância das normas da Lei n. 9.608/98[1241].

(1235) Conforme o art. 2º da Lei n. 9.608/98.

(1236) BARROS, Alice Monteiro de. Trabalho voluntário e Trabalho Religioso. *Revista LTr*, 64-05/589. No mesmo sentido Eduardo Gabriel Saad. Temas Trabalhistas. Do serviço voluntário. Nova lei. *Suplemento Trabalhista LTr* 42/98, p. 174; MARTINS FILHO, Ives Gandra da Silva. *Manual do Trabalho Voluntário e Religioso. II Título.* São Paulo: LTr, 2002. p. 50.

(1237) Conforme o parágrafo único do art. 1º da Lei n. 9.608/98.

(1238) BARROS, Alice Monteiro de. Trabalho voluntário e Trabalho Religioso. *Revista LTr*, 64-05/589. No mesmo sentido DALLEGRAVE NETO, José Afonso. *Contrato Individual de Trabalho* — uma visão estrututal. São Paulo; LTr, 1998. p. 95.

(1239) Conforme o art. 3º e parágrafo único da Lei n. 9.608/98.

(1240) MARTINS FILHO, Ives Gandra da Silva. *Manual do Trabalho Voluntário e Religioso. II Título.* São Paulo: LTr, 2002. p. 59.

(1241) As ementas abaixo exemplificam essa situação no âmbito da jurisprudência:

BRASIL. Tribunal Superior do Trabalho, 1ª Turma. EMENTA: AGRAVO DE INSTRUMENTO EM RECURSO DE REVISTA — VÍNCULO EMPREGATÍCIO — INEXISTÊNCIA — TRABALHO VOLUNTÁRIO — REVOLVIMENTO DE FATOS E PROVAS. O Tribunal Regional atestou que não existiu relação de emprego entre as partes, porquanto a prestação de serviços decorria de esforço voluntário e desinteressado, caracterizando a gratuidade do labor. É inadmissível recurso de revista em que, para se chegar à conclusão pretendida pelo recorrente, imprescindível o reexame de fatos e provas. Incide a Súmula n. 126 do TST. Agravo de instrumento desprovido. Processo n. AIRR — 1728/1999-020-02-40.0. Relator: Ministro Luiz Philippe Vieira de Mello Filho. 25 de junho de 2008. Disponível em: <http://www.tst.gov.br>. Acesso em: 15 jan. 2009.

BRASIL. Tribunal Regional do Trabalho da 4ª Região, 8ª Turma. EMENTA: MÉRITO. RELAÇÃO DE EMPREGO COM A ADMINISTRAÇÃO PÚBLICA. INEXISTÊNCIA. TRABALHO VOLUNTÁRIO. Profissional que atuou voluntariamente, por pouco mais de meio ano, como médico-legista, colaborando com a Delegacia de Polícia de São Borja, na medida do seu interesse e das suas possibilidades, durante período em que não havia servidor concurso para o exercício da função. Hipótese em que o reclamante era um dos médicos voluntários, sendo incontroverso o não pagamento de salários, e não havendo prova de habitualidade e subordinação. Porquanto ausentes requisitos essenciais do art. 3º da CLT, incide à espécie o art. 1º e parágrafos da Lei n. 9.608/98. Nega-se provimento. Processo n. 01020-2007-871-04-00-3 (RO). Relatora: Maria da Graça R. Centeno. 11 de dezembro de 2008. Disponível em: <http://www.trt4.jus.br>. Acesso em: 15 de janeiro de 2009.

BRASIL. Tribunal Regional do Trabalho da 4ª Região, 2ª Turma. EMENTA: Vínculo de emprego. Sociedade civil sem fins lucrativos. Trabalho voluntário. Conjunto fático-probatório dos autos a demonstrar que a eventual prestação de serviços decorreu da natureza associativa do vínculo mantido entre o de cujus e a Sociedade-ré, caracterizando-se como trabalho voluntário, não estando preenchidos os requisitos do art. 3º da CLT. Recurso não provido. Processo n. 10257-2007-271-04-00-6 (RO). Relatora: Denise Pacheco. 24 de setembro de 2008. Disponível em: <http://www.trt4.jus.br>. Acesso em: 15 jan. 2009.

7. Cooperativas de trabalho

7.1. Histórico. Evolução normativa

Desde as civilizações mais antigas, como a babilônica, asteca, inca e grega, a História registra formas de trabalho semelhantes ao trabalho cooperado, com o desenvolvimento de uma agricultura organizada por meio do trabalho coletivo. São formas primitivas de organização econômica que perduraram pela Idade Média e Medieval. Todavia, para este estudo, a análise parte dos eventos ocorridos na Europa em meados do século XIX, em especial, por conta da Revolução Industrial, num período em que imperava o liberalismo econômico.

O cooperativismo, de fato, tem sua origem na Europa, por volta da metade do século XIX, como reação aos efeitos da Revolução Industrial. Esse momento histórico de grande intranquilidade social tornou-se campo fértil para as mais variadas reações sociais, entre as quais o movimento chamado de cooperativismo. Fundado no ideal de solidariedade, tem por finalidade administrar a empresa em favor dos seus próprios sócios cooperados, tendo sido utilizado inicialmente no campo do consumo e depois no de crédito, produção, trabalho, entre outros[(1242)].

Na Inglaterra, em 1844, surgiu o embrião do conceito de cooperativismo como hoje se conhece. Vinte e oito tecelões reuniram-se em Rochdale, cidade no noroeste da Inglaterra, para discutir uma forma de associação que visasse lutar contra a agressividade da Revolução Industrial em relação ao proletariado. Adquirindo bens de primeira necessidade (alimentação, vestuário etc.), construindo casas para os associados, fabricando bens e arrendando terras para trabalho e sustento, os cooperativados pioneiros tiverem considerável êxito em suas ações[(1243)].

Apesar de a maioria dos autores considerarem essa a origem do cooperativismo moderno, há registros anteriores na Inglaterra e na Escócia da existência de 23 cooperativas. Contudo, foram os "Pioneiros de Rochdale" que aplicaram, com sucesso, os princípios fundamentais do cooperativismo, justificando o reconhecimento internacional como marco inicial do cooperativismo[(1244)].

Sobre o tema, Vilma Dias Bernardes Gil[(1245)] pondera que, na Europa, o cooperativismo manifesta-se como movimento operário, tendo surgido em contraposição às péssimas condições em que viviam os trabalhadores, desprovidos de qualquer proteção legal, no seio da Revolução Industrial. Caracteriza o cooperativismo como um movimento que parte da base da classe operária da França e da Inglaterra, manifestando-se especialmente na zona urbana — onde havia as fábricas e, portanto, a concentração dos trabalhadores. Esclarece que na Inglaterra predominam as cooperativas de consumo e, na França, as de produção industrial.

Os princípios fundamentais aplicados pelos rochdaleanos resumem-se na adesão livre, gestão democrática, juros módicos (ou remuneração limitada ao fator produção) ao capital e retorno proporcional às operações ou distribuição das sobras líquidas aos associados.

Evoluindo ao longo dos anos, os princípios cooperativos foram firmados em 1938 pela Aliança Cooperativa Internacional: a livre adesão, o direito de um voto para cada associado (singularidade de voto), a

(1242) Nesse sentido VERRUCOLI, Piero. Cooperative (Imprese). *Enciclopedia del Diritto.* Varese: Giuffré, 1995, v. 10. p. 549. A palavra cooperativismo pode ser tomada em duas acepções. Por um lado, designa o sistema de organização econômica que visa a eliminar os desajustamentos sociais oriundos dos excessos da intermediação capitalista; por outro, significa a doutrina corporificada no conjunto de princípios que devem reger o comportamento do homem integrado naquele sistema, conforme FRANKE, Walmor. *Direito das sociedades cooperativas:* direito cooperativo. São Paulo: Saraiva/Universidade de São Paulo, 1973. p. 1.

(1243) BECHO, Renato Lopes. *Tributação das cooperativas.* 3. ed. São Paulo: Dialética, 2005. p. 92.

(1244) MAUAD, Marcelo José Ladeira. *Cooperativas de trabalho:* sua relação com o Direito do Trabalho. 2. ed. São Paulo: LTr, 2001. p. 26.

(1245) GIL, Vilma Dias Bernardes. *As novas relações trabalhistas e o trabalho cooperado.* São Paulo: LTr, 2002. p. 32.

distribuição do excedente, *pro rata*, das transações, os juros limitados sobre o capital, a neutralidade política e religiosa, a realização de vendas a dinheiro e à vista, bem como o desenvolvimento da educação[(1246)].

No Brasil, com a chegada dos imigrantes europeus no final do século XIX e início do século XX, o movimento social passou a cativar e contagiar os trabalhadores. Por outro lado, a liberdade de associação assegurada na Constituição de 1891 é apontada por alguns, a exemplo de Vilma Dias Bernardes Gil[(1247)], como um dos fatores responsáveis pelo surgimento do sistema cooperativado no país.

Destaca-se que os primeiros diplomas legais sobre os sindicatos profissionais incluíram também as cooperativas. Ilustrativamente, citam-se o Decreto n. 19.770/31, que dava aos sindicatos o direito de organizar e administrar cooperativas, esboçando um movimento sindicalista-cooperativista na época; o Decreto n. 22.239/32, que permitia que os sindicatos e cooperativas colaborassem entre si, sem permitir a subordinação entre eles; os Decretos ns. 23.611/33 e 24.647/34, que admitiam a criação de "consórcios profissionais-cooperativas"; o Decreto-Lei n. 581/38, que retoma a posição de independência entre sindicato e cooperativas; e a Consolidação das Leis do Trabalho, de 1943, em seu art. 514, parágrafo único, que estabelece o dever de os sindicatos promoverem a fundação de cooperativas de consumo e de crédito.

A Lei n. 5.764, de 16 de dezembro de 1971, foi aprovada no Legislativo e sancionada pelo Executivo em plena vigência de um regime fortemente autoritário. Vigorava, à época, o AI-5, com todas as suas consequências. O Estado era altamente intervencionista e procurava controlar a organização da sociedade civil[(1248)].

Em decorrência desse cenário político, a Lei n. 5.764/71 apresenta diversas restrições ao exercício do cooperativismo, além de assegurar a intervenção estatal no funcionamento das cooperativas. Curiosamente, no inciso IX de seu art. 4º, a Lei n. 5.764/71 fixa a "neutralidade política e indiscriminação religiosa, racial e social" das cooperativas.

Apesar de o cooperativismo nacional ter sua origem principalmente na área rural, com as cooperativas agrícolas, nos centros urbanos verificou-se a formação de cooperativas de grande importância, a exemplo da Associação Cooperativa dos Empregados da Cia Telefônica de Limeira/SP de 1891; a Cooperativa Militar de Consumo do Rio de Janeiro/RJ de 1894; e a Cooperativa de Consumo de Camaragibe/PE de 1895.

Com a promulgação da Constituição de 1988, determinou-se que a criação das cooperativas deve ser feita na forma da lei, independentemente de autorização estatal, sendo vedada a interferência do Estado em seu funcionamento. Nesse sentido, dispõe o art. 5º, XVIII, da Constituição: "a criação de associações e, na forma da lei, a de cooperativas independem de autorização, sendo vedada a interferência estatal em seu funcionamento".

Ademais, a Constituição prevê no § 2º do art. 174 que:

> Art. 174. Como agente normativo e regulador da atividade econômica, o Estado exercerá, na forma da lei, as funções de fiscalização, incentivo e planejamento, sendo este determinante para o setor público e indicativo para o setor privado. (...)
>
> § 2º A lei apoiará e estimulará o cooperativismo e outras formas de associativismo.

A Organização Internacional do Trabalho tratou das cooperativas na Recomendação n. 127, intitulada "Papel da Cooperativa no Desenvolvimento Econômico e Social de Países em Desenvolvimento". Tal recomendação estabelece que "nos países em via de desenvolvimento, o estabelecimento e a expansão das cooperativas deveriam ser considerados como um dos fatores importantes do desenvolvimento econômico, social e cultural, bem como da promoção humana".

(1246) BECHO, Renato Lopes. *Tributação das cooperativas*. 3. ed. São Paulo: Dialética, 2005. p. 130.

(1247) GIL, Vilma Dias Bernardes. *As novas relações trabalhistas e o trabalho cooperado*. São Paulo: LTr, 2002. p. 40.

(1248) MEINEN, Ênio. As sociedades cooperativas na Constituição Federal. In: DOMINGUES, Jane Aparecida Stefanes (Org.). *Aspectos jurídicos do cooperativismo*. Porto Alegre: Sagra Luzzatto, 2002. p. 7.

A importância da atuação das cooperativas, segundo a OIT, é tamanha, que existe a orientação para que os países, sempre que haja necessidade, prestem-lhe auxílio financeiro.

O ano de 2012 foi eleito pela ONU como o Ano Internacional das Cooperativas, e nesse ano o Brasil publicou a Lei n. 12.690/2012, que regulamentou as cooperativas de trabalho, instituiu o "programa nacional de fomento às cooperativas de trabalho" (PRONACOOP), com "a finalidade de promover o desenvolvimento e a melhoria do desempenho econômico e social da cooperativa de trabalho" (art. 19). Essa lei estabelece as finalidades do programa, definindo, inclusive, a viabilização de linhas de crédito(1249).

Pelo exposto, verifica-se que o cooperativismo, assim como o sindicalismo, surgiu como resposta de parcela da população à situação exploratória vivenciada durante a Revolução Industrial, na Europa, no século XIX. Com o amadurecimento dos princípios cooperativados, o sistema se fortaleceu e consolidou na Europa, espalhando-se para outros países, inclusive para o Brasil, no final do século XIX e início do século XX.

7.2. Conceito. Características. Classificação

A palavra "cooperativa" deriva do vocábulo "cooperar" (*cum* + *operare* = com + trabalhar) e, por isso, pode ser "traduzida como um conjunto de ações simultâneas e integradas entre grupos de pessoas com um só propósito, notadamente de cunho econômico ou profissional (em diferentes campos da atividade humana), todavia, ausente do propósito lucrativo, com assento em valores como ajuda mútua, democracia, igualdade, equidade, honestidade, transparência, solidariedade e responsabilidade social"(1250).

Uma cooperativa, como o próprio nome diz, é a união de esforços de forma coordenada, visando a atingir um determinado fim. Trata-se de uma sociedade de pessoas que se apoia na ideia de ajuda mútua entre os sócios. Seu objetivo comum é afastar os intermediários, propiciar o crescimento econômico e melhorar a condição social de seus membros.

Nesse sentido, o art. 2º da Lei das Cooperativas (Lei n. 12.690/12) dispõe:

> Art. 2º Considera-se Cooperativa de Trabalho a sociedade constituída por trabalhadores para o exercício de suas atividades laborativas ou profissionais com proveito comum, autonomia e autogestão para obterem melhor qualificação, renda, situação socioeconômica e condições gerais de trabalho.
>
> § 1º A autonomia de que trata o *caput* deste artigo deve ser exercida de forma coletiva e coordenada, mediante a fixação, em Assembleia Geral, das regras de funcionamento da cooperativa e da forma de execução dos trabalhos, nos termos desta Lei.
>
> § 2º Considera-se autogestão o processo democrático no qual a Assembleia Geral define as diretrizes para o funcionamento e as operações da cooperativa, e os sócios decidem sobre a forma de execução dos trabalhos, nos termos da lei.

Renato Lopes Becho(1251), por exemplo, conceitua a cooperativa como uma sociedade de pessoas, com cunho econômico, sem fins lucrativos, criada para prestação de serviços aos sócios, de acordo com princípios jurídicos próprios, com manutenção de seus traços distintivos.

(1249) Sobre a Lei n. 12.690/2012, ver artigos: ALEMÃO, Ivan. Comentários sobre a lei das cooperativas de trabalho (Lei n. 12.690, de 19.7.2012) à luz do direito do trabalho. *Justiça do Trabalho,* Porto Alegre, v. 29, n. 344, p. 30-42, ago. 2012; GARCIA, Gustavo Filipe Barbosa Garcia. *Cooperativas de trabalho:* Considerações sobre a Lei n. 12.690/2012. *Doutrinas essenciais:* direito do trabalho e direito da seguridade social. São Paulo: Revista dos Tribunais, 2012. p. 735-751; TROCOLI, Fernanda. A nova lei das cooperativas de trabalho. *Jornal Trabalhista Consulex,* Brasília, v. 29, n. 1.449, p. 11, 22.10.2012.

(1250) MEINEN, Ênio. As sociedades cooperativas na Constituição Federal. In: DOMINGUES, Jane Aparecida Stefanes (Org.). *Aspectos jurídicos do cooperativismo.* Porto Alegre: Sagra Luzzatto, 2002. p. 12.

(1251) BECHO, Renato Lopes. *Tributação das cooperativas.* 3. ed. São Paulo: Dialética, 2005. p. 95.

Pontes de Miranda[1252] salienta o caráter pessoal da cooperativa, afirmando que esta representa uma sociedade em que a pessoa do sócio passa à frente do elemento econômico.

A normatividade brasileira vigente quanto ao tema, o art. 4º da Lei n. 5.764/71, conceitua a cooperativa como sendo:

> (...) sociedades de pessoas, com forma e natureza jurídica próprias, de natureza civil, não sujeitas à falência, constituídas para prestar serviços aos associados, distinguindo-se das demais sociedades pelas seguintes características:
>
> I — adesão voluntária, com número ilimitado de associados, salvo impossibilidade técnica de prestação de serviços;
>
> II — variabilidade do capital social representado por quotas-partes;
>
> III — limitação do número de quotas-partes do capital para cada associado, facultado, porém, o estabelecimento de critérios de proporcionalidade, se assim for mais adequado para o cumprimento dos objetivos sociais;
>
> IV — incessibilidade das quotas-partes do capital a terceiros, estranhos à sociedade;
>
> V — singularidade de voto, podendo as cooperativas centrais, federações e confederações de cooperativas, com exceção das que exerçam atividade de crédito, optar pelo critério da proporcionalidade;
>
> VI — *quorum* para o funcionamento e deliberação da Assembleia Geral baseado no número de associados e não no capital;
>
> VII — retorno das sobras líquidas do exercício, proporcionalmente às operações realizadas pelo associado, salvo deliberação em contrário da Assembleia Geral;
>
> VIII — indivisibilidade dos fundos de Reserva e de Assistência Técnica Educacional e Social;
>
> IX — neutralidade política e indiscriminação religiosa, racial e social;
>
> X — prestação de assistência aos associados, e, quando previsto nos estatutos, aos empregados da cooperativa;
>
> XI — área de admissão de associados limitada às possibilidades de reunião, controle, operações e prestação de serviços.

O Código Civil de 1916 não mencionava as cooperativas, mas o Código Civil de 2002 traz quatro artigos sobre as cooperativas, do 1.093 ao 1.096, no Livro II — Direito das Empresas. Estabelece que a responsabilidade dos sócios pode ser limitada ou ilimitada e que, no que for omissa, aplica-se a legislação específica sobre o tema. Além disso, elenca como características das cooperativas: variabilidade, ou dispensa do capital social; concurso de sócios em número mínimo necessário a compor a administração da sociedade, sem limitação de número máximo; limitação do valor da soma de quotas do capital social que cada sócio poderá tomar; intransferibilidade das quotas do capital a terceiros estranhos à sociedade, ainda que por herança; *quorum*, para a assembleia geral funcionar e deliberar, fundado no número de sócios presentes à reunião, e não no capital social representado; direito de cada sócio a um só voto nas deliberações, tenha ou não capital a sociedade, e qualquer que seja o valor de sua participação; distribuição dos resultados, proporcionalmente ao valor das operações efetuadas pelo sócio com a sociedade, podendo ser atribuído juro fixo ao capital realizado; e, indivisibilidade do fundo de reserva entre os sócios, ainda que em caso de dissolução da sociedade.

A cooperativa, segundo o Código Civil atual, caracteriza-se como uma sociedade simples com características próprias, com especial "realce o espírito da mutabilidade equivalente à reciprocidade das

(1252) PONTES DE MIRANDA, Francisco Cavalcanti. *Tratado de direito privado.* Parte Especial XLIX. Contrato de Sociedade. Sociedade de pessoas. 3. ed. São Paulo: Revista dos Tribunais, 1984. p. 429-433.

prestações entre a cooperativa e o cooperado, em contraposição ao cunho eminentemente capitalista das demais sociedades comerciais"[1253].

Silvio Salvo Venosa[1254], ao analisar os arts. 1.093 a 1.096 do Código Civil e o processo de expansão do movimento cooperativado, conclui que a cooperativa é uma forma de o indivíduo obter melhoria econômica e social por meio da exploração de empresa fundada no mutualismo, na ajuda recíproca, cooperativismo.

A sociedade cooperativa é pessoa jurídica destinada ao desenvolvimento da solidariedade e da ajuda mútua entre os cooperados, bem como à obtenção da justa remuneração do trabalho, sem objetivo de lucro, o que as distingue das demais sociedades[1255].

Para Marcelo Mauad[1256], cooperativa é uma sociedade de pessoas e não de capitais, que se apoia na ajuda mútua dos sócios por um objetivo comum e predeterminado de afastar o intermediário e propiciar o crescimento econômico e a melhoria da condição social de seus membros, os quais possuem na união a razão de sua força. A cooperativa possui natureza civil e forma própria, regulada por lei especial, e destina-se a prestar serviços aos próprios cooperados.

Vilma Dias Bernardes Dias[1257] destaca os traços característicos que compõem a filosofia do cooperativismo, ressaltando a cooperação e a ajuda mútua, a gestão democrática e participativa e a obrigação recíproca dos sócios em contribuir com bens ou serviços para o exercício de uma atividade econômica, de proveito comum, sem objetivo de lucro.

Por fundar-se no sentido ético do desenvolvimento da cultura da solidariedade e por possuir alto sentido social, visando à melhoria da condição econômica dos participantes, tem-se que a cooperativa possui natureza especial como sociedade civil[1258].

Mauricio Godinho Delgado[1259] define princípios relativos à atuação das cooperativas. O princípio da dupla qualidade estabelece que o associado deve ser, concomitantemente, cooperado e cliente, obtendo as vantagens dessa condição dúplice, razão pela qual deve haver prestação de serviços pela sociedade diretamente ao cooperado, além daqueles prestados a terceiros. Segundo o autor, esse princípio faz com que as cooperativas atuem de forma que os seus cooperados sejam os beneficiários principais dos serviços prestados, circunstância que destaca o papel das cooperativas em face de outras associações. Prestando serviços aos seus associados, a cooperativa oferece serviços a terceiros como simples instrumento de viabilização de seus objetivos principais.

Considerando o motivo pelo qual existem as cooperativas, qual seja, a potencialização das atividades humanas e das organizações cooperadas, e, ao fim e ao cabo, do próprio trabalho do homem, o autor elenca o princípio da retribuição pessoal diferenciada. Tal princípio justifica-se pelo fato de que o trabalhador, cooperado, obtém, em virtude da mesma atividade autônoma (que poderia realizar isoladamente, sem a associação), retribuição superior àquela que obteria caso não estivesse associado. A cooperativa, ao contrário do trabalhador isolado, tem a capacidade de ampliar o mercado do cooperado, realizando convênios, obtendo linhas de financiamento benéficas aos associados, subsidiando combustível, bem como outras benesses exemplificativamente citadas pelo doutrinador.

(1253) WALD, Arnoldo; coordenador: Sálvio de Figueiredo Teixeira. *Comentários ao Novo Código Civil.* v. XIV: livro II, do direito de empresa. Rio de Janeiro: Forense, 2005. p. 603.

(1254) VENOSA, Silvio de Salvo. Direito civil; direito empresarial. v. 8. São Paulo: Atlas, 2010. p. 185.

(1255) SÜSSEKIND, Arnaldo et. al. *Instituições de Direito do Trabalho.* 21. ed. São Paulo: LTr, 2003. p. 319.

(1256) MAUAD, Marcelo José Ladeira. *Cooperativas de trabalho:* sua relação com o Direito do Trabalho. 2. ed. São Paulo: LTr, 2001.p. 37.

(1257) GIL, Vilma Dias Bernardes. *As novas relações trabalhistas e o trabalho cooperado.* São Paulo: LTr, 2002. p. 46.

(1258) SÜSSEKIND, Arnald. *Instituições de Direito do Trabalho.* 21. ed. São Paulo: LTr, 2003. p. 313-320.

(1259) DELGADO, Mauricio Godinho. *Curso de Direito do Trabalho.* 11. ed. São Paulo: LTr, 2012. p. 332.

O art. 3º da Lei n. 12.690/12, que enumera princípios e valores das cooperativas de trabalho[1260], elenca os seguintes princípios cooperativados:

Art. 3º A Cooperativa de Trabalho rege-se pelos seguintes princípios e valores:

I — adesão voluntária e livre;

II — gestão democrática;

III — participação econômica dos membros;

IV — autonomia e independência;

V — educação, formação e informação;

VI — intercooperação;

VII — interesse pela comunidade;

VIII — preservação dos direitos sociais, do valor social do trabalho e da livre-iniciativa;

IX — não precarização do trabalho;

X — respeito às decisões de asssembleia, observado o disposto nesta Lei;

XI — participação na gestão em todos os níveis de decisão de acordo com o previsto em lei e no Estatuto Social.

Para Marcelo Mauad[1261], a peculiaridade essencial das cooperativas está na duplicidade intrínseca do papel dos cooperados, que, por um lado, são "membros da pessoa jurídica", e, de outro, são "destinatários dos seus serviços", dando origem à relação "associado-cliente".

Entre as características das cooperativas descritas nos arts. 3º e 4º da Lei n. 5.764/71, verifica-se: o exercício de atividade econômica; a ajuda mútua em proveito comum; a ausência de lucro; a constituição em sociedade de pessoas (e não de capitais), com forma e natureza jurídica próprias; "associado-cliente"; livre adesão; inacessibilidade das quotas-partes do capital a terceiros, estranhos à sociedade; singularidade do voto; quórum para instalação e deliberação da assembleia baseado no número de associados (e não no capital); retorno das sobras líquidas do exercício, proporcionalmente às operações realizadas pelo associado; indivisibilidade dos fundos de reserva e de assistência técnica, educacional e social; neutralidade política e indiscriminação religiosa, racial e social; prestação de assistência aos associados; e admissão de associados limitada às possibilidades de reunião, controle, operações e prestação de serviços.

Vilma Dias Bernardes Gil[1262] e Marcelo José Ladeira Mauad[1263], assim como outros escritores que se dedicaram ao tema, propõem diversas formas de classificação das cooperativas, quanto à forma da atividade (cooperativas de produção, de consumo, de crédito ou mistas), quanto aos fins (cooperativas de fim socioeconômico: produção, consumo, crédito e mistas; cooperativas de fim político: países de economia descentralizada, países de economia socialista centralizada); quanto à iniciativa de seus organizadores (cooperativas organizadas por pessoas físicas ou instituições privadas, religiosas ou seculares e cooperativas

(1260) Para uma abordagem crítica da Lei n. 12.690/12 que cria um marco regulatório para as cooperativas de trabalho ver VARGAS, Luiz Alberto de. Reflexões sobre a nova lei das cooperativas de trabalho. *Justiça do Trabalho*, n. 354, p. 38-61, jun. 2013.

(1261) MAUAD, Marcelo José Ladeira. *Cooperativas de trabalho:* sua relação com o Direito do Trabalho. 2. ed. São Paulo: LTr, 2001. p. 48.

(1262) GIL, Vilma Dias Bernardes. *As novas relações trabalhistas e o trabalho cooperado.* São Paulo: LTr, 2002. p. 50-51.

(1263) MAUAD, Marcelo José Ladeira. *Cooperativas de trabalho:* sua relação com o Direito do Trabalho. 2. ed. São Paulo: LTr, 2001. p. 53-59.

organizadas pelos poderes públicos); quanto à natureza e objeto das atividades econômicas desenvolvidas (cooperativas de distribuição: de consumo, de provisão, especializadas; cooperativas de colocação da produção; cooperativas de trabalho: de produção propriamente ditas, comunitárias de trabalho, de trabalho propriamente ditas, de mão de obra); e quanto à responsabilidade (cooperativas de responsabilidade limitada e de responsabilidade ilimitada).

Por sua vez, a Lei n. 5.764/71, em seu art. 6º, classifica as sociedades cooperativas em singulares (constituídas pelo número mínimo de 20 pessoas físicas), cooperativas centrais ou federações de cooperativas (constituídas de, no mínimo, três singulares, podendo, excepcionalmente, admitir associados individuais) e confederações de cooperativas (constituídas, pelo menos, de três federações de cooperativas ou cooperativas centrais, da mesma ou de diferentes modalidades). E a Lei n. 12.690/12 classifica as cooperativas de trabalho em apenas duas subclasses: de produção (quando constituída por sócios que contribuem com trabalho para a produção em comum de bens e a cooperativa detém, a qualquer título, os meios de produção); e de serviço (quando constituída por sócios para a prestação de serviços especializados a terceiros, sem a presença dos pressupostos da relação de emprego).

O conceito de cooperativa, juntamente com o estudo de suas características e princípios, garante maior clareza ao entendimento do próprio sistema cooperativado. A união de esforços dos cooperados, com solidariedade e ajuda mútua, visa à obtenção da justa remuneração do trabalho, sem objetivo de lucro, é o que identifica a sociedade cooperativa, independentemente de sua classificação.

7.3. Reflexos normativos específicos na legislação trabalhista

A atuação das cooperativas provoca reflexos nos ramos do direito trabalhista individual e coletivo(1264). Quanto ao direito individual, partindo-se da presunção de que, entre a sociedade cooperativa e seus associados não há vínculo de emprego, discute-se a formação de cooperativas fraudulentas que atuam com o propósito de fraudar direitos dos trabalhadores. Acerca do direito coletivo, são tecidas considerações acerca da representatividade sindical, bem como quanto à própria possibilidade da criação de sindicatos representativos da categoria profissional e econômica no âmbito cooperativo, bem como de sua legitimidade processual.

7.3.1. Direito individual (vínculo de emprego)

É indispensável, para a existência de uma cooperativa regular, a ausência de subordinação entre ela e seus associados, e entre estes e os tomadores de serviços daquela. Assim, pela análise da forma em que se desenvolve a relação jurídica e tendo em vista que o contrato de trabalho é do tipo realidade, caso estejam presentes os pressupostos da relação de emprego, extraídos dos arts. 2º e 3º da Consolidação das Leis do Trabalho, restará configurado o vínculo de emprego. Vale dizer, se a contratação de uma cooperativa for feita com o intuito de burlar a legislação trabalhista, mascarando a existência de relação de emprego, deverá ser declarada nula pela aplicação do art. 9º da Consolidação das Leis do Trabalho.

Por outro lado, o contrato de emprego, espécie do contrato de trabalho pela terminologia adotada por Martins Catharino, é sinalagmático, consensual, *intuitu personae*, de trato sucessivo e oneroso. Para que seja verificada a sua existência, necessário se faz que existam as condições expostas anteriormente, juntamente com a caracterização dos polos da relação de emprego na forma prevista pela Consolidação das Leis do Trabalho, ou seja, empregado e empregador. O art. 3º da Consolidação das Leis do Trabalho traz a definição

(1264) As sociedades cooperativas podem, como sujeito ativo ou passivo, titularizar relações jurídicas. Para o tratamento jurídico recebido pelas cooperativas no âmbito do Direito Tributário, Previdenciário e Administrativo ver ARAÚJO, Francisco Rossal de; DIAS, Carolina Grieco Rodrigues; MORAES, Éverton Luiz Kircher de. Cooperativas — tratamento jurídico específico e negociação coletiva. *Justiça do Trabalho*, Porto Alegre: HS, n. 353, p. 23-65, maio 2013.

de empregado: "é toda a pessoa física que prestar serviços de natureza não eventual a empregador, sob dependência deste e mediante salário". Por seu turno, o art. 2º da mesma Consolidação define o empregador como sendo aquela empresa, individual ou coletiva, que, "assumindo os riscos da atividade econômica, admite, assalaria e dirige a prestação pessoal de serviços".

Essencial, portanto, a presença dos elementos subordinação, pessoalidade, não eventualidade na prestação de serviços e pagamento mediante salário. O empregado necessariamente é pessoa física, sendo impossível a existência de vínculo jurídico de emprego sendo empregado uma pessoa jurídica. Trabalho eventual não caracteriza a existência de relação de emprego, devendo haver correspondência e atendimento às atividades normais do empreendimento econômico, de maneira persistente, com continuidade. O requisito da subordinação é aquele estado de dependência real criado por um direito, o direito do empregador de comandar, dar ordens, donde nasce a obrigação correspondente do empregado de obedecer a estas ordens sempre nos limites legais e ético-morais[(1265)]. Para a configuração da natureza sinalagmática (obrigações contrárias e equivalentes) e onerosa (à prestação de trabalho corresponde a contraprestação salarial) é preciso que haja pagamento de salário.

A Lei n. 8.949/94 acrescentou o parágrafo único do art. 442 da Consolidação das Leis do Trabalho, estabelecendo que inexiste vínculo de emprego entre a cooperativa e seus cooperados, nem entre estes e os tomadores de serviço, independente do ramo de atividade.

Tal disposição, segundo Mauricio Godinho Delgado[(1266)], trata-se de presunção relativa de ausência de vínculo de emprego. Segundo tal autor, o objetivo da disposição foi favorecer o cooperativismo, não conferir um instrumento para realizar fraudes trabalhistas, razão pela qual, caso verificado que o caráter cooperativista não atende às finalidades e aos princípios inerentes ao cooperativismo, deverá ser reconhecida a existência de relação de emprego.

Sob a ótica de Arnaldo Süssekind, a regra em questão, uma vez que desnecessária, criou uma falsa impressão no sentido de que os cooperativados podem prestar serviços aos tomadores, com preenchimento dos requisitos caracterizadores da relação de emprego, sem que essa relação jurídica pudesse ser declarada. O vínculo de emprego somente não se formaria caso os cooperados trabalhem na cooperativa e para a cooperativa que são associados, ou seja, deve existir uma relação jurídica e de fato entre o tomador e a cooperativa, não devendo estabelecer-se uma relação de fato, com efeitos jurídicos (relação de emprego), entre o associado e o tomador[(1267)].

A ação fraudulenta com o objetivo de obstar direitos trabalhistas fez surgir "cooperativas" com grande número de associados que detêm irrelevante participação no capital. Tais falsas cooperativas descumprem claramente os princípios do cooperativismo (objetivos comuns relacionados a solidariedade, autogestão, adesão voluntária, entre outros), sendo que, em alguns casos, os "associados" prestadores de serviço são, na realidade, antigos empregados que foram demitidos para viabilizar a sua readmissão na modalidade de prestação de serviço via cooperativa fraudulenta[(1268)].

Tecendo crítica à Lei n. 12.690/2012, Gustavo Filipe Barbosa Garcia[(1269)] afirma que, embora a referida legislação estabeleça que as cooperativas de trabalho sejam regidas pelos princípios e valores da preservação de direitos sociais, do valor social do trabalho e da livre-iniciativa (art. 3º, inciso VIII), bem como pela não precarização do trabalho (art. 3º, inciso IX), restou que suas disposições geraram forte incentivo a modali-

---

(1265) COLIN, Paul. *Direito do Trabalho.* 13. ed. São Paulo: Fundação Getulio Vargas, 1985. p. 53.

(1266) DELGADO, Mauricio Godinho. *Curso de Direito do Trabalho.* 11. ed. São Paulo: LTr, 2012. p. 331.

(1267) SÜSSEKIND, Arnaldo. A terceirização de serviços e as cooperativas de trabalho. *Revista do Tribunal Superior do Trabalho,* Brasília, ano LXVIII, n. 3, p. 15-18, jul. a dez. 2002.

(1268) MENEZES, Cláudio Armando Couce de. A fraude na formação do contrato de trabalho. *Justiça do Trabalho,* Porto Alegre, ano XVIII, n. 213, p. 14-29.

(1269) GARCIA, Gustavo Filipe Barbosa. Cooperativas de trabalho: considerações sobre a Lei n. 12.690/2012. *Doutrinas Essenciais: Direito do Trabalho e Direito da Seguridade Social,* São Paulo: Revista dos Tribunais, 2012. p. 735-751.

dades precárias de trabalho do homem. Isso porque a lei não especifica quais são os serviços especializados referidos no art. 4º, inciso II, para os quais se prestam as cooperativas de trabalho de serviço, bem como não veda expressamente a terceirização de atividades-fim.

Assim, identifica-se a atuação fraudulenta de falsas cooperativas, as quais operam como verdadeiras empresas prestadoras de serviços, com a vantagem de que, sob o manto de cooperativas laborais, escusam-se do pagamento de direitos trabalhistas[1270].

7.3.2. Direito coletivo. Representação sindical

Contemporâneos às cooperativas, os sindicatos surgiram como forma de organizar e obter a melhoria das condições de trabalho dos empregados em constante desvantagem econômica, jurídica e social em relação aos empregadores.

O sindicato é uma associação civil sem fins lucrativos, com natureza de pessoa jurídica de direito privado, constituída e administrada sob a responsabilidade de seus membros para atender a finalidade dos interesses da categoria profissional ou econômica que representa.

O sindicato distingue-se da associação profissional porque, enquanto o sindicato representa categoria profissional ou econômica com "representação do grupo perante órgãos administrativos ou jurisdicionais", a associação profissional é sem o reconhecimento legal para representar o grupo constituinte[1271].

Para Segadas Vianna a diferença essencial entre "associação" e "sindicato" está no fato de que o sindicato representa os interesses da categoria e a associação representa os interesses individuais dos associados[1272].

No Brasil vigora o princípio da liberdade sindical que veda a intervenção do Estado na criação ou funcionamento do sindicato.

Destaca-se que a Convenção n. 87 da OIT, não ratificada pelo Brasil, esclarece que a liberdade sindical representa o direito de empregados e empregadores, sem distinção e intervenção estatal, organizarem-se da forma como entenderem convenientes, podendo delas livremente filiarem e desfiliarem-se.

Por outro lado, o art. 511 da Consolidação das Leis do Trabalho estabelece:

> Art. 511. É lícita a associação para fins de estudo, defesa e coordenação dos seus interesses econômicos ou profissionais de todos os que, como empregadores, empregados, agentes ou trabalhadores autônomos ou profissionais liberais exerçam, respectivamente, a mesma atividade ou profissão ou atividades ou profissões similares ou conexas.
>
> § 1º A solidariedade de interesses econômicos dos que empreendem atividades idênticas, similares ou conexas, constitui o vínculo social básico que se denomina categoria econômica.
>
> § 2º A similitude de condições de vida oriunda da profissão ou trabalho em comum, em situação de emprego na mesma atividade econômica ou em atividades econômicas similares ou conexas, compõe a expressão social elementar compreendida como categoria profissional.

(1270) Sobre cooperativas fraudulentas, observar também: SANTOS, Rika Cristina Aranha dos. A fraude nas cooperativas de trabalho. *Revista LTr: Legislação do Trabalho,* São Paulo, v. 69, n. 10, p. 1246-1254; SENA, Natália. Cooperativas de trabalho e cooperativas de mão de obra: terceirização e fraude. *LTr Suplemento Trabalhista,* São Paulo, v. 44, n. 27, p. 137-140; SINGER, Paul. *Cooperativas de trabalho.* Disponível em: <http://www.mte.gov.br/ecosolidaria/prog_cooperativatrabalho2.pdf>. Acesso em: 25 abr. 2013.

(1271) PINTO, José Augusto Rodrigues. *Tratado de direito material do trabalho.* São Paulo: LTr, 2007. p. 699.

(1272) VIANNA, José Segadas. *Direito coletivo do trabalho.* São Paulo: LTr, 1972. p. 75.

§ 3º Categoria profissional diferenciada é a que se forma dos empregados que exerçam profissões ou funções diferenciadas por força de estatuto profissional especial ou em consequência de condições de vida singulares.

§ 4º Os limites de identidade, similaridade ou conexidade fixam as dimensões dentro das quais a categoria econômica ou profissional é homogênea e a associação é natural.

Dessa forma, a categoria econômica é representada pela "identidade de interesses econômicos dos que empreendem atividades idênticas, similares ou conexas". A categoria profissional é formada pela "similitude de condições de vida oriunda da profissão ou trabalho em comum, em situação de emprego na mesma atividade econômica ou em atividades econômicas similares ou conexas".

O conceito de categoria depende da orientação adotada pelo direito positivo ao traçar as linhas fundamentais do sindicalismo nacional, ressaltando que "acima de qualquer questão meramente normativa, parece absolutamente certo que é através da profissão ou atividade econômica exercida que nasce o interesse individual do trabalhador e do empresário". Acrescenta que, "por semelhança", cria-se entre os integrantes de uma mesma profissão e atividade econômica um "vínculo de solidariedade" que forma a "categoria"[1273].

Dissertando acerca da representatividade sindical, Mozart Victor Russomano afirma que o "extraordinário poder de representação coletiva" que os sindicatos exercem ultrapassa tudo que conhecia o direito tradicional antes do surgimento da "Era do Sindicalismo". E pondera que, embora amplo, tal poder não é ilimitado, encontrando delimitação em termos territoriais e sociais. Quanto à limitação que considera sociológica, defende que, perante órgãos administrativos e judiciários, o sindicato é legítimo representante da categoria profissional ou econômica, desde que exista interesse geral autêntico a ser sustentado, pois tal interesse geral concentra-se no sindicato, na condição de órgão apto a sustentá-lo sob a ótica sociológica, política e jurídica[1274].

Todavia, a doutrina não apresenta uma definição unânime sobre o conceito de categoria para fins de representação sindical. Adota-se a definição de categoria profissional de Mauricio Godinho Delgado, segundo a qual o "ponto de agregação na categoria profissional" é a similitude laborativa, em função da vinculação a empregadores que tenham atividades econômicas idênticas, similares ou conexas. Conforme esclarece o autor, a categoria profissional, regra, não se identifica pelo tipo de labor ou atividade que exerce o obreiro, tampouco por sua profissão, mas sim pela vinculação a certo tipo de empregador. Assim, se empregado de indústria metalúrgica labora como porteiro de planta empresarial (e não em efetivas atividades metalúrgicas), é, ainda assim, representado legalmente pelo sindicato de metalúrgicos, uma vez que o seu ofício de porteiro não o enquadra como categoria diferenciada[1275].

Tendo em vista o aumento e o fortalecimento das cooperativas no país, pelas razões e motivos abordados anteriormente, verifica-se nas últimas décadas um crescente número de pedidos de registro sindical de associações de cooperativas junto ao Ministério do Trabalho e Emprego.

8. Transportador autônomo de cargas

A Lei n. 11.442/2007, com alterações significativas realizadas pela Lei n. 12.249/10 e pela Lei n. 13.103/15, revogou a Lei n. 6.813/80, e passou a regular o sobre o transporte rodoviário de cargas (TRC) realizado em vias públicas, no território nacional, pelo transportador autônomo de cargas (TAC), mediante contrato de prestação de serviços de natureza civil/comercial celebrado com a Empresa de Transporte Rodoviário de Cargas (ETC) ou entre o dono ou embarcador da carga.

(1273) RUSSOMANO, Victor Mozart. Direito sindical. Princípios gerais. Rio de Janeiro: José Konfino, 1975. p. 77.

(1274) RUSSOMANO, Victor Mozart. Em tôrno do poder de representação sindical. *Revista LTr: Legislação do Trabalho*, São Paulo, v. 32, p. 685-688, 1968.

(1275) DELGADO, Mauricio Godinho. *Curso de Direito do Trabalho*. 11. ed. São Paulo: LTr, 2012. p. 1348.

8.1. Aspectos materiais

Sistematizando, o transporte de cargas pode ser prestado de três formas:

a) por uma pessoa jurídica, denominada na lei de Empresa de Transporte de Cargas (ETC), da qual o trabalhador-motorista pode ser sócio;

b) por um trabalhador autônomo, denominado na lei de Transportador Autônomo de Carga (TAC);

c) por um empregado-motorista, regido pela CLT.

A Lei n. 11.442/07 se propõe a regular o transporte autônomo de cargas, prestado por um trabalhador autônomo, especial, em face das normas peculiares desta atividade.

O art. 5º da Lei n. 11.442/07 dispõe que não há relação de emprego entre o suposto trabalhador autônomo e o contratante dos seus serviços (ETC, dono da carga ou embarcador da carga).

E o § 5º do art. 4º da Lei n. 11.442/07, com redação dada pela Lei n. 13.103/15, dispõe que não há relação de emprego entre o suposto TAC-auxiliar e o TAC.

É necessário que na realidade, na prática, se confirme que se trata de uma relação autônoma. Como estudado em outros casos no presente trabalho (por exemplo quando foi estudado o parágrafo único do art. 442 da CLT, sobre a relação entre o sócio cooperativado e as cooperativas de trabalho), não basta a lei dizer que não há relação de emprego. Lembra-se de que o Direito do Trabalho é inspirado pelo princípio da primazia da realidade e os princípios têm força normativa (conforme estudado em capítulo próprio na presente obra).

Passa-se a detalhar as demais formalidades da Lei n. 11.442/2007 que possuem relevância para o Direito do Trabalho:

a) Contratante

Os contratantes dos serviços poderão ser a empresa de transporte rodoviário de cargas (ETC), o dono da carga, ou o embarcador da carga.

A empresa de transporte rodoviário de cargas (ETC) deverá ser pessoa jurídica e ter no transporte rodoviário de cargas a sua atividade principal (art. 2º, inciso II).

A atividade econômica da empresa de transporte rodoviário de cargas (ETC) depende de sua prévia inscrição no Registro Nacional de Transportadores Rodoviários de Cargas — RNTR-C da Agência Nacional de Transportes Terrestres — ANTT (art. 2º da Lei n. 11.442/2007).

Por omissão legal, o dono da carga e o embarcador da carga podem ser pessoa física ou jurídica.

Para ser uma empresa de transporte rodoviário de cargas (ETC) é necessária a comprovação de algumas condições exigidas pelo do art. 2º, § 2º, da Lei n. 11.442/2007:

I) ter sede no Brasil;

II) comprovar ser proprietária ou arrendatária de, pelo menos, 1 (um) veículo automotor de carga, registrado no País;

III) indicar e promover a substituição do responsável técnico, que deverá ter, pelo menos, 3 (três) anos de atividade ou ter sido aprovado em curso específico;

IV) demonstrar capacidade financeira para o exercício da atividade e idoneidade de seus sócios e de seu responsável técnico.

As Cooperativas de Transporte de Cargas deverão comprovar a propriedade ou o arrendamento dos veículos automotores de cargas de seus associados (art. 2º, § 3º, da Lei n. 11.442/2007).

b) Contratado

O contratado (trabalhador) é o transportador autônomo de cargas (TAC), que deverá ser pessoa física que tenha no transporte rodoviário de cargas a sua atividade profissional (art. 2º, inciso I).

O trabalhador poderá ser de dois tipos: TAC-agregado e TAC-independente (art. 4º).

1) TAC-agregado é aquele que coloca veículo de sua propriedade ou de sua posse, a ser dirigido por ele próprio ou por preposto seu, a serviço do contratante, com exclusividade, mediante remuneração certa (§ 1º do art. 4º);

2) TAC-independente é aquele que presta os serviços de transporte de carga de que trata esta Lei em caráter eventual e sem exclusividade, mediante frete ajustado a cada viagem (§ 2º do art. 4º).

Para ser um transportador autônomo de cargas (TAC) é necessária a comprovação de algumas condições exigidas pelo do art. 2º, *caput* e § 1º:

I) comprovar ser proprietário, coproprietário ou arrendatário de, pelo menos, 1 (um) veículo automotor de carga, registrado em seu nome no órgão de trânsito, como veículo de aluguel;

II) comprovar ter experiência de, pelo menos, 3 (três) anos na atividade, ou ter sido aprovado em curso específico;

III) comprovar prévia inscrição no Registro Nacional de Transportadores Rodoviários de Cargas — RNTR-C da Agência Nacional de Transportes Terrestres — ANTT.

c) Contrato de prestação de serviços

O art. 4º da Lei n. 11.442/2007 exige que haja um contrato de prestação de serviços de transporte entre a ETC e o TAC ou entre o dono ou embarcador da carga e o TAC, sendo que tal contrato definirá a forma de prestação de serviço do TAC, como agregado ou independente.

O art. 6º da Lei n. 11.442/2007 admite que o transporte rodoviário de cargas seja efetuado sob contrato ou conhecimento de transporte, que deverá conter informações para a completa identificação das partes e dos serviços e de natureza fiscal.

d) Contratado auxiliar

A Lei n. 13.103/15, mediante inserção dos §§ 3º, 4º e 5º no art. 4º da Lei n. 11.442/2007, criou a figura do Transportador Autônomo de Cargas Auxiliar (TAC-Auxiliar) que poderá trabalhar em regime de colaboração ao Transportador Autônomo de Cargas (TAC).

Nesse regime o TAC cederá seu veículo para o TAC auxiliar prestar serviços.

O Transportador Autônomo de Cargas Auxiliar deverá contribuir para a previdência social de forma idêntica à dos Transportadores Autônomos. Isso não precisa constar na lei, pois o trabalhador autônomo é segurado obrigatório da previdência social.

e) Pagamento da remuneração (frete)

O denominado "pagamento do frete" é o pagamento do serviço de transporte de cargas realizado.

A lei estabelece uma série de formalidades em relação ao pagamento do frete. Veja-se:

e.1) O pagamento do frete do transporte rodoviário de cargas ao Transportador Autônomo de Cargas — TAC deverá ser efetuado por meio de crédito em conta mantida em instituição integrante do sistema financeiro nacional, inclusive poupança, ou por outro meio de pagamento regulamentado pela Agência

Nacional de Transportes Terrestres — ANTT, a critério do prestador do serviço (art. 5º-A da Lei n. 11.442/07, com redação dada pela Lei n. 13.103/15).

O pagamento do frete só pode ser feito desta forma. Dispõe o § 6º do art. 5º-A da Lei n. 11.442/07, com redação dada pela Lei n. 12.249/10:

> § 6º É vedado o pagamento do frete por qualquer outro meio ou forma diverso do previsto no *caput* deste artigo ou em seu regulamento.

As tarifas bancárias ou pelo uso de meio de pagamento eletrônico relativas ao pagamento do frete do transporte rodoviário de cargas ao Transportador Autônomo de Cargas — TAC correrão por conta do responsável pelo pagamento (§ 7º do art. 5º-A da Lei n. 11.442/07, com redação dada pela Lei n. 13.103/15).

e.2.) A conta de depósitos ou o outro meio de pagamento deverá ser de titularidade do TAC e identificado no conhecimento de transporte (§ 1º do art. 5º-A da Lei n. 11.442/07, com redação dada pela Lei n. 12.249/10).

e.3) O contratante e o subcontratante dos serviços de transporte rodoviário de cargas, assim como o cossignatário e o proprietário da carga, são solidariamente responsáveis pela obrigação prevista no *caput* deste artigo, resguardado o direito de regresso destes contra os primeiros (§ 2º do art. 5º-A da Lei n. 11.442/07, com redação dada pela Lei n. 12.249/10).

e.4.) Equiparam-se ao TAC a Empresa de Transporte Rodoviário de Cargas — ETC que possuir, em sua frota, até três veículos registrados no Registro Nacional de Transportadores Rodoviários de Cargas — RNTRC e as Cooperativas de Transporte de Cargas (§ 3º do art. 5º-A da Lei n. 11.442/07, com redação dada pela Lei n. 12.249/10).

Aqui a lei traz um tratamento diferenciado para uma espécie de "micro" Empresa de Transporte Rodoviário de Cargas — ETC (assim considerada aquela que possuir em sua frota até três veículos registrados no RNTRC), que juntamente com as Cooperativas de Transporte de Cargas são "equiparadas" ao TAC no que tange à aplicação da Lei n. 11.442/07.

Sobre as cooperativas de trabalho remete-se ao estudo realizado na presente obra em item próprio *supra*.

e.5.) As Cooperativas de Transporte de Cargas deverão efetuar o pagamento aos seus cooperados por meio de crédito em conta, na forma do *caput* do art. 5º-A (§ 4º do art. 5º-A da Lei n. 11.442/07, com redação dada pela Lei n. 12.249/10).

e.6.) O registro das movimentações da conta de depósitos ou do meio de pagamento em questão artigo servirá como comprovante de rendimento do TAC (§ 5º do art. 5º-A da Lei n. 11.442/07, com redação dada pela Lei n. 12.249/10).

Outras disposições da Lei n. 11.442/07, como sobre responsabilidade, prazo de entrega etc., não são objeto do presente estudo.

As disposições legais ora estudadas, determinadas pela Lei n. 11.442/2007, são indispensáveis para a validade do ato enquanto forma prescrita em lei (art. 104 do CC/2002) e precisam ser corroboradas pela realidade (princípio da primazia da realidade).

8.2. Aspectos processuais

Umas das questões mais debatidas sobre a matéria é de cunho processual e diz respeito à competência para julgamento de ações propostas por transportador autônomo de cargas.

O parágrafo único do art. 5º da Lei n. 11.442/07 dispõe que é da Justiça Comum a competência para julgamento de ações oriundas dos contratos de transporte de cargas. Veja-se o texto legal:

Art. 5º [...]

Parágrafo único. Compete à Justiça Comum o julgamento de ações oriundas dos contratos de transporte de cargas.

Em princípio, até a liminar concedida pelo STF na ADC 48, questão que será explicada posteriormente, não havia maior controvérsia de que a Justiça do Trabalho é competente para julgar pedidos de reconhecimento de relação de emprego (vínculo empregatício), conforme o inciso I do art. 114 da Constituição Federal, realizados por suposto transportador autônomo de cargas, alegando ter tido suposta relação de emprego.

A controvérsia maior residia quando o transportador autônomo de cargas postula na Justiça do Trabalho outros pedidos, por exemplo, pagamento de diárias ou de pretensões indenizatórias.

Há quem entenda que a Justiça do Trabalho tem competência para julgar ações promovidas por transportador autônomo de cargas, pessoa física, por se tratar de relação de trabalho em sentido amplo (trabalho autônomo), com fundamento no art. 114 da Constituição Federal, incisos I e XI, com redação dada pela EC n. 45/04.

Veja-se o texto legal:

Art. 114. Compete à Justiça do Trabalho processar e julgar:

I — as ações oriundas da relação de trabalho, abrangidos os entes de direito público externo e da administração pública direta e indireta da União, dos Estados, do Distrito Federal e dos Municípios;

(...)

IX — outras controvérsias decorrentes da relação de trabalho, na forma da lei.

No sentido de que Justiça do Trabalho tem competência para julgar ações promovidas por transportador autônomo de cargas, pessoa física, exemplifica-se com julgados não isolados do Tribunal Regional do Trabalho da 4ª Região:

COMPETÊNCIA DA JUSTIÇA DO TRABALHO. TRANSPORTADOR AUTÔNOMO DE CARGAS. LEI N. 11.442/2007. É competente a Justiça do Trabalho para processar e julgar demanda em que transportador autônomo de cargas, pessoa física, postula indenização baseada na Lei n. 11.442/2007, por se tratar de relação de trabalho. Incidência do art. 114, inciso IX, da Constituição Federal. (TRT da 4ª Região, 6ª Turma, 0020615-38.2016.5.04.0123 RO, em 8.6.2017, Desembargador Fernando Luiz de Moura Cassal)

O Tribunal Superior do Trabalho majoritariamente tem entendido pela incompetência da Justiça do Trabalho para julgar ações indenizatórias fundadas na Lei n. 11.442/2007. Veja-se exemplificativamente:

AGRAVO DE INSTRUMENTO EM RECURSO DE REVISTA. RITO SUMARÍSSIMO. INCOMPETÊNCIA DA JUSTIÇA DO TRABALHO. AÇÃO INDENIZATÓRIA. TRANSPORTADOR RODOVIÁRIO DE CARGAS. LEI N. 11.442/2007. O contrato de transporte rodoviário de cargas, regido pela Lei n. 11.442/2007, possui natureza comercial, o que afasta a competência da Justiça do Trabalho para processar e julgar pedido de ação indenizatória oriundo da relação havida entre as partes. Incólume o disposto no art. 114, I, da Constituição da República. Agravo de instrumento a que se nega provimento. (AIRR-3612140-05.2008.5.09.0003, 1ª Turma, Relator Ministro Lelio Bentes Corrêa, DEJT 11.2.2011)

O Supremo Tribunal Federal, em decisão proferida pelo Ministro Luís Roberto Barroso, deferiu medida cautelar na Ação Declaratória de Constitucionalidade n. 48-DF "para determinar a imediata suspensão de todos os feitos que envolvam a aplicação dos arts. 1º, *caput*, 2º, §§ 1º e 2º, 4º, §§ 1º e 2º, e 5º, *caput*, da Lei n. 11.442/2007". A ementa da decisão foi redigida nos seguintes termos:

DIREITO DO TRABALHO. MEDIDA CAUTELAR EM AÇÃO DECLARATÓRIA DA CONSTITUCIONALIDADE. TRANSPORTE RODOVIÁRIO DE CARGAS. TERCEIRIZAÇÃO DA ATIVIDADE-FIM. MEDIDA CAUTELAR DEFERIDA.

1. A Lei n. 11.442/2007 (i) regulamentou a contratação de transportadores autônomos de carga por proprietários de carga e por empresas transportadoras de carga; (ii) autorizou a terceirização da atividade-fim pelas empresas transportadoras; e (iii) afastou a configuração de vínculo de emprego nessa hipótese.

2. É legítima a terceirização das atividades-fim de uma empresa. A Constituição Federal não impõe uma única forma de estruturar a produção. Ao contrário, o princípio constitucional da livre-iniciativa garante aos agentes econômicos liberdade para eleger suas estratégias empresariais dentro do marco vigente (CF/1988, art. 170).

3. A proteção constitucional ao trabalho não impõe que toda e qualquer prestação remunerada de serviços configure relação de emprego (CF/1988, art. 7º).

4. A persistência de decisões judiciais contraditórias, após tantos anos de vigência da Lei n. 11.442/2007, reforça a presença de perigo de dano de difícil reparação e gera grave insegurança jurídica, em prejuízo a todas as partes que integram a relação contratual de transporte autônomo de carga.

5. Verossimilhança do direito e perigo da demora demonstrados. Medida cautelar deferida. (Grifou-se)

Assim, a questão aguarda o julgamento da ADC n. 48 pelo STF.

Capítulo 8

Empregado: Conceito e Caracterização. Tipos Especiais de Empregados

1. *Conceito e caracterização de empregado*

O conceito legal de empregado está previsto no art. 3º da Consolidação das Leis do Trabalho: "considera-se empregado toda pessoa física que prestar serviços de natureza não eventual a empregador, sob a dependência deste e mediante salário".

A caracterização do empregado está condicionada à existência de quatro elementos essenciais, que podem ser retirados desse conceito: a) a subordinação ("sob a dependência deste"); b) a não eventualidade ("serviços de natureza não eventual"); c) a pessoalidade (prestação pessoal de serviços + "toda pessoa física"); d) a onerosidade ("mediante salário").

Tais elementos essenciais são os mesmos que caracterizam a relação de emprego, estudada em tópico próprio, todavia, pela importância da matéria, pretende-se, com outra abordagem, analisar alguns aspectos de cada elemento caracterizador.

2. *Trabalho subordinado e trabalho autônomo*

O trabalho, sob o aspecto econômico, é um fator de produção que pode ser utilizado tanto de forma autônoma como subordinada (dependência econômica + poder de direção). As duas formas jurídicas (autônomo e subordinado) estão em um contexto normativo de liberdade de contratar. Do contrário, apareceriam formas de trabalho forçado ou coativo como a escravidão e a servidão[1276]. Portanto, o trabalho livre (em sentido lato, opondo-se ao trabalho coativo) será autônomo ou subordinado.

Sob o ponto de vista econômico, o trabalho é o fator de produção que modifica as matérias-primas e, com a geração de riqueza excedente, permite a acumulação de capital. Por essa razão, economistas clássicos como Adam Smith e David Ricardo são os precursores em afirmar que o valor das coisas se expressa, em linhas gerais, por uma relação entre a quantidade de trabalho nela despendida e a sua escassez na natureza.

(1276) Definir trabalho autônomo e trabalho subordinado constitui uma das tarefas mais difíceis do Direito do Trabalho. Sobre o tema, a obra de referência é de autoria de VILHENA, Paulo Emílio Ribeiro de. *Relação de Emprego:* estrutura legal e supostos. 2. ed. São Paulo: LTr, 1999, que constitui o estudo mais alentado sobre relação de emprego na doutrina brasileira.

Essas ideias levaram à fixação da teoria do valor-trabalho como elemento central da teoria econômica, em detrimento da teoria do valor-utilidade, que explicava o valor das coisas pela utilidade subjetiva que o bem ou serviço tem para o seu adquirente.

Sob o ponto de vista jurídico, o trabalho pode ser por conta própria ou por conta alheia. Trabalho por conta própria é aquele no qual o trabalhador se apropria totalmente do resultado do seu trabalho. Normalmente requer autonomia nas principais diretrizes de seu exercício (exemplo: profissionais liberais, empreitada etc.). O trabalho por conta alheia é aquele em que o trabalhador não se apropria, total ou parcialmente, do resultado de seu trabalho. Pode ser juridicamente não livre e livre. Trabalho por conta alheia juridicamente não livre são exemplificados pela servidão e pela escravidão. Trabalho por conta alheia juridicamente livre é a relação de emprego (trabalho assalariado), cuja característica principal é a subordinação.

O trabalho autônomo caracteriza-se por constituir vínculo jurídico fundado na predeterminação da prestação, que não sofrerá intervenção do credor do trabalho e na circunstância de que o poder jurídico reservado ao prestador encerra o poder de auto-organizar próprio trabalho, com ou sem o concurso de outrem[1277].

Quanto ao primeiro aspecto, significa que o trabalho autônomo em geral tem por objetivo um resultado e não a atividade em si. O credor estabelece com o devedor uma determinada meta e a atividade é o meio para se atingir a finalidade. É o que ocorre, por exemplo, nos contratos de empreitada ou mandato. Embora possam existir situações dúbias, considerando a dificuldade de se definir, no caso concreto, o que é meio e o que é fim, o certo é que o critério tem alguma utilidade, pelo menos para estabelecer uma prescrição relativa.

O segundo aspecto, a auto-organização do trabalho, também deve ser analisado com cautela e sempre dentro de parâmetros concretos. O trabalhador autônomo desenvolve seu trabalho com organização própria, iniciativa e discricionariedade, escolhendo o modo, o tempo, o lugar e a forma de execução. A iniciativa de auto-organização enfatiza a liberdade do prestador que pode dispor da sua atividade, inclusive para mais de um contratante. O autônomo atenderá a contento os diversos credores de serviços[1278].

A subordinação pode ser vista sob aspecto subjetivo e sob aspecto objetivo.

O aspecto subjetivo da subordinação caracteriza-se pela consciência de cumprir ordens, por parte do trabalhador e pela justificação legal destas ordens por parte do empregador. Os poderes do empregador são amparados pelo ordenamento jurídico, expressando-se sob as três vertentes conhecidas: poder diretivo, poder disciplinar e poder hierárquico. O empregador tem para si legitimado o poder de estabelecer a forma, o modo, o tempo e os desígnios do contrato, apropriando-se, com amparo legal, dos resultados excedentes da prestação de trabalho, sob a forma de lucro. É certo que estes poderes de direção, disciplina e hierarquia não são ilimitados, tendo o empregador que exercê-los dentro de parâmetros também estabelecidos por normas jurídicas. Assim, o poder disciplinar encontra seu limite nas normas sobre o respeito à integralidade física do empregado e aos seus direitos de cidadão (liberdade, privacidade etc). Além disso, o poder disciplinar deve respeitar a adequação da sanção imposta no âmbito contratual com a gravidade da falta (proporcionalidade). Também o poder diretivo encontra limites no próprio contrato, pois o empregado contrata como um cidadão livre, e a remuneração deve ser proporcional ao contratado, bem como não está obrigado a cumprir ordens ilegais[1279].

(1277) VILHENA, Paulo Emílio Ribeiro de. *Relação de Emprego:* estrutura legal e supostos. 2. ed. São Paulo: LTr, 1999. p. 482.

(1278) VILHENA, Paulo Emílio Ribeiro de. *Relação de Emprego:* estrutura legal e supostos. 2. ed. São Paulo: LTr, 1999. p. 483.

(1279) Todo contrato deve ter objeto lícito, possível, determinado ou determinável (art. 104 do Código Civil). Embora o contrato de emprego seja um contrato de atividade, no qual se admite certo grau de indeterminação (*vide* art. 456, parágrafo único, da Consolidação das Leis do Trabalho), o empregador não pode estabelecer indeterminadamente o objeto da prestação, sob pena de caracterizar-se um contrato leonino. Também o objeto do contrato de emprego subordinado deve submeter-se aos dispositivos gerais de licitude do objeto, com especial atenção à cláusula geral de nulidade no art. 9º da Consolidação das Leis do Trabalho e no art. 166, III e VI, do Código Civil, no que tange a contrato com motivos ilícitos ou que tenham por finalidade fraudar lei imperativa.

Por último, o poder hierárquico também encontra limitações nas normas constitucionais[(1280)] e legais[(1281)] a respeito da isonomia. O aspecto objetivo da subordinação consiste na inserção do trabalho do devedor nos desígnios econômicos do credor. Existe um constante círculo de expectativas entre credor e devedor: o credor (empregador) precisa que o empregado aliene sua força de trabalho para que possa impulsionar os demais fatores de produção; o devedor (empregado) precisa de seu emprego, pois dele depende economicamente para a sua subsistência ou, se não depende, dele obtém remuneração para satisfazer alguma de suas necessidades pessoais. Trata-se de uma participação interpretativa da atividade-trabalho na atividade da empresa[(1282)].

A relação de trabalho mencionada no art. 114, I, da Constituição Federal distingue entre trabalho autônomo e trabalho subordinado. Se houvesse alguma restrição apenas ao âmbito do trabalho subordinado, a expressão correta seria "relação de emprego", pois esta é espécie da relação de trabalho que, por seu turno, constitui gênero. Nesse contexto, a Justiça do Trabalho atualmente tem competência para solucionar ações envolvendo relações de trabalho no sentido lato, estejam elas inseridas num contexto de auto-organização do trabalho (trabalho autônomo) ou num contexto de consciência de cumprir ordens, inteirando-se nos desígnios econômicos da empresa (trabalho subordinado).

3. *Não eventualidade e continuidade*

No Direito do Trabalho brasileiro, a não eventualidade constitui elemento da relação de emprego. Embora não se tenha na legislação trabalhista uma definição de relação de emprego[(1283)], ou definição de empregado contida no art. 3º da Consolidação das Leis do Trabalho, refere à prestação não eventual de serviços.

O contrato de emprego tem uma relação com o tempo, sendo uma obrigação contínua ou de trato sucessivo[(1284)]. A expressão "trabalho não eventual" constitui um conceito jurídico indeterminado[(1285)]. Pode ocorrer que um contrato inicialmente previsto para ser instantâneo ou de execução diferida se transforme em um contrato de trato sucessivo porque as partes estão ajustando contínuas atividades que, somadas, acabam por modificar a sua natureza. De qualquer forma, como regra hermenêutica, no contrato de emprego presume-se a continuidade, devendo ser demonstrada a existência de termo resolutivo[(1286)].

Podem existir relações de emprego por prazo indeterminado e por prazo determinado (a termo), assim como podem existir relações de trabalho (não subordinado) por prazo indeterminado ou por prazo determinado. As relações de representação comercial são típicas relações de trabalho não subordinado ou autônomas, que podem ser pactuadas por tempo determinado ou indeterminado[(1287)]. Outro exemplo é a

---

(1280) Art. 7º, XXX, XXXI e XXXII, da Constituição Federal.

(1281) Art. 460 e 461 da Consolidação das Leis do Trabalho.

(1282) VILHENA, Paulo Emílio Ribeiro de. *Relação de Emprego:* estrutura legal e supostos. 2. ed. São Paulo: LTr, 1999. p. 477. As expressões credor/devedor referem-se às obrigações salariais. Poderiam ser invertidas no caso de a obrigação ser o trabalho.

(1283) A única referência defeituosa sobre o tema está no art. 442 da Consolidação das Leis do Trabalho, que possui uma definição "circular", sem explicitar os elementos do vínculo de emprego. O texto legal é o seguinte: "Art. 442. Contrato individual de trabalho é o acordo, tácito ou expresso, correspondente à relação de emprego".

(1284) As obrigações quanto ao tempo de sua execução dividem-se em obrigações instantâneas, obrigações diferidas e obrigações contínuas ou de trato sucessivo. Como o contrato de emprego contém uma obrigação de fazer específica (atividade), as obrigações vão aparecendo e desaparecendo no seu decorrer, com contínuos adimplementos recíprocos. O contrato é um só, mas as obrigações se sucedem.

(1285) Sobre os conceitos jurídicos indeterminados ver HENKE, Horst Eberhard. *La Cuestión de Hecho.* Buenos Aires: Jurídicas Europa-America, 1979.

(1286) Na verdade, dentro da teoria geral do negócio jurídico, os elementos acidentais devem ser enunciados expressamente. Os elementos essenciais (capacidade, manifestação de vontade sem vícios e objeto lícito) não precisam de cláusula expressa por situarem-se no plano da validade. Os elementos acidentais (modo, termo e condição), por situarem-se no plano da eficácia, precisam de enunciação expressa. Um contrato por tempo determinado é, na verdade, um contrato a termo, ou seja, sua eficácia encontra-se submetida a um evento futuro e certo (termo final).

(1287) Ver Lei n. 4.886/65, art. 27, c.

empreitada de lavor que normalmente é pactuada por tempo determinado, em virtude da característica de consistir na realização da obra determinada, mas pode, conforme o caso, não ter uma data certa para o seu término, apenas possuindo uma expectativa de realização aproximada.

A Justiça do Trabalho tem competência para ações envolvendo litígios decorrentes de relações de trabalho eventual ou contínuo, seja ele subordinado ou não. Até a promulgação da Emenda Constitucional n. 45/04, a competência restringia-se à relação de emprego não eventual (salvo exceções previstas em lei). Como a não eventualidade é um requisito para a caracterização do vínculo de emprego, na prática a competência da Justiça do Trabalho era majoritariamente voltada para relações não eventuais.

Entretanto, a relação de trabalho *lato sensu* não tem como elemento essencial a não eventualidade. Pode perfeitamente haver uma relação de trabalho *lato sensu* que ocorra apenas em um só dia ou num único final de semana, por exemplo, o trabalho em um evento, festa ou feira de exposição. Será uma relação de trabalho que não caracteriza uma relação de emprego, porque não tem um de seus elementos.

Outro exemplo comum de trabalho eventual são os "chapas" e os "biscateiros", ou mesmo pequenas empreitadas normalmente chamadas de prestação de serviços, comuns na construção civil, manutenção de prédios, instalações elétricas e hidráulicas etc. Todo este variado espectro de relações de trabalho de caráter eventual pode gerar conflitos, inadimplementos, nulidades etc. O ramo do Judiciário que resolverá os conflitos daí resultantes será a Justiça do Trabalho, por força do art. 114, I, da Constituição Federal.

4. Pessoa física e pessoa jurídica como prestadores de trabalho. A questão da pessoalidade

Não há dúvida de que uma pessoa física (ou pessoa natural) pode ser parte de uma relação de emprego (trabalho subordinado) e que estão expressamente excluídas as pessoas jurídicas como prestadoras de trabalho.

Os textos legais que definem empregador e empregado na Consolidação das Leis do Trabalho (arts. 2º e 3º) autorizam essa conclusão ao utilizarem as expressões "prestação pessoal de serviços" e "considera-se empregado toda a pessoa física...". Portanto, dentro da relação de emprego tradicional o problema encontra-se resolvido[(1288)].

A questão encontra-se em aberto no que tange à relação de trabalho (em sentido lato), porque não há conceituação desse instituto sob o ponto de vista jurídico.

O conceito de empregado envolve a noção de pessoa e pessoalidade. Dispõe o Código Civil que toda pessoa é capaz de direitos e obrigações (art. 1º). A personalidade é a aptidão para contrair obrigações e exercer direitos e a capacidade é a medida jurídica da personalidade. Somente uma pessoa capaz pode praticar plenamente os atos da vida civil, embora toda pessoa possa ser sujeito de direitos e obrigações. A existência da pessoa natural inicia com o nascimento com vida e termina com a morte[(1289)].

O trabalhador pessoa natural tem por pressuposto a capacidade para contratar, pois o contrato, para ser válido, exige agente capaz (pessoa, com personalidade dimensionada para praticar atos jurídicos). Como na maioria dos casos se pensa em relação de trabalho como sendo relação de emprego, ou seja, trabalho subordinado, a tendência é pensar que o trabalhador pessoa física tem a consciência de cumprir ordens. A consciência é um atributo de um indivíduo e não existiria em pessoas jurídicas, pois estas constituem uma abstração jurídica. Logo, as relações de trabalho subordinadas (relações de emprego) necessariamente têm de ser pessoais com relação ao empregado, pois pessoas jurídicas não teriam a consciência de cumprir ordens.

(1288) Para aprofundar-se sobre a noção de pessoalidade na relação de emprego ver: VILHENA, Paulo Emílio Ribeiro de. *Relação de Emprego:* estrutura legal e supostos. 2. ed. São Paulo: LTr, 1999. p. 482; MORAES FILHO, Evaristo de. *Do contrato de trabalho como elemento da empresa.* São Paulo: LTr, 1993.

(1289) As noções de Direito Civil utilizadas são encontradas em GOMES, Orlando. *Introdução ao direito civil.* 10. ed. Rio de Janeiro: Forense, 1991.

Essa questão é complexa, pois a pessoa jurídica, pensada como uma coletividade de indivíduos, apesar de não ter consciência, pode ter regulada sua "conduta" por normas jurídicas, que lhe dão obrigações ou direitos inatos à pessoa natural. Um exemplo disso é a possibilidade de reparação por dano moral das pessoas jurídicas, conforme entendimento firmado pela Súmula n. 227 do Superior Tribunal de Justiça.

As pessoas jurídicas são uma abstração do mundo jurídico. Trata-se de um conceito jurídico que cria uma definição auxiliar, abstrata, que será utilizada para regular determinadas relações previstas pelo ordenamento jurídico[(1290)]. O Código Civil estabelece que as pessoas jurídicas, para adquirirem o benefício da autonomia patrimonial em relação aos seus membros e para obterem reconhecimento de existência válida, precisam ter seus atos constitutivos levados a registro (art. 45 do Código Civil).

Uma pessoa jurídica regularmente constituída pode ter fins econômicos, ou não. Pela sistemática adotada pelo Código Civil de 2002, as sociedades necessariamente têm fins econômicos (art. 981), enquanto as Fundações e Associações não têm o intuito de lucro (arts. 53 e 62, parágrafo único)[(1291)].

Se não houver resultado econômico ou onerosidade, como será visto no próximo tópico, não existe relação de trabalho, seja ela autônoma ou subordinada. Se o trabalho é considerado um fator de produção, conforme analisado na primeira parte deste estudo, não é possível que exista relação de trabalho a título gratuito. Essa conclusão exclui as pessoas jurídicas de natureza não econômica (associações e fundações) da possibilidade teórica de fazerem parte de uma relação de trabalho como prestadores de trabalho.

Resta analisar a possibilidade de as sociedades (com fins econômicos) serem parte de relações de trabalho como prestadores de trabalho. As sociedades têm por objeto a comum intenção de dividir perdas e lucros (*affectio societatis*). A definição, por si só, exclui que possam praticar trabalho subordinado, pois a definição legal de empregado não é compatível com a circunstância de assumir os riscos da atividade econômica. Pelo contrário, no trabalho subordinado, é o empregador que assume tal risco (art. 2º da Consolidação das Leis do Trabalho). Portanto, sociedades (pessoas jurídicas que visam fins econômicos) não podem realizar trabalho subordinado porque este é incompatível com os riscos do negócio, em nosso sistema jurídico[(1292)].

Subsiste, em teoria, a questão da relação de trabalho autônoma poder ser praticada por pessoa jurídica. Na prática, a hipótese teórica englobaria todas as empresas prestadoras de serviço, empresas de representação comercial, empreitadas de lavor contratadas por pessoas jurídicas, relações entre clientes e clínicas médicas, odontológicas etc. No fundo, a questão seria saber se relação de trabalho pode ser sinônimo de prestação de serviço.

Em primeiro lugar, é preciso verificar o disposto no Código Civil sobre o contrato de prestação de serviço. A matéria está disciplinada nos arts. 593 a 609 do Código Civil de 2002, e veio a substituir a antiga denominação de contrato de locação de serviços. O contrato de prestação de serviços nada mais é do que a antiga *locatio conductio operarum*, sendo que o próprio Código Civil dispõe que será aplicado apenas de forma subsidiária quando não houver legislação especial pertinente[(1293)]. Embora tenha mudado a denominação, o novo Código Civil praticamente não alterou o disposto ser a locação de serviços, perdendo boa oportunidade para atualizar as normas civis sobre um fenômeno cada vez mais frequente, como a prestação de serviços. Na prática, o contrato de prestação de serviços segue sendo um contrato *intuitu personae*, como se

(1290) Uma visão original da distinção entre pessoa natural e pessoa jurídica pode ser encontrada em KELSEN, Hans. *Teoria pura do direito*. 2. ed. São Paulo: Martins Fontes, 1997.

(1291) O texto legal é o seguinte:

[...]"Art. 53. Constituem-se as associações pela união de pessoas que se organizem para fins não econômicos".

[...] Art. 62 ...parágrafo único. "A fundação somente poderá constituir-se para fins religiosos, morais, culturais ou de assistência".

(1292) Os riscos do negócio não se confundem com algumas formas de remuneração variável como a participação nos lucros e resultados. Nesse caso, o empregado participa de forma limitada nos benefícios, mas não sofrerá redução remuneratória no caso de não haver lucro.

(1293) O texto legal é o seguinte: "Art. 593. A prestação de serviço, que não estiver sujeita às leis trabalhistas ou à lei especial, reger-se-á pelas disposições deste Capítulo". Sobre a adaptação da *locatio conductio operarum* aos tempos atuais ver SUPIOT, Alain. *Crítica del derecho del trabajo.* Madrid: Ministerio del Trabajo y Asuntos Sociales, 1996. p. 135-147.

pode ver dos arts. 595, 601 e 607 do Código Civil[1294], estando em desuso. Infelizmente, a legislação civil não serve para resolver o problema teórico de distinção entre relação de trabalho e prestação de serviço, nem o problema se uma pessoa jurídica que vise lucro pode ser parte numa relação de trabalho.

A solução terá de ser encontrada na origem dos institutos jurídicos envolvidos, em especial nas finalidades da sociedade empresária. Como se sabe, a sociedade necessariamente tem fins econômicos e objetiva a repartição de lucros e perdas. No plano interno da sociedade pode ocorrer que, não obstante todos os esforços dos sócios, o empreendimento econômico não prospere e não haja resultado para compartilhar. Houve trabalho (em sentido lato) destinado à consecução de um fim, mas este fim não se realizou e esta circunstância está dentro dos riscos inerentes a todo o empreendimento econômico. Pode ter ocorrido algum evento climático, alguma falha na estratégia de marketing ou simplesmente produto lançado não agradar ao mercado. Houve trabalho, houve esforço para realizar um fim, mas não há benefícios para dividir. Assim, dentro de uma sociedade o que impera é a noção de risco, não se constituindo relação de trabalho[1295].

No plano externo, a sociedade pode prestar serviço para outra empresa ou mesmo para uma pessoa física. No caso, quem contrata o serviço não está interessado na pessoa que vai realizá-lo, mas no resultado da contratação. Os contratos de prestação de serviço, em regra, não são obrigações de resultado.

Um critério que poderia ser proposto para diferenciar prestação de serviço de relação de trabalho é o de que as relações comerciais entre duas empresas são atos de comércio e consistem na troca de produtos e serviços e não na troca de trabalho. O trabalho faria parte do produto ou serviço, mas entraria apenas como mais um dos custos de produção, como a matéria-prima, aluguéis, impostos, propaganda etc. Nas relações de trabalho, o trabalho seria a mercadoria em si. Dito de outra maneira, o trabalho é endógeno ao produto ou serviço, tendo o preço em si. A prestação de serviços seria o trabalho mais outros custos, acrescida do lucro.

O critério econômico apresenta-se falho, e não pode ser utilizado para explicar porque uma pessoa jurídica que visa ao lucro não pode praticar relações de trabalho. É possível que uma pessoa física preste serviços, cobre pelo trabalho (eventual ou autônomo) e no preço do serviço inclua custos de deslocamento, propaganda, impostos que tenha que recolher sobre o serviço prestado etc. Ao contrário das relações de emprego (trabalho subordinado), as relações de trabalho em sentido lato podem visar ao lucro. Uma empreitada de lavor, quando fixado o preço, leva em consideração o lucro e outros custos para a realização do contratado. Portanto, se uma pessoa física pode fazer parte de relações de trabalho e auferir lucros, uma pessoa jurídica poderia perfeitamente fazê-lo e isso não impediria de caracterizar a existência de uma relação de trabalho entre duas pessoas jurídicas (credor e devedor).

Outra linha de argumentação que poderia resolver a questão de a pessoa jurídica com fim lucrativo não poder fazer parte da relação de trabalho é o critério da aleatoriedade dos ganhos (risco). As pessoas jurídicas constituem-se de sócios que têm a comum intenção de dividir os lucros e perdas. Entre eles, quando pactuados os atos constitutivos, nunca se sabe qual o montante que cada sócio vai ganhar. Sabe-se apenas o percentual que, nas sociedades, sempre será uma parte do capital social proporcional à propriedade. Se o empreendimento der lucro, divide-se o montante nos percentuais previstos no contrato social. Se der prejuízo, cada um arca com o seu percentual. Existe uma certa aleatoriedade sobre o montante líquido, embora sejam conhecidos os percentuais. Tudo depende do futuro da sociedade, que é incerto. Na relação de trabalho, o montante seria conhecido desde o princípio e não existiria aleatoriedade.

Esse critério seria parcialmente válido para as relações de emprego (trabalho subordinado), em virtude da existência de dispositivo legal que garante o salário mínimo, mesmo no caso de o salário do empregado ser fixado por comissão, peça ou tarefa (art. 78 da CLT) e dispositivo legal que determina parte do pagamento

(1294) Os referidos artigos dispõem, respectivamente, sobre as partes saberem ler ou escrever, sobre os serviços compatíveis com as suas forças e condições e sobre o rompimento do contrato por morte de uma das partes. Como se vê, todos esses dispositivos legais referem características de pessoalidade.

(1295) Em Direito Mercantil, a remuneração dos sócios pode ocorrer pelo trabalho (pro labore) ou pelo capital investido (distribuição de lucros e resultados). Ver, sobre o tema: COELHO, Fábio Ulhoa. *Curso de direito comercial.* 3. ed. São Paulo: Saraiva, 2002. v. III.

do salário em dinheiro (arts. 458, § 1º; 463; 81 e 82, da CLT). Nas relações de emprego, existe o sinalagma (obrigações contrárias e equivalentes) e a comutatividade (a parte sempre sabe o mínimo que vai receber, independentemente de o empreendimento ter ou não ter lucro).

A questão é saber se a relação de trabalho em sentido lato é comutativa ou aleatória. Sendo um contrato que estipula uma obrigação de fazer em contraposição de uma obrigação de dar, a relação de Trabalho (*lato sensu*) por definição não tem nenhuma relação necessária com a circunstância de ser comutativa ou aleatória. Embora quem contrata o trabalho, em regra, fixe uma retribuição, seja em dinheiro ou *in natura*, pode ocorrer de essa retribuição estar condicionada ao risco do negócio. O exemplo mais conhecido é da representação comercial. Trata-se de uma relação de trabalho em sentido lato, na qual a parte que trabalha só recebe se efetivar as vendas. As normas legais não garantem nenhum mínimo mesmo no caso de inexistência de vendas. O representante comercial pode ter trabalhado, visitado clientes, mas não efetivou nenhuma venda e, por isso, não receberá nenhuma contraprestação.

O critério da aleatoriedade (risco) não serve para justificar que a relação de trabalho tenha de ser pessoal. Fracassadas as tentativas de se encontrar um critério jurídico ou econômico para definir a relação de trabalho como sendo uma relação *intuitu personae*, resta o critério epistemológico (estudo do método de determinada disciplina).

No campo do Direito do Trabalho, seja de forma autônoma ou subordinada, contínua ou eventual, só tem sentido o estudo do trabalho humano e produtivo[(1296)]. O objeto da disciplina exclui o estudo de formas de trabalho que não sejam humanas (animais e máquinas) ou que não sejam onerosas (trabalho gratuito ou altruístico). Trabalho humano é aquele realizado pelo homem, seja no manejo da matéria (trabalho manual), seja pelo uso de símbolos (trabalho intelectual)[(1297)].

O ser humano, para trabalhar, interpõe a sua força física para transformar a matéria, utilizando-se, ou não, de ferramentas. As máquinas e os animais são ferramentas controladas pelo homem. O trabalho intelectual se dá pela exteriorização de símbolos, que constituem uma linguagem direcionada e compreendida por outros seres humanos.

Naturalmente, nenhum trabalho humano é puramente manual ou intelectual. O mais comum é a coexistência de ambas as modalidades[(1298)].

Se a definição do objeto da relação de trabalho é pressuposto, ou seja, parte da limitação arbitrária das premissas a serem estudadas, excluindo outras formas de trabalho que não o trabalho humano, poder-se-ia afirmar que as relações de trabalho realizadas por pessoas jurídicas, por serem entes abstratos criados como conceito auxiliar do ordenamento jurídico, não estão incluídas no âmbito de investigação das relações de trabalho. Dito de outro modo, apenas o trabalho humano direto, manual ou intelectual, autônomo ou subordinado, eventual ou contínuo, é que seria objeto da relação de trabalho. Esforços realizados por animais, máquinas ou entes abstratos (pessoas jurídicas) não seriam objetos das relações de trabalho. No caso das máquinas e animais, somente seriam objeto das relações jurídicas se estivessem relacionados ou administrados por seres humanos. No caso dos entes abstratos — pessoas jurídicas são compostas por seres humanos ou por outras pessoas jurídicas —, seriam objeto de estudo das relações de direito comercial ou mercantil. A separação do objeto de estudo seria uma questão de método e classificação.

A consequência desta afirmativa é o pressuposto de que a pessoalidade é requisito essencial da relação de trabalho (elemento pressuposto). No que diz respeito a matéria de competência da Justiça do Trabalho (art. 114, I, Constituição Federal), o corolário é que os litígios decorrentes das relações de trabalho somente

(1296) Sobre o conteúdo valorativo do trabalho humano ver: ARAÚJO, Francisco Rossal. O Direito do Trabalho e o ser humano. In: *Continuando a História (Amatra IV)*. São Paulo: LTr, São Paulo, 1999.

(1297) OLEA, Manuel Alonso. *Introdução ao Direito do Trabalho*. 4. ed. São Paulo: LTr, 1984. p. 16.

(1298) OLEA, Manuel Alonso. *Introdução ao Direito do Trabalho*. 4. ed. São Paulo: LTr, 1984. p. 16-17. A Consolidação das Leis do Trabalho proíbe a distinção entre trabalho manual, técnico e intelectual (art. 3º, parágrafo único).

serão resolvidos pela Justiça do Trabalho quando as relações de trabalho forem *intuitu personae*. A expressão "prestação de serviços" ficaria reservada para relações entre pessoas jurídicas e teria natureza civil ou mercantil. Apenas caberia a ressalva de que, no caso concreto, uma pessoa jurídica pode ser desviada de sua finalidade com o intuito de mascarar uma relação de trabalho (gênero) ou uma relação de emprego (espécie). Isso ocorre nos casos em que o tomador do trabalho, com a intenção de afastar um possível vínculo de emprego, obriga o trabalhador a constituir uma pessoa jurídica com algum sócio (parente ou amigo). A pessoa jurídica, nesse caso, é fictícia, pois, na realidade, o trabalho é prestado pessoalmente e o sócio fictício nunca presta serviços. Esse caso de simulação ou fraude se resolve com a declaração de nulidade e o reconhecimento do real contrato existente.

Em resumo, o critério econômico do lucro e o critério jurídico da aleatoriedade não são suficientes para determinar que a relação de trabalho tenha o elemento da pessoalidade como seu caracterizador. Como único critério válido, resta o critério pressuposto (critério epistemológico) da própria definição do objeto de estudo caracterizador da relação de trabalho. A relação de trabalho envolve trabalho humano, pessoal, manual ou intelectual, excluindo o trabalho de animais, máquinas e entes abstratos (pessoas jurídicas).

5. Trabalho oneroso e trabalho gratuito

Os contratos podem ser onerosos ou gratuitos no que se refere ao critério da economicidade. Como a relação de trabalho em sentido lato tem natureza contratual, ela também pode ser onerosa ou gratuita. Um contrato oneroso é aquele em que a prestação tem valor economicamente avaliável. O preço é a expressão monetária do valor.

Ambas as partes suportam esforços econômicos nos contratos onerosos, sendo que, na relação de trabalho, o esforço econômico do devedor do trabalho é o trabalho em si (manual ou intelectual) e o esforço econômico do credor do trabalho é a remuneração.

A remuneração, tanto na relação de trabalho em sentido lato (trabalho autônomo ou eventual) quanto na relação de trabalho em sentido estrito (trabalho subordinado), pode ser em espécie ou *in natura*. A diferença é que na relação de emprego (trabalho subordinado) ao menos uma parte deva ser paga em espécie, enquanto na relação de trabalho em sentido lato não há limitação para um mínimo ser pago em espécie. As normas da Consolidação das Leis do Trabalho são protetivas ao recebimento do salário (trabalho subordinado) e estão inspiradas na Convenção n. 95 da OIT. Tais regras visam a eliminar o denominado *truck system*, uma espécie de servidão por dívidas, comum nos princípios da Revolução Industrial, em que os trabalhadores que eram remunerados *in natura* assumiam dívidas para adquirir produtos de subsistência nos armazéns de propriedade do patrão.

O trabalho que é o fundamento da disciplina do Direito do Trabalho e das relações de trabalho em geral (sentido lato ou sentido estrito) é o trabalho oneroso. O ser humano que trabalha o faz empregando seu esforço com finalidade imediata de obtenção de bens materiais necessários à sua subsistência(1299).

Portanto, as relações de trabalho estão fundadas nas relações de economicidade. As relações de trabalho são presumivelmente onerosas e a gratuidade deve ser considerada excepcional. A gratuidade terá interpretação restrita, atendendo-se ao caso concreto e, em peculiar, à condição das pessoas e à peculiar situação em que se encontrem(1300).

(1299) OLEA, Manuel Alonso. *Introdução ao Direito do Trabalho*. 4. ed. São Paulo: LTr, 1984. p. 19.

(1300) VILHENA, Paulo Emílio Ribeiro de. *Relação de Emprego:* estrutura legal e supostos. 2. ed. São Paulo: LTr, 1999. p. 674-675.

De uma certa maneira, a onerosidade está relacionada com a liberdade de trabalhar. Formas de trabalho não onerosas podem ser não livres, como a escravidão e a servidão. Cobrar pelo trabalho que aliena pode significar o grau de liberdade do trabalhador. À medida que o preço de seu trabalho aumenta, pode-se dizer que tem mais autonomia e liberdade.

É possível que existam relações em que o ser humano desenvolva esforço físico ou intelectual visando a um determinado fim que não seja a sua subsistência ou que não tenha significação econômica. O trabalho altruístico, o lazer e os jogos são exemplos de possibilidade de esforço sem onerosidade.

Entretanto, sempre haverá atenção especial para o caso concreto porque uma atividade que é considerada lazer para muitos (como jogar futebol, por exemplo) pode converter-se em uma atividade profissional com significado econômico, conforme a circunstância.

Da mesma forma, os exemplos de atividades de um médico ou de um dentista que desempenham seu trabalho em parte do tempo sem cobrar remuneração por motivos de solidariedade ou altruísmo. No exemplo do futebol, se presume a atividade de lazer e deve ser provada a onerosidade. No caso de médico e do dentista, se presume a onerosidade devendo ser provada a gratuidade.

Para conectar com o tema da competência em razão da matéria, prevista no art. 114, I, da Constituição Federal, a Justiça do Trabalho terá competência para dirimir litígios decorrentes de relações de trabalho onerosas. Eventualmente se discutirá em alguma lide se o trabalho era oneroso, ou não, mas esse tema confunde a matéria de competência com o mérito, sendo competente a Justiça do Trabalho para examiná-la. Também será competente a Justiça do Trabalho para analisar as lides envolvendo o inadimplemento de relações de trabalho, sem que isso se confunda com inexistência de onerosidade.

6. Altos empregados: trabalhadores intelectuais, cargos de confiança. Os diretores e os sócios

No contexto da organização interna do trabalho das empresas surgem determinadas diferenciações entre empregados, sendo delegadas para alguns deles prerrogativas de direção e gestão próprias do empregador. Tais empregados têm sido denominados pela doutrina como "altos empregados", para distingui-los dos demais empregados, tendo em vista que recebem da legislação trabalhista um tratamento relativamente diferenciado, conforme será estudado a seguir.

Hoje em dia estão superados os entendimentos de que o poder de gestão exercido pelos altos empregados retiraria deles a subordinação e, via de consequência, eles não seriam empregados. Ainda seja diferida nesses casos, a subordinação não está ausente, tratando-se de empregados com tratamento legal diferenciado justamente por isso. Alice Monteiro de Barros sustenta que os altos empregados são sujeitos de um contrato misto de trabalho e de mandato, sem que deixem de ter a condição de empregado[1301].

Na realidade, trata-se de uma questão de preponderância: altos empregados têm mais rarefeita a subordinação, a qual é mais intensa em empregados de menor escalão.

6.1. Empregados ocupantes de cargo de confiança: regra geral

Ainda que a lei não conceitue expressamente quem pode ser considerado detentor de cargo de confiança, o art. 62 da Consolidação das Leis do Trabalho (que os exclui da tutela da duração de trabalho prevista no capítulo II da Consolidação), alterado de forma significativa a partir da Lei n. 8.966/94, dispõe dos requisitos que o caracterizam[1302]:

(1301) BARROS, Alice Monteiro de. *Curso de Direito do Trabalho*. 4. ed. São Paulo: LTr, 2008. p. 268.

(1302) O texto legal é o seguinte — Consolidação das Leis do Trabalho, art. 62 (Redação dada pela Lei n. 8.966, de 27.12.1994): "Não são abrangidos pelo regime previsto neste capítulo:

a) exercer elevadas atribuições e poderes de gestão, constando na nova redação do art. 62 da Consolidação das Leis do Trabalho, alterada pela Lei n. 8.966/94, que além dos gerentes ocupam cargos de gestão os diretores e os chefes de departamento ou filial. De um lado, a Lei n. 8.966/94 inovou ao incluir no rol dos considerados cargo de confiança os chefes de departamento ou de filial, mas, por outro lado, retirou as atribuições de representação como requisito caracterizador do cargo de confiança (que constava na redação anterior ao art. 62 da Consolidação das Leis do Trabalho)[1303].

Pela redação dada pela Lei n. 8.966/94, o inciso II do art. 62 da Consolidação das Leis do Trabalho passa a fazer referência a cargo de gestão e não a cargo de confiança, mas o parágrafo único do art. 62 da Consolidação das Leis do Trabalho o exclui expressamente do regime de horas extras, considerando que seria uma das pessoas que têm encargos de gestão. O cargo de confiança importa fidúcia depositada pelo empregador no empregado. É geralmente exercido em caráter temporário ou em comissão[1304].

A norma (inciso II do art. 62 da Consolidação das Leis do Trabalho) continua usando a palavra gerente, mas não usa mais a expressão "assim considerados os que investidos de mandato, em forma legal". A maior dificuldade consiste em dizer quem é gerente, pois o empregado pode ser rotulado de gerente, mas efetivamente não o ser, ou não ter poderes para tanto. Exemplos clássicos da doutrina acerca de atividades de gestão caracterizadoras de cargo de confiança são os empregados que têm poderes de admitir ou dispensar empregados, adverti-los, suspendê-los, puni-los, tendo subordinados, pois não se pode falar num chefe que não tenha chefiados[1305]. Para enquadramento nessa condição é importante que tal gestor tenha a "última palavra" sobre as admissões, desligamentos e punições dos subordinados e não seja apenas "consultado" sobre tais situações.

Também não se enquadram na condição de cargo de confiança os empregados encarregados de realizar certos trabalhos pessoais do empregador, em virtude de qualidades que possuem, as quais muitas vezes estão relacionadas a ética profissional, honestidade e zelo funcional, ainda que possam ser muito valorizadas pelo empregador[1306]. Isso significa que a confiança aqui não é a considerada pelo empregador (que seria muito subjetiva), mas a considerada pela lei como tal, ou seja, enquadram-se nessa condição apenas aqueles empregados que exercem elevadas atribuições e poderes de gestão.

A análise de ser um determinado empregado ocupante ou não de cargo de confiança deve ser feita à luz do princípio da primazia da realidade, segundo a qual, no caso de discordância entre o contido nos documentos e o que ocorre no mundo dos fatos, prevalece este último, considerando-se a realidade em toda a sua dimensão, em detrimento da forma[1307]. Quer dizer, não adianta denominar determinado empregado de "gerente" se, na realidade, na prática ao longo do contrato de emprego, esse empregado não tenha atribuições elevadas no contexto da hierarquia da empresa, não exerça atribuições de mando, controle ou representação[1308].

I — os empregados que exercem atividade externa incompatível com a fixação de horário de trabalho, devendo tal condição ser anotada na Carteira de Trabalho e Previdência Social e no registro de empregados;

II — os gerentes, assim considerados os exercentes de cargos de gestão, aos quais se equiparam, para efeito do disposto neste artigo, os diretores e chefes de departamento ou filial.

Parágrafo único. O regime previsto neste capítulo será aplicável aos empregados mencionados no inciso II deste artigo, quando o salário do cargo de confiança, compreendendo a gratificação de função, se houver, for inferior ao valor do respectivo salário efetivo acrescido de 40% (quarenta por cento)".

(1303) DELGADO, Mauricio Godinho. *Curso de Direito do Trabalho.* 9. ed. São Paulo: LTr, 2010. p. 342-343.

(1304) MARTINS, Sergio Pinto. *Direito do Trabalho.* 21. ed. São Paulo: Atlas, 2005. p. 508.

(1305) MARTINS, Sergio Pinto. *Direito do Trabalho.* 21. ed. São Paulo: Atlas, 2005. p. 508.

(1306) BARROS, Alice Monteiro de. *Curso de Direito do Trabalho.* 4. ed. São Paulo: LTr, 2008. p. 270.

(1307) PLÁ RODRIGUEZ, Américo. *Princípios de Direito do Trabalho.* 3. ed. São Paulo: LTr, 2000. p. 210.

(1308) A jurisprudência trabalhista tem constantemente enfrentando esses casos, conforme exemplifica o julgado a seguir: Horas Extras — Gerente de Loja — Não se configura a exceção prevista no art. 62, inciso II, da CLT, o empregado que não detém poder de mando e não pode agir em nome da empresa. O que interessa ao julgador é a realidade do contrato, em face do princípio da primazia da realidade, não os rótulos funcionais atribuídos pelo empregador, como, neste caso, que intitulou "gerente" um tra-

b) distinção remuneratória de, no mínimo, 40% a mais do salário do cargo efetivo, considerada a gratificação de função, se houver.

Trata-se de um requisito objetivo. A redação anterior do art. 62 da Consolidação das Leis do Trabalho falava em "padrão mais elevado de vencimentos, só diferenciem aos demais empregados". O padrão mais elevado da remuneração decorre da maior soma de responsabilidades que o cargo exige e visa evitar as designações fictícias, as nomenclaturas de cargos que não correspondem na realidade a cargos de confiança tal como estabelecido pela lei. Na redação anterior era um requisito mais subjetivo. Agora, pela nova redação, o requisito do padrão mais elevado da remuneração é bem objetivo: receber remuneração de 40% a mais do que o salário do cargo efetivo, se houver o pagamento de gratificação de função(1309).

À luz do princípio da primazia da realidade, não basta o empregado receber remuneração de 40% a mais do que o salário do cargo efetivo e não possuir atribuições de gestão(1310), o que evidencia que os requisitos são cumulativos.

Diferente é o entendimento de Sergio Pinto Martins, para quem, embora o parágrafo único do art. 62 da Consolidação das Leis do Trabalho fale em gratificação de função de no mínimo 40% do salário efetivo, pouco importa se tinha ou não gratificação de função, pois a lei usa a expressão "se houver", denotando exemplo, contudo, continuará a não ter direito a horas extras. Ou seja: se houver gratificação de função, esta deverá ser de, pelo menos, 40% sobre o salário efetivo(1311).

Salienta-se que a regra do parágrafo único do art. 62 da Consolidação das Leis do Trabalho não veio a alterar o § 2º do art. 244 da Consolidação das Leis do Trabalho, pois esta é específica para o bancário. Isto significa que a gratificação de função dos que exercem função de direção, gerência, fiscalização, chefia ou outros cargos de confiança bancária continua sendo de 1/3 do salário do cargo efetivo, e não 40%, como prevê o parágrafo único do art. 62 da Consolidação das Leis do Trabalho, tendo jornada de trabalho de oito horas, e não de seis horas(1312).

6.2. Efeitos restritivos do exercício de cargo ou função de confiança

As restrições jurídicas sofridas pelos empregados que exercem cargo ou função de confiança manifestam-se especialmente nas alterações do contrato de emprego (reversão), na ausência de direito ao pagamento das horas extraordinárias e na possibilidade de transferência do empregado de local de trabalho independentemente da sua concordância.

a) não têm direito ao pagamento de horas extras, se efetivamente não tiverem controle de horário

O inciso II do art. 62 da Consolidação das Leis do Trabalho exclui da tutela da duração de trabalho prevista no capítulo II da Consolidação "os gerentes, assim considerados os exercentes de cargos de gestão, aos quais se equiparam, os diretores e chefes de departamento ou filial", o que significa dizer que tais trabalhadores não têm direito, em princípio (desde que na prática assim seja), à jornada normal mínima, nem à remuneração de outras horas além das normais, e nem de adicional de horas extras(1313).

---

balhador comum, sujeito a horário e sem qualquer poder especial (TRT 2ª R. — 15177200390202007-RO — Ac. 20030673210 — 10ª T. — Rel.ª Juíza Vera Marta Publio Dias — DOESP 13.01.2004).

(1309) DELGADO, Mauricio Godinho. *Curso de Direito do Trabalho*. 9. ed. São Paulo: LTr, 2010. p. 343.

(1310) BARROS, Alice Monteiro de. *Curso de Direito do Trabalho*. 4. ed. São Paulo: LTr, 2008. p. 274.

(1311) MARTINS, Sergio Pinto. *Direito do Trabalho*. 21. ed. São Paulo: Atlas, 2005. p. 509-510.

(1312) O empregado da categoria dos bancários já tem remuneradas as duas horas extraordinárias excedentes de seis, em razão do exercício de tais funções, conforme o inciso II da Súmula n. 102 do TST.

(1313) CARRION, Valentin. *Comentários à Consolidação das Leis do Trabalho*. 31. ed. São Paulo: Saraiva, 2006. p. 120.

É que a Consolidação das Leis do Trabalho considera que a natureza e as prerrogativas do cargo de confiança o tornam incompatível com a sistemática de controle de jornada de trabalho aplicável aos empregados em geral[(1314)].

Na linha de incidência do princípio da primazia da realidade, o fato de o empregador dispensar do registro de horário um determinado empregado, do qual ele entende tratar-se de cargo de confiança, não lhe retira o direito ao pagamento de horas extras se, na prática, a jornada desse empregado é fiscalizada pelo empregador, pois essa dispensa é uma liberalidade do empregador e está muito longe ser a única forma de controle do horário do empregado.

Dito de outro modo: se existir controle de horário do empregado ocupante de cargo de confiança, mesmo ele comprovando tal situação fática, passa a ter direito ao pagamento de horas extras e do respectivo adicional.

A questão está relacionada com a equação salário-poderes-subordinação. O controle de horário é uma das formas mais expressivas de subordinação. Pelo contrato de emprego, alguém, mediante remuneração, coloca sua força de trabalho e seu tempo à disposição de outrem, se subordinando aos seus desígnios. A lei limita essa disposição do tempo e diz que, ultrapassado um patamar (8 horas), haverá um maior custo (adicional de horas extras). Ora, se um empregado em condições especiais — poderes especiais de mando e gestão —, recebe a mais por isso (no mínimo 40% a mais do salário do cargo efetivo, considerada a gratificação de função, se houver), estaria quitada a obrigação de limitação de jornada.

b) reversão permitida, independentemente da concordância do empregado exercente de cargo ou função de confiança, mas a retirada da respectiva gratificação é limitada no tempo pela jurisprudência

Em se tratando de empregado ocupante de cargo ou função de confiança, é permitido ao empregador reverter o empregado ao cargo que anteriormente ocupava (o chamado cargo efetivo), independentemente da concordância do empregado. Trata-se de uma alteração contratual unilateral legalmente autorizada pelo parágrafo único do art. 468 da Consolidação das Leis do Trabalho[(1315)], justamente porque o cargo ou função de confiança é preenchido segundo critérios subjetivos do empregador e o empregado promovido a este cargo não adquire direito ao seu exercício (o chamado "direito adquirido"). Trata-se de exercício precário por natureza[(1316)], podendo o empregador, a qualquer momento ou na forma do estabelecido entre as partes (seja em contrato de trabalho, em regulamento empresarial, em norma coletiva ou qualquer outra pactuação), destituir o empregado dessa função de confiança (chefia, gerência, coordenação, direção, por exemplo), retornando-o ao cargo que exercia antes da promoção ao cargo de confiança (o que a doutrina chama de reversão ao cargo anterior).

A reversão de cargo ou função de confiança não é considerada rebaixamento, sendo lícita porque conforme a lei. Pode-se reverter ao cargo anterior a qualquer tempo. Mas será que se pode retirar a gratificação de função que esse exercente de cargo de confiança recebia, ainda que tal verba venha sendo paga há muitos anos? Enfrentando essa questão de incorporação ("direito adquirido") da gratificação de função, não da função em si (que é pacificamente permitida a qualquer tempo), o Tribunal Superior do Trabalho criou um limite de tempo balizador da possibilidade da retirada da correspondente gratificação, visando reduzir os efeitos danosos da reversão para o empregado: dez anos.

Baseado, sobretudo, no princípio da estabilidade financeira, entende o Tribunal Superior do Trabalho que recebida a gratificação de função por dez ou mais anos pelo empregado, se o empregador, sem justo

(1314) DELGADO, Mauricio Godinho. *Curso de Direito do Trabalho.* 9. ed. São Paulo: LTr, 2010. p. 344.

(1315) Consolidação das Leis do Trabalho, art. 468: "Nos contratos individuais de trabalho só é lícita a alteração das respectivas condições por mútuo consentimento, e ainda assim desde que não resultem, direta ou indiretamente, prejuízos ao empregado, sob pena de nulidade da cláusula infringente desta garantia.

Parágrafo único. Não se considera alteração unilateral a determinação do empregador para que o respectivo empregado reverta ao cargo efetivo, anteriormente ocupado, deixando o exercício de função de confiança".

(1316) Precário no sentido de que não é definitivo, tendo o trabalhador direito a remuneração diferenciada apenas enquanto durar a prestação de trabalho em condições diferenciadas.

motivo, reverter tal empregado a seu cargo efetivo (retirando-lhe do cargo ou função de confiança), não poderá retirar-lhe a gratificação, que deverá ser mantida na sua remuneração (Súmula n. 372, I[(1317)]).

c) transferência permitida, independentemente da concordância do empregado exercente de cargo ou função de confiança, desde que comprovada a necessidade do serviço

O exercício de cargo ou função de confiança pelo empregado — tal como previsto no § 1º do art. 469 da Consolidação das Leis do Trabalho —, desautoriza, em princípio, que o empregado nessas condições se oponha à ordem unilateral de transferência, salvo quando esta revelar abusivo exercício de direito pelo empregador[(1318)].

No entanto, buscando evitar transferências abusivas, o Tribunal Superior do Trabalho tem presumido ser ilícita a transferência de que trata o § 1º do art. 469 da Consolidação das Leis do Trabalho, se o empregador não comprovar a real necessidade de serviço no local para o qual o empregado for transferido (presunção relativa)[(1319)].

Cabe esclarecer que o fato de o empregado exercer cargo de confiança não exclui o direito ao adicional de transferência (de, no mínimo, 25% sobre o salário contratual). Ou seja, o efeito restritivo em relação aos empregados ocupantes de cargo ou função de confiança diz respeito à impossibilidade de recusa à transferência pretendida pelo empregador, salvo, apenas, se não houver real necessidade de serviço no local para o qual será transferido. Não há restrição quanto ao direito ao adicional de transferência. O pressuposto legal apto a legitimar a percepção do mencionado adicional é a transferência ser provisória[(1320)]. Portanto, não é devido nas transferências definitivas[(1321)].

Em outras palavras, o preceito do § 3º do art. 469 da Consolidação das Leis do Trabalho, ao dispor que "em caso de necessidade de serviço o empregador poderá transferir o empregado para localidade diversa da que resultar do contrato", não tem o condão de desonerar o empregador do respectivo adicional, ali previsto em 25% do salário percebido, pelo fato de o empregado ser exercente de função de confiança ou pela presença de cláusula contratual, especialmente quando o empregado é submetido a sucessivas transferências sem demonstração de promoção ou aumento salarial no mínimo igual àquele percentual previsto em lei[(1322)].

6.3. Empregados ocupantes de cargo de confiança: regra específica dos bancários

Os empregados da categoria dos bancários possuem norma especial no que tange aos requisitos caracterizadores dos que exercem funções de direção, gerência, fiscalização, chefia e equivalentes, ou que desempenhem outros cargos de confiança, pois ainda que para tanto precisem exercer elevadas atribuições e poderes de gestão, assim como os empregados em geral, a gratificação não seja inferior a 1/3 (um terço) do salário do cargo efetivo (§ 2º do art. 224 da Consolidação das Leis do Trabalho)[(1323)].

(1317) Tribunal Superior do Trabalho, Súmula n. 372: GRATIFICAÇÃO DE FUNÇÃO. SUPRESSÃO OU REDUÇÃO. LIMITES. I — Percebida a gratificação de função por dez ou mais anos pelo empregado, se o empregador, sem justo motivo, revertê-lo a seu cargo efetivo, não poderá retirar-lhe a gratificação tendo em vista o princípio da estabilidade financeira.

(1318) TST — E-RR 49042/92 — Ac. 4521/95 — SBDI — Rel. Juiz Conv. Euclides Rocha — DJU 15.12.1995; Nesse sentido tem sido também o entendimento predominante na doutrina, como por exemplo: BARROS, Alice Monteiro de. *Curso de Direito do Trabalho.* 4. ed. São Paulo: LTr, 2008. p. 275; DELGADO, Mauricio Godinho. *Curso de Direito do Trabalho.* 9. ed. São Paulo: LTr, 2010. p. 344.

(1319) Conforme Súmula n. 43 do Tribunal Superior do Trabalho.

(1320) Conforme a Orientação Jurisprudencial n. 113 do Tribunal Superior do trabalho.

(1321) NASCIMENTO, Amauri Mascaro. *Curso de Direito do Trabalho:* história e teoria geral do direito: relações individuais e coletivas de trabalho. 19. ed. São Paulo: Saraiva, 2004. p. 831.

(1322) TST — E-RR 49042/92 — Ac. 4521/95 — SBDI — Rel. Juiz Conv. Euclides Rocha — DJU 15.12.1995.

(1323) O texto legal é o seguinte: Consolidação das Leis do Trabalho, art. 224: A duração normal do trabalho dos empregados em bancos, casas bancárias e Caixa Econômica Federal será de 6 (seis) horas continuas nos dias úteis, com exceção dos sábados, perfazendo um total de 30 (trinta) horas de trabalho por semana (Redação dada pela Lei n. 7.430, de 17.12.1985).

Em relação aos empregados em geral, deve haver distinção remuneratória de, no mínimo, 40% a mais do salário do cargo efetivo, considerada a gratificação de função, se houver (parágrafo único do art. 62 da Consolidação das Leis do Trabalho). No caso dos empregados bancários ocupantes de cargo de confiança, é necessário o recebimento de gratificação de função que não pode ser inferior a 1/3 (um terço) do salário do cargo efetivo, portanto em valor inferior à regra para os empregados em geral.

Geralmente enquadram-se como cargo de confiança bancária os gerentes bancários, os tesoureiros de agência, os chefes de setor ou serviço[(1324)] desde que efetivamente assim o sejam na prática, pois aqui também a análise de ser um determinado empregado ocupante ou não de cargo de confiança deve ser feita à luz do princípio da primazia da realidade, segundo a qual no caso de discordância entre o contido nos documentos e o que ocorre no mundo dos fatos, prevalece este último, considerando-se a realidade em toda a sua dimensão, em detrimento da forma[(1325)]. Ou seja, não adianta denominar determinado empregado de "gerente" se, na realidade, na prática ao longo do contrato de emprego, esse empregado não tenha atribuições elevadas no contexto da hierarquia da empresa, não exerça atribuições de mando, controle ou representação.

Nesse sentido, o Tribunal Superior do Trabalho já sumulou entendimento de que a configuração, ou não, do exercício da função de confiança a que se refere o art. 224, § 2º, da Consolidação das Leis do Trabalho, depende da prova das reais atribuições do empregado, sendo por isso insuscetível de exame mediante recurso de revista ou de embargos (Súmula n. 102, I).

Observados os dois requisitos mencionados, incidem os seguintes efeitos restritivos:

a) a jornada de trabalho sai da regra especial de seis horas previstas para os empregados bancários em geral (art. 224, *caput*, da Consolidação das Leis do Trabalho) e passa a ser de oito horas. Nesse sentido, e visando não incidência de *bis in idem*, o Tribunal Superior do Trabalho tem entendido que o bancário que exerce a função a que se refere o § 2º do art. 224 da Consolidação das Leis do Trabalho e recebe gratificação não inferior a um terço de seu salário já tem remuneradas as duas horas extraordinárias excedentes de seis[(1326)]. Todavia, no período em que se verificar o pagamento da menor da gratificação de 1/3, o bancário exercente de cargo de confiança previsto no art. 224, § 2º, da Consolidação das Leis do Trabalho tem direito as 7ª e 8ª horas, como extras[(1327)].

Não tem direito às duas horas extraordinárias excedentes de seis, pois tem direito à gratificação de função de confiança de 1/3 (um terço) do salário do cargo efetivo, mas tem direito às diferenças de gratificação de função, se postuladas, caso haja norma coletiva contemplando percentual superior à gratificação legal[(1328)]. Também tem direito ao pagamento das horas extras excedentes a oitava diária[(1329)]. Apenas o gerente-geral de agência bancária não tem direito ao pagamento de horas extras (art. 62, II, da Consolidação das Leis do Trabalho) excedentes a oitava diária, pois em relação a esse o Tribunal Superior do Trabalho presume o exercício de elevadas atribuições e poderes de gestão[(1330)].

Como consequência disso, na forma de cálculo das integrações são importantes os "divisores". O Tribunal Superior do Trabalho tem entendido que o divisor aplicável para o cálculo das horas extras do bancário, se houver ajuste individual expresso ou coletivo no sentido de considerar o sábado como dia de

---

§ 1º A duração normal do trabalho estabelecida neste artigo ficará compreendida entre 7 (sete) e 22 (vinte e duas) horas, assegurando-se ao empregado, no horário diário, um intervalo de 15 (quinze) minutos para alimentação (Redação dada pelo Decreto-lei n. 229, de 28.2.1967).

§ 2º As disposições deste artigo não se aplicam aos que exercem funções de direção, gerência, fiscalização, chefia e equivalentes, ou que desempenhem outros cargos de confiança, desde que o valor da gratificação não seja inferior a 1/3 (um terço) do salário do cargo efetivo (Redação dada pelo Decreto-lei n. 754, de 11.8.1969)".

(1324) DELGADO, Mauricio Godinho. *Curso de Direito do Trabalho*. 9. ed. São Paulo: LTr, 2010. p. 345.

(1325) PLÁ RODRIGUEZ, Américo. *Princípios de Direito do Trabalho*. 3. ed. São Paulo: LTr, 2000. p. 210.

(1326) Conforme a Súmula n. 102, II, do Tribunal Superior do Trabalho.

(1327) Conforme a Súmula n. 102, III, do Tribunal Superior do Trabalho.

(1328) Conforme a Súmula n. 102, III, do Tribunal Superior do Trabalho.

(1329) Conforme a Súmula n. 102, VII, do Tribunal Superior do Trabalho.

(1330) Conforme a Súmula n. 287 do Tribunal Superior do Trabalho.

descanso remunerado, será: a) 150, para os empregados submetidos à jornada de seis horas, prevista no *caput* do art. 224 da Consolidação das Leis do Trabalho; b) 200, para os empregados submetidos à jornada de oito horas, nos termos do § 2º do art. 224 da Consolidação das Leis do Trabalho. Nas demais hipóteses, aplicar-se-á o divisor: a) 180, para os empregados submetidos à jornada de seis horas prevista no *caput* do art. 224 da Consolidação das Leis do Trabalho; b) 220, para os empregados submetidos à jornada de oito horas, nos termos do § 2º do art. 224 da Consolidação das Leis do Trabalho[1331].

No que concerne ao advogado empregado de banco, o Tribunal Superior do Trabalho tem entendido que pelo simples exercício da advocacia ele não exerce cargo de confiança, não se enquadrando, portanto, na hipótese do § 2º do art. 224 da Consolidação das Leis do Trabalho[1332]. Nessa mesma linha é o posicionamento do Tribunal Superior do Trabalho em relação ao caixa bancário, ainda que caixa executivo: não exerce cargo de confiança. Se perceber gratificação igual ou superior a um terço do salário do posto efetivo, essa remunera apenas a maior responsabilidade do cargo e não as duas horas extraordinárias além da sexta[1333].

As Súmulas ns. 102, 104 e 287 do Tribunal Superior do Trabalho constituem em microssistema jurisprudencial sobre a jornada dos bancários, especificando a interpretação do art. 224 da Consolidação das Leis do Trabalho. Na prática, estabelecem distinções que se assemelham à lei. Um exemplo disso é a fixação que caixas bancários sempre estão sujeitos à jornada de seis horas. No mais das vezes, principalmente nos postos bancários, um caixa pode acumular outras funções. Essa situação pode lhe trazer maiores poderes e, em tese, ser questionada a sua limitação de jornada.

Alice Monteiro de Barros[1334] estende tal entendimento ao supervisor, ao auditor, à secretária (ainda que de diretoria) e ao analista de sistema de estabelecimento bancário, pelo fundamento da observância do princípio da primazia da realidade, ou seja, de que não basta ocuparem cargos com essa nomenclatura, devendo, para se enquadrarem na hipótese do § 2º do art. 224 da Consolidação das Leis do Trabalho, observar os requisitos previstos nesse dispositivo legal: exercerem funções de direção, gerência, fiscalização, chefia e equivalentes, ou que desempenhem outros cargos de confiança, e gratificação de função não inferior a 1/3 (um terço) do salário do cargo efetivo, o que normalmente não se configura.

Como a realidade é dinâmica, sempre haverá espaço para a discussão do caso concreto, apesar do esforço do Tribunal Superior do Trabalho para disciplinar a matéria.

6.4. Diretores empregados

Empregados podem atingir postos elevados na hierarquia da empresa, seja por promoção, seja porque foram contratados expressamente para funções hierarquicamente superiores.

A doutrina distingue a situação do diretor que já ingressou na empresa nessa condição daquele que ingressou como empregado e posteriormente foi eleito diretor.

A primeira situação debate a suposta incompatibilidade entre as figuras do diretor de sociedade anônima[1335] e do empregado, porquanto integra o órgão por meio da qual essa sociedade se exterioriza, não podendo, portanto, o dirigente ser empregado de si próprio[1336].

(1331) Conforme a Súmula n. 124 do Tribunal Superior do Trabalho.

(1332) Conforme a Súmula n. 102, V, do Tribunal Superior do Trabalho.

(1333) Conforme a Súmula n. 102, VI, do Tribunal Superior do Trabalho.

(1334) BARROS, Alice Monteiro de. *Curso de Direito do Trabalho.* 4. ed. São Paulo: LTr, 2008. p. 276.

(1335) Para uma análise da problemática em todos os tipos de sociedade ver VILHENA, Paulo Emílio Ribeiro de. *Relação de Emprego:* estrutura legal e supostos. 2. ed. São Paulo: LTr, 1999. p. 599-602.

(1336) Nesse sentido, por exemplo, o julgado abaixo: Diretor Estatutário — Vínculo Empregatício (Hipótese Não Configurada) — O diretor não empregado, é considerado órgão da sociedade, dirigindo-a internamente e representando-a na esfera externa. Ainda que sujeito a ordens e supervisão dos responsáveis das Rés, isso por si só não conduz à subordinação característica de uma relação

Comparando as duas correntes, a de entendimento contemporâneo predominante é a de que o diretor de sociedade anônima tanto pode ser diretor-órgão (sem vínculo empregatício, nesse caso), como diretor--empregado, caso haja subordinação desse em relação à sociedade, tudo dependendo do modo em que o trabalho efetivamente for prestado(1337).

Acerca da segunda situação, existem quatro correntes: a) há extinção do contrato de emprego a partir do momento em que é eleito diretor da empresa; b) há interrupção do contrato de emprego; c) há suspensão do contrato de emprego; d) não há qualquer modificação no contrato de emprego, permanecendo em vigor(1338).

O Tribunal Superior do Trabalho pacificou essa questão ao sumular entendimento na linha da terceira corrente mencionada, de que o empregado eleito para ocupar cargo de diretor tem o respectivo contrato de trabalho suspenso, não se computando o tempo de serviço desse período, salvo se permanecer a subordinação jurídica inerente à relação de emprego(1339). Esse posicionamento é aberto, dependendo do caso concreto, da forma em que realmente as relações ocorreram. Em última análise, essa linha prestigia, mais uma vez, o princípio da primazia da realidade, que deverá reger a interpretação da situação concreta(1340).

6.5. Empregado previsto no art. 444, parágrafo único, da CLT

A reforma trabalhista de 2017 (Lei n. 13.467/17) incluiu o parágrafo único ao art. 444 da CLT criando no ordenamento jurídico brasileiro um novo tipo de empregado que parte da doutrina tem chamado de "empregado hipersuficiente", entre outras denominações, que se caracteriza quando presentes dois requisitos: a) ser portador de diploma de nível superior; b) perceber salário mensal igual ou superior a duas vezes o limite máximo dos benefícios do Regime Geral de Previdência Social (o chamado "teto" de benefícios do INSS), equivalente em números de 2019 a aproximadamente R$ 11.700,00 (onze mil e setecentos reais) mensais.

Veja-se o texto legal na íntegra:

> Art. 444. As relações contratuais de trabalho podem ser objeto de livre estipulação das partes interessadas em tudo quanto não contravenha às disposições de proteção ao trabalho, aos contratos coletivos que lhes sejam aplicáveis e às decisões das autoridades competentes.
>
> Parágrafo único. A livre estipulação a que se refere o *caput* deste artigo aplica-se às hipóteses previstas no art. 611-A desta Consolidação, com a mesma eficácia legal e preponderância sobre os instrumentos coletivos, no caso de empregado portador de diploma de nível superior e que perceba salário mensal igual ou superior a duas vezes o limite máximo dos benefícios do Regime Geral de Previdência Social (incluído pela Lei n. 13.467, de 2017).

A principal consequência jurídica da caracterização deste tipo de empregado é: "a livre estipulação a que se refere o *caput* deste artigo aplica-se às hipóteses previstas no art. 611-A desta Consolidação, com a mesma eficácia legal e preponderância sobre os instrumentos coletivos".

O que isso significa? Significa que este empregado pode estipular livremente com seu empregador, no plano individual, sobre as hipóteses previstas no art. 611-A da CLT (que são matérias que exigem nego-

---

de emprego, pois que em se tratando de Sociedades Anônimas, os diretores subordinam-se aos Conselhos de Administração (TRT 9ª R. — RO 17920-2003-013-09-00-5 — Ac. 15605/2005 — 4ª T. — Rel. Juiz Arnor Lima Neto — DJPR 24.06.2005).

(1337) A Súmula n. 269 Tribunal Superior do Trabalho consagra o entendimento da jurisprudência nesse sentido; Na doutrina, seguem essa linha, por exemplo: BARROS, Alice Monteiro de. *Curso de Direito do Trabalho*. 4. ed. São Paulo: LTr, 2008. p. 271. Nesse sentido também DELGADO, Mauricio Godinho. *Curso de Direito do Trabalho*. 9. ed. São Paulo: LTr, 2010. p. 349.

(1338) Conforme esclarece, com bibliografia: DELGADO, Mauricio Godinho. *Curso de Direito do Trabalho*. 9. ed. São Paulo: LTr, 2010. p. 349-350.

(1339) Súmula n. 269 do Tribunal Superior do Trabalho.

(1340) Nesse sentido, ver VILHENA, Paulo Emílio Ribeiro de. *Relação de Emprego:* estrutura legal e supostos. 2. ed. São Paulo: LTr, 1999. p. 629-648, que examina com profundidade a matéria, apoiado em consubstanciada bibliografia nacional e estrangeira, denominando esse item de "Empregado eleito diretor — Vínculo jurídico — A força do casuísmo", destacando também a importância do exame da existência ou não de subordinação no caso concreto (p. 643).

ciação coletiva para os empregados em geral), sendo que tais pactuações prevalecerão sobre a legislação e sobre as normas coletivas ("com a mesma eficácia legal e preponderância sobre os instrumentos coletivos").

Assim, este tipo de empregado poderá pactuar com seu empregador redução (piora) ou supressão (retirada) dos direitos trabalhistas elencados no dispositivo legal.

Sobre as hipóteses de prevalência no negociado coletivamente sobre a lei veja-se o texto legal na íntegra:

> Art. 611-A. A convenção coletiva e o acordo coletivo de trabalho têm prevalência sobre a lei quando, entre outros, dispuserem sobre:
>
> I — pacto quanto à jornada de trabalho, observados os limites constitucionais;
>
> II — banco de horas anual;
>
> III — intervalo intrajornada, respeitado o limite mínimo de trinta minutos para jornadas superiores a seis horas;
>
> IV — adesão ao Programa Seguro-Emprego (PSE), de que trata a Lei n. 13.189, de 19 de novembro de 2015;
>
> V — plano de cargos, salários e funções compatíveis com a condição pessoal do empregado, bem como identificação dos cargos que se enquadram como funções de confiança;
>
> VI — regulamento empresarial;
>
> VII — representante dos trabalhadores no local de trabalho;
>
> VIII — teletrabalho, regime de sobreaviso, e trabalho intermitente;
>
> IX — remuneração por produtividade, incluídas as gorjetas percebidas pelo empregado, e remuneração por desempenho individual;
>
> X — modalidade de registro de jornada de trabalho;
>
> XI — troca do dia de feriado;
>
> XII — enquadramento do grau de insalubridade;
>
> XIII — prorrogação de jornada em ambientes insalubres, sem licença prévia das autoridades competentes do Ministério do Trabalho;
>
> XIV — prêmios de incentivo em bens ou serviços, eventualmente concedidos em programas de incentivo;
>
> XV — participação nos lucros ou resultados da empresa.

O empregado em geral é considerado hipossuficiente economicamente em relação ao seu empregador e a partir dessa premissa é construída toda a proteção ao empregado pela intervenção do Estado nas relações de trabalho.

O parágrafo único do art. 444 da CLT cria um tipo de empregado não menos suficiente economicamente que seu empregador, e equipara a sua liberdade de contratar com a dos entres sindicais.

Assim, a livre negociação feita entre os trabalhadores hipersuficientes e as empresas teria o mesmo peso de liberdade negocial e eficácia daquelas negociações feitas entre o sindicato e a empresa (acordos coletivos de trabalho).

João Vicente Rothfuchs[1341] esclarece que "o problema é transmutar essa ampla liberdade para o âmbito individual, como se o fato de um empregado ser bem remunerado, recebendo o equivalente, em números

(1341) ROTHFUCHS, João Vicente. O "trabalhador hipersuficiente" na reforma trabalhista: novo modelo no velho paradigma. *Revista da Academia Sul-Rio-Grandense de Direito do Trabalho,* Porto Alegre: HS, n. 1, p. 360-374, em especial p. 370, 2019.

de 2019 a aproximadamente R$ 11.700,00 (onze mil e setecentos reais mensais) e possuir curso superior, tornasse a sua expressão de vontade equivalente àquela manifestada pelo ente sindical".

Atente-se que o inciso V do art. 611-A da CLT permite que este empregado identifique no seu contrato individual de trabalho se seu cargo se enquadra entre as funções de confiança.

Diante da novidade trazida pela Lei n. 13.467/17, poderá o empregado em estudo, por exemplo, pelo fato de ser portador de diploma de curso superior e receber salário mensal igual ou superior a duas vezes o "teto" de benefícios do INSS, renunciar no plano individual ao capítulo "Da Duração do Trabalho" mesmo que não exerça cargo de confiança?

Conforme Vólia Bomfim Cassar[(1342)], existem correntes para os dois lados de entendimento:

> Há correntes nas duas posições. Aqueles que defendem a validade da renúncia praticada por estes empregados, pois a lei expressamente impediu o Judiciário Trabalhista de analisar o conteúdo das normas coletivas (art. 8º, § 2º da CLT), salvo quanto aos vícios contidos no art. 104 do CC e outros, em sentido oposto, defendendo que não pode o ajuste prevalecer sobre a realidade (princípio da primazia da realidade) e também porque o direito é irrenunciável.

A matéria ainda é recente na jurisprudência.

Não obstante, na linha da segunda corrente, o Tribunal Regional do Trabalho da 4ª Região, na I Jornada sobre a Reforma Trabalhista (realizada em 10.11.17), na proposta 4 da Comissão 8, manifestou entendimento majoritário de que este tipo de empregado continua subordinado e, por isso, não pode renunciar à proteção constitucional e normativa estabelecidas. Veja-se:

> PROPOSTA 4: TRABALHADOR HIPERSUFICIENTE. PARÁGRAFO ÚNICO DO ART. 444 DA CLT. IMPOSSIBILIDADE DE RENÚNCIA ÀS NORMAS IMPERATIVAS POR MEIO DE AJUSTE INDIVIDUAL. DISCRIMINAÇÃO. PRINCÍPIO DO LIVRE ACESSO AO JUDICIÁRIO. AFRONTA AO ARTIGO 5º, *caput* E INCISOS I E XXXV, DA CONSTITUIÇÃO FEDERAL. I — O empregado que recebe salário superior a duas vezes o limite máximo dos benefícios do Regime Geral de Previdência continua subordinado e, por isso, não pode renunciar à proteção constitucional e normativa estabelecidas. O disposto no parágrafo único do art. 444 da CLT afronta o art. 5º, *caput* e inciso I, da Constituição Federal. PODER JUDICIÁRIO. JUSTIÇA DO TRABALHO. TRIBUNAL REGIONAL DO TRABALHO DA 4ª REGIÃO. II — A interpretação do parágrafo único do art. 444 da CLT é constitucional quando serve de norte hermenêutico ao intérprete do contrato e não como renúncia do direito de livre acesso ao Judiciário.

O princípio da irrenunciabilidade de direitos trabalhistas, fundamental no plano individual, está positivado no art. 468 da CLT e será analisado em capítulo específico.

6.6. Sócio empregado

Outra questão cujo estudo se faz importante é a suposta incompatibilidade entre as figuras do sócio e do empregado. A problemática nasce do fato de que as sociedades têm por objeto a comum intenção de dividir perdas e lucros (*affectio societatis*) e tal noção, por si só, exclui que possam praticar trabalho subordinado, pois a definição legal de empregado não é compatível com a circunstância de assumir os riscos da atividade econômica. Pelo contrário, no trabalho subordinado é o empregador que assume tal risco (art. 2º da Consolidação das Leis do Trabalho).

Em princípio, não há qualquer incompatibilidade entre as figuras do sócio e do empregado, mas trata-se de matéria que muitas vezes se encontra em zona fronteiriça entre uma efetiva sociedade e um vínculo de emprego "maquiado" por uma sociedade apenas no "papel", visando justamente inviabilizar

(1342) CASSAR, Vólia Bomfim. *Direito do trabalho:* de acordo com a reforma trabalhista. 16. ed. Rio de Janeiro: Forense, São Paulo: Método, 2018. p. 314.

a configuração de vínculo de emprego. Alice Monteiro de Barros adverte que ser ou não acionista não é critério decisivo na relação de emprego, pois poderá ocorrer "a camuflagem com atribuições de ações a um autêntico empregado"[1343].

O fundamental, nesse caso, é o exercício de poderes de mando e gestão. Em regra, sócios com estes poderes, seja expressamente fixado no contrato social da empresa, seja exercido na prática de maneira desvirtuada, mas com direta influência nos desígnios da empresa, não poderão ser empregados. Entretanto, se o sócio não exerce poderes de mando e gestão e suas atividades forem praticadas em aspectos não nucleares da gestão, nada impede o reconhecimento do vínculo de emprego, desde que, é claro, estejam presentes os elementos que o caracterizam. Esse raciocínio se aplica a todos os tipos de sociedades.

Novamente aqui as situações concretas devem ser analisadas à luz do princípio da primazia da realidade, segundo o qual, no caso de discordância entre o contido nos documentos e o que ocorre no mundo dos fatos, prevalece este último[1344].

7. *Trabalhadores intelectuais*

O trabalho humano que gera riqueza não é apenas o trabalho físico. Atividades de criação e gestão são essenciais e se caracterizam por sua natureza intelectual. Por muitos anos entendeu-se que os trabalhadores intelectuais não poderiam ter relação de emprego, pois não teriam subordinação, elemento indispensável para a configuração do vínculo empregatício.

Entendia-se que o empregado está inserido num estado de dependência técnica, ficando subordinado às ordens de caráter técnico determinadas pelo empregador. É critério da dependência técnica, estudado dentro das teorias da subordinação, destacado por Herz, entre outros. Este critério sucumbiu às críticas de que em diversas situações não há dependência técnica, sobretudo em face da moderna concepção de empresa em que há nítida dissociação entre a propriedade ou a titularidade e a administração ou direção da empresa[1345]. Muitas vezes, o empregador contrata um trabalhador especializado justamente para que utilize suas técnicas pessoais, inclusive para remodelação funcional[1346].

Trabalhadores intelectuais são aqueles que desenvolvem profissionalmente uma atividade de natureza científica literária ou artística, criadora de bens ou serviços. Podem atuar como empregados, como trabalhadores autônomos, ou ainda como empregadores (empresários).

Nesse sentido, o Código Civil de 2002[1347] considera empresário quem exerce profissionalmente atividade econômica organizada para a produção ou a circulação de bens ou serviços, mas exclui do enquadramento de empresário quem exerce profissão intelectual, de natureza científica, literária ou artística, ainda com o concurso de auxiliares ou colaboradores, salvo se o exercício da profissão constituir elemento de empresa (neste caso, ele passa a ser um dos fatores para caracterização do empresário), confirmando que o trabalhador intelectual, tal como o médico, o advogado, o dentista, o engenheiro, o artista, entre outros, pode exercer sua profissão de três formas diferentes: de forma autônoma (trabalho por conta própria), como empregado

(1343) BARROS, Alice Monteiro de. *Curso de Direito do Trabalho.* 4. ed. São Paulo: LTr, 2008. p. 271; DELGADO também adverte sobre a utilização da sociedade como simulação (DELGADO, Maurício Godinho. *Curso de Direito do Trabalho.* 9. ed. São Paulo: LTr, 2010. p. 353.

(1344) PLÁ RODRIGUEZ, Américo. *Princípios de Direito do Trabalho.* 3. ed. São Paulo: LTr, 2000. p. 210.

(1345) GOMES, Orlando; GOTTSCHALK, Elson. *Curso de Direito do Trabalho.* Rio de Janeiro: Forense, 1997. p. 134-135.

(1346) Conforme RUSSOMANO, Mozart Victor. *Curso de Direito do Trabalho.* 8. ed. Curitiba: Juruá, 2000. p. 63; nesse sentido também: MORAES FILHO, Evaristo de; MORAES, Antônio Carlos Flores de. *Introdução ao Direito do Trabalho.* 7. ed. São Paulo: LTr, 1995. p. 252; VILHENA, Paulo Emílio Ribeiro de. *Relação de Emprego:* estrutura legal e supostos. 2. ed. São Paulo: LTr, 1999. p. 472; MARANHÃO, Délio; CARVALHO, Luiz Inácio Barbosa. *Direito do Trabalho.* 17. ed. Rio de Janeiro: Fundação Getulio Vargas, 1993. p. 65.

(1347) Conforme o disposto no art. 966 e parágrafo único do Código Civil de 2002.

(quando trabalhar de forma pessoal, não eventual, subordinada e onerosa para um empregador privado ou público), ou ainda como sócio de uma sociedade (quando seu trabalho intelectual constituir elemento desta, como ocorre com uma sociedade de advogados, de médicos, de engenheiros etc).

Com isso, mais uma vez as situações concretas devem ser analisadas à luz do princípio da primazia da realidade, para o qual a realidade ocorrida na prática deve prevalecer sobre eventuais formalidades que visem fraudar, impedir ou desvirtuar a aplicação do Direito do Trabalho[(1348)].

Com a "proletarização dos intelectuais", esse tipo de trabalho passou a ser cada vez mais comum e a legislação passou a contemplá-los[(1349)]. Isso ocorre com a massificação de certas profissões que tradicionalmente eram desempenhadas de forma autônoma, como as profissões liberais (advocacia, medicina, engenharia, entre outras), e que passaram a fazer parte da estrutura funcional de grandes escritórios e clínicas, adquirindo nítida subordinação, afastando a autonomia. A forma de remuneração passa a ser fixa, ou pelo menos preponderantemente fixa, com apropriação de parte do resultado do trabalho pela empresa/escritório.

A Constituição Federal de 1988 proíbe a distinção entre trabalho manual, técnico e intelectual ou entre os profissionais respectivos[(1350)]. Essa disposição constitucional expressa uma das espécies de proteção à discriminação no trabalho, seja direta ou indireta ou oculta.

Nessa linha, o Tribunal Superior do Trabalho tem entendido que é possível a equiparação salarial de trabalho intelectual, por exemplo entre dois advogados[(1351)], que pode ser avaliado por sua perfeição técnica, desde que atendidos os requisitos do art. 461 da Consolidação das Leis do Trabalho, cuja aferição terá critérios objetivos[(1352)].

8. Mãe social

Considera-se mãe social, de acordo com a Lei n. 7.644/87 que regulamenta a atividade no Brasil, aquela que, dedicando-se à assistência ao menor abandonado, exerça o encargo em nível social, dentro do sistema de casas-lares[(1353)].

Trata-se de um contrato de trabalho especial em que a empregada denominada mãe social é contratada por uma instituição assistencial[(1354)] (instituições sem finalidade lucrativa, ou de utilidade pública de assistência ao menor abandonado) para residir e trabalhar em uma casa-lar, assim entendida a unidade residencial sob responsabilidade de mãe social, que abrigue até dez menores abandonados[(1355)]. Por menor abandonado entende-se, para os efeitos desta lei, o "menor em situação irregular" pela morte ou abandono

(1348) Conforme o art. 9º da Consolidação das Leis do Trabalho, os atos nesse sentido são nulos de pleno direito.

(1349) BARROS, Alice Monteiro de. *Curso de Direito do Trabalho.* 4. ed. São Paulo: LTr, 2008. p. 277.

(1350) Constituição Federal, art. 7º: São direitos dos trabalhadores urbanos e rurais, além de outros que visem à melhoria de sua condição social: [...]

XXXII — proibição de distinção entre trabalho manual, técnico e intelectual ou entre os profissionais respectivos.

(1351) TST — AIRR 606322002900020000 — 5ª T. — Rel. Conv. Juiz Walmir Oliveira da Costa — DJU 11.03.2005.

(1352) De acordo com a Súmula n. 6, VII, do TST.

(1353) Conforme conceito contido no art. 2º da Lei n. 7.644/87; A Lei n. 12.010/2009 regula as chamadas "casas de acolhimento", como sendo o local onde permanecem crianças destinadas à adoção.

(1354) Fica facultado a qualquer entidade manter casas-lares, desde que cumprido o disposto nesta Lei (art. 16 da Lei n. 7.644/87); As instituições que mantenham ou coordenem o sistema de casas-lares para o atendimento gratuito de menores abandonados, registradas como tais no Conselho Nacional do Serviço Social, ficam isentas do recolhimento dos encargos patronais à previdência social (art. 18 da Lei n. 7.644/87).

(1355) Conforme arts. 1º, 3º e 4º, parágrafo único da Lei n. 7.644/87.

dos pais, ou, ainda, pela incapacidade destes[1356]. A instituição fixará os limites de idade em que os menores ficarão sujeitos às casas-lares[1357].

São condições para admissão como mãe social[1358]: a) idade mínima de 25 anos; b) boa sanidade física e mental; c) curso de primeiro grau, ou equivalente; d) ter sido aprovada em treinamento e estágio exigidos por esta Lei; e) boa conduta social; f) aprovação em teste psicológico específico.

A candidata ao exercício da profissão de mãe social deverá submeter-se a seleção e treinamento específicos, a cujo término será verificada sua habilitação. O treinamento será composto de um conteúdo teórico e de uma aplicação prática, esta sob forma de estágio. O treinamento e estágio a que se refere o parágrafo anterior não excederão de 60 (sessenta) dias, nem criarão vínculo empregatício de qualquer natureza. A estagiária deverá estar segurada contra acidentes pessoais e receberá alimentação, habitação e bolsa de ajuda para vestuário e despesas pessoais. O Ministério da Previdência e Assistência Social assegurará assistência médica e hospitalar à estagiária[1359].

São atribuições da mãe social: a) propiciar o surgimento de condições próprias de uma família, orientando e assistindo os menores colocados sob seus cuidados; b) administrar o lar, realizando e organizando as tarefas a ele pertinentes; c) dedicar-se, com exclusividade, aos menores e à casa-lar que lhes forem confiados[1360].

Nesse contrato de trabalho especial, a empregada (mãe social) não tem todos os direitos de um empregado sob o regime da Consolidação das Leis do Trabalho, mas apenas os direitos previstos na sua lei específica (Lei n. 7.644/87)[1361]: a) anotação na Carteira de Trabalho e Previdência Social; b) remuneração, em valor não inferior ao salário mínimo; c) repouso semanal remunerado de 24 (vinte e quatro) horas consecutivas; d) apoio técnico, administrativo e financeiro no desempenho de suas funções; e) 30 (trinta) dias de férias anuais remuneradas nos termos do que dispõe o capítulo IV da Consolidação das Leis do Trabalho; f) benefícios e serviços previdenciários, inclusive, em caso de acidente do trabalho, na qualidade de segurada obrigatória; g) 13º salário; h) Fundo de Garantia do Tempo de Serviço. Da remuneração pode ser deduzido o percentual de alimentação fornecida pelo empregador[1362].

As mães sociais ficam sujeitas às seguintes penalidades aplicáveis pela entidade empregadora (instituição assistencial): a) advertência; b) suspensão; c) despedida por justa causa. Extinto o contrato de trabalho, a mãe social deverá retirar-se da casa-lar que ocupava[1363].

A instituição assistencial manterá mães sociais para substituir as efetivas durante seus períodos de afastamento do serviço. A mãe social substituta, quando não estiver em efetivo serviço de substituição, deverá residir na aldeia assistencial e cumprir tarefas determinadas pelo empregador. A mãe social, quando no exercício da substituição, terá direito à retribuição percebida pela titular e ficará sujeita ao mesmo horário de trabalho[1364].

As instituições assistenciais que funcionam pelo sistema de casas-lares manterão, além destas, Casas de Juventude, para jovens com mais de 13 anos de idade, os quais encaminharão ao ensino profissionalizante. Esse ensino profissionalizante poderá ser ministrado em comum, em cada aldeia assistencial ou em várias dessas aldeias assistenciais reunidas, ou, ainda, em outros estabelecimentos de ensino, públicos ou privados,

---

(1356) Conforme art. 17 da Lei n. 7.644/87.

(1357) Conforme o § 2º do art. 2º da Lei n. 7.644/87.

(1358) Conforme art. 9º da Lei n. 7.644/87.

(1359) Conforme art. 8º e parágrafos da Lei n. 7.644/87.

(1360) Conforme art. 4º da Lei n. 7.644/87.

(1361) Conforme aart. 5º combinado com art. 19, ambos da Lei n. 7.644/87, que neste último artigo dispõe: "Às relações do trabalho previstas nesta Lei, no que couber, aplica-se o disposto nos capítulos I e IV do Título II, Seções IV, V e VI do Capítulo IV do Título III e nos Títulos IV e VII, todos da Consolidação das Leis do Trabalho — Consolidação das Leis do Trabalho".

(1362) Conforme art. 7º da Lei n. 7.644/87.

(1363) Conforme arts. 13 e 14 da Lei n. 7.644/87.

(1364) Conforme art. 10 e parágrafos da Lei n. 7.644/87.

conforme julgar conveniente a instituição. Caberá à administração de cada aldeia assistencial providenciar a colocação dos menores no mercado de trabalho, como estagiários, aprendizes ou como empregados, em estabelecimentos públicos ou privados. As retribuições percebidas pelos menores nas condições mencionadas no *caput* deste artigo serão assim distribuídas e destinadas: a) até 40% (quarenta por cento) para a casa-lar a que estiverem vinculados, revertidos no custeio de despesas com manutenção do próprio menor; b) 40% (quarenta por cento) para o menor destinados a despesas pessoais; c) até 30% (trinta por cento) para depósito em caderneta de poupança ou equivalente, em nome do menor, com assistência da instituição mantenedora, e que poderá ser levantado pelo menor a partir dos 18 anos de idade[(1365)].

Incumbe às autoridades competentes do Ministério do Trabalho e do Ministério da Previdência e Assistência Social, observadas as áreas de atuação, a fiscalização do disposto nesta Lei, competindo à Justiça do Trabalho dirimir as controvérsias entre empregado e empregador[(1366)].

Parte da jurisprudência tem equiparado, por analogia, a mãe social (regida pela Lei n. 7.644/87) à mãe crecheira da Fundação CASA (Fundação Centro de Atendimento Socioeducativo ao Adolescente)[(1367)], entendendo que a prestação de serviços nos moldes da Lei n. 7.644/87, consistente no atendimento de crianças da comunidade, gera vínculo empregatício entre as partes[(1368)]. Outra parte da jurisprudência do Tribunal Superior do Trabalho, inclusive, tem entendido que as chamadas mães crecheiras não mantêm com a Fundação CASA qualquer relação de emprego, pois, normalmente, são contratadas por suas vizinhas para cuidar de seus filhos enquanto estiverem fora de casa, a trabalho, e recebem apenas uma pequena ajuda financeira do Estado para cuidar das crianças a elas confiadas, que não chega a se caracterizar como salário, sendo que o trabalho por elas prestado tem natureza filantrópica, de alta solidariedade, que não se reveste das condições caracterizadoras da relação de emprego[(1369)].

O problema é uma possível fraude à legislação trabalhista em face do menor número de direitos dos empregados que trabalham nessa situação. A jurisprudência é casuística e pode, presentes os requisitos, declarar a existência de relação de emprego, aplicando a regra da Consolidação das Leis do Trabalho e não a regra especial da Lei n. 7.644/87.

Outra situação que merece atenção é a responsabilidade do ente federado a que pertence a instituição social. Parte da jurisprudência tem aplicado a Súmula n. 331, IV, do Tribunal Superior do Trabalho, responsabilizando subsidiariamente o ente federado que subsidia a instituição assistencial contratante de mães sociais[(1370)].

9. *Índios*

Índio, também chamado de silvícola, é todo indivíduo de origem e ascendência pré-colombiana que se identifica e é identificado como pertencente a um grupo étnico cujas características culturais o distinguem da sociedade nacional[(1371)].

A Constituição Federal reconhece aos indígenas o direito a sua organização social, costumes, línguas, crenças e tradições e os direitos originários às terras que tradicionalmente ocupam (art. 231). No Código

(1365) Conforme arts. 11 e 12 da Lei n. 7.644/87.

(1366) Conforme art. 20 da Lei n. 7.644/87.

(1367) BARROS, Alice Monteiro de. *Curso de Direito do Trabalho.* 4. ed. São Paulo: LTr, 2008. p. 305.

(1368) TST — E-RR-406.881/1997.9 — SBDI1 — Rel. Desig. João Oreste Dalazen — DJU 3.10.2003; Neste sentido também: TRT 4ª R. — Ac. 00307372/97-9 RO — 5ª T — Rel. Juiz Ricardo Gehling — Julg. em 2.12.1999 — DOERS 24.1.2000.

(1369) TST — RR 206.210/95.0 — Ac. 1ª T. 12.650/97 — Relª Min. Regina Rezende Ezequiel — DJU 20.2.1998.

(1370) Nesse sentido: "RESPONSABILIDADE SUBSIDIÁRIA. ASSOCIAÇÃO DA MÃE SOCIAL. Sendo obrigação do Estado realizar os fins exigidos para a tutela dos direitos decorrentes da Associação da Mãe Social, deve o Município responder subsidiariamente em decorrência de débitos trabalhistas oriundos do empreendimento subsidiado por Ele" (TRT 15ª R. — RO 1957-2004-003-15-00-2 — Ac. 62040/07-PATR — 12ªC — Rel. José Pitas — DOE 11.01.2008).

(1371) Conforme o inciso II do art. 3º da Lei n. 6.001/73.

Civil de 1916, os índios eram considerados relativamente capazes (art. 6º, III), mas o Código Civil de 2002 remete a sua capacidade à disciplina da legislação especial (art. 4º, parágrafo único).

A situação jurídica dos índios e das comunidades indígenas, com o propósito de preservar a sua cultura e integrá-los, progressiva e harmoniosamente, à comunhão nacional, é regulada pela Lei n. 6.001/73, conhecida por Estatuto do Índio.

Aos índios e às comunidades indígenas se estende a proteção das leis do País, nos mesmos termos em que se aplicam aos demais brasileiros, resguardados os usos, costumes e tradições indígenas, bem como as condições peculiares reconhecidas na Lei n. 6.001/73. Cumpre à União, aos Estados e aos Municípios, bem como aos órgãos das respectivas administrações indiretas, nos limites de sua competência, a proteção das comunidades indígenas e a preservação dos seus direitos[1372].

Os índios e as comunidades indígenas ainda não integrados à comunhão nacional ficam sujeitos ao regime tutelar estabelecido nesta Lei. Todavia, qualquer índio poderá requerer ao Juiz competente a sua liberação do regime tutelar previsto na Lei n. 6.001/73, investindo-se na plenitude da capacidade civil, desde que preencha os seguintes requisitos: a) idade mínima de 21 anos; b) conhecimento da língua portuguesa; c) habilitação para o exercício de atividade útil, na comunhão nacional; d) razoável compreensão dos usos e costumes da comunhão nacional.

O Juiz decidirá após instrução sumária, ouvidos o órgão de assistência ao índio e o Ministério Público, transcrita a sentença concessiva no registro civil. Satisfeitos tais requisitos e a pedido escrito do interessado, o órgão de assistência poderá reconhecer ao índio, mediante declaração formal, a condição de integrado, cessando toda restrição à capacidade, desde que, homologado judicialmente o ato, seja inscrito no registro civil. Mediante decreto do Presidente da República, também poderá ser declarada a emancipação da comunidade indígena e de seus membros, quanto ao regime tutelar estabelecido em lei, desde que requerida pela maioria dos membros do grupo e comprovada, em inquérito realizado pelo órgão federal competente, a sua plena integração na comunhão nacional[1373].

Os índios são classificados em: a) isolados: quando vivem em grupos desconhecidos ou de que se possuem poucos e vagos informes por meio de contatos eventuais com elementos da comunhão nacional; b) em vias de integração: quando, em contato intermitente ou permanente com grupos estranhos, conservam menor ou maior parte das condições de sua vida nativa, mas aceitam algumas práticas e modos de existência comuns aos demais setores da comunhão nacional, da qual vão necessitando cada vez mais para o próprio sustento; c) integrados: quando incorporados à comunhão nacional e reconhecidos no pleno exercício dos direitos civis, ainda que conservem usos, costumes e tradições característicos da sua cultura[1374].

Essa classificação é importante para a questão da capacidade civil dos índios[1375], tendo em vista que os atos praticados pelos índios que vivem isolados são nulos de pleno direito e qualquer pessoa estranha à comunidade indígena quando não tenha havido assistência do órgão tutelar competente, salvo se o índio revelar consciência e conhecimento do ato praticado, desde que não lhe seja prejudicial, e da extensão dos seus efeitos[1376].

Os contratos de trabalho ou de locação de serviços realizados com indígenas em processo de integração ou habitantes de parques ou colônias agrícolas dependerão de prévia aprovação do órgão de proteção ao índio (Fundação Nacional do Índio — FUNAI[1377]), obedecendo, quando necessário, a normas próprias. Em

(1372) Conforme o parágrafo único dos arts. 1º e 2º da Lei n. 6.001/73.

(1373) Conforme os arts. 7º, 9º, 10 e 11 da Lei n. 6.001/73.

(1374) Como visto, conforme o art. 4º da Lei n. 6.001/73.

(1375) O atual Código Civil brasileiro remete a capacidade dos índios para ser disciplinada em lei especial (art. 4º, parágrafo único).

(1376) Conforme o art. 8º, combinado com o art. 15, ambos da Lei n. 6.001/73.

(1377) A Fundação Nacional do Índio — FUNAI constitui pessoa jurídica de direito público interno. Trata-se de fundação de direito público que se qualifica como entidade governamental dotada de capacidade administrativa, integrante da Administração Pública descentralizada da União, subsumindo-se, no plano de sua organização institucional, ao conceito de típica autarquia fun-

qualquer caso de prestação de serviços por indígenas não integrados, o órgão de proteção ao índio (Fundação Nacional do Índio — FUNAI) exercerá permanente fiscalização das condições de trabalho, denunciando os abusos e providenciando a aplicação das sanções cabíveis(1378).

Em suma, se o índio viver isolado (não integrado), será nulo o contrato de trabalho ou de locação de serviços com ele pactuado. Caso o índio esteja em vias de integração dependente de aprovação prévia da FUNAI, e em se tratando de índio integrado, o contrato por ele celebrado será válido(1379).

Quanto à capacidade postulatória (capacidade *ad causam*), os índios, suas comunidades e organização são partes legítimas para ingressar em juízo em defesa de seus interesses, intervindo o Ministério Público do Trabalho. É considerada uma das funções institucionais do Ministério Público a defesa judicial dos direitos e dos interesses da população indígena (art. 129, V, da Constituição Federal).

Compete ao Ministério Público do Trabalho propor as ações necessárias à defesa dos direitos e interesses dos índios, decorrentes das relações de trabalho(1380). Nas ações trabalhistas tendo como parte índio não emancipado na forma do art. 9º da Lei n. 6.001/73, é necessária a intervenção do Ministério Público do Trabalho, na qualidade de fiscal da lei, em todas as fases do processo, sob pena de nulidade processual. Comprovada a existência de prejuízo ao autor, diante do Juízo de improcedência da ação, a não intimação do Ministério Público do Trabalho para intervir no feito no qual se examina interesse de incapaz acarreta a nulidade do processo, em aplicação dos arts. 82, inciso I e 84, combinado com o art. 794 da Consolidação das Leis do Trabalho.

Outra consequência importante da não observância dessas normas de proteção ao índio é a não ocorrência de prescrição(1381). Nesse sentido, o Tribunal Regional do Trabalho da 12ª Região já decidiu que em se tratando de empregado indígena em vias de integração, imprescindível a intervenção do Ministério Público em todos os atos do processo, nos termos do art. 232 da Constituição da República, bem assim a aprovação do órgão competente de proteção ao índio para a sua admissão, conforme o art. 16 da Lei n. 6.001, de 19.12.1973. Ausentes tais requisitos, revela-se inadmissível a ocorrência da prescrição(1382).

Sobre as condições de trabalho dos índios, a Lei n. 6.001/73 determina que não haverá discriminação entre trabalhadores indígenas e os demais trabalhadores, aplicando todos os direitos e garantias das leis trabalhistas e de previdência social. É permitida a adaptação de condições de trabalho aos usos e costumes da comunidade a que pertencer o índio. (1383) Isso significa que os índios têm os mesmos direitos trabalhistas e previdenciários cabíveis aos empregados em geral.

10. Aprendiz

A figura do aprendiz, ainda que diferente do modelo contemporâneo, é antiga(1384) e aparece de forma importante na pré-história do Direito do Trabalho(1385), enquanto uma das classes das chamadas corporações

dacional, como tem sido reiteradamente proclamado pela jurisprudência do Supremo Tribunal Federal, inclusive para o efeito de reconhecer, nas causas em que essa instituição intervém ou atua, a caracterização da competência jurisdicional da Justiça Federal (STF — RE 183.188 — Rel. Min. Celso de Mello — DJU 14.2.1997).

(1378) Conforme o art. 16 da Lei n. 6.001/73.

(1379) Nesse sentido também: BARROS, Alice Monteiro de. *Curso de Direito do Trabalho*. 4. ed. São Paulo: LTr, 2008. p. 309.

(1380) Conforme o inciso V do art. 83 da LC n. 75/93.

(1381) Não corre prescrição contra os absolutamente incapazes na forma do art. 198, I, do Código Civil.

(1382) TRT 12ª R. — Proc. RO-V-07622/00 — Ac. 05540/01 — 2ª T. — Rel. Juiz Jorge Luiz Volpato — DJSC 18.6.2001.

(1383) Conforme o art. 14 da Lei n. 6.001/73.

(1384) Alice Monteiro de Barros refere que as primeiras alusões ao menor aprendiz estão contidas no Código de Hammurabi (BARROS, Alice Monteiro de. *Curso de Direito do Trabalho*. 4. ed. São Paulo: LTr, 2008. p. 310).

(1385) O surgimento do Direito do Trabalho está intrinsecamente relacionado ao advento da Revolução Industrial, cuja primeira fase é um fenômeno localizado na Inglaterra, a partir da segunda metade do século XVIII até o início do século XIX, marco de um conjunto de transformações decorrentes da descoberta do vapor como fonte de energia e da sua aplicação nas fábricas e meios de

de ofício, associações que surgiram na Idade Média, a partir do século XII, para regulamentar o processo produtivo artesanal nas cidades, que então surgiam. As corporações de ofício eram formadas por três classes: os mestres, os oficiais (também chamados de companheiros ou jornaleiros) e os aprendizes. Os mestres eram os donos da oficina, que acolhiam os oficiais, e eram, também, responsáveis pelo adestramento dos aprendizes.

Os aprendizes não recebiam salários, geralmente eram parentes e moravam com o mestre; e não raras vezes acabavam casando com a filha deste. A extensão do aprendizado variava de acordo com o ramo, podendo durar um ano, ou prolongar-se de dez a doze anos. O período de costume do aprendizado, porém, variava entre dois e sete anos; após o término do aprendizado, o aprendiz tornava-se jornaleiro e depois mestre. Entretanto, à medida que se avançava para o fim da Idade Média, tornava-se mais difícil ao jornaleiro atingir a condição de mestre. Isso acontecia principalmente em virtude do domínio que os membros mais ricos passaram a ter sobre as corporações, reduzidas quase que exclusivamente aos seus familiares[1386].

A aprendizagem é uma espécie do gênero formação profissional, objeto de constante preocupação das legislações que tutelam crianças e adolescentes e da Organização Internacional do Trabalho — OIT (Recomendação n. 117, de 1962).

O ECA — Estatuto da Criança e do Adolescente conceitua aprendizagem como a formação técnico-profissional ministrada segundo as diretrizes e bases da legislação de educação em vigor (art. 62 da Lei n. 8.069/90).

O aprendiz, diferentemente do estagiário, possui vínculo empregatício com o seu empregador, mediante contrato de trabalho e assinatura da Carteira de Trabalho e Previdência Social. O contrato de aprendizagem é um contrato de trabalho especial, ajustado por escrito e por prazo determinado, em que o empregador se compromete a assegurar ao maior de 14 e menor de 24 anos, inscrito em programa de aprendizagem, formação técnico-profissional metódica, compatível com o desenvolvimento físico, moral e psicológico, e o aprendiz, a executar, com zelo e diligência, as tarefas necessárias a essa formação (art. 428, *caput*, da CLT, alterado pela Lei n. 11.180/05).

A idade máxima de 24 anos não se aplica aos aprendizes com deficiência (§ 5º do art. 428 da Consolidação das Leis do Trabalho, com redação dada pela Lei n. 11.180/05).

Para os fins do contrato de aprendizagem, a comprovação da escolaridade de aprendiz com deficiência mental deve considerar, sobretudo, as habilidades e competências relacionadas com a profissionalização (§ 6º do art. 428 da Consolidação das Leis do Trabalho, com redação dada pela Lei n. 11.180/05).

Note-se que a atual redação do art. 428 da Consolidação das Leis do Trabalho, com redação dada pela Lei n. 11.180/05, alterou a idade máxima do contrato de aprendizagem de 18 para 24 anos e trouxe a ressalva de inexistência de idade máxima para os aprendizes portadores de deficiência. Portanto, agora não se pode mais falar somente em menor aprendiz, uma vez que a aprendizagem não visa tutelar mais tão somente os menores de 18 anos.

---

transportes. Esse conjunto de fatores econômicos, atuando de forma interligada, provocou uma revolução sem precedentes na história da humanidade, conforme OLEA, Manuel Alonso. *Introdução ao Direito do Trabalho.* 4. ed. São Paulo: LTr, 1984. p. 159. Somente no final do século XIX surgiram as condições sociais que tornaram possível o aparecimento desse ramo do direito, com características próprias e autonomia doutrinária. O Direito do Trabalho é produto típico da industrialização destes últimos tempos, conforme MORAES FILHO, Evaristo de; MORAES, Antônio Carlos Flores de. *Introdução ao Direito do Trabalho.* 7. ed. São Paulo: LTr, 1995. p. 74. Para um estudo aprofundado da formação histórica do Direito do Trabalho ver: COIMBRA, Rodrigo; ARAÚJO, Francisco Rossal de. Direito do Trabalho: evolução do modelo normativo e tendências atuais na Europa. *Revista LTr*, São Paulo, ano 73, t. II, n. 08, p. 953-62, ago. 2009.

(1386) HEPLE, Bob. *La formación del Derecho del Trabajo en Europa.* Madrid: Ministério de Trabajo y Seguridad Social, 1994. p. 337.

Tendo em vista que o aprendiz é um empregado, ele tem os direitos normais dos empregados, com algumas diferenças dada a natureza peculiar da relação e a proteção especial que a lei dá aos aprendizes que forem menores de 18 anos. Nessa linha, são exigências para que o contrato de aprendizagem seja válido, conforme a lei:

a) celebração de contrato de trabalho por escrito e por prazo determinado (art. 428, *caput,* da Consolidação das Leis do Trabalho, alterado pela Lei n. 11.180/05).

Essa exigência excepciona a regra do contrato de trabalho segundo a qual ele pode ser verbal, por escrito ou até mesmo tácito (art. 442 da Consolidação das Leis do Trabalho) e excepciona a regra de que os contratos são em regra indeterminados (art. 443 da Consolidação das Leis do Trabalho) à luz do princípio da continuidade da relação de emprego.

b) idade entre 14 e 24 anos (art. 428, *caput,* da Consolidação das Leis do Trabalho, alterado pela Lei n. 11.180/05), salvo se for portador de deficiência.

A idade mínima para celebração de contrato de aprendizagem permaneceu igual (14 anos), mas a idade máxima foi alterada de 18 para 24 anos.

A idade máxima de 24 anos não se aplica a aprendizes portadores de deficiência (§ 5º do art. 428, *caput,* da Consolidação das Leis do Trabalho, alterado pela Lei n. 11.180/05).

c) anotação da CTPS (carteira de trabalho e previdência social), conforme o § 1º do art. 428, *caput,* da Consolidação das Leis do Trabalho, alterado pela Lei n. 11.180/05.

Esse requisito confirma que o aprendiz é empregado, diferentemente do estagiário.

d) matrícula e frequência do aprendiz à escola, caso não haja concluído o ensino fundamental, e, inscrição em programa de aprendizagem desenvolvido sob a orientação de entidade qualificada em formação técnico-profissional metódica, por exemplo: SENAI, SENAC, SENAT, SENAR (arts. 429 e 430 da CLT, com redação determinada pela Lei n. 10.097/2000).

Como exceção dessa regra, a lei admite que nas localidades onde não haja oferta de ensino médio, a contratação do aprendiz poderá ocorrer sem a frequência à escola, desde que ele já tenha concluído o ensino fundamental (§ 7º do art. 428 da Consolidação das Leis do Trabalho, com redação dada pela Lei n. 11.180/05).

e) a duração do trabalho do aprendiz não excederá de seis horas diárias. Tal limite poderá ser de até oito horas diárias para os aprendizes que já tiverem completado o ensino fundamental, se nelas forem computadas as horas destinadas à aprendizagem teórica.

É importante salientar que ao aprendiz são vedadas a prorrogação e a compensação de jornada (art. 432 e § 2º da Consolidação das Leis do Trabalho, com redação determinada pela Lei n. 10.097/00). Isso significa que o aprendiz não pode fazer horas extras, nem participar de banco de horas, por exemplo.

O descumprimento dessa vedação, ou de qualquer disposição prevista no capítulo IV da Consolidação das Leis do Trabalho, sujeita os infratores à multa de valor igual a um salário mínimo nacional, aplicada tantas vezes quantos forem os menores empregados em desacordo com a lei, não podendo, todavia, a soma das multas exceder a cinco vezes o salário mínimo, salvo no caso de reincidência em que esse total poderá ser elevado ao dobro.

Dessa forma, ao aprendiz fica vedado o trabalho extraordinário, sob pena de infração administrativa da competência de fiscalização por parte do Ministério do Trabalho e Emprego, visando o legislador protegê-lo de forma especial. Todavia, ainda que não possa, se o aprendiz realizar horas extras, deve receber o respectivo pagamento com o adicional de 50% sobre a hora normal, no mínimo, sob pena de enriquecimento ilícito deste empregador infrator.

f) garantia do salário mínimo hora, salvo condição mais favorável (§ 2º do art. 428 da Consolidação das Leis do Trabalho, com redação dada pela Lei n. 13.420/17).

Ainda que o legislador tenha deixado a abertura inerente ao direito do trabalho de as condições serem melhores que o mínimo fixado em lei, o aprendiz pode receber menos de um salário mínimo nacional se trabalhar menos de oito horas diárias e 44 horas semanais, uma vez que o salário mínimo, fixado em lei, nacionalmente unificado, tem por base essa carga horária[1387].

g) o contrato de trabalho do aprendiz não poderá ser estipulado por mais de 2 (dois) anos, exceto quando se tratar de portador de deficiência (§ 3º do art. 428 da Consolidação das Leis do Trabalho, acrescentado pela Lei n. 11.788/08).

Veja-se que é a segunda exceção aberta para o aprendiz portador de deficiência: além de poder ser aprendiz tendo mais de 24 anos, não está adstrito à duração máxima de dois anos de contrato.

h) além dessas exigências, o empregado aprendiz que for menor de 18 anos (pela nova redação do art. 428 da Consolidação das Leis do Trabalho pode haver aprendiz maior de 18 anos) é abrangido pela proteção especial alcançada ao trabalho da criança e do adolescente (capítulo IV da Consolidação das Leis do Trabalho), mediante as seguintes proibições de trabalho:

h.1.) em locais insalubres, com risco de periculosidade, nem em trabalhos noturnos, conforme o inciso XXXIII do art. 7º da Constituição Federal e o inciso I do art. 405 da Consolidação das Leis do Trabalho.

A Portaria n. 20/2001 da Secretaria de Inspeção do Trabalho e do Departamento de Segurança e Saúde no Trabalho (SIT/DSST) fixou, em seu anexo I, as atividades proibidas aos trabalhadores menores de 18 anos.

A proibição de trabalho nesses locais e serviços, entretanto, poderá ser elidida por meio de parecer técnico circunstanciado, assinado por profissional legalmente habilitado em segurança e saúde no trabalho, que ateste a não exposição a riscos que possam comprometer a saúde e a segurança dos menores de 18 anos.

O citado parecer deverá ser depositado na unidade descentralizada do Ministério do Trabalho e Emprego da circunscrição em que ocorrerem as referidas atividades. Sempre que houver controvérsia quanto à efetiva proteção dos adolescentes envolvidos nas atividades constantes do referido parecer, este será objeto de análise por Auditor Fiscal do Trabalho, que tomará as providências legais cabíveis (Portaria SIT/DSST n. 4/2002).

h.2) em locais prejudiciais a sua formação, ao seu desenvolvimento físico, psíquico, moral e social e em horários e locais que não permitam a frequência à escola (art. 403 da Consolidação das Leis do Trabalho).

h.3) em locais ou serviços prejudiciais a sua moralidade, conforme o inciso XXXIII do art. 7º da Constituição Federal e o inciso I do art. 405 da Consolidação das Leis do Trabalho.

Considera-se prejudicial à moralidade do menor o trabalho: a) prestado de qualquer modo, em teatros de revista, cinemas, boates, cassinos, cabarés, *dancings* e estabelecimentos análogos; b) em empresas circenses, em funções de acróbata, saltimbanco, ginasta e outras semelhantes; c) de produção, composição, entrega ou venda de escritos, impressos, cartazes, desenhos, gravuras, pinturas, emblemas, imagens e quaisquer outros objetos que possam, a juízo da autoridade competente, prejudicar sua formação moral; d) consistente na venda, a varejo, de bebidas alcoólicas (§ 3º do art. 405 da Consolidação das Leis do Trabalho).

O Juiz de menores poderá autorizar ao menor o trabalho a que se referem as letras "a" e "b": I — desde que a representação tenha fim educativo ou a peça de que participe não possa ser prejudicial à sua formação moral; II — desde que se certifique ser a ocupação do menor indispensável à própria subsistência ou à de seus pais, avós ou irmãos e não advir nenhum prejuízo à sua formação moral (art. 406 da Consolidação das Leis do Trabalho).

h.4) em ruas, praças, e outros logradouros, salvo mediante prévia autorização do Juiz de Menores, ao qual cabe verificar se a ocupação é indispensável à sua própria subsistência ou à de seus pais, avós ou irmãos

(1387) Conforme a combinação do inciso XIII com o inciso IV do art. 7º da Constituição Federal.

e se dessa ocupação não poderá advir prejuízo à sua formação moral (§ 2º do art. 405 da Consolidação das Leis do Trabalho).

h.5) que demande o emprego de força muscular superior a 20 quilos, se contínuo, ou 25 quilos, se ocasional. Não está compreendida nessa determinação a remoção de material feita por impulsão ou tração de vagonetes sobre trilhos, de carros de mão ou quaisquer aparelhos mecânicos (§ 5º do art. 405 da Consolidação das Leis do Trabalho).

i) No tocante às férias, existem duas disposições legais:

1ª) O empregado aprendiz estudante, menor de 18 (dezoito) anos, terá direito a fazer coincidir suas férias com as férias escolares (§ 2º do art. 136 da Consolidação das Leis do Trabalho).

2ª) as férias do empregado aprendiz menor de 18 (dezoito) anos a partir da vigência da Lei n. 13.467/17 poderão ser fracionadas em até três períodos, sendo que um deles não poderá ser inferior a quatorze dias corridos e os demais não poderão ser inferiores a cinco dias corridos, cada um, desde que haja concordância do empregado, com base no *caput* do art. 134 e na revogação do § 2º do art. 134 da Consolidação das Leis do Trabalho, que previa que aos menores de 18 anos e aos maiores de 50 anos de idade, as férias serão sempre concedidas de uma só vez.

O contrato de aprendizagem extinguir-se-á no seu termo ou quando o aprendiz completar 24 anos (salvo se portador de deficiência), ou ainda, antecipadamente, na ocorrência de desempenho insuficiente ou inadaptação do aprendiz, salvo para o aprendiz com deficiência quando desprovido de recursos de acessibilidade, de tecnologias assistivas e de apoio necessário ao desempenho de suas atividades; falta disciplinar grave, ausência injustificada à escola que implique perda do ano letivo; e a pedido do aprendiz (art. 433 da Consolidação das Leis do Trabalho, com redação determinada pelas Leis ns. 11.180/2005 e 13.146/15).

A contratação de aprendizes estabelecendo que os estabelecimentos de qualquer natureza são obrigados a empregar e matricular nos cursos dos Serviços Nacionais de Aprendizagem número de aprendizes equivalente a 5% (cinco por cento), no mínimo, e 15% (quinze por cento), no máximo, dos trabalhadores existentes em cada estabelecimento, cujas funções demandem formação profissional (art. 429, *caput*, da Consolidação das Leis do Trabalho, com redação dada pela Lei n. 10.097/00).

Neste cálculo, as frações de unidade no cálculo da percentagem darão lugar à admissão de um aprendiz (§ 1º do art. 429 da Consolidação das Leis do Trabalho, com redação dada pela Lei n. 10.097/00).

O Decreto n. 5.598/2005 regulamentou a contratação de aprendizes.

Ficam excluídos dessa base de cálculo os empregados que executem os serviços prestados sob o regime de trabalho temporário, instituído pela Lei n. 6.019/74, bem como os aprendizes já contratados até a vigência da lei. No caso de empresas que prestem serviços especializados para terceiros, independentemente do local onde sejam executados, os empregados serão incluídos na base de cálculo da prestadora (empresa terceirizada), exclusivamente (arts. 9º e 12 do Decreto n. 5.598/2005).

O limite fixado no *caput* do art. 429 da CLT não se aplica quando o empregador for entidade sem fins lucrativos, que tenha por objetivo a educação profissional (§ 1º-A do art. 429 da Consolidação das Leis do Trabalho, com redação dada pela Lei n. 10.097/00).

Os estabelecimentos a que se refere o *caput* do art. 429 da CLT poderão destinar o equivalente a até 10% (dez por cento) de sua cota de aprendizes à formação técnico-profissional metódica em áreas relacionadas a práticas de atividades desportivas, à prestação de serviços relacionados à infraestrutura, incluindo as atividades de construção, ampliação, recuperação e manutenção de instalações esportivas e à organização e promoção de eventos esportivos (§ 1º-B do art. 429 da CLT, com redação dada pela Lei n. 10.097/00).

Os estabelecimentos de que trata o *caput* do art. 429 da CLT ofertarão vagas de aprendizes a adolescentes usuários do Sistema Nacional de Atendimento Socioeducativo (Sinase) nas condições a serem dispostas em instrumentos de cooperação celebrados entre os estabelecimentos e os gestores dos Sistemas de Atendimento Socioeducativo locais (§ 2º do art. 429 da CLT, com redação dada pela Lei n. 12.594/12).

Os estabelecimentos de que trata o *caput* do art. 429 da CLT poderão ofertar vagas de aprendizes a adolescentes usuários do Sistema Nacional de Políticas Públicas sobre Drogas — SISNAD nas condições a serem dispostas em instrumentos de cooperação celebrados entre os estabelecimentos e os gestores locais responsáveis, pela prevenção do uso indevido, atenção e reinserção social de usuários e dependentes de drogas (§ 3º do art. 429 da CLT, com redação dada pela Lei n. 13.840/19).

Excepcionando a regra dirigida aos estabelecimentos de qualquer natureza, ficam dispensadas da contratação de aprendizes: a) as microempresas e as empresas de pequeno porte; b) as entidades sem fins lucrativos que tenham por objetivo a educação profissional (art. 14 do Decreto n. 5.598/2005).

Cabe salientar que o oferecimento de oportunidades aos jovens aprendizes não é mera questão de "abrir vagas", mas o oferecimento de reais oportunidades, para construir uma percepção profissional ao menor, viabilizando projetos de vida para as novas gerações. A contratação de aprendizes é obrigação prevista na Consolidação das Leis do Trabalho, Estatuto da Criança e do Adolescente e Decreto n. 5.598/2005, que regulamentou a contratação de aprendizes[(1388)].

Para se saber quais as funções que demandam formação profissional, deve-se observar a Classificação Brasileira de Ocupações (CBO), elaborada pelo Ministério do Trabalho e Emprego. Ficam excluídas desta as funções que demandem, para o seu exercício, habilitação profissional de nível técnico ou superior, ou, ainda, as funções que estejam caracterizadas como cargos de direção, de gerência ou de confiança, nos termos do inciso II e do parágrafo único do art. 62 e do § 2º do art. 224 da Consolidação das Leis do Trabalho. Deverão ser incluídas na base de cálculo todas as funções que demandem formação profissional, independentemente de serem proibidas para menores de 18 anos (art. 10 do Decreto n. 5.598/2005).

A contratação de aprendizes deverá atender, prioritariamente, aos adolescentes entre 14 e 18 anos, exceto quando: a) as atividades práticas da aprendizagem ocorrerem no interior do estabelecimento, sujeitando os aprendizes à insalubridade ou à periculosidade, sem que se possa elidir o risco ou realizá-las integralmente em ambiente simulado; b) a lei exigir, para o desempenho das atividades práticas, licença ou autorização vedada para pessoa com idade inferior a 18 anos; c) a natureza das atividades práticas for incompatível com o desenvolvimento físico, psicológico e moral dos adolescentes aprendizes. A aprendizagem para as atividades acima relacionadas deverá ser ministrada para jovens de 18 a 24 anos (art. 11 do Decreto n. 5.598/2005).

Os estabelecimentos de qualquer natureza são obrigados a empregar e matricular os aprendizes nos cursos dos Serviços Nacionais de Aprendizagem, assim identificados (art. 8º do Decreto n. 5.598/2005): a) Serviço Nacional de Aprendizagem Industrial — SENAI; b) Serviço Nacional de Aprendizagem Comercial — SENAC; c) Serviço Nacional de Aprendizagem Rural — SENAR; d) Serviço Nacional de Aprendizagem do Transporte — SENAT; e) Serviço Nacional de Aprendizagem do Cooperativismo — SESCOOP.

Na hipótese de os Serviços Nacionais de Aprendizagem não oferecerem cursos ou vagas suficientes para atender à demanda dos estabelecimentos (cuja insuficiência de cursos ou vagas será verificada pela inspeção do trabalho), esta poderá ser suprida pelas outras entidades qualificadas em formação técnico-profissional metódica, quais sejam: a) as escolas técnicas de educação, inclusive as agrotécnicas; b) as entidades sem fins lucrativos, que tenham por objetivos a assistência ao adolescente e à educação profissional, registradas no Conselho Municipal dos Direitos da Criança e do Adolescente; c) entidades de prática desportiva das diversas modalidades filiadas ao Sistema Nacional do Desporto e aos Sistemas de Desporto dos Estados, do Distrito Federal e dos Municípios (art. 430 da CLT, com redação dada pelas Leis ns. 10.097/00 e 13.420/17).

(1388) TRT 17ª R. — RO 00073.2007.013.17.00.0 — 2ª T. — Rel. Juiz Claudio Armando Couce de Menezes — DJ 22.11.2007.

As entidades mencionadas nos incisos deste artigo deverão contar com estrutura adequada ao desenvolvimento dos programas de aprendizagem, de forma a manter a qualidade do processo de ensino, bem como acompanhar e avaliar os resultados. O Ministério do Trabalho e Emprego editará, ouvido o Ministério da Educação, normas para avaliação da competência das referidas entidades (§ 1º do art. 430 da CLT e arts. 13 e 8º do Decreto n. 5.598/2005).

Aos aprendizes que concluírem os cursos de aprendizagem, com aproveitamento, será concedido certificado de qualificação profissional (§ 1º do art. 430 da CLT).

11. Trabalho realizado em domicílio

De acordo com a Organização Internacional do Trabalho (OIT), realiza trabalho em domicílio a pessoa que trabalha em troca de remuneração, em seu domicílio ou em outros locais distintos dos locais de trabalho do empregador, com o fim de elaborar um produto ou prestar um serviço, conforme as especificações do empregador, independentemente de quem proporcione os materiais (conforme a Convenção n. 177, de 1996, da OIT).

A Consolidação das Leis do Trabalho, na sua redação original de 1943, considera empregado em domicílio "o executado na habitação do empregado ou em oficina de família, por conta de empregador que o remunere" (art. 83 da CLT).

Historicamente, o trabalho em domicílio é oriundo do trabalho artesanal, da pequena indústria caseira, em que o prestador ajustava, com autonomia, a confecção e a entrega de mercadorias para empresas e para consumidores diretos, bem como para intermediários. Todavia, nos últimos tempos, com a hegemonia do modelo normativo de trabalho subordinado, veio à cena a relação de emprego em domicílio, conforme explica Vilhena[(1389)].

Com a Revolução Industrial, o espaço fabril pouco a pouco foi se distanciando das oficinas domésticas, passando a trabalho a ser desempenhado em espaços próprios de empregados. Isso ocorre, em especial, por força da forma como se organiza o trabalho, pela divisão social do trabalho e pelo incremento da maquinaria nas linhas de produção. Há uma forte relação com o trabalho das mulheres e crianças e com formas de trabalho de menor grau de proteção legal[(1390)].

No trabalho realizado em domicílio, a pessoalidade e a subordinação aparecem de formas mais reduzidas, embora não necessariamente desapareçam, por ser desenvolvido longe das vistas do empregador, na sua residência do empregado, ou em local escolhido pelo empregado, sendo com isso praticamente nulo o controle da atividade do ponto de vista pessoal, uma vez que o empregador, muitas vezes, pode não saber quem realmente executou o trabalho, avaliando mais o resultado, limitando-se ao controle da peça ou tarefa realizada, analisando, por exemplo, a produtividade, a perfeição técnica etc.[(1391)].

É justamente a presença ou não dos elementos caracterizadores da relação de emprego estudados em tópicos anteriores, notadamente a pessoalidade e a subordinação, já que os outros elementos (não eventualidade e onerosidade) invariavelmente estão presentes, que indicará a existência de uma relação de emprego ou uma relação de trabalho *lato sensu*. A análise da presença ou não desses elementos no caso concreto deve ser feita, mais uma vez, à luz do princípio da primazia da realidade.

(1389) VILHENA, Paulo Emílio Ribeiro de. *Relação de Emprego:* estrutura legal e supostos. 2. ed. São Paulo: LTr, 1999. p. 530-531.

(1390) BARROS, Alice Monteiro de. *Contratos e regulamentações especiais de trabalho.* São Paulo: LTr, 2008. p. 232.

(1391) Sobre as peculiaridades do trabalho em domicílio ver: MORAES FILHO, Evaristo de. *Trabalho a domicílio e contrato de trabalho.* São Paulo: LTr, 1994. p. 97-116; PRUNES, José Luiz Ferreira. *Contrato de trabalho doméstico e trabalho a domicílio.* Curitiba: Juruá, 1995. p. 29-56.

No Brasil, não há distinção entre o trabalho prestado no estabelecimento do empregador e o executado no domicílio do empregado, em termos de direitos trabalhistas. Assim, presentes os elementos caracterizadores da relação de emprego[1392], o empregado em domicílio fará jus aos mesmos direitos trabalhistas de um empregado em geral.

É claro que alguns direitos trabalhistas, por exemplo, o direito ao pagamento de horas extraordinárias, merece uma prova diferenciada, dada a forma mais livre e o local em que o trabalho ocorre. Dito de outro modo, embora o empregado em domicílio possa geralmente fazer o horário que desejar, apenas isso não descaracteriza a existência de subordinação, só a torna menos intensa (atenuada), visto que o controle do empregador sobre o trabalho do empregado em domicílio pode ser medido pela determinação de cota de produção, dia e hora para a entrega do produto, qualidade da peça etc.[1393].

O empregado que trabalha em domicílio não se confunde com o artesão, pois este último trabalha por conta própria (trabalho autônomo) e não por conta alheia, para um empregador (trabalho subordinado). A relação jurídica entre o artesão e o consumidor (o seu cliente) é a da compra e venda, ou da troca, ainda que se tenha encomendado a peça[1394]. Também não se confunde o empregado em domicílio com o empregado doméstico, pois este último trabalha no âmbito residencial do empregador (que também não deve exercer atividade econômica), já o primeiro trabalha na sua residência ou em local por ele escolhido.

O fato de o trabalhador ter uma pluralidade de atividades também não descaracteriza a relação de emprego, só por isso, uma vez que a exclusividade não é elemento essencial para a caracterização de vínculo empregatício, em que pese muitas vezes seja levado em consideração de acordo com o caso concreto, podendo induzir a qualidade de autônomo, pois à medida que se multiplica o número de tomadores do seu serviço, dilui-se o vínculo de pessoalidade[1395].

A utilização de máquinas ou instrumentos próprios pouco importa, sendo o costume de algumas profissões trabalhar com seus próprios instrumentos, tanto de forma autônoma quanto de forma subordinada[1396]. Assim também não descaracteriza a relação de emprego o fato de o salário desse trabalhador não ser fixo, uma vez que é geralmente remunerado por peça ou tarefa, pois são formas admitidas de pagamento de salário. Todavia, cabe salientar que caso o empregado em domicílio seja remunerado por peça ou tarefa, deverá fazer jus ao menos ao salário mínimo (art. 83 da Consolidação das Leis do Trabalho). Os familiares poderão colaborar, porém não de forma habitual, ou seja, desde que a prestação não assuma a feição de empreendimento autônomo e impessoal[1397].

Nesse sentido, o Tribunal Regional do Trabalho da 15ª Região decidiu que por se desenvolver longe das vistas do empregador e dentro da residência do empregado, o contrato de trabalho em domicílio tem o elemento subordinação bastante atenuado, de modo que, constatada a prestação de serviços, de forma contínua e exclusiva, em atividade permanente da tomadora, por conta desta e mediante remuneração, paga periodicamente, por unidade de obra, caracterizada estará a relação de emprego, pouco importando que o trabalhador tenha sido auxiliado por outros membros de sua família, já que tal fato não desnatura a pessoalidade[1398].

No Brasil, notadamente nas regiões produtoras de calçados verifica-se a tentativa de mascaramento do trabalho em domicílio, por meio da terceirização da feitura de partes ou mesmo de todo o calçado, por meio dos chamados ateliês de calçados. O empregado geralmente tem inegável vínculo de emprego com

(1392) Conforme art. 6º da Consolidação das Leis do Trabalho.

(1393) MARTINS, Sergio Pinto. *Direito do Trabalho.* 21. ed. São Paulo: Atlas, 2005. p. 172.

(1394) VILHENA, Paulo Emílio Ribeiro de. *Relação de Emprego:* estrutura legal e supostos. 2. ed. São Paulo: LTr, 1999. p. 536.

(1395) VILHENA, Paulo Emílio Ribeiro de. *Relação de Emprego:* estrutura legal e supostos. 2. ed. São Paulo: LTr, 1999. p. 543.

(1396) VILHENA, Paulo Emílio Ribeiro de. *Relação de Emprego:* estrutura legal e supostos. 2. ed. São Paulo: LTr, 1999. p. 537.

(1397) MARTINS, Sergio Pinto. *Direito do Trabalho.* 21. ed. São Paulo: Atlas, 2005. p. 172.

(1398) TRT 15ª R. — Proc. 11168/01 — Ac. 48752/01 — 5ª T. — Rel. Juiz Desig. Jorge Luiz Costa — DOESP 6.11.2001.

o atelier, ainda que muitas vezes não haja a regularização formal desse vínculo por contrato de trabalho e assinatura da CTPS.

Havendo a prestação pessoal de serviços a outrem, a pessoalidade, a contraprestação mediante salário, a continuidade e a subordinação diretamente em relação ao tomador de serviços, o ato será ilícito por estar em desconformidade com o Direito do Trabalho, uma vez que se deu em violação aos preceitos trabalhistas (arts. 2º e 3º da Consolidação das Leis do Trabalho, notadamente), implicando a sanção de invalidade à relação havida.

12. Teletrabalho

Em todos os países europeus, o mundo do trabalho passou por muitas mudanças nos últimos trinta anos. A introdução da informática modificou as atividades em todas as áreas, levando ao mesmo tempo a uma redução do quadro de pessoal. O uso do computador facilitou o controle dos empregados e a introdução de novas tecnologias exigiu dos empregados um grande esforço de adaptação. As novas tecnologias trouxeram, além disso, uma nova divisão dos trabalhos entre as empresas e novas formas de se trabalhar[(1399)].

Uma das situações que reflete essas características é o teletrabalho, também denominado trabalho por telecomunicação, ou em alemão *telearbeit*, modalidade de trabalho que vem despertando o interesse do Direito do Trabalho de 1980 para cá[(1400)].

Segundo a Organização Internacional do Trabalho — OIT, o teletrabalho é qualquer trabalho realizado num lugar onde, longe dos escritórios ou oficinas centrais, o trabalhador não mantém um contato pessoal com seus colegas, mas pode comunicar-se com eles por meio das novas tecnologias[(1401)].

O teletrabalho é toda atividade não eventual desenvolvida pelo trabalhador (empregado ou autônomo) longe do centro produtivo empresarial, utilizando-se de equipamentos de comunicação, conforme Fincato[(1402)].

Nessa linha, Vilhena destacava como pressupostos da atividade do teletrabalhador: a) ser prestada em local próprio diverso (externo) daquele em que está o contratante ou o empregador. O escritório tradicional cede lugar ao escritório virtual ou escritório móvel; b) que o contato do local situado do teletrabalho com uma central de operações seja feito através de um meio eletrônico de comunicação[(1403)].

As principais áreas de atuação do teletrabalho estão nas áreas de vendas, consultoria, engenharia e prestadores de serviços, principalmente na área de tecnologia da informação, e, mais recentemente, televendas e teleatendimento, os *Call Centers*[(1404)].

Ao teletrabalhador devem ser aplicadas as normas trabalhistas cabíveis aos empregados em geral, quando presentes os elementos caracterizadores da relação de emprego nos casos concretos de teletrabalho.

A Constituição Federal de 1988 adotou como princípio a proteção do trabalhador em face da automação, na forma da lei, e a proibição de distinção entre trabalho manual, técnico e intelectual ou entre profissionais respectivos[(1405)].

(1399) WOLFANG, Daubler. *O mundo do trabalho:* crise e mudança no final do século. São Paulo: Scritta, 1994. p. 42.

(1400) VILHENA, Paulo Emílio Ribeiro de. *Relação de Emprego:* estrutura legal e supostos. 2. ed. São Paulo: LTr, 1999. p. 521.

(1401) GBEZO, Bernard E. Otro modo de trabajar: la revolución del teletrabajo. Trabajo, Revista da OIT, n. 14, dez. 1995.

(1402) FINCATO, Denise Pires. Teletrabalho: uma análise juslaboral. *Revista Justiça do Trabalho,* Porto Alegre: HS, n. 236, p. 51, ago. 2003.

(1403) VILHENA, Paulo Emílio Ribeiro de. *Relação de Emprego:* estrutura legal e supostos. 2. ed. São Paulo: LTr, 1999. p. 525-526.

(1404) GENHER, Fabiana Pacheco. A normatização do teletrabalho no direito brasileiro: uma alteração bem-vinda. *Revista Justiça do Trabalho,* Porto Alegre: HS, n. 298, p. 61, out. 2008.

(1405) Art. 7º, incisos XXVII e XXXII, da Constituição Federal.

A Lei n. 12.551/2011 deu nova redação ao art. 6º da Consolidação das Leis do Trabalho[(1406)], contemplando expressamente o teletrabalho. Essa disposição legal equipara o trabalho em domicílio e o trabalho realizado a distância com o trabalho subordinado tradicional, além de equiparar os meios telemáticos e informatizados de comando com os meios tradicionais de subordinação jurídica.

Vilhena[(1407)] afirma que o trabalho em domicílio e a representação comercial ou vendedor-viajante e pracista seriam dois antecedentes nítidos do teletrabalho.

Estrada[(1408)] esclarece que o teletrabalho e trabalho a distância não são realidades completamente diferentes, uma vez que o teletrabalho é sempre trabalho a distância, porém trabalho a distância abrange outras relações que não são teletrabalho (trabalho em domicílio, agentes comerciais etc.).

Nesse sentido, Fincato[(1409)] adverte que não se pode cair na tentação de visualizá-lo simploriamente como "trabalho em domicílio", pois o contrato de teletrabalho pode assumir diversas formas, conforme o tipo de serviço a ser prestado e a natureza do regime a ser empregado.

O teletrabalho se diferencia do tradicional trabalho em domicílio não só pela realização de tarefas mais complexas do que as manuais, mas porque compreende os mais diversos setores, além da utilização de novas tecnologias, como informática, telemática e telecomunicações[(1410)].

Também no teletrabalho a pessoalidade e a subordinação aparecem de forma mais rarefeita, embora não necessariamente desapareçam, por ser desenvolvido longe das vistas tradicionais do empregador, ainda que a tecnologia propicie diversas formas eficazes de controle do teletrabalho[(1411)].

Há casos em que a subordinação de fato não é visível, restando em estado potencial, quando o próprio resultado da atividade evidencia a aceitação das normas prefixadas e a quantidade de produção. A subordinação, então, não deve ser entendida como a coordenação intensa e rigorosa do trabalho do empregado pelo empregador, mas sim como a inclusão do trabalhador no âmbito de direção e disciplina do empregador, mesmo que de maneira distante e não tão intensa[(1412)].

A Lei n. 13.467/17 inovou na legislação pátria e passou a prever o teletrabalho na CLT nos arts. 75-A a 75-E (capítulo II-A do título II), art. 62, inciso III e art. 611-A, inciso VIII.

O conceito legal de teletrabalho está previsto no art. 75-B da CLT:

> Art. 75-B. Considera-se teletrabalho a prestação de serviços preponderantemente fora das dependências do empregador, com a utilização de tecnologias de informação e de comunicação que, por sua natureza, não se constituam como trabalho externo.
>
> Parágrafo único. O comparecimento às dependências do empregador para a realização de atividades específicas que exijam a presença do empregado no estabelecimento não descaracteriza o regime de teletrabalho.

(1406) O texto legal é o seguinte: Consolidação das Leis do Trabalho, art. 6º. Não se distingue entre o trabalho realizado no estabelecimento do empregador, o executado no domicílio do empregado e o realizado a distância, desde que estejam caracterizados os pressupostos da relação de emprego. Parágrafo único. Os meios telemáticos e informatizados de comando, controle e supervisão se equiparam, para fins de subordinação jurídica, aos meios pessoais e diretos de comando, controle e supervisão do trabalho alheio.

(1407) VILHENA, Paulo Emílio Ribeiro de. *Relação de Emprego:* estrutura legal e supostos. 2. ed. São Paulo: LTr, 1999. p. 524.

(1408) ESTRADA, Manuel Martín Pino. O teletrabalho: breve análise jurídica. *Revista Justiça do Trabalho,* Porto Alegre: HS, n. 248. p. 52, ago. 2004; Nesse sentido, Vilhena, aduz que o trabalho em domicílio e a representação comercial ou vendedor-viajante e pracista seriam dois antecedentes nítidos do teletrabalho.

(1409) FINCATO, Denise Pires. Teletrabalho: uma análise juslaboral. *Revista Justiça do Trabalho,* Porto Alegre: HS, n. 236, p. 51, ago. 2003.

(1410) GENHER, Fabiana Pacheco. A normatização do teletrabalho no direito brasileiro: uma alteração bem-vinda. *Revista Justiça do Trabalho,* Porto Alegre: HS, n. 298, p. 59, out. 2008.

(1411) Ver BARROS, Alice Monteiro de. *Curso de Direito do Trabalho.* 4. ed. São Paulo: LTr, 2008. p. 327.

(1412) FINCATO, Denise Pires. Teletrabalho: uma análise juslaboral. *Revista Justiça do Trabalho,* Porto Alegre: HS, n. 236, p. 53, ago. 2003.

O art. 75-B considera teletrabalho a prestação de serviços "preponderantemente" fora das dependências do empregador, com a utilização de tecnologias de informação e de comunicação.

De acordo com o parágrafo único do art. 75-B da CLT, o fato de o trabalhador realizar "atividades específicas" mediante presença no estabelecimento do empregador não descaracteriza o regime de teletrabalho. Entretanto, o legislador foi omisso sobre o que serão consideradas "atividades específicas". A jurisprudência interpretará essa questão nos casos concretos.

O teletrabalho não se confunde com trabalho externo, de acordo com previsão expressa na parte final do art. 75-B. Conforme explica Vólia Bomfim Cassar[1413], com essa disposição o legislador quis, na verdade, fugir da limitação contida no inciso I do art. 62 da CLT, que não exclui todos os externos do Capítulo "Da Duração do Trabalho", mas apenas cuja fixação de horário é incompatível com o serviço executado, isto é, quando não for possível controlar o serviço.

Essa pretensão do legislador terá que de fato ocorrer na realidade (princípio da primazia da realidade), pois se houver e/ou for possível o controle de horário, ficará prejudicada a exclusão do capítulo da duração de trabalho para os teletrabalhadores (art. 62, III, da CLT).

Há variadas e contínuas novidades de controle de horário do teletrabalhador por meios telemáticos e informatizados (parágrafo único do art. 6º da CLT).

Outrossim, a modalidade de teletrabalho para ser válida exige a formalidade contrato expresso (art. 75-C), excepcionando a regra do art. 443 da CLT de que o contrato individual de trabalho pode ser tácito.

Assim, o teletrabalho não pode ser contratado tacitamente, apenas por escrito ou verbalmente. Veja-se a redação do art. 75-C e parágrafos da CLT:

> Art. 75-C. A prestação de serviços na modalidade de teletrabalho deverá constar expressamente do contrato individual de trabalho, que especificará as atividades que serão realizadas pelo empregado.
>
> § 1º Poderá ser realizada a alteração entre regime presencial e de teletrabalho desde que haja mútuo acordo entre as partes, registrado em aditivo contratual.
>
> § 2º Poderá ser realizada a alteração do regime de teletrabalho para o presencial por determinação do empregador, garantido prazo de transição mínimo de quinze dias, com correspondente registro em aditivo contratual.

E o contrato individual de trabalho nesta modalidade expresso deverá especificar as atividades que serão realizadas pelo empregado (art. 75-C), não podendo ser inexistente ou genérico quanto às atividades que serão prestadas pelo empregado. A descrição das atividades não se confunde com a informação do cargo ou função para o qual o empregado foi contratado.

Trata-se de outra formalidade especial desse tipo especial de relação de emprego que, se não for observada, pode gerar a invalidade desse regime.

Os parágrafos do art. 75-C da CLT tratam da possibilidade de alteração de regime (bilateral e unilateralmente) e dos requisitos para isso.

O § 1º estipula como regra a alteração bilateral entre o regime presencial e de teletrabalho: "desde que haja mútuo acordo entre as partes, registrado em aditivo contratual".

Exige o § 1º do art. 75-C da CLT, portanto, dois requisitos cumulativos para validade: a) o mútuo consentimento entre as partes; b) registro da alteração em aditivo contratual.

(1413) CASSAR, Vólia Bomfim. *Direito do trabalho:* de acordo com a reforma trabalhista. 16. ed. Rio de Janeiro: Forense; São Paulo: Método, 2018. p. 669.

Esse tipo especial de alteração contratual permite que a mudança entre os regimes seja lesiva ao empregado, o que é vedado pela regra das alterações contratuais prevista no art. 468 da CLT, e a Lei n. 13.467/17 permite via acordo coletivo de trabalho ou convenção coletiva de trabalho em face da autorização do art. 611-A, VIII, da CLT.

Todavia, "aditivo contratual" é uma expressão que se refere ao contrato individual de trabalho (plano individual), portanto, protegida pelo art. 468 da CLT.

A exigência de aditivo contratual da alteração é formalidade que deve ser observada sob pena de ser declarada nula a alteração contratual.

E o § 2º do art. 75-C da CLT prevê a possibilidade de alteração unilateral ("por determinação do empregador"), com os seguintes requisitos cumulativos para validade: a) apenas do regime de trabalho para o regime geral presencial; b) desde que garantido o prazo de transição de, no mínimo, 15 (quinze) dias; c) registro da alteração em aditivo contratual.

Trata-se de nova forma de exercício do *jus variandi* do empregador, enquanto projeção limitada do poder diretivo do empregador. Permite ao empregador variar, modificar, alterar o contrato de trabalho sem a concordância do empregado, nas hipóteses excepcionalmente previstas em lei, como a criada pelo § 2º do art. 75-C da CLT.

Já o art. 75-D exige contrato escrito para dispor sobre a responsabilidade pela aquisição, manutenção ou fornecimento dos equipamentos tecnológicos e da infraestrutura necessária e adequada à prestação do trabalho remoto, bem como ao reembolso de despesas arcadas pelo empregado.

Veja-se o texto legal:

> Art. 75-D. As disposições relativas à responsabilidade pela aquisição, manutenção ou fornecimento dos equipamentos tecnológicos e da infraestrutura necessária e adequada à prestação do trabalho remoto, bem como ao reembolso de despesas arcadas pelo empregado, serão previstas em contrato escrito.
>
> Parágrafo único. As utilidades mencionadas no *caput* deste artigo não integram a remuneração do empregado.

Não é permitida combinação verbal e muito menos tácita, apenas escrita.

Em não havendo contrato escrito estipulando essas questões, prevalece a regra de que, na relação de emprego, o empregador suporta sozinho os riscos do empreendimento econômico (art. 2º da CLT).

A terminologia "utilidades" do parágrafo único do art. 75-D não parece adequada tecnicamente. De todo modo, o dispositivo estabelece que caso o empregador reembolse ou seja responsável pelo pagamento de valores com "aquisição, manutenção ou fornecimento dos equipamentos tecnológicos e da infraestrutura necessária e adequada à prestação do trabalho remoto", tais valores terão natureza indenizatória, não gerando reflexos e incidências porque não integram a remuneração do empregado.

A lei não diz quem vai custear. Só diz que a responsabilidade por tais despesas será regida em contrato escrito e que poderá haver reembolsos, e, se houverem, terão natureza indenizatória (parágrafo único do art. 75-D). É uma tentativa de fuga da incidência da regra do art. 2º da CLT.

Um dos problemas dessa questão é que o trabalho é realizado longe do centro produtivo empresarial, mais comumente na casa do empregado. E a casa é asilo inviolável, não podendo o empregador entrar para fiscalizar sem o consentimento do empregado, conforme o art. 5º, inciso XI, da Constituição Federal:

> XI — a casa é asilo inviolável do indivíduo, ninguém nela podendo penetrar sem consentimento do morador, salvo em caso de flagrante delito ou desastre, ou para prestar socorro, ou, durante o dia, por determinação judicial.

Outro problema que resultará da aplicação do parágrafo único do art. 75-D será a discussão sobre a responsabilidade por lesões repetitivas típicas das atividades de teletrabalho.

Além disso, o art. 75-E da CLT estabelece o seguinte dever legal para o empregador: instruir os empregados, de maneira expressa e ostensiva, quanto às precauções a tomar a fim de evitar doenças e acidentes de trabalho. Veja-se o texto legal:

> Art. 75-E. O empregador deverá instruir os empregados, de maneira expressa e ostensiva, quanto às precauções a tomar a fim de evitar doenças e acidentes de trabalho.
>
> Parágrafo único. O empregado deverá assinar termo de responsabilidade comprometendo-se a seguir as instruções fornecidas pelo empregador.

Caso, na prática, não ocorra a instrução dos empregados "de maneira expressa e ostensiva", o empregador poderá ser responsabilizado por doenças e acidentes do trabalho, observados no caso concreto os pressupostos da responsabilidade civil. Note-se que a instrução não poderá ser apenas tácita e oculta/escondida/discreta/apagada, devendo ser expressa (escrita e/ou verbal) e ostensiva. É do empregador o ônus da prova da instrução expressa e ostensiva na realidade (art. 818 da CLT).

O *caput* se refere às normas sobre saúde e segurança do trabalho (também conhecido por meio ambiente do trabalho, entre outras denominações), matéria com previsões constitucionais e infraconstitucionais orientadas pelos princípios de Direito ambiental da precaução e da prevenção.

O dispositivo legal se relaciona também com as normas regulamentadoras (Portaria n. 3.214/78 do Ministério do Trabalho e Emprego), entre as quais a que trata da ergonomia (NR-17), estabelecendo normas sobre mobiliário (17.3), equipamentos (17.4), condições ambientais (17.5), organização (17.6) etc.

A CLT prevê no capítulo V "Da segurança e medicina do trabalho" norma geral sobre a obrigação do empregado de observar as normas de segurança e medicina do trabalho (art. 158, I, da CLT).

Constitui ato faltoso do empregado a recusa injustificada da observância das instruções expedidas pelo empregador sobre segurança e medicina do trabalho, sendo, pois, passível de punição pelo empregador o ato faltoso (poder disciplinar do empregador). Veja-se o texto legal, com redação dada pela Lei n. 6.514, de 22.12.1977:

> Art. 158. Cabe aos empregados:
>
> I — observar as normas de segurança e medicina do trabalho, inclusive as instruções de que trata o item II do artigo anterior;
>
> II — colaborar com a empresa na aplicação dos dispositivos deste Capítulo.
>
> Parágrafo único. Constitui ato faltoso do empregado a recusa injustificada:
>
> *a)* à observância das instruções expedidas pelo empregador na forma do item II do artigo anterior;
>
> *b)* ao uso dos equipamentos de proteção individual fornecidos pela empresa.

O parágrafo único do art. 75-E da CLT prevê norma específica para o regime especial do teletrabalho.

Em caso de descumprimento da norma específica do parágrafo único do art. 75-E da CLT, o empregador também deve utilizar o chamado poder disciplinar quando o empregado não cumprir na prática as instruções fornecidas.

Sinale-se que não basta o empregado apenas assinar termo de responsabilidade comprometendo-se a seguir as instruções fornecidas pelo empregador (poder de direção e de organização/regulamentar). O empregado deverá cumprir na prática tais instruções (princípio da primazia da realidade), cabendo ao empregador fiscalizar o cumprimento efetivo (poder de fiscalização ou de controle) e punir o empregado caso não as cumpra, de modo a educá-lo a cumprir as instruções (finalidade pedagógica pretendida com a punição) ou até despedi-lo por justa causa se for o caso (pena máxima), chegando-se ao fim último da norma que é evitar doenças e acidentes de trabalho (projeção dos princípios constitucionais ambientais da precaução e da prevenção).

Cabe ainda referir que as disposições sobre teletrabalho introduzidas ao art. 75-A a E da CLT pela Lei n. 13.467/17 conectam-se também com o art. 611-A da CLT, que dispõe sobre a prevalência do negociado sobre o legislado expressamente no que tange a teletrabalho (inciso VIII).

A matéria tem conexão também com o disposto no parágrafo único do art. 444 da CLT, que permite que a livre estipulação sobre as hipóteses previstas no art. 611-A da CLT, com a mesma eficácia legal e preponderância sobre os instrumentos coletivos para os empregados que observem dois requisitos: a) ser portador de diploma de nível superior; b) perceber salário mensal igual ou superior a duas vezes o limite máximo dos benefícios do Regime Geral de Previdência Social (o chamado "teto" de benefícios do INSS).

E entre as hipóteses do art. 611-A da CLT está o teletrabalho, expressamente no inciso V.

Assim, em princípio, esse empregado pode estipular livremente com seu empregador, no plano individual, sobre teletrabalho, com redução ou supressão em relação ao legislado sobre a matéria.

Vale lembrar que os teletrabalhadores podem exercer atividade como empregado (quando presentes os elementos caracterizadores da relação de emprego), como prestadores de serviços autônomos e como empresários, dependendo da análise jurídica do caso concreto, sempre à luz do princípio da primazia da realidade.

Não obstante, cabe esclarecer que a CLT trata especialmente de empregados (arts. 2º e 3º da CLT) e os artigos da CLT estudados referem-se a teletrabalhadores empregados, sem se desconsiderar que possa haver teletrabalhadores autônomos e empresários.

13. Empregado doméstico

De origem etimológica latina, o vocábulo *domus* significa a cúpula que protege o lar (casa). Refere-se ao aspecto predial, num primeiro momento. Diferencia-se de lar, que está mais identificado com os aspectos emotivos, de caráter mais subjetivo. Os romanos denominavam como "lares" os deuses que protegiam a moradia da família.

A Constituição Federal de 1988, com redação dada pela Emenda Constitucional n. 72/2013, ampliou os direitos assegurados aos empregados domésticos, conferindo-lhes os seguintes direitos: salário mínimo; irredutibilidade salarial; décimo terceiro salário; proteção do salário contra retenção dolosa; duração do trabalho normal não superior a oito horas diárias e quarenta e quatro semanais, facultada a compensação de horários e a redução da jornada, mediante acordo ou convenção coletiva de trabalho; repouso semanal remunerado, preferencialmente aos domingos; remuneração do serviço extraordinário superior, no mínimo, em 50% à do normal; férias anuais remuneradas com, pelo menos, um terço a mais do que o salário normal; licença à gestante, com a duração de cento e vinte dias; licença-paternidade de cinco dias; aviso-prévio proporcional ao tempo de serviço; redução dos riscos inerentes ao trabalho, por meio de normas de saúde, higiene e segurança; aposentadoria; reconhecimento das convenções e acordos coletivos de trabalho; proibição de diferença de salários, de exercício de funções e de critério de admissão por motivo de sexo, idade, cor ou estado civil; proibição de trabalho noturno, perigoso ou insalubre a menores de 18 anos[1414]; e integração a previdência social.

Além disso, atendidas as condições estabelecidas em lei (necessidade de regulamentação), a Emenda Constitucional n. 72/2013 estendeu aos trabalhadores domésticos os seguintes direitos: relação de emprego

(1414) O trabalho doméstico não poderá ser exercido por menores de 18 anos, conforme dispõe o Decreto n. 6.481/08, que promulga no Direito brasileiro a Convenção n. 182 e a Recomendação n. 190 da Organização Internacional do Trabalho sobre a proibição das piores formas de trabalho infantil e a ação imediata para sua eliminação.

protegida contra despedida arbitrária ou sem justa causa, nos termos de lei complementar, que preverá indenização compensatória, entre outros direitos; seguro-desemprego, em caso de desemprego involuntário; Fundo de Garantia do Tempo de Serviço; adicional noturno; salário-família; assistência gratuita aos filhos e dependentes desde o nascimento até 5 anos de idade em creches e pré-escolas; seguro contra acidentes de trabalho, a cargo do empregador, sem excluir a indenização a que este está obrigado, quando incorrer em dolo ou culpa[1415].

A Lei Complementar n. 150, de 1º de junho de 2015 regulamenta alguns pontos pendentes da EC n. 72/2013 e inova sobre vários aspectos.

Passa-se a analisá-la detalhadamente:

a) Definição e idade mínima

A definição legal de empregado doméstico foi alterada pela LC n. 150/15 passando a ser: empregado doméstico aquele que presta serviços de forma contínua, subordinada, onerosa e pessoal e de finalidade não lucrativa à pessoa ou à família, no âmbito residencial destas, por mais de dois dias por semana. Veja-se a redação do art. 1º da LC n. 150/15:

> Art. 1º Ao empregado doméstico, assim considerado aquele que presta serviços de forma contínua, subordinada, onerosa e pessoal e de finalidade não lucrativa à pessoa ou à família, no âmbito residencial destas, por mais de 2 (dois) dias por semana, aplica-se o disposto nesta Lei.

A legislação anterior não limitava o número de dias para ser considerado empregado doméstico. Dispunha o art. 1º da Lei n. 5.859/72:

> Art. 1º Ao empregado doméstico, assim considerado aquele que presta serviços de natureza contínua e de finalidade não lucrativa à pessoa ou à família no âmbito residencial destas, aplica-se o disposto nesta lei.

Os domésticos que trabalham poucos dias da semana, conhecidos por "diaristas", sem carteira de trabalho assinada, por não serem empregados, representam forma de trabalho bastante comum no âmbito doméstico.

Antes da LC n. 150/2015, as pessoas frequentemente já questionavam aos operadores do direito se dois dias, três dias por semana é trabalho contínuo capaz de gerar relação de emprego doméstica. A jurisprudência até então era dividida, não existindo posição pacífica acerca da matéria.

No âmbito doutrinário, Delgado, por exemplo, dizia que o "real diarista" é um "trabalhador descontínuo doméstico, que comparece um ou dois dias por semana ou quinzena à residência"[1416].

Essa definição foi acolhida pela LC n. 150/2015, que considera empregado doméstico apenas quem trabalhar pelo menos três dias por semana (mais de dois) para pessoa ou família, no âmbito residencial destas, sem finalidade lucrativa, com os elementos caraterizadores da relação de emprego.

Assim, são considerados "diaristas" aqueles que trabalharem até dois dias por semana.

Outra novidade da legislação atual é a fixação de idade mínima de 18 anos para realização de trabalho doméstico. Veja-se a redação do parágrafo único do art. 1º da LC n. 150/2015:

> Parágrafo único. É vedada a contratação de menor de 18 (dezoito) anos para desempenho de trabalho doméstico, de acordo com a Convenção n. 182, de 1999, da Organização Internacional do Trabalho (OIT) e com o Decreto n. 6.481, de 12 de junho de 2008.

(1415) Constituição Federal, art. 7º, parágrafo único: "São assegurados à categoria dos trabalhadores domésticos os direitos previstos nos incisos IV, VI, VII, VIII, X, XIII, XV, XVI, XVII, XVIII, XIX, XXI, XXII, XXIV, XXVI, XXX, XXXI e XXXIII e, atendidas as condições estabelecidas em lei e observada a simplificação do cumprimento das obrigações tributárias, principais e acessórias, decorrentes da relação de trabalho e suas peculiaridades, os previstos nos incisos I, II, III, IX, XII, XXV e XXVIII, bem como a sua integração à previdência social."

(1416) DELGADO, Mauricio Godinho. *Curso de Direito do Trabalho*. 5. ed. São Paulo: LTr, 2006. p. 295.

A legislação específica anterior (Lei n. 5.859/72) não dispunha sobre idade mínima, valendo a regra de idade mínima para se trabalhar no Brasil, conforme as alterações que ocorreram ao longo do tempo.

A regra atual no Brasil está disposta no art. 7º, inciso XXXIII, da Constituição Federal, com redação atual dada pela Emenda Constitucional n. 20/98:

> XXXIII — proibição de trabalho noturno, perigoso ou insalubre a menores de dezoito e de qualquer trabalho a menores de dezesseis anos, salvo na condição de aprendiz, a partir de quatorze anos.

O Decreto n. 6.481/08 regulamentou a proibição das piores formas de trabalho infantil (lista TIP), na forma do Anexo, de acordo com o disposto nos arts. 3º, "d", e 4º da Convenção n. 182 da Organização Internacional do Trabalho — OIT, entre as quais está o serviço doméstico, proibindo o trabalho do menor de dezoito anos:

> Art. 2º Fica proibido o trabalho do menor de dezoito anos nas atividades descritas na Lista TIP, salvo nas hipóteses previstas neste decreto.

Assim, com base na Convenção n. 182, de 1999, da Organização Internacional do Trabalho (OIT) e no Decreto n. 6.481, de 12 de junho de 2008, a LC n. 150/2015 dispôs que a idade mínima para realização de trabalho doméstico é de 18 anos.

b) Duração máxima da jornada de trabalho

Até a EC n. 72/13, os empregados domésticos no Brasil não tinham limite legal de tempo de trabalho, e, em consequência, não tinham direito ao pagamento de horas extras e dos demais direitos da limitação da duração de trabalho.

Com a EC n. 72/13, aos empregados domésticos é alcançado o inciso XIII do art. 7º da Constituição Federal:

> XIII — duração do trabalho normal não superior a oito horas diárias e quarenta e quatro semanais, facultada a compensação de horários e a redução da jornada, mediante acordo ou convenção coletiva de trabalho.

Em consequência, os empregados domésticos têm direito ao pagamento das horas extraordinárias realizadas a partir de 3.4.2013 (data de início da vigência dessa norma), com o adicional de horas extras, assim entendidas as que excederem a oito horas diárias e quarenta e quatro semanais, facultada a compensação de horários e a redução da jornada, mediante acordo ou convenção coletiva de trabalho.

A LC n. 150/15 regulamentou a matéria no art. 2º, prevendo alguns detalhamentos:

b.1) Adicional de horas extras: a remuneração da hora extraordinária será, no mínimo, 50% (cinquenta por cento) superior ao valor da hora normal (§ 1º).

b.2) Divisor: o salário-hora normal, em caso de empregado mensalista, será obtido dividindo-se o salário mensal por 220 (duzentas e vinte) horas, salvo se o contrato estipular jornada mensal inferior que resulte em divisor diverso (§ 2º).

b.3) Salário-dia: o salário-dia normal, em caso de empregado mensalista, será obtido dividindo-se o salário mensal por 30 (trinta) e servirá de base para pagamento do repouso remunerado e dos feriados trabalhados (§ 3º).

b.4) Regime de compensação: poderá ser dispensado o acréscimo de salário e instituído regime de compensação de horas, mediante acordo escrito entre empregador e empregado, se o excesso de horas de um dia for compensado em outro dia (§ 4º).

Pode haver, portanto, regime compensação "banco de horas" na relação de emprego doméstica, desde que haja acordo escrito entre empregado e empregador (acordo individual).

No regime de compensação "banco de horas" para os empregados domésticos existem regras diferenciadas no que tange às primeiras 40 horas mensais excedentes ao horário normal de trabalho. Veja-se a redação do § 5º do art. 2º da LC n. 150/15:

> § 5º No regime de compensação previsto no § 4º:
>
> I — será devido o pagamento, como horas extraordinárias, na forma do § 1º, das primeiras 40 (quarenta) horas mensais excedentes ao horário normal de trabalho;
>
> II — das 40 (quarenta) horas referidas no inciso I, poderão ser deduzidas, sem o correspondente pagamento, as horas não trabalhadas, em função de redução do horário normal de trabalho ou de dia útil não trabalhado, durante o mês;
>
> III — o saldo de horas que excederem as 40 (quarenta) primeiras horas mensais de que trata o inciso I, com a dedução prevista no inciso II, quando for o caso, será compensado no período máximo de 1 (um) ano.

Assim como se dá na CLT, na hipótese de rescisão do contrato de trabalho sem que tenha havido a compensação integral da jornada extraordinária, na forma do § 5º, o empregado fará jus ao pagamento das horas extras não compensadas, calculadas sobre o valor da remuneração na data de rescisão (§ 6º do art. 2º da LC n. 150/15).

Os intervalos previstos nesta Lei, o tempo de repouso, as horas não trabalhadas, os feriados e os domingos livres em que o empregado que mora no local de trabalho nele permaneça não serão computados como horário de trabalho (§ 7º do art. 2º da LC n. 150/15).

O trabalho não compensado prestado em domingos e feriados deve ser pago em dobro, sem prejuízo da remuneração relativa ao repouso semanal (§ 8º do art. 2º da LC n. 150/15).

c) Trabalho a tempo parcial

Para a relação de emprego doméstico, considera-se trabalho em regime de tempo parcial aquele cuja duração não exceda 25 horas semanais (art. 3º da LC n. 150/15).

O salário a ser pago ao empregado sob regime de tempo parcial será proporcional a sua jornada, em relação ao empregado que cumpre, nas mesmas funções, tempo integral (§ 1º do art. 3º da LC n. 150/15).

A duração normal do trabalho do empregado em regime de tempo parcial poderá ser acrescida de horas suplementares, em número não excedente a uma hora diária, mediante acordo escrito entre empregador e empregado, com o limite máximo de seis horas diárias (§ 2º do art. 3º da LC n. 150/15).

Para os trabalhadores em geral, regidos pela CLT, a Lei n. 13.467/17 alterou os parâmetros de trabalho a tempo parcial. Também era o trabalho que não excedesse a 25 horas semanais. Passou a ter dois tipos: um, cuja duração não exceda a 30 horas semanais, sem a possibilidade de horas extras; outro, cuja duração não exceda a 26 horas semanais, com a possibilidade de acréscimo de até 6 horas extras semanais (art. 58-A da CLT).

Sobre as férias na modalidade do regime de tempo parcial, a LC n. 150/15 prevê no § 3º do art. 3º regra de proporcionalidade especial:

> § 3º Na modalidade do regime de tempo parcial, após cada período de 12 (doze) meses de vigência do contrato de trabalho, o empregado terá direito a férias, na seguinte proporção:
>
> I — 18 (dezoito) dias, para a duração do trabalho semanal superior a 22 (vinte e duas) horas, até 25 (vinte e cinco) horas;

II — 16 (dezesseis) dias, para a duração do trabalho semanal superior a 20 (vinte) horas, até 22 (vinte e duas) horas;

III — 14 (quatorze) dias, para a duração do trabalho semanal superior a 15 (quinze) horas, até 20 (vinte) horas;

IV — 12 (doze) dias, para a duração do trabalho semanal superior a 10 (dez) horas, até 15 (quinze) horas;

V — 10 (dez) dias, para a duração do trabalho semanal superior a 5 (cinco) horas, até 10 (dez) horas;

VI — 8 (oito) dias, para a duração do trabalho semanal igual ou inferior a 5 (cinco) horas.

Para os trabalhadores em geral, regidos pela CLT, a Lei n. 13.467/17 retirou a regra de proporcionalidade especial das férias na modalidade do regime de tempo parcial, unificando-a com a regra de proporção ao número de faltas injustificadas tidas no período aquisitivo de férias prevista no art. 130 da CLT, conforme o disposto no § 7º do art. 58-A da CLT:

§ 7º As férias do regime de tempo parcial são regidas pelo disposto no art. 130 desta Consolidação.

d) Contratação por prazo determinado

O empregado doméstico pode ser contratado por prazo determinado em duas hipóteses legais (art. 4º da LC n. 150/15): d.1.) contrato de experiência, pelo prazo máximo de 90 (noventa) dias; d.2.) para atender necessidades familiares de natureza transitória e para substituição temporária de empregado doméstico com contrato de trabalho interrompido ou suspenso, cuja duração é limitada ao término do evento que motivou a contratação, obedecido o prazo máximo de 2 (dois) anos. Veja-se o texto legal:

Art. 4º É facultada a contratação, por prazo determinado, do empregado doméstico:

I — mediante contrato de experiência;

II — para atender necessidades familiares de natureza transitória e para substituição temporária de empregado doméstico com contrato de trabalho interrompido ou suspenso.

Parágrafo único. No caso do inciso II deste artigo, a duração do contrato de trabalho é limitada ao término do evento que motivou a contratação, obedecido o limite máximo de 2 (dois) anos.

A primeira hipótese é idêntica ao disposto no parágrafo único do art. 445 da CLT.

A segunda hipótese assemelha-se ao art. 443, § 2º, *b*, da CLT na primeira parte, e, e na segunda parte assemelha-se à parte da redação original da Lei n. 6.019/74[1417] (Lei do Trabalho Temporário), estudada nesta obra em item próprio.

O contrato de experiência poderá ser prorrogado uma vez, desde que a soma dos dois períodos não ultrapasse 90 (noventa) dias (§ 1º do art. 4º da LC n. 150/15).

A sanção pelo descumprimento dessas regras sobre o contrato de experiência é de que ele passará a vigorar por prazo indeterminado, deixando de ter as vantagens dos contratos por prazo determinado em caso de extinção do contrato de trabalho, sem justa causa, dentro do prazo máximo, tais como a exigência de aviso-prévio (trabalhado ou indenizado) e a multa de 40% do FGTS.

A sanção é semelhante à prevista no art. 451 da CLT.

(1417) Art. 2º Trabalho temporário é aquele prestado por pessoa física contratada por uma empresa de trabalho temporário que a coloca à disposição de uma empresa tomadora de serviços, para atender à necessidade de substituição transitória de pessoal permanente ou à demanda complementar de serviços (redação dada pela Lei n. 13.429, de 2017).

Assim, o contrato de experiência que, havendo continuidade do serviço, não for prorrogado após o decurso de seu prazo previamente estabelecido ou que ultrapassar o período de 90 (noventa) dias, passará a vigorar como contrato de trabalho por prazo indeterminado (§ 2º do art. 4º da LC n. 150/15).

Veja-se o texto legal:

> Art. 5º O contrato de experiência não poderá exceder 90 (noventa) dias.
>
> § 1º O contrato de experiência poderá ser prorrogado 1 (uma) vez, desde que a soma dos 2 (dois) períodos não ultrapasse 90 (noventa) dias.
>
> § 2º O contrato de experiência que, havendo continuidade do serviço, não for prorrogado após o decurso de seu prazo previamente estabelecido ou que ultrapassar o período de 90 (noventa) dias passará a vigorar como contrato de trabalho por prazo indeterminado.
>
> (...)
>
> Art. 8º Durante a vigência dos contratos previstos nos incisos I e II do art. 4º, não será exigido aviso-prévio.

Em caso de extinção do contrato de trabalho, sem justa causa, dentro do prazo máximo, a parte que tiver iniciativa do rompimento contratual antecipado deverá pagar a outra, a título de indenização, a metade da remuneração a que teria direito até o termo do contrato, conforme o disposto nos arts. 6º e 7º da LC n. 150/15. Veja-se o texto legal:

> Art. 6º Durante a vigência dos contratos previstos nos incisos I e II do art. 4º, o empregador que, sem justa causa, despedir o empregado é obrigado a pagar-lhe, a título de indenização, metade da remuneração a que teria direito até o termo do contrato.
>
> Art. 7º Durante a vigência dos contratos previstos nos incisos I e II do art. 4º, o empregado não poderá se desligar do contrato sem justa causa, sob pena de ser obrigado a indenizar o empregador dos prejuízos que desse fato lhe resultarem.
>
> Parágrafo único. A indenização não poderá exceder aquela a que teria direito o empregado em idênticas condições.

A disposição legal é semelhante à dos arts. 479 e 480 da CLT[1418].

e) Prazo para anotação da CTPS

O empregador tem o prazo de 48 horas para realizar os registros na CTPS (Carteira de Trabalho e Previdência Social) do empregado doméstico, devendo dar recibo ao receber a CTPS. Veja-se o texto legal:

> Art. 9º A Carteira de Trabalho e Previdência Social será obrigatoriamente apresentada, contra recibo, pelo empregado ao empregador que o admitir, o qual terá o prazo de 48 (quarenta e oito) horas para nela anotar, especificamente, a data de admissão, a remuneração e, quando for o caso, os contratos previstos nos incisos I e II do art. 4º.

f) Regime 12 x 36

Empregado e empregador, mediante acordo escrito (no plano individual), poderão estabelecer o regime de trabalho de 12 (doze) horas seguidas por 36 (trinta e seis) horas ininterruptas de descanso.

(1418) Art. 479. Nos contratos que tenham termo estipulado, o empregador que, sem justa causa, despedir o empregado será obrigado a pagar-lhe, a titulo de indenização, e por metade, a remuneração a que teria direito até o termo do contrato.

Parágrafo único. Para a execução do que dispõe o presente artigo, o cálculo da parte variável ou incerta dos salários será feito de acordo com o prescrito para o cálculo da indenização referente à rescisão dos contratos por prazo indeterminado.

Art. 480. Havendo termo estipulado, o empregado não se poderá desligar do contrato, sem justa causa, sob pena de ser obrigado a indenizar o empregador dos prejuízos que desse fato lhe resultarem.

§ 1º A indenização, porém, não poderá exceder àquela a que teria direito o empregado em idênticas condições.

Os intervalos para repouso e alimentação deverão observados (cumpridos) ou indenizados.

Veja-se o texto do art. 10 da LC n. 150/15:

Art. 10. É facultado às partes, mediante acordo escrito entre essas, estabelecer horário de trabalho de 12 (doze) horas seguidas por 36 (trinta e seis) horas ininterruptas de descanso, observados ou indenizados os intervalos para repouso e alimentação.

§ 1º A remuneração mensal pactuada pelo horário previsto no *caput* deste artigo abrange os pagamentos devidos pelo descanso semanal remunerado e pelo descanso em feriados, e serão considerados compensados os feriados e as prorrogações de trabalho noturno, quando houver, de que tratam o art. 70 e o § 5º do art. 73 da Consolidação das Leis do Trabalho (CLT), aprovada pelo Decreto-Lei n. 5.452, de 1º de maio de 1943, e o art. 9º da Lei no 605, de 5 de janeiro de 1949.

O § 1º, que determina que a remuneração mensal do regime 12 x 36 abrange repousos semanais, feriados, prorrogações de horário noturno, é revestido de especial polêmica.

De um lado, existe o referido dispositivo de lei assim determinando, e, por outro lado, o sistema jurídico pátrio veda o chamado "salário complessivo", que é o pagamento englobado de vários direitos trabalhistas dentro de uma mesma verba. Cada verba paga pelo empregador deve ser discriminada separadamente no recibo de salário para que o empregado possa entender com clareza e conferir.

Nessa trilha, o Tribunal Superior do Trabalho entende ser nula a pactuação de salário complessivo, conforme entendimento pacificado na Súmula n. 91:

Súmula n. 91 do TST. SALÁRIO COMPLESSIVO (mantida) — Res. n. 121/2003, DJ 19, 20 e 21.11.2003. Nula é a cláusula contratual que fixa determinada importância ou percentagem para atender englobadamente vários direitos legais ou contratuais do trabalhador.

O regime 12 x 36 historicamente era considerado válido apenas de forma excepcional, pelo entendimento de nosso sistema jurídico de que trabalhar jornadas extensas, assim consideradas as superiores a 10 horas diárias contínuas de trabalho, são prejudiciais à saúde do trabalhador e elevam os riscos de doenças ocupacionais e acidentes do trabalho.

Esse entendimento ainda informa alguns artigos da CLT, por exemplo, o art. 59, *caput*, da CLT, que determina que a duração diária do trabalho poderá ser acrescida de horas extras, em número não excedente de duas, por acordo individual, convenção coletiva ou acordo coletivo de trabalho[1419].

Antes da LC n. 150/15, o regime 12 x 36 não era permitido para empregados domésticos.

A admissão excepcional da validade do regime 12 x 36 pelo TST, após longas controvérsias jurisprudenciais, até a LC n. 150/2015 e a Lei n. 13.467/17, se dava apenas mediante previsão em lei ou ajuste exclusivamente mediante acordo coletivo de trabalho ou convenção coletiva de trabalho, assegurada a remuneração em dobro dos feriados trabalhados. Esse era entendimento consolidado na Súmula n. 444 do TST, com redação dada em 2012:

Súmula n. 444 do TST. JORNADA DE TRABALHO. NORMA COLETIVA. LEI. ESCALA DE 12 POR 36. VALIDADE. — Res. n. 185/2012, DEJT divulgado em 25, 26 e 27.9.2012 — republicada em decorrência do despacho proferido no processo TST-PA-504.280/2012.2 — DEJT divulgado em 26.11.2012.

(1419) Art. 59. A duração diária do trabalho poderá ser acrescida de horas extras, em número não excedente de duas, por acordo individual, convenção coletiva ou acordo coletivo de trabalho (redação dada pela Lei n. 13.467, de 2017).

(...)

§ 2º Poderá ser dispensado o acréscimo de salário se, por força de acordo ou convenção coletiva de trabalho, o excesso de horas em um dia for compensado pela correspondente diminuição em outro dia, de maneira que não exceda, no período máximo de um ano, à soma das jornadas semanais de trabalho previstas, nem seja ultrapassado o limite máximo de dez horas diárias.

É valida, em caráter excepcional, a jornada de doze horas de trabalho por trinta e seis de descanso, prevista em lei ou ajustada exclusivamente mediante acordo coletivo de trabalho ou convenção coletiva de trabalho, assegurada a remuneração em dobro dos feriados trabalhados. O empregado não tem direito ao pagamento de adicional referente ao labor prestado na décima primeira e décima segunda horas.

A LC n. 150/15 (art. 10) e a Lei n. 13.467/17 (art. 10-A da CLT) romperam com esse entendimento e prejudicam a aplicação da Súmula n. 444 do TST.

O art. 10-A CLT, com redação dada pela Lei n. 13.467/17, de forma semelhante à redação do art. 10 da LC n. 150/15, assim dispõe:

> Art. 59-A. Em exceção ao disposto no art. 59 desta Consolidação, é facultado às partes, mediante acordo individual escrito, convenção coletiva ou acordo coletivo de trabalho, estabelecer horário de trabalho de doze horas seguidas por trinta e seis horas ininterruptas de descanso, observados ou indenizados os intervalos para repouso e alimentação.
>
> Parágrafo único. A remuneração mensal pactuada pelo horário previsto no *caput* deste artigo abrange os pagamentos devidos pelo descanso semanal remunerado e pelo descanso em feriados, e serão considerados compensados os feriados e as prorrogações de trabalho noturno, quando houver, de que tratam o art. 70 e o § 5º do art. 73 desta Consolidação.

Aguarda julgamento no Supremo Tribunal Federal a Ação Direta de Constitucionalidade ADI n. 5.994 questionando a constitucionalidade da generalização da jornada 12 x 36, que com a Lei n. 13.467/17, entre outras questões, pode ser estabelecida mediante acordo individual.

Essa jornada é mais comum, na relação de emprego doméstico, para os empregados que trabalham como cuidadores de idosos ou de enfermos e para vigias/porteiros/guardas[1420].

g) Adicional de viagem a serviço

Os empregados domésticos que prestarem seus serviços acompanhando os empregadores domésticos em viagem a serviço terão computadas na jornada de trabalho as horas efetivamente trabalhadas na viagem e terão direito a receber um adicional de, no mínimo, 25% (vinte cinco por cento) sobre o valor da hora normal para cada hora trabalhada em viagem (art. 11 da LC n. 150/15).

É de, no mínimo, 25%, portanto, podem as partes combinar remuneração superior a esta para o acompanhamento em viagem a serviço.

O acompanhamento do empregador pelo empregado em viagem será condicionado à prévia existência de acordo escrito entre as partes (§ 1º do art. 11 da LC n. 150/15). Essa disposição legal determina que haja concordância do empregado para acompanhar o empregador em viagem a serviço, ou seja, o empregado pode recusar.

O pagamento do adicional de, no mínimo, 25% (vinte cinco por cento) ao valor do salário-hora normal pode ser convertido em acréscimo no banco de horas, mediante acordo entre as partes, e será utilizado (folga do banco de horas) a critério do empregado.

Veja-se o texto legal:

> Art. 11. Em relação ao empregado responsável por acompanhar o empregador prestando serviços em viagem, serão consideradas apenas as horas efetivamente trabalhadas no período, podendo ser compensadas as horas extraordinárias em outro dia, observado o art. 2º.
>
> § 1º O acompanhamento do empregador pelo empregado em viagem será condicionado à prévia existência de acordo escrito entre as partes.

(1420) Ministério do Trabalho e Previdência Social. *Trabalhadores domésticos*: direitos e deveres. 6. ed. Brasília: MTE, 2015. p. 11.

§ 2º A remuneração-hora do serviço em viagem será, no mínimo, 25% (vinte e cinco por cento) superior ao valor do salário-hora normal.

§ 3º O disposto no § 2º deste artigo poderá ser, mediante acordo, convertido em acréscimo no banco de horas, a ser utilizado a critério do empregado.

h) Registro de jornada

A LC n. 150/15 determina a obrigatoriedade da adoção do controle de horário, por qualquer meio, desde que idôneo, para os empregados domésticos. Veja-se o art. 12 da LC n. 150/15:

Art. 12. É obrigatório o registro do horário de trabalho do empregado doméstico por qualquer meio manual, mecânico ou eletrônico, desde que idôneo.

Antes da LC n. 150/15 não havia obrigatoriedade de registro de horário para empregados domésticos.

Note-se que essa obrigação de registro de jornada independe do número de empregados existentes na casa.

A CLT determinava a obrigação de registro de horários para os empregadores que tivessem mais de dez empregados por estabelecimento até 2019, sendo que atualmente tal obrigação se dá para quem tiver mais de 20 empregados por estabelecimento, além de outras modificações trazidas pela redação da Lei n. 13.874/19 (chamada de "Lei da Liberdade Econômica") ao art. 74 da CLT:

Art. 74. O horário de trabalho será anotado em registro de empregados. (Redação dada pela Lei n. 13.874, de 2019)

§ 1º (Revogado pela Lei n. 13.874, de 2019)

§ 2º Para os estabelecimentos com mais de 20 (vinte) trabalhadores será obrigatória a anotação da hora de entrada e de saída, em registro manual, mecânico ou eletrônico, conforme instruções expedidas pela Secretaria Especial de Previdência e Trabalho do Ministério da Economia, permitida a pré-assinalação do período de repouso. (Redação dada pela Lei n. 13.874, de 2019)

§ 3º Se o trabalho for executado fora do estabelecimento, o horário dos empregados constará do registro manual, mecânico ou eletrônico em seu poder, sem prejuízo do que dispõe o *caput* deste artigo. (Redação dada pela Lei n. 13.874, de 2019)

§ 4º Fica permitida a utilização de registro de ponto por exceção à jornada regular de trabalho, mediante acordo individual escrito, convenção coletiva ou acordo coletivo de trabalho. (Incluído pela Lei n. 13.874, de 2019)

Para os empregados domésticos, entretanto, em face da legislação especial (LC n. 150/15), a obrigação de registro de jornada independe do número de empregados existentes na casa.

A obrigação do registro de horário tem importante aplicação na prática, pois existe jurisprudência pacificada no âmbito do TST de que a não apresentação injustificada dos controles de frequência gera presunção relativa de veracidade da jornada de trabalho informada na petição inicial da ação trabalhista, a qual pode ser elidida por prova em contrário (Súmula n. 338 do TST).

Nesse contexto, é necessário que os empregadores domésticos tenham registro de jornada, mesmo que tenham apenas um empregado doméstico na residência, e que esse registro seja idôneo, real, verdadeiro, efetivo, sem arredondamentos e não seja uniforme. Veja-se o teor da Súmula n. 338 do TST:

Súmula n. 338 do TST. JORNADA DE TRABALHO. REGISTRO. ÔNUS DA PROVA (incorporadas as Orientações Jurisprudenciais ns. 234 e 306 da SBDI-1) — Res. n. 129/2005, DJ 20, 22 e 25.4.2005.

I — É ônus do empregador que conta com mais de 10 (dez) empregados o registro da jornada de trabalho na forma do art. 74, § 2º, da CLT. A não apresentação injustificada dos controles de frequência gera presunção relativa de veracidade da jornada de trabalho, a qual pode ser elidida por prova em contrário. (ex-Súmula n. 338 — alterada pela Res. n. 121/2003, DJ 21.11.2003)

II — A presunção de veracidade da jornada de trabalho, ainda que prevista em instrumento normativo, pode ser elidida por prova em contrário. (ex-OJ n. 234 da SBDI-1 — inserida em 20.6.2001)

III — Os cartões de ponto que demonstram horários de entrada e saída uniformes são inválidos como meio de prova, invertendo-se o ônus da prova, relativo às horas extras, que passa a ser do empregador, prevalecendo a jornada da inicial se dele não se desincumbir. (ex-OJ n. 306 da SBDI-1- DJ 11.8.2003)

i) Intervalo intrajornada

É obrigatória a concessão e efetiva realização de intervalo para repouso ou alimentação de, no mínimo uma e, no máximo, duas horas. Mediante acordo escrito entre empregado e empregador doméstico (acordo individual), o limite mínimo de uma hora pode ser reduzido para 30 minutos (art. 13 da LC n. 150/15).

O art. 13 da LC n. 150/15 tem redação em parte semelhante à do art. 71 da CLT, que dispõe sobre intervalo intrajornada para os trabalhadores tutelados pela CLT.

Antes da LC n. 150/15, os empregados domésticos não tinham direito ao intervalo intrajornada.

Todavia, para os trabalhadores tutelados pela CLT a redução do intervalo intrajornada para 30 minutos não pode ser feita mediante acordo individual entre empregado e empregador, mas apenas mediante previsão em acordo coletivo de trabalho ou convenção coletiva de trabalho, na forma do art. 611-A, I, da CLT, com redação dada pela Lei n. 13.467/17.

Em caso de redução do intervalo intrajornada para 30 minutos é obrigatória a sua anotação no registro diário de horário, vedada sua prenotação (§ 2º do art. 13 da LC n. 150/15).

No caso de empregado(a) que reside no local de trabalho, o período de intervalo poderá ser desmembrado em 2 (dois) períodos, desde que cada um deles tenha, no mínimo, uma hora, até o limite de quatro horas ao dia (§ 1º do art. 13 da LC n. 150/15).

A LC n. 150/15 é omissa sobre a sanção em relação à supressão (não concessão) ou à concessão parcial (concessão de não todo o período devido) do intervalo intrajornada.

De acordo com o entendimento da Súmula n. 118 do TST, os intervalos a não concessão (parcial ou total) dos intervalos, são considerados tempo à disposição do empregador, devendo ser remunerados como horas extraordinárias, com o respectivo adicional e os reflexos incidentes, se acrescidos ao final da jornada. Veja-se:

Súmula n. 118 do TST. JORNADA DE TRABALHO. HORAS EXTRAS (mantida) — Res. n. 121/2003, DJ 19, 20 e 21.11.2003.

Os intervalos concedidos pelo empregador na jornada de trabalho, não previstos em lei, representam tempo à disposição da empresa, remunerados como serviço extraordinário, se acrescidos ao final da jornada.

Para a CLT, com redação dada pela Lei n. 13.467/17, a não concessão ou a concessão parcial do intervalo intrajornada mínimo, para repouso e alimentação, a empregados urbanos e rurais, implica o pagamento, de natureza indenizatória, apenas do período suprimido, com acréscimo de 50% (cinquenta por cento) sobre o valor da remuneração da hora normal de trabalho, conforme o disposto no § 4º do art. 71 da CLT.

A regra do § 4º do art. 71 da CLT se refere expressamente a empregados urbanos e rurais.

A CLT se aplica subsidiariamente à relação de emprego doméstico de acordo com o disposto no art. 19 da LC n. 150/15:

Art. 19. Observadas as peculiaridades do trabalho doméstico, a ele também se aplicam as Leis ns. 605, de 5 de janeiro de 1949, 4.090, de 13 de julho de 1962, 4.749, de 12 de agosto de 1965, e 7.418, de 16 de dezembro de 1985, e, subsidiariamente, a Consolidação das Leis do Trabalho (CLT), aprovada pelo Decreto-Lei n. 5.452, de 1º de maio de 1943.

A jurisprudência com o passar do tempo se consolidará sobre esses pontos em relação aos empregados domésticos.

j) horário noturno, hora reduzida noturna e adicional noturno

Com a LC n. 150/15 foram regulamentados em relação aos empregados domésticos o horário considerado noturno, a duração da hora do trabalho noturno (a chamada hora reduzida noturno) e o adicional remuneratório devido para quem trabalhar no horário noturno, que ficou igual em relação aos empregados urbanos regime CLT[1421].

O horário considerado noturno para os empregados domésticos é aquele realizado entre as 22 horas de um dia e as 5 horas do dia seguinte (art. 14 da LC n. 150/15).

A hora de trabalho noturno terá duração de 52 (cinquenta e dois) minutos e 30 (trinta) segundos (§ 1º do art. 14 da LC n. 150/15). É a chamada hora reduzida noturna.

O cômputo da hora não tem duração de 60 (sessenta) minutos entre as 22 horas de um dia e as 5 horas do dia seguinte, mas de 52 (cinquenta e dois) minutos e 30 (trinta) segundos.

Isso significa, na prática, que sete horas contadas no relógio integralmente realizadas no período noturno correspondem a oito horas trabalhadas.

A remuneração do trabalho realizado no horário considerado noturno deve ter acréscimo de, no mínimo, 20% (vinte por cento) sobre o valor da hora diurna. É o chamado adicional noturno (§ 2º do art. 14 da LC n. 150/15).

Em caso de contratação, pelo empregador, de empregado exclusivamente para desempenhar trabalho noturno, o acréscimo será calculado sobre o salário anotado na Carteira de Trabalho e Previdência Social (§ 3º do art. 14 da LC n. 150/15).

Nos horários mistos, assim entendidos os que abrangem períodos diurnos e noturnos, aplica-se às horas de trabalho noturno o disposto no § 4º do art. 14 da LC n. 150/15.

Veja-se a redação do art. 14 da LC n. 150/15:

> Art. 14. Considera-se noturno, para os efeitos desta Lei, o trabalho executado entre as 22 horas de um dia e as 5 horas do dia seguinte.
>
> § 1º A hora de trabalho noturno terá duração de 52 (cinquenta e dois) minutos e 30 (trinta) segundos.
>
> § 2º A remuneração do trabalho noturno deve ter acréscimo de, no mínimo, 20% (vinte por cento) sobre o valor da hora diurna.
>
> § 3º Em caso de contratação, pelo empregador, de empregado exclusivamente para desempenhar trabalho noturno, o acréscimo será calculado sobre o salário anotado na Carteira de Trabalho e Previdência Social.
>
> § 4º Nos horários mistos, assim entendidos os que abrangem períodos diurnos e noturnos, aplica-se às horas de trabalho noturno o disposto neste artigo e seus parágrafos.

A LC n. 150/15 é omissa sobre a prorrogação de horário noturno.

A CLT se aplica subsidiariamente à relação de emprego doméstico de acordo com o disposto no art. 19 da LC n. 150/15.

O § 5º do art. 73 da CLT, com redação dada pelo Decreto-lei n. 9.666/46, assim dispõem:

> § 5º Às prorrogações do trabalho noturno aplica-se o disposto neste capítulo.

(1421) Art. 73 da CLT.

A Súmula n. 60 do Tribunal Superior do Trabalho, interpretando o § 5º do art. 73 da CLT, estabelece:

Súmula n. 60 do TST. ADICIONAL NOTURNO. INTEGRAÇÃO NO SALÁRIO E PRORROGAÇÃO EM HORÁRIO DIURNO (incorporada a Orientação Jurisprudencial n. 6 da SBDI-1) — Res. n. 129/2005, DJ 20, 22 e 25.4.2005.

(...)

II — Cumprida integralmente a jornada no período noturno e prorrogada esta, devido é também o adicional quanto às horas prorrogadas. Exegese do art. 73, § 5º, da CLT. (ex-OJ n. 6 da SBDI-1 — inserida em 25.11.1996).

Neste cenário, quando o empregado prorrogar sua jornada, cumprindo integralmente a jornada no período noturno, dando continuidade ao trabalho noturno, essa prorrogação será considerada como trabalho noturno para as consequências legais, mesmo o trabalho sendo executado após as 05:00[(1422)].

De acordo com o então Ministério do Trabalho e Previdência Social[(1423)], uma forma simples de se fazer essa conversão é dividir-se por sete a quantidade de horas de relógio trabalhadas e o resultado multiplicar-se por oito. Por exemplo, se um empregado trabalha das 18:00 às 23:00, isso significa que ele trabalha 4 (quatro) horas no período normal de trabalho (das 18:00 às 22:00) e trabalha uma hora de relógio dentro do horário noturno (das 22:00 às 23:00). A hora trabalhada no período noturno deve ser convertida tomando 1h dividida por sete e multiplicada por oito que equivale a 1,14 hora noturna trabalhada. Assim, a jornada total do trabalhador será a soma das horas trabalhadas em período normal e a hora equivalente noturna, ou seja, de 5,14 horas.

Vale lembrar que o adicional noturno, como um adicional, só é devido enquanto o empregado estiver cumprindo a condição ensejadora do cômputo da hora reduzida noturna e do adicional noturno, que é trabalhar no horário considerado noturno. Assim, quando o empregado deixar de trabalhar no horário noturno, o empregador deixará, validamente, de lhe pagar o adicional noturno.

Nesse quadrante, estabelece a Súmula n. 265 do TST:

Súmula n. 265 do TST. ADICIONAL NOTURNO. ALTERAÇÃO DE TURNO DE TRABALHO. POSSIBILIDADE DE SUPRESSÃO (mantida) — Res. n. 121/2003, DJ 19, 20 e 21.11.2003.

A transferência para o período diurno de trabalho implica a perda do direito ao adicional noturno.

O art. 73 da CLT não sofreu alteração desde 1946, entretanto, no que concerne à prorrogação do horário noturno no regime de trabalho 12 x 36 (12 horas de trabalho seguidas por 36 horas ininterruptas de descanso), a Lei n. 13.467/17 incluiu o art. 59-A na CLT, determinado que quando houver prorrogação de horário noturno neste regime de trabalho serão consideradas compensadas as prorrogações de trabalho noturno de que tratam o art. 70 e o § 5º do art. 73 desta CLT, quando for o caso. Veja-se o texto legal:

Art. 59-A. Em exceção ao disposto no art. 59 desta Consolidação, é facultado às partes, mediante acordo individual escrito, convenção coletiva ou acordo coletivo de trabalho, estabelecer horário de trabalho de doze horas seguidas por trinta e seis horas ininterruptas de descanso, observados ou indenizados os intervalos para repouso e alimentação (incluído pela Lei n. 13.467/17).

Parágrafo único. A remuneração mensal pactuada pelo horário previsto no *caput* deste artigo abrange os pagamentos devidos pelo descanso semanal remunerado e pelo descanso em feriados, e serão considerados compensados os feriados e as prorrogações de trabalho noturno, quando houver, de que tratam o art. 70 e o § 5º do art. 73 desta Consolidação.

(1422) Neste sentido: Ministério do Trabalho e Previdência Social. *Trabalhadores domésticos*: direitos e deveres. 6. ed. Brasília: MTE, 2015. p. 8.

(1423) Neste sentido: Ministério do Trabalho e Previdência Social. *Trabalhadores domésticos*: direitos e deveres. 6. ed. Brasília: MTE, 2015. p. 8.

Portanto, no regime 12 x 36, com base no parágrafo único do art. 59-A da CLT, não é devido o pagamento de adicional noturno quanto às horas prorrogadas.

k) intervalo interjornada

Entre 2 jornadas de trabalho — entre a jornada de trabalho do dia útil terça-feira e a do dia útil quarta-feira, por exemplo —, deve haver período mínimo de 11 horas consecutivas para descanso, de acordo com art. 15 da LC n. 150/15. Veja-se o texto legal:

> Art. 15. Entre 2 (duas) jornadas de trabalho deve haver período mínimo de 11 (onze) horas consecutivas para descanso.

A CLT prevê a matéria no art. 66, com redação muito semelhante:

> Art. 66. Entre 2 (duas) jornadas de trabalho haverá um período mínimo de 11 (onze) horas consecutivas para descanso

Em caso de não concessão (parcial ou total) do *intervalo interjornada*, será devido ao empregado o pagamento das *horas suprimidas do intervalo*, com adicional de 50%, conforme entendimento da OJ n. 355 da SDI-1 do TST:

> 355. INTERVALO INTERJORNADAS. INOBSERVÂNCIA. HORAS EXTRAS. PERÍODO PAGO COMO SOBREJORNADA. ART. 66 DA CLT. APLICAÇÃO ANALÓGICA DO § 4º DO ART. 71 DA CLT (DJ 14.3.2008).
>
> O desrespeito ao intervalo mínimo interjornadas previsto no art. 66 da CLT acarreta, por analogia, os mesmos efeitos previstos no § 4º do art. 71 da CLT e na Súmula n. 110 do TST, devendo-se pagar a integralidade das horas que foram subtraídas do intervalo, acrescidas do respectivo adicional.

Cabe lembrar que o § 4º do art. 71 da CLT, com o qual foi feita aplicação analógica neste entendimento da OJ n. 355 da SDI-1 do TST, teve sua redação alterada pela Lei n. 13.467/17, conforme estudado em item próprio neste capítulo do livro.

Nas situações de revezamento, quando houver horas trabalhadas sem respeitar o intervalo interjornada após o repouso semanal de 24 horas, essas horas suprimidas devem ser pagas como extra, sendo que nesse caso deveria existir um intervalo de 35 horas (24 + 11), conforme estabelece a Súmula n. 110 do TST:

> Súmula n. 110 do TST. JORNADA DE TRABALHO. INTERVALO (mantida) — Res. 121/2003, DJ 19, 20 e 21.11.2003.
>
> No regime de revezamento, as horas trabalhadas em seguida ao repouso semanal de 24 horas, com prejuízo do intervalo mínimo de 11 horas consecutivas para descanso entre jornadas, devem ser remuneradas como extraordinárias, inclusive com o respectivo adicional.

l) Repouso semanal remunerado e feriados

Deve ser concedido ao empregado doméstico descanso semanal remunerado de, no mínimo, 24 (vinte e quatro) horas consecutivas, preferencialmente aos domingos, além de descanso remunerado em feriados.

O descanso semanal remunerado já era direito dos empregados domésticos anteriormente à LC n. 150/15, que contém disposição semelhante à do art. 7º da Constituição Federal. O art. 16 da LC n. 150/15 deixa expresso também o direito de descanso remunerado em feriados.

Veja-se o texto legal:

> Art. 16. É devido ao empregado doméstico descanso semanal remunerado de, no mínimo, 24 (vinte e quatro) horas consecutivas, preferencialmente aos domingos, além de descanso remunerado em feriados.

O descanso semanal remunerado deve ser concedido de forma a que o empregado doméstico não trabalhe 7 (sete) dias seguidos.

Caso haja trabalho em feriado nacional, estadual ou municipal, o empregador deve proceder ao pagamento do dia em dobro ou conceder uma folga compensatória em outro dia da semana, conforme art. 9º da Lei n. 11.324, de 19 de julho de 2006, e art. 9º da Lei n. 605/49.

Os empregados contratados para trabalhar na jornada 12 x 36 já têm compensados os feriados trabalhados, de acordo com o parágrafo único do art. 59-A na CLT, incluído pela Lei n. 13.467/17:

> Art. 59-A. Em exceção ao disposto no art. 59 desta Consolidação, é facultado às partes, mediante acordo individual escrito, convenção coletiva ou acordo coletivo de trabalho, estabelecer horário de trabalho de doze horas seguidas por trinta e seis horas ininterruptas de descanso, observados ou indenizados os intervalos para repouso e alimentação (incluído pela Lei n. 13.467/17).
>
> Parágrafo único. A remuneração mensal pactuada pelo horário previsto no *caput* deste artigo abrange os pagamentos devidos pelo descanso semanal remunerado e pelo descanso em feriados, e serão considerados compensados os feriados e as prorrogações de trabalho noturno, quando houver, de que tratam o art. 70 e o § 5º do art. 73 desta Consolidação.

m) Férias

Na legislação anterior à LC n. 150/15, o empregado doméstico já tinha direito a férias anuais remuneradas de 30 (trinta) dias, com acréscimo de, pelo menos, um terço do salário normal, após cada período de 12 (doze) meses de trabalho prestado à mesma pessoa ou família, contado da data da admissão (período aquisitivo).

O art. 17 LC n. 150/15 mantém esse direito, mencionando como ressalva o disposto no § 3º do art. 3º, que trata da modalidade do regime de tempo parcial. Remete-se o leitor ao item do regime de tempo parcial.

Veja-se o texto do art. 17 da LC n. 150/15:

> Art. 17. O empregado doméstico terá direito a férias anuais remuneradas de 30 (trinta) dias, salvo o disposto no § 3º do art. 3º, com acréscimo de, pelo menos, um terço do salário normal, após cada período de 12 (doze) meses de trabalho prestado à mesma pessoa ou família.

O período de concessão das férias (período concessivo) é determinado pelo empregador e devem as férias ser usufruídas pelo empregado dentro dos 12 (doze) meses subsequentes ao período aquisitivo (à data em que o empregado tiver adquirido o direito), conforme o disposto no § 6º do art. 17 da LC n. 150/15.

Pode o empregado doméstico converter 1/3 (um terço) do período de férias a que tiver direito em abono pecuniário, no valor da remuneração que lhe seria devida nos dias correspondentes. Significa transformar em dinheiro 1/3 das férias, também conhecido por "venda de parte das férias". O limite autorizado pela legislação é de 1/3 do direito de férias do empregado. É um direito do empregado. A condição é que deve requerer ao empregador até 30 dias antes do término do período aquisitivo (§§ 3º e 4º do art. 17 da LC n. 150/15). Veja-se o texto legal:

> § 3º É facultado ao empregado doméstico converter um terço do período de férias a que tiver direito em abono pecuniário, no valor da remuneração que lhe seria devida nos dias correspondentes.
>
> § 4º O abono de férias deverá ser requerido até 30 (trinta) dias antes do término do período aquisitivo.

O período de férias poderá, a critério do empregador, ser fracionado em até dois períodos, sendo um deles de, no mínimo, 14 (quatorze) dias corridos, conforme a redação do § 2º do art. 17 da LC n. 150/15:

> § 2º O período de férias poderá, a critério do empregador, ser fracionado em até 2 (dois) períodos, sendo 1 (um) deles de, no mínimo, 14 (quatorze) dias corridos.

A regra de fracionamento das férias da LC n. 150/15 é diferente da CLT. Dispõe o § 1º do art. 134 da CLT, com redação dada pela Lei n. 13.467/17:

> § 1º Desde que haja concordância do empregado, as férias poderão ser usufruídas em até três períodos, sendo que um deles não poderá ser inferior a quatorze dias corridos e os demais não poderão ser inferiores a cinco dias corridos, cada um. (Redação dada pela Lei n. 13.467, de 2017)

A CLT, exige a concordância do empregado para o fracionamento da concessão as férias. Para a LC n. 150/15, fracionar as férias é uma decisão unilateral do empregador.

Para a CLT as férias poderão ser fracionadas em até três períodos. Para a LC n. 150/15, as férias podem ser fracionadas em até dois períodos.

Caso o empregado doméstico resida no local de trabalho, ele poderá permanecer no local durante o período de suas férias, mas ele não deve desempenhar suas atividades nesse período. Veja-se a redação do § 5º do art. 17 da LC n. 150/15:

§ 5º É lícito ao empregado que reside no local de trabalho nele permanecer durante as férias.

No término do contrato de trabalho, exceto no caso de dispensa por justa causa, o empregado terá direito à remuneração relativa ao período incompleto de férias (férias proporcionais), na proporção de um doze avos por mês de serviço ou fração superior a 14 (quatorze) dias, conforme o § 1º do art. 17 da LC n. 150/15. Veja-se a redação legal:

§ 1º Na cessação do contrato de trabalho, o empregado, desde que não tenha sido demitido por justa causa, terá direito à remuneração relativa ao período incompleto de férias, na proporção de um doze avos por mês de serviço ou fração superior a 14 (quatorze) dias.

n) Descontos

É proibido ao empregador doméstico efetuar descontos no salário do empregado por fornecimento de alimentação, vestuário, higiene ou moradia, bem como por despesas com transporte, hospedagem e alimentação em caso de acompanhamento em viagem (art. 18, *caput*, da LC n. 150/15).

Foi definido de forma expressa na lei que as despesas referidas no *caput* do art. 18 não têm natureza salarial, nem se incorporam à remuneração para quaisquer efeitos (§ 3º do art. 18 da LC n. 150/15).

Em caso de adiantamento salarial e, mediante acordo escrito entre as partes, para a inclusão do empregado em planos de assistência médico-hospitalar e odontológica, de seguro e de previdência privada, pode o empregador efetuar descontos no salário do empregado, não podendo a dedução ultrapassar 20% (vinte por cento) do salário, conforme dispõe o § 1º do art. 18 da LC n. 150/15.

As despesas com moradia poderão ser descontadas quando se tratar de local diverso da residência em que ocorrer a prestação de serviço, desde que essa possibilidade tenha sido expressamente acordada entre as partes (§ 2º do art. 18 da LC n. 150/15).

Para evitar problemas futuros sobre a posse/propriedade da moradia, ficou definido na lei que o fornecimento de moradia ao empregado doméstico na própria residência ou em morada anexa, de qualquer natureza, não gera ao empregado qualquer direito de posse ou de propriedade sobre a referida moradia (§ 4º do art. 18 da LC n. 150/15).

Veja-se o texto legal:

Art. 18. É vedado ao empregador doméstico efetuar descontos no salário do empregado por fornecimento de alimentação, vestuário, higiene ou moradia, bem como por despesas com transporte, hospedagem e alimentação em caso de acompanhamento em viagem.

§ 1º É facultado ao empregador efetuar descontos no salário do empregado em caso de adiantamento salarial e, mediante acordo escrito entre as partes, para a inclusão do empregado em planos de assistência médico-hospitalar e odontológica, de seguro e de previdência privada, não podendo a dedução ultrapassar 20% (vinte por cento) do salário.

§ 2º Poderão ser descontadas as despesas com moradia de que trata o *caput* deste artigo quando essa se referir a local diverso da residência em que ocorrer a prestação de serviço, desde que essa possibilidade tenha sido expressamente acordada entre as partes.

§ 3º As despesas referidas no *caput* deste artigo não têm natureza salarial nem se incorporam à remuneração para quaisquer efeitos.

§ 4º O fornecimento de moradia ao empregado doméstico na própria residência ou em morada anexa, de qualquer natureza, não gera ao empregado qualquer direito de posse ou de propriedade sobre a referida moradia.

o) Aplicação subsidiária da CLT e de forma direta das Leis n. 605/49 (sobre repouso semanal remunerado e repouso em feriados), n. 4.090/62 (sobre 13º salário), n. 4.749/65 (sobre 13º salário) e n. 7.418/85 (sobre vale-transporte).

Até a publicação da LC n. 150/15 ao empregado doméstico não se aplicava a CLT, por expressa exclusão contida no art. 7º, alínea *a*, da CLT, bem como porque a Lei n. 5.859/72 não continha regra de subsidiariedade.

O art. 19 da LC n. 150/15 dispõe que, observadas as peculiaridades do trabalho doméstico, a ele também se aplicam as Leis n. 605/49 (sobre repouso semanal remunerado e o pagamento de salário nos dias feriados civis e religiosos), n. 4.090/62 (sobre 13º salário), n. 4.749/65 (sobre 13º salário) e n. 7.418/85 (sobre vale-transporte).

Também dispõe o art. 19 da LC n. 150/15 que a CLT se aplica subsidiariamente à relação de emprego doméstico.

Veja-se o texto legal:

Art. 19. Observadas as peculiaridades do trabalho doméstico, a ele também se aplicam as Leis ns. 605, de 5 de janeiro de 1949, 4.090, de 13 de julho de 1962, 4.749, de 12 de agosto de 1965, e 7.418, de 16 de dezembro de 1985, e, subsidiariamente, a Consolidação das Leis do Trabalho (CLT), aprovada pelo Decreto-Lei n. 5.452, de 1º de maio de 1943.

Assim, a aplicação subsidiária da CLT à relação de emprego doméstico poderá ocorrer quando existir omissão da LC n. 150/15 e compatibilidade com as peculiaridades do trabalho doméstico.

p) FGTS

O FGTS passa a ser obrigatório para os empregados domésticos com a LC n. 150/2015 (art. 21). Veja-se o texto legal:

Art. 21. É devida a inclusão do empregado doméstico no Fundo de Garantia do Tempo de Serviço (FGTS), na forma do regulamento a ser editado pelo Conselho Curador e pelo agente operador do FGTS, no âmbito de suas competências, conforme disposto nos arts. 5º e 7º da Lei n. 8.036, de 11 de maio de 1990, inclusive no que tange aos aspectos técnicos de depósitos, saques, devolução de valores e emissão de extratos, entre outros determinados na forma da lei.

Parágrafo único. O empregador doméstico somente passará a ter obrigação de promover a inscrição e de efetuar os recolhimentos referentes a seu empregado após a entrada em vigor do regulamento referido no *caput*.

Até o Decreto n. 3.361/2000, o FGTS não era devido aos empregados domésticos.

O Decreto n. 3.361/2000 torna o FGTS facultativo aos empregados domésticos, mas a inclusão era irretratável de acordo com o art. 2º do Decreto n. 3.361/2000. Isso significa que recolher FGTS ao empregado doméstico era uma opção do empregador doméstico, no entanto, caso isso ocorresse em um mês deveria continuar até o fim do contrato, pois a inclusão uma vez feita era irretratável.

O empregador doméstico somente passou a ter obrigação de promover a inscrição e de efetuar os recolhimentos referentes a seu empregado após a entrada em vigor do regulamento: Resolução Conselho Curador do Fundo de Garantia do Tempo de Serviço — CC/FGTS n. 780, de 24.9.2015:

Art. 1º O empregado doméstico, definido nos termos da Lei Complementar n. 150, de 1º de junho de 2015, terá direito ao regime do FGTS, obrigatoriamente, a partir de 1º de outubro de 2015.

§ 1º O empregador deverá solicitar a inclusão do empregado doméstico no FGTS, mediante requerimento, que consistirá na informação dos eventos decorrentes da respectiva atividade laboral, na forma definida pelo Agente Operador do FGTS.

§ 2º O Agente Operador do FGTS, observada a data definida no *caput* e a peculiaridade dos empregadores e empregados domésticos, deverá regulamentar as devidas disposições complementares, de modo a viabilizar o depósito, os saques, a devolução de valores e a emissão de extratos, entre outros determinados na forma da lei, inclusive no que tange às relações de trabalho existentes a partir de março de 2000.

Para os empregados domésticos, a indenização compensatória da perda do emprego sem justa causa ou por culpa do empregador, conhecida por acréscimo ou multa de 40% sobre os depósitos do FGTS, é constituída por meio de depósitos do empregador da importância de 3,2% (três inteiros e dois décimos por cento) sobre a remuneração devida, no mês anterior, a cada empregado doméstico.

Veja-se a redação do art. 22 da LC n. 150/15:

Art. 22. O empregador doméstico depositará a importância de 3,2% (três inteiros e dois décimos por cento) sobre a remuneração devida, no mês anterior, a cada empregado, destinada ao pagamento da indenização compensatória da perda do emprego, sem justa causa ou por culpa do empregador, não se aplicando ao empregado doméstico o disposto nos §§ 1º a 3º do art. 18 da Lei n. 8.036, de 11 de maio de 1990.

§ 1º Nas hipóteses de dispensa por justa causa ou a pedido, de término do contrato de trabalho por prazo determinado, de aposentadoria e de falecimento do empregado doméstico, os valores previstos no *caput* serão movimentados pelo empregador.

§ 2º Na hipótese de culpa recíproca, metade dos valores previstos no *caput* será movimentada pelo empregado, enquanto a outra metade será movimentada pelo empregador.

§ 3º Os valores previstos no *caput* serão depositados na conta vinculada do empregado, em variação distinta daquela em que se encontrarem os valores oriundos dos depósitos de que trata o inciso IV do art. 34 desta Lei, e somente poderão ser movimentados por ocasião da rescisão contratual.

§ 4º À importância monetária de que trata o *caput,* aplicam-se as disposições da Lei no 8.036, de 11 de maio de 1990, e da Lei n. 8.844, de 20 de janeiro de 1994, inclusive quanto a sujeição passiva e equiparações, prazo de recolhimento, administração, fiscalização, lançamento, consulta, cobrança, garantias, processo administrativo de determinação e exigência de créditos tributários federais.

q) Aviso-prévio

Nos contratos sem estipulação de prazo (por prazo indeterminado), a parte que, sem justo motivo, quiser rescindi-lo deverá avisar a outra de sua intenção com, no mínimo, 30 (trinta) dias de antecedência. Isso é a obrigação de aviso-prévio.

É uma obrigação que caberá ao empregador ou ao empregado doméstico conforme de quem for a iniciativa de pôr fim ao contrato de trabalho sem prazo estipulado.

A regulamentação da proporcionalidade do aviso-prévio aos empregados domésticos já havia sido alcançada por meio da Lei n. 12.506/11.

Pela redação da LC n. 150/15, no caso de aviso-prévio dado pelo empregador, a cada ano de serviço para o mesmo empregador serão acrescidos 3 (três) dias, até o máximo de 60 (sessenta) dias, de maneira que o tempo total de aviso-prévio não exceda de 90 (noventa) dias, conforme determina o § 2º do art. 23 da LC n. 150/15.

No caso de desligamento imediato, ou seja, sem o cumprimento do aviso-prévio, o empregador deverá efetuar o pagamento relativo aos dias do aviso-prévio (aviso-prévio indenizado) computando os dias da regra de proporcionalidade para todos os efeitos legais (férias, 13º salário etc.).

O valor das horas extraordinárias habituais integra o aviso-prévio indenizado (§ 5º do art. 23 da LC n. 150/15).

No pedido de demissão, o empregado tem de avisar ao seu empregador com antecedência mínima de 30 dias. Nesse caso, não há o acréscimo de 3 (três) dias para cada ano de tempo de serviço.

A falta de cumprimento do aviso-prévio por parte do empregado dá ao empregador o direito de descontar os salários correspondentes ao prazo respectivo (§ 4º do art. 23 da LC n. 150/15).

A contagem do prazo do aviso-prévio se inicia no dia imediatamente posterior ao da comunicação do desligamento.

Veja-se o texto legal:

Art. 23. Não havendo prazo estipulado no contrato, a parte que, sem justo motivo, quiser rescindi-lo deverá avisar a outra de sua intenção.

§ 1º O aviso-prévio será concedido na proporção de 30 (trinta) dias ao empregado que conte com até 1 (um) ano de serviço para o mesmo empregador.

§ 2º Ao aviso-prévio previsto neste artigo, devido ao empregado, serão acrescidos 3 (três) dias por ano de serviço prestado para o mesmo empregador, até o máximo de 60 (sessenta) dias, perfazendo um total de até 90 (noventa) dias.

§ 3º A falta de aviso-prévio por parte do empregador dá ao empregado o direito aos salários correspondentes ao prazo do aviso, garantida sempre a integração desse período ao seu tempo de serviço.

§ 4º A falta de aviso-prévio por parte do empregado dá ao empregador o direito de descontar os salários correspondentes ao prazo respectivo.

§ 5º O valor das horas extraordinárias habituais integra o aviso-prévio indenizado.

Quando a iniciativa do desligamento for do empregador e o período de aviso-prévio for trabalhado pelo empregado, a jornada de trabalho será reduzida em 2 (duas) horas diárias, sem prejuízo do salário integral ou o empregado poderá escolher por trabalhar a jornada diária normal e faltar ao trabalho por 7 (sete) dias corridos, também sem prejuízo do salário integral (art. 24 da LC n. 150/15).

Veja-se o texto legal:

Art. 24. O horário normal de trabalho do empregado durante o aviso-prévio, quando a rescisão tiver sido promovida pelo empregador, será reduzido de 2 (duas) horas diárias, sem prejuízo do salário integral.

Parágrafo único. É facultado ao empregado trabalhar sem a redução das 2 (duas) horas diárias previstas no *caput* deste artigo, caso em que poderá faltar ao serviço, sem prejuízo do salário integral, por 7 (sete) dias corridos, na hipótese dos §§ 1º e 2º do art. 23.

r) Garantia de emprego para a empregada doméstica gestante

Licença-maternidade (art. 25 da LC n. 150/15) é um benefício previdenciário, em que a empregada doméstica tem direito a 120 (cento e vinte) dias, por ser contribuinte da previdência social na qualidade de segurada obrigatória (art. 20 da LC n. 150/15).

Direito à garantia de emprego (estabilidade provisória) da empregada doméstica é um direito trabalhista e será desde a confirmação da gravidez durante o curso do contrato de trabalho até 5 (cinco) meses após o parto (art. 25 da LC n. 150/15).

Veja-se o texto legal:

Art. 25. A empregada doméstica gestante tem direito a licença-maternidade de 120 (cento e vinte) dias, sem prejuízo do emprego e do salário, nos termos da Seção V do Capítulo III do Título III da Consolidação das Leis do Trabalho (CLT), aprovada pelo Decreto-Lei n. 5.452, de 1º de maio de 1943.

Parágrafo único. A confirmação do estado de gravidez durante o curso do contrato de trabalho, ainda que durante o prazo do aviso-prévio trabalhado ou indenizado, garante à empregada gestante a estabilidade provisória prevista na alínea "b" do inciso II do art. 10 do Ato das Disposições Constitucionais Transitórias.

A empregada doméstica passou a ter esse direito com a Lei n. 11.324/06 (art. 4º-A), salientando-se que a redação atual do parágrafo único do art. 25 da LC n. 150/15 é diferente e substituiu a redação da Lei n. 11.324/06.

Pela redação atual, a confirmação do estado de gravidez deve se dar durante o curso do contrato de trabalho. A redação da Lei n. 11.324/06 era omissa quanto a isso.

Sublinhe-se que a Súmula n. 244 do Tribunal Superior do Trabalho, alterada em setembro de 2012, no item III, modificou entendimento anterior e passou a assegurar o direito à estabilidade da empregada gestante mesmo quando a confirmação da gravidez se der no curso de contrato de experiência.

Veja-se o texto da Súmula n. 244 do TST:

Súmula n. 244 do TST. GESTANTE. ESTABILIDADE PROVISÓRIA (redação do item III alterada na sessão do Tribunal Pleno realizada em 14.9.2012) — Res. n. 185/2012, DEJT divulgado em 25, 26 e 27.9.2012.

I — O desconhecimento do estado gravídico pelo empregador não afasta o direito ao pagamento da indenização decorrente da estabilidade (art. 10, II, "b", do ADCT).

II — A garantia de emprego à gestante só autoriza a reintegração se esta se der durante o período de estabilidade. Do contrário, a garantia restringe-se aos salários e demais direitos correspondentes ao período de estabilidade.

III — A empregada gestante tem direito à estabilidade provisória prevista no art. 10, inciso II, alínea "b", do Ato das Disposições Constitucionais Transitórias, mesmo na hipótese de admissão mediante contrato por tempo determinado.

A Súmula n. 244 do TST se aplica às empregadas domésticas gestantes.

s) Seguro-desemprego

O empregado doméstico não tinha direito ao seguro-desemprego.

A EC n. 72/13 lhe outorgou esse direito, mas remeteu o exercício desse direito a regulamentação.

Art. 29. O seguro-desemprego deverá ser requerido de 7 (sete) a 90 (noventa) dias contados da data de dispensa (art. 29 da LC n. 150/15).

A LC n. 150/15 remeteu os detalhamentos ao regulamento do Conselho Deliberativo do Fundo de Amparo ao Trabalhador (Codefat). Veja-se o texto do art. 26 da LC n. 150/15:

Art. 26. O empregado doméstico que for dispensado sem justa causa fará jus ao benefício do seguro-desemprego, na forma da Lei n. 7.998, de 11 de janeiro de 1990, no valor de 1 (um) salário mínimo, por período máximo de 3 (três) meses, de forma contínua ou alternada.

§ 1º O benefício de que trata o *caput* será concedido ao empregado nos termos do regulamento do Conselho Deliberativo do Fundo de Amparo ao Trabalhador (Codefat).

§ 2º O benefício do seguro-desemprego será cancelado, sem prejuízo das demais sanções cíveis e penais cabíveis:

I — pela recusa, por parte do trabalhador desempregado, de outro emprego condizente com sua qualificação registrada ou declarada e com sua remuneração anterior;

II — por comprovação de falsidade na prestação das informações necessárias à habilitação;

III — por comprovação de fraude visando à percepção indevida do benefício do seguro-desemprego; ou

IV — por morte do segurado.

A Resolução do CODEFAT n. 754, de 26.8.2015, regulamentou os procedimentos para habilitação e concessão de Seguro-Desemprego para empregados domésticos dispensados sem justa causa na forma do art. 26 da LC n. 150/15.

De acordo com a Resolução do CODEFAT n. 754/15, o máximo será três parcelas e o valor será de um salário mínimo:

Art. 6º O valor do benefício do Seguro-Desemprego do empregado doméstico corresponderá a 1 (um) salário mínimo e será concedido por um período máximo de 3 (três) meses, de forma contínua ou alternada, a cada período aquisitivo de 16 (dezesseis) meses, contados da data da dispensa que originou habilitação anterior.

§ 1º O requerimento de habilitação no Programa do Seguro Desemprego só poderá ser proposto a cada novo período aquisitivo, desde que cumpridos todos os requisitos estabelecidos na Lei Complementar n. 150/2015 e nesta Resolução.

§ 2º A contagem do prazo do período aquisitivo não se interrompe, nem se suspende.

(...)

Art. 10. O trabalhador fará jus ao pagamento integral das parcelas subsequentes para cada mês, quando contar com fração igual ou superior a quinze dias de desemprego de forma que:

I — O segurado terá direito a 1 (uma) parcela se ficar desempregado até 44 dias após a demissão;

II — O segurado terá direito a 2 (duas) parcelas se ficar desempregado até 60 dias após a demissão; e

III — O segurado terá direito a 3 (três) parcelas se ficar desempregado por 75 dias ou mais após a demissão.

t) Hipóteses de despedida por justa causa do empregado doméstico

A LC n. 150/15 criou hipóteses específicas para despedida do empregado doméstico por justa causa. Algumas são iguais às previstas no art. 482 da CLT, aplicáveis aos empregados regidos pela CLT, outras são bem diferentes, atendendo às peculiaridades do trabalho doméstico.

Despedida por justa causa é a punição máxima, no exercício do poder disciplinar do empregador. E, como tal, suas hipóteses são taxativas.

Veja-se as hipóteses do art. 27 da LC n. 150/15:

Art. 27. Considera-se justa causa para os efeitos desta Lei:

I — submissão a maus tratos de idoso, de enfermo, de pessoa com deficiência ou de criança sob cuidado direto ou indireto do empregado;

II — prática de ato de improbidade;

III — incontinência de conduta ou mau procedimento;

IV — condenação criminal do empregado transitada em julgado, caso não tenha havido suspensão da execução da pena;

V — desídia no desempenho das respectivas funções;

VI — embriaguez habitual ou em serviço;

VII — (VETADO);

VIII — ato de indisciplina ou de insubordinação;

IX — abandono de emprego, assim considerada a ausência injustificada ao serviço por, pelo menos, 30 (trinta) dias corridos;

X — ato lesivo à honra ou à boa fama ou ofensas físicas praticadas em serviço contra qualquer pessoa, salvo em caso de legítima defesa, própria ou de outrem;

XI — ato lesivo à honra ou à boa fama ou ofensas físicas praticadas contra o empregador doméstico ou sua família, salvo em caso de legítima defesa, própria ou de outrem;

XII — prática constante de jogos de azar.

u) Hipóteses de extinção contratual por culpa do empregador

A LC n. 150/15 criou também hipóteses de extinção do contrato de trabalho por culpa do empregador (parágrafo único do art. 27 da LC n. 150/15).

Algumas das hipóteses são semelhantes às hipóteses de rescisão indireta previstas no art. 483 da CLT, aplicáveis aos empregados regidos pela CLT, outras são bem diferentes, atendendo às peculiaridades do trabalho doméstico.

Veja-se as hipóteses do parágrafo único do art. 27 da LC n. 150/15:

Parágrafo único. O contrato de trabalho poderá ser rescindido por culpa do empregador quando:

I — o empregador exigir serviços superiores às forças do empregado doméstico, defesos por lei, contrários aos bons costumes ou alheios ao contrato;

II — o empregado doméstico for tratado pelo empregador ou por sua família com rigor excessivo ou de forma degradante;

III — o empregado doméstico correr perigo manifesto de mal considerável;

IV — o empregador não cumprir as obrigações do contrato;

V — o empregador ou sua família praticar, contra o empregado doméstico ou pessoas de sua família, ato lesivo à honra e à boa fama;

VI — o empregador ou sua família ofender o empregado doméstico ou sua família fisicamente, salvo em caso de legítima defesa, própria ou de outrem;

VII — o empregador praticar qualquer das formas de violência doméstica ou familiar contra mulheres de que trata o art. 5º da Lei n. 11.340, de 7 de agosto de 2006.

A declaração da extinção contratual por culpa do empregador deverá ser feita pelo juiz do trabalho, necessitando, portanto, de uma ação trabalhista na qual deverá ser comprovada a existência de uma das hipóteses elencadas anteriormente no caso concreto.

v) Simples doméstico — obrigações do empregador

A LC n. 150/15 criou o regime unificado de pagamento de tributos, de contribuições e dos demais encargos do empregador doméstico denominado Simples Doméstico, remetendo-o para regulamentação (art. 31).

Trata-se de sistema eletrônico disponibilizado no portal da internet do eSocial: <www.esocial.gov.br>.

Nesse sistema, o empregador se inscreve e há unificação de informações trabalhistas, previdenciárias e fiscais (art. 32), disciplinado por ato conjunto dos Ministros de Estado da Fazenda, da Previdência Social e do Trabalho e Emprego.

Veja-se o texto legal:

Art. 31. É instituído o regime unificado de pagamento de tributos, de contribuições e dos demais encargos do empregador doméstico (Simples Doméstico), que deverá ser regulamentado no prazo de 120 (cento e vinte) dias a contar da data de entrada em vigor desta Lei.

Art. 32. A inscrição do empregador e a entrada única de dados cadastrais e de informações trabalhistas, previdenciárias e fiscais no âmbito do Simples Doméstico dar-se-ão mediante registro em sistema eletrônico a ser disponibilizado em portal na internet, conforme regulamento.

Parágrafo único. A impossibilidade de utilização do sistema eletrônico será objeto de regulamento, a ser editado pelo Ministério da Fazenda e pelo agente operador do FGTS.

Art. 33. O Simples Doméstico será disciplinado por ato conjunto dos Ministros de Estado da Fazenda, da Previdência Social e do Trabalho e Emprego que disporá sobre a apuração, o recolhimento e a distribuição dos recursos recolhidos por meio do Simples Doméstico, observadas as disposições do art. 21 desta Lei.

§ 1º O ato conjunto a que se refere o *caput* deverá dispor também sobre o sistema eletrônico de registro das obrigações trabalhistas, previdenciárias e fiscais e sobre o cálculo e o recolhimento dos tributos e encargos trabalhistas vinculados ao Simples Doméstico.

§ 2º As informações prestadas no sistema eletrônico de que trata o § 1º:

I — têm caráter declaratório, constituindo instrumento hábil e suficiente para a exigência dos tributos e encargos trabalhistas delas resultantes e que não tenham sido recolhidos no prazo consignado para pagamento; e

II — deverão ser fornecidas até o vencimento do prazo para pagamento dos tributos e encargos trabalhistas devidos no Simples Doméstico em cada mês, relativamente aos fatos geradores ocorridos no mês anterior.

§ 3º O sistema eletrônico de que trata o § 1º deste artigo e o sistema de que trata o *caput* do art. 32 substituirão, na forma regulamentada pelo ato conjunto previsto no *caput*, a obrigatoriedade de entrega de todas as informações, formulários e declarações a que estão sujeitos os empregadores domésticos, inclusive os relativos ao recolhimento do FGTS.

O empregado doméstico será identificado no Simples Doméstico pelo número de inscrição no CPF — Cadastro de Pessoa Física, vinculado ao seu Número de Inscrição do Segurado — NIS[(1424)].

O empregador doméstico será identificado no Simples Doméstico pelo número do seu CPF. Não é necessária a realização de qualquer outro cadastro do empregador doméstico[(1425)].

Para efetuar o recolhimento do FGTS e o pagamento dos tributos, o empregador deverá gerar a guia no Módulo do Empregador Doméstico, do Simples Doméstico. Esse documento permite ao empregador recolher numa única guia todas as verbas:

a) 3,2% relativo à indenização compensatória da perda de emprego;

b) 0,8% relativo à contribuição social para financiamento do seguro contra acidentes do trabalho;

c) 8% a 11% relativos à contribuição previdenciária, relativa à parte do empregado doméstico (cota do empregado);

d) 8% de relativo à contribuição previdenciária devida pelo empregador (cota do empregador);

e) Imposto de renda retido na fonte do empregado doméstico;

f) 8% de recolhimento para o FGTS.

(1424) Ministério do Trabalho e Previdência Social. *Trabalhadores domésticos*: direitos e deveres. 6. ed. Brasília: MTE, 2015. p. 23.

(1425) Ministério do Trabalho e Previdência Social. *Trabalhadores domésticos*: direitos e deveres. 6. ed. Brasília: MTE, 2015. p. 23.

O empregador doméstico é obrigado a pagar a remuneração devida ao empregado doméstico e a recolher as verbas mencionadas até o dia 7 do mês seguinte ao da competência, antecipando-se para o dia útil imediatamente anterior em caso de feriado bancário (art. 35 da LC n. 150/15).

Veja-se a redação dos arts. 34 e 35 da LC n. 150/15:

Art. 34. O Simples Doméstico assegurará o recolhimento mensal, mediante documento único de arrecadação, dos seguintes valores:

I — 8% (oito por cento) a 11% (onze por cento) de contribuição previdenciária, a cargo do segurado empregado doméstico, nos termos do art. 20 da Lei n. 8.212, de 24 de julho de 1991;

II — 8% (oito por cento) de contribuição patronal previdenciária para a seguridade social, a cargo do empregador doméstico, nos termos do art. 24 da Lei n. 8.212, de 24 de julho de 1991;

III — 0,8% (oito décimos por cento) de contribuição social para financiamento do seguro contra acidentes do trabalho;

IV — 8% (oito por cento) de recolhimento para o FGTS;

V — 3,2% (três inteiros e dois décimos por cento), na forma do art. 22 desta Lei; e

VI — imposto sobre a renda retido na fonte de que trata o inciso I do art. 7º da Lei n. 7.713, de 22 de dezembro de 1988, se incidente.

§ 1º As contribuições, os depósitos e o imposto arrolados nos incisos I a VI incidem sobre a remuneração paga ou devida no mês anterior, a cada empregado, incluída na remuneração a gratificação de Natal a que se refere a Lei n. 4.090, de 13 de julho de 1962, e a Lei n. 4.749, de 12 de agosto de 1965.

§ 2º A contribuição e o imposto previstos nos incisos I e VI do *caput* deste artigo serão descontados da remuneração do empregado pelo empregador, que é responsável por seu recolhimento.

§ 3º O produto da arrecadação das contribuições, dos depósitos e do imposto de que trata o *caput* será centralizado na Caixa Econômica Federal.

§ 4º A Caixa Econômica Federal, com base nos elementos identificadores do recolhimento, disponíveis no sistema de que trata o § 1º do art. 33, transferirá para a Conta Única do Tesouro Nacional o valor arrecadado das contribuições e do imposto previstos nos incisos I, II, III e VI do *caput*.

§ 5º O recolhimento de que trata o *caput* será efetuado em instituições financeiras integrantes da rede arrecadadora de receitas federais.

§ 6º O empregador fornecerá, mensalmente, ao empregado doméstico cópia do documento previsto no *caput*.

§ 7º O recolhimento mensal, mediante documento único de arrecadação, e a exigência das contribuições, dos depósitos e do imposto, nos valores definidos nos incisos I a VI do *caput*, somente serão devidos após 120 (cento e vinte) dias da data de publicação desta Lei.

Art. 35. O empregador doméstico é obrigado a pagar a remuneração devida ao empregado doméstico e a arrecadar e a recolher a contribuição prevista no inciso I do art. 34, assim como a arrecadar e a recolher as contribuições, os depósitos e o imposto a seu cargo discriminados nos incisos II, III, IV, V e VI do *caput* do art. 34, até o dia 7 do mês seguinte ao da competência.

§ 1º Os valores previstos nos incisos I, II, III e VI do *caput* do art. 34 não recolhidos até a data de vencimento sujeitar-se-ão à incidência de encargos legais na forma prevista na legislação do imposto sobre a renda.

§ 2º Os valores previstos nos incisos IV e V, referentes ao FGTS, não recolhidos até a data de vencimento serão corrigidos e terão a incidência da respectiva multa, conforme a Lei n. 8.036, de 11 de maio de 1990.

14. *Empregado rural*

Até 1973, o trabalho rural era regido pelo Estatuto do Trabalhador Rural, revogado pela Lei n. 5.889, de 8.6.1973, que define o empregado rural como: "toda pessoa física que, em propriedade rural ou prédio rústico, presta serviços de natureza não eventual a empregador rural, sob a dependência deste e mediante salário"[(1426)].

Prédio rústico é o destinado à exploração agrícola, pecuária, extrativa ou agroindustrial. Pode até estar localizado no perímetro urbano, mas deve ser utilizado na atividade agroeconômica, diretamente ou por meio de preposto, com finalidade de lucro.

Considera-se empregador rural, conforme a Lei n. 5.889/73, a pessoa física ou jurídica, proprietário ou não, que explore atividade agroeconômica, em caráter permanente ou temporário, diretamente ou por intermédio de prepostos e com auxílio de empregados. Equipara-se ao empregador rural a pessoa física ou jurídica que, habitualmente, em caráter profissional, e por conta de terceiros, execute serviços de natureza agrária, mediante utilização do trabalho de outrem. Inclui-se na chamada atividade agroeconômica a exploração industrial em estabelecimento agrário, assim considerada a atividade que compreende o primeiro tratamento dos produtos agrários *in natura* sem transformá-los em sua natureza, tais como: a) o beneficiamento, a primeira modificação e o preparo dos produtos agropecuários e hortigranjeiros e das matérias-primas de origem animal ou vegetal para posterior venda ou industrialização; b) o aproveitamento dos subprodutos oriundos das operações de preparo e modificação dos produtos *in natura*. Porém, não será considerada indústria rural aquela que, operando a primeira transformação do produto agrário, altere a sua natureza, retirando-lhe a condição de matéria-prima[(1427)].

Segundo o TST, é a atividade do empregado que define ser ele trabalhador urbano ou rural[(1428)]. Nesse sentido, as empresas de florestamento e reflorestamento, embora enquadradas jurídica e administrativamente como urbanas, são consideradas rurais pelo Tribunal Superior do Trabalho[(1429)].

A lei reguladora do trabalho rural estende aos empregados rurais os benefícios dos empregados urbanos, regidos pela Consolidação das Leis do Trabalho, naquilo em que não for incompatível[(1430)], como é o caso do trabalho noturno, por exemplo, que para o trabalhador rural tem tratamento diferenciado, percebendo 25% sobre o salário básico, em vez de 20% devidos aos urbanos.

O art. 7º da Constituição Federal explicita que não há diferença entre o trabalhador urbano e rural (*caput*). Todavia, o texto original do inciso XXIX previa tratamento diferenciado quanto à prescrição, permitindo-se ao empregador rural pleitear seus direitos trabalhistas de todo o contrato de trabalho, qualquer que fosse o período. A Emenda Constitucional n. 28, de maio de 2000, alterou esse entendimento, igualando a prescrição do trabalhador rural à do trabalhador urbano, estipulando nova redação quanto à prescrição: "Ação, quanto aos créditos trabalhistas resultantes das relações de trabalho, com prazo prescricional de cinco anos para os trabalhadores urbanos e rurais, até o limite de dois anos após a extinção do contrato".

(1426) Conforme art. 2º da Lei n. 5.889/73.

(1427) Conforme arts. 3º e 4º da Lei n. 5.889/73, combinado os §§ 3º a 5º do art. 2º do Decreto n. 73.626/74.

(1428) PRESCRIÇÃO — ENQUADRAMENTO DO EMPREGADO — URBANO OU RURAL — Esta Corte tem se posicionado no sentido de que é a atividade do empregado que define ser ele trabalhador urbano ou rural. No caso concreto, restou evidenciado que as atividades exercidas pelo empregado eram de natureza burocrática, pertinentes ao ambiente de escritório e não propriamente de campo. Verifica-se que o empregado é pessoa esclarecida, em face dos poderes a ele outorgados pela Empresa, sendo incompatível a essa condição o reconhecimento de empregado rural, para os fins de proteção da lei. Revista conhecida em parte e provida. (TST — RR 645400/2000 — 2ª T. — Rel. Min. José Luciano de Castilho Pereira — DJU 14.12.2001).

(1429) Conforme art. 1º da Lei Orientação Jurisprudencial n. 38 da SDI-1 do Tribunal Superior do Trabalho.

(1430) Conforme art. 1º da Lei n. 5.889/73.

No entanto, o disposto na Emenda Constitucional n. 28/2000, que unificou os prazos prescricionais dos empregados urbanos e rurais, não pode ser interpretado isoladamente, mas em consonância com o inciso XXXVI do art. 5º da Constituição Federal, que garante o chamado direito adquirido. Com efeito, na vigência da redação anterior (alínea *b* do inciso XXIX do art. 7º da CF), a existência de contrato era causa impeditiva do curso da prescrição, inclusive por conta da omissão patronal, que preferiu não lançar mão da ação prevista no art. 233 da CF, garantindo, assim, ao empregado rural os direitos trabalhistas durante todo o contrato. Logo, a diminuição do prazo prescricional só pode ser aplicada para o labor desenvolvido após a vigência da Emenda Constitucional em exame, sob pena de grave violação ao princípio estabelecido pelo constituinte originário, que garantiu o direito adquirido[1431].

Sítio de lazer não é propriedade rural caso não haja venda de produtos rurais, sendo seus empregados domésticos. Se nessa propriedade rural existir comercialização da produção rural, seus empregados serão rurais.

Os contratos de parceria, quando "mascarados", são descaracterizados na Justiça do Trabalho, ou seja, é considerado empregado o trabalhador vinculado à fazenda que presta serviços para "parceiro" desta, quando os elementos dos autos demonstram ser tal parceiro subordinado e economicamente débil, não podendo enfrentar os riscos da atividade de natureza agrícola empresarial. No caso, a denominação de "parceiro" é apenas uma tentativa de se mascarar verdadeiro contrato de emprego[1432].

Tratamento legal diferenciado ao empregado rural

A Consolidação das Leis do Trabalho, que, vale lembrar, foi publicada em 1943, excluía os trabalhadores rurais do âmbito de aplicação dos seus dispositivos[1433].

Todavia, a Lei n. 5.889/73 estende aos empregados rurais os benefícios dos empregados urbanos, regidos pela Consolidação das Leis do Trabalho, naquilo em que não for incompatível com essa norma (art. 1º).

Esta é a regra de subsidiariedade para aplicação da CLT às relações de trabalho rural. Exige: a) omissão da legislação específica (Lei n. 5.889/73 e Decreto n. 73.626/74, que a regulamenta); b) ausência de colisão entre as normas da CLT; e c) legislação específica do trabalho rural.

Observadas as peculiaridades do trabalho rural, a ele também se aplicam as Leis ns. 605/49 (sobre repouso semanal remunerado e repouso remunerado em feriados), 4.090/62 (sobre 13º salário); 4.725/65, com as alterações da Lei n. 4.903/65 (ambas sobre o processo dos dissídios coletivos) e os Decretos-Leis ns. 15/66, 17/66 e 368/68 (sobre reajustes salariais).

Veja-se o texto legal da Lei n. 5.889/73:

> Art. 1º As relações de trabalho rural serão reguladas por esta Lei e, no que com ela não colidirem, pelas normas da Consolidação das Leis do Trabalho, aprovada pelo Decreto-lei n. 5.452, de 1º.5.1943.
>
> Parágrafo único. Observadas as peculiaridades do trabalho rural, a ele também se aplicam as Leis ns. 605, de 5.1.1949, 4.090, de 13.7.1962; 4.725, de 13.7.1965, com as alterações da Lei n. 4.903, de 16.12.1965 e os Decretos-Leis ns. 15, de 29.7.1966; 17, de 22.8.1966 e 368, de 19.12.1968.

Posteriormente, a Constituição Federal de 1988 elencou uma série de direitos trabalhistas, não taxativos, dispondo de forma expressa que tais direitos são dos trabalhadores urbanos e rurais.

Desse emaranhado de normas pretende-se analisar o conjunto normativo que propicia uma proteção especial ao trabalho rural, tratamento diferenciado que se justifica em face da natureza e características específicas do trabalho realizado nesse âmbito, partindo da sua normatização específica (Lei n. 5.889/73 combinado com o Decreto n. 73.626/74, que o regulamenta), sem perder de vista as disposições previstas

(1431) TRT 15ª R. — Proc. 30264/01 — Ac. 18848/02 — 3ª T. — Rel. Juiz Samuel Hugo Lima — DOESP 13.5.2002.

(1432) TRT 9ª R. — RO 15601/98 — Ac. 16218/99 — 2ª T. — Rel. Juiz Ney José de Freitas — DJPR 23.7.1999.

(1433) Conforme art. 7º da alínea *b* da Consolidação das Leis do Trabalho.

na Constituição Federal e na Consolidação das Leis do Trabalho, ainda que esta última só deva ser usada de maneira subsidiária, quando haver omissão e compatibilidade com a legislação especial.

a) jornada de trabalho de no máximo oito horas

Os contratos de trabalho, individuais ou coletivos, estipularão, conforme os usos, praxes e costumes de cada região, o início e o término normal da jornada de trabalho, que não poderá exceder de oito horas por dia[(1434)]. Nos serviços caracteristicamente intermitentes não serão computados, como de efetivo exercício, os intervalos entre uma e outra parte da execução da tarefa diária, desde que tal hipótese seja expressamente ressalvada na Carteira de Trabalho e Previdência Social[(1435)].

b) intervalo intrajornada que observe os usos e costumes da região

Em qualquer trabalho contínuo de duração superior a seis horas, será obrigatória a concessão de um intervalo para repouso ou alimentação de no mínimo uma hora, observados os usos e costumes da região, não se computando este intervalo na duração do trabalho[(1436)]. Trata-se de um intervalo intrajornada (dentro da jornada) especial, pois ainda que estipule no mínimo uma hora tal como a Consolidação das Leis do Trabalho[(1437)], contém um tratamento diferenciado ao rural, respeitando os usos e costumes de cada região que efetivamente são diferentes na área rural, ainda mais num país de dimensões continentais como o Brasil.

O empregado rural também possui intervalo interjornadas (entre uma jornada de trabalho e outra) de, no mínimo, de onze horas consecutivas para descanso[(1438)]. Todavia, essa norma é igual à aplicável ao empregado urbano[(1439)].

c) Horário noturno e adicional noturno especiais

Diferentemente do horário considerado noturno para o empregado urbano que é das 20 horas de um dia e as 5 horas do dia seguinte[(1440)], o horário noturno para o empregado rural varia conforme o trabalho seja na lavoura ou na pecuária. Assim, considera-se trabalho noturno o executado entre as 21 horas de um dia e as 5 horas do dia seguinte, na lavoura, e entre as 20 horas de um dia e as 4 horas do dia seguinte, na atividade pecuária[(1441)].

O adicional pago em face do trabalho realizado no período noturno referido é de 25% (vinte e cinco por cento) sobre a remuneração normal[(1442)]. Lembre-se de que o adicional noturno do empregado urbano é 20% sobre a hora diurna[(1443)] e, além disso, sua hora de trabalho no período considerado noturno não tem 60 minutos, mas 52,30 minutos[(1444)]. Por tratar-se de uma criação da lei (portanto, uma ficção legal) é chamada de hora ficta.

Portanto, ao empregado rural o legislador não concedeu o benefício de a hora ser reduzida, mas em contrapartida lhe conferiu um adicional maior do que o do urbano: 25% ao em vez de 20%.

d) Proteção ao trabalhador rural menor de 18 anos

Saliente-se que ao menor de 18 anos é vedado o trabalho noturno, insalubre ou perigoso no âmbito rural, assim como no âmbito urbano. E, ao menor de 16 anos é proibido qualquer trabalho[(1445)].

(1434) Conforme art. 5º do Decreto n. 73.626/74, que regulamenta a Lei n. 5.889/73.
(1435) Conforme art. 6º da Lei n. 5.889/73.
(1436) Conforme art. 5º do Decreto n. 73.626/74.
(1437) Art. 71 e parágrafos da Consolidação das Leis do Trabalho.
(1438) Conforme art. 5º do Decreto n. 73.626/74.
(1439) Conforme art. 66 da Consolidação das Leis do Trabalho.
(1440) Conforme o § 2º do art. 73 da Consolidação das Leis do Trabalho.
(1441) Conforme art. 7º da Lei n. 5.889/73.
(1442) Conforme o parágrafo único do art. 7º da Lei n. 5.889/73.
(1443) Conforme o art. 73, *caput*, da Consolidação das Leis do Trabalho.
(1444) Conforme o § 1º do art. 73 da Consolidação das Leis do Trabalho.
(1445) Conforme art. 8º da Lei n. 5.889/73, combinado com o inciso XXXIII do art. 7º da Constituição Federal.

As normas referentes à jornada de trabalho, trabalho noturno, trabalho do menor e outras compatíveis com a modalidade das respectivas atividades aplicam-se aos avulsos e outros trabalhadores rurais que, sem vínculo de emprego, prestam serviços a empregadores rurais[1446].

e) proteção do salário

Salvo as hipóteses de autorização legal ou decisão judicial, só poderão ser descontadas do empregado rural as seguintes parcelas, calculadas sobre o salário mínimo: a) até o limite de 20% (vinte por cento) pela ocupação da morada. Sempre que mais de um empregado residir na mesma morada, esse desconto será dividido proporcionalmente ao número de empregados, vedada, em qualquer hipótese, a moradia coletiva de famílias; b) até 25% (vinte e cinco por cento) pelo fornecimento de alimentação sadia e farta, atendidos os preços vigentes na região; c) adiantamentos em dinheiro. Tais descontos (ainda que a dedução do adiantamento salarial não seja um desconto propriamente dito) deverão ser previamente autorizados, sem o que serão nulos[1447].

Trata-se da aplicação do princípio da intangibilidade salarial de forma específica aos empregados rurais. Para os trabalhadores urbanos, incide o art. 462 da Consolidação das Leis do Trabalho, segundo o qual o empregador não pode efetuar qualquer desconto no salário do empregado, nem o empregado pode renunciar validamente, salvo nos casos de: a) adiantamento; b) disposição de lei (contribuição previdenciária e Imposto de Renda, condenação em alimentos, prestações do Sistema Financeiro de Habitação, valores referentes ao pagamento de empréstimos, financiamentos e operações de arrendamento mercantil concedidos por instituições financeiras e sociedades de arrendamento mercantil — Lei n. 10.820/03[1448] etc.); c) acordo ou convenção coletiva. Note-se que a possibilidade de descontos da remuneração do empregado rural é mais restrita em relação ao empregado urbano.

f) obrigação de desocupar a casa dentro de 30 dias contados da extinção do contrato de trabalho

O empregado rural normalmente reside numa casa dentro da propriedade rural do empregador. A morada nessa residência é vinculada à existência do contrato de trabalho. Findo o contrato de trabalho, o empregado será obrigado a desocupar a casa dentro de trinta dias[1449].

Trata-se de uma obrigação legal decorrente do término do contrato de trabalho, portanto, não há necessidade de qualquer notificação por parte do empregador. Havendo a ruptura do contrato de trabalho, o empregado rural terá trinta dias para encontrar uma morada. Note-se que esse prazo inicia com a extinção do contrato de trabalho, não da ciência do aviso-prévio, quando esse for trabalhado, pois ainda que ambos sejam de trinta dias, possuem objetivos diferentes e iniciam suas contagens de momentos diferentes.

Observe-se que a Justiça do Trabalho é competente para julgar eventual pedido de despejo de empregado rural da propriedade rural, quando o imóvel não for desocupado dentro do prazo legal referido.

g) a plantação subsidiária ou intercalar não poderá compor o salário mínimo

Nas regiões em que se adota a plantação subsidiária ou intercalar (cultura secundária), a cargo do empregado rural, quando autorizada ou permitida, será objeto de contrato em separado. Embora devendo integrar o resultado anual a que tiver direito o empregado rural, a plantação subsidiária ou intercalar não

---

(1446) Conforme art. 14 do Decreto n. 73.626/74.

(1447) Conforme o art. 9º e §§ 1º e 2º da Lei n. 5.889/73.

(1448) Esta lei dispõe sobre a autorização para desconto de prestações em folha de pagamento, e dá outras providências: "Art. 1º Os empregados regidos pela Consolidação das Leis do Trabalho — CLT, aprovada pelo Decreto-Lei n. 5.452, de 1º de maio de 1943, poderão autorizar, de forma irrevogável e irretratável, o desconto em folha de pagamento dos valores referentes ao pagamento de empréstimos, financiamentos e operações de arrendamento mercantil concedidos por instituições financeiras e sociedades de arrendamento mercantil, quando previsto nos respectivos contratos. § 1º O desconto mencionado neste artigo também poderá incidir sobre verbas rescisórias devidas pelo empregador, se assim previsto no respectivo contrato de empréstimo, financiamento ou arrendamento mercantil, até o limite de trinta por cento".

(1449) Conforme o § 3º do art. 9º da Lei n. 5.889/73.

poderá compor a parte correspondente ao salário mínimo na remuneração geral do empregado, durante o ano agrícola[1450].

h) Normas específicas de segurança e medicina do trabalho

Nos locais de trabalho rural serão observadas as normas de segurança e medicina do trabalho estabelecidas em Portaria do Ministro do Trabalho e Emprego[1451].

A Portaria n. 3.214/78 do Ministério do Trabalho e Emprego, constantemente atualizada, instituiu em 2005 a Norma Regulamentadora (NR) n. 31, que é um importante instrumento de regulamentação e de fiscalização do cumprimento das normas de segurança e medicina do trabalho no meio rural. A NR-31 aplica-se a agricultura, pecuária, silvicultura, exploração florestal e aquicultura.

A Norma Regulamentadora n. 21 da Portaria n. 3.214/78 do Ministério do Trabalho e Emprego trata das condições de trabalho que devem ser observadas nos trabalhos realizados a céu aberto, entre os quais está o trabalho rural. São diversas regulamentações, como a de que é obrigatória a existência de abrigos, ainda que rústicos, capazes de proteger os trabalhadores contra intempéries (21.1).

O Tribunal Superior do Trabalho firmou entendimento de que não é devido o pagamento de adicional de insalubridade ao trabalhador em atividade a céu aberto exposto a raios solares, com base no art. 195 da Consolidação das Leis do Trabalho e no Anexo 7 da NR-15 da Portaria n. 3.214/78 do Ministério do Trabalho e Emprego. Todavia, o trabalhador que exerce atividade exposto ao calor acima dos limites de tolerância previstos no Anexo 3 da NR-15 da Portaria n. 3.214/78 do Ministério do Trabalho e Emprego tem direito ao pagamento de adicional de insalubridade, inclusive em ambiente externo com carga solar (OJ n. 173 da SDI-I do TST[1452]). Daí a importância de um bom acompanhamento das normas de segurança e medicina do trabalho específicas para o meio rural.

i) Contrato de safra

Além de tutelar normas relativas ao contrato de trabalho, o estatuto do trabalhador rural disciplina também o chamado contrato de safra, que é distinto do contrato de trabalho. Considera-se safreiro ou safrista o trabalhador que se obriga à prestação de serviços mediante contrato de safra. Contrato de safra é aquele que tenha sua duração dependente de variações estacionais das atividades agrárias, assim entendidas as tarefas normalmente executadas no período compreendido entre o preparo do solo para o cultivo e a colheita[1453].

Expirado normalmente o contrato, a empresa pagará ao safrista, a título de indenização do tempo de serviço, importância correspondente a 1/12 (um doze avos) do salário mensal, por mês de serviço ou fração superior a 14 (quatorze) dias[1454].

j) contratação de empregado rural por produtor rural pessoa física por pequeno prazo

A Lei n. 11.718/2008, que acrescentou o art. 14-A à Lei n. 5.889/73, inovou ao possibilitar que o produtor rural pessoa física realize contratação de trabalhador rural para o exercício de atividades de natureza temporária, por pequeno prazo, que segundo a lei é aquele que não superar 2 (dois) meses, dentro do período de 1 (um) ano.

(1450) Conforme o art. 12 e parágrafo único da Lei n. 5.889/73.

(1451) Conforme o art. 13 da Lei n. 5.889/73.

(1452) TST, OJ n. 173 da SDI-I: ADICIONAL DE INSALUBRIDADE. ATIVIDADE A CÉU ABERTO. EXPOSIÇÃO AO SOL E AO CALOR (redação alterada na sessão do Tribunal Pleno realizada em 14.9.2012 — Res. n. 186/2012, DEJT divulgado em 25, 26 e 27.9.2012). I — Ausente previsão legal, indevido o adicional de insalubridade ao trabalhador em atividade a céu aberto, por sujeição à radiação solar (art. 195 da Consolidação das Leis do Trabalho e Anexo 7 da NR-15 da Portaria n. 3.214/78 do MTE). II — Tem direito ao adicional de insalubridade o trabalhador que exerce atividade exposto ao calor acima dos limites de tolerância, inclusive em ambiente externo com carga solar, nas condições previstas no Anexo 3 da NR-15 da Portaria n. 3.214/78 do MTE.

(1453) Conforme o parágrafo único do art. 14 da Lei n. 5.889/73, combinado com o art. 19 do Decreto n. 73.626/74.

(1454) Conforme o art. 14 da Lei n. 5.889/73.

Trata-se de uma modalidade nova e especial de contrato de trabalho por tempo determinado, que permite, de forma excepcional ao produtor rural pessoa física que explore diretamente atividade agroeconômica, independentemente de ser proprietário ou não das terras. Caso a contratação supere 2 (dois) meses, dentro do período de 1 (um) ano, passa a ser, automaticamente, contrato de trabalho por prazo indeterminado[1455].

O contrato de trabalho por pequeno prazo deverá ser formalizado mediante a inclusão do trabalhador na GFIP[1456], e mediante a anotação na Carteira de Trabalho e Previdência Social e em Livro ou Ficha de Registro de Empregados, ou mediante contrato escrito, em duas vias, uma para cada parte, em que conste, no mínimo: a) expressa autorização em acordo coletivo ou convenção coletiva; b) identificação do produtor rural e do imóvel rural no qual o trabalho será realizado e indicação da respectiva matrícula; c) identificação do trabalhador, com indicação do respectivo Número de Inscrição do Trabalhador — NIT[1457].

São assegurados ao trabalhador rural contratado por pequeno prazo, além de remuneração equivalente à do trabalhador rural permanente, os demais direitos de natureza trabalhista. Todas as parcelas devidas a esse trabalhador serão calculadas dia a dia e pagas diretamente a ele mediante recibo. O Fundo de Garantia do Tempo de Serviço — FGTS deverá ser recolhido e poderá ser levantado nos termos da Lei n. 8.036/90, porque se trata de uma modalidade de contrato a prazo determinado[1458].

k) Aviso-prévio

Não havendo prazo estipulado, a parte que, sem justo motivo, quiser rescindir o contrato de trabalho deverá avisar a outra da sua resolução com a antecedência mínima de 30 dias[1459]. Durante o prazo do aviso-prévio, se a rescisão tiver sido promovida pelo empregador, o empregado rural terá direito a 1 (um) dia por semana, sem prejuízo do salário integral, para procurar outro emprego[1460].

l) escola primária, inteiramente gratuita, nas propriedades rurais que mantenha a seu serviço mais de cinquenta famílias de trabalhadores

O empregador rural que tiver a seu serviço, nos limites de sua propriedade, mais de 50 trabalhadores de qualquer natureza, com família, é obrigado a possuir e conservar em funcionamento escola primária, inteiramente gratuita, para os menores dependentes, com tantas classes quantos forem os grupos de 40 crianças em idade escolar[1461].

(1455) Conforme o art. 14-A e § 4º da Lei n. 5.889/73, incluído pela Lei n. 11.718/2008.

(1456) A filiação e a inscrição do trabalhador de que trata este artigo na Previdência Social decorrem, automaticamente, da sua inclusão pelo empregador na Guia de Recolhimento do Fundo de Garantia do Tempo de Serviço e Informações à Previdência Social — GFIP, cabendo à Previdência Social instituir mecanismo que permita a sua identificação, conforme o disposto no § 2º do art. 14-A da Lei n. 5.889/73, incluído pela Lei n. 11.718/2008; A contribuição do segurado trabalhador rural contratado para prestar serviço na forma deste artigo é de 8% (oito por cento) sobre o respectivo salário de contribuição definido no inciso I do *caput* do art. 28 da Lei n. 8.212, de 24 de julho de 1991 (§ 2º do art. 14-A da Lei n. 5.889/73, incluído pela Lei n. 11.718/2008).

(1457) Conforme o § 3º do art. 14-A da Lei n. 5.889/73, incluído pela Lei n. 11.718/2008; A não inclusão do trabalhador na GFIP pressupõe a inexistência de contratação na forma deste artigo, sem prejuízo de comprovação, por qualquer meio admitido em direito, da existência de relação jurídica diversa (§ 6º do art. 14-A da Lei n. 5.889/73, incluído pela Lei n. 11.718/2008).

(1458) Conforme os §§ 8º, 9º e 10 do art. 14-A da Lei n. 5.889/73, incluído pela Lei n. 11.718/2008.

(1459) O art. 21 do Decreto n. 73.626/74, alterado pela Lei n. 7.093, de 25.4.1983, cuja redação também alterou da mesma forma o art. 487 da Consolidação das Leis do Trabalho, determinava que o aviso-prévio seria oito dias, se o pagamento fosse efetuado por semana ou por tempo inferior; e de 30 dias se o pagamento fosse efetuado por mês ou quinzena ou que tenham mais de 12 meses de serviço na empresa. Ocorre que, posteriormente, a Constituição Federal de 1988, revogando-o tacitamente, estipulou que o aviso-prévio será proporcional ao tempo de serviço, nos termos da lei, sendo de, no mínimo, 30 dias. Com isso, para qualquer contrato de emprego urbano ou rural o aviso-prévio deve ser de, ao menos, 30 dias, independentemente da esporadicidade do pagamento (mensal, quinzenal, semanal ou por tempo inferior); Quanto à disposição constitucional de o aviso-prévio ser dado por período superior a 30 dias proporcionalmente ao tempo de serviço do empregado na empresa, é necessária a criação de lei ordinária para regulamentá-la (visto que a própria Constituição usou a expressão "nos termos da lei") e enquanto essa lei não for publicada, trata-se de uma norma não autoaplicável nesse particular.

(1460) Conforme art. 22 do Decreto n. 73.626/74.

(1461) Conforme o art. 26 do Decreto n. 73.626/74.

15. *Empregado intermitente*

Não obstante, a Lei n. 13.467/17 alterou a redação do *caput* e § 3º do art. 443 da CLT, bem como inseriu os arts. 75-A a 75-E à CLT criando a "prestação de trabalho intermitente" como uma terceira modalidade de contrato de trabalho quanto à duração.

De acordo com o § 3º do art. 443 da CLT:

> Considera-se como intermitente o contrato de trabalho no qual a prestação de serviços, com subordinação, não é contínua, ocorrendo com alternância de períodos de prestação de serviços e de inatividade, determinados em horas, dias ou meses, independentemente do tipo de atividade do empregado e do empregador, exceto para os aeronautas, regidos por legislação própria.

O trabalho intermitente surgiu com objetivo de regularizar "bicos" de trabalhadores, como garçons, copeiros e enfermeiros, adequando necessidades ocasionais de mão de obra, sem impor pagamento de salários para longos períodos improdutivos. Também chamado de contrato zero-hora, tem como característica mais marcante a exclusão do cômputo de tempo à disposição do trabalhador como parte da jornada de trabalho, associado à imprevisibilidade de efetivo acionamento, insegurança de ganhos por parte do empregado e dificuldades de organização sindical[(1462)].

Trata-se de figura estranha, formal e de complexa operacionalização prática.

Será empregado, mas não precisará ter continuidade na prestação do trabalho (não eventualidade ou continuidade é um dos elementos da relação de emprego).

Independentemente do tipo de atividade do empregado e do empregador, o prestador de trabalho intermitente pode trabalhar ou não trabalhar por horas, dias ou meses (alternância de períodos de prestação de serviços e de inatividade).

A indeterminação quanto à prestação do trabalho põe em xeque o sinalagma do contrato de trabalho (sinalagmático é uma das classificações do contrato de trabalho) e pode ser questionada em face do disposto no art. 104 do Código Civil (em face da indeterminação quanto ao objeto do contrato).

As prestações trabalhistas são recíprocas e guardam, subjetivamente, uma noção de equivalência: o empregado recebe salário porque trabalha ou fica à disposição do empregador ou nos casos de interrupção previstos no ordenamento jurídico. Se não trabalhar, não recebe salário, salvo as situações de interrupção do contrato. Ao pagar-lhe salário, o empregador cumpre com a sua obrigação principal e completa o sinalagma[(1463)].

No contrato de emprego, uma obrigação é a causa, a razão de ser, o pressuposto das outras, verificando-se interdependência[(1464)] essencial[(1465)] entre as prestações.

Em sentido contrário, o descumprimento de uma das obrigações principais ocasionará a quebra do sinalagma, passível de extinção contratual por justa causa, por motivo juridicamente relevante, seja gerado

---

(1462) TRINDADE, Rodrigo; PICOLOTTO, Volnei. Rio Grande do Sul está entre os campeões na contratação de intermitentes. *Revisão Trabalhista*. Porto Alegre, 14 nov. 2019. Disponível em: <https://revisaotrabalhista.net.br/2019/11/14/rio-grande-do-sul-esta-entre-os-campeoes-na-contratacao-de-intermitentes/.>. Acesso em: 25 jan. 2020.

(1463) Explicando o sinalagma, diz Olea: "A causa do trabalho e do salário é sua recíproca: a de trabalhar de remunerar e vice-versa" (OLEA, Manuel Alonso; CASAS BAAMONDE, Maria Emília. *Derecho del trabajo*. 14. ed. Madrid: Universidad de Madrid, 1995. p. 50).

(1464) Orlando Gomes explica que a dependência pode ser genética ou funcional: genética, se existe desde a formação do contrato; funcional, se surge em sua execução o cumprimento da obrigação por uma das partes acarretando o da outra (GOMES, Orlando. *Contratos*. 24. ed. Rio de Janeiro: Forense, 2001. p. 74).

(1465) Catharino chega a dizer: "Trabalho e salário são cara e coroa do vínculo contratual de trabalho. São gêmeos contratuais que coexistem por força da relação jurídica" (CATHARINO, José Martins. *Tratado jurídico do salário*. São Paulo: LTr, 1994. p. 87).

pelo empregado (art. 483 da Consolidação das Leis do Trabalho), seja pelo empregador (art. 482 da Consolidação das Leis do Trabalho).

Nesse contexto é que o contrato de trabalho intermitente tal como previsto na Lei n. 13.467/17 põe em xeque o sinalagma do contrato de trabalho.

Note-se que o contrato de trabalho, assim como os negócios jurídicos em geral, para serem válidos, precisam, entre outros requisitos, ter objeto determinado ou determinável, de acordo com o art. 104 do Código Civil. O texto legal é o seguinte:

> Art. 104. A validade do negócio jurídico requer:
>
> I — agente capaz;
>
> II — objeto lícito, possível, determinado ou determinável;
>
> III — forma prescrita ou não defesa em lei.

Ao ser possível, pela redação do art. 443, § 3º, da CLT, que possa não ocorrer prestação de trabalho por horas, dias ou meses, há indeterminação quanto à prestação de trabalho (objeto do contrato de trabalho) do empregado contratado nessa modalidade.

Essa matéria pode ser relacionada também com o instituto da lesão previsto no art. 157 do Código Civil:

> Art. 157. Ocorre a lesão quando uma pessoa, sob premente necessidade, ou por inexperiência, se obriga a prestação manifestamente desproporcional ao valor da prestação oposta.
>
> § 1º Aprecia-se a desproporção das prestações segundo os valores vigentes ao tempo em que foi celebrado o negócio jurídico.
>
> § 2º Não se decretará a anulação do negócio, se for oferecido suplemento suficiente, ou se a parte favorecida concordar com a redução do proveito.

Sob premente necessidade (de subsistência), o trabalhador pode se submeter à prestação desproporcional no contrato de trabalho intermitente.

Sinale-se que o contrato de trabalho intermitente não se aplica aos aeronautas, os quais são regidos pela Lei n. 7.183/84. Os aeronautas são a exceção. Não poderão ter contrato de trabalho intermitente.

Atente-se que há previsão expressa do trabalho intermitente no inciso VIII do art. 611-A da CLT. Com isso, a convenção coletiva e o acordo coletivo de trabalho têm prevalência sobre a lei quando dispuserem sobre trabalho intermitente.

Isso significa que essa nova modalidade de contrato de trabalho pode sofrer redução ou supressão de direitos por meio de convenção coletiva ou acordo coletivo de trabalho com prevalência sobre a lei.

Capítulo 9

Empregador: Conceito, Caracterização. Grupo Econômico. Sucessão de Empregadores

1. Conceito e caracterização do empregador

O conceito legal de empregador está previsto no art. 2º da Consolidação das Leis do Trabalho: "Considera-se empregador a empresa, individual ou coletiva, que assumindo os riscos da atividade econômica, admite, assalaria e dirige a prestação pessoal de serviços".

Segundo autores trabalhistas clássicos como Orlando Gomes e Élson Gottschalk[1466], Délio Maranhão[1467], Evaristo de Moraes Filho[1468], por exemplo, ao considerar o empregador uma empresa, a Consolidação das Leis do Trabalho cometeu um significativo equívoco técnico, pois o empregador é sujeito de direitos (enquanto um dos sujeitos do contrato de trabalho) e a empresa (atividade) é objeto de direito. O empregador é a pessoa natural ou jurídica que utiliza serviços de outrem por meio de um contrato de trabalho. Dentro desse raciocínio, tecnicamente, a empresa não pode ser empregador[1469].

Defendendo a redação da Consolidação das Leis do Trabalho e procurando mostrar que ela tem uma importante razão, Valentin Carrion[1470] sustenta que ao utilizar a expressão "empregador é a empresa", o legislador quis salientar a integração do trabalhador na empresa (compreendida como uma universalidade de pessoas e bens), independentemente da pessoa que seja seu proprietário, ou venha a responder pelas obrigações em determinado momento, o que Mauricio Godinho Delgado[1471] chama de fenômeno da despersonalização da figura do empregador, que, segundo ele, destaca trata-se de um aspecto positivo acerca

(1466) GOMES, Orlando; GOTTSCHALK, Élson. *Curso de Direito do Trabalho.* 14. ed. Rio de Janeiro: Forense, 1997. p. 98.

(1467) SÜSSEKIND, Arnaldo *et al. Instituições de Direito do Trabalho.* 22. ed. São Paulo: LTr, 2005. p. 290.

(1468) MORAES FILHO, Evaristo de. *Introdução ao Direito do Trabalho.* 9. ed. São Paulo: LTr, 2003. p. 259-260.

(1469) Ver por todos DELGADO, Mauricio Godinho. *Curso de Direito do Trabalho.* 5. ed. São Paulo: LTr, 2006. p. 389-390.

(1470) CARRION, Valentin. *Comentários à Consolidação das Leis do Trabalho.* 30. ed. São Paulo: Saraiva, 2005. p. 28.

(1471) "A despersonalização do empregador é um dos mecanismos principais que o Direito do Trabalho tem para alcançar certos efeitos práticos relevantes: de um lado, permitir a viabilização concreta do princípio da continuidade da relação empregatícia, impedindo que ela se rompa em função da simples substituição do titular do empreendimento empresarial em que se encontra inserido o empregado. De outro lado, harmonizar a rigidez com que o Direito Individual do Trabalho trata as alterações objetivas do contrato empregatício (vedando alterações prejudiciais ao empregado) com o dinamismo próprio ao sistema econômico contemporâneo, em que sobreleva um ritmo incessante de modificações empresariais e interempresariais" (DELGADO, Mauricio Godinho. *Curso de Direito do Trabalho.* 3. ed. São Paulo: LTr, 2004. p. 392).

da eleição do termo empresa como empregador, indicando a Consolidação das Leis do Trabalho que a alteração do titular da empresa não terá grande relevância na continuidade do contrato[1472].

É a impessoalidade existente em relação ao empregador que gera a chamada despersonalização da figura do empregador. Note-se que, dentro dessa concepção, o requisito pessoalidade é essencial apenas para o empregado, mas não para o empregador. Essa característica tem crucial importância na estrutura e nos efeitos da sucessão trabalhista (que será separadamente estudada a seguir) e na chamada desconsideração da personalidade jurídica, em busca da responsabilização subsidiária dos sócios integrantes da entidade societária.

Em que pese as infindáveis discussões doutrinárias acerca da qualidade técnica da redação do art. 2º da Consolidação das Leis do Trabalho, é possível se inferir que a intenção do legislador foi proteger o crédito trabalhista, desprendendo-o do empregador (pessoa física ou jurídica) e vinculando-o ao patrimônio da empresa, de modo que estará sempre garantido, não importando as modificações que ocorram na titularidade ou na estrutura jurídica.

Superadas tais questões técnicas, parece que a melhor definição de empregador resulta da sua intrínseca relação com a conceituação de empregado[1473]. Em outras palavras, o empregador tanto pode ser pessoa natural, quanto pessoa jurídica, desde que contrate empregados. Assim, empregador será aquele que contratar pessoas físicas para trabalharem de forma pessoal, não eventual, subordinada e onerosa.

Note-se que Consolidação das Leis do Trabalho equipara ao empregador, para os efeitos exclusivos da relação de emprego, os profissionais liberais, as instituições de beneficência, as associações recreativas ou outras instituições sem fins lucrativos que admitirem trabalhadores como empregados. A doutrina especializada contesta a expressão "equiparam-se" contida na redação do § 1º do art. 2º da Consolidação das Leis do Trabalho, sob o fundamento de que quando um profissional liberal ou uma associação recreativa admitem empregados, não se equiparam ao empregador; são empregadores. Nesse sentido, Délio Maranhão[1474] acrescenta que o legislador celetista pensou equivocadamente que a atividade econômica supusesse, necessariamente, a ideia de lucro, por isso tratou separadamente das instituições sem fins lucrativos, esclarecendo que tal equívoco tem como ponto de partida a conceituação de empregador como "empresa".

O ordenamento jurídico não exige qualificação especial para que uma entidade seja considerada empregadora, basta que, de fato, tenha empregados. Dessa forma, não é requisito para ser empregador ter personalidade jurídica. Tanto é empregador a sociedade de fato, a sociedade irregular que ainda não tem seus atos constitutivos registrados no órgão competente, como a sociedade regularmente inscrita na Junta Comercial ou no Cartório de Registro de Títulos e Documentos. Será, também, considerado empregador o condomínio de apartamentos, que não tem personalidade jurídica, mas emprega trabalhadores sob o regime da Consolidação das Leis do Trabalho (conforme a Lei n. 2.757/56)[1475]. Diante disso, empregador poderá ser pessoa física ou jurídica, ainda que não tenha personalidade jurídica, que se utiliza de trabalho subordinado.

Do conceito legal contido no art. 2º da Consolidação das Leis do Trabalho pode-se extrair uma das características que mais dão fisionomia própria à figura jurídica do empregador: ele é o exclusivo responsável pelos riscos da atividade econômica que empreende. Isso significa que os prejuízos não podem ser transferidos e/ou divididos com os empregados. O empregado pode participar dos lucros da empresa[1476], mas não dos

(1472) Consolidação das Leis do Trabalho, art. 10: "Qualquer alteração na estrutura jurídica da empresa não afetará os direitos adquiridos por seus empregados".
Consolidação das Leis do Trabalho, art. 448: "A mudança na propriedade ou na estrutura jurídica da empresa não afetará os contratos de trabalho dos respectivos empregados".

(1473) RUSSOMANO, Mozart Victor. *Comentários à Consolidação das Leis do Trabalho.* 17. ed. Rio de Janeiro: Forense, 1997. p. 8; Também nessa linha: DELGADO, Mauricio Godinho. *Curso de Direito do Trabalho.* 3. ed. São Paulo: LTr, 2004. p. 389.

(1474) SÜSSEKIND, Arnaldo *et al. Instituições de Direito do Trabalho.* 22. ed. São Paulo: LTr, 2005. p. 298.

(1475) MARTINS, Sergio Pinto. *Direito do Trabalho.* 22. ed. São Paulo: Atlas, 2006. p. 177.

(1476) Constituição Federal, art. 7º, inciso XI.

prejuízos. As instituições sem fins lucrativos (§ 1º do art. 2º) também assumem riscos no desenvolvimento de suas atividades, enquadrando-se também nessa característica típica de quem é empregador[(1477)].

Tal característica, também conhecida pela denominação de alteridade, é efeito jurídico decorrente da existência do empregador[(1478)]. A expressão alteridade vem de *alteritas, de alter*, outro. Isso na relação de emprego é o trabalho prestado pelo empregado a outra pessoa (o alheio — o empregador). É o que se denomina trabalho por conta alheia (subordinado), em contraposição ao trabalho por conta própria (autônomo), que a doutrina própria chama de *ajenidad* (*trabajo por cuenta ajena)*[(1479)]. Nessa modalidade de trabalho (relação de emprego), os frutos do trabalho ficam com o empregador, que, em contrapartida, assume os riscos do empreendimento econômico.

Como consequência da assunção exclusiva dos riscos do empreendimento é que o legislador alcança ao empregador os poderes de admitir, assalariar e dirigir a força do trabalho[(1480)], que também caracterizam de forma importante a figura jurídica do empregador e serão detalhados a seguir.

2. *Poderes do empregador*

2.1. Poder de direção

Poder de direção ou poder diretivo é a faculdade atribuída ao empregador de determinar o modo como a atividade do empregado deve ser exercida, em decorrência do contrato de trabalho[(1481)]. Também é denominado de poder de comando do empregador.

É o poder de dar ordens ao empregado, visando alcançar os fins traçados pelo empreendimento. Ou, nas palavras da Consolidação das Leis do Trabalho, é o poder do empregador de "dirigir a prestação pessoal dos serviços" (art. 2º).

A direção do trabalho pessoal, subordinado, não eventual e oneroso, é umas das principais características da figura jurídica do empregador. Em princípio, porém, nem todos que dirigem empregados são empregadores, pois empregados também dirigem, ou melhor, subdirigem; ocorre que assim o fazem por delegação do empregador (delegação do poder de direção para alguns empregados), dentro de um contexto de organização e consequente hierarquia empresarial[(1482)].

Tratando da fundamentação do poder diretivo, alguns autores[(1483)] sustentam que o empregador tem o poder diretivo porque assume sozinho os riscos da atividade econômica. Outros autores[(1484)] sustentam que o poder diretivo do empregador fundamenta-se na correspectividade existente em relação à subordinação do

---

(1477) DELGADO, Mauricio Godinho. *Curso de Direito do Trabalho.* 3. ed. São Paulo: LTr, 2004. p. 393; Diverso é o entendimento de Magano, para quem que não é inerente ao conceito de empregador a ideia de assunção de riscos, uma vez que nele se compreendem, também, os entes voltados para atividades não lucrativas (MAGANO, Octavio Bueno. *Manual de Direito do Trabalho.* São Paulo: LTr, 1980. v. 2, p. 50).

(1478) DELGADO, Mauricio Godinho. *Curso de Direito do Trabalho.* 3. ed. São Paulo: LTr, 2004. p. 393.

(1479) Nessa modalidade os frutos do trabalho não são adquiridos pelo trabalhador, nem sequer num primeiro momento, mas passam diretamente para outra pessoa, que se beneficia deles desde o instante em que são produzidos. Segundo Oléa, a existência de uma *relación de ajenidad* define e demonstra a própria essência do contrato de trabalho (OLEA, Manuel Alonso; CASAS BAAMONDE, Maria Emília. *Derecho del trabajo.* 14. ed. Madrid: Universidad de Madrid, 1995. p. 54); Nesse sentido também: MARTIN VALVERDE, Antonio *et al. Derecho del trabajo.* 6. ed. Madrid: Tecnos, 1997. p. 40.

(1480) CAMINO, Carmen. *Direito individual do trabalho.* 4. ed. Porto Alegre: Síntese, 2003. p. 195.

(1481) NASCIMENTO, Amauri Mascaro. *Curso de Direito do Trabalho:* história e teoria geral do direito: relações individuais e coletivas de trabalho. 19. ed. São Paulo: Saraiva, 2004. p. 621.

(1482) VILHENA, Paulo Emílio Ribeiro de. *Relação de Emprego:* estrutura legal e supostos. 2. ed. São Paulo: LTr, 1999. p. 210.

(1483) Por exemplo: VILHENA, Paulo Emílio Ribeiro de. *Relação de Emprego:* estrutura legal e supostos. 2. ed. São Paulo: LTr, 1999. p. 209; CAMINO, Carmen. *Direito individual do trabalho.* 4. ed. Porto Alegre: Síntese, 2003. p. 195.

(1484) Por exemplo: MARTINS, Sergio Pinto. *Direito do Trabalho.* 21. ed. São Paulo: Atlas, 2005. p. 226.

empregado, ou seja, o empregador pode dar ordens visando a alcançar os fins da sua atividade empresarial e o empregado tem o correspondente dever de obedecer às ordens do empregador.

Entende-se que a fundamentação do poder do empregador de comandar a relação de emprego é econômica. Ou seja: o empregado se deixa mandar porque depende economicamente do seu emprego para a subsistência própria e de sua família. O poder diretivo é expressão da chamada subordinação subjetiva (poder de dar ordens ao empregado), que é a base da relação de trabalho assalariada no sistema capitalista[(1485)].

Note-se que todo contrato engendra, ainda que em graus diferentes, restrição de liberdade. A relação entre liberdade e dependência já era tratada por Kant[(1486)], na *Metafísica dos Costumes*, quanto ele trata do direito de propriedade. Para Kant, o contrato não é apenas um mero instrumento mercantil e jurídico, mas um instrumento mediante o qual alguém põe à disposição de outro "uma porção de sua liberdade", e no caso do contrato de emprego, o empregado põe sua energia e uma "porção de sua liberdade" à disposição do empregador em troca de salário.

Nesse sentido, falando expressamente do contrato de emprego, Hans Hattenhauer esclarece que desde o século XIX percebeu-se claramente a desigualdade entre prestação e contraprestação, trabalho e salário, razão pela qual a autonomia privada referida na doutrina de Kant é reduzida no Direito do Trabalho, justamente como forma de nivelar juridicamente tal desigualdade fática. Essas ideias são importantes para a noção da subordinação (característica que dá fisionomia própria e diferenciada ao contrato de emprego): o empregador adquire uma porção da liberdade do empregado e como contraprestação lhe paga salário (meio principal e/ou único de subsistência)[(1487)].

Atente-se que não há nenhuma norma que fale em subordinação, o que não precisa, pois a dependência é econômica e como tal está no mundo dos fatos e não no mundo jurídico. Não obstante, a determinação dos contratos visa vedar contratos "leoninos", que variavam no meio do caminho. Nessa linha, é importante salientar a importância da contratualização das relações de trabalho subordinado, afirmando Nascimento[(1488)] que a "contratualização é um avanço, pois é uma afirmação da liberdade de trabalho".

O poder de direção manifesta-se mediante três principais formas: o poder de organização, o poder de controle sobre o trabalho e o poder de disciplinar o empregado, que serão a seguir estudadas separadamente[(1489)]. Todavia, é importante frisar que o poder diretivo não abrange apenas o comando direto, a organização, a fiscalização e as punições do empregado, estendendo-se a todos aqueles atos de previsão que, sobre o trabalho de outrem, impliquem garantia dos meios de manter-se a regular atividade do processo produtivo ou a troca de bens e serviços. Sobre o prisma geral da estrutura e da dinâmica empresárias, o poder diretivo compreende a efetiva e a potencial disponibilidade dos meios de produção e neles está incluída o trabalho prestado pelos empregados, conforme adverte com razão Vilhena[(1490)], numa visão não restrita bem adequada à dinâmica das relações de trabalho.

Todavia, é importante salientar que o poder de direção do empregador não é absoluto e deve assumir feições objetivas relacionadas ao trabalho (atividade humana) e não da pessoa do trabalhador. Esclarece Mário de La Cueva[(1491)] que, no passado, os poderes do empresário careciam de limites, e a obediência irres-

---

(1485) VILHENA, Paulo Emílio Ribeiro de. *Relação de Emprego:* estrutura legal e supostos. 2. ed. São Paulo: LTr, 1999. p. 462-464; Sobre o poder disciplinar, ver COUTINHO, Aldacy Rachid. *Poder Punitivo Trabalhista.* São Paulo: LTr, 1999; Uma reflexão mais aprofundada sobre subordinação e liberdade pode ser encontrada em SUPIOT, Alain. Crítica del *Derecho del Trabajo.* Madrid: Ministerio del Trabajo y Asuntos Sociales, 1996. p. 135-147.

(1486) KANT, Immanuel. *A metafísica dos costumes.* São Paulo: EDIPRO, 2003. p. 118.

(1487) Conforme HATTENHAUER, Hans. *Conceptos Fundamentales del Derecho Civil:* introducción histórico-dogmática. Barcelona: Ariel, 1987. p. 68-69.

(1488) NASCIMENTO, Amauri Mascaro. *Direito contemporâneo do trabalho.* São Paulo: LTr, 2011. p. 355.

(1489) NASCIMENTO, Amauri Mascaro. *Curso de Direito do Trabalho:* história e teoria geral do direito: relações individuais e coletivas de trabalho. 19. ed. São Paulo: Saraiva, 2004. p. 621.

(1490) VILHENA, Paulo Emílio Ribeiro de. *Relação de Emprego:* estrutura legal e supostos. 2. ed. São Paulo: LTr, 1999. p. 214.

(1491) DE LA CUEVA, Mario. *El nuevo derecho mexicano del trabajo.* 19. ed. México: Porrúa, 2003. v. 1, p. 203; Também refere que este poder não é absoluto CABANELLAS, Guilhermo. *El derecho del trabajo e sus contrato.* Buenos Aires: Mundo Atlântico, 1945. p. 311.

trita do trabalhador expunha-o a riscos de vida. Nos dias atuais, a obediência do trabalhador é descabida quando viola disposições normativas (constituição, leis, convenções e acordos coletivos, sentenças normativas), assim como quando se tratar de ordens: lícitas, contrárias aos bons costumes ou alheias ao contrato.

O empregado tem o direito de resistir às ordens do empregador que ultrapassem esses limites[(1492)], o que se tem chamado de *jus resistentiae* do empregado, podendo o empregado até mesmo considerar extinto o contrato e pleitear a devida indenização nas hipóteses previstas no art. 483 da Consolidação das Leis do Trabalho. É certo que o empregador detém poderes inerentes à sua atividade, entre eles o diretivo e disciplinar. Entretanto, não é menos certo que tais poderes encontram limitações e, quando exercidos de forma abusiva e questionados judicialmente, sofrem os efeitos da declaração de nulidade do ato punitivo, uma vez que ao juiz do trabalho é vedado dosar, reduzir ou aumentar a penalidade aplicada pelo empregador.

2.2. Poder de organização

O empregador pode organizar e coordenar seu empreendimento e os fatores de produção (entre os quais está o trabalho desenvolvido por seus empregados), de acordo com os fins por ele objetivados.

Dentro do poder de organização está a possibilidade de o empregador regulamentar o trabalho (também chamado de poder regulamentar[(1493)]), elaborando o regulamento da empresa. Trata-se de um conjunto de normas de conduta interna empresarial, cuja criação é facultativa, mas de cumprimento obrigatório[(1494)]. Por meio do regulamento, pode-se, por exemplo, disciplinar vantagens e benefícios oferecidos, estabelecer regras relativas a faltas e atrasos, prazos para a entrega de atestados médicos etc.

O regulamento é, normalmente, estabelecido e elaborado por empregadores (unilateral), mas pode ser ajustado de comum acordo entre empregador e empregados, por meio de comissão instituída para esse fim (bilateral), o que seria o ideal em termos de Direito do Trabalho. São exemplos de instituições com regime celetista que possuem regulamento algumas empresas públicas, sociedades de economia mista e instituições bancárias, como a Caixa Econômica Federal, o Branco do Brasil, o Banco Itaú.

Quem defende que o regulamento da empresa é fonte do Direito do Trabalho diz que por força do princípio da continuidade, o regulamento empresarial adere aos contratos individuais, passando a fazer parte destes. Seria uma forma indireta de fonte contratual, apenas com maior índice de generalidade do que o contrato individual.

Entende-se que o regulamento não é fonte formal de Direito do Trabalho, justamente porque as normas regulamentares se comportam como cláusulas contratuais, ou seja, com efeitos limitados às partes contratantes e vigiadas pelo princípio da imodificabilidade lesiva do contrato individual de trabalho (art. 468 da Consolidação das Leis do Trabalho). Em outras palavras, o regulamento empresarial constitui parte integrante do contrato de trabalho, inalterável unilateralmente, quando for a alteração prejudicial ao trabalhador.

2.3. Poder de controle ou de fiscalização

Ao empregador cabe controlar/fiscalizar as atividades de seus empregados, como decorrência de dirigir a prestação pessoal dos serviços.

(1492) MORAES FILHO, Evaristo de; MORAES, Antônio Carlos Flores de. *Introdução ao Direito do Trabalho*. 7. ed. São Paulo: LTr, 1995. p. 257.

(1493) MARTINS, Sergio Pinto. *Direito do Trabalho*. 21. ed. São Paulo: Atlas, 2005. p. 227.

(1494) NASCIMENTO, Amauri Mascaro. *Curso de Direito do Trabalho:* história e teoria geral do direito: relações individuais e coletivas de trabalho. 19. ed. São Paulo: Saraiva, 2004. p. 621.

Hoje em dia, sobretudo em razão da vasta tecnologia, várias espécies desse controle têm se disseminado nas empresas, tais como a revista dos empregados, o controle de horário, o monitoramento da atividade do empregado pelo computador, o monitoramento dos *e-mails* do empregado que digam respeito ao seu trabalho etc.

O empregador deve tratar o empregado com respeito à sua dignidade, proporcionando-lhes adequados instrumentos e materiais de trabalho[1495]. O rigor excessivo caracteriza justa causa para rompimento do contrato de emprego, por iniciativa do empregado, nos termos do art. 483, *b*, da Consolidação das Leis do Trabalho. Trata-se de contenção do abuso do poder hierárquico, cujos limites são a lei e a boa-fé.

O poder de controle ou de fiscalização é legítimo e necessário, mas deve ser exercido sem violar a intimidade e a dignidade do empregado, com base no art. 5º, incisos III e X, da CF de 1988.

Nesse contexto se insere a revista dos empregados. A revista que preserve a intimidade e a dignidade dos empregados é permitida, em que pese não seja pacífica essa questão. Por exemplo: a revista, de caráter geral, em que se verifica apenas o conteúdo de bolsos e mochilas, esvaziadas pelos próprios empregados, sem qualquer contato físico por parte do revistador, e também sem a menor indicação de constrangimento ou abuso, não caracteriza ato ilícito, pelo contrário, está dentro do poder de controle do empregador[1496]. Em suma: quando utilizada, a revista deve ser em caráter geral, impessoal, para evitar suspeitas, por meio de critério objetivo (sorteio, numeração, todos os integrantes de um turno ou setor), respeitando-se, ao máximo, a intimidade e a dignidade do empregado.

Entretanto, a chamada revista íntima é proibida pelo ordenamento jurídico brasileiro e sua ocorrência gera danos morais aos empregados dessa forma revistados[1497]. O Tribunal Superior do Trabalho tem entendido que o sistema de vistoria, com revista íntima, consubstancia-se em abuso do poder diretivo do empregador, pois embora lhe caiba dirigir e fiscalizar a prestação pessoal de serviço, não lhe é dado exceder-se no exercício desse poder a ponto de atingir os valores íntimos da pessoa humana[1498].

Também há posicionamento do Tribunal Superior do Trabalho[1499] de que é irrelevante a circunstância de a supervisão ser empreendida por pessoa do mesmo sexo, uma vez que o constrangimento persiste, ainda que em menor grau. A mera exposição, quer parcial, quer total, do corpo do empregado caracteriza grave invasão à sua intimidade, traduzindo incursão em domínio para o qual a lei franqueia o acesso somente em raríssimos casos e com severas restrições, tal como se verifica até mesmo no âmbito do direito penal[1500]. Desnecessário, igualmente, o fato de inexistir contato físico entre o supervisor e os empregados, pois a simples visualização de partes do corpo humano, pela supervisora, evidencia a agressão à intimidade da empregada. Tese que se impõe à luz dos princípios consagrados na Constituição Federal, sobretudo os da dignidade da pessoa, erigida como um dos fundamentos do Estado Democrático de Direito[1501], da proibição de tratamento desumano e degradante[1502] e da inviolabilidade da intimidade e da honra[1503].

(1495) CESARINO JÚNIOR, Antônio Ferreira; CARDONE, Marly Antonieta. *Direito Social:* teoria geral do direito social, direito contratual do trabalho, direito protecionista do trabalho. 2. ed. São Paulo: LTr, 1993. p. 166.

(1496) Exemplo no Tribunal Superior do Trabalho: RECURSO DE REVISTA. DANO MORAL. REVISTA MEDIANTE DETECTOR DE METAIS. NÃO CARACTERIZAÇÃO. A mera revista por meio de detector de metais, direcionada a todos os empregados indistintamente, realizada em local reservado e sem contato corporal ou despimento, não configura, por si só, ofensa à intimidade da pessoa, constituindo, na realidade, exercício regular do direito do empregador, inerente ao seu poder de direção e fiscalização. Recurso de revista conhecido e provido" (Processo: RR 3280100-40.2008.5.09.0004. Data de Julgamento: 28.9.2011, Relatora Ministra: Dora Maria da Costa, 8ª Turma, Data de Publicação: DEJT 30.9.2011).

(1497) Consolidação das Leis do Trabalho, art. 373-A: "Ressalvadas as disposições legais destinadas a corrigir as distorções que afetam o acesso da mulher ao mercado de trabalho e certas especificidades estabelecidas nos acordos trabalhistas, é vedado: [...] VI — proceder o empregador ou preposto a revistas íntimas nas empregadas ou funcionárias (incluído pela Lei n. 9.799, de 26.5.1999)".

(1498) Tribunal Superior do Trabalho — RR 58/2004-025-01-40 — 4ª T. — Rel. Min. Barros Levenhagen — DJ 7.3.2008.

(1499) Precedente: Tribunal Superior do Trabalho — RR 2195/1999-009-05-00 — Rel. Min. João Oreste Dalazen — DJ 9.7.2004.

(1500) Constituição Federal, art. 5º, incisos XI e XII.

(1501) Constituição Federal, art. 1º, inciso III.

(1502) Constituição Federal, art. 5º, inciso III.

(1503) Constituição Federal, art. 5º, inciso X.

A Lei n. 9.799/1999, que editou o art. 373-A, inserido no Capítulo III do Título III da Consolidação das Leis do Trabalho, que versa sobre a proteção do trabalho da mulher, dispôs que é vedado proceder o empregador ou preposto a revistas íntimas de empregadas ou funcionárias.

Todavia, diante do princípio da igualdade contido no art. 5º, *caput*, I, da CF/88, evidentemente tal vedação se aplica aos trabalhadores do sexo masculino, pois a dignidade é própria do ser humano, não de gênero específico, conforme já decidido no âmbito no Tribunal Superior do Trabalho[(1504)].

2.4. Poder disciplinar

Também como decorrência do poder de dirigir o trabalho prestado pelos empregados, o empregador também tem o poder de impor sanções disciplinares a eles[(1505)]. Ou seja, quando as ordens determinadas pela empresa não são cumpridas, o empregador tem a faculdade de punir o empregado faltoso.

O poder disciplinar é um dos poderes típicos do empregador. Exemplificando essa tipicidade, lembra-se de que é comum nas ações trabalhistas que buscam o reconhecimento de vínculo de emprego as partes serem perguntadas, em audiência, por ocasião do depoimento pessoal, se o trabalhador foi advertido alguma vez, por chegar atrasado, por exemplo. Porque punir o prestador do trabalho é um poder cabível apenas a quem é empregador. Ainda que devam estar presentes todos os elementos da relação de emprego, no caso concreto, a existência de punição ao empregado é uma característica significativa, intimamente ligada à subordinação.

O empregado poderá ser advertido (verbalmente e por escrito), suspenso e dispensado por justa causa em caso de cometer uma falta grave (as hipóteses de justa causa para a despedida do empregado estão previstas no art. 482 da Consolidação das Leis do Trabalho)[(1506)].

Contudo, o conceito de gravidade é relativo, varia com os ambientes, a cultura, o grau de educação e antecedentes do caso. Por isso, deve ser apreciada *in concreto*, levando-se em conta não só a medida padrão, como também a personalidade do agente, suas condições psicológicas, sua capacidade de discernimento, e assim por diante, conforme esclarece Evaristo de Moraes Filho[(1507)].

No exercício do poder de punir também é necessário que haja nexo de causalidade entre falta e dano existente. Em razão disso, a punição deve ser concretamente especificada, não podendo mais tarde ser substituída por outra. Isso significa que os motivos, que devem ser apreciados pelo juiz, não podem ser mudados pelo empregador, pois são os fatos que determinaram a resolução do contrato[(1508)].

(1504) RECURSO DE REVISTA. DANOS MORAIS. REVISTA ÍNTIMA. EMPRESA DISTRIBUIDORA DE MEDICAMENTOS DE VENDA CONTROLADA. SUBSTÂNCIAS PSICOTRÓPICAS. O exercício regular do poder de fiscalização, com a finalidade de cumprir a legislação infraconstitucional que impõe a responsabilidade da empresa pela guarda de produtos de venda controlada, não autoriza o descumprimento das normas constitucionais que tratam da dignidade da pessoa humana, ante o princípio da supremacia da Carta Magna. No caso concreto, o reclamante era submetido a revista íntima diária em ambiente coletivo, o que não se admite. No art. 373-A da Consolidação das Leis do Trabalho está disposto que é vedado proceder o empregador ou preposto a revistas íntimas de empregadas ou funcionárias, o que, ante o princípio da igualdade (art. 5º, *caput*, I, da CF/88), aplica-se aos trabalhadores do sexo masculino, pois a dignidade é própria do ser humano, não de gênero específico. Recurso de revista a que se nega provimento. DANOS MORAIS. MONTANTE DA INDENIZAÇÃO. Não houve prequestionamento quanto à possibilidade de utilização, como parâmetro de cálculo, da maior remuneração por ano de serviço (Súmula n. 297 do Tribunal Superior do Trabalho). Recurso de revista de que não se conhece. DANOS MORAIS. JUROS E CORREÇÃO MONETÁRIA. Os arestos trazidos para confronto são inespecíficos ou inservíveis. Súmulas ns. 296 e 337 do Tribunal Superior do Trabalho. Recurso de revista de que não se conhece (Processo: RR 63100-34.2005.5.15.0058 Data de Julgamento: 26.3.2008, Relatora Juíza Convocada: Kátia Magalhães Arruda, 5ª Turma, Data de Publicação: DJ 4.4.2008).

(1505) NASCIMENTO, Amauri Mascaro. *Curso de Direito do Trabalho:* história e teoria geral do direito: relações individuais e coletivas de trabalho. 19. ed. São Paulo: Saraiva, 2004. p. 622.

(1506) MARTINS, Sergio Pinto. *Direito do Trabalho.* 21. ed. São Paulo: Atlas, 2005. p. 229.

(1507) MORAES FILHO, Evaristo de; MORAES, Antônio Carlos Flores de. *Introdução ao Direito do Trabalho.* 7. ed. São Paulo: LTr, 1995. p. 257.

(1508) SÜSSEKIND, Arnaldo *et al. Instituições de Direito do Trabalho.* 20. ed. São Paulo, 2002. v. 1, p. 564.

Outra questão importante que deve ser observada pelo empregador para o adequado uso do poder disciplinar é a proporcionalidade entre a falta e a punição, aplicando o empregador as penas menos severas para as punições mais leves e reservando a despedida para as mais graves, sempre tendo em consideração o princípio da razoabilidade. Como complemento desse requisito, o princípio do *nom bis in idem* veda a dupla punição pelo mesmo fato, ou seja, uma vez punido o empregado, esgota o direito punitivo do empregador para aquele fato[(1509)].

Além disso, é indispensável que haja atualidade ou imediatidade por ocasião da punição. Assim que tome conhecimento da prática de um ato faltoso, deve o empregador providenciar a aplicação da penalidade. Não há definição em lei do lapso temporal necessário para tanto. Varia de acordo com o caso concreto. O importante é que não haja solução de continuidade no processo interno da empresa para aplicação da pena[(1510)].

O objetivo da punição deve ser pedagógico, de mostrar ao empregado que está errado e que não deve cometer novamente a mesma falta[(1511)]. É recomendável, sempre que possível, haver gradação nas punições do empregado (advertência verbal, escrita, suspensão e aí despedida por justa causa), mas não se trata de um procedimento rígido, pois a gravidade da falta e a respectiva punição dependem do caso concreto. O empregador só estará obrigado a primeiro advertir e depois suspender se houver norma coletiva ou previsão no regulamento interno da empresa[(1512)]. Nesse sentido, o Tribunal Superior do Trabalho entende que é nula a punição do empregado quando não precedida de inquérito ou sindicância internos a que se obrigou a empresa, por norma regulamentar.

Em outras palavras, a legislação trabalhista, via de regra, só estabelece limites mínimos e máximos, não pormenorizando como e quando o empregador deve aplicar punições ao empregado, mas caso exista norma coletiva ou regulamento empresarial contendo condições para o exercício do poder disciplinar, elas passam a ser de observância obrigatória, sob pena de nulidade do ato[(1513)]. Além disso, é fundamental que a aplicação de penalidades seja procedida sempre à luz dos princípios da razoabilidade, da proporcionalidade e da boa-fé[(1514)].

Exemplificando, o art. 474 da Consolidação das Leis do Trabalho expressa um limite máximo do exercício do poder disciplinar ao estabelecer que o empregado não poderá ser suspenso por mais de 30 dias, pois isso importará na extinção do contrato de trabalho em justa causa[(1515)]. Outro exemplo de limite legal, dessa vez direcionado às espécies de punições, é o de que o empregado não poderá ser multado, salvo o atleta profissional de futebol[(1516)].

Dentro dos limites anteriormente dispostos, é garantido ao empregador o exercício do poder de punir o empregado. Nesse sentido, o Tribunal Superior do Trabalho entende que constitui direito líquido e certo do empregador a suspensão do empregado, ainda que este seja detentor de estabilidade sindical, até a de-

---

(1509) GIGLIO, Wagner D. *Justa Causa*. 7. ed. São Paulo: Saraiva, 2000. p. 15-17.

(1510) GIGLIO, Wagner D. *Justa Causa*. 7. ed. São Paulo: Saraiva, 2000. p. 23.

(1511) SUSPENSÃO DISCIPLINAR. ILEGALIDADE. Suspensão disciplinar. Ilegalidade. O exercício do poder diretivo do empregador pressupõe a observância do caráter pedagógico da sanção e a proporcionalidade. Ausentes tais requisitos seu ato não pode prevalecer. Recurso a que se nega provimento. (Tribunal Regional do Trabalho 17ª R. — 0798.2001.002.17.00-9 (4258/2002) — Relª. Juíza Sônia das Dores Dionísio — DOES 16.5.2002).

(1512) MARTINS, Sergio Pinto. *Direito do Trabalho*. 21. ed. São Paulo: Atlas, 2005. p. 229.

(1513) Conforme a Súmula n. 77 do Tribunal Superior do Trabalho.

(1514) Exemplo da jurisprudência, nesse sentido: Pena de Suspensão — Poder Disciplinar do Empregador — Reconhece-se ao empregador o poder discricionário de aplicar penas disciplinares ao empregado, desde que haja uma justa proporcionalidade entre a falta cometida e a sanção aplicada, sob pena de configurar-se abuso de poder hierárquico, vedado por lei. (Tribunal Regional do Trabalho da 3ª Região — RO 2053/97 — 3ª T. — Rel. Juiz Antônio Balbino Santos Oliveira — DJMG 14.10.1997).

(1515) Consolidação das Leis do Trabalho, art. 474: "A suspensão do empregado por mais de 30 (trinta) dias consecutivos importa na rescisão injusta do contrato de trabalho".

(1516) Conforme art. 15 da Lei n. 6.354/76.

cisão final do inquérito em que se apure a falta grave a ele imputada, na forma do art. 494, *caput* e parágrafo único, da Consolidação das Leis do Trabalho[(1517)].

Parte da doutrina tece duras críticas ao poder disciplinar do empregador. Maria do Rosário Palma Ramalho[(1518)], por exemplo, reconhecendo a inevitabilidade do poder disciplinar do empregador, conclui, entre outras questões, que:

> O poder disciplinar reconduz-se ao conceito técnico de direito subjetivo e tem caráter unilateral, dominial, punitivo, privado e egoísta; não obstante, está-lhe associada uma ideia de inevitabilidade, uma vez que se trata do traço mais característico da relação de trabalho, necessário para a gestão quotidiana o equilíbrio entre os interesses do empregador e os interesses do trabalhador.

Saliente-se, por fim, que ao Poder Judiciário é vedado dosar, reduzir ou aumentar a penalidade aplicada pelo empregador, porém, quando, no caso concreto, o empregador desrespeitar os limites legais mínimos e máximos, e/ou os princípios da razoabilidade e da boa-fé, a Justiça do Trabalho poderá declarar a nulidade do ato punitivo[(1519)].

3. Limites ao poder potestativo e abuso de direito do empregador

Ainda que o poder de direção seja potestativo, ou seja, independa da necessidade de concordância do empregado para o seu exercício, ele não é absoluto e ilimitado. O poder de direção deve assumir feições objetivas relacionadas ao trabalho (atividade humana) e não da pessoa do trabalhador. Esclarece Mário de La Cueva[(1520)] que, no passado, os poderes do empresário careciam de limites, e a obediência irrestrita do trabalhador expunha-o a riscos de vida. Nos dias atuais, a obediência do trabalhador é descabida quando viola disposições normativas (constituição, leis, convenções e acordos coletivos, sentenças normativas), assim como quando se tratar de ordens: lícitas, contrárias aos bons costumes ou alheias ao contrato.

O empregado tem o direito de resistir às ordens do empregador que ultrapassem esses limites[(1521)], o que se tem chamado de *jus resistentiae* do empregado, podendo o empregado até mesmo considerar extinto o contrato e pleitear a devida indenização nas hipóteses previstas no art. 483 da Consolidação das Leis do Trabalho. É certo que o empregador detém poderes inerentes à sua atividade, entre eles o diretivo e disciplinar. Entretanto, não é menos certo que tais poderes encontram limitações e, quando exercidos de forma abusiva e questionados judicialmente, sofrem os efeitos da declaração de nulidade do ato punitivo, uma vez que ao juiz do trabalho é vedado dosar, reduzir ou aumentar a penalidade aplicada pelo empregador.

A teoria do abuso de direito constitui um triunfo da ética no campo jurídico. A rigor, no abuso do direito, há licitude e direito, mas são vulneradas as pautas de exercício destes, no modo previsto no ordenamento jurídico. Há um desvio do fim moral ou econômico-social que o Direito persegue quando tutela as faculdades dos indivíduos. Além das limitações legais, a boa-fé e os bons costumes podem impor limitações ao exercício de direitos, não havendo, entretanto, uma fórmula geral[(1522)].

(1517) Tribunal Superior do Trabalho, Orientação Jurisprudencial n. 137 da SBDI-2; Consolidação das Leis do Trabalho, art. 494: "O empregado acusado de falta grave poderá ser suspenso de suas funções, mas a sua despedida só se tornará efetiva após o inquérito e que se verifique a procedência da acusação. Parágrafo único. A suspensão, no caso deste artigo, perdurará até a decisão final do processo".

(1518) RAMALHO, Maria do Rosário Palma. *Estudos de direito do trabalho*. Coimbra: Almedina, 2003. v. 1, p. 192.

(1519) Tribunal Regional do Trabalho 3ª R. — RO-618/03 01436-2002-002-03-00-2 — 5ª T. — Relª Juíza Maria Cristina Diniz Caixeta — DJMG 15.3.2003.

(1520) DE LA CUEVA, Mario. *El nuevo derecho mexicano del trabajo*. 19. ed. México: Porrúa, 2003. v. 1, p. 203; Também refere que este poder não é absoluto CABANELLAS, Guilhermo. *El derecho del trabajo e sus contrato.* Buenos Aires: Mundo Atlântico, 1945. p. 311.

(1521) MORAES FILHO, Evaristo de; MORAES, Antônio Carlos Flores de. *Introdução ao Direito do Trabalho*. 7. ed. São Paulo: LTr, 1995. p. 257.

(1522) CORDEIRO, António Manuel Menezes. *Da boa-fé no direito civil*. Coimbra: Almedina, 1984. p. 661 e seguintes.

Segundo Menezes Cordeiro[(1523)], a expressão abuso do direito tem origem no escritor belga Laurent, tendo sido criada para nominar uma série de situações jurídicas ocorridas na França, nas quais o tribunal, embora reconhecendo, na questão de fundo, a excelência do direito do réu, veio a condená-lo perante irregularidades no exercício desse direito. Apesar de algumas pesquisas indicarem relações com fórmulas do Direito Romano, a formulação é moderna. O Direito Romano possuía algumas diretivas como *non omne quod licet honestum est"* (Digesto, l. 50, tit. 17, Lei n. 144) e a famosa frase de Cícero, *summun ius, summa injuria*. Também podem ser lembradas, nesse contexto, *exceptio doli* e as relações de vizinhança. Não houve, porém, uma sistematização que permitisse verificar um desenvolvimento concatenado da doutrina do abuso do direito. No direito medieval, a *aemulatio* é desenvolvida, caracterizando-se como o exercício de um direito sem utilidade própria, ou seja, embora estivesse compreendido dentro do exercício normal de um direito, não acarretava para o titular senão uma mínima ou nenhuma utilidade, e realizava-se com ânimo de prejudicar o outro[(1524)].

A grande sistematização do abuso do direito é moderna e seu desenvolvimento ocorre, principalmente, na França. A obra clássica a respeito do tema é de Louis Josserand, e intitula-se *De L'Esprit des Droits et de leur Relativité*[(1525)]. O autor parte da ideia de que os direitos subjetivos devem obedecer a determinadas funções sociais, ou seja, o exercício de um direito deve ter por escopo um motivo legítimo. O abuso do direito para Josserand tem um caráter subjetivo, devendo o indivíduo ter a intenção de prejudicar a outro por meio do exercício disfuncional ou desviado de um direito. Liga-se ao exercício abusivo a obrigação de reparar o dano causado.

A evolução da teoria do abuso do direito pode ser acompanhada na evolução do pensamento de Saleilles: inicialmente, o citado autor distingue o caso do que usa o direito positivo que lhe é reconhecido de maneira expressa daquele que usa de sua liberdade, situação esta em que o abuso consistiria em exercê-la sem violação de um direito, mas com intuito de prejudicar outra pessoa. Em um segundo momento, a teoria é caracterizada como o exercício anormal de um direito, contrário ao destino econômico-social do direito subjetivo, exercício esse reprovado pela consciência pública e que ultrapassa o conteúdo do direito em si. Por último, o elemento subjetivo (consciência do abuso ou intenção de prejudicar) é descartado em benefício da circunstância de observar se o ato em si está inserido no contexto da lei e do ordenamento jurídico[(1526)]. Os critérios estabelecidos para caracterizar o abuso do direito fixam-se em subjetivos e objetivos. Os primeiros caracterizam abusivos aqueles direitos exercidos com intenção de prejudicar e cujo dano pode imputar-se ao sujeito exercente. O critério objetivo prescinde do elemento psicológico e põe acento no resultado danoso. Podem ocorrer variantes ecléticas, conjugando aspectos de ambos os critérios.

Verifica-se que a teoria do abuso do direito nasce na jurisprudência, e sua admissão tem sido fundada nas limitações ao direito subjetivo. Existe a necessidade de o titular do direito respeitar os direitos alheios. A violação de normas éticas no exercício de um direito, ou seja, a disfuncionalidade e a desconsideração do fim preconizado pelo direito, podem gerar a ocorrência de uma lesão[(1527)]. Essa violação conduz à conclusão

---

(1523) CORDEIRO, António Manuel Menezes. *Da boa-fé no direito civil*. Coimbra: Almedina, 1984. p. 670-671.

(1524) ARAÚJO, Francisco Rossal de. *A boa-fé no contrato de emprego*. São Paulo: LTr, 1996. p. 32.

(1525) JOSSERAND, Louis. *De L'Esprit des Droits et de leur Relativité*. 11. ed. Paris: Dalloz, 1939. p. 311. A bibliografia sobre abuso do direito é vasta. O tema fascinou os juristas da primeira metade do século XX e encontra acolhimento legislativo em diversos países. Atualmente, com o desenvolvimento do princípio da boa-fé, a teoria do abuso do direito perdeu um pouco a sua força. Para alguns autores, como Giovanni Cattaneo (Buona Fede obbjettiva e Abuso del Diritto. *Rev. Trim. del Diritto e Proc. Civile*, t. XXV, p. 613 e seguintes, 1971), falam que foi absorvida por aquele princípio.

(1526) ARAÚJO, Francisco Rossal de. *A boa-fé no contrato de emprego*. São Paulo: LTr, 1996. p. 32.

(1527) No campo do Direito Comercial, Direito Civil e no Direito do Trabalho tem sido amplamente utilizada a teoria da despersonalização da pessoa jurídica, também conhecida como "*disregard doctrine*". Trata-se de uma formulação destinada a combater a fraude por meio da personalidade jurídica. A questão pode ser abordada sob diversos ângulos, por exemplo, sob a perspectiva do abuso do direito e sob a perspectiva da primazia da realidade (direito material ou processual). Há uma separação da personalidade da pessoa jurídica da pessoa de seus sócios. Os bens da sociedade, em caso de insolvência, são executados antes dos bens dos sócios, observando-se os limites traçados na lei. Essa separação não pode ser utilizada como meio de fraude com relação aos credores, principalmente se a constituição da sociedade ocorreu com esse intuito. Sobre o tema ver PASQUALOTTO, Adalberto. Desvio da pessoa jurídica. *Revista da Ajuris*, n. 47, p. 195-211, nov. 1989.

de que algumas diretivas devem ser observadas para a caracterização do abuso do direito: a) o exercício do direito deve contrariar os fins da lei que os reconhece; b) o exercício do direito excede aos limites da boa-fé, moral e bons costumes. Diante dessas diretivas, o juiz deve considerar se houve intenção de causar o dano ou se há falta de interesse no exercício do direito. Aqui, conjugam-se critérios subjetivos e objetivos. Além disso, deve verificar se foi eleita, entre as várias maneiras de exercer o direito, aquela mais gravosa para o devedor ou se houve atuação de maneira razoável, não ofensiva à lealdade e confiança recíprocas. Por último, deve apreciar se o prejuízo causado é anormal ou excessivo(1528).

A teoria do abuso do direito apresenta um certo esgotamento, tendo em vista a dificuldade de desenvolvimento técnico e a recondução ao princípio da boa-fé, muito mais amplo e capaz de oferecer soluções para um número maior de casos concretos. No fundo, todos os pilares da teoria do abuso do direito encontram-se abrangidos pelo princípio da boa-fé, tais como a vedação da quebra da lealdade e da confiança, a limitação do exercício do direito pelos fins do ordenamento jurídico (padrões éticos e morais), a proporcionalidade entre os fins e os meios no exercício de direitos, entre outros. O princípio da boa-fé exerce suas funções topicamente, revelando seu alcance caso a caso, pois, sendo uma diretiva de conduta, somente na situação concreta é que mostrará o seu específico alcance. A doutrina traça os contornos, estabelecendo as linhas gerais, recolhendo da sociedade o padrão ético a ser seguido na criação e aplicação do Direito. A jurisprudência faz a aplicação de todo esse material, revelando o seu alcance, concretamente(1529).

4. Distinção entre empresa e estabelecimento

Se é certo que o Mercantilismo foi o marco inicial do moderno conceito de empresa, com o aparecimento das primeiras iniciativas perenes de organizar capital e trabalho com o feitio de um empreendimento econômico, por meio das companhias de navegação, não menos correto é afirmar que o Liberalismo e a Revolução Industrial é que amadureceram e deram as feições atuais do conceito de empresa. A partir do final do séc. XVIII, os economistas pregam a não intervenção do Estado na Economia de forma que o Mercado seja o principal fixador de preços por meio da conjugação da oferta e da demanda dos produtos. Para Adam Smith, o principal pensador e considerado o fundador desta escola de pensamento econômico, a geração de riqueza não está no simples acúmulo de riquezas, mas, principalmente, no caráter dinâmico do trabalho e da livre-iniciativa. Os agentes econômicos trazem, por si sós, o impulso pelo lucro e o entrechoque das ambições individuais geraria, por meio da livre concorrência, um efeito benéfico para a sociedade, ou seja, a diminuição do preço das mercadorias e a melhoria da qualidade final dos produtos.

O certo é que o liberalismo traz, a sua maneira, pela primeira vez, uma percepção dinâmica do processo produtivo e, consequentemente, da sua célula básica, a empresa. Nesse contexto, a empresa é uma configuração de fatores produtivos: recursos humanos, recursos naturais e bens de capitais. Todos são mobilizados pela capacidade empreendedora do proprietário dos meios de produção, o empresário.

As características da empresa moderna, segundo Evaristo de Moraes Filho(1530), são as seguintes: a) a existência de uma sociedade suficientemente desenvolvida, sob o regime de troca de serviços por meio de moedas; b) a existência de um mercado amplo, anônimo, permanente, que dê consumo aos bens que lhe são proporcionados, pouco importando que seja por encomenda direta do cliente ou por simples oferta do produto no mercado; c) a coordenação pelo agente de produção (empresário ou empresa) dos fatores de produção (recursos naturais, recursos humanos e capital); d) o agente de produção pode deter capital próprio ou obter capital com terceiros (agentes de financeiros) para tocar seu empreendimento; e) separação entre as tarefas diretivas e executivas, valendo-se o organizador do trabalho alheio; f) assunção do risco do empresário.

(1528) ARAÚJO, Francisco Rossal de. *A boa-fé no contrato de emprego.* São Paulo: LTr, 1996. p. 32.

(1529) ARAÚJO, Francisco Rossal de. *A boa-fé no contrato de emprego.* São Paulo: LTr, 1996. p. 31.

(1530) Cf. MORAES FILHO, Evaristo. *Do contrato de trabalho como elemento da empresa.* São Paulo: LTr, 1998. p. 39-42. O autor elege as características mencionadas após fazer uma longa análise dos principais economistas a partir do séc. XVIII.

Com essas características, segundo o autor citado, distingue-se a empresa de outros tipos de atividades coordenadas que produzem para consumo próprio e não para o mercado em geral(1531). A função econômica da empresa é prover necessidades alheias em troca de pagamento. Com isso, a empresa obtém sua finalidade: o lucro.

Embora a empresa moderna tenha origem no comércio, na atualidade, atende às mais variadas necessidades do sistema capitalista, tanto no comércio quanto na indústria, incluindo as mais recentes características do mundo digital e a recente revolução nas tecnologias de informação. Assim, a empresa passa por transformação em alguns de seus componentes, como a forma de escrituração, o conceito de estabelecimento, o teletrabalho e o redimensionamento de suas responsabilidades legais e contratuais, entre outros. Entretanto, o cerne de sua definição permanece válido: a empresa é uma organização permanente para a produção de bens e serviços para o mercado, congregando os fatores de produção por meio da capacidade empreendedora, inclusive com a assunção dos respectivos riscos, com a finalidade de obter lucro(1532).

A empresa, conceitualmente, distingue-se do estabelecimento, embora muitas vezes sejam utilizados como expressões sinônimas. Não raras vezes, confunde-se materialmente empresa e estabelecimento, geralmente quando a primeira se constitui apenas de um estabelecimento, onde se realiza toda a atividade empresarial. Mas pode, inclusive, haver empresa sem estabelecimento (ex. feirantes, companhias circenses etc.)(1533).

A empresa é a unidade econômica, e o estabelecimento, a unidade técnica da produção. Aquela traduz, antes, a atividade profissional do empresário, considerada no seu aspecto funcional mais do que no instrumental, conforme Délio Maranhão(1534). Nessa linha, a empresa é que contém os sujeitos, ativo e passivo, da relação jurídica trabalhista. É a empresa que se legitima como empregadora responsável pelas obrigações trabalhistas. No estabelecimento, apenas se localiza o trabalhador, como empregado, para a prestação laboral(1535).

Essa distinção é importante, pois o legislador celetista utiliza da expressão empresa com carregado conteúdo normativo, visando salientar a integração do trabalhador na empresa (compreendida como uma universalidade de pessoas e bens), independentemente da pessoa que seja seu proprietário, ou venha a responder pelas obrigações em determinado momento(1536), inspirado pelo princípio protetor, quando trata, por exemplo, do grupo econômico ou da sucessão trabalhista, que serão estudados a seguir.

5. *Grupo econômico*

A figura do grupo econômico apresenta contornos específicos na esfera trabalhista. O grupo de empresas ou grupo econômico é definido pela Consolidação das Leis do Trabalho e posteriormente pela Lei do Trabalho Rural (Lei n. 5.889/73).

A redação original do art. 2º da CLT era:

> Art. 2º Considera-se empregador a empresa, individual ou coletiva, que, assumindo os riscos da atividade econômica, admite, assalaria e dirige a prestação pessoal de serviço.

(1531) MORAES FILHO, Evaristo. *Do contrato de trabalho como elemento da empresa.* São Paulo: LTr, 1998. p. 34-35.

(1532) No mesmo sentido sociológico ver CATHARINO, José Martins. Algo sobre a empresa. In: *Temas de direito do trabalho.* Rio de Janeiro: Edições Trabalhistas, 1972. p. 41-53. Para o autor, a empresa é "uma organização social, econômica e contábil, internamente viva e real, extremamente ativa com tendência expansionista, dentro da qual se processa a interação de vários tipos e graus, mediante contratos laterais convergentes e divergente", p. 43.

(1533) MORAES FILHO, Evaristo de. *Introdução ao Direito do Trabalho.* 9. ed. São Paulo: LTr, 2003. p. 264.

(1534) SÜSSEKIND, Arnaldo *et al. Instituições de Direito do Trabalho.* 22. ed. São Paulo: LTr, 2005. p. 291.

(1535) ALMEIDA, Ísis. *Manual de direito individual do trabalho.* São Paulo: LTr, 1998. p. 111.

(1536) CARRION, Valentin. *Comentários à Consolidação das Leis do Trabalho.* 30. ed. São Paulo: Saraiva, 2005. p. 28.

§ 1º Equiparam-se ao empregador, para os efeitos exclusivos da relação de emprego, os profissionais liberais, as instituições de beneficência, as associações recreativas ou outras instituições sem fins lucrativos, que admitirem trabalhadores como empregados.

§ 2º Sempre que uma ou mais empresas, tendo, embora, cada uma delas, personalidade jurídica própria, estiverem sob a direção, controle ou administração de outra, constituindo grupo industrial, comercial ou de qualquer outra atividade econômica, serão, para os efeitos da relação de emprego, solidariamente responsáveis a empresa principal e cada uma das subordinadas.

A Lei n. 13.467/17 alterou parcialmente a caracterização de grupo econômico. A atual redação do § 2º e o incluído § 3º do art. 2º trazem duas novidades: o conceito de grupo econômico passa a ser definido por um critério de finalidade administrativa (direção, controle ou administração) ou por um critério econômico (integrem grupo econômico), mesmo que haja autonomia entre as empresas. A consequência é a solidariedade. A consequência não mudou.

A redação atual dos §§ 2º e 3º do art. 2º da CLT, dada pela Lei n. 13.467/17, é a seguinte:

§ 2º Sempre que uma ou mais empresas, tendo, embora, cada uma delas, personalidade jurídica própria, estiverem sob a direção, controle ou administração de outra, ou ainda quando, mesmo guardando cada uma sua autonomia, integrem grupo econômico, serão responsáveis solidariamente pelas obrigações decorrentes da relação de emprego.

§ 3º Não caracteriza grupo econômico a mera identidade de sócios, sendo necessárias, para a configuração do grupo, a demonstração do interesse integrado, a efetiva comunhão de interesses e a atuação conjunta das empresas dele integrantes.

A atual redação do § 3º do art. 2º da CLT dispõe que não caracteriza grupo econômico a mera identidade de sócios, sendo necessário demonstrar o interesse integrado, a efetiva comunhão de interesses e a atuação conjunta das empresas integrantes.

Com essa regra, a intenção do legislador é de que o ônus da prova passe a ser do empregado, e não do empregador, não devendo se presumir o grupo econômico pela simples identidade de sócios.

Não caracterizar grupo econômico pela mera identidade de sócios não é novidade de acordo com entendimento doutrinário e jurisprudencial dominante. A simples circunstância de certas pessoas participarem, simultaneamente, de duas ou mais empresas não é suficiente para que se reconheça a existência do grupo e, por consequência, a solidariedade quanto às obrigações trabalhistas dos seus empregados[(1537)].

Assim, para formação de um grupo, a identidade de sócios deverá revelar, também, controle único ou única administração para todas as empresas componentes.

Também a simples existência de parentesco entre sócios de empresas distintas, sem que haja prova de entrelaçamento das atividades empresariais desenvolvidas, é insuficiente à conformação de grupo econômico[(1538)].

A nova redação da CLT estabelece como requisitos para configuração do grupo econômico:

a) demonstração do interesse integrado;

(1537) "GRUPO ECONÔMICO — CLT, ART. 2º, § 2º A existência de sócio comum em várias empresas não forma grupo econômico. O que define a existência do grupo é a 'direção', o 'controle' ou a 'administração' de uma sociedade sobre outras, em razão de um interesse comum que liga as atividades dessas empresas. É o objetivo comercial ou industrial das pessoas jurídicas que dá origem ao grupo econômico, assim como é o objetivo das pessoas humanas, em grupo, que forma as sociedades comerciais. A existência de fraude, malícia, ou qualquer outro expediente utilizado pelas pessoas físicas na constituição de sociedades, com intuito de se livrarem de responsabilidades, deve ser levada à conta das nulidades dos atos jurídicos e não à formação de grupo econômico" (Tribunal Regional do Trabalho 2ª R. — RO 29858200290202001 — (20020771295) — 9ª T. — Rel. Juiz Luiz Edgar Ferraz de Oliveira — DOESP 13.12.2002).

(1538) Tribunal Regional do Trabalho 2ª R. — AP-ETerc 01179-2003-042-02-00-4 — 4ª T. — Rel. Juiz Ricardo Artur Costa e Trigueiros — DOE/SP 14.12.2007.

b) efetiva comunhão de interesses;

c) a atuação conjunta das empresas dele integrantes.

Tais requisitos possuem aspectos subjetivos que deverão ser examinados nos casos concretos.

O "interesse integrado" e a "comunhão de interesses" são a unidade de interesses/objetivos econômicos entre as empresas integrantes do grupo e a "atuação conjunta das empresas dele integrantes" é a atuação conjunta das empresas do grupo na consecução de seus fins sociais.

A caracterização do grupo na esfera trabalhista não se submete à tipificação legal que o grupo empresarial recebe em outras áreas, tais como Direito Comercial e Econômico, nem se sujeita aos requisitos de constituição presentes em outros segmentos jurídicos. Diferentemente do previsto pela Lei n. 6.404/76 (Lei que regula as sociedades anônimas), a qual prevê "grupo de sociedades"[1539], constituído por meio de convenção pela qual a sociedade controladora e suas controladas se obrigam a combinar recursos ou esforços para a realização dos respectivos objetos, ou a participar de atividades ou empreendimentos comuns (art. 265)[1540], a noção de grupo no Direito do Trabalho é mais ampla.

Assim, o grupo econômico no Direito do Trabalho possui amplitude maior do que na legislação comercial, não necessitando revestir-se das modalidades jurídicas típicas (*holdings*, consórcios, *pools* etc.), nem sequer provar a formalização cartorial para sua existência, bastando que de fato estejam presentes os requisitos previstos na lei.[1541]

A forma mais comum de grupo econômico é a participação acionária majoritária da empresa líder no capital de cada uma das empresas secundárias. Todavia, a doutrina tem admitido a possibilidade de se configurar o grupo econômico quando as empresas são controladas por uma ou algumas pessoas físicas que detêm o controle acionário, já que "a tônica do grupo está no poder que o comanda e não na natureza da pessoa que detenha a titularidade"[1542].

Outra questão importante a ser analisada é o tipo de sujeito de direito que pode compor a figura do grupo econômico justrabalhista. O componente do grupo não pode ser qualquer pessoa física, jurídica ou ente despersonificado[1543]. Apenas entes com dinâmica e fins econômicos têm aptidão para agregar e compor a figura do grupo econômico para fins trabalhistas, ou seja, somente os empregadores constituídos sob a forma de empresa.

A atual redação do § 2º está na linha da Súmula n. 129 do Tribunal Superior do Trabalho[1544], segundo a qual a prestação de serviços a mais de uma empresa do mesmo grupo econômico, durante a mesma jornada de trabalho, não caracteriza a coexistência de mais de um contrato de trabalho, salvo ajuste em contrário.

(1539) Não obstante as peculiaridades de cada um ("grupo de empresas" e "grupo de sociedades"), ambos poderão ser devidamente contemplados para os fins propostos pelo § 2º do art. 2º da Consolidação das Leis do Trabalho, desde que presentes os requisitos enumerados na norma.

(1540) Art. 265. A sociedade controladora e suas controladas podem constituir, nos termos deste capítulo, grupo de sociedades, mediante convenção pela qual se obriguem a combinar recursos ou esforços para a realização dos respectivos objetos, ou a participar de atividades ou empreendimentos comuns.

(1541) NASCIMENTO, Amauri Mascaro. *Iniciação ao Direito do Trabalho.* 27. ed. São Paulo: LTr, 2001. p. 199.

(1542) BARROS, Alice Monteiro de. *Curso de Direito do Trabalho.* São Paulo: LTr, 2005. p. 359; NASCIMENTO, Amauri Mascaro. *Iniciação ao Direito do Trabalho.* 27. ed. São Paulo: LTr, 2001. p. 200; 284/68. "GRUPO ECONÔMICO — RESPONSABILIZAÇÃO SOLIDÁRIA — Para a doutrina moderna, o conceito de 'grupo econômico' não mais pressupõe uma organização piramidal em cujo vértice situa-se uma empresa líder (*holding*) subordinando as demais empresas do grupo ao seu poder de comando e direção. Há uma segunda forma de grupo econômico instituída não a partir de uma relação vertical, marcada pela liderança de uma empresa dominante, uma vez que todas as empresas encontram-se dispostas horizontalmente, bastando a administração conjunta ou mesmo coordenação". (Tribunal Regional do Trabalho 2ª R. — AP 00008200702302003 — Ac. 20070503227 — 12ª T. — Relª Minª Vânia Paranhos — DOESP 6.07.2007).

(1543) DELGADO, Mauricio Godinho. *Curso de Direito do Trabalho.* 3. ed. São Paulo: LTr, 2004. p. 399.

(1544) Súmula n. 129 do TST — CONTRATO DE TRABALHO. GRUPO ECONÔMICO (mantida) — Res. n. 121/2003, DJ 19, 20 e 21.11.2003. A prestação de serviços a mais de uma empresa do mesmo grupo econômico, durante a mesma jornada de trabalho, não caracteriza a coexistência de mais de um contrato de trabalho, salvo ajuste em contrário.

Qual a consequência jurídica da caracterização do grupo de empregadores? A responsabilidade solidária entre as empresas pertencentes ao mesmo grupo econômico pelas obrigações decorrentes da relação de emprego.

A consequência foi mantida pela Lei n. 13.467/17.

Segundo o ordenamento jurídico pátrio, há solidariedade quando, na mesma obrigação, há pluralidade de credores ou de devedores, cada um com direito, ou obrigação, à dívida toda[(1545)]. Dessa definição podem-se extrair os aspectos fundamentais do instituto: pluralidade subjetiva e unidade objetiva, ou seja, é mister que haja a concorrência de mais de um credor ou mais de um devedor e que haja unidade da prestação, uma vez que a solidariedade é incompatível com o fracionamento do objeto. Na obrigação solidária, devedores e credores estão unidos para um fim comum, para cuja satisfação se relacionam os vínculos constituídos[(1546)].

A solidariedade tem caráter excepcional[(1547)]. Por isso, o ordenamento jurídico brasileiro veda sua presunção, admitindo que ela resulte de lei ou da vontade das partes, tão somente[(1548)].

Se o concurso é de vários credores, há solidariedade ativa; se de devedores, solidariedade passiva. Para os fins do presente trabalho, importa apenas o estudo da solidariedade passiva. Para uma melhor compreensão, a solidariedade passiva merece ser abordada externa e internamente, isto é, nas relações dos devedores com o credor e nas relações dos devedores entre si. Inicia-se pelas relações externas.

Na obrigação solidária, o credor poderá exigir o cumprimento da obrigação de qualquer um, de alguns ou todos os devedores, total ou parcialmente[(1549)], sem que os devedores possam alegar os benefícios de ordem e de divisão. Outrossim, não importará renúncia à qualidade creditória contra os demais codevedores solidários a propositura de ação pelo credor contra um ou alguns dos devedores[(1550)].

Na hipótese de responsabilidade solidária pelos créditos trabalhistas em relação ao prestador e ao tomador de serviço, o trabalhador poderá direcionar a execução do que foi estabelecido em sentença contra a empresa prestadora de serviços ou contra a empresa tomadora dos serviços, de acordo com sua escolha, podendo ainda cobrar parte de um e parte de outro ou toda dívida de um só. Note-se a relevância dos efeitos desse tipo de responsabilidade e quanto ela facilita o credor e enreda o devedor. Por isso, a solidariedade tem caráter excepcional e não pode ser presumida no Direito pátrio.

No âmbito das relações internas, cada um dos coobrigados é responsável por sua cota-parte. Isso significa que, se um dos obrigados solver a obrigação, espontânea ou compulsoriamente, tem o direito de

(1545) Conforme art. 264 do CC/2002. Define Pontes de Miranda que "na solidariedade ativa, cada credor tem o crédito e a pretensão quanto ao todo da prestação, mas o devedor, que paga a um, libera-se. Na solidariedade passiva, cada devedor tem de prestar a totalidade, mas o credor só há de receber uma vez a prestação" (PONTES DE MIRANDA, Francisco Cavalcanti. *Tratado de direito privado.* Rio de Janeiro: Borsoi, 1954, v. 22. p. 321). Obrigações solidárias, na definição de Savigny, são aquelas que se referem, completamente e sem partilha a cada um dos credores ou dos devedores, individualmente, citado por BEVILAQUA, Clóvis. *Direito das obrigações.* São Paulo: RED Livros, 2000. p. 116-117.

(1546) PEREIRA, Caio Mário da Silva. *Instituições de Direito Civil.* Rio de Janeiro: Forense, 2001. v. 2, p. 52-53. Nesse sentido também: GOMES, Orlando. *Obrigações.* 15. ed. Rio de Janeiro: Forense, 2000. p. 60; PONTES DE MIRANDA, Francisco Cavalcanti. *Tratado de direito privado.* Rio de Janeiro: Borsoi, 1954. v. 22, p. 319.

(1547) NONATO, Orosimbo. *Curso de obrigações.* Rio de Janeiro: Forense, 1959. v. II, p. 88; BEVILAQUA, Clóvis. *Direito das obrigações.* São Paulo: RED Livros, 2000. p. 117; PEREIRA, Caio Mário da Silva. *Instituições de Direito Civil.* Rio de Janeiro: Forense, 2001. v. 2, p. 53.

(1548) Código Civil, art. 265.

(1549) Código Civil, art. 275. Utilizando-se dessa faculdade legal, o credor pode testar a força de resistência dos devedores. Assim, além de poder cobrar seu direito de todos juntos, demandando contra um que não se mostra em boas condições de satisfazê-lo plenamente, por debilidade patrimonial, o credor pode recuar, voltando-se para outro, buscando mais solidez. Nesse sentido BEVILAQUA, Clóvis. *Direito das obrigações.* São Paulo: RED Livros, 2000. p. 121; PEREIRA, Caio Mário da Silva. *Instituições de Direito Civil.* Rio de Janeiro: Forense, 2001. v. 2, p. 63.

(1550) Parágrafo único do art. 275, CC/2002.

haver de cada um dos consortes a respectiva quota-parte, e esta se medirá pelo que tiver sido estipulado, e, na falta de acordo, a lei presume a igualdade de cotas[1551].

É o que se convencionou chamar de direito de regresso e está previsto no art. 283 do CC/2002[1552]. É um caso de sub-rogação legal[1553]. A faculdade de reembolsar-se tanto existe no pagamento total quanto no parcial[1554], já que a mesma razão de decidir prevalece em um como em outro, não obstante o pagamento parcial não extinga a dívida[1555].

Os referidos dispositivos legais não limitam a solidariedade exclusivamente para a empresa do grupo contratante do trabalhador, ou seja, mesmo que o empregado tenha laborado para somente uma das empresas, todas as demais respondem solidariamente pelos seus créditos trabalhistas.

A cancelada Súmula n. 205 do TST (cancelada pela Resolução n. 121 do TST, DJ 21.11.03) exigia a formação de litisconsórcio passivo pelas empresas que o autor da reclamação trabalhista pretendia ver declaradas como integrantes do grupo econômico[1556]. Em consequência, se a empresa supostamente componente do grupo econômico não fosse citada para participar da relação processual como reclamada e, como tal, condenada, não poderia ser obrigada a responder pelo título executivo judicial.

Todavia, o cancelamento da Súmula n. 205 abriu caminho para a verificação do grupo econômico na fase tipificamente executória e o chamamento à lide de qualquer empresa do grupo que ofereça as garantias necessárias à execução, sendo irrelevante que não tenha participado do processo na fase de conhecimento[1557].

Mauricio Godinho Delgado adverte que tal viabilidade não é, certamente, absoluta, sob pena de grave afronta aos princípios constitucionais do contraditório e do devido processo legal[1558]. Esse entendimento passou a ser o adotado pelo Tribunal Superior do Trabalho, após o cancelamento da Súmula n. 205[1559].

(1551) PEREIRA, Caio Mário da Silva. *Instituições de Direito Civil.* Rio de Janeiro: Forense, 2001. v. 2, p. 64. Neste sentido também GOMES, Orlando. *Obrigações.* 15. ed. Rio de Janeiro: Forense, 2000. p. 61.

(1552) Justifica-se o direito de regresso pela ideia de fim comum, que preside a constituição da solidariedade passiva. Outros entendem que se explica pela ideia de prestação. Qualquer que seja, porém, o fundamento desse direito, é por todos reconhecido que participa da essência da solidariedade passiva tal como a concebe o direito moderno, conforme GOMES, Orlando. *Obrigações.* 15. ed. Rio de Janeiro: Forense, 2000. p. 60; "Se não há fim comum, solidariedade não há", no dizer de PONTES DE MIRANDA, Francisco Cavalcanti. *Tratado de direito privado.* Rio de Janeiro: Borsoi, 1954. v. 22, p. 319.

(1553) Conforme inciso III do art. 346 do CC/2002.

(1554) NONATO, Orosimbo. *Curso de Obrigações.* Rio de Janeiro: Forense, 1959. v. 2, p. 257-258; PEREIRA, Caio Mário da Silva. *Instituições de Direito Civil.* Rio de Janeiro: Forense, 2001. v. 2, p. 64.

(1555) O Código refere-se ao pagamento por inteiro, porque o pagamento parcial, não tendo o credor dividido a obrigação em benefício do solvente, não o exonera: ele continua com os outros sujeito ao resto do pagamento. E quando a obrigação se acha, de todo, solvida, é que se vão apurar as relações. Antes disso, mantém-se o vínculo, embora a prestação tenha diminuído, esclarece BEVILÁQUA, Clóvis. *Código Civil dos Estados Unidos do Brasil:* comentado. 4. ed. Rio de Janeiro: Francisco Alves, 1938, v. 4, p. 66.

(1556) Tribunal Superior do Trabalho, Súmula n. 205: GRUPO ECONÔMICO — EXECUÇÃO — SOLIDARIEDADE — O responsável solidário, integrante do grupo econômico, que não participou da relação processual como reclamado e que, portanto, não consta no título executivo judicial como devedor, não pode ser sujeito passivo na execução.

(1557) Nesse sentido destaca Alice Monteiro de Barros que a questão agora será decidida à luz do art. 422 do Código Civil de 2002, que referendou o princípio da boa-fé nos contratos, e do art. 50, do mesmo diploma, que permite a desconsideração da personalidade jurídica (BARROS, Alice Monteiro de. *Curso de Direito do Trabalho.* São Paulo: LTr, 2005. p. 360-361).

(1558) DELGADO, Mauricio Godinho. *Curso de Direito do Trabalho.* 3. ed. São Paulo: LTr, 2004. p. 405.

(1559) [...] GRUPO ECONÔMICO. CARACTERIZAÇÃO. *EXECUÇÃO. LEGITIMIDADE. PENHORA SOBRE BEM DE EMPRESA QUE NÃO CONSTA DO TÍTULO EXECUTIVO JUDICIAL.* VIOLAÇÃO DOS PRINCÍPIOS DO CONTRADITÓRIO E DA COISA JULGADA NÃO CONFIGURADA. O juízo *a quo* referendou a decisão do juiz da execução que, com base na prova produzida, concluiu pela responsabilidade da agravante (terceira embargante) pelo débito da reclamada-executada. Estabeleceu-se, naquela assentada, que o sócio principal da agravante também é sócio principal da executada-embargada, *justificando a sua integração ao processo nesta fase.* Reveste-se a matéria de cunho nitidamente infraconstitucional, não havendo que se falar em afronta ao art. 5º, incisos II, XXXVI e LV, da Constituição Federal [...]. Recurso de revista não conhecido. (Tribunal Superior do Trabalho — RR 678014/2000.6, Relator Ministro: Lelio Bentes Corrêa, Data de Julgamento: 8.2.2006, 1ª Turma, Data de Publicação: 24/02/2006).

6. *Consórcio de empregadores rurais*

A ideia de se formar um condomínio de empregadores rurais, com o escopo de regularizar o trabalho campesino, surgiu do argumento de que, no meio rural, existem muitas cooperativas fraudulentas, intermediando mão de obra, nas quais são lesados direitos e garantias dos trabalhadores rurais. A Cooperativa dos Produtores Rurais de Rolândia, no Estado do Paraná, assinou um termo de ajuste de conduta com o Ministério Público do Trabalho para utilizar, na colheita de cana de açúcar de 1997, somente seus próprios trabalhadores. A Justiça de Rolândia concedeu uma liminar aos produtores rurais que lhes permitiu a matrícula coletiva no INSS(1560).

A partir dessa origem, essa matéria passou a ser tratada por meio de norma administrativa: Portaria n. 1.964 do Ministério do Trabalho e Emprego, de 1º de dezembro de 1999, que o definiu como "a união de produtores rurais, pessoas físicas, com a finalidade única de contratar empregados rurais"(1561). Trata-se uma nova hipótese de solidariedade pelas obrigações trabalhistas.

Posteriormente foi publicada a Lei n. 10.256, de 9.7.2001(1562), equiparando o que chama de "consórcio simplificado de produtores rurais" ao empregador rural pessoa física, dispondo que o consórcio é formado pela união de produtores rurais pessoas físicas, outorgando a um deles poderes para contratar, gerir e demitir trabalhadores para prestação de serviços, exclusivamente, aos seus integrantes.

Conceitualmente, o consórcio de empregadores rurais consiste num grupo de empregadores, pessoas físicas, que se reúnem para contratar um empregado que terá como obrigação a prestação de serviços a todos os componentes deste grupo. Portanto, o empregado não estará adstrito a um único empregador, podendo trabalhar em cada dia para um empregador diferente. É, pois, uma sociedade de produtores rurais para gestão coletiva de mão de obra, conforme esclarece Dárcio Guimarães de Andrade(1563).

A criação do condomínio de empregadores é uma tentativa de se acabar com a informalidade, bem como as fraudes e ilegalidades que ocorrem em muitas falsas cooperativas existentes no âmbito rural (chamadas de "pseudocooperativas") que, intermediando mão de obra, se aproveitam para se locupletarem ilicitamente, lesando direitos e garantias dos trabalhadores. Com este grupo, os empregadores rurais visam regularizar a contratação da mão de obra, racionalizando os custos no cumprimento da legislação previdenciária e trabalhista(1564).

Os atos constitutivos dessa sociedade devem ser registrados em cartório de títulos e documentos, por meio de um pacto (contrato) de solidariedade firmado pelos produtores nos termos da lei civil, mediante o qual reconhecem sua responsabilidade pelas obrigações trabalhistas, previdenciárias e fiscais decorrentes da prestação de serviços. Esse documento deverá conter a identificação de cada produtor, seu endereço pessoal e o de sua propriedade rural, bem como o respectivo registro no Instituto Nacional de Colonização e Reforma Agrária — INCRA ou informações relativas a parceria, arrendamento ou equivalente e a matrícula no Instituto Nacional do Seguro Social — INSS de cada um dos produtores rurais. Para fins previdenciários, o consórcio deverá ser matriculado no INSS em nome do empregador a quem hajam sido outorgados os poderes, na forma do regulamento(1565).

(1560) ANDRADE, Dárcio Guimarães de. Condomínio de Empregadores. *Justiça do Trabalho,* Porto Alegre, n. 211, p. 40, ago. 2009.

(1561) De acordo com o parágrafo único do art. 1º da Portaria MTE n. 1.964/99.

(1562) Esta lei, entre outras providências, inseriu o art. 25-A na Lei de Custeio da Previdência Social (Lei n. 8.212/91), com fito de equiparar consórcio simplificado de produtores rurais ao empregador rural pessoa física para fins previdenciários.

(1563) ANDRADE, Dárcio Guimarães de. Condomínio de Empregadores. *Justiça do Trabalho,* Porto Alegre, n. 211, p. 41, ago. 2009.

(1564) ANDRADE, Dárcio Guimarães de. Condomínio de Empregadores. *Justiça do Trabalho,* Porto Alegre, n. 211, p. 41, ago. 2009.

(1565) Essas formalidades são exigidas pelo art. 3º da Portaria MTE n. 1.964/99, combinado com a Lei n. 10.256/2001; Nesse sentido tem se manifestado a jurisprudência pátria: BRASIL. Tribunal Regional do Trabalho da 3ª Região, 5ª Turma. Ementa: CONTRATAÇÃO

Os proprietários rurais são individualizados, não formando grupo de empresas. O contrato conterá a especificação do objeto, tarefas a serem desenvolvidas, cotas de produção, salário e prazo de duração. Será eleito o administrador do condomínio, entre os produtores participantes, com poderes para administrar e gerir os interesses do grupo, como por exemplo, admitir e demitir empregados e representação perante os órgãos públicos. Após, a matrícula coletiva (CEI — Cadastro Específico do INSS) será requerida ao INSS, para o regular funcionamento do condomínio, constando o nome do gerente ou administrador seguido da expressão "e outros"[(1566)].

Trata-se de um modelo totalmente novo de contratação de trabalho, pois permite que diversos produtores rurais pessoas físicas dividam a mão de obra de empregados rurais, contratados pelo grupo consorciado, mas como contrapartida, cada um dos produtores rurais pertencente ao consórcio será responsável solidariamente pelas obrigações trabalhistas, previdenciárias e fiscais decorrentes da prestação de serviços, ou seja, cada produtor rural pessoa física será responsável pela dívida toda, sem benefício de ordem (diferentemente do que ocorre na responsabilidade subsidiária), podendo o empregado, com isso, poderá cobrar de um ou de todos e aqueles, que nada devem serão obrigados a assumir dívidas trabalhistas de outros condôminos[(1567)].

Note-se que ainda que tenha por consequência a solidariedade dos empregadores participantes, não há formação de uma empresa e muito menos de um grupo econômico, mas apenas a reunião de pessoas físicas para uma iniciativa comum, na forma da Lei n. 10.256/2001. Não existe dominação de uma pessoa sobre outra, nem direção única, mas apenas uma iniciativa em comum. Os proprietários rurais são individualizados, não formando grupo de empresas. Trata-se, o consórcio, de um contrato, um pacto de solidariedade entre os produtores rurais, de natureza temporária, podendo ser celebrado por prazo determinado ou indeterminado[(1568)].

Analisando os consórcios de empregadores rurais entendeu a 1ª Turma do Tribunal Regional do Trabalho da 15ª Região tratar-se de terceirização legítima, ainda que seja da atividade-fim do empregador[(1569)].

RURAL — CONSÓRCIO DE EMPREGADORES — FORMALIDADES — PROTEÇÃO LEGAL ASSEGURADA AO EMPREGADO. O novo modelo de contratação rural chamado " Consórcio, ou Condomínio, de Empregadores " está definido na Portaria GM/MTE n. 1.964, de 1º.12.1999 como "a união de produtores rurais, pessoas físicas, com a finalidade única de contratar empregados rurais". Nesse modelo admite-se que, além dos empregados diretos do produtor rural, outros possam ser contratados para prestar serviços ao grupo consorciado. A adoção do modelo, no entanto, exige o cumprimento de certas formalidades, entre as quais a matrícula no Cadastro Eletrônico do INSS (CEI) e o registro cartorial de um pacto de solidariedade firmado pelos produtores nos termos da lei civil, mediante o qual reconhecem sua responsabilidade pelas obrigações trabalhistas, previdenciárias e fiscais decorrentes da prestação de serviços. O Direito do Trabalho não permite se deixe o empregado ao desamparo; consequentemente, se o exame da situação concreta revela que a prestação de serviços se desenvolveu em violação das normas trabalhistas, não pode o produtor, que usufruiu daquele benefício, eximir-se de sua responsabilidade para com o empregado. A irregularidade do consórcio não obsta a responsabilização dos consorciados, atraindo a solidariedade, aliás prevista como requisito para a regularização do consórcio; o credor pode demandar de qualquer deles o total da dívida (cf. art. 904 do Código Civil Brasileiro). Grifou-se. Recurso Ordinário n. 16734/00. Relator: Juiz Eduardo Augusto Lobato. 18 de novembro de 2000. Disponível em: <http://www.mg.trt.gov.br>. Acesso em: 26 mar. 2005.

(1566) ANDRADE, Dárcio Guimarães de. Condomínio de Empregadores. *Justiça do Trabalho,* Porto Alegre, n. 211, p. 41, ago. 2009.

(1567) Conforme art. 264 do CC/2002. Define Pontes de Miranda que "na solidariedade passiva, cada devedor tem de prestar a totalidade, mas o credor só há de receber uma vez a prestação" (PONTES DE MIRANDA, Francisco Cavalcanti. *Tratado de direito privado.* Rio de Janeiro: Borsoi, 1954. v. 22, p. 321). Obrigações solidárias, na definição de Savigny, são aquelas que se referem, completamente e sem partilha, a cada um dos credores ou dos devedores, individualmente, citado por BEVILAQUA, Clóvis. *Direito das obrigações.* São Paulo: RED Livros, 2000. p. 116-117.

(1568) MARTINS, Sergio Pinto. *Direito do Trabalho.* 18. ed. São Paulo: Atlas, 2003. p. 197-198.

(1569) CONSÓRCIO DE EMPREGADORES RURAIS — CONTRATAÇÃO PARA SAFRA — LAVOURAS DE CONSORCIADOS — TERCEIRIZAÇÃO — LEGÍTIMA — Tratando-se de contratação de trabalhadores rurais para a colheita de laranja, através de consórcio de empregadores rurais formalmente constituídos nos termos da Lei n. 5.584/73, em que os tomadores de serviços são os próprios consorciados, ainda que se trate de atividade fim do empreendimento empresarial rural a terceirização é legítima. Na verdade, esta forma de contratação é salutar porque inclui no mercado formal de trabalho trabalhadores que prestam serviços em diminutos períodos de tempo para inúmeros proprietários rurais durante a mesma safra. Sem esta modalidade de contratação, estariam irremediavelmente relegados à informalidade na prestação de serviço. Recurso Ordinário a que se nega provimento.

7. *Sucessão de empregadores*

No Direito do Trabalho, há sucessão de empregadores quando, numa relação jurídica, se substitui um empregador por outro, sem alteração do vínculo obrigacional, conforme Evaristo de Moraes Filho, autor da mais clássica obra monográfica sobre o tema no Brasil(1570).

No que tange à denominação do fenômeno jurídico da sucessão no Direito do Trabalho, não há unicidade na doutrina, sendo comum a utilização das expressões "sucessão trabalhista", sucessão de empresas", "alteração subjetiva do contrato de trabalho" e "sucessão de empregadores", como sinônimos. O termo "sucessão de empresas" sofre críticas, pois a atividade econômica organizada não se transfere, porque exclui os empregadores que não são empresas, mas que foram equiparados a elas pelos parágrafos do art. 2º da Consolidação das Leis do Trabalho(1571). O vocábulo "sucessão de empregadores" engloba todas as espécies de empregadores previstas pela lei, podendo-se afirmar que a sucessão de empresas, por sua vez, é uma forma de sucessão de empregadores, embora também não tenha se eximido de críticas(1572). Entende-se mais adequado a terminologia "sucessão trabalhista" por entender ser a que melhor contempla a amplitude do seu significado e, ao mesmo tempo, as peculiaridades do instituto no Direito do Trabalho.

A caracterização e os efeitos da sucessão no Direito do Trabalho são diversos do que se dá no Direito Comum. No âmbito do Direito Civil, por exemplo, o sucessor, a título de certo bem, não responde pelos encargos do antecessor, salvo na existência de um ônus real, eximido o sucedido de qualquer obrigação para com as dívidas existentes e as que possam futuramente surgir. No Direito do Trabalho, o sucessor, mesmo não tendo participado da constituição da dívida, é o único responsável por ela(1573).

O instituto da sucessão trabalhista é um bom exemplo de aplicação prática do princípio da continuidade da relação de emprego, sob a influência direta do princípio da proteção do trabalhador, sustentado também pela ideia de despersonalização do empregador, visando, em última análise, proteger o empregado em face das alterações na propriedade ou na estrutura jurídica da empresa empregadora. Conforme estudado por ocasião da conceituação e da caracterização da figura jurídica do empregador, o contrato de trabalho, em geral, não é *intuito personae* em relação ao empregador, que pelo contrário, é um ente despersonalizado (com exceção do empregador doméstico), e, por isso, quando há alienação da empresa ou uma alteração na sua estrutura jurídica, não se altera a continuidade dos contratos de trabalho e os direitos trabalhistas dos empregados que permanecem prestando trabalho para essa organização produtiva.

Dispõem os arts. 10, 448 e 448-A da CLT:

> Art. 10. Qualquer alteração na estrutura jurídica da empresa não afetará os direitos adquiridos por seus empregados.
>
> (...)

(Tribunal Regional do Trabalho — 15ª R. — Proc. 0122-2006-104-15-00-1 RO — Ac. 58381/06 — 10ª C. — Rel. Juiz José Antonio Pancotti — DOESP 12.01.2007); CONDOMÍNIO RURAL — CONSÓRCIO DE EMPREGADORES — CONTRATAÇÃO — VALIDADE — INEXISTÊNCIA DE FRAUDE — A contratação de trabalhador rural por intermédio de condomínio de empregadores rurais, goza de validade legal, não justificando-se a nulidade da contratação para impor responsabilidade a terceiros não integrantes do condomínio, salvo se comprovada a fraude. (Tribunal Regional do Trabalho 15ª R. — Proc. 19688/03 — Ac. 1880/04 — 1ª T. — Rel. Juiz Luiz Antonio Lazarim — DOESP 6.2.2004).

(1570) MORAES FILHO, Evaristo de. Sucessão nas obrigações e a teoria da empresa. Rio de Janeiro: Forense, 1960. v. II, p. 52.

(1571) MARANHÃO, Délio *et al. Instituições de Direito do Trabalho.* 11. ed. São Paulo: LTr, 1991. v. 1, p. 285.

(1572) LORENZETTI, Ari Pedro. *A responsabilidade pelos créditos trabalhistas.* São Paulo: LTr, 2003. p. 10; No direito comparado, como ocorre no Direito Mexicano, a sucessão trabalhista é denominada "sucessão de patrão"; na Austrália, "transferência de empregador"; na Bolívia, "empregador substituído e substituto"; na Bulgária, "transferência de propriedade de empresa"; na Colômbia "substituição de patrão" e na Guatemala, "substituição de empregadores", conforme ORTIZ, Patrícia Manica. *Sucessão Trabalhista:* consequências nas relações de emprego. São Paulo: IOB Thomson, 2005. p. 27.

(1573) JORGE NETO, Francisco Ferreira. *Sucessão trabalhista*: privatizações, reestruturação do mercado financeiro. São Paulo: LTr, 2001. p. 110.

Art. 448. A mudança na propriedade ou na estrutura jurídica da empresa não afetará os contratos de trabalho dos respectivos empregados.

Art. 448-A. Caracterizada a sucessão empresarial ou de empregadores prevista nos arts. 10 e 448 desta Consolidação, as obrigações trabalhistas, inclusive as contraídas à época em que os empregados trabalhavam para a empresa sucedida, são de responsabilidade do sucessor (incluído pela Lei n. 13.467, de 2017).

Parágrafo único. A empresa sucedida responderá solidariamente com a sucessora quando ficar comprovada fraude na transferência (incluído pela Lei n. 13.467, de 2017).

O art. 448-A da CLT, inserido pela Lei n. 13.647/17, expressa legislativamente o entendimento da jurisprudência consolidada até então acerca de quem responde pelas obrigações trabalhistas em caso de sucessão de empregadores: a empresa sucessora.

O art. 448-A teve o cuidado de expressar que são de responsabilidade do sucessor inclusive as obrigações contraídas à época em que os empregados trabalhavam para a empresa sucedida, na linha da jurisprudência consolidada[(1574)]. Isso é justamente o fenômeno da sucessão de empregadores.

E o parágrafo único do art. 448-A expressa legislativamente o entendimento da jurisprudência consolidada sobre a exceção: quando ficar comprovada fraude na transferência (sucessão de empregadores), a empresa sucedida responderá solidariamente com a empresa sucessora.

Da combinação dos arts. 10 e 448 da CLT surgem as interpretações acerca dos requisitos necessários para a configuração da sucessão trabalhista. Para a doutrina tradicional, os requisitos para a sucessão trabalhista são dois: a) transferência de uma unidade econômico-jurídica de um para outro titular; b) continuidade na prestação de trabalho pelo empregado[(1575)].

São exemplos de transferência de uma unidade econômico-jurídica de um para outro titular: alteração da modalidade societária (da empresa individual para sociedade ou vice-versa; de sociedade anônima para limitada e vice-versa, por exemplo) fusão, incorporação, cisão[(1576)], cessão do controle acionário, aumento ou redução do número de sócios, substituição de sócios, alienação a qualquer título da titularidade da personalidade jurídica. Outra hipótese comum de transferência da organização produtiva se dá pela aquisição de estabelecimento comercial, agroeconômico, industrial e financeiro.

É permitido que o sucessor e o sucedido estipulem no contrato de alienação a possibilidade de uma ação regressiva do primeiro contra o segundo, o que depende da vontade de ambos e cuja apreciação e julgamento é de competência da Justiça Comum, não tendo eficácia quanto aos direitos dos empregados[(1577)]. Isso significa que a estipulação de cláusula de não responsabilização das obrigações trabalhistas entre o sucessor e o sucedido é inválida para o Direito do Trabalho[(1578)] (na forma do art. 9º da Consolidação das Leis

(1574) Tribunal Superior do Trabalho, Orientação Jurisprudencial n. 261 da Seção de Dissídios Individuais n. 1.

(1575) Nesse sentido, por exemplo: RUSSOMANO, Mozart Victor. *Comentários à Consolidação das Leis do Trabalho.* 17. ed. Rio de Janeiro: Forense, 1997. v. I, p. 66.

(1576) O Código Civil trata da transformação, incorporação, fusão e cisão nos arts. 1.113 a 1.122.

(1577) TRT 1ª R. — RO 17807-98 — 6ª T. — Rela Juíza Doris Luise de Castro Neves — Julg. em 9.5.2000 — DORJ 3.7.2000. SUCESSÃO TRABALHISTA — SOLIDARIEDADE — A regra segundo a qual, estabelecida a solidariedade entre sucedido e sucessor por meio de cláusula contratual, as obrigações deste se limitam ao período posterior ao da contratação, diz respeito às relações de natureza civil, sem alcançar as relações de trabalho. No direito do trabalho, uma vez caracterizada a sucessão, a responsabilidade do sucessor é integral, cabendo-lhe suportar os ônus daí decorrentes e, se for o caso, buscar no foro próprio para as relações entre empresários, o ressarcimento por valores que, tendo sido assumidos pelo sucedido em cláusula contratual, deverão ser ressarcidos.

(1578) Tribunal Superior do Trabalho — AIRR 910/1999-402-04-40 — 4ª T. — Rel. Juiz Conv. Márcio Ribeiro do Valle — DJU 27.04.2007. "RIO GRANDE ENERGIA S.A. — SUCESSORA DA COMPANHIA ESTADUAL DE ENERGIA ELÉTRICA CEEE — SUCESSÃO DE EMPREGADORES — SUB-ROGAÇÃO DO CONTRATO DE TRABALHO ARTS. 10 E 448 DA CLT — Opera-se a sucessão de empregadores, com a consequente sub-rogação do sucessor na relação de emprego, quando da transferência de estabelecimento como organização produtiva, cujo conceito é unitário, envolvendo todos os diversos fatores de produção utilizados no desenvolvimento da atividade econômica, inclusive o trabalho. A empresa, como objeto de direito, representa a garantia de cumprimento das obrigações trabalhistas, independentemente de qualquer alteração ou modificação de titularidade que possa

do Trabalho pois afronta os arts. 10 e 448 da Consolidação das Leis do Trabalho, que determina imperativamente (não deixando espaço para as partes deliberarem em contrário) que o novo titular (sucessor) passa a responder imediatamente pelas repercussões presentes, futuras e passadas dos contratos de trabalho que lhe foram transferidos: direitos e obrigações, ativos e passivos trabalhistas — toda a história do contrato — transferem-se em sua totalidade ao novo empregador[(1579)].

Nesse sentido, o Tribunal Superior do Trabalho[(1580)] consolidou o entendimento de que quanto aos bancos, as obrigações trabalhistas, inclusive as contraídas à época em que os empregados trabalhavam para o banco sucedido, são de responsabilidade do sucessor, uma vez que a este foram transferidos os ativos, as agências, os direitos e deveres contratuais, caracterizando típica sucessão trabalhista, isentando o sucedido de qualquer responsabilidade.

Não é necessário que toda a empresa seja transferida ao novo empregador, bastando a transferência de apenas um de seus estabelecimentos[(1581)].

Contudo, havendo fraude à lei, como no exemplo da venda de empresa em ruína financeira, cobra-se excepcionalmente do antecessor (sucedido)[(1582)]. Algumas empresas, tentando descaracterizar o requisito da continuidade da prestação de trabalho pelo empregado, dispensam empregados um pouco antes da transferência e logo em seguida o sucedido os contrata novamente. Trata-se de simulação, visando impedir, desvituar ou fraudar a aplicação dos preceitos celetistas, sendo tais atos nulos de pleno direito na forma do art. 9º da Consolidação das Leis do Trabalho[(1583)].

A sucessão trabalhista é aplicável a todos os empregados urbanos e rurais, independentemente das cláusulas contratuais celebradas, ressalvados os empregados domésticos, pois a relação de emprego doméstica é personalíssima quanto ao empregador (diferentemente das demais, que são personalíssimas, apenas em relação ao empregado), visto que o empregado está vinculado a ele e não a uma empresa ou outra pessoa jurídica. Isso não quer dizer que pessoa física não possa ser sucedida[(1584)]. Outra ressalva diz respeito à morte de proprietário de empresa individual, uma vez que o art. 483, § 2º, da Consolidação das Leis do Trabalho faculta ao empregado extinguir o contrato de trabalho ou continuar no emprego, mesmo que o negócio continue por seus sucessores[(1585)].

---

ocorrer em sua propriedade ou em sua estrutura orgânica. Evidenciada a transferência de estabelecimento como conjunto produtivo destinado à continuidade da realização da atividade econômica, torna-se irrelevante, para a configuração da sucessão trabalhista, a forma em que se deu essa transferência. Os direitos adquiridos dos empregados permanecem, portanto, íntegros e passíveis de exigibilidade perante o sucessor, nos exatos termos dos arts. 10 e 448 da CLT. Agravo de instrumento não provido".

(1579) DELGADO, Mauricio Godinho. *Curso de Direito do Trabalho*. 5. ed. São Paulo: LTr, 2006. p. 406.

(1580) Tribunal Superior do Trabalho, Orientação Jurisprudencial n. 261 da Seção de Dissídios Individuais n. 1.

(1581) SUCESSÃO DE EMPREGADORES — TV MANCHETE E TV ÔMEGA — CONFIGURAÇÃO — Não houve solução de continuidade na prestação de serviços, já que os ex-empregados da TV Manchete passaram a trabalhar para a TV Ômega. Também ficou acertada a cessão à TV Ômega de instalações, estúdios e equipamentos, assim como a locação de torres, antenas receptoras, transmissoras de sinais de telecomunicações, geradores e seus componentes. Isso significa que houve a transferência de uma unidade produtiva, o que implica dizer que se está diante de autêntica sucessão trabalhista. O instituto da sucessão trabalhista, previsto nos arts. 10 e 448 da CLT, visa a proteger os contratos de trabalho pactuados com o empregador anterior, não somente os que se encontrarem em vigor à data da sucessão, mas também os concluídos antes de se operar a transferência da empresa ou estabelecimento. A empresa sucessora adquire créditos, assim como débitos da sucedida, entre estes os trabalhistas. Não é necessário que toda a empresa seja transferida ao novo empregador, bastando a transferência de apenas um de seus estabelecimentos (é dizer: de apenas uma de suas unidades produtivas). (TRT 2ª R. — RO 20020163872 — Ac. 20020660701 — 3ª T. — Relª Juíza Mercia Tomazinho — DOESP 22.10.2002).

(1582) Tribunal Regional do Trabalho da 12ª Região — Proc. RO-V 02722-2005-002-12-00-9 — 3ª T. — Relª Juíza Lília Leonor Abreu — DJSC 16.5.2007. "SUCESSÃO — HIPÓTESE EM QUE O SUCEDIDO TRANSFERE O PATRIMÔNIO PARA EMPRESA COM SITUAÇÃO ECONÔMICA PRECÁRIA — RESPONSABILIZAÇÃO DO SUCEDIDO — No Direito do Trabalho, é regra que a responsabilidade pelos créditos trabalhistas se transfere exclusivamente para o sucessor, eliminando qualquer vínculo entre o credor trabalhista e o sucedido. No entanto, a doutrina e a jurisprudência têm admitido a responsabilização subsidiária do sucedido nos casos de fraude ou na hipótese de a sucessão trabalhista ser propiciadora de comprometimento das garantias empresariais deferidas aos contratos de trabalho, ainda mais quando é notória a precariedade da situação financeira do sucessor".

(1583) LORENZETTI, Ari Pedro. *A responsabilidade pelos créditos trabalhistas*. São Paulo: LTr, 2003. p. 107.

(1584) Tribunal Superior do Trabalho — RR 91.266/93 — Min. Rel. Galba Veloso — Data de Publicação: 18.8.1994.

(1585) DELGADO, Mauricio Godinho. *Curso de Direito do Trabalho*. 6. ed. São Paulo: LTr, 2007.p. 420.

A doutrina moderna, juntamente com a jurisprudência atual, tem agregado às situações de sucessão trabalhista referidas pela doutrina tradicional novas situações caracterizadoras de sucessão trabalhista decorrentes da multiplicação de hipóteses de sucessão trabalhista ocorridas no fim do século XX, sobretudo em face da reestruturação empresarial no mercado brasileiro(1586), que serão a seguir enfrentadas.

8. Cessão de carteira de clientes — Sucessão

A cessão de "carteira de clientes" por meio de contrato de alienação, com transferência efetiva de clientela, equivale à aquisição do próprio fundo de comércio, porque a clientela é o principal elemento a caracterizar a sucessão trabalhista, sendo formada por todos os conveniados que sustentam a empresa, mediante o pagamento de suas mensalidades, o que representa o próprio fundo de comércio da empresa, diante de seu potencial gerador de lucros. Nesse sentido, quando a empresa adquirente continua a explorar o mesmo ramo de atividade que a reclamada, utilizando a mesma mão de obra e, sobretudo, atuando com a mesma clientela, resta caracterizada a sucessão trabalhista, nos termos dos arts. 10 e 448 da Consolidação das Leis do Trabalho(1587).

9. Cessão de marca — Sucessão

A marca é o maior patrimônio de um empreendimento empresarial, significando mais do que todo o conjunto de seu patrimônio material, pelo que, na esfera trabalhista, a sua cessão caracteriza a sucessão de empresas, mesmo não ocorrendo fusão formal entre elas(1588).

Não é preciso que a empresa sucedida tenha encerrado suas atividades por completo para a configuração da sucessão trabalhista. Para o reconhecimento da ocorrência desse instituto basta que uma significativa parcela que compunha o patrimônio pertencente ao complexo empresarial tenha mudado de titularidade, como ocorre na cessão de marca(1589).

10. Desmembramentos de municípios — Ausência de sucessão

A sucessão dos entes da Administração Pública direta é atípica, ou anômala, não tendo a mesma natureza da sucessão trabalhista, prevista nos arts. 10 e 448 da Consolidação das Leis do Trabalho. Diferentemente do que ocorre na típica sucessão trabalhista, nos casos de desmembramento, não há extinção ou absorção do sucessor pelo sucedido, pois, com o desmembramento, o ente da Administração Pública direta de origem não deixou de existir. Ambos subsistem com personalidade jurídica de direito público,

(1586) DELGADO, Mauricio Godinho. *Curso de Direito do Trabalho.* 6. ed. São Paulo: LTr, 2007. p. 410; SENA, Adriana Goulart de. *A Nova Caracterização da Sucessão Trabalhista.* São Paulo: LTr, 2000. p. 243.

(1587) Tribunal Superior do Trabalho, RR — 180400-95.2004.5.02.0031, Data de Julgamento: 8.9.2010, Relator Ministro: Alberto Luiz Bresciani de Fontan Pereira, 3ª Turma, Data de Publicação: DEJT 17.9.2010; Processo: AIRR — 4016-96.2010.5.01.0000 Data de Julgamento: 24.11.2010, Relatora Ministra: Dora Maria da Costa, 8ª Turma, Data de Publicação: DEJT 26.11.2010; Tribunal Regional do Trabalho 2ª R. — RS 02760200500802004 — Ac. 20070503111 — 12ª T. — Relª Minª Vânia Paranhos — DOESP 6.07.2007; Nesse sentido, também: SUCESSÃO — CESSÃO DE CARTEIRA DE CLIENTES — Havendo cessão da carteira de clientes da Interclínicas para ré configura-se a sucessão trabalhista, principalmente se a própria autora e outros funcionários passaram a trabalhar para a ré (Tribunal Regional do Trabalho 2ª R. — 02001200531102009-RS — Ac. 20060035743 — 2ª Tribunal Regional do Trabalho — Rel. Juiz Sergio Pinto Martins — DOESP 14.2.2006).

(1588) Tribunal Regional do Trabalho da 3ª Região — 00921-2005-002-03-00-1 AP — 6ª T. — Rel. Juiz Fernando Antonio Viegas Peixoto — DJMG 1º.12.2005; Tribunal Regional do Trabalho da 3ª Região — 00657-2004-015-03-00-1 AP — 7ª T. — Relª Juíza Alice Monteiro de Barros — DJMG 10.3.2005.

(1589) Tribunal Superior do Trabalho, Processo: AIRR — 126640-03.2006.5.17.0014. Data de Julgamento: 1º.9.2010, Relator Juiz Convocado: Roberto Pessoa, 2ª Turma, Data de Publicação: DEJT 10.9.2010.

observado o princípio constitucional da autonomia político-administrativa dos municípios estabelecido no art. 18 da Constituição Federal.

O Tribunal Superior do Trabalho já pacificou entendimento em caso de criação de novo município: por desmembramento, cada uma das novas entidades responsabiliza-se pelos direitos trabalhistas do empregado no período em que figurarem como real empregador[(1590)]. Depreende-se desse entendimento que o Tribunal Superior do Trabalho trata de forma diferente as situações concretas quando pode resultar em responsabilidade de entes estatais, pois nos casos de cisão de entes públicos adquiridos por empregadores privados (privatização), o entendimento da corte trabalhista é de que há sucessão de empregadores, incidindo os efeitos do arts. 10 e 448 da Consolidação das Leis do Trabalho[(1591)].

Enfrentando ação trabalhista envolvendo desmembramento de Estados, o Tribunal Regional do Trabalho da 10ª Região adotou o mesmo entendimento do Tribunal Superior do Trabalho no que tange ao desmembramento de municípios, decidindo que a responsabilidade pelos direitos trabalhistas inadimplidos fica limitada ao período em que cada um dos Estados eram os efetivos empregadores, sob o argumento de que cada ente da Administração Pública direta tem sua dotação orçamentária específica, destinada exclusivamente ao cumprimento de sua obrigações[(1592)].

11. Contrato de arrendamento — Sucessão

Na hipótese de sucessão de empresas, a responsabilidade quanto a débitos e obrigações trabalhistas recai sobre o sucessor, nos termos dos arts. 10 e 448 da Consolidação das Leis do Trabalho, em face do princípio da despersonalização do empregador. Apresenta-se irrelevante o vínculo estabelecido entre sucedido e sucessor, bem como a natureza do título que possibilitou ao titular do estabelecimento a utilização dos meios de produção nele organizados. Dá-se a sucessão de empresas nos contratos de arrendamento, mediante o qual o arrendatário ocupa-se da exploração do negócio, operando-se a transferência da unidade econômico-jurídica, bem como a continuidade na prestação de serviços[(1593)].

12. Contrato de franquia — Ausência de sucessão

O contrato de franquia não se compatibiliza com a responsabilização solidária ou subsidiária, pois a relação jurídica formada entre as partes é tão somente comercial, não se admitindo a ingerência do fran-

---

(1590) Tribunal Superior do Trabalho, Orientação Jurisprudencial n. 92 da SDI-1.

(1591) Neste sentido: "RIO GRANDE ENERGIA S.A. — SUCESSORA DA COMPANHIA ESTADUAL DE ENERGIA ELÉTRICA CEEE — SUCESSÃO DE EMPREGADORES — SUB-ROGAÇÃO DO CONTRATO DE TRABALHO ARTIGOS 10 E 448 DA CLT — Opera-se a sucessão de empregadores, com a consequente sub-rogação do sucessor na relação de emprego, quando da transferência de estabelecimento como organização produtiva, cujo conceito é unitário, envolvendo todos os diversos fatores de produção utilizados no desenvolvimento da atividade econômica, inclusive o trabalho. A empresa, como objeto de direito, representa a garantia de cumprimento das obrigações trabalhistas, independentemente de qualquer alteração ou modificação de titularidade que possa ocorrer em sua propriedade ou em sua estrutura orgânica. Evidenciada a transferência de estabelecimento como conjunto produtivo destinado à continuidade da realização da atividade econômica, torna-se irrelevante, para a configuração da sucessão trabalhista, a forma em que se deu essa transferência. Os direitos adquiridos dos empregados permanecem, portanto, íntegros e passíveis de exigibilidade perante o sucessor, nos exatos termos dos arts. 10 e 448 da CLT. Agravo de instrumento não provido" (Tribunal Superior do Trabalho — AIRR 910/1999-402-04-40 — 4ª T. — Rel. Juiz Conv. Márcio Ribeiro do Valle — DJU 27.4.2007).

(1592) Tribunal Regional do Trabalho da 10ª R. — RO 5.836/95 — 2ª T. — Relª Juíza Heloísa Pinto Marques — DJU 28.11.1997.

(1593) Tribunal Superior do Trabalho — RR 632277/2000 — 1ª T. — Rel. Min João Oreste Dalazen — DJU 1º.3.2002; Neste sentido, também: "SUCESSÃO TRABALHISTA — ARRENDAMENTO — O fato de a transferência de bens ter ocorrido por arrendamento não afasta a sucessão trabalhista e a consequente responsabilidade da arrendatária pelo contrato de trabalho do reclamante, no período anterior à concessão. Recurso não conhecido" (Tribunal Superior do Trabalho — ERR 503946/1998 — SBDI-1 — Rel. Min. José Luciano de Castilho Pereira — DJU 1º.3.2002).

queador sobre as atividades do franqueado. A gerência, no caso, somente se atém à preservação da marca e da qualidade do serviço, conforme entendimento do Tribunal Superior do Trabalho(1594).

O contrato de franquia de serviços traduz-se pela cessão de uso de marca pertencente a empresário, por tempo determinado e circunscrito à região geográfica delimitada, em caráter de exclusividade, a outro empresário, fornecendo-lhe o necessário suporte técnico, logístico e operacional para que desenvolva a atividade, mediante remuneração. Desse modo, a extinção do contrato em relação a um franqueado e a consequente substituição por outro não induz ao reconhecimento da sucessão nos moldes da legislação trabalhista, se para o segundo não houve prestação de serviços. Isso porque cada franqueado possui autonomia empresarial distinta em relação aos empregados que lhe prestaram serviços, em razão da independência genuína advinda do contrato celebrado, recaindo sobre ele, exclusivamente, os ônus das contratações que celebrou, exceto se ficar.

Em outras palavras, contrato de franquia e responsabilidade solidária ou subsidiária não se compatibilizam, uma vez que, por definição, a relação jurídica formada entre franqueador e franqueado é meramente comercial, decorrendo das peculiaridades inerentes ao próprio contrato de franquia, que não admite a interferência direta do franqueador sobre as atividades da empresa franqueada. Assim, sendo incontroversa a existência de contrato de franquia, e não configurado o grupo econômico, nos moldes do art. 2º, § 2º, da Consolidação das Leis do Trabalho, tampouco a ocorrência de sucessão trabalhista, nos termos dos arts. 10 e 448 da Consolidação das Leis do Trabalho, não há que se falar em responsabilidade solidária da terceira reclamada.

13. Cartório de registros — Mudança de titular — Sucessão

O Tribunal Superior do Trabalho tem entendido que a alteração da titularidade do serviço notarial, com a correspondente transferência da unidade econômico-jurídica que integra o estabelecimento, além da continuidade na prestação dos serviços, caracteriza a sucessão de empregadores. A teor dos arts. 10 e 448 da Consolidação das Leis do Trabalho, o tabelião sucessor é responsável pelos créditos trabalhistas relativos tanto aos contratos laborais vigentes quanto aos já extintos(1595).

Esse entendimento não afronta o disposto no art. 236 da Constituição Federal, uma vez que mencionado dispositivo constitucional versa sobre o caráter privado dos serviços notariais e de registro, deixando claro que o titular do cartório se equipara ao empregador comum(1596).

(1594) Tribunal Superior do Trabalho, Processo: RR — 173300-76.2001.5.15.0017. Data de Julgamento: 28.10.2009, Relator Ministro: Emmanoel Pereira, 5ª Turma, Data de Publicação: DEJT 6.11.2009; Tribunal Superior do Trabalho, RR-564/2003-101-15-00.6, Relator Ministro: Horácio Raymundo de Senna Pires, Data de Julgamento: 5.8.2009, 6ª Turma, Data de Publicação: 21.8.2009.

(1595) CARTÓRIO EXTRAJUDICIAL. MUDANÇA NA TITULARIDADE. POSSIBILIDADE DE RECONHECIMENTO DA SUCESSÃO DE EMPREGADORES. Constatada a alteração na titularidade da serventia e a continuidade na prestação de serviços, não há óbice ao reconhecimento da sucessão trabalhista para responsabilizar o sucessor pelos créditos decorrentes do contrato de trabalho. Precedentes. Recurso de revista não conhecido. (RR-63700-08.2004.5.15.0085, 1ª Turma, Rel. Ministro Lelio Benites Corrêa, DEJT de 17.6.2011); RECURSO DE REVISTA. CARTÓRIO. MUDANÇA DE TITULARIDADE. SUCESSÃO TRABALHISTA. Configura-se hipótese de sucessão trabalhista a mudança de titularidade de cartório extrajudicial, quando os contratos permanecem sem qualquer alteração. Os arts. 10 e 448 da Consolidação das Leis do Trabalho pugnam pela tutela do hipossuficiente na relação laboral, assegurando-lhe a plena satisfação dos direitos adquiridos. Assim é que, os direitos dos empregados contratados anteriormente encontram no atual titular do cartório o responsável pela satisfação deles. Precedentes desta Corte. Recurso de revista conhecido e não provido (Tribunal Superior do Trabalho, RR-1673/2001-281-01-00.10/5/2009, Rel. Min. Dora Maria da Costa, 8ª Turma, DEJT de 22.5.2009).

(1596) Tribunal Superior do Trabalho, RR 516/2005-501-01-00, 1ª Turma, Relator Ministro Vieira de Mello Filho, DEJT de 1º.8.2009.

Capítulo 10

Terceirização no Direito do Trabalho. Diretrizes Jurisprudenciais. Disposições Legais. Elementos Caracterizadores. Algumas Hipóteses de Terceirização com Peculiaridades. Responsabilidade pelas Obrigações Trabalhistas

1. *Breve histórico*

A análise da existência de antecedentes históricos da terceirização merece cautela, uma vez que o tema carece de sedimentação teórica, não sendo, ainda, sequer previsto especificamente no âmbito legislativo. Portanto, para se falar em experiências históricas de terceirização, é preciso falar em modelos normativos anteriores em que se permitia a subcontratação de mão de obra. Visto sob esse ângulo, encontrar-se-ão experiências históricas anteriores, visando à fixação de parâmetros temporais deste instituto.

Embora, com alguma criatividade e capacidade de associação e comparação, possam ser encontrados outros institutos jurídicos que sirvam como precursores históricos para a terceirização[1597], o instituto da *marchandage* é apontado, de forma pacífica, como seu antecedente.

(1597) No Direito Romano, a subcontratação nos contratos de empreitada (*Locatio-conductio operis*) e nos contratos de locação de serviços (*Locatio-conductio operarum*) era permitida desde que com a anuência da outra parte. A matéria é regulada, no Brasil, pelo CC/1916, inclusive com acréscimos no CC/2002. O art. 605 da Lei do CC/1916 (atual CC/2002, art. 1.232) tratava do tema com relação à locação de serviços. Com relação à empreitada, não havia texto expresso sobre subcontratação no CC/1916, mas a Consolidação das Leis do Trabalho trata do tema no art. 455. O CC/2002 trata expressamente do tema no art. 621. Já a responsabilidade por danos, se a execução for confiada a terceiros, está regulada no art. 622; Olea sustenta que na Idade Média havia também subcontratação de trabalho nas corporações de ofício (OLEA, Manuel Alonso. *Introdução ao Direito do Trabalho.* 4. ed. São Paulo: LTr, 1984. p. 75-77). Situando temporalmente as corporações de ofício, Moraes Filho refere que o artesanato, que já é uma atividade essencialmente urbana, começa a imperar nos costumes sociais mais ou menos por volta do século XII, depois da decadência do Império de Carlos Magno, cf. MORAES FILHO, Evaristo de. *Trabalho a domicílio e contrato de trabalho.* São Paulo: LTr, 1994. p. 15. Numa outra perspectiva, Redinha faz um paralelo com o trabalho portuário, setor no qual, tradicionalmente, o trabalhador é recrutado por uma entidade diversa daquela que se beneficia diretamente da prestação do trabalho. Sustenta a afinidade do trabalho portuário com o trabalho temporário, argumentando que o legislativo português dispôs ser o Decreto-Lei n. 358/89 aplicável subsidiariamente à atividade das empresas de trabalho temporário (Decreto-Lei n. 280/93), conforme REDINHA, Maria Regina Gomes. *A relação laboral fragmentada.* Coimbra: Coimbra, 1995. p. 21.

A *marchandage* é um tipo de subempreitada, sendo assim chamada quando visa exclusivamente a lucrar em face do trabalho alheio. Enquanto o empreiteiro ou o subempreiteiro, que atuam licitamente, podem especular sobre todos os elementos da empresa, como o material e o próprio capital investido, o *marchandeur* só pode obter lucro do único elemento que fornece e dispõe: a mão de obra. Com isso, seu lucro resulta da diferença entre o preço que estipula com o empreiteiro principal e os salários que paga aos empregados que contrata e dirige. Assim, quanto menos ele paga aos empregados que contrata mais ele lucra[(1598)].

Seu apogeu ocorre nos primeiros momentos da Revolução Industrial (primeira metade do século XIX), no auge do liberalismo e do individualismo. A preocupação com a *marchandage*, surge com ênfase especial na Revolução Francesa de 1848. Um dos primeiros atos dessa revolução foi proibir a prática da *marchandage*, por representar a exploração do trabalho como se fosse mercadoria (mercado de homens)[(1599)]. Seguindo esta linha, vários países proibiram essa prática a partir da segunda metade do século XIX. Contudo, revendo a questão, o Código de Trabalho Francês[(1600)] proibiu a intermediação da mão de obra que tenha por objetivo exclusivo a cessão de mão de obra diversa do trabalho temporário. Portanto, atualmente, a legislação francesa, pioneira em disciplinar essa matéria, não veda a intermediação lícita de mão de obra, mas especificamente o abuso, a exploração do trabalhador (*marchandage*). Todavia, existem autores que interpretam a terceirização como um retrocesso em termos de legislação trabalhista, aproximando-a ora da *marchandage*, ora da locação de serviços[(1601)].

Outro antecedente importante da terceirização é o trabalho temporário. A história da terceirização confunde-se, em parte, com o histórico do trabalho temporário. O trabalho temporário tem sua origem nos países anglo-saxônicos pela figura do *personal leasing*, correspondendo a algumas necessidades objetivas das empresas, expandindo-se rapidamente pela Europa[(1602)]. Todavia, é no período entre as duas grandes guerras que se registra, com segurança, o nascimento das empresas de cedência de mão de obra na Europa, embora a maturação da figura do trabalho temporário ocorra por volta de 1950[(1603)] tanto nos países euro-

---

(1598) Assim, estes trabalhadores atuam sob péssimas condições de trabalho, sem proteção da legislação trabalhista, na maior parte das vezes, e mediante o pagamento de salários mais baixos que os normalmente pagos a trabalhadores que executam a mesma atividade, segundo DE LA CUEVA, Mario. *El nuevo derecho mexicano del trabajo*. 19. ed. México: Porrúa, 2003. v. 1, p. 161. Nesse sentido, REDINHA, Maria Regina Gomes. *A relação laboral fragmentada*. Coimbra: Coimbra, 1995. p. 21.

(1599) Outrossim, vale lembrar que a *marchandage* distingue-se do contrato de equipe em que o chefe da equipe não retira nenhum lucro pessoal do trabalho coletivo. O contrato de equipe resolve-se mediante um feixe de contratos individuais. O exemplo típico é o contrato celebrado com diversos integrantes de um mesmo conjunto musical. Neste sentido, VILHENA, Paulo Emílio Ribeiro de. *Relação de Emprego*: estrutura legal e supostos. 2. ed. São Paulo: LTr, 1999. p. 260. DE LA CUEVA, Mario. *El nuevo derecho mexicano del trabajo*. 19. ed. México: Porrúa, 2003. v. 1, p. 161. Sobre a matéria ver a Declaração Universal dos Direitos do Homem, aprovada pela Assembleia Geral das Nações Unidas em 10 de dezembro de 1948, em Paris, tendo o Brasil como um dos países signatários. Ela substitui a Declaração dos Direitos do Homem adotada pela Assembleia Nacional da Revolução Francesa em 26 de agosto de 1789, publicada por SÜSSEKIND, Arnaldo. *Convenções da OIT*. 2. ed. São Paulo: LTr, 1998. p. 583-588.

(1600) O art. L. 125-1 do Código de Trabalho francês, introduzido pela Lei de 6.7.1873, proíbe "toda operação com fim lucrativo de fornecimento de mão de obra que tiver por efeito causar um prejuízo ao trabalhador afetado ou frustar a aplicação das disposições da lei, do regulamento ou da convenção ou acordo coletivo de trabalho".

(1601) Já Robortella sustenta a revalorização da locação de serviços e da empreitada: "Esse renascimento dos contratos civis é visível em vários ordenamentos jurídicos, sendo o principal veículo pelo qual se desenvolve a desconcentração produtiva" (ROBORTELLA, Luiz Carlos Amorim. *O moderno Direito do Trabalho*. São Paulo: LTr, 1994. p. 248); no direito comparado, esse tema também é tratado por MARTIN VALVERDE, Antônio. *El discreto retorno del arrendamiento de servicios*. Madrid Ministerio Trabajo y Seguridad Social, Colección Encuentros, n. 10, 1990.

(1602) CORDEIRO, Antônio Menezes. *Manual de Direito do Trabalho*. Coimbra: Almedina, 1991. p. 602; de acordo com alguns estudos, na Inglaterra, desde 1700, eram prestados serviços especializados no destacamento de pessoal para os setores domésticos e de hotelaria, fosse para a substituição de ausentes, fosse para reforço de efetivos. Outras versões com maiores exigências de rigor sustentam o desenvolvimento pioneiro simultâneo nos Estados Unidos da América e na Inglaterra em 1905 e 1939, respectivamente, conforme REDINHA, Maria Regina Gomes. *A relação laboral fragmentada*. Coimbra: Coimbra, 1995. p. 21.

(1603) Em 1948 surge, na América, mais precisamente em Milwaukee, Wisconsin, Estados Unidos da América, a empresa Manpower, pioneira no fornecimento de mão de obra temporária no mundo. Essa empresa continua em pleno desenvolvimento nos dias atuais, tendo 3.900 escritórios em todo o mundo, em 61 países diferentes e mais de 2 milhões de trabalhadores temporários em todo o mundo, conforme dados de 2000. No Brasil, a Manpower possui escritórios em São Paulo, Campinas, Rio de Janeiro, Curitiba e Porto Alegre. Disponível em: <http://www.manpower.com.br>. Acesso em: 9 ago. 2004; Nesse sentido, REDINHA, Maria Regina Gomes. *A relação laboral fragmentada*. Coimbra: Coimbra, 1995. p. 23-24; MARTINS, Idélio. *As empresas de trabalho temporário*.

peus, onde sempre foi mais acentuada, como nos Estados Unidos, tendo adquirido seu apogeu pelos anos 70 do século XX[1604].

Seguindo essa linha histórica e considerando a utilização da terceirização com maior ou menor frequência pela atividade empresarial, é possível estabelecer um marco divisório. Isso vai ocorrer junto com a chamada globalização[1605] e os movimentos de flexibilização de direitos trabalhistas, que exigem das empresas melhores níveis de competitividade, levando ao uso de novas técnicas de organização da produção e demandas de flexibilização dos direitos trabalhistas[1606]. Considerando como parâmetro histórico a globalização e os movimentos de flexibilização de direitos trabalhistas, tem-se como marco inicial da terceirização a década de 70 do século XX[1607].

2. *Base normativa*

Até 2017 não havia no Brasil legislação específica sobre terceirização de serviços em geral.

A Lei n. 13.429, de 31 de março de 2017 e a Lei n. 13.467/17, de 13 de julho de 2017, criam as primeiras normas sobre o que denominam "prestação de serviços a terceiros", por meio da inserção de disposições na Lei n. 6.019/74 (Lei do trabalho temporário).

O estudo detalhado das disposições dessas leis que atualmente regulam a terceirização de serviços em geral no Brasil será feito a seguir, em outros itens. Neste momento, apenas elencam-se as normas que compõem a base normativa da terceirização no país.

Antes de 2017, pela falta de legislação específica sobre terceirização de serviços em geral, utilizava-se como base normativa o conjunto de normas que possuem alguma relação com a matéria, o qual passa-se a expor com uma espécie de histórico normativo.

Ainda que seja uma situação diferente, cabe referir o art. 455 da Consolidação das Leis do Trabalho, que trata da responsabilidade do empreiteiro principal na empreitada. Veja-se o texto legal:

> Art. 455. Nos contratos de subempreitada responderá o subempreiteiro pelas obrigações derivadas do contrato de trabalho que celebrar, cabendo, todavia, aos empregados, o direito de reclamação contra o empreiteiro principal pelo inadimplemento daquelas obrigações por parte do primeiro.
>
> Parágrafo único. Ao empreiteiro principal fica ressalvada, nos termos da lei civil, ação regressiva contra o subempreiteiro e a retenção de importâncias a este devidas, para a garantia das obrigações previstas neste artigo.

III Jornadas Luso-Hispano-Brasileiras de Direito do Trabalho, 1984, Brasília. Anais. Brasília: LTr, 1984. p. 207; MARTINS, Sergio Pinto. *A terceirização e o Direito do Trabalho.* 5. ed. São Paulo: Atlas, 2001. p. 32-33.

(1604) REDINHA, Maria Regina Gomes. *A relação laboral fragmentada.* Coimbra: Coimbra, 1995. p. 25.

(1605) Em monografia sobre o tema, publicada em 1997, Romita explica de forma concisa que no mundo desenvolvido e em vias de desenvolvimento ocorreu, nos últimos 25 anos, uma verdadeira revolução científico-tecnológica, que deflagrou um processo de globalização em escala e em intensidade sem precedentes. Esse processo, que é irreversível, permite o deslocamento rápido, barato e maciço de mercadorias, serviços, capitais e trabalhadores. Grandes mercados regionais se tornaram possíveis e pode-se pensar, num futuro próximo, no surgimento de um único mercado planetário de bens e de trabalho, conforme ROMITA, Arion Saião. *Globalização da economia e Direito do Trabalho.* São Paulo: LTr, 1997. p. 28; sobre essa matéria ver também: SÜSSEKIND, Arnaldo. A globalização da economia e o Direito do Trabalho. *Revista LTr,* São Paulo, v. 61, n. 1. p. 41-44, jan. 1997; REALE, Miguel. A globalização da economia e o direito do trabalho. *Revista LTr,* São Paulo, v. 61, n. 1, p. 11-13, jan. 1997.

(1606) O Direito do Trabalho é um ramo muito dinâmico da ciência do Direito, que vem sendo modificado constantemente, principalmente para resolver os problemas da relação entre o capital e o trabalho. Para adaptar este dinamismo à realidade laboral surgiu uma teoria chamada flexibilização dos direitos trabalhistas. Essa teoria se formou a partir das crises econômicas existentes na Europa por volta de 1973, em função do choque do petróleo, cf. MARTINS, Sergio Pinto. *A terceirização e o Direito do Trabalho.* 5. ed. São Paulo: Atlas, 2001. p. 37.

(1607) DELGADO, Mauricio Godinho. A terceirização no Direito do Trabalho: notas introdutórias. *Síntese Trabalhista,* Porto Alegre, v. 59, p. 128, maio 1994.

O contrato de prestação de serviços está previsto nos arts. 593 a 609 do CC/2002[1608].

O contrato por obra certa está previsto na Lei n. 2.959/56[1609]. O trabalho temporário talvez seja a forma jurídica mais utilizada para fins de terceirização. Sua previsão normatividade está na Lei n. 6.019/74. Também tratam do tema o Decreto n. 73.841/74 e as Instruções Normativas ns. 3/97 (sobre fiscalização do Ministério do Trabalho), 1/2001 (sobre concessão, renovação e cancelamento do certificado de registro de empresa de trabalho temporário) e 2/2001 (sobre recadastramento das empresas de trabalho temporário e prorrogação do contrato de trabalho temporário).

Os serviços de vigilância estão disciplinados na Lei n. 7.102/83. A terceirização no serviço público está relacionada com a CF/1988, arts. 37 a 39. Há referência no Decreto-Lei n. 200/67 (descentralização administrativa), na Lei n. 8.666/93 (Lei de Licitações). A distinção entre terceirização e concessão pode ser encontrada nos arts. 25 e 26 da Lei n. 8.987/95.

As cooperativas em geral e as cooperativas de trabalho, em particular, têm extensa regulação normativa. No plano constitucional estão as normas do art. 5º, XVIII (desnecessária a autorização prévia para o funcionamento), art. 146, III, *c* (normas tributárias adequadas), art. 174, §§ 2º, 3º e 4º (estímulo ao cooperativismo), art. 187, VI (cooperativismo e política agrária) e art. 192, III (cooperativas de crédito). O CC/2002 trata da sociedade cooperativa nos arts. 1.093 a 1.096 e o regime jurídico geral das cooperativas está na Lei n. 5.764/71. Algumas leis esparsas tratam sobre o tema: Lei n. 8.949/94 (altera o art. 442, parágrafo único, da Consolidação das Leis do Trabalho, dispondo sobre a inexistência de vínculo de emprego), Lei n. 9.711/98 (alíquotas do INSS) e Lei n. 9.867/99 (cooperativas sociais). No plano infralegal, destaca-se a Portaria n. 925/95 (fiscalização do trabalho nas empresas tomadoras de serviço de sociedade cooperativa).

Por último, os condomínios estão disciplinados no CC/2002, arts. 1.314 a 1.358[1610].

3. *Base jurisprudencial*

Em face da omissão legislativa até 2017 (Leis ns. 13.429/17 e 13.467/17) e da necessidade de julgamento das ações postulando direitos trabalhistas oriundos de terceirizações de serviço no Judiciário (especialmente a Justiça do Trabalho), as diretrizes sobre a matéria até então eram basicamente estabelecidas pela jurisprudência.

Com isso, os entendimentos uniformizadores da jurisprudência expressados no âmbito do TST (enquanto órgão de cúpula da Justiça do Trabalho), embora não fossem norma jurídica, ocuparam o vácuo legislativo, tornaram-se rapidamente referência para jurisprudência de tribunais inferiores e para a própria doutrina.

Com as Leis ns. 13.429/17 e 13.467/17, ficaram prejudicadas partes dos entendimentos das Súmulas que ainda estão vigentes. No entanto, se faz importante o estudo sintético da base jurisprudencial para compreensão do andamento da matéria no Brasil e para que se possa verificar a mudança paradigmática realizada pelo legislador nas Leis ns. 13.429/17 e 13.467/17 em comparação com histórica construção jurisprudencial realizada pela Justiça do Trabalho até 2017.

Esse tópico restringir-se-á a abordar a jurisprudência uniformizada do Tribunal Superior do Trabalho e do Supremo Tribunal Federal sobre o tema.

(1608) O contrato de prestação de serviço, de acordo com a nova terminologia do CC/2002, equivale ao antigo contrato de locação de serviços.

(1609) Dispõe a Lei n. 2.959, de 17.11.1956, no art. 1º: "No contrato individual de trabalho por obra certa, as inscrições na carteira profissional do empregado serão feitas pelo construtor, dêsse modo constituído em empregador, desde que exerça a atividade em caráter permanente".

(1610) Dispõe o art. 1.317. "Quando a dívida houver sido contraída por todos os condôminos, sem se discriminar a parte de cada um na obrigação, nem se estipular solidariedade, entende-se que cada qual se obrigou proporcionalmente ao seu quinhão na coisa comum." Já o art. 1.318 disciplina que: "As dívidas contraídas por um dos condôminos em proveito da comunhão, e durante ela, obrigam o contratante; mas terá este ação regressiva contra os demais".

No âmbito do Tribunal do Trabalho, elegeu-se o estudo das Súmulas ns. 239, 256, 257, 331 e 363, bem como da Orientação Jurisprudencial n. 321 da SDI-1.

No âmbito do Supremo Tribunal Federal, elegeu-se o estudo da decisão proferida na ADC 16 (que modificou o tratamento dado à terceirização na Administração Pública) e da decisão proferida no tema n. 725 sobre a ADPF 324/DF e o RE 958252/MG sobre a licitude da terceirização da atividade-fim da empresa tomadora em decorrência da Lei n. 13.467/17.

A Súmula n. 239 não se refere expressamente à terceirização, sendo restrito ao universo do serviço bancário. Contudo, ao afirmar que é bancário o empregado de empresa de processamento de dados que presta serviço a banco integrante do mesmo grupo econômico (primeira parte da Súmula), está, de forma indireta, estabelecendo o entendimento de que o serviço de processamento de dados constitui atividade-fim nos bancos. Lido dessa forma, dificultaria a terceirização desses serviços(1611). Entretanto, inúmeros julgados têm enfrentado o problema da terceirização de serviços de compensação de cheques, realizado por empresa interposta que não é integrante do mesmo grupo econômico, com entendimentos diversos(1612).

Veja-se a redação da Súmula:

Súmula n. 239. BANCÁRIO. EMPREGADO DE EMPRESA DE PROCESSAMENTO DE DADOS. (incorporadas as Orientações Jurisprudenciais ns. 64 e 126 da SBDI-1) — Resolução n. 129/2005 do TST — DJ 20.4.2005.

É bancário o empregado de empresa de processamento de dados que presta serviço a banco integrante do mesmo grupo econômico, exceto quando a empresa de processamento de dados presta serviços a banco e a empresas não bancárias do mesmo grupo econômico ou a terceiros. (Primeira parte — ex-Súmula n. 239 — Res. n. 12/1985, DJ 09.12.1985; segunda parte — ex-OJs n. 64 — inserida em 13.9.1994 e n. 126 — Inserida em 20.4.1998)

Histórico:

(1611) Dos doze acórdãos que geraram esta Súmula, onze tiveram por origem ações trabalhistas ajuizadas contra o Banrisul Processamento de Dados Ltda. Por isso, este verbete sofreu duras críticas, considerando que o mesmo versou sobre um caso particular do Banco Banrisul, não podendo ser aplicado de forma generalizada, mas apenas quando houver fraude na contratação de trabalhadores por interposta pessoa, a ser declarada de acordo com o caso concreto. A Súmula n. 239 foi gerada, entre outros, pelos seguintes precedentes: BRASIL. Tribunal Superior do Trabalho, 2ª Turma. Acórdão 1534/81. Recurso de Revista n. 2.147/80. Relator: Ministro Orlando Coutinho. 16 de junho de 1981; BRASIL. Tribunal Superior do Trabalho, 1ª Turma. Acórdão 3.455/84. Recurso de Revista. Relator: Ministro Marco Aurélio Mendes de Farias Mello; BRASIL. Tribunal Superior do Trabalho, 3ª Turma. Acórdão 681/84. Recurso de Revista n. 6.310/82. Relator: Ministro Orlando Teixeira da Costa. 30 de outubro de 1984. In: MARTINS, Sergio Pinto. *A terceirização e o Direito do Trabalho.* 5. ed. São Paulo: Atlas, 2001. p. 96-100.

(1612) Veja-se a seguir duas ementas (uma entendendo que a compensação de cheques não é atividade bancária; e a outra em sentido contrário), exemplificam esta questão: BRASIL. Tribunal Regional do Trabalho da 4ª Região, 7ª Turma. Ementa: RESPONSABILIDADE DO UNIBANCO. Deve ser limitada a responsabilidade do Unibanco nos autos à condenação subsidiária, descabendo a sua condenação solidária. Aplicação dos itens III e IV da Súmula n. 331 do TST. DA CONDIÇÃO DE BANCÁRIO. *O autor não era bancário, porquanto a sua empregadora, Transpev, não é empresa deste ramo. Em face disso, não lhe são devidas as verbas deferidas na sentença que são atribuídas exclusivamente a esta categoria profissional.* HORAS EXTRAS. INTERVALOS PARA REPOUSO E ALIMENTAÇÃO. São devidas diferenças de horas extras ao autor, limitadas ao pagamento apenas do adicional, diante da comprovação de que não houve o adimplemento desse em relação às horas laboradas após a oitava diária. ADICIONAL NOTURNO. São devidas diferenças de adicional noturno ao autor, porquanto foi atestado na prova pericial contábil que a contagem reduzida da hora noturna não foi devidamente observada, mas o percentual do mesmo é o de 20%, e não o de 35%, tendo em vista que o obreiro não era bancário. CORREÇÃO MONETÁRIA. O critério de correção monetária do débito deverá ser discutido na fase de liquidação, conforme determinado na sentença. FGTS ACRESCIDO DE 40%. O autor faz jus a diferenças de FGTS acrescido de 40%, diante do fato de que a sua empregadora não trouxe aos autos os comprovantes da totalidade dos depósitos. ASSISTÊNCIA JUDICIÁRIA E HONORÁRIOS ASSISTENCIAIS. O reclamante é merecedor do benefício da assistência judiciária, bem como dos honorários assistenciais, porquanto foram preenchidos nos autos os requisitos da Lei n. 5.584/70. Recurso Ordinário n. 00968-2001-027-04-00-2. Relator(a): Juíza Dioneia Amaral Silveira. 19 de julho de 2004. Disponível em: <http://www.trt4.gov.br>. Acesso em: 22 jun. 2004. Grifou-se; BRASIL. Tribunal Regional do Trabalho da 3ª Região, 4ª Turma. Ementa: *TERCEIRIZAÇÃO — COMPENSAÇÃO DE CHEQUES. Os serviços de compensação de cheques e outros documentos constituem atividade essencialmente bancária, devendo os empregados que nela trabalham, ainda que empregados de empresa prestadora de serviços, serem beneficiados por todas as cláusulas ajustadas nas convenções coletivas celebradas entre as entidades sindicais representativas de bancários e de estabelecimentos de crédito, principalmente quando a empregadora assume a obrigação de cumprir aquelas convenções, ainda que parcialmente.* Grifou-se. Recurso Ordinário n. 4669/99. Relator(a): Juiz Luiz Otávio Linhares Renault. 16 de outubro de 1999. Disponível em: <http://www.mg.trt.gov.br>. Acesso em: 6 jun. 2004.

Redação original — Res. n. 15/1985, DJ 9.12.1985

N. 239 Bancário. Empregado de empresa de processamento de dados. É bancário o empregado de empresa de processamento de dados que presta serviço a banco integrante do mesmo grupo econômico.

A Súmula n. 257 foi editada em razão da Lei n. 7.102/83, que permite a terceirização de serviços de vigilância e transporte de valores. Esse verbete estabelece de forma alternativa uma faculdade de contratação dos vigilantes: diretamente por banco ou por intermédio de empresas especializadas. Dispõe, ainda, que o vigilante, em serviço no banco ou no transporte de valores e que não se confunde com vigia, não frui das vantagens do regime de trabalho bancário[1613].

Veja-se a redação da Súmula:

Súmula n. 257. VIGILANTE. O vigilante, contratado diretamente por banco ou por intermédio de empresas especializadas, não é bancário. Resolução n. 5, de 4 de novembro de 1986.

A cancelada Súmula n. 256 entendia ser vedada a subcontratação de mão de obra, em geral, admitindo-a apenas nos casos de trabalho temporário (Lei n. 6.019/74) e vigilância (Lei n. 7.102/83). Nos demais casos a contratação era ilegal, originando-se vínculo de emprego diretamente com o tomador de serviços. A posição contida na Súmula n. 256 foi revista pelo TST[1614] a partir de uma consulta feita pelo Ministério do Trabalho, em 1993, envolvendo a subcontratação de mão de obra em bancos oficiais (Caixa Econômica Federal e Banco do Brasil)[1615], motivada pela existência de ações civis públicas contra aquelas instituições.

Veja-se a redação da Súmula:

Súmula n. 256. Cancelada pela Resolução n. 121 do TST, de 28 de outubro de 2003. CONTRATO DE PRESTAÇÃO DE SERVIÇOS — LEGALIDADE. Salvo os casos de trabalho temporário e de serviços de vigilância, previstos nas Leis ns. 6.019/74 e 7.012/83, é ilegal a contratação de trabalhadores por empresa interposta, formando-se o vínculo empregatício diretamente com o tomador de serviços. Resolução n. 4, de 30 de novembro de 1986.

Inicialmente revisada, em 1993, pela Súmula n. 331, a Súmula n. 256 foi posteriormente cancelada pela Resolução n. 121/2003 do TST, de 28 de outubro de 2003. Contudo, a Orientação Jurisprudencial n. 321 da SDI-1 do TST, que se encontra em vigor e com redação nova, possui redação semelhante à da Súmula n. 256 do TST, embora sua aplicação esteja restrita à contratação de trabalhadores ocorrida anteriormente à promulgação da CF atual (5.10.1988).

Essa semelhança pode ser verificada pela própria ementa da redação original (DJ 11.8.2003) da referida Orientação Jurisprudencial: Vínculo empregatício com a Administração Pública. Período anterior à CF/1988. Súmula n. 256. Aplicável.

Mediante a nova redação da Orientação Jurisprudencial n. 321 da SDI-1 (DJ 20.4.2005), o TST tem entendido que é ilegal a contratação de trabalhadores por empresa interposta, formando-se o vínculo em-

---

(1613) O verbete n. 257 teve, entre outros, os seguintes precedentes: BRASIL. Tribunal Superior do Trabalho, 1ª Turma. Recurso de Revista n. 3.713/82. Relator: Ministro Idélio Martins. 3 de agosto de 1984; BRASIL. Tribunal Superior do Trabalho, 2ª Turma. Recurso de Revista n. 1.374/78. Relator: Ministro Orlando Coutinho. 17 de outubro de 1980. MARTINS, Sergio Pinto. *A terceirização e o Direito do Trabalho.* 5. ed. São Paulo: Atlas, 2001. p. 96-100.

(1614) A Súmula n. 256 do TST sucumbiu às inúmeras críticas proferidas por parte significativa da doutrina pátria, sendo revisado pela Súmula n. 331. Exemplo importante destas críticas foi o artigo escrito por SÜSSEKIND, Arnaldo. A Súmula n. 256: mão de obra contratada e empresas de prestação de serviços. *Revista LTr,* São Paulo, v. 51, n. 3. p. 277, mar.1997; o acórdão que deu origem à Súmula n. 256 salientou principalmente ser vedada "a exploração do homem pelo próprio homem, mediante contratação de trabalhadores por empresa interposta" e se tratou de um incidente de uniformização com os seguintes dados: BRASIL. Tribunal Superior do Trabalho. Recurso de Revista n. 3.442/84. Relator: Ministro Marco Aurélio Farias de Mello. 4 de setembro de 1986. MARTINS, Sergio Pinto. *A terceirização e o Direito do Trabalho.* 5. ed. São Paulo: Atlas, 2001. p. 96-100.

(1615) Para um estudo detalhado das discussões travadas no TST a respeito da Súmula n. 256 e sua substituição pela Súmula n. 331, ver FAUSTO, Francisco. Terceirização no moderno Direito do Trabalho. *Revista do Tribunal Regional do Trabalho da 3ª Região,* Belo Horizonte, n. 24. p. 165-168, jul. 1993.

pregatício diretamente com o tomador dos serviços, inclusive ente público, em relação ao período anterior à vigência da CF/88, salvo nos casos de trabalho temporário e de serviço de vigilância, previstos nas Leis ns. 6.019, de 3.1.74, e 7.102, de 20.6.83[1616].

Veja-se a redação da Orientação Jurisprudencial:

BRASIL. Superior Tribunal do Trabalho. Orientação Jurisprudencial n. 321 da SDI-1 — VÍNCULO EMPREGATÍCIO COM A ADMINISTRAÇÃO PÚBLICA. PERÍODO ANTERIOR À CF/1988. (nova redação, DJ 20.4.2005) Salvo os casos de trabalho temporário e de serviço de vigilância, previstos nas Leis ns. 6.019, de 3.1.1974, e 7.102, de 20.6.1983, é ilegal a contratação de trabalhadores por empresa interposta, formando-se o vínculo empregatício diretamente com o tomador dos serviços, inclusive ente público, em relação ao período anterior à vigência da CF/88.

A falta de regulação específica dificulta o manejo do tema da terceirização, existindo uma série de dúvidas quanto ao seu alcance, legalidade e limites de responsabilidade. Em razão disso, o TST editou a Súmula n. 331, adequando o seu posicionamento à nova ordem constitucional, trazendo uma regulação sobre a matéria que serviu de orientação jurisprudencial para as dúvidas que assolavam a prática da terceirização, no que tange às terceirizações de trabalho cujas contratações ocorreram após 05.10.1988, com sucessivas alterações em alguns de seus itens.

Veja-se a redação da Súmula:

Súmula n. 331. CONTRATO DE PRESTAÇÃO DE SERVIÇOS. LEGALIDADE (nova redação do item IV e inseridos os itens V e VI à redação) — Res. n. 174/2011, DEJT divulgado em 27, 30 e 31.05.2011

I — A contratação de trabalhadores por empresa interposta é ilegal, formando-se o vínculo diretamente com o tomador dos serviços, salvo no caso de trabalho temporário (Lei n. 6.019, de 3.1.1974).

II — A contratação irregular de trabalhador, mediante empresa interposta, não gera vínculo de emprego com os órgãos da Administração Pública direta, indireta ou fundacional (art. 37, II, da CF/1988).

III — Não forma vínculo de emprego com o tomador a contratação de serviços de vigilância (Lei n. 7.102, de 20.6.1983) e de conservação e limpeza, bem como a de serviços especializados ligados à atividade-meio do tomador, desde que inexistente a pessoalidade e a subordinação direta.

IV — O inadimplemento das obrigações trabalhistas, por parte do empregador, implica a responsabilidade subsidiária do tomador dos serviços quanto àquelas obrigações, desde que haja participado da relação processual e conste também do título executivo judicial.

V — Os entes integrantes da Administração Pública direta e indireta respondem subsidiariamente, nas mesmas condições do item IV, caso evidenciada a sua conduta culposa no cumprimento das obrigações da Lei n. 8.666, de 21.6.1993, especialmente na fiscalização do cumprimento das obrigações contratuais e legais da prestadora de serviço como empregadora. A aludida responsabilidade não decorre de mero inadimplemento das obrigações trabalhistas assumidas pela empresa regularmente contratada.

VI — A responsabilidade subsidiária do tomador de serviços abrange todas as verbas decorrentes da condenação referentes ao período da prestação laboral.

A Súmula n. 363 tem aplicação conexa com a Súmula n. 331 no que tange à responsabilidade subsidiária e sua extensão. A Súmula n. 363 refere-se à contratação ilegal de servidores públicos sem concurso, diretamente, em afronta ao art. 37, II, da CF/1988. No caso de contratação direta, sem concurso público, a contratação é declarada nula segundo o verbete 363, mas lhe confere o direito ao pagamento da contraprestação pactuada, em relação ao número de horas trabalhadas, respeitado o valor da hora do salário mínimo, e

(1616) A repercussão dessa orientação jurisprudencial será mais bem abordada no item que trata da terceirização nos serviços públicos.

também, com a nova redação dada pela Resolução n. 121, de 21.11.2003, os valores referentes aos depósitos do FGTS.

Veja-se a redação da Súmula:

Súmula n. 363. CONTRATO NULO. EFEITOS. A contratação de servidor público, após a CF/1988, sem prévia aprovação em concurso público, encontra óbice no respectivo art. 37, II e § 2º, somente lhe conferindo direito ao pagamento da contraprestação pactuada, em relação ao número de horas trabalhadas, respeitado o valor da hora do salário mínimo, e dos valores referentes aos depósitos do FGTS. Redação original dada pela Resolução n. 97, de 18 de novembro de 2000. Alterada pela Resolução n. 111, de 11 de abril de 2002. Nova redação dada pela Resolução n. 121, de 21.11.2003.

Na ADC 16, o Supremo Tribunal Federal foi instado sobre a (in)constitucionalidade do § 1º do art. 71 da Lei n. 8.666/93 (Lei de Licitações). No julgamento, a Suprema Corte declarou a constitucionalidade do referido dispositivo da Lei n. 8.666/93.

O Tribunal Superior do Trabalho, a partir desta decisão do Supremo Tribunal Federal, alterou a referida Súmula n. 331 (por meio da Resolução n. 174/2011, publicada em 27, 30 e 31.5.11), passando a entender que a declaração de responsabilidade subsidiária dos entes integrantes da administração pública direta e indireta necessita da caracterização de conduta culposa da administração pública na fiscalização das obrigações contratuais e legais da prestadora de serviço (terceirizada) com seus empregados[1617].

O Supremo Tribunal Federal também foi instado sobre a constitucionalidade dos arts. 2º, 5º, II, XXXVI, LIV e LV e 97 da Constituição Federal, questionando a licitude da contratação de mão de obra terceirizada para prestação de serviços relacionados com a atividade-fim da empresa tomadora de serviços, haja vista o que dispõe a Súmula n. 331 do TST e o alcance da liberdade de contratar na esfera trabalhista, conforme a ADPF 324/DF e o RE 958252/MG.

Em sessão realizada no dia 30.8.2018, o Supremo Tribunal Federal fixou tese jurídica de repercussão geral, correspondente ao tema n. 725:

É lícita a terceirização ou qualquer outra forma de divisão do trabalho entre pessoas jurídicas distintas, independentemente do objeto social das empresas envolvidas, mantida a responsabilidade subsidiária da empresa contratante.

Tal entendimento foi ratificado pelo Supremo Tribunal Federal quando do julgamento do ARE 791932/DF (Tema n. 739), em sessão de julgamento realizada no dia 11.10.2018, em que se fixou tese sobre a impossibilidade de recusa de aplicação do art. 94, II, da Lei n. 9.472/97 sem a observância da regra de plenário (art. 97 da Constituição Federal e Súmula Vinculante n. 10). Veja-se a tese firmada no Tema n. 739:

É nula a decisão de órgão fracionário que se recusa a aplicar o art. 94, II, da Lei n. 9.472/1997, sem observar a reserva de Plenário (CF, art. 97), observado o art. 949 do Código de Processo Civil.

Julgamentos e uniformizações jurisprudenciais de questões relevantes sobre o tema da terceirização de serviços continuarão sendo proferidos em face da dinâmica, complexidade, profundidade e importância prática que a matéria possui.

4. Terceirização em geral prevista na Lei n. 6.019/74, com redação dada pelas Leis ns. 13.429/17 e 13.467/17

Até a edição das Leis ns. 13.429/17 e 13.467/17, a terceirização no Brasil era admitida como lícita de forma restrita (excepcional), conforme estudado anteriormente nos itens da base jurisprudencial e do histórico da base normativa sobre a terceirização.

A Lei n. 6.019/74 passou a autorizar dois tipos de terceirização de serviços: a) a terceirização de trabalho temporário (já estudada no capítulo das relações trabalho *lato sensu*); e b) a terceirização de serviços em geral, denominada pela lei de "prestação de serviços a terceiros".

(1617) Essa matéria será ampliada no item que aborda a terceirização nos serviços públicos.

Os arts. 4º-A, 4º-B, 4º-C e 5º-A, 5º-B e 5º-C da Lei n. 6.019/74 regulam a terceirização de serviços em geral e serão detalhados a seguir.

4.1. Conceito legal e objeto da terceirização de serviços em geral

A primeira lei permitindo a terceirização de serviços em geral no Brasil é a Lei n. 13.429, de 31 de março de 2017, que inseriu o art. 4º-A na Lei 6.019/74 com a seguinte redação:

> Art. 4º-A. Empresa prestadora de serviços a terceiros é a pessoa jurídica de direito privado destinada a prestar à contratante serviços determinados e específicos.

Esta lei foi inovadora pois não havia lei no país autorizando a terceirização de forma geral. Até então, havia legislação autorizando apenas alguns tipos de terceirização, como trabalho temporário, serviços de vigilância e segurança, por exemplo, mas não de forma geral.

Contudo, não atendeu à pretensão daqueles que defendiam a possibilidade da terceirização de quaisquer atividades da tomadora de serviços, inclusive de sua atividade principal (a chamada atividade-fim da tomadora de serviços).

Assim, alguns meses depois de criado, o art. 4º-A da Lei n. 6.019/74 foi alterado pela Lei n. 13.467/17, passando a permitir expressamente a terceirização de quaisquer atividades da contratante (tomadora dos serviços), desde que a contratada (empresa prestadora dos serviços) possua capacidade econômica compatível com a sua execução.

Veja-se a redação dada pela Lei n. 13.467/17 ao art. 4º-A da Lei n. 6.019/74:

> Art. 4º-A. Considera-se prestação de serviços a terceiros a transferência feita pela contratante da execução de quaisquer de suas atividades, inclusive sua atividade principal, à pessoa jurídica de direito privado prestadora de serviços que possua capacidade econômica compatível com a sua execução.

Essa disposição legal altera de forma histórica e paradigmática o objeto de terceirização lícita no Brasil, rompendo com as diretrizes construídas por décadas pela jurisprudência em decorrência da omissão legislativa, conforme estudado anteriormente no item da base jurisprudencial.

O art. 4º-A da Lei n. 6.019/74 prejudica fatalmente alguns itens da Súmula n. 331 do TST, que até o presente momento ainda não foi revisada, por exemplo, os itens I e III, que tinham como diretriz geral a ilegalidade da contratação de trabalhadores por empresa interposta (terceirização), formando-se o vínculo diretamente com o tomador dos serviços (item I), permitindo-a de forma excepcional apenas em serviços relacionados a atividades-meio da contratante (tomadora de serviços).

Veja-se a redação dos itens I e III da Súmula n. 331 do TST:

Súmula n. 331. CONTRATO DE PRESTAÇÃO DE SERVIÇOS. LEGALIDADE.

> I — A contratação de trabalhadores por empresa interposta é ilegal, formando-se o vínculo diretamente com o tomador dos serviços, salvo no caso de trabalho temporário (Lei n. 6.019, de 3.1.1974).
>
> (...)
>
> III — Não forma vínculo de emprego com o tomador a contratação de serviços de vigilância (Lei n. 7.102, de 20.6.1983) e de conservação e limpeza, bem como a de serviços especializados ligados à atividade-meio do tomador, desde que inexistente a pessoalidade e a subordinação direta.

Até a entrada em vigor da Lei n. 13.467/17, as diretrizes sobre a terceirização de serviços licitamente no Brasil eram restritas. A primeira diretriz era de que a contratação de trabalhadores via terceirização por empresa interposta era ilegal, formando-se o vínculo diretamente com o tomador dos serviços (por isso estava no item I da Súmula n. 331 do TST).

Observe-se que a regra era a ilicitude da terceirização de serviços (ilegalidade nas palavras da Súmula n. 331, item I) e as demais disposições da Súmula n. 331 iam admitindo exceções a essa regra.

Atualmente, a regra é a permissão da terceirização de serviços de forma ampla de quaisquer das atividades da contratante (tomadora dos serviços), inclusive de sua atividade principal.

Assim, hoje é possível existir uma empresa com um ou mais sócios (de acordo com as espécies societárias atuais) e tenha mão de obra prestada na sua totalidade por trabalhadores terceirizados, sem ter a tomadora de serviços nenhum empregado.

Note-se que a sanção jurídica estabelecida no item I da Súmula n. 331 (vínculo empregatício com a tomadora) não ficou obsoleta com a Lei n. 13.467/17, pois mesmo na terceirização da atividade principal do tomador de serviços, se ficar comprovada em processo trabalhista a existência dos elementos caracterizadores de vínculo de emprego entre o trabalhador terceirizado e a empresa tomadora de serviços, haverá a formação de "vínculo diretamente com o tomador dos serviços".

Vale dizer que existem outras sanções jurídicas possíveis, como a responsabilidade subsidiária da empresa tomadora de serviços pela dívida trabalhista da empresa prestadora de serviços, sem formação de vínculo com a empresa tomadora nesse caso.

Assim, o item I da Súmula n. 331 trazia a então diretriz geral e a primeira exceção considerada lícita era o trabalho temporário previsto na Lei n. 6.019/74, contida no próprio inciso I, parte final, da Súmula n. 331, I, e na parte inicial da Orientação Jurisprudencial n. 321 da SDI-1, ambas do TST.

O item III da Súmula n. 331 proibia a terceirização de serviços relacionados a atividade-fim (atividade principal) da empresa contratante (tomadora dos serviços), permitindo apenas a terceirização de serviços relacionados às atividades-meio da empresa tomadora dos serviços.

Atividades-meio podem ser conceituadas, segundo Delgado[(1618)], como:

> Aquelas funções e tarefas empresariais e laborais que não se ajustam ao núcleo da dinâmica empresarial do tomador de serviços, nem compõem a essência dessa dinâmica ou contribuem para a definição de seu posicionamento e classificação no contexto empresarial e econômico mais amplo. São, portanto, atividades periferias à essência da dinâmica empresarial do tomador de serviços.

Para Martins[(1619)], atividade-meio é a atividade não essencial da empresa, que não é o seu objeto central. Diz respeito à atividade complementar, de apoio da empresa, como serviço de limpeza, de alimentação de funcionários, vigilância, entre outras.

Ainda que essa distinção não seja mais aplicável à terceirização sob a égide da legislação atual, a explicação da distinção entre atividade-meio e atividade-fim se faz importante para a compreensão da mudança ocorrida no país com a Lei n. 13.467/17, bem como da profundidade e da extensão dada ao objeto da terceirização atualmente.

O item III da Súmula n. 331 exigia que os serviços terceirizados fossem "especializados". Nessa linha, a primeira lei permitindo a terceirização de serviços em geral no Brasil exigia que os serviços terceirizados fossem "determinados e específicos".

A Lei n. 13.467/17, no desiderato da terceirização irrestrita, não faz menção a isso, na redação atual do art. 4º-A da Lei n. 6.019/74.

A partir da vigência do art. 4º-A da Lei n. 6.019/74, com redação dada pela Lei n. 13.467/17, é permitida a prestação de serviços a terceiros, mediante transferência pela empresa contratante à contratada de quaisquer de suas atividades.

(1618) DELGADO, Mauricio Godinho. *Curso de Direito do Trabalho.* São Paulo: LTr, 2002. p. 429-430.

(1619) MARTINS, Sergio Pinto. *A terceirização e o Direito do Trabalho.* 5. ed. São Paulo: Atlas, 2001. p. 122-124.

Assim, muda-se da diretriz geral de ilicitude da terceirização (com exceções construídas ao longo do tempo pela jurisprudência) para a regra legal geral de licitude da terceirização no que tange às atividades que podem ser terceirizadas (objeto da terceirização). Não obstante, as sanções jurídicas foram mantidas para casos de descumprimento do ordenamento jurídico.

4.2. Empresa prestadora de serviços a terceiros

O § 1º do art. 4º-A da Lei n. 6.019/74, inserido pela Lei n. 13.467/17, conceitua a empresa prestadora de serviços, deixando claro que cabe a ela contratar, dirigir e remunerar os seus empregados que prestarão serviços em favor da contratante (tomadora dos serviços), podendo a empresa prestadora subcontratar outras empresas para a realização desses serviços (sem limite na lei para a chamada terceirização em cadeia).

Veja-se o texto legal:

> Art. 4º-A. [....]
>
> § 1º A empresa prestadora de serviços contrata, remunera e dirige o trabalho realizado por seus trabalhadores, ou subcontrata outras empresas para realização desses serviços.

De acordo com o § 2º do art. 4º-A da Lei n. 6.019/74, inserido pela Lei n. 13.467/17, não configura relação de emprego entre os empregados ou sócios das empresas prestadoras de serviços e a contratante (tomadora dos serviços).

A experiência informa que essa previsão legal só tem efetividade se corresponder à realidade na prática das relações (princípio da primazia da realidade), ou seja, poderá haver a declaração judicial da existência de vínculo empregatício se houver comprovação em processo trabalhista da presença dos elementos caracterizadores da relação de emprego (estudados em capítulo próprio nesse livro) entre os empregados ou sócios das empresas prestadoras de serviços com a empresa contratante (tomadora dos serviços).

Nesse sentido, dispõe o item III da Súmula n. 331 do TST, em sentido contrário, que forma vínculo de emprego com a tomadora de serviços de vigilância (Lei n. 7.102, de 20.6.1983) e de conservação e limpeza, bem como a de serviços especializados ligados à atividade-meio do tomador, quando existente a pessoalidade e a subordinação direta dos empregados da prestadora em relação à tomadora.

O art. 4º-A da Lei n. 6.019/74, com redação dada pela Lei n. 13.467/17, acima transcrito, dispõe que a empresa prestadora de serviços deverá ter capacidade econômica compatível com os serviços que terá que executar. Nesse sentido, o art. 4º-B da Lei n. 6.019/74 exige para o funcionamento da empresa de prestação de serviços a terceiros os seguintes requisitos:

> Art. 4º-B. São requisitos para o funcionamento da empresa de prestação de serviços a terceiros:
>
> I — prova de inscrição no Cadastro Nacional da Pessoa Jurídica (CNPJ);
>
> II — registro na Junta Comercial;
>
> III — capital social compatível com o número de empregados, observando-se os seguintes parâmetros:
>
> *a)* empresas com até dez empregados — capital mínimo de R$ 10.000,00 (dez mil reais);
>
> *b)* empresas com mais de dez e até vinte empregados — capital mínimo de R$ 25.000,00 (vinte e cinco mil reais);
>
> *c)* empresas com mais de vinte e até cinquenta empregados — capital mínimo de R$ 45.000,00 (quarenta e cinco mil reais);
>
> *d)* empresas com mais de cinquenta e até cem empregados — capital mínimo de R$ 100.000,00 (cem mil reais); e

e) empresas com mais de cem empregados — capital mínimo de R$ 250.000,00 (duzentos e cinquenta mil reais).

A falta de cumprimento desses requisitos vicia a terceirização dos serviços.

4.3. Empresa tomadora dos serviços

A empresa tomadora dos serviços é a contratante dos serviços terceirizados, que celebra contrato de prestação de serviços de natureza civil/comercial com uma empresa prestadora de serviços.

A contratante (tomadora dos serviços) pode ser pessoa física ou jurídica, diferentemente da prestadora de serviços, que deverá ser necessariamente uma pessoa jurídica.

Podem ser contratados pela tomadoras serviços relacionados a quaisquer das suas atividades, inclusive a sua atividade principal (atividade-fim) poderá ser terceirizada.

Veja-se a redação do art. 5º-A da Lei n. 6.019/74, com redação dada pela Lei n. 13.467/17:

> Art. 5º-A. Contratante é a pessoa física ou jurídica que celebra contrato com empresa de prestação de serviços relacionados a quaisquer de suas atividades, inclusive sua atividade principal.

A contratante (tomadora dos serviços) não poderá utilizar trabalhadores (empregados da empresa prestadora) em atividades distintas daquelas que foram objeto do contrato com a empresa prestadora de serviços, ou seja, vicia a terceirização de serviços se o contrato de prestação de serviços a terceiros prevê a execução de tais serviços e o empregado da prestadora de serviços realiza na tomadora atividades diferentes das que foram contratadas.

Veja-se a redação do § 1º do art. 5º-A da Lei n. 6.019/74, com redação dada pela Lei n. 13.429/17:

> § 1º É vedada à contratante a utilização dos trabalhadores em atividades distintas daquelas que foram objeto do contrato com a empresa prestadora de serviços.

Os serviços terceirizados poderão ser executados em qualquer local (sobretudo hoje em dia, com normatização do teletrabalho), inclusive nas instalações físicas da empresa contratante (tomadora dos serviços), conforme estabelecido de entre as partes, geralmente previsto no contrato de prestação de serviços a terceiros de natureza civil/comercial.

Veja-se a redação do § 2º do art. 5º-A da Lei n. 6.019/74, com redação dada pela Lei n. 13.429/17:

> § 2º Os serviços contratados poderão ser executados nas instalações físicas da empresa contratante ou em outro local, de comum acordo entre as partes.

Quando o trabalho for realizado nas dependências físicas da contratante (tomadora de serviços) ou em local previamente convencionado em contrato, a responsabilidade de garantir as condições de segurança, higiene e salubridade dos trabalhadores (empregados da empresa prestadora) será da contratante (tomadora de serviços). Trata-se de terceirização de uma obrigação que na relação tradicional de emprego é do empregador (no caso, da empresa prestadora de serviços). No caso da terceirização de serviços essa importante responsabilidade será da empresa tomadora se assim for combinado entre as partes contratantes, o que geralmente fica estabelecido no contrato de prestação de serviços de natureza civil/comercial.

Essa responsabilidade pode impactar a contratante (empresa tomadora dos serviços) diretamente nas ações indenizatórias decorrentes de acidente do trabalho ou doença ocupacional eventualmente promovidas pelos trabalhadores terceirizados.

Veja-se a redação do § 3º do art. 5º-A da Lei n. 6.019/74, com redação dada pela Lei n. 13.429/17:

> § 3º É responsabilidade da contratante garantir as condições de segurança, higiene e salubridade dos trabalhadores, quando o trabalho for realizado em suas dependências ou local previamente convencionado em contrato.

A contratante (tomadora dos serviços) não é obrigada, mas poderá dispor ao trabalhador terceirizado (empregado da empresa prestadora dos serviços) o mesmo atendimento médico, ambulatorial e de refeição destinado aos seus empregados, existente nas dependências da contratante, ou local por ela designado. É um tratamento equitativo entre os empregados da contratada (prestadora) e da contratante (tomadora).

Veja-se a redação do § 4º do art. 5º-A da Lei n. 6.019/74, com redação dada pela Lei n. 13.429/17:

> § 4º A contratante poderá estender ao trabalhador da empresa de prestação de serviços o mesmo atendimento médico, ambulatorial e de refeição destinado aos seus empregados, existente nas dependências da contratante, ou local por ela designado.

A contratante (tomadora dos serviços) é responsável subsidiária pelas obrigações trabalhistas dos trabalhadores terceirizados (empregados da empresa contratada) referentes ao período em que ocorrer a prestação de serviços, bem como das contribuições previdenciárias desses trabalhadores.

Veja-se a redação do § 5º do art. 5º-A da Lei n. 6.019/74, com redação dada pela Lei n. 13.429/17:

> § 5º A empresa contratante é subsidiariamente responsável pelas obrigações trabalhistas referentes ao período em que ocorrer a prestação de serviços, e o recolhimento das contribuições previdenciárias observará o disposto no art. 31 da Lei nº 8.212, de 24 de julho de 1991.

A responsabilidade subsidiária pelas obrigações trabalhistas e previdenciárias será estudada mais detalhadamente em item próprio, por ser ela mais comum nas empresas tomadoras de serviços na terceirização, o que já ocorria antes da Lei n. 13.429/17, pela diretriz jurisprudencial dada pela Súmula n. 331, item IV, do TST.

4.4. Contrato de prestação de serviços a terceiros

O art. 5º-B da Lei n. 6.019/74, com redação dada pela Lei n. 13.429/17, estabelece, como requisitos de validade, que deverá existir um contrato de prestação de serviços entre as partes contratantes da terceirização e que esse contrato de natureza civil/comercial deverá conter pelo menos as seguintes estipulações: a) qualificação das partes; b) especificação do serviço a ser prestado; c) prazo para a realização do serviço, quando for o caso; e d) valor.

Veja-se o texto legal:

> Art. 5º-B. O contrato de prestação de serviços conterá:
>
> I — qualificação das partes;
>
> II — especificação do serviço a ser prestado;
>
> III — prazo para realização do serviço, quando for o caso;
>
> IV — valor.

4.5. Direitos dos trabalhadores terceirizados (empregados da empresa prestadora de serviços)

O art. 4º-C da Lei n. 6.019/74, com redação dada pela Lei n. 13.467/17, determina que aos trabalhadores terceirizados (empregados da empresa prestadora de serviços), quando o trabalho for executado nas dependências da tomadora, são asseguradas as mesmas condições relativas a: a) alimentação, garantida aos empregados da contratante, quando oferecida em refeitórios; b) direito de utilizar os serviços de transporte; c) atendimento médico ou ambulatorial existente nas dependências da contratante ou local por ela designado; d) treinamento adequado, fornecido pela contratada, quando a atividade o exigir;

e) condições sanitárias, de medidas de proteção à saúde e de segurança no trabalho e de instalações adequadas à prestação do serviço.

Veja-se o texto legal:

Art. 4º-C. São asseguradas aos empregados da empresa prestadora de serviços a que se refere o art. 4º-A desta Lei, quando e enquanto os serviços, que podem ser de qualquer uma das atividades da contratante, forem executados nas dependências da tomadora, as mesmas condições:

I — relativas a:

a) alimentação garantida aos empregados da contratante, quando oferecida em refeitórios;

b) direito de utilizar os serviços de transporte;

c) atendimento médico ou ambulatorial existente nas dependências da contratante ou local por ela designado;

d) treinamento adequado, fornecido pela contratada, quando a atividade o exigir.

II — sanitárias, de medidas de proteção à saúde e de segurança no trabalho e de instalações adequadas à prestação do serviço.

São alguns traços de tratamento equitativo entre os trabalhadores terceirizados (empregados da contratada) e os empregados da contratante (tomadora dos serviços).

A lei não garante isonomia salarial entre o salário pago aos empregados da contratante (tomadora) e o salário pago aos empregados da contratada (prestadora), ainda que realizem as mesmas tarefas no mesmo local.

A lei também não garante igualdade de outros direitos trabalhistas entre os empregados da contratante e os empregados da contratada.

O legislador facultou às partes contratantes da prestação de serviços a terceiros (contratante e contratada), se assim entenderem, ajustarem o pagamento de salário igual e de outros direitos para os empregados da contratante (tomadora) e para os empregados da contratada (prestadora).

Veja-se a redação do § 1º do art. 4º-C da Lei n. 6.019/74, com redação dada pela Lei n. 13.467/17:

§ 1º Contratante e contratada poderão estabelecer, se assim entenderem, que os empregados da contratada farão jus a salário equivalente ao pago aos empregados da contratante, além de outros direitos não previstos neste artigo.

Esse era um dos grandes debates por ocasião das deliberações sobre a legislação da terceirização de serviços no país, pois um dos argumentos de quem é contrário à terceirização de serviços geral e irrestrita é de que os salários pagos dos empregados das empresas contratadas (prestadoras) são inferiores aos salários pagos aos empregados das empresas contratantes (tomadoras), e, com isso, a terceirização contribui para a diminuição dos salários e de outros direitos dos trabalhadores.

Outra regra facultativa relacionada aos traços equitativos entre a proteção dada aos empregados da contratante e os empregados da contratada estabelece que, nos contratos de prestação de serviços a terceiros que tenham empregados da contratada em número igual ou superior a 20% (vinte por cento) dos empregados da contratante, a contratante poderá disponibilizar aos empregados da contratada os serviços de alimentação e atendimento ambulatorial em outros locais apropriados e com igual padrão de atendimento, com vistas a manter o pleno funcionamento dos serviços existentes.

Veja-se a redação do § 2º do art. 4º-C da Lei n. 6.019/74, com redação dada pela Lei n. 13.467/17:

§ 2º Nos contratos que impliquem mobilização de empregados da contratada em número igual ou superior a 20% (vinte por cento) dos empregados da contratante, esta poderá disponibilizar aos empregados da contratada os serviços de alimentação e atendimento ambulatorial em outros locais apropriados e com igual padrão de atendimento, com vistas a manter o pleno funcionamento dos serviços existentes.

Não precisaria ter essa disposição, tendo em vista que o art. 4º-A da Lei n. 6.019/74 autoriza a terceirização irrestrita de serviços que pode ter 100% de empregados da contratada. O final do § 2º do art. 4º-C contém a preocupação real do legislador com a produtividade dos serviços prestados quando refere "com vistas a manter o pleno funcionamento dos serviços existentes".

4.6. Quarentena de contratação da empresa prestadora de serviços

O art. 5º-C da Lei n. 6.019/74, incluído pela Lei n. 13.467/17, estabelece a vedação da contratação de empresa prestadora de serviços cujos titulares ou sócios tenham anteriormente prestado serviços à empresa tomadora na qualidade de empregado direto, trabalhador avulso ou trabalhador autônomo, durante um período de quarentena de 18 (dezoito) meses.

Veja-se o texto legal:

> Art. 5º-C. Não pode figurar como contratada, nos termos do art. 4º-A desta Lei, a pessoa jurídica cujos titulares ou sócios tenham, nos últimos dezoito meses, prestado serviços à contratante na qualidade de empregado ou trabalhador sem vínculo empregatício, exceto se os referidos titulares ou sócios forem aposentados.

Trata-se de tentativa do legislador de reduzir a ocorrência do fenômeno chamado de "pejotização", assim entendida como uma fraude mediante a qual o empregador obriga seus trabalhadores a constituir empresas (pessoas jurídicas) em caráter *pro forma*, para burla do vínculo empregatício, com vistas a uma ilegal redução dos custos da mão de obra, em total desrespeito à legislação trabalhista, especialmente aos arts. 2º e 3º, 29 e 41 da CLT, atraindo, pois, a aplicação do disposto no art. 9º da CLT.

Assim, visando evitar fraude, o art. 5º-C da Lei n. 6.019/74 veda que figure como empresa contratada (prestadora de serviços) a pessoa jurídica cujos titulares ou sócios tenham, nos últimos 18 (dezoito) meses, prestado serviços à contratante (empresa tomadora de serviços, na qualidade de empregado ou trabalhador sem vínculo empregatício, exceto se os referidos titulares ou sócios forem aposentados).

4.7. Quarentena dos empregados

O art. 5º-D da Lei 6.019/74, incluído pela Lei n. 14.467/17, estabelece que o empregado desligado não poderá prestar serviços para esta mesma empresa na qualidade de empregado de empresa prestadora de serviços antes do decurso de prazo de 18 (dezoito) meses que sucederem a sua dispensa.

Veja-se o texto legal:

> Art. 5º-D. O empregado que for demitido não poderá prestar serviços para esta mesma empresa na qualidade de empregado de empresa prestadora de serviços antes do decurso de prazo de dezoito meses, contados a partir da demissão do empregado.

Trata-se de tentativa do legislador de evitar o desligamento de empregados de empresas tomadoras de serviços e logo após fossem contratados como empregados de empresa prestadora de serviço que preste serviço terceirizado para essa mesma tomadora, como forma de supostamente reduzir custos da empresa tomadora e dela se desincumbir das obrigações trabalhistas contratuais dos empregados terceirizados.

4.8. Quarteirização de serviços e terceirização em cadeia

A figura da quarteirização de serviços pode ser entendida como a subcontratação por parte da empresa contratada (prestadora de serviços) de uma outra empresa, para prestar tais serviços à empresa contratante (tomadora de serviços).

A Lei n. 13.429/17 estabelece a legalidade de a empresa prestadora subcontratar outras empresas para a realização desses serviços, autorizando não apenas a chamada "quarteirização de serviços", mas também a chamada "terceirização em cadeia", sem limites, de acordo com o § 1º do art. 4º-A da Lei n. 6.019/74.

Veja-se o texto legal:

> Art. 4º-A. [....]
>
> § 1º A empresa prestadora de serviços contrata, remunera e dirige o trabalho realizado por seus trabalhadores, ou subcontrata outras empresas para realização desses serviços.

Dessa forma, nessa relação contratual existem quatro diferentes pessoas: a empresa tomadora de serviços, a empresa prestadora de serviços inicial, a prestadora subcontratada e o trabalhador terceirizado.

A contratante (tomadora de serviços) celebra contrato de natureza civil/comercial com uma determinada contratada (empresa de prestação de serviços), a qual, por sua vez, subcontrata o serviço celebrando outro contrato de natureza civil/comercial com outra empresa prestadora de serviços.

Reinaldo Dias(1620) conceitua a quarteirização de serviços:

> É a evolução do processo de terceirização, em que o gerenciamento dos terceiros passa para uma quarta empresa. Trata-se do gerenciamento por parte de uma empresa quarteirizadora, de todas as atividades, serviços e fornecimentos de uma empresa e que podem ser terceirizados, empregando para isto, além de sua própria equipe e banco de dados, parceiros especializados que atuam em cada um dos setores.

Antes da Lei n. 13.429/17, na quarteirização, parte da jurisprudência declarava a tomadora de serviços como responsável subsidiária pelos créditos trabalhistas do trabalhador quarteirizado, na trilha da Súmula n. 331 do TST:

> "QUARTEIRIZAÇÃO DE SERVIÇOS — O fenômeno da quarteirização ocorre quando o tomador contrata uma empresa de prestação de serviços que, por sua vez, contrata outra entidade para fornecer pessoal necessário à execução do contrato. Na maioria das vezes, o artifício é utilizado para burlar direitos trabalhistas em flagrante prejuízo do trabalhador. Nestas circunstâncias, torna-se imperativa a incidência do art. 9º da CLT e responsabilização subsidiária daquele que se beneficiou diretamente do serviço do trabalhador, nos moldes do entendimento consubstanciado na Súmula n. 331/TST. (TRT-5 — RECORD: 269006520085050134 BA 0026900 - 65.2008.5.05.0134, 1ª Turma, Data de Publicação: DJ 18.2.2011)
>
> QUARTEIRIZAÇÃO" DE SERVIÇOS. RESPONSABILIDADE SUBSIDIÁRIA DOS TOMADORES DE SERVIÇOS. O tomador de serviços responde subsidiariamente com o contratado pelas verbas trabalhistas devidas aos empregados que prestaram serviços em seu favor (Súmula n. 331 do TST). Havendo a "quarteirização" de serviços, ou seja, o contratado transfere a prestação de serviços para outra empresa, a qual é empregadora dos trabalhadores, todos os tomadores de serviços dessa cadeia produtiva respondem subsidiariamente. Recurso do reclamante provido em parte para responsabilizar subsidiariamente os tomadores de serviços (TRT-4 — RO: 00006518420125040451, Data de Julgamento: 6.7.2016, 6ª Turma).

E parte da jurisprudência entendia que a figura da quarteirização de serviços era ilícita e caracterizava fraude aos preceitos do direito do trabalho, com a responsabilização solidária entre todas as empresas da relação contratual, conforme exemplifica a ementa do seguinte julgado:

> QUARTEIRIZAÇÃO. FRAUDE. TERCEIRIZAÇÃO DE SERVIÇOS JÁ TERCEIRIZADOS. O fenômeno da "Quarteirização" ocorre quando uma empresa prestadora de serviços, coloca à disposição da empresa Tomadora de Serviços, empregados de outra empresa, em serviços ligados à sua atividade fim. Nesse caso, a Empresa tenta esquivar-se das suas obrigações trabalhistas, por meio da intermediação de mão de obra, o que é vedado, nos

(1620) DIAS, Reinaldo. *Tópicos atuais em administração:* quarteirização. São Paulo: Alínea, 1998. p. 88.

termos da Sumula n. 331, Item I, do C. TST. Recurso da Segunda Reclamada não provido no *part* (TRT-15 — RO: 4283320125150126 SP 026324/2013-PATR, Relator: Helcio Dantas Lobo Junior, Data de Publicação: 12.4.2013)

A Lei n. 13.429/17 supre a lacuna legal sobre o tema, estabelecendo a legalidade da quarteirização de serviços ao inserir na Lei n. 6.019/74 o art. 4º-A, § 1º anteriormente transcrito.

5. *Elementos caracterizadores da relação terceirizada de trabalho*

Neste item, os autores pretendem contribuir para a sistematização da construção teórica da terceirização de trabalho no âmbito do Direito.

Desse modo, os seguintes elementos caracterizam a terceirização de trabalho no entender dos autores: 1) vínculo jurídico de natureza contratual; 2) relação pelo menos trilateral; 3) coexistência de obrigações complexas; 4) capacidade econômica da empresa prestadora compatível com a execução dos serviços contratados; 5) direção do trabalho pela prestadora do serviço; 6) boa-fé entre as partes; 7) quaisquer atividades podem ser objeto de terceirização, inclusive a atividade principal da tomadora de serviços.

5.1. Vínculo jurídico de natureza contratual

A terceirização se realiza, no plano jurídico, por um vínculo de natureza contratual. O instrumento utilizado é um negócio jurídico, que deve observar os elementos essenciais de todo e qualquer negócio jurídico de acordo com o art. 104 do CC/2002: agente capaz; objeto lícito, possível, determinado ou determinável; forma prescrita ou não defesa em lei.

Em alguns tipos de terceirização, como no caso do trabalho temporário regido pela Lei n. 6.019/74, deverá ser observada a forma prescrita em lei de que o contrato de prestação de serviços de natureza civil/comercial celebrado entre a empresa prestadora e o tomador seja por escrito e contenha o motivo justificador da demanda de trabalho temporário, assim como as modalidades de remuneração da prestação de serviço (art. 9º da Lei n. 6.019/74).

> Art. 9º O contrato entre a empresa de trabalho temporário e a empresa tomadora de serviço ou cliente deverá ser obrigatoriamente escrito e dele deverá constar expressamente o motivo justificador da demanda de trabalho temporário, assim como as modalidades de remuneração da prestação de serviço.

Outra situação em que deverá ser por escrito (forma prescrita em lei) o contrato de prestação de serviços de natureza civil/comercial celebrado entre a empresa prestadora e o tomador se dá quando o valor do contrato seja superior a dez vezes o salário mínimo nacional ao tempo em que foi celebrado (art. 227 do CC/2002 e art. 401 do CPC).

Veja-se o texto legal:

> CC, art. 227. Salvo os casos expressos, a prova exclusivamente testemunhal só se admite nos negócios jurídicos cujo valor não ultrapasse o décuplo do maior salário mínimo vigente no País ao tempo em que foram celebrados.
>
> Parágrafo único. Qualquer que seja o valor do negócio jurídico, a prova testemunhal é admissível como subsidiária ou complementar da prova por escrito.

A natureza jurídica historicamente se dava de acordo com o contrato utilizado ou da combinação de vários deles, como: de fornecimento de bens ou serviços, de empreitada, de locação de serviços, de concessão, de consórcio, de tecnologia, entre outros.

A Lei n. 6.019/74, com redação dada pela Lei n. 13.429/17, define a natureza jurídica como "prestação de serviços a terceiros" (art. 4º-A, entre outros).

Mesmo nos casos de terceirização ocorrida no serviço público, o vínculo tem natureza contratual, embora com as particularidades relativas aos contratos administrativos[1621].

A circunstância de um dos polos da relação estar sendo ocupado pelo Estado (tomador de serviços) dá ao processo de terceirização um matiz especial, pois, além dos elementos comuns à Teoria Geral dos Contratos, devem ser levados em conta os princípios peculiares à Administração Pública, previstos no art. 37, *caput*, da CF/1988 (legalidade, moralidade, publicidade, impessoalidade e eficiência).

A terceirização realizada pela Administração Pública está inserida no contexto da aproximação entre direito público e privado[1622], não obstante a terceirização seja um fenômeno de direito privado. A ideia de irradiação, de interligação entre o direito público e o direito privado, referida por Ludwig Raizer[1623], em seu célebre ensaio *O Futuro do Direito Privado*, está presente no fenômeno da terceirização, sendo que a ideia de interligação de direitos pode ser percebida também na concepção de obrigação complexa, igualmente presente na terceirização.

Outrossim, todo vínculo contratual tem seus efeitos garantidos pelo ordenamento jurídico, que estabelece sanções[1624] no caso de descumprimento do avençado. Essas sanções, no âmbito do direito privado, em regra são nulidades (descumprimento da pessoa ou finalidade diversa do estipulado) e indenizações (reparação do dano).

As responsabilidades (e sanções) relacionadas ao trabalhador no caso de descumprimento do avençado serão abordadas em item separado posteriormente.

5.2. Relação pelo menos trilateral

Para que exista terceirização, sob o ponto de vista jurídico, é indispensável a concorrência de, pelo menos, três partes: a empresa tomadora de serviço, a empresa prestadora de serviços e o trabalhador.

Diz-se "pelo menos", pois, conforme anteriormente estudado em item próprio, a Lei n. 13.429/17 estabelece a legalidade de a empresa prestadora subcontratar outras empresas para a realização desses serviços, autorizando não apenas a chamada "quarteirização de serviços", mas também a chamada "terceirização em cadeia" sem limites, segundo o art. 4º-A da Lei n. 6.019/74.

Sem a participação do trabalhador, tem-se meramente um contrato de natureza civil ou administrativo entre a tomadora de serviço e a empresa prestadora de serviço.

Caso não esteja presente a empresa tomadora de serviços, tem-se um contrato de trabalho típico entre o trabalhador e a empresa prestadora de serviços.

Da mesma forma ocorrerá se a empresa tomadora contratar um trabalhador diretamente, sem a participação da empresa de serviços na relação.

Logo, sem a concorrência das três partes, não se forma a terceirização de trabalho. Por isso, a terceirização é constituída, necessariamente, por uma relação trilateral.

(1621) Sobre as particularidades dos contratos administrativos ver: MEIRELLES, Hely Lopes. *Direito administrativo brasileiro*. 28. ed. São Paulo: Malheiros, 2002. p. 205-212; MELLO, Celso Antônio Bandeira de. *Curso de direito administrativo*. 16. ed. São Paulo: Malheiros, 2003. p. 564-573.

(1622) Fenômeno conhecido entre nós por privatização do direito público ou publicização do direito privado. Vale lembrar que já em 1967, o Decreto-Lei n. 200 possibilitava a terceirização da administração pública.

(1623) O direito não comporta mais separações radicais. Tratando da relação existente entre direito público e privado, Raizer diz que não se mostra apropriada a velha concepção de dois círculos fechados e interseccionados, nem a proposta de fundir ambos em um sistema unitário de Direito Comum, mas o quadro seria de uma elipse com dois focos de irradiação, entre os quais aparece um campo intermediário, influenciado pelos dois centros, cf. RAIZER, Ludwig. O futuro do Direito Privado. *Revista da Procuradoria Geral do Estado*, Porto Alegre: Instituto de Informática Jurídica, n. 25, p. 21, 1979.

(1624) Sobre os deveres jurídicos e as sanções, ver KELSEN, Hans. *Teoria pura do direito*. 6. ed. São Paulo: Martins Fontes, 1998. p. 128-131.

A terceirização provoca um verdadeiro desmonte da estrutura organizacional clássica, que concebia a empresa como uma entidade autossuficiente, autárquica, que se responsabilizava por todas, ou quase todas as fases do processo produtivo.

A relação laboral deixou de ser aferida a partir de uma concepção homótipa da relação de trabalho bilateral.

Entre o trabalhador e a empresa terceirizada se forma um contrato de natureza trabalhista.

Entre a empresa terceirizada e a empresa tomadora dos serviços daquela há um contrato de outra natureza jurídica (civil).

E entre o trabalhador e a empresa tomadora de serviços existe uma situação de fato, que poderá tornar-se uma situação jurídica, caso comprovada a existência de fraude, cujo detalhamento passa-se a expor:

a) entre a empresa tomadora de serviço e a empresa prestadora de serviço haverá um contrato de natureza civil ou administrativo de "prestação de serviços a terceiros", conforme dispõe a Lei n. 6.019/74, com redação dada pela Lei n. 13.429/17 (art. 4º-A, entre outros);

b) entre a empresa prestadora de serviços e o trabalhador haverá uma relação de trabalho em sentido lato, que poderá adquirir várias formas jurídicas: de relação de trabalho temporário (Lei n. 6.019/79), de sócio cooperativado, de subempreitada. Algumas dessas formas de contratação exigem forma especial, conforme suas leis específicas;

c) entre a empresa tomadora de serviço e o trabalhador, se a terceirização for lícita, haverá apenas uma relação de fato.

A prestação material dos serviços pelo trabalhador ocorre em benefício da tomadora, mas o vínculo jurídico (contrato de trabalho) se dá entre a prestadora e o trabalhador, desde que sejam observadas as formalidades exigidas pelo ordenamento jurídico.

5.3. Coexistência de obrigações complexas

A terceirização é constituída, sob o ponto de vista jurídico, por um complexo de vínculos obrigacionais, nele incluídas relações regidas pelo Direito Civil e relações regidas pelo Direito do Trabalho, sem excluir a possibilidade de incidência de normas de outra natureza.

Trata-se de uma obrigação complexa, isto é, de uma obrigação que contempla direitos subjetivos inter-relacionados, composta de vários atos logicamente entrelaçados entre si[1625].

A obrigação complexa, como relação jurídica concreta entre pessoas determinadas, existentes no tempo, é certamente um conjunto de direitos, obrigações e situações jurídicas. Pode, sem perder sua identidade como relação de obrigação complexa, ser modificada em seu conteúdo por acordo entre as partes ou em virtude de regulamentação legal. O que subsiste na alteração é essencialmente a conexão, ou seja, a interligação conforme o sentido dos diferentes elementos do todo, ainda que modifiquem alguns desses elementos.

(1625) As partes de uma relação obrigacional complexa não são entidades isoladas e estranhas, pelo contrário, estão entre si relacionadas, tendo-se aproximado em virtude de diversos contatos negociais existentes desde a fase pré-contratual até a extinção do contrato, denominado sociologicamente de "contato social", sendo juridicamente qualificado por graus de proximidade ou distância. A categoria sociológica do contato social é mensurada por graus variados de proximidade e de distância. Transportada para o Direito das Obrigações, esta categoria indica que aqueles que se aproximam voluntariamente pelo contrato estão em grau de extrema proximidade; já aqueles que têm em comum o mero fato de viver em sociedade estão em grau de maior distância, podendo entrar em contato em virtude do princípio do *neminem laedere*. Entre estes dois polos existem variados graus intermediários, como aquele no qual situados os negociadores, na fase antecedente ao contrato (COUTO E SILVA, Clóvis. *A obrigação como um processo.* São Paulo: Bushatsky, 1976. p. 10 e 5).

Além da ideia de obrigação como um todo, tem-se a obrigação como um processo, tendo em vista que ela visa, desde o início, alcançar um fim determinado, passando por diversas situações jurídicas até extinguir-se quando o fim é totalmente alcançado.

Coube a Clóvis do Couto e Silva trazer essas ideias para o Brasil, com a obra *A obrigação como um processo*, publicada em 1976. Com a expressão "obrigação como processo" o autor pretende destacar o dinamismo da obrigação, evidenciado pelas várias fases que surgem no desenvolvimento da relação obrigacional e que se ligam com interdependência, direcionados ao adimplemento, à satisfação dos interesses do credor(1626).

O CC/2002, por sua estrutura sistemática, introduziu na legislação brasileira a noção dinâmica da relação obrigacional, acolhendo a concepção que considera a obrigação como um "todo" e como um "processo"(1627).

Nas obrigações da relação trilateral da terceirização estão certamente presentes estas ideias: a complexidade unitária, construída pela concepção de se articularem os diversos e complexos vínculos resultantes e emergentes da relação numa estrutura, num sistema de processos, articulado pela relação obrigacional. Da interligação de direitos subjetivos (do trabalhador, da empresa terceirizada e da empresa tomadora dos serviços) resulta o elemento da complexidade das obrigações resultantes da terceirização(1628).

5.4. Capacidade econômica da empresa prestadora compatível com a execução dos serviços contratados

Até 2017, durante o período em que a terceirização em geral no Brasil era regida exclusivamente pelas diretrizes do TST (ultimamente pela Súmula n. 331 do TST, conforme estudado no item da base jurisprudencial), um dos elementos caracterizadores era a especialização dos serviços terceirizados (conforme o item III da Súmula n. 331 do TST).

A primeira lei permitindo a terceirização de serviços em geral no Brasil não usou a expressão "serviços especializados", mas "serviços determinados e específicos" (Lei n. 13.429/17, que inseriu o art. 4º-A na Lei n. 6.019/74).

Todavia, poucos meses depois de sua redação original, o art. 4º-A da Lei n. 6.019/74 foi alterado pela Lei n. 13.467/17, não se utilizando mais a expressão "serviços determinados e específicos", mas passando a permitir a terceirização de quaisquer atividades da contratante (tomadora dos serviços), desde que a contratada (empresa prestadora dos serviços) possua capacidade econômica compatível com a sua execução.

Assim, a legislação retira o elemento caraterizador dos "serviços especializados" e insere o elemento da capacidade econômica da empresa prestadora compatível com a execução dos serviços contratados.

Veja-se a redação dada pela Lei n. 13.467/17 ao art. 4º-A da Lei n. 6.019/74:

> Art. 4º-A. Considera-se prestação de serviços a terceiros a transferência feita pela contratante da execução de quaisquer de suas atividades, inclusive sua atividade principal, à pessoa jurídica de direito privado prestadora de serviços que possua capacidade econômica compatível com a sua execução.

Assim, a empresa prestadora (contratada) deve ter capacidade monetária para suportar os riscos da prestação laboral.

É chamada idoneidade econômica da empresa prestadora de serviços.

(1626) COUTO E SILVA, Clóvis. *A obrigação como um processo.* São Paulo: Bushatsky, 1976. p. 10 e 5.

(1627) Nesse sentido MARTINS-COSTA, Judith. *Comentários ao novo código civil.* Rio de Janeiro: Forense, 2003, v. 5, t. 2. p. 20. A distinção entre a relação obrigacional complexa e as obrigações unas ou simples torna-se evidente sobretudo nas relações obrigacionais duradouras, como a relação terceirizada de trabalho, cujo desenrolar no tempo vai originando a criação sucessiva de novas obrigações.

(1628) Note-se que este elemento está intrinsecamente ligado ao elemento relação trilateral abordado em item próprio *supra*.

Além de precisar ter aptidão técnica para a prestação dos serviços, a empresa contratada deverá ter comprovadamente aptidão econômica para adimplir suas obrigações, especialmente as obrigações trabalhistas dos empregados que contratar, dirigir e remunerar (§ 1º do art. 4º-A da Lei n. 6.019/74, inserido pela Lei n. 13.467/17).

Relacionando os artigos da Lei n. 6.019/74, verifica-se o art. 4º-B da Lei n. 6.019/74, com redação dada pela Lei n. 13.429/17, exige para o funcionamento da empresa de prestação de serviços a terceiros que ela comprove capital social compatível com o número de empregados que tiver.

Veja-se o texto legal:

Art. 4º-B. São requisitos para o funcionamento da empresa de prestação de serviços a terceiros:

I — prova de inscrição no Cadastro Nacional da Pessoa Jurídica (CNPJ);

II — registro na Junta Comercial;

III — capital social compatível com o número de empregados, observando-se os seguintes parâmetros:

a) empresas com até dez empregados — capital mínimo de R$ 10.000,00 (dez mil reais);

b) empresas com mais de dez e até vinte empregados — capital mínimo de R$ 25.000,00 (vinte e cinco mil reais);

c) empresas com mais de vinte e até cinquenta empregados — capital mínimo de R$ 45.000,00 (quarenta e cinco mil reais);

d) empresas com mais de cinquenta e até cem empregados — capital mínimo de R$ 100.000,00 (cem mil reais); e

e) empresas com mais de cem empregados — capital mínimo de R$ 250.000,00 (duzentos e cinquenta mil reais).

Entretanto, não basta a comprovação de capacidade econômica da empresa prestadora formalmente, no contrato social.

O mais importante é que, na prática, a empresa prestadora, quando for exigida, tenha efetivamente capacidade econômica de suportar os direitos trabalhistas e eventuais ações trabalhistas de seus empregados.

5.5. Direção do trabalho pela prestadora dos serviços

O § 1º do art. 4º-A da Lei n. 6.019/74, inserido pela Lei n. 13.467/17, dispõe que cabe à empresa prestadora de serviços contratar, dirigir e remunerar os seus empregados que prestarão serviços em favor da contratante (tomadora dos serviços).

Veja-se o texto legal:

Art. 4º-A. [...]

§ 1º A empresa prestadora de serviços contrata, remunera e dirige o trabalho realizado por seus trabalhadores, ou subcontrata outras empresas para realização desses serviços.

Essa determinação legal precisa ser confirmada pela realidade, pela prática das relações.

O poder do empregador de dirigir a prestação do trabalho realizado pelo empregado (art. 2º da CLT), também chamado de poder diretivo, significa, entre outras definições (estudadas em capítulo próprio na presente obra), o poder de o empregador organizar as atividades, dar ordens ao empregado, fiscalizá-lo e puni-lo quando não cumprir as obrigações contratuais e legais.

O empregado, por sua vez, tem o correspondente dever de cumprir as ordens e determinações do empregador (subordinação), conforme o art. 3º da CLT.

Na terceirização, a direção/subordinação deve se dar entre a empresa prestadora de serviços (empregador) e o trabalhador terceirizado (seu empregado).

A empresa tomadora celebra contrato de prestação de serviços com uma empresa prestadora de serviços e os seus contatos durante a execução dos serviços (exigências, reclamações e combinações em geral) devem ser mantidos com o representante da prestadora e não diretamente com os empregados dela.

A empresa prestadora de serviços é a empregadora e, como tal, deve efetivamente exercer a contratação, o assalariamento e a direção da prestação do trabalho.

A empresa tomadora não pode diretamente dar ordens, controlar o horário de trabalho, pagar a remuneração dos empregados terceirizados, pois esses poderes pertencem à empregadora.

Além disso, a tomadora não pode exigir quais trabalhadores devem lhe prestar serviços, uma vez que a prestação pessoal de serviços (pessoalidade) é outro importante elemento caracterizador da relação de emprego[1629].

5.6. Boa-fé entre as partes

A boa-fé é um princípio geral do direito. Não obstante, entende-se que, nas relações terceirizadas de trabalho, a boa-fé é um elemento essencial, que deve estar presente de forma específica. Se numa relação bilateral a boa-fé é importante, mais ainda se faz necessária numa relação trilateral atípica, em que os direitos subjetivos de cada sujeito se entrelaçam, resultando um complexo de vínculos obrigacionais.

Assim, a boa-fé deve estar presente em todos os lados da relação terceirizada de trabalho e desde a formação do vínculo jurídico contratual, passando pela execução dos serviços e se mantendo até mesmo após a cessação da contratação.

É indispensável que tanto a empresa tomadora quanto a prestadora dos serviços, bem como o trabalhador, observem o princípio da boa-fé ao longo da contratação, pois se trata de uma relação contratual atípica e as partes devem estar cientes disso e das diferenças dessa contratação em comparação com o contrato de trabalho típico. Essa consciência das partes contemplada de boa-fé é fundamental para que não existam tantos problemas e tantas reclamações trabalhistas após o término das contratações terceirizadas, uma vez que muitas das ações trabalhistas que chegam aos tribunais do trabalho derivam de quebra da boa-fé entre as partes.

Outro aspecto importante é o problema da idoneidade da empresa prestadora de serviços, questão está presente em muitos julgados trabalhistas, que fundamentam a responsabilização subsidiária da empresa tomadora de serviços justamente na falta de idoneidade econômica da empresa prestadora de serviços. Entende-se que a questão da idoneidade econômica da prestadora dos serviços deve ser analisada dentro do contexto maior da boa-fé entre os contratantes. Também é objeto de controvérsias o aspecto do momento em que a idoneidade econômica da prestadora deve ser verificada: no ato da contratação ou ao longo da contratação. Segundo o primeiro entendimento, as modificações posteriores ocorridas no patrimônio da prestadora não devem modificar a presunção de boa-fé de que goza o ato. Já de acordo com o segundo entendimento, a idoneidade da prestadora de serviços deve ser permanentemente aferida no curso da execução da contratação terceirizada, de modo a não se dar ensejo a prejuízos ao trabalhador.

A boa-fé também está intimamente ligada à chamada ordem de colaboração entre as partes, que, por sua vez, está ligada à ideia de obrigação como um todo, estudada em item próprio *supra*[1630], uma vez que a

(1629) Salienta Martins que a empresa prestadora de serviços deve ter total autonomia no trato com seus empregados (MARTINS, Sergio Pinto. *A terceirização e o Direito do Trabalho*. 5. ed. São Paulo: Atlas, 2001. p. 32).

(1630) A boa-fé entre os participantes da relação de trabalho terceirizada está intimamente ligada aos três primeiros elementos tratados em itens próprios *supra*.

inovação que permitiu tratar a relação jurídica como uma totalidade, realmente orgânica, veio do conceito do vínculo jurídico como uma ordem de colaboração, formadora de uma unidade que não se esgota na soma dos elementos que a compõem. Dentro dessa ordem de colaboração, credor e devedor não ocupam mais posições antagônicas, dialéticas e polêmicas. Transformando o *status* em que se encontravam, tradicionalmente, devedor e credor, abriu-se espaço ao tratamento da relação obrigacional como um todo[(1631)]. A presença dessa ordem de colaboração é muito importante nas relações de trabalho, sobretudo nas terceirizações.

Nesse contexto, o CC/2002 consagra expressamente o princípio da boa-fé em sua dupla feição, a subjetiva[(1632)] — enquanto houver convicção de não se estar a lesar direito alheio ou de estar agindo de forma ilícita — e a objetiva[(1633)], como regra de conduta. Cabe salientar que o dever geral de boa-fé projeta seus efeitos também sobre terceiros[(1634)], corroborando com o ora sustentado, e evidenciando a essencialidade do elemento boa-fé no âmbito das relações terceirizadas de trabalho.

5.7. Quaisquer atividades podem ser objeto de terceirização, inclusive a atividade principal da tomadora de serviços

Conforme estudado em item próprio *supra* (sobre o conceito legal e o objeto da terceirização de serviços em geral), a partir da vigência do art. 4º-A da Lei n. 6.019/74, com redação dada pela Lei n. 13.467/17, quaisquer atividades podem ser objeto de terceirização, inclusive a atividade principal da tomadora de serviços.

Até a entrada em vigor da Lei n. 13.467/17, as atividades que poderiam ser terceirizadas no Brasil eram limitadas.

Atualmente a regra é a permissão da terceirização de serviços de forma ampla de quaisquer das atividades da contratante (tomadora dos serviços), inclusive de sua atividade principal.

Assim, muda-se da diretriz geral de ilicitude da terceirização (com exceções construídas ao longo do tempo pela jurisprudência) para a regra legal geral de licitude da terceirização no que tange às atividades que podem ser terceirizadas (objeto da terceirização).

Não obstante, as sanções jurídicas foram mantidas para caso de descumprimentos do ordenamento jurídico.

6. Algumas hipóteses de terceirização com peculiaridades

Neste item serão abordadas algumas hipóteses de terceirização com peculiaridades: 1) trabalho temporário; 2) serviços de vigilância, transporte de valores e segurança; 3) Administração pública; 4) subempreitada; 5) dono da obra; 6) cooperativas de trabalho.

6.1. Trabalho temporário

O trabalho temporário já foi abordado no capítulo 7, por ocasião do estudo das relações de trabalho *lato sensu*.

(1631) COUTO E SILVA, Clóvis do. *A obrigação como um processo.* São Paulo: Bushatsky, 1976. p. 8.

(1632) Como na hipótese do art. 309 do CC/2002 — pagamento feito de boa-fé a credor putativo. Art. 309. "O pagamento feito de boa-fé ao credor putativo é válido, ainda provado depois que não era credor."

(1633) Como norma de interpretação dos negócios jurídicos e como princípio fundamental e cláusula geral dos contratos, conforme o disposto nos arts. 113 e 422 do CC/2002, respectivamente. Os textos legais são os seguintes: art. 113: "Os negócios jurídicos devem ser interpretados conforme a boa-fé e os usos do lugar de sua celebração"; art. 422: "Os contratantes são obrigados a guardar, assim na conclusão do contrato, como em sua execução, os princípios de probidade e boa-fé."

(1634) Como na hipótese dos arts. 385 e 359 do CC/2002, que dispõem, respectivamente, da proteção a terceiros dada na remissão e na evicção de coisa em pagamento. Veja-se os textos legais: art. 385: "A remissão da dívida, aceita pelo devedor, extingue a obrigação, mas sem prejuízo de terceiro"; art. 359: "Se o credor for evicto da coisa recebida em pagamento, restabelecer-se-á a obrigação primitiva, ficando sem efeito a quitação dada, ressalvados os direitos de terceiros."

Está disciplinado em nosso país pela Lei n. 6.019/74, alterada em diversos artigos pela Lei n. 13.429/17.

Importa aqui referi-lo como uma hipótese lícita de terceirização antes e depois das Leis ns. 13.429/17 e 13.467/17.

Para evitar repetição, remete-se o leitor para o capítulo 7.

6.2. Serviços de vigilância, transporte de valores e segurança

O Decreto-lei n. 1.034, de 21.12.1969, já facultava aos estabelecimentos de crédito a contratação de vigilantes por intermédio de empresas especializadas[1635].

Contudo, foi a Lei n. 7.102, de 20.6.1983, que, em razão dos assaltos a bancos, financeiras e transportadoras de valores, tornou obrigatório o funcionamento de um sistema de segurança em qualquer estabelecimento financeiro e previu que a vigilância ostensiva do estabelecimento e o transporte de valores poderão ser executados por empresas especializadas contratadas ou pelo próprio estabelecimento financeiro, desde que organizado e preparado para tal fim e com pessoal próprio.

Veja-se o texto do art. 3º da Lei n. 7.102/83, com redação dada pela Lei n. 9.017/95:

> Art. 3º A vigilância ostensiva e o transporte de valores serão executados:
>
> I — por empresa especializada contratada; ou
>
> II — pelo próprio estabelecimento financeiro, desde que organizado e preparado para tal fim, com pessoal próprio, aprovado em curso de formação de vigilante autorizado pelo Ministério da Justiça e cujo sistema de segurança tenha parecer favorável à sua aprovação emitido pelo Ministério da Justiça.
>
> Parágrafo único. Nos estabelecimentos financeiros estaduais, o serviço de vigilância ostensiva poderá ser desempenhado pelas Polícias Militares, a critério do Governo da respectiva Unidade da Federação.

Considerando as especificidades e as dificuldades para contratação direta de vigilante pelo próprio estabelecimento financeiro, a contratação de vigilante geralmente é feita por meio de subcontratação (terceirização) de uma empresa prestadora desse serviço.

Conforme Vólia Bomfim Cassar[1636], trata-se de hipótese de terceirização obrigatória, com fundamento na segurança da sociedade e controle pelo Estado de pessoas armadas.

O Decreto n. 89.056, de 24.11.1983, regulamenta a Lei n. 7.102/83, autorizando, ainda, as empresas especializadas a prestar serviços a outros estabelecimentos não financeiros[1637].

A Lei n. 8.863, de 28.3.1994, alterou o art. 10 da Lei n. 7.102/83, aumentando a área de permissão dessa espécie de terceirização, autorizando expressamente: a prestação de serviços de segurança a pessoas; a estabelecimentos comerciais, industriais, de prestação de serviços e residências; a entidades sem fins lucrativos; e órgãos e empresas públicas.

Veja-se as principais características desta espécie de terceirização:

a) a Lei n. 7.102/83 possibilitou a formação de outra relação trabalhista diferenciada, trilateral, de natureza obrigacional complexa, típica das relações de terceirização, formada pela empresa prestadora de

---

(1635) Dispõe no art. 4º: "Os estabelecimentos de crédito manterão a seu serviço, admitidos diretamente ou contratados por intermédio de empresas especializadas, os elementos necessários à sua vigilância, podendo organizar serviço especial para esse fim, mediante aprovação do Ministério da Justiça, ou quando se tratar de serviço local, do Secretário ou Chefe de Polícia."

(1636) CASSAR, Vólia Bomfim. *Direito do trabalho:* de acordo com a reforma trabalhista. 16. ed. Rio de Janeiro: Forense, São Paulo: Método, 2018. p. 488.

(1637) Segundo o disposto no art. 53 do Decreto n. 89.056/83.

serviços de segurança, vigilância e transporte de valores, pelo trabalhador (mais conhecido como vigilante ou mais recentemente como segurança) e pela pessoa ou empresa tomadora de serviço ou cliente.

Nessa operação trilateral, a empresa prestadora de serviços de segurança, vigilância e transporte de valores admite, assalaria e dirige a prestação pessoal de serviços que é prestada continuamente no estabelecimento da tomadora dos serviços ou em outro local definido no contrato de prestação de serviços celebrado entre a empresa prestadora e a contratante (tomadora).

b) considera-se vigilante o empregado contratado para impedir ou inibir ação criminosa em instituições financeiras e de outros estabelecimentos, públicos ou privados, bem como a garantir a segurança de pessoas físicas, para realizar o transporte de valores ou garantir o transporte de qualquer tipo de carga[1638].

Veja-se o texto do art. 15 e do art. 10 da Lei n. 7.102/83, que foram combinados expressamente, com a redação dada pela Lei n. 8.863/94:

> Art. 15. Vigilante, para os efeitos desta lei, é o empregado contratado para a execução das atividades definidas nos incisos I e II do *caput* e §§ 2º, 3º e 4º do art. 10.
>
> Art. 10. São considerados como segurança privada as atividades desenvolvidas em prestação de serviços com a finalidade de:
>
> I — proceder à vigilância patrimonial das instituições financeiras e de outros estabelecimentos, públicos ou privados, bem como a segurança de pessoas físicas;
>
> II — realizar o transporte de valores ou garantir o transporte de qualquer outro tipo de carga.
>
> § 1º Os serviços de vigilância e de transporte de valores poderão ser executados por uma mesma empresa.
>
> § 2º As empresas especializadas em prestação de serviços de segurança, vigilância e transporte de valores, constituídas sob a forma de empresas privadas, além das hipóteses previstas nos incisos do *caput* deste artigo, poderão se prestar ao exercício das atividades de segurança privada a pessoas; a estabelecimentos comerciais, industriais, de prestação de serviços e residências; a entidades sem fins lucrativos; e órgãos e empresas públicas.

Há requisitos específicos para a caracterização desse tipo especial de trabalhador: ser brasileiro, ter idade mínima de 21 anos, ter instrução correspondente à quarta série do primeiro grau, ter sido aprovado em curso de formação de vigilante realizado em estabelecimento com funcionamento autorizado, ter sido aprovado em exame de saúde física, mental e psicotécnico, não ter antecedentes criminais e estar quite com as obrigações eleitorais e militares.

Veja-se o texto do art. 16 da Lei n. 7.102/83, sendo que inciso IV tem redação dada pela Lei n. 8.863/94:

> Art. 16. Para o exercício da profissão, o vigilante preencherá os seguintes requisitos:
>
> I — ser brasileiro;
>
> II — ter idade mínima de 21 (vinte e um) anos;
>
> III — ter instrução correspondente à quarta série do primeiro grau;
>
> IV — ter sido aprovado, em curso de formação de vigilante, realizado em estabelecimento com funcionamento autorizado nos termos desta lei;
>
> V — ter sido aprovado em exame de saúde física, mental e psicotécnico;

(1638) Note-se que o Decreto-Lei n. 1.034, de 21.12.1969, previa que o vigilante tinha prerrogativas de policial. A Lei n. 7.102/83 revogou o referido decreto-lei em seu art. 27, tratando o trabalho do vigilante como de cunho paramilitar.

VI — não ter antecedentes criminais registrados; e

VII — estar quite com as obrigações eleitorais e militares.

Parágrafo único. O requisito previsto no inciso III deste artigo não se aplica aos vigilantes admitidos até a publicação da presente Lei.

O vigilante difere do vigia, que é simplesmente um guarda de bens, sem requisitos definidos em lei.

O vigia não atua e não é formado para atuar de forma ostensiva. Sua função é a de apenas observar e comunicar sobre determinada irregularidade, sem os requisitos da Lei n. 7.102/83.

c) o vigilante presta serviços geralmente no estabelecimento da tomadora dos serviços ou em outro local definido no contrato de prestação de serviços celebrado entre a empresa prestadora e a contratante (tomadora).

Esse fato não desnatura o contrato, pois o que importa é que o vigilante esteja subordinado em face da empresa de vigilância e não em relação a contratante (tomadora dos serviços).

Assim, não pode existir delegação de uma parte da subordinação à empresa tomadora como ocorre no trabalho temporário.

A observância desse aspecto é fundamental para a validade desse tipo de terceirização, uma vez que, havendo a presença dos elementos caracterizadores da relação de emprego entre o vigilante e a empresa tomadora dos serviços, formar-se-á vínculo de emprego diretamente com esta.

d) as empresas prestadoras dos serviços de vigilância, transporte de valores e segurança são regidas pela Lei n. 7.102/83, pelos regulamentos dela decorrentes e pelas disposições da legislação civil, comercial, trabalhista, previdenciária e penal.

Quando a contratação de vigilantes não for feita pela empresa terceirizada, ou seja, quando as empresas tomadoras de serviço, que tenham objeto econômico diverso da vigilância ostensiva e do transporte de valores, utilizam-se de pessoal do seu próprio quadro funcional para a execução dessas atividades, ficam obrigadas ao cumprimento do disposto nesta lei e demais legislações pertinentes.

Veja o texto do §§ 3º e 4º do art. 10 da Lei n. 7.102/83, com redação dada pela Lei n. 8.863/94:

Art. 10. [...]

§ 2º As empresas especializadas em prestação de serviços de segurança, vigilância e transporte de valores, constituídas sob a forma de empresas privadas, além das hipóteses previstas nos incisos do *caput* deste artigo, poderão se prestar ao exercício das atividades de segurança privada a pessoas; a estabelecimentos comerciais, industriais, de prestação de serviços e residências; a entidades sem fins lucrativos; e órgãos e empresas públicas.

§ 3º Serão regidas por esta lei, pelos regulamentos dela decorrentes e pelas disposições da legislação civil, comercial, trabalhista, previdenciária e penal, as empresas definidas no parágrafo anterior.

§ 4º As empresas que tenham objeto econômico diverso da vigilância ostensiva e do transporte de valores, que utilizem pessoal de quadro funcional próprio, para execução dessas atividades, ficam obrigadas ao cumprimento do disposto nesta lei e demais legislações pertinentes.

e) a duração desta espécie de terceirização é por período indeterminado, diferentemente do que ocorre no trabalho temporário, em que se dá por prazo determinado, como está expresso na sua própria denominação.

6.3. Administração pública

Desde 1967, a administração pública tem permissão legal para terceirizar a prestação de serviços públicos para empresas privadas especializadas, com base no § 7º do art. 10 do Decreto-lei n. 200, de 25.2.1967, que autorizava que, para melhor se desincumbir das tarefas de planejamento, coordenação, supervisão e controle, e com o objetivo de impedir o crescimento desmesurado da máquina administrativa, a administração procurasse desobrigar-se da realização material de tarefas executivas, recorrendo, sempre que possível, à execução indireta, mediante contrato, desde que existisse, na área, iniciativa privada suficientemente desenvolvida e capacitada a desempenhar os encargos de execução. Assim, desde 1967 a administração pública tem permissão legal para terceirizar a prestação de serviços públicos para empresas privadas especializadas.

Nessa linha, sucederam-se outras leis, como a Lei n. 1.034/69 e a Lei n. 5.645/70. Algumas leis procuraram "frear" a terceirização dos serviços públicos que estava sendo usada em grande escala e, muitas vezes, de forma abusiva, como a Lei n. 5.845/72 e o Decreto n. 86.795/81.

Na década de 1990, o legislador voltou a cuidar da regulamentação legal da terceirização de serviços públicos, disciplinando formas específicas de contratação de serviços junto a terceiros, que podem ser assim destacadas:

a) Lei n. 8.666, de 21 de junho de 1993: institui normas para licitações e contratos com a administração pública, regulamentando o inciso XXI do art. 37 da CF/1988. Esta hipótese de terceirização é feita na forma de execução indireta de obras e serviços, como de empreitada por preço global, empreitada por preço unitário, tarefa, empreitada integral[(1639)]. A lei define como serviço toda atividade destinada a obter determinada utilidade para a administração, tais como: demolição, conserto, instalação, montagem, operação, conservação, recuperação, adaptação, manutenção, transporte, locação de bens, publicidade, seguro ou trabalhos técnico-profissionais[(1640)]. Tais serviços são meramente exemplificativos, pois a lei emprega a expressão "tais como".

A lei especifica, ainda, quais serviços são considerados técnico-profissionais especializados: estudos técnicos, planejamentos e projetos básicos ou executivos; pareceres, perícias e avaliações em geral; assessorias ou consultorias técnicas e auditorias financeiras ou tributárias; fiscalização, supervisão e gerência de obras ou serviços; patrocínio ou defesa de causas judiciais ou administrativas; treinamento e aperfeiçoamento de pessoal; restauração de obras de arte e bens de valor histórico[(1641)].

O § 1º do art. 71 da Lei n. 8.666/93, com redação dada pela Lei n. 9.032/95, dispõe que a inadimplência do contratado com referência aos encargos trabalhistas não transfere à administração pública a responsabilidade por seu pagamento.

b) Lei n. 8.745, de 9 de dezembro de 1993: regula a contratação temporária de servidores pela administração pública federal, conforme o inciso IX do art. 37 da CF/1988.

Permite o ingresso e contratação de pessoas, sem o requisito do concurso público, para atender à necessidade temporária de excepcional interesse público, nos casos de calamidade pública, combate a surtos endêmicos, recenseamentos, admissão de professor substituto e professor visitante; admissão de professor pesquisador visitante estrangeiro; atividades especiais nas organizações das forças armadas para atender à área industrial ou encargos temporários e serviços de engenharia[(1642)].

c) Lei n. 8.987, de 13 de fevereiro de 1995: disciplina a terceirização mediante a concessão e permissão da prestação de serviços públicos, regulamentando o art. 175 da CF/1988.

Essa lei define concessão de serviço público como a delegação de sua prestação, feita pelo poder concedente mediante licitação, na modalidade de concorrência, à pessoa jurídica ou consórcio de empresas que demonstrem capacidade para seu desempenho, por sua conta e risco e por prazo determinado[(1643)].

(1639) Art. 10, inciso II, da Lei n. 8.666/93.

(1640) Art. 6º, inciso II, da Lei n. 8.666/93.

(1641) Art. 13 da Lei n. 8.666/93.

(1642) Arts. 1º e 2º da Lei n. 8.745/93.

(1643) Art. 2º, inciso II, da Lei n. 8.987/95.

A lei admite a subconcessão, nos termos previstos no contrato de concessão, desde que expressamente autorizada pelo poder concedente, sendo que a outorga de subconcessão será precedida de concorrência(1644). Poderá a concessionária, ainda, terceirizar o desenvolvimento de atividades acessórias ou complementares ao serviço concedido, como a contratação de serviços de limpeza, sendo que, nesses casos, não há necessidade de autorização prévia da administração, tratando-se de um contrato regido pelo direito privado.

Há previsão legal expressa de que não se estabelece qualquer relação jurídica trabalhista com o poder concedente, seja resultante dos empregados contratados diretamente pela concessionária, seja derivada dos trabalhadores de empresas terceirizadas(1645). Já a permissão de serviço público é definida pela lei como a delegação, a título precário, mediante licitação, da prestação de serviços públicos feita pelo poder concedente à pessoa física ou jurídica que demonstre capacidade para o seu desempenho, por conta e risco(1646).

d) Lei n. 8.080, de 1990: regulamenta as ações e serviços públicos de saúde, permitindo a terceirização desses serviços em obediência ao comando de descentralização deles, previsto no art. 198 da CF/1988.

Essa terceirização, mediante participação de empresas privadas, será feita de forma complementar ao Sistema Único de Saúde (SUS), mediante contrato de direito público ou convênio, tendo preferência as entidades filantrópicas e as sem fins lucrativos, de acordo com o disposto no § 1º do art. 199 da CF/1988.

Note-se que esta preferência constitucional pela terceirização dos serviços de saúde por meio de entidades filantrópicas e as sem fins lucrativos abriu uma grande oportunidade para a expansão das cooperativas, que serão abordadas em item próprio adiante.

Observe-se que o legislador, ao definir expressamente quais serviços poderiam ser terceirizados, embora de forma não exaustiva, além de observar o princípio da legalidade, tornava explícito quais serviços eram considerados atividade-meio da administração pública. Agora, questionamentos surgem a respeito do alcance da terceirização irrestrita, especificamente quanto à necessidade de licitação para a contratação pela Administração Pública.

O entendimento inicial que predominava na jurisprudência pátria era no sentido de existir vínculo empregatício diretamente com a administração pública caso houvesse fraude na terceirização ou falta de idoneidade econômica por parte da prestadora dos serviços.

Ocorre que a CF/1988 dispôs que a investidura em cargo público depende de aprovação prévia em concurso público de provas ou de provas e títulos(1647). Cabe lembrar que o requisito do concurso público é exigido não só para cargo, mas também para emprego público, ou seja, servidor público contratado pelo regime da CLT, tanto na administração pública direta, como indireta ou fundacional, que inclui as fundações, as autarquias, as empresas públicas que explorem atividades econômicas e as sociedades de economia mista, conforme já decidido pelo Supremo Tribunal Federal.

A partir disso, o TST, aos poucos, vinha se posicionando sobre a matéria, da qual se destaca a questão processual, refletida pelas diversas formas de pedido (vínculo empregatício ou responsabilidade subsidiária da administração pública), decorrentes das diversas formas de contratação de servidores públicos (direta ou terceirizada), havendo diferenciação de tratamento, ainda, quando os pedidos de vínculo de emprego com a administração pública, são relativos a período anterior ou posterior a CF/1988.

As diferenças e as polêmicas da responsabilidade subsidiária da Administração Pública serão estudadas em item próprio a seguir.

(1644) Art. 26 e § 1º, da Lei n. 8.987/95.

(1645) Art. 25, §§ 1º e 2º e art. 31 da Lei n. 8.987/95.

(1646) Art. 2º, inciso IV, da Lei n. 8.987/95. A CF/1988 (art. 21, inciso XII) estabelece que compete à União explorar diretamente ou mediante autorização, concessão ou permissão, vários tipos de serviços, de radiodifusão, energia elétrica, transporte ferroviário e aquaviário. Observe-se que essa disposição constitucional permite a terceirização de tais serviços públicos, mediante concessão, permissão e autorização.

(1647) Art. 37, inciso II e § 2º.

6.4. Subempreitada

A primeira hipótese de terceirização prevista em lei, na redação original da CLT (1943), foi a subcontratação do contrato de empreitada conhecida por subempreitada.

Na subempreitada, o empreiteiro principal celebra contrato de prestação de serviços de natureza civil/comercial com um subempreiteiro, que presta os serviços por si e/ou por meio de seus empregados.

Veja-se a redação do art. 455 da CLT:

> Art. 455. Nos contratos de subempreitada responderá o subempreiteiro pelas obrigações derivadas do contrato de trabalho que celebrar, cabendo, todavia, aos empregados, o direito de reclamação contra o empreiteiro principal pelo inadimplemento daquelas obrigações por parte do primeiro.
>
> Parágrafo único. Ao empreiteiro principal fica ressalvada, nos termos da lei civil, ação regressiva contra o subempreiteiro e a retenção de importâncias a este devidas, para a garantia das obrigações previstas neste artigo.

A CLT não especificou qual será o tipo de responsabilidade do empreiteiro principal, se solidária ou subsidiária.

Na doutrina e na jurisprudência, o tipo de responsabilidade do empreiteiro principal não é uníssono[1648].

Pela redação do art. 455 da CLT, entende-se tratar de responsabilidade subsidiária, em face da preferência de ordem expressa: pelos contratos de trabalho que celebrar primeiramente responderá o subempreiteiro (empregador).

Em caso de inadimplemento de créditos trabalhistas pelo subempreiteiro, responderá o empreiteiro principal, desde que haja participado da relação processual (para que tenha direito ao contraditório) e conste também do título executivo judicial (seja condenado com trânsito em julgado).

6.5. Dono da obra

O dono da obra é uma pessoa física ou jurídica que constrói ou reforma seus estabelecimentos, suas casas etc., e para isso contrata um empreiteiro (construtor).

O entendimento pacificado no TST era de que o dono da obra não responderia por inadimplemento de direitos trabalhistas do empreiteiro para com seus empregados, pelo fundamento de inexistência de previsão legal específica.

O dono da obra só responderia subsidiariamente pelas obrigações trabalhistas contraídas pelo empreiteiro que contratou se fosse uma empresa construtora ou incorporadora, ou seja, se explorasse atividade econômica com a obra.

Nesse sentido, dispõe a Orientação Jurisprudencial n. 191 da SDI-1 do TST:

> 191. CONTRATO DE EMPREITADA. DONO DA OBRA DE CONSTRUÇÃO CIVIL. RESPONSABILIDADE. (nova redação) — Res. n. 175/2011, DEJT divulgado em 27, 30 e 31.5.2011
>
> Diante da inexistência de previsão legal específica, o contrato de empreitada de construção civil entre o dono da obra e o empreiteiro não enseja responsabilidade solidária ou subsidiária nas obrigações trabalhistas contraídas pelo empreiteiro, salvo sendo o dono da obra uma empresa construtora ou incorporadora.

(1648) Conforme CASSAR, Vólia Bomfim. *Direito do trabalho:* de acordo com a reforma trabalhista. 16. ed. Rio de Janeiro: Forense, São Paulo: Método, 2018. p. 483-484.

Não obstante, em 11.5.2017, a SDI- 1 do TST alterou seu entendimento sobre a matéria, em julgamento do incidente de recurso de revista repetitivo IRR 190-53.2015.5.03.0090, e definiu que, com exceção dos entes públicos, o dono da obra poderá responder subsidiariamente pelas obrigações trabalhistas de empreiteiro inidôneo.

Assim, o autor terá que fazer prova, no caso concreto, da falta de idoneidade financeira do empreiteiro para responsabilizar subsidiariamente o dono da obra[(1649)].

Nesse julgamento ficou definido ainda que não são compatíveis com a diretriz consolidada na Orientação Jurisprudencial n. 191 da SDI-1 entendimentos de Tribunais Regionais do Trabalho que ampliem as possibilidades de responsabilização para excepcionar apenas pessoas físicas ou micro e pequenas empresas que não exerçam atividade econômica vinculada ao objeto contratado.

Em síntese, as teses jurídicas aprovadas no julgamento do incidente de recurso de revista repetitivo foram as seguintes:

I) A exclusão de responsabilidade solidária ou subsidiária por obrigação trabalhista a que se refere a Orientação Jurisprudencial n. 191 da SDI-1 do TST não se restringe à pessoa física ou micro e pequenas empresas, compreendendo igualmente empresas de médio e grande porte e entes públicos (decidido por unanimidade);

II) A excepcional responsabilidade por obrigações trabalhistas prevista na parte final da Orientação Jurisprudencial 191, por aplicação analógica do art. 455 da CLT, alcança os casos em que o dono da obra de construção civil é construtor ou incorporador e, portanto, desenvolve a mesma atividade econômica do empreiteiro (decidido por unanimidade);

III) Não é compatível com a diretriz sufragada na Orientação Jurisprudencial n. 191 da SDI-1 do TST jurisprudência de Tribunal Regional do Trabalho que amplia a responsabilidade trabalhista do dono da obra, excepcionando apenas "a pessoa física ou micro e pequenas empresas, na forma da lei, que não exerçam atividade econômica vinculada ao objeto contratado" (decidido por unanimidade);

IV) Exceto ente público da administração direta e indireta, se houver inadimplemento das obrigações trabalhistas contraídas por empreiteiro que contratar, sem idoneidade econômico-financeira, o dono da obra responderá subsidiariamente por tais obrigações, em face de aplicação analógica do art. 455 da CLT e culpa *in eligendo* (decidido por maioria, vencido o ministro Márcio Eurico Vitral Amaro).

Posteriormente, ao dar provimento aos embargos de declaração interpostos por Associação Brasileira do Agronegócio, foi acrescido ao acórdão originário a tese jurídica n. 5, de seguinte teor:

V) O entendimento contido na tese jurídica n. 4 aplica-se exclusivamente aos contratos de empreitada celebrados após 11 de maio de 2017, data do presente julgamento.

Assim, a SDI-1 do TST modulou os efeitos da decisão para determinar que a possibilidade de responsabilizar donos de obra sobre questões trabalhistas de empreiteiros terceirizados só pode ser aplicada em contratos de empreitada celebrados depois de 11.5.2017.

6.6. Cooperativas de trabalho

O cooperativismo tem sua origem na Europa, por volta da metade do século XIX, como reação aos efeitos da Revolução Industrial. Esse momento histórico de grande intranquilidade social tornou-se campo fértil para as mais variadas reações sociais, entre as quais o movimento chamado de cooperativismo. Fundado no ideal de solidariedade, tem por finalidade administrar a empresa em favor dos seus próprios

(1649) Conforme CASSAR, Vólia Bomfim. *Direito do trabalho:* de acordo com a reforma trabalhista. 16. ed. Rio de Janeiro: Forense, São Paulo: Método, 2018. p. 484.

sócios cooperados, tendo sido utilizado inicialmente no campo do consumo e depois no de crédito, produção, trabalho, entre outros.

Não há entendimento uníssono na doutrina brasileira a respeito de qual teria sido a primeira aparição em termos de legislação cooperativista no Brasil: seria o Decreto n. 796, de 2 de outubro de 1890, o qual autorizava a criação da "Sociedade Cooperativa Militar do Brasil", que trouxe pioneiramente a expressão "sociedade cooperativa"; ou o Decreto- Legislativo n. 979, de 1903[1650], que no art. 10 atribuía aos sindicatos agrícolas a função de participar da organização das "cooperativas de produção e consumo", sem, entretanto, defini-las. Mediante o Decreto n. 1.637, de 5 de janeiro de 1907[1651], procurou-se disciplinar juridicamente as cooperativas brasileiras.

No entanto, foi o Decreto n. 22.239, de 19 de dezembro de 1932, que constituiu o marco da legislação cooperativista como disciplina jurídica propriamente dita. Desse decreto pode-se retirar o seguinte conceito de cooperativas de trabalho: aquelas que, constituídas entre os operários de uma determinada profissão ou ofício, ou de ofícios vários de uma mesma classe, têm como finalidade primordial melhorar os salários e as condições de trabalho pessoal de seus associados e, dispensando a intervenção do patrão ou empresário, propõem-se a contratar, executar obras, tarefas, trabalhos ou serviços públicos ou particulares, coletivamente por todos ou por grupo de alguns.

Desse conceito podem-se extrair as principais características dessa peculiar espécie societária: é uma sociedade civil e de pessoas, mas de natureza jurídica própria. É regida pelo princípio da dupla qualidade, em que as pessoas associadas são simultaneamente sócias e usuárias (ato cooperativo), associando-se para conseguirem sustentar a atividade produtiva, eliminado o lucro percebido pelos intermediários e repartindo as sobras entre os próprios cooperados.

O Decreto n. 22.239/32 foi revogado definitivamente pelo Decreto-lei n. 5, de 21 de novembro de 1966, que, por sua vez, foi revogado pela Lei n. 5.764, de 16 de dezembro de 1971, que define a Política Nacional de Cooperativismo, instituindo o regime jurídico das sociedades cooperativas.

A CF/1988 trouxe importantes e inéditas disposições sobre cooperativas no âmbito constitucional. O CC/2002 trouxe disposições gerais (características e princípios) sobre as sociedades cooperativas, inéditas no âmbito desse diploma legal, mas invariavelmente repetiu a legislação já existente sobre a matéria[1652].

Contudo, para o presente trabalho, o preceito mais significativo está contido na Lei n. 8.949, de 9 de dezembro de 1994, que acrescentou o parágrafo único ao art. 442 da CLT, determinando que qualquer que seja o ramo de atividade da sociedade cooperativa, não existe vínculo empregatício entre ela e seus associados, nem entre estes e os tomadores de serviços daquela.

A importância do dispositivo é encontrada na sua parte final, que afasta o vínculo de emprego do associado com o tomador de serviços da cooperativa, considerando que a primeira parte que impede a formação de vínculo de emprego entre a cooperativa de qualquer ramo de atividade e seu associado já era prevista no art. 90 da Lei n. 5.764/71.

Essa disposição legal precisa ser corroborada pela realidade (princípio da primazia da realidade), ou seja, não haverá formação de vínculo de emprego entre a cooperativa e seus associados, nem entre os associados e os tomadores de serviços, se na realidade os trabalhadores se comportarem como sócios cooperativados.

(1650) Regulamentado pelo Decreto n. 6.532, de 20 de junho de 1907.

(1651) Decreto n. 1.637, Art. 10: "As Sociedades Cooperativas, que poderão ser: anônimas, em nome coletivo, ou em comandita, são regidas pelas leis que regulam cada uma dessas formas e sociedade, com as modificações estatuídas na presente lei".

(1652) Arts. 1.093 a 1096 do CC/2002.

O verdadeiro cooperativado é uma autônomo[1653].

Neste sentido, a Lei n. 12.690/12, que dispõe sobre a organização e o funcionamento das Cooperativas de Trabalho, estabelece que a Cooperativa de Trabalho é uma sociedade constituída por trabalhadores para o exercício de suas atividades laborativas ou profissionais com autonomia e autogestão.

Veja-se o texto do art. 2º da Lei n. 12.690/12:

Art. 2º Considera-se Cooperativa de Trabalho a sociedade constituída por trabalhadores para o exercício de suas atividades laborativas ou profissionais com proveito comum, autonomia e autogestão para obterem melhor qualificação, renda, situação socioeconômica e condições gerais de trabalho.

§ 1º A autonomia de que trata o *caput* deste artigo deve ser exercida de forma coletiva e coordenada, mediante a fixação, em Assembleia Geral, das regras de funcionamento da cooperativa e da forma de execução dos trabalhos, nos termos desta Lei.

§ 2º Considera-se autogestão o processo democrático no qual a Assembleia Geral define as diretrizes para o funcionamento e as operações da cooperativa, e os sócios decidem sobre a forma de execução dos trabalhos, nos termos da lei.

O art. 3º da Lei n. 12.690/12 dispõe sobre os princípios e valores que a cooperativa de trabalho deve observar. Veja-se o texto legal:

Art. 3º A Cooperativa de Trabalho rege-se pelos seguintes princípios e valores:

I — adesão voluntária e livre;

II — gestão democrática;

III — participação econômica dos membros;

IV — autonomia e independência;

V — educação, formação e informação;

VI — intercooperação;

VII — interesse pela comunidade;

VIII — preservação dos direitos sociais, do valor social do trabalho e da livre-iniciativa;

IX — não precarização do trabalho;

X — respeito às decisões de asssembleia, observado o disposto nesta Lei;

XI — participação na gestão em todos os níveis de decisão de acordo com o previsto em lei e no Estatuto Social.

A verdadeira cooperativa de trabalho deverá observar os princípios e valores elencados acima.

Cabe destacar, ainda, o seguinte:

a) são relações trilaterais, de naturezas obrigacionais complexas, formadas pela sociedade cooperativa (prestadora de serviços), pelos trabalhadores cooperativados e pela empresa tomadora dos serviços. Nessa linha, predomina no Brasil o entendimento doutrinário de que as cooperativas representam espécie de terceirização.

(1653) Conforme CASSAR, Vólia Bomfim. *Direito do trabalho:* de acordo com a reforma trabalhista. 16. ed. Rio de Janeiro: Forense, São Paulo: Método, 2018. p. 492.

O parágrafo único do art. 442 da CLT, introduzido pela Lei n. 8.949/94, e o art. 90 da Lei n. 5.764/71 dão legalidade à terceirização de serviços por intermédio de cooperativas.

b) estando presentes os elementos que tipificam o trabalho terceirizado, se aplica à terceirização mediante relação jurídica de trabalho cooperativado, sobretudo às cooperativas de trabalho.

c) antes da edição das Leis ns. 13.429/17 e 13.467/17, sendo aplicável a Súmula n. 331 à cooperativa, só seria lícita a terceirização de serviços cooperativados ligados às atividades-meio da empresa tomadora, sendo vedada, *a contrario sensu*, a terceirização das atividades-fim das cooperativas.

Todavia, atualmente se se considerarem aplicáveis os preceitos da terceirização às cooperativas, poderão ser terceirizadas quaisquer atividades mediante cooperativas, inclusive as atividades relacionadas à atividade principal da tomadora.

d) a cooperativa deve possuir os meios de produção e organizar o trabalho por conta própria, sendo remunerada pelo alcance do resultado contratado com a tomadora, independentemente das aptidões pessoais dos prestadores e da forma como eles prestam os serviços.

Em outras palavras, não poderão existir pessoalidade e subordinação dos trabalhadores cooperativados em relação ao tomador dos serviços, sob pena de formação de vínculo de emprego diretamente com este.

7. *Responsabilidade pelas obrigações trabalhistas na terceirização de trabalho*

As formas de responsabilidade trabalhista na terceirização preocupam os estudiosos desde as primeiras terceirizações de serviço[1654].

No presente trabalho, pretende-se abordar cinco situações diferentes: 1) Licitude da prática da terceirização. Cumprimento efetivo das normas sobre a matéria; 2) Responsabilidade na terceirização lícita (que observa as normas sobre a matéria na prática); 2.1) Responsabilidade da empresa prestadora de serviços. Responde primeiramente; 2.2) Responsabilidade do tomador de serviços. Responde de forma subsidiária; 2.3) Tomador privado. Requisitos para responsabilidade subsidiária do tomador privado; 2.4) Tomador público. Requisitos para responsabilidade subsidiária de tomador público. Conduta culposa. ADC n. 16, ADPF 324, RE 958252 e ARE 791932; 2.4.1) Pedido de vínculo empregatício com a administração pública em casos de servidores públicos contratados por empresa prestadora de serviços (terceirização); 2.4.2) Após a vigência da CF de 1998; 2.4.3) Antes da vigência da CF de 1998; 2.4.4) Pedido de vínculo empregatício com a administração pública em casos de servidores públicos contratados pela administração pública, sem aprovação em concurso público (contratação direta); 3) Responsabilidade na terceirização ilícita (que não observa as normas sobre a matéria na prática). Nulidade do contrato de trabalho com a prestadora, declaração de vínculo de emprego com a tomadora e responsabilidade solidária dos devedores; 4) Outros casos de responsabilidade solidária expressamente previstos em lei; 5) Responsabilidade exclusiva e total do tomador.

7.1. Licitude da prática da terceirização. Cumprimento efetivo das normas sobre a matéria

A responsabilização pelas obrigações trabalhistas do trabalhador terceirizado pela empresa prestadora de serviços e pela tomadora de serviços possui variações.

Uma das primeiras balizas diferenciadoras é a licitude da prática da terceirização.

(1654) Segue-se nesta parte, embora com modificações parciais na terminologia, as formas de responsabilidade trabalhista nas relações terceirizadas de trabalho contempladas por Nascimento: "A responsabilidade direta e total, a responsabilidade subsidiária, a responsabilidade sucessiva — que se distingue da anterior porque é secundária, enquanto a primeira é alternativa — e a inexistência de responsabilidade" (NASCIMENTO, Amauri Mascaro. *Curso de Direito do Trabalho:* história e teoria geral do direito: relações individuais e coletivas de trabalho. 18. ed. São Paulo: Saraiva, 2003. p. 510-511).

Note-se que aqui não se está falando da licitude do que se pode terceirizar (objeto da terceirização anteriormente estudado), que atualmente é irrestrita, podendo contemplar qualquer atividade, inclusive a atividade principal da tomadora dos serviços.

A licitude que se está falando diz respeito à efetiva observação na prática dos requisitos para validade da terceirização (elementos caracterizadores na terceirização), estipulados pela Lei n. 6.019/74 e, consequentemente, a não presença dos elementos caracterizadores da relação de emprego entre os trabalhadores terceirizados e a tomadora de serviços.

Conforme anteriormente estudado em item próprio, a prestadora de serviços a terceiros será necessariamente uma pessoa jurídica (empresa) e ela pode subcontratar outras empresas para realização desses serviços, não havendo limite na lei para a chamada terceirização em cadeia.

De todo modo, para existir a terceirização de serviços tem de haver uma empresa que irá prestar os serviços por meio de empregados que ela contrata, dirige e remunera o trabalho (§ 1º do art. 4º-A da Lei n. 6.019/74, inserido pela Lei n. 13.467/17).

A empresa prestadora de serviços a terceiros é a empregadora e, como tal, responde por eventuais pretensões trabalhistas de seus empregados.

Qual o tipo de responsabilidade da empresa prestadora de serviços a terceiros e da empresa tomadora de serviços em relação às obrigações trabalhistas dos trabalhadores terceirizados? Depende da licitude da terceirização na prática, na realidade.

Na Teoria Geral do Direito, o conceito de ato lícito e de ato ilícito possui algumas controvérsias que fogem ao objetivo da presente obra. Em apertada síntese, consideram-se lícitos os atos que estão em conformidade ao Direito e ilícitos, os atos praticados em desconformidade (contrariedade) ao Direito.

O conceito de contrariedade ao Direito é mais amplo que o de ilegalidade, uma vez que não se restringe àquilo que é contrário às normas em geral, compreendidas as regras, princípios e no Direito do Trabalho as normas coletivas.

O Código Civil de 2002 utiliza dessa concepção mais ampla de ato ilícito. Quando se fala em conduta contrária ao Direito, o elemento condicionante é o ato de coerção; quando se fala em conduta conforme ao Direito, significa a conduta oposta, a conduta que evita o ato de coerção.

Kelsen[1655] esclarece que o ilícito não é negação, mas pressuposto do Direito. Isso significa que o ilícito não é um fato que esteja fora do Direito, pelo contrário, é um fato que está dentro do Direito e é por ele determinado. O Direito, pela sua própria natureza, se refere precisa e particularmente a ele.

Além da contrariedade ao direito, é essencial para a caracterização da ilicitude que o agente tenha capacidade para praticar o ilícito, o que se denomina imputabilidade. Há situações que são contrárias ao direito, mas não são ilícitas, porque o agente que praticou ato contrário ao direito deve ter capacidade jurídica para tanto[1656].

Observe-se que nem a culpa na prática do ato nem o dever de indenizar os danos constituem elementos essenciais à caracterização do ilícito. Isso significa que a culpa não é condição essencial para que se caracterize o ato ilícito, além do que pode haver dever de indenizar sem que haja ilícito, como pode haver ilícito sem dever de indenizar.

(1655) KELSEN, Hans. *Teoria pura do direito.* 6. ed. São Paulo: Martins Fontes, 1998. p. 127.

(1656) Dessa forma, o absolutamente incapaz não comete ato ilícito, mesmo se age contrariamente ao direito. A responsabilidade civil pelo ato danoso praticado pelo absolutamente incapaz não decorre da ilicitude, mas da reparabilidade do dano independentemente da ilicitude.

A ilicitude relaciona-se intimamente também com a invalidade em seus diversos graus (nulidade e anulabilidade), como sanção que o ordenamento jurídico adota para punir determinadas condutas que implicam contrariedade a direito[(1657)].

Nesse contexto, a terceirização de trabalho lícita na prática é a que está em efetivamente conformidade com os preceitos que disciplinam o Direito. Já a terceirização de trabalho ilícita é a que se dá em desconformidade com o Direito.

Sendo a terceirização lícita, a empresa prestadora de serviços a terceiros é a primeira responsável pelas dívidas trabalhistas para com seus empregados.

Por exemplo, a lei determina que a empresa prestadora de serviços a terceiros dirige seus empregados (trabalhadores terceirizados). A realidade na prestação do trabalho terceirizado precisa confirmar essa regra legal. Se na prática do trabalho a empresa prestadora efetivamente exercer o poder de direção sobre os trabalhadores terceirizados e não a tomadora, estará observado esse requisito legal (que é um dos mais importantes). E, assim por diante, tudo que o Direito determina deve ser observado.

Se assim ocorrer na prática a terceirização é lícita.

Se não ocorrer, se na prática, não for observado, por exemplo, alguns dispositivos da Lei n. 6.019/74 sobre prestação de serviços a terceiros, a terceirização é ilícita.

No final das contas, decisiva será a gestão da terceirização na prática, no dia a dia, de modo que as disposições legais sobre terceirização sejam efetivamente cumpridas. E a linha é tênue em alguns aspectos, por exemplo, de quem exerce poder de direção sobre o trabalhador terceirizado.

Tanto na terceirização lícita (que observa as normas sobre a matéria) como na terceirização ilícita (que não observa as normas sobre a matéria), a empresa prestadora de serviços a terceiros responderá pelas dívidas trabalhistas para com seus empregados, salvo entendimentos minoritários de que a responsabilidade seria exclusiva e total do tomador de serviços.

O que muda basicamente na responsabilidade da empresa prestadora de serviços a terceiros é se será mantido ou anulado o contrato de trabalho com seus empregados e se haverá ordem de preferência entre os devedores que ocorre na responsabilidade subsidiária da tomadora dos serviços e não ocorre na responsabilidade solidária.

Passa-se ao estudo dessas variações.

7.2. Responsabilidade na terceirização lícita (que observa as normas sobre a matéria na prática)

7.2.1. Responsabilidade da empresa prestadora de serviços. Responde primeiramente

Se a terceirização for declarada judicialmente lícita, na análise de caso concreto, a lei determina que o tomador de serviços será responsável subsidiariamente pelos créditos deferidos ao trabalhador terceirizado.

Isso significa que, sendo a terceirização lícita, a responsabilidade primeiramente será da empresa prestadora de serviços e somente após a comprovação da inexistência ou da insuficiência de patrimônio da empresa prestadora de serviços é que a execução da dívida trabalhista será direcionada para a(s) tomadora(s) do serviço terceirizado.

É a chamada ordem de preferência que caracteriza a responsabilidade subsidiária.

Essa questão da inexistência ou da insuficiência de patrimônio da empresa prestadora de serviços relaciona-se com o conceito legal de prestação de serviços a terceiros contido no art. 4º-A da Lei n. 6.019/74,

(1657) PONTES DE MIRANDA, Francisco Cavalcanti. *Tratado de direito privado.* Rio de Janeiro: Borsoi, 1954. v. 4, p. 131; CARVALHO SANTOS, J. M. *Código Civil brasileiro interpretado.* 4. ed. Rio de Janeiro: Freitas Bastos, 1950. v. 2, p. 226.

com redação dada pela Lei n. 13.467/17, que determina que a pessoa jurídica de direito privado prestadora de serviços possua capacidade econômica compatível com a execução dos serviços que se propôs a prestar mediante contrato de prestação de serviços de natureza civil/comercial celebrado com a tomadora de serviços.

Se esse elemento caracterizador da terceirização for efetivamente observado na realidade, a empresa prestadora de serviços terá condições de responder pelos eventuais débitos trabalhistas com seus empregados.

7.2.2. Responsabilidade do tomador de serviços. Responde de forma subsidiária

De acordo com De Plácido e Silva[1658], subsidiário vem do latim *subsidiarius* e significa que é de reserva, que é de reforço, e, na linguagem vulgar, designa o que vem em segundo lugar, isto é, é secundário, auxiliar ou supletivo.

Doutrinariamente, Almeida Costa[1659] define que a obrigação será subsidiária da dívida principal na medida em que o seu cumprimento só possa ser exigido "quando o devedor principal não cumpra nem possa cumprir a obrigação a que se encontra adstrito".

A responsabilidade subsidiária da tomadora dos serviços (contratante) na prestação de serviços terceirizados foi construída pela jurisprudência pátria ao longo do tempo e positivada pela Lei n. 13.429/17, que, neste ponto, seguiu o caminho construído pela jurisprudência.

A inserção da expressão "responsabilidade subsidiária" no âmbito jurídico trabalhista foi consolidada pelo Tribunal Superior do Trabalho na redação original do item IV da Súmula n. 331 do TST, publicada em 21.12.1993 (conforme anteriormente estudado em item da base jurisprudencial).

O tomador dos serviços, como beneficiário da prestação laboral, funciona como um garante[1660] da obrigação, sendo para isso responsabilizado subsidiariamente, e executado em caso de inexistência ou insuficiência de bens da empresa prestadora para satisfazer os créditos trabalhistas.

Assim como ocorre com o fiador judicial, o tomador de serviços terceirizados responde por seu patrimônio, sendo responsável pelo adimplemento pelo devedor principal[1661].

O § 5º do art. 5º-A da Lei n. 6.019/74, incluído pela Lei n. 13.429/17, dispõe que a tomadora dos serviços (contratante do contrato de prestação de serviços a terceiros) é subsidiariamente responsável pelas obrigações trabalhistas e contribuições previdenciárias dos trabalhadores terceirizados que lhe prestarem trabalho, limitado ao período em que ocorrer a prestação de serviços.

Veja-se o texto legal:

> § 5º A empresa contratante é subsidiariamente responsável pelas obrigações trabalhistas referentes ao período em que ocorrer a prestação de serviços, e o recolhimento das contribuições previdenciárias observará o disposto no art. 31 da Lei n. 8.212, de 24 de julho de 1991.

Essa previsão legal positiva entendimento semelhante construído pela jurisprudência, consolidado nos itens IV e VI da Súmula n. 331 do TST, com redação dada pela Resolução do TST n. 174/2011, publicada no DEJT em 27, 30 e 31.5.2011.

(1658) SILVA, De Plácido e. *Vocabulário Jurídico*. Forense: Rio de Janeiro, 2002. p. 776.

(1659) ALMEIDA COSTA, Mário Júlio de. *Direito das obrigações*. 9. ed. Coimbra: Almedina, 2001. p. 833; SILVA, De Plácido e. *Vocabulário Jurídico*. Forense: Rio de Janeiro, 2002. p. 776.

(1660) Impõe-se à tomadora uma função de garantia patrimonial, tal como se vê no Direito argentino, conforme ROBORTELLA, Luiz Carlos Amorim. *O moderno Direito do Trabalho*. São Paulo: LTr, 1994. p. 262.

(1661) Nesse sentido, tratando da função da fiança, PONTES DE MIRANDA, Francisco Cavalcanti. *Tratado de direito privado*. Rio de Janeiro: Borsoi, 1954, v. 44. p. 93. Esclarece o autor que essa forma de garantia é inconfundível com a assunção de dívida alheia e com o contrato de garantia, pois não se garante determinado resultado ou que não ocorrerá prejuízo (p. 93).

Veja-se o texto da jurisprudência consolidada:

Súmula n. 331 do TST. CONTRATO DE PRESTAÇÃO DE SERVIÇOS. LEGALIDADE.

(...)

IV — O inadimplemento das obrigações trabalhistas, por parte do empregador, implica a responsabilidade subsidiária do tomador dos serviços quanto àquelas obrigações, desde que haja participado da relação processual e conste também do título executivo judicial.

(...)

VI — A responsabilidade subsidiária do tomador de serviços abrange todas as verbas decorrentes da condenação referentes ao período da prestação laboral.

Os entes integrantes da Administração Pública direta e indireta também respondem de forma subsidiária, mas existem algumas diferenças (conforme disposto no item V da Súmula n. 331 do TST), que serão analisadas em item próprio. Aqui fica o registro.

7.2.3. Tomador privado. Requisitos para responsabilidade subsidiária do tomador privado

Para se poder exigir a responsabilidade subsidiária dos tomadores privados serão necessários os seguintes requisitos:

a) *inadimplemento das obrigações trabalhistas por parte do devedor principal* (empregador-prestador dos serviços) para que o devedor subsidiário (cliente-tomador de serviços) seja responsabilizado subsidiariamente pelos créditos trabalhistas.

O inadimplemento, em sentido estrito, é a não realização da prestação enquanto devida[(1662)].

Sempre que o credor teme o inadimplemento, procura uma garantia.

A responsabilidade subsidiária é a garantia do adimplemento das obrigações trabalhistas e previdenciárias dada pelo tomador ao trabalhador terceirizado.

b) *o(s) tomador(es) haja(m) participado da relação processual e conste(m) também do título executivo judicial* para que o trabalhador possa cobrar do tomador de serviços os direitos trabalhistas que lhe são devidos.

Assim, quando o trabalhador verificar a inexistência ou insuficiência de bens do prestador de serviços (devedor principal), só poderá cobrar seus direitos do tomador de serviços (devedor subsidiário) se este participou do processo e consta na decisão judicial que deferiu ao trabalhador supostos direitos trabalhistas (segundo o disposto no item IV da Súmula n. 331 do TST).

Trata-se de um pressuposto de cunho processual básico, uma vez que, no processo judicial, quem não foi incluído no polo passivo da ação, não participou da fase de conhecimento do processo, não pôde gozar do direito constitucional da ampla defesa[(1663)] e, consequentemente, não poderá constar na decisão e, muito menos, ser cobrado na execução da sentença, por força dos efeitos da coisa julgada[(1664)].

(1662) CORDEIRO, Antônio Menezes. *Direito das obrigações.* Lisboa: Associação Acadêmica da Faculdade de Direito de Lisboa, 1980, v. 1, p. 436; MARTINS-COSTA, Judith. *Comentários ao novo Código Civil.* Rio de Janeiro: Forense, 2003. v. 5, t. 2, p. 83. A autora destaca a relevância metodológica trazida pelo CC/2002 brasileiro, que distingue, em títulos apartados do Livro I, a matéria concernente ao adimplemento e ao inadimplemento das obrigações, sinalizando que, conquanto antiteticamente ligados, não podem ser tratados como uma coisa só, pois cumprimento e incumprimento pressupõem regras próprias e inconfundíveis (p. 79).

(1663) CF/1988, art. 5º, inciso LV: "aos litigantes, em processo judicial ou administrativo, e aos acusados em geral são assegurados o contraditório e a ampla defesa, com os meios e recursos a ela inerentes."

(1664) Nesse sentido MARTINS, Sergio Pinto. *A terceirização e o Direito do Trabalho.* 5. ed. São Paulo: Atlas, 2001. p. 124.

7.2.4. Tomador público. Requisitos para responsabilidade subsidiária de tomador público. Conduta culposa. ADC 16, ADPF 324, RE 958252 e ARE 791932

Este item trata das situações em que o pedido da ação trabalhista é de que a administração pública seja declarada responsável subsidiária pelos créditos do trabalhador terceirizado.

Em outras palavras, nesse caso, o reclamante postula que a administração pública seja declarada garantidora dos eventuais débitos trabalhistas, caso a empresa terceirizada (da qual o reclamante é empregado) não tenha patrimônio suficiente para tanto.

Não postula, nesse caso, o trabalhador terceirizado o reconhecimento de vínculo de emprego com a administração pública.

A responsabilidade subsidiária do tomador de serviços só incide nas contratações de trabalhadores, por pessoa interposta (empresa prestadora de serviços), ocorridas após a vigência da CF/1988. Nos casos de contratações de trabalhadores, por interposta pessoa, ocorridas antes da vigência da CF/1988, o TST aplica a Orientação Jurisprudencial n. 321 da SDI-1, cujo entendimento será detalhado em item próprio.

Para se poder exigir a declarada responsabilidade subsidiária do tomador público (executar no processo trabalhista), serão necessários os seguintes requisitos:

a) *inadimplemento das obrigações trabalhistas por parte do devedor principal (empresa prestadora dos serviços).*

Para evitar repetição, remete-se o leitor para o item anterior, pois esse requisito é igual para tomadores privados e públicos.

b) *o(s) tomador(es) haja(m) participado da relação processual e conste(m) também do título executivo judicial* (sentença judicial transitada em julgado).

Para evitar repetição, remete-se o leitor para o item anterior, pois esse requisito é igual para tomadores privados e públicos.

c) *Seja evidenciada no processo a conduta culposa da administração pública na fiscalização do cumprimento das obrigações contratuais e legais da prestadora de serviço como empregadora.*

Nesse sentido, dispõe o item V da Súmula n. 331 do TST, com redação dada pela Resolução do TST n. 174/2011, publicada no DEJT em 27, 30 e 31.05.2011:

> V — Os entes integrantes da Administração Pública direta e indireta respondem subsidiariamente, nas mesmas condições do item IV, caso evidenciada a sua conduta culposa no cumprimento das obrigações da Lei n. 8.666, de 21.06.1993, especialmente na fiscalização do cumprimento das obrigações contratuais e legais da prestadora de serviço como empregadora. A aludida responsabilidade não decorre de mero inadimplemento das obrigações trabalhistas assumidas pela empresa regularmente contratada.

A redação do item V da Súmula n. 331 do TST transcrita foi alterada em 2011, a partir da decisão do STF na Ação Declaratória de Constitucionalidade — ADC n. 16 (DOU do dia 6.12.2010), que declarou constitucional o art. 71, § 1º, da Lei n. 8.666/93, que estabelece que "a inadimplência do contratado com referência aos encargos trabalhistas, fiscais e comerciais não transfere à administração pública a responsabilidade por seu pagamento".

Com isso, o Tribunal Superior do Trabalho revisou a sua Súmula n. 331, passando a diferenciar o tratamento dado à responsabilidade subsidiária do tomador na terceirização feita na iniciativa privada (item IV) e na Administração Pública (item V).

Nesse contexto, a responsabilidade subsidiária da Administração Pública, a partir de então, só poderá ser declarada quando existir no processo comprovação de culpa da Administração Pública na fiscalização do cumprimento das obrigações trabalhistas por parte da empresa prestadora dos sérvios.

Em outras palavras, o mero inadimplemento de obrigações trabalhistas por parte do empregador do trabalhador terceirizado (empresa prestadora de serviços) não mais transfere automaticamente a responsabilidade à administração pública, sendo necessária a comprovação no processo da culpa da administração pública, levando em consideração cada caso concreto.

c.1) Culpa *in vigilando* e culpa *in eligendo*

Incide em culpa quando se comete um erro de conduta, ou seja, quando não se age como seria necessário[(1665)].

O Código Civil de 2002 também se utiliza dessa noção ao prever que a conduta humana culposa leva à obrigação de reparar o dano (art. 927, *caput* do Código Civil[(1666)]).

Visando a abranger outras situações da vida, o conceito de culpa foi alargado, sendo ampliado o número de pessoas responsáveis pelos danos, admitindo-se a responsabilidade indireta por fato de terceiros, fundada na ideia de culpa presumida (*in eligendo* e *in vigilando*)[(1667)].

Há culpa *in vigilando* quando a responsabilidade é imputada àquele que descurou da obrigação de vigiar a conduta de outrem[(1668)].

O item V da Súmula n. 331 do TST exige que seja evidenciada no processo a conduta culposa da administração pública especialmente na fiscalização do cumprimento das obrigações contratuais e legais da prestadora de serviço como empregadora. Trata-se de exemplo de culpa *in vigilando*.

Há culpa *in eligendo* quando a responsabilidade é atribuída àquele que escolheu mal a pessoa que praticou o ato. Escolhe quem nomeia, ou contrata, ou quem escolhe por outrem[(1669)].

Na terceirização de serviços, justifica-se a culpa *in eligendo* pela má escolha da empresa prestadora de serviços por parte do tomador de serviços, como no exemplo da contratação de empresa prestadora de serviços desprovida de capacidade econômica compatível com a execução dos serviços para os quais foi contratada (inidoneidade econômico-financeira).

(1665) Aguiar Dias, depois de analisar diversas definições, conclui que "a culpa é falta de diligência na observância da norma de conduta, isto é, o desprezo, por parte do agente, do esforço necessário para observá-la, com resultado, não objetivado, mas previsível, desde que o agente se detivesse na consideração das consequências eventuais de sua atitude" (DIAS, José de Aguiar. *Da responsabilidade civil*. 6. ed. Rio de Janeiro: Forense, 1979. v. 1, p. 136); já para Alvino Lima, "culpa é um erro de conduta, moralmente imputável ao agente e que não seria cometido por uma pessoa avisada, em iguais circunstâncias de fato" (LIMA, Alvino. *Culpa e risco*. São Paulo: Revista dos Tribunais, 1963. p. 76); Caio Mário, por sua vez, entende que a culpa pode ser conceituada como "um erro de conduta cometido pelo agente que, procedendo contra direito, causa dano a outrem, sem a intenção de prejudicar, e sem a consciência que seu comportamento poderia causá-lo" (PEREIRA, Caio Mário da Silva. *Responsabilidade civil*. Rio de Janeiro: Forense, 1999. p. 64); Kelsen esclarece que "o momento a que chamamos 'culpa' é uma parte integrante específica do fato ilícito: consiste numa determinada relação positiva entre o comportamento (atitude) íntimo, anímico, do delinquente e o evento produzido ou não impedido através da dia conduta externa" (KELSEN, Hans. *Teoria pura do Direito*. 6. ed. São Paulo: Martins Fontes, 1998. p. 137).

(1666) Art. 927: "Aquele que, por ato ilícito (arts. 186 e 187), causar dano a outrem, fica obrigado a repará-lo."

(1667) Os irmãos Mazeaud referem que os tribunais franceses utilizavam a expressão "presunção de responsabilidade", rechaçando a palavra "culpa" (MAZEAUD, Henri y Leon. *Tratado teórico y práctico de la responsabilidad civil, delictual e contractual*. Buenos Aires: Ediciones Jurídicas Europa-América, 1961, v.1. p. 103).

(1668) GOMES, Orlando. *Obrigações*. 15. ed. Rio de Janeiro, Forense, 2000. p. 287; PEREIRA, Caio Mário da Silva. *Responsabilidade civil*. Rio de Janeiro: Forense, 1999. p. 71-72; o art. 932 do CC/2002 determina que algumas pessoas têm um dever de vigilância a ser exercido constantemente em relação às pessoas que estão sob o seu poder ou direção, presumindo culpado aquele que se descurou da vigilância.

(1669) PEREIRA, Caio Mário da Silva. *Responsabilidade civil*. Rio de Janeiro: Forense, 1999. p. 71-72; GOMES, Orlando. *Obrigações*. 15. ed. Rio de Janeiro, Forense, 2000. p. 294; para Pontes de Miranda, todavia, não importa se o incumbente escolheu bem ou mal, sendo "culpado, porque escolheu, e não só porque escolheu mal" (PONTES DE MIRANDA, Francisco Cavalcanti. *Tratado de direito privado*. Rio de Janeiro: Borsoi, 1954. v. 53, p. 153); cabe lembrar que, na terceirização, está-se tratando da contratação de prestação de serviços entre duas empresas (prestadora e tomadora de serviços), portanto, de uma relação de Direito Civil, supostamente lícita, pois, se a terceirização for ilícita, a consequência é o reconhecimento do vínculo de emprego diretamente com o tomador de serviços e a responsabilidade solidária da prestadora de serviços.

c.2) STF manteve a terceirização irrestrita. ADPF 324, RE 958252 e ARE 791932.

O Supremo Tribunal Federal foi instado sobre a constitucionalidade dos arts. 2º, 5º, II, XXXVI, LIV e LV e 97 da Constituição Federal, questionando a licitude da contratação de mão de obra terceirizada para prestação de serviços relacionados com a atividade-fim da empresa tomadora de serviços, haja vista o que dispõe a Súmula n. 331 do TST e o alcance da liberdade de contratar na esfera trabalhista, conforme a ADPF 324/DF e o RE 958252/MG.

O Supremo Tribunal Federal decidiu que é lícita a terceirização irrestrita em termos de atividades terceirizadas, não obstante a empresa tomadora (contratante) seja responsável subsidiária pelas obrigações trabalhistas.

Assim, em sessão realizada no dia 30.8.2018, o Supremo Tribunal Federal fixou tese jurídica de repercussão geral, correspondente ao tema n. 725:

> É lícita a terceirização ou qualquer outra forma de divisão do trabalho entre pessoas jurídicas distintas, independentemente do objeto social das empresas envolvidas, mantida a responsabilidade subsidiária da empresa contratante.

Tal entendimento foi ratificado pelo Supremo Tribunal Federal quando do julgamento do ARE 791932/DF (Tema n. 739), em sessão de julgamento realizada no dia 11.10.2018, em que se fixou tese sobre a impossibilidade de recusa de aplicação do art. 94, II, da Lei n. 9.472/97 sem a observância da regra de plenário (art. 97 da Constituição Federal e Súmula Vinculante n. 10). Veja-se a tese firmada no Tema n. 739:

> É nula a decisão de órgão fracionário que se recusa a aplicar o art. 94, II, da Lei n. 9.472/1997, sem observar a reserva de Plenário (CF, art. 97), observado o art. 949 do Código de Processo Civil.

c.3) Ônus da prova da conduta culposa da administração pública. RE 760.931.

Ônus da prova é matéria processual, todavia, neste livro, será mencionado pelo menos alguma coisa sobre a controvertida questão de se saber a quem cabe provar no processo trabalhista a conduta culposa da administração pública na fiscalização da empresa prestadora dos serviços públicos (item V da Súmula n. 331 do TST).

O tema do ônus da prova continua causando divergências nos tribunais. Em diversos julgados se encontram fundamentações baseadas na inversão do ônus da prova contra o poder público.

Os argumentos para defender esse posicionamento são desenvolvidos sobretudo a partir dos fundamentos dos votos vencidos no RE 760.931. O mais usado é o voto proferido pela Ministra Rosa Weber:

> Recurso Extraordinário 760.931 Distrito Federal
>
> VOTO
>
> A Senhora Ministra Rosa Weber (Relatora):
>
> [...]
>
> 9. Ônus da prova
>
> A presunção de legitimidade, atributo dos atos administrativos, carrega em si prerrogativa de conformidade da atuação administrativa com o direito. Contudo, isso não exonera a administração Pública de demonstrar o cumprimento dos deveres legalmente estabelecidos.
>
> [...]

Para Juarez Freitas, a omissão estatal no cumprimento de dever legal não é mera condição ou situação propiciatória para a ocorrência do dano, sendo viável cogitar, inclusive, de conduta comissiva por omissão. Acentua esse administrativista que, em face da inércia ou ineficiência do Estado, não se tem apenas a presunção de culpa estatal, mas a própria presunção do nexo causal, com a inversão do ônus da prova em relação a possíveis excludentes:

> [...]
>
> Com efeito, à luz do princípio da aptidão para a prova, a parte responsável pela produção probatória é a que apresenta melhores condições de realizá-la, independentemente do ônus imposto pela norma processual. Trata-se da própria aplicação do princípio da igualdade no processo, na medida em que exige de cada parte a prova que realmente pode produzir [...]. (RE n. 760.931, Distrito Federal Voto Ministra Rosa Weber (Relatora), Publicação 11.9.2017)

De acordo com o voto vencido da Ministra Rosa Weber, o ônus da prova deve ser invertido para a Administração Pública com base no princípio da aptidão para a prova, por apresentar, no caso a Administração Pública, melhores condições para comprovar a efetiva fiscalização.

O entendimento vencedor do julgamento pelo STF do RE 760.931, que teve repercussão geral, decidido por maioria de votos, é de que o inadimplemento dos encargos trabalhistas dos empregados do contratado não transfere ao poder público contratante automaticamente a responsabilidade pelo seu pagamento.

Esta decisão apenas reafirmou a decisão do STF na ADC 16, entretanto, não enfrentou questões importantes que continuam sem uniformização jurisprudencial, sobretudo em relação a quem cabe o ônus da prova da fiscalização da administração pública, quais provas seriam suficientes e se a prova pode ser presumida, e, em caso positivo, em que situações(1670).

7.2.4.1. Pedido de vínculo empregatício com a administração pública em casos de servidores públicos contratados por empresa prestadora de serviços (terceirização)

Atente-se que aqui o pedido da reclamação trabalhista é do reconhecimento de vínculo empregatício com a administração pública, não é de responsabilidade subsidiária da administração pública.

O entendimento do TST sobre a matéria é diferenciado pela data de admissão do trabalhador ser anterior à promulgação da CF/1988.

7.2.4.1.1. Após a vigência da CF de 1998

A contratação de trabalhador mediante empresa interposta (terceirização), não gera vínculo de emprego com os órgãos da administração pública direta, indireta ou fundacional, uma vez que o art. 37, inciso II, da CF/1988 traz o requisito da aprovação em concurso público como formalidade essencial à validade do ato, conforme o disposto na Súmula n. 331, II, do TST.

> Súmula n. 331 do TST. CONTRATO DE PRESTAÇÃO DE SERVIÇOS. LEGALIDADE.
>
> (...)
>
> II — A contratação irregular de trabalhador, mediante empresa interposta, não gera vínculo de emprego com os órgãos da Administração Pública direta, indireta ou fundacional (art. 37, II, da CF/1988).

7.2.4.1.2. Antes da vigência da CF de 1998

Nos casos de contratações de trabalhadores por interposta pessoa (terceirização) ocorridas antes da vigência da CF/1988, o TST aplica a Orientação Jurisprudencial n. 321 da SDI-1, que não prevê a hipótese

(1670) COIMBRA, Rodrigo; BASTOS, João Rafael Gabbi. Terceirização de serviços e a responsabilidade subsidiária da administração pública após a Decisão do STF no RE 760.931. *Revista de Direito do Trabalho e Seguridade Social*, v. 209, ano 46, p. 287-304. São Paulo: RT, jan./fev. 2020.

de responsabilidade subsidiária do tomador de serviços, tendo só uma sanção jurídica bem mais severa: a declaração de vínculo empregatício à administração pública.

De acordo a Orientação Jurisprudencial n. 321 da Seção de Dissídios Individuais n. 1, o TST manifestou posicionamento no sentido que, em relação ao período anterior a 05.10.1988 (data da promulgação da atual CF), é ilegal a contratação de trabalhadores por empresa interposta, formando-se o vínculo empregatício diretamente com o tomador dos serviços, inclusive ente público, salvo os casos de trabalho temporário e de serviço de vigilância.

Veja o texto da Orientação Jurisprudencial:

321. VÍNCULO EMPREGATÍCIO COM A ADMINISTRAÇÃO PÚBLICA. PERÍODO ANTERIOR À CF/1988 (nova redação) — Res. n. 129/2005, DJ 20, 22 e 25.04.2005.

Salvo os casos de trabalho temporário e de serviço de vigilância, previstos nas Leis ns. 6.019, de 3.1.1974, e 7.102, de 20.6.1983, é ilegal a contratação de trabalhadores por empresa interposta, formando-se o vínculo empregatício diretamente com o tomador dos serviços, inclusive ente público, em relação ao período anterior à vigência da CF/1988.

A redação da Orientação Jurisprudencial n. 321 da Seção de Dissídios Individuais n. 1 do TST se assemelha à anteriormente adotada pela Súmula n. 256 do TST, cancelada pela Resolução n. 121/2003.

O elemento balizador para a incidência da Orientação Jurisprudencial n. 321 não é a data de ajuizamento da ação, mas a data de admissão do trabalhador na administração pública, ou seja, se o vínculo de emprego iniciou-se antes da promulgação da CF vigente (5.10.1988), o TST tem aplicado a Orientação Jurisprudencial n. 321, acolhendo o pedido de vínculo empregatício, uma vez comprovada a presença dos elementos caracterizadores da relação de emprego com o tomador público.

7.2.4.2. Pedido de vínculo empregatício com a administração pública em casos de servidores públicos contratados pela administração pública, sem aprovação em concurso público (contratação direta)

Atente-se que aqui a contratação do trabalhador foi feita de forma direta pela própria administração pública, não por meio de interposta pessoa (terceirização).

Em caso de pedido de vínculo empregatício com a administração pública em casos de servidores públicos contratados diretamente (não mediante terceirização) pela administração pública, sem aprovação em concurso público, deveria ser declarada nula a contratação, pois o requisito do concurso público é essencial à validade do ato, sendo passível de nulidade o ato jurídico que deixou de se revestir da forma especial determinada em lei (inciso II c/c § 2º do art. 37 da CF/1988).

Todavia, o TST passou a entender que esse ato, embora nulo, gera efeitos. Os efeitos aqui são direitos trabalhistas.

Nesse caso, o TST, por meio do entendimento expressado na Súmula n. 363, não concede todos os efeitos trabalhistas, mas apenas alguns direitos trabalhistas, que atualmente são o direito ao pagamento do salário (contraprestação pactuada, em relação ao número de horas trabalhadas, respeitado o valor da hora do salário mínimo), e os valores referentes aos depósitos do FGTS (com a nova redação dada pela Resolução n. 121, de 21.11.2003).

É o que Mauricio Godinho Delgado chama de aplicação restrita da teoria trabalhista sobre nulidades[1671].

Veja-se o texto da Súmula n. 363 do TST:

Súmula n. 363 do TST. CONTRATO NULO. EFEITOS (nova redação) — Res. n. 121/2003, DJ 19, 20 e 21.11.2003.

(1671) DELGADO, Mauricio Godinho. *Curso de Direito do Trabalho*. 5. ed. São Paulo: LTr, 2006. p. 507-511.

A contratação de servidor público, após a CF/1988, sem prévia aprovação em concurso público, encontra óbice no respectivo art. 37, II e § 2º, somente lhe conferindo direito ao pagamento da contraprestação pactuada, em relação ao número de horas trabalhadas, respeitado o valor da hora do salário mínimo, e dos valores referentes aos depósitos do FGTS.

7.3. Responsabilidade na terceirização ilícita (que não observa as normas sobre a matéria na prática). Nulidade do contrato de trabalho com a prestadora, declaração de vínculo de emprego com a tomadora e responsabilidade solidária dos devedores

Caso não haja, na prática, o cumprimento das normas sobre terceirização, bem como das estipulações do contrato de prestação de serviços a terceiros, e, por outro, lado haja a presença dos elementos caracterizadores da relação de emprego entre os trabalhadores terceirizados e a tomadora de serviços, a terceirização será considerada ilícita, o que normalmente ocorre no processo do trabalho, quando normalmente o judiciário é provocado para analisar casos concretos sobre a matéria.

Segundo o ponto de vista que ora se expõe, é ilícita a terceirização quando comprovada a existência dos elementos caracterizadores da relação de emprego em cada caso concreto levado a juízo. Assim, a eventual ilicitude estaria, tão somente, não no ato de delegar um serviço a um terceiro, mas no modo "como" efetivamente esta terceirização é praticada.

A apuração da licitude ou não da terceirização de trabalho deve preocupar-se não com "o que" está sendo terceirizado, mas "como" está sendo terceirizado. O "modo" em que as relações se dão na prática é determinante.

Seguindo um exemplo já utilizado, mas agora noutro sentido, a Lei n. 6.019/74, entre outras questões, determina que a empresa prestadora de serviços a terceiros é que dirige seus empregados (trabalhadores terceirizados).

A realidade na prestação do trabalho terceirizado precisa confirmar essa determinação legal.

Se ficar comprovado num processo trabalhista, com o contraditório e a ampla defesa que se impõe aos processos, que na prática do caso concreto quem dirigia a prestação de serviços era a tomadora de serviços que tinha real subordinação sobre o trabalhador terceirizado, a tal terceirização é lícita.

Nesse caso, o judiciário declara a nulidade do contrato de trabalho pactuado ente o trabalhador terceirizado e a prestadora e declara a existência de vínculo de emprego entre o trabalhador e a tomadora de serviços, acrescido da responsabilização solidária da tomadora e da empresa prestadora.

A fundamentação jurídica utilizada em geral é o art. 9º combinado com os arts. 2º e 3º, todos da Consolidação das Leis do Trabalho.

Explica-se.

Havendo a prestação pessoal de serviços a outrem, a pessoalidade, a contraprestação mediante salário, a continuidade e a subordinação diretamente em relação ao tomador de serviços estão presentes os elementos caraterizadores da relação de emprego (arts. 2º e 3º da Consolidação das Leis do Trabalho) entre o trabalhador e a tomadora de serviços.

O TST (Súmula n. 331) tem entendido por suficiente para constituir vínculo de emprego entre o trabalhador terceirizado e o tomador de serviços a comprovação da existência de pessoalidade e subordinação do trabalhador para com o tomador, conforme se extrai do item III da Súmula n. 331, presumindo que a não eventualidade da prestação e a onerosidade (contraprestação mediante remuneração) já estão caracterizadas.

Como pode se o trabalhador terceirizado tem sua CTPS assinada pela empresa prestadora, ou seja, é, em princípio, empregado da empresa prestadora?

Nesse caso, a empresa prestadora é o que se chama de empregadora aparente, "ganhando de forma derivada, já que não recebe originariamente a energia de trabalho"[(1672)].

O tomador de serviços, nesses casos, é o empregador real.

Ocorrendo tal situação, o juiz, no processo do trabalho, declara a nulidade do contrato de trabalho pactuado ente o trabalhador terceirizado e a prestadora (com base no art. 9º da Consolidação das Leis do Trabalho) e declara a existência de vínculo de emprego entre o trabalhador e a tomadora de serviços (comprovada a existência dos elementos caracterizadores da relação de emprego entre eles), acrescido da sanção de responsabilidade solidária entre a tomadora e a empresa prestadora, de modo que a prestadora não fica isenta de responsabilidade porque também participou das relações havidas em desconformidade com o ordenamento jurídico.

O art. 9º da Consolidação das Leis do Trabalho pune com nulidade de pleno direito os atos praticados com três hipóteses de objetivo: desvirtuar, impedir ou fraudar os preceitos contidos na Consolidação.

Veja-se o texto legal:

> Art. 9º Serão nulos de pleno direito os atos praticados com o objetivo[(1673)] de desvirtuar[(1674)], impedir[(1675)] ou fraudar[(1676)] a aplicação[(1677)] dos preceitos contidos na presente consolidação[(1678)].

A terceira hipótese prevista no dispositivo consolidado — fraude à lei trabalhista — passou a ser utilizada como gênero dos quais a primeira (desvirtuar) e a segunda hipóteses (impedir) seriam espécies.

Cabe observar aqui, mais uma vez, a falta de precisão, por parte do legislador, ao redigir esse dispositivo.

O fato de a simulação, em alguns casos, ter a finalidade de infringir norma cogente não a torna idêntica à fraude à lei. Todavia, cabe dizer, por vezes se vê na jurisprudência a mistura dos dois conceitos, que passaram a ter a mesma consequência jurídica do CC/2002: a nulidade do ato assim praticado (art. 167). A consequência jurídica é o mais importante na prática.

O art. 9º da CLT, em conjunto com o art. 942 do CC/2002, constituem fundamento legal para a responsabilidade solidária entre a empresa prestadora e o tomador dos serviços, quando tiverem no caso concreto a declaração de nulidade da terceirização de serviços havida, considerando que o prestador de serviços também foi causador da violação dos direitos do trabalhador.

Veja-se a redação do *caput* do art. 942 do CC/2002.

(1672) Conforme CASSAR, Vólia Bomfim. *Direito do trabalho:* de acordo com a reforma trabalhista. 16. ed. Rio de Janeiro: Forense, São Paulo: Método, 2018. p. 498.

(1673) A palavra objetivo tem o sentido de intenção. Na mesma trilha, o inciso VI do art. 166 do CC/2002, dispõe que também é nulo o negócio jurídico quando "tiver por objetivo fraudar lei imperativa".

(1674) Desvirtuar segundo Carrion significa "dar-lhe efeitos que não são os desejados pela intenção legal", CARRION, Valentin. *Comentários à Consolidação das Leis do Trabalho.* 22. ed. São Paulo: Saraiva, 1997. p. 66.

(1675) Impedir, do latim *impedire*, significa embaraçar, constranger, obstruir, conforme SILVA, De Plácido e. *Vocabulário Jurídico.* Rio de Janeiro: Forense, 2002. p. 704.

(1676) Esclarece Pontes de Miranda que: "a fraude à lei consiste em se praticar o ato de tal maneira que eventualmente possa ser aplicada outra regra jurídica e deixar de ser aplicada a regra jurídica fraudada" (PONTES DE MIRANDA, Francisco Cavalcanti. *Tratado de direito privado.* Rio de Janeiro: Borsoi, 1954. v. 1, p. 51).

(1677) De acordo com Pontes de Miranda, a incidência da norma jurídica é "consequência lógica inafastável". Com isso, o fraudador não procura impedir a incidência da lei, mas busca evitar a sua aplicação, isto é, ele visa obter resultado proibido pela lei ou evitar fim por ela imposto sem que a respectiva sanção lhe seja aplicada, colocando o suporte fático diante do juiz de tal modo que induza o juiz em erro de aplicação da norma jurídica (PONTES DE MIRANDA, Francisco Cavalcanti. *Tratado de direito privado.* Rio de Janeiro: Borsoi, 1954. v. 1, p. 51); nesse sentido também MELLO, Marcos Bernardes de. *Teoria do Fato Jurídico:* plano da validade. 3. ed. São Paulo: Saraiva, 1999. p. 85.

(1678) Vale dizer que esta norma não tem o seu campo de incidência limitada aos preceitos contidos na Consolidação das Leis do Trabalho, mas a toda legislação de proteção ao trabalho, conforme SÜSSEKIND, Arnaldo *et al. Instituições de Direito do Trabalho.* 20. ed. São Paulo, 2002. v. 1, p. 226. No mesmo sentido CARRION, Valentin. *Comentários à Consolidação das Leis do Trabalho.* 22. ed. São Paulo: Saraiva, 1997. p. 67.

> Art. 942. Os bens do responsável pela ofensa ou violação do direito de outrem ficam sujeitos à reparação do dano causado; e, se a ofensa tiver mais de um autor, todos responderão solidariamente pela reparação.

De acordo com o art. 264 do CC/2002 há solidariedade quando, na mesma obrigação, há pluralidade de credores ou de devedores(1679), cada um com direito, ou obrigação, à dívida toda(1680).

A solidariedade tem caráter excepcional(1681). Por isso, o ordenamento jurídico brasileiro veda sua presunção, admitindo que ela resulte de lei ou da vontade das partes, tão somente (art. 265 do CC/2002). No caso em estudo a previsão em lei está no art. 942 do CC/2002.

Na obrigação solidária, o credor poderá exigir o cumprimento da obrigação de qualquer um, de alguns ou todos os devedores, total ou parcialmente (art. 275 do CC/2002), sem que os devedores possam alegar os benefícios de ordem e de divisão.

Em havendo a declaração pelo juiz da responsabilidade solidária, o credor (trabalhador — reclamante, no caso) pode exigir o cumprimento da sentença (execução) na ordem que ele preferir.

Nesse contexto, a responsabilidade solidária é melhor para o credor que a responsabilidade subsidiária.

Cada um dos coobrigados é responsável por sua cota-parte. Caso um dos obrigados solver a obrigação, tem o direito de haver de cada um dos consortes a respectiva quota-parte. É o que se convencionou chamar de direito de regresso e está previsto no art. 283 do CC/2002.

No caso em estudo, o tomador de serviços terá direito de regresso em relação à empresa prestadora de serviços, geralmente com base no contrato de prestação de serviços celebrado entre as partes.

7.4. Outros casos de responsabilidade solidária expressamente previstos em lei

A lei do trabalho temporário (Lei n. 6.019/74) prevê expressamente no art. 16 que nessa espécie de subcontratação de trabalho, no caso de falência da empresa de trabalho temporário (empregadora do trabalhador temporário), a empresa tomadora (contratante, cliente da empresa de trabalho temporário) é solidariamente responsável pela remuneração, pela indenização (de 40% sobre o montante do FGTS) e o recolhimento das contribuições previdenciárias relativas ao período em que o trabalhador lhe prestou trabalho.

Veja-se o texto legal:

> Art. 16. No caso de falência da empresa de trabalho temporário, a empresa tomadora ou cliente é solidariamente responsável pelo recolhimento das contribuições previdenciárias, no tocante ao tempo em que o trabalhador esteve sob suas ordens, assim como em referência ao mesmo período, pela remuneração e indenização previstas nesta Lei.

Assim, pela Lei forense n. 6.019/74, somente em caso de falência da empresa prestadora é que a responsabilidade da tomadora será solidária.

(1679) Se o concurso é de vários credores, há solidariedade ativa; se de devedores, solidariedade passiva. Para os fins do presente trabalho, importa apenas o estudo da solidariedade passiva. Para uma melhor compreensão, a solidariedade passiva merece ser abordada externa e internamente, isto é, nas relações dos devedores com o credor e nas relações dos devedores entre si. Inicia-se pelas relações externas.

(1680) Define Pontes de Miranda que "na solidariedade ativa, cada credor tem o crédito e a pretensão quanto ao todo da prestação, mas o devedor, que paga a um, libera-se. Na solidariedade passiva, cada devedor tem de prestar a totalidade, mas o credor só há de receber uma vez a prestação" (PONTES DE MIRANDA, Francisco Cavalcanti. *Tratado de direito privado.* Rio de Janeiro: Borsoi, 1954. v. 22, p. 321). Obrigações solidárias, na definição de Savigny, são aquelas que se referem, completamente e sem partilha, a cada um dos credores ou dos devedores, individualmente, citado por BEVILAQUA, Clóvis. *Direito das obrigações.* São Paulo: RED Livros, 2000. p. 116-117.

(1681) NONATO, Orosimbo. *Curso de Obrigações.* Rio de Janeiro: Forense, 1959. v II, p. 88; BEVILAQUA, Clóvis. *Direito das obrigações.* São Paulo: RED Livros, 2000. p. 117; PEREIRA, Caio Mário da Silva. *Instituições de Direito Civil.* Rio de Janeiro: Forense, 2001. v. 2, p. 53.

Outra hipótese de responsabilidade solidária por subcontratação de serviço prevista expressamente em lei encontra-se na lei da profissão de radialista (Lei n. 6.615/78, art. 11) e na lei da profissão de artista e de técnico em espetáculos de diversões (Lei n. 6.533/78, art. 17), cujos textos legais possuem a mesma redação. Veja-se

> Lei n. 6.615/78, art. 11. A utilização de profissional, contratado por agência de locação de mão de obra, obrigará o tomador de serviço, solidariamente, pelo cumprimento das obrigações legais e contratuais, se se caracterizar a tentativa pelo tomador de serviço, de utilizar a agência para fugir às responsabilidades e obrigações decorrentes desta Lei ou do contrato de trabalho.

> Lei n. 6.533/78, art. 17. A utilização de profissional contratado por agência de locação de mão de obra, obrigará o tomador de serviço solidariamente pelo cumprimento das obrigações legais e contratuais, se se caracterizar a tentativa, pelo tomador de serviço, de utilizar a agência para fugir às responsabilidades e obrigações decorrentes desta Lei ou de contrato.

7.5. Responsabilidade exclusiva e total do tomador

Segundo este ponto de vista (minoritário), a responsabilidade pelas obrigações trabalhistas provenientes de uma relação de trabalho terceirizada seria apenas do tomador de serviços. O tomador de serviços responderia direta e totalmente pelas parcelas trabalhistas devidas pelo fato de que ele seria o real beneficiado, e a presença do prestador de serviços não passaria de uma tentativa de fraudar os preceitos trabalhistas e diminuir os custos do tomador com mão de obra.

Essa linha argumentativa era mais utilizada antes da edição da Súmula n. 331 do TST, mas ainda é utilizada pelo TST em casos de trabalhadores contratados por interposta pessoa, antes da CF de 1988, incidindo a Orientação Jurisprudencial n. 321 da SDI-1 do TST. Segundo essa linha, as hipóteses de terceirização tidas como lícitas são bastante limitadas, restritas ao trabalho temporário e aos serviços de vigilância, e em todos os demais casos, a contratação é considerada ilegal, originando-se responsabilidade direta e totalmente com o tomador de serviços[(1682)].

Embora em frequência muito menor, essa hipótese também tem sido utilizada nos casos envolvendo cooperativas de trabalho, nos quais, para os partidários deste ponto de vista, quando verificado que os preceitos cooperativistas não foram observados, e a cooperativa se limitou a intermediar mão de obra para a empresa tomadora com o mero objetivo de não pagar os direitos previstos na legislação trabalhista, a tomadora deve responder sozinha pelas verbas objeto da condenação judicial, excluindo a cooperativa (prestadora de serviços) do feito, pois, caso fosse reconhecido o vínculo de emprego com ela, como o TST orienta, se estaria condenando o próprio reclamante, uma vez que ele é sócio da cooperativa[(1683)].

(1682) FAUSTO, Francisco. Terceirização no moderno Direito do Trabalho. *Revista do Tribunal Regional do Trabalho da 3ª Região*, Belo Horizonte, n. 24, p. 166, jul. 1993.

(1683) CAMINO, Carmem. *Direito individual do trabalho.* 4. ed. Porto Alegre: Síntese, 2003. p. 244-245. Sustenta a autora que mesmo havendo desvirtuamento do objeto da contratação, descabe responsabilizar solidariamente a cooperativa, enquanto organização associativa regularmente instituída. Isso implicaria responsabilizar, em *ultima ratio,* os próprios trabalhadores cooperativados (p. 245).

Capítulo 11

A Natureza Jurídica do Vínculo de Emprego: Evolução, Convergência e Desafios da Atualidade

1. Introdução

O presente capítulo se propõe a enfrentar um problema central da Teoria Geral do Contrato de Trabalho, nem sempre estudado com profundidade e abrangência, que diz respeito à natureza jurídica da relação de emprego.

Pretende-se abordar esse problema a partir da análise de cada uma das principais teorias sobre a natureza jurídica do vínculo de emprego (teorias civilistas; teorias anticontratualistas; teorias acontratualistas ou paracontratualistas; teorias contratualistas; teorias institucionalistas; teoria do contrato-realidade), para então avançar para a doutrina contemporânea que trabalha com a convergência das teorias contratualistas (contrato de emprego) e anticontratualistas (relação de emprego), no sentido da unificação dos seus efeitos, o que não se confunde com identificação das figuras.

Além disso, será identificada a posição do Direito do Trabalho brasileiro em relação aos empregados regidos pela Consolidação das Leis do Trabalho, no que tange a tais teorias, retratando, ainda, alguns desafios importantes do tema para fins de reflexão.

Inicialmente, é preciso ressaltar a distinção terminológica entre relação de trabalho e relação de emprego.

A relação de emprego[1684] pressupõe trabalho subordinado, e constitui espécie da relação de trabalho, que é gênero, do qual fazem parte muitas espécies, como: a relação de emprego (que contém tipos especiais de empregados, como o empregado doméstico, entre outros estudados na presente obra em capítulo próprio), a relação de trabalho autônomo, a relação de trabalho eventual, a relação de trabalho voluntário, a representação comercial, as empreitadas de lavor, a relação de trabalho avulso, entre outras.

A relação de emprego tem, além da subordinação, como características a pessoalidade, a não eventualidade e a contraprestação mediante salário. A distinção é importante para o desenvolvimento deste texto,

---

(1684) Javillier usa a denominação assalariado, sustentando que a partir do momento em que é fechado um contrato de trabalho o trabalhador é um assalariado. Após, fundamenta que o Código do trabalho se aplica aos assalariados titulares de um contrato de trabalho (JAVILLIER, Jean-Claude. *Manual de Direito do Trabalho.* São Paulo: LTr, 1988. p. 18); A prestação de trabalho nos casos de terceirização está inserida no contexto das relações de trabalho em sentido lato. Sobre essa matéria ver: COIMBRA, Rodrigo. *Relações terceirizadas de trabalho.* Curitiba: Juruá, 2007. p. 29; ARAÚJO, Francisco Rossal de. A natureza jurídica da relação de trabalho — novas competências da justiça do trabalho — Emenda Constitucional n. 45/2004. *Justiça do Trabalho,* n. 254, p. 32-63, fev. 2005.

porque a evolução das teorias pode demonstrar, de um modo geral, a evolução do tratamento jurídico dado ao trabalho, conforme as condições de natureza social, econômica e política de um determinado momento histórico.

Nas palavras de Mozart Victor Russomano[(1685)], sempre existiram relações de trabalho nas sociedades organizadas, desde o instante em que alguém aproveitou o trabalho de outrem para produzir bens ou serviços necessários à satisfação das necessidades econômicas.

A relação de trabalho[(1686)] iniciou-se entre uma pessoa e uma coisa (assim eram considerados os escravos), caracterizando, portanto, uma relação real. No regime de escravidão, o trabalhador não tem a dignidade de pessoa, sendo juridicamente considerado como coisa ("res").

A necessidade de mão de obra em determinadas situações especiais levou, em Roma, ao nascimento da locação, que compreendia a *locatio res* (locação de coisas), a *locatio conductio operis* (locação de obra — empreitada) e a *locatio conductio operarum* (locação de serviços)[(1687)].

Gierke realiza análise crítica sobre a origem histórica do contrato de serviços, sua configuração e sua influência posterior até os dias atuais. Situa a *locatio condutio operarum* romana na locação de escravos. Sustenta que o moderno contrato de serviços alemão possui raízes na continuidade histórica do próprio Direito alemão e não no Direito das obrigações, mas no Direito das pessoas. O autor não ignora o elemento patrimonial, mas sustenta que o elemento determinante é o jurídico-pessoal. Defende que o precursor histórico do contrato de serviços é o denominado "contrato de serviço fiel" (*Treudienstvertrag*), cujos direitos e deveres de ambas as partes têm por base uma recíproca promessa de fidelidade (lealdade e proteção), sendo um trabalho remunerado, de base contratual, livre e por tempo indeterminado (para toda a vida)[(1688)].

A primeira grande evolução no sentido de desvincular o trabalhador da pessoa que utiliza o seu trabalho se dá com o regime das corporações de ofício. Trata-se de relação de trabalho estatutária, caracterizada pela sujeição do membro ao estatuto da corporação a que pertencia mediante sérios métodos de controle da atividade e hierarquia funcional. A corporação era constituída por produtores que se aglutinavam na defesa de seus interesses.

Somente a partir da primeira Revolução Industrial — cuja primeira fase é um fenômeno localizado (na Inglaterra) entre 1750 e 1800[(1689)] —, surge o embrião da atual relação de emprego.

Conforme Oléa[(1690)], a Revolução Industrial implicou uma mudança de vida generalizada e intensa e, nesse sentido, foi uma verdadeira revolução, uma agitação profunda, não só industrial, mas também social e intelectual, embora os seus impactos não fossem instantâneos, mas longamente preparados e prolongados no tempo. Em suma, gerou uma nova civilização ou uma cultura, que repercutiu aparentemente em toda espécie de comportamento humano.

2. *Teorias civilistas*

A primeira tentativa da ciência jurídica foi de enquadrar a relação entre empregado e empregador em outras relações tradicionais, como espécie da locação de serviços ou espécie da compra e venda[(1691)]. Além

(1685) RUSSOMANO, Mozart Victor. *Contrato Individual de Trabalho.* 2. ed. Porto Alegre: Sulina, 1968. p. 17-18.

(1686) Dos pontos de vista etimológico e histórico, o significado da palavra "trabalho" esteve, no início, ligada à ideia de algo desagradável: castigo, dor, fadiga, conforme lembra CATHARINO, José Martins. *Compêndio de Direito do Trabalho.* 3. ed. São Paulo: Saraiva, 1982. v. 1, p. 39.

(1687) JORS, Paul. *Derecho privado romano.* Madrid: Labor, 1937. p. 337-343; PETIT, Eugène. *Tratado elementar de derecho romano.* Buenos Aires: Universidad, 1994. p. 372-376.

(1688) GIERKE, Otto Von. *Las Raices del contrato de servicios.* Madrid: Civitas, 1989. p. 61-64.

(1689) COIMBRA, Rodrigo; ARAÚJO, Francisco Rossal de. Direito do Trabalho: evolução do modelo normativo e tendências atuais na Europa. *Revista LTr,* São Paulo: LTr, ano 73, t. II, n. 8, p. 954, ago. 2009.

(1690) OLEA, Manuel Alonso. *Introdução ao Direito do Trabalho.* 4. ed. São Paulo: LTr, 1984. p. 159.

(1691) CATHARINO, José Martins. *Compêndio de Direito do Trabalho.* 3. ed. São Paulo: Saraiva, v. 1, 1982. p. 176; Nesse sentido, NASCIMENTO, Amauri Mascaro. *Direito contemporâneo do trabalho.* São Paulo: LTr, 2011. p. 340. Em outro momento da sua obra,

dessas teorias, verifica-se também a tentativa de enquadrar a relação de emprego como em uma espécie de sociedade ou mandato(1692), entre outras teorias.

Esses enquadramentos são compreensíveis sob o ponto de vista da evolução da ciência jurídica no final do século XIX e início do século XX.

O Direito privado, nesse período, consiste no grande campo de atuação da maioria dos juristas, em que as novas demandas sociais ainda estão sendo formadas num processo que, mais tardiamente, vai gerar a necessidade de reformulação dos padrões jurídicos tradicionais.

Os códigos civis desse período, com destaque para o Código Civil francês de 1804, conhecido por *Code Napoleón*, caracterizam-se por estarem centrados na propriedade, com ênfase na propriedade imobiliária, com caráter absoluto e individualista, no voluntarismo jurídico, na liberdade e na autonomia contratual, na igualdade meramente formal(1693).

Em resposta aos períodos históricos anteriores, visando à diminuição da insegurança(1694) e das discriminações pessoais daquele tempo, o Direito do Estado Liberal (estatal e burguês), como resposta da modernidade, consagra a igualdade (formal) de todos os indivíduos perante a lei. Todavia, tal igualdade formal está calcada na ideia abstrata de pessoa (como sujeito de direito), desprezando as reais desigualdades econômicas e sociais (sistema neutro), revelando nítida prevalência de valores relativos à apropriação de bens ("ter" — patrimonialismo) e provocando uma "desumanização do jurídico", cujas sequelas estão presentes até hoje.(1695)

Esse sistema, surgido das mentes dos filósofos ou dos jusfilósofos, codificado pelo Código de Napoleão(1696), ilude-se em construir o edifício destinado a transportar do plano filosófico-jusnaturalista ao plano jurídico-positivo a ideia do indivíduo-sujeito de direito e aquela do "poder da vontade" do indivíduo como único motor do Direito Privado, conforme adverte Michele Giorgianni.(1697)

No centro desse sistema, cujas origens ideológicas remontam ao movimento renascentista, está o "sujeito" de direito, subvertendo-se, assim, a origem etimológica de tal termo, relacionada, ao contrário, a um estado de sujeição (*subiectum*). E os dois pilares desse sistema são constituídos pela propriedade e pelo contrato, ambos entendidos como esferas sobre as quais se exerce a plena autonomia do indivíduo. Deles, sobretudo, a propriedade individual constitui o verdadeiro eixo do sistema do Direito Privado (patrimonialismo), tanto que o contrato, na sistemática dos códigos oitocentistas, é regulamentado, essencialmente, como "modo de aquisição de propriedade".(1698)

---

ao retratar as condições de trabalho iniciais da Revolução Industrial, Nascimento denuncia a compra e venda de menores nas paróquias, em troca de alimentação, fato muito comum nas atividades algodoerias de Lancashire, por exemplo (p. 474).

(1692) Sobre o assunto ver DE LA CUEVA, Mário. *Derecho Mexicano del Trabajo.* 11. ed. México: Porrúa, 1969, v. 1. p. 447-453.

(1693) FACCHINI NETO, Eugênio. Reflexões histórico-evolutivas sobre a constitucionalização do direito privado. In: SARLET, Ingo Wolfgang (Org.). *Constituição, direitos fundamentais e direito privado.* 2. ed. Porto Alegre: Livraria do Advogado, 2006. p. 22. Facchini esclarece que a ideologia jurídica que predomina nos códigos civis desse período é "a ideologia dos 3 cs", pretendendo que a legislação civil seja completa (sem lacunas), clara (sem significados ambíguos ou polissêmicos) e coerente (afastando a impossibilidade de antinomias). Conclui o autor que tudo isso deriva do "mito do legislador iluminista, inteligente, onisciente, previdente, capaz de tudo regular detalhadamente, antecipadamente, de forma clara e sem contradições" (p. 22-23). Explica Fachin que "a igualdade passa a ser vista como um conceito e, sendo assim, era uma categoria distanciada da realidade" (FACHIN, Luiz Edson. *Teoria crítica do direito civil.* Rio de Janeiro: Renovar, 2000. p. 285).

(1694) "O sentido de segurança surgiu das estruturas profundas da sociedade. A exigência de estabilidade ou de previsibilidade quanto aos comportamentos individuais passou a ser o pressuposto intrínseco das relações jurídicas na medida em que a burguesia francesa, vitoriosa da Grande Revolução, precisava reconhecer-se". O "mundo da segurança" é, portanto, o "mundo dos códigos", em que se consubstanciam, em ordenada sequência de artigos, os valores do liberalismo do século XIX, conforme IRTI, Natalino. *L'età della decodificazioni.* 4. ed. Milano: Giuffrè, 1999. p. 23.

(1695) TEPEDINO, Gustavo. A tutela da personalidade no ordenamento civil-constitucional brasileiro. In: TEPEDINO, Gustavo (Org.). *Temas de direito civil.* 3. ed. Rio de Janeiro: Renovar, 2004. p. 25; DE CUPIS, Adriano. *Os direitos da personalidade.* Lisboa: Morais, 1961. p. 25.

(1696) Também o grande Código Civil da França nasceu da crença jusracionalista na lei, esclarece WIEACKER, Franz. *História do direito privado moderno.* 2. ed. Lisboa: Calouste Gulbenkian, 1993. p. 386.

(1697) GIORGIANNI, Michele. O direito privado e as suas atuais fronteiras. *Revista dos Tribunais,* São Paulo: Revista dos Tribunais, n. 747, p. 39, jan. 1998.

(1698) GIORGIANNI, Michele. O direito privado e as suas atuais fronteiras. *Revista dos Tribunais,* São Paulo: Revista dos Tribunais, n. 747, p. 38-39, jan. 1998.

Nesse contexto, a função do Direito Privado da época não é aquela de disciplinar algumas atividades da vida econômica e familiar da sociedade, mas a vida dos indivíduos (ou dos *particuliers*) no seio da sociedade, protegendo a atividade do indivíduo diante do príncipe.[1699] O Direito Privado é verdadeiramente, como evidenciado na célebre definição Savigny[1700], "a esfera de ação do indivíduo".

Como se sabe, o Direito sempre reflete, posteriormente, as mudanças ocorridas na ordem social. Primeiro, a sociedade desenvolve novas formas de relação entre as pessoas para que, posteriormente, o Direito as acompanhe. Isto é compreensível sem maiores problemas, desde que se observe que o processo legislativo é necessariamente mais lento que as mudanças sociais. Esta fonte do Direito vai refletir os anseios da sociedade conforme o equilíbrio entre as forças que compõem o poder político. Da mesma forma, o costume, para quem o considera fonte de Direito, vai demandar algum tempo para enraizar-se na consciência coletiva.[1701]

A primeira e natural associação que se faz com a relação de emprego é com o contrato de arrendamento dos romanos ou locação de serviços (*locatio conductio operarum*), tendo em vista que o *Code Napoleón* traz essa figura como modelo jurídico destinado a regular as relações de trabalho, enquadrando-se a proposição dentro dos dogmas do liberalismo, com a plenitude de autonomia da vontade e do individualismo jurídico. Os civilistas apegam-se a uma crítica da própria terminologia utilizada, aduzindo que a denominação "contrato de trabalho" é simétrica, por exemplo, ao contrato de casa (locação de coisas), pois o trabalho, segundo eles, pode ser objeto de muitos contratos.

O contrato de locação de serviços era conhecido desde o direito romano e serviu como veículo para a normatização das relações de trabalho nos primeiros momentos da Revolução Industrial. Entretanto, foi o movimento de reivindicação de trabalhadores, organizado no movimento sindical, que mudou a concepção jurídica do contrato de locação de serviços e fez surgir o que hoje se conhece por contrato de trabalho.[1702]

Para Marcel Planiol, a coisa arrendada é a força de trabalho que existe em cada pessoa e que pode ser utilizada como qualquer outra força, por exemplo, a força de um cavalo ou de uma máquina. No caso do trabalho, a força arrendada é contraprestada mediante um salário, que é proporcional ao tempo dispendido pelo trabalhador nas suas atividades[1703]. A principal crítica a essa teoria é a de que, na locação, uma vez terminado o contrato, a coisa pode ser restituída em sua forma e substância, o que não ocorre com o contrato de emprego. Esse raciocínio parte da inseparabilidade da força de trabalho da própria pessoa do trabalhador.[1704]

Outra tendência em explicar a relação de emprego dentro dos moldes tradicionais do Direito Privado é a identificação com a compra e venda. Em face de sua importância e preeminência entre os demais contratos, o contrato de compra e venda foi utilizado como parâmetro para explicação da relação de emprego. No mercado de trabalho, a força do trabalhador é objeto de venda, em troca de um preço denominado salário.

Em Francesco Carnelutti[1705] encontra-se a comparação do trabalho humano com a energia elétrica. Na verdade, segundo esse autor, não se pode confundir a energia em si mesmo com a sua fonte. O objeto do contrato de emprego seria a energia em si mesma, e não a sua fonte, o que afasta de plano a teoria da locação.

(1699) GIORGIANNI, Michele. O direito privado e as suas atuais fronteiras. *Revista dos Tribunais*, São Paulo: Revista dos Tribunais, n. 747, p. 42, jan. 1998.

(1700) SAVIGNY, M. F. C. de. *Sistema de derecho romano actual*. 2. ed. Madrid: Centro Editorial de Góngora [s.d.], v. 1, p. 74.

(1701) COIMBRA, Rodrigo; ARAÚJO, Francisco Rossal de. Equilíbrio instável das fontes formais do Direito do Trabalho. *Justiça do Trabalho*, n. 324, p. 61-62, dez. 2010.

(1702) COIMBRA, Rodrigo; ARAÚJO, Francisco Rossal de. Direito do Trabalho: evolução do modelo normativo e tendências atuais na Europa. *Revista LTr*, São Paulo: LTr, ano 73, t. II, n. 8, p. 955, ago. 2009.

(1703) Citado por DE LA CUEVA, Mário. *Derecho Mexicano del Trabajo*. 11. ed. México: Porrúa, 1969. v. 1, p. 447.

(1704) MORAES FILHO, Evaristo de; MORAES, Antônio Carlos Flores de. *Introdução ao Direito do Trabalho*. 6. ed. São Paulo: LTr, 1993. p. 269.

(1705) Conforme DE LA CUEVA, Mário. *Derecho mexicano del trabajo*. 11. ed. México: Porrúa, 1969. v. 1, p. 448-449; Nesse sentido também MORAES FILHO, Evaristo de; MORAES, Antônio Carlos Flores de; MORAES, Antônio Carlos Flores de. *Introdução ao Direito do Trabalho*. 6. ed. São Paulo: LTr, 1993. p. 269-270.

A crítica a essa teoria, bem como à teoria da locação ou arrendamento, está no fato de que no trabalho humano não se quer fazer a transferência de propriedade de uma coisa, nem que se trate de uma atividade acessória, acompanhada pela pessoa do trabalhador. A pessoa do trabalhador é inseparável de sua força de trabalho, e a regulação dessa atividade difere do sistema do Direito Civil em seus fundamentos e seus propósitos. Para Mário de La Cueva[(1706)], o Direito do Trabalho constitui "não regras para regular a compra e venda ou o arrendamento da força de trabalho, senão um estatuto pessoal que procura elevar o homem a uma existência digna".

Essa concepção revela a ligação do Direito do Trabalho com princípios filosóficos bem definidos, entre eles a de emancipação e melhoria das condições de vida dos trabalhadores. Por essa razão, pode-se afirmar que o Direito do Trabalho, mais do que qualquer outro ramo do Direito, está intimamente ligado às grandes discussões políticas, pois sempre será um reflexo das ideias a respeito das condições de vida da população, já que o trabalho assalariado é um dos pilares do sistema capitalista[(1707)].

Outros tentam explicar a relação de emprego sob o ponto de vista do contrato de sociedade. Partem do pressuposto, no plano econômico, de que a empresa consiste numa unidade de empreendimento, na qual convergem várias forças, principalmente o capital e o trabalho, no sentido de produção de determinados bens. A análise mais aprofundada do fenômeno levaria à conclusão de que a relação entre empregados e empregadores consiste numa verdadeira sociedade[(1708)]. O capital e o trabalho, segundo essa visão, seriam coisas em comum, sendo o salário parte do produto ou do produzido[(1709)].

Essa doutrina é objeto de variadas críticas. A primeira delas é a de que seria demasiadamente ingênuo pensar em conjugação de esforços e sacrifícios em tal grau, que desaparecesse a tensão entre capital e trabalho. Nesse ponto, apesar de todas as críticas, as ideias de Karl Marx ainda permanecem insuperáveis[(1710)]. No capítulo XI de sua principal obra, o referido autor sustenta que a cooperação, em certo grau, é uma condição de desenvolvimento do próprio sistema capitalista. Isto não afasta, entretanto, a mais-valia nem a exploração da força de trabalho do operário.

No plano jurídico, o contrato de sociedade difere do contrato de emprego em vários aspectos. A primeira diferença pode ser percebida por meio da *affectio societatis*. Esta é uma antiga expressão latina, utilizada por Ulpiano para distinguir a intenção de se associar em sociedade. Seria um elo de colaboração ativa entre os sócios, tendo como fundamento o fim comum e a realização de um enriquecimento pelo concurso de seus capitais e de sua atividade[(1711)]. A *affectio societatis* deve ser compreendida no contexto de coparticipação nos lucros e nas perdas[(1712)]. A proporção de repartição dos lucros é livre, sendo vedada, apenas, a total exclusão de algum dos sócios, pois aí se presume o intuito fraudulento.

A primeira das diferenças é a de que o contrato de sociedade cria uma nova pessoa jurídica, enquanto o contrato de emprego não o faz. O contrato de sociedade é o ato constitutivo de um novo ente jurídico, e essa característica não é encontrada no contrato de emprego, cujo principal traço é exatamente a subordinação do empregado ao empregador[(1713)].

Na relação de emprego, não se pode falar em existência de *affectio societatis* ou, mesmo, de comum intenção de dividirem-se perdas e lucros. Ainda que se possa falar em temas como a cogestão ou a participação

---

(1706) Conforme NASCIMENTO, Amauri Mascaro. *Direito contemporâneo do trabalho*. São Paulo: LTr, 2011. p. 339-340.

(1707) ARAÚJO, Francisco Rossal de. *A boa-fé no contrato de emprego*. São Paulo: LTr, 1996. p. 115.

(1708) DE LA CUEVA, Mário. *Derecho Mexicano del Trabajo*. 11. ed. México: Porrúa, 1969. v. 1, p. 450. O autor refere a Emile Chatelain, destacando que esse autor foi o principal defensor da referida teoria.

(1709) MORAES FILHO, Evaristo de; MORAES, Antônio Carlos Flores de. *Introdução ao Direito do Trabalho*. 6. ed. São Paulo: LTr, 1993. p. 270; A análise aprofundada sobre o contrato de trabalho e a empresa pode ser encontrada em MORAES FILHO, Evaristo. *Do contrato de trabalho como elemento da empresa*. São Paulo: LTr, 1993.

(1710) MARX, Karl. *O Capital*. 2. ed. São Paulo: Nova Cultural, 1985. v. 1, p. 257-266.

(1711) BULGARELLI, Waldirio. *Sociedades comerciais*. 3. ed. São Paulo: Atlas, 1991. p. 97.

(1712) REQUIÃO, Rubens. *Curso de direito comercial*.18. ed. São Paulo, 1988. v. 1, p. 294-296.

(1713) ARAÚJO, Francisco Rossal de. *A boa-fé no contrato de emprego*. São Paulo: LTr, 1996. p. 117.

nos lucros, o certo é que o detentor do capital, no sistema capitalista, mantém o controle do empreendimento econômico e usufrui da maior parcela relativa ao lucro. Apenas em alguns casos é que o lucro gerado pelo empreendimento econômico vai resultar em uma melhoria das condições salariais dos empregados, via aumento real de salários ou gratificações de balanço, por exemplo.

O certo, porém, é que nenhuma dessas novas formas de produção foge ao modelo capitalista, havendo, apenas, uma transformação parcial, com o implemento de técnicas de tratamento do pessoal mais modernas e baseadas em um modelo mais participativo por parte do empregado, métodos mais eficientes de aproveitamento das matérias-primas e tecnologias mais avançadas quanto à forma de produção dos bens ou mesmo de circulação das informações.

No fundo, nenhum desses novos fatores ataca o problema da mais-valia, permanecendo o sistema de relações laborais subordinado aos desígnios dos detentores do capital. Portanto, todas as intenções de compreender a relação de emprego como uma espécie de sociedade entre empregado e empregador, esbarram nessa série de empecilhos, que fazem com que tal entendimento não tenha condições de explicar o fenômeno jurídico ora analisado.

3. Teorias anticontratualistas

A realidade demonstrou a ineficácia das tentativas de identificação da relação de emprego com as tradicionais formas jurídicas do Direito Civil. A dignificação do trabalho humano e a restrição ao princípio da autonomia da vontade concorrem para a afirmação do contrato de emprego e, com ele, do próprio Direito do Trabalho. A principal discussão, entretanto, se dá em torno da natureza jurídica da relação de emprego, tentando estabelecer se é de natureza contratual ou não.

A teoria anticontratualista, na lição de Catharino(1714), pode ser dividida em: a) anticontratualismo factual e antipatrimonial; b) institucionalismo impuro ou imoderado. Nascimento(1715) também diz que o pensamento da teoria anticontratual é representado fundamentalmente por duas teorias, mas utiliza denominações um pouco diferentes: a) teoria da relação de trabalho; b) teoria do institucionalismo.

De uma parte, a teoria da relação de trabalho nega, em maior ou menor escala, a importância da vontade na constituição do vínculo de trabalho: "Pisar os pés no estabelecimento e começar a prestação efetiva dos serviços é o quanto basta". Menciona que essa teoria também é chamada de teoria objetivista, no sentido de que o que importa é o fato objetivo de prestar o trabalho. Refere ainda que a doutrina alemã dessa época é relacionalista e a principal crítica a essa teoria é de que a manifestação de vontade do trabalhador é necessária, pois ninguém poderá ser obrigado a prestar trabalho forçadamente(1716).

De outra parte, a teoria do institucionalismo é um movimento de ideias desenvolvido na França, segundo o qual "o empregado submete-se a uma situação fundamentalmente estatutária, sujeitando-se às condições de trabalho previamente estabelecidas, por um complexo normativo constituído pelas convenções coletivas, pelos regulamentos das empresas etc. Ao ingressar na empresa nada cria ou constitui, apenas se sujeita"(1717).

Historicamente, as concepções anticontratualistas estão ligadas ao nacional-socialismo alemão, tendo por base a Lei da Organização do Trabalho do III Reich (1934)(1718). A ideia central é a de que há um princípio

---

(1714) CATHARINO, José Martins. *Compêndio de Direito do Trabalho.* 3. ed. São Paulo: Saraiva, 1982, v. 1. p. 183-185.

(1715) NASCIMENTO, Amauri Mascaro. *Direito contemporâneo do trabalho.* São Paulo: LTr, 2011. p. 343-346.

(1716) NASCIMENTO, Amauri Mascaro. *Direito contemporâneo do trabalho.* São Paulo: LTr, 2011. p. 343-346.

(1717) NASCIMENTO, Amauri Mascaro. *Direito contemporâneo do trabalho.* São Paulo: LTr, 2011. p. 343-346.

(1718) CESARINO JÚNIOR, Antônio Ferreira; CARDONE, Marly Antonieta. *Direito Social:* teoria geral do direito social, direito contratual do trabalho, direito protecionista do trabalho. 2. ed. São Paulo: LTr, 1993. p. 110; O texto da lei alemã de 30.1.34 diz o seguinte: "§ 1º Em toda empresa, o empregador, como chefe da empresa (*Führer*), e os operários, como pessoal (*Gefolgschaft*), trabalham de acordo, em vista dos fins da empresa e para o bem comum do povo e do Estado. § 2º O chefe da empresa decide a respeito

de participação do trabalhador em uma comunidade organizada hierarquicamente, negando-se a noção de contrato.

Segundo Hans Hattenhauer[(1719)], a mística da fidelidade nacional-socialista foi também princípio interpretativo de todo o direito das obrigações. Essa fidelidade que os indivíduos deviam incondicionalmente ao "Führer" correspondia à fidelidade dos camaradas entre si, porque a relação obrigacional tem como base uma relação de fidelidade. A lealdade devida à comunidade nacional-socialista converteu-se em um novo princípio interpretativo, sendo desprezada a vontade das partes. A "Treu und Glauben" foi o instrumento mediante o qual toda a relação obrigacional, especialmente aquelas de caráter permanente, restou subordinada a uma administração estatal caracterizada por sua mentalidade utilitária. Na época, seria considerado um equívoco crer que a relação obrigacional servia como base da liberdade pessoal.

A consolidação do Direito do Trabalho, em termos políticos e legislativos, não foi uniforme, refletindo avanços e retrocessos (movimentos pendulares da história). A experiência autoritária destacada pelo fascismo (1921, Itália — Mussolini) e pelo Nazismo (1934, Alemanha — Hitler) alterou profundamente o Direito do Trabalho nessa época, rompendo com a evolução que então trilhava[(1720)].

Existem duas vertentes de soluções políticas para a questão dos trabalhadores: uma vertente autoritária, representada pela experiência fascista e nazista e uma vertente democrático-liberal, representada pela experiência da Inglaterra e dos EUA. Também se pode falar em uma terceira experiência, que é a socialista, cujo maior paradigma é a União Soviética, que vai perdurar até os anos 80 do século XX.

Na experiência totalitária, o trabalhador é visto englobadamente junto com a empresa. Os interesses dos trabalhadores e dos empresários não são vistos como conflitantes, mas como uma conjugação no intuito de reforçar o papel do Estado. Os cidadãos não têm representação individual, mas segundo o "corpo" social a que pertencem. Por essa razão, a representação é corporativa, não democrática. Os reflexos dessa visão aparecem na *Carta del Lavoro* (Itália, 1927) e na lei de trabalho do III Reich (Alemanha, 1934).

Tendo essa concepção como ponto de partida, estava livre o caminho para uma evolução do poder nacional-socialista que transformava a relação obrigacional contratual em relação legal, que era interpretada pelos tribunais de então, e em cujos juízos a vontade das partes havia perdido todo o seu peso. Se na teoria do negócio jurídico foi necessário um *contrato fático* ou um *contrato social* para que surgisse a relação obrigacional aparentemente contratual, no contexto nacional-socialista toda a relação com base contratual estava submissa a tantas quantas finalidades impusesse o Juiz às partes. Para isso contribuiu não somente uma extensiva demolição da teoria da base negocial e o inflacionário crescimento das razões de equidade, como também a eliminação da liberdade contratual por parte do Direito Público e do Direito do Trabalho[(1721)].

Na Alemanha, a teoria desenvolveu-se à parte do sistema do BGB — Código Civil alemão —, reduzindo a vontade do trabalhador a nada diante da conjugação do fato-trabalho e do dever de fidelidade. Trata-se de uma inserção de fato, de uma ocupação de determinado posto de trabalho, segundo a qual nasce a condição de empregado[(1722)]. Essa tese, segundo Hans Hattenhauer[(1723)], teve vigência à margem da polêmica entre as

do pessoal sobre todas as matérias de interesse da empresa regulamentadas pela presente lei. Ela vela pelo bem-estar do pessoal. Este lhe deve a fidelidade que se acha fundada na continuidade da empresa".

(1719) HATTENHAUER, Hans. *Conceptos fundamentales del derecho civil.* Barcelona: Ariel, 1987. p. 91.

(1720) DE LA CUEVA, Mario. *El nuevo derecho mexicano del trabajo.* 6. ed. México: Porrúa, 1980. p. 22; CATHARINO, José Martins. *Compendio de Direito do Trabalho.* 3. ed. São Paulo: Saraiva, 1982. p. 14.

(1721) HATTENHAUER, Hans. *Conceptos fundamentales del derecho civil.* Barcelona: Ariel, 1987. p. 91-92; Nesse ponto é preciso refletir sobre os perigos do alargamento das funções da equidade. Nem sempre maior liberdade de interpretação por parte dos juízes representa melhor qualidade na prestação jurisdicional e o aperfeiçoamento do Direito. Na Alemanha nazista, esse fenômeno foi desastroso para as liberdades individuais.

(1722) MORAES FILHO, Evaristo de; MORAES, Antônio Carlos Flores de. *Introdução ao Direito do Trabalho.* 6. ed. São Paulo: LTr, 1993. p. 271. O autor refere a expressão alemã "faktische Beschaeftigungsverhaeltnis" — relação de ocupação fática; Nascimento destaca que uma das primeiras críticas contra a teoria contratualista partiu do jurista alemão Philipp Lotmar (NASCIMENTO, Amauri Mascaro. *Direito contemporâneo do trabalho.* São Paulo: LTr, 2011. p. 339).

(1723) HATTENHAUER, Hans. *Conceptos fundamentales del derecho civil.* Barcelona: Ariel, 1987. p. 92.

teorias contratualistas (Arthur Nikisch) e integracionistas (Wolfgang Siebert). A relação de trabalho, sustentada por Siebert ("Arbeitsverhältnis"), resultaria de uma relação pessoal de fidelidade, segundo a qual nem a inserção nem o afastamento da empresa podem reconduzir-se às formas tradicionais do Direito Civil.

Seria uma condição de vida social que não se configura pela vontade das partes, mas está pré-formada na constituição laboral e no ordenamento nacional. A entrada do trabalhador na comunidade que forma a empresa não deve ser vista como um ato puramente fático. Da essência da comunidade empresarial decorre uma integração real, por aceitação e exercício dos deveres e funções próprios da coletividade. A integração proposta por Siebert era como um nascimento de uma nova situação em que o trabalhador possuía uma relação de pertinência ao coletivo empresarial, relação essa sacramentada pela ordenação nacional do trabalho. Esse enfoque sobreviveu à queda do nacional-socialismo, segundo Hattenhauer[(1724)], por mais de 20 anos.

4. Teorias acontratualistas ou paracontratualistas

Na teoria acontratualista, não há uma oposição tão frontal ao contrato como na teoria anterior, mas afirma a inexistência dele, considerando a relação de emprego como oriunda de um ato jurídico bilateral de simples integração na empresa.

Segundo Martins Catharino[(1725)], a teoria tem a variante do "ato-condição", segundo terminologia de Leon Duguit, quanto aos atos jurídicos em geral. A relação de trabalho (privada ou pública) seria um ato-condição sob o aspecto material, e um ato-união sob o aspecto formal, diferente do contrato, na qual incidiria um estatuto legal e incidiria um elemento subjetivo de aceitação da investidura para o trabalho. Haveria um engajamento (*embauchage*) do empregado, já que a autonomia da vontade desempenha, cada vez mais, um papel reduzido, em face das limitações impostas pela lei, pelos regulamentos, pela convenção coletiva e pelo estatuto do empregador. O consentimento atuaria somente no instante de nascimento do contrato[(1726)].

O ato de nomeação de um funcionário público é um "ato-condição", pois envolve um ato objetivo da administração pública, a nomeação em si; e também um ato subjetivo do funcionário ao aceitá-la, que é o ato da posse. Tais noções, a partir das quais o Direito Administrativo brasileiro se desenvolveu, são claramente recebidas na legislação, principalmente no anterior Estatuto dos Funcionários Públicos Federais, Lei n. 1.711/62. Para Hely Lopes Meirelles, o Poder Público "não faz contrato com os funcionários, nem com eles ajusta condições de serviço e remuneração. Ao invés, estabelece, unilateralmente, em leis e regulamentos, as condições de exercício das funções públicas; prescreve os deveres e direitos dos funcionários; impõe requisitos de eficiência, capacidade, sanidade, moralidade; fixa e altera vencimentos e tudo o mais que julgar conveniente para a investidura no cargo e desempenho de suas funções"[(1727)].

No mesmo sentido era a posição de Ruy Cirne Lima: "... os direitos e os deveres dos funcionários públicos formam duas ordens distintas de relações jurídicas. Entre elas, existe, unicamente, uma relação de concomitância, ou paralelismo. O cumprimento, pelo funcionário, de seus deveres funcionais não é condição '*per quam*', senão meramente condição '*sine qua*' da aquisição de direitos que possam competir-lhe"[(1728)]. Ainda a título de ilustração, como a doutrina tradicional trata a questão, vale referir o trabalho de Celso Antônio Bandeira de Mello: "o funcionário se encontra debaixo de uma situação legal, estatutária, que não é produzida mediante um acordo de vontades, mas imposta unilateralmente pelo Estado e, por isso mesmo, suscetível de ser, a qualquer tempo, alterada por ele, sem que o funcionário possa opor-se à mudança das

---

(1724) HATTENHAUER, Hans. *Conceptos fundamentales del derecho civil*. Barcelona: Ariel, 1987. p. 92.

(1725) CATHARINO, José Martins. *Compêndio de Direito do Trabalho*. 3. ed. São Paulo: Saraiva, 1982. v. 1, p. 186-187.

(1726) CESARINO JÚNIOR, Antônio Ferreira; CARDONE, Marly Antonieta. *Direito social:* teoria geral do direito social, direito contratual do trabalho, direito protecionista do trabalho. 2. ed. São Paulo: LTr, 1993. p. 113-114; MORAES FILHO, Evaristo de. *Introdução ao Direito do Trabalho*. 6. ed. São Paulo: LTr, 1993. p. 271.

(1727) MEIRELLES, Hely Lopes. *Direito administrativo brasileiro*. 16. ed. São Paulo: Revista dos Tribunais, 1991. p. 344.

(1728) MELLO, Celso Antônio Bandeira de. *Princípios de direito administrativo*. 5. ed. São Paulo: Revista dos Tribunais, 1982. p. 164.

condições de prestação de serviço, de sistema de retribuição, de direitos e vantagens, de deveres e limitações, em uma palavra, de regimento jurídico"[(1729)].

Durante muito tempo, foi discutida, na jurisprudência, a natureza da relação existente entre servidor público e Estado. Após anos de discussão, a jurisprudência pacificou-se no sentido de que a relação teria natureza institucionalista (natureza jurídico-administrativa). A prevalência da teoria institucionalista, na qual a relação entre servidor e Estado é estabelecida de forma unilateral, mostrava, a princípio, a conveniência da manutenção do regime estatutário, pelo qual o Estado mantém um controle e uma possibilidade de exercício de poder sobre o servidor muito maior que no regime trabalhista[(1730)].

A realidade, entretanto, começou a desafiar a teoria porque, a partir de um determinado momento, a Administração Pública no Brasil passou a contratar massivamente pelo regime da Consolidação das Leis do Trabalho. Também no âmbito externo, a demanda pela atuação do Estado aproximou as relações de trabalho na função pública daquelas relações de trabalho existentes no setor privado.

Na realidade, a diferenciação entre a atividade do servidor público e a do trabalhador comum acontece por escolha política-legislativa. Ontologicamente, ambas as atividades são exatamente iguais, ou seja, ocorre a prestação de trabalho subordinado, pessoal, não eventual e remunerado. Se um trabalhador do âmbito privado, ou um trabalhador ligado à Administração Pública, não comparecer ao trabalho, consequentemente não receberá a contraprestação, demonstrando tal fato duas assertivas: a) quem remunera o trabalhador é a sua força de trabalho e não o seu patrão, eis que o salário somente existirá se houver a prestação do serviço; b) em ambos os casos, tanto no âmbito privado quanto na Administração Pública, o objeto da prestação é o mesmo para ambas as partes, ou seja, o trabalhador deve prestar serviço, e o patrão deve remunerá-lo. Mais uma vez, a condução do raciocínio leva à conclusão de que a diferenciação ocorre no âmbito jurídico, em função dos interesses do Estado[(1731)].

Toda a fundamentação de que a relação entre servidor público e Estado é unilateral e que este último é que determina todos os elementos de execução funda-se no argumento de que o servidor é um agente público, e sua atividade visa ao atendimento do bem comum. Esta última acepção é correta, mas deve ser interpretada cuidadosamente. O servidor público, antes de assumir essa condição, é um cidadão, ao qual a lei assegura determinados direitos que nem mesmo o Estado pode molestar, principalmente se quisermos admitir a ideia do Estado de Direito. A noção de unilateralidade da relação entre o servidor público e o Estado tem conotação fascista, em que o indivíduo é tratado apenas como integrante de um grupo, e sua vontade deve ser considerada apenas elemento componente da vontade maior do Estado. A incidência do princípio democrático, acolhido na Constituição Federal, colide frontalmente com tal posição[(1732)].

Afinal, se os servidores públicos estatutários brasileiros possuem todos os elementos caracterizadores da relação de emprego tradicionalmente previstos no Direito do Trabalho (arts. 2º e 3º da Consolidação das Leis do Trabalho)[(1733)] e se podem sindicalizar-se, fazer greve e negociar com o empregador, possuem vínculo de emprego com o Estado-Empregador e a relação advinda daí é de natureza estritamente trabalhista, não administrativa.

(1729) MELLO, Celso Antônio Bandeira de. *Regime constitucional dos servidores da administração direta e indireta.* São Paulo: Revista dos Tribunais, 1990. p. 12.

(1730) COIMBRA, Rodrigo; ARAÚJO, Francisco Rossal de. Competência da Justiça do Trabalho para julgar conflitos coletivos de trabalho de servidores públicos. *Revista LTr,* São Paulo: LTr, ano 76, n. 4, p. 413-423, abr. 2012.

(1731) COIMBRA, Rodrigo; ARAÚJO, Francisco Rossal de. Competência da Justiça do Trabalho para julgar conflitos coletivos de trabalho de servidores públicos. *Revista LTr,* São Paulo: LTr, ano 76, n. 4, p. 413-423, abr. 2012.

(1732) COIMBRA, Rodrigo; ARAÚJO, Francisco Rossal de. Competência da Justiça do Trabalho para julgar conflitos coletivos de trabalho de servidores públicos. *Revista LTr,* São Paulo: LTr, ano 76, n. 4, p. 413-423, abr. 2012.

(1733) Para um estudo detalhado dos elementos da relação tradicional de trabalho — a relação de emprego, ver COIMBRA, Rodrigo. *Relações terceirizadas de trabalho.* Curitiba: Juruá, 2007. p. 30-74.

Em que pese toda essa argumentação[1734], a verdade é que o atual entendimento do Supremo Tribunal Federal[1735] segue sendo de que a relação entre o servidor público estatutário é uma relação de caráter jurídico-administrativo, razão pela qual segue enquadrado nas teorias acontratualista ou paracontratualista.

5. *Teorias contratualistas*

Entre os que defendem a teoria contratualista, a afirmação é a de que a vontade é essencial para a caracterização da relação de emprego. Sem a conjugação de vontades entre empregado e empregador, não há contrato, ou seja, é necessário que haja a vontade do empregado e do empregador, ainda que mínima, para a caracterização do vínculo jurídico de emprego[1736].

Nesse sentido, Pontes de Miranda[1737] adverte que "não se pode dizer que basta o ato (ou fato) de trabalhar, porque o ato (ou o fato) supõe o acordo, ainda, se da parte do empregador, houve ato de tolerância, porque quem tolera traz, leva, sustenta e o que se suportou foi apenas uma das causas do querer".

O contratualismo sofre uma série de restrições por meio da limitação da autonomia dos sujeitos do contrato individual de emprego. Na sua essência, permanece a ideia de que o contrato de emprego tem natureza de Direito Privado, conforme esclarece Orlando Gomes[1738].

Para que se entenda melhor a teoria contratualista, é preciso identificar que uma coisa é o acordo de vontades propriamente dito, e outra é a regulamentação das obrigações dele resultantes. Essa concepção foi sustentada por Francesco Carnelutti, para o qual o elemento volitivo sempre existe no contrato, sendo obra pessoal dos contratantes, enquanto o elemento regulamentador pode ser obra de terceiro, ou de um só dos contratantes. E acrescenta: "e não se diga que por sua origem humana não pode ser vista — a energia humana — como uma coisa, porque coisas são os cabelos que se vendem a um cabelereiro ou os esqueletos que se colocam nos museus"[1739]. A autonomia da vontade, segundo sua formulação tradicional, consiste nos seguintes tópicos: a) todo sujeito de direito deve ser um sujeito de vontade; b) todo ato de vontade de um sujeito de direito é socialmente protegido como tal; c) essa proteção está subordinada à circunstância de ser lícito o ato de vontade; d) toda situação jurídica é uma relação entre dois sujeitos de direito, dos quais um é o sujeito ativo e outro é o sujeito passivo. Havendo sujeito com vontade legalmente reconhecida como válida, a sua declaração expressa obriga-o e, a partir daí, o ordenamento jurídico opera a regulamentação

---

(1734) Abordamos em artigo específico que a Justiça do Trabalho tem competência para julgar as ações trabalhistas envolvendo servidores públicos estatutários, ainda mais após a EC n. 45/2004, que alterou o *caput* do art. 114 da CF, em que o legislador constituinte derivado teve a intenção (*mens legis*) de determinar essa mudança de competência justamente porque este é órgão do Poder Judiciário brasileiro mais apto para julgar conflitos trabalhistas individuais e coletivos (COIMBRA, Rodrigo; ARAÚJO, Francisco Rossal de. Competência da Justiça do Trabalho para julgar conflitos coletivos de trabalho de servidores públicos. *Revista LTr*, São Paulo: LTr, ano 76, n. 4, p. 413-423, abr. 2012). Nesse sentido, também: SILVA, Antônio Álvares da. *Competência da Justiça do trabalho para o julgamento de conflitos coletivos de trabalho de servidores públicos.* Disponível em: <http://www.revistas.unifacs.br/index.php/redu/article/view/442>. Acesso em: 30.9.2011; SCHIAVI, Mauro. *Manual de direito processual do trabalho.* 2. ed. São Paulo: LTr, 2009. p. 177-178; MELHADO, Reginaldo. Competência da Justiça do Trabalho. In: CHAVES, Luciano Athayde (org.). *Curso de processo do trabalho.* São Paulo: LTr, 2009. p. 199-200.

(1735) Supremo Tribunal Federal: ADI 3395, Reclamação 6568, Mandado de Injunção 708.

(1736) HUECK, A.; NIPPERDEY, H. C. *Compendio de derecho del trabajo.* Madrid: Revista de Direito Privado, 1963. p. 88-89; BARASSI, Lodovico. *Il diritto del lavoro.* Milano: Giufrrè, 1949. p. 241; D'EUFEMIA, Giuseppe. *Diritto del Lavoro.* Napoli: Morano, 1969. p. 33; SANTORO-PASSARELI, Francesco. *Nozioni di diritto del lavoro.* Napoli: Morano, 1976. p. 122; Na doutrina nacional, por exemplo: CATHARINO, José Martins. *Compêndio de Direito do Trabalho.* 3. ed. São Paulo: Saraiva, 1982. v. 1, p. 187; MARANHÃO, Délio *et.al.* *Instituições de Direito do Trabalho.* 11. ed. São Paulo: LTr, 1991. v. 1, p. 225; MORAES FILHO, Evaristo de; MORAES, Antônio Carlos Flores de. *Introdução ao Direito do Trabalho.* 6. ed. São Paulo: LTr, 1993. p. 273; NASCIMENTO, Amauri Mascaro. *Direito contemporâneo do trabalho.* São Paulo: LTr, 2011. p. 340; MAGANO, Octavio Bueno. *Direito individual do trabalho.* São Paulo: LTr, 1992. p. 28.

(1737) PONTES DE MIRANDA, Francisco Cavalcanti. *Tratado de direito privado.* Rio de Janeiro: Borsoi, 1964. t. XLVII, p. 426.

(1738) GOMES, Orlando. *Questões de direito do trabalho.* São Paulo: LTr, 1974. p. 94.

(1739) NASCIMENTO, Amauri Mascaro. *Direito contemporâneo do trabalho.* São Paulo: LTr, 2011. p. 340. Sobre a evolução do pensamento de Carnelutti, a respeito do objeto do contrato de emprego, ver na mesma p. 340.

do ato naquilo que não for expressamente declarado pelo sujeito, ou que for objeto de dúvida por parte do intérprete.

É certo, portanto, que a autonomia da vontade não se revela em sua plenitude no contrato de emprego, pois ela se encontra muito reduzida em face da intervenção da ordem jurídica, que estabelece uma série de regras que devem ser observadas coercitivamente. Esse entendimento serve para explicar o fato de que a maioria dos contratos de emprego realizados na atualidade é, na verdade, contrato de adesão, em que a maioria dos trabalhadores, empurrados pela necessidade, aceita as condições que lhe são impostas pelos empregadores, havendo outro importante espaço para a previsão legal específica(1740).

Raros são os casos em que as partes, efetivamente, negociam as cláusulas contratuais e nos quais a autonomia da vontade aparece com maior intensidade. Isso ocorre, principalmente, em se tratando de empregados mais graduados ou especializados, cuja mão de obra é disputada no mercado de trabalho, razão pela qual podem impor certas condições de trabalho. Ademais, conforme lembrado por Délio Maranhão(1741), citando De Page, não há nenhuma exigência legal ou decorrente de princípio geral do Direito para a validade de um acordo de vontades, exigindo, como condição, que ele tenha sido objeto de negociação ou discussão entre as partes. Assim, todo contrato pode-se converter em um contrato de adesão sem que, por esse simples motivo, suas condições de validade possam sofrer qualquer alteração(1742).

Essa, aliás, é uma grande característica dos contratos contemporâneos, em especial, em relações de produção em massa, em que os serviços ou bens são ofertados em grande quantidade aos consumidores, não havendo grande espaço para a discussão das cláusulas contratuais. Por esse motivo, o próprio Direito Civil evoluiu no sentido de proteger aqueles que, simplesmente, aderem às condições impostas pela outra parte, em regra mais forte economicamente. A temática do contrato de adesão, no que se refere ao Direito do Trabalho e, especificamente, ao contrato de emprego será abordada mais adiante.

A questão também é lembrada por Cesarino Júnior(1743), que, adotando a teoria contratualista, lembra que o elemento essencial reside no fato da liberdade de consentimento para a constituição da relação, e não na liberdade do consentimento para a determinação do conteúdo da relação. Além disso, segundo o autor, toda e qualquer relação contratual é limitada, de certa forma, por normas imperativas, restritivas da autonomia individual.

De acordo com Estêvão Mallet(1744), não há como negar a natureza contratual da relação jurídica que se estabelece entre empregado e empregador: "as limitações à autonomia da vontade, presentes na relação de emprego, não bastam para fazer com que se transforme o vínculo contratual em liame puramente objetivo, para cuja formação e execução não tenha relevância a manifestação de vontade".

Sempre é oportuno lembrar que a estrutura das relações de trabalho é ditada, por um lado, pelas fontes objetivas do Direito do Trabalho e, por outro, pela direta ou indireta manifestação de vontade do empregador e do empregado, embora essa possa ser limitada pelas fontes objetivas antes referidas(1745). Dessa forma, toda base da relação de emprego é constituída pelo contrato de emprego.

Dessa constatação surgem várias consequências importantes, tendo em vista que a definição da natureza de um dado instituto, de uma relação ou de uma dada situação serve justamente para determinar o quadro normativo que lhe corresponde. Com isso, admitido que o vínculo jurídico entre empregado e empregador

---

(1740) Com relação ao tema ver SANTORO-PASSARELI, Francesco. *Noções de direito do trabalho.* São Paulo: Revista dos Tribunais, 1973. p. 86-87.

(1741) MARANHÃO, Délio *et al. Instituições de Direito do Trabalho.* 11. ed. São Paulo: LTr, 1991. v. 1, p. 225.

(1742) MARANHÃO, Délio *et al. Instituições de Direito do Trabalho.* 11. ed. São Paulo: LTr, 1991. v. 1, p. 225.

(1743) CESARINO JÚNIOR, Antônio Ferreira; CARDONE, Marly Antonieta. *Direito Social:* teoria geral do direito social, direito contratual do trabalho, direito protecionista do trabalho. 2. ed. São Paulo: LTr, 1993. p. 116-117.

(1744) MALLET, Estêvão. *Prática de Direito do Trabalho.* São Paulo: LTr, 2012. v. 2, p. 57.

(1745) SANSEVERINO, Luisa Riva. *Curso de Direito do Trabalho.* São Paulo: LTr, 1976. p. 113-114.

tem a natureza de contrato, passa-se a sujeitar sua interpretação às normas e critérios hermenêuticos próprios dos contratos ou dos negócios jurídicos em geral[1746].

6. *Teorias institucionalistas*

A teoria institucionalista tem duas dimensões: puro e impuro. A teoria do institucionalismo puro nega o caráter contratual da relação de emprego, vendo na empresa uma verdadeira "instituição-pessoa", com capacidade de o empregador impor regras aos seus empregados, no interesse da empresa[1747]. Essa concepção decorre da visão da empresa como uma instituição, ou como um grupo comunitário, o que evidentemente não corresponde à realidade atual.

A teoria do institucionalismo impuro nasce das fraquezas do institucionalismo puro ou imoderado, afirmando que a relação de emprego é, cada vez mais, estatutária, com prevalência do direito institucional sobre o direito contratual. O contrato seria, apenas, a via de acesso à empresa, concebida como instituição, caracterizando a relação de emprego como contratual na forma, e institucional quanto ao conteúdo.

Os autores que defendem essa teoria veem no fato de o empregado ter direito a salário por ter iniciado a prestação do trabalho, ou estar à disposição do empregador, uma confirmação de que o ordenamento jurídico brasileiro adotou a teoria institucionalista impura para definir a natureza jurídica da relação de emprego. Para José Martins Catharino[1748], a relação de emprego é "um complexo voluntário-normativo, fruta produzida pelo 'dirigismo contratual' e amadurecida na estação da 'liberdade protegida', a atual". O autor reconhece que a origem da relação é contratual e que o sujeito principal é o empregado, daí por que a relação é preponderantemente pessoal, além de ser patrimonial e obrigacional.

A Consolidação das Leis do Trabalho, num primeiro momento, parece adotar teoria institucionalista, em especial na sua exposição de motivos[1749], quando refere: "em relação aos contratos de trabalho, cumpre esclarecer que a precedência das 'normas' de tutela sobre os 'contratos' acentuou que a ordem institucional ou estatutária prevalece sobre a concepção contratualista" (item 28). Prossegue a exposição de motivos afirmando que "a análise do conteúdo da nossa legislação social provava exuberantemente *a primazia do caráter institucional* sobre o efeito do contrato, restrito este à objetivação do ajuste, à determinação do salário e à estipulação da natureza dos serviços e isso mesmo dentro de standards e sob condições preestabelecidas na lei" (grifou-se — item 29).

Na verdade, a teoria institucionalista não constitui uma teoria sobre a natureza jurídica do vínculo de emprego, mas, sim, uma constatação histórica, caracterizada pelo ecletismo. Modernamente, pode-se falar em relação de preponderância entre espaço público e espaço privado. Se o entendimento se inclinar pela maior participação da lei no regramento do contrato de emprego, tem-se a natureza institucionalista. Ao contrário, se a participação maior estiver no âmbito das cláusulas livremente ajustadas entre as partes, a natureza é contratual.

7. *Teoria do contrato-realidade*

As teorias que procuram explicar a natureza da relação de emprego partem do predomínio da vontade sobre a prestação de serviço. Para os anticontratualistas, a vontade é anulada em benefício de uma noção comunitária de empresa. Por trás disso está o posicionamento político de aceitar a referida noção, o que é,

(1746) MALLET, Estêvão. *Prática de Direito do Trabalho*. São Paulo: LTr, 2012. v. 2, p. 57-58.

(1747) CATHARINO, José Martins. *Compêndio de Direito do Trabalho*. 3. ed. São Paulo: Saraiva, 1982. v. 1, p. 185.

(1748) CATHARINO, José Martins. *Compêndio de Direito do Trabalho*. 3. ed. São Paulo: Saraiva, 1982. v. 1, p. 185-187.

(1749) COSTA, Armando Casimiro; FERRARI, Irany; MARTINS, Melchíades Rodrigues. Exposição de motivos. In: *Consolidação das Leis do Trabalho*. 38. ed. São Paulo: LTr, 2011. p. 34, itens 28 a 31.

indiscutivelmente, um ato de vontade (ainda que possa ser coagido). Na teoria acontratualista, é mencionada a "consciência" da integração. Para os contratualistas, a vontade é o elemento essencial.

A teoria do contrato-realidade retira do elemento vontade a predominância que, até então, lhe é conferida, e dá maior dimensão ao próprio trabalho. Para Mário de La Cueva[(1750)], a origem da discussão está na própria natureza do Direito do Trabalho: para aqueles que defendem a concepção jusprivatista, haveria, até mesmo, um contrato de adesão, caracterizado pelo consentimento tácito; para outros, basta o fato da prestação de trabalho, independentemente da fonte que lhe dê origem para a aplicação da legislação do trabalho. Os jusprivatistas, segundo o autor, apegam-se à noção de contrato porque não conseguem perceber a emergência de um direito novo, fora da distinção tradicional entre Direito Público e Direito Privado. Na verdade, o que existe é a mudança do enfoque da relação, cuja essência não é o consenso da juridicidade da relação, nem o acordo de vontades, mas o próprio trabalho, a própria prestação e contraprestação.

É interessante notar que a moderna doutrina obrigacional confere à realidade um efeito extremamente relevante no que tange à possibilidade de criação de vínculos obrigacionais, mesmo que não concluído o negócio jurídico. A intensidade da relação principal pode gerar outras obrigações secundárias, derivadas daqueles atos de preparação do próprio desenvolvimento do negócio jurídico. Esses deveres secundários resultam da incidência do princípio da boa-fé no chamado "contato social", ou seja, naqueles atos que antecedem ou que ocorrem no desenvolvimento da obrigação principal, mas que não estão diretamente relacionados a ela e podem ser exemplificados como deveres de indicação, esclarecimento, cooperação, auxílio entre outros[(1751)]. Essa noção de "contato social" também está presente no contrato de trabalho, e gera muitas consequências significativas no desenvolvimento de seu vínculo obrigacional.

O pensamento de Mario De La Cueva[(1752)], resumido pelo próprio autor, leva às seguintes conclusões: a) a relação individual de trabalho[(1753)] não tem origem necessária na concorrência de vontade entre trabalhador e patrão; b) consequentemente, o conteúdo da relação de trabalho tampouco provém de um acordo de vontades, mas, em todo caso, pela força da lei e dos contratos coletivos de trabalho, o conteúdo da relação de trabalho é independente da vontade do trabalhador e do patrão; c) o conteúdo da relação de trabalho tem valor imperativo e deve ser cumprido pontualmente; d) o Estado está interessado no cumprimento do conteúdo da relação de trabalho e, para esse fim, a inspeção do trabalho está autorizada a vigiar dito cumprimento e impô-lo coercitivamente; e) ainda que a relação de trabalho tenha origem contratual e seu conteúdo possa ser fixado livremente pelo trabalhador e pelo patrão, a natureza do Direito do Trabalho repele a ideia de que se aplique ao trabalho humano o direito das obrigações e dos contratos. Parece haver certa contradição no pensamento do autor quando se refere ao fim do contrato de trabalho, em que admite a aplicação do regramento relativo às obrigações. Contudo, a contradição desaparece se observado o conjunto de seu raciocínio, que não afasta de todo certas noções de Direito Privado, apenas fazendo a adaptação delas ao Direito do Trabalho.

As constatações mencionadas levam a algumas conclusões apontadas pelo consagrado autor mexicano. A primeira delas é a de que o vínculo individual de trabalho goza de plena autonomia diante dos contratos de direito civil, tanto por estar regida por estatuto autônomo, quanto porque nenhuma das figuras civis está apta a explicá-la. É preciso distinguir o contrato de trabalho (emprego) do acordo de vontades para a produção de determinados efeitos jurídicos desejados pelas partes e de relação individual de trabalho, que é o conjunto de direitos e obrigações que derivam, para o trabalhador e para o patrão, do simples fato da prestação de serviço[(1754)]. Em outra projeção das constatações feitas no parágrafo anterior, constata-se que a vontade do trabalhador é indispensável para a existência da relação individual de trabalho, enquanto a do

(1750) DE LA CUEVA, Mário. *Panorama do Direito do Trabalho.* Porto Alegre: Sulina, 1968. p. 77.

(1751) COUTO E SILVA, Clóvis Veríssimo. *A obrigação como processo.* São Paulo: José Bushatsky, 1976. p. 82 e seguintes. A origem da expressão, segundo o referido autor, é oriunda da sociologia (L. VON WIESE — System der allgemeinen Soziologie, 1933).

(1752) DE LA CUEVA, Mário. *Derecho mexicano del trabajo.* 11. ed. México: Porrúa, 1969. v. 1, p. 478-479.

(1753) A terminologia adotada nesse trabalho se traduziria melhor como relação individual de emprego. Também quando o autor menciona trabalhador e patrão, segundo a terminologia em uso, refere-se a empregado e a empregador.

(1754) DE LA CUEVA, Mário. *Derecho mexicano del trabajo.* 11. ed. México: Porrúa, 1969. v. 1, p. 479.

patrão nem sempre ocorre na formação da dita relação. Por último, e talvez a consequência mais importante, conclui-se que a relação individual de trabalho é definida pelas prestações objetivas, ou seja, pelo fato mesmo da prestação de serviços, que, por si só, determina a aplicação do Direito do Trabalho. A consensualidade geradora do contrato é a consensualidade dos vários atos concretos de prestação de serviço[(1755)].

José Martins Catharino critica alguns aspectos da teoria de Mário De La Cueva, principalmente no que tange à aproximação da noção de contrato-realidade com a de contrato real, segundo a classificação dos contratos de acordo com a sua perfeição. Ressalta, também, que a perfeição contratual não pode ser confundida com a sua eficácia, dizendo que a noção de contrato-realidade faz lembrar a de um contrato com elemento essencial suspensivo ou inicial[(1756)]. As críticas baseiam-se na própria posição de Catharino, que entende permanecer a contratualidade da relação de emprego, embora reconheça que ela seja fruto de um "dirigismo contratual" e existente numa realidade de "liberdade protegida", daí a natureza "voluntário-normativa" da relação de emprego[(1757)].

A grande resistência dos doutrinadores brasileiros à teoria do contrato-realidade está no fato de o art. 4º da Consolidação das Leis do Trabalho considerar como de serviço efetivo o tempo em que o empregado fica à disposição do empregador. Pelo pensamento de Mario De La Cueva, a ação do empregado para cobrança de salários após a celebração do contrato sem que haja prestação de serviços não constituiria aplicação do Direito do Trabalho, já que seu raciocínio se prende à ideia da existência de atos materiais de execução, conforme adverte Délio Maranhão[(1758)].

Na verdade, trata-se de uma falsa controvérsia, porquanto, ao menos em tese, o tempo à disposição nada tem a ver com a execução material do trabalho e a natureza jurídica do contrato. O contrato pode considerar o tempo como uma abstração e não como a necessidade de cronometrar minuto a minuto o labor para que seja medida a devida contraprestação, sem que isso o descaracterize como contrato. Muitos contratos, aliás, são pactuados pela totalidade, como no exemplo do contrato de compra e venda *ad corpus* (que se contrapõe a compra e venda *ad mensuram*).

A ideia de existência de um complexo voluntário-normativo, como propõe José Martins Catharino, é bastante elogiável sob o ponto de vista da compreensão do fenômeno jurídico. Trata-se da aceitação de o contrato de emprego possuir regras convencionadas entre as partes e regras impostas pelo Estado, enquanto ordem-jurídica. As regras convencionadas podem, perfeitamente, ser resultantes de mera adesão do empregado ao que é determinado pelo empregador. Isso não afasta a noção de contrato, pois como foi visto, cada vez mais o ordenamento jurídico adota o modelo do contrato de adesão. Por outro lado, o modelo referido tem a característica do ecletismo, resultando da composição entre os que entendem a natureza contratual e entre os que entendem a natureza institucional, embora, como se disse, o autor admita a preponderância contratual.

8. Convergência das teorias anticontratualistas e contratualistas. Posição do direito brasileiro em relação aos empregados regidos pela Consolidação das Leis do Trabalho

Com o avanço da doutrina contemporânea, houve a convergência das teorias contratualistas (contrato de emprego) e anticontratualistas (relação de emprego), no sentido da unificação dos seus efeitos, o que não se confunde com identificação das figuras[(1759)].

(1755) DE LA CUEVA, Mário. *Derecho mexicano del trabajo.* 11. ed. México: Porrúa, 1969. v. 1, p. 479.

(1756) CATHARINO, José Martins. *Compêndio de Direito do Trabalho.* 3. ed. São Paulo: Saraiva, 1982. v. 1, p. 191-192.

(1757) CATHARINO, José Martins. *Compêndio de Direito do Trabalho.* 3. ed. São Paulo: Saraiva, 1982. v. 1, p. 185. CATHARINO, José Martins. *Compêndio de Direito do Trabalho.* 3. ed. São Paulo: Saraiva, 1982. v. 1, p. 197.

(1758) SÜSSEKIND, Arnaldo *et al. Instituições de Direito do Trabalho.* 11. ed. São Paulo: LTr, 1991. v. 1, p. 227.

(1759) NASCIMENTO, Amauri Mascaro. *Direito contemporâneo do trabalho.* São Paulo: LTr, 2011. p. 346.

Nascimento adota a chamada teoria de acoplamento, segundo a qual o contrato de trabalho abrange a realidade mais a estipulação da escrita e mais a lei. Defende o autor que quando o direito do trabalho refere-se a contrato, não está indicando a realidade formal, mas substancial do contrato, nem quer dizer contrato escrito, mas um vínculo intersubjetivo entre duas pessoas, e é o que compatibiliza contratualismo com anticontratualismo na sua formulação doutrinária[(1760)].

Nessa tentativa de conciliação das teorias, o art. 442 da Consolidação das Leis do Trabalho estabelece que "o contrato individual de trabalho é o acordo, tácito ou expresso, correspondente à relação de emprego".

O problema reside no fato de que inexiste uma definição legal para a relação de emprego. Da leitura do texto do art. 442 da Consolidação das Leis do Trabalho percebe-se que se trata de uma definição circular: define contrato de trabalho como sendo o instrumento jurídico a que corresponde a relação de emprego, mas não define o que é a relação de emprego, gerando, assim, um círculo vicioso, pois não se define nem uma coisa nem outra, conforme esclarece Délio Maranhão[(1761)], e não responde a persistente indagação: "o contrato faz nascer a relação de emprego ou a relação de emprego faz nascer o contrato?".

O equívoco da Consolidação das Leis do Trabalho ocorre porque a relação é o efeito do contrato e não a causa. O contrato é a forma jurídica, e a relação, o conteúdo material dessa forma. Note-se, contudo, que a relação é parte do conteúdo do contrato, pois a realidade fática proveniente da relação deve ser agregada à estipulação escrita e à lei. Nesse sentido, conclui: "Quando o direito do trabalho refere-se a contrato não está indicando a realidade formal, mas substancial do contrato, nem quer dizer contrato escrito, mas um vínculo intersubjetivo entre duas pessoas, e é o que compatibiliza contratualismo com anticontratualismo na sua formulação doutrinária". O autor adota a chamada teoria de acoplamento, segundo a qual o contrato de trabalho abrange a realidade mais a estipulação da escrita e mais a lei[(1762)].

Visando resolver a crítica de que a definição do art. 442 é circular, coube à doutrina definir o que é relação de emprego no Direito brasileiro, utilizando os elementos constantes das definições de empregador e empregado existentes nos arts. 2º e 3º da Consolidação das Leis do Trabalho[(1763)]. Os elementos da subordinação, contraprestação mediante salário, pessoalidade e continuidade são, normalmente, admitidos entre os doutrinadores brasileiros[(1764)]. Entretanto, existem outras posições, conforme a ótica proposta, principalmente no que diz respeito à confusão com a definição do próprio contrato e seus elementos, tradicionais (capacidade, manifestação de vontade e objeto lícito) ou com outros elementos, como profissionalidade, estabilidade, entre outros[(1765)].

Na doutrina trabalhista estrangeira não são utilizados, de modo geral, todos estes quatro elementos (subordinação, contraprestação mediante salário, pessoalidade e continuidade). Alguns autores dão *status*

(1760) NASCIMENTO, Amauri Mascaro. *Direito contemporâneo do trabalho.* São Paulo: LTr, 2011. p. 348 e 485-486.

(1761) SÜSSEKIND, Arnaldo *et al. Instituições de Direito do Trabalho.* 20. ed. São Paulo: LTr, 2002. v. 1, p. 236.

(1762) NASCIMENTO, Amauri Mascaro. *Direito contemporâneo do trabalho.* São Paulo: LTr, 2011. p. 348 e 485-6.

(1763) Consolidação das Leis do Trabalho, art. 2º "Considera-se empregador a empresa, individual ou coletiva que, assumindo os riscos da atividade econômica, admite, assalaria e dirige a prestação pessoal de serviços; § 1º Equiparam-se ao empregador, para os efeitos exclusivos da relação de emprego, os profissionais liberais, as instituições de beneficência, as associações recreativas e outras instituições sem fins lucrativos, que admitirem trabalhadores como empregados. § 2º Sempre que uma ou mais empresas, tendo, embora, cada uma delas, personalidade própria, estiverem sob a direção, controle ou administração da outra, constituindo grupo industrial, comercial ou de qualquer outra atividade econômica, serão, para os efeitos da relação de emprego, solidariamente responsáveis a empresa principal e cada uma das subordinadas."

Consolidação das Leis do Trabalho, art. 3º: "Considera-se empregado toda pessoa física que prestar serviços de natureza não eventual a empregador, sob a dependência deste e mediante salário. Parágrafo único. Não haverá distinções relativas à espécie de emprego e à condução de trabalhador, nem entre o trabalho intelectual, técnico e manual."

(1764) Ver nesse sentido: CATHARINO, José Martins. *Compêndio de Direito do Trabalho.* 3. ed. São Paulo: Saraiva, 1982. v. 1, p. 219; MORAES FILHO, Evaristo de; MORAES, Antônio Carlos Flores de. *Introdução ao Direito do Trabalho.* 7. ed. São Paulo: LTr, 1995. p. 218; CESARINO JÚNIOR, Antônio Ferreira; CARDONE, Marly Antonieta. *Direito Social:* teoria geral do direito social, direito contratual do trabalho, direito protecionista do trabalho. 2. ed. São Paulo: LTr, 1993. p. 123; RUSSOMANO, Mozart Victor. *Curso de Direito do Trabalho.* 8. ed. Curitiba: Juruá, 1991. p. 97.

(1765) Nesse sentido, ver LAMARCA, Antônio. *Contrato individual de trabalho.* São Paulo: Revista dos Tribunais, 1969. p. 102.

de elemento essencial apenas à subordinação[(1766)]; outros, além da subordinação, consideram fundamentais a remuneração[(1767)], a prestação pessoal de serviços[(1768)] e o labor por conta alheia (*la ajenidad*)[(1769)].

No direito comparado, portanto, a não eventualidade ou continuidade não é incluída, em geral, como elemento essencial para a caracterização da relação de trabalho, sendo tal matéria abordada pela doutrina alienígena por ocasião da análise das características do contrato de trabalho (duração continuada)[(1770)].

No conceito de contrato de trabalho contido no anteprojeto da Consolidação das Leis do Trabalho também não estava contido o elemento não eventualidade[(1771)]. Contudo, a Consolidação das Leis do Trabalho trouxe a não eventualidade na definição de empregado. Com isso, os doutrinadores nacionais adotaram este elemento, de forma uníssona, como essencial para configuração da relação de emprego[(1772)].

Há vários conceitos de contrato de trabalho. Entende-se que um dos mais bem elaborados é o de Délio Maranhão, segundo o qual contrato de trabalho é "o negócio jurídico pelo qual uma pessoa física (empregado) se obriga, mediante o pagamento de uma prestação (salário), a prestar trabalho não eventual em proveito de outra pessoa, física ou jurídica (empregador), a quem fica juridicamente subordinada"[(1773)].

(1766) Por exemplo, para Hueck-Nipperdey: "relação de emprego é a relação jurídica que existe entre o trabalhador individual e seu empregador, em virtude da qual aquele está obrigado, frente a este, a prestação de trabalho" (HUECK, A.; NIPPERDEY, H. C. *Compendio de derecho del trabajo.* Madrid: Revista de Direito Privado, 1963. p. 83); Neste sentido também D'EUFEMIA, Giusepe. *Diritto del Lavoro.* Napoli: Morano, 1969. p. 39.

(1767) De La Cueva considera como elementos da relação de emprego apenas a subordinação e o salário (DE LA CUEVA, Mario. *El nuevo derecho mexicano del trabajo.* 19. ed. México: Porrúa, 2003. v. 1, p. 199-204).

(1768) Caldera sustenta como fundamentais os seguintes elementos: a prestação pessoal de um serviço, o pagamento de uma remuneração e a subordinação (CALDERA, Rafael. *Derecho del trabajo.* 2. ed. Buenos Aires: El Ateneo, 1972. v. 1, p. 268-270); neste sentido, também, JAVILLIER, Jean-Claude. *Manual de Direito do Trabalho.* São Paulo: LTr, 1988. p. 25. Estes elementos estão presentes também na art. 1º da LCT de Portugal: "Contrato de trabalho é aquele pelo qual uma pessoa se obriga mediante retribuição, a prestar a sua atividade intelectual ou manual a outra pessoa, sob a autoridade e a direcção desta" (CORDEIRO, Antônio Menezes. *Manual de Direito do Trabalho.* Coimbra: Almedina, 1991. p. 517-520); Diego retira da LCT Argentina (art. 4º, 21 y 22) os seguintes caracteres para a configuração do trabalho subordinado: pessoal, infungível e intransferível; voluntário e livre; por conta alheia; dependente ou subordinado (DIEGO, Julián Arturo de. *Manual de derecho del trabajo y de la seguridad social.* 5. ed. Buenos Aires: Abeledo Perrot, 2002. p. 30-31).

(1769) Para o Direito do Trabalho espanhol contemporâneo, o que define, essencialmente, a relação de emprego é a presença da chamada "ajenidad". Segundo Olea, "o contrato de trabalho é o título determinante da 'ajenidad' dos frutos do trabalho em regime de trabalho humano", sustentando, outrossim, que "a realidade social articulada juridicamente através do contrato de trabalho é constituída pelo trabalho humano, produtivo, livre, por conta alheia e remunerado" (OLEA, Manuel Alonso; CASAS BAAMONDE, Maria Emília. *Derecho del Trabajo.* 14. ed. Madrid: Universidad de Madrid, 1995. p. 49); Martin Valverde, ao tratar da definição da "ajenidad", explica que, segundo a atribuição dos seus frutos ou resultados, o trabalho pode ser por contra própria ou por conta alheia: no trabalho por conta própria, o próprio trabalhador é quem adquire ou se beneficia imediatamente dos resultados produtivos, apropriando-se daqueles que são suscetíveis de sua apropriação; no trabalho por conta alheia, os frutos do trabalho não são adquiridos pelo trabalhador, nem sequer num primeiro momento, mas passam diretamente para outra pessoa, que se beneficia deles desde o instante em que são produzidos (MARTIN VALVERDE, Antonio *et al. Derecho del trabajo.* 6. ed. Madrid: Tecnos, 1997. p. 40).

(1770) OLEA, Manuel Alonso; CASAS BAAMONDE, Maria Emília. *Derecho del trabajo.* 14. ed. Madrid: Universidad de Madrid, 1995. p. 49; HUECK, A. NIPPERDEY, H. C. *Compendio de derecho del trabajo.* Madrid: Revista de Direito Privado, 1963. p. 83; D'EUFEMIA, Giusepe. *Diritto del Lavoro.* Napoli: Morano, 1969. p. 39; DE LA CUEVA, Mario. *El nuevo derecho mexicano del trabajo.* 19. ed. México: Porrúa, 2003, v. 1, p. 199-204; CALDERA, Rafael. *Derecho del Trabajo.* 2. ed. Buenos Aires: El Ateneo, 1972. t. I, p. 268-270; JAVILLIER, Jean-Claude. *Manual de Direito do Trabalho.* São Paulo: LTr, 1988. p. 25; CORDEIRO, Antônio Menezes. *Manual de Direito do Trabalho.* Coimbra: Almedina, 1991. p. 517-520; MARTIN VALVERDE, Antonio *et al. Derecho del trabajo.* 6. ed. Madrid: Tecnos, 1997. p. 40.

(1771) A redação do anteprojeto era a seguinte: "Contrato individual de trabalho é o acordo pelo qual uma pessoa se compromete a prestar serviços a outra, na condição de empregado, isto é, em regime de dependência e mediante salário" (MORAES FILHO, Evaristo de. *Trabalho a domicílio e contrato de trabalho.* São: Paulo: LTr, 1994. p. 116). A exposição de motivos da comissão da Consolidação das Leis do Trabalho, ao tratar acerca da definição do contrato individual de trabalho, confirma: "A clara e total definição que do contrato individual do trabalho foi dada pelo anteprojeto da Consolidação provocou algumas divergências de mero gôsto polêmico. A emenda então apresentada não poude ser aceita. Revelava, primeiramente, incompreensão de espírito institucional tantas vezes salientado neste empreendimento. Repetia, ainda um conceito prévio e básico já formulado, qual seja o de empregado" (SÜSSEKIND, Arnaldo. *Direito brasileiro do trabalho.* Rio de Janeiro: Jacinto, 1943. v. 1, p. 363).

(1772) Ver, por todos, VILHENA, Paulo Emílio Ribeiro de. *Relação de Emprego:* estrutura legal e pressupostos. 2. ed. São Paulo: LTr, 1999. p. 358-365.

(1773) SÜSSEKIND, Arnaldo *et al. Instituições de Direito do Trabalho.* 20. ed. São Paulo: LTr, 2002. v. 1, p. 236.

Embora o referido autor não contemple a possibilidade, em sua definição, dos contratos plúrimos, ela se refere, precisamente, à natureza do contrato, aos seus sujeitos e ao objeto da prestação. Refere que se trata de um negócio jurídico, em que empregado e empregador operam em um vínculo no qual os elementos essenciais são a prestação de trabalho por pessoa física (empregado), contraprestado por salário, de natureza não eventual e mediante subordinação jurídica[1774].

A Consolidação das Leis do Trabalho usa a expressão contrato de trabalho (gênero) para, via de regra, tratar apenas de uma de suas espécies: o contrato de emprego. Daí porque vários autores, a partir de José Martins Catharino, defendem que a terminologia mais correta seria contrato de emprego.

Considerando a doutrina geral do contrato, podem ser apontadas algumas das características do contrato de emprego. Trata-se de um contrato que, apesar das sérias limitações impostas pela lei, conserva a sua característica negocial, com algum espaço para a liberdade de estipulação entre as partes. É bom lembrar que essa liberdade de estipulação é bem maior por parte do empregador, em face do elemento subordinação. Com todas as restrições impostas pelas peculiaridades do Direito do Trabalho, o estudo do contrato de emprego traz, necessariamente, a lembrança do Direito Civil, que constitui a base de toda a teoria contratual. Como acentua José Martins Catharino, a contribuição do Direito Civil é intensa e extensa, a começar pela previsão contida no art. 8º da Consolidação das Leis do Trabalho[1775].

Entre as discussões doutrinárias debate-se se o contrato de trabalho é de adesão ou *sui generis* (único no seu gênero), típico ou atípico. Objetivamente, ainda que no contrato do trabalho haja maior limitação da autonomia da vontade das partes (pela lei), tal limitação não é absoluta a ponto de se poder falar em contrato de adesão. Acerca da tipicidade, o fato é que o contrato de trabalho não é igual aos demais tipos de contratuais do ordenamento jurídico, por isso é que o único no seu gênero. Por outro lado, é típico, pois previsto em lei[1776].

Nascimento[1777] afirma que a "contratualização é um avanço, pois é uma afirmação da liberdade de trabalho", em que o empregado põe sua energia à disposição do empregador e uma "porção de sua liberdade", na expressão de Kant[1778].

Hattenhauer esclarece que desde o século XIX percebeu-se claramente a desigualdade entre prestação e contraprestação, trabalho e salário, razão pela qual a autonomia privada referida na doutrina de Kant é reduzida no Direito do Trabalho, justamente como forma de nivelar juridicamente tal desigualdade fática. Essas ideias são importantes para a noção da subordinação (característica que dá fisionomia própria e diferenciada ao contrato de trabalho): o empregador adquire uma porção da liberdade do empregado e como contraprestação lhe paga salário (meio principal e/ou único de subsistência)[1779].

(1774) Outras definições poderiam ser mencionadas a fim de efetuar uma melhor comparação. José Martins Catharino (*Compêndio de Direito do Trabalho.* 3. ed. São Paulo: Saraiva, 1982. v. 1, p. 219), considera o contrato de emprego "como aquele pelo qual uma ou mais pessoas naturais se obrigam, por remuneração, a trabalhar para outra, subordinadas a esta". Orlando Gomes; Elson Gottschalk (*Curso de Direito do Trabalho.* Rio de Janeiro: Forense, 1990. p. 130), definem o contrato de "trabalho" como sendo "a convenção pela qual um ou vários empregados, mediante certa remuneração e em caráter não eventual, prestam trabalho pessoal em proveito e sob a direção do empregador". Para Evaristo de Moraes Filho, Antônio Carlos Flores de Moraes (*Introdução ao Direito do Trabalho.* 6. ed. São Paulo: LTr, 1993. p. 218), o contrato de "trabalho" pode ser definido como "o acordo pelo qual uma pessoa natural se compromete a prestar serviços não eventuais a outra pessoa natural ou jurídica, em seu proveito e sob as suas ordens, mediante salário". Segundo Antônio Ferreira Cesarino Júnior e Marly Antonieta Cardone (*Direito Social:* teoria geral do direito social, direito contratual do trabalho, direito protecionista do trabalho. 2. ed. São Paulo: LTr, 1993. p. 123), o "contrato individual de trabalho é a convenção pela qual uma ou várias pessoas físicas se obrigam, mediante remuneração, a prestar serviços não eventuais a outra pessoa, sob a direção desta". Por último, RUSSOMANO, Mozart Victor. *Contrato Individual de Trabalho.* 2. ed. Porto Alegre: Sulina, 1968. p. 97, caracteriza a relação de emprego como "o vínculo obrigacional que une, reciprocamente, o trabalhador e o empresário, subordinado o primeiro às ordens legítimas do segundo".

(1775) CATHARINO, José Martins. *Compêndio de Direito do Trabalho.* 3. ed. São Paulo: Saraiva, 1982. v. 1, p. 246.

(1776) NASCIMENTO, Amauri Mascaro. *Direito contemporâneo do trabalho.* São Paulo: LTr, 2011. p. 352-353.

(1777) NASCIMENTO, Amauri Mascaro. *Direito contemporâneo do trabalho.* São Paulo: LTr, 2011. p. 355.

(1778) Para Kant, o contrato não é apenas um mero instrumento mercantil e jurídico, mas um instrumento mediante o qual alguém põe à disposição de outro "uma porção de sua liberdade" (KANT, Immanuel. *A metafísica dos costumes.* São Paulo: Edipro, 2003. p. 118).

(1779) Conforme HATTENHAUER, Hans. *Conceptos fundamentales del derecho civil.* Barcelona: Ariel, 1987. p. 68-69.

Entende-se ser contratual a natureza da relação de emprego. A natureza jurídica privada[1780] do Direito do Trabalho (no âmbito do Direito Individual do Trabalho[1781]) já atentava para o fato da origem da disciplina, calcada, principalmente, em uma relação oriunda do Direito Civil, ainda que se conteste o entendimento de que o Direito do Trabalho nasce como um apêndice do Direito Civil, ou como especificação de um determinado contrato (locação de serviços), defendendo-se que sua principal característica e fator de diferenciação vêm dos conflitos coletivos e, por consequência, do Direito Coletivo. O contrato de locação de serviços serviu como veículo para a normatização das relações de trabalho nos primeiros momentos da Revolução Industrial. Entretanto, foi o movimento de reivindicação de trabalhadores, organizado no movimento sindical, que mudou a concepção jurídica do contrato de locação de serviços e fez surgir o que hoje se conhece por contrato de emprego[1782].

Tal transformação ocorreu em razão das mudanças das condições fáticas que a caracterizavam e que, por sua vez, trouxeram modificações no plano jurídico: no momento em que os trabalhadores começaram a reivindicar melhores condições de trabalho[1783], começaram a pressionar o Estado visando que lhes fossem asseguradas condições dignas de exercício de sua atividade laboral. Essa pressão social — fonte material

---

(1780) Para os defensores dessa teoria, que predomina no Brasil (e pela qual nos filiamos, mas de modo restrito ao Direito Individual do Trabalho), o Direito do Trabalho é ramo do direito privado porque o contrato individual de trabalho é o desenvolvimento da locação de serviços do direito civil (*locatio-conductio operarum*). E, os contratos representam instituto tradicional do direito civil, que, por sua vez, é um clássico ramo do direito privado. Além disso, os sujeitos principais da relação de trabalho são entes de Direito Privado, e somente por exceção é que o Estado participa de uma relação laboral, conforme SÜSSEKIND, Arnaldo *et al. Instituições de Direito do Trabalho.* 20. ed. São Paulo: LTr, 2002. v. 1, p. 121; As relações individuais de trabalho eram, entre nós, no começo do século passado, submetidas às regras da locação de serviços, e, a partir de 1916, reguladas pelo Código Civil, consoante lição de GOMES, Orlando; GOTTSCHALK, Élson. *Curso de Direito do Trabalho.* 18. ed. Rio de Janeiro: Forense, 2007. p. 24-25.

(1781) Sustenta-se que, no âmbito coletivo, tem natureza jurídica de Direito Público, pois aqui o Poder Legislativo delega ao Tribunal formar normas de caráter cogente (poder normativo da Justiça do Trabalho). Não se trata de um direito público tradicional, pois o órgão que emite a norma não é um órgão estatal tradicional. Em regra, as normas de caráter genérico e abstrato, com natureza cogente, emergem do Poder Legislativo ou do Poder Executivo quando este tiver uma função legislativa delegada (medidas provisórias, por exemplo). No caso do Direito Coletivo do Trabalho, a função legislativa delegada é endereçada aos entes sindicais, que têm natureza de pessoa jurídica de direito privado. Por essa razão, trata-se de uma função legislativa anômala, delegada a entes privados, mas com extensão coercitiva para pessoas distintas daquelas que participaram da pactuação, independentemente de serem sócios do sindicato, pois tais normas valem para todos os empregados e empregadores da categoria (em caso de dissídio coletivo entre sindicatos), ou para todos os empregados de uma ou mais empresas (em caso de dissídio coletivo entre uma ou mais empresas e um ou mais sindicatos de empregados), conforme COIMBRA, Rodrigo. Repensando a natureza jurídica do Direito do Trabalho no âmbito coletivo. *Revista de Processo do Trabalho e Sindicalismo,* n. 2. Porto Alegre: HS, p. 209-210, 2011. Nessa linha, Gustavo Zagrebelsky adverte que vivemos numa época marcada pela "pulverização do direito legislativo" e fala na "crise da generalização e da abstração das leis", cujas razões podem ser buscadas, sobretudo, nas características da nossa sociedade, condicionada por uma ampla diversificação de grupos e estados sociais que participam do que ele chama de "mercado de leis" (ZAGREBELSKY, Gustavo. *El derecho dúctil:* ley, derechos, justicia. 7. ed. Madrid: Trotta, 2007. p. 36-38). Nesse contexto desponta o grande diferencial do Direito Coletivo do Trabalho: produzir normas e condições de trabalho mais adequadas às peculiaridades das diversas categorias de empregados e empregadores existentes, como atenuação do problema da crise do princípio da generalidade das normas. Essa natureza, especialmente no que tange à chamada sentença normativa (que julga o dissídio coletivo), mais se aproxima da atividade legislativa (natureza pública — criação ou aplicação de direito objetivo) que da atividade negocial-contratual (natureza privada), consoante COIMBRA, Rodrigo. Repensando a natureza jurídica do Direito do Trabalho no âmbito coletivo. *Revista de Processo do Trabalho e Sindicalismo,* n. 2. Porto Alegre: HS, p. 211, 2011.

(1782) COIMBRA, Rodrigo; ARAÚJO, Francisco Rossal de. Direito do Trabalho: evolução do modelo normativo e tendências atuais na Europa. *Revista LTr,* São Paulo: LTr, ano 73, t. II, n. 8. p. 956, ago. 2009.

(1783) O dimensionamento jurídico das relações normativas entre trabalhadores e patrões, na sua forma atual, se dá pela influência das relações coletivas, que vão gerar as normas básicas de negociação coletiva e as normas individuais de redução de jornada, repousos remunerados, férias, entre outros. Não haveria princípio protetivo ou mesmo um mínimo de intervenção do Estado na regulamentação dos conflitos entre capital e trabalho se não houvesse o movimento coletivo. É possível afirmar, portanto, que as normas jurídicas que regulam as relações individuais do trabalho são uma consequência do desenvolvimento do Direito Coletivo do trabalho. Com isso, surge nos trabalhadores a noção de cidadania, que se repercute na ideia de que também os trabalhadores são titulares de direitos subjetivos, e não apenas os burgueses e proprietários, como se pensava no início da Revolução Francesa (COIMBRA, Rodrigo; ARAÚJO, Francisco Rossal de. Direito do Trabalho: evolução do modelo normativo e tendências atuais na Europa. *Revista LTr,* São Paulo: LTr, ano 73, t. II, n. 8, p. 956, ago. 2009).

do Direito — forçou o acolhimento de inovações no plano legislativo — fonte formal de Direito[(1784)]. Em lenta evolução, o antigo contrato de prestação de serviços sofreu tantas modificações e restrições que acabou evoluindo ou sendo substituído pelo contrato de emprego. Ele ainda é o contrato básico pelo qual se recruta a mão de obra no sistema capitalista contemporâneo, embora muitas restrições possam ser feitas.

Importantes autores de Direito Civil já há muitos anos falam em crise do contrato, em face das sucessivas restrições sofridas pela autonomia da vontade não só no Direito do Trabalho, mas em vários outros microssistemas normativos, como o direito das locações, o direito dos consumidores e outros. Isso não significa, todavia, que a noção de contrato não permaneça apta a explicar a forma pela qual as pessoas estabeleçam vínculos jurídicos entre si, por meio do consenso, no campo obrigacional. A distinção kelseniana entre o contrato como ato e como norma ainda permanece extremamente atual e vale ser lembrada. De um lado, o contrato é visto como celebração, e refere-se ao ato ou atos que as partes realizam. De outro, corresponde ao resultado normativo que esse ato produz, atraindo a ideia de cumprimento. No que diz respeito ao primeiro aspecto, o contrato é um ato jurídico, e o segundo corresponde a uma regra de conduta[(1785)]. O caráter normativo do contrato, ou seja, o fato de ele ser encarado como fonte de regra de conduta, é que vem sendo questionado pelo ordenamento jurídico. Na verdade, o que ocorre é que a lei, enquanto fonte de Direito, tem ocupado espaços anteriormente ocupados pelas cláusulas contratuais. Essa intervenção ocorre no sentido de coibir certos abusos e desigualdades oriundas da autonomia da vontade levada ao excesso[(1786)]. É claro que a liberdade de contratar subsiste em grande escala, agindo a lei somente com caráter limitativo em casos especiais[(1787)].

Embora o contrato de emprego tenha mudado seu aspecto no decorrer do tempo, ele continua sendo contrato. Note-se que uma das características do Direito do Trabalho é o seu caráter evolutivo e a sua constante adaptabilidade aos novos tempos. Tanto a fração correspondente às cláusulas livremente pactuadas entre as partes quanto a fração correspondente à lei estão ligadas a noções éticas que qualificam a atividade produtiva do ser humano[(1788)].

Nessas condições, o desenvolvimento do contrato, seja por cláusula contratual, seja por norma legal, deve observar os ditames da boa-fé, do princípio da dignidade humana, da liberdade de trabalhar e outros. Apesar de uma forte influência patrimonialista, sempre é bom lembrar que o Direito do Trabalho tem uma característica diferenciada do Direito Civil, jamais admitindo que o trabalho humano seja considerado mero objeto de mercadoria[(1789)].

Muitos autores têm comentado a respeito de novas formas de prestação de serviço, diferenciadas da relação de emprego tradicional. Problemas como as novas relações de produção, o deslocamento do setor produtivo para o setor de serviços, o amplo implemento tecnológico, a crescente informalidade da economia

---

(1784) Para um detalhamento das características próprias das fontes materiais e formais do Direito do Trabalho ver COIMBRA, Rodrigo; ARAÚJO, Francisco Rossal de. Equilíbrio instável das fontes formais do Direito do Trabalho. *Justiça do Trabalho,* n. 324. p. 48-75, dez. 2010.

(1785) DIEZ-PICAZO, Luiz; GULLON, Antonio. *Instituciones de Derecho Civil.* Madrid: Tecnos, 1973. v. 1, p. 301-302.

(1786) A própria ordem jurídica assume, portanto, um papel de nivelamento de desigualdades. O princípio da proteção ao trabalhador resulta das normas imperativas (de ordem pública), que caracterizam a intervenção do Estado no âmbito da autonomia da vontade. A necessidade da proteção social dos trabalhadores constitui a raiz sociológica do Direito do Trabalho e é imanente a todo o seu sistema jurídico, conforme COIMBRA, Rodrigo; ARAÚJO, Francisco Rossal de. Equilíbrio instável das fontes formais do Direito do Trabalho. *Justiça do Trabalho,* n. 324, p. 71, dez. 2010.

(1787) A autonomia contratual dos sujeitos trabalhistas "é controlada, mas não anulada", por meio de leis, visando impedir abusos do empregador e renúncias aparentes pelo empregado, conforme NASCIMENTO, Amauri Mascaro. *Direito contemporâneo do trabalho.* São Paulo: LTr, 2011. p. 366.

(1788) MONZÓN, Máximo Daniel. *La fidelidad y la buena fe en el contrato de trabajo.* Buenos Aires: Abeledo-Perrot, 1966. p. 7-8.

(1789) O essencial no princípio protetor é a verdadeira dimensão do trabalho humano, descaracterizando-o como mercadoria e emprestando-lhe conteúdo mais amplo, no sentido de compreendê-lo como elemento valioso na dignidade do ser humano, conforme COIMBRA, Rodrigo; ARAÚJO, Francisco Rossal de. Equilíbrio instável das fontes formais do Direito do Trabalho. *Justiça do Trabalho,* n. 324. p. 71, dez. 2010.

e a ineficiência do Estado em regulamentar e proteger a atividade dos trabalhadores são pertinentes[(1790)]. Entretanto, o traço característico nos países industrializados (EUA, Alemanha, França, Japão, Grã-Bretanha e outros) ainda é a autonomia da contratação baseada principalmente na noção de contrato coletivo, o qual assegura as condições mínimas a serem respeitadas pelos contratos individuais, cabendo ao Estado, apenas, a intervenção no sentido de controlar certas áreas que não se insiram nas suas metas econômicas.

Nesses países, o campo da autonomia individual restringe-se não tanto pela intervenção legal, mas pelas regras estabelecidas nos contratos coletivos de trabalho[(1791)]. Também são discutidos os espaços regulativos da autonomia individual e da autonomia coletiva, com referência expressa a maior maleabilidade dos sistemas de determinação das condições de trabalho. O problema está, segundo Antonio Baylos, não no indivíduo, nem na lógica de interesses contrapostos como a que simboliza o contrato, senão no ponto de encontro dos fins organizativos da empresa e em sua estrutura de atuação[(1792)].

Para cada modificação nas relações de produção corresponde uma modificação nas relações de trabalho. Assim ocorreu com a passagem da economia feudal para o capitalismo liberal, com a passagem do capitalismo liberal para o chamado "Estado Providência", e assim ocorre atualmente com essa nova fase do capitalismo moderno. É claro que a mudança que atualmente ocorre na esfera econômica, traduzida pelo encolhimento da produção industrial e o crescimento do setor de serviços, pela presença cada vez maior da informática nas relações de produção e pelo reaproveitamento de matérias-primas por meio de processos de reciclagem, traz mudanças nas relações de trabalho. O estudo da natureza do vínculo jurídico de emprego insere-se nesse novo desafio.

(1790) DÄUBLER, Wolfgang. Relações de trabalho no final do século XX. In: *O mundo do trabalho.* São Paulo: Página Aberta, 1994. p. 17-47.

(1791) Sobre o contrato coletivo nos países de *common law,* ver KAHN-FREUND, Otto. *Il lavoro e la legge.* Milano: Giuffè, 1974. p. 133-235. Tradução do clássico *Labor and the Law,* de 1959. O autor é considerado, se não o pai, o criador do moderno Direito do Trabalho Inglês; Sobre o direito coletivo do trabalho no Brasil e no plano internacional ver STURMER, Gilberto. *A liberdade sindical na Constituição da República Federativa do Brasil e sua relação com a Convenção n. 87 da Organização Internacional do Trabalho.* Porto Alegre: Livraria do Advogado, 2007. p. 67-145.

(1792) BAYLOS, Antônio. *Derecho del Trabajo:* modelo para armar. Madrid: Trotta, 1991. p. 77.

Capítulo 12

Contrato de Emprego: Denominação, Conceito, Classificação, Caracterização. Morfologia do Contrato. Elementos Integrantes: Essenciais e Acidentais

1. Denominação. Conceito. Características. Classificação

A Consolidação das Leis do Trabalho usa a expressão contrato de trabalho (gênero), em regra, para tratar apenas de uma de suas espécies: o contrato de emprego. Com base na doutrina de José Martins Catharino[(1793)], entende-se que a denominação mais correta é contrato de emprego, sem desconsiderar que a expressão contrato de trabalho é mais utilizada na legislação e no cotidiano das relações trabalhistas.

Não contém a Consolidação das Leis Trabalho uma definição do contrato de emprego. Na leitura do texto legal é possível que sejam encontrados os elementos constituidores da relação de emprego, principalmente no que se refere aos arts. 2º e 3º[(1794)], que trazem a definição de empregado e empregador.

Nesse ponto, há de ser referido o conceito formulado por Délio Maranhão[(1795)], para quem contrato de emprego "é o negócio jurídico pelo qual uma pessoa física (empregado) se obriga mediante o pagamento de uma contraprestação (salário), a prestar trabalho não eventual em proveito de outra pessoa, física ou jurídica (empregador), a quem fica juridicamente subordinada".

Embora o referido autor não contemple a possibilidade, em sua definição, dos contratos plúrimos, ela se refere, precisamente, à natureza do contrato, aos seus sujeitos e ao objeto da prestação. Refere que se trata de um negócio jurídico, em que empregado e empregador operam em um vínculo em que os elementos essenciais são a prestação de trabalho por pessoa física (empregado), contraprestado por salário, de natureza não eventual e mediante subordinação jurídica[(1796)].

(1793) CATHARINO, José Martins. *Compêndio de Direito do Trabalho.* 3. ed. São Paula: Saraiva, 1982. v. 1. p. 219.

(1794) O texto legal é o seguinte:
Art. 2º: "Considera-se empregador a empresa, individual ou coletiva, que, assumindo os riscos da atividade econômica, admite, assalaria e dirige a prestação pessoal de serviço".
Art. 3º: "Considera-se empregado toda a pessoa física que prestar serviços de natureza não eventual a empregador, sob a dependência deste e mediante salário".

(1795) MARANHÃO, Délio *et al. Instituições de Direito do Trabalho.* 12. ed. São Paulo: LTr, 1992. v. 1, p. 231. Note-se que o citado autor se refere a contrato de trabalho *strictu sensu*, a fim de efetuar a distinção terminológica, acentuada anteriormente.

(1796) Outras definições podem ser mencionadas a fim de efetuar uma melhor comparação: Catharino considera o contrato de emprego "como aquele pelo qual uma ou mais pessoas naturais se obrigam, por remuneração, a trabalhar para outra, subordinadas

O contrato de emprego não se confunde com a relação de emprego. O contrato é a forma jurídica, e a relação, o conteúdo material dessa forma. A relação é parte do conteúdo do contrato, pois a realidade fática proveniente da relação deve ser agregada a estipulação escrita e a lei[(1797)].

Considerando a doutrina geral do contrato, podem ser apontadas algumas das características do contrato de emprego. Trata-se de um contrato que, apesar das sérias limitações impostas pela lei, conserva a sua característica negocial, com algum espaço para a liberdade de estipulação entre as partes. A legislação trabalhista fixa limites mínimos (por exemplo o salário mínimo) e máximos (como a jornada de trabalho semanal máxima) e dentro desses limites encontra-se o espaço para liberdade de estipulação das partes. É bom lembrar que essa liberdade de estipulação é bem maior por parte do empregador, em face do elemento subordinação.

Com todas as restrições impostas pelas peculiaridades do Direito do Trabalho, o estudo do contrato de emprego traz, necessariamente, a lembrança do Direito Civil, que constitui a base de toda a teoria contratual. Como acentua José Martins Catharino[(1798)], a contribuição do Direito Civil é intensa e extensa, a começar pela previsão contida no art. 8º da Consolidação das Leis do Trabalho.

O estudo dos elementos do contrato de emprego está ligado ao problema da validade, e este, por seu turno, à declaração de vontade (vícios) e ao objeto (licitude). No Direito do Trabalho, são raros os casos de invalidade do contrato de emprego, tendo em vista que a legislação possui uma série de institutos que, aliados ao princípio da proteção e seus derivados, conduzem à presunção de validade do contrato. Nesse sentido, estão os institutos do aviso-prévio, da estabilidade e da indenização, que pressupõem a validade do contrato e, acaso fossem acolhidas sanções como a nulidade ou anulabilidade do contrato, ocorreria o beneficiamento indevido ao infrator, prejudicando-se o trabalhador[(1799)]. Há, também, uma quantidade considerável de normas a respeito do contrato de emprego que, como já exposto, tem grande faixa de limitação da autonomia da vontade, por meio da intervenção legal e também dos princípios que lhe são peculiares.

As características mais lembradas do contrato de emprego repercutem na sua classificação:

1.1. Contrato de Direito Privado

A origem do Direito do Trabalho está no Direito Privado. Os sujeitos principais da relação são entes de Direito Privado, e somente por exceção é que o Estado participa de uma relação laboral. O fato de a legislação trabalhista conter normas de ordem pública, não faz com que o Direito do Trabalho tenha a característica de Direito Público. O instrumento básico da relação de emprego tem natureza contratual, embora o contrato de emprego tenha uma série de características especiais e forte limitação da autonomia da vontade em razão da incidência de normas de ordem pública.

---

a esta" (CATHARINO, José Martins. *Compêndio de Direito do Trabalho.* 3. ed. São Paula: Saraiva, 1982. v. 1, p. 219); Orlando Gomes e Elson Gottschalk definem o contrato de "trabalho" como sendo "a convenção pela qual um ou vários empregados, mediante certa remuneração e em caráter não eventual, prestam trabalho pessoal em proveito e sob a direção do empregador" (GOMES, Orlando e GOTTSCHALK, Elson. *Curso de Direito do Trabalho.* Rio de Janeiro: Forense, 1990. p. 130); Para Evaristo de Moraes Filho, o contrato de "trabalho" pode ser definido como "o acordo pelo qual uma pessoa natural se compromete a prestar serviços não eventuais a outra pessoa natural ou jurídica, em seu proveito e sob as suas ordens, mediante salário" (MORAES FILHO, Evaristo; MORAES, Antônio Carlos Flores de. *Introdução ao Direito do Trabalho.* 6. ed. São Paulo: LTr, 1993. p. 218); Segundo Cesarino Junior, o "contrato individual de trabalho é a convenção pela qual uma ou várias pessoas físicas se obrigam, mediante remuneração, a prestar serviços não eventuais a outra pessoa, sob a direção desta" (CESARINO JÚNIOR, Antônio Ferreira; CARDONE, Marly Antonieta. *Direito Social:* teoria geral do direito social, direito contratual do trabalho, direito protecionista do trabalho. 2. ed. São Paulo: LTr, 1993. p. 123). Por último, Russomano caracteriza-o como "o vínculo obrigacional que une, reciprocamente, o trabalhador e o empresário, subordinado o primeiro às ordens legítimas do segundo" (RUSSOMANO, Mozart Victor. *Curso de Direito do Trabalho.* 4. ed. Curitiba: Juruá, 1991).

(1797) NASCIMENTO, Amauri Mascaro. *Direito contemporâneo do trabalho.* São Paulo: LTr, 2011. p. 348 e 485-6.

(1798) CATHARINO, José Martins. *Compêndio de Direito do Trabalho.* 3. ed. São Paula: Saraiva, 1982. v. 1, p. 246.

(1799) CATHARINO, José Martins. *Compêndio de Direito do Trabalho.* 3. ed. São Paula: Saraiva, 1982. v. 1, p. 247.

Conforme estudado em item próprio, entende-se ser contratual a natureza da relação de emprego. A natureza jurídica privada[1800] do Direito do Trabalho (no âmbito do Direito Individual do Trabalho[1801]) já se atentava para o fato da origem da disciplina, calcada, principalmente, em uma relação oriunda do Direito Civil, ainda que se conteste o entendimento de que o Direito do Trabalho nasce como um apêndice do Direito Civil, ou como especificação de um determinado contrato (locação de serviços), defendendo-se que sua principal característica e fator de diferenciação vêm dos conflitos coletivos e, por consequência, do Direito Coletivo. O contrato de locação de serviços serviu como veículo para a normatização das relações de trabalho nos primeiros momentos da Revolução Industrial. Entretanto, foi o movimento de reivindicação de trabalhadores, organizado no movimento sindical, que mudou a concepção jurídica do contrato de locação de serviços e fez surgir o que hoje se conhece por contrato de emprego[1802].

Retoma-se, aqui, a exposição já feita a respeito da situação do Direito do Trabalho como parte integrante do Direito Privado, por ocasião do estudo da natureza jurídica do Direito do Trabalho[1803], bem como de sua natureza contratual, por meio do estudo da natureza jurídica do vínculo de emprego[1804].

1.2. Consensual

O contrato de emprego constitui-se pelo simples consenso das partes, independentemente de forma ou qualquer prescrição especial, em regra. Dito de outro modo, basta o mero consenso entre as partes para que o contrato de emprego seja formado, independentemente da observância de formalidades especiais,

---

(1800) Para os defensores dessa teoria, que predomina no Brasil (e pela qual nos filiamos, mas de modo restrito ao Direito Individual do Trabalho), o Direito do Trabalho é ramo do direito privado porque o contrato individual de trabalho é o desenvolvimento da locação de serviços do direito civil (*locatio-conductio operarum*) os contratos representam instituto tradicional do direito civil, que, por sua vez, é um clássico ramo do direito privado. Além disso, os sujeitos principais da relação de trabalho são entes de Direito Privado, e somente por exceção é que o Estado participa de uma relação laboral, conforme SÜSSEKIND, Arnaldo *et al. Instituições de Direito do Trabalho.* 20. ed. São Paulo: LTr, 2002. v. 1, p. 121; As relações individuais de trabalho eram, entre nós, no começo do século passado, submetidas às regras da locação de serviços e, a partir de 1916, reguladas pelo Código Civil, consoante lição de GOMES, Orlando; GOTTSCHALK, Élson. *Curso de Direito do Trabalho.* 18. ed. Rio de Janeiro: Forense, 2007. p. 24-25.

(1801) Sustenta-se que, no âmbito coletivo, tem natureza jurídica de Direito Público, pois aqui o Poder Legislativo delega ao Tribunal formar normas de caráter cogente (poder normativo da Justiça do Trabalho). Não se trata de um direito público tradicional, pois o órgão que emite a norma não é um órgão estatal tradicional. Em regra, as normas de caráter genérico e abstrato, com natureza cogente, emergem do Poder Legislativo ou do Poder Executivo quando este tiver uma função legislativa delegada (medidas provisórias, por exemplo). No caso do Direito Coletivo do Trabalho, a função legislativa delegada é endereçada aos entes sindicais, que têm natureza de pessoa jurídica de direito privado. Por essa razão, trata-se de uma função legislativa anômala, delegada a entes privados, mas com extensão coercitiva para pessoas distintas daquelas que participaram da pactuação, independentemente de serem sócios do sindicato, pois tais normas valem para todos os empregados e empregadores da categoria (em caso de dissídio coletivo entre sindicatos), ou para todos os empregados de uma ou mais empresas (em caso de dissídio coletivo entre uma ou mais empresas e um ou mais sindicatos de empregados), conforme COIMBRA, Rodrigo. Repensando a natureza jurídica do Direito do Trabalho no âmbito coletivo. *Revista de Processo do Trabalho e Sindicalismo,* n. 2, Porto Alegre: HS, p. 209-210, 2011. Nessa linha, Gustavo Zagrebelsky adverte que vivemos numa época marcada pela "pulverização do direito legislativo" e fala na "crise da generalização e da abstração das leis", cujas razões podem ser buscadas, sobretudo, nas características da nossa sociedade, condicionada por uma ampla diversificação de grupos e estados sociais que participam do que ele chama de "mercado de leis" (ZAGREBELSKY, Gustavo. *El derecho dúctil:* ley, derechos, justicia. 7. ed. Madrid: Trotta, 2007. p. 36-38). Nesse contexto desponta o grande diferencial do Direito Coletivo do Trabalho: produzir normas e condições de trabalho mais adequadas às peculiaridades das diversas categorias de empregados e empregadores existentes, como atenuação do problema da crise do princípio da generalidade das normas. Essa natureza, especialmente no que tange à chamada sentença normativa (que julga o dissídio coletivo), mais se aproxima da atividade legislativa (natureza pública — criação ou aplicação de direito objetivo) que da atividade negocial-contratual (natureza privada), consoante COIMBRA, Rodrigo. Repensando a natureza jurídica do Direito do Trabalho no âmbito coletivo. *Revista de Processo do Trabalho e Sindicalismo,* n. 2, Porto Alegre: HS, p. 211, 2011.

(1802) COIMBRA, Rodrigo; ARAÚJO, Francisco Rossal de. Direito do Trabalho: evolução do modelo normativo e tendências atuais na Europa. *Revista LTr,* São Paulo: LTr, ano 73, t. II, n. 8, p. 956, ago. 2009.

(1803) Para um estudo específico e aprofundado sobre essa matéria ver COIMBRA, Rodrigo; ARAÚJO, Francisco Rossal de. A natureza jurídica do Direito do Trabalho. *Justiça do Trabalho,* Porto Alegre: HS, ano 26, n. 308, p. 76-100, ago. 2009.

(1804) Ver COIMBRA, Rodrigo; ARAÚJO, Francisco Rossal de. A natureza jurídica do vínculo de emprego: evolução, convergência e desafios da atualidade. *Revista de Direito do Trabalho,* São Paulo: Revista dos Tribunais, n. 151, p. 89-125, maio/jun. 2013.

pois, em regra geral, o contrato de emprego é desprovido de maiores formalidades para ser gerado. Nesse sentido, a declaração de vontade propulsora do contrato de emprego pode ser expressa ou tácita (que não se confunde com o silêncio e também não é a manifestação verbal). A declaração tácita, que ilustra a consensualidade e a informalidade do contrato de emprego, é resultante de certos atos materiais, atitudes e comportamentos típicos de um vínculo de emprego.

1.3. Bilateral e sinalagmático

As principais obrigações e prestações trabalhistas (trabalho e salário) são recíprocas, contrárias e equivalentes, ficando ambas as partes, simultaneamente, nas posições de credoras e devedoras, com as respectivas prestações e contraprestações. Em outras palavras, as prestações trabalhistas são recíprocas e guardam, subjetivamente, uma noção de equivalência: o empregado recebe salário porque trabalha ou fica à disposição do empregador. Se não trabalhar, não recebe salário, salvo as situações de interrupção do contrato previstas em lei. Note-se que o empregado cria, com o seu trabalho, um valor para o empregador, que em razão disso retorna uma prestação ao empregado (contraprestação — pagamento de salário)[(1805)].

A bilateralidade de um contrato diz respeito ao fato de ser positiva a obrigação para ambos os contratantes. Se uma obrigação for positiva para um contratante e negativa para o outro, como no caso do comodato, o contrato será unilateral. No contrato de emprego, uma obrigação é a causa, a razão de ser, o pressuposto das outras, verificando-se interdependência[(1806)] essencial[(1807)] entre as prestações.

Essas obrigações principais recíprocas (trabalho e salário) correspondem ao núcleo obrigacional do contrato de emprego, que é permeado pelas demais obrigações que complementam o vínculo jurídico de emprego e que, ao mesmo tempo, articula os diversos e complexos vínculos resultantes e emergentes da relação de emprego. O direito ao salário nasce do contrato individual de trabalho. A estrutura da sistematização da Consolidação das Leis do Trabalho evidencia isso ao inserir a remuneração (capítulo II) dentro do título "Do Contrato Individual de Trabalho" (título IV). Desse modo, o trabalho como objeto do contrato de emprego e obrigação principal do empregado deve ser remunerado. Ao pagar-lhe salário, o empregador cumpre com a sua obrigação principal e completa o sinalagma[(1808)]. Em sentido contrário, o descumprimento de uma das obrigações principais ocasionará a quebra do sinalagma, passível de extinção contratual por justa causa, por motivo juridicamente relevante, seja gerado pelo empregado (art. 483 da Consolidação das Leis do Trabalho), seja pelo empregador (art. 482 da Consolidação das Leis do Trabalho).

1.4. Comutativo

O contrato individual de emprego é comutativo, pois suas principais obrigações (trabalho e salário) são distintas, sucessivas, certas e determinadas para ambas as partes. O objeto do contrato de emprego implica, nas palavras de Catharino[(1809)], duas prestações distintas, sucessivas e cruzadas: trabalho, pelo empregado; salário a cargo do empregador. Esse raciocínio retrata a comutatividade, como característica típica do con-

---

(1805) DORNELES, Leandro do Amaral Dorneles de; OLIVEIRA, Cínthia Machado de. *Direito do Trabalho*. Porto Alegre: Verbo Jurídico, 2013. p. 79.

(1806) Orlando Gomes explica que a dependência pode ser genética ou funcional: genética, se existe desde a formação do contrato; funcional, se surge em sua execução o cumprimento da obrigação por uma das partes acarretando o da outra (GOMES, Orlando. *Contratos*. 24. ed. Rio de Janeiro: Forense, 2001. p. 74).

(1807) Catharino chega a dizer: "Trabalho e salário são *cara e coroa* do vínculo contratual de trabalho. São *gêmeos contratuais* que coexistem por força da relação jurídica" (CATHARINO, José Martins. *Tratado jurídico do salário*. São Paulo: LTr, 1994. p. 87).

(1808) Explicando o sinalagma, diz Olea: "A causa do trabalho e do salário é sua recíproca: a de trabalhar de remunerar e vice-versa" (OLEA, Manuel Alonso; CASAS BAAMONDE, Maria Emília. *Derecho del trabajo*. 14. ed. Madrid: Universidad de Madrid, 1995. p. 50).

(1809) CATHARINO, José Martins. *Tratado jurídico do salário*. São Paulo: LTr, 1994. p. 71.

trato de emprego. Há comutatividade porque um contratante se compromete a fazer aquilo que considera equivalente ao que o outro se obriga a prestar. O esforço pessoal do empregado é relativamente comutado pela percepção de salário(1810).

A espécie antagonista do contrato comutativo é o contrato aleatório. Nos contratos aleatórios não são fixadas claramente as obrigações de cada parte, havendo incerteza quanto às prestações, expondo os contratantes à possibilidade de ganho ou perda, como no jogo, na aposta(1811). Nos contratos comutativos, há certeza quanto às prestações. O contrato de emprego repele esta incerteza total do salário, sendo, pois, tipicamente comutativo(1812), uma vez que empregado e empregador conhecem, desde o início da contratação, as suas prestações, sobretudo as principais: o empregado sabe que deverá pôr suas energias à disposição do empregador e este, por sua vez, sabe que deverá pagar o salário ajustado.

Em latim, a palavra *alea* significa a oscilação entre a sorte e o azar, particularmente relacionada ao jogo de dados. Juridicamente, significa a probabilidade de lucro simultânea à de prejuízo. Em certo aspecto, a comutatividade pode ser relacionada com o fato de o contrato de emprego repelir riscos ao empregado, evidenciado quando a Consolidação das Leis do Trabalho dispõe em seu art. 2º ser o empregador quem assume os riscos do empreendimento econômico. Assim, a comutatividade do contrato de emprego é estabelecida pela fixação de um montante certo de contraprestação (o salário) ao final da prestação periódica e sucessiva de trabalho. O empregador fica com o lucro que, nesta abordagem, é incerto. Existe um outro modo de ver essa mesma situação: ao ficar com a parte "incerta" do contrato — o lucro —, o empregador assume o ônus do risco, mas, ao mesmo tempo, seus ganhos podem ser ilimitados, e, por consequência, em proporções muito maiores que os ganhos de seus empregados, que são limitados pelo salário. Os trabalhadores ganham em segurança com a comutatividade, mas perdem na divisão dos resultados gerados por seu próprio trabalho.

A comutatividade não pode ser confundida com a dicotomia salário fixo/salário variável. Não há dúvidas de que o salário fixo tem a característica de ser comutativo, tendo em vista que a expectativa do montante é fixada desde o princípio. Entretanto, também o salário variável (como as comissões e os prêmios) é comutativo em razão de que as bases de cálculo, os critérios e as condições de recebimento devem ser conhecidos desde o início do contrato. Nas comissões, por exemplo, não se sabe o valor final, mas a base da incidência e o percentual são conhecidos desde o princípio da contratação. Por essa razão, o salário variável também é comutativo, e não aleatório.

Por um lado, o fato de as partes não terem ajustado o valor do salário não possibilita ao empregador o inadimplemento(1813) da contraprestação, uma vez que não há ausência absoluta de comutatividade pelo simples fato de os contratantes não terem fixado o *quantum* do salário(1814). Sendo, todavia, inadimplente o empregador, tem o empregado o direito subjetivo de pleitear o adimplemento salarial perante o Poder Judiciário. Nesse sentido, dispõe o art. 460 da Consolidação das Leis do Trabalho que na falta de estipulação do salário ou não havendo prova sobre a importância ajustada, o empregado terá direito a perceber salário igual ao daquele que, na mesma empresa, fizer serviço equivalente, ou do que for habitualmente pago para serviço semelhante.

Por outro lado, a contraprestação paga por serviços, não importa, por si só, no reconhecimento de contrato de emprego. Contudo, a legislação traz uma exceção a essa regra, no caso do desportista. Em posição

(1810) CATHARINO, José Martins. *Tratado jurídico do salário.* São Paulo: LTr, 1994, p.72.

(1811) GOMES, Orlando. *Contratos.* 24. ed. Rio de Janeiro: Forense, 2001. p. 74.

(1812) Nesse sentido Catharino esclarece que: "existe *alea* quando a correspondência está integralmente sujeita ao azar" (CATHARINO, José Martins. *Tratado jurídico do salário.* São Paulo: LTr, 1994. p. 73).

(1813) O inadimplemento não é a simples ausência de cumprimento, nem a mera não realização da prestação devida, conforme MARTINS-COSTA, Judith. *Comentários ao novo Código Civil.* Rio de Janeiro: Forense, 2003. v. 5, t. 2, p. 20. Nesse sentido, também, CORDEIRO, Antônio Menezes. *Direito das obrigações.* Lisboa: Associação Acadêmica da Faculdade de Direito de Lisboa, 1980. v. 1, p. 436.

(1814) CATHARINO, José Martins. *Tratado jurídico do salário.* São Paulo: LTr, 1994. p. 74.

extremada, a Lei n. 9.615/98 faz converter-se o vínculo desportivo puro em contrato de emprego, desde que se tenha ajustado uma remuneração (art. 29) e se tenha elaborado um contrato formal[(1815)].

Outra situação em que se verifica a relativização da comutatividade aparece nas hipóteses de interrupção ou suspensão parcial do contrato de emprego, como no caso do repouso semanal remunerado (art. 67 da Consolidação das Leis do Trabalho c/c a Lei n. 605/49), feriados oficiais e religiosos (art. 70 da Consolidação das Leis do Trabalho c/c a Lei n. 605/49), férias (arts. 129 e seguintes da Consolidação das Leis do Trabalho), entre outras. Nessas hipóteses, não há trabalho, mas é devido o pagamento de salário, portanto, a equivalência nas prestações não se dá de forma absoluta.

A relevância do atributo comutatividade e sua relação imanente com a onerosidade aparecem nas situações em que o contrato de emprego possui vícios passíveis de ensejar sua nulidade. Trata-se da tormentosa questão envolvendo a preservação, ou não, dos efeitos do ato nulo em relações de trabalho de incapazes e menores de 16 anos, salvo na condição de aprendiz a partir dos 14 anos, cujo trabalho é proibido, matéria que será tratada a seguir.

1.5. Oneroso

Ambas as partes do contrato de emprego suportam esforços econômicos, ou, como diz Martins Catharino[(1816)], há uma "estimativa paritária de reciprocidade proporcional".

A espécie antagonista do contrato oneroso, por sua vez, é o contrato gratuito. Contrato gratuito é o negócio jurídico em que só uma das partes obtém um proveito, como no comodato e no mútuo[(1817)].

A onerosidade do contrato de emprego é a regra[(1818)]; a gratuidade, a exceção. Com isso, a onerosidade é presumida, e a eventual gratuidade deverá ser cabalmente provada. Conforme Catharino[(1819)], "via de regra, não existe gratuidade propriamente dita, e sim onerosidade difusa, indireta, mediata ou escondida, o que não exclui, como exceção, em certos casos a existência de gratuidade".

De acordo com Dorneles e Oliveira[(1820)], as prestações principais do contrato de emprego são aquilatáveis economicamente: "o empregado produz $X e recebe o equivalente (subjetivo e relativizado) a $X como contraprestação". Segundo os autores, este "fluxo patrimonial" de um sujeito da relação de emprego para outro e vice-versa revela o caráter oneroso do contrato de emprego.

Essa característica está ligada a um dos elementos caracterizadores da relação de emprego, que é a onerosidade. Para que seja afastada a relação de emprego em casos em que não há o pagamento de salário,

(1815) Vários são os contratos de atividades classificados como onerosos e sinalagmáticos, em que uma parte se obriga a remunerar a outra e que não se assimilam ao de trabalho, tais como: o de empreitada de lavor, o de locação de serviços, o de comissão mercantil, o de corretagem, o de representação comercial etc., conforme VILHENA, Paulo Emílio Ribeiro de. *Relação de Emprego:* estrutura legal e supostos. 2. ed. São Paulo: LTr, 1999. p. 678.

(1816) CATHARINO, José Martins. *Compêndio de Direito do Trabalho.* 3. ed. São Paula: Saraiva, 1982. v. 1, p. 221.

(1817) Cf. GOMES, Orlando. *Contratos.* 24. ed. Rio de Janeiro: Forense, 2001. p. 73.

(1818) Segundo Orlando Gomes, todo contrato bilateral é oneroso, "por isso que suscitando prestações correlatas a relação entre a vantagem e sacrifício decorre da própria estrutura do negócio jurídico", mas deixa claro que "onerosidade não é sinônimo de bilateralidade", fundamentando: "O que torna um contrato bilateral é a sua eficácia geradora de obrigações para ambas as partes do negócio jurídico. Já a onerosidade leva em conta o eventual preço (sacrifício) que a parte deve suportar para usufruir da vantagem proporcionada pelo contrato, seja ele bilateral ou unilateral. Assim, um contrato unilateral pode ser oneroso, se, como no caso do empréstimo, o mutuário tem que pagar juros ao mutuante para se beneficiar da soma que este lhe concedeu" (GOMES, Orlando. *Contratos.* 24. ed. Rio de Janeiro: Forense, 2001. p. 74).

(1819) CATHARINO, José Martins. *Tratado jurídico do salário.* São Paulo: LTr, 1994. p. 77. Também defende que não se presume a prestação de trabalho gratuito ou a título de benemerência VILHENA, Paulo Emílio Ribeiro de. *Relação de Emprego:* estrutura legal e supostos. 2. ed. São Paulo: LTr, 1999. p. 674.

(1820) DORNELES, Leandro do Amaral Dorneles de; OLIVEIRA, Cínthia Machado de. *Direito do Trabalho.* Porto Alegre: Verbo Jurídico, 2013. p. 79.

é necessário que a prestação do trabalhador esteja fundada num vínculo de natureza diversa[(1821)], seja em voto religioso[(1822)], seja por benemerência[(1823)] ou marcado por solidariedade, como nos mutirões[(1824)] ou no trabalho voluntário[(1825)].

1.6. *Intuitu personae* em relação à pessoa do empregado

A obrigação de trabalhar é personalíssima[(1826)], ou seja, só pode ser cumprida pela pessoa contratada. Essa característica do contrato de emprego chama-se *intuitu personae*, em contraposição aos contratos nos quais é indiferente a pessoa com quem se contrata (contratos impessoais). Essa característica está ligada a um dos elementos caracterizadores da relação de emprego, que é a pessoalidade.

Nos contratos *intuitu personae* ou pessoais, há invariavelmente uma relação de causalidade, uma vez que o consentimento para a formação do contrato só é dado em face das qualidades pessoais do outro contratante[(1827)]. Geralmente, originam uma obrigação de fazer, cujo objeto é um serviço infungível, não podendo ser realizado por outra pessoa, seja porque somente aquela pessoa seja capaz para prestá-lo, seja porque a outra parte quer que seja executado apenas por tal pessoa[(1828)]. A consideração da pessoa é tão importante nesse tipo de contrato que é causa de anulabilidade do mesmo o erro substancial sobre a pessoa, quando esta não possuir as qualidades essenciais que levaram o outro contratante a manifestar sua

(1821) VILHENA, Paulo Emílio Ribeiro de. *Relação de Emprego:* estrutura legal e supostos. 2. ed. São Paulo: LTr, 1999. p. 681.

(1822) Catharino prefere a denominação trabalho altruístico, referindo-se àquele labor que não visa auferir vantagem econômica pelo trabalho prestado, como acontece com religiões e seitas, em que a finalidade do trabalho é espiritual (CATHARINO, José Martins. *Tratado jurídico do salário.* São Paulo: LTr, 1994. p. 76).

(1823) BRASIL. Tribunal Regional do Trabalho da 3ª Região, 2ª Turma. Ementa: RELAÇÃO DE EMPREGO. ÔNUS DE PROVA. TRABALHO PRESTADO SEM OBRIGATORIEDADE. AUSÊNCIA DE ONEROSIDADE. A prova do vínculo empregatício, de seus supostos e elementos configuradores, sempre da parte que a alega (art. 818 da Consolidação das Leis do Trabalho e art. 333, I, do CPC). *Affirmatio incumbit probatio.* Disposição esta básica e primordial do Direito que, mesmo em se tratando de alegação de relação de emprego, com o reconhecimento pelo réu da existência da prestação de serviço, não pode ser invertida. O contrato de emprego relação jurídica de legitimidade idêntica a de outros tipos de relações previstas no ordenamento jurídico que igualmente supõem a existência da prestação laboral, e, assim sendo, não há motivo algum para que haja privilégio em sua presunção, tampouco sobre formas de manifestação da solidariedade humana. Não havendo prova de que os préstimos proporcionados à Reclamante traduziam efetivo assalariamento e não manifestação de benemerência do Reclamado, e nem de elemento outro que ateste, com segurança, a existência do trabalho de tipo subordinado, impossível reconhecer a existência de relação de emprego. Recurso Ordinário n. 21505/99. Relator(a): Antônio Fernando Guimarães. 31 de maio de 2000. Disponível em: <http://www.trt3.gov.br>. Acesso em: 6 jun. 2004.

(1824) BRASIL. Tribunal Regional do Trabalho da 3ª Região, 2ª Turma. Ementa: RELAÇÃO DE EMPREGO — TRABALHO EM REGIME DE MUTIRÃO. O trabalho prestado em regime de mutirão, mediante esforço conjunto e remuneração da própria comunidade, não caracteriza a relação jurídica de natureza empregatícia. Recomendável e louvável a busca de soluções pela própria comunidade, não podendo o Judiciário ignorar este costume, ainda mais que o critério de interpretação insculpido no art. 8º da CLT assevera que nenhum interesse particular deve prevalecer sobre o interesse público Recurso Ordinário n. 22902/92. Relator(a): Sebastião Geraldo de Oliveira. 6 de agosto de 1993. Disponível em: <http://www.trt3.gov.br>. Acesso em: 6 jun. 2004.

(1825) Regulado pela Lei n. 9.608/98; BRASIL. Tribunal Superior do Trabalho. SBDI-1. Ementa: EMBARGOS — VÍNCULO EMPREGATÍCIO — TRABALHO VOLUNTÁRIO — 1. A onerosidade, como elemento do vínculo empregatício, desdobra-se em duas dimensões: a objetiva, dirigida à existência da contraprestação econômica, própria do caráter sinalagmático do contrato de trabalho, e a subjetiva, relativa à expectativa do trabalhador em ser retribuído pelos serviços prestados. 2. Na espécie, restou consignado no acórdão regional que o Reclamante, durante 22 (vinte e dois) anos, prestou serviços à Reclamada como assistente de educação física, em regra, nos fins de semana, sem jamais receber contraprestação pecuniária direta por isso características próprias do trabalho voluntário. É inviável, pois, concluir pela existência de onerosidade e, via de consequência, pela ocorrência de contrato de trabalho. Embargos conhecidos e providos. Relatora: Ministra Maria Cristina Irigoyen Peduzzi. 5 de agosto de 2005. Disponível em: <http://www.tst.gov.br>. Acesso em: 26 dez. 2010.

(1826) Destaca Olea que a prestação é personalíssima em relação ao trabalhador em face da íntima conexão entre o objeto do contrato de trabalho (trabalho) e o sujeito que o presta (trabalhador), cf. OLEA, Manuel Alonso; CASAS BAAMONDE, Maria Emília. *Derecho del trabajo.* 14. ed. Madrid: Universidad de Madrid, 1995. p. 50.

(1827) MORAES FILHO, Evaristo de. *Trabalho a domicílio e contrato de trabalho.* São Paulo: LTr, 1994. p. 234; Nesse sentido também: GOMES, Orlando. *Contratos.* Rio de Janeiro: Forense, 2001. p. 82.

(1828) GOMES, Orlando. *Contratos.* Rio de Janeiro: Forense, 2001. p. 82.

vontade[1829]. O *intuitu personae* só se dá em relação ao empregado, em regra. Para o empregado, em geral, são irrelevantes as qualificações pessoais de quem dirige a empresa, importando tão somente a obtenção do emprego, ou melhor, a sua vinculação à atividade econômica do organismo empresarial[1830]. A exceção acerca da irrelevância da pessoalidade em relação ao empregador se dá quando ele é pessoa física. Nesse caso, o consentimento do empregado na formação do contrato de emprego leva em conta, em algumas ocasiões, as qualidades pessoais, morais e econômicas do empregador, tanto que com a morte do empregador constituído em empresa individual é facultado ao empregado rescindir o contrato de emprego (art. 483, § 2º, da Consolidação das Leis do Trabalho)[1831].

1.7. Trato sucessivo ou execução continuada

O contrato de emprego insere-se na classificação denominada de trato sucessivo ou de execução continuada, uma vez que embora as obrigações principais (trabalho e salário) sejam normalmente fixadas no instante da contratação do trabalhador, a sua execução se prolonga no tempo, com o renascimento periódico das prestações e de maneira indefinida (contrato por prazo indeterminado), que é a regra, ou com término fixado pelas partes (contrato por prazo determinado).

Essa característica está ligada a um dos elementos caracterizadores da relação de emprego, que é a não eventualidade, e ao mesmo tempo a um dos princípios específicos do Direito do Trabalho, que é o princípio da continuidade.

A espécie antagonista do contrato de trato sucessivo ou de execução continuada é o contrato instantâneo. Contratos instantâneos são aqueles em que as prestações não perduram no tempo, sendo executadas em uma só operação. O exemplo típico é a compra e venda à vista. Já os contratos de duração são aqueles cujas prestações não se exaurem num único momento, mas perduram no tempo, podendo ter prazo de duração determinado (ex. compra e venda a prazo e empreitada com prestações diferidas) ou indeterminado, conforme a vontade das partes (ex. contrato de emprego, contrato de conta-corrente, seguro, locações), entre outros)[1832].

(1829) Conforme arts. 138 e 139 do Código Civil de 2002. Nesse sentido MORAES FILHO, Evaristo de. *Trabalho a domicílio e contrato de trabalho*. São Paulo: LTr, 1994. p. 234; GOMES, Orlando. *Contratos*. Rio de Janeiro: Forense, 2001. p. 82; A jurisprudência também tem se manifestado nesse sentido. Veja-se a título de exemplo: BRASIL. Tribunal Regional do Trabalho da 3ª Região, 4ª Turma. *RO-4715/87*. Ementa: FUNDAÇÃO — NATUREZA JURÍDICA — Fundação instituída pelo Estado e pessoa jurídica de direito privado do gênero paraestatal ou para administrativo, fenômeno de descentralização por cooperação ou, por outras palavras, ente de cooperação, cooperadora da Administração Pública, e não pessoa administrativa ou pessoa jurídica de Direito Público. RELAÇÃO DE EMPREGO — NATUREZA JURÍDICA — Os trabalhadores de fundação instituída pelo Poder Público não são funcionários nem servidores públicos; são, sim, empregados cujo contrato de trabalho inteiramente regido pela legislação obreira. NULIDADE RELATIVA DE ATO JURÍDICO — A nulidade relativa só se verifica, se alegada por pessoa diretamente interessada, não podendo ser decretada de ofício, não tem efeito antes de julgada por sentença e aproveita exclusivamente a quem a alega. ERRO SUBSTANCIAL QUANTO A PESSOA — ERRO DE FATO — *Não há erro substancial se a declaração de vontade não disser respeito a qualidades essenciais da pessoa. O erro na indicação da pessoa, a que se referir a declaração de vontade, há de ser real, e não vicia o ato jurídico, quando, pelo contexto deste e pelas circunstâncias, possível identificar a pessoa cogitada (Código Civil, arts. 88 e 91)*. Grifou-se. Relator: Nilo Álvaro Soares. 30 de abril de 1988. Disponível em: <http://www.mg.trt.gov.br>. Acesso em: 14 maio 2004.

(1830) Sobre a argumentação de que o contrato de trabalho, uma vez celebrado, se insere diretamente na empresa, ou mais precisamente no estabelecimento, ver mais na tese de MORAES FILHO, Evaristo de. *Do contrato de trabalho como elemento da empresa*. São Paulo: LTr, 1993.

(1831) Plá Rodriguez aponta, ainda, como situação rara o exemplo "do secretário de um político ou de ajudante de um profissional liberal, nos quais existe, no espírito do trabalhador, uma razão diretamente vinculada à pessoa do empregador celebrar o contrato". Cfe. PLÁ RODRIGUEZ, Américo. *Princípios de Direito do Trabalho*. 3. ed. São Paulo: LTr, 2000. p. 297.

(1832) GOMES, Orlando. *Contratos*. 24. ed. Rio de Janeiro: Forense, 2001. p. 80.

Tanto os contratos de duração como os instantâneos podem ser distinguidos em subespécies, que carecem, contudo, de importância prática. Visando fixar a questão da terminologia, Orlando Gomes[(1833)], embora prefira a expressão contrato de duração, diz que se pode usar indiferentemente as expressões: contratos sucessivos, contratos de execução continuada e periódica, contratos de prestações repetidas.

Os contratos de execução continuada ou de trato sucessivo trazem a noção de continuidade, uma vez que a execução das prestações se sucedem de acordo com a vontade das partes. Partindo da ideia de que nestes contratos o débito não é satisfeito numa única operação, mas se prolonga no tempo, Otto von Gierke consagrou a denominação contrato de débito permanente[(1834)]. Vale lembrar que é sucessiva ou continuada tão somente a execução das prestações, pois a formação das obrigações principais ocorre num único momento, não se confundindo, portanto, com sucessão de contratos distintos[(1835)].

Todavia, essa continuidade das prestações do contrato de emprego não é absoluta, uma vez que há situações em que não há prestação de trabalho, podendo ou não haver pagamento de salários, conforme se trate de suspensão parcial ou total do contrato de emprego. O que importa nesses casos de suspensão é que, embora uma ou ambas as prestações estejam suspensas, o contrato de emprego não se extingue, retomando seu andamento normal após o período de suspensão. Essas situações, por um lado, retiram o caráter absoluto da continuidade do vínculo, do ponto de vista físico, porque não é possível que o ser humano trabalhe ininterruptamente, sem descanso, ou mesmo que não sofra doenças ou outros eventos que lhe impossibilitem trabalhar por determinado período[(1836)]. Por outro lado, fortalece a tese de que o Direito do Trabalho é regido pelo princípio da continuidade da relação de emprego[(1837)], pois o contrato de emprego segue em vigor mesmo nas hipóteses de suspensão parcial ou total.

Também como hipótese legal tipicamente orientada pelo princípio da continuidade tem-se a chamada sucessão de empregadores, que ocorre mediante alteração na estrutura jurídica ou na propriedade da empresa. Está prevista na Consolidação das Leis do Trabalho, nos arts. 10 e 448, que faz expressa ressalva de que os direitos adquiridos dos empregados e do próprio contrato de emprego não poderão ser afetados por esta operação empresarial, ou seja: os contratos de trabalho dos empregados continuam em vigor, normalmente[(1838)].

Igualmente inspirado pelo princípio da continuidade da relação de emprego, o contrato de emprego tem como regra a indeterminação de prazo, podendo também ser fixado por prazo determinado, em circunstâncias excepcionais e expressamente previstas em lei (art. 443 e parágrafos da Consolidação das Leis do Trabalho). Nesse sentido, não havendo estipulação expressa quanto ao prazo, ou extrapolado o prazo fixado para o término das prestações, incide a regra de indeterminação do contrato de emprego, para todos os efeitos legais[(1839)].

(1833) Tratando dos contratos instantâneos ou de execução única, Orlando Gomes esclarece que, embora única, a execução pode ocorrer imediatamente após a sua conclusão (contratos de execução imediata), ou ser protraída para outro momento (contratos de execução diferida). O fato de o contrato de execução diferida depender do futuro não o confunde com o contrato de duração, porque o primeiro se executa numa única operação, mesmo que futura, e no segundo, as prestações se repetem continuamente. Já os contratos de duração subdividem-se em contratos de execução periódica e contratos de execução continuada. Os de execução periódica são os chamados contratos de trato sucessivo, expressão esta que, segundo o autor, é empregada incorretamente para designar "todos os contratos de duração, que se executam mediante prestações periodicamente repetidas". Os de execução continuada são aqueles contratos em que a prestação é única, embora ininterrupta, como no caso da locação (GOMES, Orlando. *Contratos.* 24. ed. Rio de Janeiro: Forense, 2001. p. 79-81).

(1834) Conforme GOMES, Orlando. *Contratos.* 24. ed. Rio de Janeiro: Forense, 2001. p. 81.

(1835) MORAES FILHO, Evaristo de. *Trabalho a domicílio e contrato de trabalho.* São Paulo: LTr, 1994. p. 222-223.

(1836) Sobre interrupção e suspensão do contrato de trabalho ver LAMARCA, Antônio. *Contrato de trabalho.* São Paulo: Revista dos Tribunais, 1969. p. 1-135; CAMINO, Carmem. *Direito individual do trabalho.* 4. ed. Porto Alegre: Síntese, 2003. p. 426-432.

(1837) Sobre o princípio da continuidade ver PLÁ RODRIGUEZ, Américo. *Princípios de Direito do Trabalho.* 3. ed. São Paulo: LTr, 2000. p. 239-338.

(1838) VILHENA, Paulo Emílio Ribeiro de. *Relação de Emprego:* estrutura legal e supostos. 2. ed. São Paulo: LTr, 1999. p. 318-319.

(1839) MORAES FILHO, Evaristo de. *Trabalho a domicílio e contrato de trabalho.* São Paulo: LTr, 1994. p. 231-232.

2. *Elementos integrantes do contrato de emprego*

A noção de contrato historicamente está ligada à união de vontades das partes, notadamente nos contratos meramente consensuais e desprovidos de maiores formalidades, como no caso do contrato de emprego em que basta uma proposta e uma aceitação para que ele passe a existir (plano da existência), surgindo um vínculo jurídico (direitos e deveres) entre as partes. A esse vínculo devem ser agregados alguns elementos obrigatórios e essenciais que, uma vez observados, conferem validade ao contrato (plano da validade). Existente e válido o contrato, deve-se analisar se ele, de imediato, gera seus efeitos jurídicos (plano da eficácia) ou se há algum elemento acidental (facultativo ou secundário) que obstrua a imediata produção de seus efeitos jurídicos[1840].

Nesse contexto, dos elementos que integram o contrato de emprego alguns são essenciais e outros são acidentais (facultativos ou secundários).

Os elementos essenciais são aqueles obrigatórios e indispensáveis para a formação válida do contrato de emprego. Dizem respeito à validade do ato jurídico. A não observação desses elementos pode gerar a declaração judicial da invalidade (nulidade) do contrato de emprego nos casos concretos.

O contrato de emprego, como os negócios jurídicos em geral, para a sua validade, requer os seguintes elementos essenciais: agente capaz (capacidade das partes); objeto lícito, possível, determinado ou determinável; forma prescrita ou não defesa em lei (art. 104 do Código Civil de 2002). Além disso, a vontade precisa ser manifestada e desprovida de vícios para que integre a substância do negócio jurídico.

Nem todos os autores, porém, enumeram os elementos supracitados. Clóvis Beviláqua[1841] fala em requisitos de validade dos atos jurídicos, enumerando-os: capacidade do agente, objeto lícito e forma prescrita ou não proibida por lei. Para Emilio Betti[1842], os elementos do negócio jurídico são a forma e o conteúdo. No âmbito específico do Direito do Trabalho, Manuel Alonso García[1843] aponta o consentimento dos contratantes, o objeto certo e a causa como elementos do contrato de emprego. Em outra linha de raciocínio, Francesco Santoro-Passarelli[1844] entende como requisitos subjetivos a capacidade e o poder de agir; como requisitos objetivos, a possibilidade, permissão e determinação do objeto; e como elemento constitutivo, a vontade. Orlando Gomes[1845] subdivide os elementos em pressupostos (capacidade das partes e idoneidade do objeto) e requisitos (consenso e causa). Antônio Lamarca[1846] acrescenta ainda o elemento subordinação.

Pela pequena mostra anterior, é grande a diversidade de visões a respeito do tema. Opta-se, por uma questão metodológica, pela enumeração dos elementos do contrato de emprego, como: capacidade das partes, manifestação de vontade sem vícios, lícito, possível, determinado ou determinável; forma prescrita ou não defesa em lei.

Note-se que os elementos da relação de emprego são outros, e já foram estudados: pessoalidade, não eventualidade, contraprestação mediante salário e subordinação.

Os elementos do contrato funcionam como barreiras para a sua validade. O ordenamento jurídico não alcança a todos os indivíduos a possibilidade de contrair obrigações. Somente aqueles que preenchem as condições pertinentes à idade podem participar de negócios jurídicos. A primeira barreira, portanto, é a

(1840) DORNELES, Leandro do Amaral Dorneles de; OLIVEIRA, Cínthia Machado de. *Direito do Trabalho*. Porto Alegre: Verbo Jurídico, 2013. p. 77.

(1841) BEVILÁQUA, Clóvis. *Teoria geral do direito civil*. 2. ed. Rio de Janeiro: Francisco Alves, 1976. p. 215. O autor refere-se à terminologia acolhida pelo Código Civil de 1916, em seu art. 82.

(1842) BETTI, Emilio. *Teoria generale del negozio giuridico*. 2. ed. Torino: Unione Tipografico-Editrice Torinese, 1960. p. 125.

(1843) GARCÍA, Manuel Alonso. *Curso de derecho del trabajo*. 5. ed. Barcelona: Ariel, 1975. p. 385.

(1844) SANTORO-PASSARELLI, Francesco. *Noções de direito do trabalho*. São Paulo: Revista dos Tribunais, 1973. p. 92-100.

(1845) GOMES, Orlando e GOTTSCHALK, Elson. *Curso de Direito do Trabalho*. Rio de Janeiro: Forense, 1990. p. 175.

(1846) LAMARCA, Antônio. *Contrato individual de trabalho*. São Paulo: Revista dos Tribunais, 1969. p. 103.

capacidade, já que, por exemplo, o indivíduo totalmente incapaz não pode celebrar o contrato[1847]. Além de as partes serem capazes, suas vontades em pactuar o contrato de emprego devem estar desprovidas de vício. E mesmo havendo manifestação de vontade por agente capaz, existe a exigência de que o objeto sobre o qual incide a manifestação de vontade seja lícito, possível, determinado e determinável. Por último, o contrato de emprego deve observar as eventuais formalidades exigidas para sua pactuação (embora a regra seja não haver muitas formalidades para sua constituição, com exceções), bem como não pode estipular questões proibidas por lei.

Somente vencidas todas essas etapas é que o contrato estará apto a produzir efeitos. A seguir, serão abordados os elementos essenciais do contrato de emprego referidos e, posteriormente, os elementos acidentais termo e condição. O modo, outro elemento acidental, não é relevante ao contrato de emprego, porquanto ligado a atos unilaterais e, com isso, não será estudado.

2.1. Elementos essenciais

2.1.1. Capacidade das partes

A condição pessoal das partes contratantes e, com ela, sua capacidade jurídica estão postas previamente no ordenamento jurídico. Somente as pessoas que dispõem de inteligência e compreensão de que são donas de si podem fazer parte de relações jurídicas. Dessa forma, o ordenamento jurídico estabelece diferenças graduais e transições, determinando quais os limites em que se considera existente a capacidade intelectual necessária para celebrar negócios jurídicos e para os atos que criam responsabilidade[1848].

A idade é o parâmetro fundamental da capacidade, pois, segundo ela, presume-se o amadurecimento do indivíduo no sentido de que, com o passar do tempo, o ser humano vai acumulando experiência necessária para estar apto a manifestar sua vontade conscientemente. Outros fatores contemplados em nosso Código Civil são a enfermidade ou deficiência mental, a embriaguez habitual, o vício em tóxicos, o discernimento reduzido por deficiência mental, os excepcionais, sem desenvolvimento mental completo e a prodigalidade (arts. 3º e 4º).

É claro que se pode dizer que a infinidade de seres humanos mostraria estar alguns amadurecidos mais precocemente que outros, e que em determinada idade alguns têm consciência mais apurada do mundo e das relações sociais (entre elas, as relações jurídicas) do que outros. Entretanto, o Direito trabalha com normas gerais e abstratas e, por razoabilidade, estabelece uma idade padrão, segundo a qual presume ter acontecido o mencionado amadurecimento. Os parâmetros variam conforme o ordenamento jurídico analisado, dependendo das condições econômicas, sociais e culturais em que estão inseridas as normas jurídicas relativas à capacidade.

A capacidade é a aptidão de alguém para exercer por si os atos da vida civil[1849]. Pode ser compreendida como capacidade de gozo e capacidade de exercício. Não se inclui, no objeto desse estudo, a capacidade delitiva.

Capacidade de gozo é a suscetibilidade de ser titular de direitos e obrigações. Capacidade de exercício é a idoneidade para atuar juridicamente, exercendo ou adquirindo direitos, cumprindo ou assumindo obrigações, por atividade própria ou por intermédio de um representante[1850]. A capacidade, portanto, ca-

---

(1847) Esta afirmação deve ser vista com algumas reservas, principalmente no que tange ao problema do enriquecimento sem causa do empregador, que utiliza o trabalho de menores de 14 anos, fora da condição de aprendiz. A questão será abordada especificamente no que tange à capacidade.

(1848) LARENZ, Karl. *Derecho civil*. Madrid: Revista de Derecho Privado, 1978. p. 105.

(1849) BEVILÁQUA, Clóvis. *Teoria geral do direito civil*. 2. ed. Rio de Janeiro: Francisco Alves, 1976. p. 72.

(1850) PINTO, Carlos Alberto da Mota. *Teoria geral do direito civil*. 3. ed. Coimbra: Coimbra, 1994. p. 193.

racteriza-se por ser uma aptidão para o exercício de direitos. Na capacidade de gozo, há uma relação com o mundo dos fatos e na capacidade de exercício, há uma ligação com o mundo jurídico.

A legitimação é diferente da capacidade. Refere-se ao conteúdo do ato, sendo um requisito a mais. A legitimação é uma exigência imposta a certas pessoas capazes, de preenchimento de especiais habilitações subjetivas ou objetivas, para a celebração de determinados atos[1851].

A legitimação ora age em sentido positivo, ora em sentido negativo[1852]. Em sentido positivo, quando não veda a prática do ato gerador, mas impõe a observância de requisitos especiais e pessoais que excedam os que genericamente caracterizam a capacidade. Por óbvio, a falta desses requisitos leva à falta de legitimação dos agentes. Pode ser dado como exemplo de legitimação positiva a atuação do preposto do empregador perante a Justiça do Trabalho (art. 843, § 1º, Consolidação das Leis do Trabalho)[1853]. A legitimação em sentido negativo ocorre quando a lei, por disposição cogente, declara a inabilitação de certas pessoas para a prática de certos atos devido a alguma situação irremovível em que elas se acham ou exige, para a prática, certa qualificação legal. Nesse segundo caso, o exemplo pode ser o exercício de profissões regulamentadas.

Subdivide-se a capacidade em absoluta ou relativa. Terá capacidade absoluta o agente que puder manifestar sua vontade sozinho. Na capacidade relativa, o agente deve manifestar a sua vontade assistido ou autorizado. No contrato de emprego, a capacidade absoluta para ser empregado ocorre aos 18 anos. A capacidade relativa entre os 14 e os 18 anos. O art. 7º, XXXIII, da Constituição Federal de 1988 revogou a norma anterior da Consolidação das Leis do Trabalho, que fixava a capacidade relativa entre 12 e 18 anos. Ao menor a partir de 14 anos é facultado trabalhar na condição de aprendiz. A regra de capacidade para celebração do contrato de emprego atualmente coincide com o Código Civil de 2002, que estabelece a capacidade plena aos 18 anos, e a relativa, entre 16 e 18 anos (arts. 3º e 4º).

Discute-se sobre a necessidade de autorização para que um menor com idade entre 14 e 18 anos realize um contrato de emprego. O antigo art. 16 da Consolidação das Leis do Trabalho mencionava expressamente a necessidade de autorização na Carteira de Trabalho e Previdência Social (CTPS) do empregado relativamente incapaz. Essa norma, contudo, foi revogada com o advento da Lei n. 7.855/89. Para Amauri Mascaro Nascimento[1854], presume-se a existência da autorização no momento em que o responsável pelo menor autoriza que este retire a sua Carteira de Trabalho e Previdência Social.

Se o trabalho acarretar prejuízo de ordem física e moral ao menor, é facultado ao seu responsável pedir a extinção do Contrato (Consolidação das Leis do Trabalho, art. 408). O pedido de extinção do contrato é matéria de natureza trabalhista, sendo competente a Justiça do Trabalho para analisá-lo. Nessa parte, a lei utiliza conceito jurídico indeterminado. O trabalho prejudicial à moralidade do menor está descrito no § 3º do art. 405 da Consolidação das Leis do Trabalho[1855]. Outras restrições encontram-se nos arts. 404 a 410 da Consolidação das Leis do Trabalho.

Não há nenhuma restrição ao estado civil, no que tange à capacidade para a celebração do contrato de emprego. A antiga regra do art. 446 da Consolidação das Leis do Trabalho foi revogada, já um pouco

(1851) RÁO, Vicente. *Ato jurídico*. 3. ed. São Paulo: Revista dos Tribunais, 1994. p. 100.

(1852) RÁO, Vicente. *Ato jurídico*. 3. ed. São Paulo: Revista dos Tribunais, 1994. p. 101.

(1853) O texto legal é o seguinte: CLT, art. 843, § 1º "É facultado ao empregador fazer-se substituir pelo gerente, ou qualquer outro preposto que tenha conhecimento do fato, e cujas declarações obrigarão o proponente".

(1854) NASCIMENTO, Amauri Mascaro. *Curso de Direito do Trabalho*. 9. ed. São Paulo: Saraiva, 1991. p. 316-317.

(1855) O texto legal é o seguinte: "Art. 405. (...) § 3º Considera-se prejudicial à moralidade do menor o trabalho:

a) prestado, de qualquer modo, em teatros de revista, cinemas, boates, cassinos, cabarés, *dancings* e estabelecimentos congêneres;

b) empresas circenses, em função de acrobata, saltimbanco, ginasta e outras semelhantes;

c) de produção, composição entrega ou venda de escritos, impressos, cartazes, desenhos, gravuras, pinturas, emblemas, imagens e quaisquer outros objetos que possam, a juízo da autoridade competente, prejudicar a sua formação moral;

d) consistente na venda, a varejo, de bebidas alcoólicas".

tarde, pela Lei n. 7.855/89[1856]. A lei, considerando a diversidade biológica entre os sexos, protege o trabalho feminino (arts. 372 e seguintes da Consolidação das Leis do Trabalho).

Para o empregador, aplica-se a norma do Código Civil. O menor de 16 anos não poderá ser empregador, já que é absolutamente incapaz. A incapacidade relativa cessa com o estabelecimento civil ou comercial, com economia própria ou pela colação de grau científico em curso de ensino superior. Uma especial atenção merece o caso do empregador falido, que não pode ter empregados que, na hipótese de continuação da atividade econômica, passem a ter vínculo jurídico com a massa falida.

2.1.2. *Manifestação de vontade desprovida de vícios*

A vontade é o elemento propulsor dos negócios jurídicos. A vontade não constitui, por si só, o negócio jurídico, mas precisa de uma norma jurídica que a transforme, juntamente com os demais elementos por ela previstos como necessários, em fato jurídico[1857].

Não basta que se caracterize no plano potencial. Por manifestação de vontade entende-se a exteriorização desta. A conduta externa tem de ser tal que se permita inferir dela uma determinada vontade do negócio. Essa conduta externa, que permita inferir uma vontade do negócio, somente é exteriorização da vontade se o declarante é consciente de que dela pode deduzir-se a vontade do negócio. Enneccerus, Kipp e Wolff[1858] chamam-na de consciência de exteriorização.

Há muita discussão em torno desse dualismo — vontade interna e vontade externa —, decorrendo daí todo o tratamento legal a respeito dos vícios e da validade dos negócios jurídicos. É evidente a importância do tema no que tange ao princípio da boa-fé. Sobre a vontade exteriorizada dos contratantes, inclusive no contrato de emprego, é que vai haver a incidência das diretrizes norteadoras da lealdade, honestidade e confiança nos negócios.

É impossível apreender-se o sentido da vontade interna (ou psicológica), a não ser pela sua exteriorização. Somente por meio da declaração do sujeito ou de outra forma inequívoca de manifestação é que será compreendida e avaliada, de modo que só será relevante para o Direito a vontade manifestada. Cabem algumas distinções relativas à declaração de vontade expressa, declaração de vontade tácita e declaração de vontade implícita.

Declaração de vontade expressa é aquela que se exterioriza por meios sensíveis ao uso comum. A declaração de vontade expressa não dispensa, contudo, certa atividade interpretativa, por meio de circunstâncias concomitantes, enquadrando-se globalmente a declaração. Toda a manifestação humana está inserida em um contexto. Especificamente, uma manifestação destinada a construir um negócio jurídico deve ser analisada conforme o ordenamento jurídico, levando-se em consideração as condições culturais, sociais e econômicas. Ainda que se argumente que esse plano é anterior ao Direito, é razoável afirmar-se que o Direito está nele inserido. Ao serem feitas, as leis utilizam a linguagem que, aprioristicamente, não é um elemento jurídico, mas um elemento cultural muito mais vasto. Da mesma forma, quando uma lei se orienta em determinado sentido econômico, como no exemplo anteriormente citado da proteção ao trabalhador ou ao consumidor, está utilizando elementos mais amplos que o direito (critérios econômicos e sociológicos).

(1856) A referida norma legal era de um machismo repugnante. Estabelecia a faculdade de o marido pleitear, seja qual fosse o regime matrimonial, a rescisão do contrato de emprego, quando a sua continuação for suscetível de acarretar ameaça aos vínculos da família, perigo manifesto à mulher, (...) Com o advento do Estatuto da Mulher Casada e, principalmente, com a Constituição Federal de 1988, essa triste discriminação às mulheres foi afastada da legislação trabalhista. A Constituição estatui, em seu art. 226, que os direitos e deveres referentes à sociedade conjugal são exercidos igualmente pelo homem e pela mulher.

(1857) MELLO, Marcos Bernardes de. *Teoria do fato jurídico*. 7. ed. São Paulo: Saraiva, 1995. p. 144.

(1858) ENNECCERUS, Ludwig; KIPP, Theodor; WOLFF, Martin. *Tratado de derecho civil*. Barcelona: Bosch, 1935. v. 2, t. 1, p. 58-59.

Será declaração tácita aquela resultante de certos atos, atitudes ou comportamentos, segundo o caso concreto, com certa concordância ou discordância. A percepção da declaração tácita liga-se às ideias de razoabilidade, concludência, probabilidade e dedução.

A declaração é implícita quando está incluída na compreensão da declaração da qual se extrai, decorrendo, logicamente, uma relação de necessária consequência, dependência, coordenação ou complementação[(1859)]. A declaração implícita é corolário de uma declaração anterior.

Não se pode confundir a declaração tácita com o silêncio. Em regra, o silêncio não vale como manifestação de vontade. Somente em casos excepcionais pode ser interpretado como tal. Três posições podem ser adotadas em face do silêncio: a) quem guarda silêncio em face de uma proposta de contrato entende-se que a aceita; b) quem cala, quando podia e devia falar, entende-se que aceita; c) quem cala não nega nem confessa; não diz não nem sim; não rejeita nem aceita[(1860)]. A doutrina brasileira, por intermédio de Serpa Lopes[(1861)], explicita as regras para que o silêncio tenha valor como manifestação de vontade: a) a manifestação de vontade ocorre por um comportamento negativo; b) é deduzida de circunstâncias concludentes; c) está caracterizada pelo dever e possibilidade de falar por parte do silente; d) a outra parte deve ter convicção de haver, nesse comportamento negativo e nessas circunstâncias, uma direção de vontade inequívoca e incompatível com a expressão de uma vontade oposta.

A valorização do silêncio como declaração de vontade exige a previsão legal, sendo que, do contrário, haveria uma afronta ao princípio constitucional de que ninguém pode ser obrigado a fazer ou deixar de fazer algo senão em virtude da lei. Assim mesmo, não se trata de declaração de vontade por imputação, nem se exige a consciência da declaração, nem a imputabilidade do significado como se de declaração de vontade se tratasse. O efeito jurídico somente está vinculado ao fato de que o interessado se manteve silente, nada comunicando em contrário. Quem se manteve em silêncio não pode, nos casos previstos em lei, impugnar os efeitos jurídicos alegando erro, dizendo que não pretendia declarar nesse sentido. O silêncio ocupa o lugar da declaração, não se confundindo com a declaração tácita[(1862)]. Nesse sentido é a redação do Código Civil de 2002, no art. 111, quando dispõe que o silêncio importa anuência, quando as circunstâncias ou os usos o autorizarem, e não for exigida declaração de vontade expressa.

Há um limite de boa-fé na interpretação da outra parte. O silêncio deve ser recebido pela outra parte em condições de qualquer pessoa com mediana prudência e diligência, sendo incompatível com a expressão de vontade oposta. Esse limite, sem dúvida, é valorativo, e deve ser examinado caso a caso, numa concreção do princípio da boa-fé.

A divergência entre a vontade e a declaração é um dos problemas mais intensamente debatidos dentro do Direito. O Código Civil de 2002, repetindo o art. 85 do Código Civil de 1916, dispõe no art. 112 que nas declarações de vontade se atenderá mais à sua intenção do que ao sentido literal da linguagem. Conforme ressalta José Martins Catharino[(1863)], nesse dualismo, a prevalência da vontade representa mais liberdade e menos segurança. Em sentido contrário, a prevalência da declaração significa mais segurança e menos liberdade. Trata-se do velho binômio liberdade-segurança, cujo equilíbrio é caro a todos os juristas. O ilustre autor chama atenção para um ponto, em se tratando da peculiaridade que envolve o contrato de emprego. Nesse caso, na manifestação volitiva consensual, juntamente com o binômio liberdade-segurança, deve ser acrescentada a igualdade no consentir. A vontade do empregado está muito mais condicionada do que a do empregador, mesmo sendo este pessoa física. O fator condicionante mais evidente é o fator econômico.

(1859) RÁO, Vicente. *Ato jurídico*. 3. ed. São Paulo: Revista dos Tribunais, 1994. p. 116-118.

(1860) ANDRADE, Manuel A. Domingues de. *Teoria geral da relação jurídica*. Coimbra: Almedina, 1987. p. 135.

(1861) SERPA LOPES, Miguel Maria de. *Curso de direito civil*. 4. ed. Rio de Janeiro: Freitas Bastos, 1962. p. 415-416; Ver, também, RÁO, Vicente. *Ato jurídico*. 3. ed. São Paulo: Revista dos Tribunais, 1994. p. 116-118.

(1862) LARENZ, Karl. *Derecho civil*. Madrid: Revista de Derecho Privado, 1978. p. 492-493.

(1863) CATHARINO, José Martins. *Compêndio de Direito do Trabalho*. 3. ed. São Paula: Saraiva, 1982. v. 1, p. 250.

Já foi referido quando abordada a subordinação do empregado ao empregador. Em outros campos do Direito, essa realidade também está presente, e o ordenamento jurídico tem concedido algumas formas de diminuição da desigualdade entre as partes. Nas locações e no direito dos consumidores podem ser encontradas regras nesse sentido. A própria interpretação dos contratos de adesão, como será visto mais adiante, deve privilegiar a parte que não estipula as cláusulas de maneira preordenada. Nesse campo, inserem-se, também, as cláusulas regulamentares das empresas com relação ao serviço de seus empregados. Em todo caso, no contrato de emprego, a controvérsia a respeito das limitações da vontade repete a velha discussão no plano filosófico sobre os problemas do livre-arbítrio. O consentimento, então, como em qualquer negócio jurídico, não é ilimitado, sofrendo restrições que a vida social lhe impõe, e o Estado insere nas leis que promulga[1864]. A questão é de intensidade, variando de acordo com a natureza do negócio.

Para a teoria voluntarista, a exteriorização da vontade vale apenas na medida em que traduz intenção dirigida a determinadas consequências jurídicas. No negócio jurídico, é necessária a intenção do resultado[1865]. A vontade manifestada impensadamente, irresponsavelmente ou por puro gracejo não tem qualquer valor. É necessária a conjugação da vontade real (interna) e a vontade declarada (externa). Na teoria objetiva, o que tem relevância é a declaração, pouco importando o elemento interno. Essa controvérsia, segundo Orlando Gomes[1866], leva a soluções diversas no trato dos problemas dos vícios do consentimento e na interpretação dos negócios jurídicos.

Para que se estudem as teorias a respeito da manifestação de vontade, é preciso explicitar quais são os elementos constitutivos da declaração de vontade. A declaração propriamente dita (elemento externo) é o primeiro deles. A vontade (elemento interno) decompõe-se em: a) vontade de ação consciente de alcançar o bem que se conhece (*Handlungswille*); b) vontade de declaração ou vontade da ação como declaração propriamente dita (*Erklärungswille*); c) vontade do que se contém na declaração ou nas declarações efetivamente produzidas (*Inhaltswille*)[1867].

A teoria voluntarista, defendida, entre outros, por Savigny e Windscheid, distingue a vontade interna e a declaração de vontade, que pode criar, extinguir ou modificar uma relação jurídica. Para que se produzam efeitos, a vontade real deve coincidir com a vontade declarada. A vontade interna não é apenas o suporte da declaração, mas a força criadora dos efeitos do negócio jurídico, não passando esta de um meio pelo qual aquela chega ao conhecimento de outras pessoas[1868].

As críticas endereçadas à teoria da vontade são no sentido de que ela privilegia o arbítrio humano. A vontade interna é apenas a causa do negócio. O que importa é o sentido normal da declaração tal como foi entendida e, em alguns casos, tal como pode ser entendida[1869]. Para Ludwig Ennecerus[1870], todo efeito jurídico liga-se ao Direito em sentido objetivo, ainda aquele que é intencionalmente provocado. Não é a vontade que tem o papel fundamental. Ela somente é valorizada na medida em que a lei a admite. Para a caracterização dos negócios jurídicos e da sua validade basta que a vontade do agente vise aos resultados práticos (econômicos e sociais) dos efeitos previstos por lei, sem ter necessidade de existir consciência da construção jurídica desses mesmos efeitos. Por outro lado, os atos jurídicos podem produzir efeitos não

(1864) BARATA SILVA, Carlos Alberto. *Compêndio de Direito do Trabalho*. 4. ed. São Paulo: LTr, 1986. p. 219.

(1865) A expressão é de Ernest Zittelmann, citado por GOMES, Orlando. *Introdução ao direito civil*. 10. ed. Rio de Janeiro: Forense, 1991. p. 284.

(1866) GOMES, Orlando. *Introdução ao direito civil*. 10. ed. Rio de Janeiro: Forense, 1991. p. 284.

(1867) Esse resumo da doutrina alemã é de Heinrich Lehmann, citado por ANDRADE, Manuel A. Domingues de. *Teoria geral da relação jurídica*. Coimbra: Almedina, 1987, 126-128. No mesmo sentido, RÁO, Vicente. *Ato Jurídico*. 3. ed. São Paulo: Revista dos Tribunais, 1994. p. 169-170.

(1868) GOMES, Orlando. *Introdução ao direito civil*. 10. ed. Rio de Janeiro: Forense, 1991. p. 285.

(1869) ENNECCERUS, Ludwig; KIPP, Theodor e WOLFF, Martin. *Tratado de derecho civil*. Barcelona: Bosch, 1935. v. 2, t. 1, p. 172-173.

(1870) ENNECCERUS, Ludwig; KIPP, Theodor; WOLFF, Martin. *Tratado de derecho civil*. Barcelona: Bosch, 1935. v. 2, t. 1, p. 175. O autor explica que o Código Civil alemão (BGB) não adotou, especificamente, nenhuma das duas teorias, oscilando entre ambas, conforme o caso a ser disciplinado. O mesmo ocorre com o Código Civil brasileiro.

previstos, ou a mais dos efeitos previstos pelo agente, mesmo que não visados ou desejados(1871). Nesses casos, a vontade humana aparece elaborada juridicamente, a partir de certa conduta, fabricando-se uma vontade hipotética, segundo as imposições da Justiça e da Segurança Jurídica, o que se chama de vontade normativa(1872).

Modernamente, os autores têm apontado para a chamada teoria da confiança (teoria do crédito pessoal ou da responsabilidade social), que prestigia a vontade aparente, se ela não é destruída por circunstâncias que indiquem má-fé em quem acreditou ser verdadeira.

A declaração de vontade não é apenas um indício que comprova a existência da correspondente vontade de produzir efeitos jurídicos, mas também o fundamento imediato do cumprimento do efeito jurídico(1873). A vontade interna não conta, mesmo que o declarante tenha reservado, secretamente, a decisão de não querer o declarado. Há, portanto, um duplo significado: ato determinante e ato de comunicação social. Ao declarante cabe a escolha dos meios de expressão de forma que o destinatário os entenda no sentido dado por aquele. Ao destinatário cabe prestar a devida atenção(1874). Havendo divergência entre a vontade interna e a declaração, o contraente de boa-fé a respeito do qual tal vontade foi manifestada tem direito a considerar firme tal declaração que se podia admitir como vontade efetiva da outra parte, ainda quando ela houvesse errado de boa-fé ao declará-la. Protege-se, como afirma Orlando Gomes(1875), a confiança do destinatário da relação jurídica.

Para Luís Cabral de Moncada(1876), as teorias da responsabilidade social e da impressão do destinatário nada mais fazem do que reeditar a questão da dúvida entre privilegiar a declaração ou a vontade real. Diz o autor que é impossível para a legislação conter um princípio único em nome do qual se decidem todos os casos de divergência entre a vontade real e a declaração. O critério varia de caso para caso. Segundo o autor, se o juiz tem diante de si duas vontades que divergem — vontade real e vontade declarada —, não tem de dar, em princípio, preferência a uma ou a outra, em nome de qualquer das teorias que expliquem o negócio jurídico. O que deve procurar é se há, na lei, ou na ordem jurídica, algum princípio geral que possa exigir a manutenção da eficácia do negócio jurídico, ou a sua destruição, contra ou a favor do declarante, nos termos da sua declaração e no caso de que se trata(1877). O juiz, ao decidir entre a vontade real e a vontade declarada, opta por algum princípio, constituindo, dessa forma, uma vontade jurídica. Para Kelsen, esse critério não existe, pois os critérios realísticos ou éticos são estranhos ao Direito. Para Luís Cabral de Moncada(1878), os critérios são os princípios éticos e jurídicos gerais que dominam não só o sistema

---

(1871) RÁO, Vicente. *Ato jurídico*. 3. ed. São Paulo: Revista dos Tribunais, 1994. p. 49. É interessante notar, nesse ponto, que a doutrina de Mário de La Cueva, a respeito da natureza da relação de emprego, o chamado contrato realidade, orienta-se dentro da concepção objetivista. Para o referido autor, conforme já exposto, o que caracteriza a relação de emprego é a existência dos atos de prestação de trabalho. A consensualidade é relativa a esses atos, não havendo necessidade de as partes possuírem a consciência jurídica da existência de um vínculo jurídico (contrato de emprego). Note-se que os efeitos, muitas vezes, são desconhecidos pelas partes.

(1872) Essa expressão é encontrada em CAETANO, Marcello. *Manual de direito administrativo*. 10. ed. Coimbra: Almedina, 1991. v. 1, p. 424-425.

(1873) LARENZ, Karl. *Derecho civil*. Madrid: Revista de Derecho Privado, 1978. p. 450.

(1874) LARENZ, Karl. *Derecho civil*. Madrid: Revista de Derecho Privado, 1978. p. 451.

(1875) GOMES, Orlando. *Introdução ao direito civil*. 10. ed. Rio de Janeiro: Forense, 1991. p. 288-289. O autor cita Giuseppe Mirabelli, afirmando que "o sujeito não pode pretender que prevaleça a intenção (vontade interna divergente da declaração) sempre que a discordância lhe seja imputável e os outros sujeitos não tiverem a oportunidade de percebê-la". Sobre a teoria da impressão do destinatário ver FERRER CORREIA, A. *Erro e interpretação na teoria do negócio jurídico*. Coimbra: Almedina, 1985. p. 188-195.

(1876) MONCADA, Luis Cabral de. *Lições de direito civil*. 4. ed. Coimbra: Almedina, 1995. p. 592.

(1877) MONCADA, Luis Cabral de. *Lições de direito civil*. 4. ed. Coimbra: Almedina, 1995. p. 595. A afirmação tem de ser vista com um certo cuidado. O próprio autor, nas suas memórias, afirma que a Teoria Geral da Relação Jurídica está para o Direito assim como a biologia está para os médicos e a matemática está para os engenheiros (p. 8). Assim, qualquer interpretação surge de todo um enorme esforço teórico desenvolvido anteriormente. Faz-se normalmente a alusão de que o conhecimento novo corresponde à figura de um anão nos ombros de um gigante, no sentido de que a cada pesquisa, um pequeno passo é dado em cima daquilo que já vinha sendo longamente amadurecido. Poucos são os saltos de grande monta no âmbito do conhecimento e raros são os seres humanos privilegiados a fazê-lo. Em regra, são acrescidas pequenas contribuições. Não poderia ser de outra forma, principalmente porque o conhecimento é um processo acumulativo.

(1878) MONCADA, Luis Cabral de. *Lições de direito civil*. 4. ed. Coimbra: Almedina, 1995. p. 595-596.

legislativo em conjunto, mas também cada instituto jurídico em separado. A preferência pela vontade real ou pela vontade declarada não é uma preferência sistemática já decidida aprioristicamente, mas, sim, uma preferência estabelecida no caso concreto.

O princípio da boa-fé estimula a valorização da confiança recíproca das partes. Privilegia-se a impressão do destinatário, tornando relevante o sentido que seria considerado por uma pessoa normalmente diligente, sagaz e experiente, em face dos termos da declaração e de todas as circunstâncias situadas dentro do horizonte concreto do destinatário. Pergunta-se se ele poderia, ou não, conhecer a divergência entre a vontade real e a vontade declarada. Exige-se uma diligência recíproca do declarante, no sentido do uso dos meios apropriados para a declaração. Na análise da conduta das partes, devem ser levados em conta vários fatores: a) os termos do negócio; b) os interesses em jogo; c) a finalidade; d) as negociações prévias; e) os negócios anteriores; f) os hábitos do declarante (linguagem e outros); e g) usos da prática (terminologia, profissionalidade e outros)[(1879)].

Em se tratando de contrato de emprego, espécie de negócio jurídico, os fatores enumerados ganham especificidade em face das características peculiares da relação de emprego e dos princípios que a regem. Os termos do negócio são, em regra, ditados pelo empregador, em face do elemento subordinação. Frequentemente, o trabalhador simplesmente adere a um contrato cujas cláusulas não discute, em face de sua inferioridade no plano econômico. Na maior parte das vezes, em face da continuidade, novas cláusulas vão se formar tacitamente, ou o tempo e a prática dos atos de trabalho vão especificar ou extinguir as existentes. Essa dinâmica revela os interesses em jogo e a finalidade pertinente ao contrato de emprego, inserido, como já foi mencionado, como um dos pilares do sistema capitalista.

As negociações prévias também possuem relevo na interpretação de um contrato de emprego, pois demonstram o ânimo das partes em relação ao vínculo jurídico. Muitas vezes, a negociação pode ocorrer sem a consciência de que se esteja a formar um contrato de emprego. A teoria geral do negócio jurídico admite que as partes estejam submetidas a efeitos diversos, não apenas aqueles oriundos da vontade dos contratantes, mas também os decorrentes da observância do ordenamento jurídico como um todo. É sempre bom lembrar ser a vontade apenas um dos elementos do negócio jurídico. Esse raciocínio é plenamente aplicável ao contrato de emprego. Não confunde a noção de negociação prévia com o contrato de experiência. Em face do elevado grau de normatização do Direito do Trabalho, e considerando a sua característica protetiva, regulamentou-se o chamado período de experiência ou período de prova, no sentido de que as partes, por determinado tempo, examinem a viabilidade da contratação por tempo indeterminado. Nada impede, entretanto, que, mesmo não havendo contrato de experiência formalizado, possa se falar em existência de período pré-contratual.

Quanto aos negócios anteriores, a questão deve ser analisada sob o prisma da continuidade. Por ser a continuidade um dos elementos do contrato de emprego e por ter o Direito do Trabalho o princípio da continuidade, presume-se que, nada havendo expressamente, o contrato é por tempo indeterminado. Há um reflexo desse entendimento nos arts. 451 e 452 da Consolidação das Leis do Trabalho. O primeiro considera por prazo indeterminado todo contrato determinado que, tácita ou expressamente, for prorrogado mais de uma vez. O segundo considera por prazo indeterminado todo contrato que suceder, dentro de seis meses, a outro contrato por prazo determinado, salvo se a expiração dele dependeu da execução de serviços especializados ou da realização de certos acontecimentos. Como se vê, os negócios anteriormente havidos entre as partes influenciam na natureza jurídica do negócio novo, conforme o caso. A lei utiliza algumas ressalvas somente nos casos de serviços especializados ou na realização de certos acontecimentos. Trata-se de disposições que servem como válvulas de escape para a interpretação do julgador, no sentido de adaptarem-se algumas condições peculiares dos casos concretos.

Tanto os hábitos dos declarantes como os usos da prática revelam uma ligação do Direito com outros ramos das ciências sociais. Aqui se evidencia a impossibilidade de ser construída uma ciência pura do Direito, sem que ela tenha ligações com os demais aspectos da vida social. Falar-se dos hábitos dos declarantes

(1879) PINTO, Carlos Alberto da Mota. *Teoria geral do direito civil*. 3. ed. Coimbra: Coimbra, 1994. p. 447.

evidencia a ligação com o caráter subjetivo da declaração de vontade. Lembra, também, o problema da declaração tácita. Todas as pessoas cultivam determinados hábitos. Tal prática, às vezes, parece um pouco instintiva e, outras vezes, decorre de condicionamento cultural. Existem os hábitos de higiene, de lazer, de alimentação, de trabalho, entre tantos outros. Normalmente, esses hábitos restringem-se ao campo particular do indivíduo, mas, eventualmente, podem extrapolar a sua esfera jurídica e afetar a esfera de terceiros. O hábito, por si só, não caracteriza uma declaração de vontade, mas, considerados outros elementos, pode vir a ser relevante na interpretação de determinada conduta, quando ela for questionada se representa, ou não, uma efetiva declaração de vontade.

No Direito do Trabalho, é importante a análise da profissionalidade. Na complexidade das relações de trabalho, existe uma série de atividades especificadas e, em consequência, os trabalhadores também adquirem um grau de especialização. As mais variadas profissões encerram conhecimentos específicos e práticas específicas que devem ser levados em consideração quando da interpretação de um negócio jurídico. No âmbito da engenharia civil, as práticas profissionais são de determinada natureza, enquanto na medicina as práticas são outras. Isso ocorre na advocacia, na informática, no comércio, nos transportes, nos laboratórios e em outras áreas. Cada segmento da economia possui hábitos, práticas, costumes, usos, linguagem próprios. Da mesma forma cada profissão. Um ferreiro tem hábitos diferentes dos de um alambrador, ou de um cabeleireiro, ou de um professor, ou de um mecânico, entre outras. Sempre é preciso ter em consideração tal diversidade.

Como afirma Vicente Ráo[(1880)], a vontade e a declaração não constituem um só e mesmo fenômeno, nem nascem, fatal e contemporaneamente, num só instante. A vontade se desdobra. Antes de formar e pôr em ação a vontade, o agente procura conhecer o bem de que precisa. É o conhecimento consciente do bem que atrai a vontade. Conhecido o bem, forma-se a autodeterminação para querê-lo. Uma vez formada a autodeterminação do agente, este passa a declarar sua vontade, realizando o ato jurídico destinado a proporcionar-lhe o bem que pretende alcançar. Esse fenômeno ocorre pela via tutelada pelo Direito.

O negócio jurídico, da mesma forma que qualquer outra manifestação do espírito humano, necessita de interpretação. Na interpretação das leis, não se busca pôr em relevo um resultado destinado a uma pura assimilação (intelectual ou afetiva), mas, sim, a evidência de um conteúdo normativo que vai pautar a conduta de algumas pessoas (sujeitos). O mesmo acontece nos negócios jurídicos. A vontade serve como meio para evidenciar o efeito previsto no ordenamento jurídico. Para haver uma declaração a interpretar, é necessária a presença de um ato ou conduta voluntários, equiparáveis ou uma ação ou omissão controláveis pela vontade. A análise do elemento objetivo (declaração) não afasta a existência de uma vontade de agir (consciência). Em caso de dúvida na declaração, deve-se buscar, nos negócios gratuitos, o sentido menos gravoso para aquele que dispõe. Nos negócios onerosos, o objetivo é o equilíbrio das prestações. Em contratos de adesão, a tendência é que a interpretação favoreça aquele que não estabeleceu unilateralmente as condições gerais preordenadas[(1881)].

Mais uma vez, é preciso explicitar o papel da vontade. Nas palavras de Clóvis do Couto e Silva[(1882)], não cabe dúvida de que é necessária a vontade exteriorizada para que se forme o negócio jurídico. Mas, se o veículo é a palavra, ou o fato concludente, a exteriorização nenhuma influência terá para o efeito de qualificar o ato como negócio jurídico. O autor lembra, também, que foi discutido se haveria necessidade de a vontade dirigir-se à produção de efeitos jurídicos e conclui que é suficiente querer o declarante o efeito econômico ou prático, como assegurado juridicamente, servindo-se, para obtê-lo, dos meios que o Direito põe à sua disposição. Todos os efeitos jurídicos, portanto, decorrem da lei, e não da vontade. A lei dá aos

(1880) RÁO, Vicente. *Ato jurídico*. 3. ed. São Paulo: Revista dos Tribunais, 1994. p. 169.

(1881) PINTO, Carlos Alberto da Mota. *Teoria geral do direito civil*. 3. ed. Coimbra: Coimbra, 1994. p. 451.

(1882) COUTO E SILVA, Clóvis Veríssimo do. O princípio da boa-fé no direito brasileiro e português. In: *Estudos de direito civil brasileiro e português*. São Paulo: Revista dos Tribunais, 1980. p. 85.

fatos determinada relevância, estabelecendo seus efeitos. Dentro de uma amplitude variável, as normas jurídicas concedem às pessoas certo poder de escolha dentro de uma categoria jurídica.

2.1.2.1. Vícios da vontade

A vontade precisa ser manifestada normalmente para que integre a substância do negócio jurídico. A manifestação daquele que não se acha na posse de sua razão, ou por embriaguez, ou por alienação mental, ou por deficiência de idade, o ato não poderá subsistir juridicamente. Ainda que a operação se tenha desenvolvido em sua normalidade psíquica, será juridicamente viciada, desviando-se da boa-fé e da honestidade que a devem guiar nas relações da vida, se tiver por escopo prejudicar o direito de alguém ou fugir das determinações da lei[1883].

O princípio da boa-fé não consiste em um problema só, mas está ligado a vários outros, incidindo em uma enormidade de instituições jurídicas. Assim, por exemplo, a boa-fé é relacionada com a manifestação de vontade no sentido da divergência entre a vontade real e a declaração, e também na interpretação do negócio jurídico. É evidente que a boa-fé está presente também na análise dos vícios da vontade em toda a sua projeção[1884].

O processo de manifestação de vontade pode ser prejudicado por um evento que leve à discordância entre a vontade e a declaração. Como já visto na análise das teorias que versam sobre a manifestação de vontade, os efeitos são diferentes no tratamento dos seus vícios, conforme a posição adotada.

Se acolhida a teoria subjetivista, haverá maior facilidade de anulação dos negócios jurídicos na medida em que essa teoria contemple a nulidade do negócio quando houver divergência entre vontade real e vontade declarada.

Na teoria objetivista, ao contemplar o privilégio da declaração (elemento externo) sobre a vontade real (elemento interno), privilegia a forma. Essa forma de pensar pode levar, entretanto, a um excessivo apego ao formalismo e, consequentemente, a interpretações distorcidas da realidade negocial.

É sempre bom lembrar que o Código Civil brasileiro dispõe que, na interpretação das declarações de vontade, se atenderá mais à sua intenção do que ao sentido literal da linguagem (art. 112 do Código Civil de 2002 e art. 85 do Código Civil de 1916). Essa norma tem clara influência subjetivista. As concepções mais modernas privilegiam a impressão do destinatário, estabelecendo para o declarante o ônus para a escolha dos meios apropriados para manifestar sua vontade de forma inequívoca, e para o destinatário o ônus de prestar a devida atenção. Mesmo com todas essas considerações, são bastante comuns os casos em que a manifestação de vontade ocorre de maneira viciada.

Como em todo negócio jurídico, a manifestação de vontade no contrato de emprego pode ter alguns vícios. Os chamados vícios de consentimento são o erro, o dolo e a coação. Existem também os chamados vícios sociais: simulação e fraude contra credores.

Os vícios da vontade não têm a mesma dimensão no Direito do Trabalho e no Direito Civil. Em face do elevado grau de intervencionismo estatal na autonomia privada do contrato de emprego, e considerando também o caráter protetivo do Direito do Trabalho, é muito mais fácil pleitear a resolução do contrato do que a sua anulação[1885].

(1883) BEVILÁQUA, Clóvis. *Teoria geral do direito civil*. 2. ed. Rio de Janeiro: Francisco Alves, 1976. p. 216.

(1884) Essa concepção pode ser encontrada em ROMANO, Salvatore. Buona fede. *Enciclopedia del Diritto Giuffrè*. Milano: Giuffrè, 1959. v. 5, p. 677.

(1885) GOMES, Orlando; GOTTSCHALK, Elson. *Curso de Direito do Trabalho*. Rio de Janeiro: Forense, 1990. p. 183. No mesmo sentido, DE LA CUEVA, Mário. *Derecho mexicano del trabajo*. 11. ed. México: Porrùa, 1969. v. 1, p. 513; LAMARCA, Antônio. *Contrato individual de trabalho*. São Paulo: Revista dos Tribunais, 1969. p. 111.

A distinção inicial é entre erro-obstáculo e erro-vício. No erro-obstáculo, o declarante quer uma coisa (ou até nem quer coisa nenhuma) e diz outra, sem ter consciência dessa anomalia[(1886)]. Assim, o empregador que contrata um empregado pensando tratar-se de outro. No erro-vício, o declarante diz o que quer, mas a sua vontade se determinou em virtude da ignorância ou do defeituoso conhecimento de alguma particularidade decisiva para tal determinação. Se o declarante estivesse bem esclarecido, não teria querido o que quis. Não teria celebrado qualquer negócio, ou não teria feito nos termos em que o fez[(1887)]. A doutrina brasileira, em regra, não acolhe tal distinção por entender que o erro, tanto sobre a natureza do negócio quanto sobre a identidade do objeto (erro obstáculo), contém, em todos os casos, uma manifestação de vontade cujo efeito prático difere do efetivo querer do declarante, mas que nem por isso deixa de ser uma manifestação de vontade[(1888)].

Outra distinção importante é a que recai sobre o erro de fato e o erro de direito. O erro de fato é a falsa representação da realidade. Liga-se a uma circunstância concreta trazida da realidade. O erro de direito consiste na ignorância de norma jurídica que disciplina determinada situação, havendo uma falsa interpretação ou uma insensata aplicação dela ao caso concreto[(1889)]. A doutrina mais antiga, capitaneada em Clóvis Beviláqua[(1890)], afasta a possibilidade de o erro de direito anular o ato. Trata-se de uma decorrência do pensamento de que ninguém se escusa de cumprir a lei alegando que não a conhece. Para outros, como Serpa Lopes[(1891)], poder-se-ia considerá-lo na hipótese de ter havido boa-fé por parte de quem o comete. Para Caio Mário da Silva Pereira[(1892)], é possível admitir-se o erro de direito desde que não caracterize recusa à aplicação da lei e tenha sido a razão determinante do ato.

Nem todo erro vicia o ato. Se for um erro acidental, de menor importância, não há margem para ação anulatória. Da mesma forma, não vicia o ato se quem errou o fez por sua própria culpa, advindo o engano de sua própria negligência, imprudência ou imperícia[(1893)]. Somente o erro essencial e escusável é relevante para o Direito, conforme o art. 86 do Código Civil. Erro essencial é aquele sem o qual a vontade não seria manifestada. No erro essencial, não seria celebrado qualquer negócio jurídico ou seria celebrado com outro objeto, ou de outro tipo ou com outra pessoa. A lei considera como erro substancial aquele que interessa à natureza do ato, ao objeto principal da declaração, que recai sobre algumas das qualidades da declaração, ou que diz respeito às qualidades essenciais da pessoa a quem a declaração se refere (arts. 138 e 139 do Código Civil de 2002 e arts. 87 e 88 do Código Civil de 1916).

O erro sobre os motivos da declaração de vontade, em regra, não é relevante no que tange à invalidade do negócio. Somente passa a influir na sua validade e eficácia quando é levado à condição de motivo determinante ou em condição do negócio[(1894)]. Em outras palavras, se os motivos fizerem parte, expressamente, da declaração de vontade, ou constarem dela como condição, poderão ser objeto de questionamento na hipótese de verificação de erro. No Direito Administrativo, essa concepção é conhecida como teoria dos motivos determinantes. O art. 140 do Código Civil de 2002 (art. 90 do Código Civil de 1916) disciplina que só vicia o ato o falso motivo, quando expresso como razão determinante. Essa disposição, conforme Clóvis Beviláqua[(1895)], deve ser interpretada no sentido de que os motivos são do domínio da psicologia e da moral. Se as partes, entretanto, decidem elevá-los à categoria de condição de validade do ato jurídico, eles passam a ser elementos substanciais do negócio, e a sua falta conduz ao perecimento da relação jurídica[(1896)].

(1886) ANDRADE, Manuel A. Domingues de. *Teoria geral da relação jurídica*. Coimbra: Almedina, 1987. p. 152.

(1887) ANDRADE, Manuel A. Domingues de. *Teoria geral da relação jurídica*. Coimbra: Almedina, 1987. p. 152.

(1888) PEREIRA, Caio Mário da Silva. *Instituições de direito civil*. 5. ed. Rio de Janeiro: Forense, 1980. v. 1, p. 444.

(1889) STOLFI, Giuseppe. *Teoria del negozio giuridico*. Padova: Antonio Milani, 1947. p. 137.

(1890) BEVILÁQUA, Clóvis. *Teoria geral do direito civil*. 2. ed. Rio de Janeiro: Francisco Alves, 1976. p. 216.

(1891) SERPA LOPES, Miguel Maria de. *Curso de direito civil*. 4. ed. Rio de Janeiro: Livraria Freitas Bastos, 1962. p. 415-416.

(1892) PEREIRA, Caio Mário da Silva. *Instituições de direito civil*. 5. ed. Rio de Janeiro: Forense, 1980. v. 1, p. 445.

(1893) RODRIGUES, Sílvio. *Direito divil*. 21. ed. São Paulo: Saraiva, 1990. v. 1, p. 199.

(1894) PEREIRA, Caio Mário da Silva. *Instituições de direito civil*. 5. ed. Rio de Janeiro: Forense, 1980. v. 1, p. 447.

(1895) BEVILÁQUA, Clóvis. *Teoria geral do direito civil*. 2. ed. Rio de Janeiro: Francisco Alves, 1976. p. 216.

(1896) RODRIGUES, Sílvio. *Direito civil*. 21. ed. São Paulo: Saraiva, 1990. v. 1, p. 206.

O erro ocorre com relativa frequência no contrato de emprego, principalmente no que tange às condições de trabalho. Muitas vezes, o empregado tem ideia errônea das condições em que vai prestar seu serviço. Por outro lado, o empregador pode incidir em erro quanto à qualificação profissional do empregado. Em ambos os casos, não há anulação do contrato, mas, em face da regulamentação pertinente, a possibilidade de resilição contratual.

O dolo é o erro a que foi levado o autor do ato, por comportamento de outrem, com intenção de prejudicar. Nesse caso, não há simples ignorância, mas a utilização de um ardil, cujo intuito é o prejuízo do declarante. Assim como no erro, o dolo essencial ou substancial vicia o ato na sua totalidade. O dolo acidental, isto é, aquele que a seu despeito se teria praticado o ato, embora por outro modo, gera apenas a obrigação de indenização por perdas e danos (art. 146 do Código Civil de 2002 e art. 93 do Código Civil de 1916).

Os romanos já distinguiam o *dolus bonus* e o *dolus malus*. O primeiro é a solércia, ou seja, a mera astúcia por exemplo, o apregoamento das vantagens de uma determinada mercadoria colocada à venda[(1897)] ou, no campo das relações de trabalho, a jactância sobre determinadas qualidades profissionais por parte de um empregado. O *dolus malus* consiste na prática de certos artifícios que levam a outra parte a contratar.

Os requisitos do dolo são: a) que tenha havido intenção de induzir o declarante a praticar o ato jurídico; b) que os artifícios fraudulentos sejam graves; c) que sejam a causa determinante da declaração de vontade; d) que procedam de outro contraente, ou sejam dele conhecidos, se procedentes de terceiros[(1898)].

O dolo de terceiros, para que gere a anulabilidade de negócio jurídico, exige o conhecimento de uma das partes contratantes (art. 148 do Código Civil de 2002 e art. 95 do Código Civil de 1916). No caso de existência de dolo por parte do representante de uma das partes, ele só obriga o representado a responder civilmente até a importância do proveito que teve (art. 149 do Código Civil de 2002 e art. 96 do Código Civil de 1916). Esta última disposição tem importância no Contrato de emprego, pois é prática muito difundida a constituição de prepostos pelas empresas para a sua representação. Além disso, nas técnicas de organização do trabalho, é natural certa organização hierárquica dentro das unidades produtivas, o que leva, necessariamente, à delegação de poderes por parte do empregador.

A formação de um contrato de emprego viciada por dolo é bastante difícil. Pode ocorrer que o empregado apresente falsas habilitações ou que o empregador apresente falsas condições de trabalho[(1899)]. No decorrer do contrato, é bastante comum a ocorrência de dolo, por exemplo, a danificação de maquinário da empresa por parte do empregado, ou ainda a falsificação das assinaturas do empregado em recibos de pagamento ou na entrega de documentos para assinar em branco.

O Código Civil brasileiro de 2002 repele, em seu art. 150 (art. 97 do Código Civil de 1916), o dolo de ambas as partes, estabelecendo que, se ambas assim procedem, nenhuma pode alegá-lo para anular o ato ou reclamar a indenização.

A coação é uma espécie de defeito do ato jurídico que afasta a consonância entre a vontade íntima do agente e a vontade manifestada. A declaração, nesse caso, é forçada ou por meio da violência física, ou por meio da violência moral. Na primeira, também chamada de *vis absoluta*, não existe propriamente uma emissão volitiva do agente, pois ele não faz qualquer declaração de vontade, impedindo a formação do ato negocial, implicando a sua nulidade total. Já no que diz respeito à segunda, *vis compulsiva*, existe uma declaração de vontade, que não é perfeita, pois a violência moral não aniquila completamente o consentimento do agente, roubando-lhe apenas a liberdade. Nas palavras de Clóvis Beviláqua[(1900)], a coação é um estado de espírito em que o agente, perdendo a energia moral e a espontaneidade do querer, realiza o ato, que lhe é exigido.

(1897) SERPA LOPES, Miguel Maria de. *Curso de direito civil*. 4. ed. Rio de Janeiro: Freitas Bastos, 1962. p. 437.

(1898) SERPA LOPES, Miguel Maria de. *Curso de direito civil*. 4. ed. Rio de Janeiro: Freitas Bastos, 1962. p. 439.

(1899) GOMES, Orlando; GOTTSCHALK, Elson. *Curso de Direito do Trabalho*. Rio de Janeiro: Forense, 1990. p. 183.

(1900) BEVILÁQUA, Clóvis. *Teoria geral do direito civil*. 2. ed. Rio de Janeiro: Francisco Alves, 1976. p. 221.

Para Caio Mário da Silva Pereira[(1901)], enquanto uma, a violência física, anula totalmente a vontade e impede a formação do ato negocial, a outra, a violência moral, perturba o querer sem aniquilá-lo, permitindo que o coacto formule uma emissão de vontade, se bem que maculada. Há, aqui, uma atuação sobre o psiquismo por via de processo de intimidação, que impõe ao agente uma declaração não querida, porém existe certa manifestação de vontade. Só há vício da vontade quando a liberdade do coacto não foi totalmente excluída, quando lhe foram deixadas possibilidades de escolha, embora a submissão à ameaça fosse a única escolha normal. Na coação física, o coacto é utilizado como instrumento sem qualquer opção[(1902)].

Implica a coação em ameaça, cuja apreciação se reveste de certas características que são outros tantos requisitos de verificação por quem deve apreciá-la e que, concorrendo, levam à conclusão da manifestação defeituosa da vontade e, portanto, à anulação do negócio jurídico. Pode a coação manifestar-se por ação ou omissão, desde que, por atuação positiva ou por abstenção qualificada, obtenha o interessado a pressão anormal e injusta no sentido de extorquir o consentimento[(1903)].

Ainda como requisito, a ameaça deve ser séria e injusta, em tal grau, que não permita ao coacto qualquer alternativa entre o flagelo que está por acontecer e o ato extorquido, havendo, por parte dele, a opção razoável pelo mal menor com todas as suas consequências. A ameaça pode ser futura, não sendo necessário que seja iminente, mas deve ser certa, nos mesmos parâmetros que seria atualmente, não consistindo em coação, portanto, o mero receio do agente de um mal aleatório, impossível, remoto, ou, ainda, os casos de temor reverencial (art. 153 do Código Civil de 2002 e art. 100 do Código Civil de 1916). Também não se considera coação o exercício normal de um direito.

O Código Civil determina que no apreciar da coação seja levado em conta o sexo, a idade, a condição, a saúde, o temperamento do paciente e todas as demais circunstâncias que possam influir na gravidade dela (art. 152 do Código Civil de 2002 e art. 99 do Código Civil de 1916). A norma é pertinente aos casos em que o julgador precisa adaptar-se às condições do caso concreto. Algumas ameaças podem parecer efetivas a certas pessoas, e a outras, não. Aqui, a inspiração do legislador é bastante subjetivista, pois os conceitos gravitam em torno de impressões pessoais do coacto.

No litígio em análise, presente está a "vis compulsiva", ou seja, a violência moral, capaz de macular o ato jurídico, atacada pelo autor, tornando-o nulo pelo vício da declaração da vontade. Cabe ressaltar que, no Direito do Trabalho, a coação é instrumento da fraude e, nessas condições, é ato nulo, conforme o art. 9º da Consolidação das Leis do Trabalho. As formas mais comuns de coação no contrato de emprego ocorrem quando o empregador força o empregado a aceitar determinadas alterações no contrato. Na época da edição da lei do FGTS, era muito comum a coação dos empregados em realizarem a "opção" pelo sistema do Fundo de Garantia do Tempo de Serviço, sob a ameaça da perda do emprego.

A simulação é o ato aparente, fictício, que encobre e disfarça uma declaração real de vontade, ou que simula uma declaração que não se fez[(1904)]. Simular é fazer aparecer alguma coisa fingindo ou imitando o que não é, enquanto dissimular é ocultar o que é[(1905)].

Emilio Betti[(1906)] situa o tema no plano da causa, argumentando que a discrepância entre a causa típica do negócio escolhido e a intenção prática pretendida em concreto gera o fenômeno da simulação. O autor sustenta que a simulação apresenta caráter de relatividade, isto é, sob o ponto de vista político-legislativo, o tratamento dessa anormalidade do negócio jurídico deve guardar relação com o modo de ver e de sentir e com as concepções sociais dominantes de um dado ambiente histórico. Considerando uma sociedade

---

(1901) PEREIRA, Caio Mário da Silva. *Instituições de direito civil.* 5. ed. Rio de Janeiro: Forense, 1980. v. 1, p. 447.

(1902) PINTO, Carlos Alberto da Mota. *Teoria geral do direito civil.* 3. ed. Coimbra: Coimbra, 1994. p. 525-526.

(1903) PEREIRA, Caio Mário da Silva. *Instituições de direito civil.* 5. ed. Rio de Janeiro: Forense, 1980. v. 1, p. 455.

(1904) BEVILÁQUA, Clóvis. *Teoria geral do direito civil.* 2. ed. Rio de Janeiro: Francisco Alves, 1976. p. 225. Especificamente sobre simulação e fraude à lei, ver HERRERO NIETO, Bernardino. *La simulación y el fraude a la ley en el derecho del trabajo.* Barcelona: Bosch, 1958.

(1905) SERPA LOPES, Miguel Maria de. *Curso de direito civil.* 4. ed. Rio de Janeiro: Freitas Bastos, 1962. p. 446.

(1906) BETTI, Emilio. *Teoria generale del negozio giuridico.* 2. ed. Torino: Unione Tipografico-Editrice Torinese, 1960. p. 404.

historicamente determinada, quanto maior a sinceridade e clareza que costuma exigir das relações sociais, tanto menor será a propensão para atribuir relevância social e jurídica a uma intenção propositadamente oculta, ou não manifestada de maneira sincera e adequada. Em sentido contrário, quanto mais tolerantes e elásticas forem as relações sociais no que tange à exigência de recognoscibilidade e do dever de falar claro, quanto mais propenso é o costume social a considerar norma de boa educação velar a expressão do próprio pensamento, tanto mais propenso o Direito estará a considerar um afastamento entre a intenção e a manifestação do autor. Neste último caso, haverá maior propensão a admitir a relevância de propósitos, ainda que manifestados de forma indireta(1907).

A simulação tem como requisitos: a) a conformidade das partes contratantes; b) o propósito de enganar, ou inocuamente ou em prejuízo de terceiro ou da lei; c) a desconformidade consciente entre a vontade e a declaração(1908).

Existe a necessidade de que as partes entrem em conluio para a manifestação de vontade. A declaração simulada exige uma participação bilateral na formação de um falso ato. Se apenas um dos declarantes tivesse o intuito da falsidade, estar-se-ia diante de dolo.

A simulação pode ser absoluta, quando todo o ato é simulado sem a pretensão de encobrir qualquer outro, ou relativa, quando o ato simulado não passa de um meio para realização de outro. O Código Civil (art. 167 do Código Civil de 2002 e art. 102 do Código Civil de 1916) enumera os casos em que existe simulação: a) quando aparentarem conferir ou transmitir direitos a pessoas diversas daquelas a quem realmente se conferem ou transmitem; b) quando contiverem declaração, confissão, condição ou cláusula não verdadeira; c) quando os instrumentos particulares forem antedatados ou pós-datados.

De acordo com o Código Civil de 2002, é nulo o negócio jurídico simulado (no Código Civil de 1916 a simulação era anulável), mas subsistirá o que se dissimulou, se válido for na forma e na substância (art. 167). A nulidade dos atos simulados pode ser alegada por qualquer interessado, ou pelo Ministério Público, quando lhe couber intervir (art. 168).

A fraude contra credores ocorre quando o devedor insolvente, ou na iminência de tornar-se tal, pratica atos que podem diminuir seu patrimônio, reduzindo a garantia que ele representa para o resgate de suas dívidas(1909). Clóvis Beviláqua(1910) resume a diferença da fraude contra credores dos outros vícios estudados: não se confunde com o dolo porque não há erro induzido com intenção de prejudicar; na simulação, há discrepância entre o ato real e o aparente, mas os agentes não se pretendem enganar; na fraude contra credores, não há engano, nem o ato se mascara com outro; há simplesmente o intuito de prejudicar terceiros, ou o Estado. Em todos, existe a má-fé.

Para o autor mencionado no parágrafo anterior, o patrimônio do devedor é a garantia comum dos credores, mas essa garantia não é completa porque, conservando o devedor a faculdade de dispor de seus bens, pode diminuir a segurança a respeito do adimplemento de suas obrigações, e os credores, que não tiverem a seu favor garantia especial, estão à mercê da honestidade e da boa-fé do devedor. Se a boa-fé desaparecer, o Direito deverá providenciar em remédio capaz de assegurar aos credores a possibilidade de se pagarem com os bens desviados pela má-fé. Esse remédio é a ação pauliana, revocatória ou rescisória, pela qual o credor obtém a anulação do ato(1911).

(1907) BETTI, Emilio. *Teoria generale del negozio giuridico*. 2. ed. Torino: Unione Tipografico-Editrice Torinese, 1960. p. 404-405. O autor cita o exemplo do direito inglês, que não conhece o problema da simulação, se não houver erro, nem admite qualquer distinção entre o negócio simulado e o negócio fiduciário ou negócio indireto. Falando da disciplina do *trust*, o autor lembra que somente em matéria de títulos de crédito se distingue a assinatura em favor (*acomodation bill*) caracterizada pela falta de *consideration* e, no entanto, vinculativa para com o terceiro possuidor (p. 404-405).

(1908) SERPA LOPES, Miguel Maria de. *Curso de direito civil*. 4. ed. Rio de Janeiro: Freitas Bastos, 1962. p. 447.

(1909) RODRIGUES, Sílvio. *Direito civil*. 21. ed. São Paulo: Saraiva, 1990. v. 1, p. 245. O autor lembra que esse princípio se assenta em outro maior, informador de todo o Direito das Obrigações, no sentido de que o patrimônio do devedor responde por suas dívidas.

(1910) BEVILÁQUA, Clóvis. *Teoria geral do direito civil*. 2. ed. Rio de Janeiro: Francisco Alves, 1976. p. 227.

(1911) BEVILÁQUA, Clóvis. *Teoria geral do direito civil*. 2. ed. Rio de Janeiro: Francisco Alves, 1976. p. 228.

A fraude só se caracteriza quando for insolvente o devedor, ou quando estiver na iminência de sê-lo. É de ressaltar que o direito de o devedor dispor de seus bens esbarra na boa-fé das obrigações que assume. Nesse aspecto, a boa-fé revela-se em seu caráter objetivo, caracterizada pela lealdade com que o devedor deve pautar a sua atuação. Note-se que o Código Civil (art. 164 do Código Civil de 2002 e art. 112 do Código Civil de 1916) presume de boa-fé e confirma a validade dos negócios ordinários indispensáveis à manutenção de estabelecimento agrícola, mercantil, ou industrial do devedor. Por outro lado, presumem-se fraudatórias dos direitos de outros credores as garantias de dívidas que o devedor insolvente tiver dado a algum credor (art. 163 do Código Civil de 2002 e art. 111 do Código Civil de 1916). Em ambos os casos, a lei utiliza a expressão "presume-se", dando nítido caráter objetivo à presença da boa-fé ou ausência dela.

Tanto a simulação quanto a fraude contra credores podem aparecer no contrato de emprego. É muito comum acontecer a simulação de contrato de emprego, principalmente para fins previdenciários, visando a uma aposentadoria ou ao gozo de algum benefício. A fraude contra credores aparece, algumas vezes, quando o empregador está prestes a falir e realiza acordos com seus empregados mais próximos, destinando-lhes certos pagamentos, em bens ou dinheiro, em prejuízo dos demais empregados. Veja-se que, neste caso, não há credores quirografários como estipula o Código Civil, mas credores trabalhistas. Na prática, porém, em se tratando de créditos trabalhistas, todos são privilegiados com relação aos demais (débitos fiscais, previdenciários, ônus reais e outros), mas estão em igualdade de condições se considerados entre si.

A Consolidação das Leis do Trabalho traz, ainda, a fraude em sentido estrito. Estipula, no art. 9º, que são nulos de pleno direito os atos praticados com o objetivo de desvirtuar, impedir ou fraudar a aplicação dos preceitos contidos em seu texto. O interesse social presente na norma é que qualifica de nulo o ato, e não de anulável. Segundo Mozart Victor Russomano(1912), a doutrina e a jurisprudência não têm refletido de maneira suficiente a respeito desses pontos vitais do Direito do Trabalho. A inconformidade é no sentido da aplicação indiscriminada do art. 795 da Consolidação das Leis do Trabalho, confundindo o seu alcance processual com o alcance material do art. 9º, antes mencionado. A opinião de Mozart Victor Russomano(1913) parece ser acertada, pois, segundo seus ensinamentos, jamais se pode admitir que o preceito do art. 795 da Consolidação das Leis do Trabalho (norma de caráter processual) tenha amplitude suficiente para atingir, também, as situações regidas pelo direito material. A norma refere-se às nulidades processuais e não às nulidades em geral, caso contrário, estaria entre as normas da introdução, e não no capítulo do processo em geral.

Quando abordado o princípio da irrenunciabilidade dos direitos trabalhistas, foi mencionado que a renúncia somente era cabível em juízo, sendo vedada a renúncia extrajudicial. Nesse sentido é que se aplica a norma do art. 9º da Consolidação das Leis do Trabalho. Essa renúncia extrajudicial é nula, e constitui ato fraudatório dos preceitos contidos na legislação do trabalho.

2.1.3. *Objeto lícito, possível, determinado ou determinável*

As vantagens patrimoniais ou extrapatrimoniais, consistentes em coisas ou serviços que interessam aos seres humanos, constituem o objeto de todo o negócio jurídico(1914). No contrato de emprego, o objeto, para o empregador, é a obtenção de trabalho subordinado e, para o empregado, é a remuneração.

O objeto do negócio jurídico, aqui incluído o contrato de emprego, deve ser lícito, possível, determinado ou determinável.

(1912) RUSSOMANO, Mozart Victor. *Comentários à CLT*. 16. ed. Rio de Janeiro: Forense, 1994. v. 1, p. 47. O texto do art. 795 é o seguinte: "As nulidades não serão declaradas senão mediante provocação das partes, as quais deverão argui-las a primeira vez em que tiverem de falar em audiência ou nos autos". A única exceção, no plano processual, é o § 1º do mesmo artigo, que se refere à incompetência em "razão do foro", na expressão da CLT, que não se trata da incompetência em razão do lugar ou territorial (que é relativa), mas trata da incompetência de jurisdição (absoluta).

(1913) RUSSOMANO, Mozart Victor. *Comentários à CLT*. 16. ed. Rio de Janeiro: Forense, 1994. v. 1, p. 47.

(1914) GOMES, Orlando; GOTTSCHALK, Elson. *Curso de Direito do Trabalho.* Rio de Janeiro: Forense, 1990. p. 382.

Será possível quando as forças humanas ou as forças da natureza permitirem a sua realização. A impossibilidade pode ser absoluta quando se afeta a própria essência do ato e atinge a todas as pessoas, ou relativa, quando se refere a apenas certas pessoas. Há, também, de ser diferenciada a impossibilidade física da impossibilidade jurídica. A primeira diz respeito a coisas ou fatos que não podem verificar-se segundo as leis da natureza. A segunda é incompatível com o ordenamento jurídico[(1915)]. Tanto o objeto faticamente impossível quanto o objeto juridicamente impossível tornam o ato inválido. José Martins Catharino[(1916)] cita como exemplo de impossibilidade jurídica a utilidade salarial de coisa fora do comércio.

Além de possível, o objeto deverá ser determinado ou determinável. Com relação ao empregado, a determinação do objeto consiste nas funções que ele virá a desempenhar dentro da empresa. Essa questão envolve uma complexidade de atos, e deriva diretamente da continuidade da relação de emprego. Como já visto, o contrato de emprego é um contrato de trato sucessivo, em que as prestações se renovam periodicamente. Por essa razão, a realidade tem força jurígena, isto é, o desenrolar do contrato cria novas cláusulas, extingue algumas e especifica outras anteriormente existentes. As funções do empregado podem sofrer modificações ao longo do contrato. Essas modificações decorrem de ajustes que nem sempre são expressos, sendo, no mais das vezes, tácitos. O costume no exercício de determinada profissão ou mesmo a especialização dos serviços pode levar a alterações no conteúdo do contrato. Como se sabe, o conteúdo faz parte do objeto. A fixação do trabalho a realizar, portanto, deve ser feita com um mínimo de parâmetros, pois o empregado não se obriga a prestar qualquer trabalho, e sim determinado trabalho.

O grau de determinação ou determinabilidade do objeto do contrato de emprego dependerá, é evidente, das condições concretas da prestação de serviço. A lei admite certo grau de indeterminação no contrato de emprego, no art. 456, parágrafo único, da Consolidação das Leis do Trabalho, quando estatui que, à falta de prova ou inexistindo cláusula expressa a tal respeito, se entenderá que o empregado se obrigou a todo e qualquer serviço compatível com a sua condição pessoal.

Certas profissões são menos especializadas e, portanto, abarcam maior possibilidade de tarefas. Por outro lado, outras contêm elevado grau de especialização, e, portanto, qualquer alteração nas atividades apontará modificação no conteúdo contratual. Essa reflexão é importante porque a alteração pode justificar, dependendo do caso concreto, o pagamento de um *plus* salarial, correspondente às novas funções. Trata-se de uma interpretação extensiva do art. 460 da Consolidação das Leis do Trabalho[(1917)]. Veja-se que o equilíbrio inicial entre a prestação do trabalho subordinado e o pagamento do salário foi rompido, sendo cabível, portanto, novo patamar salarial para contraprestar as novas funções desempenhadas. Em todos os casos, sempre será devido o salário mínimo, qualquer que seja a função desempenhada.

O objeto também deve ser lícito. Há fatos que se concretizam, exatamente, em conformidade com as prescrições jurídicas e por isso se constituem na própria realização da ordem jurídica: são os fatos conforme ao Direito, também chamados lícitos. Há outros, contudo, cuja concreção representa violação das normas jurídicas, implicando, assim, a negação do direito: são os fatos contrários ao direito, também ditos ilícitos. Importante notar que o conceito de contrariedade ao direito é mais amplo que o de ilegalidade, uma vez que não se restringe àquilo que é contrário à lei, mas também à boa-fé, à moral, aos bons costumes[(1918)]. O Código Civil de 2002 utiliza dessa concepção mais ampla de ato ilícito[(1919)].

(1915) RÁO, Vicente. *Ato jurídico*. 3. ed. São Paulo: Revista dos Tribunais, 1994. p. 128-129.

(1916) CATHARINO, José Martins. *Compêndio de Direito do Trabalho*. 3. ed. São Paula: Saraiva, 1982. v. 1, p. 257.

(1917) O texto legal é o seguinte: "art. 460. Na falta de estipulação do salário, ou não havendo prova da importância ajustada, o empregado terá direito a perceber salário igual ao daquele que, na mesma empresa, fizer serviço equivalente, ou do que for habitualmente pago para serviço semelhante".

(1918) MELLO, Marcos Bernardes de. *Teoria do fato jurídico:* plano da validade. 3. ed. São Paulo: Saraiva, 1999. p. 79.

(1919) Código Civil de 2002, art. 187: "Também comete ato ilícito o titular de um direito que, ao exercê-lo, excede manifestamente os limites impostos pelo seu fim econômico ou social, pela boa-fé ou pelos bons costumes." Art. 971: "Não terá direito à repetição aquele que deu alguma coisa para obter fim ilícito, imoral, ou proibido por lei."

Kelsen[1920] esclarece que o ilícito não é negação, mas pressuposto do Direito. Isso significa que o ilícito não é um fato que esteja fora do Direito, pelo contrário, é um fato que está dentro do Direito e é por ele determinado. O Direito, pela sua própria natureza, se refere precisa e particularmente a ele. A ilicitude relaciona-se intimamente também com a invalidade em seus diversos graus (nulidade e anulabilidade), como sanção que o ordenamento jurídico adota para punir determinadas condutas que implicam contrariedade a direito[1921].

O Código Civil de 2002 dispõem serem nulos os atos quando for ilícito, impossível ou indeterminável o seu objeto (art. 166, II).

Nesse ponto cabe distinguir trabalho ilícito de trabalho proibido. A ilicitude do objeto decorre da contrariedade ao direito. A proibição deriva de imperativo legal que impede de contratar sobre determinada matéria[1922].

Questão tormentosa que pode ser brevemente mencionada nesse ponto em face dos contornos do presente trabalho é a que envolve a preservação, ou não, dos efeitos do ato nulo em relações de trabalho de incapazes e menores de 16 anos, salvo na condição de aprendiz a partir dos 14 anos, cujo trabalho é proibido.

Uma das consequências do caráter protetivo do Direito do Trabalho é ter o empregador os deveres oriundos do contrato de emprego, mesmo quando há nulidade. Embora nulo, o contrato individual de trabalho, se o trabalho foi prestado, tem de ser retribuído como se válido fosse, já ensinava Pontes de Miranda[1923].

Partindo desta concepção, que prestigia o critério da irretroatividade das nulidades, e acrescentando a aplicação do princípio da vedação do enriquecimento sem causa[1924], parte significativa da doutrina[1925] e da jurisprudência[1926] passou a entender que, embora nulo o contrato de emprego celebrado por incapazes e menores proibidos[1927] de trabalhar, são devidos os salários. Há ainda quem entenda pela ampliação dos

---

(1920) KELSEN, Hans. *Teoria pura do direito*. 6. ed. São Paulo: Martins Fontes, 1998. p. 127.

(1921) PONTES DE MIRANDA, Francisco Cavalcanti. *Tratado de direito privado*. Rio de Janeiro: Borsoi, 1954. v. 4, p. 131; CARVALHO SANTOS, J. M. *Código Civil brasileiro interpretado*. 4. ed. Rio de Janeiro: Freitas Bastos, 1950. v. 2, p. 226.

(1922) GARCÍA, Manuel Alonso. *Curso de derecho del trabajo*. 5. ed. Barcelona: Ariel, 1975. p. 400.

(1923) PONTES DE MIRANDA, Francisco Cavalcanti. *Tratado de direito privado*. Rio de Janeiro: Borsoi, 1964. v. 47, p. 492.

(1924) Este princípio geral do direito que há muito é utilizado no Direito do Trabalho agora está previsto no Código Civil de 2002. Dispõe o art. 884: "Aquele que, sem justa causa, se enriquecer à custa de outrem, será obrigado a restituir o indevidamente auferido, feita a atualização dos valores monetários." Nesta linha decidiu-se em: BRASIL. Tribunal Superior do Trabalho, 1ª Turma. Ementa: DIFERENÇAS SALARIAIS. DESVIO FUNCIONAL. ARTIGO 37, INCISO II, DA CONSTITUIÇÃO DA REPÚBLICA. A regra exposta no art. 37, II, da Constituição da República, é de ordem pública e de observância obrigatória pela administração, administradores e administrados. *Todavia, caracterizado o desvio, impõe-se tão somente o pagamento das diferenças salariais, por força da comutatividade e para se evitar o enriquecimento sem causa de quem praticou o ilícito trabalhista, sendo devido tal pagamento enquanto não corrigido e perdurar o desvio de função*. Agravo desprovido. Grifou-se. Agravo de Instrumento-Recurso de Revista n. 728650/2001.Relator: Ministro Wagner Pimenta. 22 de fevereiro de 2002. Disponível em: <http://www.tst.gov.br>. Acesso em: 14 maio 2004.

(1925) No Direito do Trabalho, diferentemente do Direito Civil, vigora, como regra, o critério da irretroatividade da nulidade decretada. No Direito Civil, a nulidade, quando declarada, em regra, retroage ao instante da formação do contrato, voltando as partes à situação anterior à contratação (*estatus quo ante*), restituindo-se tudo o que receberam. Ocorre que o contrato de trabalho é de prestações sucessivas e, uma vez produzidos seus efeitos obrigacionais (trabalho — salário), não pode o empregador devolver ao empregado a energia que este despendeu, nem mesmo num contrato nulo. Com isso, se os salários já foram pagos, não devem ser devolvidos e se o empregador ainda não os pagou, deverá fazê-lo, pois o direito não admite que alguém possa enriquecer sem causa em prejuízo de outrem, conforme SÜSSEKIND, Arnaldo *et al. Instituições de Direito do Trabalho*. 20. ed. São Paulo, 2002. v. 1, p. 247-248. Nesse sentido, também, CATHARINO, José Martins. *Tratado jurídico do salário*. São Paulo: LTr, 1994. p. 81-83.

(1926) BRASIL. Tribunal Regional do Trabalho da 3ª Região, 3ª Turma. Ementa: NULIDADE DO CONTRATO DE TRABALHO. MENOR. EFEITOS. A nulidade do contrato celebrado com menor de quatorze anos produz efeitos *ex nunc*, e não *ex tunc*, pois se afigura impossível restituir ao obreiro a sua força de trabalho, além do que a norma do art. 7º, inc. XXXIII, da Constituição da República, constitui direito do trabalhador, não podendo servir de base para a sua punição. Recurso Ordinário n. 10779/98. Relatora: Nanci de Melo e Silva. 7 de abril de 1999. Disponível em: <http://www.mg.trt.gov.br>. Acesso em: 14 maio 2004. Também, nesse sentido: BRASIL. Tribunal Regional do Trabalho da 24ª Região. Recurso Ordinário n. 413/93. Relator: Juiz Geraldo Pedroso. 13 de dezembro de 1994. Disponível em: <http://www.trt24.gov.br>. Acesso em: 14 maio 2004.

(1927) Esse entendimento acerca do trabalho proibido não é seguido no caso de trabalho cujo objeto é ilícito. O conceito de objeto lícito envolve a ideia do que é legalmente permitido, conforme os bons costumes e a ordem pública. Em regra, a ilicitude coincide com práticas tipificadas como delito ou contravenção penal. A ilicitude do objeto vicia indelevelmente o ato jurídico, tornando-o

efeitos, garantindo ao trabalhador todos os direitos decorrentes da relação de emprego(1928). Existe também o outro lado do problema, qual seja, o salário tem natureza alimentar e consumível. Uma vez recebido, seu uso tem como finalidade a sobrevivência do empregado e isso torna impossível, como regra, a sua devolução(1929).

Em relação ao trabalho ilícito, o tratamento quanto aos efeitos que predomina na doutrina e na jurisprudência é mais severo que o dado ao trabalho proibido. No Direito do Trabalho, quando o objeto é ilícito, a nulidade é absoluta e, quando proibido, a nulidade é relativa. Há de ressalvar-se que, quando houver ilícito comum, a nulidade será relativa, mas, quando o ilícito for penal, a nulidade será absoluta(1930).

Existem inúmeros problemas que envolvem a ilicitude do objeto e talvez o principal seja a ilicitude da causa. O tema da causa como elemento dos atos jurídicos é dos mais polêmicos dentro do Direito, e serviria para outra tese, certamente muito mais ampla e abrangente.

Sem qualquer pretensão de enfrentar o tema com a profundidade que merece, entende-se que a causa não faz parte dos elementos do contrato, conforme a teoria adotada pelo próprio Código Civil. Sabe-se que o Direito Francês, ao contrário do Alemão, contempla a causa como elemento do negócio. A ideia de causa, como diz Serpa Lopes(1931), está próxima ao problema da vontade, pois esta é o ponto central de sua irradiação. Para o Direito Romano, com sua característica formal, a causa não fazia parte do ato jurídico. A forma, e não a vontade, é que representava o elemento do seu nascimento. A doutrina francesa, que acolhe a causa como elemento do contrato, faz algumas limitações. A causa, no Direito francês, é limitada ao momento da formação da obrigação e considerada elemento psicológico, de modo que se define como o motivo que leva alguém a contratar. Os motivos que determinam o contrato, porém, permanecem, em sua grande maioria, na consciência do indivíduo, e não são externados. Por essa razão, considerando a segurança jurídica, somente determinadas causas podem ser juridicamente consideradas, desde que se relacionem com o fim imediato e direto do vínculo obrigacional. O fim é aquele pertinente à espécie de contrato declarada. Por exemplo, na compra e venda, o fim é a aquisição de uma coisa pelo comprador, e o recebimento do preço pelo vendedor(1932). No contrato de emprego, a causa é a obtenção do trabalho subordinado por parte do empregador, enquanto a concausa do empregado é a remuneração.

---

inexistente e insuscetível de gerar qualquer efeito. Nesse sentido, tem entendido a jurisprudência: BRASIL. Tribunal Regional do Trabalho da 4ª Região. Ementa: CONTRATO DE TRABALHO. LICITUDE DO OBJETO. GAROTA DE PROGRAMA. Impossível o reconhecimento de relação jurídica de emprego entre a garota de programa e o dono da boate, considerando-se que a ilicitude do objeto impede a formação de contrato de trabalho válido entre as partes. Recurso Ordinário n. 01333-2002-030-04-00-6. Relator: Paulo José da Rocha. 28 de maio de 2004. Disponível em: <http://www.trt4.gov.br>. Acesso em: 6 jun. 2004; BRASIL. Tribunal Regional do Trabalho da 4ª Região. Ementa: APONTADOR DE JOGO DO BICHO. Impossível o reconhecimento de relação jurídica de emprego entre apontador de jogo do bicho e dono da banca, haja vista a ilicitude do objeto. Recurso Ordinário n. 00025-2003-002-04-00-5. Relator: Ricardo Luiz Tavares Gehling. 20 de abril de 2004. Disponível em: <http://www.trt4.gov.br>. Acesso em: 6 jun. 2004.

(1928) DELGADO, Mauricio Godinho. *Contrato de trabalho:* caracterização, distinções, efeitos. São Paulo: LTr, 1999. p. 125; CAMINO, Carmem. *Direito individual do trabalho.* 4. ed. Porto Alegre: Síntese, 2003. p. 275-276. Há também jurisprudência neste sentido: BRASIL. Tribunal Regional do Trabalho da 3ª Região, 2ª Turma. Ementa: CONTRATO DE TRABALHO. Embora seja nulo o contrato de trabalho celebrado com menor de 14 anos, diante da expressa proibição constante da Carta Magna, mesmo assim produzirá os efeitos jurídicos vez que não se admite possa o empregador beneficiar-se de sua própria infração, eximindo-se do pagamento de salários àqueles que despenderam suas forças. A ninguém é lícito enriquecer-se sem causa à custa alheia. Comprovado, por meio da prova documental e testemunhal, que os autores prestaram serviços para a reclamada, nos termos do art. 3º consolidado, *são devidas as parcelas trabalhistas pleiteadas*. Grifou-se. Recurso Ordinário n. 11037/94. Relatora: Alice Monteiro de Barros. 25 de agosto de 1995. Disponível em: <http://www.trt3.gov.br>. Acesso em: 6 jun. 2004. Neste sentido também: BRASIL. Tribunal Regional do Trabalho da 3ª Região, 1ª Turma. Ementa: Recurso Ordinário n. 16527/99. Relatora: Denise Alves Horta. 29 de abril de 2000. Disponível em: <http://www.trt3.gov.br>. Acesso em: 6 jun. 2004.

(1929) Essa mesma situação ocorre na jurisprudência do Direito de Família, a respeito das pensões fixadas para alimentos provisórios em ações de investigação de paternidade, quando elas são julgadas improcedentes ao final. Nesses casos, os alimentos provisórios recebidos são de impossível devolução, em regra.

(1930) Conforme o entendimento de Eloy José da Rocha, citado por BARATA SILVA, Carlos Alberto. *Compêndio de Direito do Trabalho.* 4. ed. São Paulo: LTr, 1986. p. 221.

(1931) SERPA LOPES, Miguel Maria de. *Curso de direito civil.* 4. ed. Rio de Janeiro: Freitas Bastos, 1962. p. 477.

(1932) SERPA LOPES, Miguel Maria de. *Curso de direito civil.* 4. ed. Rio de Janeiro: Freitas Bastos, 1962. p. 480-481.

A legislação brasileira não admite a causa como elemento do negócio jurídico, como já se disse, mas refere-se à falsa causa (motivo) como elemento viciador do ato quando expressa como razão determinante ou como condição (art. 140 do Código Civil de 2002 e art. 90 do Código Civil de 1916). Também é vedado o enriquecimento sem causa.

Apesar de entender-se que a causa não é elemento do negócio jurídico, em face da vedação do enriquecimento sem causa, é preciso que sejam feitas algumas considerações a respeito do tema no que se relaciona com o contrato de emprego. A questão envolve o chamado trabalho ilícito daqueles empregados que prestam serviço em empresas cujas atividades não são vedadas pelo poder público. Atente-se para o caso de determinadas boates, casas de *shows*, casas de massagens ou estabelecimentos análogos, que têm sua atividade econômica girando em torno da prostituição. Existem prestadores de serviço de toda espécie, desde garçons, cozinheiros, camareiras, seguranças, contadores, dançarinas e outros. A dificuldade está em estabelecer qual a atividade lícita e qual a ilícita. Barata Silva[(1933)] propõe que as atividades que não são intrinsecamente imorais, como a de garçom, devem ser consideradas válidas perante o Direito. O citado autor faz, como na doutrina francesa, a distinção entre causa mediata e causa imediata, alegando, com base nos ensinamentos de Eloy José da Rocha, que só serão inválidos os contratos imorais ou ilícitos proximamente. Os contratos remotamente ilícitos têm sua prática cercada de moralidade, inclusa na esfera ética do Direito.

Para Antônio Lamarca[(1934)], o critério é outro, qual seja, a consciência do empregado. Na hipótese de o empregado ignorar as verdadeiras finalidades da empresa, trabalhando de boa-fé, é de ser considerado válido o contrato. O critério peca pelo subjetivismo em excesso. A boa-fé, no sentido utilizado pelo citado autor, caracteriza-se como estado de consciência do indivíduo, ou seja, trata-se de boa-fé subjetiva. O que interessa ao caso, entretanto, é o aspecto objetivo da conduta de ambas as partes, ou seja, o fato de prestação de serviços e a inserção no empreendimento econômico. Alguma jurisprudência mais recente tem afastado a conotação de imoralidade de bailarinas de casas noturnas, mesmo que elas se submetam à prostituição. A atividade de prostituir-se é, sem dúvida, ilegal, com sanções penais pertinentes. Entretanto, a atividade de bailarina nada tem de ilegal, e insere-se dentro do empreendimento econômico de forma objetiva, dando à casa noturna maior atrativo na captação de clientes[(1935)].

Existe grande confronto de valores na questão do trabalho inidôneo. Por um lado, o ordenamento jurídico repele a ideia de que alguém pratique determinadas atividades consideradas imorais e, muitas vezes, eleve o patamar de imoralidade para ilegalidade. Há toda uma hipocrisia a respeito do assunto. A prostituição em si não é crime, pois o ordenamento jurídico entendeu que ela não atinge nenhum bem que ele resolveu tutelar por meio do estabelecimento de pena[(1936)]. As figuras tipificadas são o lenocínio, o tráfico de mulheres, o proxenetismo e o rufianismo. Pode-se considerar imoral o fato da prostituição, mas, certamente, há de considerar-se ilegal o fato de alguém favorecê-la ou utilizar-se dela em proveito próprio. O dilema está em acolher um contrato que pode, segundo determinada interpretação, ser considerado imoral e, por outro lado, anulando o contrato, favorecer outra imoralidade, que é a exploração da prostituição. O empregador, nesse caso, não pode ser beneficiado, ficando sujeito ao cumprimento da legislação trabalhista.

Barata Silva[(1937)] analisa o problema com peculiar atenção. Cita como exemplo uma empresa de contrabando que possua aparência de legalidade em suas atividades. O trabalhador que exerça sua função diretamente ligada ao contrabando, isto é, diretamente ligada à realização do ilícito, não é protegido pelos dispositivos legais. Admite a possibilidade, entretanto, que esse trabalhador faça jus à remuneração pelo trabalho executado que tem como fundamento a vedação ao enriquecimento sem causa, e não o vínculo

(1933) BARATA SILVA, Carlos Alberto. *Compêndio de Direito do Trabalho.* 4. ed. São Paulo: LTr, 1986. p. 221.

(1934) LAMARCA, Antônio. *Contrato individual de trabalho.* São Paulo: Revista dos Tribunais, 1969. p. 118.

(1935) Nesse sentido, o acórdão 93.000291.1 do TRT da 4ª Região, 4ª Turma, Relatora Magda Barros Biavaschi, publicado na Revista do mesmo tribunal, n. 27.

(1936) JESUS, Damásio E. de. *Direito penal.* 3. ed. São Paulo: Saraiva, 1986. v. 3, p. 149.

(1937) BARATA SILVA, Carlos Alberto. *Compêndio de Direito do Trabalho.* 4. ed. São Paulo: LTr, 1986. p. 221-222.

jurídico de emprego. Caso não pague a indenização, como já se disse, seria sacramentado o enriquecimento sem causa, beneficiando-se o infrator da ordem jurídica com base na sua própria infração.

Numa empresa como a citada no parágrafo anterior, pode haver atividades lícitas e ilícitas. A ilicitude da atividade da empresa não contamina, indistintamente, todas as atividades de seus empregados. Como no exemplo da casa de prostituição, o cozinheiro, a camareira ou o segurança não têm contrato com objeto ilícito. Consideram-se sem proteção trabalhista apenas os autores ou coautores de atos ilícitos[(1938)].

Conforme o entendimento consubstanciado na Orientação Jurisprudencial n. 199 do Tribunal Superior do Trabalho, é nulo o contrato de emprego celebrado para o desempenho de atividade inerente à prática de "jogo o bicho", em face da ilicitude de seu objeto, *in verbis*:

> JOGO DO BICHO. CONTRATO DE TRABALHO. NULIDADE. OBJETO ILÍCITO. É nulo o contrato de emprego celebrado para o desempenho de atividade inerente à prática de "jogo o bicho", ante a ilicitude de seu objeto, o que subtrai o requisito de validade para a formação do ato jurídico[(1939)].

Em síntese, nas situações de trabalho ilícito (objeto ilícito), afasta-se a incidência da teoria trabalhista especial quanto às nulidades, aplicando-se a teoria geral do Direito Comum, negando-se qualquer direito trabalhista ao trabalhador que praticou trabalho ilícito, uma vez que esse trabalho agride o interesse público, não merecendo, com isso, qualquer proteção da ordem jurídica.

2.1.4. Forma prescrita ou não defesa em lei

O contrato de emprego é informal, ou seja, não é revestido de formalidades, como regra. Entretanto, existem exceções nas quais a lei exige determinadas formalidades, quando consagrada situação excepcional, na maior parte dos casos, a retirar do empregado a tutela mais ampla consagrada no chamado contrato mínimo legal. A forma, nesses casos, passa a ser substância do ato.

Nesse sentido, no Direito do Trabalho existem algumas modalidades especiais de contrato que exigem formalidades especiais para sua validade, tais por exemplo: a) os contratos de aprendizagem devem ser obrigatoriamente por escrito e pelo prazo máximo de dois anos (com exceção expressa para os portadores de deficiência), conforme o disposto no art. 428 e parágrafos da CLT; b) contrato de atleta profissional (Leis ns. 6.354/76, 9.615/98 ("Lei Pelé") e 9.981/00): exigência de contrato escrito e prazo mínimo de três meses e máximo de cinco anos (art. 30 da Lei n. 9.981/00 que alterou alguns dispositivos da Lei n. 9.615/98); contrato de trabalho temporário (Lei n. 6.019/74): obrigatoriamente escrito e pelo prazo máximo de três meses, salvo autorização específica do Ministério do Trabalho (arts. 10 e 11).

Outra situação típica de forma prescrita em lei no âmbito do Direito do Trabalho é o art. 37, inciso II e § 2º da CF de 1988, segundo o qual a investidura em cargo ou emprego público depende de aprovação prévia concurso público, ressalvadas as nomeações para cargo em comissão[(1940)].

(1938) BARATA SILVA, Carlos Alberto. *Compêndio de Direito do Trabalho*. 4. ed. São Paulo: LTr, 1986. p. 222.

(1939) Nas décadas de 1980-1990, quando essa discussão aflorava nos tribunais trabalhistas, a jurisprudência era divergente sobre o tema. Citam-se duas decisões em sentido diametralmente oposto: "Relação de Emprego. Jogo do Bicho. Ainda que formalmente ilícita a atividade dos trabalhadores, circunstância que invalida o contrato, emerge a relação de trabalho em contexto social onde consagrada a prática de jogos de azar, explorados a todo e qualquer título, por entidades filantrópicas, clubes esportivos, redes nacionais de televisão e pelo próprio Estado, com destaque especial para as conhecidas "raspadinhas", muitas delas de duvidosa legalidade. Ausência de reprobabilidade social e notória tolerância do Estado. Recurso provido para reconhecer a existência da relação de trabalho com os traços típicos da relação de emprego. Retorno dos autos à Junta de origem para julgamento dos itens articulados do pedido que nela têm seu fundamento" (TRT 4ª Região, 1ª Turma, AC. 4729/92 — RO — Relatora Carmen Camino). No outro sentido: "Jogo do Bicho. O vendedor de apostas do jogo do bicho contratado pelo dono da "banca" está ao desabrigo da Justiça Trabalhista, por exercer atividade tipificada como contravenção penal" (TRT 4ª Região, 1ª Turma, AC 6539/89 — RO — Relatora Ester Pontremoli Vieira da Rosa).

(1940) Cabe lembrar que o requisito do concurso público é exigido não só para cargo, mas também para emprego público, ou seja, servidor público contratado pelo regime da CLT, tanto na administração pública direta, como indireta ou fundacional, que

O Tribunal Superior do Trabalho, aos poucos, tem consolidado seu entendimento sobre a matéria, da qual se destaca a questão processual ligada ao pedido tal como formulado. Cabe uma delimitação importante: serão tratados aqui apenas os pedidos de vínculo de emprego diretamente com a administração pública, uma vez que se está aqui tratando de contratações diretas entre a administração pública e o trabalhador, sem concurso público. Não serão abordados aqui as situações de terceirização[(1941)].

Por meio do inciso II da Súmula n. 331, o Tribunal Superior do Trabalho (que trata de terceirização e daí a possibilidade de confusão) dispõe que a contratação irregular de trabalhador, feita *diretamente* pela administração pública, não gera vínculo de emprego com os órgãos da administração pública direta, indireta ou fundacional, em obediência ao disposto no art. 37, inciso II, da CF/1988.

A contratação assim feita pela administração pública deve ser declarada nula, pois o requisito do concurso público é essencial à validade do ato, sendo passível de nulidade o ato jurídico que deixou de se revestir da forma especial determinada em lei[(1942)].

Todavia, o TST, pelo disposto na Súmula n. 363, tem entendido que este ato, embora nulo, gera efeitos, conferindo ao servidor o direito ao pagamento da contraprestação pactuada, em relação ao número de horas trabalhadas, respeitado o valor da hora do salário mínimo, e também, com a nova redação dada pela Resolução n. 121, de 21.11.2003, os valores referentes aos depósitos do FGTS. Em síntese, fundamentado na sobreposição do interesse público sobre o interesse laboral particular, o Tribunal Superior do Trabalho considera nulo o contrato celebrado nessas condições (§ 2º do art. 37 da CF/1988), mas determina o pagamento de salários e dos valores referentes aos depósitos do FGTS.

É o que Mauricio Godinho Delgado[(1943)] chama de aplicação restrita da teoria trabalhista sobre nulidades. Esclarece o autor mineiro que o Direito do Trabalho é distinto do Direito Civil quanto aos efeitos da nulidade declarada, nele vigorando como regra o critério da irretroatividade da nulidade decretada (a regra do efeito *ex nunc* da decretação judicial da nulidade percebida), diversamente da diretriz clássica do Direito Civil em que aquilo que for tido por absolutamente nulo nenhum efeito jurídico poderá ensejar, eliminando-se, em consequência, até mesmo as repercussões faticamente já verificadas (art. 182 do Código Civil de 2002 — regra do efeito *ex tunc* da decretação judicial da nulidade percebida)[(1944)].

No caso da contratação irregular de servidores públicos (sem aprovação em concurso público), diretamente pela administração pública, predomina o entendimento do Tribunal Superior do Trabalho no sentido de não conceder todos os efeitos justrabalhistas ao contrato irregularmente celebrado, como ocorre no caso do trabalho empregatício prestado por menor de 16 anos (ou 14 antes da EC n. 20/98), mas também não há a negativa total dos direitos trabalhistas, como no caso do trabalho ilícito, havendo concessão restrita de direitos trabalhistas que atualmente são o direito ao pagamento da contraprestação pactuada, em relação ao número de horas trabalhadas, respeitado o valor da hora do salário mínimo, e

---

inclui as fundações, as autarquias, as empresas públicas que explorem atividades econômicas e as sociedades de economia mista, conforme já decidido pelo Supremo Tribunal Federal: "BRASIL. Supremo Tribunal Federal. Ementa: A acessibilidade aos cargos públicos a todos os brasileiros, nos termos da lei e mediante concurso público é princípio constitucional explícito, desde 1934, art. 168. Embora cronicamente sofismado, mercê de expedientes destinados a iludir a regra, não só reafirmado pela Constituição, como ampliado, para alcançar os empregos públicos opera-se mediante concurso público. As autarquias, empresas públicas ou sociedades de economia mista estão sujeitas à regra, que envolve a administração direta, indireta ou fundacional de qualquer dos poderes da União, dos Estados, do Distrito Federal e dos Municípios. Sociedade de economia mista destinada à exploração de atividade econômica está igualmente sujeita a este princípio, que não colide com o expresso no art. 173, § 1º. Exceções ao princípio, se existem, estão na própria Constituição". Mandado de Segurança n. 21.322-1 DF. Relator: Ministro Paulo Brossard. 03 de dezembro de 1992. Disponível em: <http://www.stf.gov.br>. Acesso em: 25 ago. 2004.

(1941) Para um estudo aprofundado da terceirização de serviços no âmbito do Direito do Trabalho ver COIMBRA, Rodrigo. *Relações terceirizadas de trabalho*. 3. tir. Curitiba: Juruá, 2010.

(1942) Conforme inciso II c/c § 2º do art. 37 da CF/1988. A administração pública está adstrita ao princípio da legalidade, previsto no art. 37, *caput*, da CF/1988. Assim, as formas de terceirização na administração pública deverão estar respaldadas na lei, sob pena de ilegalidade do ato e responsabilidade do servidor que o praticou.

(1943) DELGADO, Mauricio Godinho. *Curso de Direito do Trabalho*. 5. ed. São Paulo: LTr, 2006. p. 509.

(1944) DELGADO, Mauricio Godinho. *Curso de Direito do Trabalho*. 5. ed. São Paulo: LTr, 2006. p. 508.

os valores referentes aos depósitos do FGTS (Súmula n. 363 do TST). A explicação da aplicação restrita da teoria trabalhista das nulidades no caso concreto se dá em razão do bem jurídico afrontado pela irregularidade, que diz respeito fundamentalmente a interesse público, o qual deve prevalecer sobre o interesse privado[(1945)].

3. *Elementos acidentais: condição e termo*

Os elementos acidentais ou secundários são aqueles não essenciais à validade do negócio jurídico, dizendo apenas quanto à sua eficácia. Os elementos acidentais não dizem respeito à essência do ato, sendo, portanto, facultativos. O Código Civil enumera os elementos acidentais dos atos jurídicos: modo ou encargo, condição e termo.

O modo é um ônus imposto a uma liberalidade, não modificando os efeitos típicos do negócio, antes acrescentando-lhe outros que, entretanto, não reagem sobre eles[(1946)]. O modo é, portanto, a obrigação de adotar certo comportamento no interesse do disponente, de terceiro ou do próprio beneficiário[(1947)]. Para os efeitos do contrato de emprego, o modo ou encargo mostra-se irrelevante. Trata-se de instituto jurídico adequado a atos unilaterais *intervivos* ou de última vontade[(1948)].

A condição vem definida pelo Código Civil (art. 121 do Código Civil de 2002 e art. 114 do Código Civil de 1916) como a cláusula que subordina o efeito de um ato jurídico a evento futuro e incerto. A condição atinge os efeitos dos negócios jurídicos em decorrência da vontade das partes. Para Vicente Ráo[(1949)], não se trata de uma cláusula acessória, pois o ato condicional como um só todo se apresenta, considerando-se como unidade, que não se pode partir em declaração principal e declaração acessória. Alguns atos, em princípio, não comportam condições em face da sua natureza peculiar: a) direitos inerentes à personalidade humana em toda a sua plenitude; b) direitos que, devido ao seu fundamento ético-social, em deveres ao mesmo tempo consistem; c) direitos que, por seu destino, ou sua função, não comportam elementos de incerteza[(1950)].

Não se pode presumir a condição. Ela deve ser expressa e, havendo dúvida, interpreta-se que o ato seja puro, isto é, não condicional. A distinção mais importante é a existente entre condição suspensiva e condição resolutiva.

A condição suspensiva é aquela que subordina o início da eficácia do ato jurídico à verificação ou não de um evento futuro e incerto. O Código Civil (art. 125 do Código Civil de 2002 e art. 118 do Código Civil de 1916), estatui que, subordinando-se a eficácia do ato à condição suspensiva enquanto esta não se verificar, não se terá adquirido o direito a que ele visa.

A condição resolutiva é aquela cujo implemento faz cessar os efeitos do ato jurídico. O Código Civil (art. 127 do Código Civil de 2002 e art. 119 do Código Civil de 1916) dispõe que, se for resolutiva a condição, enquanto esta não se realizar, vigorará o ato jurídico, podendo exercer-se desde o momento dele o direito por ele estabelecido; mas, verificada a condição, para todos os efeitos se extingue o direito a que se opõe.

Portanto, na condição suspensiva, a produção de efeitos do negócio jurídico depende do acontecimento da circunstância posta como condição; na condição resolutiva, a continuação de sua eficácia depende do não acontecimento da referida circunstância[(1951)].

(1945) DELGADO, Mauricio Godinho. *Curso de Direito do Trabalho.* 5. ed. São Paulo: LTr, 2006. p. 507-511.

(1946) A definição é de Francesco Santoro-Passarelli, citado por GOMES, Orlando. *Introdução ao direito civil.* 10. ed. Rio de Janeiro: Forense, 1991. p. 421.

(1947) PINTO, Carlos Alberto da Mota. *Teoria geral do direito civil.* 3. ed. Coimbra: Coimbra, 1994. p. 579.

(1948) CATHARINO, José Martins. *Compêndio de Direito do Trabalho.* 3. ed. São Paula: Saraiva, 1982. v. 1, p. 260.

(1949) RÁO, Vicente. *Ato jurídico.* 3. ed. São Paulo: Revista dos Tribunais, 1994. p. 244.

(1950) RÁO, Vicente. *Ato jurídico.* 3. ed. São Paulo: Revista dos Tribunais, 1994. p. 247.

(1951) LARENZ, Karl. *Derecho civil.* Madrid: Revista de Derecho Privado, 1978. p. 674.

Por lidar com certo grau de incerteza nos negócios jurídicos[(1952)], a estipulação de condições deve, necessariamente, obedecer ao princípio da boa-fé. O Código Civil, atento à possibilidade de fraude ou malícia na estipulação das condições, ou no oferecimento de dificuldades ao implemento dessas, dispõe que se a parte, a quem a condição desfavorecer, obstar maliciosamente seu implemento, se considerará verificada e se, em sentido contrário, não verificada, será levada a efeito por aquele a quem aproveita o seu implemento. Segundo Vicente Ráo[(1953)], a fonte imediata deste dispositivo legal é o art. 162 do Código Civil alemão, que considera realizada a condição quando, contra a lealdade e confiança recíprocas, sua realização é impedida pela parte em cujo detrimento ela se teria verificado; não realizada, se considera aquela cuja realização contra a lealdade e confiança recíprocas, é produzida pela parte em favor da qual ela deveria verificar-se.

O termo subordina a eficácia do contrato a um evento futuro e certo. Aposto a um direito indica o momento a partir do qual o seu exercício se inicia, ou se extingue. Denomina-se prazo o lapso de tempo entre dois termos. Vencimento é o momento em que o termo se verifica[(1954)].

Assim como na condição, alguns atos não podem estar sujeitos a termo, por exemplo, os direitos de família, a adoção, a aceitação ou renúncia de herança, o reconhecimento de filhos, entre outros. A doutrina traz várias classificações dos termos: expresso e implícito; inicial ou final, entre outras[(1955)].

Termo expresso é o que consta da cláusula do negócio. Termo implícito é o que resulta de sua natureza ou das circunstâncias que o rodeiam. Por termo inicial (*dies a quo*) entende-se o momento em que a eficácia do ato jurídico deve começar. Termo final (*dies ad quem*) é o momento em que a eficácia do ato jurídico deve terminar.

Nos contratos de emprego, são mais comuns os termos resolutivos, ou finais[(1956)], mas nada impede as partes estipularem um termo inicial. A Consolidação das Leis do Trabalho, no art. 443, prevê a existência de contratos por tempo determinado: a) a termo resolutivo certo, cuja vigência dependa de termo prefixado; b) a termo resolutivo incerto, dependendo da execução de serviços especificados ou, ainda, da realização, de certo acontecimento suscetível de previsão aproximada; c) sob condição resolutiva. Em qualquer dos casos, transcorrido o prazo determinado, terminados os serviços ou verificada a condição, o contrato será extinto[(1957)].

O tema da determinação do contrato de emprego é muito vasto para ser abordado neste trabalho. Cogita-se, na doutrina, de um revigoramento dos contratos por tempo determinado no Direito do Trabalho, como forma de flexibilização das relações laborais. O movimento é particularmente forte na Europa, e se faz sentir no Japão, onde, tradicionalmente, as relações de trabalho são mais estáveis. O argumento utilizado é o de que os contratos por tempo determinado têm maior agilidade na contratação da mão de obra. A questão é saber qual o custo social da proposta, diante de um quadro de aumento do desemprego estrutural na economia[(1958)].

(1952) Para Dorneles e Oliveira, a condição revela-se de difícil aplicabilidade no contrato de trabalho por gerar ao trabalhador um estado de incerteza incompatível com os princípios protetores do Direito do Trabalho (DORNELES, Leandro do Amaral Dorneles de; OLIVEIRA, Cínthia Machado de. *Direito do Trabalho*. Porto Alegre: Verbo Jurídico, 2013. p. 9293).

(1953) RÁO, Vicente. *Ato jurídico*. 3. ed. São Paulo: Revista dos Tribunais, 1994. p. 287.

(1954) GOMES, Orlando. *Introdução ao direito civil*. 10. ed. Rio de Janeiro: Forense, 1991. p. 415-416; RÁO, Vicente. *Ato jurídico*. 3. ed. São Paulo: Revista dos Tribunais, 1994. p. 301.

(1955) GOMES, Orlando. *Introdução ao direito civil*. 10. ed. Rio de Janeiro: Forense, 1991. p. 416-417.

(1956) Para Dorneles e Oliveira, o termo final está em desacordo com o princípio da continuidade da relação de emprego, sendo medida excepcional, apenas nos casos previstos em lei (DORNELES, Leandro do Amaral Dorneles de; OLIVEIRA, Cínthia Machado de. *Direito do Trabalho*. Porto Alegre: Verbo Jurídico, 2013. p. 93).

(1957) RUSSOMANO, Mozart Victor. *Comentários à CLT*. 16. ed. Rio de Janeiro: Forense, 1994. v. 1, p. 394-395.

(1958) Sobre o assunto, ver: LEITE, Celso Barroso. *O século do desemprego*. São Paulo: LTr, 1994; MATTOSO, Jorge Eduardo Levi. *A desordem no trabalho*. São Paulo: Página Aberta, 1995; MATTOSO, Jorge Eduardo Levi. O novo e inseguro mundo do trabalho nos países avançados. In: *O mundo do trabalho*. São Paulo: Página Aberta, 1994. p. 521. Especificamente com relação à face jurídica do tema, ver SILVA, Antônio Alvares da. *Proteção contra a dispensa na nova constituição*. 2. ed. São Paulo: LTr, 1992.

Capítulo 13

Alteração do Contrato de Emprego. Alteração Bilateral e Unilateral (*Jus Variandi*). O Direito de Resistência do Empregado (*Jus Resistentiae*). Alteração de Função. Remoção. Reversão. Promoção e Rebaixamento. Transferência de Local de Trabalho. Alteração da Jornada de Trabalho. Reflexos das Mudanças Realizadas Pela Lei n. 13.467/17 no Plano Coletivo na Validade das Alterações Contratuais

1. Introdução. Diferenças da possibilidade de alteração do contrato no direito civil e no direito do trabalho. Alterações contratuais subjetivas e objetivas

De uma parte, o sistema de Direito Privado em geral permite a alteração dos contratos de acordo com o mero interesse das partes. De outra parte, a partir da noção consagrada pelo brocardo romano *pacta sunt servanda* — que pode ser traduzido livremente por "os contratos devem ser rigorosamente observados e cumpridos" —, tem-se a expressão do princípio da inalterabilidade contratual.

O princípio da inalterabilidade contratual do sistema de Direito privado em geral já sofreu significativas atenuações, sobretudo a partir da cláusula *rebus sic stantibus*, que pode ser traduzido por "estando as coisas assim" ou "enquanto as coisas estão assim". Essa cláusula, em sua acepção mais geral, dispõe que a subsistência de uma relação contratual depende da continuidade das circunstâncias existentes por ocasião da celebração do contrato e cuja variação não era previsível pelas partes contratantes(1959).

(1959) De acordo com o autor, o trabalho desenvolvido pelos glosadores está na origem dessa doutrina, tendo desempenhado um papel importante no Direito natural do século XVIII, por exemplo, em Grocio e Puffendorf, e foi simultaneamente formulada em meados desse século pelo Direito natural e pelo Direito comum (LARENZ, Karl. *Base del negocio jurídico y cumplimiento de los contratos*. Traducción de Carlos Fernandez Rodriguez. Madrid: Revista de Derecho Privado, 1956. p. 27).

Larenz[1960] sistematiza noções até então existentes, evolui a questão e consolida estudos sobre a teoria da "base do negócio jurídico", segundo a qual pode ser entendida em duplo sentido. A base "subjetiva" é a "determinación de la voluntad de una representación mental existente al concluir el negocio que ha influido grandemente en la formación de los motivos". A base "objetiva" do contrato há de se entender o "conjunto de circunstancias y estado general de cosas cuya existencia o subsistencia es objetivamente necesaria para que el contrato, según el significado de las intenciones de ambos contratantes, pueda subsistir como regulación dotada de sentido". A base objetiva desaparece, segundo o autor[1961], quando: a) a relação de equivalência entre prestação e contraprestação pressuposta no contrato fica destruída em tal medida que não é possível se falar racionalmente de uma contraprestação (destruição da relação de equivalência); b) a finalidade objetiva do contrato, expressada em seu conteúdo, tenha ficado definitivamente inalcançável, mesmo quando a prestação do devedor seja ainda possível (frustração de finalidade).

Trata-se de significativa relativização no princípio da inalterabilidade contratual (*pacta sunt servanda*) a partir da noção de que o contrato deverá ser cumprido desde que o estado das coisas não se altere, permitindo-se alterações contratuais caso haja um posterior desequilíbrio contratual, grave, alheio à vontade das partes e imprevisível (daí porque essa noção fundamenta a chamada teoria da imprevisão, que permite a revisão dos contratos em alguns casos).

A compreensão dessas noções é importante para o estudo das implicações das variações econômicas, por exemplo, sobre os contratos (variações ou alterações contratuais). Se a problemática dessas implicações acontece nos contratos em geral, e com maior incidência acontecem nos contratos que se prologam no tempo, como o contrato de emprego.

Sendo o contrato de emprego de execução sucessiva (característica do contrato de emprego e expressão do princípio da continuidade) a relação correspondente está sujeita a modificações durante o seu curso. Conforme ensina Catharino[1962], "a relação de emprego corre no tempo, como um rio cujo curso sofre variações impostas pela natureza do terreno".

Em outras palavras, tendo em vista que o contrato de trabalho, inspirado pelo princípio da continuidade, é de trato sucessivo, as variações (alterações) do contrato ao longo do tempo são frequentes, bem como diversas são as possibilidades e impossibilidades de modificações. Nesse sentido, Delgado[1963] adverte que a dimensão e a área das alterações trabalhistas é "uma das mais importantes e — polêmicas — do cotidiano empregatício; dá origem, correspondentemente, a uma das áreas temáticas mais intrincadas de todo o Direito do Trabalho".

Note-se que os contratos, de maneira geral, podem alterar-se subjetiva ou objetivamente. Alterações contratuais subjetivas são aquelas que atingem os sujeitos contratuais (no caso do Direito do Trabalho, empregado e empregador, restrita na prática sujeito ao empregador por meio da chamada sucessão de empregadores, tendo em vista que o contrato de emprego é personalíssimo em relação ao empregado). Alterações contratuais objetivas são aquelas que atingem as condições do pacto (cláusulas contratuais ou circunstâncias), expressas ou tácitas, alteradas ao longo da execução do contrato de emprego.

Realizada essa distinção e considerando que as alterações contratuais subjetivas já foram estudadas no capítulo destinado ao empregador, esclarece-se ao leitor que o presente capítulo será restrito ao estudo das alterações contratuais objetivas.

(1960) LARENZ, Karl. *Base del negocio jurídico y cumplimiento de los contratos*. Traducción de Carlos Fernandez Rodriguez. Madrid: Revista de Derecho Privado, 1956. p. 37 e 225.

(1961) LARENZ, Karl. *Base del negocio jurídico y cumplimiento de los contratos*. Traducción de Carlos Fernandez Rodriguez. Madrid: Revista de Derecho Privado, 1956. p. 225.

(1962) CATHARINO, José Martins. *Contrato de emprego (com comentários aos arts. 442/510 da CLT)*. 2. ed. Rio de Janeiro: Edições Trabalhistas, 1965. p. 211 e 213.

(1963) DELGADO, Mauricio Godinho. *Alterações contratuais trabalhistas*. São Paulo: LTr, 2000. p. 17.

A complexidade, a dinâmica e a dificuldade dessa matéria aparece de modo muito intenso no processo trabalhista, sendo que grande parte dos processos trabalhistas aborda pelo menos uma alteração contratual, sendo as mais comuns as que envolvem os grandes temas do salário (alterações envolvendo salário e remuneração) e da duração do trabalho (envolvendo as classificações tipos de jornada de trabalho e suas nuances), local de trabalho (transferência), entre outros.

No microssistema do Direito do Trabalho, o princípio da inalterabilidade contratual não tem a mesma incidência e possui contornos próprios, pois as partes (empregado e empregador) não estão em igualdades de condições (sobretudo econômicas).

A constatação de desigualdade entre os sujeitos do contrato de trabalho no mundo dos fatos é a premissa para a incidência do princípio protetor do empregado, segundo o qual se pretende nivelar tais desigualdades fáticas por meio de um tratamento jurídico que protege o empregado em algumas questões centrais, entre as quais veda alterações contratuais que sejam lesivas ao empregado, conforme o disposto no art. 468 da CLT. No Direito do Trabalho, fala-se, portanto, em inalterabilidade contratual lesiva ao empregado.

Essa concepção do Direito do Trabalho possui conexão com o desemprego, pois numa análise econômica, pela impossibilidade de fazer alterações contratuais que sejam lesivas ao empregado, em algumas situações, o empregador opta pela despedida de empregados, gerando desemprego.

As alterações contratuais também são classificadas em bilaterais e unilaterais.

2. *Alteração contratual bilateral*

A iniciativa da alteração contratual bilateral voluntária pode partir do empregado ou do empregador, embora normalmente seja deste último.

De acordo com o art. 468 da CLT, que é o dispositivo legal central para alterações contratuais bilaterais no ordenamento jurídico pátrio ("viga mestra de nossa legislação do trabalho" na expressão de Délio Maranhão[(1964)]), o contrato de trabalho pode ser objeto de alteração, desde que precedida de mútuo consentimento (bilateralidade) e que dela não resulte prejuízos (direitos ou indiretos) para o empregado.

O pressuposto para a ocorrência do mútuo consentimento é que a manifestação de vontade seja desprovida de vícios. A manifestação da vontade pode ser expressa ou tácita tanto na formação do contrato quanto na alteração contratual. Catharino explica os fundamentos desse requisito celetista: "o que a lei visa, no fundo, é evitar que o empregador, com meios ao seu alcance, abuse de sua posição subordinante. Impor a sua vontade exclusiva, ou disfarçada formalmente, por mútuo consentimento aparente, extorquindo o mero assentimento do empregado".

A alteração contratual bilateral para ser lícita não pode gerar prejuízos morais, físicos e econômicos à pessoa do empregado, nem diretos (dano emergente), nem indiretos (lucros cessantes)[(1965)].

Esclarece Nélio Reis[(1966)] que o legislador celetista "não usou, como fez em outros artigos, as expressões redução de salários, e sim 'prejuízo', o que vale dizer que não apenas os fatores econômicos foram preservados, mas igualmente todas as hipóteses em que da alteração ser verificar algum dano para o empregado".

Note-se que os dois requisitos — mútuo consentimento e ausência de prejuízos ao empregado — devem ser observados para a validade da alteração contratual bilateral. Do contrário, qualquer um dos requisitos

(1964) MARANHÃO, Délio *et al. Instituições de Direito do Trabalho.* 20. ed. São Paulo: LTr, 2002. p. 525.

(1965) CATHARINO, José Martins. *Contrato de emprego (com comentários aos arts. 442/510 da CLT).* 2. ed. Rio de Janeiro: Edições Trabalhistas, 1965. p. 224.

(1966) REIS, Nélio. *Alteração do contrato de trabalho.* Rio de Janeiro: Freitas Bastos, 1948. p. 78.

que não sejam observados geram a nulidade da alteração contratual, que deverá ser judicialmente declarada. Trata-se de nulidade parcial[(1967)], ou seja, restrita à alteração contratual ilícita e não de todo o contrato.

A partir dessas noções extraídas do art. 468 da CLT, empregado e empregador podem pactuar cláusulas e alterar tais "condições" desde que sejam iguais ou melhores (para o empregado) que as estipulações mínimas e máximas estabelecidas pela lei ou pelas normas coletivas vigentes (art. 444 da CLT). Daí porque Mauricio Godinho Delgado assinala que o Direito do Trabalho incentiva as alterações contratuais favoráveis ao empregado[(1968)].

Catharino[(1969)] explica que a expressão "condições" contida no art. 468 da CLT, embora tecnicamente imperfeita, está consagrada na nossa legislação, possui sentido contratual e se refere ao trabalho (duração, qualidade local de sua execução) e ao salário (quantidade, natureza e forma), obrigações principais assumidas, respectivamente pelo empregado e pelo empregador, daí a expressão "respectivas condições".

3. *Alteração contratual unilateral: o* **jus variandi**

Além das alterações contratuais bilaterais, que devem observar os requisitos do art. 468 da CLT referido, a doutrina e a jurisprudência pátrias passaram a aceitar como lícitas algumas alterações realizadas unilateralmente pelo empregador, em decorrência do poder diretivo, desde que observados alguns limites importantes, o que se convencionou chamar de *jus variandi.*

Segundo Délio Maranhão[(1970)], o *jus variandi* somente poderá ser admitido em termos muitos estritos, pois a regra é a inalterabilidade dos contratos de trabalho e o art. 468 da CLT.

Jus variandi significa o poder de variar, de alterar as condições estabelecidas no contrato de trabalho, sendo que se convencionou que essa expressão diz respeito às alterações realizadas de modo unilateral pelo empregador, visando adequar a prestação de trabalho às necessidades da empresa. Tal variação é privilégio do empregador. Decorre do poder do empregador de dirigir a prestação do trabalho, o chamado poder diretivo do empregador[(1971)].

Poder de direção ou poder diretivo é a faculdade atribuída ao empregador de determinar o modo como a atividade do empregado deve ser exercida, em decorrência do contrato de trabalho[(1972)]. Também é denominado de poder de comando do empregador. É o poder de dar ordens ao empregado, visando alcançar os fins traçados pelo empreendimento. Ou, nas palavras da Consolidação das Leis do Trabalho, é o poder do empregador de "dirigir a prestação pessoal dos serviços" (art. 2º).

Uma das questões interessantes que permeia o assunto diz respeito à fundamentação do poder diretivo do empregador. Alguns autores[(1973)] sustentam que o empregador tem o poder diretivo porque assume sozinho os riscos da atividade econômica. Outros autores[(1974)] sustentam que o poder diretivo do empregador se fundamenta na correspectividade existente em relação à subordinação do empregado, ou seja, o

---

(1967) CATHARINO, José Martins. *Contrato de emprego (com comentários aos arts. 442/510 da CLT).* 2. ed. Rio de Janeiro: Edições Trabalhistas, 1965. p. 224-225.

(1968) DELGADO, Mauricio Godinho. *Curso de Direito do Trabalho.* 5. ed. São Paulo: LTr, 2006. p. 1002.

(1969) CATHARINO, José Martins. *Contrato de emprego (com comentários aos arts. 442/510 da CLT).* 2. ed. Rio de Janeiro: Edições Trabalhistas, 1965. p. 217.

(1970) MARANHÃO, Délio *et al. Instituições de Direito do Trabalho.* 20. ed. São Paulo: LTr, 2002. p. 525.

(1971) ANDRADE, Vasco. *Atos unilaterais no contrato de trabalho.* São Paulo: LTr, 1996. p. 125.

(1972) NASCIMENTO, Amauri Mascaro. *Curso de Direito do Trabalho:* história e teoria geral do direito: relações individuais e coletivas de trabalho. 19. ed. São Paulo: Saraiva, 2004. p. 621.

(1973) Por exemplo: VILHENA, Paulo Emílio Ribeiro de. *Relação de Emprego:* estrutura legal e supostos. 2. ed. São Paulo: LTr, 1999. p. 209; CAMINO, Carmen. *Direito individual do trabalho.* 4. ed. Porto Alegre: Síntese, 2003. p. 195.

(1974) Por exemplo: MARTINS, Sergio Pinto. *Direito do Trabalho.* 21. ed. São Paulo: Atlas, 2005. p. 226.

empregador pode dar ordens visando a alcançar os fins da sua atividade empresarial e o empregado tem o correspondente dever de obedecer às ordens do empregador.

Outros sustentam que a fundamentação do poder do empregador de comandar a relação de emprego é econômica. Ou seja: o empregado se deixa mandar porque depende economicamente do seu emprego para a subsistência própria e de sua família. O poder diretivo é expressão da chamada subordinação subjetiva (poder de dar ordens ao empregado), que é a base da relação de trabalho assalariado no sistema capitalista[(1975)].

O poder de direção manifesta-se mediante três principais formas: o poder de organização, o poder de controle sobre o trabalho e o poder de disciplinar o empregado[(1976)]. Todavia, é importante frisar que o poder diretivo não abrange apenas o comando direto, a organização, a fiscalização e as punições do empregado, estendendo-se a todos aqueles atos de previsão que, sobre o trabalho de outrem, impliquem garantia dos meios de manter-se a regular atividade do processo produtivo ou a troca de bens e serviços. Sobre o prisma geral da estrutura e da dinâmica empresárias, o poder diretivo compreende a efetiva e a potencial disponibilidade dos meios de produção e neles está incluído o trabalho prestado pelos empregados[(1977)], conforme adverte com razão Vilhena[(1978)], numa visão não restrita bem adequada à dinâmica das relações de trabalho.

Não obstante, o poder de direção do empregador (e o *jus variandi* dele derivado) não é absoluto e deve assumir feições objetivas relacionadas ao trabalho (atividade humana) e não da pessoa do trabalhador. Esclarece Mário De La Cueva[(1979)] que, no passado, os poderes do empresário careciam de limites, e a obediência irrestrita do trabalhador expunha-o a riscos de vida.

Há quem defenda uma maior amplitude ao *jus variandi*. De acordo com o Hugo Gueiros Bernardes[(1980)], nem sempre o *jus variandi* é uma alteração unilateral autorizada em lei, constituindo-se no "complexo de modificações naturalmente supostas no poder diretivo patronal, necessárias ao desenvolvimento regular dos trabalhos na empresa e prescindentes, portanto, de qualquer autorização legal ou ajuste expresso".

Nos dias atuais, a obediência do trabalhador é descabida quando viola disposições normativas (constituição, leis, convenções e acordos coletivos, sentenças normativas), assim como quando se tratar de ordens ilícitas, contrárias aos bons costumes ou alheias ao contrato (art. 483, *a*, CLT)

Um exemplo de alteração contratual unilateral lícita (*jus variandi*) é a transferência do empregado exercente de cargo de confiança de local de trabalho, por necessidade real de serviço.

O rol dos limites não é pacífico na doutrina.

Gomes e Gottschalk[(1981)] apontam limites do *jus variandi* em três sentidos: "a) na temporariedade da alteração unilateral; b) na afinidade da qualificação nova com a anterior; c) na reversibilidade ou imutabilidade da qualificação originária".

(1975) VILHENA, Paulo Emílio Ribeiro de. *Relação de Emprego:* estrutura legal e supostos. 2. ed. São Paulo: LTr, 1999. p. 462-464; Sobre o poder disciplinar, ver COUTINHO, Aldacy Rachid. *Poder punitivo trabalhista.* São Paulo: LTr, 1999; Uma reflexão mais aprofundada sobre subordinação e liberdade pode ser encontrada em SUPIOT, Alain. *Crítica del derecho del trabajo.* Madrid: Ministerio del Trabajo y Asuntos Sociales, 1996. p. 135-147.

(1976) NASCIMENTO, Amauri Mascaro. *Curso de Direito do Trabalho:* história e teoria geral do direito: relações individuais e coletivas de trabalho. 19. ed. São Paulo: Saraiva, 2004. p. 621.

(1977) Essa disponibilidade é jurídica (art. 4º da Consolidação das Leis do Trabalho).

(1978) VILHENA, Paulo Emílio Ribeiro de. *Relação de Emprego:* estrutura legal e supostos. 2. ed. São Paulo: LTr, 1999. p. 214.

(1979) DE LA CUEVA, Mario. *El nuevo derecho mexicano del trabajo.* 19. ed. México: Porrúa, 2003. v. 1, p. 203; Também refere que este poder não é absoluto CABANELLAS, Guilhermo. *El derecho del trabajo e sus contrato.* Buenos Aires: Mundo Atlântico, 1945. p. 311.

(1980) BERNARDES, Hugo Gueiros. Introdução. In: BERNARDES, Hugo Gueiros; MACIEL, José Alberto Couto; RESENDE, José Marcio; ANDRADE, José Maria de Souza; ROCHA, Maria Amélia Souza da; PEREIRA, Ruy Jorge Caldas. *O contrato de trabalho e sua alteração.* São Paulo: LTr, 1975. p. 36-37.

(1981) GOMES, Orlando; GOTTSCHALK, Élson. *Curso de Direito do Trabalho.* 18. ed. Rio de Janeiro: Forense, 2007. p. 332; Elson Gottschalk escreveu tese de livre-docência sobre o tema: GOTTSCHALK, Élson. *O* jus variandi *no contrato de trabalho.* Tese apresentada à Faculdade de Direito da Bahia. Salvador: Tipografia Beneditina, 1956.

Magano classifica os limites do poder diretivo do empregador em: extensivos e intensivos; externos e internos; autolimitações e heterolimitações; limites imposto pela finalidade do poder de agir e pela proibição de discriminar, entre outros[(1982)].

Nélio Reis usa a expressão "necessidade de agir" (não usa a expressão *jus variandi*). E assim conceitua: "denominamos *necessidade de agir* a soma de circunstâncias, que criam para a êmpresa a imposição de alterar o contrato de trabalho por fôrça de acontecimentos cumpridamente provados que, ainda que previstos, não poderiam ser evitados sem prejuízos". Segundo o autor, essa necessidade deve ser: "a) imperiosa; b) comprovável; c) irremovível sem prejuízos". É a permissão de alteração contratual unilateral em casos de força maior. Seria o que Gomes e Gottschalk[(1983)] chamam de *jus variandi* excepcional.

Entende-se que os principais limites do *jus variandi* podem ser classificados em: a) limites externos ou extrínsecos; b) limites internos ou intrínsecos; c) limites subjetivos.

Os *limites externos ou extrínsecos* do *jus variandi* são estabelecidos pela ordem normativa (princípios e regras). Assim, as alterações contratuais realizadas no exercício do *jus variandi* não podem contrariar os princípios do Direito (em especial, os princípios do Direito do Trabalho), a lei (em sentido amplo), as normas coletivas (convenção coletiva, acordo coletivo e sentença normativa), as primeiras estipulações do contrato de trabalho, a moral e bons costumes. Catharino[(1984)] exemplifica com os arts. 407, 426 e 408 da CLT.

Nesse sentido de afronta à moral e aos bons costumes, o empregador não pode, por exemplo, conforme Gonçalves[(1985)], "determinar que o empregado falte com a verdade, alegando que determinado produto possui certas qualidades ou finalidade, quando, na realidade não as possui". Outro exemplo: não pode o empregador reduzir para nove horas o intervalo entre duas jornadas de trabalho, tendo em vista que o art. 66 da CLT determinada que o intervalo interjornada será de onze horas consecutivas para descanso. Nesse caso trata-se de alteração contratual ilícita.

Catharino[(1986)] esclarece que, nestes casos, faculta-se aos empregados postularem a chamada despedida indireta ("denunciarem os respectivos contratos") com base no art. 483, *a*, da CLT.

Por outro lado, Dorneles e Oliveira[(1987)] ressalvam que, respeitados os limites da alteração unilateral, a recusa injustificada por parte do empregado pode configurar insubordinação ou indisciplina (art. 482, *h*, da CLT).

Os *limites internos ou intrínsecos* dizem respeito ao próprio conteúdo contratual. O conteúdo do contrato de trabalho e das alterações contratuais é bastante limitado pela ordem normativa trabalhista e, em especial, pelo princípio da irrenunciabilidade dos direitos trabalhistas por parte do empregado, o qual é exteriorizado por meio das normas essencialmente imperativas[(1988)], que não proporcionam espaço para as

(1982) Classificação, em que pese algumas modificações, com base em MAGANO, Octavio Bueno. *Do poder diretivo na empresa.* São Paulo: Saraiva, 1982. p. 228-245.

(1983) Os autores dividem o *jus variandi* em normal e excepcional, concentrando neste último os casos de alteração contratual em razão de força maior, conforme GOMES, Orlando; GOTTSCHALK, Élson. *Curso de Direito do Trabalho.* 18. ed. Rio de Janeiro: Forense, 2007. p. 331.

(1984) CATHARINO, José Martins. *Contrato de emprego (com comentários aos arts. 442/510 da CLT).* 2. ed. Rio de Janeiro: Edições Trabalhistas, 1965. p. 116.

(1985) GONÇALVES, Simone Cruxên. *Limites do* jus variandi *do empregador*. São Paulo: LTr, 1997. p. 84.

(1986) CATHARINO, José Martins. *Contrato de emprego (com comentários aos arts. 442/510 da CLT).* 2. ed. Rio de Janeiro: Edições Trabalhistas, 1965. p. 116.

(1987) DORNELES, Leandro do Amaral Dorneles de; OLIVEIRA, Cínthia Machado de. *Direito do Trabalho.* 2. ed. Porto Alegre: Verbo jurídico, 2013. p. 198.

(1988) Exemplos de normas essencialmente imperativas são as de segurança e medicina do trabalho (Título II, Capítulo V da Consolidação das Leis do Trabalho — arts. 154 a 201, capítulo com redação dada pela Lei n. 6.514/77). Por exemplo: Consolidação das Leis do Trabalho, art. 166: "A empresa é obrigada a fornecer aos empregados, gratuitamente, equipamento de proteção individual adequado ao risco e em perfeito estado de conservação e funcionamento, sempre que as medidas de ordem geral não ofereçam completa proteção contra os riscos de acidentes e danos à saúde dos empregados".

partes cumprirem diferentemente do que nelas está preceituado. A maioria das normas trabalhistas (em termos de quantidade) é de índole imperativa (*jus cogens*)[(1989)].

Trata-se de um contrato cujo conteúdo, apesar das sérias limitações impostas pela lei, conserva a sua característica negocial, com algum espaço para a liberdade de estipulação entre as partes, ou seja: a ordem normativa fixa limites mínimos e máximos e dentro desses limites encontra-se o espaço para o empregador exercer o *jus variandi*.

Em outras palavras: as hipóteses permitidas de utilização do *jus variandi* não aparecem de forma direta na legislação trabalhista, pois ela trata abstratamente a relação de emprego, limitando-se a estabelecer condições mínimas e máximas em que a vontade dos sujeitos transita.

Assim, quanto mais genérico for o contrato de trabalho, mais espaço há para o *jus variandi* do empregador. E quanto mais detalhado for o contrato de trabalho em relação a atividade e obrigações do empregado, menos espaço há para o exercício do *jus variandi* do empregador[(1990)].

Se o contrato não tiver nenhuma cláusula especial, será regido pelo padrão legal, que estabelece limites genéricos mínimos e máximos[(1991)]. Nesse sentido, tratando da prova do contrato de trabalho, o parágrafo único do art. 456 da CLT dispõe que "a falta de prova ou inexistindo cláusula expressa e tal respeito, entender-se-á que o empregado se obrigou a todo e qualquer serviço compatível com a sua condição pessoal"[(1992)]. Catharino[(1993)] esclarece que esse dispositivo legal repete, com outras palavras, regra que estava no art. 1.224 do Código Civil de 1916 e leciona que nosso ordenamento permite "a indeterminação dos serviços contratados".

Os *limites subjetivos* são aqueles limites que devem ser observados em relação aos sujeitos da relação de emprego (empregado e empregador). No que tange ao sujeito empregado, são limites a qualificação e as condições pessoais do trabalhador (art. 456, parágrafo único da CLT), "contemplando não apenas limites físicos, psicológicos e técnicos, mas também os direitos fundamentais que preservam a dignidade da pessoa humana"[(1994)].

É importante destacar que quando se fala em alteração do contrato de trabalho não está se referindo apenas a alterações escritas no instrumento conhecido por contrato individual de trabalho (conhecidas por aditamentos ou aditivos do contrato), mas abrange todas as formas de manifestação de vontade de alterar o contrato de trabalho (sejam por escrito, verbais ou tácitas) ocorridas ao longo da relação de emprego.

4. Jus resistentiae: *o direito de resistência do empregado*

Sempre que o empregador promover alterações contratuais que desrespeitem os limites (tanto nas alterações contratuais bilaterais como nas unilaterais), o empregado terá o direito de resistir às alterações contratuais ou ordens ilícitas.

(1989) Plá Rodriguez esclarece que "todas as normas são imperativas enquanto contêm um mandamento. Não são simples convites, conselhos ou recomendações, são ordens. Se não, não seriam normas (...) Esta denominação 'imperativa' tem relação com a distinção entre normas imperativas ou cogentes e as normas dispositivas, que corresponde à divisão procedente do Direito Romano entre *jus cogens* e *jus dispositivum*. O *jus cogens* é integrado por normas que devem ser cumpridas qualquer que seja a vontade das partes. O *jus dispositivum* é constituído pelas normas que se devem cumprir só quando as partes não tenham estabelecido outra coisa" (PLÁ RODRIGUEZ, Américo. *Princípios de Direito do Trabalho*. 3. ed. São Paulo: LTr, 2000. p. 148).

(1990) CAMINO, Carmem. *Direito individual do trabalho*. 4. ed. Porto Alegre: Síntese, 2003. p. 446.

(1991) DORNELES, Leandro do Amaral Dorneles de; OLIVEIRA, Cínthia Machado de. *Direito do Trabalho*. 2. ed. Porto Alegre: Verbo jurídico, 2013. p. 198.

(1992) CLT, art. 456: "A prova do contrato individual do trabalho será feita pelas anotações constantes da carteira profissional ou por instrumento escrito e suprida por todos os meios permitidos em direito.
Parágrafo único. A falta de prova ou inexistindo cláusula expressa e tal respeito, entender-se-á que o empregado se obrigou a todo e qualquer serviço compatível com a sua condição pessoal".

(1993) CATHARINO, José Martins. *Contrato de emprego (com comentários aos arts. 442/510 da CLT)*. 2. ed. Rio de Janeiro: Edições Trabalhistas, 1965. p. 115.

(1994) DORNELES, Leandro do Amaral Dorneles de; OLIVEIRA, Cínthia Machado de. *Direito do Trabalho*. 2. ed. Porto Alegre: Verbo jurídico, 2013. p. 198-199.

É certo que o empregador detém poderes inerentes à sua atividade, entre eles o diretivo e o disciplinar. Entretanto, não é menos certo que tais poderes encontram limitações e, quando exercidos de forma abusiva e questionados judicialmente, sofrem os efeitos da declaração de nulidade do ato punitivo, uma vez que ao juiz do trabalho é vedado dosar, reduzir ou aumentar a penalidade aplicada pelo empregador.

Na prática, as alternativas de real resistência do empregado são muito restritas, tendo em vista que se encontra subordinado jurídica e economicamente ao empregador.

Não obstante, as alternativas de resistência do empregado são: a) recusar-se a cumprir a alteração contratual ilícita; b) ajuizar ação judicial postulando a nulidade da alteração contratual ilícita; c) pleitear a extinção do contrato de trabalho por meio da chamada rescisão indireta, uma vez observada uma das hipóteses previstas no art. 483 da CLT (hipóteses de justa causa praticada pelo empregador passível de ruptura do contrato de trabalho).

5. Alterações decorrentes da legislação

Por vezes ocorrem modificações no contrato de trabalho em decorrência de alterações impostas pela legislação. Os exemplos mais frequentes e constantes nessa seara se dão por meio das normas de saúde, segurança e medicina do trabalho, que, quando alteradas, geram modificações nos contratos de trabalho em vigor.

Exemplo dessa hipótese de alteração contratual se dá quando o empregador troca o turno de trabalho do empregado do diurno para o noturno e lhe retira o adicional noturno, mesmo sem o consentimento do empregado e com a existência de prejuízo financeiro para ele. Nesse caso, informado pelo mandado constitucional de "redução dos riscos inerentes ao trabalho, por meio de normas de saúde, higiene e segurança" (art. 7º, XXII) — denotando que para o Direito do Trabalho a eliminação ou redução das condições laborais de risco e desgaste à saúde e à segurança do trabalhador são mais importantes que a redução pecuniária que o trabalhador terá por deixar de trabalhar nessas condições —, o Tribunal Superior do Trabalho, analisando alteração de turno de trabalho (alteração contratual) do noturno para o diurno, com manifesto prejuízo financeiro aos empregados que deixarão de receber o adicional noturno, decidiu que "a transferência para o período diurno de trabalho implica perda do direito ao adicional noturno" (Súmula n. 265), evidenciando a precariedade do adicional[1995].

Outro exemplo envolve a questão do fumo no ambiente de trabalho. Por muito tempo a legislação pátria permitia fumar em locais fechados e era comum trabalhadores fumarem em locais de trabalho fechados. Em razão da alteração na legislação (acompanhada pelas normas de saúde, segurança e medicina do trabalho), que passou a proibir o fumo em diversas situações, alguns contratos de trabalho (de trabalhadores fumantes) sofreram modificação.

5.1. Alterações qualitativas

Consideram-se qualitativas as alterações no conteúdo do contrato de emprego que atingem a natureza das prestações pactuadas, implicando modificação no objeto (o que fazer) e no modo (como fazer) do trabalho contratado[1996], como as que envolvem o tipo de trabalho, a função desempenhada etc.

(1995) Deve-se ter presente, contudo, que os direitos dependem do preenchimento de condições objetivas, que uma vez não mais observadas, excluem o direito, o que acontece de maneira muito clara com os direitos aos adicionais, por isso disse que são precários, ou seja, são devidos enquanto e somente enquanto o trabalhador estiver atuando sob a condição mais gravosa (trabalho noturno, insalubre, perigoso etc.), que determina o pagamento do respectivo adicional.

(1996) DELGADO, Mauricio Godinho. *Alterações contratuais trabalhistas*. São Paulo: LTr, 2000. p. 53.

De acordo com Nélio Reis[1997], que escreveu uma obra monográfica pioneira e clássica sobre o tema, a noção de inalterabilidade qualitativa do contrato de emprego surgiu como umas das primeiras manifestações protecionistas de amparo dos trabalhadores, visando limitar o arbítrio do empregador no exercício do seu poder de direção da prestação do trabalho. Nas palavras do autor: "reconheceu-se que não bastava garantir-se economicamente o trabalhador, desde que se o deixava entregue à vontade toda poderosa do patrão que podia, como senhor absoluto, dispor livremente da energia operária, facultando-se-lhe o direito de variar na forma e na qualidade da natureza da prestação de serviços, com evidentes sacrifícios para o trabalhador e para a própria interessada no aperfeiçoamento da técnica da produção".

De acordo com Maria Amélia Souza da Rocha[1998], a jurisprudência anterior à Consolidação das Leis do Trabalho já ventilava o prejuízo causado aos empregados em face de alterações funcionais, como no caso de transferência que coloque o empregado em situação inferior à que tinha antes dela.

Essa é a origem do princípio da inalterabilidade qualitativa do contrato de emprego, com seus contornos do início da formação do Direito do Trabalho pátrio.

Segundo a noção de inalterabilidade qualitativa do contrato de emprego, o empregado não é obrigado a realizar trabalho diferente daquele para o qual foi contratado, devendo ser observados pelo empregador "os limites genéricos de sua qualificação", na expressão de Vasco de Andrade[1999], podendo recusar alterações na natureza específica do trabalho a que se comprometeu[2000].

Passa-se agora ao estudo das alterações objetivas mais comuns do tipo qualitativo.

5.1.1. Alteração de função

Uma das alterações qualitativas mais comuns nas relações de trabalho é a alteração das funções desempenhadas pelo empregado, também chamada de alteração funcional.

A função é o conjunto de tarefas estabelecido por ocasião da contratação, as quais determinam ao empregado "o que fazer" e "como fazer" durante a prestação do trabalho. De acordo com Delgado[2001], é a função "um conjunto de tarefas que se reúnem em um todo unitário, de modo a situar o trabalhador em um posicionamento específico no universo da divisão do trabalho na empresa", ressalvando que é possível, teoricamente, que uma função englobe uma única tarefa.

O contrato de emprego é o instrumento que define as funções que o empregado desenvolverá para aquele empregador. Com isso, as funções do empregado estipuladas no contrato podem prevalecer sobre a qualificação profissional principal do trabalhador, caso haja dissonância entre elas (art. 442, *caput* c/c o art. 456 da CLT).

E a função efetivamente exercida pelo trabalhador na realidade prevalece sobre possível nomenclatura atribuída ao cargo ou a possível função originalmente contratada (princípio da primazia da realidade). Além disso, à falta de prova sobre a função exercida e inexistindo cláusula contratual expressa a esse respeito, entender-se-á que o empregado se obrigou a todo e qualquer serviço compatível com a sua condição pessoal (valorando aqui a qualificação profissional do trabalhador), conforme dispõe o art. 456, parágrafo único da CLT[2002].

(1997) REIS, Nélio. *Alteração do contrato de trabalho*. Rio de Janeiro: Freitas Bastos, 1948. p. 74.

(1998) ROCHA, Maria Amélia Souza da. Alteração da função. In: BERNARDES, Hugo Gueiros; MACIEL, José Alberto Couto; RESENDE, José Marcio; ANDRADE, José Maria de Souza; ROCHA, Maria Amélia Souza da. PEREIRA, Ruy Jorge Caldas. *O contrato de trabalho e sua alteração*. São Paulo: LTr, 1975. p. 162.

(1999) ANDRADE, Vasco de. *Atos unilaterais no contrato de trabalho*. São Paulo: LTr, 1996. p. 124.

(2000) REIS, Nélio. *Alteração do contrato de trabalho*. Rio de Janeiro: Freitas Bastos, 1948. p. 76-77.

(2001) DELGADO, Mauricio Godinho. *Alterações contratuais trabalhistas*. São Paulo: LTr, 2000. p. 54.

(2002) DELGADO, Mauricio Godinho. *Alterações contratuais trabalhistas*. São Paulo: LTr, 2000. p. 56.

Essas três regras, que atuam de modo essencialmente alternativo ou pelo menos sucessivo (mas não cumulativo), auxiliam na definição da função efetivamente realizada pelo empregado na empresa de modo a verificar se houve ou não desvio de função no caso concreto.

5.1.1.1. Alterações funcionais lícitas

5.1.1.1.1. Destituição de cargo ou função de confiança, independentemente da concordância do empregado

Trata-se de alteração contratual permitida pelo ordenamento jurídico pátrio aquela em que o empregador determina o retorno do empregado ao seu cargo efetivo após ocupação de cargo ou função de confiança.

Esse procedimento é chamado de reversão (reverte-se o empregado ao cargo anteriormente ocupado, nos casos de empregados exercentes de cargo de confiança), que não se confunde com a expressão reversão utilizada no serviço público estatutário[(2003)] (que significa o retorno à atividade do servidor aposentado, por invalidez ou no interesse da administração).

Note-se que essa alteração contratual independe da concordância do empregado, conforme autoriza o parágrafo único do art. 468 da Consolidação das Leis do Trabalho[(2004)], justamente porque o cargo ou função de confiança é preenchido segundo critérios subjetivos do empregador e o empregado promovido a este cargo não adquire direito ao seu exercício (o chamado "direito adquirido").

Note-se que, por isso, a reversão de cargo ou função de confiança não é considerada rebaixamento, sendo lícita porque conforme os critérios estabelecido em lei.

O rebaixamento é uma alteração contratual ilícita pela qual se transfere o empregado, com intuito punitivo, para um cargo efetivo inferior[(2005)].

O exercício de cargo de confiança trata-se de exercício precário por natureza[(2006)], podendo o empregador, a qualquer momento ou na forma do estabelecido entre as partes (seja em contrato de trabalho, em regulamento empresarial, em norma coletiva ou qualquer outra pactuação), destituir o empregado dessa função de confiança (chefia, gerência, coordenação, direção, por exemplo), retornando-o ao cargo que exercia antes da promoção ao cargo de confiança.

A reversão ao cargo anterior pode ser a qualquer tempo, mas o empregador poderá retirar a gratificação de função que esse empregado que exercia cargo de confiança recebia?

Durante muitos anos a jurisprudência trabalhista entendeu pela impossibilidade de retirada da remuneração do empregado do valor correspondente à gratificação de função independentemente do período de tempo em que o empregado exerceu o cargo ou função de confiança. Posteriormente, o Tribunal Superior do Trabalho criou um limite de tempo balizador da possibilidade da retirada correspondente à gratificação, visando reduzir os efeitos danosos da reversão para o empregado: 10 anos.

Baseado, sobretudo, no princípio da estabilidade financeira, o Tribunal Superior do Trabalho, por meio da Súmula n. 372, I, entendia que recebida a gratificação de função por dez ou mais anos pelo empregado,

---

(2003) Conforme dispõe o art. 25 da Lei n. 8.112/90.

(2004) Consolidação das Leis do Trabalho, art. 468: "Nos contratos individuais de trabalho só é lícita a alteração das respectivas condições por mútuo consentimento, e ainda assim desde que não resultem, direta ou indiretamente, prejuízos ao empregado, sob pena de nulidade da cláusula infringente desta garantia.

Parágrafo único. Não se considera alteração unilateral a determinação do empregador para que o respectivo empregado reverta ao cargo efetivo, anteriormente ocupado, deixando o exercício de função de confiança".

(2005) DELGADO, Mauricio Godinho. *Curso de Direito do Trabalho.* 10. ed. São Paulo: LTr, 2011. p. 979.

(2006) Precário no sentido de que não é definitivo, tendo o trabalhador direito a remuneração diferenciada apenas enquanto durar a prestação de trabalho em condições diferenciadas.

se o empregador, sem justo motivo, reverter tal empregado a seu cargo efetivo (retirando-lhe do cargo ou função de confiança), não poderá retirar-lhe a gratificação, que deverá ser mantida na sua remuneração[(2007)].

A Súmula n. 372, I, do TST ficou prejudicada pela Lei n. 13.467/17 (reforma trabalhista), que inseriu o § 2º ao art. 468 da CLT, passando a prever que a reversão, com ou sem justo motivo, não assegura ao empregado o direito à manutenção do pagamento da gratificação correspondente, que não será incorporada, independentemente do tempo de exercício da respectiva função. Veja-se na íntegra:

> Art. 468. Nos contratos individuais de trabalho só é lícita a alteração das respectivas condições por mútuo consentimento, e ainda assim desde que não resultem, direta ou indiretamente, prejuízos ao empregado, sob pena de nulidade da cláusula infringente desta garantia.
>
> § 1º Não se considera alteração unilateral a determinação do empregador para que o respectivo empregado reverta ao cargo efetivo, anteriormente ocupado, deixando o exercício de função de confiança.
>
> § 2º A alteração de que trata o § 1º deste artigo, com ou sem justo motivo, não assegura ao empregado o direito à manutenção do pagamento da gratificação correspondente, que não será incorporada, independentemente do tempo de exercício da respectiva função.

Essa mudança da legislação afeta o entendimento acerca da possibilidade de retirar a gratificação de função, se houver, que pela redação legal atual poderá ocorrer a qualquer tempo. Em relação à destituição de cargo ou função de confiança (reversão), independentemente da concordância do empregado, ser uma alteração funcional lícita, não houve maior modificação com a Lei n. 13.467/17.

O § 1º do art. 468 da CLT seguiu com a mesma redação do até então parágrafo único, com a mesma deficiência técnica de redação de que "não se considera alteração unilateral" a reversão. Normalmente a reversão é unilateral. E a destituição de cargo ou função de confiança, independentemente da concordância do empregado, portanto, pode ser unilateral.

5.1.1.1.2. Substituição eventual ou temporária

Trata-se de alteração contratual lícita aquela em que o empregador altera o empregado de função temporariamente para substituir um outro empregado que está com contrato de trabalho interrompido ou suspenso, como ocorre nas substituições de empregados em férias, licença-gestante, benefícios previdenciários em geral etc.

De acordo com o art. 450 da CLT, "ao empregado chamado a ocupar, em comissão, interinamente, ou em substituição eventual ou temporária, cargo diverso do que exercer na empresa, serão garantidas a contagem do tempo naquele serviço, bem como volta ao cargo anterior".

No que tange ao direito do empregado que está substituindo receber o salário do empregado que está sendo substituído temporariamente, há entendimento pacificado pelo Tribunal Superior do Trabalho de que enquanto perdurar a substituição que não tenha caráter meramente eventual, inclusive nas férias, o empregado substituto fará jus ao salário contratual do substituído:

> Súmula n. 159. SUBSTITUIÇÃO DE CARÁTER NÃO EVENTUAL E VACÂNCIA DO CARGO. (incorporada a Orientação Jurisprudencial n. 112 da SDI-1). Nova redação dada pela Resolução n. 129, de 5 de abril de 2005.
>
> I — Enquanto perdurar a substituição que não tenha caráter meramente eventual, inclusive nas férias, o empregado substituto fará jus ao salário contratual do substituído. (ex-Súmula n. 159 — Res. n. 121/2003, DJ 21.11.2003)

(2007) Tribunal Superior do Trabalho, Súmula n. 372: GRATIFICAÇÃO DE FUNÇÃO. SUPRESSÃO OU REDUÇÃO. LIMITES. I — Percebida a gratificação de função por dez ou mais anos pelo empregado, se o empregador, sem justo motivo, revertê-lo a seu cargo efetivo, não poderá retirar-lhe a gratificação tendo em vista o princípio da estabilidade financeira.

II — Vago o cargo em definitivo, o empregado que passa a ocupá-lo não tem direito a salário igual ao do antecessor. (ex-OJ n. 112 — Inserida em 1º.10.1997).

De todo modo, trata-se de uma alteração contratual lícita, autorizada pela CLT.

5.1.1.1.3. Alteração de local de trabalho do empregado

A mudança do empregado para localidade diversa da qual foi contratado é uma alteração contratual significativa para o empregado, que normalmente implica alteração de toda sua rotina de vida.

No que tange à expressão que designa a alteração do local de trabalho do empregado, cabe esclarecer que se usa mais comumente na doutrina e na jurisprudência trabalhistas a expressão "transferência"(2008), que é o vocábulo utilizado pela CLT (notadamente no art. 469), mas alguns autores preferem a expressão "remoção"(2009) e outros utilizam as duas expressões indistintamente(2010).

No âmbito do serviço público estatutário, remoção tem conceito diverso: é o deslocamento do servidor, a pedido ou de ofício, no âmbito do mesmo quadro, com ou sem mudança de sede(2011).

Pode a transferência do local de trabalho do empregado ser bilateral (mediante concordância explícita ou implícita) ou unilateral, bem como permanente ou provisória. Esclarece Catharino(2012) que "a *removibilidade* pode decorrer diretamente da vontade dos contratantes, de norma jurídica, imperativa ou supletiva, e até do costume (ver arts. 8º, 444, 447 e 460)".

A regra autorizadora da transferência do empregado é de que ela tenha a concordância do empregado (anuência do empregado, na expressão do art. 469 da CLT), portanto, deve ser bilateral, em regra.

José Alberto Couto Maciel(2013) assevera que nem sempre foi assim a orientação de nosso Direito sobre a matéria, noticiando que anteriormente à Consolidação das Leis do Trabalho não existia lei que dispusesse sobre a matéria e a construção jurisprudencial indicava que quando a transferência do empregado não fosse proibida pelo contrato de trabalho, ela era permitida unilateralmente, uma vez que não lhe estava assegurada a permanência em determinado local. E acrescenta o autor: "a noção que preponderava na transferência não era a da alteração do local, mas a da alteração econômica".

Tal concordância pode ser explícita ou implícita, de acordo com o § 1º do art. 469 da CLT e pode ocorrer no ato da contratação ou concomitante ao ato da transferência. A concordância implícita é aquela que resulta da própria natureza do trabalho do empregado, como nos casos de motoristas, ajudantes de caminhão, vendedores viajantes etc.(2014).

(2008) Por exemplo: REIS, Nélio. *Alteração do contrato de trabalho.* Rio de Janeiro: Freitas Bastos, 1948. p. 76-77.

(2009) De acordo com Catharino: "embora esteja na lei 'transferência', a hipótese é de *remoção*", conforme CATHARINO, José Martins. *Contrato de emprego (com comentários aos arts. 442/510 da CLT).* 2. ed. Rio de Janeiro: Edições Trabalhistas, 1965. p. 229.

(2010) Por exemplo: DELGADO, Mauricio Godinho. *Alterações contratuais trabalhistas.* São Paulo: LTr, 2000. p. 97.

(2011) Conforme dispõe o art. 36 da Lei n. 8.112/90.

(2012) CATHARINO, José Martins. *Contrato de emprego (com comentários aos arts. 442/510 da CLT).* 2. ed. Rio de Janeiro: Edições Trabalhistas, 1965. p. 233.

(2013) MACIEL, José Alberto Couto. Alteração do local de trabalho. In: BERNARDES, Hugo Gueiros; MACIEL, José Alberto Couto; RESENDE, José Marcio; ANDRADE, José Maria de Souza; ROCHA, Maria Amélia Souza da. PEREIRA, Ruy Jorge Caldas. *O contrato de trabalho e sua alteração.* São Paulo: LTr, 1975. p. 57-58.

(2014) CATHARINO, José Martins. *Contrato de emprego (com comentários aos arts. 442/510 da CLT).* 2. ed. Rio de Janeiro: Edições Trabalhistas, 1965. p. 233.

De qualquer forma, toda transferência exige que seja comprovada a necessidade do serviço no local para onde o empregado está sendo transferido, sob pena de ser considerada abusiva. A transferência nunca pode ser usada para punir o empregado[(2015)], caso em que seria tipicamente abusiva.

Nesse sentido, buscando evitar transferências abusivas, o Tribunal Superior do Trabalho, por meio de entendimento firmado na Súmula n. 43, tem presumido ser ilícita a transferência de que trata o § 1º do art. 469 da Consolidação das Leis do Trabalho, se o empregador não comprovar a real necessidade de serviço no local para o qual o empregado for transferido (presunção relativa).

Em outras palavras, o exercício de cargo ou função de confiança pelo empregado — tal como previsto no § 1º do art. 469 da Consolidação das Leis do Trabalho —, desautoriza, em princípio, que o empregado nessas condições se oponha à ordem unilateral de transferência, salvo quando esta revelar abusivo exercício de direito pelo empregador[(2016)].

Outrossim, o preceito contido no § 3º do art. 469 da Consolidação das Leis do Trabalho, ao dispor que "em caso de necessidade de serviço o empregador poderá transferir o empregado para localidade diversa da que resultar do contrato", não tem o condão de desonerar o empregador do respectivo adicional, ali previsto em 25% do salário percebido, pelo fato de o empregado ser exercente de função de confiança ou pela presença de cláusula contratual, especialmente quando o empregado é submetido a sucessivas transferências, sem demonstração de promoção ou aumento salarial, no mínimo, igual àquele percentual previsto em lei[(2017)].

Cabe esclarecer que o fato de o empregado exercer cargo de confiança não exclui o direito ao adicional de transferência (de, no mínimo, 25% sobre o salário contratual). Ou seja, o efeito restritivo em relação aos empregados ocupantes de cargo ou função de confiança diz respeito à impossibilidade de recusa à transferência pretendida pelo empregador, salvo, apenas, se não houver real necessidade de serviço no local para o qual será transferido. Não há restrição quanto ao direito ao adicional de transferência. O pressuposto legal apto a legitimar a percepção do mencionado adicional é a transferência ser provisória[(2018)]. Portanto, não é devido nas transferências definitivas[(2019)]. De todo modo, tanto nas transferências definitivas como nas provisórias há uma alteração contratual relevante e que precisa observar os requisitos ora abordados para serem consideradas lícitas.

5.1.1.1.4. Promoção

Promoção no âmbito do Direito do Trabalho é o ato pelo qual o empregado passa a ocupar uma função ou cargo superiores ao que ocupava anteriormente, em caráter permanente, com vantagens efetivas[(2020)].

As promoções podem ser não cumulativas e cumulativas, conforme o empregado substitua suas funções originárias por novas, ou mantenha as originárias e agregue novas[(2021)].

(2015) MACIEL, José Alberto Couto. Alteração do local de trabalho. In: BERNARDES, Hugo Gueiros; MACIEL, José Alberto Couto; RESENDE, José Marcio; ANDRADE, José Maria de Souza; ROCHA, Maria Amélia Souza da. PEREIRA, Ruy Jorge Caldas. *O contrato de trabalho e sua alteração.* São Paulo: LTr, 1975. p. 73.

(2016) TST — E-RR 49042/92 — Ac. 4521/95 — SBDI — Rel. Juiz Conv. Euclides Rocha — DJU 15.12.1995; Nesse sentido tem sido também o entendimento predominante na doutrina, por exemplo: BARROS, Alice Monteiro de. *Curso de Direito do Trabalho.* 4. ed. São Paulo: LTr, 2008. p. 275; DELGADO, Mauricio Godinho. *Curso de Direito do Trabalho.* 9. ed. São Paulo: LTr, 2010. p. 344.

(2017) TST — E-RR 49042/92 — Ac. 4521/95 — SBDI — Rel. Juiz Conv. Euclides Rocha — DJU 15.12.1995.

(2018) Conforme a Orientação Jurisprudencial n. 113 do Tribunal Superior do Trabalho.

(2019) NASCIMENTO, Amauri Mascaro. *Curso de Direito do Trabalho:* história e teoria geral do direito: relações individuais e coletivas de trabalho. 19. ed. São Paulo: Saraiva, 2004. p. 831.

(2020) DELGADO, Mauricio Godinho. *Curso de Direito do Trabalho.* 10. ed. São Paulo: LTr, 2011. p. 977.

(2021) DORNELES, Leandro do Amaral Dorneles de; OLIVEIRA, Cínthia Machado de. *Direito do Trabalho.* 3. ed. Porto Alegre: Verbo jurídico, 2016. p. 224.

As progressões das promoções podem ser horizontais ou verticais. São horizontais as progressões quando o empregado ascende nos graus do mesmo cargo ou categoria e são verticais quando ascende para outro cargo ou categoria superiores.

Como regra geral, a promoção é direito do empregado, se houver na empresa quadro de carreira ou plano de cargos e salários com previsão de promoções alternadas por antiguidade e merecimento.

Não obstante, interpretando a matéria, a SDI-1 do Tribunal Superior do Trabalho, na sessão do dia 8.11.2012, no julgamento do processo E-RR-51-16-2011-5-24-007, pacificou a controvérsia acerca da promoção por merecimento em face do descumprimento, pelo empregador, da obrigação de realizar as avaliações como pressuposto para a concessão da referida promoção.

Segundo este entendimento, a condição prevista no regulamento empresarial para se efetuarem as promoções horizontais por merecimento é válida (e não meramente potestativa), ao fixar dependência das promoções não apenas à vontade da empregadora, mas também de fatores alheios ao desígnio do instituidor dos critérios de progressão (desempenho funcional e existência de recursos financeiros).

Distingue-se, portanto, a promoção por merecimento daquela por antiguidade, cujo critério de avaliação é inteiramente objetivo, decorrente do decurso do tempo.

Entendeu a SDI-1 que a promoção por merecimento não é automática, sendo necessária a soma de requisitos estabelecidos no Regulamento de Pessoal, entre os quais a avaliação satisfatória do empregado no seu desempenho funcional e deliberação da diretoria.

O fato de a empregadora deixar de realizar as avaliações de seus empregados não resulta no direito do reclamante, automático, às promoções por merecimento. O empregado tem o direito subjetivo de ser avaliado, mas não ao da promoção. Ausentes as avaliações, mesmo que por omissão do empregador, o julgador não tem condições de avaliar se o reclamante tem direito à percepção da referida promoção. Em decorrência, não é possível deferir promoções, pois merecimento não se pode presumir.

Trata-se, pois, de vantagem de caráter eminentemente subjetivo, ligada à apuração e à avaliação do mérito obtido pelo empregado, em termos comparativos, podendo o obreiro que atingir um determinado padrão de excelência profissional, cujos requisitos encontram-se previstos no regulamento empresarial, concorrer com outros empregados à promoção por mérito.

5.1.1.2. Alterações quantitativas

Alterações quantitativas são as alterações do contrato de trabalho em relação à quantificação das prestações pactuadas, podendo ser alterações ampliativas ou redutoras. As mais comuns dizem respeito às alterações da duração de trabalho e do salário.

5.1.1.2.1. Alterações redutoras da jornada de trabalho

As alterações que visem a redução da jornada de trabalho sem redução salarial são admitidas, mesmo que ocorram de forma unilateral pelo empregador, porque geram uma condição mais benéfica ao empregado.

No entanto, a redução de jornada de trabalho com redução salarial somente é possível mediante acordo coletivo de trabalho ou convenção coletiva de trabalho no que tange à redução salarial (art. 7º, VI, da CF)[2022].

(2022) DELGADO, Mauricio Godinho. *Curso de Direito do Trabalho.* 10. ed. São Paulo: LTr, 2011. p. 987.

No caso de horista, com jornada variável ou flexível, a redução ou ampliação é possível, unilateral ou bilateralmente, desde que o valor da hora não seja reduzido[(2023)].

Nesta linha, em relação aos professores, a SDI-1 do TST, por meio da Orientação Jurisprudencial n. 244, entende que a redução da carga horária, em virtude da diminuição do número de alunos, sequer se constitui em alteração contratual, pois não implica redução do valor da hora-aula:

> 244. PROFESSOR. REDUÇÃO DA CARGA HORÁRIA. POSSIBILIDADE (inserida em 20.6.2001). A redução da carga horária do professor, em virtude da diminuição do número de alunos, não constitui alteração contratual, uma vez que não implica redução do valor da hora-aula.

Sempre é importante verificar a respectiva norma coletiva dos professores, pois alguns acordos coletivos de trabalho e convenções coletivas de trabalho de professores possuem condições para a validade da redução da carga horária.

5.1.1.2.2. Alterações ampliativas da jornada de trabalho

As alterações que visem a ampliação da jornada de trabalho inicialmente ajustada devem sempre observar os limites constitucionais e infraconstitucionais, e, quando permanentes, devem ter a concordância do empregado (bilaterais), e contemplar majoração salarial proporcional, salvo previsão em acordo ou convenção coletiva de trabalho (art. 611-A, I, da CLT).

Quando as alterações ampliativas da jornada de trabalho forem extraordinárias, exigem acordo individual, convenção coletiva ou acordo coletivo de trabalho (art. 59 da CLT), bilaterais, portanto, e obrigam ao pagamento de adicional remuneratório respectivo (art. 59, § 1º, da CLT) e/ou a compensação da jornada extraordinária (art. 59, § 2º, da CLT), quando houver pactuação de compensação de jornada na forma da lei.

Em casos de força maior (art. 61 da CLT), excepcionalmente, admite-se a realização de jornada extraordinária mesmo sem a concordância do empregado (de forma unilateral — *jus variandi*).

6. Reflexos das mudanças realizadas pela Lei n. 13.467/17 no plano coletivo na validade das alterações contratuais

No âmbito do direito coletivo do trabalho não se fala em renúncia de direitos, mas em transação, tendo em vista que a renúncia é um ato unilateral, ao contrário da transação, que é um ato bilateral, e pressupõe concessões recíprocas de direito[(2024)].

Nesse quadro, os acordos e as convenções coletivas de trabalho devem ser norteados pelo princípio da comutatividade, segundo a qual eventual direito transacionado numa cláusula contou com a correspondente compensação em outra, por isso precisam ser consideradas em seu todo[(2025)].

Todavia, alterando a noção de comutatividade e reciprocidade negocial no plano coletivo que acompanha o Direito do Trabalho brasileiro desde sua concepção, a Lei n. 13.467/17 (reforma trabalhista), no § 2º do art. 611-A da CLT, passou a dispor em sentido oposto ao prever que "a inexistência de expressa

(2023) DORNELES, Leandro do Amaral Dorneles de; OLIVEIRA, Cínthia Machado de. *Direito do Trabalho.* 3. ed. Porto Alegre: Verbo Jurídico, 2016. p. 226.

(2024) SÜSSEKIND, Arnaldo *et al. Instituições de Direito do Trabalho.* 20. ed. São Paulo: LTr, 2002. v. 1, p. 207-208.

(2025) É a chamada teoria do conglobamento, segundo a qual não se deve fracionar preceitos ou institutos jurídicos. Cada conjunto normativo é apreciado globalmente, considerado o mesmo universo temático; respeitada essa seleção, é o referido conjunto comparado aos demais, também globalmente apreendidos, encaminhando-se, então, pelo cotejo analítico, à determinação do conjunto normativo mais favorável. Essa é a teoria mais adequada, conforme DELGADO, Mauricio Godinho. *Curso de Direito do Trabalho.* 3. ed. São Paulo: LTr, 2004. p. 1394-1395.

indicação de contrapartidas recíprocas em convenção coletiva ou acordo coletivo de trabalho não ensejará sua nulidade por não caracterizar um vício do negócio jurídico".

Trata-se de alteração paradigmática das normas básicas de negociação coletiva no Direito do Trabalho, que vai permitir a inclusão do art. 611-A da CLT pela mesma Lei n. 13.467/17 que dispõe sobre a prevalência do negociado coletivamente sobre a lei.

Até a reforma trabalhista de 2017, as cláusulas de acordo coletivo de trabalho e convenção coletiva de trabalho, salvo as poucas exceções legais apontadas, poderiam apenas melhorar, ampliar, complementar, robustecer as condições de trabalho previstas em lei.

A concatenada Lei n. 13.467/17 permite que por meio de acordo coletivo de trabalho e convenção coletiva de trabalho (plano coletivo), nas hipóteses previstas no art. 611-A da CLT, a convenção coletiva e o acordo coletivo de trabalho terão prevalência sobre a lei.

Trata-se da chamada prevalência do negociado (coletivamente) sobre o legislado, permitindo-se com isso que as previsões feitas em acordo coletivo de trabalho e convenção coletiva de trabalho possam reduzir ou suprimir direitos trabalhistas conquistados em lei.

Os instrumentos normativos negociados que alteram os contratos individuais de emprego para melhor em relação à lei sempre foi permitido e incentivado pelo nosso ordenamento jurídico. A mudança de paradigmática realizada pela Lei n. 13.467/17 está em permitir que as normas coletivas negociadas reduzam ou suprimam direitos trabalhistas, ou seja, modifiquem para pior direitos trabalhistas previstos em lei nas largas hipóteses do art. 611-A da CLT, sendo que tais estipulações terão prevalência sobre a lei.

Sobre as hipóteses de prevalência no negociado coletivamente sobre a lei veja-se o texto legal na íntegra:

Art. 611-A. A convenção coletiva e o acordo coletivo de trabalho têm prevalência sobre a lei quando, entre outros, dispuserem sobre:

I — pacto quanto à jornada de trabalho, observados os limites constitucionais;

II — banco de horas anual;

III — intervalo intrajornada, respeitado o limite mínimo de trinta minutos para jornadas superiores a seis horas;

IV — adesão ao Programa Seguro-Emprego (PSE), de que trata a Lei n. 13.189, de 19 de novembro de 2015;

V — plano de cargos, salários e funções compatíveis com a condição pessoal do empregado, bem como identificação dos cargos que se enquadram como funções de confiança;

VI — regulamento empresarial;

VII — representante dos trabalhadores no local de trabalho;

VIII — teletrabalho, regime de sobreaviso, e trabalho intermitente;

IX — remuneração por produtividade, incluídas as gorjetas percebidas pelo empregado, e remuneração por desempenho individual;

X — modalidade de registro de jornada de trabalho;

XI — troca do dia de feriado;

XII — enquadramento do grau de insalubridade;

XIII — prorrogação de jornada em ambientes insalubres, sem licença prévia das autoridades competentes do Ministério do Trabalho;

XIV — prêmios de incentivo em bens ou serviços, eventualmente concedidos em programas de incentivo;

XV — participação nos lucros ou resultados da empresa.

§ 1º No exame da convenção coletiva ou do acordo coletivo de trabalho, a Justiça do Trabalho observará o disposto no § 3º do art. 8º desta Consolidação;

§ 2º A inexistência de expressa indicação de contrapartidas recíprocas em convenção coletiva ou acordo coletivo de trabalho não ensejará sua nulidade por não caracterizar um vício do negócio jurídico.

§ 3º Se for pactuada cláusula que reduza o salário ou a jornada, a convenção coletiva ou o acordo coletivo de trabalho deverão prever a proteção dos empregados contra dispensa imotivada durante o prazo de vigência do instrumento coletivo;

§ 4º Na hipótese de procedência de ação anulatória de cláusula de convenção coletiva ou de acordo coletivo de trabalho, quando houver a cláusula compensatória, esta deverá ser igualmente anulada, sem repetição do indébito.

§ 5º Os sindicatos subscritores de convenção coletiva ou de acordo coletivo de trabalho deverão participar, como litisconsortes necessários, em ação individual ou coletiva, que tenha como objeto a anulação de cláusulas desses instrumentos.

A irrenunciabilidade de direitos trabalhistas no plano individual permanece, salvo para o tipo de empregado caracterizado no art. 444, parágrafo único, da CLT, mas as negociações coletivas realizadas nas hipóteses do art. 611-A da CLT, firmadas por acordo coletivo de trabalho e convenção coletiva de trabalho, terão prevalência sobre a lei e incidirão sobre os contratos individuais de trabalho.

Trata-se de mudança paradigmática no Direito do Trabalho brasileiro, sendo uma das mais profundas mudanças trazidas pela reforma trabalhista, se não for a maior. As possibilidades geradas pelo art. 611-A são muitas, abertas para o presente e para o futuro.

Acordo coletivo de trabalho é o documento que formaliza a solução de conflitos coletivos celebrados entre um ou mais empregadores e um ou mais sindicatos de empregados.

Convenção coletiva de trabalho é o acordo de caráter normativo, pelo qual dois ou mais Sindicatos representativos de categorias de empregados e de empregadores estipulam condições de trabalho[2026].

São instrumentos negociados, resultado de negociações coletivas, a partir do comando da assembleia geral que define os interesses coletivos.

As Federações e, na falta desta, as Confederações representativas de categorias econômicas ou profissionais poderão celebrar convenções coletivas de trabalho para reger as relações das categorias a elas vinculadas, não organizadas em Sindicatos, no âmbito de suas representações.

Têm direitos e deveres sobre as normas coletivas não apenas os filiados (sócios do sindicato), mas todos que integrem a coletividade dos trabalhadores que compõem a categoria (convenção coletiva) ou que trabalham nas empresas que celebraram o pacto (acordo coletivo).

Nos chamados instrumentos normativos negociados, os próprios interessados chegam a um consenso sobre determinadas normas (o que é chamado de autocomposição), de caráter irrevogável, que vão reger as relações entre os indivíduos componentes das categorias envolvidas durante um determinado lapso de tempo. Trata-se de uma fase de negociação coletiva que ocorre fora do Poder Judiciário ou do Poder Executivo, em que uma das partes (categoria profissional) elabora uma pauta de reivindicações e a apresenta para a outra parte (categoria econômica).

(2026) Consolidação das Leis do Trabalho, art. 611.

Após sucessivas negociações, é formalizado um termo de acordo coletivo de trabalho ou convenção coletiva de trabalho, cujos requisitos formais se encontram nos arts. 613 e 614 da CLT[(2027)].

E por que estas alterações paradigmáticas da Lei n. 13.467/17 podem influenciar a validade de alterações no contrato de emprego?

Porque as normas coletivas integram os contratos individuais de trabalho e qualquer cláusula contratual que contrarie suas disposições é considerada nula, de acordo com o art. 619 da CLT.

O art. 619 da CLT não foi alterado pela reforma trabalhista e assim dispõe:

> Art. 619. Nenhuma disposição de contrato individual de trabalho que contrarie normas de Convenção ou Acôrdo Coletivo de Trabalho poderá prevalecer na execução do mesmo, sendo considerada nula de pleno direito.

Süssekind adverte que nas hipóteses em que a legislação brasileira (Constituição, Consolidação das Leis do Trabalho e Leis esparsas) autoriza a relativização via acordo ou convenção coletiva, não poderá mais ser invocado o art. 468 da Consolidação das Leis do Trabalho, alusivo à inalterabilidade do contrato de trabalho[(2028)].

Pode-se perceber neste momento, com clareza e importância, a relação entre o plano coletivo e o plano individual do Direito do Trabalho, bem como enxergar a profundidade e o tamanho das possibilidades geradas pela Lei n. 13.467/17, que, em última análise, poderão gerar alterações no contrato individual de emprego prejudiciais ao empregado.

A reforma trabalhista muda sensivelmente o Direito do Trabalho brasileiro pelo plano coletivo. Permite mudanças massificadas, longe do trabalhador individualmente, que na maior parte só irão percebê-las quando alterarem o seu contrato individual de emprego para pior.

A projeção ou modalidade da norma mais benéfica ou favorável ao trabalhador, que integra o princípio da proteção do trabalhador (mais tradicional princípio de Direito do Trabalho), foi ferida pelo art. 611-A da CLT, pois nas hipóteses previstas neste dispositivo legal, as normas coletivas prevalecerão sobre a lei mesmo quando for menos benéficas ou favoráveis ao empregado.

Além disso, a interligada reforma trabalhista — Lei n. 13.467/17 — alterou o art. 620 da CLT, passando a prever:

> Art. 620. As condições estabelecidas em acordo coletivo de trabalho sempre prevalecerão sobre as estipuladas em convenção coletiva de trabalho.

A redação anterior do artigo era a seguinte:

> Art. 620. As condições estabelecidas em Convenção quando mais favoráveis, prevalecerão sôbre as estipuladas em Acôrdo.

Antes da reforma, se a mesma matéria fosse prevista num acordo coletivo de trabalho em que determinado empregador firmasse com o Sindicato dos empregados e numa convenção coletiva da categoria, deveria ser aplicada a norma que fosse mais benéfica ou favorável aos empregados.

Note-se que os acordos coletivos possuem abrangência menor, já que têm aplicação restrita aos trabalhadores da(s) empresa(s) que firmar(am) o pacto com o(s) sindicato(s) do(s) empregado(s), uma vez que é o acordo firmado entre sindicato(s) de trabalhadores e uma ou mais empresas (não há sindicato no polo dos empregadores, como ocorre na convenção coletiva).

(2027) COIMBRA, Rodrigo; ARAÚJO, Francisco Rossal de. *Direito do trabalho I*. São Paulo: LTr, 2014. p. 91.

(2028) SÜSSEKIND, Arnaldo *et al. Instituições de Direito do Trabalho*. 20. ed. São Paulo: LTr, 2002. v. 1, p. 207.

Assim, a partir da Lei n. 13.467/17, "sempre" prevalecerão as condições estabelecidas em acordo coletivo de trabalho sobre as estipuladas em convenção coletiva de trabalho. Assim, os acordos coletivos de trabalho poderão conter estipulações piores que as convenções coletivas de trabalho (que também já poderão reduzir ou suprimir direitos trabalhistas nas hipóteses do art. 611-A da CLT) e tais estipulações sempre prevalecerão sobre as estipulações das convenções coletivas.

Nesse diapasão, a reforma trabalhista de 2017 possibilita que por meio do plano coletivo se reduzam ou suprimam direitos trabalhistas previstos em lei, na forma dos arts. 611-A e 620 da CLT.

Não obstante, observe-se que existem direitos trabalhistas pelos quais a redução ou supressão é proibida de forma absoluta, não sendo possível nem no âmbito do direito coletivo do trabalho, como ocorre com todos os direitos trabalhistas em que a lei não dá espaço para as partes estabelecerem de forma diferente via acordo ou convenção coletiva, daí por que são chamados de direitos trabalhistas mínimos, ou contrato mínimo legal, ou ainda núcleo duro irredutível[(2029)].

Nesse sentido, o art. 611-B da CLT, incluído pela Lei n. 13.467/17, dispõe sobre direitos que não podem ser reduzidos ou suprimidos nem mesmo por acordo coletivo de trabalho e convenção coletiva de trabalho. Protege boa parte dos incisos do art. 7º, alguns incisos dos arts. 8º e 9º da Constituição Federal.

Veja-se o texto legal na íntegra:

> Art. 611-B. Constituem objeto ilícito de convenção coletiva ou de acordo coletivo de trabalho, exclusivamente, a supressão ou a redução dos seguintes direitos:
>
> I — normas de identificação profissional, inclusive as anotações na Carteira de Trabalho e Previdência Social;
>
> II — seguro-desemprego, em caso de desemprego involuntário;
>
> III — valor dos depósitos mensais e da indenização rescisória do Fundo de Garantia do Tempo de Serviço (FGTS);
>
> IV — salário mínimo;
>
> V — valor nominal do décimo terceiro salário;
>
> VI — remuneração do trabalho noturno superior à do diurno;
>
> VII — proteção do salário na forma da lei, constituindo crime sua retenção dolosa;
>
> VIII — salário-família;
>
> IX — repouso semanal remunerado;
>
> X — remuneração do serviço extraordinário superior, no mínimo, em 50% (cinquenta por cento) à do normal;
>
> XI — número de dias de férias devidas ao empregado;
>
> XII — gozo de férias anuais remuneradas com, pelo menos, um terço a mais do que o salário normal;
>
> XIII — licença-maternidade com a duração mínima de cento e vinte dias;
>
> XIV — licença-paternidade nos termos fixados em lei;
>
> XV — proteção do mercado de trabalho da mulher, mediante incentivos específicos, nos termos da lei;

(2029) FELICIANO, Guilherme Guimarães. *Curso crítico de direito do trabalho*: teoria geral do direito do trabalho. São Paulo: Saraiva, 2013. p. 256.

XVI — aviso-prévio proporcional ao tempo de serviço, sendo no mínimo de trinta dias, nos termos da lei;

XVII — normas de saúde, higiene e segurança do trabalho previstas em lei ou em normas regulamentadoras do Ministério do Trabalho;

XVIII — adicional de remuneração para as atividades penosas, insalubres ou perigosas;

XIX — aposentadoria;

XX — seguro contra acidentes de trabalho, a cargo do empregador;

XXI — ação, quanto aos créditos resultantes das relações de trabalho, com prazo prescricional de cinco anos para os trabalhadores urbanos e rurais, até o limite de dois anos após a extinção do contrato de trabalho;

XXII — proibição de qualquer discriminação no tocante a salário e critérios de admissão do trabalhador com deficiência;

XXIII — proibição de trabalho noturno, perigoso ou insalubre a menores de dezoito anos e de qualquer trabalho a menores de dezesseis anos, salvo na condição de aprendiz, a partir de quatorze anos;

XXIV — medidas de proteção legal de crianças e adolescentes;

XXV — igualdade de direitos entre o trabalhador com vínculo empregatício permanente e o trabalhador avulso;

XXVI — liberdade de associação profissional ou sindical do trabalhador, inclusive o direito de não sofrer, sem sua expressa e prévia anuência, qualquer cobrança ou desconto salarial estabelecidos em convenção coletiva ou acordo coletivo de trabalho;

XXVII — direito de greve, competindo aos trabalhadores decidir sobre a oportunidade de exercê-lo e sobre os interesses que devam por meio dele defender;

XXVIII — definição legal sobre os serviços ou atividades essenciais e disposições legais sobre o atendimento das necessidades inadiáveis da comunidade em caso de greve;

XXIX — tributos e outros créditos de terceiros;

XXX — as disposições previstas nos arts. 373-A, 390, 392, 392-A, 394, 394-A, 395, 396 e 400 desta Consolidação.

Parágrafo único. Regras sobre duração do trabalho e intervalos não são consideradas como normas de saúde, higiene e segurança do trabalho para os fins do disposto neste artigo.

Com a Lei n. 13.467/17, manteve-se alguma proteção com o art. 611-B da CLT, mas ocorreu grande abertura com a inclusão do art. 611-A da CLT, com integração no contrato individual de emprego.

No Direito do Trabalho, o plano coletivo e o plano individual conversam entre si e se influenciam. De fato, é complexo, mas nesta intersecção está o diferencial do Direito do Trabalho. Nas alterações contratuais, pela sua dinâmica, aparece de forma muito intensa a intersecção entre os planos coletivo e individual.

Lembre-se que o art. 468 da CLT, viga mestra do Direito do Trabalho no plano individual, não foi alterado pela reforma trabalhista e segue sendo protetivo ao trabalhador.

As tensões da intersecção dos planos coletivo e individual são de alta complexidade e dinamismo, como são as relações trabalhistas. Acrescenta-se que as alterações contratuais no plano individual ocorrem de forma escrita, verbal e tácita.

Agrega-se ainda o fator tempo dos contratos de trabalho (sendo o contrato individual de trabalho de trato sucessivo, inspirado pelo princípio da continuidade).

Nesse contexto, os operadores do Direito do Trabalho convivem com um emaranhado de princípios e regras (princípios, leis, cláusulas de instrumentos normativos negociados e de sentenças normativas), com diversos reflexos sociais e econômicos.

A intersecção entre o plano coletivo e o plano individual ganhou novos contornos e ainda mais necessidade de atenção a partir das mudanças ora apontadas trazidas pela reforma trabalhista de 2017: de um lado, a Lei n. 13.467/17 concedeu mais abertura, profundidade e complexidade para o princípio da autonomia coletiva; de outro lado, a regra protetora dos empregados sobre as alterações contratuais trabalhistas no plano individual permanece no *caput* do art. 468 da CLT, protegendo os trabalhadores das alterações contratuais que lhes sejam prejudiciais.

Dessa forma, as alterações contratuais bilaterais trabalhistas de fato podem ser afetadas pelo alargamento dado à autonomia coletiva pela Lei n. 13.467/17, por meio da integração das normas coletivas no contrato individual de trabalho, porém o art. 468, *caput*, da CLT continua em vigor, protegendo o empregado no plano individual.

Referências

ABDALA, Vantuil. Terceirização: atividade-fim e atividade-meio: responsabilidade subsidiária do tomador de serviços. *Revista LTr*, São Paulo, v. 609, n. 5, maio 1996.

AGUIAR, Antonio Carlos. A negociação coletiva de trabalho (uma crítica à Súmula n. 277 do TST). *Revista LTr*, São Paulo, v. 77, n. 9, set. 2013.

AIZPURU, Mikel; RIVERA, Antonio. *Manual de Historia Social del Trabajo*. Madrid: Siglo Veinteuno, 1994.

ALEMÃO, Ivan. Comentários sobre a lei das cooperativas de trabalho (Lei n. 12.690, de 19.7.2012) à luz do direito do trabalho. *Justiça do Trabalho*, Porto Alegre, n. 344, p. 30-42, ago. 2012.

ALEXY, Robert. Sistema jurídico, principios jurídicos y razón práctica. *Revista Doxa*, n. 5, Barcelona, 1988.

______. *Teoría de la argumentación juridica*: la teoría del discurso racional como teoría de la fundamentación juridica. Madrid: Centro de Estúdios Constitucionales, 1997.

______. *Teoría de los derechos fundamentales*. Madrid: Centro de Estúdios Constitucionales, 1997.

ALMEIDA COSTA, Mário Júlio de. *Direito das obrigações*. 9. ed. Coimbra: Almedina, 2001.

ALMEIDA, Amador Paes de. *Manual das sociedades comerciais*. 8. ed. São Paulo: Saraiva, 1995.

ALMEIDA, Ísis. *Manual de direito individual do trabalho*. São Paulo: LTr, 1998.

ALTAVILA, Jaime de. *Origem do direito dos povos*. 5. ed. São Paulo: Ícone, 1989.

ALVARO DE OLIVEIRA, Carlos Alberto. Efetividade e processo de conhecimento. In: *Do formalismo no processo civil*. 2. ed. São Paulo: Saraiva, 2003.

______. Efetividade e tutela jurisdicional. In: MACHADO, Fábio Cardoso; AMARAL, Guilherme Rizzo (Orgs.). *Polêmica sobre a ação*: a tutela jurisdicional na perspectiva das relações entre direito e processo. Porto Alegre: Livraria do Advogado, 2006.

______. *Teoria e prática da tutela jurisdicional*. Rio de Janeiro: Forense, 2008.

ALVES, Vilson Rodrigues. *Da prescrição e da decadência do novo Código Civil*. 2. ed. Campinas: Bookseller, 2003.

ALVIM, Arruda. Lei n. 11.280, de 16.2.2006: análise dos arts. 112, 114 e 305 do CPC e do § 5º do art. 219 do CPC. *Revista do Processo*, n. 143, ano 32, jan. 2007.

AMARAL, Francisco. *Direito civil*: introdução. 3. ed. Rio de Janeiro: Renovar, 2000.

AMELOTTI, Mario. Prescrizione (dir. rom.). *Enciclopedia del Diritto*. Milano: Giuffrè, XXXV, p. 36-46, 1986.

AMORIM FILHO, Agnelo. Critério científico para distinguir a prescrição da decadência e para identificar as ações imprescritíveis. *Revista Forense*, Rio de Janeiro: Forense, n. 193, p. 30-49, jan./fev./mar. 1961.

AMSTAD, Theodor. *Memórias autobiográficas*. São Leopoldo: Unisinos, 1981.

ANDRADE, Dárcio Guimarães de. Condomínio de empregadores. *Justiça do Trabalho*, Porto Alegre, n. 211, ago. 2009.

ANDRADE, José Carlos Vieira de. *Os direitos fundamentais na Constituição portuguesa de 1976*. 3. ed. Coimbra: Almedina, 2004.

ANDRADE, Manuel A. Domingues de. *Teoria geral da relação jurídica*. Coimbra: Almedina, 1987.

ANTUNES, Letícia Pereira. Protesto interruptivo da prescrição no processo do trabalho. *Justiça do Trabalho*, n. 258, jun. 2005.

ARAÚJO, Francisco Rossal de. *A boa-fé na relação de emprego*. São Paulo: LTr, 1996.

______. O direito do trabalho e o ser humano. In: *Continuando a História (Amatra IV)*. São Paulo: LTr, 1999.

______. A natureza jurídica da relação de trabalho — novas competências da justiça do trabalho — Emenda Constitucional n. 45/2004. *Justiça do Trabalho*, n. 254, p. 32-63, fev. 2005.

ARAÚJO, Francisco Rossal de; COIMBRA, Rodrigo. Direito do Trabalho: evolução do modelo normativo e tendências atuais na Europa. *Revista LTr*, São Paulo: LTr, ano 73, t. II, n. 8, p. 953-962, ago. 2009.

______. A natureza jurídica do Direito do Trabalho. *Justiça do Trabalho*, Porto Alegre, n. 308, p. 76-100, ago. 2009.

______. Equilíbrio instável das fontes formais do Direito do Trabalho. *Justiça do Trabalho*, n. 324, p. 48-75, dez. 2010.

______. Desfazendo um mito constantemente repetido: no Direito do Trabalho não há quebra da hierarquia das normas. *Revista de Direito do Trabalho*, n. 145, São Paulo: Revista dos Tribunais, p. 13-29, jan./mar. 2012.

______. Competência da Justiça do Trabalho para julgar conflitos coletivos de trabalho de servidores públicos. *Revista LTr*, São Paulo: LTr, ano 76, n. 4, p. 413-423, abr. 2012.

______. A natureza jurídica do vínculo de emprego: evolução, convergência e desafios da atualidade. *Revista de Direito do Trabalho*. São Paulo: Revista dos Tribunais, n. 151, p. 89-125, maio/jun. 2013.

______. Apontamentos sobre a hierarquia das normas no Direito do Trabalho. In: TORRES, Arthur (Org.). *Direito e processo do trabalho*: escritos em homenagem aos 20 anos de docência do Professor Gilberto Sturmer. Porto Alegre: Arana, 2013.

ARAÚJO, Francisco Rossal de; COIMBRA, Rodrigo; DIAS, Carolina Grieco Rodrigues; MORAES, Éverton Luiz Kircher de. Cooperativas — Tratamento jurídico específico e negociação coletiva. *Justiça do Trabalho*, Porto Alegre: HS, n. 353, p. 23-65, maio 2013.

ARAÚJO, Francisco Rossal de; COIMBRA, Rodrigo; DIAS, Carolina Grieco Rodrigues; MACHADO, Paula Steil; MORAES, Everton Luiz Kircher de. A nova redação da Súmula n. 277 do Tribunal Superior do Trabalho: a ultraeficácia das cláusulas normativas: críticas, questionamentos e desafios. *Justiça do Trabalho*, Porto Alegre: HS, nov. 2013.

ARAÚJO, Gisele Ferreira de. Flexibilização do direito laboral e a Constituição Federal de 1988. *Justiça do Trabalho*, v. 262, out. 2005.

ARENHART, Sérgio Cruz. *Perfis da tutela inibitória coletiva*. São Paulo: Revista dos Tribunais, 2003.

______. O regime da prescrição em ações coletivas. In: GOZZOLI, Maria Clara; CIANCI, Mirna; CALMON, Petrônio; QUARTIERI, Rita (Coord.). *Em defesa de um novo sistema de processos coletivos:* estudos em homenagem a Ada Pellegrini Grinover. São Paulo: Saraiva, 2010.

ARISTÓTELES. *Ética a Nicômaco*. Livro V. São Paulo: Edipro, 2002.

ARTILES, Antonio Martin. Cuadro comparativo: "fordismo" y "toyotismo". In: *Curso introductorio de relaciones laborales*. 2. ed. Montevideo: Fundación de Cultura Universitaria.

AULETE, Caudas. *Dicionário contemporâneo da língua portuguesa*. 4. ed. Rio de Janeiro: Delta, 1985. v. 3.

ÁVILA, Humberto. *Teoria dos princípios:* da definição à aplicação dos princípios jurídicos. São Paulo: Malheiros, 2004.

______. Neoconstitucionalismo: entre a "ciência do direito" e o "direito da ciência". *Revista Eletrônica de Direito do Estado*, n. 17, Salvador, jan./fev./mar. 2009. Disponível em: <http://www.direitodoestado.com/revista/REDE-17-JANEIRO-2009-HUMBERTO%20AVILA.pdf>. Acesso em: 10 ago. 2013.

BAGLIONI, Guido. *O mundo do trabalho:* crise e mudança no final do século. São Paulo: Scritta, 1994.

BAPTISTA DA SILVA, Ovídio Araújo. Direito subjetivo, pretensão de direito material e ação. *Revista da Ajuris*, Porto Alegre: Ajuris, n. 29, p. 99-126, nov. 1983.

______. *Curso de processo civil*. Porto Alegre: Sergio Antônio Fabris, 1990. v. 2.

______. *Curso de processo civil.* 7. ed. Rio de Janeiro: Forense, 2005. v.1.

______. Direito subjetivo, pretensão de direito material e ação. In: MACHADO, Fábio Cardoso; AMARAL, Guilherme Rizzo (Orgs.). *Polêmica sobre a ação:* a tutela jurisdicional na perspectiva das relações entre direito e processo. Porto Alegre: Livraria do Advogado, 2006.

______. *Jurisdição e execução na tradição romano-canônica.* 3. ed. Rio de Janeiro: Forense, 2007.

BARASSI, Lodovico. *Il diritto del lavoro.* Milano: Giufrrè, 1949.

BARATA SILVA, Carlos Alberto. *Compêndio de Direito do Trabalho.* 4. ed. São Paulo: LTr, 1986.

BARBAGELATA, Héctor-Hugo. *A evolução do pensamento do Direito do Trabalho.* Tradução de Sidnei Machado. São Paulo: LTr, 2012.

BARBOSA, Haroldo Camargo. O instituto da prescrição aplicado à reparação dos danos ambientais. *Revista de Direito Ambiental,* v. 59, p. 124-149, jul./set. 2010.

BARROS, Alice Monteiro de. Aspectos jurisprudenciais da prescrição trabalhista. In: *Curso de direito do trabalho*: estudos em memória de Célio Goyatá. 2. ed. São Paulo: LTr, 1994, v. 1.

______. Discriminação no emprego por motivo de sexo. In: VIANA, Márcio Túlio; RENAULT, Luiz Otávio Linhares (Org.). *Discriminação.* São Paulo: LTr, 2000.

______. *Curso de Direito do Trabalho.* São Paulo: LTr, 2005.

______. *Curso de Direito do Trabalho.* 4. ed. São Paulo: LTr, 2008.

______. *Proteção à intimidade do empregado.* 2. ed. São Paulo: LTr, 2009.

______. Trabalho voluntário e trabalho religioso. *Revista LTr,* São Paulo, v. 64, n. 5, p. 588-597, maio 2000.

BARZOTTO, Luciane Cardoso. Trabalho e igualdade: tipos de discriminação no ambiente de trabalho. In: BARZOTTO, Luciane Cardoso (Coord.). *Igualdade e discriminação no ambiente de trabalho.* Porto Alegre: Livraria do Advogado, 2012.

BARZOTTO, Luiz Fernando. *O positivismo jurídico contemporâneo:* uma introdução a Kelsen, Ross e Hart. São Leopoldo: UNISINOS, 1999.

BAUMAN, Zygmund. *Modernidade líquida.* Rio de Janeiro: Jorge Zahar, 2001.

BAYLOS, Antônio. *Derecho del trabajo:* modelo para armar. Madrid: Trotta, 1991.

BECHO, Renato Lopes. *Tributação das cooperativas.* 3. ed. São Paulo: Dialética, 2005.

BEDAQUE, José Roberto dos Santos. *Direito e processo:* influência do direito material sobre o processo. 4. ed. São Paulo: Malheiros, 2006.

BELMONTE, Alexandre Agra. Responsabilidade por danos morais nas relações de trabalho. *Revista do Tribunal Superior do Trabalho,* Brasília, v. 73, n. 2, p. 158-185, abr./jun. 2007.

BELTRAN, Ari Possidonio. *A auto tutela nas relações de trabalho.* São Paulo: LTr, 1996.

BETTI, Emilio. *Teoria generale del negozio giuridico.* 2. ed. Torino: Unione Tipografico-Editrice Torinese, 1960.

BEVILÁQUA, Clóvis. *Código Civil dos Estados Unidos do Brasil:* comentado. 4. ed. Rio de Janeiro: Francisco Alves, 1938. v. 4.

______. *Teoria geral do direito civil.* 2.ed. Rio de Janeiro: Francisco Alves, 1976.

______. *Direito das obrigações.* São Paulo: RED Livros, 2000.

BIAVASCHI, Magda Barros. *O direito do trabalho no Brasil — 1930-1942*: a construção do sujeitos de direitos trabalhistas. São Paulo: LTr, 2007.

BLANPAIN, Roger. Europa: politicas laborales y de empleo. In: *Evolución del pensamiento juslaboralista.* Montevideo: Fundación de Cultura Universitária.

BOBBIO, Norberto. *Estado, governo, sociedade.* 3. ed. Rio de Janeiro: Paz e Terra, 1990.

______. *Dicionário de política.* 4. ed. Brasília: UNB, 1992.

______. *Teoria do ordenamento jurídico.* Brasília: Polis, 1991.

BOTELHO, Guilherme. *Direito ao processo qualificado:* o processo civil na perspectiva do estado constitucional. Porto Alegre: Livraria do Advogado, 2010.

BUENO, Francisco Silveira. *Dicionário escolar da língua portuguesa.* 11. ed. Rio de Janeiro: FAE, 1992.

BULLINGER, Martin. *Derecho publico y derecho privado.* Madrid: Instituto de Estudios Administrativos, 1976.

CABANELLAS, Guilhermo. *El derecho del trabajo e sus contrato.* Buenos Aires: Mundo Atlântico, 1945.

CAETANO, Marcello. *Manual de direito administrativo.* 10. ed. Coimbra: Almedina, 1991, v. 1.

CALDERA, Rafael. *Derecho del trabajo.* 2. ed. Buenos Aires: El Ateneo, 1972. v. 1.

CÂMARA, Alexandre Freitas. Reconhecimento de ofício da prescrição: uma reforma descabeçada e inócua. *Revista IOB de Direito Civil e Processual Civil.* n. 43. set./out. 2006.

CÂMARA LEAL, Antônio Luiz da. *Da prescrição e da decadência.* 2. ed. Rio de Janeiro: Forense, 1959.

______. *Da prescrição e da decadência.* Rio de Janeiro: Forense, 1982.

CAMERLINCK, G. H.; LYON-CAEN, G. *Derecho del trabajo.* Madrid: Aguilar, 1974.

CAMINO, Carmem. *Direito individual do trabalho.* 4. ed. Porto Alegre: Síntese, 2003.

______. *Autonomia da vontade no direito do trabalho*: do chão de fábrica ao serviço público (Tese de Doutorado). UFRGS (Faculdade de Direito — PPGD): Porto Alegre, 2011.

CAMPITELLI, Adriana. Prescrizione (dir. intern.). *Enciclopedia del Diritto*, Milano: Giuffrè, XI, p. 46-56, 1962.

CANARIS, Claus-Whilelm. *Pensamento sistemático e conceito de sistema na ciência do direito.* 3. ed. Lisboa: Calouste Gulbenkian, 2002.

CANOTILHO, José Joaquim Gomes. *Direito constitucional.* 5. ed. Coimbra: Almedina, 1991.

______. O direito ao ambiente como direito subjectivo. In: *Estudos sobre direitos fundamentais.* Coimbra: Coimbra, 2004.

CAPPELLETTI, Mauro. *Juízes legisladores?* Tradução de Carlos Alberto Alvaro de Oliveira. Porto Alegre: Fabris, 1993.

CARMO, Júlio Bernardo do. A súmula n. 277 do TST e a ofensa ao princípio da legalidade. *Revista do Tribunal Regional do Trabalho da 3ª Região*, Belo Horizonte, v. 55, n. 85, p. 75-84, jan./jun. 2012.

CARNELUTTI, Francesco. *Teoria geral do direito.* São Paulo: Lejus, 1999.

CARRION, Valentin. *Comentários à Consolidação das Leis do Trabalho.* 31. ed. São Paulo: Saraiva, 2006.

CARRO IGELMO, Alberto José. *Historia Social del Trabajo.* Barcelona: Bosch, 1986.

CARVALHO, Augusto César Leite de; ARRUDA, Kátia Magalhães; DELGADO, Maurício José Godinho. *A Súmula n. 277 e a defesa da Constituição*. Disponível em: <http://aplicacao.tst.jus.br/dspace/bitstream/handle/1939/28036/2012_sumula_277_aclc_kma_mgd.pdf?sequence=1>. Acesso em: 10 ago. 2013.

CARVALHO DE MENDONÇA, J. X. *Tratado de direito comercial brasileiro*. Rio de Janeiro: Freitas Bastos, 1954.

CARVALHO SANTOS, J. M. *Código Civil brasileiro interpretado*. 4. ed. Rio de Janeiro: Freitas Bastos, 1950. v. 2.

CASSAR, Vólia Bomfim. *Direito do Trabalho*. 6. ed. Niterói: Impetus, 2012.

______. *Direito do trabalho:* de acordo com a reforma trabalhista. 16. ed. Rio de Janeiro: Forense, São Paulo: Método, 2018.

CASSÌ, Vicenzo. *La subordinazione del lavoratore nel diritto del lavoro*. Milano: Giuffrè, 1947.

CATHARINO, José Martins. A obrigação de trabalhar oriunda do contrato de emprego. In: *Direito do trabalho*. 2. ed. Rio de Janeiro: Edições Trabalhistas, s/d.

______. *Compêndio de Direito do Trabalho*. 3. ed. São Paulo: Saraiva, 1982. v.1.

______. *Trabalho temporário*. Rio de Janeiro: Edições Trabalhistas, 1984.

______. *Tratado jurídico do salário*. São Paulo: LTr, 1994.

______. *Direito constitucional e direito judiciário do trabalho*. São Paulo: LTr, 1995.

______. El rebrote de la doctrina liberal y los modelos flexibilizadores. In: *Evolución del pensamiento juslaboralista*. Montevideo: Fundación de Cultura Universitária, 1997.

______. *Neoliberalismo e sequela:* privatização, desregulação, flexibilização, terceirização. São Paulo: LTr, 1997.

______. Algo sobre a empresa. *Temas de Direito do Trabalho*, Rio de Janeiro: Edições Trabalhistas, 1972.

CATTANEO, Giovanni. Buona fede obbjettiva e abuso del diritto. *Revista Trimestrale del Diritto e Processo Civile*, t. XXV, 1971.

CESARINO JÚNIOR, Antônio Ferreira; CARDONE, Marly Antonieta. *Direito social:* teoria geral do direito social, direito contratual do trabalho, direito protecionista do trabalho. 2. ed. São Paulo: LTr, 1993.

CHAVES, Luciano Athayde. *A recente reforma no processo comum e seus reflexos no direito judiciário do trabalho*. São Paulo: LTr, 2007.

______. Prescrição e decadência. In: CHAVES, Luciano Athayde (Org.). *Curso de Processo do Trabalho*. São Paulo: LTr, 2009.

CIANCI, Mirna. A prescrição na Lei n. 11.280/2006. *Revista de Processo*, ano 32, n. 148, jun. 2007.

CIRNE LIMA, Ruy. Direito público e direito privado. *Revista Jurídica*, v. 1, jan./fev. 1953.

______. *Sistema de direito administrativo brasileiro*. Porto Alegre: Santa Maria, 1953. v. 1.

CLAVERO, Bartolomé. Codificación y constitución: paradigmas de un binomio. *Quaderni Fiorentini*, v. XVIII, p. 79-145.

COELHO, Fábio Ulhoa. *Curso de direito comercial*. 3. ed. São Paulo: Saraiva, 2002. v. 3.

COIMBRA, Rodrigo. *Relações terceirizadas de trabalho*. Curitiba: Juruá, 2007.

______. *Relações terceirizadas de trabalho*. Curitiba: Juruá, 2010.

______. Repensando a natureza jurídica do direito do trabalho no âmbito coletivo. *Revista de Processo do Trabalho e Sindicalismo*, n. 2, Porto Alegre: HS, p. 192-214, 2011.

______. Os direitos transindividuais como direitos fundamentais de terceira dimensão e alguns desdobramentos. *Direitos Fundamentais e Justiça*, Porto Alegre: HS, n. 16, p. 64-94, jul./set. 2011.

______. A prescrição e a decadência na tutela de direitos transindividuais. In: TESHEINER, José Maria (Org.). *Processos coletivos.* Porto Alegre: HS, 2012.

______. Jurisdição trabalhista coletiva e direito objetivo. *Justiça do Trabalho,* Porto Alegre: HS, n. 340, p. 88-107, abr. 2012.

______. Globalização e internacionalização dos direitos fundamentais dos trabalhadores. *Revista de Direito do Trabalho,* n. 146, São Paulo: Revista dos Tribunais, p. 411-431, abr./jun. 2012.

______. Direitos e deveres com objeto difuso a partir da perspectiva objetiva dos direitos fundamentais. *Revista de Direito Ambiental,* São Paulo: Revista dos Tribunais, p. 117-138, jul./set 2013.

COIMBRA, Rodrigo; ARAÚJO, Francisco Rossal de. Direito do Trabalho: evolução do modelo normativo e tendências atuais na Europa. *Revista LTr,* São Paulo: LTr, ano 73, t. II, n. 8, p. 953-962, ago. 2009.

______. A natureza jurídica do direito do trabalho. *Justiça do Trabalho,* Porto Alegre, n. 308, p. 76-100, ago. 2009.

______. Equilíbrio instável das fontes formais do direito do trabalho. *Justiça do Trabalho,* n. 324, p. 48-75, dez. 2010.

______. Desfazendo um mito constantemente repetido: no direito do trabalho não há quebra da hierarquia das normas. *Revista de Direito do Trabalho,* n. 145, São Paulo: Revista dos Tribunais, p. 13-29, jan./mar.2012.

______. Competência da Justiça do Trabalho para julgar conflitos coletivos de trabalho de servidores públicos. *Revista LTr,* São Paulo: LTr, ano 76, n. 4, p. 413-423, abr. 2012.

______. A natureza jurídica do vínculo de emprego: evolução, convergência e desafios da atualidade. *Revista de Direito do Trabalho,* São Paulo: Revista dos Tribunais, n. 151, p. 89-125, maio/jun. 2013.

______. Apontamentos sobre a hierarquia das normas no Direito do Trabalho. In: TORRES, Arthur (Org.). *Direito e processo do trabalho:* escritos em homenagem aos 20 anos de docência do professor Gilberto Sturmer. Porto Alegre: Arana, 2013.

______. *A prescrição e o direito do trabalho*. São Paulo: LTr, 2018.

COIMBRA, Rodrigo; ARAÚJO, Francisco Rossal de; BASTOS, João Rafael Gabbi. Terceirização de serviços e a responsabilidade subsidiária da administração pública após a Decisão do STF no RE 760.931. *Revista de Direito do Trabalho e Seguridade Social,* v. 209, ano 46, p. 287-304, São Paulo: RT, jan./fev. 2020.

COIMBRA, Rodrigo; ARAÚJO, Francisco Rossal de; STURMER, Gilberto. A noção de trabalho a tempo parcial no Direito Espanhol como um instrumento da "flexissegurança". *Direitos Fundamentais e Justiça,* Porto Alegre: Hs, n. 21, p. 39-57, out./dez. 2012.

COLIN, Paul. *Direito do Trabalho.* 13. ed. Rio de Janeiro: Fundação Getulio Vargas, 1985.

CORDEIRO, Antônio Menezes. *Direito das obrigações.* Lisboa: Associação Acadêmica da Faculdade de Direito de Lisboa, 1980, v. 1.

______. *Da boa-fé no direito civil.* Coimbra: Almedina, 1984.

______. *Manual de Direito do Trabalho.* Coimbra: Almedina, 1991.

COSTA, Armando Casimiro; FERRARI, Irany; MARTINS, Melchíades Rodrigues. Exposição de motivos. In: *Consolidação das Leis do Trabalho*. 36. ed. São Paulo: LTr, 2009.

______. Exposição de motivos. In: *Consolidação das Leis do Trabalho*. 38. ed. São Paulo: LTr, 2011.

COSTA, Marcos Vinícius Americano da. *Grupo empresário no direito do trabalho.* 2. ed. São Paulo: LTr, 2000.

COULANGES, Fustel de. *A cidade antiga*. São Paulo: Hemus, 1975.

COUTINHO, Aldacy Rachid. *Poder punitivo trabalhista*. São Paulo: LTr, 1999.

COUTO E SILVA, Almiro do. Atos jurídicos de direito administrativo praticados por particulares e direitos formativos. *Revista de Jurisprudência do Tribunal de Justiça do Estado do Rio Grande do Sul*, Porto Alegre, n. 9, p. 19-37, 1968.

______. Princípios da Legalidade da Administração Pública e da Segurança Jurídica no Estado de Direito Contemporâneo. *Revista de Direito Público*, v. 84, out./dez. 1987.

COUTO E SILVA, Clóvis Veríssimo. *A obrigação como processo*. São Paulo: José Bushatsky, 1976.

______. O princípio da boa-fé no direito brasileiro e português. In: *Estudos de direito civil brasileiro e português*. São Paulo: Revista dos Tribunais, 1980.

DALLEGRAVE NETO, José Afonso. *Contrato Individual de Trabalho:* uma visão estrutural. São Paulo: LTr, 1998.

______. Controvérsias sobre o dano moral trabalhista. *Revista do Tribunal Superior do Trabalho*, v. 73, n. 2, p. 186-202, abr./jun. 2007.

______. Flexissegurança nas relações de trabalho. O novo debate europeu. Disponível em: <http://www.nucleotrabalhistacalvet.com.br/artigos/Flexiseguran%C3%A7a%20-%20Jos%C3%A9%20Affonso%20Dallegrave%20Neto.pdf>. Acesso em: 5 out. 2012.

DAMASCENO, Fernando Américo Veiga. *Equiparação salarial*. 2. ed. São Paulo: LTr, 1995.

DÄUBLER, Wolfgang. Relações de trabalho no final do século XX. In: *O mundo do trabalho*. São Paulo: Página Aberta, 1994.

DÁVALOS, José. *Derecho individual del trabajo*. 13. ed. México: Porrúa, 2003.

DE CUPIS, Adriano. *Os direitos da personalidade*. Lisboa: Morais, 1961.

D'EUFEMIA, Giusepe. *Diritto del Lavoro*. Napoli: Morano, 1969.

DE LA CUEVA, Mário. *Panorama do direito do trabalho*. Porto Alegre: Sulina, 1968.

______. *Derecho mexicano del trabajo*. 11. ed. México: Porruá, 1969. v. 1.

______. *El nuevo derecho mexicano del trabajo*. 6. ed. México: Porruá, 1980.

______. *El nuevo derecho mexicano del trabajo*. 19. ed. México: Porruá, 2003. v. 1.

DELGADO, Mauricio Godinho. A terceirização no Direito do Trabalho: notas introdutórias. *Síntese Trabalhista*, Porto Alegre, v. 59, maio 1994.

______. *Introdução ao Direito do Trabalho*. 2. ed. São Paulo: LTr, 1999.

______. *Contrato de trabalho:* caracterização, distinções, efeitos. São Paulo: LTr, 1999.

______. *Curso de Direito do Trabalho*. São Paulo: LTr, 2002.

______. *Curso de Direito do Trabalho*. 3.ed. São Paulo: LTr, 2004.

______. *Curso de Direito do Trabalho*. 5.ed. São Paulo: LTr, 2006.

______. A prescrição na Justiça Trabalho: novos desafios. *Revista Trabalhista: Direito e Processo*, n. 25, Brasília: Anamatra, 2008.

______. *Curso de Direito do Trabalho*. 8. ed. São Paulo: LTr, 2009.

______. *Curso de Direito do Trabalho*. 9. ed. São Paulo: LTr, 2010.

______. *Princípio de Direito Individual e Coletivo do Trabalho*. 3. ed. São Paulo: LTr, 2010.

______. *Curso de Direito do Trabalho*. 10. ed. São Paulo: LTr, 2011.

______. *Curso de Direito do Trabalho*. 11. ed. São Paulo: LTr, 2012.

_____. *Direito Coletivo do Trabalho*. 4. ed. São Paulo: LTr, 2011.

DENTI, Vittorio. Aspetti processuali della tutela dell'ambiente. In: *Studi in memória di Salvatore Satta*, Padova: Cedam, 1982. v. 1.

DERZI, Mizabel de Abreu Machado. A sobrevivência do direito privado e o direito público. *Revista de Direito Público*, v. 62, abr./jun. 1982.

DEVEALI, Mario L. *Lineamientos de derecho del trabalho*. 2. ed. Buenos Aires: Argentina, 1953.

DI PIETRO, Maria Sylvia Zanella. *Do direito privado na administração pública*. São Paulo: Atlas, 1989.

DIAS, José de Aguiar. *Da responsabilidade civil*. 6. ed. Rio de Janeiro: Forense, 1979. v. 1.

DIEGO, Julián Arturo de. *Manual de derecho del trabajo y de la seguridad social*. 5. ed. Buenos Aires: Abeledo Perrot, 2002.

DIEZ-PICAZO, Luiz; GULLON, Antonio. *Instituciones de derecho civil*. Madrid: Tecnos, 1973. v. 1.

DINAMARCO, Cândido Rangel. *Fundamentos do proceso civil moderno*. 6. ed. São Paulo: Malheiros, 2010. t. 1.

DIREITO, Carlos Alberto Menezes; CAVALIERI FILHO, Sérgio. *Comentários ao novo Código Civil*: da responsabilidade civil, das preferências e privilégios creditórios. Rio de Janeiro: Forense, 2004. v. 13.

DORNELES, Leandro do Amaral Dorneles de. *A transformação do Direito do Trabalho*. São Paulo: LTr, 2002.

_____. O direito das relações coletivas de trabalho e seus fundamentos principais: a liberdade associativa laboral. *Revista do Tribunal Superior do Trabalho*, Brasília, v. 76, n. 2, p. 84-108, abr./jun. 2010.

_____. Hipossuficiência e vulnerabilidade na contemporânea Teoria Geral do Direito do Trabalho. *Justiça do Trabalho*, Porto Alegre, n. 348. p. 22-42, dez. 2012.

DORNELES, Leandro do Amaral Dorneles de; OLIVEIRA, Cínthia Machado de. *Direito do Trabalho*. Porto Alegre: Verbo Jurídico, 2013.

DRESCH, Rafael de Freitas Valle. *Fundamentos constitucionais do direito privado:* uma teoria da justiça e da dignidade humana. Tese de Doutorado. Porto Alegre: PUC-RS, 2011.

DU PASQUIER, Claude. *Introducción a la teoría general del derecho y a la filosofía juridica*. 2. ed. Lima: Libreria Internacional del Peru, 1950.

DURKHEIM, Emile. *La división del trabajo social*. 3. ed. Madrid: Akal, 1995.

DWORKIN, Ronald. *Taking rights seriously*. 6. tir. London: Duckworth, 1991.

ENGELMANN, Wilson. O diálogo entre as fontes do direito e a gestão do risco empresarial gerado pelas nanotecnologias: construindo as bases à juridicização do risco. *Constituição, sistemas sociais e hermenêutica:* programa de pós-graduação em Direito da UNISINOS — mestrado e doutorado. Porto Alegre: Livraria do Advogado, 2012.

ENNECCERUS, Ludwig; KIPP, Theodor; WOLFF, Martin. *Tratado de derecho civil*. Barcelona: Bosch, 1935. v. 2, t. 1.

ENTERRIA, Eduardo García de; FERNANDEZ, Tomás-Ramón. *Curso de direito administrativo*. São Paulo: Revista dos Tribunais, 1991.

ERRAZURIZ, Francisco Walker. La flexibilidad laboral y los principios orientadores del derecho del trabajo, teniendo en cuenta, en forma particular, algunos aspectos de la legislación chilena. In: *Evolución del pensamiento juslaboralista*. Montevideo: Fundación de Cultura Universitária, 1997.

ESSER, Josef. *Principio y norma en la elaboración jurisprudencial del derecho privado*. Barcelona: Bosch, 1961.

ESTRADA, Manuel Martín Pino. O teletrabalho: breve análise jurídica. *Justiça do Trabalho,* Porto Alegre, n. 248, ago. 2004.

FACCHINI NETO, Eugênio. Reflexões histórico-evolutivas sobre a constitucionalização do direito privado. In: SARLET, Ingo Wolfgang (Org.). *Constituição, direitos fundamentais e direito privado.* 2. ed. Porto Alegre: Livraria do Advogado, 2006.

FACHIN, Luiz Edson. *Teoria crítica do direito civil.* Rio de Janeiro: Renovar, 2000.

FAUSTO, Francisco. Terceirização no moderno Direito do Trabalho. *Revista do Tribunal Regional do Trabalho da 3ª Região,* Belo Horizonte, n. 24, jul. 1993.

FAVA, Marcos Neves. *Ação civil pública trabalhista.* São Paulo: LTr, 2005.

______. Três aspectos da prescrição trabalhista. *Revista Trabalhista: Direito e Processo.* Brasília, n. 30, 2009.

FELICIANO, Guilherme Guimarães. *Curso crítico de Direito do Trabalho*: teoria geral do direito do trabalho. São Paulo: Saraiva, 2013.

FERRAZ JUNIOR, Tércio Sampaio. *Introdução ao estudo do direito.* São Paulo: Atlas, 1991.

FERREIRA FILHO, Manoel Gonçalves. *Curso de direito constitucional.* 34. ed. São Paulo: Saraiva, 2008.

FERRER CORREIA, A. *Erro e interpretação na teoria do negócio jurídico.* Coimbra: Almedina, 1985.

FIGUEIREDO, Antonio Borges de. *Prescrição trabalhista.* Porto Alegre: Síntese, 2002.

FILAS, Rodolfo Capón. Trabajo y globalizacion propuesta para una praxis popular alternativa. *Justiça do Trabalho,* Porto Alegre: HS, ano 18, n. 205, jan. 2001.

FINCATO, Denise Pires. Teletrabalho: uma análise juslaboral. *Justiça do Trabalho,* Porto Alegre: HS, n. 236, ago. 2003.

______. *A pesquisa jurídica sem mistérios:* do projeto de pesquisa à banca. Porto Alegre: Notadez, 2008.

FINKEL, Lucila. *La Organización Social del Trabajo.* Madrid: Piramide, 1996.

FISCHER, Brenno. *A prescrição nos tribunais.* Rio de Janeiro: Konfino, 1957. v. 1, t. 1.

FRANKE, Walmor. *Direito das sociedades cooperativas:* direito cooperativo. São Paulo: Saraiva: Universidade de São Paulo, 1973.

______. *Contribuição ao cooperativismo.* Brasília: Ministério da Agricultura, 1978.

______. *A interferência estatal nas cooperativas:* aspectos constitucionais, tributários, administrativos e societários. Porto Alegre: Sergio Antonio Fabris, 1998.

FREITAS, Juarez. *A interpretação sistemática do direito.* 5. ed. São Paulo: Malheiros, 2010.

FRIEDMANN, Georges; NAVILLE, Pierre. *Tratado de Sociologia del Trabajo.* México: Fondo de Cultura Económica, 1985. v. 1.

FRIEDMAN, Thomas L. *O mundo é plano*: o mundo globalizado no século XXI. 3. ed. Rio de Janeiro: Objetiva, 2009.

GARCIA, Gustavo Filipe Barbosa. Prescrição de ofício: da crítica ao direito legislado à interpretação da norma jurídica em vigor. *Revista de Processo,* n. 145. ano 32, mar. 2007.

______. *Cooperativas de trabalho:* considerações sobre a Lei n. 12.690/2012. In: *Doutrinas essenciais:* direito do trabalho e direito da seguridade social. São Paulo: Revista dos Tribunais, 2012.

GARCÍA, Manuel Alonso. *Curso de derecho del trabajo.* 5. ed. Barcelona: Ariel, 1975.

GBEZO, Bernard E. Otro modo de trabajar: la revolución del teletrabajo. *Trabajo, Revista da OIT,* n. 14, dez. 1995.

GENHER, Fabiana Pacheco. A normatização do teletrabalho no direito brasileiro: uma alteração bem-vinda. *Revista Justiça do trabalho*, Porto Alegre, n. 298, out. 2008.

______. A relação de trabalho na administração pública. In: *Perspectivas do Direito do Trabalho*. Porto Alegre: Livraria do Advogado, 1993.

GIERKE, Otto von. *Las Raices del contrato de servicios*. Madrid: Civitas, 1989.

GIGLIO, Wagner D. *Justa causa*. 7. ed. São Paulo: Saraiva, 2000.

______. *Direito processual do trabalho*. 16. ed. São Paulo: Saraiva, 2007.

GIL, Vilma Dias Bernardes. *As novas relações trabalhistas e o trabalho cooperado*. São Paulo: LTr, 2002.

GIORGIANNI, Michele. O direito privado e as suas atuais fronteiras. *Revista dos Tribunais*, São Paulo: Revista dos Tribunais, n. 747, jan. 1998.

GOMES, Carla Amado. *Risco e modificação do acto autorizativo concretizador de deveres de protecção do ambiente*. Lisboa: Faculdade de Direito de Lisboa, 2007.

GOMES, Orlando. *Questões de Direito do Trabalho*. São Paulo: LTr, 1974.

______. Raízes históricas e sociológicas do Código Civil brasileiro. *Revista da Ajuris*, Porto Alegre, v. 9, p. 5-33, 1977.

______. *Ensaios de direito civil e de direito do trabalho*. Rio de Janeiro: Aide, 1986.

______. *Introdução ao direito civil*. 10. ed. Rio de Janeiro: Forense, 1991.

______. *Introdução ao direito civil*. 18. ed. Rio de Janeiro: Forense, 2001.

______. *Contratos*. 24. ed. Rio de Janeiro: Forense, 2001.

GOMES, Orlando; GOTTSCHALK, Elson. *Curso de Direito do Trabalho*. Rio de Janeiro: Forense, 1990.

______. *Curso de Direito do Trabalho*. 18. ed. Rio de Janeiro: Forense, 2007.

GONÇALVES, Carlos Roberto. *Direito civil brasileiro*. São Paulo: Saraiva, 2003. v. 1.

GORDLEY, James. *Philosophical origins of modern contract*. Nova York: Claredon, 1991.

GOTTSCHALK, Egon Felix. *Norma pública e norma privada no Direito do Trabalho*. São Paulo: LTr, 1995.

GOYATÀ, Celio. Sôbre o princípio da continuidade da empresa e do contrato de trabalho. In: DELGADO Mauricio Godinho; DELGADO, Gabriela Neves (Orgs.). *Direito do Trabalho e da seguridade social*: fundamentos constitucionais e teoria geral do Direito do Trabalho. São Paulo: Revista dos Tribunais, 2012.

GRADI, Marco. Il principio del contraddittorio e le questioni rilevabili d'ufficio. *Revista de Processo*, São Paulo: Revista dos Tribunais, n. 186, ago. 2010.

GREMAUD, Amauri Patrick *et al*. *Manual de economia*. 4. ed. São Paulo: Saraiva, 2003.

GUIMARÃES, Carlos da Rocha. *Prescrição e decadência*. 2. ed. Rio de Janeiro: Forense, 1984.

HART, Herbert. *O conceito de direito*. Lisboa: Calouste Gulbenkian, 1994.

HATTENHAUER, Hans. *Conceptos Fundamentales del Derecho Civil:* introducción histórico-dogmática. Barcelona: Ariel, 1987.

HECK, José Nicolau. Direito subjetivo e dever jurídico em Kant. *Veritas*, Porto Alegre: PUCRS, p. 65-66, mar. 2003.

______. *O tribunal constitucional federal e o desenvolvimento dos princípios constitucionais:* contributo para uma compreensão da jurisdição constitucional federal alemã. Porto Alegre: Sergio Antônio Fabris, 1995.

______. Prefácio. In: *Relações terceirizadas de trabalho*. Curitiba: Juruá, 2007.

HENKE, Horst Eberhard. *La cuestión de hecho*. Buenos Aires: Jurídicas Europa-America, 1979.

HEPLE, Bob. *La formación del derecho del Trabajo en Europa*. Madrid: Ministerio de Trabajo y Seguridad Social, 1994.

HESSE, Konrad. *Elementos de direito constitucional da República Federal da Alemanha*. Tradução de Luís Afonso Heck. Porto Alegre: Fabris, 1998.

HOHFELD, Wesley Newcomb. Some fundamental legal conceptions as applied in judicial reasoning. *Yale Law Journal Company*, Yale, 1913.

______. *Conceptos jurídicos fundamentales*. Buenos Aires: Centro Editor de América Latina, 1968.

HONNETH, Axel. *Reificación:* un estudio en la teoría del reconocimiento. Buenos Aires: Katz, 2007.

______. Trabalho e reconhecimento: tentativa de uma redefinição. *Civitas — Revista de Ciências Sociais*, Porto Alegre, v. 8, n. 1, p. 46-67, jan./abr. 2008.

______. *Luta por reconhecimento*. 2. ed. São Paulo: Editora 34, 2009.

HORTA, Raul Machado. *Estudos de direito constitucional*. Belo Horizonte: Del Rey, 1995.

HUECK, A.; NIPPERDEY, H. C. *Compendio de derecho del trabajo*. Madrid: Revista de Direito Privado, 1963.

HUNT, E. K.; SHERMAN, Howard J. *História do pensamento econômico*. 14. ed. Petrópolis: Vozes, 1996.

IRTI, Natalino. *L'età della decodificazioni*. 4. ed. Milano: Giuffrè, 1999.

JAVILLIER, Jean-Claude. *Manual de Direito do Trabalho*. São Paulo: LTr, 1988.

______. *Evolución del pensamiento juslaboralista*. Montevideo: Fundación de Cultura Universitária, 1997.

JESUS, Damásio E. de. *Direito penal*. 3. ed. São Paulo: Saraiva, 1986. v. 3.

JORGE NETO, Francisco Ferreira. *Sucessão trabalhista:* privatizações e reestruturação do mercado financeiro. São Paulo: LTr, 2001.

JORS, Paul. *Derecho privado romano*. Madrid: Labor, 1937.

JOSSERAND, Louis. *De l'esprit des droits et de leur relativité*. 11. ed. Paris: Dalloz, 1939.

KAHN-FREUND, Otto. *Il lavoro e la legge*. Milano: Giufrrè, 1974.

KANT, Immanuel. *A metafísica dos costumes*. São Paulo: Edipro, 2003.

KASKEL, Walter; DERSCH, Herman. *Derecho del trabajo*. Buenos Aires: Depalma, 1961.

KELSEN, Hans.*Teoria geral das normas*. Tradução José Florentino Duarte. Porto Alegre: Fabris, 1986.

______. *Problemas capitales de la teoría jurídica del estado:* desarrolados con base en la doctrina de la proposición jurídica. México: Porrúa, 1987.

______. *Teoria geral do direito e do estado*. Tradução Luís Carlos Borges. 2. ed. São Paulo: Martins Fontes, 1992.

______. *Teoria geral das normas*. Tradução José Florentino Duarte. Porto Alegre: Fabris, 1986.

______. *Teoria pura do direito*. 2. ed. São Paulo: Martins Fontes, 1987.

______. *Teoria pura do direito*. 6. ed. São Paulo: Martins Fontes, 1998.

______. *Jurisdição constitucional*. São Paulo: Martins Fontes, 2003.

KIMMINICH, Otto. Jurisdição constitucional e princípio da divisão de poderes. *Revista de Direito Público*, n. 92, out./dez. 1989.

KLINGHOFFER, Hans. Direito público e direito privado. *Revista Forense*, v. 89, 1942.

KROST, Oscar. Crítica ao pronunciamento de ofício da prescrição e sua incompatibilidade com o processo do trabalho. *Justiça do Trabalho*, n. 268, abr. 2006.

KROTOSCHIN, Ernesto. *Tratado práctico de derecho del trabajo*. 4. ed. Buenos Aires: Depalma, 1987.

______. *Manual de derecho del trabajo*. 4. ed. Buenos Aires: Depalma, 1993.

LAMARCA, Antônio. *Contrato individual de trabalho*. São Paulo: Revista dos Tribunais, 1969.

LARENZ, Karl. *Derecho civil* — parte general. Madrid: EDERSA, 1978.

______. *Metodologia da ciência do direito*. 5. ed. Lisboa: Calouste Gulbenkian, 1983.

______. *Metodologia da ciência do direito*. 2. ed. Lisboa: Calouste Gulbenkian, 1989.

LEÃO XIII. Carta encíclica *Rerum Novarum* sobre a condição dos operários. Disponível em: <http://www.vatican.va/holy_father/leo_xiii/encyclicals/documents/hf_l-xiii_enc_15051891_rerum-novarum_po.html>. Acesso em: 22 nov. 2011.

LEDUR, José Felipe. *A realização do Direito ao Trabalho*. Porto Alegre: Sergio Antônio Fabris, 1998.

______. *Direitos fundamentais sociais*. Efetivação no âmbito da democracia participativa. Porto Alegre: Livraria do Advogado, 2009.

LEITE, Carlos Henrique Bezerra. *Ministério Público do Trabalho*: doutrina, jurisprudência e prática. 2. ed. São Paulo: LTr, 2002.

______. *Curso de direito processual do trabalho*. 5. ed. São Paulo: LTr, 2007.

______. *Curso de direito processual do trabalho*. 6. ed. São Paulo: LTr, 2008.

______. *Curso de direito processual do trabalho*. 9. ed. São Paulo: LTr, 2011.

LEITE, Celso Barroso. *O século do desemprego*. São Paulo: LTr, 1994.

LEITE, João Antônio Guilhembernard Pereira. *Estudos de Direito do Trabalho e Direito Previdenciário*. Porto Alegre: Síntese, 1979.

LEITE, José Rubens Morato. *Dano ambiental*: prevenção, repressão, reparação. São Paulo: Revista dos Tribunais, 1993.

LIMA, Alvino. *Culpa e risco*. São Paulo: Revista dos Tribunais, 1963.

LIMA, Francisco Meton Marques de. *Princípios de direito do trabalho na lei e na jurisprudência*. São Paulo: LTr, 1994.

LÓPEZ, Manuel-Carlos Palomeque; DE LA ROSA, Manuel Alvarez. *Derecho del trabajo*. 3. ed. Madrid: Centro de Estudios Ramón Areces, 1995.

LORENZETTI, Ari Pedro. *A prescrição no direito do trabalho*. São Paulo: LTr, 1999.

______. *A responsabilidade pelos créditos trabalhistas*. São Paulo: LTr, 2003.

LYON-CAEN, Gerard. ¿Derecho del trabajo o derecho del emprego? In: *Evolución del pensamiento juslaboralista*. Montevideo: Fundación de Cultura Universitária, 1997.

MAGANO, Octavio Bueno. *Manual de Direito do Trabalho*. São Paulo: LTr, 1980, v.2.

______. Terceirização. *Revista de Direito do Trabalho*, São Paulo: Revista dos Tribunais, n. 87, set. 1995.

MAIOR, Jorge Luiz Souto. Reflexos das alterações do Código de Processo Civil no processo do trabalho. *Justiça do Trabalho*, Porto Alegre, n. 271, jul. 2006.

______. Opinião pública e direito do trabalho: tentando transpor as barreiras da comunicação. *Justiça do Trabalho*, v. 286, p. 31-32, out. 2007.

______. O dano social e sua reparação. *Justiça do Trabalho*, Porto Alegre: HS, n. 288, p. 10, dez. 2007.

MAIOR, Jorge Luiz Souto; SEVERO, Valdete Souto. A garantia contra dispensa arbitrária como condição de eficácia da prescrição no curso da relação de emprego. *Justiça do Trabalho*, Porto Alegre, n. 318, p. 18-24, jun. 2010.

MALLET, Estêvão. O processo do trabalho e as recentes modificações do Código de Processo Civil. *Revista LTr*, v. 70, n. 6, mar. 2006.

______. *Prática de direito do trabalho*. São Paulo: LTr, 2008. v. 1.

______. *Prática de direito do trabalho*. São Paulo: LTr, 2012. v. 2.

MANKIW, N. Gregory. *Introdução à Economia*. Rio de Janeiro: Campus, 2001.

MANNRICH, Nelson. *A modernização do contrato de trabalho*. São Paulo: LTr, 1998.

MATTOSO, Jorge Eduardo Levi. O novo e inseguro mundo do trabalho nos países avançados. In: *O mundo do trabalho*. São Paulo: Página Aberta, 1994.

______. *A desordem no trabalho*. São Paulo: Página Aberta, 1995.

MARANHÃO, Délio. *Direito do Trabalho*. 13. ed. Rio de Janeiro: Fundação Getulio Vargas, 1985.

MARANHÃO, Délio; CARVALHO, Luiz Inácio Barbosa. *Direito do Trabalho*. 17. ed. Rio de Janeiro: Fundação Getulio Vargas, 1993.

MARANHÃO, Délio; CARVALHO, Luiz Inácio Barbosa *et al*. *Instituições de Direito do Trabalho*. 11. ed. São Paulo: LTr, 1991. v. 1.

______. *Instituições de Direito do Trabalho*. 20. ed. São Paulo: LTr, 2002. v. 2.

MARINONI, Luiz Guilherme. *Tutela inibitória:* individual e coletiva. 2. ed. São Paulo: Revista dos Tribunais, 2000.

______. Da ação abstrata e uniforme à ação adequada à tutela de direitos. In: MACHADO, Fábio Cardoso; AMARAL, Guilherme Rizzo (Orgs.). *Polêmica sobre a ação:* a tutela jurisdicional na perspectiva das relações entre direito e processo. Porto Alegre: Livraria do Advogado, 2006.

______. *Teoria geral do processo*. 4. ed. São Paulo: Revista dos Tribunais, 2010.

MARQUES, Lima Cláudia; MIRAGEM, Bruno. *O novo Direito Privado e a proteção dos vulneráveis*. São Paulo: Revista dos Tribunais, 2012.

MARTÍN HERNÁNDEZ, María Luisa. La protección social de los trabajadores a tiempo parcial en el nuevo marco de la flexiseguridad. In: RODRÍGUEZ, Jesús Baz (Org.). *Trabajo a tiempo parcial y flexiseguridad*. Granada: Comares, 2008.

MARTIN VALVERDE, Antonio. *El discreto retorno del arrendamiento de servicios*. Madrid: Ministerio Trabajo y Seguridad Social, n. 10, 1990.

MARTIN VALVERDE, Antonio *et al*. *Derecho del trabajo*. 6. ed. Madrid: Tecnos, 1997.

MARTINEZ, Luciano. O dano moral social no âmbito trabalhista. *Revista do Tribunal Regional do Trabalho da 14ª Região*, Porto Velho, v. 6, n.2, p. 553-572, jul./dez. 2007.

MARTINS, Idélio. As empresas de trabalho temporário. *Anais da III Jornada Luso-Hispano-Brasileiras de Direito do Trabalho*, São Paulo: LTr, 1984.

MARTINS, Manoel Soares. A declaração de ofício da prescrição no contexto do processo civil e trabalhista. *Revista IOB: Trabalhista e Previdenciária*, São Paulo, n. 242, ago. 2009.

MARTINS, Sergio Pinto. *A terceirização e o direito do trabalho*. 5. ed. São Paulo: Atlas, 2001.

______. *O pluralismo do direito do trabalho*. São Paulo: LTr, 2001.

______. *Cooperativas de trabalho*. São Paulo: Atlas, 2003.

______. *Direito do Trabalho*. 21. ed. São Paulo: Atlas, 2005.

______. *Direito do Trabalho*. 22. ed. São Paulo: Atlas, 2006.

______. *Direito processual do trabalho*. 25. ed. São Paulo: Atlas, 2006.

______. *Dano moral decorrente do contrato de trabalho*. São Paulo: Atlas, 2007.

______. *Comentários às Súmulas do TST*. 4. ed. São Paulo: Atlas, 2008.

______. *Direito do Trabalho*. 24. ed. São Paulo: Atlas, 2008.

______. *Direito processual do trabalho*. 28. ed. São Paulo: Atlas, 2008.

______. *Direito trabalho*. 24. ed. São Paulo: Atlas, 2008.

MARTINS-COSTA, Judith. Os fundamentos da responsabilidade civil: separata. *Revista Trimestral de Jurisprudência dos Estados*, São Paulo, v. 15, n. 93, out. 1991.

______. *Comentários ao novo Código Civil*. Rio de Janeiro: Forense, 2003. v. 5, t. 2.

MARTINS FILHO, Ives Gandra da Silva. *Manual do trabalho voluntário e religioso*. São Paulo: LTr, 2002.

______. *Manual esquemático de direito e processo do trabalho*. 17. ed. São Paulo: Saraiva, 2008.

MARX, Karl. *O capital*. 2. ed. São Paulo: Nova Cultural, 1985. v. 1.

______. *O capital*. 16. ed. Rio de Janeiro: Civilização Brasileira, 1998. v. 2.

______. *Manifesto do partido comunista*. Porto Alegre: LPM, 2001.

MATA-MACHADO, Edgar de Godoi da. *Elementos de teoria geral do direito*. Belo Horizonte: Vega, 1976.

MATTJE, Emerson Tyrone. *Expressões contemporâneas de trabalho escravo:* sua repercussão penal no Brasil. Santa Cruz: EDUNISC, 2006.

MAUAD, Marcelo José Ladeira. *Cooperativas de trabalho:* sua relação com o direito do trabalho. 2. ed. São Paulo: LTr, 2001.

MAZA, Miguel Angel; PLAISANT, Elio Gustavo. *Intermediación laboral*. Buenos Aires: David Grinberd, 1993.

MAZEAUD, Henri y Leon. *Tratado teórico y práctico de la responsabilidad civil, delictual e contractual*. Buenos Aires: Jurídicas Europa-América, 1961. v.1.

MEDEIROS NETO, Xisto Tiago de. *Dano moral coletivo*. 3. ed. São Paulo: LTr, 2012.

MEINEN, Ênio. As sociedades cooperativas na Constituição Federal. In: DOMINGUES, Jane Aparecida Stefanes (Org.). *Aspectos jurídicos do cooperativismo*. Porto Alegre: Editora Sagra Luzzatto, 2002.

MEIRELLES, Hely Lopes. *Direito administrativo brasileiro*. 16. ed. São Paulo: Revista dos Tribunais, 1991.

MELHADO, Reginaldo. Globalização, terceirização e princípio da isonomia salarial. *Revista LTr*, São Paulo, n. 10, out. 1996.

______. Competência da Justiça do Trabalho. In: CHAVES, Luciano Athayde (org.). *Curso de processo do trabalho*. São Paulo: LTr, 2009.

MELLO, Celso Antônio Bandeira de. *Princípios de direito administrativo*. 5. ed. São Paulo: Revista dos Tribunais, 1982.

______. *O conteúdo jurídico do princípio da igualdade*. São Paulo: Revista dos Tribunais, 1984.

______. *Regime constitucional dos servidores da administração direta e indireta*. São Paulo: Revista dos Tribunais, 1990.

MELLO, Marcos Bernardes de. *Teoria do fato jurídico:* plano da existência. 8. ed. São Paulo: Saraiva, 1998.

______. *Teoria do fato jurídico:* plano da existência. 3. ed. São Paulo: Saraiva, 1999.

______. *Teoria do fato jurídico:* plano da validade. 3. ed. São Paulo: Saraiva, 1999.

MELO, Raimundo Simão de. A flexibilização dos direitos trabalhistas e as cooperativas de trabalho. *Síntese Trabalhista*, Porto Alegre, n. 105, p. 23-32, mar. 1998.

______. *Direito ambiental do trabalho e a saúde do trabalhador*. 2. ed. São Paulo: LTr, 2006.

______. *Ação civil pública na Justiça do Trabalho*. 4. ed. São Paulo: LTr, 2012.

MENDES, Gilmar Ferreira; BRANCO, Paulo Gustavo Gonet. *Curso de direito constitucional*. 6. ed. São Paulo: Saraiva, 2011.

MENEZES, Cláudio Armando Couce de. A fraude na formação do contrato de trabalho: terceirização e cooperativas de mão de obra. *Justiça do Trabalho*, Porto Alegre, n. 213, p. 14-30, 2001.

______. Novos contornos das relações de trabalho e de emprego: direito do trabalho e a nova competência trabalhista estabelecida pela Emenda n. 45/2004. *Justiça do Trabalho*, Porto Alegre, n. 257, maio 2005.

MEZZAROBA, Orides; MONTEIRO, Cláudia Servilha. *Manual de metodologia da pesquisa no direito*. 3. ed. São Paulo: Saraiva, 2006.

MILARÉ, Édis. *Direito do ambiente:* a gestão ambiental em foco. 6. ed. São Paulo: Revista dos Tribunais, 2009.

MINISTÉRIO DO TRABALHO E EMPREGO. *Trabalho doméstico:* direitos e deveres: orientações. 5. ed. Brasília, 2013.

MITIDIERO, Daniel. A pretensão de condenação. *Revista de Processo*, São Paulo: Revista dos Tribunais, v. 129, p. 51-65, nov. 2005.

______. *Colaboração no processo civil:* pressupostos sociais, lógicos e éticos. São Paulo: Revista dos Tribunais, 2009.

MITIDIERO, Daniel; MARINONI, Luiz Guilherme. *O projeto do CPC:* crítica e propostas. São Paulo: Revista dos Tribunais, 2010.

MOLINARO, Carlos Alberto. A jurisdição na proteção da saúde: breves notas sobre a instrumentalidade processual. *Revista da Ajuris*, Porto Alegre: Ajuris, n. 115, p. 49-72, set. 2009.

MOLINARO, Carlos Alberto; MILHORANZA, Mariângela Guerreiro. Processo e direitos fundamentais: brevíssimos apontamentos. *Revista Brasileira de Direito Processual*. Belo Horizonte, n. 79, p. 127-145, jul./set. 2012.

MONACHE, Stefano Delle. Profili dell'attuale normativa del codice civile tedesco in tema di prescrizione. *Rivista Trimestrale di Diritto e Procedura Civile*. Milano: Giuffrè, v. 49, n. 2, p. 179-199, mar./apr. 2003.

MONCADA, Luis Cabral de. *Lições de direito civil*. 4. ed. Coimbra: Almedina, 1995.

MONTEIRO, Washington de Barros. *Curso de direito civil:* parte geral. 39. ed. São Paulo: Saraiva, 2003. v.1.

MONTOYA MELGAR, Alfredo. *Derecho y Trabajo*. Madrid: Civitas, 1997.

MONZÓN, Máximo Daniel. *La fidelidad y la buena fe en el contrato de trabajo*. Buenos Aires: Abeledo-Perrot, 1966.

MORAES FILHO, Evaristo de. *Sucessão nas obrigações e a teoria da empresa*. Rio de Janeiro: Forense, 1960, v. 2.

______. O princípio da isonomia. In: *Curso de direito constitucional do trabalho:* estudos em homenagem a Amauri Mascaro Nascimento. São Paulo: LTr, 1991. v. 1.

______. *Do contrato de trabalho como elemento da empresa.* São Paulo: LTr, 1998.

______. *Trabalho a domicílio e contrato de trabalho.* São Paulo: LTr, 1994.

MORAES FILHO, Evaristo de; MORAES, Antônio Carlos Flores de. *Introdução ao Direito do Trabalho.* 6. ed. São Paulo: LTr, 1993.

______. *Introdução ao Direito do Trabalho.* 7. ed. São Paulo: LTr, 1995.

MORAES, Evaristo. *Apontamentos de direito operário.* 2. ed. São Paulo: LTr, 1971.

______. *Apontamentos de direito operário.* 4. ed. São Paulo: LTr, 2002.

MORAIS, José Luis Bolzan de. *Do direito social aos interesses transindividuais:* o estado e o direito na ordem contemporânea. Porto Alegre: Livraria do Advogado, 1991.

MOREIRA, José Carlos Barbosa. Os temas fundamentais do direito brasileiro nos anos 80: direito processual civil. *Temas de direito processual.* 4. série. São Paulo: Saraiva, 1989.

MORGADO PANADERO, Purificación. El trabajo a tiempo parcial como conciliación de la vida familiar e laboral. In: RODRÍGUEZ, Jesús Baz (Org.). *Trabajo a tiempo parcial y flexiseguridad.* Granada: Comares, 2008.

MUTHER, Theodor. Sobre la doctrina de la "actio" romana, del derecho de accionar actual, de la 'litiscontestatio' y de la sucesión singular en las obligaciones. In: *Polemica sobre la "Actio".* Buenos Aires: Juridicas Europa-America, 1974.

NABAIS, José Casalta. *O dever fundamental de pagar impostos.* Coimbra: Almedina, 1998.

NASCIMENTO, Amauri Mascaro. *Iniciação ao Direito do Trabalho.* 24. ed. São Paulo: LTr, 1998.

______. *Iniciação ao Direito do Trabalho.* 27. ed. São Paulo: LTr, 2001.

______. *Curso de Direito do Trabalho:* história e teoria geral do direito: relações individuais e coletivas de trabalho. 18. ed. São Paulo: Saraiva, 2003.

______. *Curso de Direito do Trabalho.* 19. ed. São Paulo: Saraiva, 2004.

______. *Iniciação ao Direito do Trabalho.* 33. ed. São Paulo: LTr, 2007.

______. *Direito contemporâneo do trabalho.* São Paulo: LTr, 2011.

NEVES, Gustavo Kloh Muller. Prescrição e decadência no Código Civil. In: TEPEDINO, Gustavo (Org.). *A parte geral do novo Código Civil*: estudos na perspectiva civil-constitucional. 3. ed. Rio de Janeiro: Renovar, 2007.

NONATO, Orosimbo. *Curso de obrigações.* Rio de Janeiro: Forense, 1959. v. 2.

OFFE, Claus. *Trabalho e sociedade.* Rio de Janeiro: Tempo Brasileiro, 1989.

OLEA, Manuel Alonso. *Introdução ao Direito do Trabalho.* 4. ed. São Paulo: LTr, 1984.

OLEA, Manuel Alonso; CASAS BAAMONDE, Maria Emília. *Derecho del trabajo.* 14. ed. Madrid: Universidad de Madrid, 1995.

OLIVEIRA, Francisco Antônio de. Da ação civil pública: instrumento de cidadania. *Revista LTr,* São Paulo: LTr, v. 61, n. 7, jul. 1997.

______. *Comentários às súmulas do Tribunal Superior do Trabalho.* 7. ed. São Paulo: Revista dos Tribunais, 2007.

______. *Tratado de direito do trabalho.* São Paulo: LTr, 2008. v. 2.

ORTIZ, Patrícia Manica. *Sucessão trabalhista:* consequências nas relações de emprego. São Paulo: IOB Thomson, 2005.

PAMPLONA FILHO, Rodolfo. Prescrição das ações propostas por trabalhadores domésticos. *Revista LTr,* v. 60, n. 11, nov. 1996.

PASOLD, César Luiz. *Lições preliminares de direito portuário*. Florianópolis: Conceito, 2007.

PASQUALOTTO, Adalberto. Desvio da pessoa jurídica. *Revista da Ajuris*, n. 47, nov. 1989.

PASSOS, J. J. Calmon de. *Curso de direito constitucional do trabalho:* estudos em homenagem a Amauri Mascaro Nascimento. São Paulo: LTr, 1991. v. 1.

PASTORE, José. Cláusulas trabalhistas na China? *O Estado de S. Paulo*, 1º.11.2005. Disponível em: <http://www.josepastore.com.br/artigos/rt/rt_280.htm>. Acesso em: 20 nov. 2011.

PASTORE, José Eduardo Gibello. *Cooperativas de trabalho:* o fenômeno da terceirização. *Revista LTr*, São Paulo, v. 63, n. 10, out. 1999.

PATTI, Salvatore. Certezza e giustizia nel diritto della prescrizione in Europa. *Rivista Trimestrale di Diritto e Procedura Civile*. Milano: Giuffrè, v. 64, n. 1, p. 21-36, mar. 2010.

PERA, Giuseppe. *Tendências do direito do trabalho contemporâneo*. São Paulo: LTr, 1980.

PEREIRA, Adilson Bassalho. *A subordinação como objeto do contrato de emprego*. São Paulo: LTr, 1991.

______. Fraude cooperativa. *Revista LTr*, São Paulo: LTr, v. 59, nov. 1995.

PEREIRA, Caio Mário da Silva. *Instituições de direito civil*. 5. ed. Rio de Janeiro: Forense, 1980. v. 1.

______. *Instituições de direito civil*. 6. ed. Rio de Janeiro: Forense, 1983. v. 3.

______. *Responsabilidade civil*. Rio de Janeiro: Forense, 1999.

______. *Instituições de direito civil*. Rio de Janeiro: Forense, 2001, v. 2.

PERIUS, Vergílio Frederico. *Cooperativismo e lei*. São Leopoldo: Unisinos, 2001.

PERONE, Giancarlo. *Lianeamenti di diritto del lavoro*. Torino: Giapichelli, 1999.

PESSOA, Roberto Freitas; PAMPLONA FILHO, Rodolfo. *Revista do Tribunal Superior do Trabalho*, Brasília, ano 76, n. 2, p. 43-55, abr./jun. 2010.

PETIT, Eugène. *Tratado elementar de derecho romano*. Buenos Aires: Universidad, 1994.

PICARDI, Nicola. *Audiatur et altera pars*: as matrizes histórico-culturais do contraditório. In: *Jurisdição e processo*. Rio de Janeiro: Forense, 2008.

PINTO, Carlos Alberto da Mota. *Teoria geral do direito civil*. 3. ed. Coimbra: Coimbra, 1994.

PINTO, José Augusto Rodrigues. *Curso de direito individual do trabalho*. 2. ed. São Paulo: LTr, 1995.

______. Reconhecimento *ex officio* da prescrição e processo do trabalho. *Revista LTr*, v. 70, n. 4, mar. 2006.

______. *Tratado de direito material do trabalho*. São Paulo: LTr, 2007.

______. O trabalho como valor. *Revista do Curso de Direito da UNIFACS. [s.l.], [s.d.]*. Disponível em: <www.unifacs.br/revistajuridica/arquivo/edicao_abril2003/.../abril1.doc>. Acesso em: 3 jun. 2013

PINTO, Raymundo A. Carneiro; BRANDÃO, Cláudio Mascarenhas. *Orientações Jurisprudenciais do TST comentadas*. São Paulo: LTr, 2008.

PISANI, Andrea Proto. Appunti sui rapporti tra i limiti tra i limiti soggettivi di efficacia della sentenza civile e la garanzia costituzionale del diritto di difesa. *Rivista Trimestrale di Diritto e Procedura Civile*. Milano: Giuffrè, p. 1216-1308, set. 1971.

PISARELLO, Gerardo. *Los derechos sociales y sus garantias*. Madrid: Trotta, 2007.

PLÁ RODRIGUEZ, Américo. *Princípios do direito do trabalho*. Tradução de Wagner Giglio. São Paulo: LTr, 1978.

______. *Curso de derecho laboral*. Montevideo: Idea, 1990. t. 1, v.1.

______. *Princípios do direito do trabalho*. 3. ed. Tradução de Wagner Giglio. São Paulo: LTr, 2000.

PONTES DE MIRANDA, Francisco Cavalcanti. *Tratado de direito privado.* Rio de Janeiro: Borsoi, 1954, t. 1.

______. *Tratado de direito privado.* Rio de Janeiro: Borsoi, 1954. t. 4.

______. *Tratado de direito privado.* Rio de Janeiro: Borsoi, 1954. t. 22.

______. *Tratado de direito privado.* Rio de Janeiro: Borsoi, 1954. t. 44.

______. *Tratado de direito privado.* Rio de Janeiro: Borsoi, 1954. t. 53.

______. *Tratado de direito privado.* Rio de Janeiro: Borsoi, 1955. t. 5.

______. *Tratado de direito privado.* Rio de Janeiro Borsoi, 1955. t. 6.

______. *Tratado da ação rescisória.* 3. ed. Rio de Janeiro: Borsoi, 1957.

______. *Tratado de direito privado.* Rio de Janeiro: Borsoi, 1964. v. 47.

______. *Tratado de direito privado.* 3. ed. Rio de Janeiro: Borsoi, 1970. t. 2.

______. *Tratado de direito privado.* 3. ed. Rio de Janeiro: Borsoi, 1972. t. 48.

______. *Fontes e evolução do direito civil brasileiro.* 2. ed. Rio de Janeiro: Forense, 1981.

______. *Tratado de direito privado.* 3. ed. São Paulo: Revista dos Tribunais, 1984. t. 44.

______. *Comentários ao Código de Processo Civil.* Rio de Janeiro: Forense, 1999. t. 1.

______. *Comentários ao Código de Processo Civil.* Rio de Janeiro: Forense, 2001. t. 1.

POPPER, Karl. *A sociedade aberta e seus inimigos.* Coleção Os Pensadores. São Paulo: Abril, 1980.

POTHIER, R. J. *Tratado de las obligaciones.* Buenos Aires: Bibliográfica Argentina, 1961.

PRATES, Homero. *Atos simulados e atos em fraude da lei.* Rio de Janeiro: Freitas Bastos, 1958.

PRUNES, José Luiz Ferreira. *Contratos triangulares de trabalho.* Curitiba: Juruá, 1993.

______. *Contrato de trabalho doméstico e trabalho a domicílio.* Curitiba: Juruá, 1995.

______. *Princípios gerais de equiparação salarial.* São Paulo: LTr, 1997.

______. *Tratado sobre prescrição e a decadência no Direito do Trabalho.* São Paulo: LTr, 1998.

RADBRUCH, Gustav. *Filosofia do direito.* 6. ed. Coimbra: Armênio Amado, 1979.

______. *Introdução à ciência do direito.* São Paulo: Martins Fontes, 1999.

RAISER, Ludwig. O futuro do direito privado. *Revista da Procuradoria Geral do Estado do Rio Grande do Sul,* Porto Alegre, n. 25, v. 9, 1979.

RAMALHO, Maria do Rosário Palma. *Tratado de direito do trabalho* — parte I: dogmática geral. 3. ed. Coimbra: Almedina, 2012.

______. *Estudos de direito do trabalho.* Coimbra: Almedina, 2003. v. 1.

RAMOS, Alexandre. *Contrato temporário de trabalho:* combate ao desemprego ou redução do custo da força de trabalho? São Paulo: LTr, 1999.

RÁO, Vicente. *Ato jurídico.* 3. ed. São Paulo: Revista dos Tribunais, 1994.

RAPISARDA, Cristina. Premesse allo studio della tutela civile preventiva. *Rivista di Diritto Processuale,* Padova: Cedam, v. 35, 2. Serie, p. 92-154, 1980.

REALE, Miguel. *Lições preliminares de direito.* 25. ed. São Paulo: Saraiva, 2001.

______. A globalização da economia e o direito do trabalho. *Revista LTr,* São Paulo, v. 61, n. 1, p. 11-13, jan. 1997.

______. Visão geral do Projeto do Código Civil. *Miguel Reale.com. [s.l.], [s.d.]*. Disponível em: <http://www.miguelreale.com.br/index.html>. Acesso em: 12 out. 2010.

RECASÉNS SICHES, Luis. *Direciones contemporáneas de pensamiento jurídico*. Barcelona: Labor, 1929.

RECIO, Albert. *Trabajo, Personas, Mercados*. Barcelona: Icaria, 1997.

REDINHA, Maria Regina Gomes Redinha. *A relação laboral fragmentada*. Coimbra: Coimbra, 1995.

REIS, Daniela Muradas. Discriminação nas relações de trabalho e empregado: reflexões éticas sobre o trabalho, pertença e exclusão social e os instrumentos jurídicos de retificação. In: BARZOTTO, Luciane Cardoso (Coord.). *Igualdade e discriminação no ambiente de trabalho*. Porto Alegre: Livraria do Advogado, 2012.

ROCHA, Leonel Severo. Observações sobre autopoiese, normativismo e pluralismo jurídico. *Constituição, sistemas sociais e hermenêutica:* programa de pós-graduação em Direito da UNISINOS — mestrado e doutorado. Porto Alegre: Livraria do Advogado, 2008.

ROBORTELLA, Luiz Carlos Amorim. *O moderno Direito do Trabalho*. São Paulo: LTr, 1994.

RODRIGUES, Sílvio. *Direito civil*. 21. ed. São Paulo: Saraiva, 1990, v. 1.

RODRÍGUEZ, Jesús Baz. El marco jurídico comunitário del trabajo a tiempo parcial. Reflexiones en el contexto de la "flexiseguridad". In: RODRÍGUEZ, Jesús Baz (Org.). *Trabajo a tiempo parcial y flexiseguridad*. Granada: Comares, 2008.

ROMAGNOLI, Umberto. El derecho del trabajo: qué futuro?. In: *Evolución del pensamiento juslaboralista*. Montevideo: Fundación de Cultura Universitária, 1997.

ROMANO, Salvatore. Buona fede. *Enciclopedia del Diritto Giuffrè*. Milano: Giuffrè, 1959. v. 5.

ROMITA, Arion Saião. Dano moral coletivo. *Revista do Tribunal Superior do Trabalho*, v. 73, n.2, p. 79-87, abr./jun. 2007.

______. *Globalização da economia e direito do trabalho*. São Paulo: LTr, 1997.

______. *Direito do trabalho:* temas em aberto. São Paulo: LTr, 1998.

______. Pronúncia de ofício de prescrição trabalhista. *Justiça do Trabalho*, Manaus: Notadez, n. 279, mar. 2007.

ROSSETTI, José Paschoal. *Introdução à Economia*. 17. ed. São Paulo: Atlas, 1997.

______. *Introdução à Economia*. 20. ed. São Paulo: Atlas, 2003.

ROTHFUCHS, João Vicente. O "trabalhador hipersuficiente" na reforma trabalhista: novo modelo no velho paradigma. *Revista da Academia Sul-Rio-Grandense de Direito do Trabalho*, Porto Alegre: HS, n. 1, p. 360-374, 2019.

RUPRECHT, Alfredo. *Os princípios do Direito do Trabalho*. São Paulo: LTr, 1995.

RUSSOMANO, Mozart Victor. *Contrato individual de trabalho*. 2. ed. Porto Alegre: Sulina, 1968.

______. *Curso de Direito do Trabalho*. 4. ed. Curitiba: Juruá, 1991.

______. *Curso de Direito do Trabalho*. 4. ed. Curitiba: Juruá, 1993.

______. *Comentários à CLT*. 16. ed. Rio de Janeiro: Forense, 1994. v. 1.

______. *Comentários à Consolidação das Leis do Trabalho*. 17. ed. Rio de Janeiro: Forense, 1997.

______. *Curso de Direito do Trabalho*. 8. ed. Curitiba: Juruá, 2000.

______. *Princípios gerais de direito sindical*. 2. ed. Rio de Janeiro: Forense, 2000.

SAAD, Eduardo Gabriel. Temas trabalhistas. *Suplemento Trabalhista*, São Paulo: LTr, n. 93, 1996.

______. *Consolidação das Leis do Trabalho comentada*. 40. ed. São Paulo: LTr, 2007.

______. *Consolidação das Leis do Trabalho comentada*. 42. ed. São Paulo: LTr, 2009.

SANSEVERINO, Luisa Riva. *Curso de Direito do Trabalho*. São Paulo: LTr, 1976.

SANTORO-PASSARELI, Francesco. *Noções de direito do trabalho*. São Paulo: Revista dos Tribunais, 1973.

______. *Nozioni di diritto del lavoro*. Napoli: Morano, 1976.

SANTOS, Boaventura de Sousa. Os processos de globalização. In: SANTOS, Boaventura de Sousa (Org.). *A globalização e as ciências sociais*. 3. ed. São Paulo: Cortez, 2005.

SANTOS, Ronaldo Lima dos. *Teoria das normas coletivas*. São Paulo: LTr, 2007.

______. Notas sobre a impossibilidade de depoimento pessoal de membro do Ministério Público nas ações coletivas. *Revista da Faculdade de Direito da Universidade Federal de Minas Gerais*, Belo Horizonte, n. 58, p. 291-310, jan./jun. 2011.

SANTOS ORTEGA, J. Antonio. *Sociologia del Trabajo*. Valencia: Tirant lo Blanch, 1995.

SARLET, Ingo Wolfgang. As dimensões da dignidade da pessoa humana: construindo uma compreensão jurídico-constitucional necessária e possível. In: SARLET, Ingo Wolfgang (Org.). *Dimensões da dignidade:* ensaios de filosofia do direito e direito constitucional. Porto Alegre: Livraria do Advogado, 2005.

______. *A eficácia dos direitos fundamentais:* uma teoria geral dos direitos fundamentais na perspectiva constitucional. 10. ed. Porto Alegre: Livraria do Advogado, 2011.

______. Direitos fundamentais e processo: o direito à proteção e promoção da saúde entre tutela individual e transindividual. *Revista de Processo*, São Paulo: Revista dos Tribunais, v. 199, p. 13-39, set. 2011.

SARLET, Ingo Wolfgang; FENSTERSEIFER, Tiago. *Direito constitucional ambiental:* estudos sobre a Constituição, os direitos fundamentais e a proteção do ambiente. São Paulo: Revista dos Tribunais, 2011.

SAVIGNY, M. F. C. de. *Sistema de derecho romano actual*. 2. ed. Madrid: Centro Editorial de Góngora *[s.d.]*, v. 1.

SCHIAVI, Mauro. *Manual de direito processual do trabalho*. 2. ed. São Paulo: LTr, 2009.

SENA, Adriana Goulart de. *A nova caracterização da sucessão trabalhista*. São Paulo: LTr, 2000.

SERPA LOPES, Miguel Maria de. *Curso de direito civil*. 4.ed. Rio de Janeiro: Freitas Bastos, 1962.

SILVA, Antônio Alvares da. *Proteção contra a dispensa na nova Constituição*. 2. ed. São Paulo: LTr, 1992.

______. *Competência da Justiça do trabalho para o julgamento de conflitos coletivos de trabalho de servidores públicos*. Disponível em: <http://www.revistas.unifacs.br/index.php/redu/article/view/442>. Acesso em: 30 set. 2011.

SILVA, De Plácido e. *Vocabulário jurídico*. Rio de Janeiro: Forense, 2002.

SILVA, José Afonso da. *Curso de direito constitucional positivo*. 13. ed. São Paulo: Malheiros, 1997.

SINGER, Paul. *Cooperativas de trabalho*. Disponível em: <http://www.mte.gov.br/ecosolidaria/prog_cooperativatrabalho2.pdf>. Acesso em: 25 abr. 2013.

SMITH, Adam. *A riqueza das nações*. São Paulo: Folha de S. Paulo, 2010.

SOUSA, João Silva de. *Religião e direito no Alcorão*. Lisboa: Stampa, 1986.

SOUZA, Celita Oliveira. *Legalidade e função socioeconômica das empresas de vigilância, asseio e conservação*. Brasília: Gráfica Brasiliana, 1982.

SOUZA, Mauro César Martins de. Responsabilização do tomador de serviços na terceirização. *Revista Justiça do Trabalho*, Porto Alegre, n. 208, abr. 2001.

SOUZA, Rodrigo Trindade de. *Punitive damages* e o direito do trabalho brasileiro: adequação das condenações punitivas para a necessária repressão da delinquência patronal. *Revista do Tribunal Regional do Trabalho da 4ª Região*, Porto Alegre, v. 38, p. 173-202, 2010.

STEIN, Alex Sandro. *Curso de direito portuário*. São Paulo: LTr, 2002.

STIGLITZ, Joseph E. *Economía*. Barcelona: Ariel, 1995.

STOLFI, Giuseppe. *Teoria del negozio giuridico*. Padova: Antonio Milani, 1947.

STRECK, Lenio Luiz. A hermenêutica filosófica e as possibilidades de superação do positivismo pelo (neo) constitucionalismo. In: ROCHA, Leonel Severo; STRECK Lenio Luiz (Orgs.). *Constituição, sistemas sociais e hermenêutica*. Porto Alegre: Livraria do Advogado, 2005.

______. *Verdade e consenso constituição, hermenêutica e teorias discursivas*. Rio de Janeiro: Lumen Juris, 2006.

STÜRMER, Gilberto. *A liberdade sindical na Constituição da República Federativa do Brasil e sua relação com a Convenção n. 87 da Organização Internacional do Trabalho*. Porto Alegre: Livraria do Advogado, 2007.

STÜRMER, Gilberto; COIMBRA, Rodrigo. A noção de trabalho a tempo parcial no Direito Espanhol como um instrumento da "flexissegurança". *Direitos Fundamentais e Justiça*, Porto Alegre: HS, n. 21, p. 39-57, out./dez. 2012.

STÜRMER, Gilberto; OLIVEIRA, Olga Maria Boschi Aguiar de. As concepções do direito de Ronald Dworkin e a liberdade sindical no Brasil. *Revista LTr*, São Paulo, v. 11, p. 1338-1342, 2004.

SUPIOT, Alain. *Crítica del derecho del trabajo*. Madrid: Ministerio del Trabajo y Asuntos Sociales, 1996.

SÜSSEKIND, Arnaldo. *Direito brasileiro do trabalho*. Rio de Janeiro: Jacinto, 1943. v. 1.

______. *Direito internacional do trabalho*. São Paulo: LTr, 1983.

______. *Direito internacional do trabalho*. 2. ed. São Paulo: LTr, 1987.

______. A globalização da economia e o direito do trabalho. *Revista LTr*, São Paulo, v. 61, n. 1, jan. 1997.

______. O Enunciado n. 256: mão de obra contratada e empresas de prestação de serviços. *Revista LTr*, São Paulo, v. 51, n. 3, mar.1997.

______. *Convenções da OIT*. 2. ed. São Paulo: LTr, 1998.

SÜSSEKIND, Arnaldo *et al*. *Instituições de Direito do Trabalho*. 19. ed. São Paulo: LTr, 2000. v. 1.

______. *Instituições de direito do trabalho*. 20. ed. São Paulo: LTr, 2002. v. 1.

______. *Instituições de direito do trabalho*. 21. ed. São Paulo: LTr, 2003. v. 1.

TEDESCHI, Vittorio. Decadenza (dir. e proc. civ.). *Enciclopedia del Diritto*. Milano: Giuffrè, XI, p. 770-792, 1962.

TEIXEIRA FILHO, Manoel Antônio. *Execução no processo do trabalho*. 7. ed. São Paulo: LTr, 2001.

______. As novas leis alterantes do processo civil e sua repercussão no processo do trabalho. *Revista LTr*, v. 70, n. 3, mar. 2006.

TEPEDINO, Gustavo; BARBOZA, Heloisa Helena; MORAES, Maria Celina Bodin de. *Código Civil interpretado conforme a Constituição da República*. Rio de Janeiro: Renovar, 2004.

______. A tutela da personalidade no ordenamento civil-constitucional brasileiro. In: TEPEDINO, Gustavo (Org.). *Temas de direito civil*. 3. ed. Rio de Janeiro: Renovar, 2004.

TESHEINER, José Maria Rosa. *Elementos para uma teoria geral do processo*. São Paulo: Saraiva, 1993.

______. Reflexões politicamente incorretas sobre direito e processo. *Revista da Ajuris*, Porto Alegre: Ajuris, n. 110, p. 187-194, jun. 2008.

______. Jurisdição e direito objetivo. *Justiça do Trabalho*, n. 325, p. 28-36, jan. 2011.

______. O Ministério Público não é nunca substituto processual (uma lição heterodoxa). *Páginas de Direito*, Porto Alegre, 26 abr. 2012. Disponível em: <http://www.tex.pro.br/tex/listagem-de-artigos/353-artigos-abr-2012/8468-o-ministerio-publico-nao-e-nunca-um-substituto-processual-uma-licao-heterodoxa>. Acesso em: 14 nov. 2012.

______. Revista eletrônica sobre os chamados "direitos difusos". *Processos Coletivos*, Porto Alegre, v. 3, n. 4, out./dez. 2012. Disponível: <http://www.processoscoletivos.net/~pcoletiv/component/jcomments/feed/com_content/724>. Acesso em: 24 out. 2012.

THEODORO JUNIOR, Humberto. *Comentários ao novo Código Civil:* dos defeitos do negócio jurídico ao final do livro III. Rio de Janeiro: Forense, 2003. v. 3, t. 2.

______. Exceção de prescrição no processo civil. Impugnação do devedor e decretação de ofício pelo juiz. *Revista IOB Direito Civil e Processual Civil*, n. 41, maio/jun. 2006.

TOLEDO FILHO, Manoel Carlos. O novo § 5º do art. 219 do CPC e o processo do trabalho. *Revista do Tribunal Superior do Trabalho*, v. 72, n. 2, maio/ago. 2006.

TRINDADE, Rodrigo; PICOLOTTO, Volnei. Rio Grande do Sul está entre os campeões na contratação de intermitentes. *Revisão Trabalhista*, Porto Alegre, 14 nov. 2019. Disponível em: <https://revisaotrabalhista.net.br/2019/11/14/rio-grande-do-sul-esta-entre-os-campeoes-na-contratacao-de-intermitentes/>. Acesso em: 25 jan. 2020.

TROCOLI, Fernanda. A nova lei das cooperativas de trabalho. *Jornal Trabalhista Consulex*, Brasília, v. 29, n. 1449.

TUCCI, José Rogério Cruz e. *Tempo e processo:* uma análise empírica das repercussões no tempo na fenomenologia processual (civil e penal). São Paulo: Revista dos Tribunais, 1997.

VALTICOS, Nicolas. *Derecho internacional del trabajo.* Madrid: Tecnos, 1977.

VALVERDE, Antonio Martín *et al. Derecho del trabajo.* 6. ed. Madrid: Tecnos, 1997.

VAN DER LAAT, Benardo. Límites a la flexibildad: algunas situaciones que se han dado en Costa Rica. In: *Evolución del pensamiento juslaboralista.* Montevideo: Fundación de Cultura Universitária, 1997.

VARGAS, Luiz Alberto de; FRAGA, Ricardo Carvalho. Prescrição de ofício. *Justiça do Trabalho*, n. 276, dez. 2006.

______. Reflexões sobre a nova lei das cooperativas de trabalho. *Justiça do Trabalho*, n. 354, p. 38-61, jun. 2013.

VÁSQUEZ, Jorge Rendón. El caráter protector del derecho del trabajo y la flexibilidad con ideologías. In: *Evolución del pensamiento juslaboralista.* Montevideo: Fundación de Cultura Universitária, 1997.

VENOSA, Silvio de Salvo. *Direito civil:* direito empresarial. São Paulo: Atlas, 2010. v. 8.

VERRUCOLI, Piero. Cooperative (Imprese). *Enciclopedia del Diritto.* Varese: Giuffré, 1995. v. 10.

VIANA, Márcio Túlio. Cooperativa e relação de trabalho. *Repertório IOB de Jurisprudência*, São Paulo: IOB, n. 10, maio 1996.

VIANNA, José Segadas. *Direito coletivo do trabalho.* São Paulo: LTr, 1972.

VIDAL NETO, Pedro. Aspectos jurídicos da terceirização. *Revista de Direito do Trabalho*, São Paulo: Revista dos Tribunais, n. 80, dez. 1992.

VILHENA, Paulo Emílio Ribeiro de. *Direito público:* direito privado. São Paulo: Saraiva, 1972.

______. Os prejulgados, as Súmulas e o TST. *Revista de Informação Legislativa*. Brasília, v. 14, n. 55, p. 83-100, jul./set. 1977.

______. *Relação de Emprego:* estrutura legal e supostos. 2. ed. São Paulo: LTr, 1999.

WALD, Arnoldo. Comentários ao novo Código Civil: do direito de empresa. In: TEIXEIRA, Sálvio de Figueiredo (Coord.). *Comentários ao novo Código Civil.* Rio de Janeiro: Forense, 2005. v. 14, t. 2.

WATANABE, Kazuo *et al. Código Brasileiro de Defesa do Consumidor:* comentado pelos autores do anteprojeto. 6.ed. Rio de Janeiro: Forense Universitária, 1999.

WEATHERFORD, Jack. *A história do dinheiro.* São Paulo: Negócio, 1999.

WEBER, Max. *Economia y sociedad.* 2. ed. México: Fondo de Cultura Económica, 1992.

WIEACKER, Franz. *História do direito privado moderno.* 2. ed. Lisboa: Calouste Gulbenkian, 1993.

WINDSCHEID, Bernard. La "actio" del derecho romano, desde el punto de vista del derecho actual. In: *Polemica sobre la "Actio".* Buenos Aires: Juridicas Europa-America, 1974.

WOLFANG, Daubler. *O mundo do trabalho:* crise e mudança no final do século. São Paulo: Scritta, 1994.

ZAGREBELSKY, Gustavo. *El derecho dúctil:* ley, derechos, justicia. 7. ed. Madrid: Trotta, 2007.

ZAVASCKI, Teori Albino. *Processo coletivo:* tutela de direitos coletivos e tutela coletiva de direitos. 4. ed. São Paulo: Revista dos Tribunais, 2009.